住友本社経営史

上

山本一雄 著

京都大学
学術出版会

序章　住友本店
一八七五年　住友本店と称す（店と家の分離）

住友吉左衞門友純　　（1864〜1926）
住友家第15代家長　　（1893〜1926）
住友合資会社社長　　（1921〜1926）

伊庭貞剛　　　　　　（1847〜1926）
　第2代総理事心得　　（1897〜1899）
　　総理事　　　　　（1900〜1904）

廣瀬宰平　　　　　　（1828〜1914）
　初代総理代人　　　（1877〜1882）
　　総理人　　　　　（1882〜1894）

第一部　住友総本店
　一九〇九年　住友総本店と改称

第二部　住友合資会社
　一九二一年　住友合資会社設立

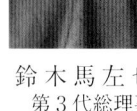

中　田　錦　吉　　　　（1864 ～ 1926）
　　第 4 代総理事　　　（1922 ～ 1925）

鈴 木 馬 左 也　　　　（1861 ～ 1922）
　　第 3 代総理事　　　（1904 ～ 1922）

第三部　株式会社住友本社

一九三七年　住友合資会社解散
　　　　　　株式会社住友本社設立

住友吉左衞門友成　　　（1909～1993）
住友家第16代家長　　　（1926～1993）
住友合資会社社長　　　（1926～1937）
株式会社住友本社社長（1937～1945）

小倉正恆　　　　（1875～1961）
第6代総理事　　（1930～1941）

湯川寛吉　　　　（1868～1931）
第5代総理事　　（1925～1930）

一九四六年　株式会社住友本社、事実上の解散

古田俊之助　　（1886〜1953）
第7代総理事　　（1941〜1946）

はしがき

本書は筆者が平成七年から二十一年にかけて『住友史料館報』に掲載した「住友本店」、「住友総本店」、「住友合資会社」及び「株式会社住友本社」の各稿をまとめたものである。筆者は住友商事に在職中名誉会長津田久氏の『私の住友昭和史』（東洋経済新報社　昭和六十三年）の執筆に協力する機会を得た。津田氏は当初住友本社史を参考にして記憶を辿れば執筆も可能と考えておられたが、それが未成であることを知り、筆者に対し住友連系各社の社史から関連する事項を抜き書きする作業を托された。筆者はそれまで社史というものは調査の際の参考書と心得ていたので、自ら勤務する会社の社史すら通読したことはなかった。このため初めて十数冊の社史に目を通し抜き書きする作業に当たり、それを参照して津田氏の著作は成った。

その後筆者が定年を迎えるに当たり、津田氏から住友史料館への赴任の話があった。その際特に仕事に関する指示はなかったが、上記の経緯に照らせば住友本社史の執筆を期待された上での話に相違なかった。問題は経済史や経営史の専門家でもない筆者が果たしてその期待に応え得るかということであった。幸い旧上司で当時流通経済大学教授の島田克美氏や当時京都大学教授であった渡邉尚氏のご助言により執筆に着手することができた次第である。

住友の先行研究としては当時宮本又次・作道洋太郎編著『住友の経営史的研究』（実教出版　昭和五十四年）、作道編『日本財閥経営史　住友財閥』（日本経済新聞社　同五十七年）及び畠山秀樹著『住友財閥成立史の研究』（同文館　同六十三年）等があったが、これらはいずれも住友史料館の前身である住友修史室の史料未公開のため内容的に限界があった。

これに対し麻島昭一氏が昭和五十八年に著された『戦間期住友財閥経営史』（東京大学出版会）は住友史料館所蔵史料に

1

基づき執筆されただけあって、住友研究の決定版ともいうべきものであった。従って筆者は麻島氏が開拓された路線を継承させて頂き、その範囲を第一次大戦以前の「住友本店」「住友総本店」まで遡らせるとともに、今日の住友グループへの連続性を探るために、太平洋戦争の戦時中から戦後の財閥解体に至るまで延長させた次第である。さらにその執筆の視角を麻島氏が割愛された、住友としての意志決定のプロセスに求め、それに伴う人事や資金調達にまで考察の対象を拡大することとした。そのためには資料として現存する起案や議事録等の社内文書に止まらず、広く関係者の回想録や日記、聞き取り記録にも当たり、重要と思われるものは資料として収録した。

冒頭に述べた通り本書の内容は「株式会社住友本社」の期間に止まるものではないが、それにもかかわらずタイトルを『住友本社経営史』としたことについて一言ふれておきたい。明治八年住友家と分離する形で「住友本店」が成立して以来、「住友本店」は住友という商号と事業全体の統轄部門の役割という二重性を有していたが、当時は廣瀬宰平と伊庭貞剛という二代の総理事の統率力に依存しており、統轄部門という組織としての機能は十分に発揮されたとは言い難い状況にあったように思われる。これに対し次いで総理事となった鈴木馬左也は明治四十五年に住友銀行が分離独立して他の事業所に対する本店の統轄機能を確立するため、「住友総本店」と改称した。「住友総本店」は銀行本店等他の事業所との統轄機能を確立するため、「住友総本店」と改称した。しかし組織変更により大正十年「住友合資会社」が設立されると、合資会社という普通名詞をもって統轄機能を表現することは不可能なため、それを表す「本社」という名称が非公式に用いられるようになり、やがてそれが定着した。昭和十二年合資会社を株式会社に改組する際、住友株式会社という今日でも船場辺りの商号にみられるような商号にほぼ内定していた。それが総理事小倉正恆の出張先からの鶴の一声で「株式会社住友本社」に変更させられた。これには一同アッと驚いたというが、考えてみれば「住友本店」にしろ「住友総本店」にしろ、商号と統轄組織は一体であったのであり、「住友合資会社」こそそれが問われなかったがために、「本社」とい

う言葉が生まれたのであって、逆転の発想からいえばそれを商号に用いることは小倉ならずとも何等不思議なことではなかったのである。

最後に本稿連載中に賜った東京大学経友会における石井寛治、原朗、武田晴人、岡崎哲二の諸先生方のご支援及び大阪の研究会における宮本又郎、阿部武司両先生のご指導に感謝を申し上げたい。又何かとお世話になった故津田氏、故新井正明住友生命名誉会長を初めとする住友連系会社の各位、本書の出版を快諾された住友成泉並びに館報掲載に当たり何かと便宜を図って下さった朝尾直弘館長以下住友史料館の皆様にお礼を申し上げるとともに、本書に登場する幾多の住友の先人たちの霊に本書を捧げることとしたい。

筆者は平成十九年夏住友史料館退職を機に、ひとまずそれまで発表した諸稿を上下二冊にまとめ、在職中にご指導頂いた方々にお贈りした。これに対しその後大阪大学から学位を授与され、また本書刊行の要望に対しては京都大学学術出版会が応えて下さることとなった。この間論文審査においては大阪大学阿部武司、澤井實、廣田誠の各教授から数多のご教示を賜り、又本書の出版に当たっては京都大学学術出版会編集長鈴木哲也氏と齋藤至氏のご高配を頂いた。これらの各位に深甚なる謝意を表したい。私事にわたり恐縮であるが、筆者の父山本壽一は丁度大正末から戦後にかけて激動の四〇年の住友生活を送った。このため本稿に対しその記憶力を活かしてコメントを惜しまず、本書の刊行を待ちつつ百歳を前に逝った。又長期にわたる本書の執筆を支えてくれた妻美佐子の労を多としたい。

平成二十二年七月

　　　　　　　　山　本　一　雄

上 巻 目 次

はしがき

はじめに ……………………………………………… 一

序章　住友本店

一　住友本店（上）―明治八〜二十七年―
　一　廣瀬宰平の時代 ……………………………… 四
　二　業　績 ……………………………………… 四
　三　投資活動 ……………………………………… 三
　四　店　部 ……………………………………… 元

二 住友本店(下)—明治二十八〜四十一年—

　一 伊庭貞剛から鈴木馬左也へ ……………………………… 六一
　二 業　績 ………………………………………………………… 八一
　三 投資活動 ……………………………………………………… 一〇六
　四 店　部 ………………………………………………………… 一二四

第一部　住友総本店

第一章　住友総本店(上)—明治四十二〜四十五年—

　一 住友総本店の発足 …………………………………………… 一六三
　二 住友総本店の組織・人事 …………………………………… 一六七
　三 住友総本店の会計・監査制度 ……………………………… 一七五
　四 住友総本店の業績 …………………………………………… 一八二
　　(一) 総本店(本社部門)の業績 ………………………………… 一八三
　　(二) 総本店(全社)の業績 ……………………………………… 一八九

第二章　住友総本店（中）—大正二〜五年—

一　住友総本店の組織・人事 ………………………………………………………… 一二五
　(一)　大正初頭の改革 ………………………………………………………………… 一二五
　(二)　店部の新設・改組 ……………………………………………………………… 一二九
　(三)　月俸の改訂 ……………………………………………………………………… 一三二

二　住友総本店の会計・監査制度 …………………………………………………… 一三五

三　住友総本店の業績 ………………………………………………………………… 一四一
　(一)　総本店（本社部門）の業績 …………………………………………………… 一四二
　(二)　総本店（全社）の業績 ………………………………………………………… 一五八

四　シーメンス事件と住友 …………………………………………………………… 一六六

五　住友肥料製造所の開設 …………………………………………………………… 一六八

六　東京・呉両販売店の開業 ………………………………………………………… 一七二

七　住友鋳鋼場の株式会社への移行 ………………………………………………… 一七六

五　住友電線製造所の開設 …………………………………………………………… 一九七

六　住友銀行の株式会社への移行 …………………………………………………… 二〇二

第三章　住友総本店(下)―大正六~九年―

- 一　住友総本店の組織・人事 …………………………… 二九一
  - (一)　店部の新設・改組 ……………………………… 二九四
  - (二)　等級・月俸の改正 ……………………………… 二九七
- 二　住友総本店の業績 …………………………………… 三〇八
  - (一)　総本店(全社)の業績 …………………………… 三一四
  - (二)　総本店(本社部門)の業績 ……………………… 三二〇
- 三　住友総本店の投資活動 ……………………………… 三二三
  - (一)　住友直系企業の株式 …………………………… 三二六
  - (二)　その他の企業の株式 …………………………… 三三〇
- 四　住友総本店林業課の設置 …………………………… 三四〇
- 五　大阪北港株式会社の設立 …………………………… 三五〇
- 六　内外販売網の充実と商事会社設立問題 …………… 三五五
  - (一)　国内販売店 ……………………………………… 三六一
  - (二)　海外洋行 ………………………………………… 三六七
  - (三)　商事会社設立問題 ………………………………

七　株式会社住友電線製造所の設立と日本電氣株式会社との提携 ……………………… 三六七

第二部　住友合資会社

第一章　住友合資会社の設立

一　設立の経緯 ……………………………………………………………………………… 三八〇
　㈠　設立の背景 …………………………………………………………………………… 三八〇
　㈡　組織変更案の推移 …………………………………………………………………… 三八三

二　組織変更案の内容 ……………………………………………………………………… 三八八
　㈠　住友総本店組織変更について（その一） ………………………………………… 三八八
　㈡　住友総本店組織変更について（その二・合資会社本社内部の組織） ………… 三九九
　㈢　住友総本店組織変更について（その三・合資会社と各店部株式会社との関係について） ……………………………………………………………………… 四〇六

三　合資会社の設立とその概要 …………………………………………………………… 四二七
　㈠　住友「番頭政治」の確立 …………………………………………………………… 四三七
　㈡　合資会社の組織と人事 ……………………………………………………………… 四五四

四　設立に伴う諸規程の整備 ……………………………………………………………… 四六六

㈠　監査規程・会計規則の改正 …………………………………四六
　㈡　資金取扱規程の制定 ……………………………………………四八

第二章　住友合資会社（上）―大正十～十四年―

一　統轄システム
　㈠　鈴木総理事の晩年 ……………………………………………四九
　㈡　中田総理事の三年間 …………………………………………五〇六

二　業　績
　㈠　合資会社（本社部門）の業績 ………………………………五二七
　㈡　合資会社（全社）の業績 ……………………………………五三二

三　投資活動 …………………………………………………………五三八
　㈠　連系会社の株式 ………………………………………………五四二
　㈡　その他の住友系企業の株式 …………………………………五四四
　㈢　住友系以外の企業の株式 ……………………………………五五四

四　資金調達 …………………………………………………………五六一

五　店部・連系会社・特定関係会社
　㈠　日米板硝子株式会社の経営の承継 …………………………五六二

(二) 住友倉庫の株式会社への移行 ………………………… 五六一
(三) 株式会社住友ビルデイングの設立 …………………… 五六二
(四) 坂炭礦株式会社の経営の承継 ………………………… 五八〇
(五) 住友肥料製造所の株式会社への移行 ………………… 五八四
(六) 日之出生命保険株式会社の経営の承継 ……………… 六〇七
(七) 住友信託株式会社の設立 ……………………………… 六二三

第三章　住友合資会社（中）―大正十五～昭和五年―

一　統轄システム

(一) 湯川総理事の五年間と昭和恐慌 …………………………… 六四六
(二) 社則の制定 …………………………………………………… 六五六
　　1　監査及検査規程 …………………………………………… 六六一
　　2　本社特別財産規程 ………………………………………… 六六七
　　3　社　則 ……………………………………………………… 六六七

二　業　績

(一) 合資会社（本社）の業績 …………………………………… 六七〇
(二) 合資会社（全社）の業績 …………………………………… 六七六

三 投資活動……………………………………………………七二八
　(一) 連系会社の株式……………………………………………七六一
　(二) その他の住友系企業の株式…………………………………七六二
　(三) 住友系以外の企業の株式……………………………………七六七

四 資金調達………………………………………………………七七四

五 店部・連系会社・特定関係会社……………………………七八二
　(一) 住友伸銅所の住友伸銅鋼管株式会社への移行……………七八三
　(二) 大阪北港株式会社の連系会社指定…………………………七九四
　(三) 住友別子鉱業所の住友別子鑛山株式会社への移行………七九六
　　1 改組の経緯……………………………………………………七九六
　　2 産銅カルテル「水曜会」加盟問題…………………………八〇五
　　3 鷲尾専務退任後の別子………………………………………八一四
　(四) 土佐吉野川水力電氣株式会社の連系会社指定……………八二三
　(五) 住友若松炭業所の住友九州炭礦株式会社への移行………八三〇
　(六) 住友坂松炭礦と住友九州炭礦の合併による住友炭礦株式会社の発足……八三五
　(七) 扶桑海上火災保險株式会社の経営の承継…………………八三九

12

第四章 住友合資会社（下）―昭和六～十一年―

- 一 統轄システム
  - (一) 経済情勢の変化と小倉体制の確立 …………………………… 八六一
  - (二) 日本の政局の推移と常務理事川田順の退職 ………………… 八八〇
- 二 業　　績 …………………………………………………………… 八九三
  - (一) 合資会社（本社）の業績 ……………………………………… 八九五
  - (二) 合資会社（全社）の業績 ……………………………………… 九二四
- 三 投資活動 …………………………………………………………… 九三三
  - (一) 連系会社の株式 ………………………………………………… 九五六
  - (二) その他の住友系企業の株式 …………………………………… 九六八
  - (三) 住友系以外の企業の株式 ……………………………………… 九八〇
- 四 資金調達 …………………………………………………………… 九八二
- 五 店部・連系会社・特定関係会社 ………………………………… 一〇〇〇
  - (一) 日本電氣株式会社の経営の承継 ……………………………… 一〇〇〇
  - (二) 直轄鉱山部門の諸施策 ………………………………………… 一〇一三
    - 1 大日本鑛業株式会社の経営の承継 …………………………… 一〇一三

下　巻　目　次

第三部　株式会社住友本社

第一章　住友合資会社の解散と株式会社住友本社の設立
第二章　株式会社住友本社（上）―昭和十二年～十五年―
第三章　株式会社住友本社（中）―昭和十六年～十九年―
第四章　株式会社住友本社（下）―昭和二十年～二十七年―

2　土肥金山株式会社の経営の承継 …………………………… 一〇一五
3　静狩金山株式会社の設立 …………………………………… 一〇一九
4　北日本鉱業所の設置 ………………………………………… 一〇二四
5　朝鮮鉱業所の設置 …………………………………………… 一〇三五
(三)　京城販売店の設置と上海販売店の送金問題 ……………… 一〇四七
(四)　住友アルミニウム製錬株式会社の設立 …………………… 一〇五六
(五)　満洲住友鋼管株式会社の設立 ……………………………… 一〇六一
(六)　住友機械製作株式会社の設立 ……………………………… 一〇七一
(七)　住友伸銅鋼管と住友製鋼所の合併による住友金属工業株式会社の発足 …………………………………………… 一〇八五

14

表一覧
人名索引
社名索引

はじめに

　住友の事業は、慶長五年（一六〇〇）関ヶ原の戦より以前の十六世紀末、京都に始まるが、二代友以は、まず元和九年（一六二三）大坂内淡路町に銅吹所を開設し、翌寛永元年（一六二四）には大坂淡路町一丁目に出店を設け、次いで寛永七年（一六三〇）大坂内淡路町に銅吹所を開設し、事業は寛永十三年大坂長堀に銅吹所を開設して本格化し、この出店に京都三条孫橋町の本家を移し、大坂進出を果たした。さらに元禄三年（一六九〇）本家もここに移して、以来明治八年（一八七五）本家と本店が分離されるまで、別子銅山とともにここが住友の事業経営の中心であった。

　こうした江戸時代の住友の歴史については、明治二十年後に家史編纂室となる本家履歴編纂掛が置かれて以来、特に住友修史室及び住友史料館における研究により相当明らかにされてきたが、他方明治維新の危機を乗り切った廣瀬宰平が明治八年本店を大阪富島（現西区川口町四丁目）に移して、住友本店と称して以来の近代住友の歴史については、これまで十分明らかにされてきたとは言い難い状況にある。本書はこうした住友本店以降の近代住友の歴史を、住友の事業の多角化がようやく緒についた明治四十二年（一九〇九）住友総本店と改称、初めて法人化された大正十年（一九二一）住友合資会社の設立、昭和十二年（一九三七）株式会社住友本社への改組を経て、昭和二十年敗戦により解散に追い込まれるまで、持株会社への生成発展の視点から、住友史料館の所蔵史料に基づき明らかにしようとするものである。

　明治八年に家と店が分離して発足した住友本店は、当初個人企業の常として家長が本店に常駐し、各事業所には家長から委任された支配人が置かれていた。まもなく家長友親は廣瀬宰平を家長の代理として総理代人（のちに総理人）に任命したが、本店自体には明確な統轄機能は付与されていなかった。住友本店としては、銅吹所が大阪から別子へ移転し

一

はじめに

て銅のビジネスが別子鉱山から神戸支店経由神戸の外国商館向けとなったため、新たな事業を求めて倉庫、並合（倉庫預かり商品担保に融資）、貿易、海運、製糸等の事業に進出したが、いずれも本店の事業の柱とはなり得なかった。

次いで総理事となった伊庭貞剛は廣瀬の残した事業を整理する一方で、銀行、伸銅場、鋳銅場など今日の住友の諸事業の基礎を築いた。しかし伊庭の最大の功績は、明治三十二年日銀の内部抗争により退職した河上謹一等日銀幹部を招聘し、経営の近代化を図ったことである。住友本店は自ら事業を行うのではなく、諸事業を統轄する機能に徹するという考え方は、旧来の経営手法に慣れた末端までなかなか浸透しなかったが、明治三十七年伊庭は改革の行方を見定めた上で総理事を鈴木馬左也に譲った。

鈴木は明治四十二年住友総本店と改称するが、これは住友本店の統轄機能が確立されたことを意味しよう。やがて住友総本店から、銀行、鋳銅所が分離独立するが、こうした分離独立はあくまで対外的なもので、住友本店は分離前と同様に人事と資金の両面を通じてこれらの経営を支配することに変わりはなく、この点は大正十年住友合資会社が設立されて以降、合資会社が次々と分離独立する連系会社と会社対会社の関係になっても全く異なることはなかった。

合資会社の時代に持株会社としてはほぼ完成の域に達し、その統轄部門は非公式に本社と称されるに至った。その後財閥批判に対し同族会社を株式会社に衣替えする必要に迫られ、昭和十二年統轄部門の通称そのものを冠した株式会社住友本社が誕生した。しかし住友本社は収益性の高い金山、販売店と逆に乏しい林業所、不動産の両者を分離できず、これらを直轄事業部門として温存したため純粋持株会社となり得なかった。このため本社解散に際してはそれらの処理が戦後の住友グループの再編成に大きな影響を与えた。

このように明治以来看板は次々と掛け替えられながら、脈々と受け継がれ解散に至った住友の経営の実態を統轄部門の動向を中心に以下の諸章で明らかにしていくこととしたい。

序章　住友本店

一　住友本店（上）
——明治八～二十七年——

目　次

一　廣瀬宰平の時代
　㈠　住友本店の成立
　㈡　住友家法の制定
　㈢　家法・家憲の分離
　㈣　廣瀬宰平の引退
二　業績
三　投資活動
　㈠　明治八年～十二年
　㈡　明治十三年～十六年
　㈢　明治十七年～二十年
　㈣　明治二十一年～二十七年
四　店部
　㈠　神戸支店
　　1　銅　　2　製茶
　　3　樟脳　4　並合
　㈡　船舶
　㈢　朝鮮釜山支店・元山支店
　㈣　西京製絲場・近江製絲場
　㈤　蔵目喜鉱山
　㈥　尾道支店
　㈦　庄司炭坑・忠隈炭坑

序章　住友本店

一　廣瀬宰平の時代

(一)　住友本店の成立

本節の対象とする期間は、明治八年（一八七五）末富島出店を「本店」と改め、住友友親が実質的に廣瀬宰平に権限を委譲した時から、明治二十七年十一月廣瀬が引退し、別子支配人伊庭貞剛が事実上の総理事となるまでの二〇年間である。

初めに明治維新から明治八年に至る主な動向を概観すると、慶応四年（一八六八）一月鳥羽伏見の戦の後、薩摩藩士により大阪長堀の住友の銅吹所は封鎖され、二月には別子鉱山が土佐藩によって接収されようとした。幸い間もなく大阪の銅吹所の封鎖は解除され、三月には別子も支配人廣瀬宰平の働きにより、住友家の稼行の継続が新政府から許可された。これまで大阪の幕府の銅座に製銅納入のため大阪の銅吹所で精錬する必要があったが、幕府の崩壊によって独占の解除は時間の問題となった。廣瀬は銅吹所の封鎖を捉えてコスト的に有利な別子山元での精錬を決断し、封鎖が解かれても出願を敢行し、七月立川中店に精銅場が完成した。他方大阪では銅座の後身の銅会所以外の納入先として新政府が京都に設置した貨幣司が通貨鋳造のため支署を大阪に設置しようとすると、その用地として銅吹所に道路を隔てて隣接する九之助町の住友家所有の土地二〇〇〇坪余を寄附した。しかし八月貨幣支署は廃止され、より水運の便利な大阪川崎に造幣所（現在の造幣局）が設置されることとなり、住友の造幣局誘致の目論見は失敗に終わった。

明治二年一月家政改革のため東京の浅草店・中橋店が閉鎖され、大阪から派遣されていた香村文之助らは本店に復帰

した。明治三年六月銅の売買自由化に伴い自家製銅（長堀と立川）の売り込みを図らねばならなくなり、神戸の仲立商を通じ初めて外国商館に売り込むことに成功した。さらに明治四年二月長堀の銅吹所を温存しつつ人材の活用と販路開拓のため、華僑や外国商館との取引に便利な神戸西元町に神戸出店を設置した（四(一)　神戸支店　1　銅」参照）。

明治五年二月廣瀬は別子支配人を免ぜられ、老分末家として別子から本店に移った。コスト的にみて大阪の銅吹所の閉鎖は避けて通れないことから、廣瀬は大阪における銅に代わる新たな取引の機会を模索しなければならなかった。明治五年十一月本店西隣りに商法出店（西店）が開設され、家賃方をはじめ本店の営業部門を継承した。次いで六年十月商法出店は、当時大阪における新たな商取引の中心地となりつつあった大阪府下富島町の抱屋敷に移転し、富島出店と改称した。堂島川と土佐堀川が合流しそこから川下川口居留地をはさんで安治川と木津川にわかれた所で、富島は安治川左岸に位置し、木津川左岸にはやがて七年七月大阪府庁が新築移転してきた。

商法出店の富島移転に際し、廣瀬は友親に建言書を提出し、全職員の富島移駐と当主の富島勤務を主張したが、病身の友親にとって毎日人力車に揺られて富島に通勤することは耐え難いことであったと思われ、廣瀬の上司日勤老分清水惣右衛門がまだ健在であったので、管理部門を鰻谷に残し、営業部門だけの富島移駐すなわち出店という形で決着したものと思われる。しかしこの間七年九月には日勤老分清水惣右衛門が一旦日勤を免ぜられながら、十月再び日勤を命ぜられ、代わりにもう一人の日勤老分松井嘉右衛門が退職し、本家支配副役岐村清兵衛が支配人に昇格するなど幹部の異動が相次いだ。明治八年に入ると三月に友親は清水が居りながら敢えて廣瀬に総理代人を依嘱しようとさえしている。六月廣瀬は日勤老分に昇格し、住友本店の帳簿によると七月から富島出店は実質的に本店の業務を行うようになったとみられる。十二月二十三日廣瀬は先の建言書通り、鰻谷の本家・本店を分離して富島出店を本店とした。

序章　住友本店

（二）住友家法の制定

　明治九年一月住友家当主を家長と称することになり、住友本店の組織が整備された(第1図参照)[2]。また雇人の等級並びに月給を改正し、上等外(月給二〇〇、一五〇、一〇〇円)、等内一～十等(同五〇、四〇、三〇、二五、二〇、一五、一〇、八、六、四円)に区分された。

　明治新政府は四～六年の要人による欧米の制度文物の視察の結果、国家の興廃存亡は政規典則の完備如何によることを痛感し、発足以来法制度の整備を図ってきたが、住友家でも規定を重視してきた伝統にそって明治初年以来規則規定の制定が重ねられてきた。明治九年八月「本家第一之規則」が制定された。これは「別子山ノ鉱業ハ重大ニテ万世不朽云々」とか「諸出店ハ時勢ノ移換ニ随ヒ興スモ亦廃スルモ……臨機ノ所分スル所」或いは「家長代理者ト雖モ委任スル外専断ナラズ」等後の規則・規定に影響を及ぼす文言を含んだ全一〇箇条の本家の基本規則であった。九月大阪の銅吹所は廃止され、別子立川の精銅場に一本化された。

　明治十年一月各店会計方から本店支配方に対し毎月計算表を提出することを義務付け、諸願伺届書の統一様式が制定された。二月家長友親は病気のため廣瀬宰平に対し総理代人を依嘱し、「我身上ニ係ル諸般及ビ商法上ヨリ一切之事務ヲ惣轄シテ数多雇人ヲ統御スル」権限を付与した。九月朝鮮釜山に銅輸出のため職員二名が出張し、十一月には出店を設置した(〔四三〕朝鮮釜山支店・元山支店」参照)。十月雇人の等級のうち上等外は上等一等～三等(月給二〇〇、一五〇、一〇〇円)に改められた。

　明治十一年四月浅田市之助(家長友親の元養子先で屋号は島屋)所有の大阪府西成郡島屋新田田畑五五町六反他(現大阪市此花区)を三万円で購入した。

六

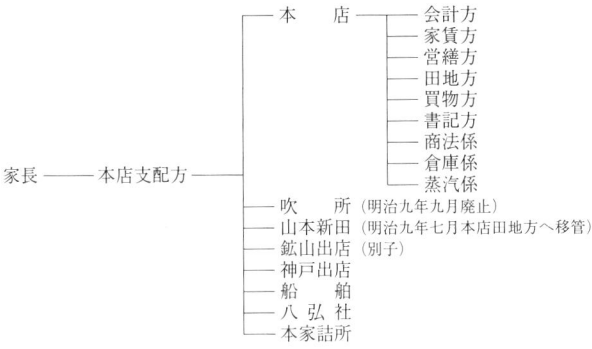

第1図　住友本店組織図（明治9年1月）

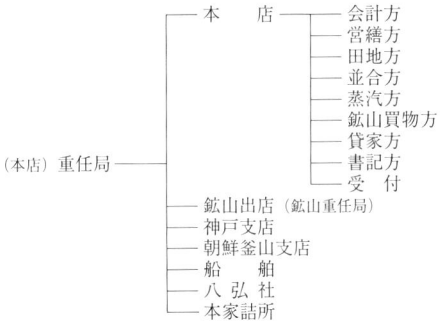

第2図　住友本店組織図（明治12年2月）

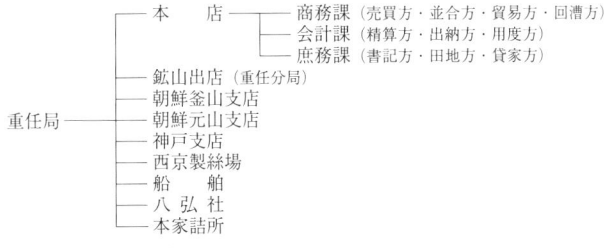

第3図　住友本店組織図（明治15年3月）

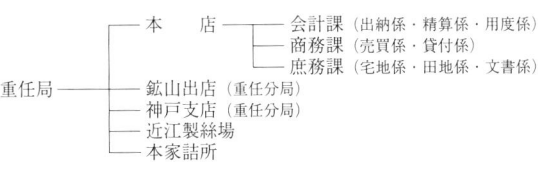

第4図　住友本店組織図（明治24年11月）

序章　住友本店

十二年二月本店職制を改め、重任局を設置した（第2図参照）。家長友親、総理代人廣瀬宰平の外、六月には伊庭貞剛（元大阪上等裁判所判事、二月入社、五月本店支配人）と加川勝美（元大蔵省中録・内務省大録、三月入社、六月本店支配人補助）が加わり四名の合議制となった。しかし別子には別子支配人による重任局が別個に置かれたので、これまでの本店対別子という構図には変わりがなかったものと思われる。例えば十三年九月にはこれまで別子の等内雇人の人事は別子重任局が行ってきたのを本店重任局に協議するようにとの通達が出されている。このため明治十五年三月別子の重任局を本店の重任局の分局とする改正が行われ（第3図参照）、さらに二十四年十一月には神戸支店にも重任分局が設置された（第4図参照）。これは重任局という横割りの組織によって別子鉱山や神戸支店の独走をチェックしようとしたものと思われる。五月上等の月給が引き下げられた（一等一五〇円、二等一〇〇円、三等七〇円）。広瀬は十年五月上等外一等に昇格し、十月上等が上等と改称された後も自主的に三等の一〇〇円のまま据え置いていた。上等の雇人は廣瀬のみであったから廣瀬は自分の考えで自由にできたが、伊庭が等内一等で入社して、上等三等に昇格するのは時間の問題であったから等内とのバランスを考慮した上等の俸給見直しが行われたものとみられる。またこの年の年末から月給とは別に賞与制度が始まったことも、従来の上等の月給には賞与的要素が加味されていたので是正する意味があったとも考えられる。

明治十三年七月前年十月野村撲一郎から買収した西京製絲場が開業した（四-三）西京製絲場・近江製絲場」参照）。八月朝鮮釜山支店の下に元山分店が設置され、翌十四年三月同分店は支店に昇格した（四-四）朝鮮釜山支店・元山支店」参照）。十四年五月元東京師範学校校長田邊貞吉が住友本店に入社した。六月本店各課及び各店で家業全般に関する「考課状」を作成することを決定した。その内容として①営業の景況、②金銀の出納、③財産（土地・株券・家屋・所有品の類）及び売買品の現在高、④将来営業上の目的、⑤土木着手の景況及び家屋その他の営繕、⑥諸成規の新設改廃、⑦雇人の進退、⑧非常の事件の八項目が上げられていた。

第1表　住友本店傭員表

(単位：人)

等級 店部	高等			等内										その他	計
	1等	2等	3等	1等	2等	3等	4等	5等	6等	7等	8等	9等	10等		
明治13年1月															
本　　店	1			1	1	1		2	2		1	4	6	1	20
本家詰									1		1				2
山本新田												1			1
白水丸									1	1	1				3
八弘社詰											2	1			3
神戸支店								1			1				2
釜山支店									1	1		2			5
別子鉱山				1	1	1	3	4	11	9	15	17			62
計	1			2	2	2	5	8	15	13	21	22	6	1	98
明治16年10月															
本　　店	1		1	1	1		2	1	2	2	2	5	2		20
本家詰								1			2				3
山本新田												1			1
船舶							1			3		4			9
西京製糸場										1	1				2
神戸支店								1			1				2
別子鉱山				1	2	2	2	5	9	20	17	9			67
計	1		1	2	3	2	5	8	12	26	23	19	2		104
明治22年2月															
本　　店	1	1		1		2		1	4	4	5	6	1		26
本家詰									1		1	1			3
蔵目喜鉱山				1			1			1	1	1			4
近江製糸場								1		2		1			4
神戸支店							1	1	3	1	3	1			10
別子鉱山			1		1	1	2	5	10	10	21	14	4		69
計	1	1	1	2	1	3	4	8	19	18	29	24	5		116
明治25年12月															
本　　店	1	1	(1)		1	3		3	2	5	5	6	1		28
本家詰									1		1				2
蔵目喜鉱山											1	1			2
近江製糸場								1		1	1				3
樟脳製造場								2							2
神戸支店			1						1	3		3		1	11
尾道支店									1			2			3
別子鉱山			1		3	2	2	9	9	12	26	17		4	85
計	1	1	2		4	5	2	17	14	20	35	29	1	5	136

註：1．「高等」は明治13年、16年、22年については「上等」である。
　　2．「その他」は明治13年は「海外留学」、25年は「養成生」である。
　　3．（　）内は兼務者を示す。
　　4．明治25年の技術員は等内何級と称したが、便宜的に同一の等に含めた。
出典：傭員本家等級表(明治九年乃至同三十年)

序章　住友本店

前年四月国会開設の論議に対し、政府は集会条例を制定してこれを禁圧した。このため諸政治結社は活動の自由を奪われ、彼等は国会、憲法等について理論的な研究に傾斜していった。こうした動きに即して、住友本店でも、八月上記田辺に対し特命として明治初年以来の諸規程の整備が委嘱され、十月にその原案が作成された。

明治十五年三月田邊の原案を元に住友家法が制定された。(３)これは従来の諸規則を全一九款(家憲・職制・事務章程・雇入及等級・身元金・俸給・休暇・旅費及滞在日当・賞与例・責罰例・致仕慰労金・末家・船舶規程等)に集大成したものである。職制では本店に重任局、別子にその出先である分局を置き、総理代人を総理人と改称、支配人の下に副支配人・理事を置いた(第3図参照)。明治十五年前後の住友本店の傭員数は一〇〇人前後で二割が大阪の本店、六割が別子という構図で、別子には大阪の本店の三倍以上の職員が勤務していた(第1表)。

㈢　家法・家憲の分離

明治十六年五月住友本店は朝鮮釜山及び元山支店を閉鎖し、朝鮮貿易から撤退した。十七年五月浅田元吉から大阪島屋新田及び恩貴島新田計六〇町三反三畝を四万七〇〇〇円余で購入、大阪における住友家所有の田畑は二五〇町歩に達した。この年から会計年度が従来の「一月～十二月」から「十二月～翌年十一月」に改められた。

十九年九月住友製絲場(元西京製絲場)を売却し、翌二十年十月滋賀県坂田郡醒井村に近江製絲場を開設した(「四㈣　西京製絲場・近江製絲場」参照)。また神戸支店は同月製茶及び樟脳の輸出を開始した(「四㈤　神戸支店　2　製茶、3　樟脳」参照)。さらに住友本店は山口県蔵目喜鉱山を買収し、稼行を開始した(「四㈠　蔵目喜鉱山」参照)。こうした動きは別子依存の体質を打破したいとする廣瀬の施策の一環とみられるが、十二月廣瀬宰平は本店において雇人一同に対しさらに一層の努力を要請した(資料1)。

明治二十一年四月家長友親病気のため長男友忠が第一三代家長となった。

明治二十二年五月廣瀬幸平は夫人同伴欧米視察に上がり、十一月帰国した。なおこの際別子理事大島供清が随行を願い出て許されないのに勝手に乗船し、サンフランシスコから帰国を命ぜられるという事件が起こり、大島は翌二十三年一月理事を免職となって、後年の両者の対立の火種を残した。十月神戸市に神戸支店所管の下に樟脳製造場が開設された（〔四（一）神戸支店　3　樟脳」参照）。

明治二十三年三月神戸支店は支店長制を廃止して、重任分局が置かれ、本店副支配人田邊貞吉が重任分局員兼神戸支店副支配人となった。五月別子開坑二百年祝賀会が新居浜で、十月には大阪鰻谷住友本邸で開催された。しかしその直後十一月に前家長友親が四八歳で逝去、次いで家長友忠も大阪での式典から帰京の途中発病し、一九歳の若さで急逝した。このため十二月友親夫人で友忠の母登久が第一四代家長となった。また会計年度が従来の「十二月～翌年十一月」から「十一月～翌年十月」に改められた。

明治二十四年十一月住友家法を大幅に増補改訂し、第一篇「一般ノ規程」（一七章）・第二篇「各部ノ規程」（六章）並びに「附則」に改められた。また傭員の上等は高等と改称された（第4図参照）。この際従来の家法第一款「家憲」を家法から分離独立させ、同時に家憲にあった三カ条をつぎのように家法第一款第一章「営業要旨」にまとめた。これは大日本帝国憲法が前年の明治二十三年二月十一日公布された際、皇室に関する綱領は憲法と分離され皇室典範が制定されたことに倣ったものと思われる。

「営業要旨」

第一条　我営業ハ信用ヲ重ジ確実ヲ旨トシ、以テ一家ノ鞏固隆盛ヲ期ス。

序章　住友本店

第二条　我営業ハ時勢ノ変遷、理材ノ得失ヲ計リ、弛張興廃スルコトアルベシト雖モ、苟モ浮利ニ趨リ軽進スベカラズ。

第三条　予州別子山ノ鉱業ハ我一家累代ノ財本ニシテ、斯業ノ消長ハ実ニ我一家ノ盛衰ニ関ス。宜シク旧来ノ事蹟ニ徴シテ将来ノ便益ヲ計リ、益盛大ナラシムベキモノトス。

(四)　廣瀬宰平の引退

明治二十五年一月広島県御調郡尾道町に尾道支店が開設された。前年十一月神戸・尾道間に山陽鉄道が開通し、大阪と新居浜を結ぶ要衝となったことによる（「四(六)尾道支店」参照）。四月徳大寺公純六男隆麿を故住友友忠妹満壽に配し、住友家の養嗣子とした。隆麿は翌二十六年四月第一五代家長となり、吉左衛門を襲名し友純と名乗った。住友本店の傭員数は二〇年代の伸張を反映して二十二年初の一一六名から二十五年末には一三六名に達したが、別子は依然として大阪本店の三倍の傭員を擁していた（第1表）。

明治二十六年九月新居浜四カ村の農民が愛媛県庁に煙害問題を提訴し、十月新居浜分店に対し溶鉱所の操業停止もしくは移転を要求し、ここに煙害問題が起こった。十一月住友本店は福岡県庄司炭坑を買収し、さらに二十七年四月忠隈炭坑を買収し、五月には若松炭業事務所を設置して炭鉱経営に進出した（「四(七)庄司炭坑・忠隈炭坑」参照）。七月別子支配人久保盛明が退職し、本店支配人伊庭貞剛が後任となり、伊庭の後任には八月神戸支店支配人大島供清が、それ以来機会ある毎に廣瀬宰平吉が就任するという一連の人事が行われた。これは一月に別子を退職した大島供清が、それ以来機会ある毎に廣瀬宰平の独断専行を糾弾し続けたためであった。久保は廣瀬と縁戚関係にあって攻撃の対象とされ、伊庭も廣瀬の血縁であったので事態収拾に動くことができなかった。友純は十月実兄西園寺公望に善後措置を相談し、十一月遂に廣瀬は総理人

を辞職した。後任の総理人の任命はなく、別子支配人の伊庭が事実上の統轄者となった。

(資料1)

　　　　口　演

老生昨日帰坂本年度諸決算表ヲ査閲スルニ、各課店ノ収益概ネ客年度ニ比シテ多少ノ増多ヲ視ルモノ、蓋シ其偶然ニ非ラサルヲ知ル。抑モ頻年不振ノ商況稍々挽回ノ色ヲ呈ストエフモ、末タ全ク沈滞ノ域ヲ脱セス。諸般ノ利子等モ尚ホ卑下ニ居リ収益ノ難キ言ヲ俟タス。然ルニ今此好報ニ接スルヲ得ルモノ、職トシテ諸子ガ拮据精励ノ成果ニ由ラズンバアラス。宰平実ニ感喜ニ耐ヘザル所ナリ。依テ茲ニ聊カ賞金ヲ付与シ、諸子積日ノ労ヲ慰ス。却説前日来諸子ト共ニ憂慮セシ家長殿ノ御宿痾モ不幸ニシテ荏苒今ニ回復ニ至ラス。当時尚ホ御臥蓐ニ在リ。乃チ諸子ガ忠勤勉励ノ状ヲ親シク上申スルニ由ナク、独リ老生カ視察励セサルヲ得サルノ外道ナシ。是レ寔ニ止ムヲ得サルニ出ツト雖モ、当任ノ責重且大ナリ矣。故ニ諸子ノ功労ヲ視察丁寧反覆審思熟慮シ、公平虚心ヲ以テ処理シ、其当ヲ得ルヲ期スルト雖モ、尚ホ或ハ諸子ニ満足ヲ与ヱサラン事ヲ是レ老生カ日夜憂慮スル処ナリ。願クハ諸子幸ニ此意ヲ諒セヨ。今也本店全体ノ状態ヲ顧ミレハ、規模年ニ月ニ拡暢シ、神戸ニハ委託販売、江州ニハ製糸ノ事業ヲ興起ス。是レ諸子ノ一致協力ヲ要スルノ秋ニシテ、老生カ特ニ諸子ノ精励主務ニ従事セン事ヲ深ク希望スル所ナリ。茲ニ今日聊カ所見ヲ演ル此ノ如シ。時将サニ寒シ。諸子幸ニ自愛セヨ焉。

　　明治二十年十二月十八日

　　　　　　　　　惣理代人
　　　　　　　　　　廣瀬　宰平

序章　住友本店

二　業　績

　住友本店の損益計算は、毎日の現金の出入りが勘定科目毎に仕訳されて金銭出納簿と金銭仕訳簿に記帳された後、金銭仕訳簿から損益勘定科目を集計した損益表によって知ることができる。また明治十四年からは家法制定作業の一環として各店部毎に考課状が作成されることとなり、住友本店についても本店会計方が作成していた。住友本店の決算期は、明治十六年までは一～十二月決算であったが、十七年から十一月決算となり、さらに二十四年から十月決算となった。
　これは年末には来年の見通しを立てる上で決算数字を得たいという必要から、決算月が繰り上がったものである。
　これらの帳簿からも明らかな通り、住友本店の取引の基本は現金主義であり、明治十年第一国立銀行、三井銀行、十一年第十三、十二年第百四十八、十三年第三十二、十四年第五、第四十二、十五年第五十八、第百三十、十六年逸見、十八年日本、二十六年第三の計十二行と当座取引約定書を交わしていたが、原則として銀行借り入れは行わない方針であった。このため起業や投資はあくまで自己資金の範囲内で行われており、例えば明治十八年末別子支配人久保盛明は廣瀬に随行し、福岡県三池炭坑を視察し、廣瀬に対し払い下げ上申書を提出したが、廣瀬はおそらく資金的な理由でこれに応じなかった。結局三池炭坑は明治二十二年三井組が三井銀行から即納金一〇〇万円を借り入れ、払い下げを受けることになるのである。
　住友本店の損益は、大阪本店の純益に別子鉱山、神戸支店等の各店部の純益を合計して示される（第2表）。すなわち住友本店の利益は、その大半を別子鉱山に依存しているといっても過言ではなく、大阪本店は別子から、明治八、九年は定額三万円、十、十一年は定額五万円、十二～十四年は別子純益の七割、十五～二十年は銅価の急落により別子が赤

第2表　住友本店損益表

(単位：円、円未満切り捨て) (1)

	明治8年	同9年	同10年	同11年	同12年	同13年	同14年	同15年	同16年	同17年
大阪本店利益計	4,804	9,972	21,097	20,933	21,659	34,905	44,822	61,391	47,248	66,198
会計課・本店利	3,323	4,239	3,420	5,748	4,774	11,236	14,172	16,063	8,843	9,537
公債利			1,584	4,594	6,398	4,995	3,583	3,691	6,454	5,765
貯蓄公債利										5,267
会社利		2,447	5,380	5,260	6,555	7,378	9,010	30,847	5,893	11,248
庶務課・田地利	253	1,644	1,041	2,264	6,339	8,283	13,915	3,550		9,677
田地抵当利			1,471	1,522	2,166	2,062	3,097	3,392	8,679	8,414
貸家利	427	1,041	1,144	1,543	1,979	948	1,042	3,489	3,131	2,670
商務課・北海売買利								356		
質物貸金利									14,245	13,111
商務益金										450
吹　　　　所	800	600	7,055							
そ　の　他										55
大阪本店損失計	21,138	46,450	43,800	29,134	50,345	60,548	61,295	73,302	71,141	34,519
本　店　費	1,895	4,691	5,906	1,127	1,469	1,876	2,747	2,326	2,111	793
交　際　費				458	1,087	1,023	3,105	1,108	1,417	957
旅　　　費				1,350	1,276	3,067	1,857	2,257	2,604	860
月　　　給				4,315	4,832	5,586	7,194	8,192	6,567	5,279
賞　　　与					25,581	22,937	23,490	38,310	35,082	6,069
普　請　費	2,810	3,145	831	198	349	688	247	307	170	884
諸々利払	642	1,108	1,072	1,850	1,712	3,142	2,656	1,864	4,004	568
臨　時　費	9,420	11,050	2,036	10,802	235	2,876	1,223	601	952	1,468
本　家　費	6,370	6,724	5,097	9,031	12,799	14,708	18,773	18,308	18,229	16,924
家督附与金					1,000	3,825				
会計雑費										96
庶務雑費										61
商務雑費										70
特別損失		19,729	30,892							
うち古貸整理		19,729	15,492							
回天丸			15,399							
そ　の　他						817		25		486
差引大阪本店純益	△16,334	△36,477	△22,702	△8,200	△28,685	△25,643	△16,473	△11,911	△23,892	31,679
店部利益計		99,399	106,158	124,621	136,261	118,366	199,040	170,973	192,543	190,897	12,425
別子鉱山利		99,086	104,548	111,483	130,083	98,674	201,641	145,887	178,915	196,774	△2,029
うち大阪本店送金分		30,000	30,000	50,000	50,000	69,072	141,149	102,121	178,915	196,774	0
別子積立分		69,086	74,548	61,483	80,083	29,602	60,442	43,766	0	0	△2,029
神戸支店利				1,130	2,033	3,274	2,643	4,502	3,405	2,877	1,944
朝鮮釜山支店利					976	13,361	1,714	15,388	2,353	△7,737	
元山支店利								1,247	2,130	3,705	
白水丸利		312	1,609	12,008	3,167	3,055	△5,704				
安寧丸利								5,150	7,000	1,310	11,510
康安丸利								1,100	2,890	△2,916	241
九十九丸利									883	△1,587	307
西京製絲場利						△1,254	△1,055	△6,283	△1,528	450
住友本店純益		83,064	69,680	101,919	128,060	89,680	173,397	154,499	180,632	167,004	44,105
うち別子純益積立分		69,086	74,548	61,483	80,083	29,602	60,442	43,766	0	0	△2,029
同大阪本店送金分		30,000	30,000	50,000	50,000	69,072	141,149	102,121	178,915	196,774	0
別子以外純益計		△16,022	△34,867	△9,563	△2,022	△8,994	△28,244	△8,612	1,716	△29,769	46,134

序章　住友本店

		明治18年	同19年	同20年	同21年	同22年	同23年	同24年	同25年	同26年	同27年
大阪本店利益計		77,453	70,725	96,807	97,961	109,933	146,622	80,882	122,701	106,730	146,648
会計課・本店利		11,806	6,291	7,487	10,169	15,230	14,353	10,025	17,598	5,900	2,610
	公債利	7,503	11,115	14,667	13,121	12,607	12,382	12,063	25,476	8,091	9,171
	貯蓄公債利	12,697	10,336	9,984	13,078	12,588	13,384	11,688	14,940	15,103	21,601
	別口貯蓄公債利						11,427				
	会社利	10,856	11,895	26,265	11,063	12,425	10,327	11,593	19,480	31,669	52,743
庶務課・田地利		3,190	4,474	6,189	6,050	4,610	6,480	10,571	11,179	8,473	12,006
	田地抵当利	3,433	2,613	837	355	1,338	1,397	1,932	1,585	1,046	1,419
	貸家利	2,378	2,669	2,708	3,239	3,757	14,061	6,174	7,432	6,893	7,477
	地所売買利				749	1,130					
	常安橋抱屋敷利						1,333				
	家質貸金利						2,286	2,565	4,573	4,244	4,383
商務課・質物貸金利		24,600	19,772	28,346	39,514	44,867	30,610	13,474	19,811	24,630	34,075
	聯合銅売買利						26,641				
	商務益金	987	1,544	319	606	1,296	1,928	556	613	677	1,158
その他			12		12	80	6	236	10		
大阪本店損失計		69,413	60,960	88,175	87,552	93,553	189,979	83,530	122,726	104,025	91,338
本店費		974	1,031	1,264	1,797	2,184	1,681	1,592	1,803	2,231	2,097
交際費		1,081	992	2,775	909	1,331	876	518	217	1,161	1,207
旅費		620	453	5,023	766	1,492	862	1,516	1,050	844	812
月給		5,301	5,227	6,317	6,622	8,096	7,605	6,940	7,059	5,917	5,211
賞与		28,664	32,209	23,678	22,402	30,018	36,946	38,175	45,322	7,206	6,340
普請費		397	259	70	128	170	156	62	39	80	229
諸方利払		2,362	3,013	4,900	7,320	8,080	11,083	9,252	11,158	15,210	13,567
臨時費		4,455	1,527	24,687	30,111	27,326	34,026	7,105	9,418	6,709	11,913
本家費		22,371	16,123	19,317	17,435	14,790	56,537	18,239	41,736	59,052	43,554
会計雑費		128	63	72	57	64	114	113	78	112	109
商務雑費		107	60	65			26	14	33	772	843
神田抱屋敷									631	164	494
所得税									4,178	4,560	4,957
特別損失		2,947					40,061				
うち諸償還(却)		2,947									
質物貸金損金							40,061				
差引大阪本店純益		8,039	9,765	8,632	10,409	16,379	△43,357	△2,648	△24	2,705	55,309
店部利益計		46,609	68,735	139,416	290,188	253,335	258,638	200,352	40,349	304,133	440,712
別子鉱山利		43,084	68,233	137,077	278,947	231,593	197,389	176,633	△8,640	219,008	362,100
うち大阪本店送金分		43,084	68,233	137,077	58,354	57,978	49,985	50,156	0	52,221	0
別子積立分		0	0	0	220,593	173,615	147,404	126,477	△8,640	166,787	362,100
神戸支店利		2,353	502	2,339	6,404	16,741	38,387	36,121	40,138	56,753	58,159
朝鮮釜山支店利		△465									
九十九丸利		1,806									
西京製糸場利		△169									
蔵目喜鉱山利					4,837	3,640	22,861	8,031	不詳	11,222	7,621
近江製糸場利							△20,434	8,702	17,148	5,929	
尾道支店利									149	不詳	6,902
住友本店純益		54,649	78,500	148,049	300,598	269,714	215,281	197,704	40,325	306,838	496,022
うち別子純益積立分		0	0	0	220,593	173,615	147,404	126,477	△8,640	166,787	362,100
同　大阪本店送金分		43,084	68,233	137,077	58,354	57,978	49,985	50,156	0	52,221	0
別子以外純益計		11,564	10,267	10,972	10,409	38,120	17,891	21,070	48,965	87,829	133,922

註：第9表以下の各店純益と合致しない場合は、末岡照啓「大隈・松方財政期における住友の経営特質」(「住友史料館報」第38号)参照。

出典：各年純益之表、考課状、金銭仕訳簿、会計原簿から作成

字となった十七年を除き、松方デフレの影響もあり別子純益の全額の送金によって支えられていた（別子鉱山の損益については『住友別子鉱山史』上巻参照）。先に述べた通り二十年末に廣瀬は大阪本店の一同に一層の努力を促したが、大阪本店が別子依存を脱却するのはようやく二十一年からといっても差し支えないのである。

大阪本店としては、江戸時代における別子鉱山の荒銅を大阪長堀（明治五年町名が鰻谷東之町と改称された）の吹所で製銅として、銅座に納入するという図式が、維新後別子から製銅が直接神戸支店へ送られ外国商館へ販売されることとなって、大阪本店が銅ビジネスから疎外される事態となり、それに代わる新たな事業を模索せざるを得なくなったのである。

このため廣瀬は明治八年白水丸を購入したのを始め、次々と船舶を入手し海運業に進出し、一時はこれが住友本店の収益の柱になるかと思われたが、中小船主による過当競争のため、大阪汽船取扱会社による共同運航に至り、最後は大阪商船会社の設立に集約され、廣瀬はその頭取に就任したものの、住友本店のビジネスからは外されてしまった。また明治十一年には朝鮮釜山に出店して朝鮮貿易に進出し、十三年には元山にも分店を出し一時は利益も上がったが、十六年には不振に陥り撤退を余儀なくされた。さらに十三年末の廣瀬の退職時にはいずれも未だ損益に寄与する段階に至っておらず、福岡県庄司・忠隈の両炭坑も買収したばかりで未知数であり、この結果別子鉱山と神戸支店の他に見るべき事業は見当たらないという状況にあった。

それでは大阪本店は何によって利益を上げていたのであろうか。当初は会計方（明治十五年の家法制定により課制となる。第3図）が縁故者に対する無担保貸付の利子や銀行預金の利息による本店利とか住友家から引き継いだ田地利（田地方の小作収入）や貸家利（貸家方の家賃収入）であった。

その後先に述べたとおり島屋新田や恩貴島新田を買収し住友家の所有田畑は二五〇町歩に達したが、自ら大規模な不動産及び天王寺一〇町余）や家屋（鰻谷、富島等一〇ヵ所）による田地利（田地方の小作収入）や貸家利（貸家方の家賃収入）であった。

一七

序章　住友本店

産経営に乗り出そうとはしなかった。他方商務関係では売買方が九州の石炭取引に手を出したり（石炭の輸送に自社船を使用した）、回漕方が汽船の荷客取り扱いを行い、貿易方が朝鮮貿易の受け皿となるとか、生糸方を置いて西京製絲場の生糸を取り扱うなど店部と連繋した種々の取引を試みたが成功しなかった。本店会計課はその資金を庶務課と商務課に社内金利をとって貸し付けるようになり、自らも公債（公債利、運用に廻さない公債は貯蓄公債に分類されている）による運用や株式に対する投資（会社利、配当金だけではなく株式売買益、当該会社に対する融資利息、役員報酬や出向社員の給料戻入等も含む）も行うようになった（第3表）。

庶務課は会計課から得た資金を、田地方が田畑を担保として融資し（田地抵当利）、貸家方が家屋を担保に貸し付け（家質貸金利）、利益を上げるようになった。一方商務課もまた会計課からの資金借入により並合方が有価証券や商品を担保

(単位：円、円未満切り捨て)

同14年	同15年	同16年	同17年
104,344	167,454	239,388	414,326
189,370	200,744	234,588	319,401
11,219	66,233	△11,428	55,159
△124,320	△114,827	△90,065	12,738
28,343	48,600	354	
19,901	42,450		
26,199	36,014	27,997	31,767
32,336	25,336	24,140	
18,570	18,570	13,940	
10,186	10,086	12,202	10,674
43,845	51,787	29,613	31,901
10,848	3,223	12,311	4,745
16,801	18,972	130,031	△27,498

同24年	同25年	同26年	同27年
703,371	761,296	877,171	969,179
453,043	509,802	430,837	414,692
699,033	687,282	616,831	653,880
535,239	527,274	437,817	443,529
	40,765	66,285	98,103
166,052	126,531	114,638	114,943
△2,257	△7,288	△1,910	△2,696
160,773	188,743	215,006	177,549
9,044	43,436	14,861	25,836
△7,871	44,538	16,865	148,543

第3表 投融資・店部勘定残高表

	明治8年	同9年	同10年	同11年	同12年	同13年
有価証券	57,737	59,137	87,611	108,778	175,004	99,004
貸付金	26,873	47,711	86,237	83,184	100,012	128,366
店部勘定計	△30,379	△11,506	△75,834	△190,916	9,821	△60,551
神戸支店	△57,913	△34,110	△75,834	△190,916	△27,680	△188,142
釜山支店					35,214	68,276
元山支店						
西京製絲場					2,286	21,828
白水丸	△312	△1,609				
廻天丸	27,846	24,213				
安寧丸						37,486
康安丸						
九十九丸						
(参考)						
預リ金	36,760	31,490	30,441	32,464	24,031	36,225
現金	5,642	4,277	7,111	4,040	1,873	5,379
預金	0	△20,450	26,489	30,809	762	53,565

	明治18年	同19年	同20年	同21年	同22年	同23年
有価証券	498,673	498,975	483,339	516,399	606,557	659,559
貸付金	383,215	523,347	601,398	542,548	604,817	386,891
店部勘定計	△43,612	△155,023	△73,061	89,991	290,399	640,897
神戸支店	△81,417	△174,083	△121,436	△76,312	136,926	471,493
尾道支店						
西京製絲場	31,174	19,059	18,159	17,082		
近江製絲場				103,001	111,746	162,081
蔵目喜鉱山			30,215	46,220	41,725	7,322
九十九丸	6,630					
(参考)						
預リ金	46,591	51,907	89,538	92,193	161,799	167,199
現金	31,533	11,535	11,889	13,371	29,442	24,260
預金	14,129	△16,653	△22,969	5,610	△8,927	3,384

註：△「預金」では当座借越、「店部勘定」では本店の受取超過を意味する。
出典：第2表に同じ

序章　住友本店

に融資して(質物貸金利)、利益を拡大していった。神戸支店においてさえも別子銅の販売手数料の他に、明治二十一年以降製茶や樟脳の輸出に乗り出したが、これらはすぐに収益に結びつくものでもなく、むしろそれをカバーするために始められた有価証券や商品、不動産を担保にとった融資つまり並合の方で利益が伸張していった。この結果神戸支店は別子銅の販売だけを行っていた時は、別子は独立採算で大阪本店と別子の間に勘定が無いので銅売上代金は神戸支店の勘定を通じ一度大阪本店へ付け替えられ、その中から別子への支払分が神戸支店へ戻され神戸から別子へ送金されていた。従ってこの間にタイムラグがあり、神戸支店の勘定は本店の受払超過となっていたが、製茶・樟脳・並合の業務を開始すると銅代金の運用では間に合わなくなり、神戸支店に対する大阪本店からの融資が拡大していった。

大阪本店では一部退職幹部の末家家督金や職員の身元金・積金等の預り金は含まれるものの、原則自己資金の五〇～六〇万円の貸付による受取利息がその主要収益源であり、しかもその大半が商務課並合方に集中し、融資額に対し一割前後の利益を上げていた(第4表)。しかし明治二十三年の恐慌により後述するように田中甚兵衛等六名に対する融資一二万七〇〇〇円余が焦げ付いた。この処理は二十六年までかかり担保の株式二〇〇株余のうち処分できなかった一四〇〇株余を会計課が六万七〇〇〇円余で引き取りようやく決着した。この間外部的には会計課の有価証券投資や神戸支店・尾道支店への資金投入により生じた商務課自体の資金的な制約のために商務課の貸出は伸び悩んだ。こうした商務課の並合業務の停滞を背景に明治二十八年四月本店商務課長岡素男と尾道支店長上村喜平(元商務課次長、二十五年六月山陽鉄道の開通により設置された尾道支店でも上村は並合業務を開始していた)の両者は期せずして住友銀行設立の意見書を提出した。住友家の個人財産での並合業では資金量に限界があり、また法的に倉荷証券に対する融資が出来ないという制約もあるので、大衆の預金を吸収することができ並合としての制約のない銀行の設立は不可欠であるという意見であった。おそらく明治十九年岡が商務課長に、二十三年上村が同次長

第4表　貸付金明細表

(単位：円、円未満切り捨て)

期　　末	合　　計	会計課貸付	田地抵当	家質貸金	質物貸金
明治8年12月末	26,783				
9年12月末	47,711				
10年12月末	86,237				
11年12月末	83,184				
12年12月末	100,012				
13年12月末	128,366				
14年12月末	189,370	27,194	25,666	0	136,509
15年12月末	200,744	48,688	95,875	0	56,181
16年12月末	234,588	28,212	73,682	0	132,693
17年11月末	319,401	43,264	35,662	0	240,474
18年11月末	383,215	106,185	22,605	0	254,424
19年11月末	523,347	20,747	9,645	0	492,955
20年11月末	601,398	21,417	4,968	0	575,012
21年11月末	542,548	22,233	12,109	0	508,205
22年11月末	604,817	34,979	15,180	0	554,657
23年11月末	386,891	27,952	21,180	23,630	314,128
24年10月末	453,043	32,445	22,570	30,650	367,377
25年10月末	509,802	32,103	13,660	50,050	413,988
26年10月末	430,837	32,214	8,950	42,200	347,473
27年10月末	414,692	50,814	12,000	56,700	295,177
28年10月末	602,171	63,006	9,980	37,700	491,489

出典：第2表に同じ

となった後機会ある毎に、廣瀬に対し銀行設立を具申していたものと思われるが、廣瀬はこれを抑えていたのであろう。銀行設立といっても独立した企業体ではなく、住友本店銀行部にすぎないが大阪本店にとってはこうした並合業に代わるべき事業が他に見当たらなかったからである。二十七年末廣瀬が退陣して、伊庭貞剛が実質的な二代総理事に就任すると上記の通り二人は早速銀行設立の意見書を提出し、十一月に住友銀行は住友本店の銀行部としてではあるが、大阪本店からは独立した店部となった。廣瀬から伊庭に代わって如何にしてこれが可能となったのか、それが次節「住友本店（下）」の課題である。

なお明治二十年三月十九日公布された勅令第五号所得税法により、年間三〇〇円以上の所得のある者は所得金を届け出て、所

序章　住友本店

得税を納付する（所得金額三万円以上の税額は三％）こととなった。実際の毎年の納付額は第2表では二十四年まで「臨時費」の科目に含まれ、二十五年以降の「所得税」の科目には加算された附加税が含まれる上、上半期と下半期に分けて納付するため各年の合計金額は一致しない。

三　投資活動

住友本店が保有する有価証券は、発足当初の明治八年末の六万円弱から二十七年十月末には一〇〇万円近く一七倍も増加した（第3表）。その内訳は当初公債が主体であったが、明治十三年に評価替えが行われた後は主として貯蓄公債（明治八年友親が開設した積立金貯蓄口の運用）や身元金公債（職員の預り金の運用）に向けられ、株式投資が増加していった（第5表、第6表）。その流れは、明治八年から十二年に至る企業の揺籃期に五社、十三年から十六年の勃興期に一七社、十七年から二十年の間の松方デフレによる沈滞期に二社、二十一年以降の隆盛期に二八社（但しそのうち六社は貸付金の担保流れで、当初から投資を意図したものではない）の四期に大別される。

	同15年	同16年	同17年
(単位：円、円未満切り捨て)
	167,454	239,388	414,326
	48,523	102,951	244,990
	3,985	2,038	116,105
	42,617	96,088	121,033
	2,217	4,824	7,851
	0	0	0
	2,531	2,413	3,313
	98,211	115,717	169,336
	1,443	1,320	1,253
	36,075	33,000	31,325
	8	0	
	800	0	
	28	28	28
	11,460	11,460	11,460
	50	0	
	2,820	0	
	47	47	47
	4,700	4,700	4,700
	15	13	13
	1,500	1,300	1,300
	80	80	40
	8,620	8,686	4,375
	100	205	205
	10,000	20,500	20,500
	5	0	
	250	0	
	5	5	0
	75	250	0
	400	0	
	4,000	0	
	10	10	10
	350	350	350
	5	5	5
	125	125	125
	250	250	250
	10,000	20,000	25,000
	40	40	40
	4,000	4,000	4,000
	50	50	25
	3,685	4,745	2,500
			25
			500
		300	300
		4,500	9,000
		20	20
		400	400
		10	10
		200	200
		30	30
		1,500	3,000
			1,012
			50,600
	20,720	20,720	0
	20,720	20,720	0

第5表 有価証券期末残高明細表(1) 明治8〜17年

		明治8年	同9年	同10年	同11年	同12年	同13年	同14年
有価証券計	円	57,737	59,137	87,611	108,778	175,004	99,004	104,344
公　債	円	57,737	54,900	78,287	84,244	136,897	47,658	47,877
諸公債	円							
貯蓄公債	円							
身元金公債	円							
社　債	円	0	0	0	0	0	0	0
株　式	株	11	29	58	209	258	385	806
（額面）	円	0	4,237	9,324	24,534	38,107	51,346	56,467
八弘社	株	11	29	48	49	49	54	59
（0）→（25）	円	0	4,237	8,324	8,534	8,534	9,730	12,053
兵庫米商会所	株			10	10	10		
（100）	円			1,000	1,000	1,000	0	
大阪株式取引所	株				150	148	113	8
（100）	円				15,000	14,800	11,300	800
堂島米商会所	株					31	28	28
（100）	円					12,693	11,460	11,460
第三十二国立銀行	株					20	20	50
（50）	円					1,080	1,080	2,820
硫酸製造会社	株						55	47
（100）	円						5,500	4,700
東京海上保険会社	株						15	15
（100）	円						1,500	1,500
横浜正金銀行	株						100	80
（100）	円						10,775	8,620
大阪製銅会社	株							100
（100）	円							10,000
大阪汽船取扱会社	株							4
（50）	円							200
同盟汽船取扱会社	株							
（50）	円							
関西貿易社	株							400
（100）	円							4,000
硫酸瓶製造会社	株							10
（50）	円							250
機工会社	株							5
（50）	円							62
日本銀行	株							
（200）	円							
東京馬車鉄道会社	株							
（100）	円							
大阪紡績会社	株							
（100）	円							
同　新株	株							
（100）	円							
共同運輸会社	株							
（50）	円							
大阪倉庫会社	株							
（100）	円							
大阪融通会社	株							
（100）	円							
神戸桟橋会社	株							
（100）	円							
大阪商船会社	株							
（50）	円							
出　資								
大阪製紙所	円							

出典：「金銭仕訳簿」「会計原簿」

序章　住友本店

(一)　明治八年～十二年

　「八弘社」設立の経緯は次の通りである[5]。明治八年五月太政官布告により火葬禁止が解除されたのに伴い、吉田吉次郎外七名が個別に火葬場経営を大阪府に出願した。これに対し大阪府は八名の共同出願を命じ、彼等は「八弘社」として七月営業許可を取得した。この「八弘社」は株式会社ではなく、匿名組合のようなもので火葬契約証書なるものを八〇〇枚発行していた。しかし発足してみると大阪府の仕様による火葬場三カ所の建設には予想外に資金を必要とすることが判明し、十二月彼等は住友本店に援助を求めてきた。一万五〇〇〇円を融資し、火葬契約証書一一枚を無償で入手し、九年十月総理代人廣瀬宰平は社長に就任した。その後社長職は十年八月久保盛明（十一年一月本店店長）、十二年二月入社したばかりの伊庭貞剛（十二年五月本店支配人）、十四年四月加川勝美（本店支配人補助）と歴代住友職員が務めた。住友本店はその後「八弘社」の七三％まで支配を高めたが、十五年八月「八弘社」は組織を資本金七万五〇〇〇円の株式会社に

（単位：円、円未満切り捨て）

	同24年	同25年	同26年	同27年
	703,371	761,296	877,171	969,179
	424,824	456,844	474,843	530,433
	154,018	165,517	166,368	193,680
	270,806	291,327	308,475	336,753
	12,120	24,080	36,236	33,051
	4,476	5,138	7,666	10,093
	273,547	296,952	392,327	425,747
	312	312	312	280
	7,800	7,800	7,800	7,050
	24	24	48	43
	9,823	9,823	9,662	8,655
	4	4	0	0
	400	400	0	
	13	13	13	13
	1,300	1,300	1,300	1,300
	40	40	40	40
	4,310	4,310	4,310	4,310
	40	40	40	40
	4,000	4,000	4,000	4,000
	455	455	455	395
	20,686	20,686	20,788	18,047
	25	25	25	50
	1,000	1,000	1,000	1,000
	506	506	506	506
	90,942	90,942	90,942	90,942
	56	56	1,094	1,094
	5,600	5,600	45,107	45,107
	200	200	200	200
	10,000	10,000	10,000	10,000
	20	20	20	40
	800	800	1,000	1,200
	100	100	100	120
	4,010	3,010	3,010	3,700
	150	150	150	150
	3,750	3,750	3,750	3,750
	100	100	200	266
	5,000	5,000	4,822	6,472
			66	104
			1,650	520

二四

第6表　有価証券期末残高明細表(2)　明治18～27年

		明治18年	同19年	同20年	同21年	同22年	同23年
有価証券計	円	498,673	498,975	483,339	516,399	606,557	659,559
公　　債	円	295,427	308,016	368,118	386,173	397,363	423,829
諸公債		155,003	371,742	216,430	173,792	172,721	173,087
貯蓄公債		129,435	136,274	151,688	212,380	224,641	250,742
身元金公債		10,988					
社　　債	円	0	0	0	0	0	0
株　　式	株	3,389	3,598	1,758	2,182	3,176	3,132
（額面）	円	203,245	190,958	115,221	130,225	209,194	230,229
八弘社・大阪八弘会社	株	1,332	950	624	507	401	342
(25)	円	33,300	23,750	15,600	12,675	10,025	8,550
堂島米商会所・大阪堂島米穀取引所	株	28	28	28	28	28	25
(100)→(50)	円	11,460	11,460	11,460	11,460	11,460	10,232
硫酸製造会社	株	30	9	9	4	4	4
(100)	円	3,000	900	900	400	400	400
東京海上保険会社	株	13	13	13	13	13	13
(100)	円	1,300	1,300	1,300	1,300	1,300	1,300
横浜正金銀行	株	40	40	40	40	40	40
(100)	円	4,310	4,310	4,310	4,310	4,310	4,310
同　　新株	株				40	40	40
(100)	円				4,000	4,000	4,000
大阪製銅会社	株	205	205	205	205	305	466
(100)→(50)	円	20,500	20,500	23,985	22,550	28,350	21,187
同　　新株	株					3	
(50)	円					7	0
硫酸瓶製造会社	株	10	10	10	0		
(50)	円	350	350	350	0		
大阪窯業会社	株				25	25	25
(50)→(20)	円				750	1,000	1,000
日本銀行	株	250	250	250	250	250	506
(200)	円	25,000	25,000	25,000	25,000	25,000	90,942
同　　新株	株			68	54	166	0
(200)	円			5,510	9,450	43,358	0
東京馬車鉄道会社	株	40	0				
(100)	円	4,000	0				
大阪紡績会社	株	25	28	28	28	56	56
(100)→(50)	円	2,500	2,800	2,800	2,800	5,600	5,600
同　　新株	株	25		28	28	0	
(100)	円	2,500	0	280	2,100	0	
機工会社	株	5	5	5	0		
(50)	円	125	125	125	0		
共同運輸会社	株	300	0				
(50)	円	15,000	0				
日本郵船会社	株		200	200	200	200	200
(50)	円		10,000	10,000	10,000	10,000	10,000
大阪倉庫会社	株	20	20	20	20	20	20
(100)	円	400	400	600	800	800	800
大阪融通会社	株	10	0				
(100)	円	100	0				
大阪共立銀行	株				110	110	100
(50)→(30)	円				3,300	4,400	4,010
神戸桟橋会社	株	30	30	30	30	30	150
(100)→(25)	円	3,000	3,000	3,000	3,000	3,000	3,750
同　　新株	株				30	30	0
(100)	円				480	480	0
大阪商船会社	株	926	942	200	100	100	100
(50)→(25)	円	46,300	47,100	10,000	5,000	5,000	5,000
同　乙号通貨株	株	600	613	0			
(50)	円	30,000	30,600	0			
同　共同汽船株・通貨株	株		255	0			
(50)	円		9,312	0			
同　　新株	株						
(50)→(25)	円						

二五

変更した（住友本店の持株比率四八％）。株式会社となった後も二十二年一月谷勘治（本店理事）、二十三年一月服部裴（本家詰所、二十五年六月本店理事）と住友関係者が社長を続け、同社は二十六年七月社名を大阪八弘株式会社と改称した。この間同社の業績は順調に推移していた（第7表）。

「兵庫米商会所」は、明治九年八月「米商会所条例」の発布に基き次に述べる大阪の「堂島米商会所」等全国の米商会所とともに明治十年十一月設立された（資本金不詳）。住友本店は神戸支店が別子鉱山へ送る飯米を神戸で買い付けていた。

「堂島米商会所」は全国の米商会所に先駆けて、明治九年九月資本金七万五〇〇〇円で設立された。住友本店は当初これに関与していなかったが、明治十二年三月五株を買入れ、その後も買い増ししていった。廣瀬宰平によれば、明治十二年春五代友厚と会合し、五代が一部奸商の買い占めによる米価の高騰に売り方をもって立ち向かうことになった。

廣瀬はこの年別子積立金の一部一七万五〇〇〇円を臨時貢金と称して大阪に送金させているが、これは売り方の資金調

0			
0			
22	22		
385	385	0	
30	0		
3,000	0		
385	385	385	427
30,986	30,986	30,986	33,086
	42	42	213
	630	1,260	639
1,450	1,450	1,450	1,450
50,141	51,591	51,591	51,591
20	20	20	20
500	500	500	500
24	24	58	20
7,320	7,320	8,858	3,054
500	500	1,040	1,040
11,792	11,792	29,040	29,040
	98	98	198
	2,565	3,055	10,872
	142	142	142
	4,260	7,100	7,100
	20	20	20
	1,000	1,000	1,000
	50	50	50
	500	500	500
			35
			350
	340	290	290
	17,000	14,500	14,500
		114	114
		4,087	4,087
		21	42
		1,208	1,208
		100	100
		4,919	4,919
		20	20
		166	366
			50
			250
		410	410
		9,230	9,230
		76	76
		950	1,078
		300	300
		2,250	2,250
		312	502
		11,541	19,988
		44	44
		440	440
			100
			8,440
			200
			1,000
			100
			1,250
			30
			600
			300
			8,250
			400
			5,000
5,000	7,500	10,000	13,000
5,000	7,500	10,000	0
			12,000
			1,000

会社名	単位						
大阪電燈会社 (100)	株 円				100 1,500	80 4,000	60 4,500
大日本帝国水産会社 (50)	株 円				270 1,350	270 4,050	271 4,105
大阪織布会社 (100)	株 円				100 8,000	100 9,000	0 0
大阪石油会社 (100)	株 円					30 3,000	30 3,000
日本鉄道会社 (50)	株 円					315 23,934	334 28,173
同　新株 (50)	株 円						
九州鉄道会社 (50)	株 円					300 6,719	300 9,719
大阪坩堝製造会社 (25)	株 円						20 500
大阪株式取引所 (100)	株 円						30 9,150
山陽鉄道会社 (50)	株 円						
筑豊興業鉄道会社 (50)	株 円						
同　新株 (50)	株 円						
大阪毎日新聞社 (50)	株 円						
日本火災保険会社 (50)	株 円						
同　新株 (50)	株 円						
明治火災保険会社 (50)	株 円						
桑原紡績会社 (60)	株 円						
内外綿会社 (100)→(50)	株 円						
三重紡績会社 (50)	株 円						
同　第4回募集株 (50)	株 円						
同　第5回募集株 (50)	株 円						
日本舎密製造会社 (25)	株 円						
伝法紡績会社・福島紡績会社 (25)	株 円						
日本海陸保険会社 (25)	株 円						
浪華紡績会社 (40)	株 円						
同　新株 (40)	株 円						
大阪鉄道会社 (50)	株 円						
日本撚糸会社 (25)	株 円						
西陣撚糸再整会社 (50)	株 円						
大阪銅鉄取引所 (50)→(20)	株 円						
大阪時計製造会社 (50)	株 円						
大阪明治銀行 (25)	株 円						
出　資	円						3,500
(有)浪華蒔絵所	円						3,500
日本蒔絵(資)	円						
(資)大阪毎日新聞社	円						

出典：第5表と同じ

序章　住友本店

第7表　八弘社純益表
(単位：円)

	純　益
明治16年	8,114
17年	7,974
18年	11,086
19年	27,706
20年	8,118
21年	8,142
22年	8,681
23年	13,371
24年	11,957
25年	10,155
26年	12,120
27年	11,194

出典：八弘社関係資料

達の一環と思われる。事件は売り方の勝利に終わったが、買い方が米商会所幹部を告訴する騒ぎもあり、事態は紛糾した(7)。住友本店の持株のうち一〇株は十三年九月同所副頭取玉手弘通が頭取代理となった際、玉手に貸与され、玉手は十四年二月頭取に昇格した。明治二六年三月取引所法の発布によって、堂島米商会所は株式会社大阪堂島米穀取引所と改称し、玉手は理事長に就任した。この際資本金は一五万円に増資され、同時に額面も五〇円に変更された。

住友本店の持株四八株中二〇株は引き続き玉手名義とされている。

「大阪株式取引所」は、明治十一年五月株式取引所条例の発布によって、八月廣瀬宰平が五代友厚等と資本金二〇万円で設立し、廣瀬は副頭取に就任した。しかし廣瀬は十三年一月辞任し、肝煎の後任を本店支配人伊庭貞剛に譲った。

先に述べた堂島米商会所における米取引を巡る仕手戦の売り方の当事者であったためとみられる。同所は営業不振により十四年一月資本金を一〇万円に半額減資し、八月伊庭が辞任すると、住友本店は持株を処分した。しかしその後二三年一月神戸支店副支配人田邊貞吉が肝煎に就任したため、住友本店は再び同社の株式を取得した(8)。

「第三十二国立銀行」は明治九年八月改正国立銀行条例の公布後、大阪で続出した国立銀行の一つで、十一年二月平瀬亀之輔が資本金一三万円で設立した。住友本店は十二年十二月加入金として同行に払い込んでいるので、同行株主の五代友厚に勧められ、十三年一月の増資に申し込んだものと思われる。

（二）　明治十三年～十六年

「硫酸製造会社」は、造幣局が地金銀の分析に必要な硫酸を自給していたことから、この技術を基に明治十二年五月

資本金一〇万円で設立された。

「東京海上保険会社」は、渋沢栄一により明治十二年七月資本金五〇万円で設立された。廣瀬宰平は発起人に名を連ね、十四年三月には頭取に就任した。住友本店の出資は渋沢の勧誘によるものと思われる。

「横浜正金銀行」は、明治十二年十二月資本金三〇〇万円で外国為替専門銀行として設立された。住友本店では十三年六月同行神戸支店の開業に合わせて出資を決定し、第三回までの払込分六〇〇〇円を一括払い込んだ。

「大阪製銅会社」は、五代友厚により精銅、黄銅の板・棒・線の製造を目的として明治十四年三月資本金二〇万円で設立された。資本金の半分は上記大阪株式取引所の減資分が充当された。廣瀬宰平は設立から十五年二月まで社長を務めた。同社の第拾壱回実際考課状（明治二十年七月一日〜十二月三十一日）によれば、役員四名（社長、副社長、取締二名、うち一名は田邊貞吉住友本店副支配人）、職員九名（支配人以下手代六名、小使三名）、職工七九名（鎔解場七名、銅吹場九名、伸銅場五七名、銅線場四名、機鑵場二名）であった。この半期の売上高は五万五一一九円で、原料の地金買入代四万六四一円、燃料等需用品費七一三三円他を差し引き、一万六七四八円の純利益を上げ、資本金二五万円に対し七％の配当を行っている（製品の生産高、販売高及び原材料費の内訳は第8表参照）。

「大阪汽船取扱会社」は船主の運賃値下げ競争を防止するため、明治十四年二月大阪府が「小形旅客汽船取締規則」を布達したことにより、船主達が協議の結果運賃協定が成立し、明治十四年四月その元扱所として同社が設立された。しかしその後も船主の間に協定違反が相次いだため、明治十五年五月汽船持主盟約証書を作成してさらに統制を強化し、船主自らが取扱に任ずることになったので、「大阪汽船取扱会社」からその業務を譲り受け、「同盟汽船取扱会社」（資本金八〇〇〇円）を設立した。

「関西貿易社」は、五代友厚が北海道の物産を輸出しようとして、中野梧一、廣瀬宰平等と資本金一〇〇万円で明治

二九

第8表　大阪製銅会社生産販売実績（明治20年7月〜12月）

1．製品製造高(斤)

①銅吹場・鎔解場

銅板地	187,789
銅棒地	17,031
真鍮板地	116,562
真鍮棒地	6,089
絞り銅	121,280
銀	46
合　計	449,800

②伸銅場・銅線場

銅板	120,790
銅棒	4,290
銅弾帯	3,845
真鍮板	102,544
真鍮棒	11,255
亜鉛板	906
鈹板(小型銅)	23,389
銅座金	183
真鍮座金	117
白銅板	1,843
真鍮板延直シ	4,149
合　計	273,316

2．製品売捌高

	数量(斤)	金額(円)
銅　板	117,751	29,718
真鍮板	94,017	20,269
銅　棒	5,685	
銅　帯	3,633	2,663
銅　線	71	
真鍮棒	9,458	2,151
銅　釘	1,093	497
銅座金	183	
真鍮座金	117	43
銅　地	16,819	2,883
亜　鉛	40,695	3,216
亜鉛板	906	
銀	46	1,115
酸化銅・淘物	8,727	635
鈹板延シ	23,389	1,592
白銅板錫板延シ	1,854	191
メタール地	360	
真鍮板延シ	4,149	140
合　計	328,961	65,119

3．地金買入代

	数量(斤)	金額(円)
阿仁其他丁銅	116,110	20,313
荒　銅	46,829	7,207
絞り銅	23,572	3,927
銅板・線	4,380	930
真鍮板・線	3,965	957
銅　屑	4,866	867
真鍮屑	11,269	1,263
亜　鉛	72,085	5,088
鉛　錫	1,510	85
合　計	284,590	40,641

出典：大阪製銅会社関係資料

十四年六月設立した会社である。五代が統監、廣瀬が副統監に就任したが、五代が北海道開拓使から岩内農場や厚岸山林の払い下げを受けようとして、「北海道開拓使払い下げ事件」に連座したため、同社は十六年四月解散に追い込まれた。

「硫酸瓶製造会社」は先に述べた「硫酸製造会社」が造幣局の硫酸工場時代以来使用していた滋賀県信楽の陶製壺に代わり、同社頭取寺村富栄等が硫酸専用容器として陶製瓶を製造しようとして、資本金一万円で明治十五年一月設立した。その後業績不振のため明治十八年から耐火煉瓦の製造を開始し、明治二十一年一月硫酸瓶製造を中止して耐火煉瓦の製造に専念することとなり、社名を「有限責任大阪窯業会社」と改称した。

「機工会社」については、明治十四年に二回分の払込金六二円五〇銭を、翌十五年に三回目の払込六二円五〇銭計一二五円を出資したことしか明らかではない。当時の大阪では十四年四月英人ハンターが設立した「大阪鉄工所」しか該当する会社は見当たらない。

「日本銀行」は明治十五年六月日本銀行条例が公布され、七月から株主募集が開始された。住友本店は大阪財界人の応募者の一人として民間所有株式総数の一％を保有した。

「東京馬車鉄道会社」は、明治十二年外国から帰国した薩摩の種田誠一と谷元道之の二人が、東京市内に馬車鉄道を敷設しようとして同郷の五代友厚を頼った。五代が上京し、明治十二年二月設立許可願を提出、十二月許可され資本金五〇万円で同社は設立された。十五年六月新橋・日本橋間で営業を開始した。住友本店の株式取得は五代の要請によるものと思われる。

「大阪紡績会社」は明治十五年四月渋沢栄一が松本重太郎、藤田伝三郎等と大阪府知事に資本金二五万円で創立願書を提出し、五月に設立された。しかし住友本店はそれに先立ち三月十一日に第一回払込を洋銀建てで行っている。これ

二一

序章　住友本店

は十五年末から十六年四月にかけて英国から入荷した紡績機械や原動機の支払に充当するため、渋沢等から予め株主に対し依頼していたものである。住友本店の出資は渋沢の依頼によるものと思われる。明治二十年には伊庭貞剛（本店支配人）が取締役に就任している。

「共同運輸会社」は明治十五年七月東京風帆船、北海道運輸、越中風帆船の三社に対し農商務大輔品川弥二郎が合併を指導し、資本金六〇〇万円で設立された。その発起人に渋沢栄一がなっており、住友本店の出資はこの両者からの要請によるものと思われる。なお同社は郵便汽船三菱会社との激烈な競争の結果、明治十八年両社は合併し、新たに「日本郵船会社」が設立された。

「大阪製紙所」は大阪市北区玉江町二丁目にあった真島製紙所が改称したものである。同社は政府から委託されていた地券紙（明治九年以来）や郵便葉書（十一年以来）の抄造が、前者は十四年、後者は十五年いずれも政府の印刷局へ移管されたため、経営上苦境に立たされた。住友本店は十五年八月真島襄一郎から真島製紙所の工場一切を一五万円で買収し、元大蔵少輔岡本健三郎（高知県出身、坂本龍馬の親友といわれる）を社長に据え、本店理事田邊貞吉を経営に関与させたといわれている。ところが住友本店の帳簿によれば、一五万円で買収した事実はなく、十五年十月第一資本金一万五七二〇円、第二資本金五〇〇〇円合計二万七二〇円を出資したに過ぎない。田邊が押印した同社の損益勘定表及び貸借勘定表はやはり十月から残されている。これらによれば同社の第一資本金は三万七六〇〇円で住友本店の他、岡本健三郎一万二二二〇円、竹内綱七五六〇円、森本某二二〇〇円となっている（第二資本金のうち住友本店以外の五〇〇〇円の内訳は不明）。従って事実は十月に住友本店が元蓬萊社の岡本、竹内は真島製紙所の前身蓬萊社を設立した後藤象二郎の一派である。岡本等と四万七六〇〇円で真島から買収したということであろう。後藤が蓬萊社を設立した際、かつて後藤が大阪府知事をしていた縁で鴻池等大阪財界人も出資したが、住友はその際参加しなかったので、今回出資を要請されたとも考えら

れる。住友本店は製紙業が有望な事業かどうか、田邊を派遣して実態を把握しようとしたものと思われる。しかし同社の製品は、大阪府の布達布告の用紙、大阪電信局の電信紙、マッチ箱の藍紙等に過ぎず、損益勘定表によれば、真島から引き継いだ当初は黒字であったが、十六年五月以降赤字が累積し、十六年の損失は五四〇〇円に達したので、十六年十二月岡本は下郷伝平に五万五〇〇〇円で譲渡することとし、住友本店もこれに同意せざるを得なかったものと思われる。住友本店が出資金二万七二〇〇円の回収を終えたのは十七年十一月のことであった。これは岡本の真島からの買収契約が真島の買い戻し条件付きであったため、真島は下郷に対する譲渡契約に異議を唱え、下郷による買収の実行が十七年九月末までずれ込んだ結果と考えられる。

「大阪倉庫会社」は、明治十六年五月日本銀行大阪支店長の外山脩造が他の大阪の国立銀行首脳を集めて、資本金二〇万円で設立した。銀行が担保にとる商品の保管を専業とし、住友本店も先に述べたとおり並合を業としていたので、国立銀行と同様出資に応じたものと思われる。

「大阪融通会社」は、「大阪倉庫会社」と同時に明治十六年五月その保管貨物の金融機関として資本金二〇万円で設立されたもので、同社の事業は明治二十年十一月資本金五〇万円で設立された「大阪共立銀行」に継承された。

「神戸桟橋会社」は、五代友厚、藤田伝三郎、田中市兵衛等により神戸港に桟橋、倉庫を建設するため資本金一六万円で明治十六年四月設立され、十七年十一月開業した。

(三) 明治十七年～二十年

「日本郵船会社」については既に述べた。

「大阪商船会社」は、上記「同盟汽船取扱会社」の如き共同運航では過当競争が終息しないため、各船会社の合併に

より一大汽船会社を設立しなければならないという気運によって、明治十七年五月資本金一二〇万円で設立された。住友本店は安寧丸及び康安丸を同社に供出し、廣瀬宰平は創立委員長のちに頭取に就任したが、住友の海運業は終わりを告げた。(25)

(四) 明治二十一年～二十七年

「大阪共立銀行」及び「大阪窯業会社」については既に述べた。

「大阪電燈会社」は明治二十一年二月東京電燈会社の成功を見て、大阪における電燈事業を目的として資本金四〇万円で設立された。住友吉左衛門も発起人の一人であった。(26)

「大日本帝国水産会社」は、明治二十一年一月河野主一郎（西郷隆盛の旧部下）が社長となり、千島のラッコ、オットセイの捕獲を目的として資本金一五〇万円で設立された。業績不振のため二十二年北海道天塩、長崎県生月及び平戸で捕鯨をしたが、経営難に陥り、早くも二十三年十月には整理に入り、二十八年五月解散した。(27)

「大阪織布会社」は、大阪紡績の株主によって綿布生産のため明治二十年五月資本金三〇万円で設立された。しかし在来の手織業者との競争が激しく、経営は困難となり、二十三年十月大阪紡績によって買収された。払込額は一株七〇円すなわち払込資本金二一万円に対し買収代金は一五万五〇〇〇円に過ぎなかったので、株主に対しては諸経費を差し引き一株四〇円九二銭しか払い戻されなかった。(28)

「大阪石油会社」は玉手弘通が設立した会社である。玉手は「重明舎」と称する会社を起こし新潟産の石油を大阪で販売していた。「重明舎」は米国からの輸入石油も扱うようになったが、競争が激しくなったため、玉手は廣瀬宰平と組んで民間の石油取引所として明治十年十月「大阪油商所」を設立した。住友本店は同社に出資はしないが安売り防止

のための石油問屋の一元的取引決済業務を担当している。さらに玉手は十一年三月これを石油問屋仲買人二五名を含む組合「石炭油商所」へ改組した。住友本店は十二年三月契約期間満了をもってこの組合を離脱した。その後玉手はこの組合を「信栄社」と改称し、二十二年九月会社組織としたのが「大阪石油会社」である。その際住友本店は同社株式三〇〇株を三〇〇〇円でおそらく玉手から取得したが、二十五年八月玉手に対し一株八円で売却し、二七六〇円の損失を計上した。

「日本鉄道会社」は明治十四年十二月東京・青森間の鉄道建設を目的として資本金二〇〇〇万円で設立され、二十年十二月には仙台まで開通した。住友本店は同社株式を二十二年になって取得した。

「九州鉄道会社」は、明治二十一年八月門司から熊本経由三角・八代までと佐賀経由長崎・佐世保に至る鉄道の建設を目的として資本金七五〇万円で設立された。住友本店は同社株式を二十二年になってから取得した。

「大阪柑塌製造会社」は、玉手弘通が輸入品に対抗し得る柑塌の国産化を目的として明治十九年に設立した玉手組柑塌製造所を二十三年三月改組したものである。住友本店は十一月払込分として玉手に手渡している。

「大阪株式取引所」については先に述べた。

「山陽鉄道会社」は、明治二十一年四月神戸・下関間の鉄道建設を目的として中上川彦次郎を社長として資本金一三〇〇万円で設立された。二十四年十一月には尾道まで開通した。住友本店は同社株式を二十四年になって取得し、二十六年に買い増しした。こうした動きは二十五年一月の尾道支店の開設と連動している。

「筑豊興業鉄道会社」は筑豊炭田から産出する石炭を輸送するため、飯塚・赤池から直方経由若松港までの間に鉄道を建設することを目的として、資本金七五万円で明治二十一年七月設立された。住友本店では当時筑豊における炭坑の取得を検討しており（明治二十六年十月庄司炭坑買収）、二十五年同社の株式を取得した。

序章　住友本店

「大阪毎日新聞社」は、明治二十二年六月資本金五万円の株式会社として設立されたが、株主として払込に応ずる者が少なく、払込完了に至らず、その穴埋めに腐心した。住友本店が二十五年七月廣瀬宰平、伊庭貞剛名義で各一〇株を取得したのは、上記の経緯からおそらく同社幹部の要請によるものと思われる。なお同社は二十七年一月組織変更を行い、合資会社となった。

「日本火災保険会社」は、明治二十五年四月大阪における最初の火災保険会社として外山脩造、松本重太郎、田中市兵衛等を発起人に資本金五〇万円で設立された。住友本店は六月に第一回払込として一株一〇円を払い込んでいる。

「明治火災保険会社」は、明治二十四年一月三菱系を中心に資本金六〇万円で設立された。二十五年三月資本金を一〇〇万円とする増資の際、主として京阪神地方の株主に分配され、住友本店も株主となった。

「桑原紡績会社」は、明治十二年政府の援助の下に金田友七が大阪府三島郡石河村字桑原(現茨木市)に安威川の水力を利用して「桑原紡績所」を設立したことに始まる。その後「桑原紡績所」の経営は金田から小林八郎兵衛に移った。八郎兵衛の父親小林久右衛門は大阪商船支配人で廣瀬宰平の部下であった。「桑原紡績所」は明治二十年一月頃とみられる。それは住友本店が小林に融資を開始した十九年十月頃とみられる。八郎兵衛の父親小林久右衛門は大阪商船支配人で廣瀬宰平の部下であった。「桑原紡績所」は明治二十年一月資本金五万円の「桑原紡績会社」に改組した。住友本店の融資は二十二年頃から急増しているので、経営上問題が生じたものと思われ、二十二年六月社長は小林から高田久右衛門(摂津紡績社長)に代わった。二十三年住友本店は商務課次長上村喜平を債権確保のため同社の役員に派遣し、二十五年一月社長の高田が病床に伏すと本店理事豊島住作を社長に送り込んだ。住友本店が取得した同社株式は倒産した田中甚兵衛(後述)から融資の担保としていたものである。

「内外綿会社」は、明治二十年八月綿花商を糾合して資本金五〇万円で設立された。明治二十六年五月住友本店は倒産した田中甚兵衛に対する貸付金の担保として保有していた同社株式の名義を書き換えた。

「三重紡績会社」は明治十五年六月開業した「三重紡績所」に始まる。十九年六月渋沢栄一の援助により資本金二二万円の同社が設立された(40)。住友本店は二十六年五月倒産した田中甚兵衛に対する貸付金の担保としていた同社株式の名義を書き換えた(担保にとった株式の中には、「東華紡織」株式のように、名義を書き換えないものもあった)。

「日本舎密製造会社」は、明治二十二年七月資本金五〇万円をもって山口県厚狭郡小野田(現小野田市)に硫酸、芒硝、塩酸、ソーダ灰、苛性ソーダ、晒粉等の製造を目的として設立された(41)。住友本店は倒産した牧野宗助に対する貸付金の担保として保有していた同社株式の名義を書き換えた。

「伝法紡績会社」は、明治二十年上記小林八郎兵衛が設立した「日本綿繰会社」に始まる(42)。住友本店は同社に融資していたが、業績不振のため、二十五年一月解散した。同年七月同社の株主は新たに大阪府西成郡伝法村(現大阪市此花区)の旧日本綿繰会社の綿繰工場跡に資本金一〇万円で「伝法紡績会社」を設立した。住友本店は商務課長岡素男と商務課員齋藤正吉をこの創立事務に当たらせている。同社が「日本綿繰会社」の債権債務を継承したものとみられる。その後二十六年三月伝法工場を大阪撚糸会社に売却し、新たに大阪府西成郡上福島村(現大阪市福島区)に本社を移し「福島紡績会社」と改称した。五月住友本店は倒産した田中甚兵衛と小林八郎兵衛に対する貸付金の担保として保有していた同社株式(担保にとった時の株式は「日本綿繰会社」と同社が二十三年八月に買収した「八幡紡績会社」の株式であった)の名義を書き換えた。

「日本海陸保険会社」は当初「日本海上保険会社」として明治二十五年十二月片岡直温等によって資本金一〇〇万円で設立され、二十六年三月資本金を一二〇万円に増資して「日本海陸保険会社」と改称した(43)。住友本店はこの増資の際三〇〇株を引き受けたものである。

「浪華紡績会社」は、上記小林八郎兵衛により明治二十年四月資本金二五万円で設立された(44)。住友本店は当初同社と

三七

は無関係であったが、摂津紡績及び同社の取締役であった前述の田中甚兵衛が明治二十三年の金融恐慌により倒産したため、住友本店が融資に対する担保として保有する同社の株式が実質的に住友本店の所有となった。この結果二十三年十二月の同社の株主総会で商務課長岡素男は同社取締役に、商務支配人に伊庭貞剛の先妻の子息柴田喜蔵が就任した。十月には同社は資金繰りのため社債五万円を発行し、住友本店は一万二〇〇〇円を引き受けた。さらに二十六年六月住友本店は社長として俣野景孝を社長に送り込み、業績の改善を図り、復配に漕ぎつけた。

「大阪鉄道会社」は、明治二十年四月資本金一二〇万円で大阪湊町・奈良間の鉄道建設を目的として設立された(45)。住友本店は新規に一〇〇株取得した。

「日本撚糸会社」は、明治二十五年二月別子鉱山支配人を退職した廣瀬坦が、十一月京都において生糸の撚糸を目的として資本金二五万円で設立した(46)。住友本店は近江製絲場の生糸の販路として、二十七年六月同社株式二〇〇株を取得した。

「西陣撚糸取引所」は、明治二十七年三月京都に生糸撚糸及び織物の再整を目的として資本金二〇万円で設立された(47)。住友本店は監査役下郷伝平との関係と「日本撚糸」同様近江製絲場の販路として一月の創立総会から関与し、一〇〇株を引き受けた。

「大阪銅鉄取引所」は、明治二十七年五月資本金一〇万円で設立された(48)。しかし日清開戦後の金融逼迫のため、十一月第三回払込の徴収を中止し、四万円に減資した。住友本店は大阪の銅商の一員として三〇株を引き受けた。

「大阪時計製造会社」は、明治二十二年十二月有限責任会社として設立され、二十七年六月資本金三〇万円の株式会社に改組された(49)。住友本店はこの際三〇〇株を引き受けた。銅の販売先とみられる。

「大阪明治銀行」は、明治二十七年八月資本金三〇万円で設立された(50)。住友本店は同行頭取浮田桂造が上記「大阪銅

鉄取引所」理事長であった関係か、四〇〇株を引き受け、二十八年二月から同行と当座取引を開始した。

「浪華蒔絵所」は有限責任会社として、明治二十三年三月出資金一〇万円（芝川家・住友家折半出資）をもって設立され、二十六年十一月日本蒔絵綜合資会社（出資金五万円、芝川家・住友家折半出資）に改組された。この間明治二十六年米国シカゴで開催されたコロンブス世界博覧会に書棚、菓子器、額面、料紙箱、硯箱を出品した。本店庶務課長心得野呂邦之助はこの出品のために二十六年一月米国に出張し、二十七年二月帰国とともに神戸支店商務課長に転出した。

四　店　部

住友本店の各店部につき、設置順にその内容を明らかにしたい。但し別子鉱山については『住友別子鉱山史』において既に詳細が明らかにされているので同書を参照されたい。

(一) 神戸支店

1　銅

先に述べた通り明治維新により大阪の銅座は閉鎖され、住友の長堀銅吹所は自らその販路を開拓しなければならなくなった。さらに銅吹所そのものを別子山麓立川山村へ移転することとなり、新たにこの販路を求めて明治四年二月神戸西元町（のち栄町通五丁目と改称）に神戸出店が設置され、当初主管者を店長と称した。その後明治十二年五月頃から神戸支店の名称が使用されるようになり、八月からそれに統一され店長も支店長と呼ばれるようになった。別子支配人廣瀬宰平は神戸出店設置を指揮し、店長に別子交代方今西為右衛門を派遣した。精銅所を別子に建設した廣瀬には銅の販売

序章　住友本店

(単位：数量斤、金額円、斤・円未満切り捨て)

同 9 年	同10年	同11年	同12年
166,885	656,176	662,652	353,084
1,354,605	1,354,710	1,405,568	1,497,150
1,521,490	2,010,886	2,068,220	1,850,234
865,313	1,348,233	1,715,136	1,651,135
202,938	284,815	348,050	364,172
23.452	21.125	20.292	22.055
21.000	18.625	16.500	17.125
76.500	70.250	62.875	58.875
同17年	同18年	同19年	同20年
392,738	379,879	35,475	82,795
1,713,571	2,167,890	2,153,297	2,442,937
2,106,309	2,547,789	2,188,772	2,525,733
1,726,410	2,512,313	2,105,977	2,463,216
328,300	388,325	289,171	348,277
3,507	4,214	2,256	4,194
19.016	15.456	13.730	14.139
13.125	11.125	11.000	11.250
53.875	44.000	40.500	45.250
同25年	同26年	同27年	
495,370	243,516	44,198	
4,627,048	3,919,497	4,705,795	
5,122,419	4,163,014	4,749,993	
4,878,903	4,118,277	4,654,384	
825,861	782,703	977,484	
10,265	不　詳	10,363	
16.927	19.005	23.001	

も別子が掌握しようという意図があったものと思われる。しかしこれに対し日勤老分清水惣右衛門は明治五年一月江戸中橋店閉鎖（明治二年一月）後本店に復帰していた尾崎芳次郎を神戸店詰へ転出させ、七年二月には店長に昇格させて別子の製販一体化の構想を認めなかった。

神戸支店が実質的な営業活動を開始した明治五年以降の銅売払高をみると、八年末の住友本店設立の頃までは横這いであった。明治九年の大阪府の銅輸出高調査に対し、輸出比率清国七分、英国三分と回答しているところからみても、介臣（二十九番商館）等華僑に対する販売が大半であったものと思われる。十四年まで神戸支店では「開拓」という科目

第9表　神戸支店銅売払高一覧表

	明治5年	同6年	同7年	同8年
前期繰越高(斤)	64,077	95,158	85,350	69,755
期中入荷高(斤)	824,250	784,665	949,820	1,095,880
計	888,327	879,823	1,035,170	1,165,635
売払高(斤)	793,169	794,473	965,415	998,750
同　(円)	156,129	168,753	208,651	229,620
単価(円／100斤)	19.684	21.240	21.612	22.990
紐育相場(セント／英斤)	23.000	29.000	23.250	22.500
倫敦相場(ポンド／英屯)	92.875	85.250	78.125	82.500
	同13年	同14年	同15年	同16年
前期繰越高(斤)	199,098	103,994	43,874	79,241
期中入荷高(斤)	1,728,988	1,441,356	1,998,977	2,021,928
計	1,928,086	1,545,350	2,042,851	2,101,170
売払高(斤)	1,824,092	1,501,476	1,963,610	1,708,432
同　(円)	532,129	478,233	610,547	466,734
神戸支店万利	不　詳	6,704	6,900	4,390
単価(円／100斤)	29.172	31.850	31.093	27.319
紐育相場(セント／英斤)	20.125	18.125	18.500	15.875
倫敦相場(ポンド／英屯)	63.500	61.125	67.000	63.500
	同21年	同22年	同23年	同24年
前期繰越高(斤)	62,517	183,730	237,840	395,390
期中入荷高(斤)	2,883,150	2,901,850	3,327,211	2,703,326
計	2,945,667	3,085,580	3,565,052	3,098,717
売払高(斤)	2,761,937	2,847,182	3,169,661	2,603,346
同　(円)	559,972	590,364	627,007	469,867
神戸支店受取手数料	5,257	5,085	不　詳	不　詳
単価(円／100斤)	20.274	20.735	19.781	18.049
紐育相場(セント／英斤)	16.667	13.750	15.750	14.200
倫敦相場(ポンド／英屯)	82.375	51.250	54.125	51.600

註：前期繰越高中、明治19年棚卸不足1.18斤、23年返品556.5斤、27年返品537.75斤。
出典：神戸支店考課状、紐育相場及び倫敦相場は鉱業諮問会(明治25年9月20日)用農商務省作成資料

序章　住友本店

で、別子の負担による販売促進費が計上されていることからみて、設置後十年にしてようやく住友銅の評価が神戸の外国商館の中で定まったということであろうか。この十四年には精銅の加工を目的として大阪製銅会社の設立に参画したが、依然内需は乏しく明治十年代を通じて外国商館向けが九割を超えており、その大半は神戸港の銅輸出統計からみても引き続き中国向けであったということができる(第9表)。

銅高一覧表

	同20年		同21年		同22年		同23年	
	屯	%	屯	%	屯	%	屯	%
	79,109	35	101,710	39	105,774	40	116,325	43
	33,330	15	38,650	15	38,769	15	44,450	16
	35,225	16	43,703	17	46,518	18	49,560	18
	8,035	4	14,062	5	14,419	5	15,945	6
	2,519	1	5,295	2	6,068	2	6,370	2
	48,800	22	48,200	19	47,100	18	47,410	17
	28,500	13	28,500	11	29,500	11	30,000	11
	11,000	5	11,000	4	11,000	4	11,000	4
	7,000	3	7,000	3	5,250	2	5,600	2
	2,300	1	1,700	1	1,350	1	810	0
	29,150	13	31,240	12	24,250	9	26,120	10
	14,875	7	15,230	6	17,356	7	17,800	7
	10,976	5	13,267	5	16,125	6	17,000	6
	7,700	3	7,450	3	8,300	3	7,500	3
	4,906	2	8,250	3	7,700	3	5,625	2
	7,250	3	7,500	3	7,700	3	6,450	2
	5,000	2	4,700	2	4,070	2	4,800	2
	2,900	1	4,000	2	5,563	2	5,640	2
	13,108	6	18,146	7	18,837	7	17,815	7
	223,774	100	259,694	100	262,775	100	272,485	100

しかし銅価はこの明治十四、五年をピークとして十九年まで下落の一途を辿った。神戸支店の十八年考課状における報告によればその原因は、価格上昇による各国の増産であった(第10表)。すなわち十三年の世界銅生産二億二八六〇万斤は十六年には三億一八〇万斤へ三二%も増加した。その大半は米国の増産によるものであったが、豪州の印度カルカッタ向け輸出は十三年の二四五〇万斤から十六年には四七〇〇万斤へと増加し、このため住友銅は清国に次ぐ市場と期待されていた印度市場から閉め出されることとなった。十七年に初めて英国ロンドン向

第10表　主要国・地域産

	明治16年		同17年		同18年		同19年	
	屯	%	屯	%	屯	%	屯	%
アメリカ	51,570	26	64,700	30	74,050	33	69,805	33
レークスペリオル	26,650	13	30,925	14	32,210	14	35,590	17
モンタナ	11,010	6	19,255	9	30,270	13	25,720	12
アリゾナ	10,660	5	11,935	5	10,135	4	6,985	3
その他	3,250	2	2,585	1	1,435	1	1,510	1
スペイン	40,298	20	41,864	19	43,784	19	44,835	21
リオチント	20,472	10	21,564	10	23,484	10	24,700	12
サルシス	9,800	5	10,800	5	11,500	5	11,000	5
メーソンバレー	8,000	4	7,500	3	7,000	3	7,000	3
セヴィラ	2,026	1	2,000	1	1,800	1	2,135	1
チ　リ	41,099	21	41,648	19	38,500	17	35,025	16
ゼーマン(ドイツ)	14,643	7	14,782	7	15,250	7	14,465	7
日　本	6,721	3	8,818	4	10,457	5	9,696	5
オーストラリア	12,000	6	14,100	6	11,400	5	9,700	5
ポルトガル	4,309	2	1,551	1	4,089	2	4,818	2
喜望峰(南ア)	5,000	3	5,000	2	5,450	2	6,015	3
ロ　シ　ア	4,400	2	4,700	2	5,100	2	4,875	2
ヴェネズエラ	4,018	2	4,600	2	4,111	2	3,708	2
その他	14,469	7	14,304	7	13,818	6	11,840	6
合　計	198,527	100	219,067	100	226,009	100	214,782	100

出典：鉱業諮問会(明治25年9月20日)用農商務省作成資料

けに価格を一段と引き下げても五〇万四〇〇〇斤を輸出したのはこの穴埋めとみられる。十七年の神戸支店考課状は次のように報告している。

是ヲ聞ク近年豪州ヨリカルコツタ地方ヘノ輸出銅ハ、漸次ソノ数ヲ増、追年盛大ノ勢アリ。且船賃ソノ他ノ諸費ヲ省減シ、頗ル原価ヲ低クシ、該地ニ売捌店ヲ設ケ、絶ヘス品物ヲ貯蔵シ、英国ロンドンノ相場ヲ比較斟酌シ、時機ニ投シ販売ス卜。

その上でこれを踏まえ次のような提案を行っている。

茲ニ当店従来ノ売銅手続ヲ案スルニ、専ラ内地ノ銅相場ヲ斟酌シ、上海、香港、カルコツタ或ハロンドン等ノ相場ヲ比較シ、随時販売ス卜雖モ、別ニ外国ニ通信員ヲ置キ、確実ノ相

序章　住友本店

場商況ヲ知ルト云フニ非ス。直言スレハ其実当地居留外人ノ言ヲ信シ、窃カニソノ気配ヲ量リテ、販売スルニ過キス。未タ充分ニ売捌上ノ手続ヲ尽セリト云フヘカラス。希クハ益々丁銅ノ品質ヲ精良ニシ、成ル丈ケ製造費ヲ減省シ、漸次ソノ原価ヲ安クスルコトヲ工夫シ、常ニ海外ノ要地ニ確実ナル通信員ヲ置キ、時トシテハ人ヲ上海、香港、カルコッタ等ニ派シ、彼ノ地販売銅ノ手続並豪州銅ノ品質及運搬ノ模様且商況ノ実際ヲ充分ニ観察シ、益々住友銅ノ販路ヲ拡張スルノ用ニ供センコトヲ。是レ即チ当店将来営業上ノ目的ナリ。

しかし住友本店がこのような提案を直ちに実行に移す余裕はなかった。十八年の銅売払においても清国向け小口商談で価格を維持し（全体の五三％）、他方で英国ロンドン向け安値輸出九二万斤すなわち五三番（ヒュウス）商会四二万斤、米一番商館（横浜ウォルシュ・ホール商会）五〇万斤によって売却量を維持した。さらに十九年に入ると銅価は一段と下落し、十四、五年レベルの半値以下となった。このため売却量は二〇〇万斤を維持したにもかかわらず、売払額は十五年の半額以下に落ち込んだ。銅価の下落にもかかわらず売却量を維持できたのは、外為相場の下落でロンドン向けに年初三三万斤（米一番及び二十六番ブラウン商会）、八月に五〇万斤計八三万斤を売却できたのが大きかった。十九年の考課状は次のように報告している。

要スルニ前半季ハ始終買扣エノ傾キアリ。商情一般振ハス。後半季ハ北米ニューヨーク於テカルメットヘクラ鉱業社ヨリレーキシュペリヲルノ産銅壱千万磅ノ大量ヲ未曾有ノ低価即チ壱ポンド拾仙換ニテ売捌キタリトノ報道ニ接シ、一時全世界ノ銅況大ニ攪乱シタリト雖モ、英国ロンドン行ノ為換相庭下落シ、為メニ同国行ノ買銅人続々相顕レ、好商況ナリシ。又従前銅ノ輸出地ハ支那地方並印度カルコッタ辺迄ニ止リシカ、本年春物ヨリハ遠クロンドン迄輸出スルニ至リ。且大ニ需用ノ数量ヲ増セリ。価格ノ低落ハ世界商情ノ趣ク処自然ノ大勢ニ帰シ致方ナシ。併シナカラ住友銅ノ販路ハ大ニ張大ナリシヲ覚フ。

こうした情勢に対し、神戸支店宛十九年以降三井物産香港支店及び二十年以降同社天津出張店からの銅況報告が残されているところから、外国商館まかせではなく二十年二月本店副支配人田邊貞吉は中国、印度へ出張した。田邊は十月本店副支配人のまま三井物産の起用が始まりあるいは二十年二月本店副支配人田邊貞吉は中国、印度へ出張した。田邊は十月本店副支配人のまま神戸支店事務専任となり、支店長服部裂は新居浜分店長へ転出、後任には大阪商船へ出向していた香村文之助が復帰した。神戸支店が銅以外に製茶、樟脳の取扱と並合業を開始するに当り、体制を強化したものと考えられる（2 製茶、3 樟脳及び 4 並合参照）。二十年の銅の市況は大きな変動もなく、住友銅は清国政府に対する一五〇万斤という大口註文に応ずるため、現品小量で売り捌くしかなかった。しかし「二十一年に至り、愈々仏国ニ於テ銅類買占会社（コップアーシンヂケート）ナルモノヲ組織シ、世界中ノ銅類ヲ一手買占メニ着手セシヲ以テ、各市場思惑者輩出シ、茲ニ銅市場ノ大変革ヲ生シ、相場浮沈常ナラズ、二十二円台ヨリ値上二十七円迄ノ間ヲ往来シ、従テ売行キ宜敷カリシカバ、採掘高非常ニ増加シ、一時廃鉱に属セシモノモ又着手セルニ至リタレバ、昨年ニ比シ殆ンド三分ノ二余ノ増加ヲ見ルニ至レリ。」

この間神戸支店は二十一年六月「外商八番館（註、オットー・ライマース商会）ノ手続キニテ、横浜居留外国人ジャデンマデソン商会（註、英一番）ト来ル九月ヨリ向フ二十八ヶ月間毎百斤二十二円替ニテ、二千噸（三八六万斤）売渡ノ約定ヲナセリ（第11表）。」同年七月古河市兵衛もジャーデン・マジソン商会と同じ期間一万九〇〇〇トンを一〇〇斤二〇円七五銭で引き渡す売銅契約を結んだ。ジャーデン・マジソンはフランスシンジケートの代理人として契約する方針であったが、古河が譲らぬため契約の当事者となったという。住友との契約の際もおそらく古河と同様の問題が生じ、ジャーデン・マジソンが契約の当事者となったものと思われる。しかし「二十二年ニ入リ、彼ノ買占聯合組風評漸ク悪シク、三月ニ至リ俄然瓦解セシトノ電報ト共ニ、相場非常ニ下落ヲ来シタルヨリ、又々全市場大恐慌ヲ現ハシ、十九円五十銭ヨリ漸次十七円五十銭迄押下ゲタリシモ、支那朝鮮行ノ取組ミアリタルニテ、前年同様ノ輸出高ナリシ。」かくして相場

四五

序章　住友本店

の下落に対して住友銅の販売の単価が維持されたのは古河と同様上記ジャーデン・マジソンとの長期契約の成果であった。しかし他方でジャーデン・マジソンは古河・住友に対し契約通りの価格を支払ったために実質的に一万三〇〇ポンドの損害を蒙ったといわれる。(53)

また神戸支店は販売の責任を果たしたとはいえ八月二十九日付別子鉱山重任分局理事阿部貞松の神戸支店田邊貞吉宛次の書簡は銅価下落に対する鉱山側の苦悩を物語るものであった。

神戸売銅之義ニ付詳細御申越逐一了解仕候。当春来銅価下落ニモ不拘昨年ヨリ之計画協議済新工事モ当年ニ跨リ目下設置中彼是多費ヲ要シ、後季計算上ニ到リ如何哉与苦慮ニ余リ、已ニ六月ヨリ減費之実施経済上一層注目致居候場合、唐突ニモ壱円以上之安値当時之相場ヨリ見ル時ハ壱円之差異決シテ少々ニモ無之、事業上ニ取リ大関係ヲ及ホシ候事ニ付、月一回ニ不限銅価不味之際ハ数回之報告希望スル所ニ御座候。尤モ商権ニ立入候義ニハ無之、只事業之釣合ヲ取ルノ在料ニ候間不悪御了承可被下候。

続いて「二十三年間ハ前年同様ノ相場ニテ著シキ高低モナク、倫敦市場ノ景況ニ連レ変動シ、其間為替相場ノ暴騰アリタレドモ渋滞ナク売行キタリ。而シテ当年輸出高ノ俄ニ増加シタルハ、昨年末ヨリ天保銭鋳潰銅大凡六百万斤ヲ入札払下ゲニナリタルモノ、沸々輸出ナリタレバナリ（註、九月住友木店商務課は大阪製銅会社、在阪銅商と組み五四七万五〇〇〇斤を落札した。第2表「聯合銅売買利」参照）」。二十三年二月神戸支店の支店長制が廃止され、重任分局が置かれ、田邊と香村が分局員となった。神戸支店が別子鉱山に次ぐ重要な店部と認知された結果であろう。

（単位：千斤）

同27年	同26年	同25年
1,670	2,310	1,604
176		110
	40	111
	200	300
1,554	680	1,494
		350
		336
736	386	180
	168	
240		
274	336	382
4,650	4,120	4,870

のことで当時発音通りに表記し

第11表　住友銅主要相手先別販売高

相　手　先	明治21年	同22年	同23年	同24年
八番オット・ライマン商会	1,344	275	475	784
英壱番ジャデン商会(横浜)	360	1,883	2,374	862
三井物産会社	214			
二十六番ブラウン商会	146			
支那商及香港送リ		320	178	115
鼎　泰　号				230
清国公使館				200
十二番イリス商会				193
亜米壱ウォルシュ・ホール商会(横浜)				
百一番ヱボス商会				
タタ商会				
九十一番ラスペ商会				
大阪砲兵工廠				
諸　　口	700	370	143	216
合　　計	2,760	2,840	3,170	2,600

註：合計は概数のため第9表売払高と若干の差異がある。オット・ライマン商会はオット・ライマース商会たものである。
出典：住友銅販売高及ビ売渡商館概略表

二十四年から二十五年にかけては、相場の変動もなく、清国政府の買い付けと中国、印度方面の好況で数量も伸びた。二十五年一月田邊は神戸支店支配人へ昇格した。市況は二十五年末に至り、米国産銅の減産の報で十九円台に暴騰、二十六年に入って先高の見通しが強まり、三月「住友銅望手ハ沸々アリテ遂ニ独八番商会へ先物六百噸(註、一〇〇万斤)ノ大手合出来セリ。」二十六年については次のように報告されている。

総ジテ本年ハ一月ヨリ十二月ニ至ルニ従ヒ、相場ジリタタ騰貴セシノミニシテ、売行更ニ渋滞セズ。実ニ近年ニ見ザル好景況ナリシ。右ハニ為替相場下落ノ傾キナクシト二二印度幣制改革ノ結果ヨリ倫敦市場ノ相場ニ比シ、同地ノ相場逆ニ高価ヲ得ルニ至リ、印度へ輸出スルノ途ヲ開キタルトノ原因ナリト云フベシ。

二十七年は当初好景気が続き、為替相場の下落もあり、二十六年十一月の二〇円七〇銭から二十七年四月にかけて二三円へと高騰したが、四月印度政府が銅輸入税五％

四七

を徴収することを発表しましたまた為替相場も戻したため、年末にかけて二一円前後まで下落した。七月本店支配人伊庭貞剛が別子紛争解決のため別子支店服部裂が神戸支店勤務となった。この八月日清戦争が勃発し、清国向け輸出は途絶したが、住任には前支店長本店理事服部裂が神戸支店勤務となった。この八月日清戦争が勃発し、清国向け輸出は途絶したが、住友銅売払高は過去最高の九七万円余と一〇〇万円の大台寸前にまで達した。

2　製茶

神戸では開港以来製茶は銅とともに主要な輸出商品であったが、居留地の外国商館を経由するものであり、粗悪品の輸出が日本茶の評価を著しく損ねていた。このため明治十九年に設立された関西製茶直輸出会社を初めとして二十年には大阪製茶直輸出会社、京都製茶会社、神戸製茶会社等日本人による製茶の直輸出会社の設立が相次いだ。総理人廣瀬宰平もこうした情勢を見て、神戸支店に対し銅の販売業務の他に製茶直輸出の研究を命じたものと思われる。明治二十年十月神戸支店は製茶、樟脳の輸出と並合業務を開始した。二十一年の神戸支店考課状はこの間の事情を次のように報告している。

製茶ハ吾国物産ノ重ナルモノニシテ、当港ヨリ輸出スル第壱ノ品ナリ。毎年輸出ノ高ハ凡千三百万斤内外トス。之レニ従事スル問屋業ハ市中三十余戸、之レニ付属仲買商七、八十名アリ。又売込先外商館ハ七、八館ナリ。而テ製茶ノ季節ハ毎年四月下旬ヨリ八月下旬ニ至ルノ凡ソ五ケ月ニシテ、其内最モ盛ンニ産出スルハ、僅カ五、六ノ両月トス。故ニ此業ニ従事スルモノハ、一ケ年ノ生計モ此二ケ月ヲ以テ立ツルカ如ク、故ニ五、六両月取扱フ模様ハ夜ヲ日ニ継キ、少シモ暇ナク、外見恰モ狂スルカ如クナリ。又夕相場ノ変動ニ至リテハ、毎百斤二円乃至五円ノ高低アリテ、是レ又米商或ハ株式等ノ定期モノノ如ク、時々刻々変化アリテ、取モ直サス投機商品ニ類セリ。然ルニ自店カ此種ニ加リ取引ヲ始メシニ、其間種々様々ノ事情ノアルアツテ、不利を醸スモ利ヲ得タルコト稀ニシテ、到庭

第12表　神戸支店製茶輸出実績表

(単位：ポンド)

仕　向　地	明治21年	同22年	同25年	同27年	同28年
ニューヨーク	7,916	60,786		39,212	268,385
サンフランシスコ	13,756	6,306			
シカゴ	8,848	9,310			
トロント	58,750	25,268	180,626	233,089	
ハミルトン	13,386	16,270	33,085		81,811
モントリオール	11,460	11,268	125,579	190,073	299,093
アデレード	2,364				
メルボルン		420			
シドニー			9,234		
ニュージーランド	420				
輸出量合計	116,902	129,628	348,524	460,374	649,289
同　（斤）	87,677	97,221	261,393	345,280	486,966
輸出額（円）	23,654	19,752	45,642	75,200	
利益（円）		△2,604	7,000	3,000	

出典：神戸支店考課状及売上金高届

自店ノ如キ信用ナリ且ツ名誉ヲ重スルモノ、営業ニ非ラザルヲ知リタレハ、中途ニシテ商館取引ヲ停止シ、米国へ向ケ直輸出ヲ試ミントス。依テ当地居留二十番（ルカス）商会へ依托シ、十余万斤再製茶ヲ紐育、シカゴ、其他ノ各地へ積出セリ。而テ年内ニ仕切勘定ノ来リタルモノアレ共小数ニシテ、未タ大体ノ損益ヲ知ルニ由ナク、然レトモ素ヨリ彼地ノ事情ニ迂ク、恰モ暗夜ニ砲ヲ放ツノ思アレハ、確益ヲ見ルコト甚ダ無覚束。

二十二年に入ると廣瀬は五月から十一月にかけて欧米を巡遊し、ルカス商会の紹介でサンフランシスコ、シカゴ、トロントの茶商を訪問している。この結果を受けて二十二年の状況は次のように変化した（第12表）。

当店ハ前年ニ引続キ試ミノ為メ、米国直輸出再製茶惣量十二万九千六百二十八封度ヲ当地居留地二十番（ルカス）商会及百十八番（ワイロンロー）商会ニ依托シ、紐育、桑港及英領カナダ地方へ積出セリ。昨二十一年七月已后本年八月ニ至ル迄各地直輸ナシタル再製茶斤量八二十四万六千五百三十斤ニシテ、昨今両年ニ仕切勘定ノ来リシモノハ十中ノ八、九ニシテ、一、二歩ハ未決算ナルヲ以テ之レ掲ケザレ共、概算最初ヨリ本年中ニ輸出シタル再製茶ノ損失ハ、金二千六百余円ニ至レリ。之レヲ輸出茶総量ニ割宛ツレバ、一封

四九

序章　住友本店

度ニ対シテ金一銭〇五毛五ノ損失ナリ。当店カ直輸出ヲ試ミシ最初ヨリ再製ハ製茶会社ニ、輸出手続ハ居留地外商、販売ハ需要地問屋等皆ナ委托ニ非ラサルハナシ。之レ等ヲ当店ニ於テ可成直接ニ取扱、亦数量モ増加ナスニ至レバ、損失変シテ利益ヲ見ルニ至ルモ不可知ヲ以テ、二十三年度ハ需要地ニ直接輸出ヲナシ、再製費等モ充分ニ注意ヲ加ヘ之カ減少ヲナシ、再製直輸之試売ヲナスノ見込ナリ。

二十三年から二十四年にかけての状況に関して神戸支店の報告は残されていないが、二十五年には輸出量二六万斤で七〇〇〇円の利益が見込まれる事業に成長した。二十七年二月本店庶務課長から神戸支店商務課長へ転出した野呂邦之助は六月米国出張の体験を踏まえ住友本店の貿易業務について提言を行い（資料2）、自ら中絶していたニューヨーク市場の開拓に乗り出し、十月には渡米した。この結果二十八年の製茶輸出実績はカナダ向けに加えニューヨーク向けが加わり、過去最高を記録した。しかし野呂が渡米した直後、二十七年十一月製茶直輸出の提唱者総理人廣瀬宰平が退職することとなった。

二十八年五月の尾道会議（重役会議）では銀行開設の決議とともに神戸茶業の事業継続の可否が議論されており、その発展のためには再製場の設立が不可欠とみられていたが、その後否定的な結論が出たのであろう、十一月銀行開設と同時に神戸支店商務課は固有の銅販売業務のみとなり、再製場設立見送りにより製茶直輸出業務は廃止、樟脳は神戸支店の所管を外れ、神戸樟脳製造場として独立することとなった。銀行設立に伴い本店支配人兼銀行支配人となつた田邊貞吉の日記によれば、二十九年一月十六日野呂は「進退決セン為メ」かっての上司田邊を訪れ、二十八日住友を退職した。

3　樟脳

明治二十年十月廣瀬が神戸支店に対し樟脳の取扱を命じたのは、製茶と同じく日本特産の粗製樟脳の輸出が外国商館によって独占されているのを見て、これを日本人の手で精製し輸出しようと考えたからである。丁度友人の農商務大輔

第13表　神戸支店樟脳輸出実績表

	明治21年	同22年	同25年	同27年	同28年
粗製樟脳					
数量(斤)	96,291	52,061	133,861		
金額(円)	23,871	14,769	58,372		
精製樟脳					
数量(斤)			41,758	174,515	206,158
金額(円)			23,787	91,221	120,677

出典：神戸支店考課状

品川弥二郎の下同省山林局で樟脳精製を研究していた松田茂太郎が高知大林区署長心得としてその工業化の目途をつけたのを捉え、二十一年一月松田を住友本店に採用した。二十二年十月には神戸市葺合村(現中央区雲井通五丁目)に敷地六〇〇坪の樟脳製造場が完成した。しかし松田の方法では工業化が進展しなかった。このため住友本店は二十三年九月別子鉱山から高木玉太郎を樟脳製造場へ転勤させて入社し、直ちに上記廣瀬の欧米巡遊に随行して、十一月帰国後は別子の山根・惣開両製錬所の分析方に勤務していた。

二十四年松田の板状樟脳の精製法がようやく完成し、輸出が開始された(第13表)。しかし二十五年には高木による粉末樟脳の精製法が発明され、取扱上の利点からこちらが主流となり、菱井桁のマークを付けた住友樟脳が輸出されるようになった。このため松田は二十六年十月住友を退職し、自ら扶桑組樟脳製造所を設立し、さらに高木法を改良して、二十九年には日本樟脳株式会社と改称、社長に就任した。松田の退職後二十七年三月高木は樟脳製造場長に任命され、二十九年二月樟脳製造場が神戸支店から独立して神戸樟脳製造場となった後も場長を続けた。

4　並合

神戸支店の並合業務は製茶と樟脳の輸出が当面利益を見込めないのでそれをカバーするために同時に始められた。地所と貿易品の貨物を担保にとり融資を行っていた。二十二年の状況を神戸支店は次のように大阪に比べ神戸の利子が平均日歩一銭高いと報告している。

五一

序章　住友本店

第14表　神戸支店並合実績表
（単位：円）

	明治21年	同22年	同25年	同27年	同28年
貸付金期末残高	96,143	252,699	303,699	318,249	510,409
受取利息	4,028	15,828	34,915	49,624	40,395

出典：神戸支店考課状

神戸支店の並合業務は順調に拡大し(第14表)、二十七年一月には商務課から貸付課が独立し、神戸支店の利益の大半を並合で上げるようになり、二十八年十月末貸付課が銀行神戸支店に転換する際の貸付金額は五〇万円を超えた。神戸支店支配人から本店支配人へ転じた田邊貞吉が銀行開設と同時に銀行支配人を兼務したのはこの実績によるものと思われる。

(資料2)

鄙見

熟々近来我邦ノ情態ヲ観察スルニ、商工業ノ発達経済ノ進歩ハ実ニ驚クニ堪ヘタリ。我王政維新ノ前後ト比較セバ雲泥ノ差モ啻ナラサル有様ト云ヘシ。何ニ依テ以テ此発達進歩ヲ見ルニ至リタルカ、其原因種々アルヘシト雖モ、是レ蓋シ本邦富ノ増加シタルコト一大原因ナルヘシ。而シテ其富ノ増加ハ如何ナル原因ヨリ来リタルカヲ観察スルニ、海外貿易ニ外ナラサルハ論ヲ俟タス。我統計年鑑ヲ見ルニ、明治十六年以来輸入ニ超過シタルコト僅々一、二回ニ過キス。累年輸出ノ輸入ニ超過シ、其金額ヲ積算セバ実ニ容易ナラザル巨額ニアリ。是ニ依テ之ヲ観レバ海外貿易ノ国家経済ニ至大ノ関係ヲ有ス是ヨリ重キハナシ。其消長ニ依テ以テ国家ノ盛衰相分レ、所ニシテ、国利民福ハ全ク此一点ニアリト云フモ敢テ過言ニアラサルベシ。然ルニ本邦商人中海外ニ出陣シテ直接貿易ニ従事スルモノナキニアラスト雖モ、微弱ニシテ、殊ニ僅々

地所家屋書入抵当利子ハ日壱歩二、三朱ノ間ヲ以テ約束セザルナシ。諸雑貨抵当利子ハ坂地金融之模様ニ依リ幾分カノ高低ナキ能ハズ。製茶ニ対スル利子ハ日歩四銭ヨリ五銭其他ノ品ハ三銭ヨリ五銭マデヲ以テ貸付セリ。平均利子ノ高キ、之レヲ坂地ニ比スルニ凡ソ一銭方上ニ居レリ。

五二

ノ数ニ過キス。輸出入ノ大事業ハ外人ニ放任シ、貿易ノ商権全ク彼ニ掌握セラル豈ニ遺憾ノ至ナラスヤ。我貿易事業ヲシテ此網羅ヲ脱シ自由ニ本邦人ノ経営スルコトヲ得セシメバ、我貿易ノ一大発展ヲ見ルハ数言ヲ要セスシテ明ナリ。其ノ方法種々アルヘシト雖モ、就中最必要ト認ムルハ我重要物産(生絲、製茶、樟脳、花筵ノ類)被依托販売兼諸雑貨(其他蝙蝠傘、石鹼、ブラシ、燐寸等新販路ヲ求ムヘキモノ)見本注文ノ業ヲ海外ニ営ムニアリ。是レ我邦商人中海外直輸出ヲ試ミ依托販売ヲ希望スルモノ少ナカラスト雖モ、如何セン或ハ資力ニ乏シク或ハ海外ノ事情ニ通セス、或ハ信スヘキ商店アルヲ知ラス、其他種々ノ原因ニ押圧セラレ意思ヲ達スルノ途ナク、荏苒迷夢ノ間ニ歳月ヲ送リ、我物産ノ大多数ハ少数ノ内地居留外人ノ機関ヲ経テ輸出スルノ止ヲ得ザルノ状態ナレバナリ。本邦人ノ彼ニ蹂躙凌駕セラル宣ナリト云フベシ。

本業ノ如キハ未タ曾テ本邦人ノ企タルヲ聞カサル所ニシテ、多額ノ資本ヲ要セス、安全ニシテ少ナカラサル利潤アルハ更ニ疑ヲ容レス。本業果シテ成功セバ我物産ハ日ヲ追テ海外ニ輸出シ、数年ヲ期シ現今輸出額ノ数倍ニ達スルハ又見易キノ理ナリト云フベシ。

翻テ我住友家ノ事業ヲ見ルニ既ニ製糸業アリ、製茶業アリ、製脳業アリ各海外直輸出ノ途ナキニアラスト雖モ、他人ニ依托シ販売セシムルコトナレバ、気脈貫徹セズ、通信自由ナラス唯々後者ノ為ス所ニ任スルノミ。徒ラニ前者モ亦信疑半間ニ渉リ進ンテ事ヲ処スルヲ得ス。実ニ海外貿易ノ如キハ、需要者供給者直接ノ関係ニアラサレバ、到底満足ナル結果ヲ見ルコト能ハス。若シ我住友家ニシテ生糸、製茶、製脳等ノ事業ヲ将来ニ継続セント欲セバ、今日ノ儘ニシテ安スヘキモノニアラス、必スヤ改良ヲ計ラサル可カラサルモノト信ス。依テ熟々之ヲ按スルニ我住友家ハ此際断然勇進シテ米国ヘ一支店ヲ設ケラレ(米国ヲ目的トシタルハ我輸出品ノ三分ノ二ハ同国ニ於テ消費スヘキモノナレバナリ)、前陳被依托販売兼見本注文営業ノ外、住友家製造ニ係ル製糸、製茶、製樟脳ノ直売ヲナスニ至ラバ、気脈貫徹通信自由ニシテ、

序章　住友本店

始メテ完全ノ貿易事業ヲ安全ニ経営スルコトヲ得ベシ。熟々世ノ風潮ヲ鑑ルニ、前途事業家ノ着目スヘキハ海外貿易ニ外ナラスト確信ス。其組織方法等ハ命ニ依テ取調高覧ニ供スヘシ。

右ハ邦之助昨年我住友家ノ庇蔭ヲ得テ米国各地ノ状況ヲ巡視シ、帰朝後又我貿易事業ノ状態ヲ観察シタル結果トシ、聊カ鄙見ヲ吐露シ、以テ御参考ノ一端ニ供スルノミ。幸ニ御熟考アランコトヲ希望ス。

明治二十七年六月五日

　　　　　　　　　　　野呂　邦之助
　　　　　　　　　　　　　　再拝
　　　　　　　　　　　　頓首謹言

住友家　重任本分局　各位　御中

（二）船舶

住友家では住友本店設立前にすでに阪神・新居浜間に就航させるため、英国人所有の蒸気船白水丸及び廻天丸を購入し、両船とも西南戦争中御用船として徴用され、廻天丸はその間明治十年八月暴風雨のため臼杵沖で沈没し、その後白水丸も十三年七月小豆島沖で汽缶爆発のため沈没した。しかしその翌八月朝鮮貿易進出のため工部省長崎工作分局に発注した安寧丸が初航海に就き、十四年八月には

さらに帆船九十九丸を購入し、朝鮮航路に就航させた（第15表）。し

価格（円）	航路
18,000	阪神・新居浜
12,200	大阪・新居浜・九州
39,029	大阪・新居浜・長崎・釜山
10,000	同
18,570	大阪・新居浜・馬関

（単位：円）

同17年			
運賃収入	経費	利益	備考
5,405	4,649	756	1〜5月
2,161	1,854	307	1〜12月
3,789	3,228	560	1〜4月

かし両船とも朝鮮海峡の風浪に船体が耐えられず、五月に大阪藤永田造船所で完成した康安丸とともに専ら瀬戸内海航路に使用できなかった。このため在阪船主との激しい運賃競争にさらされることになった(第16表)。本店回漕方は十四年の考課状において次のように報告している。

方今汽船問屋ノ営業ヲ通観スルニ、日々諸方ノ宿屋等ニ至リテ荷客ノ委托ヲ請ヒ或ハ途中ニテ客ヲ引キ、而テ自分ハ普通ノ受取リナカラ、各船ニヲイテ規則ノ運賃ヨリ幾割ヲ減スヘキヤヲ尋問シ、其中最モ低下ナルモノニ就テ荷客ヲ積載シ、尚取扱ノ会社ヨリモ口銭ヲ収入スルヲ以テ、一般ノ習慣トナス。然ルニ本店回漕ノ業タルヤ一、二兼務者アルノミナレハ、店内及ヒ僅々荷主ノ委托ヲ待テ之ヲ扱ヒ、単ニ汽船会社定規ノ口銭ヲ収入ス。故ニ他ノ問屋ニ比スレハ其収益霄壌ノ差異アルモ亦宜ベナリ。目今景状ヲ以将来ヲ慮レハ、此業ハ畢竟安寧、康安、九十九ノ三船ニ対シ多少ノ便利ヲナスニ過キサルナリ。

また安寧丸船長自身もこれを認め、外航船を建造して船舶営業スタッフを充実しない限り住友の海運業に将来性はないと断言した。

しかし住友本店としては自ら海運業へ進出するだけの確信はなかっ

第15表　住友船舶一覧表

船　名	取得年月	重量(トン)	全長(米)	全幅(米)	馬力	乗員	取　得　先
白水丸	明治5年11月	54.45	23.79	4.53	25	17	英人ストルム
廻天丸	明治7年10月	76.03	20.02	4.61	50	18	英人ギルビー
安寧丸	明治13年6月	327.27	49.03	6.82	49	33	工部省長崎工作分局
九十九丸	明治14年4月						山本洪助
康安丸	明治14年5月	77.87				28	藤永田造船所

出典：各船舶考課状

第16表　住友船舶運賃収支表

船　名	明治14年			同15年			同16年		
	運賃収入	経費	利益	運賃収入	経費	利益	運賃収入	経費	利益
安寧丸	40,990	34,932	6,058	42,846	35,305	7,538	44,895	43,584	1,310
九十九丸				4,003	2,914	1,088	6,293	7,881	△1,587
康安丸			788	14,251	11,161	2,689	12,308	15,225	△2,916

出典：各船舶考課状

序章　住友本店

た。「三　投資活動」で述べた通りまず十四年四月運賃同盟である「同盟汽船取扱会社」へと発展し、結局十七年五月「大阪商船会社」の設立に至り、これは「大阪汽船取扱会社」へと発展し、結局十七年五月「大阪商船会社」の設立に至り、安寧丸と康安丸を同社に譲渡し、帆船の九十九丸は明治十年九月石川県人広海仁三郎へ売却し、海運業から撤退してしまった。明治二十五年一月のちに述べるように尾道支店が設置されると、尾道・新居浜間に御代島丸次いで二十六年三月木津川丸を就航させたが、これは原則自社船の運航であった。

　㈢　朝鮮釜山支店・元山支店

住友本店は明治十一年九月朝鮮釜山に出店を開設し、十二年九月元山が開港すると釜山支店に実地調査を行わせ、十三年八月その下に元山分店を設置した。十四年四月には元山分店は支店に昇格した。両店は本店商務課から丁銅、荒銅、トタン、折錫等の金属類、金巾、寒冷紗等の繊維品を輸入する一方、本店商務課に対し金塊、銀地等の貴金属、白米、大豆等の食糧、牛皮、獣皮等の原皮、生糸、木綿等の繊維原料を輸出していた（第17表）。日本への輸出は多少は採算がとれていたが、朝鮮への輸入は同国の政情不安、為替相場の変動、輸入業者の過当競争により採算は悪化し、十六年一月重任局は両店の閉鎖を命じ、五月閉店した。

　㈣　西京製絲場・近江製絲場

明治十二年十月住友本店は京都市上京区（現左京区）東竹屋町の工場（土地一三八〇坪、建家一五七坪）を野村摠一郎から二三五八円で購入した。十三年に入って糸繰器械を増設し野村を再雇用して七月西京製絲場として営業を開始した（第18表）。十四年九月には東丸太町の隣接地二二五坪を買収し住友製絲場と改称し、十五年からは米国への直輸出を開始し

第17表　朝鮮釜山支店・元山支店輸出入実績表

(単位：円、円未満切り捨て)

支店	明治13年 釜山	明治13年 元山	同14年 釜山	同14年 元山	同15年 釜山	同15年 元山	同16年 釜山	同16年 元山
本店商務課からの輸入								
丁　　銅	11,096		12,811	2,322	5,761	454		
荒　　銅	9,203			2,887	2,001	277		
ト　タ　ン	117		126	239	209	46		
折　　錫	5,036		4,732	518	2,604	1,161		
洋　白　銅	273		300		808			
金　　巾	35,571		29,941	28,400	58,865	31,078		
寒　冷　紗	10,515		10,326	4,217	5,699	8,495		
洋　　糸	517		607		523			
そ　の　他	2,113			1,094	2,235	518		
合　　計	74,443		58,846	39,680	78,709	42,031	0	0
本店商務課への輸出								
金　　塊	3,898		23,206	42,401	35,343	36,341	3,794	33,100
銀　　地	824		2,711	5,487	3,285	209	574	93
白　　米	23,454		19,165	75	362		3,184	
大　　豆	2,067		2,265	1,533	8,873	1,109	1,009	1,221
牛　　皮	2,248		318	3,446	18,577	3,946	12,453	4,235
生　　糸	710		2,414		9,810	12	7,020	12
木　　綿					5,808		1,431	
そ　の　他	90		106	1,828	1,555	5,843	270	60
合　　計	35,294		50,189	54,774	83,616	49,463	38,739	38,723
利　　益	768		14,620	1,247	2,353	2,130	△5,312	3,705

註：元山支店の明治13年8月～12月は14年に含まれる。
出典：本店商務課考状及び朝鮮支店計算表

たが、製品の大半は横浜送りであり、年々生産性は向上し製造費は半減したが、繭代の占める比重が高く、しかも価格の高い一等糸、二等糸の割合が二五％にすぎず、三等糸、下等糸が七五％を占めるという状況では収益の改善は期待できなかったものと思われる。

十九年九月住友本店は名取雅樹に対し敷地建家及び生糸製造用機械器具一式五七〇〇円で売却した。その後二十年十月繭の集貨の便と水質の良好な点を評価して、滋賀県坂田郡醒井村（現米原市）に近江製糸場を開設し、十二月北脇新右衛門（十九年十二月滋賀県第

第18表　西京製絲場業態表　　(単位：円、円未満切り捨て)

	明治13年	同14年	同15年	同16年	同17年	同18年
(収支)						
収入						
生糸代	7,536	6,579	12,686	7,970	10,946	7,374
屑物代	910	1,004	2,083	635	949	770
雑益	33	104	159	414	10	16
計	8,481	7,688	14,928	9,020	11,906	8,161
支出						
繭代	10,273	12,492	15,499	7,487	8,060	6,164
月給	1,979	1,835	2,592	1,787	1,869	1,306
石炭	809	1,054	1,330	596	563	266
炭油	175	105	114	35	35	
公費		67	107	49	47	
旅費	216	117	24	10	18	76
雑費	1,085	1,181	2,141	582	773	516
計	14,539	16,852	21,809	10,549	11,455	8,330
在庫	4,804	8,109	597			
差引損益	△1,254	△1,055	△6,283	△1,528	450	△169
(繭買入諸費)						
繭買入地方	但馬、丹波 丹後、京都	近江、但馬 丹波	近江、但馬 丹波	近江	近江	近江
品種	春繭	春繭	春繭	春繭、夏繭	春繭、夏繭	春繭、夏繭
買入生繭量(貫)	3,300	3,920	5,336	3,490	4,823	3,598
買入諸費(円)	833	674	791	280	371	283
生繭10貫目当リ諸費(円)	2.5250	1.7218	1.4827	0.8044	0.7699	0.7864
(製絲製造諸費)						
製造釜数	25	25	37	37	37	37
製造月数	7月～翌年6月	6月～翌年5月	6月～翌年5月	7月～翌年3月	7月～翌年5月	7月～12月
就業日数	294	289	316	216	274	153
製絲高(貫)	198	193	337	202	291	208
1日平均製糸量(貫)	0.6742	0.6711	1.0669	0.9381	1.0651	1.3636
工女工男給料(円)	1,979	1,797	2,592	1,597	1,849	1,232
石炭代(円)	809	1,054	1,330	596	554	246
雑費(円)	1,432	1,114	2,267	592	843	429
製造費計	4,221	3,966	6,190	2,786	3,247	1,908
製絲10貫目当リ製造費(円)	212.933	204.464	183.614	137.489	111.283	91.490
(販売単価)						
販売数量(貫)	119	102	248	不詳	155	不詳
10貫目当り単価(円)	631.537	644.048	521.483		702.164	

註：期間は明治13年（7月～14年6月）、14年（6月～15年5月）、15年（6月～16年5月）、16年（6月～17年6月）、17年（7月～18年6月）、18年（7月～12月）。
出典：西京製絲場考課状

一農商務課から住友入社、彦根製糸場等県内の製糸場経営に精通しているとみられ、製絲場事務取扱を命ぜられた）が所長に就任した。二十一年五月新たに事務章程が制定され、所長は場長と改称された。開設に当たり創業費五万五〇〇〇円、フランスからの機械輸入代二万三〇〇〇円を要した。

二十二年に入ると北脇は八月の湖東鉄道開通（すなわち東海道線の全通）を前に横浜への輸送の便を考慮して米原・関ヶ原間に新駅開設を運動し、五月には後述の通り横浜の外国商館の生糸取引には不正があるとして、横浜の同伸会社に依託して生糸の直輸出を図りたい旨申請し、六月重任局の承認を得た。しかし同伸に委託した直輸出は期待した成果を上げ得ず、二十四年末には生糸の在庫は一〇五三貫、三万七〇〇〇円余に達した。このため二十四年七月重任局は北脇に対し同伸会社に代わって神戸支店に直輸出を委託するよう命じた。しかし二十四年末に行われた神戸支店の直輸出も安値輸出のため約七〇〇〇円の損失を招いて失敗に終わった。このため北脇は直輸出を断念して同伸会社（直輸出中心であるが外国商館への売込商も兼ねていた）と同じく横浜の安達商店を通じ外国商館への売り込みに方針を転換した。

北脇によると外国商館は商品到着時に検量を行い、その数字が出荷数量の一・五％前後に達し（目欠と称する）、それによる損失額は節約を重ねている製造費の一割前後を占めるということで、北脇は外国商館の商法を批判してやまなかった。北脇は安達商店の閉店後二十六年には渋沢商店を起用し、さらに同年十月売込問屋が設立されると、同社を直輸出に起用したが、この場合でも同社は外国商館に検量を行い、同伸、渋沢による外国商館への売り込みと同じく目欠による損失を免れることはできなかった。近江製絲場の損益は二十六、七年に好転したように見受けられるが（第19表）、これは生糸価格が高騰したことにより在庫の評価益が発生したためにすぎず、実態は厳しい状況が続いていた。

五九

第19表　近江製絲場業態表　(単位：円、円未満切り捨て)

	明治21年	同22年	同23年	同24年	同25年	同26年	同27年
（収支）							
収　入							
生糸代		23,122	18,826	6,422	134,132	70,904	77,699
同伸会社		18,575	18,826	6,422	85,656	63,364	9,538
安達商店					上記に含む		
神戸支店		4,547			45,718		
渋沢商店						7,540	13,680
横浜生糸合名会社							54,197
その他					2,758		283
支　出							
繭代				6,703	51,772	66,144	75,684
繭買入地方				福島、相馬 名古屋 岐阜、長浜	長浜、名古屋 福島河内	長浜、野洲 名古屋 福島河内	長浜、野洲 名古屋
製造費				12,818	12,962	12,307	11,666
俸給・賞与				1,807	1,551	1,486	1,546
工女給料				3,366	2,955	2,417	2,741
燃料費				995	1,366	1,955	1,822
工女賄料				2,593	2,998	2,616	2,943
商事費				571	1,903	1,140	396
その他				3,079	2,188	2,690	2,216
支出計				19,522	64,734	78,451	87,351
在庫評価損益等				△7,334	△60,695	24,695	15,582
差引損益				△20,434	8,702	17,148	5,929
（製造）							
買入繭量(石)				244	1,889	1,787	2,523
製絲高(貫)	128	1,299	1,341	1,455	1,485	1,138	1,610
工女1人1日平均繰絲量(匁)				38.281	37.815	30.650	44.013
年度末工女数				180	147	190	164
製絲100斤当リ製造費(円)	217.609	209.445	197.451	140.746	139.555	173.016	115.910
（販売）							
出荷数量(貫)				171	2,284	1,269	1,613
販売数量(貫)				171	2,247	1,251	1,585
目欠(貫)				0	37.179	17.165	27.794
10貫目当リ販売単価(円)				374.142	393.401	558.708	481.597
目欠による損失(円)				0	1,462	959	1,338

註：25年出荷数量・販売数量は神戸支店直輸出分を除く。
出典：近江製絲場考課状

(五) 蔵目喜鉱山

　住友本店は明治二十年六月本店副支配人久保盛明(同年二月別子副支配人から着任)を蔵目喜鉱山(山口県阿武郡、坑道名から桜郷鉱山とも称する)に派遣し、勝尾四郎他十名と買収交渉に当たらせた(買収価格二万五三六六円)。一〇月出張所を開設し、さらにその後隣接の六郎、川井山鉱等が開坑した。同鉱山の荒銅は大阪へ送られ、本店商務課が人阪製銅会社や河辺九良三郎、横山治兵衛、広塚卯兵衛等の大阪の銅商に販売した。しかし明治二十八年五月の尾道会議(重役会議)で既に別子から技師を派遣してさらに探鉱を進める必要性が指摘されていたが、十一月鉱脈が渓底に沈み排水費が嵩んで不採算となったため、年末大阪市福島組(大阪の銅商福島藤七の福島商店グループ)に三五〇〇円で売却された。なおこのうち川井山鉱山はその後大正五年古河鉱業が買収し操業したが、出鉱量が伸びずやはり大正九年休山した。[59]

(六) 尾道支店

　明治二十四年十一月山陽鉄道の神戸・尾道間が開通したことにより、住友本店は広島県御調郡尾道町(現尾道市)に尾道支店(支店長に本店商務課上村喜平が転出した)を設置した。二月から尾道・新居浜間に大阪鉄工所に発注した汽船御代島丸を運航させ、二十六年三月には大阪商船会社から木津川丸(明治二十一年神戸川崎造船所建造)を購入して、御代島丸に代え、一般荷客も取り扱うこととした。しかし別子の自社船の性格が濃厚のため、海運業としては限界があった。尾道支店の主要業務は並合であったから、二十八年十一月住友銀行が開業すると尾道支店の並合業務は銀行へ移管され、十二月銀行尾道支店が開業した。二十九年十月住友本店の尾道支店は出張所に格下げとなり、三十六年末には廃止された。

序章　住友本店

(七) 庄司炭坑・忠隈炭坑

住友本店では船舶、製絲場の需要もあり、商務課に売買方をおいて石炭を取り扱っていたが、競争が激しいため利益が上がらず（利益を上げるためにはサンプルとは異なる下等炭を混入する、延べ払いに応ずるといった商法が横行しているが、住友では実行不可能と断言している）、十七年四月取引を中止した。十八年十二月廣瀬に随行して三池炭坑を視察した別子副支配人久保盛明は同炭坑の払い下げを受けるよう建言したが、廣瀬はおそらく払い下げ資金の点で断念した。その後二十六年十一月住友本店は庄司炭坑（福岡県嘉穂郡大谷村、現飯塚市）六万坪余（のち一一万坪）を寺崎実行等から七四〇〇円で買収し、さらに二十七年四月麻生太吉から忠隈炭坑（福岡県嘉穂郡穂波村、現飯塚市）五四万坪を一〇万八〇〇〇円で買収した。五月には若松炭業事務所（福岡県遠賀郡若松町、現北九州市若松区）を設置し、石炭卸売の営業を開始した。六月には筑前炭業事務章程が制定され、これらの炭坑の買収が別子主導の下に進められたため、別子鉱山重任分局の管轄の下に忠隈炭坑事務所、庄司炭坑事務所、若松住友炭業事務所の三事務所が置かれた。しかし間もなく八月に改正が行われ、忠隈住友炭業事務所を母店としてその下に庄司出張所と若松出張所が付属することとされた。僅か一カ月余で何故このような改正が行われたのか説明されていないが、当初六月七日付で別子から福岡に来て買収業務に当たった進藤正吉が忠隈炭坑事務所主管心得兼庄司炭坑事務所主管と現場の責任者を命ぜられ、同月入社したばかりの大久保喜久三が若松炭業事務所主管に任命され

	同28年	同27年
	10,734	32,439
	148,402	
	21,859	
	7,431	
	740	
	8,172	
	5,736	
	1,712	
	502	
	1,865	
	120	
	1,002	
	420	
	326	
	2,569	
	14,255	
	6,083	
	6,307	
	407,919	

（単位：円、円未満切り捨て）

第20表 蔵目喜鉱山業態表

	明治21年	同22年	同23年	同24年	同25年	同26年
本店商務課						
蔵目喜銅販売額	17,470	30,715	43,201	35,435	36,675	39,765
同数量(斤)		160,736	243,499	189,406	201,417	195,906
単価(円／100斤)		19.195	17.742	18.877	18.208	20.298
蔵目喜鉱山						
(収支)						
収 入						
銅　　代		33,653	44,612	32,762		
雑 収 入		453	3,394	235		
計		34,107	48,006	32,998		33,375
支 出						
開 坑 費		11,331	9,777	8,385		
製 錬 費		3,111	3,551	3,940		
土 木 費		840	982	1,176		
木 炭 費		4,498	3,421	7,435		
銅運搬費			896	586		
給　　料		1,487	803	833		
旅　　費		1,087	351	286		
賞　　与		3,445	2,464	1,237		
そ の 他		4,663	2,896	1,083		
計		30,466	25,145	24,967		22,152
差引損益	4,837	3,640	22,861	8,031		11,222
(採鉱製錬)						
出来銅(貫)	9,108	27,566	38,563	28,930	27,566	29,102
出鉱高(貫)	413,341	831,479	951,862	754,354	1,033,214	1,014,627

出典：本店商務課及び蔵目喜鉱山考課状、長州蔵目喜鉱山年表

た。ところが七月二日付で前年末住友本店に入社した杉浦譲三（杉浦は等内五等で入社、進藤は一月に六等に昇格したばかりである）が忠隈炭坑事務所主管兼庄司炭坑・若松炭業事務所監督と両名の上に発令され、さらに八月一日付の上記事務章程改正で権限は忠隈炭業事務所主管の杉浦譲三一人に集中され、進藤は五日付で別子へ転勤となった。このことは三事務所鼎立で発足したものの、早々に不都合が生じたからとみられる。次いで、二十八年三月には別子重任分局の所管であった筑前炭業は、本店重任局の所管に変更され

序章　住友本店

た。別子向けという限られた需要ではなく、広く内外の需要に対応しなければならなくなったものと思われる。

註

(1) 末岡照啓「明治維新期の住友(二)」(『住友史料館報』第二二号　平成二年九月)

(2) 家法の詳細については末岡照啓「近代家法の成立・伝播と廣瀬宰平」(『住友史料館報』第三七号　平成十八年)を参照されたい。

(3) 『住友修史室報』第一二号(昭和五十九年)所収。

(4) 『住友銀行八十年史』(同行行史編纂委員会　昭和五十四年)一〇七～一一六頁。

(5) 「大阪八弘社沿革略誌」(明治二十五年)。

(6) 廣瀬宰平『半世物語』(明治二十八年)下之巻七頁。

(7) 津川正幸『大阪堂島米商会所の研究』(晃洋書房　平成二年)一六三～一八二頁。

(8) 『大株五十年史』(同社　昭和三年)一四七、一四八、一一七、四一九、四四一頁。

(9) 『明治大正大阪市史』(大阪市役所　昭和八年)第二巻五九九～六〇三頁。

(10) 『渋沢栄一伝記資料』(同刊行会　昭和三十一年)第七巻五五七～六一八頁。

(11) 『横浜正金銀行全史』(東京銀行　昭和五十六年)第二巻三一〇～三二二頁。

(12) 日本経営史研究所『五代友厚伝記資料』(東洋経済新報社　昭和四十七年)第三巻二八三～三四四頁。

(13) 『大阪商船株式会社五十年史』(同社　昭和九年)五～七頁。

(14) 註(12)三六八～四〇七頁。

(15) 『大阪窯業株式会社五十年史』(同社　昭和十年)一一一～三三三頁。

(16) 『日立造船株式会社七十五年史』(同社　昭和五十七年)第一巻二二五七頁。

(17) 『日本銀行百年史』(同行　昭和三十一年)第一巻二二五頁。

(18) 註(12)四一七～四六一頁。

(19) 『東洋紡百年史』(同社　昭和六十一年)上巻二四、一二五、一二六頁。

(20) 註(10)第八巻三七～一五一頁。

(21) 中野敏雄『中之島製紙の沿革』(昭和三年)七一～九二頁。

（22）註（9）第一巻二四三、二四四頁。

（23）註（9）第一巻二四四頁、第三巻六七三頁、第四巻四二頁。

（24）註（12）四八八～五二一頁。

（25）註（13）七～三六頁。

（26）萩原古寿編『大阪電燈株式会社沿革史』（同社清算事務所　大正十四年）一～二二頁。

（27）『新聞集成明治編年史』（財政経済学会　昭和四十五年復刻）第七巻一六頁、第八巻七三頁、鳥巣京一『西海捕鯨の史的研究』（九州大学出版会　平成十一年）三二五～三三三頁。

（28）註（19）六〇、六一頁。

（29）瀬川光行編『南海英傑伝』（明治二十六年）十ノ二十七丁。

（30）鉄道省編『日本鉄道史』（同省　大正十年）上篇六八四～七五九頁。

（31）同前八四三～八七一頁。

（32）註（29）十ノ三十四丁。

（33）註（30）八二〇～八四五頁。

（34）註（30）八七九～八八六頁。

（35）『大阪毎日新聞五十年』（同社　昭和七年）四八頁。

（36）『日本火災海上保険株式会社70年史』（同社　昭和三十九年）一四六～一五二頁。

（37）『明治火災保険株式会社五十年史』（明治火災海上保険株式会社　昭和十七年）五三～八〇頁。

（38）絹川太一『本邦綿糸紡績史』（日本綿業倶楽部　昭和十二年）第一巻二二三～二四八頁。

（39）『内外綿株式会社五十年史』（同社　昭和十二年）八～一一頁。

（40）註（10）第十巻一二一～一二九頁。

（41）『大日本人造肥料株式会社五十年史』（同社　昭和十一年）一四一～一四六頁。

（42）註（38）第五巻一九五～二〇三頁。

（43）註（9）第四巻三六〇～三六一頁。

（44）註（38）第六巻二九九～三一二頁。

（45）註（30）八〇四～八一二頁。

（46）『日本全国諸会社役員録』（柏書房　昭和六十三年）一一三三頁。

（47）同前。

（48）註（9）第三巻六六一～六六四頁。

（49）註（46）一四九頁。

（50）同前一三九頁。

（51）津枝謹爾『芝蘭遺芳』（芝川又四郎　昭和十四年）一九五～二〇五頁。

（52）『創業一〇〇年史』（古河鉱業株式会社　昭和五十一年）八五～八八頁。

（53）石井寛治『近代日本とイギリス資本―ジャーディン＝マ

六五

序章　住友本店

セソン商会を中心に─」(東京大学出版会　昭和五九年)三七五〜三八三頁。
(54)『横浜市史』(有隣堂　昭和三十四年)第三巻上七二二頁。
(55)「廣瀬宰平欧米巡遊日誌」(『住友修史室報』第二号　昭和五十三年)。
(56)竹原文雄「住友家と樟脳」(『住友修史室報』第四号　昭和五十五年)。
(57)石井寛治『日本蚕糸業史分析』(東京大学出版会　昭和四十七年)一二一六〜一二三五頁。
(58)同前二二三五〜二四二頁。
(59)註(52)二六四、二六五頁。

六六

二 住友本店（下）
――明治二十八～四十一年――

目 次

一 伊庭貞剛から鈴木馬左也へ
　(一) 重役会議と伊庭の総理事就任
　(二) 人材の登用と経営の革新
　(三) 鈴木時代のはじまり

二 業績
　(一) 明治二十八年～三十二年
　(二) 明治三十三年～三十七年
　(三) 明治三十八年～四十一年

三 投資活動
　(一) 明治二十八年～三十二年
　(二) 明治三十三年～三十七年
　(三) 明治三十八年～四十一年

四 店部
　(一) 神戸支店
　(二) 神戸樟脳製造場
　(三) 近江製絲場
　(四) 若松支店
　(五) 住友銀行・泉屋銀行
　(六) 住友伸銅場
　(七) 住友倉庫
　(八) 住友鋳鋼場

序章　住友本店

一　伊庭貞剛から鈴木馬左也へ

(一)　重役会議と伊庭の総理事就任

　明治二十七年（一八九四）十一月総理人廣瀬宰平が辞職した際、その後継者である伊庭貞剛は七月以来別子支配人として依然別子の事態収拾に当たっており、本店への帰任は不可能であった。このため住友本店の幹部は伊庭（高等一等）の他は、田邊貞吉本店支配人（高等三等）と等内二等の理事四名谷勘治（新居浜分店）、豊島住作（本店）、服部奨（神戸支店）、小池鶴三（別子）の計六名にすぎなかった（第1表）。こうした状況では廣瀬の後任の総理人不在のまま合議制によらざるを得なかった。この穴埋めとして二十八年四月前衆議院議員田艇吉が住友に入社し、理事心得（等内一等）となった。五月家長友純の命により、小池を除くこれら六名が出席して第一回重役会議が尾道で開催された。その決議事項は、①住友銀行の創設、②本店の新築、③海外貿易の拡張、④炭山事業の方針、⑤神戸茶業の方針、⑥蔵目喜鉱山の改革、⑦家長名・住友家信用の濫貸禁止、⑧本家年中行事の改革、⑨雇人の等級・給料改正の九点であった。

　①住友銀行の設立はこの決議に基づき、七月に出願され、九月大蔵大臣から認可され、十一月開業の運びとなった。またこの際末家を中心とした泉屋銀行も十月に設立された（「四五　住友銀行・泉屋銀行」参照）。②本店の新築については、まず銀行の開業に合わせて十月本店を富島から北区中之島五丁目に移転した。銀行の開業と同時に本店支配人田邊貞吉は銀行支配人を兼務し、上記田艇吉は本店副支配人兼銀行副支配人常務代理者となった。③海外貿易の拡張は、神戸支店商務課長野呂邦之助が本店庶務課長であった二

第1表　住友本店傭員表

(単位：人)

等級 店部	高等			等内										計
	1等	2等	3等	1等	2等	3等	4等	5等	6等	7等	8等	9等	10等	補助員	
明治28年1月															
本　　店			1		1	1	1		5	6	4	2			21
別子鉱山		1		1	3	2	3	8	7	21	24	18	5	1	94
蔵目喜鉱山								1	1		3				5
近江製絲場								1	1		1	1			4
樟脳製造場							1				1				2
神戸支店					1			2	3	2		2	2		12
尾道支店								1				1			2
忠隈炭坑								1		5	1				7
庄司炭坑												2			2
若松出張所								1							1
本家詰所									1	1					2
計		1	1	1	5	3	5	14	18	36	36	26	5	1	152
明治32年2月															
本　　店		1	2		1	1(1)	1(1)		4(1)	1	1	3	1	3	19(3)
別子鉱業所			1(1)		1	3	2	4	12	21	27	13	15	8	107(1)
銀　行			1(1)	1(1)		2	4(2)	1	14(3)	15(3)	24(1)	20(2)	19(2)	46	147(15)
神戸支店									3	1	1		1		8(1)
若松支店					1	1(1)		1	1	1	3	3	1(1)	6	16(1)
尾道出張所									1(1)		1(1)	1(1)			3(3)
伸銅場									2	1(1)	1(1)	1		2	7(2)
近江製絲場											1	1	1		3
樟脳製造場									1		1			1	3
本家詰所								1		1	1	1	1		5
休職								1			1				2
泉屋銀行										1	1	1	2	3	8
計		1	2		3	5	8	9	32	40	61	37	41	63	302
明治36年3月															
本　　店	1	1	2		1	1		5	7	10	10	12	13	2	65
別子鉱業所			2		2	2	2	7	12	11	52	65	65	49	267
銀　行			1(1)	1(1)	1		1	3	6(1)	15	33	44	66	26	77	274(3)
倉　庫			1(1)	1(1)				1	2(1)	3(1)	7		14	3	13	45(4)
神戸支店				1				1			1	5(1)	1		1	10(1)
若松支店							1(1)		2	4	5	7	1	4	24(1)
伸銅場							1	1	1	1	2	5	3	4	18
近江製絲場							1			1		1	1	1	5
樟脳製造場							1						1		2
鋳鋼場							1	2	3	3	3	8	2		22
本家詰所									2		1	1			4
休職								2	2	2	2	2	4		12
計	1	1	2	3	4	4	16	26	45	114	136	182	102	103	739
明治40年4月															
本　　店		1	2	2	1	1	2	5	4	10(1)	17	7	4	4	60(1)
別子鉱業所			1(1)	1	1	4	4	6	14	71	87	98	50		337(1)
銀　行			1(1)		2	5(1)	3	13	18	53	56	91	46	92	380(2)
倉　庫							1	3(3)	3	4	12	24	3	18	68(3)
神戸支店							1		1	1	1	1	1		6
若松支店							1		2	5	9	6	2	6	31
伸銅場							1		2	3	3	7	8	1	5	28
鋳鋼場							1	2		2	5	5	8		3	26
本家詰所										2		1	2	1	1	7
休職													1			2
計		1	2	3	4	15	11	29	44	152	196	244	107	130	938

註：括弧内兼務者、内数。
出典：明治28年傭員等級表、その他住友家職員録。

序章　住友本店

第2表　月俸改正表

（単位：円）

	明治24年11月	同28年11月	同31年1月	同32年事務員一元化 6月技術員		同34年1月	同37年12月 改正点	同39年1月
事務員								
高等一等	150	200	300	500		500		600
二等	100	150	220	400		400		500
三等	70	100	150	300		300		400
等内一等	50	70	100	200		180～200	180～300	300・350
二等	40	50	75	150		150～170		200・250
三等	30	40	60	120		120～140		160・180
四等	25	甲33　乙30	甲50　乙46	甲100	乙90	85～110	85～140	120・130・140
五等	20	27　　25	40　　37	75	65	65～80		90・100・110
六等	15	22　　20	33　　30	55	50	50～60		60・70・80
七等	10	15　　13	25　　23	40	36　丙33	33～49	33～64	40～50
八等	8	12　　10	21　　18	30	25	25～32		30～39
九等	6	9　　8	16　　15	22	20　　18	18～24		20～29
十等	4	7　　6	13　　12	16	14　　12	12～17		15～19
技術員								但し等内 一等450円まで 四等180円まで 七等80円まで あり得べし
高等一級	150	200	270					
二級	120	150	200					
等内一級	100	甲120　乙110	甲150　乙140					
二級	80	100　　90	125　　115					
三級	60	80　　70	100　　90					
四級	45	60　　50	75　　65					
五級	35	45　　40	55　　50					
六級	25	35　　30	45　　40					
七級	18	25　　20	35　　30					
八級	12	17　　15	25　　20					
九級	9	12　　10	18　　17					
十級	6	9　　8	15　　14					

出典：各年通達。

十六年にシカゴ万国博覧会出展のため米国へ出張した経験に基づき二十七年六月提出した海外貿易進出の意見書（「住友本店（上）」資料2参照）に対応したものとみられる。折柄四月に日清講和条約が調印されたところであり、中国、朝鮮、台湾につき市場調査の必要性が認められたが、貿易業の再開には至らなかった。④炭山事業の方針は忠隈周辺での炭坑の買収の必要性が認識された（「四四 若松支店」参照）。⑤神戸茶業の方針及び⑥蔵目喜鉱山の改革については、いずれもこの二十八年末をもって打ち切られた（「住友本店（上）四（一）神戸支店2 製茶」及び「同（五）蔵目喜鉱山」参照）。⑦及び⑧は住友家の問題であり、⑨雇人の等級・給料の改正は、すでに米価騰貴のため前年末以来等内六等（級）以下の者には臨時増給が行われていたのを、月俸改正の形にするもので、十一月一日実施された（第2表）。

明治二十九年二月神戸支店の樟脳製造場は独立して神戸樟脳製造場となった（「四㈠　神戸樟脳製造場」参照）。また忠隈炭業事務所及び庄司・若松両出張所は廃止され、若松支店が設置された（「四㈣　若松支店」参照）。この機構改正に伴い理事服部裴は本家詰所へ（六月理事免）、理事谷勘治（新居浜分店）が若松支店へ転出した。五月前農商務省参事官鈴木馬左也（M20東大法）が入社し、本店副支配人（等内一等）となり、理事豊島住作（本店）が新居浜分店へ、忠隈炭業事務所主管杉浦譲三が理事心得となって新居浜分店へ（六月理事免）、理事豊島住作（本店）が若松支店へ転出した。五月前農商務省参事官鈴木馬左也（M20東大法）が入社し、本店副支配人（等内一等）となり、欧米出張を命ぜられた。

九月佐渡・生野両鉱山及び大阪製錬所の払い下げに対し、三者一括のため住友本店は応札を断念し、三菱が一七三万円で落札した。十月家法を改正し、重任局を廃止し、これまで内規であった重役会を家法に収め重要事項を審議することとなった。また総理人を総理事と改称し、従来副支配人の下位にあった理事を支配人の上位におき、総理事、理事で重役会を構成することとしたが、総理事は依然欠員であり、理事は別子支配人田、神戸支店支配人谷、若松支店支配人豊島と別子鉱業所（別子鉱山出店を改称）副支配人小池の四名を特に重役としてメンバーに加えた（第1図）。この他尾道支店は出張所に格下げとなり、三十五年に廃止された。

明治三十年一月理事伊庭貞剛は総理事心得となったが、煙害防止のため四阪島へ製錬所を移転することとなり、依然別子支配人を兼務した。四月日本製銅株式会社（明治二十八年五月設立、大阪市北区安治川通上二丁目）を一七万五〇〇〇円で買収し、別子産銅を加工する目的で大阪伸銅場を開設した（「四㈥　住友伸銅場」参照）。九月以来米価高騰のため等内六等（級）以下に臨時増給を行っていたが、三十一年一月月俸を改正した（第2表）。これに伴い従来の高等一等を高等二等とし、等内三等は四等甲俸に、等内四等以下及び等内一級以下甲俸は乙俸に、乙俸は次等の甲俸とし、等内十等乙俸は補助員とした。

序章　住友本店

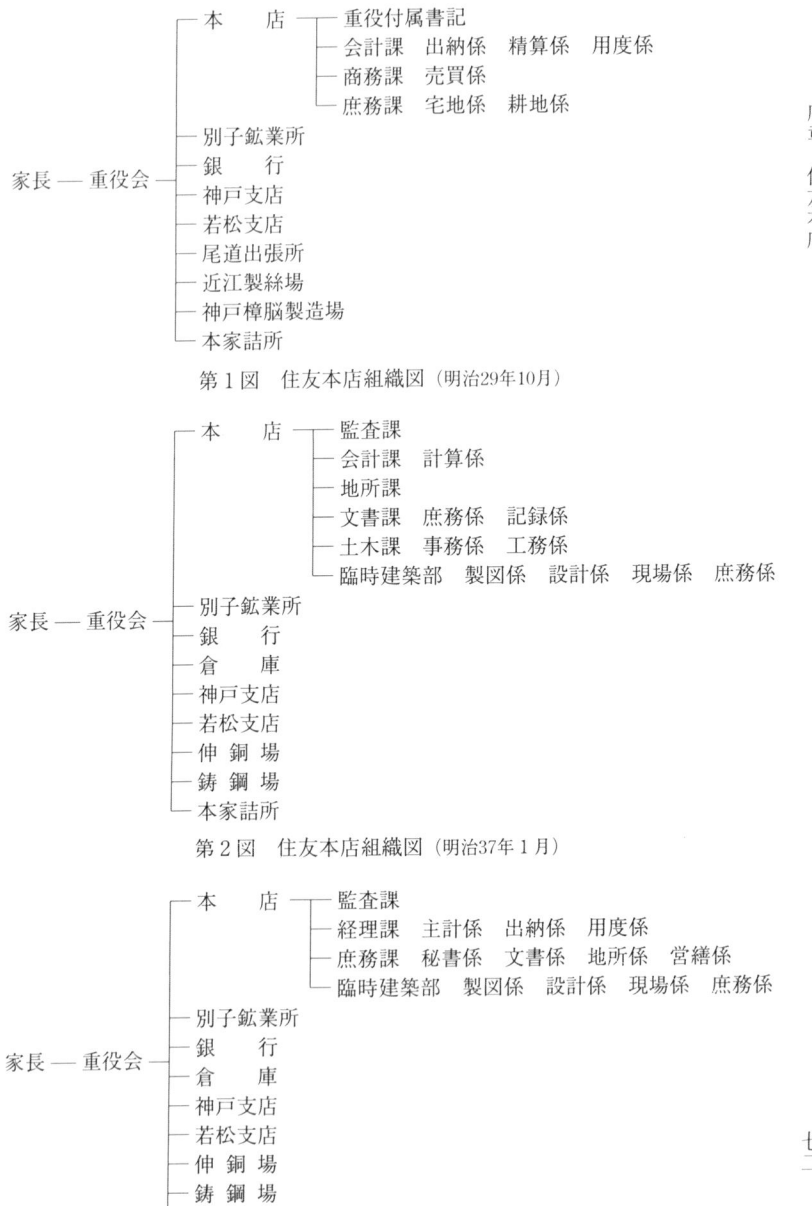

```
家長 ─ 重役会 ─┬─ 本　　店 ─┬─ 重役付属書記
              │            ├─ 会計課　出納係　精算係　用度係
              │            ├─ 商務課　売買係
              │            └─ 庶務課　宅地係　耕地係
              ├─ 別子鉱業所
              ├─ 銀　　行
              ├─ 神戸支店
              ├─ 若松支店
              ├─ 尾道出張所
              ├─ 近江製絲場
              ├─ 神戸樟脳製造場
              └─ 本家詰所
```
第1図　住友本店組織図（明治29年10月）

```
家長 ─ 重役会 ─┬─ 本　　店 ─┬─ 監査課
              │            ├─ 会計課　計算係
              │            ├─ 地所課
              │            ├─ 文書課　庶務係　記録係
              │            ├─ 土木課　事務係　工務係
              │            └─ 臨時建築部　製図係　設計係　現場係　庶務係
              ├─ 別子鉱業所
              ├─ 銀　　行
              ├─ 倉　　庫
              ├─ 神戸支店
              ├─ 若松支店
              ├─ 伸銅場
              ├─ 鋳鋼場
              └─ 本家詰所
```
第2図　住友本店組織図（明治37年1月）

```
家長 ─ 重役会 ─┬─ 本　　店 ─┬─ 監査課
              │            ├─ 経理課　主計係　出納係　用度係
              │            ├─ 庶務課　秘書係　文書係　地所係　営繕係
              │            └─ 臨時建築部　製図係　設計係　現場係　庶務係
              ├─ 別子鉱業所
              ├─ 銀　　行
              ├─ 倉　　庫
              ├─ 神戸支店
              ├─ 若松支店
              ├─ 伸銅場
              ├─ 鋳鋼場
              └─ 本家詰所
```
第3図　住友本店組織図（明治40年1月）

鈴木馬左也は二十九年五月入社以来欧米出張を命ぜられていたが、六月帰国し、八月理事兼本店副支配人となった。九月住友本店はこれまで銀行本店と同居していたが、西隣空地(元文部省所管大阪工業学校用地)に木造二階建洋館(建坪三六坪)を新築移転した。十月若松支店支配人豊島住作は休職となり、三十二年七月退職した(後任は別子製錬課主任林茂雄)。

(二) 人材の登用と経営の革新

明治三十二年一月、総理事心得伊庭貞剛は四年半に及んだ別子支配人を免ぜられ、理事兼本店副支配人鈴木馬左也が後任の別子支配人に任命された。三月前日本銀行理事河上謹一(のち満鉄理事)が住友に入社し、理事(高等二等)となった。伊庭は河上より九歳年長であったが、明治十一年東大法学部卒業後の河上の経歴は伊庭を上回るものがあり、伊庭は総理事心得を辞任して河上と同格の理事となった。しかしかつて伊庭が別子支配人として本店不在の場合は総理人空席という事態も容認されたが、本店に在勤しながら総理事空席というわけにはいかなかったものと思われ、恐らく家長の命令で三十三年一月伊庭は総理事に復帰した。

河上の招聘は日本銀行における山本達雄総裁と幹部職員との対立により、幹部職員が「連袂辞職」したのを捉え、伊庭が元総裁川田小一郎を通じ河上を迎えたものである。当初は河上とともに辞職した鶴原定吉も入社が予定されていたが、鶴原は大阪市長に迎えられた。河上に続いて辞職した同行幹部のうち六月前文書局長植村俊平(M19東大法)、七月前計算局長心得藤尾録郎(大蔵省伝習生としてシャンドに銀行簿記を学んだ)が相次いで入社し、植村は本店支配人重役待遇(等内一等)、藤尾は専務監査員兼本店監査課主任(準等内二等、三十三年一月重役待遇)となった。

六月賞与の一部を俸給に繰り入れることになり、月俸改正が行われ、この機会に事務員・技術員の等級が一元化された(第2表)。七月住友銀行本店倉庫課の業務を分離し、倉庫部とした(「四(七) 住友倉庫」参照)。本店支配人田艇吉が植村

序章　住友本店

の発令と同時に住友倉庫支配人に転出した。八月住友本店は大阪製銅会社の圧延部門を買収して伸銅場中之島分工場を開設した。

十月藤尾は本店支配人植村俊平宛「本店会計整理ニ係ハル意見書」を提出し（資料1）、植村から河上、伊庭さらに家長友純にまで供覧された。この結果三十三年五月家法会計の章に代えて、藤尾の作成した住友家会計規則が制定され、七月から実施された。藤尾はそれに先立ち、六月自ら会計課主任となり、実施の陣頭指揮に当たった。会計規則は①従来十一月から翌年十月までであった会計年度を一月から十二月に改め、各店部から②毎会計年度開始前に会計見積書を提出させ、③毎会計年度終了後には貸借対照表・損益表・財産目録を提出させていた。十月日銀計算局調査役として藤尾の部下であった大場太市が入社し、十一月藤尾は会計課主任を大場に譲った。

こうした経営の革新は住友本店内部ではどのように受け止められていたのであろうか。当時銀行に勤務していた一行員は次のように語っている。

　以前は仕事は大体口頭で片付けていくという風であり、固苦しいことはなかったが、日銀脱退組の人々などが入ってきてから、検査監査というようなものもはじまった。官僚的になりました。突然検査が来て六敷しいことをいわれるようになって、一時大変間違ついたこともあります。人の採用についても以前は誰かの紹介があれば入れたのですが、新しい人々になると、面会とか試験とか面倒なことになりました。

この他三十二年末には「住友事業案内」が発行され、三十三年八月には各店部に毎年処務報告書の提出が義務付けられるなど、経営書類の整備が進められた。人材面では三月に本店新築のために逓信省技師野口孫市が住友に入社し、野口は六月臨時建築部が設置されると技師長に任命された。八月には前東京控訴院部長中田錦吉（M23東大法）が住友に入

社し、別子副支配人(等内二等、重役待遇)となり、十二月には前年の日銀連袂辞職組の一人であった元日銀西部支店長志立鐵次郎(M22東大法、日銀辞職後九州鉄道経理課長、のち日本興業銀行総裁)が入社して銀行本店勤務(等内一等、重役待遇)となり、三十四年が明けると銀行神戸支店長に発令された。また本店支配人植村俊平は理事に昇格した。この三十四年一月再び月俸の改正が行われ、各等級にわたる甲乙俸の区別が廃止された(第2表)。

六月我が国最初の民間平炉工場日本鋳鋼所(明治三十二年設立、日銀を辞職した片岡直輝、河上謹一等の匿名組合)を買収して住友鋳鋼場を開設し、前日本鋳鋼所技師長山崎久太郎を場長心得とした(「四(八 住友鋳鋼場」参照)。九月神戸支店、若松支店及び銀行・倉庫の各支店長を支配人と改称した。十月各事業場を住友鋳鋼場に合わせ、住友伸銅場、住友製絲場、住友樟脳製造場と改称し、場長を支配人と改めた。

明治三十五年一月理事別子支配人鈴木馬左也は本店支配人に転じ、理事本店支配人植村俊平が別子支配人を命ぜられたが、四月植村は退職し、別子副支配人中田錦吉が支配人に昇格した。同月住友本店は大阪市東区今橋四丁目日本生命保険ビルに移転したが、銀行本店は既に前年九月に同ビルに移転していた。六月庄司炭坑は事業を停止し、十一月山本乙次郎に七四〇〇円で売却された。

明治三十六年二月倉庫支配人田艇吉が退職し、理事銀行支配人田邊貞吉が倉庫支配人を兼務した。五月神戸支店支配人志立鐵次郎と別子支配人中田錦吉が理事に昇格した。六月樟脳製造場と製絲場が廃止され、それぞれの支配人高木玉太郎と北脇新右衛門は退職した。九月前学習院大学科教授久保無二雄(独チュービンゲン、ミュンヘン、ベルリン大学留学)と元第四高等学校教授・前鴻池銀行金沢支店長草鹿丁卯次郎(M17東京外語・独)が住友に入社し、久保は別子副支配人(等内二等)、草鹿は田邊が兼務していた倉庫支配人(等内三等)となった。

序章　住友本店

(三) 鈴木時代のはじまり

明治三十七年二月日露戦争が勃発した。七月総理事伊庭貞剛は退職し、理事本店支配人鈴木馬左也が総理事となった(第2図)。田邊貞吉の日記によれば伊庭の退職は唐突なものであった。廣瀬の退職で伊庭が事実上の二代総理事となって以来一〇年を経過したが、まだ満五七歳の若さであった。後任の鈴木は伊庭が総理事を約束して住友に入社させたとはいえ、まだ弱冠四三歳であり、年齢的にみればむしろ伊庭が日銀から迎えた四八歳の河上謹一の方が妥当なところであった。しかし河上は総裁と衝突するほどの直言居士であり、三九歳の家長友純は河上を畏怖していたといわれるので、伊庭は河上に譲ろうとしたが友純が河上よりも自分と年齢の近い鈴木を希望したため、鈴木に譲らざるを得なくなったものと思われる。伊庭の退職に伴い、鈴木より年長の河上と田邊(田邊は伊庭と同年)の二人も結果として伊庭に殉ずる形で退職した。銀行支配人の後任には住友本店と銀行の神戸支店支配人志立鐵次郎が、志立の後任には小倉正恆(M30東大法、のち総理事)が任命された。小倉は明治三十二年五月山口県参事官から住友に入社し(等内六等)、倉庫・銀行勤務の後三十三年一月神戸支店勤務となり、三月欧米に出張、三十五年末に帰国後は本店副支配人心得となっていた。

明治三十八年二月前逓信省参事官湯川寛吉(M23東大法)が住友に入社し、本店支配人(等内一等)となった。九月日露講和条約が締結され、同月住友本店は本店建設用地として日本銀行大阪支店跡地一八四一坪を購入し、見返りとして三十一年に取得していた今橋四丁目の土地五五七坪を提供した。五月別子副支配人杉浦譲三、八月同じく小池鶴三が相次いで退職した。

三十九年一月月俸が再び改正された(第2表)。五月前文部省参事官松本順吉(M30東大法)が住友に入社し、別子副支配人(等内三等)となった。九月四十年一月本店事務章程が改正されて会計課は経理課と改められ、地所課、文書課、土木課を併せて新たに庶務課が置かれた(第3図)。

鋳鋼場は伝法工場から島屋町（敷地一万三五〇〇坪、建家五〇〇〇坪）へ新築移転した。

四十一年三月理事中田錦吉は別子支配人兼務を免ぜられ、後任に別子副支配人久保無二雄が昇格した。八月神戸支店支配人小倉正恆と本店副支配人山下芳太郎（M25東京高商）が交代した。山下は外務省ロンドン副領事から三十四年住友に入社し、神戸支店副支配人、本店副支配人を経て、西園寺首相秘書官として休職中であった。十一月住友本店及び銀行本店は今橋四丁目日本生命ビルから東区北浜五丁目二二番地の新築建物（敷地一一〇〇坪、建坪六四〇坪、木造二階建て洋館）へ移転し、一階を銀行本店、二階を本店が使用した。

四十二年一月一日住友本店は住友総本店と改称した。

（資料1）

本店会計整理ニ係ハル意見書

私儀御傭入ニ相成候テ以来日尚浅ク、御家風等未ダ篤ト承知仕兼候ヘ共、本店会計ノ仕組ニ付大要相調候処、聊カ心付候次第モ有之、依テ左ニ愚見開陳仕候。

一 会計事務ノ統一ニ付テ

凡ソ何等ノ事業ニ論ナク其最モ大切ナルハ会計ノ仕組ニ有之候ヲ以テ、当御家ニアリテモ此点ニ重キヲ置カレ、一家会計ノ主権ハ本店重役之ヲ掌ルト言フコト家法ニモ相見エ、其実際ノ事務ハ本店ニ会計課ヲ設ケテ之レニ取扱ハシメラレ、本店ハ則チ総元締トナツテ各店各部皆其支配ヲ受ケ、各自分担ノ会計事務ヲ営ムコトニ定マリアリ候。サレバ本店会計課ハ、重役ノ指揮ヲ受ケテ御家全体ノ財務ヲ統ブルノ任務アリテ、一家全部ノ資産負債ヲ総轄シ整理スルガ如キハ、会計課ヲ措キテ他ニ求ム可キニアラザレバ、其仕組ノ良否、働ノ巧拙ハ、重クバ御家総財産ノ上ニ勘カラヌ影響ヲ持ツベキハ謂フ迄モナク、軽クトモ無益ノ手数ト費用ヲ省ク上ニ大ナル関係アルベシト被存候。

七七

序章　住友本店

故ニ本店会計課ハ専ラ意ヲ爰ニ需メテ、処務ノ本旨ハ各店各部会計ノ総括ニアルコトヲ勘ヘ、其支店（神戸支店、若松支店ノ如キヲ云フ）ハモトヨリ銀行部モ鉱業部モ倉庫部モ又伸銅場、製絲場、樟脳製造場モ、其会計事務ニ係ハル限リハ、悉ク皆其支配ヲ受ケ、之ニヨリテ始メテ一家ノ財務ノ統合セラレウルモノナルコトヲ覚悟ス可キモノト存候。尚少シク詳ニ謂ヘバ各店各部ノ出納、予算、決算ニ付テハ、之ヲ本店会計課ニテ一括シテ其多寡ヲモ論シ、其方針ヲモ議シナドシ、尚別ニ一家全部ノ出納、予算、決算ヲ編成シテ之ヲ重役ニ差出スコトトシ、又帳簿表式等ニ付テモ各店各部ノ分ニ至ルマデ之ヲ監督シテ自儘ニ乱雑ナラシメサル様ニスル等、凡テ統一ト云フ念慮ヲ失フコトナク、勉メテ自身ガ一家会計事務ノ中心ナルコトヲ忘ルル可ベカラズ。各店各部モ亦其旨ヲ受ケテ、自身ノ会計事務ハ則チ本店会計課ノ事務ノ一部ニシテ恰モ本店会計課員カ各店各部ニ出張シテ其事務ヲ執ルト同様ノ心持ニテ、放恣ニ流レザル様心掛ケラレタキモノト被存候。

サレドモ本店ハ直接ニ営業ニ与ラズ各店各部ノミ現タリ。之ニ当リテ其業務ノ相異ルヨリシテ自然其間ニ隔リヲ生シ、一方ニ各店各部ハ不知不識独立ノ姿ニ成リ行キ、一方ニハ本店会計課ノ目モ届カズ手モ及バサル部分モ出来シ、漸次ニ各自特別会計ヲ営ムト同然ノ有様ニ相成、今日ノ所ニテハ本店会計課ハ進ンデ銀行、鉱山其他ノ営業部ノ会計事務ニ携ハラサルノミナラズ、全ク与リ知ルコトヲエサル場合スラ有之ニ立チ到リ候。

只一概ニ表面ヨリ此等ノ有様ヲ見レバ如何ニモ本店会計課ハ其本能ヲ忘却シタルガ如ク思ハレ候ヘ共、斯ク成リ行キシ由縁ハ決シテ、一、二ニ止ラズ、責ヲ会計課ニノミ負ハスハ寧ロ過酷ト存シ候。

今主ナル由縁ノ一、二ヲアグレバ、其一ハ最初本店ハ営業諸部例之ハ鉱業、貿易業、製絲業等ノ直接ノ総元締トシテ其会計事務ヲモ支配ナセシガ、其后別子鉱業部追々盛大トナリ業務複雑トナルニ随ヒ、一々此ノ細ノ事マデ本店ノ指揮ヲ仰キ難キ場合モ出来シ、尚或時ニハ本店ノ重役ニテ家長公ノ特命ニヨリ其支配方トナリ出テ、其地ニ駐在セラル、モノア

ルニ至リテハ、自然委任専行ヲ許サル、部分モ多クナリシヤ疑ナク、又銀行部出来ノ后ハ本店会計課ニテ扱ヒシ事務ニテ之ヲ銀行ニ譲レルモノモアリ、或ハ金銭ノ取扱ヒニ係ハリテ自然銀行ト離レ難キ関係ヲ生ジテ、重キヲ銀行ニ加ヘシ事情モ有之ベク、此等ハ本店会計課ノ仕事ノ次第ニ縮小セル一原因ト見テ差閊ヘナカルヘシト被存候。

又其ニハ本店ト各店各部トノ間ニ文書ノ往復アルニ当リ、各店各部ヨリ来ルモノ、多クハ本店支配人又ハ会計重役ト宛名シアリテ、此等ハ重役親ラ之ヲ披カレ直ニ夫々処置セル、ヲ常トスルヲ以テ、時トシテハ其性質ヨリ言ヘバ会計事務ニ属スルモノニテモ、会計課ニ与リ知ラサル間ニ重役限リ取捌カル、事モアルヤニ見受ケラレル。又各店各部ヨリ送付スル計表類ニテモ会計課マテハ廻リ来ラズシテ重役ノ手許ニ保存セラレ、場合ニヨリテハ余儀ナク外部ノ営業部ト遠カラサルヲエズシテ、其事務ハ内部即チ本店専属ノ事項ノミニ限ルヨウニ立チ到ルハ誠ニ自然ノ勢ト被存候。斯ク謂ヘバトテ、本店会計課ハ一切鉱業部、銀行部其他ニテ何等ノ交渉モナシト言フニアラス。鉱業部ヨリハ其部所要ノ物品ノ購買ヲ依托セラレ、或ハ其他諸勘定ノ立換モアリ、神戸支店ヨリハ銅代ノ取立委任モアリ、若松支店ヨリハ石炭ノ委托販売モアリ、又銀行トハ其所有ノ公債ヲ保管シ又ハ本店保管ノ公債ヲ銀行ニ貸シ与フル等ノコトモアリテ、雙方ニ跨ル種々ノ取引ハ有之レドモ、此等ハ上下ノ間ニ成リ立ツ監督命令ノ関係ニハ無之、会計統一ノ為ニ彼此往復ノ事務ニモアラス。恰モ各支店相互ノ間若クハ本店ト其代理店トノ間ニ於テ行ハル、ト同一ノ仕事ヲ代弁スルコトナキモノニ御座候。

前陳ノ次第ナルヲ以テ、本店会計課ハ喩ヘ充分ニ其職務ヲ尽ス考ニテモ、事実上其機会ヲ得サルワケニテ、現在ノ儘ニテハ一家全体ノ資産負債ヲ統ベ括リ之ヲ整理始末スル如キハ到底力及バス、日々一局部ノ仕事ニ逐ハル、程ノ小規模ノモノトナリ、係員モ少ク処務ノ程度モ低キモノトナリタレドモ、慣レテハ別ニ不都合トモ感セズ其儘ニテ相済シ居リ候次第ニ有之候。

序章　住友本店

右様ノ状況ニ候ヘバ外部ヨリ刺激ヲ受ケ、少シク新奇ノ事ナド差起ル際ニハ係員モ足ラズ、仕事ノ振合モ之ニ適ハサル様ノ不都合ヲ生シタル例モ無之ニアラズ。現ニ予算ノ如キ此程ヨリ会計課ニテ取纏ムルコトニナリハ聊カ会計課ノ事務ヲ拡ゲテ、一家全部ノ会計ノ上ニ考ヘ及ハシムル一端トモナルヘキコトナレドモ、之スラ事務ニ余裕ナク、係員ノ乏シキナカニ之ヲ営ムハ随分困難ノ事情モ有之ヘシト存候。又近クハ新居浜鉱業所ノ如キハ、其会計法ヲ改メ来年度ヨリ実施スルコトナルガ、此新会計法ニヨレバ本店会計課ノ上ニ立チテ、其会計事務ヲ綜理スル順序ナルヲ以テ、両所ノ間ノ関係モ自ラ従来トハ相違ノ件モアルヘク、差シ当リテハ之レニ応スル丈ノ仕組ナキニ於テハ、忽チ巨細ノ不便利ヲ感シ候コトアルヘシト存候。

唯右等ノ事ノミニ止ラズ、御家ノ事業ハ年々日々隆盛ヲ加ヘ候事ニ候ヘバ、夫レニ随ヒ本店会計課ヲ拡張シテ会計事務ヲ総轄統一セシムルハ、早晩之ヲ実行セラレサルベカラザルコトニシテ可相成ハ速ニ之レニ応ズル丈ノ準備ヲナシ、充分ニ仕組ヲ斉ヘ、他日ノ為ニ計ラル、ハ目下肝要ノ事柄ナリト被存候。

今別紙（註、略）ニ試ムル為現在本店会計課ト各店各部ノ会計課トノ関係ヲアラハシ、本店会計課ノ執ル所ノ事務ノ区域ハ如何許ナルヤ又一家全部ノ会計ハ如何ナル順序ニヨリテ監理セラル、ヤヲ図ヲ以テカタドリ、併テ本店会計課本来ノ面目ニ従テ其各店各部トノ関係ヲ匡シ、事務ノ配置ヲ明ニシタル場合及若シ如斯キ関係ニ立タバ監理ノ順序ハ如何ナルヘキヤヽ同シク図解可仕、前後御対照被下候ハヾ、本文御不審ノ箇所モ自然御了解ニ可相成カト存候。

二　予算ニ付テ（註、略）

以上

明治三十二年十月

監査課主任　藤尾　録郎

八〇

本店支配人　植村　俊平殿

二　業　績

本節の対象とする期間の住友本店の業績を考察するに際し、まず伊庭貞剛の時代明治二十八年から三十七年と鈴木馬左也の時代明治三十八年から四十一年に大別し、さらに伊庭の時代を明治三十三年を境に前半と後半に分けることとした。すなわち明治三十二年十月の藤尾録郎の意見書（資料1）によって、三十三年上期から初めて全店に統一的な会計システムが導入され、住友本店全体の業績が把握できるようになったからである。

(一)　明治二十八年～三十二年

明治二十八年初頭伊庭は別子鉱山の管理方式を改め、神戸支店勘定から別子関連勘定を分離した。大阪本店に銅代価勘定と別子鉱山繰越金勘定を設け、次いで二十九年には鉱山勘定、三十一年には鉱山雑勘定を設けた。神戸支店の銅売上代金はすべて銅代価勘定に集中され、半期毎に合計金額が別子鉱山繰越金勘定に付け替えられ、その際前年の別子純益と鉱山勘定及び鉱山雑勘定の別子支払残高が精算された。つまり従来のように原則として別子が自らの利益を積立て、一部が大阪本店へ送金されるという形式を打破して、別子の利益はすべて大阪本店が収受し、その代わり別子が必要とする資金は大阪本店から供給するという形式に改めたのである。さらに二十九年十月に別子鉱山出店を別子鉱業所と改称し、重任局の分局が置かれていた従来の特権的な地位を改め、住友本店の一組織であることを明確にした。こうした改革は実質的な総理事である伊庭が別子の支配人を兼ねていたからこそ可能であったと思われる。

八一

第3-1表　店部別純損益　(単位：円、円未満切り捨て)

	明治28年	同29年	同30年	同31年	同32年
大阪本店	56,583	106,965	18,790	30,157	△93,126
別子鉱山・鉱業所	561,738	695,936	575,805	666,068	917,408
神戸支店	35,476	7,633	13,462	14,805	20,263
蔵目喜鉱山	△6,053				
近江製絲場	19,093	6,284	△4,495	△4,570	23,923
尾道支店・出張所	2,622	918	不詳	不詳	不詳
若松支店	15,044	12,704	30,010	66,894	不詳
銀行部		188,677	238,877	341,870	334,299
樟脳製造場	16,799	不詳	△16,800	不詳	10,095
伸銅場			△1,754	25,933	95,298
以上合計	701,304	1,019,118	853,896	1,141,160	1,308,163
住友本店純益	不詳	不詳	不詳	965,966	1,151,923

註：決算期は11月から翌年10月。
　　但し銀行部29年は28年11月～29年12月。30年は1月～12月。
　　別子29、30、31年は暫定数字。
出典：会計原簿甲。

これらの改革によって二十八年十月の銀行開設すなわち商務課並合業務の分離に伴う大阪本店の利益の落ち込みに別子利益の掌握をもって対処し、さらに銀行利益の増大によって三十二年には住友本店として初めて純益が一〇〇万円の大台に載せることができた(第3-1表)。しかしこの期間住友本店の純益は未だ明確に把握されてはいない。三十一、三十二年の店部の合計数字と数字の判明する住友本店純益の乖離から推定すると、赤字の店部(二十九年、三十一年の樟脳製造場及び三十二年の若松支店等)が損失を大阪本店に付け替えずに処理していたとみられるからである。各店部の業績については「四　店部」で検討することとし(別子鉱業所については『住友別子鉱山史』参照)、ここでは大阪本店の損益(第3-2表)についてみると、会計課が保有する有価証券は一二〇万円から一八〇万円と五割も増加したが、配当、利息等の利回りは五～八％程度で、庶務課の所管する小作・家賃収入も横這いで、商務課の並合業務の喪失をカバーすることはできず、増大する経費を賄うのがやっとの状態が続き、三十二年には赤字に転落した。しかしこの頃になると若松支店や伸銅場の立ち上げの目途がつき、本社部門としての

序章　住友本店

八二

第3-2表 損益表(大阪本店)　　(単位：円、円未満切り捨て)

科　　目	明治28年	同29年	同30年	同31年	同32年
(利　益)					
会計課・本店利	8,371	19,163	23,748	28,561	23,381
公債利	8,672	12,864	21,158	11,838	8,690
貯蓄公債利	17,735	38,230	17,914	20,639	22,734
会社利	75,817	91,137	66,981	69,355	49,134
株券売買利		9,252			
預リ金補充証券利		12,331	14,800	52,817	18,742
庶務課・田地利	13,208	13,881	13,755	16,916	15,478
田地抵当・庶務貸金利	1,047	5,135	5,813	6,605	3,755
貸家利	8,179	7,570	8,436	12,777	13,456
家質利	7,173				
商務課・質物貸金利	38,384				
売買利					181
商務益金	1,297	651	835		
計	179,889	210,220	173,444	219,511	155,555
(損　失)					
本店費	2,144	1,506	946	3,386	6,925
普請費・営繕費	746				203
会計費	108				
交際費	503	1,062	791	1,835	1,341
旅費	1,289	1,747	5,154	1,089	2,085
商務費	75			395	
月給・給料	5,865	3,754	4,234	5,659	13,880
利払	12,338	11,246	18,224	54,881	21,476
神田抱屋敷	98	43	11		
本家費	57,076	60,641	90,345	95,366	94,768
臨時費	15,247	7,291	9,305	6,288	20,468
賞与	22,552	9,187	17,210	11,310	27,309
所得税	5,459	6,774	8,428	9,142	10,785
致仕慰労金					7,008
報酬					2,314
樟脳組合出資金損失					40,114
計	123,505	103,254	154,654	189,354	248,681
差引純益	56,383	106,965	18,790	30,157	△93,126

出典：会計原簿甲。

第3-3表 投融資・店部勘定残高表（大阪本店）

(単位：円、円未満切り捨て)

期　　末	明治28年	同29年	同30年	同31年	同32年
有価証券	1,223,903	1,484,219	1,635,533	1,740,934	1,804,010
諸公債	248,788	339,629	236,799	175,763	175,763
貯蓄公債	375,699	402,307	423,898	455,250	474,888
会社社債券	29,951	27,851	26,201	83,441	87,916
株　券	569,464	714,431	890,133	985,478	1,065,441
樟脳組合出資				58,500	41,000
貸付金	602,171	74,023	166,860	116,688	73,451
店部勘定	352	765,802	1,437,403	2,322,457	2,137,817
別子鉱山繰越金	△236,169	△484,700	△306,758	627,883	423,416
蔵目喜鉱山	6,819	0			
神戸支店	△5,857	49,109	49,069	17,353	25,590
尾道支店	92,272	0			
近江製絲場	105,865	85,851	113,081	142,854	112,421
九州炭業資金	14,000	0			
九州炭業・若松支店	23,423	9,609	37,462	44,556	153,661
銀行部資金	0	1,000,000	1,000,000	1,000,000	1,000,000
樟脳製造場	0	105,932	117,330	95,072	56,874
伸銅場資金			181,825	180,075	159,418
伸銅場			115,428	84,698	76,471
大瀬炭坑			129,963	129,963	129,963
（参　考）					
預リ金	173,596	193,703	205,256	223,780	299,588
現　金	0				
預　金	0				
銀行出納勘定(△借越)		855,181	280,010	△186,911	496,251

註：店部勘定の△は本店受取超過を示す。
出典：会計原簿甲。

大阪本店の損益にとらわれる必要はなくなったものとみられる。

なお勘定科目のうち会計課の「預リ金補充証券利」は諸預リ金に対する担保として、株券の中から「日本銀行」株七五九株を充当したので、その配当を別記したものであるが、三十一年の配当金が五万二〇〇〇円に上っているのは、特別配当金三万七九五〇円（一株当たり五〇円）があったためである。又三十一年の「利払」が五万四〇〇〇円に上っているのは住友銀行

に対する「過振」のため一万七〇〇〇円余の支払利息があったことによる。二十八年十一月一日住友銀行開業を前に十月末をもって第一国立銀行、三井銀行等との銀行取引はすべて住友銀行に一本化された（第3-3表）。店部勘定は二十八年末の銀行設立資金一〇〇万円や三十一年から開始された別子鉱業所の四阪島製錬所起業五〇万円余、三十二年の別子大風水害復旧費一四万円余別子に対する投資、若松支店や伸銅場（三十年開設）の設備投資、大瀬炭坑の買収（三十年）などで残高は著しく膨張した。その他三十二年の「給料」「賞与」が前年の二倍以上に上っているのは、河上、植村等日銀退職者の報酬が加わったためである。

（二）　明治三十三年～三十七年

先に述べたように住友本店は、三十二年十月の藤尾の意見書に基づき、三十三年上期（三十二年十一月～三十三年六月）を移行期として、三十三年下期から統一的な会計システムを導入した。又これを機会に会計年度は一～十二月の暦年に変更された。しかしこれまで各店部がそれぞれ独自の勘定科目を設けて会計事務を行っていたため、それを半期間で統合することは困難であり、当初は取り敢えずそれらを並立させておき、完全に一本化したのは三十五年からであった。

この期間住友本店の純益は一五〇万円余～一八〇万円余と安定的に推移した。別子、銀行、伸銅場が順調な伸びを示し、若松も波はあったが業績に寄与した（第4-1表）。これらに倉庫（三十二年開業）と鋳鋼場（三十四年開設）が加わり、他方尾道出張所が三十五年に、樟脳製造場と近江製絲場が三十六年に廃止された。これらは最早損益的にみて住友本店の本業としての存在意義を失ったものとみられ、退職を前にして伊庭の「選択と集中」が発揮されたということができよう。

大阪本店の利益は株券配当金と債券利息により二〇～二五万円程度と変わりなく、他方損失が五〇～五五万円程度発

第4-1表　店部別純損益

(単位：円、円未満切り捨て)

	明治33年	同34年	同35年	同36年	同37年
大阪本店	△358,389	△470,236	△278,065	△306,331	△634,967
別子鉱業所	1,270,523	1,710,284	1,322,341	1,412,617	1,474,501
銀　　行	427,945	426,733	350,671	223,498	345,648
倉　　庫	24,399	17,432	35,158	59,102	31,905
神戸支店	14,324	22,700	14,007	37,157	20,178
若松支店	25,554	125,563	113,287	6,672	△10,499
伸銅場	141,467	111,421	128,593	199,846	385,387
鋳銅場		△109,882	7,889	30,415	95,735
近江製絲場	27,588	△9,430	9,301		
尾道出張所	144	583	458		
樟脳製造場	15,155	6,862	6,881		
住友本店計	1,588,713	1,832,033	1,710,524	1,662,978	1,707,889

註：明治33年は32年11月から33年12月に至る14ヵ月決算である。
出典：店部総計算表。

生するので、三〇万円前後の赤字となることには変わりがなかった（第4-2表）。但し年度により大きな損失項目があり、その分が加算される結果となっている。すなわち三十一年の恐慌の結果三十三、三十四の両年には多額の有価証券原価差損が発生した。三十三年は公債売却損九七〇〇円余、東華紡織、淡路紡績、大阪製銅の会社解散による四万四〇〇〇円余の損合計五万四〇〇〇円余の損失を計上した（「三　投資活動」参照）。三十四年は会計規則に基づき、三二社の株式評価損一三万五〇〇〇円、八社の社債評価損九八〇〇円、六公債六万五〇〇〇円、三地方債六七〇〇円計二一万七〇〇〇円余という評価損を出したのである。また三十七年には大阪府立図書館建築費約二〇万円を始めとする寄附によって別途費が三七万円に上ったため損失が拡大し、同年からは「減価償却」も規程通り実施されることとなった。「減価償却」が我が国で実施されたのは、航海補助金によって利益補給を受けた海運会社が最初で、例えば郵便汽船三菱会社はすでに明治十年に船舶の一〇％の定率償却を行っていた。明治二十七年に発足した三菱合資会社は海運部門を共同運輸と合併させて日本郵船としたため、海運業から撤退したが、その伝統を受け継ぎ、場所毎に「減価償却」を実施していた。[5]

第4-2表 損益表（大阪本店）　　(単位：円、円未満切り捨て)

科　　目	明治33年	同34年	同35年	同36年	同37年
当期利益	215,632	206,319	225,789	246,688	265,437
国債証券利息	50,053	38,366	39,355	42,051	53,110
地方債券利息	3,620	4,781	4,742	4,668	4,523
社債券利息	10,828	3,405	3,030	11,744	5,038
株券配当金	85,469	97,349	115,398	118,734	131,206
耕地収益	11,855	21,623	20,199	8,886	25,396
賃貸料	15,398	16,894	16,431	18,058	18,508
雑益	710	10,006	1,507	19,933	1,518
固定財産原価差損益		931		371	
有価証券原価差損益		720	14,604	3,764	4,290
利　息	37,696	12,238	10,518	18,174	21,845
元樟脳製造場損益				299	
当期損失	574,022	676,555	503,855	553,019	900,404
利　息	49,178	30,889	45,927	34,800	29,154
俸　給	34,538	38,437	42,939	45,368	40,674
旅　費	30,339	4,268	12,401	15,968	5,757
諸　税	19,973	34,626	34,003	34,518	45,048
営繕費	3,253	1,302	1,529	2,359	1,772
賃借及保険料		370	3,752	5,184	5,310
雑　費	35,947	14,975	19,102	27,240	34,293
特別報酬金	8,946	7,962	6,400	9,400	16,230
別途費	39,182	27,461	65,263	51,466	372,777
本家費	161,461	100,630	123,559	128,165	162,660
賞　与	137,054	197,687	140,743	187,808	153,770
雑　損			7,205	893	6,310
償　却					15,077
固定財産原価差損益			1,026		11,567
有価証券原価差損益	54,145	217,942		6,278	
元製絲場損益				3,567	
当期純損益	△358,389	△470,236	△278,065	△306,331	△634,967

註：明治33年は32年11月から33年12月までの14ヵ月決算である。
出典：本表～第4-6表及び第5-1表～第5-6表はいずれも各表題資料により作成。

序章　住友本店

住友本店では「住友家会計規則」（明治三十三年五月二十一日付甲第三号達）が制定され、ようやくその中に次のような「減価償却」の規程が設けられた。

第十条　鉱山ハ一定ノ標準ヲ定メ、毎決算期ニ於テ其価格ヨリ相当ノ金額ヲ償却スベシ。

建設物、鉄道、船舶、機械、什器ハ其利用期間ヲ標準トシ、毎決算期ニ於テ其価格ヨリ相当ノ金額ヲ償却スベシ。

減価償却の実施に先立ち現有財産を六月末で調査し、七月末までに本店に提出するように通達された（明治三十三年六月二十七日付内第一七号達「元帳ニ謄記スベキ財産取調ノ件」但し別子鉱業所を除く）が別子鉱業所だけはこの調査の期限を三十

（大阪本店）　　　　　　　　（単位：円、円未満切り捨て）（1）

同34年末	同35年末	同36年末	同37年末
15,680,666	17,413,324	18,929,228	20,321,326
662,296	633,929	637,917	630,942
158,206	157,652	157,652	157,652
45,728	55,781	58,663	47,314
1,193	2,262	2,355	1,572
2,643	1,732	2,397	5,047
2,930	3,568	1,778	7,027
6,552	6,324	6,138	6,252
718,200	718,289	798,210	939,525
68,765	67,490	65,535	64,685
81,949	77,989	69,864	69,504
1,521,192	1,569,077	1,618,163	1,768,768
91,610	91,493	7,363	7,436
90,137	180,351	256,441	
62,937	124,954	200,739	
187,846	192,740	189,495	187,583
10,790	3,680	1,274	700
29,619	23,558	18,444	17,197
11,125,527	12,818,552	13,494,464	15,163,456
6,623,541	7,525,201	8,144,292	9,350,529
2,490,691	2,887,856	3,073,884	3,369,666
452,004	708,418	844,216	847,000
151,792	89,238	76,741	76,273
405,555	435,708	470,083	433,156
510,376	559,259	570,119	738,297
10,737			
113,018	227,821		
90,204	97,834		
277,604	287,215	315,127	348,533
369,637	459,207	360,000	410,000
		827,560	431,749
442,904	224,688	154,767	404,912

八八

第4-3表　貸借対照表

科　　目	明治32年11月1日	科　　目	同33年末
（借　方）	6,095,597	（借　方）	13,660,440
		固定財産・土　　地	685,531
		石炭鉱区	
		建　設　物	45,458
		什　　　器	1,193
		所有品・準　備　品	2,667
		米　　穀	
古金純金銀	5,388	地　金　銀	5,388
貯蓄公債	474,888	有価証券・国債証券	747,324
諸　公　債	175,763	地方債券	58,355
社　　債	87,916	社　債　券	99,821
株　　券	1,065,441	株　　　券	1,273,351
本店建築	91,238	起業支出・本店建設物	91,505
		須磨建設物	42,428
		図書館建設物	9,870
銀行東京支店建築	24,444		
銀行広島支店建築	63,066		
倉庫建築	6,085		
若松新築	24,244		
大瀬炭坑	129,963	大瀬炭坑	141,828
		長者原炭坑	16,378
立　替　金	35,832	貸金・立替金	75,812
庶務貸金	37,619	地所課貸金	12,054
仮　支　出	49,492	雑・仮出金	26,489
店　　部	3,207,960	各　　部	9,784,362
店部積立金	1,200,106	店部積立金本店へ返納	0
別子鉱山繰越金	423,416	別子鉱業所	6,222,333
銀行資金	1,000,000	銀　行　部	2,132,594
		倉　庫　部	347,896
神戸支店	25,590	神戸支店	99,821
若松支店	153,661	若松支店	363,061
伸銅場資金	159,418		
伸　銅　場	76,471	伸　銅　場	357,462
		尾道出張所	10,963
近江製糸場	112,421	近江製糸場	177,579
樟脳製造場	56,874	樟脳製造場	72,648
		鋳　鋼　場	
新築準備金銀行預け	120,000	銀行部特別預ケ金	309,637
銀行出納	496,251	銀行部出納	
		損益・当期純損益	230,982

序章　住友本店

三年末まで延長された(明治三十三年六月二十三日付指令第五〇号指令「固定財産元帳謄記ノ件」)。しかし三十三年末に至りこの調査に基づく財産価格及び七月以降三十六年末までに購買又は新設の財産価格に対する減価償却は行われないことになり、減価償却の実施は三十七年以降に延期された(明治三十三年十二月二十六日付乙第二四号達「元帳ニ謄記スル財産価格ニ関スル件」及び別子鉱業所に対する十二月二十七日付丁第二四号達「固定財産元帳謄記ニ関スル件」)。

この延期の理由は定かではないが三十七年に至り「減価償却」の実施に際し、上記住友家会計規則第十条が次の通り当初「鉱区」と「坑道」を合わせた「鉱山」とされていた文言が「鉱区」だけに改正された(明治三十七年五月十七日付甲第七号達)ところから判断すると、「減価償却」の対象範囲を巡り別子鉱業所との調整に時間を要したものと推測される。

　　第十条　鉱区ハ一定ノ標準ヲ定メ、毎決算期ニテ其価格ヨリ相当ノ金額ヲ償却スベシ。
　　土地、鉱区、山林以外ノ固定財産ハ其利用期間ヲ標準トシ、毎決算期ニ於テ其価格ヨリ相当ノ金額ヲ償却スベシ。

かくしてこの改正第十条に基づき新たに「償却規程」が制定され、「減価償却」が実施の運びとなったのである(明治三十七年五月十七日付乙第一四号達、資料2)。

なお「特別報酬金」という科目は、住友本店が委嘱

(2)

	同34年末	同35年末	同36年末	同37年末
	15,680,666	17,413,324	18,929,228	20,321,326
	11,287,954	12,476,882	13,804,529	14,788,474
	2,565,294	2,973,750	3,401,611	3,697,258
	200,000	280,000	330,000	340,000
	100,601	115,273	102,347	115,367
	70,053	78,741	78,698	72,246
	204,522	253,840	288,850	209,636
	75,166	78,708	89,195	96,545
	29,353	45,662	57,711	73,293
	3,898	4,478	4,742	4,889
	1,511	915	4,172	6,077
	56,341	9,447		
		150,000		
	1,085,969	945,625	767,369	917,537
	445,198	604,680	708,981	984,873
	246,771	334,264	359,176	376,484
	20,997	32,213	34,561	269,409
	177,430	238,201	315,243	338,979

平成19年)参照。

九〇

科　　目	明治32年11月1日	科　　目	同33年末
（貸　方）	6,095,597	（貸　方）	13,660,440
使用資金残高	4,463,886	営業資本金・営業資本	10,332,874
諸方貯蓄	1,200,106	積立金	2,127,717
新築準備金	120,000	準備積立金	120,000
雇人身元金	51,261	預リ金・雇人身元金預金	78,664
第1種積金	54,952	第1種積金預金	61,171
第2種積金	112,770	第2種積金預金	144,284
末家家督金	54,210	末家家督金預金	67,652
万　預　リ	21,816	諸預金	26,841
貸家敷金	4,579	貸家敷金預金	4,013
仮　収　入	12,015	雑・仮入金	14,491
銀行出納		銀行部出納・出納	45,264
		借入金	
		前期損益・前期純損益	637,465
		営業外固定財産勘定	399,302
		土　　　地	242,601
		建　設　物	20,997
		什　　　器	135,704

註：使用資金残高には住友本店が泉屋当時から独自に作成してきた決算簿の残高が充当されている。
　決算簿については末岡照啓「大隈・松方財政期における住友の経営特質」（『住友史料館報』第38号

した顧問（工学で平賀義美、原田庸三、松村鶴造、鉱山で渡辺渡、建築で山口半六、辰野金吾、法律で原嘉道等）に対する報酬である。

また三十二年十月末の資産負債表の借方に本店他建築中の物件が起業支出として追加され、貸方では使用資金残高が営業資本として計上されて、三十三年上半期の期初（十一月一日）の貸借対照表が作成され（第4-3表）、三十三年中に土地、建設物、什器の評価額が算定されて固定財産勘定が設けられた。なお住友家所有の土地、建設物、什器は大阪本店の貸借対照表の欄外に「営業外固定財産」勘定として別記された。既に述べた通り三十三年五月住友本店として初めて統一的な会計規則が「住友家会計規則」として制定され、七月一日から実施された。すなわち大阪本店を初め各店部の損益表、貸借対照表を連結した住友本店の総損益表（第4-4表）及び総貸借対照表（第4-5表）が期末に作成されることとなった。しかし勘定科目の統一は特に総損益表の経費科目で困難を極め、完成したのは三十五

序章　住友本店

年の上期からであった。

この時期にこうした各店部の損益表、貸借対照表を連結した全社の総損益表、総貸借対照表が作成される例は少なく、明治二十七年に発足した三菱合資会社の場合でも、貸借対照表の減価償却を行った後の純利益を全額納入する制度で、本社の損益計算書には場所毎の損益表は含まれていなかった。また場所毎の貸借対照表も本社勘定が本社の貸借対照表の場所勘定に対応しているだけで、これらが本化された全社の貸借対照表が作成されるには至らなかった。[6]

総損益表によれば住友本店の収益の柱は、別子の銅売上と銀行の割引料であり、それに続くのが伸銅場と若松の売上や大阪本店の債券利息と株券配当金であった。

総損失の中では俸給、賃銀、賞与の人件費が三割を超え、次いで燃料費と営業常用品費を併せた原燃料費が一七％弱を占めている。総貸借対照表では銀行預金の増大が顕著であり、それは銀行の保有する国債や株券の有価証券の増大と結びついている。銀行の内容については「四㈤　住友銀行・泉屋銀行」で改めて検討したい。なお先に述べた大阪本店の貸借対照表における「営業資本」（使用資金残高）と「営業外固定財産勘定」（住友家の土地、建設物、什器の合計額）は合算されて、総貸借対照表の「財産」勘定を構成している。

会計システムの全社的統一により、住友本店は明治三十三年から初めて全体としての利益処分が可能となった（第4－6表）。三十三年はまだ別子会計規則に基づく別子の積立金が残っていたが、住友家会計規則第十一条による「会計規則積立金」、同条により特に銀行部に認められた「銀行部積立金」が積み立てられ、また本家（茶臼山本邸新築）、本店、神戸支店、図書館（大阪府立図書館建築に対する寄附）の各「建築準備積立金」が積み立てられた。積金には家法に定められた第一種と第二種があり、「第一種積金」は本表の通り利益の中から備員のために積み立てられるもので、これに対

第4-4表　総損益表（住友本店）　　　　　（単位：円、円未満切り捨て）

科　　目	明治33年下期	同34年	同35年	同36年	同37年
当期総利益	3,023,639	5,894,748	5,865,213	5,967,782	6,951,208
銅　収　益	1,521,155	3,138,269	2,849,204	2,997,035	3,225,988
山林収益	31,795	87,062	76,416	45,967	38,804
醸造収益	413	15,700	17,575	12,571	15,151
汽船収益	5,688	12,697	13,965	18,885	31,150
石炭収益	180,518	551,897	604,519	540,234	491,701
伸銅収益		275,300	280,065	348,591	611,122
製絲収益	12,242	25,397	45,136		
樟脳収益	13,215	16,468	14,054		
鋳鋼収益		37,484	101,813	140,551	252,011
製　　品	502,237				
雑製品収益	28,488		48,227	52,652	210,293
商品販売損益	1,394	3,851	19,594	39,639	20,463
割　引　料	470,437	1,087,195	1,006,805	912,661	1,045,727
公債利息	68,096	157,200	200,022	171,197	247,881
社債券利息	3,959	8,568	14,447	12,994	26,007
株券配当金	46,130	117,964	139,952	185,796	220,448
耕地収益	5,742	64,443	63,012	65,793	92,073
倉庫保管料	30,742	59,562	104,614	148,938	132,476
賃　貸　料	19,640	37,123	32,452	31,506	33,313
諸手数料	38,903	74,735	54,711	66,598	95,168
雑　　益	42,838	123,270	118,515	113,087	101,994
外国為替売買損益			24	111	3,081
営業費戻入			13,767	26,948	56,348
固定財産原価差損益		555			
有価証券原価差損益			46,313	35,719	
元樟脳製造場損益				299	
当期総損失	2,096,391	4,062,714	4,154,689	4,304,803	5,243,318
商品販売損益		475			
利　　息	166,153	463,384	653,240	705,075	616,828
原　　料	384,532				
採　鉱　費	253,096	381,770			
製　錬　費	226,693	438,382			
鉱業設計費	2,337	10,328			
賃　銀　費	9,103	281,379	947,772	850,180	1,021,796
営業雑給			22,482	22,576	29,814
燃　料　費	13,410	87,457	393,587	348,349	372,089

科目					
営業常用品費	46,229	52,426	382,094	365,210	506,389
営業営繕費	85,081	130,959	22,690	25,232	29,051
運送費	107,264	223,231	164,762	163,867	171,883
機械費	27,017	62,031			
販売費	29,444	126,072	53,743	53,447	35,162
営業賃借料	9,165	24,242	26,912	18,361	13,730
営業保険料		10,894	20,227	22,268	22,304
営業雑費	2,524	52,900	35,991	51,949	42,550
俸給	173,501	262,895	318,212	333,860	343,353
鉱業雑給		44,591	38,353	41,273	48,520
旅費		43,547	53,069	55,732	44,915
諸税	33,403	110,502	122,812	130,329	152,192
営繕費	5,357	19,454	23,535	25,980	26,588
賃借及保険料	7,174	6,372	12,485	14,020	15,481
雑費	144,430	274,916	333,725	301,920	312,910
特別報酬金	5,229	7,962	6,400	9,400	16,230
別途費	63,053	27,461	65,263	51,466	372,777
本家費	49,817	94,768	117,776	121,063	154,584
賞与	165,926	285,026	216,128	266,903	242,771
固定財産原価差損益	554	51,335	1,871	3,199	36,729
有価証券原価差損益	54,269	288,654			137,124
営業品原価差損益	7,180	33,338	12,898		
起業費減損		12,811	41,749	97,701	4,317
雑損	24,437	105,368	66,902	219,186	102,095
償却					371,126
引受欠損金		47,769			
元製絲場損益				3,567	
元倉庫尾道出張店損益				2,678	
当期純損益	927,248	1,832,033	1,710,524	1,662,978	1,707,889

註：33年下期は移行期のため相当すると思われる科目に編入した。

第4-5表　総貸借対照表（住友本店）　　（単位：円、円未満切り捨て）(1)

科　目	明治33年末	同34年末	同35年末	同36年末	同37年末
（借　方）	25,597,870	31,693,147	36,139,367	39,534,665	47,716,618
固定財産・土　　　地	1,641,979	1,844,724	2,282,214	2,353,545	2,369,902
鉱　　　山	3,563,843	3,726,372	3,728,366	4,041,213	3,982,489
山　　　林	200,816	207,753	241,953	570,542	609,975
建　設　物	709,952	970,979	1,176,739	1,348,651	1,626,670
鉄　　　道	431,180	465,156	463,177	436,685	402,186
船　　　舶	18,300	18,300	98,704	98,704	157,546
機　　　械	486,646	577,020	676,858	695,208	721,900
什　　　器	153,049	206,091	293,100	377,369	381,097
所有品・準　備　品	256,006	423,056	358,665	406,814	397,543
米　　　穀	6,089	11,680	7,707	5,433	11,682
地　金　銀	5,388	6,552	6,324	6,138	6,252
木　　　材	65,644				
乳　　　牛			1,682	1,623	1,734
質抵当流込物件		9,281	28,638	33,638	27,946
有価証券・国債証券	1,413,948	1,936,825	2,618,767	2,692,530	6,035,342
地方債券	477,485	582,407	579,692	329,115	325,155
社　債　券	99,821	305,149	77,989	315,501	387,480
株　　　券	1,465,101	1,853,029	2,089,211	2,774,596	3,208,331
起業支出	1,327,189	1,464,767	2,039,943	2,261,044	2,769,103
営業品・産　出　品	501,815	430,753	668,600	520,438	665,842
製　　　品	145,685	95,209	183,839	121,872	156,266
半　製　品	103,567	128,212	193,271	172,302	395,822
雑　製　品	127	31	47	18	19
原　料　品	168,151	200,715	226,051	109,624	140,059
商　　　品	47,937	10,936	20,440	10,336	13,233
貸出金・割引手形	8,733,553	11,206,623	12,854,534	14,802,143	16,674,660
諸貸付金	1,561,253	2,197,890	1,776,896	1,574,029	1,928,572
滞　貸　金			131,077	100,746	52,335
支払引受外国手形貸				83,011	224,718
手形・受取手形		2,918	21,863	37,393	18,731
取引先・取引銀行ヘ預ケ				185,552	118,645
取引銀行ヘ貸越	477,681	301,986	355,766	94,848	26,514
掛　売　金	35,180	186,884	128,137	84,578	175,662
委　託　主				4	3
委託及受売・委　託	1,336	2,546	11,840	5,533	
受　　　売	114	53			
雑・仮　出　金	120,241	135,789	69,634	68,788	121,433
繰　替　金	8				
仮受物品					51,951
預ケ金・銀行預ケ金	160,884	153,971	195,187	148,019	149,086
預　ケ　金	280	200	200	200	200
現　　　金	1,217,606	2,029,275	2,532,241	2,666,864	3,380,519

九五

(2)

科　目	明治33年末	同34年末	同35年末	同36年末	同37年末
(貸　方)	25,597,870	31,693,147	36,139,367	39,534,665	47,716,618
総財産・財　産	10,732,176	11,733,153	13,081,562	14,513,510	15,773,346
積　立　金	2,127,717	2,565,294	2,973,750	3,401,611	3,697,258
準備積立金	120,000	200,000	280,000	330,000	340,000
当期純損益	637,465	1,085,969	945,625	767,369	917,537
準備金・保険準備金	5,556				
賞与準備金	1,968	2,374	2,819		
預リ金・銀行部預金	9,688,089	13,760,455	16,814,914	18,432,443	23,527,867
諸預リ金	432,220	512,499	683,186	727,105	671,671
支払引受外国手形				83,011	224,718
輸出為替前受金		43,000			
借　用　金	494,213	756,344			1,000,000
取引先・取引銀行ヨリ借越	374,484	266,387	435,701	40,803	278,773
取引銀行ヨリ預リ				319,917	440,134
掛　買　金	27,164	13,911	7,462	5,737	33,450
委　託　主	1,440				
委託及受売・受売			130		
雑・仮　入　金	24,273	6,556	6,486	17,272	20,777
未　払　金	3,850	1,136	142,826	273	728
当期損益・当期純損益	927,248	746,063	764,899	895,608	790,351

第4-6表　利益処分

(単位：円、円未満切り捨て)

科　目	明治33年	同34年	同35年	同36年	同37年
純　利　益	1,588,713	1,832,033	1,710,524	1,662,978	1,707,889
総純益金下記内訳ノ通分配附換					
会計規則積立金	50,000	50,000	50,000	50,000	50,000
諸積立金利殖高積立金		8,455	77,861	95,646	105,550
銀行部積立金	280,000	350,000	300,000	150,000	250,000
本家建築準備積立金	24,000	20,000	20,000	20,000	40,000
本店建築準備積立金	50,000	30,000	30,000	30,000	60,000
神戸支店建築準備積立金	10,000	10,000			
図書館建築準備積立金	20,000	20,000		60,000	
第一種積金割与金	8,500	10,000	8,500	8,500	8,500
別子会計規則ニ依ル別子積立金	49,323				
上記特別支出差引残高					
営業資本へ組込	1,096,890	1,333,577	1,224,163	1,248,831	1,193,838

し「第二種積金」は傭員自ら積立て、原則として退職まで引き出せないものであった。こうした処分後の利益は営業資本に繰り入れられた。

(三) 明治三十八年～四十一年

この期間の住友本店の業績は銀行が順調な伸びを示したのに対し別子鉱業所の業績の変動により大きく左右された(第5-1表)。すなわち明治三十八年は年初来四阪島製錬所が本格操業に入ったものの煙害問題その他で産銅量が前年の五〇七トンから三九〇二トンと二割も減少したため、七九万円の純益しか上げられなかった。この落ち込みは伸銅場の純益六四万円によってカバーされたが、四十一年には銅価が前年の一〇〇斤当たり平均五五円から三五円以下へ急落したため、別子はほとんど利益が上がらなくなり、伸銅場も同様に銅価の下落につれて伸銅品価格が低落して利益が出なくなった。鋳銅場も四十年九月約七〇万円を投じて島屋工場へ移転したが、技術力が伴わず折柄の不況もあり、四十年、四十一年と赤字続きであった。

大阪本店の利益は主として株券配当金、公社債利息による三〇～三五万円前後と変わりなく、損失は、三十九年の別途費二四万五〇〇〇円は煙害関係寄附金一三万六〇〇〇円があったため、また四十年の雑損一三万三〇〇〇円は広島県白峯造船所(白峯駿馬)に対する貸金一五万円のうち回収不能一〇万六〇〇〇円を損失

第5-1表　店部別純損益

(単位：円、円未満切り捨て)

	明治38年	同39年	同40年	同41年
大阪本店	△506,740	△618,282	△654,541	△656,852
別子鉱業所	791,011	1,604,452	1,292,033	37,246
銀　　行	545,304	657,294	546,784	818,177
倉　　庫	63,328	122,877	101,713	71,088
神戸支店	14,332	27,609	22,312	20,724
若松支店	73,062	143,624	△226,569	203,838
伸 銅 場	639,653	155,417	56,384	23,070
鋳 銅 場	105,954	48,684	△71,114	△142,049
住友本店計	1,725,907	2,141,678	1,067,001	375,244

第5-2表 損益表（大阪本店）

(単位：円、円未満切り捨て)

科目	明治38年	同39年	同40年	同41年
当期利益	285,959	310,161	388,842	338,446
国債証券利息	54,485	59,591	63,403	52,543
地方債券利息	4,466	4,298	4,221	4,201
社債券利息	4,953	4,594	2,649	
株券配当金	143,248	165,006	199,715	242,994
耕地収益	19,250	25,984	26,312	15,247
賃貸料	18,491	17,973	18,373	18,653
雑益	921	5,244	27,883	3,287
固定財産原価差損益		6,520		156
有価証券原価差損益	21,982	6,142	10,896	1,362
利息	18,159	14,805	35,385	
当期損失	792,699	928,443	1,043,384	995,299
俸給	35,595	42,462	48,411	61,379
旅費	2,841	5,408	4,372	7,252
諸税	86,897	130,046	141,939	137,697
営繕費	3,044	2,747	12,225	3,653
賃借及保険料	5,397	5,623	5,297	6,160
雑費	23,941	39,021	34,298	40,199
特別報酬金	19,200	19,700	28,800	19,100
別途費	117,076	245,660	100,007	145,803
本家費	157,970	185,593	213,664	211,025
賞与	206,071	198,333	237,255	234,754
雑損	12,616		133,943	13,557
償却	22,209	23,832	25,365	25,966
固定財産原価差損益	75,145	669	18,016	1,536
有価証券原価差損益			6,981	
利息	24,691	29,345	32,806	87,210
当期純損益	△506,740	△618,282	△654,541	△656,852

に計上したためで、この他特に大きな変化はなく九〇～一〇〇万円前後の損失により六〇～六五万円前後の純損となっている（第5-2表）。大阪本店の貸借対照表における変化は、株券と各部勘定の増加である（第5-3表）。四十年の株券の増加の大半は「九州鉄道」株一七五〇株と「山陽鉄道」株一〇二〇株の取得である（「三 投資活動」参照）。各部勘定のうち毎年銀行部勘定が増加しているのは、主

第5-3表　貸借対照表（大阪本店）(単位：円、円未満切り捨て)

科　　目	明治38年末	同39年末	同40年末	同41年末
（借　方）	22,209,042	23,590,691	26,713,227	26,818,229
固定財産・土　　地	758,811	756,727	775,886	775,838
鉱　区	157,652	157,652	157,652	157,652
建設物	38,727	37,408	45,492	204,747
機　械				1,815
什　器	1,198	841	522	400
所有品・準備品	4,387	4,331	5,880	5,114
米　穀	4,857	5,681	6,652	4,447
地金銀	6,204	6,252	8,813	8,759
有価証券・国債証券	1,109,665	944,365	944,365	969,963
地方債券	63,240	61,030	61,030	60,435
社債券	68,604	60,104		
株　券	1,794,665	2,079,665	2,785,534	2,787,789
起業支出・本店建設物	815	886	12,021	
貸金・立換金	175,381	176,201	25,670	34,390
雑・仮出金	13,488	29,810	18,870	3,484
各　　部	17,075,595	17,157,351	20,915,699	20,845,895
別子鉱業所	10,499,357	9,557,447	11,463,258	10,657,723
銀行部	3,671,430	4,201,880	4,652,108	5,261,460
倉庫部	859,000	914,000	1,182,000	1,171,000
神戸支店	77,283	70,602	157,284	155,681
若松支店	453,168	570,074	776,495	574,159
伸銅場	1,051,353	923,265	1,237,965	1,356,805
鋳鋼場	464,001	920,081	1,446,587	1,669,065
銀行部特別預ケ金	300,000	520,000	510,000	550,000
銀行部出納	247,648	1,140,527		
損益・当期純損益	388,101	451,857	439,136	407,498
（貸　方）	22,209,042	23,590,691	26,713,227	26,818,229
営業資本金・営業資本	16,138,418	16,902,380	17,885,653	18,328,006
積立金	4,102,808	4,724,809	5,469,662	6,040,329
準備積立金	230,000	370,000	510,000	550,000
預リ金・雇人身元金預金	128,972	139,080	155,334	178,421
第1種積金預金	79,221	84,937	94,716	105,653
第2種積金預金	212,398	240,049	269,824	343,773
末家家督金預金	97,761	101,173	101,238	99,491
諸預金	79,237	89,158	87,112	82,368
貸家敷金預金	4,559	4,286	4,233	4,205

項目				
雑・仮入金	5,202	39,523		30,255
銀行部出納			201,822	199,754
銀行部借入金			300,000	700,000
前期損益・前期純損益	1,130,463	895,294	1,633,629	155,970
営業外固定財産勘定	1,047,170	1,237,115	1,500,667	1,504,649
土　　　地	379,078	480,913	657,002	657,039
建　設　物	283,856	270,610	275,038	260,624
什　　　器	384,235	485,591	568,626	586,984

として資本金が一〇〇万円に据え置かれていたのを補うための積立金の増加である（「四⑸住友銀行・泉屋銀行」参照）。鋳鋼場勘定の三十九年、四十年の増加は島屋新工場建設に伴う起業費（一〇五万円）である。営業資本金勘定の積立金の増加は主として前述の銀行部積立金の増加である。

住友本店内部で大阪本店と銀行部の間には、明治三十五年に当座貸越極度額を三〇万円とし、それ以上の資金を必要とする時は約束手形を振り出すことと定められていた（「住友総本店（上）」資料10）。このため四十年三月頃に六〇円（一〇〇斤当たり）を超えていた銅価が夏頃から崩落し、年末に三五円前後になって大阪本店の資金繰りに影響し、それまで貸越であった銀行出納勘定は十二月に入ると借越に転じ、年末には二〇万円を超えた。まだ極度額三〇万円には達していなかったが、大阪本店は手形借り入れにより銀行から三〇万円を調達した。この手形借り入れは四十一年に入って一カ月毎に借り換えられ、ピークは九〇万円に達し、その利払いは八万七〇〇〇円と例年の二〜三倍に達した。

住友本店全体の利益は、日露戦争後のブームが終了した四十一年でも三十八年に比べれば鋳鋼や伸銅の落ち込みを割引料や石炭でカバーして、なお一一〇万円余の増益であった（第5-4表）。しかし経費面での膨張が不況の四十一年になっても止まらず、三十八年を二五〇万円近く上回った。結局四十一年の純益はこの差額三五万円だけ三十八年を下回ることとなり、僅か三七万円余しか計上することができなかった。総貸借対照表（第5-5表）では、この期間銀行部の預金残高が一〇〇〇万円も増加して三六〇〇万円に達し、未だ三井、

第5-4表　総損益表（住友本店）　(単位：円、円未満切り捨て)

科　　目	明治38年	同39年	同40年	同41年
当期総利益	7,818,325	9,520,833	9,469,754	8,954,568
銅収益	2,944,731	4,494,659	4,702,855	3,185,470
山林収益	22,623	36,321	48,566	50,268
醸造収益	18,199	12,372	7,703	12,338
運賃収益	19,969	36,543	53,777	99,094
石炭収益	632,389	751,870	373,482	986,228
伸銅収益	954,844	395,724	338,188	332,508
鋳鋼収益	302,433	318,409	285,030	262,290
雑製品収益	186,135	86,568	220,125	129,901
商品販売損益	14,601	37,641	36,953	39,157
割引料	1,370,889	1,574,668	1,783,850	2,183,905
公債利息	405,518	577,033	500,183	493,480
社債券利息	28,924	4,850	2,863	8,397
株券配当金	250,449	278,691	314,588	369,147
耕地収益	83,474	84,217	96,258	91,097
倉庫保管料	170,201	237,796	237,700	226,208
賃貸料	63,998	43,767	50,974	57,642
諸手数料	171,783	129,010	110,530	89,457
雑益	127,568	166,669	186,470	215,474
営業費戻入	19,290	28,059	53,628	44,458
外国為替損益	2,259	36,286	66,025	76,781
固定財産原価差損益		13,045		
有価証券原価差損益	28,038	176,623		1,257
当期総損失	6,092,417	7,379,154	8,402,753	8,579,323
利息	886,064	1,396,092	1,331,023	1,479,433
賃銀費	1,162,353	1,333,431	1,238,095	1,468,602
営業雑給	17,600	20,532	27,746	32,118
燃料費	442,197	484,838	694,504	639,183
営業常用品費	568,215	597,785	765,971	735,830
営業営繕費	40,502	92,894	109,062	77,701
運送費	164,032	138,468	151,534	267,678
販売費	35,609	55,150	45,080	54,508
営業賃借料	11,768	8,864	9,271	42,606
営業保険料	30,538	32,247	28,438	35,839
営業雑費	52,781	60,719	117,504	108,864
俸給	367,531	467,767	527,647	597,303
鉱業雑給	54,866	62,359	58,873	65,052

旅　　　　費	54,107	64,728	74,560	82,261
諸　　　　税	217,223	268,910	301,184	361,903
営　繕　費	46,889	50,495	70,517	50,364
賃借及保険料	17,051	18,925	17,615	20,796
雑　　　　費	388,765	457,014	536,804	560,829
特別報酬金	19,200	19,700	28,800	19,100
別　途　費	117,076	245,660	100,007	145,803
本　家　費	147,820	172,366	197,033	195,009
賞　　　　与	323,957	330,589	382,484	397,506
固定財産原価差損益	85,835		156,940	63,526
有価証券原価差損益	112,096		128,111	104,584
営業品原価差損益			44,066	5,737
起業費減損	46,677	205,877	213,192	
雑　　　　損	281,345	233,792	261,238	247,976
償　　　　却	400,308	559,942	618,635	719,202
臨時事変費			166,802	
当期純損益	1,725,907	2,141,678	1,067,001	375,244

第一の両行には及ばないものの、設立後僅か一〇年余にして大銀行の一角を占めるに至り、銀行設立が住友本店の業績拡大に寄与したことは明らかとなった。

最後に利益処分(第5～6表)は、三十三年～三十七年と同じ形で行われている。しかし四十一年は前に述べたように、三七万五〇〇〇円の純利益しか上げられなかった。このため「会計規則積立金」や「建築準備金積立金」の積立を中止し、それでも「銀行後部積立金」(五五万円)を積み立てるために営業資本から三四万六〇〇〇円を組み戻すという異例の利益処分を行った。資本金を一〇〇万円に据え置かれてきた銀行の自己資本充実のためには、積立金の積立を止めるわけにはいかなかったのである。

(資料2)

　　　　償却規程

第一条　会計規則第十条ニ定ムル固定財産ノ償却ハ、本規程ニ據リ施行スヘシ。

第二条　鉱区ハ予メ相当ノ償却期間ヲ定メ、鉱区価格ヲ其期間内ノ決算期数ニ等分シタル金額ヲ償却スルモノトス。

前項償却期間ハ、予メ本店ノ認可ヲ得ルコトヲ要ス。

第5-5表　総貸借対照表（住友本店）　　(単位：円、円未満切り捨て)　(1)

科　　目	明治38年末	同39年末	同40年末	同41年末
（借　方）	53,031,134	64,058,402	65,243,905	67,823,963
固定財産・土　　地	2,606,279	2,845,959	3,512,534	3,541,872
鉱　　山	3,916,712	3,829,690	3,801,386	3,758,450
山　　林	614,571	599,112	638,365	638,754
建 設 物	2,396,629	3,049,582	3,583,537	4,096,811
鉄　　道	487,590	504,138	473,370	440,402
船　　舶	300,158	293,123	294,748	248,803
機　　械	1,025,599	1,443,285	2,255,536	2,183,874
什　　器	442,625	552,959	614,360	637,691
所有品・準 備 品	433,320	463,834	503,192	454,056
米　　穀	20,605	12,866	13,674	13,588
地 金 銀	6,204	6,252	8,813	8,759
乳　　牛	1,382	2,995	2,709	2,464
質抵当流込物件	9,281	9,281	103,117	92,864
有価証券・国債証券	6,117,470	7,168,836	7,038,741	9,170,414
地方債券	305,254	222,410	215,850	211,975
社 債 券	326,314	62,664	106,590	106,115
株　　券	3,148,353	3,447,130	4,269,587	4,277,382
起業支出	2,264,008	1,505,362	910,985	1,013,447
営業品・産 出 品	748,768	735,206	1,369,340	1,027,019
製　　品	90,670	172,637	176,071	183,481
半 製 品	589,487	380,582	335,279	248,954
雑 製 品	88			
原 料 品	293,945	217,829	226,928	238,900
商　　品	5,007	29,907	33,524	48,211
貸出金・割引手形	18,162,164	26,029,605	24,732,784	24,745,993
諸貸付金	1,291,503	1,734,391	1,302,090	1,625,421
滞 貸 金	2,186	807	35,498	4,930
支払引受外国手形貸	1,258,091	1,904,488	2,707,859	2,676,211
手形・受取手形	39,613	7,849	19,152	21,936
取引先・取引銀行ヘ預ケ	177,709	243,411	346,301	
取引銀行ヘ貸越	66,552	250,724	185,730	595,945
掛 売 金	219,451	246,948	147,472	232,245
委託及受売・委　　託		3,069		
雑・仮 出 金	93,263	240,914	81,315	141,555
仮受商品	23,745	16,963	45,483	
預ケ金・銀行預金	614,543	300,665	365,364	172,201
諸 預 金	200	200		210,237
現　　金	4,931,779	5,522,713	4,219,978	4,752,990
当期損益・当期純損益			566,628	

科　　目	明治38年末	同39年末	同40年末	同41年末
（貸　方）	53,031,134	64,058,402	65,243,905	67,823,963
総財産・財　産	17,185,588	18,139,495	19,386,321	19,832,655
積　立　金	4,102,808	4,724,809	5,469,662	6,040,329
準備積立金	230,000	370,000	510,000	550,000
前期純損益	1,130,463	895,294	1,633,629	155,970
預リ金・銀行部預金	26,351,287	34,780,682	32,284,857	36,397,843
諸預リ金	734,503	845,098	801,800	937,943
支払引受外国手形	1,258,091	1,904,488	2,707,859	2,676,211
借用金			1,500,000	
取引先・取引銀行ヨリ借越	642,608	81,063	189,306	456,943
取引銀行ヨリ預リ	513,806	510,677	298,354	
掛　買　金	6,574	42,046	8,753	7,725
委　託　主	64,968	62,482	2,327	
雑・借　入　金	29,277	56,277	38,624	40,417
未　払　金	5,070	5,004	836	440
補正勘定	180,641	394,597	411,569	508,209
当期損益・当期純損益	595,443	1,246,384		219,273

第5-6表　利益処分

(単位：円、円未満切り捨て)

科　　目	明治38年	同39年	同40年	同41年
純　利　益	1,725,907	2,141,678	1,067,001	375,244
営業資本コリ組戻				346,579
計	1,725,907	2,141,678	1,067,001	721,824
総純益金下記内訳ノ通分配附換				
会計規則積立金	50,000	50,000	50,000	
諸積立金利殖高積立金	122,000	144,853	170,667	166,824
銀行部積立金	450,000	550,000	350,000	550,000
本家建築準備金積立金	40,000	40,000	40,000	
本店建築準備金積立金	100,000	100,000		
第一種積金割与金	10,000	10,000	10,000	5,000
上記特別支出差引残高				
営業資本へ組込	953,906	1,246,825	446,334	0

第三条　鉱区以外ノ固定財産ニ関シテハ、一定ノ償却標準期間ノ範囲内ニ於テ、更ニ各物件ニ対スル償却期間ヲ定メ、各物件価格ヲ其償却期間内ノ決算期数ニ等分シタル金額ヲ償却スルモノトス。

償却標準期間ハ予メ各部ニ於テ之ヲ定ム。但本店ノ認可ヲ得ルコトヲ要ス。

第四条　前二条ノ償却金額ハ、左ノ期日現在ノ物件ニ付之ヲ定メ、其金額ヲ該期日ノ属スル決算期ノ償却金額トス。

上半期　　五月末日

下半期　　十一月末日

第五条　固定財産ニシテ、其所管ノ転換又ハ用途ノ変更若クハ所在地ノ移転ヲナシタル場合ニ於テハ、其償却期間ヲ更新スルコトヲ得。

第六条　固定財産ニシテ、残存償却期間以上ニ利用シ得ルモノト認メタル場合ニ於テハ、其著シキモノニ限リ償却期間ヲ更新スルコトヲ得。

第七条　固定財産ニシテ、毀損又ハ其他ノ事由ニ依リ、残存償却期間ヲ利用スルコト能ハサルモノト認メタル場合ニ於テハ、償却期間ヲ短縮スヘシ。

第八条　固定財産ニシテ、償却期間ノ存続中其実際価格カ会計規則施行細則第九条規定金額未満ナリト認メタル場合ニ於テハ、其償却ヲ中止スルモノトス。

第九条　固定財産ニシテ、償却期間ノ最終期ニ於テ、其実際価格カ前記規定金額以上ナリト認メタル場合ニ於テハ、其償却残存金額トノ差額ハ之ヲ償却シ、以後ハ其償却ヲ中止スルモノトス。

第十条　固定財産ニシテ、償却最終期以前ニ於テ、償却残存価格カ其決算期ニ於ケル償却ノ結果、前記規定金額以上ナルヘキ場合ニ於テ、其実際価格カ前記規定金額以上ナリト認メタルトキニ於テモ亦前条ヲ準用ス。

一〇五

序章　住友本店

第十一条　前二条中止後ノ固定財産ニ関シテハ、其実際価格カ前記規定金額未満ト認メ得ルトキニ至リ、其残存全価格ヲ償却スヘシ。

第十二条　償却金額ハ八円位ニ止ム。

固定財産価格ニ円未満ノ端数アルトキハ、其償却期ノ始期ニ之ヲ整理シ、償却金額ニ於テ円未満ノ端数ヲ生スルトキハ、償却期ノ最後ニ之ヲ整理スヘシ。

第十三条　会計規則施行細則第九条第二項ニ拠リ、同条第一項ノ規定ヲ適用セサル固定財産ニ関シテハ、各部ノ認定ニ依リ本規程ニヨラサル償却ヲナスコトヲ得。

第十四条　什器中什宝ニ関シテハ本規程ヲ適用セス。

三　投資活動

各店部の起業については「四　店部」で個々に検討することとし、ここでは大阪本店の有価証券投資について「二　業績」と同じく㈠明治二十八年～三十二年、㈡三十三年～三十七年、㈢三十八年～四十一年の三期にわけて考察することとしたい。その場合公債保有は貯蓄的な意味合いが強く、社債は金額的に少額なので、配当金が大阪本店の利益の大半を占める株式（出資を含む）を検討の対象とすることとする。

㈠　明治二十八年～三十二年

総理事が実質的に廣瀬から伊庭に交代した二十七年末には五〇万円にも達しなかった（第6-1表）株式保有は、三十一

年末には二倍以上の伸びを示し、一〇〇万円を超えた。その中心は「日本鉄道」、「九州鉄道」、「山陽鉄道」等の鉄道株であり、全体のほぼ半ばを占めた。他方で廣瀬の時代のように、事業とのからみを重視した投資政策から大阪本店の利殖を目的とした株式保有の性格が強まり、整理も進められた。株式・社債保有額の会社利、株式売買益、預リ金補充証券利（日銀株配当金）に対する利回りは、二十八、二十九、三十一の各年には一一～一三％に達し、三十、三十二の両年でも六％前後であった。以下各年毎に新たな投資銘柄と整理対象をみてみよう。

二十八年には鉄道では「豊州鉄道」、銀行では「帝国商業銀行」、「日本貿易銀行」、「泉屋銀行」の三行に投資された。

「豊州鉄道」は、福岡県行橋・四日市（大分県）間及び行橋・伊田間の鉄道敷設を目的とし、明治二十三年資本金二〇〇万円で設立された。二十八年八月行橋・伊田間が開通した。同年三〇〇万円に増資の際、住友本店は二〇〇株を取得したものとみられる。なおかつて別子に在職した桑原政が同社取締役となっている。

「帝国商業銀行」は、明治二十七年資本金五〇〇万円で東京に設立された。住友本店は売買を重ねて利益を上げている。

「日本貿易銀行」は、明治二十八年資本金一五〇万円で神戸に設立された。頭取は廣瀬宰平の長男廣瀬満正（二十七年三月神戸支店会計課長を退職）であり、評議員に伊庭の先妻の子息柴田喜蔵が名を連ねている。

「泉屋銀行」は、二十八年十月住友銀行とともに住友の末家（退職した旧幹部）を中心に資本金二〇万円で設立された（四 店部(五)住友銀行・泉屋銀行 参照)。

二十九年には二十三年の恐慌で担保として取得して以来保有してきた「桑原紡績」、「内外綿」、「三重紡績」、「福島紡績」の紡績株が処分され、九〇〇〇円余の売却益が計上された。新たに取得されたのは一〇社の株式で「京都鉄道」、「西成鉄道」、「阪鶴鉄道」の鉄道株と「若松築港」、「若松石炭取引所」、「日本貿易倉庫」、「九州倉

序章　住友本店

庫」の倉庫株が中心であった。

「京都鉄道」は二十八年京都・舞鶴間の鉄道敷設を目的として資本金五一〇万円で設立された。(10)住友本店は当初三〇〇株を取得し、二〇〇株を売却した。

「淡路紡績」は、二十八年淡路島洲本に資本金五五万円で設立された。(11)社長は前記廣瀬満正、取締役柴田喜蔵でこの線から出資したものとみられる。

「若松築港」は二十六年若松港の改築・浚渫を目的として設立された。住友本店は忠隈炭の積み出しに同港を利用していた関係で出資した。

「日本精糖」は二十九年資本金一五〇万円で大阪に設立された。社長は松本重太郎で、渋沢栄一も常務に名を連ねている。(12)

「西成鉄道」は二十九年資本金一一〇万円で大阪・安治川口間の鉄道敷設を目的として設立された。(13)しかし住友本店は三十二年に売却した。

「若松石炭取引所」は二十八年資本金四万五〇〇〇円で設立された（理事長安川敬一郎）。若松支店商務課主任大久保喜久三名義である。二十九年若松石炭米穀取引所と改称し、三十五年に解散した。(14)

「日本貿易倉庫」は二十九年神戸に資本金一五〇万円で設立された。社長廣瀬満正、監査役柴田喜蔵のコンビである。(15)三十六年東京倉庫へ売却された。

一〇八

同32年
1,804,010
650,652
175,763
474,888
87,916
25,446
1,130,991
214
5,350
0
41
1,292
160
20,310
0
469
12,782
75
1,725
881
200,252
424
17,482
73
3,663
40
1,400
60
750
80
2,405
1,002
27,575
0
640
43,736
213
8,733
554
6,925
880
44,359
1,625
56,875

第6-1表　有価証券期末残高表　(単位：円、円未満切り捨て)

銘　柄		明治27年	同28年	同29年	同30年	同31年
有価証券計	円	969,179	1,223,903	1,484,219	1,635,533	1,740,934
公債	円	530,433	624,487	741,936	660,698	631,014
諸公債	円	193,680	248,788	339,629	236,799	175,763
貯蓄公債	円	336,753	375,699	402,307	423,898	455,250
社債	円	33,051	29,951	27,851	26,201	83,441
株式	株	10,093	13,857	19,493	22,482	21,291
(額面)	円	438,747	569,464	714,431	948,633	1,026,478
大阪八弘	株	280	277	214	214	214
(25)	円	7,050	6,925	5,350	5,350	5,350
大阪堂島米穀取引所	株	43	46	56	56	56
(50)	円	8,655	4,629	4,516	4,516	4,516
東京海上保険	株	13	13	13	13	104
(100)→(50)	円	1,300	1,300	1,300	1,300	1,300
横浜正金銀行	株	40	40	40	40	80
(100)	円	4,310	4,310	4,310	4,310	12,310
同　　新株	株	40	40	40	40	
(100)	円	4,000	4,000	8,000	8,000	0
同　　第二新株	株				80	80
(100)	円				4,000	6,000
大阪製銅	株	395	300	469	469	469
(50)→(40)	円	18,047	13,706	17,472	17,472	17,472
大阪窯業	株	50	50	75	75	75
(20)	円	1,000	1,000	1,500	1,725	1,725
日本銀行	株	506	759	759	759	866
(200)	円	90,942	116,242	154,192	154,192	194,942
大阪紡績	株	1,094	1,094	544	534	454
(50)	円	45,107	45,107	22,430	22,017	18,719
日本郵船	株	200	200	200	200	73
(50)	円	10,000	10,000	10,000	10,000	3,663
同　　新株	株			300	300	
(50)	円			3,750	11,250	0
大阪倉庫	株	40	40	40	40	40
(100)	円	1,200	1,400	1,400	1,400	1,400
同　　新株	株				60	60
(50)	円				300	750
大阪共立銀行	株	120	120	10		
(30)	円	3,700	3,700	308	0	
同　　新株	株		120	120	80	80
(30)	円		1,500	3,600	2,405	2,405
神戸桟橋	株	150	100	100		
(25)	円	3,750	2,500	2,500	0	
同　　新株	株		38	38		
(25)	円		456	950		
大阪商船	株	266	133	203	467	467
(25)	円	6,472	3,236	6,411	15,078	15,078
同　　新株	株	104	52	52		
(25)	円	520	260	260	0	
同　　第一新株	株			52	741	335
(25)	円			104	7,410	8,368
同　　第二新株	株			185		
(25)	円			1,295	0	
日本鉄道	株	427	427	427	640	640
(50)	円	33,086	33,086	33,086	43,736	43,736
同　　新株	株	213	213	213	213	213
(50)	円	639	5,325	7,455	8,733	8,733
同　　新株	株			213		
(50)	円			2,130	0	
同　　第八新株	株					554
(50)	円					6,925
九州鉄道	株	1,450	1,450	1,450	1,680	930
(50)	円	51,591	55,941	55,941	69,566	46,880
同　　新株	株		600	600	1,625	1,625
(50)	円		7,800	12,000	40,625	52,000

序章　住友本店

「日本繊絲」は二十九年大麻・亜麻の紡績を目的として資本金一〇〇万円で設立された。取締役に俣野景孝（元浪華紡社長）、柴田喜蔵が名を連ねている。三十五年大阪麻糸と改称、三十六年日本製麻に合併された。住友本店は三十八年に株式を売却した。

「内外物産貿易」は二十九年資本金五〇万円で神戸に設立された。神戸支店商務課長を退職した野呂邦之助が副社長兼専務取締役に就任し、自ら建言した貿易業を実践しようとしたものと思われる（「住友本店（上）」資料2参照）。なお取締役に廣瀬満正、相談役に柴田喜蔵の名がみられ、ニューヨーク、ロンドンに支店を設けた。

「阪鶴鉄道」は二十九年大阪・舞鶴間の鉄道敷設を目的として資本金四〇〇万円で設立された。住友吉左衛門は発起人の一人であった。三十六年住友本店は株式を売却した。

「九州倉庫」は二十九年門司に資本金一〇〇万円で設立された。株式名義が若松支店支配人豊島住作となっているので、若松支店の関係で取得したものとみられる。住友本店は三十六年に株式を売却した。

明治三十年に住友本店は「大阪共立銀行」、「神戸桟橋」、「大阪銅鉄取引所」、「豊州鉄道」、「帝国商業銀行」の五銘柄の株式を処分し、新たに「河州紡績」、「日本生糸貿易」、「北浜銀行」、「日本勧業銀行」、「船越鉄道」、「広島倉庫」の株式を取得した。「筑豊興業鉄道」は二十七年「筑豊鉄道」と改称し、三十年「九州鉄道」と合併して十月解散した。

「河州紡績」は二十九年資本金五〇万円で大阪府北河内郡住道村に設立された。社長俣野景孝、取締役豊島住作となっている。同社は三十二年十月鐘淵紡績に営業譲渡し三十三年解散した。

```
    1,726
   60,500
      726
   37,223

      224
    7,840
       20
      500
       50
    3,788
    2,460
  123,634

      820
   10,660
      139
    1,416

      100
    5,000

      410
   11,690

      600
    6,000
      513
   25,558

      500
   41,581
       45
      900
    3,575
   17,875
      250
    2,800
      100
    3,000

      250
   20,080

        0
      210
    8,820
```

一一〇

銘柄	(額面)	単位					
同　　第二新株	(50)	株 円			1,025 20,500	0	
同　　第四新株	(50)	株 円				1,714 8,570	1,714 54,848
筑豊興業鉄道・筑豊鉄道・九州鉄道	(50)	株 円	198 10,872	198 10,872	726 37,223	726 37,223	726 37,223
同　　第二新株・九州鉄道第三・四新株	(50)	株 円	142 7,100	142 7,100	0		
同　　第三新株	(50)	株 円		229 8,015	0		
同　　第四新株	(50)	株 円		167 5,845	0		
同　第五新株・九州鉄道第三新株	(50)	株 円			224 448	224 3,360	224 7,168
大阪坩堝製造	(25)	株 円	20 500	20 500	20 500	20 500	20 500
大阪株式取引所	(100)→(50)	株 円	20 3,054	40 3,054	80 6,061	80 6,061	80 6,061
山陽鉄道	(50)	株 円	1,040 29,040	1,540 49,720	1,740 58,412	2,460 99,034	2,460 116,254
同　　新株	(50)	株 円			590 14,750	0	
同　　新株	(50)	株 円					
日本火災保険	(50)	株 円	50 500	164 1,671	164 1,671	164 1,671	139 1,416
同　　新株	(50)	株 円	35 350	0			
明治火災保険	(50)	株 円	290 14,500	290 14,500	290 14,500	290 14,500	100 5,000
桑原紡績	(60)	株 円	114 4,087	114 4,087	0		
内外綿	(50)	株 円	42 1,208	42 1,208			
三重紡績	(50)	株 円	100 4,919	50 2,459	0		
同　　第四新株	(50)	株 円	20 366	20 1,066	0		
同　　第五新株	(50)	株 円	50 250	50 1,250	0		
日本舎密製造	(25)	株 円	410 9,230	410 9,230	410 9,230	410 11,280	410 11,280
福島紡績	(25)	株 円	76 1,078	76 1,558	0		
日本海陸保険	(25)→(12.5)	株 円	300 2,250	300 2,250	300 4,500	600 4,500	600 6,000
浪華紡績	(40)	株 円	502 19,988	513 21,967	513 25,558	513 25,558	513 25,558
同　　新株	(40)	株 円	44 440	0			
大阪鉄道	(50)	株 円	100 8,440	300 23,704	300 23,704	500 41,581	500 41,581
同　　新株	(50)	株 円			45 225	45 562	45 787
関西鉄道　新株	(50)	株 円					
日本撚糸	(25)	株 円	200 1,000	250 1,500	250 1,500	250 2,500	250 2,800
西陣再整撚糸	(50)	株 円	100 1,250	100 3,000	100 3,000	100 3,000	100 3,000
大阪鋼鉄取引所	(20)	株 円	30 600	30 600	30 600	0	
大阪時計製造	(50)	株 円	300 8,250	250 12,500	250 12,500	250 12,500	250 12,500
同　　新株	(50)	株 円					500 5,080
大阪明治銀行・浪速銀行	(25)	株 円	400 5,000	300 7,500	260 9,100	260 10,400	210 8,400

序章　住友本店

「日本生糸貿易」は三十年神戸に資本金四〇万円で設立された。廣瀬満正が取締役となっている。

「北浜銀行」は三十年大阪株式取引所理事長磯野小右衛門が藤田伝三郎とともに資本金三〇〇万円で設立した。住友本店は翌三十一年に資本金一〇〇〇万円に売却した。実質的には三井銀行大阪支店長を辞職した岩下清周が支配していた。

「日本勧業銀行」は三十年日本勧業銀行法に基づく特殊銀行として資本金一〇〇〇万円で設立された。住友本店は翌三十一年売却した。

「船越鉄道」は三十年福岡県船越湾から飯塚に至る運炭鉄道敷設を目的として資本金三〇五万円で設立された。しかし不況のため払込が進まず、三十一年九州鉄道に敷設権を譲渡し解散した。

「広島倉庫」は三十年広島県安佐郡山陽本線横川駅前に資本金一二万円で設立された。銀行広島支店支配人久能省三名義となっており、当初久能は同社監査役に就任しているので、銀行広島支店の取引先とみられる。

明治三十一年には「北浜銀行」と「日本勧業銀行」の株式が処分され、「船越鉄道」株は「九州鉄道」の新株と交換された。新たに取得したのは「大阪農工銀行」株のみである。

「大阪農工銀行」は農工銀行法（明治二十九年公布）に基づき三十一年資本金五〇万円で設立免許を受けた。同行は農工業改良発達のため長期低利の資金を農工業者に貸し付けることを目的としていた。

明治三十二年に住友本店は「大阪堂島米穀取引所」、「西成鉄道」の株式を処分し、「泉屋銀行」を買収して銀行船場出張店とした。新たに取得したのは「阪神電気鉄道」、「台湾銀行」、「大阪倶楽部」の三銘柄である。

```
             50
          2,500
             17
            510

            150
          3,750
              0
            100
          3,300
            200
          8,000
            139
          7,089

            200
          6,000
              0
             10
            250
            115
          1,610
            120
          3,960
            300
          5,250
            934
         46,724
             60
            750
            450
         22,500
            100
          1,750

             87
          1,087
            250
          2,500
            200
          2,500
          1,215
         30,375
            100
          5,000
         65,550

            750
          7,800
              0
         57,000
```

銘柄	単位					
豊州鉄道	株		200	200		
	(50) 円		10,752	10,869	0	
同　新株	株			50	100	100
	(50) 円			2,000	5,000	5,000
同　新株	株					
	(50) 円					
帝国商業銀行	株		300	200		
	(50) 円		6,000	5,000	0	
日本貿易銀行	株		150	150	150	150
	(50) 円		1,875	3,750	3,750	3,750
泉屋銀行	株		1,500	1,500	1,540	1,540
	(50) 円		18,750	33,750	38,500	38,500
京都鉄道	株			100	100	100
	(50) 円			1,250	2,000	2,500
淡路紡績	株			200	200	200
	(50) 円			5,000	6,200	7,000
若松築港	株			95	139	139
	(50) 円			3,795	6,185	7,089
同　新株	株				44	
	(50) 円				1,540	0
日本精糖	株			200	200	200
	(50) 円			2,500	2,500	5,000
西成鉄道	株			120	120	120
	(50) 円			4,320	5,280	5,760
同　新株	株				60	60
	(50) 円				1,800	2,880
若松石炭取引所	株			10	10	10
	(50) 円			250	250	250
日本貿易倉庫	株			115	115	115
	(50) 円			1,437	1,437	1,610
日本繊絲	株			300	300	120
	(50) 円			1,650	3,000	3,000
内外物産貿易	株			300	300	300
	(50) 円			3,750	3,750	3,750
阪鶴鉄道	株			1,119	1,134	934
	(50) 円			10,071	28,380	35,516
九州倉庫	株			60	60	60
	(50) 円			750	750	750
河州紡績	株				450	450
	(50) 円				11,700	17,550
日本生糸貿易	株				100	100
	(50) 円				1,250	1,500
北浜銀行	株				40	
	(50) 円				800	0
日本勧業銀行	株				145	
	(200) 円				7,322	0
船越鉄道	株				200	
	(50) 円				1,000	0
広島倉庫	株				87	87
	(50) 円				1,087	1,087
大阪農工銀行	株					250
	(20) 円					1,250
阪神電気鉄道	株					
	(50) 円					
台湾銀行	株					
	(100) 円					
大阪倶楽部	株					
	(100) 円					
(出資)	円	13,000	14,500	18,500	100,500	85,000
日本蒔絵(資)	円	12,000	13,000	13,000	13,000	0
(資)大阪毎日新聞社	円	1,000	500	500	500	500
日本海陸保険再保険組合	円		1,000	0		
川島織物(資)	円			5,000	6,000	6,000
樟脳組合	円				58,500	41,000
汽車製造(資)	円				22,500	37,500

註：各年期末(10月末)残高。
出典：会計原簿甲。

序章　住友本店

「阪神電気鉄道」は三十二年資本金一五〇万円で摂津電気鉄道として設立された。住友本店は二〇〇株を申し込み、その後同社は「阪神電気鉄道」と改称した[26]。しかし住友本店は二十六年に売却した。

「台湾銀行」は台湾銀行法（明治三十年公布）に基づき三十二年六月資本金五〇〇万円で設立免許を得た[27]。

「大阪倶楽部」は経営不振に陥った大阪ホテルを買収するため、外山脩造外一一名を発起人として三十二年株式会社大阪倶楽部が資本金一〇八万円で設立され、大阪ホテルは大阪倶楽部ホテルと改称した[28]。

なお「大阪明治銀行」は三十二年二月「浪速銀行」に吸収合併された。

その他「出資」については、二十八年に「日本海陸保険」の「再保険組合」に出資した。当時日本海陸は東京海上及び帝国海上の三社で再保険の連合を行っていた[29]。しかしこの組合は二十九年一月解散した。

二十九年には「川島織物合資会社」に出資した。同社は二十八年十二月二代川島甚兵衛が資本金一〇万円で会社組織に改めたものである。住友吉左衛門は相談役に就任している[30]。

三十年には「樟脳組合」と「汽車製造合資会社」に出資している。

「樟脳組合」は二十九年十二月藤田組及び台湾の林紹堂と共同で樟脳製造のため組合を設立したものである。三十年八月から年末にかけ八回にわたり合計六万円を出資した。三十一年には現地台阪公司から一万九〇〇〇円の利益送金もあったが、林の契約不履行により三十二年十一月四万円余の損失を蒙り解散した（「四二」神戸樟脳製造場」参照）。

「汽車製造」は二十九年元鉄道庁長官井上勝が機関車その他鉄道用品の製造を目的として資本金六四万円で設立した[31]。

三十年住友本店は島屋新田の土地二万坪を同社に売却し、埋め立てて工場建設の後三十二年七月開業した。なお六月には田邊貞吉が同社監査役に選任されている。

この他「日本蒔絵総合資会社」は経営不振のため三十一年十月解散した[32]。

一一四

(二) 明治三十三年～三十七年

明治三十二年の藤尾録郎による会計制度の改革により、有価証券についても「有価証券記入帳」という帳簿が、国債証券、地方債券、社債券、株券の四種類の有価証券について設けられ、銘柄毎に売買が管理されることになった(第6－2表)。又会計規則により株価が簿価を下回った場合には評価損が計上されることとなった。しかしこの期間株券は処分も進められたので五〇万円足らずの増加にとどまった。

銀行株では新たに「愛媛県農工銀行」、「松山商業銀行」、「五十二銀行」の三銘柄を取得した。いずれも会計制度改革により事業所の積立金が廃止されたため、別子鉱業所遠計積立金から受け入れたものである。三十三年七月「大阪共立銀行」は「浪速銀行」に吸収合併された。三十五年から三十六年にかけて「浪速銀行」と「日本貿易銀行」の株式は処分された。

鉄道株では「大阪鉄道」の解散に伴い、「関西鉄道」の株式を受け入れた他、「北海道鉄道」、「京釜鉄道」、「伊予鉄道」に出資した。

「関西鉄道」は二十一年四日市に設立された会社で、三十一年名古屋・大阪網島間全通していた。

「北海道鉄道」は当初「函樽鉄道」として小樽・函館間の鉄道敷設を目指し、三十三年資本金八〇〇万円で設立され、のち社名を「北海道鉄道」と改称した。

「京釜鉄道」は三十四年朝鮮京城・釜山間の鉄道敷設を目的として資本金二五〇〇万円で設立された。同社会長渋沢栄一の依頼により株式を申し込んだものと思われる。

「伊予鉄道」はすでに十九年に設立され、松山・高浜間その他を営業していた。住友本店は新たに取得したものであ

第6-2表　有価証券残高表

(単位：円、円未満切り捨て)

銘　　柄			明治33年末	同34年末	同35年末	同36年末	同37年末
有価証券計		円	2,178,853	2,390,106	2,432,845	2,551,772	2,842,482
国債証券		円	747,324	718,200	718,289	798,210	939,525
地方債券		円	58,355	68,765	67,490	65,535	64,685
社債券		円	99,821	81,949	77,989	69,864	69,504
株券		株	28,660	32,423	31,166	31,797	33,722
（額面）		円	1,273,351	1,521,192	1,569,077	1,618,163	1,768,768
（銀行）							
日本銀行		株	831	1,161	1,161	1,161	1,161
	(200)	円	220,452	348,013	348,013	348,013	348,013
横浜正金銀行		株	160	160	160	160	160
	(100)	円	20,310	20,310	20,310	20,310	20,310
同　　新株		株	160	160	160	160	160
	(100)	円	8,000	8,000	8,000	8,000	8,000
台湾銀行		株	1,215	1,215	257	257	257
	(100)	円	30,375	30,375	12,850	12,850	12,850
大阪農工銀行		株	250	250	250	250	250
	(20)	円	2,500	3,125	3,125	3,125	3,125
愛媛県農工銀行		株	50	50	50	50	50
	(20)	円	750	795	1,000	1,000	1,000
浪速銀行		株	210	210	210		
	(50)	円	8,820	8,820	8,820	0	
同　　新株		株	80	80			
	(50)	円	2,405	2,400	0		
松山商業銀行		株	100	100	100	100	100
	(50)	円	3,750	3,300	3,300	3,300	3,925
同　　新株		株	100	100	100	100	100
	(50)	円	3,750	3,300	3,300	3,300	3,300
五十二銀行		株	200	200	200	200	200
	(50)	円	9,233	9,233	9,233	9,233	9,233
同　　新株		株	200	200	200	200	200
	(50)	円	4,616	4,616	4,616	4,616	4,616
日本貿易銀行		株	150	150	150		
	(50)	円	3,750	3,750	3,750	0	
小計		株	3,706	4,036	2,998	2,638	2,638
		円	318,712	446,038	426,318	413,748	414,373
（鉄道）							
日本鉄道		株	640	640	883	883	883
	(50)	円	43,736	43,736	56,666	56,666	56,666
同　第七新株		株	213	213			
	(50)	円	9,372	10,011	0		
同　第八新株		株	1,554	2,767	3,111	3,111	3,111
	(50)	円	28,904	54,403	62,487	62,487	71,820
関西鉄道		株	1,000	1,090	1,090	1,090	1,090
	(50)	円	34,581	36,651	36,651	36,651	36,651
同　　新株		株	90				
	(50)	円	1,395	0			
大阪鉄道		株					
	(50)	円	0				
山陽鉄道		株	3,460	3,460	4,280	4,480	5,080
	(50)	円	182,950	182,950	223,950	235,412	269,730
同　　新株		株	820	820			
	(50)	円	18,860	35,260	0		
同　　新株		株				1,492	1,492
	(50)	円				7,460	26,110
同　第二新株		株					505
	(50)	円					8,837
九州鉄道		株	2,606	2,856	7,618	7,918	8,418
	(50)	円	133,264	145,458	381,020	397,968	424,467
同　第一新株		株	3,575	4,175			
	(50)	円	143,090	206,335	0		
同　第二新株		株	1,634	1,884	1,884	1,884	1,884
	(50)	円	28,845	33,327	47,457	47,457	80,427
豊州鉄道・九州鉄道		株	50				
	(50)	円	2,500	0			

序章　住友本店

同　　丙新株・九州鉄道第三新株		株	17	517		
	(50)	円	510	17,580	0	
阪鶴鉄道		株	934	934	100	
	(50)	円	46,724	14,010	1,500	0
京都鉄道		株	100	100		
	(50)	円	3,800	1,900	0	
阪神電気鉄道		株	200	200	100	
	(50)	円	2,500	1,600	1,300	0
函樽鉄道		株	1,000	1,000	1,000	1,000	1,000
	(50)	円	5,000	5,000	15,000	35,000	50,000
京釜鉄道		株		364	364	364	364
	(50)	円		1,820	3,640	3,640	7,280
同　　第二新株		株			500	500	500
	(50)	円			2,500	5,000	10,000
伊予鉄道		株		500	500	500	500
	(50)	円		24,108	24,108	24,108	24,108
小計		株	17,893	21,520	21,430	22,922	24,827
		円	686,033	814,151	856,281	911,851	1,066,098
(紡績)							
大阪紡績		株	424	424	424	424	424
	(50)	円	17,482	9,328	9,328	9,328	9,328
同　　優先株		株		300	300	300	300
	(50)	円		14,250	14,250	14,250	14,250
浪華紡績		株					
	(50)	円	0				
淡路紡績		株					
	(50)	円	0				
河州紡績		株					
	(50)	円	0				
小計		株	424	724	724	724	724
		円	17,482	23,578	23,578	23,578	23,578
(保険)							
明治火災保険		株	150	150	150	150	150
	(200)	円	7,505	7,505	7,505	7,505	7,505
日本火災保険		株	139				
	(50)	円	1,416	0			
東京海上保険		株					
	(50)	円	0				
日本海陸保険		株	480	480	480	480	
	(25)	円	6,000	480	480	480	0
小計		株	769	630	630	630	150
		円	14,921	7,985	7,985	7,985	7,505
(諸株)							
大阪株式取引所		株	50	50	40	40	40
	(50)	円	3,788	3,788	3,030	3,030	3,030
若松石炭取引所		株	10	10			
	(50)	円	250	10	0		
大阪製銅		株					
	(50)	円	0				
日本郵船		株	73	73	73		
	(50)	円	3,663	3,663	3,663	0	
大阪商船		株	1,002	1,002	1,002	1,002	1,002
	(25)	円	27,575	25,050	25,050	25,050	25,050
同　　新株		株					1,002
	(25)	円					6,262
大阪倉庫		株	40	40			
	(50)	円	1,400	1,400	0		
同　　新株		株	60	60			
	(50)	円	750	750	0		
日本貿易倉庫		株	115	115	115		
	(50)	円	1,955	1,380	1,610	0	
広島倉庫		株	87	87	87		
	(50)	円	1,305	652	652	0	
九州倉庫		株	60	60	30		
	(50)	円	930	300	300	0	
兵庫倉庫		株	2				
	(50)	円	50	0			

西陣撚糸再整	株	100	100			
（50）	円	3,000	1,300	0		
日本撚糸	株	250	250			
（25）	円	2,800	3,125	0		
日本繊絲・大阪麻糸・日本製麻	株	120	120	60	60	60
（50）	円	5,160	1,200	1,200	1,200	1,200
日本精糖	株	200	200			
（50）	円	6,000	7,000	0		
大阪坩堝製造	株	20				
（50）	円	500	0			
日本舎密製造	株	410	410	410	410	410
（50）	円	11,690	12,710	15,170	15,170	15,170
大阪窯業	株	75	75			
（20）	円	1,500	1,200	0		
同　　新株	株	75	75			
（20）	円	825	825	0		
大阪時計製造	株	250	250			
（50）	円	21,330	1,250	0		
関西コーク	株	70	70			
（50）	円	2,100	1,260	0		
市之川鉱山	株	15				
（50）	円	300	0			
日本生糸貿易	株					
（50）	円	0				
内外物産貿易	株	300				
（50）	円	5,250	0			
大阪八弘	株	214	196	196		
（25）	円	5,350	4,900	4,900	0	
若松築港	株	139	139	139	139	139
（50）	円	7,089	6,950	6,950	6,950	6,950
同　　第三募集株	株	1,400	1,400	1,400	1,400	1,400
（50）	円	17,500	35,700	46,900	51,800	56,000
同　　新株	株			200	200	200
（50）	円			5,600	5,600	5,600
大阪倶楽部	株	101	101			
（100）	円	10,096	5,050	0		
国光社	株	5	5	5	5	5
（50）	円	62	100	100	162	162
台湾製糖	株	500	500	500	500	
（50）	円	6,250	11,000	17,000	20,500	0
白耳義東洋会社	株	100	100	100	100	100
（500法）	円	1,968	3,937	3,937	3,937	3,937
若松電燈	株	25	25	25	25	25
（50）	円	812	400	400	400	400
湖南汽船	株			500	500	500
（50）	円			6,250	10,000	10,000
大阪瓦斯　新株	株			500	500	500
（50）	円			6,250	6,250	12,500
大阪ホテル	株			2	2	2
（5,000）	円			5,000	10,000	10,000
小計	株	5,868	5,513	5,384	4,883	5,383
	円	151,251	134,901	153,963	160,050	156,262
（出資）						
汽車製造（資）	円	68,400	51,800	51,800	51,800	51,800
同　　優先出資	円		28,537	38,050	38,050	38,050
川島織物（資）	円	7,800	5,600	5,600	5,600	5,600
（資）大阪毎日新聞社	円	750	3,000	3,000	3,000	3,000
洞海北湾埋渫（資）	円	8,000	5,600	0		
第一生命保険（相）	円			2,500	2,500	2,500
小計	円	84,950	94,537	100,950	100,950	100,950

出典：有価証券記入帳。

る。

その他鉄道株では「豊州鉄道」は三十四年八月「九州鉄道」に合併された。三十五年から三十六年にかけて「京都鉄道」、「阪鶴鉄道」、「阪神電気鉄道」の株式は売却された。

紡績株では三十三年一月「河州紡績」が、三月「淡路紡績」「浪華紡績」が相次いで解散した。すでに「河州紡績」は三十二年十月、「淡路紡績」は三十三年一月鐘淵紡績に合併されており、「浪華紡績」は三十一年八月に休業していた。

保険株では三十三年「東京海上保険」、三十四年「日本火災保険」の株式を売却し、三十七年七月「日本海陸保険」は解散した。

諸株では新たに「兵庫倉庫」、「関西コークス」、「市之川鉱山」、「国光社」、「台湾製糖」、「白耳義東洋会社」、「若松電燈」、「湖南汽船」、「大阪瓦斯」、「大阪ホテル」の株式を取得した。

「兵庫倉庫」及び「市之川鉱山」の株式は神戸支店積立金が保有していたものを肩代わりした。両社は神戸支店の取引先であった（市之川鉱山はアンチモニーを生産していた）。いずれも取引の中止とともに三十四年に売却された。

「関西コーク」は二十八年にコークス製造のため大阪に設立された会社で、別子の取引先とみられる。別子積立金から肩代わりしたもので、三十五年に売却された。

「国光社」は三十三年資本金三〇万円で橋本忠次郎により出版印刷を目的として東京築地に設立された。(37)

「台湾製糖」は三十三年資本金一〇〇万円で国策会社として設立された。住友本店は三十七年に売却した。

「白耳義東洋会社」は三十三年ベルギーにおいて東洋諸国特に中国の沿岸・鉱山開発を目的として設立された「東洋万国株式会社」であり、外務省から渋沢栄一に紹介があり、渋沢から出資の依頼があったものとみられる。(38)

「若松電燈」は三十一年資本金六万五〇〇〇円で設立された。若松支店保有分を肩代わりしたものである。

序章　住友本店

「湖南汽船」は三十五年中国南部の河川江湖における海運を目的として資本金一五〇万円で東京に設立された。

「大阪瓦斯」は既に三十年に設立されていたが、三十五年増資の際住友本店は五〇〇株を引き受けた。これは前年日本鋳鋼所社長片岡直輝が大阪瓦斯社長に迎え入れられているので、片岡の依頼によるものと思われる。

「大阪ホテル」は明治三十五年十二月資本金一〇万円で設立された。これは大阪倶楽部ホテルが三十四年十一月火災により焼失したため、「大阪倶楽部」が三十五年一月解散（株式払込総額八万円を一〇年賦の貸金証書と交換）したことによる。

諸株では三十三年に「大阪製銅」が六月解散し、「日本生糸貿易」株は売却された。三十四年には前記「兵庫倉庫」、「市之川鉱山」が処分された他、「大阪坩堝製造」株は同社社長玉手弘通へ無償譲渡され、「内外物産貿易」は四月に解散し、野呂邦之助が描いた貿易会社の夢は潰えた。三十五年には前年九月に解散した「若松石炭取引所」の清算が二月に完了し、さらに十一月には「大阪時計製造」が清算された。この外前記「関西コーク」、「大阪撚糸再整」、「日本撚糸」、「日本精糖」、「大阪窯業」の各株式が売却された。三十五年十二月東京倉庫へ営業譲渡した「日本貿易倉庫」が三十六年二月清算され、「広島倉庫」株式は無償譲渡された。「大阪八弘」株式は廣瀬宰平、豊島住作に譲渡された。「日本郵船」、「九州倉庫」の各株式は売却された。三十七年には上記「台湾製糖」株も売却されている。

出資では「洞海北湾埋渫合資会社」が明治三十年四月に設立され出資したが、これは三十五年九月矢野恒太が設立の際、矢野の友人旧郡山藩主柳沢保恵の紹介で住友吉左衛門が払込に応じたものである。(39)

その新株と交換された。又「第一生命保険相互会社」が明治三十年四月に設立され出資したが、これは三十五年九月「若松築港」に合併され、

(三) 明治三十八年～四十一年

この期間保有債券は減少に転じたが、株式保有は一〇〇万円近くも増加した(第6-3表)。

第6-3表　有価証券残高表

(単位：円、円未満切り捨て)

銘　柄			明治38年末	同39年末	同40年末	同41年末
有価証券計		円	3,036,174	3,145,164	3,790,929	3,818,187
国債証券		円	1,109,665	944,365	944,365	969,963
地方債券		円	63,240	61,030	61,030	60,435
社債券		円	68,604	60,104	0	0
株券		株	35,040	38,652	46,525	45,912
	(額面)	円	1,794,665	2,079,665	2,785,534	2,787,789
(銀行)						
日本銀行		株	1,161	1,211	1,341	1,341
	(200)	円	348,013	380,013	453,333	453,333
横浜正金銀行		株	160	160	320	320
	(100)	円	20,310	20,310	36,310	36,310
同　　新株		株	160	160		
	(100)	円	8,000	12,000	0	
台湾銀行		株	257	257	257	257
	(100)	円	12,850	12,850	19,275	25,700
大阪農工銀行		株	250	250	250	250
	(20)	円	3,125	3,125	4,375	4,375
愛媛県農工銀行		株				
	(20)	円	0			
松山商業銀行		株	100	100	200	200
	(50)	円	3,925	4,550	9,100	9,100
同　　新株		株	100	100		
	(50)	円	3,300	3,300		
同　　第二新株		株			200	200
	(50)	円			2,500	2,500
五十二銀行		株	200	200	400	400
	(50)	円	9,233	9,233	18,850	18,850
同　　新株		株	200	200		
	(50)	円	4,616	4,616	0	
同　　新株		株			266	266
	(50)	円			3,325	3,325
小計		株	2,588	2,638	3,234	3,234
		円	413,373	449,998	547,068	553,493
(鉄道)						
日本鉄道		株	883	883	883	883
	(50)	円	56,666	56,666	56,666	56,666
同　　第八新株		株	3,111	3,111	3,111	3,111
	(50)	円	85,820	132,485	132,485	132,485
関西鉄道		株	1,090	1,090	1,090	1,090
	(50)	円	36,651	36,651	36,651	36,651
山陽鉄道		株	5,080	5,080	12,597	12,597
	(50)	円	269,730	269,730	828,360	828,360
同　　新株		株	1,492	3,497		
	(50)	円	49,925	231,850	0	
同　　第二新株		株				
	(50)	円	0			
九州鉄道		株	8,418	10,302	12,452	12,452
	(50)	円	424,467	519,024	681,584	681,584
同　　新株		株	1,884			
	(50)	円	80,427	0		
同　　第二新株		株	2,575	2,575	2,575	2,575
	(50)	円	12,875	12,875	115,875	115,875
北海道鉄道		株	1,000	1,000	1,000	1,000
	(50)	円	50,000	50,000	50,000	50,000
京釜鉄道		株	364	804	804	
	(50)	円	10,920	25,920	25,920	0
同　　第二株式		株	500			
	(50)	円	15,000	0		
伊予鉄道		株	500	500	500	500
	(50)	円	24,108	24,108	24,108	24,108
同　　新株		株	125	125	125	125
	(50)	円	625	1,875	1,875	1,875
同　　第二新株		株			375	375
	(50)	円			3,750	5,625
南満洲鉄道		株		18	18	18

	(額面)	株/円				
	(200)	円		360	360	360
小計		株	27,022	28,985	35,530	34,726
		円	1,117,215	1,361,545	1,957,635	1,933,590
(紡績)						
大阪紡績	(50)	株	0			
		円				
同　優先株	(50)	株	0			
		円				
小計		株	0			
		円				
(保険)						
明治火災保険	(200)	株	150	150	150	150
		円	7,505	7,505	7,505	7,505
東京海上保険　新株	(50)	株		32	32	0
		円		400	400	
共同火災保険・共同火災海上運送保険	(50)	株		300	300	300
		円		3,750	3,750	3,750
小計		株	150	482	482	450
		円	7,505	11,655	11,655	11,255
(諸株)						
大阪株式取引所	(50)	株	0			
		円				
大阪商船	(25)	株	1,002	2,004	2,004	3,006
		円	25,050	50,100	50,100	75,150
同　新株	(25)	株	1,002	0		
		円	18,787			
同　新株	(25)	株		1,002	1,002	0
		円		12,525	25,050	
日本製麻	(50)	株	0			
		円				
日本舎密製造	(50)	株	410	0		
		円	15,170			
若松築港	(50)	株	139	1,739	1,739	1,739
		円	6,950	84,550	84,550	84,550
同　第三募集株	(50)	株	1,400	0		
		円	65,100			
同　新株	(50)	株	200	0		
		円	6,900			
国光社	(50)	株	0			
		円				
白耳義東洋会社	(500法)	株	100	100	100	100
		円	7,866	7,866	11,764	19,577
若松電燈	(50)	株	25			
		円	400			
湖南汽船	(50)	株	500	500	0	
		円	10,000	12,500		
大阪瓦斯　新株	(50)	株	500	500	500	500
		円	12,500	12,500	18,750	25,000
同　第二新株	(50)	株				250
		円				5,000
大阪ホテル	(5,000)	株	2	2	0	
		円	10,000	10,000		
宇治川電気	(50)	株		700	700	700
		円		8,750	8,750	8,750
日清汽船	(50)	株			270	270
		円			12,160	12,160
東洋拓殖	(50)	株				37
		円				462
小計		株	5,280	6,547	7,279	7,502
		円	178,723	198,791	211,124	230,649
(出資)						
汽車製造(資)		円	51,800	51,800	51,800	51,800
同　優先出資		円	20,547	0		
川島織物(資)		円	0			
(資)大阪毎日新聞社		円	3,000	3,375	3,750	4,500
第一生命保険(相)		円	2,500	2,500	2,500	2,500
小計		円	77,847	57,675	58,050	58,800

出典：有価証券記入帳。

銀行株では新たに取得した銘柄はなく、「愛媛県農工銀行」株は三十八年別子副支配人小池鶴三へ売却された。

鉄道株では「南満洲鉄道」株は明治三十九年十二月創立時に取得した。

「京釜鉄道」は三十九年七月国有化されたため、同社株式は四十一年九月公債と交換された。

紡績株では三十八年「大阪紡績」株式が売却された。「大阪紡績」と関係の深かった総理事伊庭貞剛の退任によるものと思われる。

保険株では「東京海上保険」新株は、明治三十二年の切り捨て株七一・四株に対しその四五％三二株の割当があり、払い込んだものであるが、四十一年に売却された。

「共同火災保険」は三十九年資本金五〇〇万円で東京に設立された。社長が住友を退職した田邊貞吉であったため、その依頼により出資したものとみられる。同社は四十年一月「共同火災海上運送保険」と改称した。

諸株では「宇治川電気」、「日清汽船」、「東洋拓殖」の株式を新たに取得した。

「宇治川電気」は三十九年琵琶湖の水力資源を利用するため、大阪商船社長中橋徳五郎を社長として資本金一二五〇万円で設立された。

「日清汽船」は前記「湖南汽船」が四十年日本郵船系の「大東汽船」と合併して「日清汽船」となったので、株式が交換されたものである。

「東洋拓殖」は明治四十一年八月東洋拓殖会社法が公布され、朝鮮及び外国における拓殖資金の供給その他の拓殖事業を営むことを目的として十二月に設立された。総理事鈴木馬左也も設立委員の一人であった。

他方で三十八年には「大阪株式取引所」と「日本繊糸」（「日本繊糸」）が三十五年七月「大阪麻糸」に、同社は三十六年七月「日本製麻」に合併された）の株式が売却された。「大阪株式取引所」株の売却は伊庭の退任によるものとみられる。三十

一二三

序章　住友本店

九年には「日本舎密製造」、「若松電燈」の株式が売却され、「国光社」株式は損失として整理された。「日本舎密製造」については三十六年一月元別子支配人久保盛明が取締役に就任しており、株式は久保に売却されている。四十年には「大阪ホテル」が大阪市に買収されたため、解散して清算された。

出資では「川島織物合資会社」が四十年十二月解散して個人営業に復した。それに先立ち住友本店は三十八年十二月川島甚兵衛に対し出資金を譲渡している。

四　店　部

(一)　神戸支店

明治二十八年十一月住友銀行が開業し、住友本店の神戸支店貸付課は銀行神戸支店となったため廃止された。年末には商務課の製茶輸出業務も廃止されて、二十九年一月商務課長野呂邦之助は退職した。二月には樟脳製造場が神戸支店の所管を離れ、本店直轄の神戸樟脳製造場として独立し、高木玉太郎が引き続き場長となった。このため神戸支店の業務は樟脳製造場に対する原料樟脳の納入以外では明治二十年以前に戻って銅の販売（この間手数料は一貫して販売金額の〇・七％であった）のみとなり、その後四十二年一月には製銅販売店と改称された。従ってここでは二十八年から四十一年にかけての銅の販売について述べることとなる。

明治二十九年十月本店商務課がまとめた銅況取調書（十一月十二日本店理事銀行支配人田邊貞吉は日本製銅を視察しており、これは同社を買収して住友伸銅場を開設するための調査報告書とみられる）によれば、当時の銅の海外輸出の状況は次の通りで

あった。

銅ハ其種類ニ依リ各販路ヲ異ニス。其海外ヘ輸出スルモノ重キヲ品位一定ノ形銅ニ置キ、而シテ丁銅之レニ亞グ。輸出先ハ英京倫敦及英領印度、支那、香港等ハ特ニ多キヲ占ム。其他合衆国、独逸、仏蘭西ノ如キ其次位ニ属ス。就中米国ノ如キ自国ノ産出多額ナルニ拘ハラズ購求セルハ、品質善良ヲ欠クノ所以ナリ。而シテ一回ノ取引高ハ慨ネクモ毎二十五噸ヲ下ラス。支那朝鮮貿易ニ至ッテハ異ナリ、所謂支那商人ナルモノ、貿易ハ、其額小口ニシテ欧州貿易ニ較ブベカラス。輸出品ノ如キハ一ニシテ定ラス、荒銅、丁銅、形銅、鎔解銅其他有リトアラユル製品ハ慨ネ彼レニ見ヘザルヤ鮮シ。彼レノ用途ハ鋳銭用ニ供ス故ニ、種類ノ如何ニ係ラズ価ノ廉ナルヲ望ム。然レトモ全体ヲ通シテ其貿易薄弱ナリ。

朝鮮貿易ハ当地ニ於ケル朝鮮貿易組合ナルモノアリ、朝鮮一般ノ貿易ハ委ネテ手裡ニ在リ。

すなわち神戸居留地八番オットー・ライマース商会によれば、日本の銅の国内消費が伸び悩むなかで、輸出は依然として産銅量の七～八割を占めており、同商会はその半ば以上を取り扱っていた（第7表）。神戸支店においても明治二十五年以来同商会と半年毎に先物契約を締結し、同社は最大の得意先となっていた（『住友本店（上）』第11表、月一〇〇トンの契約で半年一〇〇万斤、一五〇トンで一五〇万斤、一七五トンで一七五万斤となる。但し決算期が十一月～十月のため、実績では暦年の契約と二カ月のずれがある）。三十年代に入ってもこの傾向は変わらず、三十三年一月監査課主任藤尾録郎の神戸支店監査報告書によれば、三十二年三月に締結されたオットー・ライマース商会との先物契約（定期販売約定と称する）では三十三年一月から六月までの半年間に毎月一〇〇トン計六〇〇トン（一〇〇万斤）を一〇〇斤（六〇KG）当たり三六円二五銭で売却することになっていた（資料3）。

しかし三十二年八月に発生した別子の風水害によって、三十三年の別子の産銅量は予定より一一〇万斤も減少した。

一二五

第7表　日本の銅輸出と国内消費の推移　　　　　　　　　　　　　　（単位：トン）

	明治28年	同29年	同30年	同31年	同32年	同33年	同34年	同35年	同36年
輸出量	14,080	13,671	14,049	15,776	21,334	20,000	21,291	18,982	27,615
うちオットー・ライマース扱い	不詳	6,517	6,381	7,956	12,052	12,108	12,444	10,879	不詳
比率(%)		47.7	45.4	50.4	56.5	60.5	58.4	58.4	
国内消費量	4,598	5,561	6,422	4,596	3,049	4,022	5,626	8,526	5,936
うち住友伸銅場購入量			216	240	243	1,194	1,066	1,061	875
比率(%)			3.4	5.2	8.0	29.7	18.9	12.4	14.7

註：住友伸銅場購入量明治33年は32年11月〜33年12月の14ヵ月分である。

明治35年仕向地別銅輸出量

仕向地	合計	欧州	印度・海峡植民地	清国	米国
輸出量	18,982	14,165	2,425	1,218	1,174
うちオットー・ライマース扱い	10,879	8,480	1,259	91	1,049
比率(%)	57.3	59.9	51.9	7.5	89.4

出典：輸出量＝明治36年1月17日付オットー・ライマース商会作成資料（明治36年分を除く）。
　　　国内消費量＝住友神戸支店「銅産出及消費状況」明治38年（明治36年輸出量を含む）。

このため神戸支店は上半期の品繰りに追われることとなり、オットー・ライマース商会との契約を優先するためには、三十二年八月大阪製銅の圧延工場を買収して生産能力が倍増した住友伸銅場の必要量二〇〇万斤に対して七四万斤しか供給することができず、伸銅場は市中から原料銅を買い集めざるを得なかった（第8表）。

三十三年四月欧米に出張した神戸支店小倉正恆はロンドンに滞在し、住友銅の直接輸出を研究し、三十四年八月ロンドンの銅商ヘンリー・R・マートン商会との直接契約に成功した（三十四年から三十六年の輸出合計三二二万斤のうち二五〇万斤が英国向け、七二万斤がオーストリア向けであった）。しかし直接輸出と称しても、すでにマートン商会と取引のある神戸の十二番イリス商会に輸出手続を委託するものであった。この結果明治三十四年から神戸支店の銅の販売は国内（オットー・ライマース商会向けのようにそれが輸出されるものも含む）と輸出に区分されることとなった。こうした住友銅の直輸出志向に対しオットー・ライマース商会が三十六年一月に作成した資料が残されていることは、同社が何

第8表　神戸支店銅販売実績

	明治28年	同29年	同30年	同31年	同32年	同33年
販売量(千斤)	5,449	5,700	5,797	5,742	6,921	6,682
販売価格(円／百斤)	22.46	24.49	26.36	29.05	36.11	39.03
神戸支店受取手数料(円)	12,360	不詳	不詳	13,625	不詳	23,255
主要販売先(千斤)						
八番オットー・ライマース商会	1,930	2,115	3,610			
十二番イリス商会	1,090	798	84			
タタ商会	734	252	500			
七十番ポップ商会	294	714	336	不詳		
百一番エボス商会	210	588				
英一番ジャデン商会	184					
二十六番ブラウン商会			368			
諸口	428	563	202			
大阪砲兵工廠他	590	700	250			
住友伸銅場			360	400	405	739

	明治34年	同35年	同36年	同37年	同38年	同39年	同40年	同41年
販売量(千斤)								
国内	7,526	6,133	8,347	8,506	6,425	8,710	6,977	9,172
直輸出	508	2,075	635	0	169	593	339	1,355
販売価格(円／百斤)								
国内	40.61	32.65	34.63	36.19	48.33	48.57	54.90	34.84
直輸出	33.31	29.56	33.40	34.63	46.85	47.68	62.83	33.89
神戸支店受取手数料(円)	27,570	18,951	25,320	23,755	22,130	32,633	28,300	25,584
国内主要販売先(千斤)								
永泰号			1,600					
三井物産会社			1,000					
三十一番グロッセル商会			200					
武内商店			200					
八番オットー・ライマース商会			200					
七十六番カーロウィッツ商会	不詳		200			不詳		
四十九番ポラック兄弟商会			200					
ラルッセル商会			100					
十六番セス商会			100					
八十二番シモンエバース商会			100					
百七番ジャーデンマジソン商会			100					
住友伸銅場	1,747	1,527	1,119	2,170	2,723	1,091	1,635	1,586

註：明治33年は決算期変更のため32年11月～33年12月の14ヵ月分である。
　　明治36年国内主要販売先住友伸銅場以外は販売約定手付金から推定した。
出典：神戸支店考課状、別子鉱山統計書、別子鉱業所実際報告書、伸銅場実際報告書。

序章　住友本店

とか商権を維持したいという姿勢の現れではないかと思われる。しかし三十八年末に神戸支店がまとめた「銅産出及消費の状況」によれば、日露戦争により輸出が減少した三十七、三十八の両年を除き、三十六年の輸出状況から判断して、欧州向けの直輸出について次のように悲観的な見方を示していた。

　清国、香港、海峡植民地、印度等東洋諸国ヘノ輸出ハ総輸出額ノ四分ノ三ニ当ル（註、特に中国の貨幣原料の需要増大が顕著で第8表の国内価格が輸出価格を上回っているのはこのアジア諸国向け輸出の国内仕入れが高値であることによる）。而シテ三十七年以後清国ノ需要増加シタレバ、今後モ東洋ヘノ輸出増加シ、欧州ヘノ輸出ハ僅少ニ過ギザルベシ。而シテ我型銅ニ就テ考フルニ、我型銅ハ特ニ清国ニ好販路ヲ有シ、目下モ頻リニ註文ヲ耳ニシ、且産額ハ却テ減少スルト共ニ、伸銅場ノ如キハ原料銅所要高従来ニ比シ殆ド三倍トナリタレバ、清国ノミノ需要ニ応ジテ殆ンド余裕ナカルベク、之ニ次デ印度、海峡植民地等ノ顧客アリ、到底欧州ヘノ輸出ノ如キハ思ヒモ寄ラザルベシ。

この報告書の予想通りその後のヨーロッパ向け直輸出が大きく伸びることはなく、別子銅はいてはほとんど住友伸銅場向けがかつてのオットー・ライマース向けに取って代わっていった。ここに明治四十二年神戸支店はその役割を終え、製銅販売店と改称されることになるのである。

（資料3）

　　　約定書（註、原本は失われ、監査課主任藤尾録郎が筆写したもの）

神戸居留地八番ヲットライマース商会買主ナリ。住友神戸支店売主トナリ、明治三十二年三月十日双方ノ間ニ取結ヒタル所ノ約定証書左ノ如シ。

第一　住友神戸支店ハヲットライマース商会へ型銅六百噸ヲ明治三十三年一月ヨリ同年六月マデ毎月各壱百噸宛渡シテ、毎百斤ニ付金参拾六円弐拾五銭替ヲ以テ売却候事。

但本文約定型銅受渡ノ際ニ日本政府ニ於テ、依然銅輸出税徴収ノ場合ニハ約定値段ヲ毎壱百斤ニ付金参拾四円五拾銭替ニ改ムベシ。

第二 前記売買約定ノ証トシテ双方ヨリ金壱万八千円（都合ニヨリ該金額ニ対スル日本政府公債証書ヲ以テ代用スルコトヲ得）ヲ住友銀行神戸支店ヘ該約定結了マデ寄託スル事。

第三 住友支店ハ前記売買約定型銅ハ井桁KSナル商標ヲ刻印シ、品質ハ双方ノ間ニ従来取引セシモノト同品質ニシテ即チ百分ノ九十九以上ヲ保証スル事。

第四 前記売買約定ノ毎月受渡型銅住友支店ヘ着荷ノ際ハ、ヲットライマース商会ヘ通知シ、同商会ハ該通知後十日間内ニ受取ルベキ事。

第五 前記売買約定ノ型銅ハ、住友支店倉庫内ニ於テ同所備付ノ権衡ヲ以テ秤量シ、総テ代金ト引換ニ受渡シナスベキ事。

第六 前記売買約定銅ハ、別子鉱山製銅所及銅運搬中天災地殃其他避ク可カラザル災害ニ遭遇シ、其ノ実際ノ状況ヲ証明シタル時ハ、双方協議ノ上ヲットライマース商会ハ其受渡ノ日限ニ相当ノ猶予ヲ与フベキ事。

第七 前記売買約定万一違約ノ節ハ、其違約者ヨリ他ノ一方ヘ対シ、前記ノ証拠金ヲ以テ損失ヲ弁償スルハ勿論、尚ホ不足ヲ生スル時ハ之レヲ賠償スルノ責任アルモノトス。

第八 該約定書ハ、和文ニ通ヲ製シ、記名調印ノ上双方ヘ各一通宛ヲ保有ス。

住友神戸支店支配人

谷　勘治

pp　Otto Reimerse Co.

（註、正式社名は Otto Reimers & Co. である）

(二) 神戸樟脳製造場

神戸支店樟脳製造場は明治二十九年二月独立し、神戸樟脳製造場となった。樟脳製造場は当初熊本、鹿児島から原料樟脳を神戸支店経由購入（手数料は販売金額の二％）していたが、その後長崎県諫早の妹尾万次郎に融資して、その樟木山から原料を調達するようになった。また製品のほとんどは九十九番米国貿易株式会社（アメリカン・トレーディング＆カンパニー）を通じ米国のセルロイド会社へ委託輸出されていた。

しかし国内の原料調達には不安があり、明治二十八年四月日清戦争の勝利によって台湾が日本の領土となると、住友本店は十二月「三 投資活動」で述べた通り台湾において粗製樟脳を製造するため、藤田組、林紹堂（台湾）と共同で樟脳組合を設立した。当初は利益も上がったが、林紹堂との間に齟齬を来たし三十二年二月組合は解散してしまった。このため三十三年三月高木は訪台し、台湾総督児玉源太郎に対し粗製樟脳の供給を願い出た（資料4）。しかし児玉は台湾の財政再建のために民生長官に後藤新平を起用し、後藤によって既に台湾では三十二年六月樟脳及び樟脳油専売規則が公布されて、樟脳局が設置されており、高木の出願は却下された。

台湾における樟脳専売制は三十三年六月に実施された、七月には神戸の松田茂太郎の日本樟脳の工場が買収されてその神戸出張所工場となった。神戸の鈴木商店の金子直吉は神戸で樟脳油の再生事業を行っていたが、高木に対しかつての同僚の松田が主任技師を勤める台湾専売局の神戸出張所工場から原料樟脳を購入するように勧めたが、山元の粗製樟脳からの一貫生産にこだわる高木は、予てから原料樟脳の確保が不可能となることをおそれて専売制に強く反対しており、金子のいうように台湾専売局から原料を購入するわけにはいかなかった。

第9表　精製樟脳販売量

(単位：千斤)

	明治28年	同31年	同32年	同35年1～10月	同36年1～5月
精製樟脳販売量	206	345	361	50	9

註：35年及び36年は生産実績。
出典：神戸支店考課状、樟脳製造場監査報告書。

かくして樟脳製造場は原料高の製品安、品質の低下に悩まされ、藤尾録郎の監査報告書によれば、三十五年には販売価格一〇〇斤当たり八九～九〇円であったのが、三十六年には販売価格八三～八四円に対し原価八三円強という不採算に陥り、三十六年五月土地を除く樟脳製造場の建物設備機械一式七二五〇円で鈴木商店へ売却された。六月樟脳製造場は廃止され、高木玉太郎は退職した。同月高木の思想と相容れない内地・台湾共通の樟脳専売法が公布され、十月から施行された。[42]

（資料4）

拙者所有ニ係ル神戸市葺合村樟脳製造場ハ、本邦樟脳精製業ノ嚆矢ニシテ明治二十二年創業以来既ニ二十余年ヲ経過シ、其間製法視察及市況取調之為メ場員ヲ海外ニ派遣スルコト数回ニ及ビ、大ニ斯業之発達ヲ期シ居候。明治二十四年始メテ製品ヲ海外ニ輸出シテ好評ヲ博シ、近頃倍々販路ヲ拡張シ、産出高モ日々増進ノ有様ニ御座候。然ルニ其製造原料タル内地産粗製樟脳ハ、近時樟樹濫伐ノ弊ニ由リ其供給ヲ杜絶セントスル景況ト相成候。夫レガ為ニハ全ク精製業ヲ停止スルノ已ムヲ得サル場合ニモ有是候ト存シ、痛心罷在候。折角十数年間幾多ノ困難ヲ排シ、辛苦経営シテ漸ク内外ニ声価ヲ博シタル製造事業ヲ、一朝原料欠乏ノ為メニ廃棄スルハ、公私ノ為メ遺憾至極ノ義ニ御座候。就テハ甚タ恐縮ノ至リニ候ヘ共、右事情御洞察之上破格ノ御詮議ヲ以テ弊場製造業ノ原料ニ充ツル為メ、貴府御所管ニ係ル樟脳ノ一部ヲ拙者へ御払下之義御聴許被成下度、仍テ既往三ケ年間ニ於ケル販売表相添ヘ（註、第9表参照）此段奉懇願候也。

明治三十三年三月

序章　住友本店

大阪市南区鰻谷東町三十六番屋敷

神戸市葺合村
　樟脳製造場主

台湾総督
　男爵　児玉　源太郎殿

住友　吉左衛門

(三)　近江製糸場

　製糸場の経営に当たり原料の繭を如何に安く購入するかが損益に大きな影響を与えていた。このため近江製糸場では、明治二十九年に試験的に購入した清国産繭の成績が良好であったことから、三十年に繭の購入先を石当たり二四円六五銭と前年より一〇円以上安いこの清国産に切り換えた。ところが現実に入荷した繭の品質は極めて不良で操業度が上がらず、製糸高は激減した（第10表）。このため三十、三十一年と欠損が続き、三十二年にようやくこの清国産繭の消化と生糸市況の回復により、利益を計上できた。
　その後も繭代の上昇と販売価格の変動によって不安定な経営が続いていたが、三十五年下期に至り、三十五年末及び三十六年七月の専務監査員藤尾録郎の監査報告書によれば、繭代は前年の石当たり四〇円に比し五八円強と一八円余も上昇し、このため原価一〇〇斤当たり一一二六円余のものが横浜における売価は一〇八〇円余にすぎないという完全な逆鞘となってしまった。この結果三十六年六月製糸場は廃止となり、土地建物設備一式二万四〇〇〇円で原弥兵衛に売却された。

一三二

第10表　近江製絲場業態表　　　　（単位：円、円未満切り捨て）

	明治28年	同29年	同30年	同31年	同32年
（収　支）					
生 糸 代	95,797	92,313	56,533	59,500	120,577
同伸会社	5,782				
横浜生糸合名	90,015	92,313	56,533	59,500	87,295
三井物産横浜支店					33,282
繭　　代	83,012	62,150	77,250	111,276	128,184
繭買入地方	名古屋 野洲、長浜 近江	名古屋 野洲、長浜 近江、奥州 阿波、清国	長浜、近江 北海道 大阪(加古川) 清国	名古屋 長浜、近江 但馬、阿波 甲賀	名古屋 長浜、近江 郡山、福山 熊本、阿波 和田山 八鹿
製 造 費	15,171	12,793	12,632	16,589	22,132
俸給・賞与	1,932	1,774	1,852	2,251	3,054
工女給料	4,919	3,173	2,885	3,260	4,286
燃 料 費	2,090	2,123	2,016	2,793	3,012
工女賄料	3,056	2,985	3,018	3,436	2,943
その他	3,173	2,736	2,859	4,846	8,835
支 出 計	98,183	74,943	89,883	127,865	150,316
繭売却・在庫評価損益等	21,479	△11,086	28,855	72,936	53,662
差引損益	19,093	6,284	△4,495	△4,570	23,923
（製　造）					
買入繭量(石)	2,307	1,702	3,066	2,887	3,126
製絲高(貫)	2,018	1,750	1,123	1,355	1,702
工女1人1日平均繰絲量(匁)	53.10	49.63	32.85	37.88	47.13
年度末工女数(人)	161	159	151	154	140
製絲100斤当たり製造費(円)	120.233	116.931	179.982	195.769	208.022
（販　売）					
出荷数量(貫)	1,893	1,779	1,104	1,071	1,895
販売数量(貫)	1,862	1,753	1,090	1,056	1,867
目欠(貫)	30.934	25.995	14.732	15.309	28.665
10貫目当たり販売単価(円)	514.490	526.470	518.750	566.484	653.618
目欠による損失(円)	1,591	1,368	764	867	1,779

出典：近江製絲場考課状。

序章　住友本店

(四) 若松支店

明治二十九年二月筑前炭業の忠隈炭業事務所、庄司出張所、若松出張所を廃止して、これらを包括した若松支店が設置された。住友本店は三十年六月大瀬炭坑（長崎県北松浦郡小佐々村）を一二万五〇〇〇円で購入し、三十一年五月若松支店の所管としたが、三十六年六月には事業は中止された。庄司炭坑も三十五年六月に山本乙次郎に七四〇〇円で売却された。四十二年一月若松支店は住友若松炭業所と改称された。この間忠隈炭坑は二倍程度の規模に拡大し、利益も上がったが、四十年に大幅な赤字を出した。これは四月に第三坑から出火し、十一月末まで全坑を密閉し、採鉱が中止されたためである（第11表、「産炭益」と「売上益」の合計は第4-4表及び第5-4表の「石炭収益」に一致する）。

(五) 住友銀行・泉屋銀行

住友本店では銀行部の設置が、明治二十八年五月の尾道会議において決定され、対外的には住友銀行として二十八年十一月一日開業した。その経緯はこれまで刊行された住友銀行の各行史に詳述されているので、ここでは繰り返さないが、この時同時に株式会社泉屋銀行が資本金二〇万円で設立され、住友本店は二七・五％を出資した。その他の株主は主として末家達（旧住友幹部）で配当も当初九％が支払われているので、末家に対する経済援助の意味合いもあったと考えられる。他方住友銀行が住友吉左衛門の個人営業の形で発足した明治二十八年という年には安田・第百四十両行を合わせた三菱系銀行が三井、第一の両行に迫る地位にあったと指摘されており、立ち遅れた住友銀行としては、差し当たりは個人営業による銀行設立であったが、早晩株式会社への移行も視野に入れたものであったのではなかろうか。その場合この泉屋銀行が住友銀行の別働隊として順調に発展しておれば、泉屋銀行を住

一三四

第11表　若松支店業態表　　　（単位：円、円未満切り捨て）

	明治27年	同28年	同29年	同30年	同31年	同32年
（忠　隈）						
出炭量(斤)	41,687	101,342	72,807	82,250	112,363	不詳
販売量(斤)		105,061	90,432	73,986	66,872	
販売高(円)		157,200	127,635	167,155	216,909	
単価(円／万斤)		15.751	14.114	22.592	32.436	
（庄　司）						
出炭量(斤)		41,302	21,636			
販売量(斤)		17,633	57,497			
販売高(円)		26,369	78,537			
単価(円／万斤)		14.954	13.663			

	同33年	同34年	同35年	同36年	同37年	同38年
出炭量(トン)	102,189	118,040	142,589	160,446	153,421	124,444
生産費(円／トン)	3.140	2.300	2.234	1.981	1.940	3.371
販売量(トン)	105,206	119,890	138,476	160,950	155,493	128,812
単価(円／トン)	3.192	3.991	3.838	3.295	3.012	4.609
産炭益	470,800	503,380	518,556	518,573	466,700	427,472
売上益		48,518	85,963	21,661	25,001	204,917
その他益	63,484	39,081	18,951	4,548	14,867	9,650
営業費	491,939	411,807	458,356	425,831	407,583	403,707
経費		41,853	46,512	48,630	48,603	56,776
その他損	16,791	11,754	5,314	63,649	60,882	108,494
純損益	25,555	125,564	113,288	6,673	△10,499	73,062

	同39年	同40年	同41年	同42年	同43年	同44年
出炭量(トン)	110,446	55,930	158,567	215,396	297,966	322,468
生産費(円／トン)	4.194	9.088	4.088	3.658	3.114	不詳
販売量(トン)	109,225	56,525	136,957	225,263	283,236	303,145
単価(円／トン)	6.620	5.515	5.365	4.831	4.697	4.558
産炭益	468,840	291,975	837,537	934,810	1,087,419	1,134,901
売上益	283,030	81,507	148,691	219,550	282,252	314,595
その他益	9,848	37,788	53,313	68,024	72,612	73,907
営業費	404,853	465,139	653,976	818,970	930,204	1,001,861
経費	80,094	84,136	74,761	93,378	100,078	106,157
その他損	133,146	88,565	66,966	70,354	85,523	89,523
純損益	143,624	△226,570	203,839	239,682	326,478	325,863

出典：若松支店考課状、各部統計表。

第12表　泉屋銀行貸借対照表　(単位：円、円未満切り捨て)

科　目	明治28年 12月末	同29年 6月末	同29年 12月末	同30年 6月末	同30年 12月末	同31年 6月末	同31年 12月末	同32年 6月末
（資　産）								
払込未済資本金	150,000	130,000	110,000	110,000	100,000	100,000	100,000	100,000
貸付金	55,704	105,673	142,422	119,520	100,122	77,225	71,817	17,637
当座預金貸越	5,494	33,675	30,816	36,654	30,842	26,028	2,100	44
割引手形	63,830	132,595	77,492	111,951	98,619	48,822	121,819	3,630
預ケ金	31,937	11,992	24,879	416	22	25,158		
他店貸		8,141	10,442	7,114	12,375	8,775	28,043	46
地所	3,088	3,088	3,088	3,088	3,088	3,088	4,559	4,559
家屋	2,606	2,828	2,853	2,853	2,853	2,853	2,853	2,853
什器	361	616	702	768	675	685	1,139	1,182
金銀有高	24,805	21,092	34,751	28,745	27,588	16,350	44,381	7,504
雑勘定					117		387	4,239
住友銀行							17,448	77,295
合　計	336,629	449,702	437,449	421,112	376,186	309,105	394,550	218,983
（負　債）								
資本金	200,000	200,000	200,000	200,000	200,000	200,000	200,000	200,000
積立金		50	600	1,200	2,000	2,600	3,100	7,100
準備積立金			500	1,000	1,500	2,000	2,000	2,000
什器償却積立金				200	200	200	200	200
定期預金	12,716	13,816	18,990	15,985	32,115	11,635	8,350	
当座預金	85,532	92,019	94,020	81,005	55,671	37,475	103,972	141
小口当座預金	24,015	47,658	45,701	40,850	36,593	37,218	47,910	6,156
別段預金	8,468	13,177	19,516	19,034	13,723	12,097	8,927	172
仕払送金手形		1,013	1,611	563	1,467	282		
預代金取立手形	743		150	30				
借入金		51,924	45,019	45,000	22,117			
再割引手形		16,206						
他店ヨリ借	4,672	7,944	5,296	10,086	4,927	2,085	15,599	205
雑勘定	702	812	675					
当半季益金	79	5,080	5,368	6,357	5,871	3,510	4,490	3,007
合　計	336,629	449,702	437,449	421,112	376,186	309,105	394,550	218,983

出典：表題資料により作成。

第13表　住友銀行本支店純損益表　(単位：円、円未満切り捨て)

店舗	明治30年	同31年	同32年	同33年	同34年	同35年	同36年
本店	108,276	181,613	不詳	271,180	339,604	379,809	271,854
神戸	43,500	57,011	59,970	21,902	33,322	△23,261	△56,439
兵庫	55,997	54,706	△625	15,236	△23,657	11,243	△846
川口	13,989	10,858	8,725	15,220	5,164	△17,357	△14,886
尾道	9,479	15,763	6,000	10,517	9,515	△6,852	△8,795
広島	△942	△3,384	不詳	△54,303	△98,145	△110,562	△118,266
若松	15,454	32,731	不詳	32,611	42,008	△3,549	△20,352
新居浜	△1,121	13,594	不詳	△13,677	△17,629	△14,362	△14,792
呉	△528	△1,936	不詳	4,718	△3,715	△13,257	△14,655
船場			3,330	33,706	△2,336	△19,470	△22,938
門司			不詳	51,450	60,490	48,798	10,535
東京				15,381	67,310	106,262	173,574
中之島					16,649	12,593	25,533
京都					△1,848	1,245	5,338
道頓堀						△609	8,996
博多							△362
合計	244,104	341,870	334,399	403,945	426,733	350,671	223,498

店舗	同37年	同38年	同39年	同40～42年	同43年	同44年
本店	183,926	290,693	758,769		948,749	705,806
神戸	△11,622	22,137	5,623		△40,913	△17,238
兵庫	4,521	23,009	4,320		2,087	35,622
川口	△8,650	8,340	△24,397		△13,952	△20,083
尾道	△7,493	△18,668	△32,470		△41,984	△31,469
広島	△90,042	△99,747	△187,803		△172,989	△151,213
若松	△26,462	△29,843	△42,748		△45,579	△30,473
新居浜	△17,654	△23,633	△43,203		△31,776	△24,496
呉	△25,420	△30,862	△45,316	不詳	△53,207	△50,682
船場	9,667	81,480	29,953		23,243	87,176
門司	23,553	△6,661	△28,383		△31,207	1,393
東京	248,100	238,763	235,353		98,020	130,537
中之島	28,958	56,291	36,153		4,849	40,939
京都	△570	△575	△19,164		△50,829	△45,461
道頓堀	33,507	41,685	△33,824		△55,742	△49,404
博多	1,331	△11,675	△7,336		10,816	48,963
横浜		4,570	51,767		23,202	33,103
通油町					5,322	8,299
合計	345,648	545,304	657,094		578,321	671,321

出典：第13～16表住友本店宛銀行部計数報告控。住友銀行実際報告書。

序章　住友本店

友銀行と改称し、住友本店銀行部の営業を同行に譲渡すれば、新たに株式会社住友銀行を設立する必要はなくなるはずであった。

しかし泉屋銀行の営業は、三十年までは順調であったが(第12表)、三十年下期から金融が逼迫してきたのに株主の末家達には払込に応ずる余力はなかったため、三十一年二月住友本店に援助を求めざるを得なかった。九月住友銀行支配人田邊貞吉が同行専務を兼任したが、九月三十日の田邊の日記によれば、この時いずれ泉屋銀行を住友家で買い上げる方針が決定されたということである。三十二年四月田邊は泉屋銀行の調査を行い、その結果五月十七〜二十日の住友本店重役会において泉屋銀行解散が決定され、二十二日の通達によって泉屋銀行は住友銀行船場出張店とされた。

住友銀行は創立後一〇年を経た三十八年には、創立前に並合の実績があったとはいえ、預金・貸出の両面で三井、第一に次ぐ地位を占めるに至った。すなわち発足当初大阪本店以下五店舗にすぎなかったのが、明治二年旧江戸中橋店を撤退して以来三〇年ぶりに三十三年に東京支店を開設するなど四十五年三月株式会社に移行する際には一八店舗を数えるほどになった。しかしその店舗のほとんどは預金吸収店舗で、収益の大半は大阪の本店と東京支店で上げていた(第13表)。住友本店では各店部に対し本店との貸借に応じ資金利息の付け替えを行っていたので、銀行部でもこうした帳

(単位：千円、千円未満切り捨て)

	同37年末	同38年末	同39年末
	4,979	4,475	6,799
	1,580	1,825	3,046
	416	480	681
	1,547	2,009	2,327
	473	581	786
	2,705	3,088	3,367
	624	797	1,618
	531	583	858
	644	861	897
	2,467	2,603	3,717
	1,067	1,157	1,215
	1,943	2,055	3,271
	1,068	1,286	1,690
	1,221	1,276	1,964
	1,217	1,314	1,931
	1,334	1,581	1,742
		726	824
	24,193	26,779	36,246

(単位：千円、千円未満切り捨て)

	同37年末	同38年末	同39年末
	4,446	3,426	5,120
	1,481	1,382	1,531
	578	501	719
	500	1,109	1,245
	190	201	302
	330	222	265
	15	16	17
	5	8	19
	79	84	95
	1,273	2,135	3,211
	1,008	813	1,535
	4,484	4,123	5,272
	1,211	1,940	2,183
	686	943	1,527
	1,333	707	1,309
	821	1,112	2,019
		600	1,752
	18,422	19,252	27,575

第14表　住友銀行本支店預金残高表

店　舗	明治28年末	同29年末	同30年末	同31年末	同32年末	同33年末	同34年末	同35年末	同36年末
本店	820	2,555	2,800	2,548	3,193	4,301	3,849	3,752	4,235
神戸	46	268	329	896	846	1,173	1,535	1,851	2,063
兵庫	0	52	96	162	227	301	375	394	376
川口	0	63	101	182	269	467	804	819	958
尾道	16	51	100	149	202	222	334	399	352
広島			694	955	1,313	1,874	2,058	2,182	2,125
若松			158	180	220	286	425	498	526
新居浜			98	194	316	280	267	352	438
呉			253	370	500	446	381	484	458
船場					357	637	1,872	1,801	1,744
門司					37	64	395	381	420
東京						487	1,098	2,126	2,312
中之島							863	901	886
京都							219	686	967
道頓堀								563	749
博多									629
横浜									
合　計	882	2,991	4,633	5,670	7,486	10,545	14,544	17,259	19,468

第15表　住友銀行本支店貸出金残高表

店　舗	明治28年末	同29年末	同30年末	同31年末	同32年末	同33年末	同34年末	同35年末	同36年末
本店	1,323	2,851	2,893	4,018	4,247	4,911	4,958	4,884	4,167
神戸	604	575	560	654	578	991	1,113	899	1,022
兵庫	9	540	608	368	721	329	230	480	371
川口	125	104	191	156	228	318	412	388	517
尾道	79	157	228	237	249	296	330	211	252
広島			439	275	393	373	359	262	192
若松			330	383	522	509	572	236	26
新居浜			2	3	1	4	21	31	13
呉			81	92	109	189	165	141	110
船場					557	732	928	1,056	905
門司					474	679	721	1,079	819
東京						693	1,035	2,773	4,306
中之島							1,007	1,176	1,253
京都							385	409	1,094
道頓堀								557	673
博多									534
横浜									
合　計	2,142	4,309	5,236	6,190	8,164	10,030	13,034	14,512	16,220

序章　住友本店

東京支店の損益構造　　　　　　　　（単位：円、円未満切り捨て）

同38年	同39年	同40～42年	同43年	同44年
853,996	1,254,736		1,754,958	1,195,944
270,346	219,340		242,496	253,173
82,425	50,615		110,327	30,236
544	507			
346,566	513,143		738,429	693,730
23,971	256		587	9,530
107,200	113,685			
3,901	20,991		15,021	365
16,529	296,773		575,199	189,279
250	3,792	不　詳		
2,259	35,630		72,897	19,628
563,303	495,967		806,208	490,137
211,282	194,105		267,189	259,533
176,009	166,254		166,228	124,764
53,068	5,203		6,956	2,360
122,819	130,085		365,833	103,478
	319			
290,693	758,269		948,749	705,806
322,503	359,868		287,907	313,110
317,239	351,440		259,206	308,048
3,488	2,882		4,603	4,684
1,230	2,699			
545	2,189	不　詳	10,011	86
	656		14,086	291
83,740	124,514		189,886	182,573
21,954	27,298		38,103	36,751
58,552	93,052		149,137	143,415
250	1,180		2,645	2,406
2,984	2,984			
238,763	235,353		98,020	130,537

簿上赤字の預金吸収店舗にも決算の際銀行本店へ供給された資金に対しては利息が付け替えられ、黒字にされていた（資料5）。例えば日本銀行広島支店へ返上するまで広島本金庫（国庫の保管出納する現金の取扱いのため明治二十三年各道府県に設置された。原則として日銀支店が担当した）として公金収納業務を行っていた広島支店はその典型であった（第14表）。その逆に帳簿上黒字であっても本店勘定を通じ預金を上回る資金の供給を受けて取引先に貸し出していた店舗はその使用資金について利息を課せられ、黒字幅は削減されていた（第15表）。

一四〇

第16表　住友銀行本店及び

科　目	明治33年	同34年	同35年	同36年	同37年
（本　店）					
利　益	533,517	651,270	615,662	505,143	557,705
割 引 料	415,548	472,223	371,433	241,184	223,532
手 数 料	3,042	7,370	5,016	17,122	29,276
荷付為替料	765	739	462	193	263
公債利息	94,861	141,525	168,698	124,477	190,246
社債券利息		5,163	11,417	1,250	20,969
株券配当金	13,131	26,614	24,553	67,062	89,242
雑　益	6,167	3,632	2,346	4,033	713
有価証券売買損益			31,549	45,455	
公債的籤損益			160	4,253	380
外国為替売買損益			24	111	3,081
損　失	262,336	311,666	235,852	233,288	373,779
経　費	75,955	93,004	115,853	113,854	117,518
利　息	106,399	126,804	115,082	107,429	108,044
雑　損	904	20,424	4,916	530	6,294
有価証券売買損益		1,972			2,382
公債的籤損益		5,240			
有価証券時価差損益	79,078	64,220		11,474	139,412
償　却					
純　益	271,180	339,604	379,809	271,854	183,926
（東京支店）					
利　益	32,238	106,234	162,883	252,229	298,155
割 引 料	31,801	105,503	162,472	250,584	291,315
手 数 料	292	432	6	1,201	2,770
荷付為替料	144	272	125	306	3,905
雑　益		26	278	135	164
外国為替売買損益					
損　失	16,856	38,923	56,621	78,654	50,054
経　費	12,988	13,797	15,840	16,428	17,471
利　息	3,868	21,265	38,264	60,127	24,287
雑　損		3,860	2,515	2,199	5,312
償　却					2,984
純　益	15,381	67,310	106,262	173,574	248,155

序章　住友本店

　銀行本店、東京支店ともに商業銀行として割引料が収益の柱であることは当然であり（第16表）、銀行の各店舗は当然住友本店の店部の出納窓口の機能を果たしていたのであるが、他の機関銀行と異なり住友本店の必要資金は住友本店自身で賄っており、住友本店と住友銀行の間には一定のルールが定められていた（「住友総本店（上）」資料10）。従って住友銀行としては住友本店の機関銀行として機能するのではなく、自らの力で資金の運用を図らねばならなかった（第17表）。その象徴として銀行本店の利益項目をみてみると、明治三十八年からは公債利息が割引料を上回り、株式会社への移行直前にはその額は三倍前後にまで膨張していた。これは余裕資金が出た時には国債を購入し、資金逼迫の際にはこれを換金するという方針を貫いた結果である。また時価に応じて評価損を出し、含み益の充実を図っているので、売却した際には売却益も多額に上った。こうした方針を反映して明治三十六年以降国債の保有高は急膨張したのである。なお四十二年の急増は鉄道の国有化に伴い、保有していた一五〇万円近い鉄道株が五分利公債に振替えられたためである。

　住友本店は銀行部以外の店部には有価証券の保有を認めていなかった。従って住友本店全体の総貸借対照表上の有価証券から大阪本店の貸借対照表上の有価証券を差し引いた残りの有価証券が銀行部の保有する有価証券となる計算になる。ところが銀行側の発表による有価証券、中でも国債の額が会計制度の改革により上記の計算が可能となった明治三十二年以降三十四年まで三二年一二五二万円、三十三年一二四三万円、三十四年一六二〇万円と一致しないのである（第18表）。すなわち明治二十八年銀行設立以降三十四年まで住友銀行は住友本店から銀行に貸与されていた国債を銀行保有国債として計上していた可能性が高い。このことは逆に三十五年頃に銀行の基礎が固まったことを示す一つの判断材料となろう。

　かくして明治四十五年四月個人営業住友本店銀行部は株式会社へ移行する日を迎えるのである（「住友総本店（上）」六　住友銀行の株式会社への移行」参照）。

（資料5）

本支店間貸借勘定利息計算法

三十六年四月十八日　達第二七号

一　支店ニ対スル貸金利率ハ、本店東京二店ノ証券担保割引貸金ノ最低利子ノ平均日歩ヲ以テスル事。
一　支店ヨリノ預リ金利率ハ、支店ニ対スル貸金利子ヨリ一厘下ケトスルコト。
一　各支店ノ摘要報告ニ於ケル本店勘定平均残高ニ其ノ月ノ日数ヲ乗シ、更ニ前記利率ヲ乗シテ、各支店ノ収支利息金ヲ算出スヘキモノトス。
一　各支店の収支利息各合計ノ差金ヲ以テ、本店ノ収支利息トスルコト。

　　　(六)　住友伸銅場

　明治二十九年十月日本製銅買収のために住友本店商務課が作成したとみられる調査報告書「銅況取調書」によると、当時の国内銅製品の需要と大阪における製造業者の動向は次の通りであった。

一　内地需用
　戦後海運事業ノ膨脹ニ伴ヒ、造舟事業ノ進捗著シク揚ルト電気製錬、水力電氣、電燈、電話、電信、電鉄等ノ事業勃興ヲ セリ。而シテ該事業ノ原料ハ咸ナ我大阪ニ供給ヲ取ル。従来電信線ノ如キ重ニ鉄線ヲ使用セシモノフルニ銅線ヲ以テス。則チ銅ハ電気ノ感応敏捷ナルカ上、支断力強ニヨル。其他バーナ等ニ要スル需用夥多ナリトス。
而シテ銅ノ将来ハ益々好望ヲ保チツヽアリ。

一　大阪ニ於ケル銅商
　前途ノ好望ヲ機トシ、新会社ヲ創設スルモノ多ク、今其ノ一、二ヲ摘ンカ、旧来斯業ヲ経営セル大阪製銅会社ヲ除

一四三

（前6ヵ月当座預金平均残高1万円以上） (1)

序章　住友本店

職業・業種	開業年月	人名・社名	職業・業種	開業年月
		（東京）		
	39年4月	岩井東京支店	輸出入商	7年前
	36年2月	武田鉱業本店	鉱業	39年
綿業	余程以前	大日本製糖株式会社		28年
綿ネル	先代	富士製紙株式会社		20年
洋傘	10年頃	芝川商店支店	輸出入商	
綿業	38年12月	石渡　敏一	官吏	
		西　彦兵衛	太物	6、7年頃
久留米絣	37年	富倉　林蔵	株式仲買	11年前
三品仲買	27、8年	伊田六之助	株式仲買	31年
石油、海運、綿糸	30余年前	加賀豊三郎	株式仲買	2年前
		津田七五郎	株式仲買	22年前
	39年10月頃	梨本宮家		
苧組糸	3代目	山村　源七	砂糖	
		帝国鉄道庁		
		阿部彦太郎	米穀仲買	7年前
		西園寺公望		
	17年5月	佐藤　武作		
鉄工造船	14年	森　六郎	肥料	30年前
燐寸製造	10年	日本郵便株式会社		18年
器械輸入		東京株式取引所		11年
洋鉄商	39年	加納鉱山株式会社		本年
	32年	第一生命保険相互		
鉄工造船	24年	小池　国三	有価証券売買	30年
石炭商		浜口儀兵衛	雑貨肥料	8年前
船主、運輸	先代	日本郵船会社		18年
船具商	30年10月	東京製皮会社		29年
造船	先代	鈴木銀行		30年
銅販売		半田庸太郎	株式仲買	16、7年
		久原房之助	鉱山業	38年
亜鉛再製、銅吹用木炭	8、9年前	（横浜）		
銅	35年	高木信太郎	米穀肥料	23年
炭、材木、藍問屋	15、6年前	ラスペ商会	輸出入	27年
銅吹業	36、7年前	東洋商会	輸入	31年
砂糖		加藤　源次	絹物輸出	25年
海運業		朝田　又七	回漕	維新前
		永義和	輸出入商	18年
		明安号	雑貨	20年
		バウデン・ブラザース	輸出入業	28年12月
		F. R. ブライファス	輸出入業	36年
石油、乾物、漬物商	元年頃	A. マイエル商会	輸出入業	34年
漆器商	先々代	エストマン商会	輸出入業	30年

第17表　住友銀行大口取引先一覧

人名・社名	職業・業種	開業年月	人名・社名
(本店)			(船場)
今中　伊八	菓子商	9年頃	播磨紡績株式会社
石井勝治郎	メリヤス商	19年	和歌山織布株式会社
半田綿行	棉花商	31年1月	竹中支店
浜崎永三郎	株式仲買	31年	南　為太郎
日本貯金銀行	銀行業	28年3月	荒木官兵衛
巴　商店	棉花商	34年2月	渡辺　春樹
虎屋銀行	銀行業	14年5月	大阪三品取引所
筑紫三次郎	臘商	明治初年	国武合名会社
乙宗源次郎	鼈甲商		山田商店
村山　龍平	会社員		平野平兵衛
梅原　亀七	株式仲買	先代	(中之島)
野村久一郎	会社員		大阪織物会社
八代祐太郎	棉花綿糸	34年5月	石井孝太郎
山口棉花商店	棉花商	39年1月	日本海上運送火災保険
藤井由兵衛	欧米雑貨	先々代	高岡紡績会社出張所
藤田　弥助	骨董貿易	30年頃	(川口)
児島　嘉助	古道具商	先代	大阪商船会社
鉄道工務所			大阪鉄工所
岸本吉右衛門	鉄商	先代	井上貞治郎
九州鉄道会社		31年6月	ホジキンソン
芝川商店	羅紗商		豊福　徹三
塩野義三郎	薬種商	13年頃	関西汽船同盟本部
広海仁三郎	船業	先代	中島　一治
インター	銀行業		安川　謙介
和歌山紡績会社	綿業	20年9月	尼ヶ崎伊三郎
外海鉄次郎	棉花商		赤尾　保
倉敷紡績会社		20年12月	永田三十郎
阿波商業銀行		29年6月	日平銅山出張所
堺紡績会社			(道頓堀)
島商店	貿易商		竹島新三郎
山添良太郎	蒟蒻粉商		真島　福松
山中商会	骨董商	33年2月	天野利三郎
林　音吉	金物商	3代前	阪本　平助
岡山紡績	綿紡		合名会社鈴木商店
高田商会	貿易	14年	大家　七平
郡山紡績会社			
(京都)			(新居浜)
津田合名会社	銅線一式、諸機械	39年	西条銀行
長瀬半次郎	和洋綿紡	14、5年頃	(尾道)
藤田　弥助	古物商	30年	広川　久助
麻田半兵衛	紐糸商	先代	作田　タダ

一四五

職業・業種	開業年月	人名・社名	職業・業種	開業年月
		R. シャフナー商会 ベネット・ダニエル チャーターズ・バンク E. イオジット I. B. コリ S. シュレンス商会 チャイナ・ジャパン貿易 C. イリス商会	輸出入業 為替仲買 為替仲買 輸入、保険代理 輸出入業 輸出入業	28年頃 10年頃 9年1月 12年頃
銀行員 銀行業兼農業		（若松） 三菱合資若松支店 筑豊石炭礦業組合 宝辺森太郎 若松築港株式会社 安川敬一郎	 炭礦業	 26年12月 18年 18年 25年7月 14年
地主兼石炭商 豊前京都郡長	29年	（博多） 谷　彦一・理蔵 児島善一郎 三池銀行 八阪銀行 三潴銀行 柳河銀行	煙草、塩、印紙元売 染料	10年前 20年頃

キ、新ニ設立セル日本製銅会社（廣瀬胆、備中伝向）、日本黄銅会社（阪本平助、浮田桂造）、大阪伸銅会社（坂根佐渡島）、大阪銅会社（阪本、孝橋）ノ外、黄銅館、黄銅製造所其他二、三アリテ、其ノ営業ヲ問ヘバ斉シク延板、真鍮板ノ製造ナリト。然リ而シテ斯ク数多ノ会社ガ一時ニ発起セラレ、已ニ就業セルアリ、創設中アリテ何等ノ恐慌ヲモ醸サズ営利スルハ斯業好望ノ波影ナリ。

電気分銅会社ナルモノアリ。法ヲ専ラ米国ニ則リ、電気銅ノ精煉ニ任ジ、其長所タル純良ヲ以テ独歩ノ販路ヲ求メ、副業トシテ延板、真鍮板ヲ製出ス。漸次隆盛ノ域ニ進メリ。

其他単独ノ商人ハ、河辺、坂本、横山、福島、信野、山中、川合、孝橋、

人名・社名	職業・業種	開業年月	人名・社名
森本　善助	機械類仲買	当代	（呉）
（神　戸）			呉貯蓄銀行
河東倍二郎	酒造業		（広島）
神戸桟橋株式会社			山陽鉄道株式会社
復興号	貿易業	18年頃	石井　永治
文発号	貿易業	29年頃	村上隆太郎
広昌隆	貿易業	8年頃	広島商業銀行
ライジングサン石油商会	石油販売業	33年	広島銀行
C.イリス商会	輸出入業	26年1月	第六十六銀行
S.キャメロン商会	輸出入業	28年	広島貯蓄銀行
川崎造船所		29年10月	周防銀行
奥野　元吉	石炭商		松山商業銀行
山陽鉄道会社			竹原銀行
怡昌和	海産物輸出	38年	八田貯蓄銀行広島支店
A.M.エサブホイ	輸出入業	20年頃	（門司）
M.ラスペ商会	輸出入業	10年頃	六十一銀行
S.J.ドビア商会	輸出入業	32年	九州鉄道株式会社
デラカンプ商会	輸出入業	19年	三菱合資門司支店
E.パパニー	輸出入業		インターナショナル・バンキング
A.エストマン商会	輸出入業		大里精糖所
（兵　庫）			安川敬一郎
森　忠治郎	燐寸軸木製造業	32年頃	馬関商業銀行
中山　治助	酒造業	先代	戸田　健児
沢野　定七	米穀商		
出水川芳太郎	燐寸軸木商	十数年前	

出典：銀行部報告取引先信用概覧、明治39年9月及び40年4月。

広塚、米浪、栗谷、楠等ヲ首メ規模ノ小ヲ合スレバ数十ヲ以テ数フルニ至ル。咸金銀銅吹業ヲ専ラトシ、副フルニ金物商、地金商を兼摂ス。之レガ製品ハ延丁銅、銅線用棒銅、絞リ並丁等ナリ。

又近時京都疏水運流ヲ利用シ製造業者絡駅トシテ顕ハル。真鍮延板ニ従事ス。原料ハ絞リニシテ、大阪之レガ供給者タリ。

由来銅商ノ経歴概ネ此ノ如シ。故ニ大阪商人ノ一挙一退ハ、大ニ諸般ニ波及スルモノ真個其中心タルニヨレリ。価格ノ如キ率ヲ大阪ニ準ズルモノ豈偶然ニアラザランヤ。

（中略、資料6に続く）

当時日本製銅株式会社では九月下旬に工場建家が完成し、機械はすべて納入さ

第18表　住友銀行保有有価証券の推移（単位：円、円未満切り捨て）

科目	明治32年末	同33年末	同34年末	同35年末	同36年末	同37年末	同38年末
有価証券合計	1,040	1,277	2,287	2,932	3,559	7,113	6,861
国債証券	584	666	1,218	1,900	1,894	5,095	5,007
整理公債	368	399	542	687	1,005	832	776
海軍公債	8	10	51	83	82	82	74
軍事公債	206	256	322	428	555	647	623
大蔵省証券			301	700		1,020	
五分利公債					250	790	788
国庫債券						1,722	2,744
五分利英貨公債							
四分利公債							
四分利英貨公債							
地方債証券	251	419	513	512	263	260	242
東京市公債	135	131	126	125	89	90	80
大阪市築港公債	116	288	258	258	131	128	122
神戸市水道公債					42	40	38
大阪市水道公債			128	128			
大阪市電気鉄道公債							
社債券			223		245	317	257
鉄道社債			223		100	172	123
その他社債					145	145	134
株券（鉄道株）	205	191	331	520	1,156	1,439	1,353

科目	同39年末	同40年末	同41年末	同42年末	同43年末	同44年末	同45年3月末
有価証券合計	7,755	7,839	9,947	13,533	12,179	10,331	12,607
国債証券	6,224	6,094	8,200	13,533	11,742	9,921	12,199
整理公債	684	684	645	645			
海軍公債	74	74	72	72			
軍事公債	567	567	550	550			
大蔵省証券			2,950	4,930		550	3,350
五分利公債	2,699	2,569	2,461	5,185	7,808	7,343	7,844
国庫債券	2,199	2,199	1,520	2,149	1,743		
五分利英貨公債					541	487	487
四分利公債					1,152	1,044	1,020
四分利英貨公債					497	497	497
地方債証券	161	154	151		270	265	265
東京市公債							
大阪市築港公債	122	122	122				
神戸市水道公債	38	31	28		270	237	237
大阪市水道公債							
大阪市電気鉄道公債						27	27
社債券	2	106	106		165	142	142
鉄道社債	2						
その他社債		106	106		165	142	142
株券（鉄道株）	1,367	1,484	1,489				

出典：住友本店総財産目録及び財産目録。

れ、伸銅機の試運転も完了し、銅棒・銅線設備は三十年一月に据付完了の予定であった。しかし経営者、大株主間に第二、第三回払込金七万五〇〇〇円の他にとるべき金融手段をめぐり対立が生じ、一度決定された社債一〇万円の発行が十一月に取り消され、社長廣瀬担(元別子支配人、二五〇株)、取締役に杉浦一貫(六六〇株)、監査役に中村惣兵衛が就任し、原田庰三(二五〇株)が退任、社長に秋月清十郎(一〇〇株)、取締役備仲伝助(六六〇株)、監査役都築温太郎(五〇株)、工場を担保に大阪鉄工所、高田商会、逸身銀行、岡本喜三郎から七万四三〇〇円の融資を受けることが決定された。さらに他に相談役を設け福本元之助(七〇株)、浜崎永三郎(二五〇株)が就任した。この間住友本店では理事銀行支配人田邊貞吉が、その日記によれば十月二十九日日本製銅社長廣瀬担と会い、十一月十二日には日本製銅の工場を視察し、十五日田邊は家長友純に日本製銅買収につき報告し、その了解を取り付けた。日本製銅の株主の間では、二十九年末から三十年初頭にかけて住友の買収に応ずるか否かについて意見の一致をみなかったようであるが、一月二十三日住友本店と銀行の神戸支店支配人が日本製銅の機械・建物・土地の評価を行っているところからみると、彼等の意向も固まったものと思われる。四月住友本店は日本製銅を一七万五〇〇〇円で買収し、大阪伸銅場とし、元秋田師範学校長庵地保を場長とした。さらに三十二年八月大阪製銅の圧延工場を一二万円で買収し、伸銅場の能力は倍増し、国内需要における住友伸銅場のシェアは上昇した(第7表)。三十四年九月には官庁購買につき古河と協調する取り決めを結んだ(資料7)。

伸銅場の取引先の中では横須賀や呉の海軍工廠の比重が高くなっていった(第19表)。四十二年には海軍から製管部門の拡充の要請を受け、四十三年に英国人プライス及びハザウェーを雇い入れ、四十四年には呉海軍工廠から技師と職工を移籍させた。一方三十九年にはケーブルの製造を企図して英国人ゴダードを雇い入れ、四十一年初頭ケーブル工場が完成した。しかしこのため導電率の悪い別子銅に代わり電気銅を三菱大阪製煉所(三菱合資神戸支店経由)や大阪電気分銅

一四九

第19表　伸銅場主要販売先

(単位：千円、販売高1万円以上)

販売高	明治37年	同38年	同39年	同40年	同41年	同42年	同43年	同44年
販売高	1,246	2,399	1,206	1,561	1,346	1,128	1,412	2,030
大阪砲兵工廠	288	976	33					
佐世保海軍工廠	50	165	50			17	32	46
呉海軍工廠	49	111	58	60	12	34	50	169
逓信省	89		18	78	147	74	14	21
三崎芳之助	75	124	167	265	202	214	174	240
三谷長三郎	41	181	82	41	66	41	80	111
森田平兵衛	16	25	25	14		15	22	15
栗谷源治郎	23	48	61	89	100	96	89	113
中尾　金八	42	49	22	13		13		
長谷川貞治郎	21	17						
山本　嘉助	45	97	107	158	90	64	108	104
荘保英三郎	42	123	107	191	117	75	110	134
池田　沢蔵	32	69	34				23	15
永泰号	16							
三井物産大阪支店	87	74					37	12
モリソン商会	90							
川崎造船所	15	11	11					33
岡谷　惣助	15	22		11	16	14	10	
端山　治助		29	34	23	21	24	37	66
坂根武兵衛		24						
竹島新三郎		50			14			
舞鶴海軍工廠		43		38	36	15	15	71
横須賀海軍工廠				33	38	57	21	78
大谷鉄工所			55					
二重瓶消火器会社			60					
長崎三菱造船所			22	38	19	12	28	59
大阪商船会社			29		18	13	15	15
海軍造兵廠			44	42	11			
製鉄所			20	18				
大堀音次郎			20	24	27	17		
山田　信介			20	20	33	15	43	28
田中駒太郎				22				
津田合名会社				64				12
金森船具店				14				
浅野庄助				24	14	14	14	13
金谷藤兵衛				12				
天野利三郎				44				
藤田伊三郎						10		
佐渡島伊兵衛					15			
造神宮使庁					22			
越前電気					12			
ケーブル工場					44	104	130	84
東京電燈								13
大阪電気分銅						37	13	
東京電気							30	45
名古屋電力							40	
愛媛県警察部							11	
神戸三菱造船所								15
愛知時計製造								14
京都電燈								14
大阪鉄工所								35
才賀電機商会								15
南海鉄道								67
松本重助								13
大阪電燈								20
古河合名大阪支店								18
鉄道院								32

出典：実際報告書。

から購入せざるを得なくなり、伸銅場における別子銅の使用比率は年々低下することとなった(第20表、「製造益」と「売上益」の合計は第4-4表及び第5-4表の「伸銅収益」に一致する)。

(資料6)

銅商人及製錬場所在地	
西区西道頓堀二丁目	河辺　九良三郎
同所	喜多河栄助
南区安堂寺町二丁目	横山　治兵衛
西区南堀江下通二丁目	坂本　平助
南区安堂寺町五丁目　工場幸町三丁目	河合　庄助
南区安堂寺町三丁目　工場難波村字裏側	広塚　卯兵衛
南区安堂寺町二丁目　工場南堀江下通一丁目	山中　直七
西区長堀北通三丁目　工場西道頓堀一丁目	孝橋　安兵衛
南区安堂寺町一丁目　工場瓦屋町三番丁	福島　藤七
南区安堂寺町一丁目　工場難波村裏側	楠　嘉兵衛
南区北久宝寺町二丁目　工場難波村裏側	信野　伊助
南区鍛冶屋町八幡筋	栗谷　万吉
西区鍛冶屋村裏側　資本金五十万円	横山　善三
西区中之島玉江町　資本金五十万円	大阪製銅会社
西成郡下川崎村　資本金三十万円	電気分銅会社
西成郡下福島村　資本金三十万円	日本製銅会社
西成郡難波村　資本金三十万円	日本黄銅会社

一五一

第20表　住友伸銅場業態表　(単位：円、円未満切り捨て)

	明治33年	同34年	同35年	同36年	同37年	同38年
利　　益		288,538	284,752	352,825	617,733	962,479
製　造　益		102,505	123,938	84,202	137,138	315,749
売　上　益		172,794	156,127	264,388	473,983	639,094
そ　の　他		13,237	4,686	4,232	6,611	7,533
損　　失		177,116	156,158	152,979	232,346	322,826
純　損　益	141,467	111,421	128,593	199,846	385,387	639,653
製造高(千斤)	2,572	2,549	2,504	2,756	4,155	6,221
販売高(千斤)	2,184	2,087	1,794	1,644	2,630	4,425
原料銅購入量(千斤)A	1,989	1,776	1,768	1,458	2,821	3,592
うち別子銅B	739	1,747	1,527	1,119	2,170	2,723
B／A×100(％)	37.2	98.4	86.3	76.9	76.9	75.8

	同39年	同40年	同41年	同42年	同43年	同44年
利　　益	401,736	346,275	377,903	331,843	399,314	663,933
製　造　益	176,081	227,405	228,185	235,504	299,210	539,435
売　上　益	219,641	110,783	104,323	72,928	49,696	52,313
そ　の　他	6,011	8,087	45,394	23,410	50,407	72,184
損　　失	546,319	289,891	354,832	362,342	478,711	604,234
純　損　益	155,417	56,384	23,070	△30,498	△80,397	59,699
製造高(千斤)	2,799	2,924	3,131	2,828	3,547	4,479
販売高(千斤)	2,204	2,610	2,939	2,581	3,049	4,177
原料銅購入量(千斤)A	1,307	2,041	2,063	2,741	2,880	4,466
うち別子銅B	1,091	1,635	1,586	1,929	2,102	2,746
B／A×100(％)	83.5	80.1	76.9	70.4	72.9	61.5

出典：各部統計表、実際報告書。

(資料7)

大阪居留地ニ於ケル銅業ノ清商

西成郡難波村　資本金五万円　大阪銅会社
新設に付場所未定
西成郡難波村　資本金五万円　大阪伸銅会社
西成郡難波村　　　　　　　　黄銅製造所
西成郡下福島村　　　　　　　三菱分析場

二十番　　　同茂泰　　　三番　　広昌隆
三十番　　　裕貞祥　　　三十五番　怡生号
十四番　　　同孚泰　　　六十五番　祥　隆
百五十番　　裕泰恒　　　三十九番　慎昌号
百五十二番　永昌祥　　　千二番　　永泰号

記

一　官庁購買ノ地金銅ニ就テハ、関東及ヒ関西ニ分チ、関東（大阪以東）ハ古河家ノ、関西ハ（大阪ヲ含ミ其以西）住友家ノ領分トシ、相互ニ競争セザル事。
一　官庁ヨリ地金銅ノ積リ合ヲ徴セラル、トキハ、関東関西ノ領分ニ従ヒ、住友古河両家相互ニ譲歩シテ一方ハ積合ノ謝絶ヲ為ス事。
但シ其謝絶ヲ為ス能ハサルトキハ、両家打合ハセノ後チ積合ヲ為ス事。
一　首記ノ場合ニ於テハ、今後関東ニ在リテハ住友家、関西ニ在ツテハ古河家、入札ニ加名セサル事。

一五三

序章　住友本店

一　交渉若クハ示談金配当ニ加名セサルハ勿論タルベキ事。
一　地金銅ノ購買入札期日前後ニハ、他人（落札者ハ勿論、競争入札ニ加ルヘキモノ又ハ加ルヘキモノヨリ依頼ヲ認ムヘキモノ等）ニ売渡ヲ為サヽル事。
一　指名注文ノトキハ首記ノ限リニアラサル事。
一　購買官庁（仮令東京ニ在リテ）ト納入官庁（仮令神戸ナルトキ）ト異ナルトキハ、両家打合ノ上積リ合ヲナス事。
一　官庁購買ノ銅線ニ在ツテハ、古河住友両家先ツ熟議シ、然ル後同業者ニ交渉スル事。
一　入札期日前後ニ在ツテハ、他人（落札者ハ勿論、入札ニ加ハルヘキモノ又ハ加ハルヘキモノヨリ依頼ヲ受ケタリト認ムヘキモノ等）へ其銅線、荒引線又ハ棹銅ヲ供給セサル事。

明治三十四年九月二十二日

右大阪住友伸銅場支配人庵地氏（註、庵地保）及東京住友伸銅場出張所主任佐伯氏（註、佐伯雄介）ト口約セルモノニシテ、共ニ両家ヲ代表セル事ナリトス。

長井　於兎四郎[45]（註、古河鉱業事務所商務課販売係長か）

(七)　住友倉庫

住友の倉庫業は、明治六年（一八七三）大阪富島に出店を設けた際、土蔵を利用して貸蔵としたことに始まるが、倉庫に入庫する商品を担保に資金を貸し付ける並合業の付属業務の色彩が強く、二十八年十一月住友銀行が開業すると、貸付課の中に倉庫係が置かれ、これが三十年十一月倉庫課に昇格した。

明治三十二年六月十九日の理事銀行支配人田邊貞吉の日記によれば、この日住友倉庫新設について本店で会議が開催

第21表　住友倉庫業態表

(単位：円、円未満切り捨て)

	明治33年	同34年	同35年	同36年	同37年	同38年
利　　益	60,365	64,942	111,218	153,734	132,529	179,918
貨物扱料	0	0	0	0	0	5,616
保管料	56,273	59,168	104,119	149,396	128,803	167,050
その他	4,092	5,774	7,099	4,338	3,726	7,251
損　　失	36,965	47,509	76,060	94,632	100,624	116,589
純損益	24,399	17,432	35,158	59,102	31,905	63,328
保管貨物(千個)						
入庫高			3,511	2,877	3,091	2,735
出庫高			3,142	3,173	2,921	2,618
残　高		372	766	470	641	758
保管貨物評価金額(千円)						
入庫高		16,295	29,896	26,671	31,076	35,925
出庫高		15,453	26,923	27,154	30,195	32,576
残　高	1,837	2,679	5,697	5,213	6,094	9,444

	同39年	同40年	同41年	同42年	同43年	同44年
利　　益	259,172	251,746	251,013	229,508	270,555	371,136
貨物扱料	6,999	8,081	22,037	21,681	65,274	95,426
保管料	234,579	234,366	215,511	194,518	194,161	229,281
その他	17,593	9,298	13,465	13,308	11,119	46,429
損　　失	136,294	150,033	179,924	170,152	214,785	246,472
純損益	122,877	101,713	71,088	59,356	55,769	124,663
保管貨物(千個)						
入庫高	2,677	2,892	4,233	2,356	2,923	4,095
出庫高	2,747	2,847	3,349	3,525	2,741	3,090
残　高	687	733	1,617	448	629	1,360
保管貨物評価金額(千円)						
入庫高	38,732	41,047	31,297	31,459	40,947	44,882
出庫高	39,046	41,426	33,526	32,044	39,041	43,846
残　高	9,129	8,749	6,520	6,058	7,964	9,001

出典：各部統計表、実際報告書。

序章　住友本店

された。会議には植村（俊平住友本店支配人）、田（艇吉本店支配人、倉庫部設立とともにその支配人となる）と田邊以下の銀行幹部が出席し、さらに神戸支店から谷（勘治本店及び銀行神戸支店支配人）、上村（喜平神戸支店副支配人）、若森（篤太郎兵庫出張店主任）が参加した。この会議の結果七月銀行本店倉庫課は銀行部から独立して倉庫部となり、対外的には住友倉庫本店となった。銀行神戸支店、川口出張店、兵庫出張店の倉庫係もそれぞれ倉庫神戸支店、倉庫川口出張店、兵庫出張店となった。

その後明治三十五年二月日本倉庫株式会社を買収して、大阪市内道頓堀、安治川、天満の各倉庫を取得したが、第一次世界大戦の好況に至るまで、明治期の住友倉庫の業績は伸び悩んでいた（第21表）。

　（八）　住友鋳鋼場

明治三十四年六月住友本店は日本鋳鋼所を買収した。買収の経緯については「住友総本店（中）七　住友鋳鋼場の株式会社への移行」で改めて検討する。五月二十九日理事銀行支配人田邊貞吉は、日記によれば重役会において鋳鋼事業の将来性についてなお調査の必要があると主張したが、家長友純の強い意向で買収が決定された。田邊の主張通り、日本鋳鋼所の事業、製品に関しては伸銅場長庵地保に、資産、負債については会計課主任大場多市に調査が命ぜられ、この結果六月初に前者については「同所ノ事業ヲシテ益発達将来ニ継続セシメンニハ、尚多少ノ資本ヲ投シテ工場ノ設備ヲ完成シ、適当ナル技師職工ノ養成ヲ計ラサル可カラス」という、また後者については債務超過が四万九〇〇〇円に達するという報告書が提出されたが、買収は強行された。

然シテ後普ク市場ノ同情ヲ得、初メテ事業ノ成功ヲ期スヘキナリ」という、また後者については債務超過が四万九〇〇〇円に達するという報告書が提出されたが、買収は強行された。

その後三十七、八年の日露戦争の好況によって鋳鋼場の経営は好転し（第22表、「製造益」と「売上益」の合計は第4-4表及び第5-4表の「鋳鋼収益」に一致する）、この好景気を受けて鋳鋼場は明治四十年七〇万円を投じて島屋新田に新工場を

一五六

第22表　住友鋳鋼場業態表

(単位：円、円未満切り捨て)

	明治35年	同36年	同37年	同38年	同39年
利　　益	116,966	142,967	256,694	307,074	321,150
製　造　益	64,927	70,088	138,697	105,166	110,171
売　上　益	36,886	70,462	113,313	197,267	208,237
そ　の　他	15,151	2,415	4,682	4,640	2,740
損　　失	109,076	112,551	160,958	201,119	272,465
純 損 益	7,889	30,415	95,735	105,954	48,684
製造高(貫)	173,424	177,571	316,382	238,342	282,579
販売高(貫)	141,912	180,084	313,171	256,720	287,888
	同40年	同41年	同42年	同43年	同44年
利　　益	292,149	264,921	267,935	449,254	648,625
製　造　益	207,217	232,547	248,576	499,702	523,721
売　上　益	77,813	29,742	17,967	△55,864	117,862
そ　の　他	7,119	2,631	1,391	5,416	7,041
損　　失	363,264	406,971	376,285	447,870	524,783
純 損 益	△71,114	△142,049	△108,349	1,384	123,842
製造高(貫)	344,013	494,419	483,942	671,375	864,653
販売高(貫)	343,491	428,838	432,387	697,037	870,251

出典：各部統計表、実際報告書。

完成したが、折柄の日露戦争後の不況に遭遇し従来の三倍にも達した生産能力を発揮できず、鋳鋼場の業績は四十、四十一、四十二年と三年連続赤字となり、四十三年に至って台湾製糖業からの搬蔗糖貨車の大量受注でようやく一息つくことができた(第23表)。その四十三年十二月創業以来の鋳鋼場支配人山崎久太郎が退身を命ぜられるという事件が起こった。同時に総理事鈴木馬左也が過怠金月俸一〇分の一、理事中田錦吉が呵責、理事湯川寛吉が過怠金月俸一〇分の二という処分が下された。その理由は、鋳鋼場の職工が、海軍に納入する部品の試験に合格したことを証明するためテストピースに打つ海軍刻印を偽造していたという事実が四年も経過して発覚し、しかもこの間山崎支配人がその事実を知りながら鈴木総理事に報告しなかったため、善後策を講ずるのが遅れ、住友の信用が著しく損なわれたということであった。年が明けて四十四年初め住友総本店は本件を海軍艦政本部第四部長藤井光五郎機関少将

第23表　鋳鋼場主要販売先　(単位：千円、販売高1万円以上)

販売高	明治34年	同35年	同36年	同37年	同38年	同39年	同40年	同41年	同42年	同43年	同44年
	49	119	178	319	389	427	411	376	368	617	834
今井商店	11										
三井三池炭坑		13			15	13	16			21	25
赤尾保商店		14	10	14		10					
藤田組			14		14	10					
大阪鉄工所		14	10	12	12	27				13	24
大阪築港事務所			21	22							
佐世保海軍工廠				51	22		14				
横須賀海軍工廠				25		38					
磯野商会				21	19						
住友別子鉱業所				15	10		13				
呉海軍工廠					31	26					18
舞鶴海軍工廠					21						
足尾銅山古河鉱業所					21	11					
汽車製造会社					15						47
製鉄所					14						
鉄道作業局					13						
山陽鉄道会社					11						
米井商店(旧磯野商会)						18					
若松築港						22	12				
芝浦製作所						10					
清国製麻官局						32					
三井物産大阪支店						20					
浦賀船渠会社						17				14	22
徳山海軍煉炭製造所							13	17	10		
芳谷炭坑							16				
波佐見銀山							10				
篠田工業事務所							30				
日本火炭株式会社							16	22			
菅谷商店								21			
帝国鉄道院								42		22	51
愛知県									24	44	
林本源製糖合名会社									28	67	
三井物産大連出張所									17	26	12
住友伸銅場									17		17
大阪市役所									10		
辻村商店									10		
明治製糖										86	68
東京佃島機械製作所										19	17
浅野セメント門司支店										13	
新興製糖										13	
加納鉱山										13	
津田勝五郎商店										12	
台湾総督府土木部										11	15
中央製糖											50
台北製糖											31
新高製糖											22
斗六製糖											21
大蔵省臨時建築部横浜支部											17
台湾製糖											15
黒板工務所											14
東京市河港課											13
八重洲商会											10

出典：実際報告書。

（「住友総本店（下）四　シーメンス事件と住友」参照）に報告陳謝し、この期間内に海軍に納入したすべての部品について不具合のあるものは無償で交換することを申し入れた。各海軍工廠で再チェックの結果、交換を要するものが皆無ではなかったから、金額的には僅かであったとはいえ、鈴木総理事が激怒したのも当然であった。鋳鋼場の再建は、鈴木総理事と姻戚関係にある別子鉱業所機械課主任萩尾傳に託され、大正を迎えることになるのである。

註

（1）『日本銀行百年史』第二巻（同行　昭和五十八年）一〇一～一〇三頁。
（2）昭和二十七年伊庭琢磨氏談。
（3）昭和二十四年五月三日小西梅太郎氏談。
（4）昭和二十七年十一月十一日伊庭簡一氏談。
（5）三島康雄編『三菱財閥』（日本経済新聞社　昭和五十六年）一二八、一一九、一二六、一二九頁。
（6）同前　一二八、一二九頁。
（7）『日本鉄道史』中篇（鉄道省　大正十年）四五三～四五九頁。
（8）『日本全国諸会社役員録』1（柏書房　昭和六十三年）二三八頁。
（9）同前2　一一〇三頁。
（10）註（7）に同じ。五〇四～五一三頁。

（11）註（9）に同じ。七二頁。
（12）同前　二五六頁。
（13）註（7）に同じ。五五二～五五四頁。
（14）註（9）に同じ。一五八、三九六頁。
（15）同前　二七七頁。
（16）同前　二四八頁。
（17）同前　二七八頁。
（18）註（7）に同じ。五六五～五七四頁。
（19）註（9）に同じ。三九四頁。
（20）同前　二四八頁。
（21）註（8）『日本全国諸会社役員録』3　一〇四頁。
（22）『岩下清周伝』（同伝記編纂会　昭和六年）一九～二二頁。
（23）註（7）に同じ。六八六、六八七頁。
（24）註（21）に同じ。二〇八頁。

序章　住友本店

（25）『明治大正大阪市史』第四巻（同市役所　昭和八年）一三一～一三七頁。
（26）『阪神電気鉄道百年史』（同社　平成十七年）六二二～六二七頁。
（27）『台湾銀行史』（日本貿易信用株式会社　昭和三十九年）七～一三頁。
（28）註（25）に同じ。第一巻　八四九頁。
（29）同前　三九〇～三九二頁。
（30）註（9）に同じ。三九頁。『川島織物三十五年史』には二十九年十二月設立とあるが、住友本店は二十九年五月に出資しているので、二十八年十二月設立の誤りではないかと思われる。
（31）『渋沢栄一伝記資料』（同刊行会　昭和三十二年）一二巻一二七～一四六頁。
（32）津枝謹爾編『芝蘭遺芳』（芝川又四郎　昭和十九年）一九五～二〇三頁。
（33）註（7）に同じ。三四九～三七二頁。
（34）同前　六三八～六五〇頁。
（35）『朝鮮鉄道史』（朝鮮総督府鉄道局　昭和四年）七五～九三頁。
（36）註（7）に同じ。三三二～三三七頁。
（37）註（8）『日本全国諸会社役員録』8　六一頁。
（38）『三井事業史』資料篇四下（三井文庫　昭和四十七年）二六頁。註（31）に同じ。一六巻六八七～七一五頁。
（39）『第一生命五十五年史』（同社　昭和三十三年）四五～五九頁。
（40）『現代日本産業発達史』（同研究会　昭和三十九年）Ⅲ電力一〇一、一〇二頁。
（41）『東拓十年史』（同社　大正七年）六頁。
（42）竹原文雄「住友家と樟脳」『住友修史室報』第四号　昭和五十五年四月。『樟脳専売史』（日本樟脳株式会社　昭和三十一年）。『精製樟脳史』（日本専売公社　昭和十三年）。『台湾樟脳専売志』（台湾総督府　大正十三年）。
（43）石井寛治『近代日本金融史研究序説』（東京大学出版会　平成十一年）二七五～二七七頁。
（44）宮本又次「泉屋銀行について」（『住友修史室報』第三号　昭和五十四年五月。
（45）『古河潤吉君伝』（五日会　大正十五年）一〇八頁。『古河虎之助君伝』（同伝記編纂会　昭和二十八年）一〇九頁。長井於兎四郎は明治四十一年五月には古河鉱業会社商務課販売係長に在職していたことが確認される。他方その前身たる古河鉱業事務所では三十一年一月商務課が設置され、商務課内に販売係、仕入係、運輸係の三係が置かれた。商務課長は三十九年七月中島久萬吉が入社して商務課長になるまで理事木村

長七が兼務していたので、この三十四年九月の段階においてすでに長井が商務課販売係長として住友側の交渉相手であった可能性が高い。

第一部　住友総本店

第一章 住友総本店（上）
―― 明治四十二～四十五年 ――

目次

一　住友総本店の発足
二　住友総本店の組織・人事
三　住友総本店の会計・監査制度
四　住友総本店の業績
　（一）総本店（本社部門）の業績
　（二）総本店（全社）の業績
五　住友電線製造所の開設
六　住友銀行の株式会社への移行

一　住友総本店の発足

　明治四十二年（一九〇九）一月一日、住友本店は住友総本店と改称された（資料1）。三菱合資会社は既に明治二十六年に設立されており、三井でも管理部副部長益田孝が明治四十年に、三井家の組織改革調査のため欧米に出張し、その報告書に基づきこの年十月の三井合名会社設立へ向かって準備が進められていた。
　当時欧米諸国においては、既にリスク回避のため株式会社制度を採用することによって、さらに有限責任組織に移行することが一般の趨勢であり、住友でも当然これらの動向は承知していたと思われるが、商号変更に際し法人化につい

第一部　住友総本店

一六五

第一章　住友総本店（上）

て検討された形跡はない。おそらく住友ではまだ三菱、三井に比し事業規模が小さく、さらに三井が一一家の同族会であるのに対し、住友家は家長住友吉左衛門のみという事情もあり、同じ無限責任組織を貫くのであるならば、三菱や三井のように合資会社や合名会社とせず個人企業のままでいる方が、むしろ住友の伝統と精神をよく示していた。

この改称の理由を説明する起案書類は残されていないが、この改称と同時に、住友神戸支店も住友製銅販売店に、住友若松支店は住友若松炭業所と改称された（資料1）。明治八年住友本家から住友本店が分離して以来、本店と各地の支店との関係は何等問題は無かったが、明治二十八年住友銀行が設立され、次いで三十二年住友倉庫が開業すると、銀行本店・倉庫本店の他に各々の支店が相次いで開設された。この結果明治四十一年末の時点では、住友本店と銀行・倉庫の各本店の他、上記住友神戸支店と銀行・倉庫の各神戸支店、住友若松支店と銀行若松支店が存在していたが、これらの改称は、本店・神戸支店・若松支店といった場合それがどの店を指すのか、常に識別する必要が生じていたことを示すものと思われる。

またこの改称の通達が出される直前に旧住友ビルディングの南半分の土地に新築中であったやがて総本店となる建物が完成し、住友本店と銀行本店はこの建物に移転した。従ってこの年は、この移転により明治二十八年尾道支店で開かれた第一回重役会議の決議事項「住友銀行を創設すること。住友本店の建物を新築し、住友本店と銀行本店は同所で営むこと」が、決議以来一三年余にしてようやく所期の目的を達したという記念すべき年でもあった。総本店という名称の由来は、銀行や倉庫の本店より一段上にあって、すべての店部を統轄する意味で、元来住友本家と称していた住友として、わが国で以前から用いられていた本家に対する総本家という名称から転用したものと推測される。

（資料1）
甲第六号達

一六六

来ル明治四十二年一月一日ヨリ、住友本店ヲ住友総本店(Sumitomo General Head Office)ト、住友神戸支店ヲ住友製銅販売店(Sumitomo Copper Sales Department)ト、住友若松支店ヲ住友若松炭業所(Sumitomo Wakamatsu Coal Department)ト改ム

明治四十一年十二月二十三日

家長　住友吉左衛門

二　住友総本店の組織・人事

住友総本店の経営は、「住友家法」に基づいて行われた。「住友家法」は、明治十五年(一八八二)に制定されたものであるが、その後、明治二十四年、二十九年に改定された。従って住友総本店が準拠した家法は、明治二十九年改定のものであるが、この家法は、その後、明治三十三年さらに変更が加えられた。これは、明治三十二年日銀で幹部連が山本達雄理事の総裁昇格を支持しておきながら、総裁就任後の山本との間に確執が生じ、これら幹部連が一斉退陣するといういわゆる「ストライキ事件」が起こり、日銀を退職した河上謹一(日銀理事)、植村俊平(同文書局長)、藤尾録郎(同計算局長)が住友に入社し、河上は理事、植村は本店支配人、藤尾は専務監査員兼本店監査課主任に就任したことによる。

すなわち一月には第二編各部ノ規程中、第一章本店事務章程と第四章倉庫事務章程が新規程に代えられ、五月には第一編一般ノ規程中、第八章会計規程が住友家会計規則に、第十一章旅費規程が旅費規則に代えられた。

明治三十七年一月には、本文で削除されたこれらの変更分を附録として加えた「住友家法」全が印刷されているが、さらに明治三十七年一月これらの変更分を附録から家法の当該部分に戻し、全規程にわたって関連する諸規則を付した

第一部　住友総本店

一六七

第一章　住友総本店（上）

「住友家法附諸規則」全が編纂された。従って本章が対象とする期間の家法は、この明治三十七年一月編纂の家法に明治四十一年末迄の若干の変更を加えたものということになる。

この家法では第一編第一章営業ノ要旨は、明治二十四年の改定家法以来変更はない（資料2）。第二章等級によって、住友の傭員は事務員と技術員に大別され、それぞれ高等、等内、等外の三つのカテゴリーに分けられ、その中で高等一～三等、等内一～十等、等外一～五等に細分化されている。

この等級は、事務員の場合、総理事・理事・支配人・副支配人・主任・係員・係補の職制にほぼ対応している（明治三十二年六月施行された商法とのからみで、神戸支店・若松支店ならびに銀行・倉庫の各支店支配人は、明治三十二年十一月から三十四年九月までの間、支店長と改称されていたことがある）が、実際の等級と職制の関係は、総理事（高等一・二等）・理事（高等二・三等）の場合を除き、所属する店部課の規模の大小により、支配人（等内一～六等）・副支配人（等内一～六等）・主任（等内二～七等）・係員及び係補（等内三等以下）とかなり幅がある。また技術員の職制は、技師・技手とされていたが、実際には技術者も事務員扱いで、幹部は支配人・主任に登用されていた。すなわち技術員というのは現在でいえば専門職を指すので、この規程をもってして住友は技術者を差別したというのは当たらない（なお臨時建築部には、技士長・技士・技士補という職制が設けられていたが、これはこの技術員とは全く別物であり、臨時建築部が廃止されるとともに消滅した。）。

総理事の職務権限は強大であり、重要事項以外家長の職務を代行しているといってよい（資料3）。総理事鈴木馬左也は明治三十七年七月伊庭貞剛に代わって以来、この期間その職にあった。

理事は、総本店にあって総理事を補佐する者と、枢要な店部に派遣されてその店部の支配人を兼務する者がいた（資料4）。明治四十二年には中田錦吉が総本店にあり、志立鐵次郎は銀行支配人として第1表では、銀行の傭員に含まれている。明治四十三年三月志立は退職し、代わって中田が銀行支配人となり、四月には新たに湯川寛吉と久保無二雄が

一六八

第1表　傭員々数表（各年1月1日現在）

(単位：人)

店部・資格	明治42年	43年	44年	45年
総本店（本社部門）	110	112	96	101
別子鉱業所	637	626	556	553
銀行	514	527	503	528
倉庫	98	100	98	106
製銅販売店	8	8	8	8
若松炭業所	84	90	96	104
伸銅場	43	48	58	56
鋳鋼場	50	49	41	38
電線製造所	—	—	—	18
本家詰所	29	31	32	35
合　計	1,573	1,591	1,488	1,547
高　等	3(2)	3(2)	4(2)	4(2)
等　内	864(54)	886(55)	816(45)	822(49)
準等内（臨時雇・欧文書記）	34(25)	32(25)	29(25)	19(17)
等内相当（病院・学校職員）	67	66	71	72
補助員	132(6)	113(5)	107(2)	156(6)
等　外	305(9)	316(11)	278(8)	283(13)
坑夫頭	41	38	40	44
準等外（臨時雇）	1	1	1	1
等外相当（病院職員）	10	9	10	11
給　仕	34	39	43(1)	41(1)
使　丁	82(14)	88(14)	89(13)	94(13)

註：( ) 内は総本店（本社部門）傭員の内数。別子鉱業所支配人、銀行支配人を兼務する理事は、総本店（本社部門）ではなく、各々別子鉱業所、銀行に算入されている。原史料は前年末現在であるが、便宜年初とした。第2章、第3章の各第1表も同じ。
出典：各年総本店庶務課「処務報告書」

第一部　住友総本店

理事に就任した。湯川は総本店支配人の他、伸銅場支配人を兼務し、久保は別子支配人を兼務した。久保は第1表では別子に含まれている。

支配人・副支配人は、各店部の事務章程によって、その店部の代表者として置かれている。明治四十二年の住友の店部は、第1図の通りである。

その後明治四十四年八月一日に伸銅場の電線部門を分離して、住友電線製造所が開設され、明治四十五年四月一日には住友銀行が株式会社へ移行した。当時の住友の傭員数は一五〇〇人前後であり、別子と銀行で七割以上を占めてい

一六九

第一章　住友総本店（上）

```
             ┌─ 住友別子鉱業所
             ├─ 住友銀行（明治45年4月1日株式会社へ移行）
             ├─ 住友倉庫
             ├─ 住友製銅販売店
住友総本店 ──┼─ 住友若松炭業所
             ├─ 住友伸銅場
             ├─ 住友鋳鋼場
             ├─ 住友電線製造所（明治44年8月1日開設）
             └─ 本家詰所
```

第1図　住友総本店店部図（明治42〜45年）

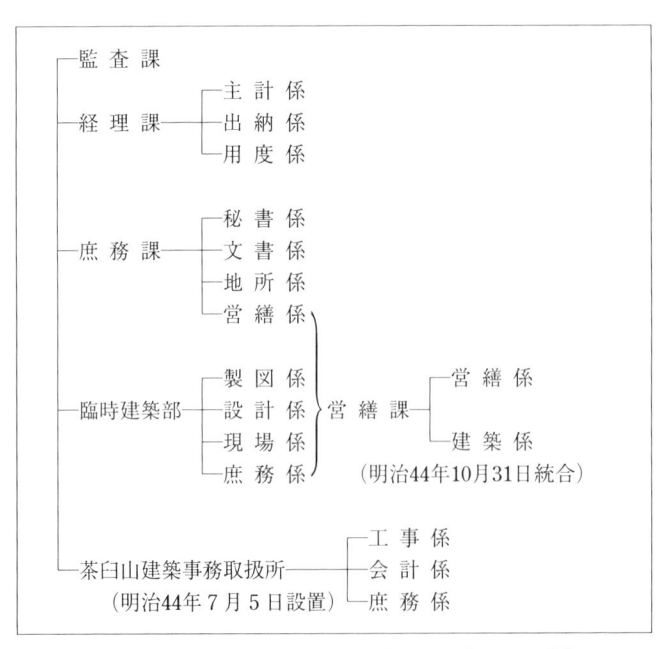

```
┌─ 監査課
│
├─ 経理課 ──┬─ 主計係
│           ├─ 出納係
│           └─ 用度係
│
├─ 庶務課 ──┬─ 秘書係
│           ├─ 文書係
│           ├─ 地所係
│           └─ 営繕係 ─┐
│                       ├─ 営繕課 ──┬─ 営繕係
├─ 臨時建築部 ┬─ 製図係 │           └─ 建築係
│             ├─ 設計係 │   （明治44年10月31日統合）
│             ├─ 現場係 │
│             └─ 庶務係 ┘
│
└─ 茶臼山建築事務取扱所 ──┬─ 工事係
   （明治44年7月5日設置）  ├─ 会計係
                          └─ 庶務係
```

第2図　総本店（本社部門）組織図（明治42〜45年）

た（第1表）。

総理事の強大な権限に対しては、他方で総理事・理事のほか、支配人・副支配人・技師等の中「特ニ重役ニ列セシムル」者により重役会を設け、合議制がとられていた（資料5）。総本店発足当時の重役は、総理事鈴木、理事志立・中田

第2表　総本店（本社部門）傭員表（各年4月1日現在）　　（単位：人）

部課・役職	明治42年	43年	44年	45年
総理事	1	1	1	1
理　事	2	3	3	3
専務監査員	1	1	－	－
支配人	1	1(1)	1(1)	1(1)
副支配人	2	2	1	2
監査課	3(1)	3(1)	3(1)	3(1)
経理課	1(1)	1(1)	1(1)	1(1)
主計係	13	12	13(1)	12(1)
出納係	8	7	7	8
用度係	5	5	4	4
庶務課	1	1	1	1
秘書係	8(2)	8(2)	6(2)	6(1)
文書係	8(1)	8(1)	7(1)	8(1)
地所係	5	5	5(1)	5(1)
営繕係	7	8	7(1)	－
守　衛	10	10	9	12(2)
臨時建築部	2(1)	2(1)	2(1)	－
製図係	10(1)	14(1)	16(1)	－
設計係	7(2)	7(2)	7(2)	－
現場係	5	4	4	－
庶務係	2	2	3	－
営繕課	－	－	－	2(1)
営繕係	－	－	－	9(2)
建築係	－	－	－	21(1)
茶臼山建築事務取扱所	－	－	－	26(22)
分掌未定	－	－	－	1
合　計	93	95	88	91

註：休職者、給仕、使丁を除く。（　）内は兼務者の内数、他店部を兼務する者は含まない。
出典：各年「住友家職員録」から算出

第一部　住友総本店

第一章　住友総本店（上）

の外、特に専務監査員藤尾が重役となっていた。その後前述の通り明治四十三年には志立が退職して、代わりに湯川・久保が理事となってメンバーに入り、八月藤尾が病没した。

総本店には、第二編各部ノ規程第一章住友総本店事務章程第四条により監査課・経理課・庶務課の三課が置かれていた（第2図）。各課の業務内容は資料6の通りである。総本店の人員は、休職者・給仕・使丁を除くと概ね九〇人前後で経理課・庶務課が大半を占めるが、その他に明治三十三年六月以来本店新築等「重要ノ新築工事ヲ管掌」する臨時建築部が設置されていた（第2表）。

その後、明治四十四年七月五日、大阪天王寺茶臼山別邸に新本邸建設のための茶臼山建築事務取扱所が設置されたが、そのほとんどが兼務者であった。

臨時建築部は、明治四十四年十月三十一日廃止され、庶務課営繕係と統合されて、営繕課が設置された（資料7）。

（資料2）

　　　第一編　一般ノ規程　第一章　営業ノ要旨

第一条　我営業ハ信用ヲ重ンジ、確実ヲ旨トシ、以テ一家ノ鞏固隆盛ヲ期ス

第二条　我営業ハ時勢ノ変遷理財ノ得失ヲ計リ、弛張興発スルコトアルベシト雖モ、苟モ浮利ニ趨リ軽進スベカラズ

第三条　予州別子山ノ鉱業ハ、我一家累代ノ財本ニシテ、斯業ノ消長ハ実ニ我一家ノ盛衰ニ関ス、宜シク旧来ノ事蹟ニ徴シテ将来ノ便益ヲ計リ、益盛大ナラシムベキモノトス

（資料3）

　　　　　第三章　職制

第二条　事務員ノ職務章程左ノ如シ

一七二

総理事

一　一家全部ノ事務ヲ総理シ、部下各員ヲ監督シ、其統一ヲ保持ス
二　事業ノ興廃変更、規程ノ創設改正、其他重要ノ事件ハ裁決ヲ経テ処理スベシ
三　事急ニシテ、具申ノ暇ナキトキハ、決行ノ後認可ヲ請フコトヲ得
四　家長ヲ補弼シ、其行為上ニ関シ、諫議忠告ノ責任ヲ有ス
五　部下各員ノ進退賞罰ヲ具状ス、等内七等以下ハ、之ヲ専行スルコトヲ得
六　家長事故アルトキハ、職務施行上ニ関シ、臨時其代理ヲ為スコトヲ得

(資料4)

理事

一　一家全部、若クハ幾部ノ事務ヲ管理シ、部下各員ヲ監督ス
二　部下各員ノ進退黜陟ヲ具状スルコトヲ得
三　総理事欠位、若クハ事故アルトキハ、命ヲ承ケ其代理ヲ為ス

(資料5)

第六条　総本店ハ、必要ニ応ジ重役会議ヲ開ク、其方法左ノ如シ
一　重役会ハ重役ヲ以テ組織シ、一家重大ニ渉ル事務ヲ審議シ、其可否得失ヲ究ムルモノトス
二　重役会ハ春秋二期ヲ以テ定期トシ、各所ノ重役ヲ召集ス
三　臨時開会又ハ其集合人員ハ、総本店ノ便宜ニ依ル
　　重役会ハ首席ノ者ヲ座長トシ、整理ノ任ニ充ツ

第一部　住友総本店

一七三

第一章　住友総本店（上）

四　重役会ノ議案ハ家長ノ諮問、又ハ重役ノ提出ニ依ル
五　重役会ハ各当事者ヲ召喚シ、其意見ヲ諮詢シ、若クハ説明セシムルコトヲ得
六　重役会ノ決議ハ、載録シテ家長ニ供呈シ、裁可若クハ承認ヲ請フベシ

（資料6）

第二編　各部ノ規程　第一章　住友総本店事務章程

第五条　監査課ハ、各店各部ノ監査ニ関スル一切ノ事務ヲ掌理シ、且会計整理ニ関スル諸規程、及ビ帳簿表式ヲ立案審議スル所トス

第六条　経理課ハ、我一家全般ニ関スル経済上ノ調査、会計ノ統括及予算・決算ノ調査、並ニ住友総本店ノ出納及用度ニ関スル事務ヲ掌理スル所ニシテ、左ノ係ヲ置キ分掌セシム

主計係　一家全般ニ関スル経済上ノ調査、会計ノ統括、予算・決算ノ調査、及資金ノ出入ニ関スル事項ヲ掌ル

出納係　諸證券ノ保管、積立金ノ運用金銭出納、積金及預金ノ管理、職員身元保證金ノ取扱、並ニ各部委託ノ仕払金代弁ニ関スル事項ヲ掌ル

用度係　需要品ノ購入、器物ノ保管、印紙類ノ出納保管、並ニ各部ノ委託ニ係ル物品ノ売買送達ニ関スル事項ヲ掌ル

第七条　庶務課ハ、機密・職員・文書・参考資料ノ調査、総本店所管ノ地所・家屋ノ管理、並ニ住友総本店所管又ハ他部ヨリ委託ヲ受ケタル営繕ニ関スル事項、其他所管ノ定マラザル事項ヲ掌理スル所ニシテ、左ノ係ヲ置キ分掌セシム

一七四

（資料7）

第七条中「並ニ住友総本店所管又ハ他部ヨリ委託ヲ受ケタル営繕ニ関スル事項」、及ヒ営繕係ノ項ヲ削
第八条　営繕課ハ、住友総本店所管又ハ他部ヨリ委託ヲ受ケタル営繕ニ関スル事項ヲ掌理スル所ニシテ、左ノ係ヲ置
　　キ分掌セシム
　営繕係　　営繕工事・営繕材料ノ購買保管並ニ工事請負契約ニ関スル事項ヲ掌ル
　建築係　　特ニ指定シタル新築工事等ニ関スル事項ヲ掌ル
営繕係　　営繕工事・営繕材料ノ購買保管並ニ工事請負契約ニ関スル事項ヲ掌ル
地所係　　地所・家屋ノ管理ニ関スル事項ヲ掌ル
文書係　　家法・文書ノ往復・記録ノ編纂・図書簿冊ノ整理保管・店内取締・訴訟翻訳並ニ参考資料ノ調査
　　ニ関スル事項ヲ掌ル
秘書係　　機密・職員・貴重文書・寄附金・贈与並ニ店印ノ保管ニ関スル事項、其他所属ノ定マラザル事項
　　ヲ掌ル

三　住友総本店の会計・監査制度

　住友総本店の会計制度は、既に述べたように明治三十三年（一九〇〇）五月に制定され、七月から実施された「住友家会計規則」に従っていた。本店理事兼銀行支配人田邊貞吉の日記によると、明治三十一年十月、日銀総裁が岩崎弥之助から山本達雄に交代した直後、日銀幹部間に意見の対立が生ずると、田邊は頻りに日銀幹部と接触を重ねていたが、翌

第一章　住友総本店（上）

三十二年二月上京、十五日河上謹一、十六日家長住友吉左衛門、十七日山本日銀総裁と相次いで会談しており、ここに河上の住友招聘が決定されたものと思われる。河上は二月二十八日、日銀理事を辞任し、三月二十三日に住友入社、理事に就任した。その際伊庭貞剛は総理事心得を辞し、河上と同格の理事となり、河上を迎えた。

当時、住友の会計規則は、明治二十九年の家法改正の際も、大筋で明治二十四年の家法を踏襲しており、その後の住友銀行の設立や住友伸銅場の開設など事業の拡大と、明治三十二年六月の商法施行により、会計制度の整備は急務とされていたと思われる。このような情勢の下に、河上は、彼に続いて三月一日に日銀を退職した植村俊平と藤尾録郎の両名を五月末田邊に紹介している。まず六月に植村が入社し本店支配人（重役待遇）となり、次いで七月に藤尾が入社、専務監査員兼監査課主任となった。

藤尾の入社に先立ち、事務章程が改正されて（明治三十二年七月十四日付甲第拾号）、監査課が設置され（資料6）、専務監査員を置くことあるべしと定められた（資料8）。すなわち専務監査員と監査課主任は藤尾入社のために設けられたポストといってよい。監査課は本来の各店部の監査に関する一切の事務を掌理する他に、会計整理に関する諸原則及び帳簿様式を立案審議する所とされた。

藤尾は、大蔵省伝習生としてイギリス人アラン・シャンドに銀行簿記・銀行経営を学んだ後、明治七年大蔵省入省、明治二十六年日銀に転ずるまで紙幣寮及びその後身たる銀行局に勤務し、その間高等商業学校の教授も兼務した。藤尾は、既に入社直後の十月には「本店会計整理二係ハル意見書」（「序章二　住友本店（下）」資料1）を提出しているので、「住友家会計規則」は専ら藤尾の手になったものと考えられる。

会計年度はこの時から暦年に改められ（第二条）、六月末までを上半期、十二月末までを下半期とする（第三条）。各店部は、毎年十一月十五日までに翌年度の会計見積書を作成して、総本店に提出し（第四条）、決算期が終了すれば七月二

会計見積書に対応した実際報告書を提出する(第十三条)。この間各店部は、日記帳・元帳を備え(第十六条)。また二月十五日までに十日及び翌年一月二十日までに、貸借対照表・損益表・財産目録を総本店に提出する(第七条)。

一、業務概況表(毎月末日)

二、元帳差引残高表(毎月末日)

三、主要物品受払差引残高表(毎月末日)

四、起業支出明細表(毎月末日)

五、計算表(毎月末日)

六、月別収支金表(前月二十日まで)

の諸表を各々期日迄に提出することを命ぜられていた(施行細則第五条)。

総本店では、これら各店部から提出された諸表に基づき

一、各店各部総計算表(翌月十七日まで)

二、総会計見積書(前年十二月十日まで)

三、総貸借対照表(八月二十日及び翌年二月二十日まで)

四、総損益表(同)

五、総財産目録(同)

六、総実際報告書(翌年三月十五日まで)

を作成していた(第十四条)。

会計見積書には、定められた様式の下に

第一部　住友総本店

第一章　住友総本店（上）

一、業務の方針程度
二、資金最高額

を記載するとともに

一、損益表
二、収入支出表
三、経費予算表
四、営業費予算表
五、起業予算表

を添付することになっており（施行細則第一条）、実際報告書には、前年度の実際報告書及びその年度の会計見積書と対比しつつ

一、業務の実況
二、資金最高額

を記載し、併せて

一、損益表
二、収入支出表
三、収支金対照表
四、経費決算表
五、営業費決算表

一七八

六、起業決算表

七、起業支出明細表

を添付するよう求められていた（施行細則第十一条）。

なお、起業予算については、会計年度にかかわらず、目論見の当初に完成までの年度間の起業支出明細表の添付が求められていた（施行細則第二条）、起業決算については、既に述べた通り、実際報告書にその年度間の起業支出明細表の添付が求められていた（施行細則第十一条）。さらに、起業が終結した場合は、会計年度にかかわらず、直ちにその決算書を作成して提出することはいうまでもなかった（第十三条）。

使用資金については、会計見積書において、前年度末の残高と本年度中に最高幾らの資金を供給せねばならないかを、予め「資金最高額」によって把握しておき、毎月の収支金表によって翌月の収支予想をたてるのである。総本店内部では住友銀行を銀行部と称しており、各店部は原則として住友銀行を利用することを義務付けられていた（資料9）。従って住友総本店では、各店部の実際の資金の使用状況は、住友銀行を通じて掌握できていた訳である。住友総本店と住友銀行との間には、明治三十五年に締結された契約が適用されていた（資料10）。

わが国で監査制度の導入が認識されるに至ったのは、明治四十二年の日糖事件であるといわれている。しかし、住友では、すでに明治二十四年の家法改正で第一編一般ノ規程第九章監査規程が設けられ、明治二十九年の改正でも踏襲されていた。その後明治三十二年前述の通り、それ迄毎年定時監査員、監査補助員を任命していたのを、藤尾を専務監査員とし、監査課を設けて監査補助員を常置したのである。

明治七年第一国立銀行が、融資先である小野組の破綻から危機に陥った際、政府は翌八年三月前述のシャンドに第一国立銀行を監査させたのが、我が国の監査の最初とされている。この時、藤尾はすでに大蔵省紙幣寮に勤務し、シャン

第一章　住友総本店（上）

ドの監査に協力する立場にあった。住友では明治三十二年まで、伊庭貞剛（総理事心得）・田邊貞吉（理事兼銀行支配人）・田艇吉（理事兼本店支配人）等が随時各店部の定時監査員に任命され、監査に当たっていたが、藤尾が入社して、重役に列した明治三十三年以降病没する明治四十三年迄の一〇年間は、藤尾が専任者として監査に当たった。

第一編第九章監査の第一条には「監査ハ、各店部ノ金銭出納・物品ノ受払・現在有物及ヒ事務事業ノ成蹟ヲ査閲スルモノトス」とあり、単なる会計監査に止まらず業務監査も行うようになっていた。各店部は少なくとも年一回監査を受け（第二条）、監査の結果、「監査員ハ、監査セシ事柄ヲ一々記載シ、金銭物品ノ受払有物並ニ事務事業ノ成蹟等ニ就テ復命書ヲ作リ、諸統計表ヲ添ヘ家長ヘ差出スベシ」（第十条）とされている。

現存する藤尾自筆の家長住友吉左衛門宛復命書をみると、帳簿のチェックと監査時点における現金・手形・証券類・商品等の帳簿と照合した結果の残高明細の他に業務の状況として、景気・市況の下、当該店部の営業の仕方・問題点・改善策・将来の見通し等を指摘しており、家長は、当該店部支配人より理事・総理事を経て提出される実際報告書が、彼等を経ないで直接家長に提出される藤尾の報告書によって、真実であるかどうかチェックできたわけである。明治四十三年八月二十四日藤尾が病没すると、家長は特にその功績を讃えた（資料11）。

藤尾の死後は、鈴木総理事が明治四十三年九月、四十四年一月、四十五年一月と定時監査員に任命されており、藤尾以外に専務監査員が任命されることはなかった。

（資料8）

　　　第九章　監査

第三条　本家並に総本店ノ会計監査ハ、理事以上其他ハ何レノ詰合員タルヲ問ハズ、特ニ家長ヨリ等内五等以上ノ者ニ之ヲ命ズ、但専務監査員ヲ常置スルコトアルベシ、又専務監査員ニハ特ニ本家並総本店ノ会計監査ヲ命ズ

（資料9）

ルコトアルベシ

会計規則

第十八条　銀行部ト同所ニ在ル他ノ店部ニ於ケル現金ノ出納ハ、総テ銀行部ヲシテ取扱ハシムベシ、銀行部ト離隔スル他ノ店部ハ、総本店ノ認可ヲ受ケテ銀行部、又ハ他ノ銀行ト当座預ケ金取引ヲ為スベシ、但本項ノ場合ニ於テ、常時現金ヲ備フルノ必要アルトキハ、一定ノ金額ヲ限リ、総本店ノ認可ヲ受ケテ、之ヲ備フルコト得ベシ

（資料10）

本店銀行間当座勘定及手形割引ニ係ル契約覚書（明治三十五年七月三十日本店会計課伺定）

第一　住友本店ヨリ住友銀行ヘノ預ケ金ニ対シテハ、住友銀行ハ普通当座預金利子ヲ支払フモノトス

第二　住友銀行ヨリ住友本店ヘノ貸越金ニ対シテハ、極度額ヲ金参拾萬圓トシ、其利子ハ百圓ニ付日歩貳銭ノ割合ヲ以テ支払フモノトス

第三　住友本店ニ於テ、前条ノ貸越金参拾萬圓ヲ超過シ、尚資金ノ入用アルトキハ、其時々約束手形ヲ振出シ、之ニ相当ノ担保品ヲ提供シテ、住友銀行ヨリ借入ルベシ、而シテ其利子ノ割合ハ、住友銀行ニ於ケル担保品付手形割引ノ最低歩合ニヨリ支払フモノトス

第四　住友本店ニ於テ、資金ニ余裕ヲ生ジタルトキハ、何時ニテモ手形ノ内入金ヲナスベシ、此場合ハ住友銀行ニ於テハ、前ノ歩合ヲ以テ利子ノ払戻ヲナスモノトス

第五　本契約ハ明治三十五年八月一日ヨリ実行スルモノトス

第一部　住友総本店

第一章　住友総本店（上）

(資料11)

曩ニ一家全般ニ関スル会計規程ヲ改定シ、其実行統一ヲ謀ルニ当リ、参畫スル所少カラス、殊ニ専務監査員ノ職ニ任シテ、終始一貫頗ル有効ノ成績ヲ挙ケタリ、又重役ニ列シテ要務ニ参与スル等其功労最モ顕著ナリトス、依テ特ニ退身慰労金ヲ増加シ之ヲ追賞ス

明治四十三年九月十九日

家　長

故高等雇　藤尾録郎

四　住友総本店の業績

住友総本店発足を前にして、わが国では明治三十九年（一九〇六）に頂点に達した日露戦争後のブームが、翌四十年に入ると一転し、株価は暴落して企業の倒産、銀行の取付が相次いだ。さらに十月にはアメリカに恐慌が起こり、わが国の対米輸出は深刻な打撃を受けた。四十一年にはわが国も激しい恐慌状態に陥り、産業界は不況のどん底に喘ぐこととなった。

住友本店は、会計制度の確立された明治三十三年以降毎年一〇〇万円から二〇〇万円程度の純利益を計上してきたが、このよう

(単位：円)

	44年	45年
	△348,542.24	△759,804.38
	720,470.12	2,097,353.51
	671,321.13	197,927.85
	124,663.84	97,877.69
	22,577.21	32,259.99
	325,862.74	416,594.44
	59,699.16	308,208.41
	123,842.60	162,608.69
	10,485.65	99,483.28
	1,710,380.21	2,652,509.48
	—	851,918.20
	—	3,504,427.68

第一部　住友総本店

な経済情勢の下で四十一年には純利益は三七万円余に落ち込み最悪の決算となった(第3表、以下の諸表では比較のため四十一年も併せ掲げた)。このため鈴木総理事は、その年末総本店発足の明治四十二年度会計見積書を認可するに際し、業績の向上に努めるよう特に通達を出した(資料12)。

しかし、他方で日露戦争後のこの時期は、軍備拡張や鉄道・電話施設の充実などを主たる基盤として鉄鋼・造船・機械等の重工業もようやく成立し始め、わが国経済が新しい発展段階を迎えた時期でもあった。住友でも伸銅場・鋳鋼場の経営がようやく軌道に乗りはじめ、四十四年には電線製造所が伸銅場から分離独立するに至った。

　(一)　総本店(本社部門)の業績

　住友総本店全体の業績を考える前に、まずその本社部門の業績について考察したい。

　損益表(第4表)の通り、本社部門は、保有する有価証券の配当、利息の受取や土地建物の賃貸収入もあるが、それを上回る管理費・本家費・税金などの支出で常に赤字である。なお、表中の勘定

第3表　店部別純損益

店　部	明治41年	42年	43年
総本店(本社部門)	△656,852.42	△515,714.43	△617,426.87
別子鉱業所	37,246.17	978,622.89	676,839.88
銀　行	818,177.71	672,597.09	578,110.53
倉　庫	71,088.86	59,356.86	55,769.29
製銅販売店	20,724.34	21,177.49	23,793.17
若松炭業所	203,838.80	239,681.83	326,477.84
伸銅場	23,070.43	△30,498.88	△80,397.61
鋳鋼場	△142,049.41	△108,349.63	1,384.01
電線製造所	―	―	―
合　計	375,244.48	1,316,873.22	964,550.24
(株)住友銀行	―	―	―
総　計	―	―	―

註：45年銀行は1～3月分、(株)住友銀行は4～12月分

第一章　住友総本店（上）

科目とその配列は原簿に従っている（第5、8、9、10表も同様）。

特筆すべきは、明治四十五年住友銀行の株式会社への移行により、その株式一五万株を取得し、配当金七万五〇〇〇円を受け取っていることである。持株会社化への記念すべき第一歩といえよう。同時に、同年の雑損が多額に上っているのは、その際、株式会社住友銀行へ資産譲渡した差額三一万円余を雑損に計上したためである。住友銀行を巡るこれらの点については、「六　住友銀行の株式会社への移行」で改めて明らかにしたい。

その他経費の中では、別途費の金額が大きいが、これは、地方公共団体、学校、慈善事業などに対する寄附金が大部分を占めている。また、賞与が俸給の四～五倍に上っている点も注目されるが、これは賞与の中に家長分が含まれているためで、それを除けば職員の賞与は、俸給の半分程度の額で、常識的な線に納まっている。

次に、貸借対照表（第5表）については、欄外に注記した通り、本社部門の「固定財産」勘定には住友本家所有の土地・建物・什器は含まれていない。これらは「営業外固定財産」勘定として、本表の「営業資本金」勘定とともに、後に述べる総本店（全社）の総貸借対照表（第9表）における「総財産」勘定を形成している。

なお、営業資本金という概念は、既に江戸時代から住友家の事業が継続していて、最初の元入れ高

	45年	44年
（単位：円）		
	506,098.61	672,359.34
	208,478.33	225,125.00
	10,848.60	7,433.96
	85,603.48	83,607.80
	75,000.00	—
	18,043.41	19,470.14
	28,412.02	25,560.36
	4,177.99	127,118.25
	5,684.91	52,551.21
	69,849.87	118,244.92
	—	13,247.70
	1,265,902.99	1,020,901.58
	50,588.22	59,507.95
	58,467.17	60,171.16
	5,264.50	5,937.10
	133,619.51	131,071.99
	3,426.30	9,031.99
	939.82	2,022.17
	34,602.01	44,460.59
	13,150.00	18,250.00
	111,408.95	201,699.52
	258,356.85	177,368.31
	248,640.00	276,754.75
	316,819.58	2,700.80
	30,620.08	31,925.25
	△759,804.38	△348,542.24

第4表　総本店（本社部門）損益表

科　目	明治41年	42年	43年
当期利益	336,910.33	370,476.72	517,257.37
国債證券利息	52,543.06	139,253.56	214,422.17
地方債券利息	4,201.26	4,180.68	4,072.39
株券配当金	242,994.53	190,296.35	134,532.91
住友銀行株券配当金	－	－	－
耕地収益	15,247.57	12,416.10	16,897.63
賃貸料	18,653.78	24,211.99	25,725.88
雑　益	3,287.59	2,122.92	1,195.02
固定財産原価差損益	△1,380.06	△2,154.88	△2,680.10
有価證券原価差損益	1,362.60	150.00	112,125.00
利　息	－	－	10,966.47
当期損失	993,762.75	886,191.15	1,134,684.24
利　息	87,210.45	61,256.19	47,323.64
俸　給	61,379.88	65,915.33	64,334.19
旅　費	7,252.48	30,399.48	3,992.72
諸　税	137,697.99	135,526.54	132,553.86
営繕費	3,653.70	6,289.84	3,583.08
賃借及保険料	6,160.90	1,557.22	2,329.89
雑　費	40,199.67	38,492.83	46,085.90
特別報酬金	19,100.00	18,300.00	20,039.60
別途費	145,803.77	64,542.87	284,995.18
本家費	211,025.59	184,961.80	179,316.11
賞　与	234,754.77	244,082.88	317,409.20
雑　損	13,557.47	474.00	1.12
償　却	25,966.08	34,392.17	32,719.75
当期純損益	△656,852.42	△515,714.43	△617,426.87

が不明のため、明治三十三年の住友家家計規則により初めて導入されたもので、文字通り、住友家が本来の目的として行う営業のために投下利用される資本と解される。そして明治三十二年期末の使用資金残高を営業資本金としたのである。ちなみに、明治三十三年期初の営業資本額は、四四六万三八八六円二七銭二厘であった。

「有価證券」勘定のうち、四十一年から四十二年にかけて「株券」が激減し、「国債證券」が激

第一章　住友総本店（上）

	（単位：円）
44年末	大正元年末
29,839,042.37	31,156,806.55
763,473.36	795,582.69
158,652.48	158,652.48
156,991.00	146,055.00
1,275.00	1,095.00
1,586.00	1,305.00
4,515.70	797.96
7,435.19	5,784.74
822.00	―
3,405,825.28	3,232,774.15
193,450.00	185,575.00
1,012,726.74	1,054,676.74
―	7,500,000.00
38,904.11	125,697.27
55,075.60	56,226.60
11,683.35	196,101.69
23,153,693.84	16,934,300.10
10,511,358.75	9,355,248.66
6,797,412.65	―
1,047,000.00	1,093,000.00
153,736.53	144,374.85
754,364.25	591,531.67
2,151,436.31	3,526,531.67
1,198,263.97	1,384,948.58
540,121.38	838,664.70
533,189.46	526,515.17
30,000.00	80,000.00
390,000.00	329,514.42
112,782.04	116,800.59
407.42	200.16
―	―
339,743.26	235,666.96
29,839,042.37	31,156,806.55
19,086,665.00	24,849,342.89
7,808,003.42	3,414,937.16
590,000.00	692,296.46
207,152.14	141,324.65
540,284.05	429,072.73
111,606.00	110,821.00
91,146.56	92,277.03
3,827.80	3,707.30
―	―
55,812.05	90,424.72
300,000.00	300,000.00
1,044,545.35	1,032,602.61
1,616,811.98	1,938,796.01
690,017.04	964,669.89
212,217.82	195,302.00
714,577.12	778,824.12

増しているのは、鉄道国有化のため、保有していた鉄道株の代わりに五分利公債を交付されたことによる。なお、「起業支出」勘定は工事が完成して「固定財産」勘定へ振り替えられるまでの建築仮勘定である。

「各部」勘定と「銀行部特別預ケ金」には内訳を示しておいた。「各部」勘定は、「四　住友総本店の会計・監査制度」で述べた会計見積書・実際報告書に記載される各店部の前年度末の使用資金残高（総本店受資金勘定ノ前年度ヨリ繰越トナルベキ金額）である。但し、この時期これら各店部の使用資金に対して社内金利はまだ賦課されていない。使用資金の平均よりも最高額を重視するのは、極力銀行借り入れを避け、自己資金で賄おうとする思想の現れであろうか。四十一年末には、資料10に示した通り、貸越極度額三〇万円がひとつの基準となっているのがわかる。

「銀行部借入金」では、大正元年末にそれが七〇万円という異常な額に達している。

なお、「損益勘定・当期純損益」は、下半期の本社部門の純損失を、「前期損益勘定・前期純損益」は、上半期の全社

第5表 総本店（本社部門）貸借対照表

科　目	明治41年末	42年末	43年末
借方	26,818,229.88	27,259,504.92	28,476,609.01
固定財産・土地	775,838.97	774,506.81	770,929.59
鉱区	157,652.48	157,652.48	158,652.48
建設物	204,747.00	190,464.00	171,571.00
機械	1,815.00	1,635.00	1,455.00
什器	400.00	2,637.00	2,019.00
所有品・準備品	5,114.15	4,569.80	4,543.88
米穀	4,447.19	4,632.03	6,304.10
地金銀	8,759.50	8,593.50	918.00
有価證券・国債證券	969,963.30	2,990,359.17	3,177,182.32
地方債券	60,435.00	59,585.00	50,575.00
株券	2,787,789.27	903,641.65	999,891.65
住友銀行株券	―	―	―
起業支出・茶臼山建設物	―	―	―
貸金・立換金	34,390.00	22,100.00	40,325.60
雑・仮出金	3,484.59	16,318.24	13,029.67
各部	20,845,895.04	21,306,297.60	21,930,678.55
別子鉱業所	10,657,723.60	10,277,694.52	10,360,176.47
銀行部	5,261,460.06	5,940,822.41	6,477,703.59
倉庫部	1,171,000.00	1,152,000.00	1,128,000.00
製銅販売店	155,681.26	154,294.07	155,345.39
若松炭業所	574,159.50	578,856.75	564,694.86
伸銅場	1,356,805.49	1,691,147.72	1,910,518.76
鋳鋼場	1,669,065.13	1,511,482.13	1,334,239.48
電線製造所	―	―	―
銀行部特別預ケ金	550,000.00	463,373.05	380,083.08
総本店建築準備金	200,000.00	30,000.00	30,000.00
本家建築準備金	350,000.00	350,000.00	350,000.00
相続税納税準備金	―	―	―
積立金利殖高準備金	―	83,373.05	83.08
銀行部出納	―	―	290,509.26
損益・当期純損益	407,498.39	353,139.59	477,940.83
貸方	26,818,229.88	27,259,504.92	28,476,609.01
営業資本金・営業資本	18,328,006.61	17,891,241.55	18,696,384.24
積立金	6,040,329.20	6,757,153.65	7,259,386.91
準備積立金	550,000.00	550,000.00	550,000.00
預リ金・雇人身元金預金	178,421.25	198,454.17	188,912.91
積金預金	449,427.15	534,834.96	495,142.18
末家家督金預金	99,491.00	94,963.00	105,699.00
諸預金	82,368.42	73,484.42	85,824.34
貸家敷金預金	4,205.50	4,209.80	4,234.80
雑・仮入金	30,255.00	―	344,000.00
銀行部出納・銀行部出納	199,754.95	151,480.74	―
銀行部借入金	700,000.00	200,000.00	―
前期損益・前期純損益	155,970.80	803,682.63	747,024.63
営業外固定財産勘定	1,504,649.19	1,604,863.33	1,636,159.01
土　地	657,039.90	753,502.73	756,241.76
建設物	260,624.34	243,636.75	227,273.25
什　器	586,984.95	607,723.85	652,644.00

第一章　住友総本店（上）

の純利益を示している。

「預り金」勘定の中で、「雇人身元金預金」は、家法第一編第六章身元保証金第一条に「等外以上ノ傭員ハ身元保証トシテ別表ニ照シ、傭入ノ節身元金ヲ預入レシム」と定められたものである。

また、同第七章積金第一条に「傭員ヲシテ勤倹ヲ旨トシ、其後栄ヲ図ラシメンガ為メ、積金ノ制ヲ設ク、積金ヲ分テ第一種・第二種トス」とあり、第一種積金は後に述べる純益の中から高等及び等内外の傭員に分与されるもので、第二種積金は等内外の傭員に積立を強制するものであった。従って、この「積金預金」は第二種積金をさす。積金の元利合計は、原則として退職時まで引き出しは許されなかった。

さらに、「末家家督金預金」は、住友末家規則第一条に「等内六等以上ニシテ十年以上勤続セシモノ、老年或ハ事故疾病ニ依テ辞職スルトキハ、永ク旧誼ヲ保持セシ為メ之ヲ末家トシ」、第三条「末家編入ノ節ハ、（中略）預ケ金ヲ即納スルモノトス」と定められた預金を指す。住友の末家制度は、江戸時代の別家制度が、新しい時世に応じて改変されたもので、末家は、当初編入の際に退職金に当たる家督金を全額住友家に預ケ金としていた。その後明治十二年「満年家督付与金規則」の制定で、家督付与金の三分の一を住友家に預けさせることに変更され、次いで明治十五年の家法制定で「満年家督付与金」は「致仕慰労金」と名称が変更された。さらに明治二十一年の改正で、この預ケ金を末家の等級により、一等三〇〇〇円、二等二〇〇〇円、三等一〇〇〇円の定額とされた。

これらの預金については、従来から「住友家にとって尨大な貨幣蓄積を齎すことになる」との批判もあるが、明治初期はともかく、少なくともこの時期においては、これらの預金の総額は、営業資本金の三％程度に過ぎず、資本蓄積に果たす役割は小さいものであった。むしろ、

（単位：円）

44年	45年
1,030,163.13	463,971.49
347,166.16	505,262.44
0	0
0	0

一八八

年金制度などが無かった当時、職員の退職後の生活まで配慮(干渉に近い)した政策で、後に大きな負担となって改訂を余儀なくされる退職慰労金制度にもつながる思想といえるのではなかろうか。

　(二)　総本店(全社)の業績

経済情勢は、恐慌後の不況から四十二年に貿易収支が好転し、市債・社債による外資導入もあって、未曾有の低金利状態となり、四十三年から四十四年にかけていわゆる「中間景気」が発生した。

住友総本店(全社)の損益は、第3表の通り通常は本社部門の経費を各店部の利益でカバーした残りである。店部の中ではやはり別子と銀行が群を抜いており、次いで若松炭業所も忠隈炭坑の出炭の増加に比例して安定した伸びを続け、伸銅場・鋳鋼場も期間の終わりには顕著な改善を示した。

詳細は各社の社史に譲るとして、注目すべき点を実際報告書から拾うと、四十一年の総本店(全社)の利益の落ち込みの最大の原因は別子にあった。すなわち第6表の通り、四十年に一〇〇斤(六〇キログラム)当たり五五円程度であった銅価が三五円を割るところまで急落し、利益が出なくなったためである。その後も銅価は回復しなかったが、不況下にも

第6表　別子鉱業所の採算状況

	明治40年	41年	42年	43年	44年	45年
産銅量(t)	5,427	5,345	6,328	6,679	6,822	7,686
コスト(円/100斤)	37.74	35.34	25.48	27.60	24.32	21.68
販売価格(円/100斤)	55.16	34.72	34.10	33.75	32.35	40.38

註：100斤＝60Kg

第7表　別子及び製造部の起業支出額

	明治40年	41年	42年	43年
別　子　鉱　業　所	686,874.86	592,231.51	585,935.99	441,860.15
伸　銅　場	21,918.08	290,241.08	171,774.90	134,195.90
鋳　鋼　場	273,186.22	31,191.26	0	0
電　線　製　造　所	―	―	―	―

第一部　住友総本店

第一章　住友総本店（上）

(単位：円)

	44年	45年
	10,500,527.50	10,445,783.17
	3,482,463.40	4,874,118.99
	28,653.19	34,336.64
	9,646.92	12,115.03
	66,573.95	74,963.81
	1,449,495.99	1,716,138.53
	591,748.92	962,820.62
	63,726.28	279,725.06
	641,584.07	726,468.59
	151,864.75	139,681.18
	61,367.85	72,748.32
	1,638,196.76	—
	926,289.94	219,326.93
	9,530.00	—
	83,607.80	160,603.48
	97,408.20	91,776.35
	237,753.73	243,859.14
	65,633.73	72,794.66
	178,677.34	162,660.63
	394,050.80	437,540.20
	78,938.53	66,785.39
	39,269.88	—
	204,045.47	97,319.62
	8,790,147.29	7,991,201.54
	1,325,234.27	47,204.69
	1,616,563.13	1,862,152.73
	31,696.56	32,152.67
	588,978.77	691,243.32
	779,409.81	965,364.72
	37,447.17	58,844.94
	426,725.47	498,423.00
	57,700.94	78,912.06
	14,161.06	16,479.18
	38,445.00	32,340.34
	165,227.95	152,759.11
	650,920.93	441,036.68
	58,314.31	61,547.22
	68,974.05	59,848.18
	365,076.59	314,032.22
	44,891.82	36,699.78
	17,207.89	6,346.24
	545,559.48	430,349.88
	18,250.00	13,150.00
	201,699.52	111,408.95
	156,241.15	258,356.85
	554,867.75	424,931.50
	58,969.54	40,359.37
	14,865.90	—
	170,804.17	575,898.28
	781,914.06	781,359.63
	1,710,380.21	2,454,581.63
	—	197,927.85
	—	2,652,509.48

かかわらず第7表の通り、起業支出によりコスト削減（主として労賃）と産銅量の向上に努めた結果、収益は回復していった。さらに、四十五年にはコストはピーク時より一五〇円以上も減り、銅価もまた四〇円台まで回復した上、産銅量が四十一年の四割以上も増加したことにより、別子の純利益は二〇〇万円の大台に乗った。

なお、起業支出については、住友家会計規則施行細則第一条で「起業予算ハ起業竣成ノ上財産トナルベキ支出ノ予算ヲ謂フ」とあるだけで、特に金額の下限の明示はないが、起業支出と称するプロジェクトの内容を検討すると、簡単な土木建築工事や機械の購入は固定財産支出で済まされているのに対し、比較的長期にわたる土地の造成、建屋の建築、機械の据付工事など大規模な工事を指しているということができる。

次に、銀行も四十五年には年度を通算すれば純利益は一〇〇万円を超えた。銀行については後に触れる。

伸銅場は、銅価下落を受けて伸銅製品価格が低落し、さらに、四十一年十月から四十三年まで全面操業に入ったケーブル工場、四十二年七月から操業を開始した管棒工場とも事業開始早々で失費も多く、四十四年に入ると六月には中之島分工場の代わりに安治川本工場においてでも別子同様起業支出は続けられ（第7表）、四十四年、四十五年とも欠損が続いた。しかし、不況下

一九〇

第8表 総損益表

第一部 住友総本店

科　目	明治41年	42年	43年
当期総利益	8,849,984.09	9,550,326.70	9,971,767.55
銅　収益	3,185,470.26	3,664,731.64	3,749,711.35
山林収益	50,268.91	30,661.28	28,008.38
醸造収益	12,338.83	12,350.21	13,146.96
運賃収益	99,094.66	66,384.36	67,157.96
石炭収益	986,228.80	1,154,360.56	1,369,670.77
伸銅収益	332,508.61	308,432.84	348,906.36
電線収益	―	―	―
鋳銅収益	262,290.03	266,544.02	443,837.80
雑製品収益	129,901.09	139,660.00	109,171.60
商品販売損益	39,157.36	45,784.46	60,355.81
割引料	2,183,905.10	1,543,998.69	1,349,534.45
公債利息	493,480.45	811,342.91	956,924.19
社債券利息	8,397.59	―	587.19
株券配当金	369,147.70	355,551.21	134,532.91
耕地収益	91,097.68	68,363.24	77,948.04
倉庫保管料	226,208.22	200,457.53	199,716.12
賃貸料	57,642.96	66,126.64	68,937.32
諸手数料	89,457.19	109,567.13	228,155.91
雑益	215,474.82	232,738.92	264,536.17
営業費戻入	44,458.60	33,661.68	67,882.18
外国為替売買損益	76,781.66	182,871.44	111,555.89
有価證券原価差損益	△103,326.43	256,737.94	321,490.19
当期総損失	8,474,739.61	8,233,453.48	9,007,217.31
利息	1,479,433.14	1,697,934.89	1,447,732.56
賃銀費	1,468,602.90	1,377,503.57	1,536,397.35
営業雑給	32,118.41	30,547.11	31,815.18
燃料費	639,183.82	553,537.37	565,493.84
営業常用品費	735,830.50	582,457.61	696,908.11
営業営繕費	77,701.14	30,200.58	27,350.53
運送費	267,678.19	356,523.13	379,439.93
販売費	54,508.82	50,209.49	59,851.35
営業賃借料	42,606.44	16,295.41	10,081.49
営業保険料	35,839.20	28,584.30	33,154.30
営業雑費	108,864.23	120,555.29	131,541.73
俸給	597,303.06	630,854.41	649,673.80
鉱業雑給	65,052.46	68,975.92	64,611.74
旅費	82,261.36	100,936.24	64,667.91
諸税	361,903.82	300,825.11	350,790.93
営繕費	50,364.91	42,320.86	50,102.63
賃借及保険料	20,796.29	18,680.81	17,636.41
雑費	560,829.01	494,546.59	793,501.58
特別報酬金	19,100.00	18,300.00	20,039.60
別途費	145,803.77	64,542.87	284,995.18
本家費	195,009.58	168,717.99	161,835.68
賞与	397,506.52	523,581.88	611,045.20
固定財産原価差損益	63,526.32	23,759.80	69,988.75
営業品原価差損益	5,737.09	6,220.68	6,608.59
雑損	247,976.21	180,978.09	176,964.11
償却	719,202.42	745,863.48	764,988.83
当期純損益	375,244.48	1,316,873.22	964,550.24
銀行部純損益	―	―	―
計	―	―	―

註：明治45年上半期の総損益表は銀行部1～3月分を除いているので純利益のみ加算した。

第一章　住友総本店（上）

大阪工場が操業を開始し、七月には管棒工場の拡張工事が竣工した。これは四十二年秋に海軍次官加藤友三郎中将から鈴木総理事に要請があったものである。

八月にはケーブル工場が分離独立した。これについては次節で触れるが、こうして四十四年には伸銅場、電線製造所とも黒字転換の目処がつき、四十五年五月には銅管工場が完成、操業を開始してさらに飛躍が期待された。

他方、鋳銅場は、四十年九月約七〇万円を投じ、三倍も能力を増大した新設の島屋工場に移転したが、肝心の技術力がこれに伴わず、また、折からの不況のため、新工場はその真価を発揮し得なかった。このため期間前半は欠損が続き、新規投資はほとんど見送りとなった。後半になって業績が回復したのは、台湾製糖業からの搬蔗貨車の大量受注によるものであった。

第8表総損益表と第9表総貸借対照表は、「三　住友総本店の会計・監査制度」で述べた通り、総本店（本社部門）以下各店部の損益表と貸借対照表を連結したものである。

総損益表のうち、当期総利益の「銅収益」・「山林収益」・「醸造収益」・「運賃収益」及び「商品販売損

	（単位：円）
44年末	大正元年末
78,756,905.86	34,639,665.07
3,884,046.09	3,392,607.87
3,574,508.78	3,669,072.98
815,347.18	926,612.39
4,048,042.50	4,152,289.66
282,488.00	252,517.00
155,710.00	141,310.00
2,538,666.00	2,974,153.75
763,191.12	830,698.32
358,239.38	384,523.91
—	1,552.63
70.98	25.58
17,421.91	14,578.53
822.00	—
1,277.00	992.00
11,285.38	—
13,328,777.10	3,232,774.15
458,630.00	185,575.00
142,950.00	—
1,012,726.74	8,554,676.74
1,566,395.04	913,768.61
880,953.00	685,301.86
188,386.87	467,476.23
538,891.65	1,157,386.67
374,576.50	538,471.49
72,686.61	65,726.54
33,080,483.09	—
2,000,340.01	69,565.31
20,504.14	—
2,113,491.85	—
47,094.30	73,251.94
387,602.07	—
650,265.65	1,336,007.62
381.60	—
91,013.82	300,944.01
704,022.49	—
253,975.51	—
—	305,976.47
4,391,641.50	11,827.81
78,756,905.86	34,639,665.07
20,703,476.98	26,788,138.90
7,808,003.42	3,414,937.16
590,000.00	692,296.46
1,044,545.35	1,032,602.61
43,878,204.61	—
1,047,506.78	950,977.03
2,113,491.85	—
399,791.09	—
25,193.58	94,207.24
—	5,020.49
45,851.79	38,720.24
3,201.49	2,858.07
431,804.06	—
665,834.86	1,619,906.87

第9表　総貸借対照表

科　目	明治41年末	42年末	43年末
借　方	67,823,963.67	74,205,255.93	76,119,057.76
固定財産・土　　地	3,541,872.78	3,765,656.60	3,787,677.90
鉱　　山	3,758,450.79	3,714,860.45	3,611,132.53
山　　林	638,754.71	734,420.66	786,918.17
建設物	4,096,811.14	4,422,737.15	4,209,068.02
鉄　　道	440,402.18	394,087.00	370,992.00
船　　舶	248,803.00	206,219.00	173,490.00
機　　械	2,183,874.23	2,266,892.00	2,483,360.07
什　　器	637,691.12	660,252.06	703,454.00
所有品・準備品	454,056.15	360,429.50	353,442.55
木　　材	―	―	―
薪　　材	―	―	82.30
米　　穀	13,588.90	8,266.21	15,607.30
地金銀	8,759.50	8,593.50	918.00
乳　　牛	2,464.00	1,933.00	1,502.00
質抵当流込物件	92,864.07	55,457.38	11,285.38
有価證券・国債證券	9,170,414.68	16,523,928.44	14,920,136.84
地方債券	211,975.00	59,585.00	321,325.00
社債券	106,115.00	―	165,410.00
株　　券	4,277,382.57	903,641.65	999,891.65
起業支出	1,013,447.97	744,404.65	701,359.56
営業品・産出品	1,027,019.20	1,064,310.92	1,055,621.92
製　　品	183,481.98	236,100.48	295,765.54
半製品	248,954.68	338,199.59	403,523.90
原料品	238,900.01	268,865.29	194,788.53
商　　品	48,211.55	43,168.01	78,052.13
貸金・割引手形	24,745,993.36	27,301,871.35	32,415,514.52
諸貸付金	1,625,421.28	1,679,601.45	1,406,205.18
滞貸金	4,930.14	7,610.13	54,164.91
支払引受外国手形貸	2,676,211.28	1,107,212.32	1,061,044.00
手形・受取手形	21,936.50	41,819.93	27,283.96
取引先・取引銀行ヘ貸	595,945.90	859,482.07	719,769.10
掛売金	232,245.10	290,286.84	311,645.14
委託主	―	―	―
雑・仮出金	141,555.11	144,370.16	100,247.45
預ケ金・銀行預金	172,201.97	460,200.34	195,428.56
諸預金	210,237.29	529,781.89	248,843.94
預金	―	―	―
現　金	4,752,990.53	5,001,010.91	3,934,105.71
貸　方	67,823,963.67	74,205,255.93	76,119,057.76
総財産・財　産	19,832,655.80	19,496,104.88	20,332,543.25
積立金	6,040,329.20	6,757,153.65	7,259,386.91
準備積立金	550,000.00	550,000.00	550,000.00
前期純損益	155,970.80	803,682.63	747,024.63
預リ金・銀行部預金	36,397,843.68	42,897,763.00	43,574,257.72
諸預リ金	937,943.02	1,024,298.81	990,979.59
支払引受外国手形	2,676,211.28	1,107,212.32	1,061,044.00
取引先・取引銀行ヨリ借	456,943.64	477,508.98	547,116.42
掛買金	7,725.17	20,985.72	8,678.91
委託主	―	73,742.32	5,819.06
雑・仮入金	40,417.19	21,975.03	366,554.71
未払金	440.80	2,707.74	2,303.08
補正勘定	508,209.41	458,930.26	455,823.87
当期損益・当期純損益	219,273.68	513,190.59	217,525.61

第一章　住友総本店（上）

益」は別子鉱業所の売上収入を示し、同様に「石炭収益」は若松炭業所の、「伸銅収益」は伸銅場の、「電線収益」は電線製造所の、「鋳銅収益」は鋳銅場の製造益（産炭益）と売上益の合計を示している。

総貸借対照表のうち、明治四十五年住友銀行の株式会社への移行によって銀行分は削除された。この結果大正元年（一九一二）末の総本店の総資産は半分以下に減少した。これをもってしても総本店内部において如何に銀行のウェイトが高まっていたかがわかる。

「総財産」勘定のうち、「財産」勘定は、既に述べたように第5表本社部門の「営業資本」勘定と注記した「営業外固定財産」勘定の合計額である。何故本家所有の土地・建物・什器（書画骨董類）を「営業資本」と同列に扱うのか奇異な感じをもたれるかもしれないが、これは江戸時代から、これらの財産に準備資産的役割をもたせ、余裕のある時は買い増しするが、経営危機の際はいつでも処分されて（会計制度が確立されて以来、これらは「営業資本」で購入され、処分すると代金は「営業資本」へ繰り入れられて）、役立てられてきたからである。

最後に利益処分（第10表）について考えてみよう。明治四十一年は前述の通り、「純利益」が三七万円余と落ち込んだため、「営業資本」から三四万円余を組戻し、決算を行った。このため「会計規則積立金」を積むことができなかった。

「会計規則積立金」は、住友家会計規則第十一条に「総本店ハ積立金トシテ、毎会計年度ノ全利益ノ内ヨリ相当金額ヲ積立テ置クベシ」と規定されているものである。

「諸積立金利殖高積立金」は積立金の利子相当分である。

「銀行部積立金」は、同条に「営業上計算ヲ公示スル為メ

	44年	45年
（単位：円）		
	1,710,380.21	2,652,509.48
	—	—
	1,710,380.21	2,652,509.48
	50,000.00	50,000.00
	206,933.74	268,866.61
	350,000.00	—
	—	50,000.00
	50,000.00	—
	112,782.04	50,000.00
	—	4,018.55
	940,664.43	2,229,624.32

第10表　利益処分

科　　目	明治41年	42年	43年
純　利　益	375,244.48	1,316,873.22	964,550.24
営業資本ヨリ組戻	346,579.97	—	—
計	721,824.45	1,316,873.22	964,550.24
総純益金下記内訳ノ通分配附換			
会計規則積立金	—	50,000.00	50,000.00
諸積立金利殖高積立金	166,824.45	202,233.26	298,616.51
銀行部積立金	550,000.00	250,000.00	200,000.00
本家建築準備金	—	—	40,000.00
総本店建築準備金	—	—	—
第一種積金割与金	5,000.00	5,000.00	5,000.00
相続税準備金	—	—	—
同上利殖高積立金	—	—	—
上記特別支出差引残高　営業資本へ組込	0	809,639.96	370,933.73

ニ、積立金ヲ要スル各店部ハ毎会計年度又ハ毎決算期ニ、総本店ノ認可ヲ受ケテ、其店部ノ利益ノ内ヨリ、相当ノ金額ヲ特ニ積立テ置クコトヲ得ベシ」とあり、特に銀行のみが、創業以来資本金が一〇〇万円に据え置かれていたため、積立金の積み増しをして自己資本の充実に努める必要があり、積立金が認められていた。

従って、四十一年は利益が出なかったために、前述の通り「営業資本」から三四〇万円余を組戻し決算を行ったが、「会計規則積立金」を積まないという異常事態にもかかわらず「銀行部積立金」は五五万円も積み立てられている。何故このように積む必要があったのか説明資料は残されていないが、上述の通り、銀行の資本金は明治二十八年創業以来一〇〇万円に据え置かれており、利益の大部分を積立金勘定に繰り入れることで自己資本の充実を図ってきたので、総本店全体の利益が出なくても、銀行部で利益が出ていれば積立金繰り入れを中止する訳にはいかなかったこと、さらに、銀行自身四十年には不況のため銀行の取付が続出するという状況に際会し、創業以来伸び続けてきた預金が初めて一割以上も減少し、

一九五

第11表　銀行部積立金の推移

(単位：千円)

年度・期（末） （繰入れ実行は翌期）	銀行公表ベース		実際報告書ベース		
	残　高	繰入額	残　高	繰入額	同年度計（第10表）
明治40年末	3,480		3,400		
下期		250		250	
41年上期		320		350	
末	4,050		4,000		⎱550
下期		200		200	
42年上期		180		150	
末	4,430		4,350		⎱250
下期		20		100	
43年上期		100		100	
末	4,550		4,550		⎱200
下期		100		100	
44年上期		150		150	
末	4,800		4,800		⎱350
下期		200		200	
45年3月末	5,000		5,000		

出典：銀行公表ベースは住友銀行史（昭和30年）付録130頁及び住友銀行八十年史（昭和54年）資料45頁による。

預貸率が七九％まで悪化したため、それまでほとんど必要としなかった外部借入金が四十年下期に一五〇万円発生しており、この返済のための資金繰りの問題があったものと考えられる（第11表）。

この他、「本家建築準備金」は既に述べたように茶臼山本邸の新築のためであり、「総本店建築準備金」は、四十一年末に完成した総本店の建物があくまで仮建築で、依然として本格的なビルディング建設をめざしていたためである。

「第一種積金」については既に触れたが、四十四年十月この「第一種積金」は廃止された。「相続税準備金」は、明治三十八年の相続税制度の創設により住友家として相続税対策を考えねばならなくなったということを意味している。

（資料12）

秘第五六七号

昨年明治四十年十二月三十日付秘第四五二号ヲ以テ、四十一年度会計見積書認可ニ際シ、特ニ御注意致置候次第モ

有之候処、各位ニ於テモ能ク其主旨ヲ了会シ、彼此御焦慮ノ結果ヲ事実ノ上ニ見ルコトヲ得タルハ、満足之至ニ存候、而シテ今回各部四十二年度会計見積書提出ニ付、之ヲ審査計較スルニ、亦大体ニ於テ右内達ノ主意ニ適フモノト被認候、乍併熟ラ経済社会ノ状況ヲ観スルニ、未タ容易ニ景気ノ恢復ヲ期スルコト能ハス、銅価ノ前途亦決シテ楽観スルコトヲ得ス、本年ノ不況ニ次クニ、更ニ来年ノ悲況ヲ以テスルノ覚悟ナカルヘカラスト存候、就テハ各位ニ於テ来年度ノ事業ヲ経営スルニ当リテハ、更ニ本年度ニ優ル数倍ノ大決心ヲ以テ、鋭意資金ノ固定ヲ避ケ、僅少ノ額ト雖モ冗費ハ之ヲ省キ、勉メテ損ヲ減シ、益ヲ増スノ途ヲ講スルニ於テ、苟モ遺算ナキ様御配慮切望致候、勿論目前ノ小利ニ汲々トシテ、将来ノ大計ヲ誤リ、若クハ御家ノ威信ニ副ハサルガ如キ行動ニ出ツルコトアル可ラサルハ申迄モ無之候、願クハ右ノ趣旨御部下一同ニ御伝達相成、衆員一致シ良好ノ成蹟（續）ヲ挙ゲラレン事希望ニ堪ヘス候、右四十二年度会計見積書認可ニ際シ、特ニ申進候也

明治四十一年十二月卅一日

　　　　　　　　　　　　　　総理事　鈴木　馬左也

五　住友電線製造所の開設

この期間（明治四十二年〜四十五年・大正元年）、住友総本店における重要な意思決定は、明治四十四年（一九一一）八月一日の住友電線製造所の開設と、明治四十五年四月一日の住友銀行の株式会社への移行であった。

ここでは、まず、前者について検討することとする。現在の住友電気工業株式会社の起源は、公式には住友金属工業株式会社と同じく、明治三十年四月一日の住友伸銅場の開設に求められている。住友伸銅場の製造する銅線は、導電用裸銅線であったから、日露戦争後の電話網の拡充や電気鉄道の設立、水力電気の開発など主として輸入で賄われていた

第一章　住友総本店（上）

電線需要の増大に対し、長年逓信省に勤務していた本店支配人湯川寛吉（明治三十八年二月二十日住友入社）が、伸銅場の業績改善の一環として電線製造業への進出を考えていたのは当然のことと思われる。

しかしその進出は、明治三十九年九月十日英国人ゴダード（Henry Goddard）の雇傭というやや唐突な形から始まった。そもそもゴダードの経歴については、英国の電線会社の技師長ともいわれ、来日後についても大阪の矢部電線製造所にいたとも大阪電燈にいたとも判然とせず、ともかく英国へ帰国しようとしていたのを、住友で引き留める形で、彼のもつ技術力について十分な裏付けをとらないまま採用が決定された憾みがある。

この点同業の横浜電線が明治三十八年外国人技師招聘に当たってとった慎重な配慮とはきわめて対照的であったし、後の明治四十三年、伸銅場が管棒工場の大規模拡張に当たり、海軍の支援があったとはいえ、わざわざ藤井光五郎海軍機関大佐（当時横須賀海軍工廠造機部長で海軍が巡洋戦艦「金剛」の建造を英国のヴィッカース社、アームストロング社のいずれかに発注しようとしてその調査のため英国出張中）を代理人として、製管技師プライス（Benjamin Price）及び職長ハザウェー（Hathaway）、レントン（Lenton）の三名と雇傭契約を締結したのとは大きな違いがあった。

ケーブル工場の建設は、三十九年末から着手され、四十一年一月には完成し、六月から試験操業が開始された。しかし、伸銅場の他のプロジェクトが次々と起業支出で行われていったのに対し、このケーブル工場と付属倉庫の建設（工費二万四〇〇〇円弱）は、通常の固定財産支出で賄われたにすぎなかった（第7表）。

四十二年一月被覆線・ケーブル製造開業が中之島税務署へ届出られた。ゴダードの下には、既に三十九年十二月東京帝大応用化学科卒で銀時計組の鉛市太郎（後に満鉄、大阪帝国大学工学部長）が採用されていた。製造は開始されたが、不良品の続出で、鉛はゴダードの技術力について湯川支配人に対し再三疑念を表明したといわれるが、八月ゴダードの雇傭はさらに一年延長された。

結局四十二年の伸銅場の業績は、既に第3表でみた通り、三万円余の欠損となっているが、これはケーブル工場の損失が五万八〇〇〇円にも達したためで、ケーブル工場は伸銅場内で「道楽息子」と称されるに至った。

四十三年三月鉛はついに住友を退職し、後任に前年東京帝大応用化学科を卒業し、既に東京瓦斯に勤務していた、やはり銀時計組の川上嘉市に白羽の矢が立てられた。

五月伸銅場支配人庵地保が退職し、四月に理事に昇格したばかりの湯川が直接兼務することになった。七月川上が着任した。川上は後に昭和二年（一九二七）住友電線製造所取締役から日本楽器製造（株）（現在のヤマハ）社長に転ずることになる。

八月ゴダードの雇傭は再度延長された。

四十三年の被覆線・ケーブルの製造高は、前年の三倍に達したが、依然不良品が後を絶たず、損失は五万円近くに上がり、伸銅場全体の欠損八万円の大半を占めた。しかも別子銅は、不純物が多いため導電用として不適当とされ、伸銅場の当初の目論見と違って、ケーブル工場では最初から原料の電気銅を三菱大阪製煉所や大阪電気分銅会社から購入せざるを得なくなっていた。

明治四十四年四月、政府は電気事業の急激な発達に対処し、電気事業取締規則を廃止し、新たに電気事業法を公布、十月施行した。

このような電気業界の動向に対し、古河は明治三十九年横浜電線に経営参加、四十一年これを傘下に納め、四十三年にはこの横浜電線は矢部電線を買収、四十四年のこの年横浜と尼崎の東西新工場建設に着手していた。

また、藤倉電線護謨合名会社は、明治四十三年電線製造業を独立させて、藤倉電線株式会社を設立し、やはりこの四十四年には工場拡張に乗り出していた。

第一部　住友総本店

第一章　住友総本店（上）

四月末ゴダードは退職・帰国したので、後は川上以下日本人技術者で固めるほか途は無かった。

八月こうした内外の情勢から、総本店は、伸銅場からケーブル工場を分離独立させるを得なくなったものと思われる（資料13）。専任の支配人には、芝浦製作所機械係主任の西崎傳一郎（明治三十年東京帝大機械科卒）、副支配人に朝鮮総督府の通信技師秋山武三郎（明治三十二年東京帝大電気工学科卒）が採用された。

電線製造所は、独立した明治四十四年には第3表の通り一万円余の純利益を上げ、四十五年には製造高は前年の二倍以上に増え、純利益も一〇万円弱と大幅に伸びて独立の目的を達成したかにみえた。しかし川上嘉市が大正元年（一九一二）十一月一日に「電線工場経営ニ関スル私見」と題して提出した意見書によると、四十五年上期末の帳簿上の半製品二二万六〇〇〇円の大半が実は開業以来の不良在庫でその早急な処分が求められており、独立後の決算も依然として手放しで楽観できるものではなかったことを示している。

折から、伸銅場より分離独立するとともに、輻輳する伸銅場内に工場を有する意味もなくなり、早急に工場の移転・拡張が必要とされていた。湯川理事の脳裏には新工場の建設とともに、技術導入によって一挙に局面の打開を図ろうという構想が浮かんだとしても不思議では無かった。

湯川は元来和歌山県新宮の医家の出身で、最初医学を志して上京独逸学協会学校でドイツ語を学んだが、後医学を断念して帝大独法に入学した経緯があり、ドイツ語に堪能で、通信省入省後も明治三十年には万国連合郵便会議委員として一年間欧米に出張してベルリンにも滞在したことがあった。

他方ドイツ・ジーメンス・ハルスケ社のヘルマン（Victor Herrmann）は、明治二十九年頃来日し、当時同社が通信省に対する大がかりな工作を行っていた関係で、おそらく湯川とも接触があったものと推測されるが、さらに、明治四十一年日本法人のシーメンス・シュッケルト電機株式会社（SSDKKと略称）のケスラー（Hermann Keßler）社長が帰国後は

ヴォルフ(Max Wolff)とその共同経営に当たり、四十四年ヴォルフが帰国後は単独でSSDKKを率いていた。SSDKKの中で大阪は東京と並ぶ技術営業所の格を与えられており、神戸には明治四十二年に作業所も設立されていた。ヘルマン自身も阪神間に居を構え（現在の神戸市東灘区西岡本七丁目にあった石造りの豪邸は、本格的な中世城郭風建築で、ヘルマン屋敷とよばれていた。現地にはヘルマン・ハイツの名だけが残っている)、住友入社後芦屋に住む湯川と交流があった。すなわち当時の電線製造所支配人西崎は、「当時電線製造所は総本店湯川理事が主宰して居られたが、電線製造所の拡張、新工場の設計を誰に依頼しようかと考える中、湯川さんは独逸通でもあり、独逸人に知己多く、当時阪神間に居住したシーメンス社のヘルマンとも懇意な間柄にて、湯川さんは右ヘルマンと話し合ひ、その設計に関する交渉進行中」と証言している。交渉は、翌大正二年に入って進展したので、この帰結は次章「住友総本店(中)四 シーメンス事件と住友」に譲ることとする。

(資料13)

甲第参号達

今般大阪市北区安治川通上壱丁目ニ住友電線製造所ヲ設置シ、同所事務章程左ノ通相定メ、家法第二編中ニ編入シ、同第九章以下ヲ順次繰下グ

明治四十四年八月一日

家長　住友吉左衞門

(事務章程略)

第一部　住友総本店

六　住友銀行の株式会社への移行

明治二八年（一八九五）十一月一日、住友本店は、住友銀行を開業した。以来住友内部では、住友銀行を住友本店の一事業として銀行部と称していたことは既に述べた。

当時の住友銀行について、明治二九年三井銀行大阪支店に転勤してきた池田成彬（後に三井銀行常務、三井合名常務理事）は、「百三十銀行頭取の松本重太郎と大阪商船の社長をしておった田中市兵衛、この二人のコンビで大阪の経済界はすっかり抑えられておった。・・・百三十銀行というものは非常の勢力を持っており、外に銀行はあったろうけれども、我々は住友銀行というものも聞かなかった」と語っている。さらに池田は「明治三十二年に日銀の騒動が起こり、皆日銀を出てしまい、河上謹一、鶴原定吉（日銀理事、のち大阪市長）、町田忠治（日銀大阪支店副支配役兼金庫監査役、のち山口銀行総理事、民政党総裁）、志立鐵次郎こういう人々が大阪にやってきて、東西拮抗するような形になった」と指摘している。
(9)

住友でも河上をはじめとする日銀退職組がその後の発展に貢献したことは、「三　住友総本店の会計・監査制度」で述べた。志立鐵次郎は河上とともに日銀を退職したが、西部支店長をしていた関係からか、まず当時内紛状態にあった九州鉄道会社に入社し、経理課長を勤めた。翌三三年十二月、おそらく河上の勧誘で住友に入社、特に重役待遇となった。年明けに神戸支店長（銀行、倉庫の神戸支店長も兼務、九月支配人と改称）に発令されたが、着任早々に岳父福沢諭吉の急逝というアクシデントに見舞われた。三十六年五月には理事となり、三十七年七月総理事伊庭貞剛の辞任に際し、河上の他田邊貞吉（理事銀行支配人）が退職したので銀行支配人となった。

志立の銀行支配人就任の直前、三十七年四月には、大阪財界を牛耳っていた松本重太郎の百三十銀行が日本紡織会社に対する貸出の固定化によって支払い困難に陥り、安田善次郎の監督下に入った。結局同行はその後大正十二年（一九二三）安田銀行に合併された。一時は四〇もの企業に関係した松本は個人財産を処分して債務の返済に当て、財界から引退を余儀なくされた。

百三十銀行の蹉跌を目の当たりにした志立の銀行経営の方針は、「極力日銀借り入れを避け、サウンドバンキングに徹する」こと、「商業金融を重視して、工業融資は資金の固定化を恐れ極力避ける」こと、「投機を助長するが如き嫌あ(10)る行動は厳に之を避け、只管当行基礎の堅実と信用の増進を計る」といったものであった。

かくして三井銀行の池田に前述の通り「住友銀行は（あるには）あったろうが、非常に小さなもの」と酷評されてから十年、三十八年末には住友銀行は、預金・貸出残高のいずれの面でも、その三井と第一の両行に次ぐ第三位の地位に上ることができたのである。

しかし、第一銀行は、明治二十九年国立銀行の営業満期とともに、既に株式会社第一銀行となっていた。また、三井銀行は、明治二十六年の商法施行の際に三井の他の事業会社とともに合名会社となっていたが、丁度この頃「一住友総本店の発足」で述べたように、三井家の組織改革の一環として銀行の組織変更も検討されていた。

明治三十四年三井銀行専務理事で死去した中上川彦次郎は、福沢の甥に当たり、その他三井銀行には福沢の門下生が多数いたことから、志立はこの間三井家同族会管理部副部長益田孝が、四十年六月から十一月にかけて組織改革調査のため欧米を視察し、四十一年にはその報告書が提出された結果、四十二年十月に組織改革が実施されるに至る一連の三井の動向を充分承知していたに違いない。

こうした三井の動向を注目しながら、予て銀行経営に対する総本店の介入に神経を尖らせていた志立としては、住友

第一部　住友総本店

二〇三

第一章　住友総本店（上）

銀行を三井、第一の両行と比肩し得る大銀行へもっていくためには、住友総本店の銀行部から分離独立して、株式会社組織にする必要があると考えていたものと思われる。これを裏付けるものとして、現在住友銀行には、明治四十三年八月二十四日付で、「福田徳三」の署名のある「住友銀行組織改造ニ関スル調査報告」という文書が残されている。福田徳三とは、当時東京高等商業学校講師として令名高かった福田徳三博士であるが、この中に「昨四十二年、銀行業集中ノ趨勢ニ就テ提出セル報告書アルガ故ニ、茲ニ重復（複）ノ言ヲ為スコトヲ為サズ」と書かれていることから、福田博士に対する調査依頼は、既にこれ以前に三井の組織改革調査の情報に接して、明治四十年から四十一年の間に出されていたと思われる。元住友合資会社常務理事川田順の『住友回想記』には、明治四十年八月「私（川田）が入社すると、早々、湯川支配人から『銀行は個人銀行と株式組織といづれがよろしいか』といふ題で論文を書けと命ぜられた。当時住友銀行は小資本の個人経営であったが、株式会社に改組すべき時機が近づいてゐた。」と当時の状況が述べられていて、この推測が裏付けられている。さらに、これに関連して、総本店庶務課の「明治四十三年処務報告書」の中に「十月十五日一金一四三九円六〇銭法学博士福田徳三氏経済事項取調報酬及雑費トシテ支払」と記載があり、日記帳によれば実際に同月十八日この金額が福田に支払われていた（第4表43年「特別報酬金」の一部）事実が判明した。

すなわち、調査報告書は住友銀行にあり、費用の支払は住友総本店（本社部門）からなされていたことになる。当時総本店内部でこうした依頼ができたのは、理事銀行支配人の志立をおいて他に考えられないので、この報告書は、志立が総本店重役会、特に伊庭貞剛の後をうけて総理事となった鈴木馬左也に対し、銀行改組論を補強するため、いわば三井の益田の海外視察報告書に当たるものとして、海外の銀行組織事情に詳しい福田博士に調査を依頼したものと解される。

しかし、四十三年八月末にこの報告書が銀行にもたらされた時には、志立は既に住友を退職していた。従って、福田に対する謝礼をどこが負担するかで一カ月ほど銀行と総本店で協議が行われた結果、理事としての志立が依頼したものと

して、総本店で処理することになったと思われる。

四十三年三月末に起こった志立の辞任の理由は明らかではない。この年は志立の住友入社一〇年という一つの節目の年ではあったが、志立はまだ四四歳の若さであったし、それならば前広に予告されて然るべきであろう。志立の退職が如何に突然であったかは、後任の銀行支配人となった理事中田錦吉が、その前年四十二年三月から十二月にかけて欧米出張した目的が商工業視察であり、事実四十三年一月に行われた帰国報告が支配人交代の時期と相前後して銀行の社内報に連載されているが、鉱山と工場の話ばかりで、銀行や金融には全く触れられていないのである。

また、志立が他から高給で引き抜かれたわけでもない。退職翌々年の四十五年一月になって、ようやく大阪朝日新聞社に客員として招かれたが、その月給二五〇円は漱石でさえ二〇〇円だったので、朝日では「東西を通じての最高給」「破格の厚遇」だったかもしれないが、志立の住友退職時の月給四〇〇円には比ぶべくもなかった。明治四十五年四月一日付のその大阪朝日新聞には住友銀行の株式会社への組織変更広告が掲載されたが、これを見た志立の感慨は如何許りであったろうか。（幸にして志立は翌大正二年二月日本興業銀行総裁に就任し、そのバンカーとしての人生の最後を飾ることができた。）

さらに志立の辞任について、「住友春翠」編纂委員会の資料の中に、当時総本店庶務課秘書係だった加太重邦（後に住友銀行本店支配人）の回顧談として、「鈴木総理事が『志立君の方針がいかんので辞めてもらった』と言われた」という記録が残されている。既に述べた通り、志立の営業方針は堅実そのもので且つ好業績を上げていたのであるから、この点について両者の対立があったとは考え難いのである。従って鈴木が問題にした「志立の方針」とはまさにこの銀行改組問題をさすのではないかと考えられるのである。次にそれでは何が問題になったのかを考察しよう。

株式会社に組織変更するに当たり、家長、鈴木総理事が最も懸念したことは、福田博士も報告書において「一般公衆

第一部　住友総本店

二〇五

第一章　住友総本店（上）

ヨリ株式資本ヲ集ムルトキハ、住友銀行ハ改造ニヨリテ、又其実質ニ多大ノ影響ヲ被ル可キハ勿論ニシテ」と指摘しているように、個人経営住友銀行の変質であったろう。しかし、三井では四十二年十月この問題を次のようにして解決していた。すなわち、合名会社三井銀行は資本金二〇〇〇万円の株式会社組織に変更されたが、この株式は公開せず、資本金は全額三井家が出資した。また商法上必要な役員の持株は名義株とし、全株を三井合名会社の所有とした。従って志立は、既に銀行の公共性に鑑み株式公開（事実七年後の大正六年に実施されることになるのだが）の必要性を主張していたと思われるが、さしあたりは三井の方式でこの問題はクリヤーできることを鈴木に説明し、鈴木も了解したものと思われる。何故なら二年後に鈴木も同じ方式で住友銀行の組織変更を決断するからである。それではこの四十三年初頭の段階で鈴木が決断できなかった理由は他に何があったのか。

第3表記載の通り、住友総本店の明治四十一年の最悪の決算は論外としても、四十二年の決算においてさえ総本店全体の純利益に占める銀行の比重は、五割を超えていた。志立の退職した四十三年三月末には、四十三年の数字はまだ会計見積の数字しか存在しなかったわけだが、この年の実績は六割であったので、少なくとも会計見積の段階でも前年同様銀行に対する依存度は五割を超えていたであろうから、鈴木としても容易に志立に同調できなかったであろう。

まして鈴木は、常々「住友家の事業は、着実に、穏健に一歩一歩と踏みしめて進む可きである」と語っていたことからもわかるように、独特の経営哲学の持ち主であった。また、福田博士の報告書によれば、既に前年に「銀行業ニ株式組織ノ普及セルハ、単ニ組織ノ上ニ於テ、株式会社カ適当ナリトノ考慮ヨリ来レル現象ニアラズ、四囲ノ経済界ノ事情之ヲ余儀ナクシタルコトヲテ甚タ力アリ」と指摘して、志立の意に反して博士も慎重論であれば、鈴木が未だ時期尚早との判断を下したのも当然のことと思われる。

二年後の明治四十四年末、鈴木はこの分離の意思決定を下すが、その四十四年の決算において銀行のウェイトは四割

二〇六

を切り、分離が実現した四十五年には三割を割った。住友総本店は今や銀行を分離してもやっていけるだけの体力をつけることができたのである。

最後に、株式会社への改組の実際について考察しておきたい。改組は、まず新たに株式会社住友銀行を設立するところから始まった。

明治四十五年二月十九日、家長住友吉左衛門（行主）、伊庭貞剛（元総理）、鈴木馬左也（総理事）、中田錦吉（理事銀行支配人）、湯川寛吉（理事総本店支配人兼伸銅場支配人）、久保無二雄（理事別子鉱業所支配人）、岡素男（銀行船場支店支配人）の七人が発起人となり、発起人会が開かれ、定款が作成された。資本金一五〇〇万円、発行株数一五万株と定められた。

二月二十二日、発起人の他一族、職員など合計二五人の株主が資本金の半額七五〇万円の払込を完了したといわれる。しかし、総本店の日記帳によれば、この日七五〇万円は二五人の株主ではなく、仮出金の形で総本店から銀行に払い込まれたのである。すなわち、株式会社住友銀行は住友における最初の法人組織であり、住友総本店が持株会社から銀行へ移行する第一歩となったのである。

先の三井の益田の欧米視察で、益田に大きな影響を与えたのは、アメリカにおける「ホールディング・カンパニー」すなわち、持株会社の実際の状況だった。カーネギーの「ユー・エス・スチール・コルポレーション」を見た益田は「〈ホールディング・コンパニー〉ノ組織甚ダ見ルベキモノアリ」と指摘し、「此ノ〈ホールディング・コンパニー〉ノ組織ハ三井家ニ取リテ最モ有益ナル参考トナルベキモノナリ」と述べた。

ドイツ・ハンブルグ銀行頭取ウォルボルグ（ク）は、三井の実情を承知した上で益田に対し、これを具体的に説明して「既ニ三井家ニ同族会ノ組織アリ、各営業店ヲ管理シツ、アルコトナレバ、此ノ同族会ヲ三井家ノ〈ホールディング・コンパニー〉トシ、営業ノ目的ヲ財務及投資ニ在リトシテ一般ニ知ラシムレバ世ノ娼嫉ニ罹ルノ恐ナク、又法律ノ制限ニ依

第一部　住友総本店

二〇七

第一章　住友総本店（上）

リテ計算ヲ世上ニ公ニスルノ義務ナキガ故ニ、如何ニ其ノ業務ヲ拡大スルモ何等ノ差支ヲ見ザルベキナリ」と述べた。

かくして、三井においては、直系三大事業(注、銀行、物産、鉱山)を株式会社化し、同族会を持株会社とすることによって、その統轄を完全なものにしようとするこの改革案は現実のものとなったのである。[16]

この時点で持株会社について、住友総本店の首脳が、益田等三井の幹部ほどの問題意識を持っていたかどうかは疑問である。すなわち、三井の場合は各事業が自立化の傾向を強め、同族会がこれらを如何に管理統轄するかという問題に直面して益田の持株会社構想が生まれたのに対し、住友の場合は、各事業は本家→本店→総本店と連綿と続く歴史の中であくまで出先の地位に留まっていた、別子銅山から派生した住友の他の事業展開との異質性が、住友総本店からの分離独立を促したとみる方が当を得ているかもしれない。

二月二三日、創立総会が開催され、株式会社住友銀行が設立された。役員は社長住友吉左衛門、常務中田錦吉、取締役鈴木馬左也、湯川寛吉、監査役伊庭貞剛、久保無二雄であった。

日記帳によれば、三月三〇日、総本店では五分利公債を銀行に売却することによって、出資金の内五〇万円に充当した。また、銀行は一～三月の決算を行い、資本主勘定(資本金一〇〇万円、積立金五〇〇万円、前期繰越金一〇六万三四二六円八五銭、滞貸準備金五万円、当期純益金六六万四七四円五七銭)は七七七万三九〇一円四二銭となった。

四月一日、総本店は、個人経営住友銀行を新銀行に七〇〇万円をもって売却し、売却代金を出資金の残り七〇〇万円に充当した。資本主勘定の残額七七万三九〇一円四二銭については、銀行側は無償譲渡されて新銀行の雑益になったとしているが、総本店はこの時点ではまだ会計整理を行っていない。株式会社住友銀行は、同日より営業を開始した。個人経営住友銀行の業務が終了したのは、四月三〇日であった。従って、上記三月末の決算は、あくまで仮決算であった

二〇八

といえる。売却代金を七五〇万円としなかったのは、資本主勘定の変動を予期したためであろう。

五月三十一日、この間の決算整理の結果、日記帳によれば一～三月の銀行の純益金は一九万七九二七円八五銭と確定した（第3表）。この結果資本主勘定は、七五〇万円を切って、七三一万一三五四円七〇銭となり、譲渡金七〇〇万円を差引、残額三一万一三五四円七〇銭が株式会社住友銀行の雑益、総本店（本社部門）の雑損となった（第4表）。

同日、総本店は住友銀行券一五万株を受領した（第5表）。

七月二十二日、総本店には住友銀行から明治四十五年上半期（四～六月）配当金（株数一五万株、払込＠五〇円、配当率四％）七万五〇〇〇円が入金された。（なお、『住友銀行史』付録一六〇頁及び『住友銀行八十年史』資料四六頁ではいずれも配当率六％となっているが、これは上記の通り四％の誤りである。なお以後＠を一株当りの意味で使用することとする。）

かくして株式会社住友銀行は、経理面では住友総本店と完全に分離された。しかし、別会社になっても例えば傭員採用の場合従来通り総本店で一括採用してその中から銀行へ配属するなど、人事面では依然として総本店の人事制度の下にあることに変わりはなかった。銀行分離に伴う通達は資料14～17の通りである。

（資料14）

甲第壱号達

住友銀行ノ業務ハ、本年四月一日以降総テ株式会社住友銀行ニ於テ承継シタルニ依リ、傭員並ニ準傭員ノ身分及給与等ニ関スル件ハ、左ノ通心得ヘシ

明治四十五年四月一日

　　　　　　　　　　　　　　家　　　　長　　　住友吉左衞門

　　　　　　　　　　　　　　株式会社住友銀行社長　住友吉左衞門

第一部　住友総本店

二〇九

第一章　住友総本店（上）

一　住友銀行ニ勤仕スル住友家傭員又ハ準傭員ハ、四月一日以降別ニ辞令書ヲ用ヰス、株式会社住友銀行ノ傭員又ハ準傭員タルモノトス

二　株式会社住友銀行ニ於テハ、傭員又ハ準傭員ノ身分、身元保証金・積金及退身慰労金・其他ノ諸給与ニ関シテハ、総テ住友家ノ家法及諸規則ヲ適用スルモノトス

三　住友家ニ於テハ、株式会社住友銀行ノ傭員又ハ準傭員ニ対シ、住友家ノ傭員又ハ準傭員ト同一ノ待遇ヲ為シ、末家規則ノ類ハ、総テ之ヲ適用スルモノトス

四　第一項ニ依ルル傭員ノ身元保証金及積金ハ、四月一日現在ヲ以テ株式会社住友銀行ニ引継クモノトス

五　第一項ニ依ルル傭員並ニ準傭員ノ住友家在勤年数ハ、株式会社住友銀行在勤年数ニ通算スルモノトス

以上

（資料15）

甲第貮号達

家法第二編中第三章住友銀行事務章程ヲ削除シ、第四章以下順次繰上ク

明治四十五年四月一日

家　長　　住友吉左衛門

（資料16）

甲第六号達

住友家及株式会社住友銀行相互間ニ於テ、其傭員

（明治42〜45年）

	44年	45年	
	——————————→		（鈴木）
	——————————→		（志立）
	——————————→		（中田）
	——————————→		（湯川）
	——————————→		（久保）
	——————————→		（藤尾）
	——————————→		（湯川）
	——————————→		（久保）
	——————————→		（志立）
	————→	3.30	（中田）
		2.23（兼）——→	（中田）
	——————————→		（草鹿）
	——————————→		（山下）
	——————————→		（吉田）
	——————————→		（庵地）
	——————————→		（湯川）
	——————————→		（山崎）
	——————————→		（萩尾）
		8.1—————→	（西崎）

二一〇

第一部　住友総本店

(資料17)

大正元年八月十九日

　　　　　　　家長　　住友吉左衛門

家家又ハ株式会社住友銀行ニ引継クヘキモノト心得ヘシ

友家又ハ株式会社住友銀行ノ在勤年数ニ通算シ、本人ノ身元保証金及積金ハ、転任シタル住ケル住友家又ハ株式会社住友銀行ニ在勤ノ通又ハ準備員ニ転任ヲ命シタルトキハ、転任前ニ於

甲第七号達

家法第壱編第八章会計規則中左ノ通改正ス

大正元年八月二十九日

　　　　　　　家長　　住友吉左衛門

第拾八条　各店各部ニ於ケル現金ノ出納ハ、株式会社住友銀行ト同所ニ在ル店部ニ於テハ、総テ該銀行ニ其取扱ヲ委託スヘシ

株式会社住友銀行ト離隔セル店部ニ於テハ、該銀行又ハ他ノ銀行ト当座

(付表)　住友総本店幹部一覧表

		(就任年月日)	明治42年	43年
総理事	鈴木馬左也	37. 7. 6		
理事	志立鐵次郎	36. 5.14		→ 3.30
〃	中田錦吉	36. 5.14		
〃	湯川寛吉			4.5 ―
〃	久保無二雄			4.5 ―
専務監査員	藤尾録郎	37. 7.27		→ 8.24
総本店支配人	湯川寛吉	38. 2.20		→ 4.5(兼)―
別子鉱業所支配人	久保無二雄	41. 3.25		→ 4.5(兼)―
銀行支配人	志立鐵次郎	37. 7. 6(兼)		→ 3.30
〃	中田錦吉			3.30(兼)―
銀行常務取締役	中田錦吉			
倉庫支配人	草鹿丁卯次郎	36. 9.14		
製銅販売店支配人	山下芳太郎	41. 8.15		
若松炭業所支配人	吉田良春	39. 4.23		
伸銅場支配人	庵地保	30. 4. 1		→ 5.11
〃	湯川寛吉			5.11(兼)―
鋳銅場支配人	山崎久太郎	34. 6.22		→12.13
〃	萩尾傳			12.13 ―
電線製造所支配人	西崎傳一郎			

二二一

第一章　住友総本店（上）

預ヶ金取引ヲ為スヘシ、此場合ニ於テハ取引銀行及預ヶ金ノ極額ヲ定メテ、総本店ノ認可ヲ受クヘシ前項ノ場合ニ於テ、常時現金ヲ備フルノ必要アルトキハ、一定ノ金額ヲ限リ総本店ノ認可ヲ受ケテ、之ヲ備フルコトヲ得ヘシ

註

(1) 『三井事業史』本篇第二巻（三井文庫　昭和五十五年）七四二～七五四頁。

(2) 砂糖消費税をめぐる大日本製糖株式会社の一部重役の不正や政治家に対する賄賂などの不祥事。

(3) 『第一銀行史』上巻（昭和三十二年）二一四頁。

(4) 須賀俊夫「住友家の雇員の等級制と「家」制度について」（『住友の経営史的研究』第五章　実教出版　昭和五十四年）一四二五頁。

(5) 末岡照啓「近世後期住友出店の決算簿─住友会計技術の一端─」（『住友修史室報』第十一号、昭和五十九年）、同「幕末期の住友出店─危機とその克服─」（『住友修史室報』第十六号、昭和六十一年）

(6) 『創業一〇〇年史』（古河電気工業株式会社　平成三年）三六、三七頁。

(7) 竹中亨『ジーメンスと明治日本』（東海大学出版会　平成三年）六八、七八、八〇、一一九頁。

(8) 『社史　住友電気工業株式会社　未定稿』第四分冊（昭和二十四年）三三頁。なお社史執筆者にヘルマン（Victor Herrmann）とケスラー（Hermann Keßler）の混同がみられる。

(9) 池田成彬『故人今人』（世界の日本社　昭和二十四年）一四六、一四七頁。

(10) 『住友銀行八十年史』（昭和五十四年）一五八頁。『住友銀行十年史』（明治三十九年　志立編）六九頁。「住友銀行実際報告書」（明治三十九年度　志立筆）

(11) 『住友銀行八十年史』（昭和五十四年）一七五～一七八頁。宮本又次「住友銀行の株式組織への改組と福徳三博士の見解」（『住友修史室報』第五号、昭和五十五年）

(12) 中田錦吉「欧米視察談」（『井華』第一八～二〇号、住友銀行東京支店内井華会　明治四十三年）

(13) 『朝日新聞の九十年』（朝日新聞社　昭和四十四年）二六五頁。『朝日新聞社史』明治編（平成二年）六一二頁。なお同書によれば志立には当時勧銀副総裁の噂があったという。しかし、四十三年三月当時の勧銀総裁山本達雄（明治四十二年

十一月就任、四十四年八月蔵相就任のため辞任（日銀入りしたは明治三十二年の日銀騒動の際の日銀総裁であり、騒動の発端が鶴原営業局長の理事昇格に伴う後任に鶴原等が志立を起用しようとしたことに対する山本の反対であった経緯からして、この噂は信憑性に乏しい。或いは四十四年十二月山本の辞任後空席だった後任総裁に副総裁志村源太郎が昇格した際にそうした噂が流れたものか。しかし、山本は蔵相として、志立の勧銀副総裁就任にはあくまで反対したというのなら時期的にも符合する。従ってこの噂は実現せず、朝日入社となったであろう。

なお、山本は大正元年十二月蔵相を辞任したので、翌年二月の志立の興銀総裁就任には最早影響力を行使できなかった。山本は明治十年慶応義塾に入学しているので一応福沢諭吉の門下生とされているが（『日本経営史研究所『経営と歴史』2特集／近代企業と福沢諭吉』一二頁）学資が続かず一年で退学し、三菱商業学校を助教をしながら卒業し、三菱汽船で川田

小一郎に認められ、川田の総裁就任とともに日銀入りしたという経歴の持ち主で、明治二十七年福沢から四女瀧と志立の縁談のとりまとめを依頼されながら（当時志立の上司の日銀営業局長）、これを握りつぶしていた事実（『福沢諭吉全集』第十八巻五九六頁。福沢の中上川彦次郎宛書翰）からすると、果たして山本に門下生としての意識があったかどうか疑わしく、帝大法科卒で欧米留学を条件に日銀入りした志立に対してはもともと好感を持ってはいなかったのかもしれない。

（14）『三井事業史』本篇第二巻（三井文庫　昭和五十五年）七五〇頁。

（15）『鈴木馬左也』（鈴木馬左也翁伝記編纂会　昭和三十六年）五五九頁。

（16）『三井事業史』本篇第二巻（三井文庫　昭和五十五年）七四七、七四八頁。

第一部　住友総本店

二一三

第二章 住友総本店（中）
―― 大正元〜五年 ――

目次
一 住友総本店の組織・人事
　(一) 大正初頭の改革
　(二) 店部の新設・改組
　(三) 月俸の改訂
二 住友総本店の会計・監査制度
三 住友総本店の業績
　(一) 総本店（本社部門）の業績
　(二) 総本店（全社）の業績
四 シーメンス事件と住友
五 住友肥料製造所の開設
六 東京・呉両販売店の開業
七 住友鋳鋼場の株式会社への移行

一 住友総本店の組織・人事

(一) 大正初頭の改革

明治四十五年（一九一二）七月、明治天皇が崩御、大正と改元された。しかし住友総本店では、差し当たり八月二十九

第一部　住友総本店

二一五

第1表　傭員々数表（各年1月1日現在）
（単位：人）

店部・資格	大正2年	3年	4年	5年
総本店（本社部門）	111	126	147	158
別子鉱業所	548	567	584	584
倉　庫	112	116	117	121
製銅販売店	6	6	6	6
若松炭業所	106	109	118	116
伸銅場（所）	76	86	109	111
鋳鋼場（所）	50	54	63	69
電線製造所	32	48	61	72
肥料製造所	─	9	12	24
東京販売店	─	7	12	16
呉　販売店	─	3	4	5
砥沢鉱業所	─	7	12	12
本家詰所	39	35	40	36
住友銀行	555	573	621	634
合　　計	1,635	1,746	1,906	1,964
高　等	4(2)	5(2)	5(2)	5(2)
等　内	855(53)	912(61)	1,007(67)	1,065(70)
準等内（臨時雇・欧文書記）	22(21)	29(27)	37(36)	36(36)
等内相当（病院・学校職員）	69	70	72	67
補助員	187(7)	219(5)	270(9)	264(13)
等　外	288(13)	302(15)	307(16)	313(19)
坑夫頭	49	58	58	62
準等外（臨時雇）	1	1	1	1
等外相当（病院職員）	11	13	13	11
給　仕	50(1)	40(1)	36(2)	36(2)
使　丁	99(14)	97(15)	100(15)	104(16)

註：（　）内は総本店（本社部門）傭員の内数。銀行役員、別子鉱業所支配人・所長及び伸銅所長を兼務する理事は、総本店（本社部門）ではなく、各々の店部に算入されている。砥沢鉱業所大正3年の数字は、正式発令前の総本店砥沢鉱山詰の傭員数を示す。
出典：各年総本店庶務課「処務報告書」

日付秘第四五一号で、この年度を「明治四十五年大正元年度ト称ス」という通牒を発したに止まった。従って大正二年（一九一三）を迎えて、大正としての新年度が実質的にスタートしたといって差し支えない。折から鈴木総理事は、就任

第一部　住友総本店

以来八年余を経過し、最も油の乗り切った時期で、これを機に数々の施策を打ち出した。まず新年早々に明治三十九年以来七年ぶりに月俸の改訂が行われた。月俸の改訂については、本節の最後で詳述することとする。

次いで四月にこれまでの住友家法及び諸規則類纂を新たに甲乙二冊に編集して、各店部に配布した。なおここで取り上げる大正二～五年の間に適用される家法及び諸規則は、明治末期と基本的に同一である。

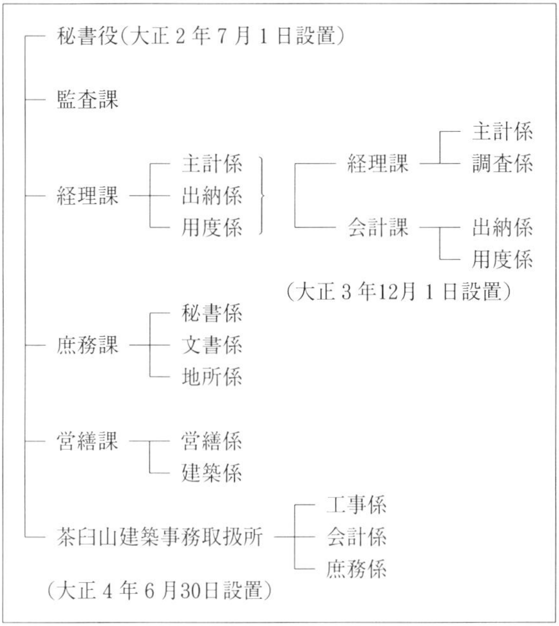

さらに同月これまで各店部の使用にまかされてきた住友標章の井桁紋章の寸法割合を新たに制定し、各店部に通知した（資料1）。

五月総本店において、各店部の最高責任者（別子鉱業所・伸銅所のように所長制を採用した場合は所長、その他は支配人、株式会社の場合は筆頭常務取締役）を主管者と称して召集し、第一回主管者協議会が開催された（資料2）。これは、電線製造所の開設・住友銀行の株式会社への移行など組織の拡大により、従来のように一握りの幹部の意思決定だけではなく、各主管者間の意思の疎通を図る必要が生じたこと、そしてその必要性は今後ますます増大するものと予想されたことを示している。事実その後大正三年七月勃発した第一次世界大

```
┌─ 秘書役（大正2年7月1日設置）
├─ 監査課
│                    ┌─ 主計係
│         ┌─ 経理課 ─┤
│         │          └─ 調査係
├─ 経理課 ─┤ 主計係
│         │ 出納係
│         │ 用度係    ┌─ 出納係
│         └─ 会計課 ─┤
│                    └─ 用度係
│              （大正3年12月1日設置）
│         ┌─ 秘書係
├─ 庶務課 ─┤ 文書係
│         └─ 地所係
│         ┌─ 営繕係
├─ 営繕課 ─┤
│         └─ 建築係
│                      ┌─ 工事係
└─ 茶臼山建築事務取扱所 ─┤ 会計係
                        └─ 庶務係
  （大正4年6月30日設置）
```

第1図　総本店（本社部門）組織図（大正2～5年）

二一七

第二章　住友総本店（中）

第2表　総本店（本社部門）傭員表（各年4月1日現在）
(単位：人)

部課・役職	大正2年	3年	4年	5年
総理事	1	1	1	1
理事	3	4	4	3
支配人	1(1)	1	1	2
副支配人	2	1	2	2
秘書役	—	1	1	1
監査課	3(1)	3(1)	2	2
経理課	1(1)	1(1)	1(1)	2(1)
主計係	16	16	15(2)	12(1)
調査係	—	—	11	14
出納係	8	8	—	—
用度係	4	4	—	—
庶務課	1	1(1)	1(1)	1(1)
秘書係	6(1)	3	4	7
文書係	7(1)	7	7	6
地所係	5(1)	5	6	5(1)
守衛	13(3)	14(3)	15(3)	18
会計課	—	—	1	1
出納係	—	—	8	8
用度係	—	—	3	5
営繕課	2(1)	2	2	1
営繕係	8(1)	10(2)	10(2)	10(2)
建築係	23(1)	32(1)	38(1)	40
茶臼山建築事務取扱所	26(21)	26(20)	25(20)	—
分掌未定	1	4	4	2
合　計	98	115	132	137

註：休職者、給仕、使丁を除く。（ ）内は兼務者の内数、他店部を兼務する者は含まない。
出典：各年「住友家職員録」から算出

戦による好況を背景に、住友総本店の傭員数は、これまでの一五〇〇人前後から毎年増え続け、大正五年には二〇〇〇人近くに達したのである（第1表）。会議は、総理事の訓示（資料3）に始まり、事業概要の報告の後、各店部に共通する議題の協議を行った(1)。この第一回以降、各店部が株式会社として独立した後も参加させて、昭和十八年（一九四三）まで原則として毎年五月に開催されることとなった。

六月総本店副支配人小倉正恆と大平駒槌が共に支配人となり、この結果、湯川理事は総本店支配人兼務を免ぜられた。また伸銅場を伸銅所と改称して、別子鉱業所と共に所長制が敷かれた。伸銅所長には海軍造船総監小幡文三郎少将が招かれた。小幡は理事心得

二一八

として、鋳鋼場、電線製造所の業務にも関与することとなったが、ため仲銅所の業務に専念したいとして、理事心得を辞退するに至った。なお小幡の入社により、湯川理事は、仲銅場支配人の兼務も解かれた。

別子鉱業所の所長には、同所支配人であった久保理事が就任した。またその後電線製造所も大正五年十月所長制を採用し、逓信省通信局工務課長利光平夫が住友に入社し、所長となった。

大正二年七月、秘書役が設置され、総理事・理事の専属として特命事項に当たることとなった。なお佐々木栄次郎が最初の秘書役に任命された。

大正三年一月、前年六月総本店支配人となった大平駒槌は、別子鉱業所支配人に転じ、その後任には大正四年七月製銅販売店支配人山下芳太郎がついた。

大正三年十二月、総本店経理課の中、出納係・用度係の二係をもって会計課とし、経理課には残りの主計係の他に調査係が新設された(資料4)。第一次世界大戦勃発後の世界経済の変動に際し、鈴木総理事が経済調査の重要性を痛感したことによるものであろう。

大正四年六月、茶臼山本邸の新築完成に伴い、茶臼山建築事務取扱所が廃止され、十二月住友本邸は従来の大阪市南区鰻谷東之町一番地から、この南区天王寺茶臼山町一六番地(現大阪市立美術館敷地)へ移転した。

(二) 店部の新設・改組

大正期に入って、住友総本店の店部としては、第2図の通り、まず大正二年九月、住友肥料製造所(支配人梶浦鎌次郎)が開設された。肥料製造所は、四阪島煙害緩和のため、別子産含銅硫化鉄鉱の硫黄分をハルトマン塔式法により硫酸と

第二章　住友総本店（中）

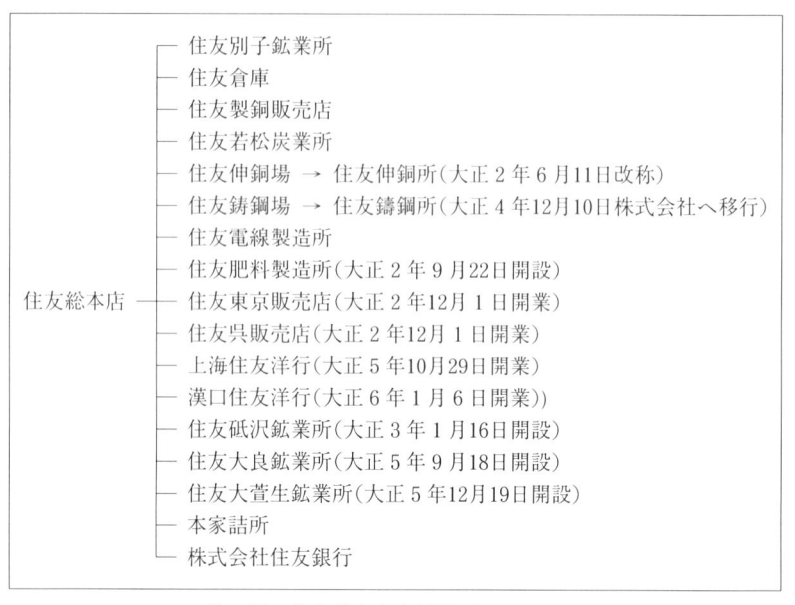

```
住友総本店 ─┬─ 住友別子鉱業所
           ├─ 住友倉庫
           ├─ 住友製銅販売店
           ├─ 住友若松炭業所
           ├─ 住友伸銅場 → 住友伸銅所(大正2年6月11日改称)
           ├─ 住友鋳鋼場 → 住友鋳鋼所(大正4年12月10日株式会社へ移行)
           ├─ 住友電線製造所
           ├─ 住友肥料製造所(大正2年9月22日開設)
           ├─ 住友東京販売店(大正2年12月1日開業)
           ├─ 住友呉販売店(大正2年12月1日開業)
           ├─ 上海住友洋行(大正5年10月29日開業)
           ├─ 漢口住友洋行(大正6年1月6日開業))
           ├─ 住友砥沢鉱業所(大正3年1月16日開設)
           ├─ 住友大良鉱業所(大正5年9月18日開設)
           ├─ 住友大萱生鉱業所(大正5年12月19日開設)
           ├─ 本家詰所
           └─ 株式会社住友銀行
```

第2図　住友総本店店部図（大正2～5年）

し、これを原料として過燐酸肥料を製造することを目的としていた（「五　住友肥料製造所の開設」参照）。

同年十二月、伸銅所及び電線製造所の東京出張所が廃止され、総本店直轄の東京販売店（支配人川田順）が開業し、また同じく鋳鋼場呉出張所が廃止されて呉販売店（支配人佐渡亮造）が業務を開始した（「六　東京・呉両販売店の開業」参照）。

また大正五年三～六月に行われた鈴木総理事の中国視察の結果、中国における販売網を充実するため、同年十月上海及び漢口に住友洋行が設置された（資料5・6）。

住友総本店は、大正元年から二年にかけて、砥沢鉱山（現宮城県花山村）を三五万円で買収し、直ちに現地詰として要員を派遣してきたが（第1表）、大正三年一月ここに砥沢鉱業所（支配人心得近藤宏太郎）を設置した（資料7）。これが住友の金鉱業進出の最初である。別子銅は不純物が多いため導伝用としては不適当とされ、ケーブル工場では当初から原料の電気銅を外部から購入せざるを得なくなっていた。しかし住友電線製造所が明治四十四年八月住友伸銅場

二二〇

から分離独立し、その結果明治四十五年には新工場を建設しようとする状況にあったことは既に述べた。(「住友本店(上)五、住友電線製造所の開設」参照)この新工場が完成すれば、原料の電気銅の購入も飛躍的に増大することとなり、それを依然として外部から購入し続けることは、住友総本店にとって大きな損失であった。電線製造所が別子鉱業所に対し正式に電気銅の生産を申し入れたのは埋立工事が完了し新工場建設に着手した大正三年夏のことであったが、その要請はすでに新工場建設の動きと平行して進められていたと思われる。続いて大正五年六月大良鉱山(現鹿児島県蒲生町)を一〇万円で買収し、九月大良鉱業所が、十二月には大萱生鉱山(現岩手県盛岡市)を三二万六〇〇〇円で買収して大萱生鉱業所が開設され、やがて住友総本店は、産金事業そのものに傾斜していくのである(資料8・9)。

大正四年十二月、住友鋳鋼場が改組され、株式会社住友鋳鋼所が設立された。社長住友吉左衛門は名目的なもので、中田理事が常務取締役に就任して主管者となったが、これまで鋳鋼場支配人であった萩尾傳も同時に常務となったので、萩尾が中心であることに変わりはなかった(「七 住友鋳鋼場の株式会社への移行」参照)。

なおこの中田理事の住友鋳鋼所常務就任に先立ち、九月住友銀行の主管者(常務)は、中田理事から湯川理事へ交代した。

(三) 月俸の改訂

大正期に入って注目すべきは、冒頭に述べたように明治三十九年以来七年ぶりに月俸の改訂が行われたことである。すなわちこの改訂は、大正二年一月五日付甲第壱号達により、家法第一編一般ノ規程第五章俸給第一条「傭員等級ニ応ジ別表ニ照シ月俸ヲ支給ス」にある別表たる「月俸表」の改正という形で行われた(第3表)。

第一部 住友総本店

第3表　月俸改正比較表

資格	明治39年	大正2年	上げ幅	上昇率
	円	円	円	%
高等一等	600	600	0	0.0
二等	500	500	0	0.0
三等	400	400	0	0.0
等内一等	350	360	10	2.9
	300	330	30	10.0
二等	250	300	50	20.0
	200	270	70	35.0
三等	180	240	60	33.3
	160	210	50	31.3
四等	140	180	40	28.6
	130	160	30	23.1
	120	140	20	16.7
五等	110	130	20	18.2
	100	120	20	20.0
	90	110	20	22.2
六等	80	100	20	25.0
	70	90	20	28.6
	60	80	20	33.3
七等	50〜40	70〜50	20〜10	40.0〜25.0
八等	39〜30	49〜36	10〜6	25.6〜20.0
九等	29〜20	35〜26	6〜6	20.7〜30.0
十等	19〜15	25〜20	6〜5	31.6〜33.3

註：等外、坑夫頭等は略

　川田順は、住友の待遇が三井等に比較して劣っているのは、住友が起業支出に追われて余裕が無かった上に、そもそも鈴木総理事の人生観が薄給主義であったからだと指摘しているが、事実五月の第一回主管者協議会の挨拶の中で、鈴木は「この当年の一月に於て、予てより家長公の思召を以て傭員の待遇に深く留意せよとの御話がありまして、彼是の方法に就て御考慮あり、私共も思召を承りまして研究の末、世間の情態をも考え合せ、傭員の幸福をも考え昇等増給等のことを例年に異り厚く御詮議を願いました次第であります。」と述べ、この改正が家長から提案されたものであることを自ら明らかにした。

人件費圧縮に努めてきた鈴木自身は、続いて「住友家の経済を考えれば、この度の変動にて支出をずっと増し」と懸念を表明しているが、鈴木の危惧通り、自らを含めて高等雇の月俸を据え置いたにもかかわらず、総本店全体の実際の俸給支払額では、昇等や人員増の影響もあり、大正二年には対前年比二四％増と大幅な人件費の増加となって現れた。

それでは鈴木は、家長の発意とはいえ何故このような大幅な月俸改正を余儀なくされたのであろうか。日露戦争を境に、我が国では日本内地及び植民地台湾からの米穀供給だけでは、内地人口の需要を充たせないという供給過少から生じる食糧問題が本格化した。この供給不足は、最終的には、外米輸入によって補われることになるが、そのために外貨支払という国際収支の問題が生じ米価対策としての外米輸入にも量的に制約が生ずる一方、外米自体も品質的に内地米に完全に代替しうるものとはなり得なかった。

このため日露戦後に一時的な落ち着きをみせた米価は、明治四十四年半ばから急速に上昇して、四十五年〜大正二年には明治三十九年の一・四倍以上というピークに達した(第4表)。このような米価の急騰に対し、住友でも明治四十四年九月、伸銅場、鋳鋼場、電線製造所の職工・労役者に対し臨時手当(日給三一銭以上の者一日五銭、三〇銭以下の者及び女子三銭)を支給した(九月九日〜十一月八日)。別子鉱業所では、江戸時代から坑内夫の大部分に対し、市価よりも安く米を売り渡す安米制度を採用していたが、九月六日から十月二十二日の間この範囲を適用外の坑内夫と坑外夫にまで拡大した(並白米一升二〇銭)。その後も米価の高騰が続いたため、翌明治四十五年三月、別子ではこの制度を復活し

第4表　東京正米相場

年次	1石平均価格	伸び率
明治39年	円 14.68	100.0
40年	16.42	111.9
41年	15.98	108.9
42年	13.19	89.9
43年	13.27	90.4
44年	17.34	118.1
45年	20.69	140.9
大正2年	21.44	146.0

出典：『明治以降本邦主要経済統計』(日本銀行統計局　昭和41年)90頁

第二章　住友総本店（中）

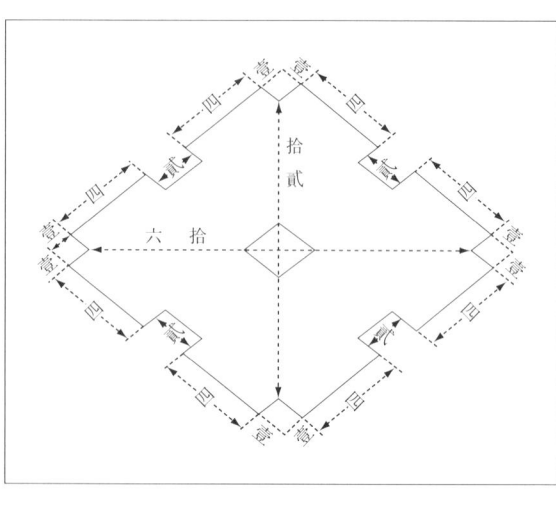

た（大正三年一月まで継続）。七月には再び伸銅場、鋳銅場、電線製造所に加え若松炭業所（日給三五銭以上の者一日四銭、三四銭以下の者及び女子三銭）でも臨時手当が支給されるようになり、住友として労働者のみならず、職員の給与改訂に踏み切らざるを得なくなったのである。

結局このような米価の高騰により、給与の改訂が実施された大正三年一月四日まで続けられた。

(7)

（資料1）

本庶第一四三号

井桁紋章寸法割合通知之件

従来各部ニ於テ使用ノ井桁紋章之寸法ハ区々ニ渉リ居候処、今般其割合ヲ別紙之通一定スルコトニ決定相成候間、此段御通知候也

大正二年四月二十五日

支配人　湯川寛吉

（資料2）

秘第三二一号

拝啓今般鈴木総理事ヨリ訓示之次第有之ニ付、来ル五月廿日午前十時総本店ヘ御参集相成候様致度、尚之レニ引続キ協議会相開キ申度候間、御主管事項ニ関シ御意見等モ有之候ハヽ、五月十日迄ニ御申出置相成度右依命申進候也

大正二年四月十六日

（資料3）

第一回主管者協議会総理事訓示

総本店支配人　湯川寛吉

此年の初めより、書付にて各部の支配人等の方々にお含みに申上げようという積りなりしが、書面にては主意を尽くさざることもありまして、適当な時期に皆んな集って貰って御面談をしたいという考えにて、此度の機会まで延ばしたことでありましたが、これまでも度々お話等も致しましたし、又実際に行われていく事柄等について、御承知のことではありますけれども、なお重ねて主意をよくお話しておかんと考えるのであります。

そこで住友家の家憲というようなものは、まだ皆さん御覧なきかも知れもせぬが、その家憲をここで朗読致します。明治二十三年六月二日に今の家長公より前々代なる住友忠様の時代に多少家憲の改正ありまして、その家憲の前書に書いてあるものがあります（家憲朗読）。明治二十九年十月十日現今の家長公より又家憲のことについて、お申述べになったことがあります（現家法営業ノ要旨朗読）。

この家憲にあることは、只今申述べましたから、大体は了解されたりと思います。大体は家長公のことにて傭員側のことではありませぬが、住友家の主意を認むるに肝要なりと思いますから、申述べます。すなわちこれは淵源なりと思います。かつ空文に非ずと事実から思います。申すまでもありませぬが、空文とお考えにならぬように一言致します。

家法ですが、これは申すまでもありませぬが、最初の三ケ条を朗読致します（朗読）。これがこの住友家の家風の綱領なりと思います。すなわち主義方針と思うのであります。この家風の綱領なるものは歴史のあるもので、明治御一新後のことで今日まで四十六年でありますが、随分斯く書き述べられましたのに古い歴史を持っております。いわんやその綱領は書かれた時に初めて出来たものでないと思います。古来より事実ありてこれを文章に述べられたものと思います。私どもはその考えをもって不肖ながら当家に従事致しにより家長公の御指揮の下に一意専心尽力すべきことは申すまでもなく、従来よりその考えをもって不肖ながら当家に従事致しております。

それでこの私が、住友家に御傭入れを頂きまして以来、淵源より申しまするの必要ありと思うから申し上げたのであります。大変古きことを申し上げるようではありますが、私などが目に視、耳に聴き実際事をその間に処して実験し来りました処においては、住友家の根本基礎に向って最も力を用うるのがこれまでの実際と思います。

第一部　住友総本店

二二五

第二章　住友総本店（中）

前に申しました住友家の家風の綱領に於いて、実に明らかに事は極まっておりますが、やはり時によってその事柄の最も純粋に、最も有力に行われている時、すなわち綱領の充分張り詰めている時と又その事柄が純粋ということでなく、雑駁になって幾分の弛みを示すことは免れぬことではありますが、これは何事でも同じことであります。

私は、既往に遡りて考えまするに、私共の御傭入れの時代で、右の綱領が純粋に又極めて有力に細々に行われて、各店各部が、その主意が明白に行われていたかと申しますると、遺憾ながら左様ではなかったということを感ぜざるを得ません。故に益々充分にこの家風によって行くようにということに重きをおき、尽力をせられたのであります。私も御傭入れ後、その重役方の主意を了解致し、及ばずながら協力し、その方向に益々力を用いることに微力を致しました。当時の有様のみにて自然に委したる成績と特に人力を加えて改良なるものを加えたる別子鉱業所の事業は如何といいますれば、その結果を比較すれば、同時に両方を行うことは出来ませぬが、特に人力を加えた方が効果が多かったと思います。これは自画自賛ではありません。根本基礎に向つて特に力を用うるの必要がありました例と致します。

私も十分なることを得ませず、心は十分やる積もりでありましたが、及ばぬところあり過ぎたるところあり、十分力を尽すことは出来ず、費やした年に比較すれば汗背を霑すの思いがあります。当時に於いては日立夕事ではありませんが、改良はやむを得ないのでありました。

銀行などのことは、新しき成立でありまして、創立の際の人もこの席に居られます。伊庭さんなり河上さんなり田邊さんなり藤尾さんなり皆この方針に向つて尽力せられました。私は銀行が一層強固に発展せしは、その特別なる人力を用いたる方が大いに効果あと信じます。又実際その必要があつたと思います。

伸銅場のことも御一新以後の新事業であります。その後に至つて更に一新する必要に遭遇しました。倉庫も又同じことである。それらは従来より営業し来つたことを大体そのままに推進むは、住友家のために不得策で、特に人力を用い改良刷新、歴史ある住友家の家風を純粋に且つ有力に行き渡つて行わるるようにすることは必要であります。斯く力を用い来りしことは、従事では

ありません。大体は好結果を得ましたと信じます。それは伊庭さんのような温厚忠実なる人あり、河上さんの如き日本銀行に椅

子を持っておられ、日本の大体の金融また海外の事情を知ってその眼をそれに着けてやられました。これらの人の辞職の後、私がその緒について、これらの関係を完成せんと尽力したのであります。私の話として、これまで組織、秩序あるいは住友家が一個の有機体で首脳の関係各機関の関係が十二分に行われ、統一、秩序、協力等の語をもって時々話をしておりました。それは水の低きにつくが如く、あるいは下等動物の蜜にたかるが如きものではなく、高等の人間としての一つの特権をもって協力して一個の有機体として立派に働くようにしたいと思うのであります。

前々重役の方々、賢明なる家長公の統率の下に在りて、先輩諸氏の大いに力を致さるるところなるも又不肖なる私のやることなるにかかわらず、皆様も力をそれに付けて尽力せられたることは、私の深く感激するところであります。

右様のことを私の口より申すことも、大体の主意に於いて私の私意を逞しゆうすることではございませぬことを申し述べておきたい。すなわち大体のことたる家憲又は家法によることを御了解せられたく思います。その主意を実行することにおいてはあるいは過ぎたることあり、あるいは及ばざることあり、私の関係するところは私の責任ではありますが、ただ大体の主意は篤と了解を願います。私の心中は、ただ高圧的に彼様のことを従来申し述べ無理に遂行するというのは忌むところで、願わくはこれを胸の中に置き、考え、真に同意同感なりとし、協力せられんことを切望するところであります。私は不肖不徳なれば、思いつつ行わざる時は痂癲を起こすこともありて、余りすすまぬことと思うことにも心を向け尽力せられんことを望みます。

従来はこのことが十分に行われず、純粋に行われざりしことは、先輩も私も感じましたから、それに重きを置いて、働きより来ました。されど将来これに斟酌を加うるの必要を感じて来ました。さらば従来の方針は誤りにて、将来中止するかというに左様ではござりませぬ。これは時勢の変遷につれて、変りますけれども、今後五十年、百年では変ることは万々ないと信じます。何となれば五十年、百年は、寿命よりいえば長いことですが、事業よりみれば極く短く、その間においてこのようなことが一変することにはならないと思います。これは哲理のようであるけれども、社会のことは時勢によって変遷するけれども、大体の家風の如きものは一変するようなことにはならないと思います。この根本の基礎の住友家の家風に益々大いに力を致されんことを望みます。いわんや将来複雑の世に在つては、更に大いに力を用いる必要ありと思います。しかし私が内に顧みるに、専ら内部に考えを向け、広く世界を見て世間の有様をよく観察して、これに応じて住友家の営業の目的に達する上において、その粗雑なる点あるように感じます。もちろん従来も営業の目的のことを考え又は申し上げ営業を隆盛にす

第一部　住友総本店

二二七

第二章　住友総本店（中）

ることをお互いに努めましたが、自ら精神を傾くるところの主なるものに多少の差があります。すなわち内輪のこと根本基礎のことに重きを置くために、世間のことを観察し、営業の目的を達することに粗雑なる点があったように思われます。

心機一転—心機一転といえば、前のことをやめるようであるが、漢方医が匙加減をするように、多少加減をするがよくはないかと思います。折々同僚の座談に持ち出すことでありますが、栄螺の壺焼きでは困る。私が住友家の不肖ながら重役と思ってそれでは困る。栄螺は甲羅を家と思って安心して、引つ込んでいると、家共熱い火の上に持って行かれる。貝の外のことをよく研究して、貝の中の十分強健を保つことも必要であるが、内輪のことのみ考えずに外のことをも見、内外の関係を見て、進歩発達させねばなりません。火の中に持ち行かれてはいけませぬ。

その塩梅を呑み込まれることが、真の主意でその内外のことを研究して十分腹に入れて頂きたいのであります。この心持をお話しようと思うのであります。

今日でいえば、住友家が一つの戦争に出発する出師準備が出来たものと申したいのであります。これは十二分、十三分とは申すことは出来ませぬが、とにかく骨子は出来たのであるから、これから戦裡に立って戦功を収めなければなりませぬ。又内輪にていえば、私が支配人でありましたからというのですが、まだ地盤は耕作を十分にする時ではなく、農具は十分でもこれを応用することが出来ず、いわんや良き種子があってもこれを蒔くには懸念がありました。彼此の障害があります。今日では良き種子にいえば良き技師があってもこれを用いてどしどしやることは、自由自在にこれを用いることが出来子さえあれば、何時にてもこれを用いることが出来る時となつたと思います。良い技師があれば、自由自在にこれを用いることが出来る。世間には困難があって独り鉱業所に限りませぬが、私の支配人時代にはこのようであつたということは誤解でないと思いますす。内輪にては、良き機械さえあれば用いらることとなりました。良き種子と良き農具さえあれば充分使うことが出来ることを自覚しました。出師準備は整頓しました。ここに戦わなければ、戦う時なき時に至りました。戦はこれからであります。大いに隊伍を整えて出陣し、充分営業の戦に於いて優勝の功を収むることに努めなければなりませぬ。これを具体的にいえば、住友家の大部分は営業の方面であるから、お互いに営業に従事し、又は全く営業に成功するものであるから、営業に成功しなければなりません。多額の利益を挙ぐることに尽力せなければなりません。あるいは積極といい、あるいは消極といい、急進といい、漸進といい、進歩といい、保守というが、世間のことは、すべて進歩でないものはないと思います。消極、積極は性質の異なったものではないかと思います。しかし無論活動はして居ります。ただ後先考えずに進むことは出来ないが積極であります。皆さそれは無理もないのではないと思います。

んの頭で消極と思い居らるるならば、私は消極の必要は更々ないと思います。無論充分の活動をする上に慎重なる考慮をせねばならぬだけであります。

例えば銀行の貸付に高利の方のみを主眼とし、預金にも日歩をよくしてその吸収に努むるの類、一時は可なるも多日信用を害し困難に陥るように、活動あれば、手段は一向選ばずという訳には行くまいと思います。あるいは競争のことなれば、流言を放って他の銀行の得意を取るが如きことはすべきでないと思います。それらのことはすべて立派に出たいと思います。活動進歩の無暗にやることでないことは申すまでもありませぬが、充分に活動し充分に利益を上げんとすることにおいて大いに世間の非難を招き信用を傷つくることはないといえませぬ。住友家の家憲に疵をつけぬようにすることを望みます。将来のために一言申し上げておきます。

製造のことについていえば、生産費を減ずることに努めなければなりません。これは一番主たることでないかと思います。すなわちそれには出すべき金は一厘一毛をも慎み、あるいは有利なる機械を採用し、思い切って施設し、あるいは厘毛の支出を慎み、これにはその脳が何物にも捉われず、十分に自由自在に働きて、生産費を少なくしなければなりませぬ。なおこの上に販売に力を致し、あるいは労働者の使用法に心を用い、利害の衝突を避け、満足しめて共に楽しんでいくことが第一だと思います。私は主たる力を用いる点は、住友家の信用を害し、一時は宜しきも直ぐ反動を受くることとなります。これがすなわち製造商業の競争場裡に勝利を得るの所以であります。

電線製造所は、初め伸銅場の内に設けられましたが、今日では独立致しました。これが有利なりと思うその大体の考えは誤りはなかったと思います。むしろ先鞭をつけたと思います。されどその間に種々届かぬこともあり、今は住友家のものより優先の地位にあるものも、一、二あります。これは人について誤りがあり、又一つは資本供給に十分ならず、世界の発展等について、観察をなさなかったために、余り効果が大きくなかったと思います。これらのことについて、よく研究したならば、先鞭をつけた通りに優先なる地位を得たと思います。

混戦の場合は、惨憺たるものでありますが、予め考えておいてどこまでやるかは、定めなければならないが、大体において考えることが出来まして、醜態を演ぜずして成功することが出来ると思います。私の希望するは、住友家のこの家風を妨ぐること

第一部　住友総本店

第二章 住友総本店（中）

なくして、営業の主意に矛盾することなく、益々営業の成功を挙げることを得ると思いますから、この方法をもって営業の成功を収むることに十分皆さんの御尽力を願う次第であります。

（以下略）

家長　住友吉左衛門

（資料4）

甲第六号達

家法第二編

第一章住友総本店事務章程中左ノ通リ改正ス

大正三年十二月一日

第二条中理事若干名ノ下ニ「専務監査員一名」ヲ加フ

第四条中庶務課ノ次ニ「会計課」ヲ加フ

第五条　監査課ハ各店部ノ常時監査及ヒ臨時監査ニ関スル事務ヲ掌理ス

第六条　経理課ハ我一家全般ニ関スル会計ノ統括、予算及ヒ決算ニ関スル事務、並ニ経済上ノ調査ニ関スル事項ヲ掌理スル所ニシテ、左ノ係ヲ置キ分掌セシム

主計係　我一家全般ニ関スル会計ノ統括、予算決算及ヒ資金ノ出入、並ニ投資に関スル事項ヲ掌ル

調査係　我一家全般ニ関スル経済上ノ調査及ヒ業務ノ統計、内外経済、財政、金融等ニ関スル参考資料ノ調査及ヒ統計翻訳、並ニ特命ニ依リテ調査ヲ要スル事項ヲ掌ル

第七条　庶務課ハ機密、職員、文書、総本店所管ノ地所家屋ノ管理、其他所管ノ定マラサル事項ヲ掌理スル所ニシテ、

左ノ係ヲ置キ分掌セシム

秘書係　機密、職員、貴重文書、寄附、贈与並ニ店印ノ保管ニ関スル事項ヲ掌ル

文書係　法規、令達ノ立案、審査、法制ノ調査研究、文書ノ往復、記録ノ編纂、図書簿冊ノ整理保管、店内取締及ヒ訴訟ニ関スル事項、其他所属ノ定マラサル事項ヲ掌ル

地所係　地所家屋ノ管理ニ関スル事項ヲ掌ル

第八条　会計課ハ総本店ノ金銭出納及ヒ用度ニ関スル事務ヲ掌理スル所ニシテ、左ノ係ヲ置キ分掌セシム

出納係　諸証券ノ保管及ヒ其売買手続、金銭出納、積金預金及ヒ傭員身元保証金ノ取扱、並ニ各部委託ノ支払代金代弁ニ関スル事項ヲ掌ル

用度係　需要品ノ購入、器物ノ保管、印紙類ノ出納保管、不要物品ノ処分、並ニ各部ノ委託ニ係ル物品ノ売買送達ニ関スル事項ヲ掌ル

元第八条以下順次繰下ケ

（資料5）

甲第六号達

今般支那上海ニ上海住友洋行ヲ設置シ、其事務章程ヲ左ノ通相定メ、家法第貮編第拾参章トシ、第拾参章第拾四章ヲ各第拾五章第拾六章ト改ム

但、業務開始ノ日ハ別ニ之ヲ達ス

大正五年拾月拾参日

家長　住友吉左衛門

第一部　住友総本店

第二章　住友総本店（中）

第拾参章　上海住友洋行事務章程

第壱条　上海住友洋行ハ各店部ノ委託ヲ受ケ若クハ其代理人トナリ、其産出品又ハ製品ヲ販売シ、且ツ各店部ノ嘱託ニヨリ用務ヲ処弁スル所トス

第貳条（以下略）

乙第拾五号達

上海住友洋行処務規程左ノ通相定ム

大正五年拾月拾参日

総本店

上海住友洋行処務規程

第壱条　上海住友洋行ハ上海及其附近ニ於テ左記品種ノ委託又ハ代理販売ヲナス

一、別子鉱業所産出品、但製銅ニ就テハ製銅販売店ノ委託又ハ代理ニ係ルモノ

二、若松炭業所産出品

三、伸銅所製品

四、電線製造所製品

五、肥料製造所製品

六、株式会社住友鋳鋼所製品

第貳条　上海住友洋行ハ前条ノ販売ニ対シ委託店部又ハ被代理店部ヨリ手数料ヲ受クルモノトス

各店部嘱託ノ用務処弁ニ就テモ亦手数料ヲ受クルコトヲ得

第参条（以下略）

(資料6)

甲第七号達

今般支那漢口ニ漢口住友洋行ヲ設置シ、家法第二編第十四章トシテ其事務章程ヲ左ノ通相定ム

但、業務開始ノ日ハ別ニ之ヲ達ス

大正五年十月十三日

家長　住友吉左衞門

第十四章　漢口住友洋行事務章程

第壱条　漢口住友洋行ハ各店部ノ委託ヲ受ケ若クハ其代理人トナリ、其産出品又ハ製品ヲ販売シ、且ツ各店部ノ嘱託ニヨリ用務ヲ処弁スル所トス

第貳条（以下略）

（処務規程は上海住友洋行と同一につき略）

(資料7)

甲第一号達

今般宮城県栗原郡花山村ニ住友砥沢鉱業所ヲ設置シ、其事務章程ヲ家法第二編第十二章トシテ左ノ通相定メ、同第十三章ヲ第十三章ト改ム

大正三年一月十六日

第一部　住友総本店

手数料ノ割合ハ関係各店部ト協定ノ上附帯条件ヲ附記シテ之ヲ総本店ニ届出ツヘシ

第二章　住友総本店（中）

第十二章　住友砥沢鉱業所事務章程

第一条　砥沢鉱業所ハ砥沢鉱山ニ関スル業務ヲ掌理スル所トス

第二条（以下略）

（資料8）

甲第五号達

今般鹿児島県姶良郡蒲生村ニ住友大良鉱業所ヲ設置シ、其事務章程ヲ家法第貮編第拾貮章トシテ左ノ通リ相定メ、同第拾貮章以下順次繰下グ

大正五年九月十八日

　　　　　　家長　　住友吉左衛門

第拾貮章　住友大良鉱業所事務章程

第壱条　大良鉱業所ハ大良鉱山ニ関スル業務ヲ掌理スル所トス

第貮条（以下略）

（資料9）

甲第九号達

今般岩手県紫波郡乙部村ニ住友大萱生鉱業所ヲ設置シ、其事務章程ヲ家法第貮編第拾六章トシテ左ノ通相定メ、同第拾六章ヲ第拾七章ト改ム

大正五年拾貮月拾九日

二　住友総本店の会計・監査制度

本節では既に「住友総本店(上)」で述べた明治三十七年(一九〇四)家法に基づく会計制度について再述しつつその後の変更点を、大正二年(一九一三)四月一日現行の家法及びその後の通達等により明らかにしている。

会計年度は暦年で(第二条)、六月末までを上半期、十二月末までを下半期とする(第三条)。各店部は、毎年十一月十五日までに翌年度の会計見積書を作成して総本店に提出し、決算期が終了すれば七月二十日及び翌年一月二十日までに、貸借対照表、損益表、財産目録を総本店に提出する(第七条)。また翌年二月十五日までに会計見積書に対応した実際報告書を提出する(第十三条)という制度そのものに変更は無かった。

この間各店部は、日記帳・元帳を備え(第十六条)、

一、業務概況表(毎月末日)
二、元帳差引残高表(毎月末日)
三、起業支出明細表(毎月末日)
四、計算表(毎月末日)

第一部　住友総本店

第拾六章　住友大萱生鉱業所事務章程

第壱条　大萱生鉱業所ハ大萱生鉱山ニ関スル業務ヲ掌理スル所トス

第貳条(以下略)

家長　住友吉左衛門

第二章　住友総本店（中）

　　五、月別収支金表（前月二十日まで）
の諸表を各々期日までに提出することを命ぜられていた（施行細則第五条）。これを明治三十七年家法と比較すると、大正二年一月主要物品受払差引残高表の提出が削除された。

総本店では、これら各店部から提出された諸表に基づき

　　一、各店各部総計算表（翌月十七日まで）
　　二、総会計見積書（前年十二月十日まで）
　　三、総貸借対照表（八月二十日及び翌年二月二十日まで）
　　四、総損益表（同）
　　五、総財産目録（同）
　　六、総実際報告書（翌年三月十五日まで）

を作成していた（第十四条）。

会計見積書には、定められた様式の下に

　　一、業務の方針程度
　　二、資金最高額
　　三、経費予算表

を記載するとともに

　　一、損益表
　　二、収入支出表
　　三、経費予算表

四、営業費予算表

五、起業予算表

を添付することになっていた(施行細則第一条)。

また実際報告書には、前年度の実際報告書及びその年度の会計見積書と対比しつつ

一、業務の実況

二、資金最高額

を記載し、併せて

一、損益表

二、収入支出表

三、経費決算表

四、営業費決算表

五、起業決算表

六、起業支出明細表

を添付するよう求められていた(施行細則第十一条)。これを明治三十七年家法と比較すると、明治三十九年二月に収支金対照表の提出が削除されたが、さらに大正三年四月にはこの中収入支出表と起業支出明細表の提出が削除された。こうした書類の提出の簡略化は、業務の拡大とともに提出書類作成の事務量が増大し、重要度の低い書類から割愛せざるを得なくなったことを示すものであろう。

なお起業については、会計年度にかかわらず、目論見の当初に完成までの予算の年度毎の内訳が求められ(施行細則第

第一部 住友総本店

第二章　住友総本店（中）

二条）、起業が終結した場合は、直ちにその決算書を作成して提出することになっていた（第十三条）。

使用資金については、会計見積書において、前年度末の残高と本年度中に最高幾らの資金を供給せねばならないかをあらかじめ「資金最高額」によって把握しておき、毎月の収支金表によって翌月の収支予算をたてるシステムには変わり無かった。各店部は、住友銀行が株式会社となって独立した後も住友銀行を利用することを義務付けられており（資料10）、住友総本店と住友銀行の間には、明治三十五年に締結された契約が依然として適用されていた（「住友総本店（上）」資料10参照）。ただし、住友銀行から住友総本店に対する貸越金の利子の割合は、明治三十七年家法の「百円ニ付日歩貳銭」が「住友銀行ノ当座預金貸越ノ最低歩合」に変更されている。この変更の時点は判然としないが、明治四十年末初めて銀行部から借入が生じた時すでに日歩貳銭四厘となっているので、その際実態に即して変更されたものと推定される。さらに大正四年六月十六日付住友銀行達第九号により、住友家傭員の預金に対し割増利率が適用されることとなったのに関連して、総本店・銀行間で追加的な取極めが結ばれた（資料11）。住友銀行から住友総本店に対する貸越金の極度額は参拾万円に据え置かれたままであるが、住友総本店は原則として自己資金によって運営されていたので、このことは大きな意味をもたなかった。この間の事情を中田理事は次のように説明している。

　弊行が住友家の銀行という処から、世では総本店と銀行との関係が余ほど曖昧になっていると見ていられるかも知れぬ。この点に就て聊か現在及将来の遣方を説かねばならぬ。先づ現在の銀行と総本店の関係は、銀行の方が総本店から多大の預金を得ているだけで、銀行の方から総本店の方へは少しも融通していない。即ち銀行は総本店の為に利益を得ているが、総本店は銀行の為に毫も利益を得て居らぬ。
　斯の如く総本店が銀行に対して片務的の地位に甘んじ得る所以のものは、要するに総本店の資金が貧弱でない為である。総本店の内容を銀行に明瞭に説明する事は出来ぬけれども、総本店には遠計積立金というような住友家の危急存

二三八

亡の秋以外使用を許さぬものが二、三種もある。この積立金は、特別会計で積立金の利子と別に年々之に繰入れる額とて歳々増加しつつある。それが今では頗る巨大の額に達している。

住友家の銅山其他の事業経営費は、総本店から借り出した無利子の金である。他の事業部をして無利子の金を使用させるの利害は、別に研究を要する事柄だが、兎に角現在はそうなっている。去れば事業部としては故らに銀行の方から利息附の金を借りる必要は毫も之なく、又実際に於て銀行の方から一文も貸与していないのである。

右の方針は今後も勿論厳格に励行して行く積りであるが（以下略）

監査制度については、大正三年十二月一日付甲第五号達により、明治三十七年の家法第一編第九章監査が全面的に改正された。明治四十三年専務監査員藤尾録郎の没後住友総本店では後任の専務監査員を物色してきたが、適任者が見つからないまま四年を経過し、この間に専務監査員直属の形で設置されていた監査課が総本店（本社部門）の組織の中で微妙な存在となってきたことが、この改正の契機となったものと思われる。

すなわちこの改正の要点としてあげられているのは、「専務監査員ハ家長及ヒ重役ニ直属シ、特命ニ依リ自ラ監査ヲ行フノ外、常ニ監査課ノ監査ニ立会ヒ、家長若クハ重役ニ対シ自由ニ意見ヲ開陳シ、以テ監査独立ノ場合ト殆ント同様ノ効果ヲ挙クルヲ期スコト」として依然として専務監査員の任命の余地を残しつつ、他方で「監査課ヲ名実共ニ支配人ノ指揮ノ下ニ置キ、監査事務ト経理事務ト密接ノ関係ヲ保タシメ、以テ監査ニ依リ各店部己往事蹟ヲ明ニスルト同時ニ監査ノ結果ヲシテ事業ノ改良ニ資セシムルコト」として専務監査員空席のままでも機能し得る監査制度を確立しようとしているからである。

また当時明治四十二年に生じた日糖事件などの破綻・不正事件を契機として、監査役監査の強化が明治四十四年商法改正として現れ、さらに職業会計人制度擁立の動きへと引き継がれていたことも見逃せない事実である。

第一部　住友総本店

二三九

第二章　住友総本店（中）

この改正により、監査を特命監査、常時監査、臨時監査の三種とし（第二条）、特命監査は専務監査員が（第三条）、常時監査は毎年一回（第四条）、臨時監査は随時（第五条）、いずれも総本店監査課が行うことになった。すなわち専務監査員は藤尾の死後任命されることはなく、藤尾の入社以前のように毎年定時監査員（鈴木総理事）を任命してきたが、この改正後は総本店監査課が監査業務を担当することとなったのである（資料4「総本店事務章程」第五条参照）。これを受けて監査の定義も「監査ハ各店ニ就キ金銭ノ出納、物品ノ受払、現在有物ノ状態並ニ会計ニ関スル事務及ヒ事業ノ成績等ヲ査閲スルモノトス」（第一条）と明治三十七年家法に対し特に「会計ニ関スル事務」と明記されることとなった。

（資料10）

　　　会計規則

第十八条　各店各部ニ於ケル現金ノ出納ハ、株式会社住友銀行ト同所ニ在ル店部ニ於テハ総テ該銀行ニ其取扱ヲ委託スベシ

株式会社住友銀行ト離隔セル店部ニ於テハ、該銀行又ハ他ノ銀行ト当座預ケ金取扱ヲ為スベシ、此場合ニ於テハ取引銀行及預ケ金ノ極度額ヲ定メテ総本店ノ認可ヲ受クベシ

前項ノ場合ニ於テ常時現金ヲ備フルノ必要アルトキハ、一定ノ金額ヲ限リ総本店ノ認可ヲ受ケテ之ヲ備フルコトヲ得ベシ

（資料11）

　　住友総本店ヨリ住友銀行ヘ預ケ金利率ノ件（大正四年六月二十二日会計課伺定）

住友総本店ト住友銀行トノ取引ニ関スル利率ヲ左記ノ通リ協定ス

一、当座預金（住友総本店出納勘定）

銀行公示ノ利率ニ依ル

一、小口当座預金

銀行公示ノ利率ニ依ル

一、定期預金

利息は上等客ニ対スル割増率ニ依ル

明治三十五年七月三十日住友本店ト住友銀行間ニ締結セル契約ハ、本協定ト抵触セザル範囲ニ於テ有効トス

三　住友総本店の業績

　明治も末になると、明治四十三年（一九一〇）から四十四年にかけてのいわゆる「中間景気」も終わり、日本経済は明治四十五年七月明治天皇の崩御とともに「諒闇不況」ともいうべき不況に陥った。これは主として日露戦争後の積極的な戦後経営により、貿易の入超と外債の利払いが嵩み、正貨準備が枯渇してきたため、金融を引き締めざるをえなくなったことによるものである。明治四十三年には低金利政策の下、日歩一銭三厘まで低下した公定歩合（商業手形割引歩合）は、大正三年（一九一四）七月には日歩二銭にまで引き上げられた。このような引き締めにより、日露戦争後に推進された生産設備の拡充は、需要に対しはるかに過大となり、この結果、事業の破綻、銀行の取付、支払停止、休業が相次ぎ、大正三年八月には、大阪の株式、三品（綿糸・棉花・綿布）、米の三取引所の主力銀行であった大手の北浜銀行が休業するに至った。

　こうした情勢の下で大正三年七月第一次世界大戦が勃発した。開戦当初は、国際為替取引の中断、海上輸送の途絶に

第一部　住友総本店

二四一

第二章　住友総本店（中）

より経済界は大混乱を来たし、不況に拍車がかけられた。この間、住友総本店の業績は、第5表の通り、何とか横ばいを維持したが、大正四年下期に入ると、主戦場から遠く離れたわが国では、輸出が大幅に伸び始め、海運収入も増加し、こうした巨額の外貨収入によって金融も緩和し、大正五年には空前の好景気を迎えた。住友総本店の純利益も過去三年間の平均の二倍以上に達した。

総本店の利益の大半が別子であることには変わりはないが、銀行の伸び悩みに伸銅所がとって代わり、大正四年に営業開始の肥料製造所と株式会社に移行した鋳鋼所が、若松炭業所、倉庫、電線製造所に伍して利益を上げるようになり、さらに大正二年開業の東京・呉両販売店もまた黒字に転じた。大正五年にはこのような巨額の利益をもって、わが国の輸出の伸長著しい中国市場に進出を図り、上海・漢口両洋行が設置され、また大良・大萱生両鉱山を買収して、既に買収済みの砥沢鉱山と併せ大々的に産金事業に乗り出す端緒となった。

（一）総本店（本社部門）の業績

総本店（本社部門）の収益は、損益表（第6表）の通り、保有有価証券に基づく受取利益と受取配当金及び所有不動産の賃貸収益であるが、これらを合わせても経費を賄うことができず、依然として赤字である。傘下の事業からの受取配当金も、この期間住友銀行の他に住友鋳鋼所が加わったのみで、その配当も年四分（払込@一二円五〇銭、一二万株）、金額も三万円（大正五年上期分下期入金）にすぎなかった。住友銀行の大正四年の配当金が三〇万円から二八万八〇

(単位：円)
5 年
△4,368,869.24
7,242,661.12
276,749.45
74,701.25
249,780.16
3,576,065.64
―
427,810.45
38,210.29
2,772.70
7,937.35
△4,896.38
△2,146.25
△280,599.83
△13,660.22
△643.97
7,225,872.52
933,349.20
390,480.40
8,549,702.12

第5表　店部別純損益

店　　部	大正2年	3年	4年
総本店(本社部門)	△218,685.66	△386,190.59	△1,002,384.35
別子鉱業所	2,388,669.48	1,640,940.74	2,751,951.49
倉　庫	112,601.21	132,876.68	168,189.68
製銅販売店	33,909.91	26,788.81	34,520.78
若松炭業所	395,678.11	601,797.58	357,131.46
伸銅所	258,423.88	744,243.28	1,518,901.09
鋳鋼場	△66,421.43	△15,229.35	23,437.51
電線製造所	93,182.37	182,503.23	74,459.78
肥料製造所	—	—	△2,855.04
東京販売店	△2,092.23	△1,249.53	14.83
呉　販売店	△1,114.34	△2,497.43	△634.60
上海住友洋行	—	—	—
漢口住友洋行	—	—	—
砥沢鉱業所	—	—	—
大良鉱業所	—	—	—
大萱生鉱業所	—	—	—
合　計	2,994,151.30	2,923,983.42	3,922,732.63
(株)住友銀行	916,629.13	755,327.95	373,517.55
(株)住友鋳鋼所	—	—	39,987.83
総　計	3,910,780.43	3,679,311.37	4,336,238.01

第一部　住友総本店

○○円に低下したのは、貸借対照表(第7表)の通り、持株数が一五万株(払込＠五〇円、七五〇万円)から六〇〇〇株減少して、一四万四〇〇〇株となったためである。

この減少した六〇〇〇株は、大正三年九月住友忠輝(鳥居忠文子爵三男、大正三年七月住友吉左衛門長女孝と結婚)及び住友孝が、三〇〇〇株ずつ相続した結果である。これらの相続税は、大正五年七月に支払われたが、相続税の税額は、大正三年六月末現在の住友銀行の資産額に七月一日から相続開始の日までの利益(下半期の純益を日数により案分)を加算したものを時価とする方法で計算され、この結果時価は一株当たり五九円強と算定された。このように株式が払込金(この場合五〇円)でなく、時価(この場合五九円強)で評価されることになると、株式で相続するより現金で贈与を受け、その分の相続税を支払った上で、それ

二四三

第二章　住友総本店（中）

を新株式の払込金に充当する方が、相続税法上有利となることが判明した。

従って大正五年十二月、住友銀行株式（資本金一五〇〇万円、@額面一〇〇円、一五万株、七五〇万円払込）の第二回払込（@五〇円、七五〇万円）が行われた際、長男住友寛一にまず現金が贈与され、それでもって総本店が保有する住友銀行株式三〇〇〇株を譲渡する形がとられ、以後次男住友厚（後の住友吉左衛門友成）の場合も同じ方式がとられるに至った。なおこの際住友忠輝及び孝は、各々一〇〇〇株を総本店に売却したので、持株は二〇〇〇株ずつとなった。

当時の相続税法では、家督相続と遺産相続の場合で税率が異なり、また相続人と被相続人との間の親族関係の親疎によっても異なるので、一概にいえないが、残りの住友銀行株式一四万株余について相続の場合最低でも四〇万円前後の相続税が必要となり、さらに今後住友銀行の資産が増えるほどその時価評価が上がることになるので、相続税対策としてこの際家長の持株を如何に後述するように減らしていくかが検討されたものと思われる。

この結果この年末に住友として空前の臨時特別賞与が支給された。帳簿上鈴木馬左也他一二三八名に九〇一三株（@一〇〇円）が譲渡されたとあるのみで、個別の明細はないが、この合計一二三九名という数字は、大正五年十二月末の等内六等以上の職員一二三五名プラス明治四十五年株式会社住友銀行設立当時の名義株主伊庭貞剛、住友理右衛門、住友保丸、岡素男の四名と思われる（廣瀬宰平の名義株三〇〇株は、大正三

	5年
	（単位：円）
	865,332.10
	240,199.29
	10,848.60
	109,405.66
	324,000.00
	30,000.00
	15,025.79
	28,668.70
	2,005.56
	24,202.97
	△3,900.86
	84,876.39
	5,234,201.34
	―
	89,589.78
	51,756.95
	169,376.38
	6,408.66
	1,090.04
	90,090.77
	14,800.00
	260,867.70
	467,190.36
	3,976,752.10
	55,738.44
	50,540.16
	△4,368,869.24

第6表　総本店(本社部門)損益表

科　　目	大正2年	3年	4年
当期利益	662,694.51	706,114.08	721,887.43
国債証券利息	217,983.75	216,336.59	215,812.48
地方債券利息	10,848.60	10,848.60	10,848.60
株券配当金	89,316.10	94,700.51	97,239.55
住友銀行株券配当金	300,000.00	300,000.00	288,000.00
住友鋳鋼所株券配当金	—	—	—
耕地収益	17,324.43	14,714.95	14,017.16
賃貸料	28,938.71	28,339.60	28,099.71
雑　益	1,999.48	3,142.25	1,635.89
固定財産原価差損益	△5,010.70	1,992.88	△6,764.53
有価証券原価差損益	1,016.12	1,968.94	207.37
利　息	278.02	34,069.76	72,791.20
当期損失	881,380.17	1,092,304.67	1,724,271.78
利　息	14,683.28	—	—
俸　給	72,056.54	76,725.79	88,934.38
旅　費	10,648.37	10,920.23	14,824.06
諸　税	135,945.98	140,542.25	146,248.55
営繕費	2,508.99	4,891.91	5,560.63
賃借及保険料	854.91	758.83	701.59
雑　費	33,061.90	32,661.21	39,359.99
特別報酬金	14,400.00	13,100.00	13,100.00
別途費	66,171.63	191,509.02	724,947.89
本家費	238,924.18	251,469.33	253,394.10
賞　与	262,355.82	338,614.62	404,443.10
雑　損	57.70	56	628.80
償　却	29,710.87	31,110.92	32,128.69
当期純損益	△218,685.66	△386,190.59	△1,002,384.35

第二章　住友総本店（中）

年一月宰平の死去とともに長男満正名義となり、同年九月既に述べた住友忠輝の相続の際返還・充当された(11)。

かくして住友銀行株一五万株の中、総本店の持株は、これら一万六〇一三株を差し引いた残り一三万三九八七株となり、＠一〇〇円の払込で、大正五年末の貸借対照表上の残高は、一三三九万八七〇〇円となったのである。なお受配当金が、大正四年の二八万八〇〇〇円から、大正五年に三三万四〇〇〇円へ増えたのは、住友銀行が大正五年上半期決算で五％に増配したことによる。

経費については、大正四年の別途費が七二万五〇〇〇円に上っているが、この中には大正四年十月設立された財団法人住友私立職工養成所に対する寄付六一万二〇〇〇円余が含まれている。

また大正五年の賞与は、四〇〇万円近くとそれまでの一〇倍にも上っているが、これは前に述べた通り、第一次大戦による好景気のため臨時特別賞与二五〇万円（資料12）が支給されたこと及び労役者特別保護救済金として一二〇万円が拠出されたことによるものである。(12)

最後に大正五年の雑損五五〇〇〇円は、大正四年十二月鋳鋼場の株式会社への移行に伴い、鋳鋼場の大正四年下半期純益金四万三八三〇円一七銭を大正五年一月鋳鋼所に引き渡した結果、これを雑損処理したものである（「七　住友鋳鋼場の株式会社への移行」参照）。(13)

二四六

（単位：円）
5年末
50,781,322.76
1,504,086.20
264,906.19
225,052.57
416.00
1,840.00
1,535.36
5,998.28
3,284,802.08
185,575.00
1,420,451.74
13,398,700.00
1,500,000.00
―
84,982.58
178,819.15
1,479,805.00
444,893.68
20,848,382.37
7,214,331.16
1,435,000.00
117,496.50
614,367.76
6,211,245.17
―
2,467,855.70
1,771,337.22
―
554,337.40
112,838.61
341,729.39
6,083.74
1,759.72
727,930.79
403,020.40
―
324,691.36
219.03
―
1,387,264.89
3,835,880.88
50,781,322.76
34,065,879.05
4,658,703.71
807,570.12
192,817.88
682,056.34
112,591.00
110,343.71
4,507.10
1,275,438.54
13,043.77
7,875.78
5,167.99
3,750,000.00
5,108,371.54
2,972,295.38
1,027,056.56
870,783.69
1,074,455.13

第7表　総本店(本社部門)貸借対照表

第一部　住友総本店

科　目	大正2年末	3年末	4年末
借　方	33,678,039.33	36,189,620.19	39,645,181.62
固定財産・土地	784,452.58	831,078.02	798,107.09
鉱区	158,652.48	158,652.48	158,652.48
建設物	137,587.15	128,389.00	123,927.00
機械	915.00	735.00	574.00
什器	1,419.00	1,349.00	1,229.00
所有品・準備品	2,632.46	3,760.46	1,732.46
米穀	8,084.49	7,531.17	6,343.39
有価證券・国債證券	3,219,690.27	3,193,635.51	4,137,842.88
地方債券	185,575.00	185,575.00	185,575.00
株券	1,110,897.74	1,155,011.74	1,195,806.74
住友銀行株券	7,500,000.00	7,200,000.00	7,200,000.00
住友鋳鋼所株券	—	—	1,500,000.00
起業支出・茶臼山建設物	337,121.77	491,310.20	674,825.42
同洋館建設物	—	—	49,328.33
東京別邸建設物	—	—	116,936.83
貸金・立換金	90,176.60	116,932.60	108,315.93
雑・仮出金	556,536.43	139,501.26	924,482.71
各部	17,590,171.93	19,237,638.47	18,851,263.73
別子鉱業所	9,195,111.33	9,986,123.12	9,279,792.53
倉庫部	1,105,000.00	1,197,000.00	1,460,731.37
製銅販売店	137,898.34	141,850.66	135,493.38
若松炭業所	563,816.98	545,817.44	653,333.21
伸銅所	4,235,810.42	3,999,687.70	3,999,386.62
鋳鋼場	1,211,240.34	1,295,837.48	—
電線製造所	1,103,508.74	1,138,360.52	1,490,765.01
肥料製造所	33,334.75	445,185.33	1,304,575.75
東京販売店	3,075.79	1,506.45	1,592.81
呉　販売店	1,375.24	1,190.92	801.59
砥沢鉱業所	—	485,078.85	524,791.46
大良鉱業所	—	—	—
大萱生鉱業所	—	—	—
上海洋行	—	—	—
漢口洋行	—	—	—
銀行特別預ケ金	758,575.10	1,217,007.06	2,207,601.49
総本店建築準備金預金	130,000.00	350,000.00	400,000.00
本家建築準備金預金	161,670.33	—	—
相続税準備金預金	176,407.91	239,925.14	307,570.12
積立金利殖高預金	290,496.86	627,081.92	31.37
別口預金	—	—	1,500,000.00
銀行出納	1,088,637.35	1,804,231.10	466,671.96
損益・当期純損益	146,913.98	317,282.12	935,965.18
貸　方	33,678,039.33	36,189,620.19	39,645,181.62
営業資本金・営業資本	27,057,120.20	29,256,756.40	31,683,779.92
積立金	3,733,803.77	4,031,260.09	4,341,546.89
準備積立金	628,470.92	576,164.41	689,925.14
預リ金・雇人身元金預金	156,226.76	175,706.30	182,716.06
積金預金	496,848.01	550,563.12	604,160.11
末家家督金預金	109,170.00	108,771.00	111,370.00
諸預金	99,669.13	102,653.78	110,135.15
貸家敷金預金	3,853.30	4,039.30	4,286.10
雑・仮入金	—	—	114.45
各部	—	—	—
東京販売店	—	—	—
呉　販売店	—	—	—
銀行出納・銀行借入金	—	—	—
前期損益・前期純損益	1,392,877.24	1,383,705.79	1,917,147.80
営業外固定財産勘定	2,128,487.11	2,198,102.40	2,280,388.46
土　地	1,056,269.69	1,073,098.51	1,085,301.24
建設物	202,645.00	217,256.67	195,541.00
什　器	869,572.42	907,747.22	999,546.22

次に貸借対照表(第7表)では、固定財産勘定の中の土地・鉱区・建設物が増加しているが、これは本社部門が大正四年から五年にかけて、九州では鹿児島県種子島や長崎県平島で石炭鉱区を買収し、北海道では雨龍炭坑(雨龍郡北龍村)や三笠炭坑(空知郡三笠山村)を買収して、若松炭業所に試掘を依頼していたことによるものである。

起業支出勘定・東京別邸は、大正元年十一月旧鳥取藩池田仲博侯爵から東京市麻布区市兵衛町一丁目三の土地建物を購入、日本家屋・洋館を新築したことによるものである(大正五年四月完成、麻布別邸と称した。現在の住友会館の所在地)。

大正五年立替金一四八万円弱は、鋳鋼場が株式会社へ移行したことに伴い、鋳鋼所に対する貸付金残高が、従来の各部勘定からここへ移されたためである。直営店部と異なり、この鋳鋼所に対する貸付金については、日歩一銭一厘の金利が課せられるようになった。

大正四年別口預金一五〇万円は、銀行出納勘定の残高を預金に振り替えたもので、大正五年末住友銀行株式払込金に充当するため引き出された。

損益勘定・当期純損益は、下半期の本社部門の純損失を示す。

大正五年雑勘定・仮入金一二七万円余は、前に述べた労役者特別保護救済金一二〇万円と末家特別基金五万円計一二五万円の運用が来期に持ち越されたためである。

同じく大正五年の銀行出納勘定・銀行借入金三七五万円は、年末の臨時特別賞与二五〇万円、労役者特別保護救済金一二〇万円、末家特別基金五万円の合計三七五万円の資金繰りのため、取りあえず全額を住友銀行から借り入れたことを示している。この借り入れに先だって、総本店には資料が残っていないが、住友銀行によれば、銀行と総本店の間に新たな申し合わせがなされたということである。この借り入れをあくまで一時的な便法と考える総本店側と健全主義を貫こうとする銀行側との立場の相違かと思われる(資料13)。

前期損益勘定・前期純損益は、上半期の全社の純利益を示している。

(二) 総本店(全社)の業績

住友総本店（全社）の業績は、第5表の通り、本社部門と株式会社を除く各店部の損益を合算したものである。しかし本社部門以外でも本社部門が直営する国内の東京・呉両販売店、期間の終わりに黒字に転じたが（「六　東京・呉両販売店の開業」参照）、開業間もない中国の上海・漢口両住友洋行と国内の三鉱山は、赤字に終わった。鋳鋼場も基本的に赤字で、何故株式会社へ移行したのか疑問とされていたが、第一次大戦の好況に恵まれ、表面上は好決算となった。この問題は、「七　住友鋳鋼場の株式会社への移行」で再検討することとする。

総本店（全社）の利益の大半は、既に述べた通り、別子鉱業所と伸銅所である。

別子の大正五年の利益増大は、第一次大戦の結果、銅が軍需物資であったため急騰し、大阪の銅価は、大正三年のトン当たり五五四円から大正五年には一〇五六円と二倍近くハネ上がったことが大きい。さらに別子鉱山は、大正四年九月第四通洞・大立坑が完成した上に、さく岩機などの機械化によって大量出鉱が可能となった。一方四阪島製錬所でも、同年以降焼鉱炉・転炉の新増設などによって増産が可能となり、加えて大正五年六月の第三回煙害協議会において煙害問題で年間二六万二五〇〇トンに制限されていた銅鉱石の溶解量が、大正五年以降三一万八七五〇トンに増量することが可能となった（その代わり煙害賠償金額は年七万七〇〇〇円から一〇万円へ、また別途寄付金として前年支出された農林業改良奨励費一万八五〇〇円は、三年分納とはいえ一躍二五万円へ引き上げられた）ので、別子の産銅量は大正五年から急増し、前年比一五％増の九〇五二トンを記録した。

伸銅所の関係では、大正三年一月に海軍高官の収賄事件（シーメンス事件）が起こって国論沸騰し、予算のうち海軍拡

第一部　住友総本店

二四九

第二章　住友総本店（中）

張費が大幅に削減され、しかも予算そのものが不成立となり、三月に山本権兵衛内閣は総辞職した。このため、伸銅所の経営は一時危機に瀕した。ところが第一次大戦勃発に伴い、新たな軍事費予算の計上とともに活況が戻り、大正二年の銅及び銅合金製品の生産量三五〇一トンが大正五年には九五二一トンと二・七倍（銅管の生産においても一四一〇トンから二八九五トンへ二倍）も伸び、好況を満喫することができたのであった。

第8表総損益表と第9表総貸借対照表については次節「四　シーメンス事件と住友」、肥料製造所については次々節「五　住友肥料製造所の開設」の各節で述べることとする。

第8表総損益表と第9表総貸借対照表は、総本店（本社部門）以下各店部の損益表と貸借対照表を連結したものである。

総損益表のうち、当期総利益の「銅収益」・「山林収益」・「醸造収益」・「運賃収益」・「雑製品収益」及び「商品販売損益」は、別子鉱業所の売上収入の内訳を示し、同様に「石炭収益」は若松炭業所の、「伸銅収益」は伸銅所の、「電線収益」は電線製造所の、「鋳銅収益」は鋳銅場の、また本期間から新たに加わった「金銀収益」と「肥料収益」は、前者は砥沢・大良両鉱業所の、後者は肥料製造所の製造（産出）益と売上益の合計を示している。大正五年の当期純損益が、第5表店部別純損益の合計額と一致しないのは、第9表の註に示したように、期末に開業した上海住友洋行とこれまた期末に開設された大萱生鉱業所において報告未達という事態が生じたためである。

（単位：円）
5 年
23,158,354.22
10,974,187.16
3,315.16
52,860.79
5,122.52
87,726.80
1,637,916.58
6,159,337.80
863,220.56
－
298,049.13
339,741.31
33,956.60
251,047.89
463,405.66
72,747.76
602,133.47
74,507.21
353,955.20
701,849.08
97,963.57
89,209.47
△3,900.86
1.36
15,931,662.98
2,563,060.36
41,818.32
1,084,318.37
2,023,944.76
138,084.77
471,789.26
170,333.72
33,188.10
83,990.01
306,627.90
673,299.98
62,309.57
118,676.72
385,874.76
45,897.34
7,793.84
882,975.29
14,800.00
260,867.70
430,341.09
4,257,857.60
234,624.35
－
681,325.32
957,863.85
7,226,691.24
－
－

第8表 総損益表

科目	大正2年	3年	4年
当期総利益	11,374,914.32	12,123,818.48	13,649,843.78
銅収益	5,193,889.03	4,773,527.95	5,737,693.84
金銀収益			
山林収益	39,834.89	22,942.71	27,381.73
醸造収益	12,970.00	28,111.20	23,412.40
運賃収益	82,705.98	76,123.36	76,743.74
石炭収益	1,731,452.88	2,027,948.90	1,673,368.46
伸銅収益	1,477,956.44	2,048,029.07	3,128,386.75
電線収益	337,557.20	484,479.13	361,156.82
鋳鋼収益	545,768.81	571,262.94	242,396.49
肥料収益			46,162.11
雑製品収益	169,459.77	218,909.93	369,772.11
商品販売損益	55,199.51	21,018.85	43,492.61
公債利息	228,832.35	227,185.19	226,661.08
株券配当金	389,316.10	394,700.51	385,239.55
耕地収益	121,261.55	86,573.07	60,379.03
倉庫保管料	288,018.13	322,613.55	379,835.20
賃貸料	75,293.31	74,819.13	75,163.33
諸手数料	186,982.30	189,412.72	217,332.60
雑益	378,711.82	400,811.24	382,981.27
営業費戻入	59,213.37	107,641.54	115,601.04
利息	△525.24	45,738.55	76,476.25
有価証券原価差損益	1,016.12	1,968.94	207.37
為替差損益			
当期総損失	8,380,763.02	9,199,835.06	9,770,941.32
賃銀費	2,169,971.95	2,226,841.08	2,101,741.06
営業雑給	35,698.50	39,447.88	41,113.20
燃料費	754,737.68	989,720.54	935,367.36
営業常用品費	1,142,817.50	1,279,165.14	1,389,443.43
営業営繕費	61,469.03	54,908.52	66,035.18
運送費	431,202.30	454,076.15	427,312.38
販売費	80,952.99	95,089.02	119,060.73
営業賃借料	19,593.25	20,242.08	26,208.80
営業保険料	38,424.56	44,134.48	42,714.69
営業雑費	182,366.00	205,991.28	220,045.46
俸給	545,892.24	619,843.21	655,353.90
雑給	66,448.86	68,065.99	67,878.18
旅費	72,782.20	58,447.15	54,755.46
諸税	330,533.22	355,560.00	349,523.74
営繕費	31,809.20	44,450.39	39,399.80
賃借及保険料	5,256.88	4,998.63	5,278.32
雑費	412,589.22	434,042.84	415,979.32
特別報酬金	14,400.00	13,100.00	13,100.00
別途費	66,171.63	191,509.02	724,947.89
本家費	238,924.18	218,734.27	219,453.82
賞与	481,068.32	594,145.42	672,413.10
固定財産原価差損益	51,974.67	38,368.03	11,001.70
営業品原価差損益	42,932.25	34,560.20	19,151.38
雑損	235,492.71	217,630.65	279,519.62
償却	867,253.65	896,763.09	874,142.80
当期純損益	2,994,151.30	2,923,983.42	3,878,902.46
鋳鋼場純損益	―	―	43,830.17
計	―	―	3,922,732.63

註:大正4年下半期の総損益表は鋳鋼場を除いているので純利益のみ加算した。
　　大正5年の当期純損益は報告未達のため第5表の合計と一致しない。詳細は第9表註参照。

第二章 住友総本店（中）

総貸借対照表のうち、大正四年鋳鋼場の株式会社への移行によって鋳鋼場分は削除された。

大正五年の諸貸付金・仮入金・銀行借入金については、本社部門で既に説明した通りである。

「総財産」勘定のうち、「財産」勘定は、前章「住友総本店（上）」で述べたように第7表本社部門の「営業資本」勘定と欄外に注記した「営業外固定財産」勘定の合計額である。「営業資本」及び「営業外固定財産」の概念については同じく「住友総本店（上）」を参照されたい。

利益処分については、好決算の結果第10表の通り、余裕のある処分方法となっている。会計規則積立金は、これまで年間五万円であったものを、大正二年から七万円へ積み増しすることができた。この結果第二節で述べた遠計口・貯蓄口・積立口の三種の積立金の運用利息の元本繰り入れと合わせて、積立金残高は累増し、大正五年末には五〇〇万円近くに達した。なおこの第11表の積立金の運用残高と貸借対照表上の積立金残高に差異が生じているのは、会計規則積立金については利益処分により積み立てられる年度が両者同一であるが、諸積立金利殖高積立金については運用残高ではその年度末に表示されるのに対し、貸借対照表では利益処分に合わせて翌年度末に表示される結果となるためである。

	（単位：円）
	5年末
	59,501,289.76
	4,516,764.11
	3,252,917.31
	1,039,328.86
	5,011,130.55
	182,206.00
	115,288.00
	2,849,319.80
	1,134,330.13
	604,580.41
	11,711.93
	1,533.90
	5,998.28
	1,025.00
	3,284,802.08
	185,575.00
	16,319,151.74
	3,471,226.48
	781,104.26
	925,139.64
	2,357,206.57
	3,078,989.25
	40,484.16
	1,503,075.86
	465,493.50
	2,881,576.71
	885,261.24
	2,401,827.33
	51,804.05
	74,796.00
	1,726,233.58
	341,408.03
	59,501,289.76
	37,038,174.43
	4,658,703.71
	807,570.12
	5,108,371.54
	1,216,852.32
	256,096.45
	1,356,446.36
	1,740,288.61
	8,877.86
	3,750,000.00
	1,441,588.66
	2,118,319.70
	―

替の遅れと損失643.97円

第9表　総貸借対照表

科　　目	大正2年末	3年末	4年末
借　方	38,042,102.96	40,700,797.30	45,059,814.63
固定財産・土　　地	3,548,908.35	3,645,212.62	3,771,521.97
鉱　　山	3,484,706.31	3,580,591.14	3,386,936.23
山　　林	952,390.43	979,082.86	1,017,237.71
建設物	4,172,780.31	4,045,840.25	3,671,395.07
鉄　　道	238,466.00	212,063.00	190,501.00
船　　舶	130,110.00	140,237.00	127,515.00
機　　械	2,944,289.33	2,854,255.90	2,749,228.53
什　　器	928,583.42	971,797.65	1,057,923.55
所有品・準備品	381,086.95	571,103.00	506,881.88
木　　材	2,806.57	1,783.17	3,891.77
薪　　材	16.39	14.09	582.23
米　　穀	22,282.82	16,055.04	6,343.39
乳　　牛	2,157.00	1,642.00	1,670.00
有価證券・国債證券	3,219,690.27	3,193,635.51	4,137,842.88
地方債券	185,575.00	185,575.00	185,575.00
株　　券	8,610,897.74	8,355,011.74	9,895,806.74
起業支出	1,449,262.29	2,563,223.35	3,687,575.15
営業品・産出品	614,552.91	839,744.35	872,218.12
製　　品	571,458.47	440,787.31	547,664.49
半製品	1,321,818.35	1,007,653.57	1,311,535.21
原料品	563,880.21	974,848.77	1,294,222.81
商　　品	76,337.85	56,651.23	49,591.59
貸金・諸貸付金	107,053.87	136,975.55	129,015.54
手形・受取手形	185,115.81	263,700.65	196,541.98
取引先・掛売金	1,403,847.50	1,165,721.55	1,368,092.38
雑・仮出金	676,119.33	353,976.54	1,189,179.20
預ケ金・銀行預金	1,938,345.20	3,085,856.94	2,784,030.48
現　金	33,070.98	14,444.22	15,455.59
創業費	15,378.62	113,868.82	189,117.69
積送品	261,114.68	929,073.00	714,721.45
報告未達	—	371.48	—
貸　方	38,042,102.96	40,700,797.30	45,059,814.63
総財産・財　産	29,185,607.31	31,454,858.80	33,964,168.38
積立金	3,733,803.77	4,031,260.09	4,341,546.89
準備積立金	628,470.92	576,164.41	689,925.14
前期純損益	1,392,877.24	1,383,705.79	1,917,147.80
預リ金・諸預リ金	965,187.04	1,034,378.23	1,125,501.62
取引先・掛買金	126,254.62	47,481.79	164,824.88
委託主	20,898.51	11,370.09	292,135.96
雑・仮入金	54,187.56	44,495.07	80,640.67
未払金	3,770.80	3,720.30	7,934.73
銀行出納・銀行借入金	—	—	—
受　託	329,748.29	573,085.10	514,232.10
当期損益・当期純損益	1,601,274.06	1,540,277.63	1,961,754.66
報告未達	22.84		1.80

註：大正5年末の報告未達は期末に大萱生鉱山を336,000円で買取したことによるその固定財産勘定への付の未計上及び上海洋行の損失が4,721.63円から4,896.38円へ修正されたことが主な原因である。

第二章　住友総本店（中）

（資料12）

此度臨時特別賞与御給与相成候主意ハ、近年営業成績良好ニ向ヒ、今年ニ至リ殊ニ其度ヲ加フ、備員等勤勉之効亦不少トイフベシ。就テハ、大ニ此収益ヲ割キ、之ヲ備員等ニ給与シ、以テ均霑共楽セシメントノ義ニシテ、家長ノ深厚ナル芳情ニ出テタルモノニ有之候。備員等ニ於テハ、篤ト此意ヲ了会シ、感激奮発、愈忠実ニ、益勤勉ニ、各其職務ニ尽力シテ、以テ報効ヲ謀ラルベカラザルコト、存候。
而シテ御給与相成候資材ハ、徒ニ消費スルコトナク、之ヲ恒産トシテ、其貨殖ヲ謀リ、以テ各自ノ恒心ヲ養ヒ、専心一意職務ニ従事スベキコトト存候。備員等、固ヨリ適当ノ心得有之事トハ存候得共、家長御主意ノ在ル所ヲ明示シ、且為念小職之存慮ヲ申述〆候。
右訓示ス
　大正五年十二月二十三日
　　　　　総理事　鈴木馬左也

（資料13）『住友銀行史』（昭和三十年）七四頁
住友総本店ニ対スル資金融通ニ関スル件

一、住友総本店ニ於テ必要トスル場合ニハ、住友製銅ヲ担保トシテ時価ノ八掛以下ノ標準ヲ以テ融通ヲ為スコト。但其利率ハ商品担保最低歩合ニ依ルコトトス。

(単位：円)	
5年	7,225,872.52
	70,000.00
	270,487.66
	50,000.00
	50,000.00
	14,100.84
	6,771,284.02

(単位：円)
増　加　高
252,233.26
348,616.51
256,933.74
318,866.61
277,456.32
310,286.80
317,156.82
340,487.66

第一部　住友総本店

表10表　利益処分

科目	大正2年	3年	4年
純利益	2,994,151.30	2,923,983.42	3,922,732.63
総純益金分配内訳			
会計規則積立金	70,000.00	70,000.00	70,000.00
諸積立金利殖高積立金	227,456.32	240,286.80	247,156.82
総本店建築準備金	50,000.00	50,000.00	50,000.00
相続税準備金	50,000.00	50,000.00	50,000.00
同上利殖高積立金	9,363.82	13,760.73	17,644.98
上記特別支出差引営業資本ヘ組入	2,587,331.16	2,499,935.89	3,487,930.83

第11表　積立金増加一覧表

年末残高	遠計口	貯蓄口	積立口	合計
明治42年	978,119.38	839,836.04	941,431.49	2,759,386.91
43年	1,074,348.94	943,381.88	1,090,272.60	3,108,003.42
44年	1,151,633.15	998,579.66	1,214,724.35	3,364,937.16
大正元年	1,217,539.55	1,048,150.36	1,418,113.86	3,683,803.77
2年	1,303,131.33	1,109,764.61	1,548,364.15	3,961,260.09
3年	1,392,753.60	1,173,451.38	1,705,341.91	4,271,546.89
4年	1,483,849.09	1,238,906.56	1,865,948.06	4,588,703.71
5年	1,580,269.98	1,308,182.09	2,040,739.30	4,929,191.37

二、住友伸銅所並ニ住友電線製造所ニ於テ、住友製銅ヲ買入レタル場合ニ其代金ニ対シテ神戸住友製銅販売店振出ニ係ル住友伸銅所又ハ住友電線製造所宛株式会社住友銀行受取人トスル為替手形ヲ割引ノ方法ヲ以テ、株式会社住友銀行ヨリ融通ヲ為スコト。但其利率ハ普通商業手形ノ例ニ依ルコト。

三、住友若松炭業所ノ石炭ヲ住友伸銅所、住友鋳銅所其他ノ店部ニ於テ買入レタル場合ニ、其代金ニ対シ住友若松炭業所振出ニ係ル前記各店部又ハ会社宛株式会社住友銀行ヲ受取人トスル為替手形ヲ割引ノ方法ヲ以テ、同行ヨリ融通スルコト。但其利率ハ前項ノ例ニ同ジ。

第二章　住友総本店（中）

四、前記各項ノ外、株式会社住友銀行ハ、住友総本店ニ於テ必要トスル場合ニハ随時金参百万円以内無担保ヲ以テ融通スルコト。但其利率ハ同行同種貸金ノ最低利率ニ依ルモノトス。

五、尚其他住友総本店ニ於テ必要ノ場合ニハ、相当有価証券ヲ担保トシテ同銀行ヨリ可成便宜ノ方法ヲ以テ融通ヲ為スコト。但其利率ハ同種貸金ノ最低歩合ニ依ルコト。

右大正五年十二月十九日当行重役ト住友総本店ト申合ヲ為シタル際、重役会ノ決議ヲ了シタルモノナルモ、当時記録ヲ作成セザリシヲ以テ茲ニ本書ヲ作成ス。

　　　　　　　　　　　　　　　以　上

四　シーメンス事件と住友

住友電線製造所が、明治四十四年（一九一一）八月、住友伸銅場から分離独立し、その結果新工場を建設しようとする動きにあったことは、前章「住友総本店（上）」で述べた。

明治四十五年一月、支配人西崎傳一郎は、総本店に対しその新工場適地として島屋新田（現大阪市此花区島屋一丁目、住友電気工業（株）大阪製作所）を報告した。四月日本電気協会第二十七回総会の翌日、会員が住友電線製造所を見学した際、西崎は「近き将来に於て、他に地を卜して設備の改善と事業の拡張とを行う計画を立て着々進行しつつある」と報告した。[14]

六月には家長もまたこの候補地を視察した。島屋新田は、明治十一年住友家が一六万七〇〇〇坪を買収したことに始まり、以後住友家の経営地となっていた。

このように明治四十五年半ばには、新工場の立地は、ほぼ島屋新田に決定されたものとみられていたが、実際に西崎支配人が鈴木総理事に新工場建設の申請を行ったのは、約一年後の大正二年(一九一三)五月九日のことであった。新工場建設の決定が何故にこのように遅延したのか。前章で述べた通り、この間湯川理事は、新工場建設にドイツ・ジーメンス社の技術を導入すべく、その日本法人シーメンス・シュッケルト電気株式会社(SSDKKと略称)社長ヘルマン(Victor Herrmann)と交渉を続けていたものと思われる。そしてこの五月九日に西崎支配人が、新工場建設の申請を行ったということは、五月初めにこの交渉が大筋で合意に達したことを示すものと受け取られる。五月二十日第一回主管者協議会において鈴木総理事は、電線製造所の問題について触れ、電線製造の事業が有利と判断しむしろ先鞭をつけておきながら、今日では住友は他社の後塵を拝していると反省し、その原因として、英人ゴダードという人がいたために慢心し、人について誤ったこと、資本供給を十分にしなかったこと、世界の発展について観察を怠ったことをあげた(資料3)。これは、裏返せば住友としてこれらの弱点を克服できる体制が整ったことを言外に示したものであろう。

他方ジーメンス社では、ヘルマンと湯川理事との交渉の進展に伴い、同月ヘルマンの前任者で在日二十年余の経験を有するベルリン本社海外事業本部東アジア担当(日本を含む)支配人ケスラー(Hermann Keßler)を日本に派遣した。ジーメンス側にも日本における国産化、保護主義の動きに対し現地生産のパートナーを求めていたという事情があった。

五月二十四日須磨別邸処務報告書によれば、「ケスラア、ヘルマン、ドレンクワン(SSDKK強電部長)三氏午餐ニ御招待、主人側家長公、鈴木総理事、中田、湯川、久保理事、山下芳太郎(製銅販売店支配人)、小倉正恆(総本店副支配人)、西崎傳一郎(電線製造所支配人)、秋山武三郎(同副支配人)」とあり、このようにケスラーと家長、鈴木総理事の会談がセットされたということは、上記の合意が整ったことを裏付けるものであろう。この会談の前後にケスラーは、電線製造所を視察し、新工場の建設計画についても説明を受けた。⑮

第一部　住友総本店

二五七

第二章　住友総本店（中）

五月三十日、総本店は電線製造所の新工場建設計画を認可し、八月十一日埋立工事に着手した。

六月九日、秋山武三郎は欧米出張に出発した（この発令が五月八日付であることも、五月初めの合意成立説を補強するものである）。

六月末帰国したケスラーは、出張報告を行い、住友は他社に比し見劣りはするが、新工場の建設を計画しており、これに対しジーメンスとして売り込みも可能なので、住友とのケーブル合弁を「以前立案された（ケーブルの日本現地生産）計画を実行に移す上で唯一最良の機会」と提案し、さらに住友が海軍に対する伸銅品や鋼管の独占的納入業者である点を高く評価し、「その点にも、この企業との提携の重点があり、それはむしろケーブル製造より重要なくらいである」と述べている。(16)さらにケスラーは、八月本社取締役会で、日本企業の追い上げに対しケーブル合弁にとどまらず、小型電気機器についても日本での現地生産が必要であると報告し、当面はSSDKKの神戸作業所を拡充するにしても、本格的な電機製造工場を合弁で建設することを提案した。(17)「たとえば住友の如き資金状況の点で恵まれた日本のコンツェルン」と組んで、本格的な電機製造工場を合弁で建設することを提案した。

しかしケスラーにとって不幸なことに、丁度この頃ドイツ本国は不況のドン底にあった。八月末取締役のナターリス（Hugo Natalis）は、現地生産の有効性を認めながらも、その直接投資はジーメンスとして主導権を握るのに必要最小限なものにとどめるべきだと主張し、海外業務本部長カール・フリードリッヒ・フォン・ジーメンスは、九月六日SSDKK社長ヘルマンに書簡を送り、住友との交渉に関連して、現下の財務状態から、株式の過半数を所有するための資金調達が困難であると明言し、なおかつジーメンス社がイニシァティブを確保するために、技術提供報償金としての無償株の獲得、住友からの電気精銅設備の受注、新合弁会社のジーメンス製品輸入業務の兼営などを指示した。(18)

九月二十三日、渡欧した秋山は、英国を経てベルリンに到着し、早速ケスラーを通じジーメンス社ケーブル工場の見

学を行ったが、それは表面的なもので、交渉が成立しない限り、秋山の希望する工程は見せてもらえないだろうと報告してきた(資料14)。この後秋山は、米国を経て十二月五日帰国した。

大正三年初頭、住友とジーメンスの暫定的合意が成立した。それによると製造品目は、強・弱電用ケーブルで、海底ケーブルは除外された。工場用地は、住友側が新会社に貸与し、それを除く建設費は第一期分として約一二五万円、それに運転資金約七五万円を加えて、新会社の資本金は二〇〇万円とされた。出資比率は住友六〇、ジーメンス四〇で、ジーメンスの四〇のうち若干は、技術提供の見返りとして、住友が払込み無償譲渡される。出資比率に応じ、取締役会乃至監査役会の構成比率も住友三、ジーメンス二となっていた。

新会社の主導権は住友が握り、ジーメンスは技術面を担当して、現在及び将来にわたって技術・ノウハウを提供する義務があり、必要に応じて日本人技師・職長・職工をドイツ本社で養成することも定められた。販売地域として住友は、日本、中国、満洲、シベリアの他、インド、オーストラリアを含むアジア全域を希望したが、ジーメンスは同意しなかった。新会社はジーメンス製品を輸入販売することで合意した。原料銅は、差し当たり他社製電気銅を購入するが、別子で電気精錬を行うため、住友はジーメンス製電気精銅設備を導入することが決定された。(19)

この合意は、SSDKKと住友の間の合意で、ドイツ本社の承認を得ていなかった。SSDKKの申請に対し、ドイツ本社は住友に過半数を認めるわけにはいかないとして、四月再交渉のため前取締役会長ベルリーナー(Alfred Berliner)を来日させた。しかしこの間に日本国内では重大事件が発生した。

すなわち大正三年一月、前年末に開業した東京販売店支配人川田順は、海軍省に艦政本部第四部長藤井光五郎機関少将を表敬したが、少将は「机に頬杖突きながら億劫そうに応対して、少将の顔は非常に陰鬱なので病気ではないかと、

第一部　住友総本店

二五九

第二章　住友総本店（中）

私は心配した。[20]」

藤井光五郎は、明治四十一年三月造船監督官から横須賀海軍工廠造機部長に就任した（大正二年六月住友に入社して伸銅所長になった小幡文三郎もこの時の異動で呉海軍工廠造船部長から横須賀海軍工廠造船部長に転じ、藤井の同僚となった。なおこの時の工廠長は松本和海軍少将であり、松本は八月艦政本部長に栄転した）。明治四十三年住友では伸銅場の管棒工場の大拡張に当たり、三月藤井が巡洋戦艦「金剛」の建造を英国のヴィッカース社かアームストロング社のいずれに発注すべきか調査のため英国へ出張したので、藤井に対し設備機器の買い付けと英国人技師・職長の雇用につき、斡旋を依頼した経緯があり、以後藤井とは特に親しい関係にあった。藤井は同年九月帰国、十二月機関少将に昇進し、同時に艦政本部第四部長に栄転した。総本店処務報告書には、明治四十五年二月藤井光五郎氏母堂死去に付香料二〇円（家長名義）、大正二年九月藤井機関少将夫人死去に付香料二〇円（家長名義）の記録が残されている。

大正二年秋、SSDKKの元社員カール・リヒテルという男が、会社の秘密書類を盗み、これをタネにSSDKK社長ヘルマンを脅迫していたが、相手にされないので、この秘密書類をロイター通信社東京特派員アンドリュー・プーレイに売りつけておいて、自分はドイツ本国に帰りジーメンス本社を恐喝して逮捕された。

一方リヒテルから書類を入手したプーレイは、リヒテル同様ヘルマンを脅迫していた。十一月十七日ヘルマンは、斎藤実海軍大臣を訪ね、この秘密書類にコミッションを受け取った海軍軍人の名前が上がっているので、公表されては困るからプーレイを逮捕してくれるよう要請した。しかし斎藤海相は、帝国海軍軍人にコミッションをとるような者はいないとヘルマンの要請を拒絶した。やむなくヘルマンは、プーレイから秘密書類を買い取りこれを焼却した。斎藤はこの秘密書類に名前が上がっている海軍軍人は、藤井であることをヘルマンから知り、川田の証言によれば大正三年初めには藤井に伝えられていたものと思われる。

このように日本国内の動きは抑えられていたが、一月二十三日外電によって、リヒテルがドイツ本国での裁判で懲役二年の求刑を受けた際、ジーメンス社が日本海軍からの受注について藤井に売上の二・五％のコミッションを渡していたことを暴露した。このシーメンス事件そのものは、結局ドイツ・ジーメンス本社が飽くまで秘密書類を公表しなかったために、藤井の収賄の事実は立証されなかったが、海軍省は、一月二十八日査問委員会を設け、藤井を取り調べた結果、シーメンス事件とは別に、かつて藤井がその発注に関与した巡洋戦艦「金剛」をめぐり、ヴィッカース社から三〇万円余、その他補機類につき英国の各社から合わせて六万円余計三六万円余の賄賂を受け取っていた事実が発覚し、当時の艦政本部長松本和中将(この時呉鎮守府司令長官)もまたヴィッカース社代理店三井物産を通じ四〇万円余の賄賂を受け取っていたことも明らかとなり、両者は海軍高等軍法会議にかけられた。

一方東京地方裁判所小原直検事は、この二月から三月にかけて、三井物産初め、三菱造船、川崎造船など海軍と関係の深い企業の捜索を行った。住友総本店に対しても、三人の検事が来阪して取調が進められたが、幸い上記の通り、藤井に対する金銭関係は、社交的儀礼の範囲内にとどまっていたので、容疑は晴れた。(21) 当時の海軍に納入する住友の製品は、材料や部品で艦艇や機器類のように他社との競争で受注が決定されるものではなく、多くは独占的な納入であったから賄賂を贈る必要がなかったともいえるのではないだろうか。藤井の遣り口からすれば、住友から受け取るのではなく、たとえば伸銅場が英国から買い付けた機械類の斡旋の際に、英国の機械メーカーから藤井がなにがしかのコミッションを得ていたことは十分考えられることである。

三月二十四日、事件の影響で海軍大将山本権兵衛内閣の海軍拡張予算案は貴族院において否決され、内閣は総辞職せざるを得なくなった。シーメンス事件によるSSDKK社長ヘルマンの収監とそれに続くヴィッカース事件は、住友総本店に強い衝撃を与えたと思われるが、四月初めに来日したベルリーナーとの交渉は再開された。この結果四月十三日

第一部　住友総本店

二六一

第二章　住友総本店（中）

交渉は一応合意に達し、契約書と新会社の定款が作成される運びとなった。

主な変更点は、出資比率の対等化であった。二〇〇万円の資本金は、一対一の同率出資となり、技術提供報償金として三〇万円分が住友から提供されるので、実際の払込比率は六・五対三・五となった。将来の増資の引き受けも一対一で、両者の出資比率が対等に保たれるようにされた。またこれに応じて役員派遣も対等となり、社長は住友から、副社長はジーメンスから出されることになった。その他工場用地は、新会社に賃貸ではなく売却すること、新会社の販売地域では焦点の中国は両者の自由営業地域とすること、新会社が必要な設備機器をジーメンスから購入するとしていたのを新会社だけでなく、住友総本店全体が購入義務の対象となるなど住友側の譲歩が目立った。(22)

この契約書は五月末に正式に取り交わされることになっていたが、その直前五月十四日、住友総本店は、一転してジーメンス社に対し交渉打ち切りを通告した。その理由は、シーメンス事件であった。湯川理事はシーメンス事件にもかかわらず交渉を続行してきたが、政府・海軍への聞こえを慮る家長の強い意向に逆らえなかったというのが、住友側の理由であった。

それでは何故この交渉の最終段階において家長は、中止を決断したのか。この時点で家長の決定に強い影響を与えたのは、次の二点であったと思われる。

ひとつは、この間にシーメンス事件が関係者の責任を問う方向に進展したことである。この事件との係わりを憂慮していた住友側は、すでに四月十三日のベルリーナーとの会談で、鈴木総理事から本件の成否がヘルマンの取調べの結果如何にかかっているとジーメンス側の注意を喚起していた。中止を告げた五月十四日は丁度その一カ月後に当たっていたが、この間四月二十五日にはジーメンス社関係でヘルマン等五名、ヴィッカース社関係で三井物産岩原常務等六名の予審が終結し、東京地方裁判所の公判に付されることになった。この結果三井物産の役員は解任され、海軍高等軍法会

二六二

議における松本中将や藤井機関少将の有罪も決定的なものとなった。

大阪朝日新聞は、これを受けて四月末から五月初めにかけて、「問題の三井」と題して「三井男は重役連の斯の如き非国家的行動を社務に熱誠なる余りと評した」が「斯の如き社務の熱誠は国を害し民を損う恐ろしき熱誠である」と三井批判のキャンペーンを展開した。三井家と姻戚関係にある家長にとって、これは決して他家のことと座視し得なかった筈である。事実刑事責任を免れたとはいえ、三井物産代表取締役社長三井八郎次郎は、道義上の責任をとって七月の株主総会で辞任せざるを得なくなった。

他の一点は、鈴木総理事が五月二十八日の主管者協議会の訓示の中で紹介した中田理事が某海軍大佐から聴取した一件である。この聴取の時期は訓示原案作成の過程から丁度この頃に当たる。それは藤井機関少将が家宅捜査を受けた際、生計が非常に贅沢で一〇〇万円位の身代でなければできない程度であった。そこで多分その資力は住友が出したのではないかという憶説が海軍部内で流れたということであった。幸い住友総本店が今回の事件と無関係であったことは明らかになったが、そのような嫌疑をかけられた住友が、事件の当事者であったジーメンス社と合弁会社を設立するということは、家長としては堪え難いことではなかったかと思われる。

以上のような家長を中心とする住友の経営姿勢は、ジーメンス側からも、さらには住友内部の実務者からも理解を得られず、したがって本件に関するこれまでの記述は右のような経緯に触れていない。SSDKKの見方は、住友の申出は表面上の理由で、住友がジーメンスとの提携を断念して独力で新工場を建設するというのは、住友の技術者がジーメンスに対する譲歩を不満として提携に反対したからだというものであった。

他方、住友側の資料としては、わずかに電線製造所支配人西崎傳一郎の談話を「時恰も欧州戦争勃発直前の事とて、日独間の風雲又急迫を告ぐるに至り、ヘルマン急遽帰国したる為め、(五月十四日)シーメンスとの交渉遂に断絶の止む

なき結果に終り、(五月二十日埋立工事竣工)新工場拡張に関する凡ての企劃設計は、結局我々の手に依って苦心惨憺の末、漸く当時の恩貴島新工場が出来上がった訳である。」と記したものが残っているだけである。しかし社史執筆者は、「その頃に於いて日独間の風雲急迫をいうのは早きに失するようであるが、欧州の形勢不穏によって帰国したものであろうか」と疑念を表明している。ヘルマンは帰国どころか、シーメンス事件によって七月十四日東京地方裁判所において証拠湮滅罪で懲役一年(執行猶予三年)の判決を受けることになるのである。

電線製造所が依然として技術導入を必要としていたことは、大正九年日本電氣を介在させ、米国ウェスターン・エレクトリック社と提携したことでも明らかであり、さればこそ湯川理事はシーメンス事件の進展をみながら、譲歩を重ねても、何とかジーメンスとの合弁会社設立をまとめようと努力したのではなかったか。それが最後に家長の鶴の一声によって挫折し、ジーメンス社との交渉そのものが闇に葬られるに至った。西崎支配人の苦渋に満ちた談話は、この間の事情を余すところ無く物語っているのではないだろうか。湯川理事としては、ジーメンス側に対し、率直に事実を明らかにする以外途はなかったのである。

住友とジーメンス社の提携問題は、かくしてシーメンス事件ひいてはその根源にあるジーメンス社の商法そのものに対する彼我の認識の相違というものが、最後に表面化して結実するには至らなかった。事件が落着した大正三年十二月、家長は「住友がこれに関係がなかったということを喜ばれ、早速私の父(伊庭貞剛、当時滋賀県石山に隠退していた)に蕭白の楼閣山水の屏風を贈り、これは父の人物養成がよかったからだといって謝意を表された」(伊庭貞剛令息勝彌談)ということである。

(本節執筆に当たり、大阪大学竹中亨先生のジーメンス社史史料に基づくご研究を参考にさせて頂いたことを厚く感謝する。ただし本節の叙述の責任はすべて筆者にある)

（資料14）

湯川理事殿

十月九日

西崎傳一郎

拝啓、陳者本日秋山氏より九月廿三日伯林にて認候書状着致候、其一節に其後シーメン工場視察に関する記事有之、即ち左之通り御座候。

「昨朝始めてケスラー氏と相会し、数日間工場見学の事を依頼致候処、ケーブル工場のDirectorと相談すべしとの事に有之、本日参観致候。見学としては目下シーメンより提出の条件確定之上ならでは、絶望に有之。ケスラー自身も自由に工場に出入し得ざる旨申居候。工場Directorの案内に候得ば、真の表面而已に有之、就中Rubber Millの如きは、遠方より見たる而已、それにCompoundingは四本許り同時に作業致居り、余程変り居り候得ば、今回是非取調へ呉んと心掛居候も、之亦得る所無きに終り、残念に有之候。当地観察は、予期に反し、Detailに関しては、得る処無きに終り之を以て殆と終局に達し候事と覚悟致候。」

尚前節に左の通り記載有之候。

「ケスラー自身としては充分に小生の見学に対し、便宜を与え度きものと見受候も、中々自由に相成さるものと見受候。ケーブル工場はランプ工場と相並んで出入取締厳重なるに加へ、中々容易ならざるものと被存候。ケーブル工場のManagerは、重役なるDirectorなるも、ケスラー氏は普通のDirectorにして、所謂日々の通勤に対し自動車の送迎に預り得さる方のDirectorなる由に御座候。」

右之二節にてシーメン視察の顛末程度及秋山氏の同社に対する感想頗る明白に有之候。当方打電は廿五日首記視察は、

第一部　住友総本店

其以前に候。本邦同社支店よりケスラー氏御返事ありたるや否やは不明に御座候。文中、ゴムミル及コムパウンドに関する義は、大体より見れば些細之事にて、其為、之視察の結果を遺憾と為す程之事に無之、特に之迄の他所の視察より、最早欧州プラクティスの一般は相分居候筈に付、支問無之事を御承知被下度候

敬具

五　住友肥料製造所の開設

住友の化学工業の歴史は、明治六年(一八七三)、当時別子支配人であった廣瀬宰平が、生野鉱山出仕によって知己を得たフランス人技師コワニェに別子鉱山の視察を依頼したことに始まる。コワニェは別子視察の結果、貧鉱を湿式収銅法によって処理し、その工程で産出する硫酸鉄から硫酸を製造すれば一石二鳥であると助言した。

この湿式収銅は、明治九年沈澱銅試作に成功し、翌十年にはその過程でできる硫酸鉄を製造した。これに基づき湿式収銅所は明治十三年に竣工した。住友最初の化学品となった硫酸鉄は、「緑礬」と呼ばれ、染色・インク原料、防臭・殺菌の薬剤として用いられたが、化学工業の未発達な当時においては、買い手も少なく廉価だったので、採算がとれず、十五年には製造は中止された。

明治十九年四月、住友家は元東京大学理学部教授岩佐厳に別子視察を依頼し、その意見を求めた。岩佐は、別子鉱石の低品位・多硫黄という性質から、やはり収銅の副産物として硫酸銅・硫酸鉄・硫酸ソーダ・硫酸苦土(マグネシウム)などを採集して収銅量の足しにすること、その設立場所は、用地と用水の関係から新居郡角野村字山根(現新居浜市角野新田町)とするという意見書を提出した。

住友では、この岩佐の上申に基づき、岩佐を技師として採用して明治十九年十一月貧鉱処理のための湿式製錬所の建設に着工し、二十一年五月完成した。山根製錬所では、発生する亜硫酸ガスを硝酸ガスと混和して鉛室に送り、鉛室硫酸を製造したのが特徴であり、一日三〇〇〇ポンドの鳶色硫酸製造能力があった。その他収銅後の廃液には、硫酸銅（胆礬とも呼ばれる。丹礬は誤用）・硫酸鉄以外に極めて微量の酸化コバルト（〇・〇七％）が含まれていたので、これの抽出も企て、一日一〇ポンド余を得るのに成功した。これは、わが国における最初の酸化コバルト製出で、陶磁器の絵付け顔料として諸外国に比べて遜色のないコバルトブルーを呈していた。

明治二十六年には山根製錬所は、湿式収銅の不成績により、むしろ硫酸製造に特化すべきであるとの意見が出され、創業以来最高の三〇万ポンド（一三六トン）の硫酸を製造したが、技術的な問題から本来硫酸製造用となるべき亜硫酸ガスの大半が生子山の大煙突から排出され、洋式製錬が拡張された新居浜製錬所の排煙とともに周辺の田畑山林に対する煙害問題が発生した。すなわち製錬作業が別子山中で行われている時には、海抜一〇〇〇メートルもある高所であったため、亜硫酸ガスによる煙害は、特定の山林や作業場を損傷するにとどまったが、製錬所が山根、新居浜と山麓から平野部に移行するにつれ、また試験操業から本格操業に進むにつれ、煙害は社会問題化するに至った。

煙害問題とともに硫酸についても、大阪硫曹会社や大阪舎密製造会社などの国内メーカーとの競争にも敗れ、販路の拡張も化学工業の未発達な当時のわが国では零細企業が主たる消費者であり、多くは望めないということで、山根製錬所は、明治二十七年十二月操業を中止し、翌二十八年二月閉鎖された。

他方新居浜製錬所について、伊庭貞剛別子支配人は、煙害補償だけでは根本的解決にはならないと考え、新居浜製錬所の全面的移転を図るため、明治二十八年十一月瀬戸内海の孤島四阪島を購入した。四阪島製錬所は、明治三十年二月着工し、三十七年七月工事の一部が竣工した。製錬所を四阪島に移転した経緯からすれば、四阪島移転後煙突から排出

第二章　住友総本店（中）

される煙は陸地に達する前に拡散消滅し、煙害はすべてなくなるはずであった。しかし製錬所が明治三十八年一月本格操業を開始すると、越智・周桑両郡の各村から煙害の叫びが起こった。その後年を経るごとに煙害は従前より一段と激しくなり、明治四十二年には、鉱害・煙害問題は、四阪島製錬所だけでなく、足尾・小坂・日立など諸鉱山についても論じられるようになった。(34)

明治四十二年七月、和歌山県知事から愛媛県知事に転じた伊沢多喜男（のち警視総監・貴族院議員、この後四十四年七月住友に入社し総本店副支配人となった大平駒槌とは大阪の第三高等中学校入学以来、帝国大学法科大学を通じての友人であった。後に首相となる浜口雄幸・幣原喜重郎も同じ仲間である）は、四十三年八月農民側と住友の調停の時期が来たと判断し、両者の意見を聞いて、その実現に向かって動きだした。農商務省を会場とする第一回の協議会は十月末から開催された。両者の協議は難航したが、十一月に入って、交渉は妥協した。

その内容は、住友が、四十一～四十三年の三年分の賠償額として農民側に二三万九〇〇〇円を支払い、その後の四十四年以降の分としてこの三年分を三分して、毎年七万七〇〇〇円を支払うというものであった。また三十八～四十年の既往三年分については、大臣裁定で住友は一〇万円を支払うことになった。次に鉱量制限については、年間の処理鉱量を五五〇万貫(二〇万六二五〇トン)とし、米・麦重要期間三十日間は処理鉱量を一日一〇万貫(三七五トン)に抑え、最重要期間十日間は製錬作業を中止するというものであった。(35)

このように煙害問題で住友がとらざるを得なくなった措置には、遮断緑地買収のための出費、既設工場の大々的な移転、生産制限、被害者救済等、公害対策として先駆的と言えるものが揃っており、足尾鉱毒事件で畢生の闘争を続けた田中正造が、別子に関して「伊予の別子銅山は、鉱業主住友なるもの社会の義利をしり徳義を守れり　別子は鉱山の模はんなり」と書いていたということからも、当時としては住友の対応はそれなりに評価されたものと考えられる。(36)

二六八

このようにして煙害問題は決着したが、しかし農鉱併進を掲げ、農業と鉱工業の共存共栄を鋭く鈴木総理事にとって、それは何等根本的な解決ではあり得なかった。既に四阪島製錬所の煙害問題が起こった時から、住友では再び煙害除去対策の一環として、硫化鉱から硫酸を製造することが取り上げられていた。明治四十一年四月別子鉱業所製錬課(四阪島製錬所)主任代理梶浦鎌次郎は「硫酸及肥料製造ニ関スル利益見積書」を提出し、その中で「住友が硫化鉱を自焼し、硫酸から過燐酸石灰を製造すれば、煙害を防止するだけでなく、農家に安い肥料を供給できる」と報告した。

この報告書が如何に鈴木総理事に評価されたかは、早速梶浦に六月五日付で海外出張の発令が下されたことからもうかがえる。梶浦は八月に出発し、ドイツで硫酸製造の権威エルンスト・ハルトマンから鉛室式硫酸製造工場の設計を入手して、四十三年三月帰国した。鈴木総理事は、梶浦の帰国報告を受けて、改めて山下芳太郎(製銅販売店支配人)及び小倉正恆(総本店副支配人)の両者に対し、硫酸及び肥料製造について調査を命じた。その後梶浦は、十一月十一日から月末にかけて硫酸製造に関する件で東京、京都、大阪に出張しており、その結果と思われるが、十二月別子鉱業所設計部に非公式に硫酸係が設けられ、製錬課から梶浦の他羽室廣一、入江鰲蔵、深尾謙造等が専従者として移っている。

四十四年二月、山下・小倉の調査報告書「硫酸及肥料製造調査復命書」が提出された。これによれば、「本企画によって処理される亜硫酸ガスは四阪島製錬所から排出されるガスの一二分の一にすぎず、採算上不安があり、硫化鉱を自焼して硫酸を製造するよりもむしろ鉱石中の硫黄分を売却して、その焼鉱を四阪島に返送する方法が有利である」という本事業について否定的なものであった。

これに対し梶浦は、五月、先に鉛室式硫酸製造工場の設計を入手したハルトマンから、新たに開発された塔式硫酸製造法に関する情報を入手した。梶浦は、別子鉱業所支配人久保無二雄に命ぜられて、この情報に基づき「工場位置選定に関する損益比較」、「硫酸及肥料製造起業費予算」及び「硫酸及肥料製造費見積書」の一連の報告書を七月に提出した。

第一部　住友総本店

第二章　住友総本店（中）

明治四十四年別子鉱業所処務報告によれば、七月三十日から八月二十日の間久保支配人は大阪に出張しており、この梶浦の報告書を鈴木総理事に提出したものと思われる。何故なら久保の出張に続いて梶浦も八月五日「支配人ヨリ召喚」されて急遽大阪に出張し、八月十八日まで大阪に滞在しているからである。

梶浦の報告書によれば、このハルトマン塔式硫酸製造設備を採用すれば、硫酸製造費は大幅に引き下げられ、大日本人造肥料のコストに比し、ほぼ半減するということで、起業費一〇五万円余をもって新居浜別子鉱業所敷地北西に隣接する埋立地一万五〇〇〇坪にこの硫酸工場を建設して、硫酸月産五五〇万ポンド、過燐酸肥料一四万六四〇〇叺を製造しようというものであった。

別子処務報告によれば、久保支配人は再び八月三十日から九月五日まで大阪に出張し、梶浦も「硫酸に関する件」で久保に同行し、九月四日付で欧州出張の発令を受けているところから、この時梶浦の報告書は承認されたものと思われる。結局鈴木総理事としては、たとえ四阪島製錬所から排出される亜硫酸ガスの一二分の一にすぎなくても、結果的に排出亜硫酸ガスの減少につながる硫酸・肥料製造に踏み切ったわけである。

梶浦は、四十五年三月ハルトマンから塔式硫酸設備の特許実施権を購入し、工場実習の上四月に帰国した。かくして住友総本店は、大正二年（一九一三）九月、新居浜に住友肥料製造所を開設し、別子産の硫化鉱から硫酸を作り、さらにこれを原料として過燐酸石灰を製造することとなった（資料15）。工場敷地には惣開の埋立地二万三七〇〇坪（七・八ヘクタール）が充てられ、十一月に塔式硫酸製造設備、硝酸製造設備、過燐酸及び配合肥料の各工場の建設に着手した。途中三年七月第一次世界大戦勃発により、八月ドイツに発注した塔式硫酸工場用設備が輸出禁止となったため、やむをえず旧来の鉛室式に設計変更するアクシデントはあったが、四年八月から操業を開始した。(37)

肥料製造所の建設が進展しつつあった大正四年春、鈴木総理事は別子鉱業所支配人大平駒槌に対し、硫黄処理量が一

二七〇

割にも満たず、煙害対策として不十分な過燐酸肥料よりも、もっと硫酸を多量に消費する方法を研究するよう指示した。

大平は、四月末東京出張の機会に京都帝国大学理科大学に立ち寄り、かつて住友総本店に在籍した助教授堀場信吉（明治四十四年四月入社、伸銅場・電線製造所勤務の後四十五年七月退社）を訪ねた。堀場の師大幸勇吉教授は、かつてこの大戦で火薬の原料として英国が開発したチリ硝石から硝石を製造する技術の研究に関与したことがあったが、これに対し相手国ドイツが火薬の製造に利用したハーバーの空中窒素固定法による合成アンモニアの話を大平に教えた。このアンモニアから硫安を製造すれば、過燐酸肥料に比べて約二倍の硫酸を使用することになり、煙害の緩和にとって著しい効果が期待できるということであった。

この報告により、鈴木総理事は早速アンモニア合成の調査研究に着手することとし、七月大幸・堀場の弟子で大学院生の竹内亥三吉を採用し、別子鉱業所でこれに当たらせることとなった。これが以後鈴木総理事が自ら陣頭に立って硫安事業進出を図る発端となったのである。

なおその後住友総本店は、処務報告によると、大正七年大幸教授の化学第一講座（物理化学）に寄付の申込を行い、大正八年四万円、九年から十一年にかけて毎年一万円、十二年から昭和六年（一九三一）までは毎年五千円の奨学金を提供し、この間堀場助教授の欧米留学にも援助を行った。堀場は、大正十三年帰国、教授となり、昭和二年大幸の退官とともに大幸の化学第一講座の後継者となった。

〈資料15〉

甲第九号達

第十章ト改ム

今般愛媛県新居郡新居浜町ニ住友肥料製造所ヲ設置シ、其事務章程ヲ家法第二編第九章トシテ左ノ通相定メ同第九章ヲ

第一部　住友総本店

二七一

第二章　住友総本店（中）

大正貮年九月廿二日

　　　　　　　　　　　　　　家長　　住友吉左衞門

第一条　肥料製造所ハ硫酸、硝酸、並ニ肥料ノ製造及販売ニ関スル業務ヲ掌理スル所トス（以下略）

第九章　住友肥料製造所事務章程

六　東京・呉両販売店の開業

住友の販売店の歴史は、明治四年（一八七一）二月、銅の売買自由化に伴い、神戸市西元町に神戸出店を設置して、自家製銅を外国商館や一部銅問屋に売却することとなったのを嚆矢とする。

その後明治十二年春頃神戸出店は神戸支店と改称され、次いで明治四十二年一月、「住友総本店（上）」で述べた通り住友本店が住友総本店と改称された時、神戸支店も製銅販売店と改めた。おそらく総本店の場合と同じく、銀行神戸支店・倉庫神戸支店との識別を容易にするため実態通りの名称としたものと思われる。

この他伸銅店は、明治三十四年四月東京の諸官庁向け営業のため東京出張所（東京市日本橋区坂本町一九番地、現中央区日本橋兜町）を開設した。この出張所は、四十二年十一月銀行通油町支店が開設（東京市日本橋区通油町一番地、現中央区日本橋大伝馬町）されると、同支店の建物内に移転した。また明治四十四年八月電線製造所が開設されると、やはり同じ建物内に電線の東京出張所が設置された。

一方鋳銅場は、大正元年（一九一二）八月、主として呉海軍工廠向けに呉出張所を設置（呉市和庄町一二四八番地の旧銀行呉支店）した。

大正初めのこのような住友総本店の販売体制において、大正二年九月肥料製造所が開設され、その製品の性格上やがて全国各地に販売網を築かざるを得ないことは明かであった。従ってこのままでは、銀行・倉庫は別として、住友製品の販売においてひとつの建物に各部の出張所が並立することになり、総本店の統制上好ましからざる結果となることは、十分予想されるところであった。

かくして大正二年十一月末伸銅所及び電線製造所の各東京出張所は廃止され、東京販売店が、また同じく鋳鋼場の呉出張所が廃止され、呉販売店が、いずれも十二月一日をもって開業し、各店部の製品の受託・代理販売に当たることとなった（資料16・17）。

東京・呉両販売店の販売実績を示せば、第12表及び第13表の通りである。販売手数料率は、販売店支配人と製品の販売を委託する店部との交渉によって決定された。東京販売店支配人川田順は、その実質的な初年度である大正三年度の実際報告書で、「純損一二四九円五三銭ヲ算シタルハ元来手数料率ノ低キニ因ルナリ。手数料率ハ可成的低下シ置キ取引数額ノ増進ニヨリテ計ヲ立ツルノ精神ヲ以テ（第12表手数料率）ト定メタリ。斯クテ（第12表大正三年手数額）ノ如シ。将来販売高五〇〇万円ニ達スル時ヨリ初メテ当店ノ収支ハ略平衡スベキナリ。」と報告し、事実その後の推移は、川田の予想通りとなった。

東京販売店の取扱商品の中心が、伸銅品と電線にあることは、元来両者が母胎となっていることから当然であるが、伸銅所や電線製造所の売上に占める東京販売店の比重も伸銅で三割前後、電線で四割以上に上がっていた。しかし鋳鋼品については、東京には鉄道院という大口の需要家がありながら、第12表の通り東京販売店の中でもウエイトは低く、鋳鋼場の売上における東京販売店の比重も二割程度に留まっていた。

川田支配人は、大正三年度実際報告書で「鋳鋼販売ガ斯クノ如ク不活発ナリシ主ナル原因ハ、（一）当店設置ノ初年ニ

シテ鋳鋼販売ニ最善ヲ尽スノ経験ト余裕ノ無カリシコトハ慚愧ニ堪ヘザル所ナリ」としながらも、鋳鋼場側にも問題があるとして、「(ニ)鋳鋼場ニ左ノ事情アリシコト、イ、契約期限ノ不履行頗ル頻繁ナリ、ロ、製品価格ガ神戸製鋼、室蘭（日本製鋼所）等ノ競争者ニ比シ高価ナルコト多シ、ハ、見積遅延スルコト多シ」と指摘し、「我鋳鋼場が此等有力ナル

(単位：円)

5　年		手数料（販売高に対し）
販　売　高	手　数　料	
3,633.86	16.28	0.25%
0	0	不詳
3,461,385.12	16,313.86	0.5%
338,793.33	2,989.34	1 %
1,538,027.58	7,686.56	裸線・東京線 0.5%、その他 1 %
1,449.00	0	1 %
―	12.35	購買業務の受託手数料
5,343,288.89	27,018.39	
	2,772.70	

(単位：円)

5　年		手数料（販売高に対し）
販　売　高	手　数　料	
0	0	0.25%
17,240.00	281.18	8 銭／トン
2,032,504.89	13,729.97	0.5%（大正 5 年度より 0.75%）
29,670.62	501.26	2 %
4,326.57	81.60	裸線・東京線 0.5%、その他 1 %
0	0	1 %
2,083,742.08	14,594.01	
	7,937.35	

いうことでこの手数料は 5 銭／トンであったと推定される。

第12表　東京販売店販売実績一覧

品目	大正3年		4年	
	販売高	手数料	販売高	手数料
製　　銅	3,508.11	12.35	9,172.72	33.60
忠隈炭	0	0	0	249.00
伸銅品	1,540,901.46	5,593.85	2,112,374.88	12,875.02
鋳鋼品	139,904.21	1,141.72	224,976.86	2,236.24
電　　線	835,944.04	5,331.49	741,154.81	4,877.05
肥　　料	―	―	―	―
その他	―	―	―	35.36
合　　計	2,520,257.82	12,079.41	3,087,679.27	20,306.27
純損益		△1,249.53		14.83

出典：東京販売店各年度実際報告書

第13表　呉販売店販売実績一覧

品目	大正3年		4年	
	販売高	手数料	販売高	手数料
製　　銅	0	0	0	0
忠隈炭	0	0	64,773.61	763.08
伸銅品	424,822.13	2,245.42	668,515.97	3,358.21
鋳鋼品	29,749.26	601.35	31,196.90	672.66
電　　線	73,494.24	586.39	21,401.67	286.04
肥　　料	―	―	―	―
合　　計	528,065.63	3,433.16	785,888.15	5,079.99
純損益		△2,497.43		△634.60

註：大正4年度忠隈炭については呉海軍工廠向け1万2000トンの手数料600円という記述があり、大口契約と
出典：呉販売店各年度実際報告書

第二章　住友総本店（中）

競争者ト対抗シ、院ノ供給者トシテ最優ノ地歩ヲ確実ニスルコトハ、技術並ニ事務両面ノ信用向上ニ不退転ノ努力ヲ為スニ非ルヨリハ難イ哉ト誠ニ寒心ニ堪ヘザルナリ」と結んでいる。鋳鋼場については、次節「七　住友鋳鋼場の株式会社への移行」で改めて検討することとしたい。

大正五年三月、東京販売店がようやく軌道に乗ると、川田支配人は総本店経理課主任へ転じ、後任に小山九一が就任した。小山支配人は、大正五年度実際報告書で肥料取扱いについて、「当店ニ於テ肥料販売ノ件ハ、開店当初ヨリ既定ノ事実ナリシモ、未ダ肥料製造所カ予定ノ第一期起業完成ノ域ニ達セザルガ故ニ、遠ク関東方面ニ販路ヲ拡張スルノ能ハザリシヲ以テ、当店ハ単ニ商談ヲ移牒スルノ方法ヲ採リ来リシガ、既ニ第一期事業完成期モ切迫セルニヨリ、茲ニ予メ関東ノ動静ヲ熟知スルノ要アリ。（中略）住友肥料ハ、主家ノ名声噴々タルガ上ニ、近時大日本人造肥料株式会社カ永年採リ来リタル取引振リノ根底ヨリ誤レルヲ自覚シ緊縮方針ニ改メタルヲ矢先ナレバ、大日本人造肥料ト疎隔セル肥料商不勘旁当店トノ取引開始ヲ希望シ来レルモノ多ク其中特約販売申込人ハ其数十四ニ達セリ。乍然到底現時ノ製造能力ヲ以テシテハ特約ニ陥ルノ外ナキヲ以テ、肥料製造所トモ協議ノ上当分特約ヲ避ケ現金取引ヲ標榜シテ譲ラズ、其間各地ニ於ケル需要状況・競争者ノ態度及肥料商ノ信用状態等調査ニカヲ尽シ、徐々ニ其歩ヲ進メ来リシガ（以下略）」と報告している。肥料の販売問題は、やがて大正八年商事会社設立問題の契機となるが、その帰結は次章「住友総本店（下）六三　商事会社設立問題」に譲ることとする。

（資料16）

甲第十一号達

今般東京市日本橋区通油町壱番地ニ住友東京販売店ヲ設置シ、其事務章程ヲ家法第二編第十章トシテ左ノ通相定メ、同第十章ヲ第十二章と改ム

但、業務ハ大正二年十二月一日ヨリ之ヲ開始ス

大正二年十一月廿二日

家長　住友吉左衞門

第十章　住友東京販売店事務章程

第一条　東京販売店ハ、各店部ノ委託ヲ受ケ若クハ其代理人トナリ、其産出品又ハ製品ヲ販売シ且ツ各店部ノ嘱託ニヨリ用務ヲ処弁スル所トス

第二条　東京販売店ニ支配人ヲ置ク

第三条　東京販売店ハ、其事務ヲ分掌スル為メ左ノ係ヲ置ク

　商事係

　庶務係

第四条　商事係ハ左記事項ヲ掌ル

一、各店部ノ委託ニカ丶ル産出品又ハ製品ノ販売

二、各店部産出品又ハ製品ノ代理販売

三、各店部ノ嘱託ニヨル商務ノ処弁

第五条（以下略）

乙第十号達

大正二年十一月二十二日

　　　　　　　第一部　住友総本店

住友東京販売店ノ処務規程左ノ通相定ム

第二章　住友総本店（中）

住友東京販売店処務規程

総　本　店

第一条　当店ハ東京市及其附近並ニ東北地方ニ於テ左記品種ノ委託又ハ代理販売ヲナス

一　別子鉱業所産出品
二　若松炭業所産出品　但製銅ニ就テハ製銅販売店ノ委託又ハ其代理ニカヽルモノ
三　伸　銅　所　製　品
四　鋳　鋼　場　製　品
五　電線製造所製品
六　肥料製造所製品

第二条　当店ハ前条ノ販売ニ対シ、委託店部又ハ被代理店部ヨリ一定ノ手数料ヲ受クルモノトス
　手数料率ハ別ニ之ヲ定ム

第三条（以下略）

（資料17）

甲第十二号達

今般呉市（和庄町一二四八番地）ニ住友呉販売店ヲ設置シ、其事務章程ヲ家法第二編第十一章トシ左ノ通相定ム
但、業務ハ大正二年十二月一日ヨリ之ヲ開始ス

大正二年十一月廿二日

家長　住友吉左衛門

（事務章程略）

七　住友鋳鋼場の株式会社への移行

住友鋳鋼場が発足した明治三十四年（一九〇一）は、丁度官営製鉄所が北九州・八幡で操業を開始した年でもあった。住友鋳鋼場の前身である日本鋳鋼所は、その二年前の明治三十二年九月二十日設立された。その立役者は、山崎久太郎と羽室庸之助の二人の技術者であった。彼らはともに後に所在地の名前から「蔵前」と呼ばれるようになる東京工業学校機械科（山崎の時代にはまだ東京職工学校と称していた）の卒業生であった。彼らは、明治二十九年官営製鉄所が設立されると同時に採用されて技手となり、三十年にはともに製鉄法習得のためドイツに派遣された。しかし彼らはドイツで留学目的に反し鋳鋼技術の研究に没頭し、三十二年三月帰国した。彼らは帰国後製鉄所で鋳鋼の担当となることを希望したが許されず、五月休職処分となった。

二人の蔵前時代の恩師平賀義美は、当時大阪府立商品陳列所所長として大阪の産業界の技術指導に当たっており、明治二十九年末には住友本店の技術顧問をも委嘱されていた。二人は、平賀を頼り、自ら大阪で鋳鋼所を設立しようとした。平賀は、友人の片岡直輝と河上謹一に二人の支援を依頼した。片岡は、明治二十六年から大阪府書記官を勤め、明治二十七年大阪府立商品陳列所の改革のため、農商務省から平賀を招いた当事者であり、二十九年その平賀が同じ福岡藩出身で親しかった当時の日銀大阪支店長鶴原定吉の斡旋で日本銀行に転じ、この三十二年三月まで鶴原の後任の大阪支店長であった。一方河上は、平賀とは明治三年大学南校入学以来の親友であり、やはり日本銀行で同年二月まで理事の職にあった。片岡・河上の二人は、ともにいわゆるストライキ事件によって日銀を退職し、河上は直ちに住友本店に

第一部　住友総本店

二七九

迎えられ理事となっていたが、片岡は当時まだ浪人中の身であった。

かくして設立されることになった日本鋳鋼所を片岡の個人経営としたのは、平賀の配慮と思われるが、六月一日平賀・片岡・河上が一万円ずつ拠出したといわれる。住友本店の明治三十二年度の会計帳簿によれば、庶務貸金勘定でその前日の五月三十一日一万円が「遠上」なる人物に貸し付けられている。「遠上」とは、明治二十九年大阪瓦斯株式会社設立の際の発起人の一人で、当時取締役に就任していた遠上善次郎と推定される。おそらく日本鋳鋼所設立準備のため平賀が技術者の山崎・羽室に代わって事務を委嘱していたものと思われる。平賀は明治三十年四月大阪瓦斯から工事設計を委嘱されているので、遠上とはその時以来交渉があったものであろう。この遠上に貸し付けられた形となっている一万円が河上の出資分に相当するものと推定される。すなわち日本鋳鋼所の設立当初から住友本店は関与していたことになる。

日本鋳鋼所は、明治三十三年四月大阪府西成郡伝法村大字北伝法(現大阪市此花区伝法三丁目)所在の大阪毛絲株式会社の工場を賃借して操業を開始したが、折から日清戦争後の不況の真っ只中にあって当時の工業水準では鋳鋼製品に対する需要も少なく、設備や原料の手当を借入金(主力の山口銀行には日銀大阪支店で片岡の下で副支配役であった町田忠治がやはりストライキ事件で退職後総理事となっていた)や支払手形で賄っていたため、三十四年に入ると経営は危機に瀕した。

丁度この頃かつて東京瓦斯に関係したことのある浅野総一郎は、大阪の瓦斯事業に着目し大阪瓦斯株式会社の工場を賃借して操業を開始したが、平賀の紹介でその社長に招かれ、日本鋳鋼所の経営陣から去った。日本鋳鋼所の累積損は、五月末には出資金を食いつぶした上、さらに三万五〇〇〇円に達する状況となったため、平賀は河上と協議の上住友本店に対し日本鋳鋼所の経営を引き受けてくれるよう申し入れた。当時住友本店理事兼銀行支配人であった田邊貞吉の日記によると「五月二十九日、鋳鋼所買収の事を住友重役会(重役会については「住友総本店(上)二 住友総本店の組織・人事」

参照)の議に上る。在席河上(謹一本店理事)、鈴木(馬左也本店理事兼別子支配人)、植村(俊平本店理事兼本店支配人)及予なり。予は、事業は有望なるも奏功頗る難しと聞く故に、原料・製錬・販路等に向ひて調査を遂げ、再考を要する旨を主張せり。其後に到り、住友家長より買収営業の意を議せり。窃かに予復何をか言はんと思惟せり。果して奏功如何。重要問題とす。」とあり、田邊の反対にもかかわらず、家長の意向で日本鋳鋼所買収が決定されたことを示している。本件決定に関しては、河上は住友による買収を仲介した当事者であること、鈴木は家長の意向に忠実であることなどから、家長の意思が通り易かったとみられるが、家長はもともと鉄鋼部門への進出に意欲をもっていたと推察される。なお当初の日本鋳鋼所に対する資金拠出は、従来家長が直接支出したものと考えられていたが、これは前記のように総本店からの貸付であったことが判明した。

右の決定により明治三十四年六月二十二日、日本鋳鋼所の資産の中、仮出金・掛売金・金銀計二万九六九六円六六銭二厘、創業費一万一六二〇円八〇銭八厘分合計四万一三一七円四七銭を現金で支払い、残り二五万円余の債務(地所・家屋・機械・什器一五万円余、製品・原料品・貯蔵品五万円余、引受欠損金四万七〇〇〇円余)を肩代わりして、住友鋳鋼場が発足した。場長心得(十月一日付支配人)山崎久太郎以下従業員一八〇名は、そのまま住友鋳鋼場が引き継いだ。

住友本店が鋳鋼場に対してとった処置はさし当たり不良在庫の整理と設備の拡充であった。前記田邊も明治三十五年四月鋳鋼場を視察し、経営改善のためのアドバイスを行っている。この結果鋳鋼場の経営は持ち直し、さらに明治三十七年に入ると日露開戦の結果海軍からの注文が急増し、三十七年、三十八年の純益はいずれも一〇万円前後に達した。

この好景気をうけて住友鋳鋼場では工場を伝法川、正蓮寺川をはさんで南側の島屋新田に移転することになった。明治三十七年の田邊日記には「六月十五日、本店重役会に出席。住友鋳鋼場敷地土盛り新築の事を議せり。」とある。島屋新田は、「四 シーメンス事件と住友」で述べた通り、明治十一年以降住友家の経営地となっており、明治二十九年汽

第一部 住友総本店

二八一

第二章　住友総本店（中）

車製造合資会社が設立されると、この中二万坪を同社に売却し、埋立・工場建設の後同社は三十二年七月開業し、以後鋳鋼場の顧客となっていた。なお田邊は住友家が出資していた関係で同社の監査役を勤め、工事中からしばしば現地を視察していた。鋳鋼場はこの汽車製造会社の西側隣接地（現大阪市此花区島屋五丁目、住友金属工業㈱関西製造所）に建設されることになった。

この新工場は、七〇万円の巨費を投じて明治四十年九月完成したが、折りから日露戦争後の不況と従来の三倍にも達した生産能力を技術的に発揮できず、鋳鋼場の業績は「住友総本店」（上）で述べた通り、四十年度から三年連続の赤字となり、四十三年度に至って台湾製糖業からの搬蔗貨車の大量受注でようやく一息ついた状況にあった。しかしその明治四十三年十二月「住友本店（下）四八　住友鋳鋼場」で述べた通り刻印偽造事件が発覚して、創業以来の鋳鋼場支配人山崎久太郎は退身を命ぜられるに至った。ここで鈴木が山崎罷免の措置をとるに至った背景には、鋳鋼場の経営刷新を行って早く経営を軌道に乗せないと、責任問題が家長にも及びかねないような状況があったと考えられる。鈴木はこの時、家長に宛て、自身の進退伺を提出し、事態の深刻さを訴えている。

この山崎支配人の後任には、鈴木総理事と姻戚関係にある別子鉱業所機械課主任萩尾傳（つとう）が起用された。萩尾は、明治三十年帝国大学工科大学機械工学科を卒業後、三井物産を経て渡米し、アメリカン・ロコモティブ社で研修の後、パデュー大学で機関車製造を研究し、帰国後明治三十二年七月開業した汽車製造会社に入社し、三十六年末鈴木総理事の仲人でその母久子の弟堤長発の娘四萬子と結婚し、おそらくその関係で三十八年七月住友に入社した。

萩尾は、搬蔗貨車の好況が一過性のものであることを見抜き、鋳鋼場の収益の柱になるものとして、自ら専攻した車輪・車軸・タイヤ等の鉄道部品を挙げ、大正二年（一九一三）海外視察に赴き、年末には予算八〇万円の起業計画を作成した。東京販売店支配人川田順が鋳鋼場の現状について厳しい指摘を行ったのは、このような時期であった（「六　東京

二八二

・呉両販売店の開業」参照）。搬茣貨車のブームが去ると、萩尾の予想通り鋳鋼場は大正二年、三年と赤字に転落したが、鉄道部品だけでなく海軍の拡張計画に応じた大型鍛鋼品製造に進出するため、起業計画の見直しが進められ、大正三年九月「車輪車軸製造及大塊鍛錬設備起業」という計画が申請された。さらにこの計画は、その年の七月に勃発した第一次世界大戦の進展に応じて見直され、大正四年七月総額一九八万円という大起業計画が総本店により承認された。

その大正四年十二月十日、株式会社住友鋳鋼所が資本金六〇〇万円をもって設立され、住友鋳鋼場は同社に引き継がれた。第一次大戦の影響で大正四年は利益を計上できたが、住友銀行の場合と異なり損益的にみてまだ基盤の確立されていない鋳鋼場が何故総本店から独立して株式会社となったのか疑問の残るところであるが、これに対し萩尾は、上記起業計画を遂行するためであると語っている（萩尾傳令息直・談、なお萩尾直は大正十三年七月から昭和五年三月萩尾の東大卒業まで、学習院中等科・高等科時代の住友厚、後の吉左衞門友成の学友を務めた）。萩尾は、米国で機関車の製造技術だけでなく、企業経理も学んで標準原価計算制度の導入など鋳鋼場の経営改善を図っていたことから、総本店から独立した米国流のガラス張りの企業経営を目指していたものと解される。

しかし資本金六〇〇万円、一二万株（＠五〇円、第一回払込金一五〇万円）の株主は、住友吉左衞門九万五三〇〇株を筆頭に一族及び総本店幹部計二八名とされているが、第7表総本店（本社部門）貸借対照表の有価證券勘定が示す通り、この一五〇万円は全額総本店の払込となっており、株主はいずれも名義株であった。また役員も、社長住友吉左衞門、常務中田錦吉、萩尾傳（支配人兼務）、取締役住友忠輝（総本店副支配人心得）、鈴木馬左也、湯川寛吉、山下芳太郎（総本店支配人）、監査役久保無二雄、植野繁太郎（住友銀行支配人）、小倉正恆と幹部が名を連ね、住友鋳鋼場時代と実質的な変化はなかったといってよい。なおこの際の社長住友吉左衞門の肩書は、「取締役社長」ではなく「社長取締役」となっている。既に住友銀行では、大正三年一月二十日の株主総会で承認された第四期営業報告書から、設立以来用いられてきている。

第一部　住友総本店

二八三

た「取締役社長」を「社長取締役」と変更しており、この鋳鋼所の場合もこれに倣ったものと思われる。「取締役社長」を何故「社長取締役」としたのかについては、資料は残されていないが、「取締役社長」は取締役の互選による社長という意味であるのに対し、住友の場合の株式会社は形式的なものであり、家長は自動的に社長であるということを示そうとしたものと思われる。

十二月二十五日、株式会社住友鋳鋼所は住友総本店から二十四日現在の鋳鋼場勘定残高一三二万七四八〇円一五銭でもって、鋳鋼場の権利義務を承継し、営業を開始した。第一回払込金一五〇万円は、この買収額に充当され、十二月二十七日に入金されている。株式会社住友鋳鋼所発足に伴う通達は資料18〜20の通りである。

採算を危惧された株式会社住友鋳鋼所であったが、第一次大戦の好況に恵まれ、大正五年は三九万円の純利益を計上し四分配当を行った。続く大正六年には九四万円という莫大な利益で五分に増配するという順調なスタートを切った。

しかしその大正六年十一月常務取締役兼支配人萩尾傳は、自ら手掛けた大起業計画の完成を見ることなく、辞任した。退職の理由はつまびらかでないが、法科万能の住友にあっては技術者が経営幹部に登用される途はないと悟ったからだという〈令息談〉。明治四十四年一月萩尾とともに等内二等に昇格した小倉正恆(萩尾と同じ明治三十年東京帝大法科大学卒、翌七年一月理事となっているが、技術者出身として二人目の理事となった時、萩尾はわがことのように喜んだということである〈令息談〉。

ただし年齢は萩尾が明治三年生に対し小倉は明治八年生である)は、この年一月等内一等に昇格し、後に昭和九年(一九三四)親しかった山本信夫(明治四十年京都帝大理工科大学機械工学科卒、当時住友合資会社経理部長)

〈資料18〉
甲第五号達

住友鋳鋼場ノ業務ハ本年十二月二十五日以降総テ株式会社住友鋳鋼所ニ於テ承継シタルニ依リ傭員並ニ準傭員ノ身分及

給与等ニ関スル準則左ノ通相定ム

大正四年十二月二十五日

家　　　　長　　住友吉左衛門

株式会社住友鋳鋼所所長　住友吉左衛門

第一、住友鋳鋼場ニ勤仕スル住友家傭員又ハ準傭員ハ、十二月二十五日以降別ニ辞令書ヲ須ヰス、株式会社住友鋳鋼所ノ傭員又ハ準傭員タルヘク身分及給与ニ関スル一切ノ事項ハ、前後之ヲ承継スルモノトス。

第二、株式会社住友鋳鋼所ニ於テハ、傭員又ハ準傭員ノ身分・俸給・身元保證金・積金及退身慰労金其他諸給与ニ関シテハ、総テ住友家ノ家法及諸規則ヲ適用スルモノトス。

第三、住友家ニ於テハ株式会社住友鋳鋼所ノ傭員又ハ準傭員ニ対シ、住友家ノ傭員又ハ準傭員ト同一ノ待遇ヲ為シ、家法其他諸規則ハ総テ之ヲ適用スルモノトス。

第四、第一ニ依ル傭員ノ身元保證金及積金ハ、十二月二十五日現在ヲ以テ住友総本店ヨリ株式会社住友鋳鋼所ニ引継クモノトス。

第五、第一ニ依ル傭員並ニ準傭員ノ住友家在勤年数ハ、株式会社住友鋳鋼所在勤年数ニ通算スルモノトス。

（資料19）

甲第六号達

住友家及株式会社住友鋳鋼所相互間ニ於テ、其傭員又ハ準傭員ニ転任ヲ命シタルトキハ、転任前ニ於ケル住友家又ハ株式会社住友鋳鋼所ノ在勤年数ハ、転任後ノ在勤年数ニ通算シ、本人ノ身元保證金及積金ハ転任シタル住友家又ハ株式会社住友鋳鋼所ニ引継クヘキモノト心得ヘシ。

第一部　住友総本店

第二章　住友総本店（中）

大正四年十二月二十五日

家　　　　長　　住友吉左衛門

株式会社住友鋳鋼所社長　　住友吉左衛門

（資料20）

甲第参号達

家法第二編中第七章住友鋳鋼場事務章程ヲ削除シ第八章以下順次繰上ク。

大正五年一月三十一日

家長　　住友吉左衛門

4年	5年	
	→	（鈴木）
	→	（中田）
	→	（湯川）
	→	（久保）
6.21 →		（小幡）
		（湯川）
	→	（小倉）
		（大平）
7.19 ─────→		（山下）
		（久保）
	→	（久保）
	2.21 →	（牧）
	→	（松本）
	→	（大平）
	→	（草鹿）
7.19 →		（山下）
7.19 ──→	9.9 →	（笠原）
	9.9 ──→	（今村）
	→	（吉田）
	→	（湯川）
	→	（小幡）
	→	（本荘）
12.10 →		（萩尾）
12.10(兼) ──→		（中田）
12.10 ────→		（萩尾）
	→	（西崎）
	10.12 →	（利光）
	→	（梶浦）
	3.27 →	（川田）
	3.27 ──→	（小山）
9.13 →		（中田）
9.13(兼) ────→		（湯川）

(付表) 住友総本店幹部一覧表(大正2～5年)

		就任年(明治)月日	大正2年	3年
総理事	鈴木馬左也	37. 7. 6		
理事	中田錦吉	36. 5.14		
〃	湯川寛吉	43. 4. 5		
〃	久保無二雄	43. 4. 5		
〃	小幡文三郎		6.11	
総本店支配人	湯川寛吉	38. 2.20	6.11(兼)	
〃	小倉正恆		6.11	
〃	大平駒槌		6.11	1.5
〃	山下芳太郎			
別子鉱業所支配人	久保無二雄	41. 3.25	6.11(兼)	
〃 所長	久保無二雄		6.11(兼)	
〃 支配人	牧相信		6.11	
〃 〃	松本順吉		6.11	
〃 〃	大平駒槌			1.5
倉庫支配人	草鹿丁卯次郎	36. 9.14		
製銅販売店支配人	山下芳太郎	41. 8.15		
〃	笠原正吉			
〃	今村幸男			
若松炭業所支配人	吉田良春	39. 4.23		
伸銅場支配人	湯川寛吉	43. 5.11	6.11	
伸銅所所長	小幡文三郎		6.11(兼)	
〃 支配人	本荘熊次郎		6.11	
鋳銅場支配人	萩尾傳	43.12.13		
住友鋳鋼所常務取締役	中田錦吉			
〃	萩尾傳			
電線製造所支配人	西崎傳一郎	44. 8. 1		
〃 所長	利光平夫			
肥料製造所支配人	梶浦鎌次郎		9.22	
東京販売店支配人	川田順		12.1	
〃	小山九一			
住友銀行常務取締役	中田錦吉	45. 2.23(兼)		
〃	湯川寛吉			

第二章　住友総本店（中）

註

(1) 第二回（大正三年）、第三回（大正四年）、第五回（大正六年）の各主管者協議会における鈴木総理事の訓示内容については、『鈴木馬左也』（鈴木馬左也翁伝記編纂会　昭和三十六年）四〇三～四一四頁参照。なお第四回（大正五年）は、鈴木総理事中国視察中のため休会。

(2) 『鈴木馬左也』一三一～一三二頁。

(3) 『住友別子鉱山史』下巻（住友金属鉱山株式会社　平成三年）一三七～一三八頁。

(4) 川田順『住友回想記』（中央公論社　昭和二十六年）二一頁。

(5) 「住友本店（下）」第5－4表及び「住友総本店（上）」第8表中、科目「俸給」の推移から、その伸びを計算すると、明治四十年一二・八％、四十一年一三・二％に対し、総本店発足後四十二年から四十五年にかけて五・六、三・〇、二・二・七％（四十五年の原表は銀行を含まないが比較上銀行を合算した）となり、人員増を勘案すればほぼ横ばいとなる。

(6) 大豆生田稔『食糧政策の形成と植民地米』（高村直助編『日露戦後の日本経済』塙書房　昭和六十三年）三三〇～三五七頁。

(7) 米価の高騰に伴い、労働者はともかく、職員の給与改訂が必要かどうかは当時住友部内でも論議があったようである。例えば住友銀行船場支店支配人岡素男は「・・・物価を考ふ

るに、其著しく騰貴せしことは絮説を要せざるが、物価騰貴と同時に各人の収入も亦増加しつつあり。誠に物価の標準なる米価を比較するに、年の豊凶によりて異同あるも、当時も八銭平均（一升当たり）を示せり。俸給が昔の四倍五倍とな
る今日に於て、米価は未だ八銭の五倍即ち四十銭は愚か、三十銭にも達せず、概して二十五、六銭にて白米を口にし得べし。収入の増加は果して物価の騰貴に及ばずと断言し得るや疑なき能はず。世の生活難を説くもの、徒らに物価騰貴を訴ふるも、収入増加なるを忘れたるに非ずや。これ畢竟言を之に藉るのみにして、所謂生活難なるものは別に原因ありしに非ざるを得んや。他なし奢侈の増長是なり。」（三たび船場支店員に望む」『井華』第五三号　大正二年）と述べている。こうした岡支配人の節倹論に対し、住友銀行本店外国係主任中山五郎は「・・・余は是れ全然国民生活力の向上発展を度外視し、個々の個人が次々として増進に努力せる勤労能力を無視し、唯単に餓死せざらんが為めに衣食生存する底の生活以上のものは時と国とを問はず之を贅沢と思惟せんとする、則ち過去の社会に行はれたる東洋固陋の旧思想に基くものと謂はざる能はず。安んぞ知らん其所謂人格を高め、智識を涵養し、健康を保持し、子弟を教養し、進んで個人の勤労能力を増進せんとせば、僅々二倍乃至三倍の自然増収のみにては到底満足なる実果を挙げ難きに依り、事実を事実として生活難を唱ふるにあらざるか、否か。余は少くとも是を

以て中等階級に属する俸給生活者の真相なりと信ぜんとす。試に問はん今日五十円の俸給を得る壮年が果して世間一般の意味に於て奢侈と認むべき何物を享受し得る余裕ありや否や、・・・」と反論し、さらに大阪朝日の調査による夫婦幼児三人暮しの飲酒せざる会社員の生計表をあげ、「真に是れ手より口にする生活に過ぎずして僅かに不足を賞与金に塡補するものなることを洞察するを得ん。」(岡支配人の訓示を読む)

(8)「大阪新報所載の中田理事談」『井華』第七拾号 大正三年

(9) 不時の災厄に備えるため、遠計口(文久四年廣瀬宰平開設)、貯蓄口(明治八年十二代当主友親開設)、積立口(明治三十三年会計規則制定により開設)の三種の積立金が設けられていた。第10表利益処分中「会計規則積立金」「諸積立金利殖高積立金」及び第11表積立金増加一覧表参照。

(10) 斎藤真哉「監査思考の導入とわが国監査制度の確立」(小林健吾編著『日本会計制度成立史』第V章 東京経済情報出版 平成六年)

(11)『住友銀行史』(昭和三十年)七二頁。『住友銀行八十年史』(昭和五十四年)一八〇頁。九〇一三株の内訳は次の通り

と推定されるが、住友保丸・住友理右衛門の両名については、重複して等内五等及び六等としての支給もあったものと思われる。鈴木馬左也、中田錦吉、伊庭貞剛各五〇〇株、湯川寛吉、久保無二雄、小幡文三郎各三〇〇株、住友理右衛門、住友保丸、岡素男及び等内一・二等一五名各一〇〇株、三等一五名各七〇株、四等二九名各五〇株、五等五四名各二五株、六等一〇七名各九株。

(12) 川田順『続住友回想記』(中央公論社 昭和二十八年)二五頁。臨時特別賞与の実例として、川田は当時等内五等で五〇〇〇円を支給され、同僚のH(日高直次総本店副支配人心得と推定される。日高は等内四等)は七〇〇〇円であったと述べている。なお川田は言及していないが、既に述べたようにこの他に住友銀行株式が川田には一二五株(二五〇〇円払込)、日高には五〇株(五〇〇円払込)が支給されたものと思われる。

(13) これを基に、翌大正六年八月、約一万二〇〇〇人の労働者を使用する店部で、各々労役者特別保護金規程が制定され、労働者本人及び家族の不幸時の見舞金・弔慰金、退職時の養老金等の支出が定められた。

(14)『電気之友』第一〇三号(明治四十五年)

(15) 竹中亨『ジーメンスと明治日本』(東海大学出版会 平成三年)二三〇頁。

(16) 同前、二四〇、二四五頁。

第一部 住友総本店

二八九

第二章　住友総本店（中）

(17) 同前、二四〇、二四一頁。
(18) 同前、一四四頁。
(19) 同前、二三〇、二三二頁。
(20) 川田『住友回想記』四二頁。
(21) 同前、四三頁。
(22) 竹中前掲書、二四五、二四六頁。
(23) 『三井事業史』本篇第三巻上（三井文庫　昭和五十五年）一四五頁。
(24) 『鈴木馬左也』四〇七頁。
(25) 竹中前掲書、二四六頁。
(26) 『社史　住友電気工業株式会社　未定稿』第四分冊（昭和二十四年）二三頁。
(27) 『住友春翠』編纂委員会資料。なお川田『住友回想記』四三頁には、この屏風が「名将韓信が漢高祖に見限りを付けて出奔すると、名相蕭何がこれを惜しんで、あとを追ひ掛け、再び高祖のもとへ連れ帰ったという、有名な史話を畫題にしたものだ」とあるが、これは話を面白くするための川田一流の潤色である。この屏風は後に昭和十六（一九四一）年七月伊庭家が大津市石山の伊庭貞剛旧宅「活機園」を住友本社に寄贈した際、その前年昭和十五年末に創建された近江神宮へ奉納された。現在は重要文化財に指定されている。
(28) 『住友別子鉱山史』上巻（住友金属鉱山株式会社　平成三年）三三九頁。

(29) 同前、三六七、三八三頁。
(30) 同前、四〇二頁。
(31) 同前、四一七、四一八頁。
(32) 『住友別子鉱山史』下巻、一二三頁。
(33) 『住友別子鉱山史』上巻、四四五、四四六、四五二、四五四頁。
(34) 『住友別子鉱山史』下巻、二二四、二二八頁。
(35) 同前、二八、二九頁。
(36) 都留重人『公害の政治経済学』（岩波書店　昭和四十七年）一五〇、一五四頁。
(37) 『住友別子鉱山史』下巻、九七、九八頁。
(38) 竹原文雄「住友の歴代総理事と化学工業」（『住友修史室報』第一三号　昭和五十九年）一九頁。
(39) 『京都帝国大学史』（京都帝国大学　昭和十八年）八八〇、八八一頁。
(40) 『住友別子鉱山史』上巻、三二六、三二七頁。
(41) 石川辰一郎編『片岡直輝翁記念誌』（工文社　昭和三年）「業績」三、四頁。
(42) 『大阪瓦斯五十年史』（大阪瓦斯株式会社　昭和三十五、三八七、三八八頁。『片岡直方傳』（片岡直方君傳記編纂会昭和二十五年）七〇頁。
(43) 石川前掲書、「追懐録」七九頁（平賀義美寄稿）。

二九〇

第三章　住友総本店（下）
―― 大正六～九年 ――

目次

一　住友総本店の組織・人事
　(一)　店部の新設・改組
　(二)　等級・月俸の改正
二　住友総本店の業績
　(一)　総本店(本社部門)の業績
　(二)　総本店(全社)の業績
三　住友総本店の投資活動
　(一)　住友直系企業の株式
　(二)　その他の企業の株式
四　住友総本店林業課の設置
五　大阪北港株式会社の設立
六　内外販売網の充実と商事会社設立問題
　(一)　国内販売店
　(二)　海外洋行
　(三)　商事会社設立問題
七　株式会社住友電線製造所の設立と日本電氣株式会社との提携

1　住友総本店の組織・人事

　わが国は大正三年（一九一四）に勃発した第一次世界大戦の主戦場から遠く離れていたため、東洋市場における欧米品の途絶に乗じ市場を独占することができ、さらに欧州各国の戦時需要さえ賄った。このような輸出のブームで船腹需要

第三章　住友総本店（下）

が旺盛となり、海運収入は急増した。この結果大正七年十一月の休戦に至るまで貿易・貿易外を合わせて二八億円もの外貨を獲得することができた。こうした巨額の外貨の流入は、国内流動性の増加をもたらし、金融を緩和させた。また企業利潤の増加や欧米からの輸入品の入手難をきっかけに重化学工業部門の設備投資や新規企業が増加した。これらによって日本経済は空前の好景気を迎えた。しかし他方で海外物価の高騰や通貨供給の増加によるインフレが起こり、国内卸売物価は大戦期間中に二倍以上に上昇し、消費者物価の上昇が賃銀の上昇に先行したため、国民生活は圧迫され、大正七年八月富山県下を発端に全国に「米騒動」が起こった。

大戦末期に政権を担当した寺内正毅内閣は、この「米騒動」の責任をとって総辞職し、その後をうけて政友会総裁原敬が、四大政綱「教育の改善、交通機関の整備、産業の振興、国防の充実」を掲げて第一次大戦後の「戦後経営」を担当することになった。休戦直後の景気沈滞も大正八年春には底入れして、九年にかけて景気は再び上昇に転じた。原内閣は、好況による財政収入の増加と輸出増による国際収支の好転により、その積極政策を展開することが可能となった。すなわち住友総本店の関心事であった「交通機関の整備」では、大正八年度に鉄道敷設法に盛り込まれていた予定線九七一三マイル（一万五〇〇〇キロメートル余）がすべて実現の緒につき、大正九年度には「国防の充実」の中心となる戦艦及び装甲巡洋艦八隻から成る海軍の八八艦隊の予算が成立した。

大正七年に住友総本店総理事鈴木馬左也は、前任の伊庭貞剛が「事業の進歩発達に最も害をするものは、青年の過失ではなくて、老人の跋扈である」と述べて引退した五七歳（数え年では五八歳）に達したが、依然としてその職にあり、この年退任したのは五〇歳の理事久保無二雄であった。久保はドイツに留学しドイツ人も驚くばかりの上品なドイツ語を話し、住友とジーメンス社との合弁交渉では通訳を兼ねるほどであった。ドイツから帰朝して一時学習院で教鞭をとっていたが、明治三十六年（一九〇三）秋月左都夫（外交官、鈴木馬左也の実兄）の推挽によって住友に入社したものと思われる。

川田順によれば、久保は日本人としてドストエフスキーを知った最初の人でもある。鈴木が二〇年近く総理事に留まったために、「鈴木時代の後半十年(註、大正時代)は、多数の壮年社員の出世がおさへられ、人心ようやく倦怠して来たこととも、争はれぬ事実であった。」

鈴木は大正九年末、ついに尿毒症で倒れるが、大正十年二月住友合資会社が発足する際も引続き総理事に留まった。その四月久保無二雄は、鈴木に引退を勧めたが、鈴木は一顧だにしなかった(資料1)。鈴木の後継者と目される人々に対する評価は、鈴木も久保も変わりは無かったと思われるが、鈴木が大正八年から九年にかけて外遊していた間の彼らの舵取りを見て(「六　内外販売網の充実と商事会社設立問題」参照)、「自分でなければ、住友が治まらないという信念」はいよいよ強固なものになったと思われる。鈴木は結局大正十一年末に急歿することになるが、「もしも脳溢血で倒れなかったならば、七十歳でも、八十歳でも、死ぬまで住友の総帥でいたろうことは、殆んど疑問の余地がなかったのである。」

大正六年十一月、住友鋳鋼所常務取締役兼支配人萩尾傳が退職したことは、既に前章(「住友総本店(中)七　住友鋳鋼場の株式会社への移行」参照)で述べた。その後任には八幡製鉄所出身の取締役兼副支配人飯島懋男が昇格した。十二月伸銅所長小幡文三郎は老軀多病を理由に退任、後任には既にその年の二月に副長として入社していた元海軍機関大佐小田切延壽が就任した。

前記久保はかねて五〇歳で退任の意思を明らかにしていたものと思われるが、その補充も兼ねて、大正七年一月倉庫支配人草鹿丁卯次郎、総本店支配人山下芳太郎、同小倉正恆の三人が理事に昇格した。四月就任したばかりの鋳鋼所常務飯島懋男が突然辞任した。飯島は大正四年八幡製鉄所製鋼部長から住友に転じたのであるが、丁度前年の大正六年末に発覚した八幡製鉄所疑獄事件が在職中であった責任を感じ、住友の幹部としてふさわしくないというのが辞任の理由

第三章　住友総本店（下）

であったという。飯島の辞任に伴い、主管者を中田錦吉から山下芳太郎に代え、併せて飯島の後任には内務官僚で茨城県知事、佐賀県知事を歴任した後の総本店支配人松本順吉を充て、松本の後任には内務官僚で茨城県知事、佐賀県知事を歴任した岡田宇之助を採用した。六月久保理事は、退任の前に別子鉱業所所長を退き、後任には支配人大平駒槌が昇格した。九月久保は理事を退任した。

大正八年三月伸銅所支配人本荘熊次郎と総本店副支配人日高直次が総本店支配人となり、本荘は営繕課主任、日高は秘書役を兼ねた。また内務官僚で佐賀県知事、岐阜県知事を歴任した石橋和が入社し、総本店支配人となり、新たに設置された林業課主任を兼ねた。しかし、石橋はまもなく大正九年十二月病没し、林業課主任は本荘が兼ねた。本荘が転出した後の伸銅所では、藤本磐雄が新設された技師長のポストに就き、さらに大正九年十二月小田切所長が鈴木総理事に評価されず退任すると、鋳銅所常務取締役山下芳太郎に伸銅所所長も兼務させ、同時に藤本を支配人兼務とした。

大正九年五月には若松炭業所が所長制を採用し、支配人吉田良春がそのまま所長となった（「七　株式会社住友電線製造所が株式会社に移行し、所長利光平夫、支配人西崎傳一郎がいずれも常務取締役となった（「七　株式会社住友電線製造所の設立と日本電氣株式会社との提携」参照）。その他の幹部の異動は、本章末尾の幹部一覧表を参照されたい。

(一) 店部の新設・改組

この期間の店部の新設・改組は、販売部門、鉱業部門、製造部門の三つに大別される（第1図）。

まず販売部門では、大正五年末に設置された漢口住友洋行が大正六年一月に開業し、次いで十月には天津住友洋行が開業した。他方国内では、大正八年九月横須賀販売店が、大正九年七月博多販売店が開業し、大正八年十一月には製銅販売店を神戸から大阪に移し神戸を出張所とするなど内外販売網の充実が図られた。住友総本店の商事活動については

二九四

第一部　住友総本店

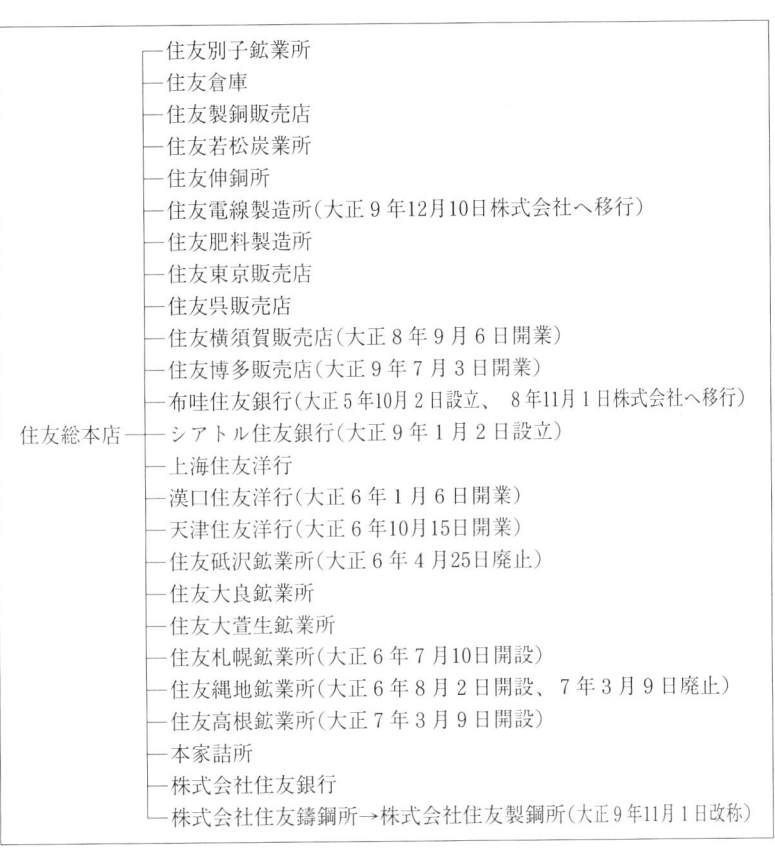

```
                ┌─住友別子鉱業所
                ├─住友倉庫
                ├─住友製鋼販売店
                ├─住友若松炭業所
                ├─住友伸銅所
                ├─住友電線製造所（大正9年12月10日株式会社へ移行）
                ├─住友肥料製造所
                ├─住友東京販売店
                ├─住友呉販売店
                ├─住友横須賀販売店（大正8年9月6日開業）
                ├─住友博多販売店（大正9年7月3日開業）
                ├─布哇住友銀行（大正5年10月2日設立、8年11月1日株式会社へ移行）
    住友総本店──┼─シアトル住友銀行（大正9年1月2日設立）
                ├─上海住友洋行
                ├─漢口住友洋行（大正6年1月6日開業）
                ├─天津住友洋行（大正6年10月15日開業）
                ├─住友砥沢鉱業所（大正6年4月25日廃止）
                ├─住友大良鉱業所
                ├─住友大萱生鉱業所
                ├─住友札幌鉱業所（大正6年7月10日開設）
                ├─住友縄地鉱業所（大正6年8月2日開設、7年3月9日廃止）
                ├─住友高根鉱業所（大正7年3月9日開設）
                ├─本家詰所
                ├─株式会社住友銀行
                └─株式会社住友鋳鋼所→株式会社住友製鋼所（大正9年11月1日改称）
```

第1図　住友総本店店部図（大正6〜9年）

「六　内外販売網の充実と商事会社設立問題」で詳述することとする。

なお東京販売店は、大正6年10月新たに完成した住友銀行東京支店の新社屋（東京市日本橋区平松町、現中央区日本橋二丁目）に移転した。この建物は後に大正十二年の関東大震災の際、必死の防火活動により類焼を免れ住友の名を高めた。

次に鉱業部門においては、砥沢鉱業所が所期の業績をあげることができなかったために、規模を縮小することとなり、大正六年四月大萱生鉱業所の支所とされた。他方同年七月には唐松炭坑と鴻之舞鉱山をもって札幌鉱業所が開設された。唐松炭坑は、大正五年九月奈良氏から五万円で買収した三笠炭坑（北海道空知郡三

二九五

笠山村大字市来知、現三笠市）を大正六年六月十二日唐松炭坑と改称したものである。鴻之舞鉱山は、大正六年二月北海道紋別郡紋別町藻鼈村字鴻之舞（現紋別市）所在の金鉱山を飯田氏外五名から九〇万円をもって買収したものである。札幌鉱業所にはさらに同年八月中田忠義外五名から五万円で買収した来馬鉱山（金銀銅鉱、北海道寿都郡黒松内村、現黒松内町）が加わった。

大正六年五月磯野良吉から一五万円をもって買収した縄地鉱山（金銀鉱、静岡県賀茂郡稲生沢村、現下田市）に八月縄地鉱業所を開設したが、大正七年一月同じ稲生沢村において高根鉱山を渡辺平四郎から二〇万円をもって買収したため、三月縄地鉱業所を廃止して、両者をもって高根鉱業所を開設した。

製造部門においては、大正九年十一月株式会社住友鋳鋼所は株式会社住友製鋼所（The Sumitomo Steel Works, Limited）と改称した。これは鋳鋼品のほかに、鍛鋼品・圧延鋼品の製造を開始し、総合的製鋼工場の実態を備えたことによるものである。同年十二月住友電線製造所は株式会社に移行したが、これについては第七節で改めて述べることとしたい。

住友総本店（本社部門）においては、第2図の通り大正八年三月林業課と臨時土木課が設置された（資料2）。林業課については「四　住友総本店林業課の設置」で詳述する。臨時土木課は、従来営繕課が所管して取り進められて来た大阪築港の繋船桟橋工事が、この年大正八年十二月二十二日の起工式を前に本格化したことによるものである。この工事は大

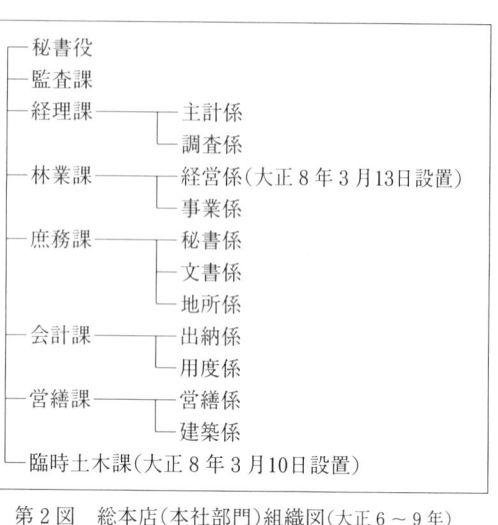

第2図　総本店（本社部門）組織図（大正6〜9年）

```
秘書役
監査課
経理課 ─┬─ 主計係
        └─ 調査係
林業課 ─┬─ 経営係（大正8年3月13日設置）
        └─ 事業係
庶務課 ─┬─ 秘書係
        ├─ 文書係
        └─ 地所係
会計課 ─┬─ 出納係
        └─ 用度係
営繕課 ─┬─ 営繕係
        └─ 建築係
臨時土木課（大正8年3月10日設置）
```

阪市の大阪築港工事の一部をなすもので、財政難のため工事が中断していたのを住友が自社の技術で代替施工することを市に出願し、大正五年市と契約を締結したものであった。

このほか住友の海外の独立法人の草分けとなる布哇住友銀行(大正五年十月)とシアトル住友銀行(大正九年一月)が、住友吉左衛門の個人銀行として設立され、前者は大正八年十一月株式会社へ移行した。これらはいずれも現地業法の関係で、支店設置が認められなかったためで、実質的には住友銀行の子会社とみなされる。

(二) 等級・月俸の改正

第一次大戦による好況をうけて、住友総本店の傭員数は、期間当初の大正六年初の二〇〇〇人から期間の終わりの大正九年末には三八〇〇人と二倍に近い伸びを示した(第1表)。傭員の採用に当たっては、明治期には極力定員を厳守し、退職補充を中途採用と新卒で賄う形をとってきたが、大正期に入ると新起業に必要な経験者は依然として中途採用によるとしても、年末に翌年の所要人員を各店部に照会し、三月の中等学校、七月の大学・高専(大正十年から三月卒業となる)の各卒業期の前に詮衡して新卒を採用する形が一般的となってきた。それが大正六年になると現在のように青田買といわれる卒業の前年に採用を内定する企業が続出するようになった。住友総本店でも九月十九日付秘第一二九七号にて急遽採用人員の確保に乗り出し、以降これが定着することとなった(資料3)。

新雇入数は、大正八年には一〇四九人と一〇〇〇人を超え、その内、等内傭員(大学・高専卒と中等学校卒中途採用者)は二〇八人、補助員(中学・商業・工業学校卒)は五三一人に達した。しかしこれら新規学卒者は、より好条件の企業を求めて、入社を内定しても辞退する者も多く、さらに一度入社しても一年以内に退職する者も続出した。大正八年の例で一〇四九人を採用しても、実増は六五八人にとどまった。このため採用は所要人員を上回って行う必要に迫られ、住友総

第一部　住友総本店

二九七

第1表　傭員々数表（各年1月1日現在）

（単位：人）

店部・資格	大正6年	7年	8年	9年
総本店（本社部門）	147	188	230	285
別子鉱業所	542	575	613	635
倉庫	139	175	225	261
製銅販売店	5	6	7	12
若松炭業所	120	130	153	163
伸銅所	128	166	214	327
電線製造所	75	112	136	153
肥料製造所	27	36	41	44
東京販売店	19	26	30	33
呉販売店	5	5	5	5
横須賀販売店	―	―	―	3
布哇銀行	3	4	5	5
上海洋行	3	8	8	10
漢口洋行	3	3	3	3
天津洋行	―	5	5	5
砥沢鉱業所	5	―	―	―
大良鉱業所	6	8	7	7
大萱生鉱業所	3	14	17	18
札幌鉱業所	―	28	40	50
縄地鉱業所	―	5	―	―
高根鉱業所	―	―	18	21
本家詰所	37	37	37	36
株式会社住友銀行	669	796	1,012	1,354
株式会社住友鋳鋼所	82	109	160	194
合　　計	2,018	2,436	2,966	3,624
高　等	5	4	9	9
等　内	1,135	1,300	1,474	1,705
準等内（臨時雇）	36	45	} 136	162
等内相当（病院・学校職員）	64	71		
補助員	260	435	664	940
等　外	311	354	} 498	603
坑夫頭	59	66		
等外相当（病院職員）	9	6	6	13
給　仕	33	38	38	41
使　丁	106	117	141	151

註：休職者を除く。大正8年以降店部別統計は発表されなくなったので、異動通知により推定した。
出典：各年総本店庶務課「処務報告書」

本店（本社部門）、住友銀行本店では新卒者をプールしておき、年度の進むにつれ必要に応じ各店部（銀行は各支店）へ配属する体制がとられるに至った（第2表）。

第2表　総本店（本社部門）傭員表（大正6年は4月1日、他は5月1日現在）
（単位：人）

部課・役職	大正6年	7年	8年	9年
総理事	1	1	1	1
理事	3	6	5	5
支配人	2	2(2)	5(1)	5(1)
副支配人	2	2	1	1
秘書役	2(1)	2(1)	3(2)	4(2)
監査課	2	2	2	2
経理課	1	2(1)	2(1)	3(1)
主計係	15	26	20(1)	21(2)
調査係	14	25	16(1)	17
林業課	—	—	15(1)	27(1)
庶務課	2(2)	2(2)	1(1)	1(1)
秘書係	7	13	16	18(2)
文書係	8	8	11	14
地所係	6(1)	8(1)	9	8
守衛	14	13	11	12
会計課	1	1	2	2
出納係	7	15	12(1)	12(1)
用度係	4	4	4	4
営繕課	1	1	1(1)	1(1)
営繕係	10(2)	9(2)	10(2)	11(2)
建築係	42	69	80(1)	70(1)
臨時土木課	—	—	10	12
分掌未定	7	25	22	26
合計	145	227	246	262

註：休職者、給仕、使丁を除く。（　）内は兼務者の内数、他店部を兼務する者は含まない。
大正9年住友病院設立準備のための医員等を除く。
出典：各年「住友家職員録」から算出

この期間住友に入社した者には、後に住友だけでなく、戦中・戦後の日本の各界で活躍した人材が少なくなかった。例えば大正六年には小畑忠良（本社経理部長・企画院次長）、小関良平（機械社長）、小松正則（生命社長）、細川嘉六（大原社会問題研究所・共産党参議院議員）、目﨑憲司（本社調査役・阪大教授）、矢内原忠雄（東大総長）、大正七年には岸要（電工社長）、久留間鮫造（大原社会問題研究所・法政大学教授）、佐伯正芳（満金専務・伯長生（日電社長）、島村計治（化学常務）、大正八年には熊谷栄次（信託社長）、田中直方（倉庫社長）、田邊友次郎（機械社長）、中川路貞治（金属常務）、増地庸治郎（東京商大教授）、大正九年には岩切章太郎（宮崎交通社長）、河村龍夫（満金専務）、土井正治（化学社長）、田路舜哉（商事社長）、福永年

第3表　傭員等級の変更

現　在　身　分	変更ニヨル新身分
○高等傭員	重　役
○等内一、二、三等傭員 ○月給臨時雇準等内三等	一等傭員(大学卒入社後25年)
○等内四、五、六等傭員 ○月給臨時雇準等内四、五、六等	二等傭員(大学卒入社後7年、中学卒入社後20年)
○等内七、八等傭員 ○試験雇準等内月手当36円以上ノ者 ○月給臨時雇準等内七、八等 ○等内九等、試験雇準等内又ハ月給臨時雇準等内九等ニシテ、月俸又ハ月手当35円ヲ受クル者	三等傭員(中学卒入社後7年)
○等内九(月俸35円ヲ受クル者ヲ除ク)、十等傭員 ○試験雇準等内手当自20円至34円ノ者 ○月給臨時雇準等内九(月俸35円ヲ受クル者ヲ除ク)、十等 ○補助員 ○月給臨時雇準補助員	四等傭員
○等外傭員 ○試験雇準等外 ○月給臨時雇準等外 ○坑夫頭	補助傭員
○別子鉱業所及若松鉱業所病院職員	病院職員
○別子鉱業所学校職員	学校職員
○嘱　託	嘱託員
○給　仕 ○使　丁 ○準傭員(身分変更ナキモノトス)	準傭員

第4表　臨時手当の支給

傭員等級	大正7年1月	同年7月	同年11月	大正8年8月
等内四等雇	月俸　10％	月俸　20％	月俸　40％	月俸　60％
但月俸180円ノ者ニハ		30円ヲ給ス		
同　五等雇	同　15％	同　25％	同　50％	同　70％
同　六等雇	同　20％	同　30％	同　60％	同　80％
但月俸80円ノ者ニハ	20円ヲ給ス	31円ヲ給ス	54円ヲ給ス	78円ヲ給ス
同　七等雇		同　40％	同　70％	同　100％
但月俸52円ノ者ニハ		22円ヲ給ス		
51円ノ者ニハ		23円ヲ給ス	37円ヲ給ス	52円ヲ給ス
50円ノ者ニハ	同　25％	24円ヲ給ス	38円ヲ給ス	53円ヲ給ス
同　八等雇				
同　九等雇		同　50％	同　80％	同　110％
同　十等雇				
補助員	同　25％	同　50％	同　80％	同　110％
等外雇	同　25％	同　50％	同　80％	同　110％
給仕	同　25％	同　40％	同　70％	同　100％
使丁	同　25％	同　50％	同　80％	同　110％
準傭員	月給　25％	月給　50％	月給　80％	月給　110％

久（石炭社長）、山内直元（銀行常務）等である。

小畑は、当時の採用試験が鈴木総理事の陣頭指揮の下で行なわれていたことを明らかにし、[6]矢内原は、「銅山の仕事も非常に面白かった。これは後で経済学をやるようになった時に大へん助けになりました」と述懐している。[7]細川は思想的に鈴木総理事と相容れなくなり大正七年十一月住友を退社するが、鈴木は実兄秋月左都夫が読売新聞社主本野一郎が外務大臣に就任したため本野の懇請により大正六年十二月読売新聞社長に就任していたので、細川を推挙し、細川は読売新聞に入社した。[8]当時の読売新聞は創設者本野家と特別の関係を有する者の出資による組合の匿名組合によって経営されており、秋月や鈴木は、この組合の一員であった。[9]読売新聞の社史によれば、細川の入社を秋月の社長就任と同じ大正六年十二月としているが、これはこの時秋月と共に入社した郷里宮崎県高鍋出身の三好重彦（台湾総督府外事課長）、泥谷良次郎（姫路中学校長）と混同したものであろう。細川の住友入社はその年の七月でまだ半年も経過していないからである。

三〇一

第5表　月俸改正比較表　　（単位：円）

大正2年改正 資格	月俸A	大正8年8月実施臨時手当B	A+B	大正9年改正 資格	月俸A
高等一等	600	120	720	重役	1000
二等	500	100	600		900
三等	400	80	480		800
等内一等	360	108	468	一等傭員	700
	330	99	429		650
二等	300	120	420		
	270	108	378		〜
三等	240	120	360		
	210	105	315		450
四等	180	108	288	二等傭員	400
	160	96	256		
	140	84	224		
五等	130	91	221		〜
	120	84	204		
	110	77	187		
六等	100	80	180		
	90	72	162		
	80	78	158		160
七等	70	70	140	三等傭員	140
	〜	〜	〜		
	50	53	103		
八等	49	54	103		〜
	〜	〜	〜		
	36	40	76		
九等	35	39	74		70
	〜	〜	〜	四等傭員	69
	26	29	55		
十等	25	28	53		
	〜	〜	〜		〜
	20	22	42		
補助員	〜	〜	〜		
	10	11	21		30

註：1．高等、等内一、二、三等の調整は、四等以下の割合からそれぞれ月俸の2、3、4、5割であったものと推定される。
　　2．三等傭員以下は、大正9年改正後も依然として月報の1割の臨時手当が加算された。
　　3．大正10年の初任給は、帝大工科（採鉱・冶金・鉱山・炭坑）90円、同（その他）85円、帝大法科80円、高商（東京・神戸）・高工70円、高商（その他）・早・慶・同・東亜同文60円、中学・商業35円。

細川が東京に転居して実際に読売新聞に出社しだすのは大正八年二月のことである（資料4）。思想を異にし住友を退職した細川に対して示した鈴木の寛容さは、細川の親友小畑も認めているところである。

このような傭員数の飛躍的増加によって、住友総本店の人事政策は大幅な変更を余儀なくされた。すなわち従業員の

中心を占める等内傭員は、明治九年以来一〇等に区分されてきたが、大正九年七月十三日付甲第一〇号達及び秘第一九三九号によってこれが四等にまとめられたほか、第3表の通り簡素化された。

第一次大戦勃発後の消費者物価の高騰に対して、既に職工・坑夫については大正六年秋物価騰貴手当が支給されるに至ったが、傭員についても大正七年一月四日付秘第壱号によって等内四等雇以下の傭員に対しても臨時手当が支給されるようになった(三等以上の者に対しては個別に調整されたものと思われる)。その後も物価騰貴が続いたため、七月三十一日付秘第一四五八号、十一月九日付秘第一八六七号、大正八年八月十八日付秘第一九五三号によって、この臨時手当は相次いで改訂された(第4表)。臨時手当なるものは、その名前の通り物価が下落すれば廃止されるべき性質のものであったが、物価下落の見通しが立たなくなったため、上記大正九年七月十三日付傭員の等級変更に応じ、同日付甲第一三号達及び秘第一九四〇号をもってこれら臨時手当を月俸に織り込んだ月俸表の改正が実施された(第5表)。ただし三等傭員以下についてはなお一割の臨時手当が残された。

(資料1)

大正十年四月十日付在ニューヨーク久保無二雄から鈴木馬左也宛書簡

此ノ一月早々尿毒症トカニテ暫時人事不省ニナラレタガ、其後御静養ノ結果、引続キ御恢復ノ由、御老体トハ乍申元来強健ナル御体質ト独得ノ御注意トニ依リ、大シタルコトニハ到ルマシトハ窃ニ想像シテ居リシカ、案ノ通リニテ、安心致シマシタ。申迄モナケレトモ折角御自愛ヲ祈リマス。住友家ノ事ヲ懐フト、何時迄御尽力ニナッテモ限リハナイコト勿論デスガ、大抵ノ所デ見切リヲツケテ、御退隠ニナッテハ如何。人各性分ヲ異ニシ己ヲ以テ人ヲ推ス訳ニハ行カネ共、小生ノ如キ、自由ノ身ニナッテ以来、頭ノ中ハ以前ニ異ナラス或ハ夫以上ニ忙カシサヲ感スレトモ、何ヲ為サウモ為サストモ人ニ関係ノナキ為、非常ニ安静ヲ感スル様ニナッタ。苟モ一度軽易ナカラモ人事不省ニナッタ体ハ、已ノ

第一部　住友総本店

三〇三

第三章　住友総本店（下）

為ニモ人ノ為ニモ職ヲ離レテ自由ノ身ニスルカ良イト思フ。何モ是ハ利己心カラ計リ割リ出シタ説デハナイ。遠慮ナク評スレハ住友家ノ重役ニハゾト思ハレル人物ハ残念ナカラ一人モナイ。併シ今更仕方ノナイ話デ先ツ行ク所迄行カセテ見ルノ外ハアルマイ。老兄ノ手ヲ離レテ一人歩行ヲスルト、彼是老兄ノ意ニ満タヌコトモアルダロウケレモ、又独立セサルト是迄ニ現ハレナカッタ腕モ手モ出テクルコトモナキニシモ非スト思フ。ソレニ老兄カ局外ニ立チ岡目八目テ観テ独得ノ親切心ノ加ハッタル批評（同情ト親切心ナキ批評ハ何ノ役ニタ、ヌ故ニ小生ハ絶対ニ縁ヲ絶ッタ次ナリ）ヲ以テ援助セラルレハ、多少ノ効カアルダロウ。小生ハ老兄の為住友家ノ為カクカク信スルモノデアル。又ソウスルナラ一日モ早イカ寧ロ宜シカラン。心細イ話ノ様タカ此方カ不十分ナル健康ヲ以テ老兄カ采配ヲ振ルヨリ、住友家未来ノ為メ加ハアルダロウ。或ハ既ニ遅キニ失シテ居ル筋モアルト思フ。独リ歩行ヲ学フニハ各重役トモ大分年カ過キテヲル。併シ是ハ仕方カナイカラ思ヒ切ルノ外ナイ。

局外カラノ批評ト云フコトヲ云ッタガ是モ十カ十迄如何ニ良イコトデモ、新内閣カ実行スルト思ッテハ間違ヒナリ。彼人達カ之ヲ理解シテモツトモナリト思ッテモ、其ノ人達ノ天性力量ガ実行ヲ許サヌコトモアリ、又況ンヤ局外ト局内ト所ヲ異ニスルト考ト手加減ノ変ハルコトモアル。併シ老兄ノ好意親切ヲ感得セヌコトアルマイ。ソコガ小生老兄ニ局外ヨリノ援助注意ヲ勧ムル次第デアル。

老兄カ政ヲ譲ルトシテ、必要ナルコトハ住友家ノ仕事振ノ一変デアル。老兄ノ精力ト圧力トヲ以テシテ、従来ノ統一的秩序的ノ仕事振カ光輝モアリ意義モアッタノデアル。夫ガ中田（註、錦吉）君ノ内閣トナッテ同様ノ遣リ方ヲ継続スルトキハ、形式的化石的拘束トナリ、所謂死物トナルノ憂ガアル。是ニ至ッテ思ヒ切ッテ成ル可ク各部各課ヲシテ自由ニ切リ盛リヲサセル方向ニ方針ヲ変スルノ必要ヲ感ス。而シテ此変遷ヲドウニカコウニカ大蹉跌ナク切リ貫ケ得ラルレハ、之ニ依ツテ得タル獲物ハ又大ナルモノニシテ、老兄時代ニ於テ見ル能ハサルモノガ新タニ生シタルモノト思フ。住友家

今日ノ店員ハ上下ヲ通シ秩序的ニ整ツタル機械道具トシテ比較的ニ観ル能ハサルモノアレトモ、偕テ一人々々当ツテ見ルト自由ニ独リ立ツテ歩ケルモノ実ニ稀ナリ。是ハ事業ノ拡大ト共ニ上ニ良将軍ナキノ日ニ於テハ戦ニ不適当ナル将卒デアル。

老兄ハ「組織」ニ重ヲオキ其力ヲ深ク信セラレ居ルコトハ兼テ承知シテ居ル。小生モ「組織」ノ効ヲ無視スルモノニ非ス。併シ老兄ト小生トノ間ニハ其効ヲ評価スル点ニ於テ差アリト想フ。老兄ト小生トノ間ニハ其効ヲ評価スル点ニ於テ差アリト想フ。小生ノ心持ヲ平ク云ヒ現ハシテ見レハ、先ツザツト下ノ如クデアル。実際仕事ノ局ニ当ル者ヲシテ成ルベク自由ニ独創的ニ腕ヲ振ハセ、其仕事ノ成績ヲ挙ケサセ、之ヲ楽マシマセ（ママ）、夫ヨリ大ナル不利益不結果不秩序ノ生スル場合丈ケ取締リヲツケルニ在リテ、組織規則ハ謂ハ、副タルツケタリニスル方デアル。老兄ノ政策秩序整然タルニ比スルト如何ニモ乱雑ノ様ナレトモ国家ニシテモ人口大ニ増加シ版図拡大シタル時ハ中央ノ監督支配ヲ如何ニ行届イテ厳重ニシテモ其効少ナキカ如ク、中央ヨリモ各局部ノ方々ノ発達ヲ謀ラネハ、政ガ死物トナルト同様デアル。住友家事業モ今、其時期ニ発達シテ居ルモノト思ハレル。全体ノ大方針丈中央ニ於テ定メ其方向ニ向ツテ各局部力出来ル丈自由ニ切リ盛リヲツケルコト、一変スル必要迫リ居ルコトデアル。是ハ事業ノ分量範囲ノ拡大ト老兄ノ隠退ト共ニ然ラステハ住友家ノ浮沈ニ関スル問題テアルト考ヘル。

小生ト雖之ニ伴フ弱点欠点ヲ認メサル程楽観スルモノニ非サレトモ外ニ途ナシト信ス。但シ変遷ノ実行ニ関リ其緩急ヤ加減ハ当局者ノ手腕力量ニ待ツニ外ナシ。又住友家トシテ此際尤モ困難ヲ感スル点ハ店員ガ其様ニ養成サレテナキコトナリ。然レトモ其養成ハ仕事振ノ一変スルニ非サレハ又出来難キ話ナリト思フ。

是ハ一種ノ民主主義ニ外差支ナシ。小生浅薄ナル民主々義ノ謳歌者ニ非サレトモ右ノ如キ方向ニ将来人類ヲ養成発達セシメテ行クカ、意義アル民主主義ニシテ又時宜ニ適シテ居ルト思フ。日本モ住友家モ従来統一主義ニ依リ盛大ナル発達ヲナシ光輝アル時代ヲ造リ出シタリト確信スレトモ此次ノ変遷ハ各局部各地方団体各個人ノ内容充実進歩ヲ務メ之

第一部　住友総本店

三〇五

第三章　住友総本店（下）

カ為ニハ已ヲ得サル点ニ止メ、成ルヘク其範囲程度ヲ減スルモ止ヲ得スト思フ。国家万能ノ絶対的国家主義ヤ社会主義ハ論理上合理的ニ又経済的ニデハアレドモ個人ノ能力発達ヲ阻害シ蟻ヤ蜂ノ国家社会ニ類シテ来テ是カ果シテ人類文化ノ目的テアルカ甚タ疑ハシ。加之コンナ国家社会ハ一度異変ニ遭遇スルト一タマリモナク参イッテ仕舞ヒ、其恢復更ニ困難ノ大ナルモノナルベシ。故ニ何ノ程度ニ遠心ト求心トノ釣リ合ヲ採ルカ又時世ト国民トノ情態ニ依テ多少何レカニ重ヲ置クコト、ナルベケレトモ個人ノ能力発達ヲ妨ケル事実ヲ見タルトキハ其矯正ヲ怠ルヘカラサルハ論ヲ俟タナイ。右ノ試論ハ少シ脱線シテ御了解ニ苦マルヘシ。自分ナカラ恥シカシク感ス。要ハ住友家ノ店員ノ能力ヲモット独立的ニ自由ニ発達セシメルコトニ留意スルノ必要ヲ切ニ感スルヨリ生シタル考ナリ。

右ハ甚タ露骨ニ所存ヲ申述ヘタル次第失礼ノ段ハ自分ナカラ慚愧ニ堪ヘス、不悪御思召ヲ乞フ。（以下略）

（資料2）

大正八年三月十三日付甲第参号達「林業課・臨時土木課新設ニ付総本店事務章程中改正ノ件」

第七条　林業課ハ総本店所管ノ林業並ニ之ニ附帯スル農牧業及所属土地ノ管理等ニ関スル事項ヲ管理スル所ニヨリ、左ノ係ヲ置キ分掌セシム。

経営係　事業ノ調査計画、土地其他財産ノ管理貸借、生産物ノ処分等ニ関スル事項ヲ掌ル。

事業係　森林ノ造成利用、並ニ農牧業ノ作業ニ関スル事項ヲ掌ル。

第十一条　臨時土木課ハ特ニ指定セル臨時土木工事、並ニ之ニ関スル事項ヲ掌理ス。

（資料3）

大正六年九月十九日付秘第一二九七号

拝啓来年度別記各学校卒業生採用ノ御見込ニ候ハヽ、一括申込ノ都合有之候間、其学校別所要見込人員（学科ノ区分アル

三〇六

モノハ其ノ学科別ノ人員）、並ニ採用条件等至急御内報相成度、右得貴意候也。

　　　　　　　　　　　　　　　　　総本店支配人　小倉正恆

　　　　　　殿

追而卒業期ハ三月又ハ六、七月ニ候得共、各銀行会社ヨリノ需要甚多ク、已ニ続々推薦申込若クハ採用予定致居候様子ニ付、御含被下度、右為念申添候也。

（資料4）

大正八年二月十九日付細川嘉六から鈴木馬左也宛書簡

拝啓　益々御清祥の段、奉慶賀候。陳者小生御蔭を以て愈々本月初メより入社仕候。重々の御高諭何時か報謝申すへき、恐縮の次第にて御座候。落付くへき所に取着きたるの感有之、此上は大男児正に背負立つへきの大任を背負通ふし得るや否やの境地に至申さんこと、忘れ得さるの心願にて御座候。或ハ身の程を知らさるの譏りは可有之も、小生の享受せる血液、教育其他環境ハ、かゝる心願を自らに懐抱せさらんとするも、得へからさるに至らしめたるものゝ如くに感せられ申候。落付くへき所に辿着くの機縁を御恵与被下候以上、行くへき所に行通ふし申可く候。申述ふ迄もなく議も徳も（ママ）韮薄、而かも身に余る願望を背負込居る小生、引導なくては道暗し。此上とても直接間接御示教を仰申度懇願此事に御座候。

　先般ハ秋月様を芽出度く海外に見送申上けたる小生ハ（註、講和会議全権顧問秋月左都夫二月十一日神戸港出帆、前夜神戸御影の鈴木邸に宿泊したものと思われるので、細川は前日朝東京駅にて見送ったのであろう）、来月又芽出度く貴家を御見送申（註、鈴木馬左也外遊三月十五日横浜港出帆）の欣快を皆々様と共に頒ち度きものにて御座候へは、春光日に好和の節、益々御健勝にわたらせらるゝ様祈上候。

第一部　住友総本店

三〇七

第三章　住友総本店（下）

先つは御礼迄如斯に御座候。早々不尽。

二月十九日

　　　　　　　　　　　　　　　　細川嘉六

　鈴木馬左也様

　　　玉台下

二　住友総本店の業績

　冒頭で述べたように日本経済は第一次大戦により空前の好景気を迎え、大正五年（一九一六）から三年間にわたり実質経済成長率は八％を超える高度成長を記録した。大戦は大正七年十一月休戦を迎えたが、休戦による落ち込みも、休戦機構えや大戦中の利潤の蓄積によって軽微なものに止まり、景気は大正八年春頃から回復に転じ、さらに海外物価の高騰に対する思惑も手伝って、激しい投機ブームが生じた。大正九年三月、ブームはピークに達し、この反動で株式・商品市況は一斉に崩壊し、日本経済は恐慌状態に陥った。恐慌は、政府・日銀による四億円近い救済融資によりようやく沈静化するに至った。

　個人経営の住友総本店は大正十年の住友合資会社の設立を前にその最終の段階に入ったが、まず好況の最中の大正六年六月に開催された主管者協議会において総理事鈴木馬左也は、早くも戦争終結の間近いことを予想し、次のようにその対策の研究を指示した。

　欧洲戦争―ソノ戦争ニハ日本モ参加シテ居ルコトデアリマスガ―コノ戦争後ニ於ケル準備ニ就テ、我住友モ大イニ研究シテ手後レニナラナイ様ニ準備ヲシタイト思ヒマス。段々人ノ話、新聞紙、雑誌ソノ他ノ著述ニ就テ彼是見

マスルト、戦争ヲシテ居ル真中ノ英・独・仏等モ、戦後ノ準備ハ初メヨリ怠ラザルノミナラズ、鋭意熱心ニ、其方向ニ画策ヲ進行シツ、アルハ事実デアリマス。而シテ我国ノ状態ハ現ニ戦争ノ惨禍ヲ眼前ニ見ザル為メカ、戦争以来商工業ノ隆盛ニ眩惑シ、戦後ノ問題ニ就テハ頗ル閑却サレテ居ル様デアリマス。如斯ニシテ順潮ニ行ケバ宜敷モ、欧洲列強ノ戦後ノ準備ニ考ヲ及ボシマスレバ、戦後ノ競争ト云フコトニナルノデスガ、競争ハ六ケ敷カラント思ヒマス。即忽チ劣敗者トナルコトデアリマセウ。其場合ニ於ケル我国ノ状態ハ風前燈火ノ状、誠ニ悲惨ナルコト、思ヒマス。而シテ住友家モ亦ソノ一部分タルコトヲ免レヌノデアリマスカラ、即チ甚シキ DEPRESSION ニ投セラル、コトヲ免レヌト思ヒマス。即大キク我帝国ノコトニ就テ考ヘテ見マシテモ、又小サク我頭上ノコトヲ考ヘテモ、重大ナルコトハ疑ヒナキ次第デアリマス。然ラバ大正六年ノ上半季モ今月ヲ以テ終ル今日ニ於テハ、最早十分ニ戦後ノコトニ考ヘ及ボシテ、設備ヲ要スルモノハ之ヲ設備シ、整理スベキモノハ整理シ、処置スベキモノハ処置シナケレバナラヌト思ヒマス。ソノ方法タルヤ今具体的ノ案ヲ提出スルコトハ出来マセン。又考モ其点ニ十分届イテ居ル訳デモアリマセンガ、主トシテ皆サンガ十分ノ注意ヲ用ヒテ研究実行ニ努力ヲ願フコトガ重ナルコトデアリマス。

これを受けて総本店経理課は翌大正七年四月の主管者協議会において、後に述べるような戦時特別償却を提案し、これが実施されたわけである。この会議で鈴木は、激動期における住友の事業のあり方について次のように訓示した。

大体私ノ考トシテハ直ニ世界ノ諸方面ニ向ッテ自分ノ考ヲ立テ、働イテ行クコト、言ヒ換ヘレバ世界的ニ働イテ行クトイフコトニ就テハ、私ハ未ダ適切ナル思想ヲ持ッテ居リマセンガ、併シ今日ノ時勢ニ於テハ世界的ノ思フコトハ、最早徒ニ壮大ノ言葉ニ非ズシテ深切、適切、痛切ナル所ヨリシテ、世界的ニ考ヲ定メテ行クト云フコト、甚ダ必要デアルト思ヒマスカラ、皆サンノ思想ノ内ニモ常ニ此ノ、世界的ニ考ヲ去ルコトナク、夫々勘考セラレンコトヲ切ニ希望致ス次第デアリマス。只私ノ至ラザル為メニ、世界的ニ意見ヲ立テ、皆サンノ前ニ披瀝シ得

第一部　住友総本店

三〇九

第三章　住友総本店（下）

（単位：円）

7年	8年	9年
△2,567,717.11	17,814,668.07	△3,276,237.34
5,001,743.91	2,866,955.62	△480,321.50
1,215,878.22	1,445,464.49	2,222,983.15
84,648.16	64,137.18	△146,552.83
1,018,941.11	1,090,436.20	1,102,092.08
8,153,505.40	3,757,854.15	4,438,692.32
—	△85,000.00	△1,158,000.00
772,780.53	1,374,614.01	758,374.51
176,161.92	559,151.90	△111,770.69
22,059.15	14,930.70	46,471.07
22,684.53	21,129.89	18,115.11
—	△1,897.09	4,280.50
—	—	△11,963.32
△37,089.48	△23,263.59	△114,629.62
△28,049.36	△27,320.46	△62,704.86
△28,110.93	57,787.89	△36,274.82
△32,065.31	△45,460.60	△52,556.69
60,511.27	△3,674.64	△40,178.84
△9,783.68	△49,252.60	△31,914.57
—	18,229.32	△156,511.89
—	19,681.32	△27,476.88
△123,733.21	△81,362.25	△84,614.82
8,630.12	△8,061.45	△48,706.78
—	△123,609.32	17,038.31
—	△64,036.81	△57,350.43
13,710,995.24	28,592,101.93	2,710,281.17
1,351,900.15	318,906.64	538,098.05
—	—	△221,909.64
—	—	94,634.04
△162,500.00	△278,125.00	△300,000.00
14,900,395.39	28,632,883.57	2,821,103.62
3,168,569.96	4,941,505.75	14,029,515.89
△125,000.00	△125,000.00	△190,000.00
△1,208,667.87	△1,344,506.50	△1,597,037.09
16,735,297.48	32,104,882.82	15,063,582.42

純益である。

ザル点ハ甚ダ遺憾デアリマスガ、之ハ予メ御諒承ヲ願ッテ置キマス。私ハ日本ト云フコトニ就テハ常ニ考ヘテ居リマスガ、世界的ニ考ヲ立テルト云フコトハ、マダ充分ニハ参リマセン。只世界ノ大勢ニ反セザランコトヲ以テ念ト致シテ居リマス。

我住友家ハ実業ヲ経営スル個人トシテハ、我国ニ於テハ有数デアリ又有力デアルト云フコトハ、明言スルコトガ出来ルト思ヒマス。ソレデ単ニ住友ガ隆盛ナラシムルト云フダケデモ事ハ済ムデアリマセウガ、併シ家長公ガ或ハ宴会ノ席上ニ於テ、住友家ノ事業ノ経営ハ、其方針ニ於テハ国家ト其方向ヲ全ク同ジウスルモノデアッテ、国家ノ利

三一〇

第6表 店部別純損益

店部	大正4年	5年	6年
総本店(本社部門)	△1,002,384.35	△4,368,869.24	△934,935.77
別子鉱業所	2,751,951.49	7,242,661.12	7,656,530.67
倉庫	168,189.68	276,749.45	587,829.85
製銅販売店	34,520.78	74,701.25	79,794.20
若松炭業所	357,131.46	249,780.16	622,543.68
伸銅所	1,518,901.09	3,576,065.64	7,044,168.10
尼崎工場	―	―	―
鋳鋼場	23,437.51	―	―
電線製造所	74,459.78	427,810.45	826,098.49
肥料製造所	△2,855.04	38,210.29	221,578.54
東京販売店	14.83	2,772.70	16,184.43
呉販売店	△634.60	7,937.35	19,316.63
横須賀販売店	―	―	―
博多販売店	―	―	―
上海洋行	―	△4,896.38	△29,943.87
漢口洋行	―	△2,146.25	△25,813.35
天津洋行	―	―	△17,026.53
大良鉱業所	―	△13,660.22	△22,964.41
大萱生鉱業所	―	△643.97	19,683.45
砥沢鉱業所(砥沢支所)	―	△280,599.83	△142,226.80
高根鉱業所(高根鉱山)	―	―	―
縄地鉱業所(縄地鉱山)	―	―	―
札幌鉱業所	―	―	△27,501.35
唐松炭坑	―	―	―
鴻之舞鉱山	―	―	―
来馬鉱山	―	―	―
総本店合計	3,922,732.63	7,225,872.52	15,893,315.96
(株)住友鋳鋼所(製鋼所)	39,987.83	390,480.40	946,777.77
大阪北港(株)	―	―	―
(株)住友電線製造所	―	―	―
重複分補正(A)	△48,830.17	△30,000.00	△98,321.92
合計	3,918,890.29	7,586,352.92	16,741,771.81
(株)住友銀行	373,517.55	933,349.20	4,040,724.89
重複分補正(B)―1	△13,500.00	△67,800.00	△145,000.00
(B)―2	△288,000.00	△324,000.00	△676,311.40
総計	3,990,907.84	8,127,902.12	19,961,185.30

註：1．重複分補正(A)は、住友鋳鋼所配当金である。但し大正4年分は、鋳鋼場から引き継いだ同場下期
  2．重複分補正(B)―1は、住友銀行役員賞与、―2は住友銀行配当金である。

第三章　住友総本店（下）

益ト住友家ノ利益トハ、常ニ相伴ハザルヘカラザルコトヲ明言サレマシタノヲ親シク拝聴致シマシタ。此家長公ノ御言葉ヲ伺ッテ更ニ之ヲ他ノ言葉デ申シマスレバ、住友家ノ事業ハ国家ノ進運ニ向ッテ大イニ努力シ、貢献スルト云フコトニ帰着スルトノ意味ニ外ナラヌト信ジマス。故ニ我々ガ常ニソノ考ヲモッテ行クナラバ、家長公ノ思召ニ副フコトヲ得ル次第デアリマス。（中略）

御同様我住友家ノ事業ハ、国家ノ利益ト相一致シテ居ルト云フ、コノ立派ナル思想ノ上ニ立ッテ此ノ事業ニ関与シテ居ルノデアリマスカラ、我々ノ精神ハ固ヨリ、カノ素町人ノ根性トハ全ク異ッテ居ルノデアリマシテ、我々ノ精神ヨリスレバ我ガ住友家ノ為メニスル努力ハ、ヤガテ国家ノ為メニスル努力デアリ、又同時ニ世界文化ノ発達ニ対スル貢献デアルト信ズルノデアリマシテ、此公明正大ナル精神ヲ以テ日々ノ事務ニ従事シテ行ッテコソ、我々ノ仕事ニ張合ガアリ其仕事ニ生命ガアルノデアリマス。然ルニ只管眼前ノ利害ヲノミ視テ居ル様デハ、動モスレバ其方向ヲ誤リ社会ニ著シク面目ヲ失墜シテシマウ様ナコトニナルノデアリマス。

かくしてこの期間の業績は、第6表の通り大正六年には前年の利益の二倍以上の一五〇〇万円を超え、翌七年にもほぼその水準を維持したが、八年には大阪北港株式会社に譲渡する土地の評価益一六五六万円、住友銀行の株式売却益四一〇万円合計二〇〇〇万円余を除くと、大正五年の水準にまで低下した。恐慌の起きた大正九年には、鈴木の予言通り住友家の財本と謳われた別子鉱業所が赤字に転落したのをはじめ、伸銅所や若松炭業所などの一部の店部を除き、軒並し、総損益表ではそ

（単位：円）
9年
2,942,961.54
215,787.50
11,242.68
2,811.70
578,702.35
1,597,037.09
300,000.00
21,225.17
34,680.45
7,293.78
34,752.32
139,428.50
6,219,198.88
1,914,136.09
216,179.86
110,074.67
1,223,286.10
8,340.06
5,321.46
281,941.48
19,800.00
747,169.87
564,275.55
1,025,327.02
1,018.90
102,327.82
△3,276,237.34

第7表　総本店(本社部門)損益表

科　　目	大正6年	7年	8年
当期利益	2,505,334.92	2,039,050.01	23,401,949.83
国債證券利息	215,787.50	215,787.50	215,787.50
地方債券利息	10,848.60	10,819.20	10,819.20
社債券利息	—	1,576.50	3,153.00
株券配当金	165,252.07	191,457.44	437,878.02
住友銀行株券配当金	676,311.40	1,208,667.87	1,344,506.50
住友鋳鋼所株券配当金	98,321.92	162,500.00	278,125.00
耕地利益	17,435.37	23,741.75	49,571.61
賃借料	39,902.62	54,441.20	69,144.41
雑　益	12,072.98	12,716.37	14,952.15
固定財産原価差損益	45,528.50	△2,974.12	16,567,469.24
有価證券原価差損益	1,223,873.96	160,316.30	4,410,543.20
当期損失	3,440,270.69	4,606,767.12	5,587,281.76
利　息	234,616.02	163,965.27	307,331.10
俸　給	101,189.49	130,861.89	151,014.53
旅　費	47,141.09	111,632.61	324,099.58
諸　税	213,140.33	440,135.46	885,436.08
営繕費	15,839.77	15,448.42	16,153.12
賃借及保険料	1,787.74	5,394.52	4,755.67
雑　費	134,930.42	191,576.04	365,377.65
特別報酬金	22,380.00	23,700.00	19,850.00
別途費	414,227.65	1,046,803.27	1,149,212.01
本家費	762,797.02	428,015.27	495,023.68
賞　与	1,410,906.07	1,948,037.30	1,681,455.84
雑　損	680.85	13,249.00	96,445.72
償　却	80,634.24	87,948.07	91,126.77
当期純損益	△934,935.77	△2,567,717.11	17,814,668.07

註：本表の本家費が大正3年以降総損益表と相違しているのは、本表の本家費が本家費用全体を示すのに対のうち俸給、旅費、諸税、賞与の各部分をそれぞれの科目に帰属させたためである。

第三章 住友総本店（下）

み赤字となった。すなわち大正八年からわが国産銅より二割もコストの安いアメリカ産銅が大量に輸入されるようになり、産銅業界が競争力を失ったほか、巨費を投じた鴻之舞鉱山も所期の業績を上げ得ず閉山説が出るなど、何らかの打開策が必要とされるに至ったのである。

(一) 総本店（本社部門）の業績

住友総本店（本社部門）が保有する有価証券特に株式は増加の一途をたどり、その配当金収入も増大したが、依然として経費を賄うには至らず、本社部門は基調として赤字である（第7表）。なお保有有価証券については、次節「三 住友総本店の投資活動」で詳述する。

しかし大正八年だけは、一七八一万円という巨額の利益を計上した。これは既に述べた通り、大正八年末の大阪北港会社の設立を前にして、同社に譲渡する予定の大阪北港一帯の土地五四万三〇〇〇坪の再評価を行い、一六五六万円の評価益（固定財産原価差損益）を出したのと、住友銀行の株式公開に伴い同行株式の譲渡益（有価證券原価差損益）四四一万円を計上したためである。なお前者については「五 大阪北港株式会社の設立」を、後者については「三 住友総本店の投資活動」を参照されたい。

大阪北港会社に対する土地の売却は、実際には大正十年二月二十八日住友合資会社の設立と同時に行われたため、第

（単位：円）
9年末
155,012,484.97
18,362,239.37
—
432,395.54
1,513.43
21,582.00
2,144.51
9,154.67
3,225,458.96
200,017.72
40,000.00
23,822,821.74
23,710,325.20
9,000,000.00
6,000,000.00
1,086,854.52
—
93,435.78
207,729.42
—
363,782.80
30,747.29
3,275.00
923,235.78
6,773,292.29
49,801,448.58
19,841,928.25
3,333,223.83
1,287,076.94
3,201,683.69
14,889,789.87
—
3,220,352.27
—
252.19
11,613.86
97,168.55
593,219.87
2,374,923.55
—
788,173.17
97,389.44
56,284.65
8,368.45
797,843.77
7,210,728.45
1,613,987.23
1,278,470.92
—
155,012,484.97
94,637,123.46
6,412,966.57
1,412,249.52
—
1,200,000.00
64,472.43
277,029.43
952,485.14
193,950.77
109,184.78
6,363.10
8,339.46
23,842,019.59
15,797.86
12,859.06
—
22,918,732.35
2,948,911.45
—
5,075,154.50
1,082,574.27
1,257,721.01
2,734,859.22

第8表　総本店(本社部門)貸借対照表

科　　目	大正6年末	7年末	8年末
借　　方	56,482,620.66	76,675,360.27	105,825,232.19
固定財産・土地	1,856,369.51	1,845,596.92	18,446,328.42
鉱区	174,407.26	157,078.95	—
建設物	231,657.78	250,690.12	240,207.69
機械	258.00	27,759.00	1,103.00
什器	1,635.00	1,787.00	2,891.00
所有品・準備品	1,971.31	1,898.51	2,192.38
米穀	8,236.78	6,555.50	19,208.09
有価證券・国債證券	3,225,458.96	3,225,458.96	3,225,458.96
地方債券	185,150.00	185,150.00	185,150.00
社債券	—	50,000.00	50,000.00
株券	1,639,139.24	4,564,610.74	5,790,473.24
住友銀行株券	14,708,050.00	17,023,850.00	15,750,375.00
住友鋳鋼所株券	3,000,000.00	6,000,000.00	6,000,000.00
住友電線製造所株券	—	—	—
手形・受取手形	2,255,256.08	1,812,675.88	1,745,967.05
起業支出・茶臼山洋館	147,913.76	195,057.34	206,483.89
駿河台別邸	—	58,276.07	92,928.93
衣笠村別邸	—	36,498.49	129,612.20
正蓮寺川沿土地改良	—	—	917.80
恩貴島病院	—	—	—
茶臼山住宅	—	—	—
大阪図書館	—	—	—
貸金・立換金	1,812,825.00	101,764.03	1,957,407.02
雑・仮出金	1,014,247.72	1,968,673.58	1,924,713.93
各部	24,974,945.16	36,107,372.87	47,553,134.82
別子鉱業所	8,948,850.36	11,383,571.31	15,038,933.99
倉庫部	1,861,870.32	2,032,062.22	2,119,958.00
製銅販売店	109,193.29	74,711.83	95,359.11
若松炭業所	1,282,452.55	1,640,853.11	1,702,896.51
伸銅所	4,546,875.60	8,590,159.25	15,299,326.64
電線製造所	3,666,052.96	6,210,262.22	7,534,367.59
肥料製造所	2,220,405.44	2,614,929.12	1,461,956.55
東京販売店	9,680.73	—	7,303.90
呉　販売店	—	—	—
横須賀販売店	—	—	3,479.01
博多販売店	—	—	—
大良鉱業所	104,902.19	99,981.51	89,161.73
大萱生鉱業所	474,482.75	457,967.03	585,730.00
札幌鉱業所	1,521,422.28	2,491,385.74	2,705,246.37
縄地鉱業所	170,418.94	—	—
高根鉱業所	—	448,342.35	625,958.12
上海洋行	20,977.68	20,408.81	262,775.04
漢口洋行	17,586.04	17,552.16	20,682.26
天津洋行	19,774.03	25,186.21	—
特別会計課・林業課	—	—	—
銀行特別預ケ金	168,747.68	482,118.96	2,500,678.77
銀行出納	925,800.18	—	—
損益・当期純損益	150,551.24	2,572,487.35	—
貸　　方	56,482,620.66	76,675,360.27	105,825,232.19
営業資本金・営業資本	40,505,514.37	55,174,401.12	67,521,288.78
積立金	4,999,191.37	5,425,685.00	5,899,651.28
準備積立金	921,670.96	1,072,103.86	1,269,901.50
起業支出・駿河台別邸	869.82	—	—
労役者特別保護基金	1,200,000.00	1,200,000.00	1,200,000.00
労役者特別保護別途積金	4,458.19	76,375.45	97,801.50
預リ金・雇人身元金預金	211,882.89	235,560.49	267,978.27
積金預金	735,030.95	842,877.89	963,227.78
末家預金	179,138.00	197,125.02	200,529.54
諸預金	103,364.86	106,648.72	110,200.07
貸家敷金預金	4,474.10	4,765.10	5,970.10
準備員積立金	338.00	1,363.30	1,139.80
雑・仮入金	63,561.68	606,812.33	612,831.56
各部・東京販売店	—	14,320.83	—
呉　販売店	7,014.29	11,371.45	4,773.29
天津洋行	—	—	45,008.05
銀行出納	—	964,416.09	3,077,709.07
銀行借入金	—	1,704,315.92	1,300,000.00
前期損益・前期純損益	7,546,111.18	9,037,217.70	4,678,879.18
損益・当期純損益	—	—	18,568,342.42
営業外固定財産勘定	3,303,944.08	3,889,446.76	4,327,563.26
土地	1,025,011.86	1,051,907.99	1,084,586.25
建設物	977,261.00	909,236.00	898,702.00
什器	1,301,671.22	1,928,302.77	2,344,275.01

第三章 住友総本店（下）

8表の大正八・九年末の固定財産勘定「土地」には約一〇倍に再評価された金額で計上されており、大正九年初に入金した土地代金は仮入金として処理されている。大正九年末の仮入金勘定残高が二三八四万円に上っているのはこのためである。

大正六年に比し、諸税が年々倍増しているのは、所得そのものの増加により高い累進税率の適用を受けるに至ったことのほか、大正七年公布の戦時利得税法によって戦時利得税が徴収されたことによるものである。休戦によってこの戦時利得税は、大正九年廃止されたが、同年この増収分を見込んだ所得税法の改正が実施された。これらの税制の変化は、個人企業たる住友総本店の経営に大きな影響を与え、大正十年の住友合資会社の設立の契機となった。この経緯については次章「住友合資会社の設立」で詳述する。

大正八年三月設置された林業課は、本社部門の他の課とは業務の性格が異なるために、特別勘定が設けられた（第8表）。同表で大正九年末の銀行特別預ケ金が七二一万円に上っているのは、同年十二月株式会社住友電線製造所の設立に伴い、総本店への資金返済額三四六万円と日本電氣に対する住友電線株式の譲渡額一五〇万円合計五〇〇万円が加わったためである。なおこの経緯については「七 株式会社住友電線製造所の設立と日本電氣株式会社との提携」で改めて検討したい。

大正六年から計上された「労役者特別保護金」は、前章でも述べた通り、大正五年十二月職員に対し臨時特別賞与二

（単位：円）
9 年
48,778,603.48
7,815,633.05
484,454.65
318,390.89
54,672.02
226,848.52
422,268.87
6,275,521.04
16,793,232.49
1,993,538.94
1,598,483.72
93,277.37
189,679.79
229,841.88
2,475,739.44
242,061.60
3,602,581.24
1,053,836.18
134,126.16
301,570.45
1,005,733.93
3,129,057.07
24,583.59
139,428.50
110,403.22
△109,985.56
173,624.43
46,458,709.15
1,996,539.79
10,577,686.90
118,220.99
5,823,778.73
6,492,746.25
1,308,481.50
1,323,700.93
430,517.28
86,104.71
676,334.91
2,709,483.71
1,638,429.87
335,309.93
1,972,695.54
157,583.29
42,196.28
3,099,901.60
19,800.00
747,169.87
495,352.56
1,577,498.13
966,398.89
1,872,119.43
1,826,662.26
5,900.00
12,702.65
145,393.15
2,319,894.33

2,710,281.17
390,386.84
0.01
△0.02
△0.01
390,386.86

第9表 総損益表

科　目	大正6年	7年	8年
当期総利益	35,056,833.83	45,111,844.97	66,664,969.30
銅　　収益	11,820,704.20	11,193,460.75	10,038,668.08
金　銀収益	177,968.40	174,094.49	331,493.22
金銀鉱収益	—	—	—
売　鉱収益	—	60,337.19	307,956.74
山　林収益	78,021.76	130,363.57	190,052.79
醸　造収益	6,329.28	8,916.63	—
運　賃収益	147,070.58	332,317.97	437,835.03
石　炭収益	2,402,154.99	3,949,758.64	5,600,373.12
伸　銅収益	11,944,748.07	16,891,016.11	12,381,390.56
電　線収益	1,854,211.75	2,397,843.24	3,340,976.99
肥　料収益	740,277.16	1,073,779.19	1,582,657.21
雑製品収益	733,813.40	126,940.13	106,878.02
商品販売損益	53,042.60	73,335.42	381,950.93
公社債利息	226,636.10	228,183.20	229,759.70
株券配当金	939,885.39	1,562,625.31	2,060,509.52
耕　地収益	91,101.80	151,796.69	267,512.27
倉庫保管料	997,750.17	1,967,792.31	2,321,055.78
貨物扱料	—	387,163.96	889,331.91
賃　貸料	91,432.65	120,884.51	161,038.69
諸手数料	536,867.71	481,080.05	256,056.33
雑　　益	920,763.33	1,266,359.72	1,419,659.02
営業費戻入	133,820.73	2,340,224.97	2,630,444.65
固定財産原価差損益	△135,978.42	△16,656.31	17,182,603.85
有価證券原価差損益	1,223,873.96	160,316.30	4,410,543.20
労役者特別保護支払元金	68,783.48	35,448.39	75,913.91
為替差損益	3,554.74	14,462.54	60,307.78
病　院収益	—	—	—
当期総損失	19,163,319.03	31,422,641.77	38,113,515.71
利　　息	228,070.38	191,259.64	395,166.90
賃　銀　費	3,830,524.79	5,481,682.70	7,904,087.05
営業雑給	43,242.04	66,030.87	100,216.64
燃　料　費	2,096,468.18	3,498,196.17	4,780,022.35
営業常用品費	3,517,139.49	5,150,804.37	5,487,902.92
営業営繕費	223,978.20	772,683.78	1,004,576.08
運　送　費	686,386.28	1,103,430.26	1,393,434.67
販　売　費	307,035.98	283,530.44	358,836.57
営業賃借料	44,174.92	103,452.78	141,478.42
営業保険料	171,824.32	389,656.08	447,636.76
営業雑費	543,270.26	955,685.04	1,937,158.45
俸　　給	756,554.21	878,522.76	1,026,250.88
雑　　給	68,262.75	81,715.41	—
旅　　費	170,174.24	233,952.14	558,648.97
諸　　税	480,694.57	767,737.43	1,330,743.14
営繕費	84,709.97	138,771.87	155,361.06
賃借及保険料	19,682.36	35,709.95	38,229.49
雑　　費	1,113,641.87	2,292,658.79	3,508,500.87
特別報酬金	22,380.00	23,700.00	19,850.00
別　途　費	414,227.65	1,046,803.27	1,149,212.01
本　家　費	729,290.14	389,791.96	451,714.01
賞　　与	1,725,296.56	2,310,498.30	2,107,814.14
雑　　損	406,713.94	705,539.46	1,599,616.75
償　　却	1,148,445.35	1,310,379.30	1,505,497.55
営業品原価差損益	188,272.70	887,776.63	580,091.08
戦時価格整理損	—	2,287,223.98	55,555.04
起業費減損	—	—	—
労役者特別保護金	142,857.88	35,448.39	75,913.91
当期純損益	15,893,514.80	13,689,203.20	28,551,453.59
第6表　店部別純損益	15,893,315.96	13,710,995.24	28,592,101.93
両者の差異	△198.84	21,792.04	40,648.34
上海洋行	△199.17	0.01	△0.01
漢口洋行	0.34	△0.49	0.72
天津洋行	—	—	1,669.35
高根・縄地鉱山	△0.01	21,792.52	38,978.28
電線製造所	—	—	—

註：1．各洋行については邦貨換算等の経理処理上の不突合、報告未達などによる。
　　2．高根・縄地両鉱山については大正8年上期までの損失計上の有無による。
　　3．電線製造所については大正9年下期の利益計上の有無による。

第三章　住友総本店（下）

五〇万円が支給された際、労働者に対しては労役者特別保護救済金として一二〇万円が拠出され、この年八月から運用が開始されたものである（「住友総本店（中）」註(13)参照）。

住友総本店は、原則として自己資金で経営されており、住友銀行からの借り入れは、特別の場合に限られていたことは、「住友総本店（上）及び（中）」で述べた通りである。従って各店部に対しては、総本店（本社部門）から各店部勘定を通じて資金が貸付られており、大正四年末株式会社となった住友鋳鋼所に対しては貸付金（資金勘定「立換金」）の形で融資が行われていた。ところが大正七年十一月からまず伸銅所が総本店を経由して住友銀行から手形融資を受けるようになり、次いで大正八年四月からは住友鋳鋼所がこれに加わった。これは伸銅所の使用資金残高が、大正七年六月末の四九〇万円から年末に八五九万円へ二倍近く増加し、鋳鋼所の借入金残高も同じく大正七年六月末の九〇万円から二倍以上となったため、総本店としても住友銀行の資金供給を仰がざるをえなくなったものと思われる。

なおこれらの融資は、「住友総本店（中）」資料13に示した住友銀行の「住友総本店ニ対スル資金融通ニ関スル件」の第四項によるものと思われるが、その他第二項の伸銅所並びに電線製造所が銅を買い入れた場合に適用される製銅販売店振出の為替手形の割引も、伸銅所では大正九年初から、電線製造所では同年九月から行われるようになった。第8表の銀行借入金は、これらの合計残高である。

（単位：円）
9年末
160,642,361.95
22,688,790.67
5,358,671.83
1,251,740.05
7,299,991.00
209,127.00
377,506.00
5,130,244.74
205,589.90
186,873.00
198,905.29
2,028,575.75
61,672.17
110,526.20
2,198.08
19,213.96
8,382.12
3,225,458.96
200,017.72
40,000.00
62,533,146.94
6,164,737.29
7,685,634.50
2,073,137.56
2,153,566.80
2,629,023.56
198,668.27
971,260.46
1,431,292.33
5,005,425.67
2,501,317.04
220,436.84
113,966.22
10,567,441.75
7,210,728.45
6,538.04
52,274.53
281,651.00
238,630.20
—
160,642,361.95
94,637,123.46
6,412,966.57
1,412,249.52
2,948,911.45
1,264,472.43
2,652,389.71
2,470,324.67
338,360.28
58,213.71
2,689,827.61
24,725,642.46
42,948.41
20,486,628.03
500,000.00
—
2,303.64

突合による。

第10表　総貸借対照表

科　　　目	大正6年末	7年末	8年末
借　方	74,082,164.88	86,219,492.42	113,937,613.79
固定財産・土　地	5,307,418.47	5,283,187.45	23,333,890.66
鉱　山	4,874,455.32	5,036,021.15	4,690,579.30
山　林	1,067,940.39	1,154,808.57	1,253,512.86
建設物	6,186,936.57	5,655,632.62	7,307,616.18
鉄　道	163,234.00	154,012.00	173,581.00
船　舶	119,687.00	274,074.00	269,882.50
機　械	3,616,163.77	3,157,014.89	5,461,252.77
什　器	1,383,126.76	101,222.36	166,948.83
索　道	—	183,512.00	212,470.29
電線路	—	173,276.50	204,353.08
所有品・準備品	1,648,710.15	1,817,316.73	2,293,407.64
立　木	—	—	—
木　材	11,460.35	60,776.17	168,884.37
薪　材	1,167.69	764.33	4,087.38
米　穀	8,236.78	22,207.91	70,363.80
家　畜	1,420.00	7,244.25	7,587.36
有価證券・国債證券	3,225,458.96	3,225,458.96	3,225,458.96
地方債券	185,150.00	185,150.00	185,150.00
社債券	—	50,000.00	50,000.00
株　券	19,347,189.24	27,588,460.74	27,540,848.24
起業支出	3,206,359.50	3,583,709.71	3,690,658.78
営業品・産出品	1,122,612.62	2,105,409.83	4,088,184.02
製　品	2,111,647.85	2,279,436.73	2,173,491.28
半製品	2,950,785.77	3,512,938.60	3,313,793.85
原料品	1,766,143.16	2,517,137.45	4,413,247.56
商　品	108,247.19	175,013.74	193,426.49
貸金・諸貸付金	1,840,060.53	132,321.87	1,997,690.91
手形・受取手形	4,663,876.76	2,253,737.31	3,205,927.51
取引先・掛売金	4,756,063.65	4,937,832.25	4,706,163.26
積送品	733,814.06	4,565,839.57	4,932,149.11
受託品	—	46,211.73	59,208.86
仮受物品	—	241,757.53	251,145.35
雑・仮出金	1,854,845.81	4,807,750.47	3,767,259.58
預ケ金・銀行預金	1,443,406.03	543,763.42	—
振替貯金	—	—	—
現　金	92,632.00	77,867.45	144,445.09
創業費	112,288.58	289,058.10	328,440.48
当期損益・当期純損益	—	—	—
報告未達	171,625.92	19,566.03	52,506.44
貸　方	74,082,164.88	86,219,492.43	113,937,613.79
総財産・財　産	43,809,458.45	55,177,425.87	67,578,234.13
積立金	4,999,191.37	5,425,685.00	5,899,651.28
準備積立金	921,670.96	1,072,103.86	1,269,901.50
前期純損益	7,546,111.18	9,037,217.70	4,678,879.18
預リ金・労役者特別保護金	1,204,458.19	1,276,375.45	1,297,801.50
諸預リ金	1,719,398.84	2,071,478.28	2,430,681.66
手形・支払手形	2,225,256.08	1,844,044.63	1,091,285.75
取引先・掛買金	2,589,785.59	886,736.01	1,044,619.96
委託主	402,774.55	115,327.72	35,752.23
受託勘定	—	479,299.81	637,533.59
雑・仮入金	299,186.56	989,014.32	1,949,355.90
未払金	17,334.32	6,185.26	79,020.01
銀行出納・銀行借入金	—	2,186,613.05	1,033,222.21
借入金	—	1,000,000.00	1,000,000.00
当期損益・当期純損益	8,347,538.79	4,651,985.47	23,911,674.89
報告未達	—	—	—

註：大正7年の借方と貸方の差は、総本店(本社部門)の各部・天津洋行勘定と天津洋行の本社部門勘定の不

第三章　住友総本店（下）

(二) 総本店（全社）の業績

日本経済の動きと同様に、住友総本店（全社）の業績は、大正六年から七年をピークとして下降線を辿った。各店部別に見ると（第6表）、伸銅所が引き続き海軍拡張の恩恵に浴している外は、倉庫が滞貨の寄託で、また若松炭業所が好況時の契約の納入で増益基調を維持できたに止まった。別子鉱業所の赤字は、大正九年度に賃銀初め諸物価高騰のため生産コストが大正七年度比一・五倍に上昇したのに対し、銅価が二割近く大暴落したため、大幅な逆鞘になったことによる。伸銅所と別記した尼崎工場は、大正八年兵庫県尼崎市所在の岸本製鉄所・同製釘所を四一五万円で買収して、継目無鋼管素材自給のための分工場としたものである。大正期に入って買収した各鉱山は、いずれもまだ探鉱中か操業が始まった段階で赤字を計上している。販売店の業績については、「六　内外販売網の充実と商事会社設立問題」で検討することとする。

なお第6表は、第一章、第二章の店部別純損益と異なり、後に住友合資会社が大正四年まで遡及して連系会社をも含め、重複分を補正して、連結純損益を作成したのをそのまま掲げたものである。

第9表総損益表と第10表総貸借対照表は、総本店（本社部門）以下各店部の損益表と貸借対照表を連結したものである。大正九年電線製造所の株式会社への移行によって、同所分は削除された。

第9表に「戦時価格整理損」として大正七年二二八万円余が計上されているのは、既に述べた通り製造店部の固定財産及び起業支出について第一次大戦による価格騰貴に対して特別償却を実施し

（単位：円）
9 年
2,710,281.17

	100,000.00
	435,102.10
	70,000.00
	70,000.00
	32,997.58
	2,002,181.49

（単位：円）
増　加　高
340,487.66
396,493.63
473,966.28
513,315.29
535,102.10

第11表 利益処分

科　　目	大正6年	7年	8年
純　利　益	15,893,315.96	13,710,995.24	24,592,101.93
純益金分配額			
会計規則積立金	100,000.00	100,000.00	100,000.00
積立金利殖高組入	326,493.63	373,966.28	413,315.29
総本店建築準備金	70,000.00	70,000.00	70,000.00
相続税準備金	70,000.00	70,000.00	70,000.00
同上利殖高組入	10,432.90	2,755.55	2,348.02
上記特別支出差引 　　営業資本へ組入	15,316,389.43	13,094,273.41	27,936,438.62

第12表 積立金増加一覧表

年末残高	遠計口	貯蓄口	積立口	合　計
大正5年	1,580,269.98	1,308,182.09	2,040,739.30	4,929,191.37
6年	1,691,602.61	1,384,002.89	2,250,079.50	5,325,685.00
7年	1,813,967.71	1,470,490.77	2,515,192.80	5,799,651.28
8年	1,943,155.95	1,566,968.75	2,802,841.87	6,312,966.57
9年	2,068,153.29	1,656,338.82	3,123,576.56	6,848,068.67

たものである(資料5)。

第10表「総財産」勘定のうち、「財産」勘定は、第一章、第二章で述べた通り、第8表本社部門の「営業資本」勘定と欄外に注記した「営業外固定財産」勘定の合計額である。「営業資本」及び「営業外固定財産」の概念については、「住友総本店(上)」を参照されたい。

既に述べた通り住友総本店は原則として自己資金で賄い、不足分を住友銀行からの借り入れで補っていたが、これについても総本店各店部が住友銀行から直接融資を受けることはなく、株式会社住友鋳鋼所も含めてすべて総本店(本社部門)を経由していた。ところが大正七年末から例外的に倉庫部に外部借入金一〇〇万円が発生し、引き続き八年末一〇〇万円、九年末五〇万円が計上された(第10表)。この外部借入金の経緯は次の通りである。当時倉庫部では、東京への進出を懸案としており、大正五年三月まず東京市深川区佐賀町(現

江東区佐賀一丁目）に東京出張所を開設し、次いで大正六年十二月深川区和倉町（現江東区冬木町）の既存倉庫を買収して和倉町倉庫とした。他方内村鑑三の弟子江原萬里は、大正四年東大卒業後住友に入社し、この頃総本店庶務課秘書係に勤務していた。後に大正十年七月彼が東京帝大経済学部の交通政策担当の助教授就任のため、論文審査に対し提出した住友在職中に書いた論文が、「一つは横浜で荷揚げした貨物をいかにすれば、最も迅速に又最も安価に東京に送れるかと云ふ貨物運輸に関するもので、他の一つは東京のどこに倉庫を設くべきかと云ふ調査で東京湾や日本橋・京橋の堀割の運輸系統を調べたもの」であった。この結果大正七年十一月旧佐賀藩主鍋島直大から倉庫建設を目指して、その立地について江原に特命調査させたものと思われる。すなわち総本店は、本格的な倉庫建設を目指して、その立地について江原に特命調査させたものと思われる。すなわち総本店は、本格的な倉庫建設を目指して、その立地について江原に特命調査させたものと思われる。すなわち総本店は、本格的な倉庫建設を目指して、その立地について江原に特命調査させたものと思われる。すなわち総本店は、本格的な倉庫建設を目指して、本格的な倉庫建設を目指して、その立地について江原に特命調査させたものと思われる。すなわち総本店は、本格的な倉庫建設を目指して、その立地について江原に特命調査させたものと思われる。すなわち総本店は、本格的な倉庫建設を目指して、その立地について江原に特命調査させたものと思われる。すなわち総本店は、本格的な倉庫建設を目指して、

(ママ)

の旧佐賀藩家臣の住居のあった土地七七六九坪（現東京都中央区新川二丁目、住友ツインビル）が立ち住友倉庫東京本社・住友海上火災保険本社となっている）を購入することとなり、その代金一〇〇万円は取りあえず鍋島直大から借り入れた。これがこの外部借入金である（大正九年十二月五〇万円返済、金利年六・七％、残金五〇万円大正十一年十二月返済、金利年九％、当時の定期預金金利大正七年五％、九年六・八％に比較すれば、この借り入れは鍋島家の資金運用としては有利なものであったと思われる）。なおこの土地は、元来その名前の示す通り旧福井藩主松平越前守の中屋敷二万九〇〇〇坪があったところで、江原の挙げたであろう立地条件に適った場所と思われるが、明治六年（一八七三）十二月松平春嶽（慶永）の隅田川畔橋場の新居に明治天皇の行幸があった記録からみると、この前後に鍋島に譲渡されたものと思われる。

利益処分は、好決算を背景に余裕のある処分を行っている（第11表）。すなわち従来七万円であった会計規則積立金一〇万円へ、五万円であった総本店建築準備金は七万円へ、同じく五万円であった相続税準備金も七万円へ、それぞれ積み増しすることができた。

この結果積立金残高は、運用利息の元本繰り入れと併せて累増し、大正九年末には六八四万円に達した（第12表）。

（資料5）

乙第一六号達

戦時価格整理ノ件

固定財産及起業支出ノ内、戦時中平時ニ比シ高価ノ支出ヲ為シタルモノ並ニ過度ニ使用シタルモノアルトキハ、戦時利得ノ多寡ニ鑑ミ相当価格ノ引下ケヲ行フヘシ。但実施前案ヲ具シテ総本店ノ認可ヲ経ルコトヲ要ス。前項ノ価格引下損ヲ整理スル為メ、六月三十日ヨリ「償却」科目ノ次ニ「戦時価格整理損」ノ一科目ヲ新設ス。

大正七年七月六日

総 本 店

三 住友総本店の投資活動

住友総本店の資産構成をみると、明治の末には固定財産が半ば近くを占めていたが、合資会社設立直前の大正九（一九二〇）末には、有価証券がその地位にとって代わった（第13表）。

明治末の有価証券の内容をみると、住友銀行に対する出資を別にすると、国債は明治四十一年（一九〇八）から二年にかけて鉄道国有化により保有していた京釜・日本・山陽の各鉄道株が国債に振り替わって以来横ばいであり、地方債も同様である。株式も銀行、鉄道、保険といった堅実株が多く、総じて住友総本店の有価証券投資は、配当収入を目的とした財産保全的な色彩が強かったといえよう（第14表）。これは、初代総理人（事）廣瀬宰平が明治二十七年退任するまで、国家的見地から外部の事業会社に対し積極的に出資を行ったのが結実せず、後任の伊庭貞剛がこれらを次々と整理していったので、その結果残された有価証券投資が、積立金や準備金などの資産運用的なものに絞られていたという経緯があり、

第三章　住友総本店（下）

ある。

ところが大正期に入り、特に本章の対象とする大正六年以降従来の銀行・鉄道・保険株以外の株式の比重が大幅に増加した。このことは第一次大戦の好況により、大幅な業績の向上を実現した住友総本店の投資ビヘービアーが、新規企業が激増したのに対応し、変化したことを物語っている。

すなわち資産運用と言い得るのかどうか疑問であるが、住友の事業と無関係に三井・三菱と並ぶ交際上の出資要請がこの時期においても依然として跡を絶たなかったのに加え、住友の事業の関連で投資するケースが増えてきたのである。大阪北港関連の「臨港土地」（大正五年十二月）、「桜島土地」（七年七月）、倉庫関連の「富島組」（七年十二月）、電線関連の「支那興業」（六年五月）、「藤倉電線」（七年九月）、「中華電気製作所」（八年十月）、「日本電力」（八年十二月）などである。さらに従来の直系企業のほかに後に「連系会社」ずる「特定関係会社」に指定されることになる「扶桑海上保険」（大正六年十一月）、「日米板硝子」（七年十一月）、「大阪北港」（八年

第13表　住友総本店の資産構成比の推移

（単位：円）

科　目	大正元年末	5年末	9年末	9年末（単位：円）
固定財産	47.2	30.4	18.4	3,225,458.96
（土　地）	9.8	7.6	4.3	200,017.72
所有品	1.2	1.1	1.5	40,000.00
有価證券	34.6	33.3	45.9	23,822,821.74
（株　券）	24.7	27.4	43.4	1,047,605.74
起業支出	2.6	5.8	4.3	88,855.85
営業品	8.4	12.1	10.2	106,880.15
貸付金	0.2	2.5	0.7	22,568,980.00
受取手形	0.2	0.8	1.0	10,500.00
取引先	3.9	7.8	5.4	38,710,325.20
預ケ金	0.9	4.0	5.0	23,710,325.20
現金	0.0	0.0	0.0	9,000,000.00
創業費	—	0.1	0.2	6,000,000.00
雑その他	0.9	2.1	7.3	
合　計	100.0	100.0	100.0	

註：大正9年末の「土地」から大阪北港への売却分を除く。

第14表　総本店保有有価證券の推移

科　　目	明治41年末	大正元年末	5年末
国債證券	969,963.30	3,232,774.15	3,284,802.08
地方債券	60,435.00	185,575.00	185,575.00
社債券	—	—	—
株　券	2,787,789.27	1,054,676.74	1,420,451.74
（銀行株）	553,493.24	666,555.74	722,343.24
（鉄道株）	1,933,590.97	38,768.35	69,368.35
（保険株）	11,255.15	18,755.15	15,005.15
（諸　株）	230,649.91	320,372.50	601,710.00
（出　資）	58,800.00	10,225.00	12,025.00
住友直系企業株券	—	7,500,000.00	14,898,700.00
（住友銀行株券）		7,500,000.00	13,398,700.00
（住友鋳鋼所株券）			1,500,000.00
（住友電線製造所株券）			

出典：本章の以下の諸表は有価證券元帳から作成した。

十二月）、「日本電氣」（九年十二月）の経営に参加したことである。そしてこの投資の意義は、それが住友の関与する事業として国家的に見て認知され得るか否かということであった。「扶桑海上保険」は山下汽船の山下亀三郎が船主としての立場から海上保険に強い関心を抱き東京海上の独占打破を企図して設立されたもので、家長も発起人の一人となった。「日米板硝子」は、杉田与三郎の板ガラス製造計画に対して、住友総本店支配人山下芳太郎が、技術導入先のリビー・オーエンス社のチャールストン工場を視察して、「国のためになる事業には積極的に進出すべきだ」と賛同したことに始まる。また「大阪北港株式会社の設立」は、大阪北港築港の事業と関連しており（「五　大阪北港株式会社の設立」参照）、「日本電氣」は、当時の最新の技術であったウエスターン・エレクトリック社の重信ケーブルの製造技術の導入を図ることに関連したものであった（「七　株式会社住友電線製造所の設立と日本電氣株式会社との提携」参照）。

個々の投資のうち国債・地方債・社債については、第15表を参照していただくとして、以下住友直系企業（第16表）とその他の企業（第17表）の株式に大別して概観することとしたい。なお住友直

第三章　住友総本店（下）

系企業について「連系会社」という制度が設けられたのは、この後住友合資会社設立直後の大正十年五月のことである。

(一) 住友直系企業の株式

「住友銀行」の株式は、設立以来総本店が一〇〇％保有していたが、「住友総本店(中)三　住友総本店の業績」で述べた通り一部を一族及び職員に譲渡した結果、大正五年末には一三万三九八七株（八九・三％）に低下した。その後大正六年七月資本金一五〇〇万円から三〇〇〇万円へ倍額増資し、住友として初めて株式を公開した。さらに大正九年五月には、四〇〇〇万円を増資して資本金を七〇〇〇万円とした。総本店でもこの間に持株の中九万九七〇七株を職員・末家その他銀行得意先へも売却し、合計五七六万円の売却益を得た。この結果大正九年末の発行済株式数七〇万株に対し、総本店の持株数は、三七万三四六八株で持株比率は五三・四％にまで低下した。なおこのほか一族の持株は前章で述べた通り、大正五年末で寛一三〇〇〇株、忠輝二〇〇〇株、孝一六〇〇株であったが、大正六年七月の増資の際の割当分、寛一二四〇〇株、忠輝一六〇〇株、孝一六〇〇株合計五六〇〇株は総本店に譲渡され、次いで大正九年五月の増資では一対一で割り当てられたので、大正九年末の持株は、寛一六〇〇〇株、忠輝四〇〇〇株、孝四〇〇〇株となった。

「住友鋳鋼所」の株式は、大正四年十二月設立以来依然として総本店が全株所有している。大正九年九月同社は資本金を六〇〇万円から一二〇〇万円へ倍額増資

（単位：円）

	9年末
	—
	—
	—
	184,725.00
	2,721,681.23
	319,052.73
	—
	3,225,458.96
	49,300.00
	—
	135,000.00
	15,717.72
	200,017.72
	40,000.00
	40,000.00

	9年末	
	株	円
	187,843	18,953,295.70
	185,625	4,757,029.50
	120,000	6,000,000.00
	120,000	3,000,000.00
	160,000	6,000,000.00
	773,468	38,710,325.20

第15表　国債證券・地方債券・社債券明細表

第一部　住友総本店

銘　　柄	明治41年末	大正元年末	5年末
（国債證券）			
記名整理公債	320,355.00	—	—
無記名整理公債	227,429.50	—	—
記名軍事公債	2,700.00	—	—
無記名軍事公債	291,660.50	—	—
無記名海軍公債	90,820.00	—	—
帝国五分利公債	11,400.00	—	—
甲種登録甲い号五分利公債	25,598.30	31,275.00	31,275.00
無記名甲い号五分利公債	—	153,450.00	153,450.00
無記名甲ろ号五分利公債	—	2,687,065.15	2,687,065.15
無記名特別五分利公債	—	360,984.00	319,052.73
第一回露国大蔵省證券	—	—	93,959.20
合　　計	969,963.30	3,232,774.15	3,284,802.08
（地方債券）			
大阪市築港公債	51,000.00	50,575.00	50,575.00
神戸市水道公債	9,435.00	—	—
大阪市電気鉄道公債	—	135,000.00	135,000.00
上海公部局公債	—	—	—
合　　計	60,435.00	185,575.00	185,575.00
（社債券）			
汽車製造会社債	—	—	—
合　　計	—	—	—

第16表　住友直系企業株券明細表

銘　　柄　　（額面）	大正元年末		5年末	
	株	円	株	円
住友銀行　　　　（100）	150,000	7,500,000.00	133,987	13,398,700.00
同　第二新株　　（100）	—	—	—	—
住友鋳鋼所　　　（50）	—	—	120,000	1,500,000.00
同　新株　　　　（50）	—	—	—	—
住友電線製造所　（50）	—	—	—	—
合　　計	150,000	7,500,000.00	253,987	14,898,700.00

註：住友鋳鋼所は大正9年11月1日住友製鋼所と改称。

第三章　住友総本店（下）

（単位：円）

	5年末		9年末	
	株	円	株	円
	1,341	453,333.00	1,341	453,333.00
	1,341	67,050.00	1,341	67,050.00
	320	36,310.24	640	68,310.24
	320	8,000.00	640	64,000.00
	514	51,400.00	1,542	154,200.00
	514	25,700.00	1,542	77,100.00
	750	14,375.00	1,500	30,875.00
	―	―	―	―
	400	19,100.00	500	24,100.00
	―	―	250	3,125.00
	666	32,150.00	999	48,800.00
	333	8,325.00	499	18,712.50
	66	6,600.00	264	26,400.00
	―	―	264	6,600.00
	―	―	400	5,000.00
	6,565	722,343.24	11,722	1,047,605.74
	―	―	―	―
	―	―	―	―
	―	―	―	―
	―	―	―	―
	500	24,108.35	1,000	49,108.35
	500	20,000.00	―	―
	―	―	725	23,187.50
	36	3,600.00	144	14,400.00
	72	2,160.00	―	―
	―	―	144	2,160.00
	500	19,500.00	―	―
	1,608	69,368.35	2,013	88,855.85
	―	―	―	―
	1,350	15,005.15	1,350	31,880.15
	―	―	―	―
	―	―	6,000	75,000.00
	1,350	15,005.15	7,350	106,880.15
	―	―	―	―
	1,503	75,150.00	2,254	112,700.00
	―	―	2,028	25,350.00
	270	12,160.00	270	12,160.00
	―	―	270	3,375.00
	―	―	11,456	766,120.00
	1,739	84,550.00	1,739	84,550.00
	―	―	1,739	21,737.50
	―	―	―	―
	37	1,850.00	74	3,700.00
	―	―	111	1,387.50
	300	15,000.00	1,200	60,000.00
	―	―	10,000	247,800.00
	80	2,200.00	80	2,200.00
	700	17,500.00	700	70,000.00
	―	―	1,200	18,000.00

（払込三〇〇万円）したが、これは即日前節で述べた鋳鋼所に対する融資の返済に充当されている。なお同社は大正九年十一月一日株式会社住友製鋼所と改称した。

「住友電線製造所」は、大正九年十二月資本金一〇〇〇万円（二〇万株全株総本店所有）で設立されたが、そのうち四万株は日本電線（株）へ譲渡された。それと引換に総本店が譲り受けた「日本電氣」株式一万株は、従来総本店が保有していた「藤倉電線」「中華電氣製作所」株式とともに住友電線へ譲渡された。これらの経緯は「七　株式会社住友電線製造所の設立と日本電氣株式會社との提携」を参照されたい。

第17表　その他の企業の株券明細表

銘柄	（額面）	明治41年末		大正元年末	
	（円）	株	円	株	円
（銀行株）					
日本銀行	(200)	1,341	453,333.00	1,341	453,333.00
同　新株	(200)	—	—	1,341	67,050.00
横浜正金銀行	(100)	320	36,310.24	320	36,310.24
同　新株	(100)	—	—	320	8,000.00
台湾銀行	(100)	257	25,700.00	257	25,700.00
同　新株	(100)	—	—	257	6,425.00
大阪農工銀行	(20)	250	4,375.00	500	9,375.00
同　新株	(20)	—	—	250	2,500.00
松山商業銀行	(50)	200	9,100.00	200	9,100.00
同　第二新株	(50)	200	2,500.00	200	7,500.00
五十二銀行	(50)	400	18,850.00	666	32,150.00
同　新株	(50)	266	3,325.00	333	4,162.50
朝鮮銀行	(100)	—	—	66	4,950.00
同　新株	(100)	—	—	—	—
漢城銀行　新株	(50)	—	—	—	—
合　計		3,234	553,493.24	6,051	666,555.74
（鉄道株）					
日本鉄道	(50)	883	56,666.34	—	—
同　第八新株	(50)	3,111	132,485.00	—	—
関西鉄道	(50)	1,090	36,651.05	—	—
山陽鉄道	(50)	12,597	828,360.40	—	—
九州鉄道	(50)	12,452	681,584.83	—	—
同　第二新株	(50)	2,575	115,875.00	—	—
北海道鉄道	(50)	1,000	50,000.00	—	—
伊豫鉄道①	(50)	500	24,108.35	500	24,108.35
同　新株	(50)	125	1,875.00	500	12,500.00
同　第二新株	(50)	375	5,625.00	—	—
南満州鉄道②	(200)	18	360.00	18	2,160.00
同　新株	(100)	—	—	—	—
同　第四新株	(100)	—	—	—	—
有馬鉄道	(50)	—	—	—	—
合　計		34,726	1,933,590.97	1,018	38,768.35
（保険株）					
明治火災保険③	(200)	150	7,505.15	150	15,005.15
東京海上保険④	(50)	—	—	—	—
共同火災保険⑤	(50)	300	3,750.00	300	3,750.00
扶桑海上保険⑥	(50)	—	—	—	—
合　計		450	11,255.15	450	18,755.15
（諸　株）					
〈海運〉					
大阪商船⑦	(25)	3,006	75,150.00	1,503	75,150.00
同　第二新株	(50)	—	—	—	—
日清汽船	(50)	270	12,160.00	270	12,160.00
同　新株	(50)	—	—	—	—
富島組	(50)	—	—	—	—
〈建設〉					
若松築港	(50)	1,739	84,550.00	1,739	84,550.00
同　新株	(50)	—	—	—	—
〈拓殖・投資〉					
白耳義東洋会社	(500法)	100	19,577.41	—	—
東洋拓殖	(50)	37	462.50	37	1,387.50
同　第二新株	(50)	—	—	—	—
東亜興業⑧	(100)	—	—	300	7,500.00
同　新株	(50)	—	—	—	—
伯剌西爾拓殖⑨	(50)	—	—	—	—
中国興業⑩	(100)	—	—	—	—
支那興業	(50)	—	—	—	—

第三章　住友総本店（下）

(二)　その他の企業の株式

次に大正期を中心に住友直系企業以外の企業に対する投資をみてみると、銀行株は明治十五年創立時に住友吉左衛門が二五〇株を入手した「日本銀行」株を初めとして、資産運用の見地から保有されてきた。大正期に入って新たに投資されたのは「漢城銀行」株である。同行は、明治三十八年九月朝鮮王主及び貴族の出資により設立されたが、大正九年五月増資に際し、内地の貴族・富豪に参加依頼があったため、出資に応じたものである。

鉄道株は、明治期に保有していた私鉄株が国有化により国債に振り替えられたことは既に述べた。

	5年末		9年末	
	株	円	株	円
	768	38,400.00	768	38,400.00
	—	5,775.00	462	11,550.00
	462	35,000.00	700	35,000.00
	700	4,375.00	350	8,750.00
	350	—	9,450	118,125.00
	—	—	20,000	250,000.00
	—	—	1,500	48,750.00
	—	51,800.00	1,480	51,800.00
	1,480	30,650.00	1,226	45,975.00
	1,226	—	—	—
	100	2,300.00	100	5,000.00
	—	—	500	10,000.00
	—	—	300	3,750.00
	5,000	225,000.00	—	—
	—	—	395,280	19,664,000.00
	—	—	3,500	43,750.00
	—	—	10,500	525,000.00
	—	—	5,000	187,500.00
	—	—	67	6,700.00
	—	—	67	3,350.00
	—	—	1,000	20,000.00
	—	—	5,000	62,500.00
	14,715	601,700.00	490,371	22,568,980.00
	—	5,625.00	—	—
	—	900.00	—	—
	—	2,500.00	—	2,500.00
	—	3,000.00	—	3,000.00
	—	—	—	5,000.00
	—	12,025.00	—	10,500.00
	—	—	12,000	1,200,000.00
	—	—	26,900	866,500.00
	—	—	6,250	156,250.00
	—	—	10,000	200,000.00
	—	—	55,150	2,422,750.00

第一部　住友総本店

銘　柄	（額面）	明治41年末		大正元年末	
	（円）	株	円	株	円
〈電気・ガス〉					
大阪瓦斯	（50）	500	25,000.00	750	37,500.00
同　第二新株	（50）	250	5,000.00	—	—
同　第三新株	（50）	—	—	—	—
宇治川電気	（50）	700	8,750.00	700	35,000.00
同　新株	（50）	—	—	—	—
日本電力	（50）	—	—	—	—
土佐吉野川水力電氣	（50）	—	—	—	—
台湾電力	（50）	—	—	—	—
〈機械〉					
汽車製造⑪	（50）	—	—	1,480	51,800.00
同　新株	（50）	—	—	1,226	15,325.00
〈サービス〉					
大阪ホテル	（50）	—	—	—	—
同　新株⑫	（50）	—	—	—	—
東京会館	（50）	—	—	—	—
〈不動産〉					
臨港土地	（50）	—	—	—	—
大阪北港	（50）	—	—	—	—
大阪住宅経営	（50）	—	—	—	—
〈ガラス・土石製品〉					
日米板硝子	（50）	—	—	—	—
日本ホロタイル	（50）	—	—	—	—
〈新聞〉					
大阪毎日新聞社⑬	（100）	—	—	—	—
同　新株	（100）	—	—	—	—
〈水産〉					
明治漁業	（50）	—	—	—	—
〈農林〉					
中央開墾	（50）	—	—	—	—
合　計		6,602	230,649.91	8,005	320,372.50
（出資）					
汽車製造合資⑪		—	51,800.00	—	—
大阪毎日新聞社⑬		—	4,500.00	—	4,725.00
第一生命保険相互		—	2,500.00	—	2,000.00
蓬萊生命保険相互		—	—	—	3,500.00
国際通信社		—	—	—	—
興源公司		—	—	—	—
合　計		—	58,800.00	—	10,225.00
（この他大正9年12月20日（株）住友電線製造所設立と同時に同社に譲渡された株券）					
藤倉電線	（50）	—	—	—	—
同　新株	（50）	—	—	—	—
中華電氣製作所	（100）	—	—	—	—
日本電氣　新株	（50）	—	—	—	—
合　計					

註：①大正5年12月末日伊豫水力電氣(株)を合併、伊豫鉄道電氣(株)と改称。
②大正4年12月1日額面200円を100円に変更。
③大正5年6月21日明治火災保険1株と東京海上保険9株を交換。
④大正7年4月21日東京海上火災保険と改称。
⑤明治40年1月29日共同火災海上保険と改称し大正2年1月28日共同火災保険に復帰。
⑥大正9年4月1日扶桑海上火災保険と改称。
⑦大正元年12月26日額面25円を50円に変更。
⑧大正6年3月15日額面100円を50円に変更。
⑨大正8年2月12日海外興業に吸収合併。
⑩大正3年4月25日中日実業と改称。
⑪大正元年10月31日合資会社から株式会社へ組織変更。
⑫大正9年3月1日浪速ホテルを吸収合併。
⑬大正8年3月1日合資会社から株式会社へ組織変更。

第三章　住友総本店（下）

「伊豫鉄道」は明治二十年設立され、夏目漱石の「坊ちゃん列車」で有名であるが、住友は明治三十四年資産運用株として購入している。

「南満州鉄道」は、大正二年十一月片岡直温(片岡直輝弟、当時日本生命社長)ほか二九名を発起人として資本金五〇万円で設立され、国鉄福知山線三田・有馬間の軽便鉄道であった。大正九年五月同社の国有化に伴い売却された。

「有馬鉄道」は、大正二年十一月創立時に一八株を入手し、やはり資産運用株として保有していた。

保険株は明治二十四年設立された「明治火災保険」が同二十五年資本金六〇万円を一〇〇万円に増資した際に、住友は一五〇株を取得した。後に大正五年六月「東京海上保険」が火災保険の事業に進出するため、「明治火災保険」株一株に対しその増資新株九株と交換し、明治火災保険を傘下に収めた。

「共同火災保険」は、明治三十九年六月設立された。同社は同四十年一月「共同火災海上運送保険」と改称したが、大正二年一月再び「共同火災保険」に復帰した。住友は設立時に、大場多市(明治三十三年六月日本銀行計算局調査役を辞職し住友入社、当時本店副支配人兼会計課主任)名義で三〇〇株を取得したが、大正五年十月売却した。

「扶桑海上保険」は、大正六年十一月前述の経緯で設立された。総本店支配人小倉正恆が創立委員となり、設立後締役に選任された。住友の損害保険事業進出の第一歩である。なお発起人とその引受株数は、住友吉左衛門五〇〇〇株、小倉正恆一〇〇〇株となっているが、第17表の通り、小倉の持株は名義株である。

海運株では、「大阪商船」株は、明治十七年その創立に住友が関与し、汽船株九六六株（提供した船舶の見返り）、通貨株六〇〇株を保有し、廣瀬宰平が初代社長に就任した。

「日清汽船」株は、当初明治三十五年に設立された中国河川沿海航路の「湖南汽船」の株式五〇〇株を保有していたが、明治四十年同社が日本郵船系の「大東汽船」と合併し「日清汽船」となり、その株式二七〇株に交換されたもので

ある。

「富島組」は、大阪商船の専属仲仕組合として同社の設立と同時に結成された。住友倉庫では、大正六年二月大阪商船の大連航路の荷捌きと艀船供給を行うことになったが、この下請として「富島組」を起用した。大正七年十一月大阪商船社長堀啓次郎の斡旋により、住友は同社と資本提携することとなり、その発行済株式二万株（払込＠二五円）のうち一万一四五六株（五七・三％）を七六万六一二〇円で取得した。翌八年一月の株主総会において山本五郎（倉庫副支配人）が取締役に、日高直次（総本店副支配人）が監査役に選任された。なおこの株式は大正十二年八月株式会社住友倉庫の設立と同時に同社に譲渡された。

建設株の「若松築港」は、明治二十六年十二月若松港の改築・浚渫を目的として設立され、住友は忠隈炭の積み出しに同港を利用していた関係で、出資したものである。

拓殖・投資株については、直接住友の事業と関係は無いが交際上出資を依頼されたものがほとんどと思われる。

「白耳義東洋会社」は、明治三十三年ベルギーで東洋諸国特に中国の沿岸・鉱山開発を目的として設立された「東洋万国株式会社」（Compagnie Internationale d'Orient、資本金三五〇万法、七〇〇〇株、＠五〇〇法）であり、外務省から渋沢栄一に紹介があったもの。渋沢自身同社の取締役に就任した。渋沢日記明治三十三年七月二十日に「益田孝・瓜生震（註、当時三菱合資本社営業部長）二氏来ル。東洋会社株式引受ノ事ニ関シ、三井・岩崎両家ノ金額ヲ協議ス。（中略）河上謹一氏へ住友ノ引受高ニ付テ書状ヲ発ス。」とあり、住友は十一月一〇〇株を＠五〇法払込で引き受けたが、この際東京三井物産会社益田孝氏（取）次引受と欄外注記があるのは、この益田の斡旋を指すものであろう。なお明治四十一年末までに払込を完了したが、同社は同四十四年六月末姉妹会社ウートルメール銀行（Banque d'Outremer）に合併され、同行株式一〇〇株と引き換えられた。しかし住友では、九月に住友銀行経由ブラッセルのドイツ・バンクに売却している。

第一部　住友総本店

三三三

第三章　住友総本店（下）

「東洋拓殖」は、明治四十一年八月東洋拓殖会社法が公布され、朝鮮及外国における拓殖資金の供給その他の拓殖事業を営むことを目的として十二月に設立された。鈴木馬左也も設立委員の一人として名前を連ねている。住友は朝鮮開発の国家的事業賛助の見地から株式三七株を引き受けた。

「東亜興業」は、明治四十二年八月中国における英米資本に対抗する目的で設立された国策会社で、他社との振り合いを考慮して、三〇〇株（鈴木馬左也名義）を引き受けた。[21]

「伯剌西爾拓殖」は、大正二年三月移民をもってブラジル開発に当たることを目的として設立された。住友として八〇株を引き受ける格別の事情は無かったと思われるが、この発起人として明治四十三年別子煙害問題解決の際の農商務大臣であった大浦兼武（住友総本店（中）五　住友肥料製造所の開設　参照）が、渋沢栄一等とともに名を連ねていることをみると、渋沢・大浦からの要請があったと推定される。なお大正六年十二月各地の移植民会社を統合して「海外興業株式会社」が設立され、大正八年二月「伯剌西爾拓殖」も同社に吸収合併された。[22]

「中国興業」は、大正二年二月中華民国国民党党首孫文が来日した際、渋沢栄一と中国における諸企業への金融投資を目的とする日中合弁企業の設立の話が生じ、八月に設立されたものである。住友はおそらく渋沢からの依頼で七〇〇株を引き受けたものと思われる。その後中国側の実権が孫文一派に代わって袁世凱大総統の北京政府へ移ったため、同社の中国側パートナーも北京政府に代わり、大正三年四月「中日実業」と改称した。[23]

「支那興業」は、大正六年二月藤倉電線取締役青山禄郎が中心となって、中国民間の電気事業に借款を供与し電線を輸出しようと設立されたもので、住友も五月に青山から一二〇〇株（@二円五〇銭払込のものを@一五円で）取得した。なお同社は大正十二年十一月排日問題から解散のやむなきに至った。[24]

電気・ガス株では、「大阪瓦斯」は、明治三十年創立されたが、明治三十五年九月増資の際住友は五〇〇株を引き受

けた。これはその前年二月日本鋳鋼所社長の片岡直輝が大阪瓦斯の社長に迎えられているので、片岡が河上謹一(住友本店理事)に依頼したものと思われる(「住友総本店(中)」七　住友鋳鋼場の株式会社への移行」参照)。

「宇治川電気」は、明治三十九年十月琵琶湖の水力資源を利用するため、大阪商船社長中橋徳五郎を社長として京阪財界が結集して設立された(資本金一二五〇万円、払込@二円五〇銭)。住友は七〇〇株を引き受けた。「日本電力」は、この宇治川電気が北陸・中部地区河川の水力開発に当たらせるため、子会社として大正八年十二月設立したものである(資本金五〇〇〇万円、払込@二円五〇銭)。住友電線製造所長利平夫が取締役に就任した。「宇治川電気」「日本電力」はともに昭和十七年(一九四二)四月配電統制令によって合併し「関西配電」となった。

「土佐吉野川水力電氣」は、大正八年二月資本金一〇〇万円(全株住友総本店所有、払込@二円五〇銭)で設立された。その前年大正七年二月四国吉野川上流大川村高藪付近の水利権を宮崎宣政外九名から三万八〇〇〇円で買収したことによる。ただし同社はその上流本川村長沢付近の水利権の問題で昭和二年七月に実質的に事業を開始することになるのでその際改めて取り上げることとする。

「台湾電力」は、大正八年五月台湾電力株式会社令の公布によって、資本金三〇〇〇万円で設立された。このうち一二〇〇万円は政府の出資で、残り一八〇〇万円は一般公募に付され、住友は一五〇〇株(払込@二円五〇銭)を取得した。機械の「汽車製造」は合資会社からの組織変更につき、次の出資の項で述べることとする。

サービスの「大阪ホテル」株取得の経緯は次の通りである。明治維新後、川口居留地に大阪唯一のホテル自由亭が創業し、明治十四年自由亭は中之島に支店を開設した(現在の東洋陶磁美術館の場所)。自由亭は、和洋二館を有し明治二十八年「大阪ホテル」と改称したが、明治三十二年外山脩造外一一名の発起人により、資本金一〇万円で設立された株式会社大阪倶楽部に洋館部分を売却した(和館部分は後に大阪銀行集会所となった)。大阪倶楽部は、この洋館部分を「大阪倶

第一部　住友総本店

三三五

楽部ホテル」と称して営業した。住友は発起人の一人として、一〇一株（＠額面一〇〇円全額払込）を保有した。しかし明治三十四年十一月建物が火災で焼失してしまい、大阪倶楽部は翌三十五年一月株式総払込額八万円（＠八〇円）を一〇年賦の貸金証書（住友の場合八〇八〇円）と引き換えて一度解散してしまった。そして明治三十五年十二月改めて資本金一〇万円の株式会社大阪ホテルが設立され、住友は二株（＠五〇〇〇円）を保有した。焼跡に新築されたホテルは、三十六年一月開業した。しかしホテル経営は、赤字続きのため大阪市に地代も払えないほどで、四十年一月大阪市が大阪ホテルを買収したため同社は解散した。住友に対する二株分の清算割当金は二八一・八円にすぎなかった。ホテルの営業は支配人大塚卯三郎の個人経営で続けられたが、四十二年には大塚が大阪市から払い下げを受け、大正元年十二月再び資本金二〇万円で株式会社大阪ホテルが設立された。住友はこの設立時には出資しなかったが、大正三年七月第二回払込（合計＠二〇円払込）の際に小倉正恆名義で一〇〇株引き受けた。大正八年六月全額払込が完了すると、七月に倍額増資が行われ二〇〇株（小倉名義払込＠一二円五〇銭）引き受けた。また大正九年一月子会社「浪速ホテル」が設立され、住友は同じく小倉名義で三〇〇株（払込＠一二円五〇銭）取得した。「浪速ホテル」は三月大阪ホテルに吸収合併され、今橋ホテルと改称した。従って「大阪ホテル」の新株は、合計五〇〇株となった。

「東京会館」は、大正九年一月東京商業会議所会頭藤山雷太（大日本製糖社長）が中心となり、資本金三〇〇万円で設立された。藤山自身会長となったが、その下にかつて明治三十八年三井物産から住友に入社し住友銀行本店副支配人であった伊澤良立が取締役に就任していた。伊澤は明治四十二年六月住友を退職し、藤山とともに乱脈経営の大日本製糖（この不正事件が監査役監査の強化となったことは「住友総本店（中）二　住友総本店の会計・監査制度」参照）再建に当たり、この時同社常務となっていた。

不動産株では、「臨港土地」は、大阪北港島屋町地先海面一五万三〇〇〇坪の埋立権を島屋浅田家から譲り受けてい

た島徳治郎が中心となり、大正二年三月資本金五〇万円で設立したものである。大正五年十二月住友はこの半分五〇〇株(払込＠一四円)を二三五万円で買収した。大正八年十二月大阪北港株式会社が設立されると、「臨港土地」は同九年十一月所有する土地と水面埋立権を大阪北港に譲って解散した。[32]

「大阪北港」については、「五　大阪北港株式会社の設立」を参照されたい。

「大阪住宅経営」は、大阪商業会議所会頭山岡順太郎(大阪商船副社長・日本電力社長)が、当時の原内閣が都市の住宅経営者に対し住宅法によって低利資金の貸出を行ったのに応じ、大阪の住宅難解決のため大正九年三月資本金一〇〇万円で設立したものである。住友もこれに協力して三五〇〇株(払込＠一二円五〇銭)を引き受けた。同社は二〇年賦で一五〇万円の融資を受け、大阪府東成郡田辺町(現大阪市東住吉区)、三島郡千里山(現吹田市)で住宅経営を行った。[33]

ガラス・土石製品では「日米板硝子」は、大正七年十一月杉田与三郎が、米国リビー・オーエンス・シートグラス社の開発した技術をもって板硝子を製造する目的で、設立した企業(資本金三〇〇万円)である。住友はこれに協力し、設立当初九〇〇〇株(一五％)を保有したが、大正八年杉田の持株三〇〇〇株の中一五〇〇株を買い入れ、一万五〇〇株(一七・五％)となった。後に大正十一年八月経営不振のため、住友はその経営を肩代わりすることになるので、改めて取り上げることとする。[34]

「日本ホロタイル」は、大正八年十一月米国の新建材ホロータイル(中空陶製ブロック煉瓦)の製造販売を目的として設立された。資本金五〇万円のうち総本店は、五〇％を保有した。このホロータイルは、住友忠輝が大正六年に渡米した際ニューヨークで使用されているのを視察し、日本への導入を図ったもので自ら四二％(四二〇〇株)を保有し、取締役会長となった。同社は、広島県賀茂郡三津町(現豊田郡安芸津町)の広島耐火煉瓦(株)三津工場を買収して本店・工場とした。しかし大正十二年九月の関東大震災でホロータイル使用建築物が被災し、十二月には忠輝も死去したため、大正十

第三章　住友総本店（下）

三年生産を中止した。後昭和四年日本板硝子に経営を移管し、同十四年同社に吸収合併され、三津耐火煉瓦工場となった。(35)

新聞の「大阪毎日新聞社」は、合資会社が株式会社に組織変更されたもので、出資の項で述べることとする。

水産の「明治漁業」は、大正二年七月設立されたが、大正三年第一次大戦の開戦とともに、従来北米・南米に輸出されていたノルウェー産鱈の輸出が中絶し、北千島の鱈漁業が飛躍的に発展し同社も順調であったが、休戦により日本製品は再びノルウェー製品に圧倒され、急速に衰退した。(36)住友が何故この大正九年一月という時期に、同社の増資新株の引き受けに応じたのか疑問であるが、監査役に鈴木の出身地旧高鍋藩主秋月種英が名を連ねているところをみると、この線から鈴木に要請があったのではないかと思われる。

農林の「中央開墾」は、大正八年渋沢栄一が食糧問題解決のために、東京・横浜・大阪等の主たる実業家に呼びかけ、開墾会社を設立しようとしたが、恐慌の発生で頓挫し、大正九年十二月に至り規模を縮小してようやく設立したもの。住友は資本金三〇〇〇万円（六〇万株）のうち五〇〇〇株を引き受けた。(37)

出資の中では、「汽車製造」は、明治二十九年九月元鉄道庁長官井上勝が、機関車その他鉄道用品を製造する企業を設立しようとし、渋沢栄一、岩崎弥之助、井上馨等に援助を乞い、毛利・前田等の旧藩主、住友・大倉・藤田等の実業家が出資して汽車製造合資会社が設立された。当初資本金六四万円、住友は五万円を出資した。明治三十二年六月九〇万円に増資した際、住友では田邊貞吉（本店理事・銀行支配人）が一万円を出資し、監査役に選任された。住友は島屋新田の土地二万坪を同社に売却し、埋立・工場建設の後明治三十二年七月開業した（『住友総本店（中）』七への移行」参照）。この後大正元年十月組織を変更して、汽車製造株式会社が設立された。(38)住友鋳鋼場の株式会社

「大阪毎日新聞社」は、明治二十一年兼松房治郎（兼松創業者）が、河原信可（大阪商船社長）、玉手弘道（堂島米会所頭取）、

藤田伝三郎(藤田組社主頭取)等と資本金三万円の匿名組合を組織し、休刊中の「大阪日報」を「大阪毎日新聞」と改題して発行することになった。その後明治二十二年六月同社再建のため出向した本山彦一(のち同社社長)の要請によるものと思われる。明治二十六年十二月再び資本金五万円の合資会社に変更され、毎日側の資料ではその社員として伊庭貞剛(出資額六〇〇〇円)の名前が見えるが、住友総本店有価証券台帳では上記一〇〇〇円(廣瀬宰平名義五〇〇株・伊庭貞剛名義五〇〇株)が振り替えられたに止まっている。大正八年三月再び株式会社へ組織変更された。なお同社は明治二十二年二月大阪市東区大川町の大阪簿記学校跡(現中央区北浜四丁目住友ビル)に移り、大正十一年三月北区堂島船大工町(現堂島一丁目)に移ってから以来隣接していた。

「第一生命保険相互」は、明治三十五年九月矢野恒太が、非営利主義の保険相互会社の第一生命を設立するに際し、矢野の友人旧郡山藩主柳沢保恵の紹介で住友吉左衛門が五〇口(二万円、払込@五〇円)応じたもの。(40)

「蓬萊生命保険相互」は、明治四十三年六月政友会系の人々が謀って設立された。住友は第一生命同様住友吉左衛門名義五〇口(@二〇〇円、払込五〇円)、鈴木馬左也名義二〇口の基金出資に応じた。出資の理由は不明であるが、当時の政友会総裁は家長の実兄西園寺公望であり、また同社の初代社長は鶴原定吉で、彼は明治三十二年河上謹一等とともに日本銀行を退職し、明治三十四年から三十八年まで大阪市長であった関係で、鶴原から要請があったものと思われる。(41)

「国際通信社」は、大正三年四月渋沢栄一の提唱により資本金一〇万円で設立された。有価証券台帳には渋沢栄一に対する委託金と注記されている。(42)

「興源公司」は、ドイツ商社礼和洋行が獲得していた中国湖南省水口山鉛鉱の買鉱権が第一次大戦勃発による中国の

対独参戦に基づく利権を求めて大正八年四月に資本金三万円で設立された鉱業投資組合である。当初は鈴木商店・久原鉱業・古河合名・大倉鉱業・大阪亜鉛鉱業・三井鉱山の六社(各社五〇〇〇円出資)から成っていたが、シベリヤ出兵とともに組合の目的範囲が中国以外に拡大され、大正八年十月組合員も三菱合資・明治鉱業等新たに五社が加盟した。住友もこの際加盟している。その後大正十三年十月各社出資は一万八〇〇〇円に増額(払込は五〇〇〇円のままなので一万三〇〇〇円の無償増資か)されたが、湖南省の政情不安のため水口山借款・契約は所期の目的を達せず、同社は三井鉱山への貸付会社化してしまった。昭和三年六月減資して一万四〇〇〇円の返済があり、出資払込の中四〇〇〇円を償却して一万円の利益を計上し、さらに昭和七年二月解散に際し五九一〇円の分配があり、出資の残一〇〇〇円を償却し四九一〇円を利益計上した。(43)

四　住友総本店林業課の設置

住友総本店の本格的な山林経営は、大正六年(一九一七)六月十九日元農商務省山林局技師・鴨緑江採木公司理事長村田重治林学博士に山林事業の管理を委嘱したことに始まる。総理事鈴木馬左也は、明治九年(一八七六)から十年の間金沢・啓明学校に学んだが、その際地元の学友を通じて金沢出身の村田と面識ができたという。その後村田は東京農林学校を卒業し、明治二十一年農商務省に入省、二十二年七月愛媛大林区署に赴任し、二十四年三月にはその署長となるが、鈴木も当時まだ内務省に勤務しており、丁度この間二十二年五月から二十三年八月まで愛媛県書記官として松山に在って村田と再会した。鈴木は、その後明治二十七年に農商務省に転じ、二十九年に退職して住友本店に入社するまで、同省山林局に勤務し、林務課長として森林法の立案に当たっていた村田と同僚となる関係にあった。(44)

村田は引き続き農商務省に在って、鉱毒問題が大きな社会問題となる毎に設置された鉱毒調査委員会（明治三十五年内閣）、臨時鉱毒調査委員会（四十一年五月農商務省）、鉱毒調査会（四十二年四月内閣）のいずれもの委員を命ぜられ、別子鉱業所にもしばしば視察に訪れ、鈴木に対し植林の必要性を強調していた。しかし村田の助言を俟つまでもなく、住友本店は廣瀬宰平・伊庭貞剛以来別子の植林に努力を傾注してきた。特に鈴木は、明治三十二年別子鉱業所支配人として赴任した正にその年に起こった大風水害の惨状に鑑み、如何に営々と別子の山林経営に当たってきたかは、大正九年十一月十五日の林業課詰所主席者会議における彼の訓示からも明らかである（資料6）。これに対し村田の説くところは、

「(註、別子の) 山林の経営をするのは、仮令それが収益にならずとも当然、為すべきことであるが、林業は、(註、一般に) 相当の年数さえ経れば必ず利益が挙がる。利率は低いが確かである。然し其の利益を見ないで罪亡ぼしに (註、別子以外の山林の経営にも従事) せよ」というものであった。[45]

鈴木は、明治十六年東京大学に入学し、二十年に卒業するが、この間参禅や剣道のほかに本郷元町の武義堂で渋川流の柔術を修行した。この武義堂の仲間は、平沼騏一郎、内田康哉、早川千吉郎等であったが、その中に松崎蔵之助もいた。[46]松崎は、鈴木より一年遅れ明治二十一年卒業し、大学院を経て二十三年農科大学助教授となり、二十五年から二十九年にかけて財政学・農業経済学研究のため欧州に留学した。松崎は帰国後教授に昇進するとともに、法科大学教授兼任となって、農政学（アグラール・ポリティク）を伝え、農科大学教授横井時敬の農本主義や法科大学教授金井延の自由放任論に対し「常に農工商の併行鼎立を主張し、国内市場の軽視すべからざるを唱道」[47]した。鈴木総理事もまた常に農業と鉱（工）業の共存共栄を説き、農鉱（工）併進を標榜したのは、この松崎の影響と思われる。矢作も三十六年から四十年にかけて欧州に留学し、帰国後教授に昇進すると同時に法科大学教授も兼任した。そして松崎同様に明治四十一年の社会政策学会松崎が法科大学専任となった後を受けて矢作栄蔵が農科大学助教授となった。

の大会において農民の購買力が工業製品の国内市場を支えるという見地から、産業（農工商）の調和的発展を重視する報告を行っている。矢作は、欧州留学の際「デンマークに遊び、其の独特なる国民教育の施設が同国文明上の一大勢力となり、其の国民生活上に着々効果を挙げつゝある所あり。帰朝後時々の講演に於て之を紹介」していた。丁度その頃矢作は、ドイツ人ホルマン著に成るこうしたデンマークの実状に関する書物"Die dänische Volks-hochschule und ihre Bedeutung für die Entwicklung einer Völkischen Kultur in Dänemark"（明治四十二年刊）を入手し、その内容を鈴木に話したところ、鈴木からその邦訳を慫慂された。しかし矢作は、四十四年七月再度欧米に出張することになり、その邦訳を丁度農科大学を卒業したばかりの那須皓に依頼した。

他方日露戦争の軍事費を賄うために発行した外債二〇億円の利払い年一億円の重圧に対し、内務省では農業や農村を発展させることによってこの負担を跳ね返そうとする地方改良運動が推進されていた。この運動の推進者は、井上友一内務参事官兼内務書記官兼地方局府県課長（のち東京府知事）であった。井上は鈴木の内務省の後輩に当たるが、鎌倉円覚寺今北洪川禅師に参禅する鈴木の仲間に連なっており、やはり早くからデンマークに注目していた。

一方在野ではキリスト者の内村鑑三が、明治四十四年十月江原萬里（四十一年一高入学と同時に師事）の矢内原忠雄等を前に「デンマルク国の話」（信仰と樹木をもって国を救ひし話）という説教をしていた。彼はこの話を自分の機関誌『聖書之研究』に載せ、さらに小冊子にして公刊した。この小冊子は随分読まれたといわれている。その内容は森建資によれば「デンマークは一八六四年（元治元年）にドイツとオーストリーとの戦いに負けて、最も豊かだった南部をドイツに割譲する目にあった。にもかかわらず四十年もたったら世界で最も豊かな国のひとつになった。内村はそれはなぜかということを問題にした。戦争に負けて、おまけに残った国土のユトランド半島は荒れ地ばかりであったために、国民はどん底に突き落とされたような気分を味わっていた。そのときにダルガスという軍人が荒れ地から荒れ地への植林

を進め、幾多の困難に打ち勝ってそれを成功させる。植林が成功すると、荒涼とした地帯の気候条件も変わって、夏でも霜が下りなくなり、農業が発展することになった。そして何よりも国民の心のありようが変わった。デンマークは敗戦の痛手から立ち直っただけでなく、見事な経済発展を遂げ、国民は豊かな生活を送れるようになった。」というものであった。

那須の邦訳『国民高等学校と農民文明』は大正元年末に成り、鈴木はこれに序文を書き、費用を住友総本店が負担して二年初東京堂から刊行された。内村がデンマークの話をした明治四十四年の七月、内村の門弟黒崎幸吉と藤井武が法科大学を卒業し、黒崎は住友総本店に入社し、藤井は内務省に入省した。黒崎の住友入社の経緯をみると、優秀な人材を確保するため、鈴木が金井や矢作等法科大学の教授連と親交を持っていたことが明らかである。一方藤井の内務省での面接者は、井上友一であった。藤井は必ずしも井上の覚えがめでたくなかったようであるが、法科大学教授新渡戸稲造の口添えもあり、入省できた。藤井は大正五年初には退官してキリスト教伝道活動に転ずるが、その直前大正三年山形県理事官・地方課長兼官房主事として「農村振興のために是非とも必要と考えて、デンマークの国民学校に擬え、大体の計画や予算は勿論、職員の選定から設備の設計まで、殆ど彼一人で立案したところの、此程の事業として日本最初のものが、(註、大正四年)遂に(註、「山形県立自治講習所設置ノ議」には、鈴木の肝煎りで出版された「那須農学士訳『国民高等学校ト農民文明』ニ依ル」として)実現した」。彼の手になる「山形県立自治講習所高等学校ノ状況」が掲げられていた。

当時三井では、既に明治三十九年三井家同族会事務局に殖林掛を新設し、翌四十年にはこれを山林部と改称、台湾で樟脳製造に着手して植林予定地一万町歩を買収、四十一年岐阜県で雑木林七七三町歩を買収、さらにその後一二四三町歩を買い増ししていた。四十二年三井合名設立後は山林部は三井合名山林課となり、四十四年韓国併合二年にして朝鮮

第一部　住友総本店

三四三

第三章　住友総本店（下）

の林業に着手、同年三井物産が北海道で原生林の立木利用を目的として払い下げを受けた五七〇〇町歩をその翌大正元年に三井合名が譲り受けた。(55)

加賀・前田家も、村田が同藩出身であったことから、かねて家令早川千吉郎（当時三井銀行常務、鈴木馬左也の東大学友であり、禅友、柔術の仲間でもある）等に林業経営を勧めていたところ、それに従い明治四十三〜四十四年に北海道で国有未開地五〇〇〇町歩の払い下げを受け、四十四年前田林業所を設立、付近一帯の原野及び無立木地の造林を始めていた。(56)

このような状況の下で、村田の鈴木に対する説得も単なる罪亡ぼし論を出て「鉱業の盛衰興亡は定まりなく、実にも不安定であるから、いい安全弁ともなり比較的永久に変化の少ない事業をも行って置かねばならぬが、それには林業が最も適当である」という住友の利益をも念頭においたものとなった。村田の説得に応じ鈴木は林業進出を決意するが、それは総本店の業績の目処がついて、住友銀行が株式会社として分離独立することが決定されたのとほぼ同時期の明治四十四年末から四十五年初であったと推定される。

「鈴木氏は決意せられたが、住友家としては重大な問題であるから、主人の住友男の了解を得なければならないので、私（註、村田）より詳しく話して呉れとのことであったから、主として国家と森林の関係、内地及朝鮮山野の現況を話題として、両三回も御話した。（中略）其後同男爵の御希望もあったので、仮りに住友家に於て林業を営むものとして、林業経営の規模、場所、所要資金、将来における収支及経営の方法等に就き、可なり詳しき調査書を作り之に拠って説明を為した。暫くたって愈々林業経営を行うことに決定したことを鈴木氏より承ったのである。」この決定が四十五年春のことであったと思われるのは、四十五年五月十二日から十四日にかけて、家長は別子に赴き、これまでの鉱山の視察と異なり、山林の林相、造林の成績などを視察しているからである。(58)

「鈴木総理事は私（註、村田）に向って、斯く確定した以上は、一日も早く君が住友家の人となって実行して呉れなけ

れば困ると云われた。そこで私は農商務省における緊急用件が略々片付、御暇を乞うて御許しを得れば、行くということを答えた〔59〕。六月初から七月にかけて、家長は上京し、朝鮮総督寺内正毅と前農商務大臣大浦兼武を訪問している。寺内は、四十三年七月京城（ソウル）に赴任の途次、「釜山より鉄路朝鮮南部を通過し、行けども尽きざる禿赭の山峰と荒廃せる林野を眺め」、着任するや「山林の興隆を重要事業」としていた〔60〕。一方大浦は、四十一年七月から四十四年八月まで農商務大臣として別子煙害問題の処理に当たり、山林局に勤務する村田の上司でもあった。

鈴木は七月末と八月初に上京しているが、この間に農商務大臣牧野伸顕（鈴木の兄外交官秋月左都夫と牧野は夫人同士が姉妹に当たる）に村田の住友入社を申し入れたものと思われる。村田は既に四十三年十一月山林局でも地方課長から林業試験場長に転じ、年齢も五〇歳を超えて退官も時間の問題と思われていた。同じ七月末から八月初旬にかけて、別子鉱業所山林課主任心得武藤廉は、秋田・東京・静岡・長野の山林視察に出張し、九月三日〜五日には、村田自身が武藤とその部下の山村亀太郎（山林課経営係）を従えて別子山林視察を行っている。

しかるにこの間に政府部内では、村田を満洲に派遣する話が持ち上がっていた。すなわち日露戦争勃発前の明治三十六年先見の明をもって村田が行っていた韓満森林調査に基づいて、戦後明治四十一年日支合弁の鴨緑江採木公司が設立されていた。しかしこの頃、公司の経営は行き詰まっており、丁度この四十五年三月には村田が公司の事務監察のため安東県に出張したこともあった。そしてその再建のために村田自身を理事長として派遣しては如何かということになったのである。首相西園寺公望は家長の実兄であり、上記牧野農商務大臣と鈴木の関係、外務大臣内田康哉もまた鈴木と大学同期、柔術の仲間という強力な関係がありながら、むしろその故に政府の方針に従わざるを得なくなり、村田の住友入社従って住友総本店の山林経営への進出も大正六年村田の鴨緑江採木公司理事長退任まで延期せざるを得なくなったのである。

第一部　住友総本店

三四五

第三章　住友総本店（下）

村田の入社に先立ち、鈴木は大正五年三月から中国・満洲視察を行った。五月二十七日安東県に到着した鈴木は、村田の案内で鴨緑江採木公司を訪問、村田から明治四十四年施行された森林令第七条（「朝鮮総督は造林の為国有森林の貸付を受けたる者に対し、事業成功したる場合に於て特にその森林を譲与することを得」）による造林事業が、国家的事業であると同時に事業としても有利であると聞き、六月二日京城において寺内総督と会見した際に、寺内の慫慂に応じまず二万町歩の禿山に植林をして、朝鮮百年の大計の一助にせんことを申し出て、総督に感謝されるという一幕もあった。

この時村田は、既にその前年大正四年八月に東京に転居していたので、彼が当初三年と考えていた公司の任務もようやく一段落し、住友入社も間近いことを鈴木に告げたものと思われる。村田の入社に引き続き宮崎辰之允（元山林局技師）、西川行之（駒場実科）、井上利雄（東大林科）、島田久次（駒場実科）の四名が入社、総本店経理課の一隅で分掌未定のまま林業創業の仕事が始まった。

まずこの年十月、村田は井上・西川を帯同して京城に赴き、朝鮮総督府との交渉並びに山林経営に関する諸調査を行った。また一方宮崎は同月北海道庁に出頭し、農林業経営に関する家長名義の陳情書（資料7）を提出し、不要林の払下げを出願し、十二月北海道庁から、北見国紋別郡紋別町藻鼈村渋野津内の国有林野八〇九町歩（二四万円）の払い下げを受けた。

大正七年に入ると、大塚小郎（元東京大林区署技手）、岩崎虎三（元朝鮮李王職技師）、北村喜三（元長野県技手）、小華和茂彌（元北海道庁技手）、北村藤治（元農学校教師）、平賀五郎（東大農科）等が相次いで入社した。彼らと応援の別子鉱業所山林課員を併せ、朝鮮・北海道・九州の三方面に派遣されることになった。すなわちまず三月から朝鮮に向けて岩崎、井上、西川、山村（別子）、齋藤敬太郎（別子）が派遣され、五道において不要な林野の実地踏査を行い、国有林野貸付願を提出、七月初めて咸鏡南道において国有林野一二〇〇町歩の貸付許可（森林令の貸付林制度による）を受けた。

三四六

次いで四月には大塚、小華和が北海道に派遣された。その四月に宮崎県林務課長が来阪し、総本店に対し椎葉山林の開発造林について勧奨があった。五月村田が北村(喜)とともに現地を踏査し、その有望なことが認められたので、部分林の方法により山林経営に着手することに決定、九月両北村、武藤が九州へ向かった。

大正八年三月宮崎県西臼杵郡椎葉村地内山林四五町歩につき、土地所有権者と伐採分収の地上権設定契約を締結し、契約地のうち苺谷の五町歩に一万五〇〇〇本の杉造林を行った。この同じ大正八年三月十三日総本店に林業課が設置された(資料2)。林業課主任には前年十一月入社し、総本店支配人となっていた石橋和(元佐賀県・岐阜県知事)が任命された。この時の陣容は、村田を含め総勢一六名(林業課八名、北海道三名、九州一名、朝鮮四名)であった。

大正九年九月林業課主任石橋和病気のため、本店支配人兼営繕課主任本荘熊次郎が林業課主任兼務となった。各地の管理事務所を詰所と称していたが、十一月十五日その主席詰員を集めて最初の林業課詰所主席者会議が開催され、鈴木総理事が訓示を行なった(資料6)。

林業課は翌大正十年二月住友総本店が改組され、住友合資会社が設立されるとともに、林業所に昇格することになるのである。

(資料6)

大正九年十一月十五日林業課詰所主席者会議における鈴木総理事訓示

(前略)伊庭貞剛氏ハ別子鉱業所ニ居ラレタトキ、山林ノ植付ノコトニ熱中サレテ居ツタ。私ハ伊庭氏の後任トシテ、明治三十二年ニ別子ニ行ツタガ、其年八月ノ大水害ニハ、死セル者海抜三千尺ノ高所ニ於テ六百人アリ、大阪ノ如キ人口夥多ノ所デ六百人ノ死者ハ、不思議デ無イカモ知レナイガ、別子ノ如キ人工稀薄ナトコロデノ六百人ノ死ハ、非常ナ損害ナリ。其原因ハ別子ノ山ノ木ガ、鉱山ノ製錬ノタメニ枯死シ、禿山トナリ、山上ノ土ヲ洗ヒ流シ岩石ヲ露出シ、其岩

第三章　住友総本店（下）

石ハ又紙ヲ幾枚モ重ネ合セタ様ナモノダカラ、容易ニ剝ガレ壊レル。山ガ此様ナ状態ナル故、大雨アレバ岩石中ニ雨水侵入シ、水ノ力デ岩石ヲ破壊シ、傾斜ノ所ニ建ッテ居ッタ家ガ、逆落シニ墜落シタ為メ多数ノ人間ガ死ンダ。当時私ハ責任者トシテ、将来ハ此様ナコトニナラヌ様ニト、入念ニ石垣ヲ築キ傾斜ヲ緩ニシテ良クシタ。然シ之ハ姑息ナル故、根本的ノ施設ヲナス考ヲ起シ、夫レニハ山林ヲ造ル必要アルヲ思ッタ。又他方ニ鉱山ハ色々ナ害ヲ惹起スル原因ニナッテイルカラ、此ノ償ヒヲシナケレバナラナイ。即チ鉱山ハ国土ヲ損スル仕事故、国土ヲ損ズル一方ニハ国土ノ保安ヲヤル必要ガアル。云ヒ換フレバ、罪滅ボシノ為ニモ、又総テ物事ハ差引勘定ナル故、国土ヲ護ッテ行ク仕事ヲ起スル必要アリ、ソレニハ山林事業ガ最モ適当デ、且山林ハ人々ニ嫌ハレ又世ノ中ニ紛議ヲ起スヨウノ事無ク、土地ヲ保護シ治水上亦大ナル利益アリト思フ。（中略）

住友家ハ鉱山ヲ以テ興ッタ家ニテ、将来モ之ヲ益発展サセルノデアルガ、其傍ラ山林ヲ経営スルコトハ有益ト思フ。私ハ伊庭氏ノ後ヲ継ギ、別子鉱業所ノ所管ナル伊豫、土佐ニ亘ル山林ノ養成ニ相当ニ尽力ヲシタ。茲ニ居ラレル中田理事ナドモ大イニ努力サレタ。斯クシテ永年別子鉱業所ヲ中心トシテ、山林ノ経営ヲシテ居ッタガ、茲ニ別ニ新ニ山林事業ヲ起シ、今日ノ如ク諸君ヲ煩ハシ居ル次第デアル。

即チ只今デハ、伊豫ヲ中心トスル山林ノミナラズ、内地ニ在リテハ北ハ北海道ノ北見、南ハ日向ノ椎葉村ニ事業ヲ起シ、又朝鮮ガ我国ニ併合セラレタル結果、何カ国家ノ為ニナリ、一方住友家ノ営業ニモナル仕事トシテ、何ヲ択ブベキカヲ勘考熟慮ノ末、朝鮮ノ国有林ノ貸付ヲ受ケ、目下ハ四万町歩程ノモノヲ経営セラレアリ。之等ハ将来ヲ今日ヨリ更ニ増加ノ予定デアッテ、此新ナル発展ノ勢ハ仲々従前ノ比ニ非ズ、大計画、大規模ノモノデアル。此様ナ山林事業ノ発展ヲナサントスル所以ハ、我住友家ノ事業モ年ト共ニ隆盛ヲ来シ、次第ニ手広ク複雑ニナッテキタガ、物盛ナレバ必ズ衰フルトカ、一利アレバ一害アリトカ云フコトハ、動カス可ラザル古来ノ定則デアル。其様ナ次第デ住友家ノ事業即チ

実業、更ニ言ヒ替フレバ営利事業モ段々ト、危険ガ伴フトコトヲ考ヘルノガ当然ナリト思フ。諸君ニ於テモ肚ノ内ニ入レテ置カレ度イノハ、我住友家年来ノ方針トシテ、浮利ヲ追フテ仕事ヲヤルコトヲ禁ジ、極メテ健実ナル仕事ヲスルコトニシテイルコトデ、私共モ之ヲ遵守シテ仕事ヲヤッテイルカラ、濫リニ危険ニ近ヅイテイルトワ思ハナイガ、然シ乍ラ、非凡ナル頭脳ノ持主ノミ集ッテ居レバヨイガ、ソウデモナイカラ、考ノ行届カヌ所モアリ、又複雑トナル程目ガ届キニククナルガ故ニ、他ニ安全ナル途ヲ考ヘ、我住友ヲ一面ニ於テ根底ヨリ保護スル必要アリト思フ。私共ガ信シテ疑ハザル所ハ、住友ト云フ伝来ノ経歴、住友ノ名声、住友ノ歴史ニ依テ此事業ノ隆盛ヲ来セルモノナリ、故ニ利ヲ挙ゲルコトノミニ没頭セズ、我国家社会ヲ損ゼヌ様ニ、間接ニ国家社会ノ利益ニナル様ニトノ方針デ、事業ヲ経営シテ行クノデ、斯ルガ故ニ住友ノ事業ノ盛大ニナランコトヲ希望シテイルノデ、苟モ此事業ノ衰微セヌ様ニ、益々発展スル様ニ十二分ノ力ヲ用ヒテイル。山林事業ハ安全ニシテ住友ノ基礎ヲ強クスルモノト認メタル故、之ニ力ヲ入レントシテ今日ノ如キ状態ニ立至ッタノデアル。将来ハ土地ノ面積モ増加シ、内容モ充実シ、山林事業ノ利益ガ益々増大スルコトニ力ヲ用ヒンコトヲ期シ、其為メニハ諸君ノ尽力ヲ期待シテ居ル故、決シテ軽佻浮薄、眼前ノ利ニ走リ又ハ自己ノ考ニ拘泥シテ、全体ノ利ヲ失フ如キニ陥ルコトハ、私ノ失望落胆シ又諸君ノ為メニモ取ラザルトコロデアル。（後略）

（資料7）

　　　　　　　　　　　吉　左　衞　門　儀

多年鉱業、銀行、倉庫及銅鋼、電線ノ製造業ニ従事シ、又一面林業、農業ヲ経営致シ来リ候処、今般更ニ林業ノ規模ヲ拡大シ、之ニ農業ヲ附帯セシメ、一層ノ発達ヲ謀リ度存念ニ御座候。微力ナガラ亦国家産業ノ興隆ニ対シ聊力寄与仕度奉存候。就而ハ凡ソ別記ノ趣旨方針ニ依テ計画仕度覚悟ニ有之候。何卒微衷御諒察被成下今後国有土地ノ払下其他事

第一部　住友総本店

三四九

業上各般ノ御指導並ニ御高配ニ預リ度奉懇願候。此段陳情仕候也。

大正六年十月二十三日

大阪市南区天王寺茶臼山町十六番地

住　友　吉　左　衛　門

北海道庁長官

俵　孫　一殿

五　大阪北港株式会社の設立

「住友総本店(中)四　シーメンス事件と住友」及び「七　住友鋳鋼場の株式会社への移行」で述べた通り、大阪北港では、明治十一年(一八七八)住友家が、島屋新田一六万七〇〇〇坪を買収し、さらに十七年に隣接の恩貴島新田と併せて一八万坪を買収して以来、その経営地となっていた。

この地には、まず明治三十二年汽車製造会社の工場(敷地二万坪)が建設され、次いでその西側隣接地には明治四十年住友鋳鋼場の新工場(敷地一万三五〇〇坪)が竣工した。またやはりその同じ年に後に住友化学工業株式会社に合併されることになる日本染料製造株式会社が設立され、大阪北港の出資者の一人となる清海復三郎から電線製造所の東南、西区春日出町(現此花区春日出中三丁目及び南三丁目)の土地三万坪を買収し、新工場の建設を開始した(第3図)。その北側に大正五年(一九一六)住友電線製造所の新工場(敷地一万二〇〇〇坪)が竣工した。

他方明治三十年以来進められて来た大阪築港の事業は、こうした正蓮寺川流域が江戸時代から民間が埋立権を保有していたため、安治川河口を北限としており、港域が次第に狭隘となってきた。大阪市は、大正元年六月臨時港湾調査会

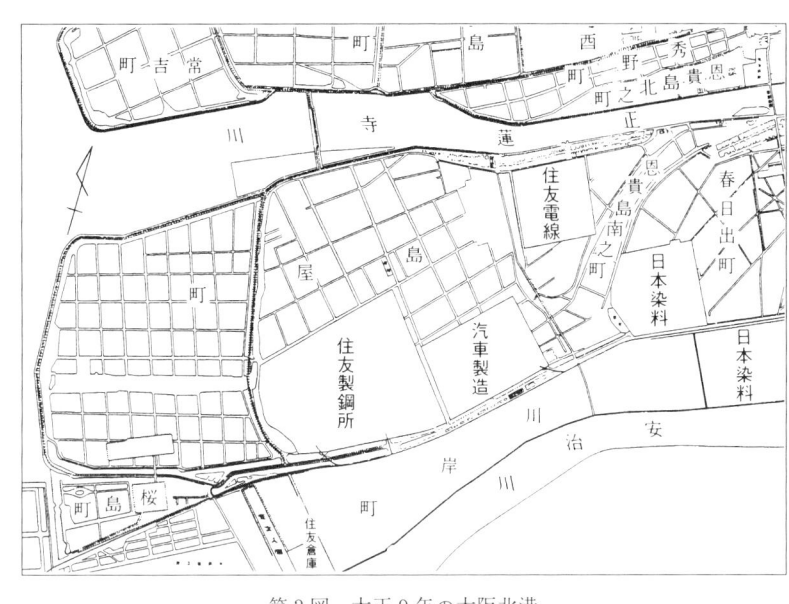

第3図　大正9年の大阪北港

を設置し、翌二年四月には同調査会はその港域を正蓮寺川河口を含めた新淀川左岸まで拡大し、これを北港とすることを決議した。この調査会の議員に住友家を代表して、かねて正蓮寺川流域の開発を主張していた製銅販売店支配人山下芳太郎がいた。大正四年七月山下は、総本店支配人に転じ、この決議を実行に移すべく、大正五年六月住友吉左衛門をはじめとする正蓮寺川両岸の地主、臨港土地株式会社、清海復三郎、島徳蔵、野村利兵衛、合名会社藤田組、片岡孫助によって総出資額三〇〇万円の正蓮寺川沿地主組合を結成し、その業務執行者となった。組合員の出資比率は、所有地の沿岸延長の割合及び所有地の登録面積と埋立権利地の埋立許可面積の割合に基づいて算定され、住友吉左衛門の場合は四五・八八％であった。

臨港土地株式会社については、既に「三　住友総本店の投資活動」で述べた。正蓮寺川沿地主組合が結成された大正五年の十一月資本金一〇〇万円の桜島土地株式会社（＠五〇円、二万株）が設立された。これは西成線と住友家の島屋町土地の間に井上虎治（大正五年六月株式会社富島組初代社長）が所有す

第三章　住友総本店（下）

る桜島町の土地二万四〇〇〇坪を埋め立てようとするものであった。同社は井上が社長となり、安宅弥吉（安宅商会社長）、南郷三郎（神戸桟橋社長）が役員となっていた。しかし大正七年住友伸銅所が鋳鋼所の西側とその南に続くこの桜島土地の湿地に鋼管製造の分工場を建設する計画を立てた。このため総本店では七月物価高騰のため埋立計画が頓挫していたこの桜島土地の全株（二万株、払込@二五円）を五九万円で買収した。この後大阪北港株式会社が設立されると、総本店はこの株式全株を七三万円で大阪北港に譲渡し、同社は大正九年十二月解散した。なお伸銅所は、大正八年九月尼崎の岸本製鉄所・製釘所の工場を買収し、これを分工場としたので、この時点での桜島進出は中止となったが、後に大正十五年安治川本工場の敷地を大阪市に中央卸売市場の用地として売却することとなったので、昭和三年（一九二八）改めてここに本工場を移転することになるのである。

組合員の一人島徳蔵は、大正六年六月大阪島舟土地株式会社を設立してその社長となり、自ら所有する正蓮寺川右岸常吉町地先の海面埋立権とその一部埋立地七〇〇〇坪（島舟町）を同社に譲渡し、翌七年五月には島に代わって同社が組合に参加した。そして大阪北港が設立されると、大阪島舟土地も土地と埋立権を大阪北港に譲って解散した。

大正七年に入ると、山下芳

役　　員	
社長	鈴木馬左也（総理事）
常務取締役	山下芳太郎（理事）
取締役	小倉正恆（理事）
	中田錦吉（理事）
監査役	加納友之介（銀行常務）
取締役	島徳蔵（社長）
	島定治郎
取締役	高木与太郎（理事）
	城周彦（農業課長）
監査役	坂井隆三（証券課長）
監査役	清海復三郎
取締役	野村利兵衛
監査役	片岡孫助

第一部　住友総本店

第18表　大阪北港(株)株主・役員・経営地一覧

株　　　主		買収土地・埋立権	
住友吉左衞門(住友合資会社)	421,660株	恩貴島北之町	21,280坪
		恩貴島南之町	80,160
		(東)島屋町	253,700
		(西)島屋町	183,920
		川岸町	2,340
		桜島町	1,600
		計	543,000
臨港土地		島屋町地先埋立権	153,760
桜島土地		桜島町地内埋立権	23,790
島徳蔵他(大阪島舟土地)	115,100	島舟町	7,040
		常吉町地先埋立権	141,630
		計	148,670
藤田平太郎他(合名会社藤田組)	70,430	東西島町	88,610
		西西島町	53,580
		常吉町	2,680
		計	144,870
清海復三郎他	53,380	春日出町	68,890
政岡土地合資会社	2,180	島屋町	11,130
野村利兵衛	6,260	常吉町	63,390
長谷田泰三	11,260		
片岡孫助	10,110	秀野町	20,700
中谷徳恭(大阪府会議長)	9,620		
合　　計	700,000	合　　計	1,178,200

出典：『大阪北港二十年史』

太郎は一月理事となり、四月には鋳鋼所常務取締役となって総本店支配人を外れたが、依然として組合の仕事は続けていた。組合結成以来、府・市当局と協議を重ねた結果、大正八年四月ようやく北港修築工事の最終設計案が完成したが、物価騰貴の結果、当初の工事予算三〇〇万円は四五〇万円へ膨れ上がっていた。このほか所有地の埋立、護岸の築造は、各組合員の自己負担となるので、工費が上昇すれば自然事業の足並みは乱れがちとなった。このため新たに株式会社を設立して、各人の所有地と埋立権を新会社に

第三章　住友総本店（下）

集中して、新会社が一括して事業を継続することとなった。

各組合員の所有する土地と埋立権は、関西信託に委託して改めて評価を行った。埋立権も隣接土地並に評価し、その代わりその権利所有者に埋立完成の義務を負わせた。この評価の結果、「二　住友総本店の業績」で述べた通り、総本店には大阪北港に譲渡する土地五四万三〇〇〇坪について、一六五六万円の評価益が生じたのである。

この総評価額は三一四六万円となったが、持分の評価額の二割増で提供を受けることになったので、その総額に見合う三五〇〇万円を資本金とし、大阪北港株式会社は大正八年十二月二十四日設立された（@五〇円、当初一二円五〇銭払込、九年三月残額払込、七〇万株）。住友の持株は、設立当初三九万二一八〇株（五五・七五％）であったが、その後大正九年五月野村利兵衛の持株八九五〇株の中五〇〇〇株を@三〇円で買い取り、三九万五一八〇株（五六・四七％）となり、さらに大正十年年末誤差修正のための保留株の分配も終わり、ようやく全出資者と買収土地・埋立権が確定した（第18表）。住友合資会社の持株は、この際二万六三八〇株を加え、四二万一六六〇株（六〇・二％）となった。

なお大阪北港株式会社は、その後昭和二年四月連系会社に指定され、昭和十九年十一月株式会社住友ビルディングを合併して住友土地工務株式会社と改称、戦後の昭和二十年十一月商事部門を設け社名を日本建設産業株式会社に変更した。昭和二十七年六月には住友商事株式会社に改称、現在に至っている。

ちなみに山下芳太郎の下で大阪北港の設立業務を担当したのは、「二　住友総本店の業績」で述べた通り、倉庫の東京進出の調査に当たった総本店庶務課秘書係江原萬里であった。江原は、出資者間の調整や官庁との折衝で多忙を極めた上、設立後も大正九年一月新会社へ出向を命ぜられ、庶務課主任として創生期の同社に尽くした。このため健康を害し、大正十年九月末住友を退職して交通政策担当の助教授として東大へ赴任するという悲運に見舞われた。江原は療養の傍ら授業を続けていたが、昭和二年には休職、四年には退官のやむなきに至り、以後キリスト

教の伝道に尽くし、八年八月死去した。住友合資は夫人（黒崎幸吉妹、黒崎は大正四年江原が住友に入社した際配属された総本店経理課主計係にいた）に弔意金三〇〇〇円を贈り、十一月には大阪住友倶楽部で田中良雄（江原と同期入社、当時住友合資人事課長、のち住友本社常務理事）司会の下に「故江原萬里氏記念会」が開かれ故人を悼んだ。

六　内外販売網の充実と商事会社設立問題

(一)　国内販売店

国内販売店は、大正二年（一九一三）十二月の東京・呉両販売店の開業（「住友総本店（中）六　東京・呉両販売店の開業」参照）に続いて、大正八年九月横須賀販売店が東京販売店から分離独立し、翌九年七月には博多販売店が開業して、北海道を除き全国的な販売網が確立した（北海道には大正六年八月以降、東京販売店から札幌派出員を派遣して、カバーしていた）。

しかし当時の販売店は、まだ伸銅所・電線製造所・鋳鋼場の出張所時代の名残で全店を通じての主要販売先一覧というものは、実際報告書にも記載が無く、各製品毎に主要得意先や分野別の受注金額が記載されているに止まっている。もっとも横須賀販売店・呉販売店は、それぞれ横須賀海軍工廠、呉海軍工廠を主要得意先としており、博多販売店もまた（八幡）製鉄所を中心とする官公庁向けが二割を占め、残りは電力向けが三五％と三井鉱山を初めとする九州炭坑業向けが二割と、これらを併せると七五％に達するので、ここで問題となるのは、主として東京販売店である。

東京販売店も全店を通しての得意先別販売統計はまだ作成されていないので、第19表の通り分野別の受注統計を示した。これによると東京販売店もまた逓信省、鉄道院（省）といった現業官庁や陸海軍、東京市電気局等の官公庁向けが全

第19表　東京販売店得意先分野別受注状況　(単位:円)

	合　　計	官　公　庁	民間企業	商社・問屋
(大正6年)				
伸銅品	6,670,183.78	3,610,048.37	1,370,640.71	1,689,494.70
電　線	2,362,985.23	1,082,488.60	920,650.28	359,846.35
鋳銅品	1,728,047.19	1,365,250.20	362,796.99	―
製　銅	7,062.00	―	7,062.00	―
肥　料	122,898.74	―	―	122,898.74
合　計	10,891,176.94	6,057,787.17	2,661,149.98	2,172,239.79
	(100.0)	(55.6)	(24.4)	(19.9)
(大正7年)				
伸銅品	6,479,811.54	3,695,667.95	1,055,625.89	1,728,517.70
電　線	2,884,916.42	1,703,681.59	797,919.43	383,315.40
鋳銅品	1,780,281.70	1,306,148.90	474,132.80	―
製　銅	245,202.84	―	245,202.84	―
肥　料	83,602.99	―	―	83,602.99
合　計	11,473,815.49	6,705,498.44	2,572,880.96	2,195,436.09
	(100.0)	(58.4)	(22.4)	(19.1)
(大正8年)				
伸銅品	5,723,070.55	2,560,739.10	1,329,750.96	1,832,580.49
電　線	5,737,997.90	2,874,865.11	1,894,965.22	968,167.57
鋳銅品	2,040,326.45	1,252,803.36	787,523.09	―
製　銅	232,158.80	―	232,158.80	―
肥　料	242,841.89	―	―	242,841.89
合　計	13,976,395.59	6,688,407.57	4,244,398.07	3,043,589.95
	(100.0)	(47.9)	(30.4)	(21.8)
(大正9年)				
伸銅品	4,854,503.34	1,416,773.34	2,341,043.49	1,096,686.51
電　線	5,718,376.88	3,263,690.36	2,154,455.60	300,230.92
鋳銅品	2,572,644.07	1,967,197.99	605,446.08	―
製　銅	403,134.03	71,000.00	332,134.03	―
肥　料	35,444.50	―	―	35,444.50
合　計	13,584,102.82	6,718,661.69	5,433,079.20	1,432,361.93
	(100.0)	(49.5)	(40.0)	(10.5)

体の六割近くを占めていた。大正八、九年にこの比率が下がっているのは、横須賀海軍工廠向けが、横須賀販売店の分離独立に伴い同店に移管されたためで、これを併せれば大正九年でも官公庁向けは六割に達していた。民間企業も、造船・機械・金属・鉱業・セメント・電力電燈・製紙・紡績等々ほぼ得意先は固定されていた。商社・問屋については、第一次大戦による欧米品の途絶により、従来それらを取り扱っていた商社・問屋からの引き合いが増加したことによる。

また肥料については、その商品の性質上関東・東北各地の特約店を経由して販売されていた。

販売店の損益については、既に第6表で見た通り、各店とも開業当初は赤字であるが、その後は黒字に転換している。製品別の手数料については第20表に示した。伸銅・電線・鋳鋼については官公需中心で、民間企業もほとんど最終需要家であり、販売効率は良かったと思われるが、肥料のみは広いテリトリーと特約店相手の取引のため、昭和期に入っても赤字で支配人が苦労していたという当時の肥料担当者の証言がある。製造店部の出張所と異なり、販売店として店を構えれば間接経費も嵩むので、売上が増え手数料収入が増加しても、必ずしもその店の純益が上がるとは限らない。従って販売店支配人は、製造店部と交渉して手数料率の引き上げを図らねばならない。大正九年の東京販売店の純益が前年の三倍以上となったのは、大正八年九月手数料率の改訂が実現されたからである。当時の東京販売店支配人多田平五郎は大正八年九月業務報告書において、この間の事情を次のように述べている。

「従来当店販売手数料率ハ、大正二年開店当時ノ協定ニ係リ、何等根拠ヲ有セス、後日ノ経験ニ徴シ改訂スヘキ性質ノモノナリシカ、其後増員、物価騰貴、取引ノ煩雑等ノ為メ経費ノ膨張著シク、殆ト収入ニ余裕ナキニ至リタルニ付、八月末来各店部ニ交渉シ九月請求分ヨリ左ノ通リ改正セリ。」（第21表）すなわち肥料のごときは、この改訂で手数料率が一挙に二倍に引き上げられたが、上記の通りその後もなお収支償わなかったわけで、多田の指摘するごとく製品を取り扱いたいがために当初から低い手数料率を受け入れていたと思われる。

第一部　住友総本店

三五七

(単位：円)

8年		9年	
販 売 高	手 数 料	販 売 高	手 数 料
232,158.80	2,184.47	403,134.03	509.55
5,660,890.01	34,470.58	5,032,938.05	35,826.13
1,578,622.00	19,439.78	3,170,919.44	39,963.31
5,667,029.41	26,371.13	5,368,974.22	62,116.84
189,592.00	1,895.92	105,824.00	2,116.48
—	1,919.75	—	425.90
13,328,292.22	86,281.63	14,081,789.74	147,749.02
—	14,930.70	—	46,471.07
405,610.80	431.54	2,327,372.50	⎫
—	—	141,861.72	⎬ 不詳
5,273.54	3.33	57,284.80	⎭
410,884.34	434.87	2,526,519.02	14,486.25
—	△1,897.09	—	4,280.50
—	—	—	—
134,418.10	1,230.10	102,782.80	1,048.80
3,321,773.68	24,913.25	1,933,754.67	14,540.66
326,722.39	6,534.39	991,588.50	19,831.77
77,355.79	695.81	185,139.65	1,829.01
—	—	6,695.00	133.90
3,860,269.96	33,373.55	3,219,960.62	37,384.14
—	21,129.89	—	18,115.11
—	—	24,282.15	71.32
—	—	38,336.74	171.89
—	—	12,607.24	8.70
—	—	263,837.49	1,035.97
—	—	175.00	3.50
—	—	339,238.52	1,291.38
—	—	—	△11,963.32

分の手数料6,790.81を含む。

実際報告書によれば、住友製品は、一部独占品を除き、高品質だが高価格で安物に太刀打ちできないこと、工場生産能力が乏しいこと、関西立地のため遠隔地における競争力に欠けること等々で引き合いはあっても逸注するケースが多い点が指摘されている。販売店としての販売効率からいえば仕入ソースの拡大は当然のことであり、例えば東京販売店の大正七年実際報告書は、「秋季ニ当リ、藤倉電線株式会社ニ投資関係ヲ生ジタリシヲ以テ爾来電線製造所トノ間ノ隔

第20表　国内販売店販売実績表

		大正6年		7年	
		販売高	手数料	販売高	手数料
(東京)					
製	銅	7,062.00	27.06	245,202.84	717.18
伸 銅	品	5,614,001.73	25,224.70	6,658,799.00	35,517.76
鋳 銅	品	760,563.15	6,807.38	1,917,191.42	18,018.30
電	線	2,643,173.90	16,716.77	2,275,734.82	16,528.58
肥	料	94,950.84	941.82	86,029.24	796.36
購 買 代	行	—	11.67	—	367.45
合	計	9,119,751.62	49,729.40	11,182,957.32	71,945.63
純	益	—	16,184.43	—	22,059.15
(横須賀)					
伸 銅	品	—	—	—	—
鋳 銅	品	—	—	—	—
電	線	—	—	—	—
合	計	—	—	—	—
純	益	—	—	—	—
(呉)					
製	銅	—	—	21,969.22	
忠 隈	炭	38,824.00		59,302.28	
伸 銅	品	3,020,452.92	不詳	3,988,314.28	不詳
鋳 銅	品	151,188.33		198,895.96	
電	線	68,978.91		103,994.39	
肥	料	31.40		206.55	
合	計	3,579,475.56	26,895.96	4,372,682.68	32,770.28
純	益	—	19,316.63	—	22,684.53
(博多)					
製	銅	—	—	—	—
伸 銅	品	—	—	—	—
鋳 銅	品	—	—	—	—
電	線	—	—	—	—
肥	料	—	—	—	—
合	計	—	—	—	—
純	益	—	—	—	—

註：(東京)大正7年及び8年の「肥料販売高」は推定数字。大正9年手数料合計には大正8年(横須賀)納入

第21表　販売店受取手数料率の改訂

	大正5年	大正8〜9年
（東京）		
製　銅	0.25%	左　同
伸銅品	0.5%	0.75%
鋳鋼品	1%	1.5%
電　線	裸線・東京線0.5%、その他1%	裸線・東京線・絹綿巻線0.75%、その他1%
肥　料	1%	2%
（呉）		
忠隈炭	8銭／トン	6年5月契約分10銭／トン（売価11円50銭／トン） 7年9月　〃　20銭／トン（売価21円60銭／トン） 9年4月　〃　35銭／トン（売価21円10銭／トン）
伸銅品	0.75%	左　同
鋳鋼品	2%	左　同
電　線	裸線・東京線0.5%、その他1%	左　同
肥　料	1%	2%

　地的不利ノ一部ハ一掃スル事ヲ得テ頗ル販売上有効ナルモノアリキ」とこうした動きを歓迎している（藤倉電線と日本電氣株式會社住友電線製造所の設立と日本電氣株式会社との提携」参照）。

　当時総本店副支配人兼経理課主任川田順の下で調査係として勤務していた小畑忠良は、後に販売店が住友製品以外の「他所製品取扱い」を可能とする起案を書くことになるが、『自分のうちでつくって売るのは、どうしてもしなきゃいかんが、よそでつくられたものをコミッションを取って売ることはやっちゃいかん』といわれていました。不便な点がありましてね。たとえば住友で過燐酸肥料をつくった。そして肥料屋へ売る、しかし肥料は過燐酸だけではなく、硫酸アンモニアも、ニシンカスもあれば、豆かすもある。そういうものを一緒にして売ってやらんというと、代理店が困るんですな。それをもっていったらもうかることがわかったんですが、取り扱かっちゃいかんということです」と証言している。(62)　当時総本店経理課としても肥料取扱いの損益改善のためには、

「他所製品取扱い」以外に途は無いと考えていたものと思われる。しかし「他所製品取扱い」の声は、国内よりもむしろ海外から起こってきた。

　(二)　海外洋行

海外洋行は、大正五年から六年にかけて、上海(大正五年十月)、漢口(同六年一月)、天津(同年十月)と相次いで開業した。

この上海・漢口の開業が、大正五年三月から六月に行われた鈴木総理事の中国視察の結果であることは前章で述べた。

それに先立ち大正四年末当時総本店経理課調査係太田外世雄は「住友家ト対支那経営」と題する調査報告書をまとめた。この報告書は現在住友銀行東京支店蔵書印の押されたものが、東京大学経済学部図書館に所蔵されているだけであ(住友銀行も上海と漢口の洋行開業と同時に支店を開設することになるので、この報告書も銀行宛配布されたものと思われる)。筆者が太田外世雄で執筆時点が大正四年末と推定されるのは、この報告書の序論とほぼ同文の「我対支那経営」と題する太田の寄稿が、当時住友銀行の有志を中心に刊行されていた住友の社内報『井華』大正五年二月号に掲載されているからである。太田は明治四十一年(一九〇八)東亜同文書院を卒業し、農商務省に入省、海外商工業視察員として漢口、上海、天津に駐在した後、大正三年六月住友総本店に入社していた。

太田は、この調査報告書でまず欧米諸国の中国における投資・経営状況を調査し、次いで中国人自身の新事業経営の動向を述べ、最後に日本企業、三井物産・三菱合資・大倉組・古河合名各社の対中国進出状況を示している(第22表)。

その上で太田は次のように述べ、住友総本店の中国進出を促した。

一、世ノ対支那経営ヲ唱導奨励スルモノハ、多ク貿易中心主義ニシテ、対支投資ノ真ニ我国運ノ消長ニ至大ノ関係アルコトヲ了解セズ。

第一部　住友総本店

三六一

中国進出状況(大正4年)

大倉組				古河合名			
開設	年商	人	員	開設	年商	人	員
出張所(明41)	千円 1,000	不詳		出張所(明42)	千円 1,000	4	
支店(明33?)	5,000	日 16	中 76				
支店(明38?)	1,200	14	14	支店(明39)	8,500	日 10	中 4
出張所(明40)	1,000	6	10	出張所(明40)	2,300	2	2
出張所	350	1	1	出張所(大1)	1,000	4	
	8,550	138以上			12,800	26	
江南製革会社(上海)	千円 100			銅山(湖南省)採掘権取得開発計画中			
順済公司(大3上海)	200			炭山(吉林省)　　同　　上			
本渓湖煤鉄公司(明41)	4,000						
軽便鉄道会社(満洲)	120						
日清豆粕会社(明41大連)	300						
大倉製材所(明37安東県)	200						
	5,000						

二、領域ノ宏大、歴史ノ変遷ハ、制度慣習ヲ複雑錯綜セシメ、之カ研究ノ調査ヲ困難ナラシメタルカ為メ、対支那投資ヲ以テ危険ナリトナス先入観念強ク、逡巡躊躇シテ、敢行ノ勇気ナキ事。

三、投資事業ハ大資本ヲ固定セザルヘカラザルニ、我国内ニ於テ融通シ得ヘキモノ其額未タ大ナラズ、依テ最モ活動スル中小資本家ノ容易ニ着手スルニ難キ事。

四、急速ニ利益ヲ挙ケ、又其効果ヲ知リ難キ事。

等各種事情ニ基クモノナレバ、元ヨリ一朝ニシテ此機運ヲ促進誘発スル能ハサルハ勿論ナリト雖、如上ノ理由ヨリ之ヲ見ルニ我大資本家ノ覚醒奮起ニヨリテ亦容易ニ解決セラルヘキモノタルヲ信セスン

第22表　日本企業の

		三井物産				三菱合資			
		開設	年商（千円）	人員 日	人員 中	開設	年商（千円）	人員 日	人員 中
大連		支店(明37)	30,000	30	20				
		9出張所	39,080	60	134				
天津		支店(明21)	5,200	28	65				
上海		支店(明10)	30,000	80	23	支店(明39)	4,000	16	
		3出張所	12,000	18	35				
漢口		支店(明32)	15,000	30	23	支店(明35)	2,000	25	
		1出張所	1,300	3	14				
香港		支店(明11)	20,000	15	20	支店(明39)	1,800	8	26
		4出張所	17,740	22	43				
合計			161,320	286	377		7,800	75	
直接投資		上海紡績公司(明41上海)	2,000			華昌製紙廠(明44上海)	300		
		雲龍繰綿工場(明26上海)	1,000			貸家業(明39?漢口)	1,000		
		増裕麺粉公司(明44上海)	400			精油工場(明44漢陽)	100		
		華昌搾油公司(明43上海)	1,000			雑穀精撰工場(漢口)	70		
		寿星製粉会社(大4天津)	250						
合計			4,500				1,500		

出典：住友総本店「住友家ト対支那経営」

バアラス。

我住友家ハ、実ニ我国ノ富豪ヲ以テ居リ特ニ皇室ノ至遇ヲ辱フス。宜シク国家ノ憂ヲ以テ憂トスヘシ。我対支那経営真ニ我国急危存亡ノ大問題ニシテ、而モ千載ノ好機ニ際ス。須ク先駆指導シテ、邦国万全ノ大計ヲ籌画スヘキハ、只ニ一家事業ノ伸張ノミナラス、亦実ニ藩屛トシテ国家ニ報スル至当ノ事業ナルヲ失ハサル可キ乎。

この報告書に基づき鈴木総理事以下太田も含む調査ミッションが派遣された結果、三洋行が開業したわけであるが、その業績は芳しいものではなかった（第6表）。国内販売店の項で述べた住友製品の高価格、生産能力等の問題点のほか、洋行の特殊事由として、中国政府の財産難により官需が少ないこと、民間企業に対し既存の商社を排除できないことあ

第三章　住友総本店（下）

るいは逆に信用不安から商社を起用せざるを得ないこと、排日機運や治安上の問題から都市部の需要家に限られること、大幅な為替変動に不慣れなこと等から成約は当初の予想（会計見積書）を大きく下回った（第23表）。

この期間為替レートが如何に変動したか、一例として漢口洋行の実際報告書に示された平均換算レートを挙げると、大正六年には邦貨一○○円に対し漢口両四九・五であったのが、七年四一・五、八年三三・五、九年六四・二五という状況で、このため洋行の採算にとって第24表の通り為替変動は無視できない要素となっていた。天津洋行の大正八年の決算だけが黒字で五万七○○○円余の純利益を上げているが、これは一○万円余の為替差益が出たからであった。同行の実際報告書は、この間の事情を次のように説明している。

却説銀塊相場八年初四十八斤ヨリ毎日漸騰、市場ハ著シク現銀ノ欠乏ヲ来シ、十二月中旬七十九斤ヲ突破シ年末七十六斤ニテ越年セリ。年間三十一斤ノ昂騰ニシテ実ニ空前ノコトニ属ス。斯ル暴騰ノ原因ニ付テハ、諸説アルモ要之米墨諸国ノ産銀高激減ニ加フルニ交戦国ノ補助貨用、支那印度埃及等銀貨国ノ需要等諸因相重リ、久敷ニ渉リテ需給ノ不均衡持続シ、加之英金貨価格ノ下落甚敷モノアリテ、茲ニ上記高値ヲ現出セルガ如シ。当行ハ京漢鉄路ヲ始メトシ支那貨落シ、電為替四十一両半ヨリ十二月上旬廿八両迄下落、年末三十両半ニ戻セリ。ヲ以テ販売セル代金ヲ返送スルニ当リ、相場下落ノ好機ニ際シ、為替操縦ヲ誤タザリシタメ幸ニ四万四千余弗ノ差益ヲ収メ得タルハ同慶スル所ナリ。

この件については、後に大屋敦（大正七年八月逓信省から住友入社、のち住友化学社長）が「鈴木さんは投機的な事を好まれなかった。嘗て天津洋行の支配人であった阪本信一君

	9年	
(単位：円)		
	100,740.98	(27.7)
	229,463.61	(63.1)
	31,390.87	(8.6)
	1,975.58	(0.5)
	363,571.04	(100.0)
	457,000.00	(42.6)
	188,169.52	(17.5)
	22,575.80	(2.1)
	31,910.83	(3.0)
	34,946.50	(3.3)
	99,046.38	(9.2)
	228,576.08	(21.3)
	10,185.21	(0.9)
	1,072,410.32	(100.0)

第23表　上海・天津洋行得意先分野別受注状況

	大正6年	7年	8年
（上海）			
官庁・工場	281,294.92（ 34.0）	475,794.29（ 47.8）	195,831.00（ 29.6）
中　国　商	349,216.33（ 42.3）	354,703.73（ 35.6）	305,675.88（ 46.3）
日　本　商	166,818.49（ 20.2）	131,398.18（ 13.2）	121,082.81（ 18.3）
外　国　商	28,963.31（ 3.5）	34,071.66（ 3.4）	38,329.37（ 5.8）
合　　計	826,293.05（100.0）	995,967.86（100.0）	660,919.06（100.0）
（天津）			
官　　庁	不詳	50,163.50（ 6.6）	573,601.38（ 44.4）
鉄　　道		247,441.93（ 32.6）	385,651.66（ 29.8）
鉱　　山		74,820.45（ 9.8）	104,769.28（ 8.1）
造船・鉄工		185,817.70（ 24.5）	91,445.94（ 7.1）
電車・電灯		67,674.23（ 8.9）	52,878.20（ 4.1）
中　国　商		45,120.12（ 5.9）	57,707.87（ 4.5）
日　本　商		73,905.59（ 9.7）	18,627.99（ 1.4）
外　国　商		14,730.90（ 1.9）	8,130.97（ 0.6）
合　　計		759,674.42（100.0）	1,292,813.29（100.0）

註：上海は主力の伸銅品と電線の合計額である。

が為替相場の差益で数十万円の利益を挙げた事があるが、住友本社では、之は住友の経営方針に反するものだとして、阪本君を譴責処分にした事がある」[64]と書いているほど、赤字続きの洋行にあって、当時の住友内部で話題になったものと思われるが、実際報告書の示す通り、阪本支配人が為替投機を行ったわけではないので、このために阪本が譴責処分を受けたという記録は残っていない。大屋の誤解と思われる。

洋行による住友製品の中国への輸入販売が当初の予想通り進まない情勢にあって、各洋行が手を拱いていたわけではない。上記天津洋行阪本支配人は大正六年の実際報告書において、「他所製品」について、「此年度内ニ照会ヲ受ケタル他所製品ノ内、重ナルモノハ、鉄線、鉄板、電球及電気用品ナリ。要スルニ電気ニ関スルニアラズンバ鉄製品ナルコトハ注意スベキ現象ナリ。之レ蓋シ主家製品ガ主トシテ銅、鉄等支那ニ於テ所謂五金ノ内最モ主タルモノヲ占ムル関係ニ由ルモノナリト思惟セラル。然レトモ上記ノ問合中之レニ応ズルモノハ従来取引関係ノ存シテ、主家製品ノ販売上已ムヲ得ザルモノノミニ限定セリ。而シテ如此他所製品ノ照会ハ主家製品ト最モ関係深キ店部ヲ煩

第24表　海外洋行販売実績表

(単位：円)

	大正6年	7年	8年	9年
(上　海)				
製　銅	35,885.60	171,218.08	2,334,816.26	231,957.51
伸銅品	398,140.28	598,889.60	453,186.55	189,956.92
鋳銅品	157.21	—	6,305.15	1,374.27
電　線	150,435.98	363,249.65	364,742.12	139,694.98
肥　料	287.21	—	4,698.03	6,795.07
その他	—	122,212.09	—	—
売上計	584,906.28	1,255,569.42	3,163,748.11	569,778.75
手数料	5,180.64	14,493.26	20,993.29	9,807.13
売上益	179.27	19,226.27	312,548.95	36,918.00
為替差損益	3,506.02	3,753.33	△34,386.73	△73,016.53
純　益	△29,943.87	△37,089.48	△23,263.59	△114,629.62
(漢　口)				
製　銅	—	212,996.00	924,262.24	268,950.00
伸銅品	134,471.09	107,794.31	212,810.42	150,298.00
鋳銅品	—	—	3,833.00	—
電　線	16,586.10	17,881.35	13,995.89	8,138.00
肥　料	—	25,979.00	—	—
機　械	4,851.00	—	—	—
受注計	155,908.19	364,651.26	1,154,901.55	427,386.00
手数料	208.82	3,940.37	20,098.41	7,608.83
為替差損益	23.88	△33.37	△1,687.81	△1,950.55
純　益	△25,813.35	△28,049.36	△27,320.46	△62,704.86
(天　津)				
製　銅	—	40,535.45	21,500.04	383,436.04
伸銅品	—	281,451.00	398,095.21	338,231.93
鋳銅品	—	20,134.00	127,159.35	57,696.55
電　線	1,748.95	112,448.98	106,066.76	104,802.52
その他	—	630.00	1,143.97	1,685.00
売上計	1,748.95	455,199.00	653,965.33	885,852.04
手数料	796.20	4,402.73	16,730.85	14,421.95
売上益	—	710.48	523.66	—
為替差損益	—	4,392.34	100,803.11	1,414.58
純　益	△17,026.53	△28,110.93	57,787.89	△36,274.82

註：漢口は販売実績の明記無きため、受注実績である。
　　漢口の機械は別子鉱業所機械課製品である。

シ以テ見積リヲナセリ。従来ノ例ハ悉ク電線製造所ヲ経由セリ。蓋シ其照会品ノ凡テガ同所製品ニ附随シ若シクハ同所製品ノ需要家ヨリ出デタルモノナレバナリ。」と述べている。阪本はまた中国から日本への「輸出業務」についても言及し、「会計見積書ニ於テ肥料原料ノ買入並ニ銅及鉄等廃品ノ払下ヲ予想シタルガ、銅屑ニ付テ両三度機会ニ逢着シタル外、何等見ルベキモノナシ。鋼鉄屑ニ付テハ其都度鋳鋼所ト交渉ヲ重ネタルモ、品質、数量ノ点ニ於テ鋳鋼所ノ希望ヲ充ス能ハズ、成立ヲ見ザリキ。」と報告している。

同様に上海洋行は、「鋳鋼所要鉄地金ニ就テハ米独ノ開戦ニ次デ、米国禁輸令ノ発布ト共ニ活況ヲ呈シタル為メ、本邦商人ノ当地在庫品買付ニ来ルモノ頗ル多ク、当行亦鋳鋼所ノ依頼ニヨリ屑鉄ノ買付ニ努力シタルモ、品質ノ識別ニ多大ノ困難ヲ感ジ結局僅ニ十屯ノ輸出ヲ見タルニ過ギズ。」と報告し、漢口洋行も「漢陽兵工廠ハ薬莢製造所トシテ電気銅ヲ使用ス。吾レニ之レカ供給能力ナシ。別子銅ヲ代用センコトヲ薦メシモ、製造ノ関係上電気銅タルコトヲ要スルヲ以テ何等施スノ策ナシ。歳末ニ電線製造所ニ依頼シ、爾後電気銅ノ見積ヲ得ルコトヽシ、茲ニ電気銅販売ノ端緒ヲ得タリ。」と「他所製品」販売ノ努力を強調していた。

(三) 商事会社設立問題

以上のような国内販売店・海外洋行の状況を踏まえて、大正七年の主管者協議会は、四月二十三日から二十七日までの五日間開催された。しかしこの会議に洋行の三支配人は招かれなかった。上海支配人松村松次郎は、経理課主任川田順宛「自然相当問題も可有候」と強く出席を希望していたが、上海はともかく天津などは開業早々であり、翌年の例からみて、出発から帰任まで約一ヵ月も支配人が店を留守にすることになるので、総本店としてはその出席に難色を示したものと思われる。洋行の意向も参酌して総本店（経理課）が、「各店部販売品ノ範囲拡張ノ件」という議題を提出した

第三章　住友総本店（下）

（資料8）

この議題は、まず理事総本店支配人小倉正恆の趣旨説明で始まった。それが終わると直ちに呉販売店支配人佐渡亮造が立って「此趣意ハ三井ノ如キ商事会社ヲ作ルノ意ニアラザル可シ」と問いただし、これに対し小倉は「然リ」と返答している。次いで経理課主任川田順が次のような提案理由の説明を行った。

一、住友家ノ已ニ得タル販路拡張又ハ維持ハ、世ノ需要ニ応ジ在来ノ窮屈ナル家法ヲ改正スルヲ要ス。

二、戦後内（自家）ノ諸製品ノ売上高非常ニ多シ。之等大正五年度契約高四四〇〇万円、六年ハ五四〇〇万円ヲ越ユ。斯ク増加セル原因種々アルモ、工場ノ CAPACITY ヲ大ニセルコトノ外価格騰貴之也。此二ツヲ維持スルニハ拡張スルヲ要ス。資本・人員等ガ大キクナリタレバ、之ヲ使用スルニハ大キクセサル可カラズ。第一二本年（大正七年）ノ如キ三月マデハ TOTAL 一〇〇〇万円、即此四倍トスルモ四〇〇〇万円、大正五年度ニ比シ減少ノ感アリ。故ニ内ノモノノミニテハ（減少ノ）惧アリ。

三、支那ノ話ノコトナルガ、之ニハ特ニ必要アリ。昨年上海、漢口、天津ノ三店九九万円ノ販売高也。之ハ余リニ少ナシ。即内ノモノノミニテハ、三〜四〇〇万円ノ商売出来得ズ。向上心ニ富メル者ハ、支那ニ行クモ欲セサルニ至ル。

四、他ノ品物ヲ扱フコトハ、其物ニ関スル知識ヲ増シ、其製作ヲ考フルニ至ル。

具体的方策ハ未定ナリ。方針サエワカレバ、大体出来上ルベシ。

① 住友製品ニ関係アルモノ

絶縁線、ゴムテープ、ガラス、雁皮、伸銅・鋳鋼等ハ材料品ヲ主トス。

② 内ノモノニ類似セルモノ多シ

電気銅ハ最モヨキ例、商人ヨリ此銅ヲ照会シ来リシコト多シ。之ヲ COMMISSION デ扱ヒヤルコト難シカラズ。又鉄線ハ従来出来サル為メ断リ居ルガ、之ニヨリ商売出来得。硫酸、支那漢口四〇度ノ白色硫酸ノ注文ヲ受ク、其頃赤色ノモノシカ出来ズ。此場合他ノ物ヲ買ヒ売ル。石炭ニテモ同様ナリ。即内ノ信用ヲ以テセバ、販売委託スルモノ多カラン。

③ 内ニ余リ無関係

支那ヨリ電気器械、黒鉛ルツボ。此等例ハ総本店ニテ取扱ハサルモノノ、納メル故此辺トモニ意見聞キ度シ。

これに対し若松炭業所支配人吉田良春が、九州の炭坑主達の遣り口を熟知しているためか、これらの石炭の取扱いに消極的な姿勢を示したほかは、

製銅販売店支配人加賀覺次郎「電気銅等ニツキ(照会)来ル。店ノモノモ鋳鋼所同意セバル。附属品ハ鋳鋼所同意セバル。電線ニテモ JOINT、BREAK-ER 其他事実ヤリ居ル。鉄線ハ電気線事務章程上ハ金属線トアリ。之ハ毫モ差支ナシ。然シ今願度キモノハ、期限等カラ間ニ合ハサルトキニ、東京線等ハ市中ノ工場ヨリ転売スルヲ可トス。住友ノ製品ト他ノ製品トヲ一緒ニスルトキハ紛シ。故ニ之等ヲ研究シ、販売店ト別個ノ組織トシ、海外ノ有力ノ器械工場トノ関係ヲ持ツコトモヨシ。」

東京販売店支配人小山九一「私方ニテハ実際ヤリ居ル。」

川田「方法ニヨリテハ、営業部ヲ作ル等其他アリ。今ノ組織ニテモ可。」

小倉「現在ニテモ、上海ニテハヤリ居ル。」

小山「自分ノ商品ヲ売ルツイデ、現ニ自分モヤリ居ル。」

理事倉庫支配人草鹿丁卯次郎「此案ニツキ北海道ニ利アラン。」

川田「支那モ同様。之をヤレバ活気ガツク。」

第一部　住友総本店

三六九

第三章　住友総本店（下）

伸銅所所長小田切延壽「賛成」

小山「組織ヲ改メ伸銅所・電線製造所・鋳鋼所ヲ一緒ニスルコト困難ナラバ、販売店ダケデモ一緒ニシ度シ。」

倉庫副支配人山本五郎「内ノ製品ヲ主トスルカ、三井物産式ニスルカ、方針カラキメ度シ。」

小山「勿論前者ナリ。」

草鹿「今ノ原案ノ如ク内ノ製品ヲ中心トシテヤル。」

肥料製造所支配人梶浦鎌次郎「私ノ方ニモ製鉄所ヨリ買フ硫酸ハ多ク買ヒ、自用外ヲ他ニ売ルトキハ便多シ。之ガ出来サル為メ、三井等ニ手数料ヲトラレル。是非ヤラシテ貰ヒ度シ。」

佐渡「事務章程二一寸追加セバ可、鋳鋼所ハ之ヲ許シ居ル。」

草鹿「大体意見ハ賛成ナリ。」

一同「然リ」で本案は可決され、現行事務章程を変更することなく、住友製品を中心として取り扱うのであれば、若干の「他所製品」を取り扱っても差し支えないということになった。

しかるに一年後の大正八年四月二十九日から五月三日の間開催された主管者協議会に、上海洋行支配人松村松次郎は改めて議題として「他所製品取扱の事」を提出してきた。結局本件については主管者協議会終了後の翌週五月五日、六日の両日、同じメンバーにより洋行関係に限定した特別の会議が開催されることになった。この会議の記録は一切残されていないが、この後「他所製品取扱いの件」という名称であるが、実際は商事会社設立を小畑が起案し、大正九年一月末鈴木総理事が欧米出張から帰国した時には、鈴木の決裁を待つばかりになっていた。

それでは「三井ノ如キ商事会社ヲ作ル」のではなく、現行の事務章程の範囲内で「他所製品」を取り扱うことになった筈であったのが、この一年間で何故商事会社を設立するところまで進展したのであろうか。

これには二つの理由が考えられる。一つは外部的な要因で、第一次大戦の好況により、わが国では商事会社が次々と設立されたことである。特に住友にとって関心が高かったのは、第22表でも三井・三菱と並んで取り上げられているように、足尾銅山を中心に住友とよく似た事業形態をとっていた古河合名が、大正六年十一月その営業部を独立せしめ古河商事株式会社を設立したことであろう。古河合名の営業部はもともと古河鉱業の商務課として明治三十八年設置され、明治四十四年古河合名へ改組された際、営業部に昇格した。住友と同様当初は自社製品（古河では社品と称する）の取扱から出発したが、住友のようにそれに限定されることなく、投資先である大正鉱業及び横浜電線の一手販売権を得て、これらを委託品として取り扱うようになり、さらに他社製品（他所品と称す）の取り扱いを急増させていた。古河商事が発足した大正六年下期の他所品取扱高は、九四三万円（総取扱高の一九％）であったが、七年下期には一五六〇万円（同二八％）、八年下期には二二三七四万円（同三八％）に達した。特にその総利益は、半期二〇〇万円前後に達し、「大正七・八年頃は、わが国商社中第一の儲け頭として喧伝されたほど隆昌を極めた」ことは、住友総本店に対し大正七年四月の時点から次第に商事会社設立の期待を高めさせていくのに十分であったと思われる。さらに三菱でもこの大正七年四月に三菱合資会社営業部が独立して、三菱商事株式会社が設立された。

他方住友総本店内部においても、実際に洋行が他所製品の取扱いや輸出業務に乗り出すとなると、内地側にそれに見合った体制が存在しないと、伸銅所・電線製造所・鋳鋼所といった製造店部あるいはこれらと無関係の商品については総本店（本社部門）がどこまで仕入業務や輸入業務ができるかという問題が生じてきたものと思われる。大正七年度天津洋行の実際報告書は、「他所製品ハ多ク電線附属品ニシテ何レモ電線製造所ヲ経由セルカ、他ニ開灤鉱務局納金網一口六三〇円アリシカ、（註、何れの製造店部も無関係のため）総本店ヲ通シタリ。土貨（註、中国産品）ノ輸出ハ当行ノ大ニ希望スル所ニシテ現在ノ事務章程ニ規定セラレタル取扱品ノ（註、購買）手数料ノミヲ以テシテハ、経費ヲ償フニ至ルコト甚

第三章　住友総本店（下）

タ遠キ将来ニ存スルモノトイハサルヘカラス。サレハ当行ニ於テモ堪ヘズ此方面ノ研究ヲ怠ラサルモノニシテ、一般輸出ハ未タ許可セラレサルモ、真鍮塊・銑鉄及直隷省廃砲等ノ輸出ヲ計画シ、伸銅所及鋳鋼所ニ照会セルモ共ニ品質ニ欠点アルノ故ヲ以テ商談成ラサリシハ遺憾トスル所也。」と報告し、上海洋行実際報告書もまた「六月中本（註、鋳鋼）所ノ委託ニヨリ同利製鉄公司ヨリ銑鉄壱千屯（此代金貳拾四万円也）ヲ買付ケ、七月ヨリ送荷ヲ開始セルニ其後夏期減水ニヨル運転上ノ障碍ト悪疫流行、鉱夫ノ就業減ニヨル山元産額ノ減少トニヨリ、受渡渉々シカラズ。船艀不足亦取引ヲ渋滞セシメシ等ノ為メ、契約期間内ニ受渡ヲ完了セザリシハ遺憾ナリキ。」と報告している。

古河の場合は、既に日露戦後から自社品のほかに他社品の取扱いを始め、大正元年下期から五年下期にかけて、営業部の取引先数は、九九一から一九六五に倍増し、取扱品も四一種から一三八種に増加していた。このような拡大する取引網と増大する取扱高を管理統轄しうる組織の整備に迫られ、

一、事務ノ簡捷、徹底ヲ計ル為商品別ノ責任アル統轄機関ヲ設クルコト。
二、責任ノ分堺ヲ明カニセン為各機関ノ権限ヲ明確ニ定ムルコト。
三、事業ノ積極的発展及部内ノ整頓ヲ期スル為新ニ調査及監査機関ヲ設クルコト。

という提案を基に営業部を独立させて、古河商事が誕生したわけである。

また三菱においても、明治四十四年営業部が設置されたが、社内生産物の委託販売と三菱企業傘下の麒麟麦酒、三菱製紙所、旭硝子の各社の製品が準社内品として社内品と同等に扱われるようになっただけで、漢口出張所が取扱いを始め、上海・香港支店がこれに追随した社外品の取扱いは雑貨取引といわれ、まだ分業業務として認められていなかった。(67)しかし「商事貿易業務に手を出す以上、社内品の販売だけでなく、手広く手掛けたい欲望が生ずるのは自然の理」で、明治四十五年七月には総勘定元帳の勘定科目に綿糸布、棉花、桐油、雑穀、雑品の五科目の増設という形で、雑貨取引が

認められ、大正六年十月には雑貨課が新発足し、ここに初めて雑貨が営業品目の中に正式に加えられた。そして大正七年四月営業部が独立して三菱商事が設立されると雑貨課は雑貨部に昇格したのであった。三菱商事の場合も古河商事と同様に、第一次大戦による好況という「甚だ恵まれた環境下にあったので、流通部門という全く新しい分野への進出であるにもかかわらず、将来への展望はともかく、当面の見通しは立てることができて、先ずは不安の無い船出であった。」

住友総本店でもこれまでの住友のやり方からすれば、川田が大正七年の会議で指摘したように「今ノ組織ニテ可」として一応やってみて、上手く行かなければ古河や三菱のようにまず「営業部ヲ作ル」ことを考えた筈である。ここに伸銅所・電線製造所・鋳鋼所の大阪地場の取引を集中し、併せて三菱の雑貨課のような他所製品の受け皿となる専門の課を設置して徐々に他所製品の取扱いを拡大していくのが、本筋であったと思われる。しかし営業部が設けられても、それが総本店の内部にある限り、他所製品の取扱いは住友製品に比べて人員・資金面で制約を受けることは明らかであったであろう。この段階を経ないで一挙に商事会社設立へと急進展したのは、住友銀行が住友総本店の事業と無関係の分野で取引先を開拓していた（総本店各店部の資金供給は、原則として総本店自身が行うため、銀行は独自の取引先を開拓せざるを得なかったという面もあったが）ように、商事会社を設立することによって、他所製品取扱いのフリー・ハンドを得て、古河や三菱に追いつきたいという強い期待があったものと思われる。

しかし商事会社設立ということになると、当時既に三井物産・鈴木商店などの有力な商社があり、さらに古河や三菱など新たに商事会社が相次いで設立されていたわけであるから、鈴木総理事の経営哲学乃至事業哲学に照らせば、国家的にみて貿易の重要性は認めるものの、今住友が新たに商事会社を設立しなければならない必然性はあるのか、それよりも住友として進出すべき事業が他にあるのではないかという反問に遭うことは不可避であったと思われる。この問題

は、単に商事会社設立の問題ではなく、三井・三菱等が手掛けている事業が、それが如何に高収益であっても、国家的にみて独占打破など格別の理由がない限り、住友として進出すべきでないという鈴木の意思を、留守居役の理事中田錦吉はじめ、総本店支配人理事小倉正恆（社員の意向を代表して商事会社設立の必要を述べたために鈴木に辞表の提出を求められた理事とは彼のことと思われる）等総本店の幹部が十分体得していなかったというべきであろう。

鈴木総理事が、大正四年アンモニアから硫安を製造すれば、過燐酸肥料の約二倍の硫酸を使用することにより、煙害緩和に役立つということを知り、アンモニア合成の調査研究に着手させたことは、既に前章「五　住友肥料製造所の開設」で述べた。その後第一次大戦の進展に伴い、大正六年九月敵国人所有の発明特許を出願者に免許して専用させ得る工業所有権戦時法が施行され、鈴木が関心をもったアンモニア合成のハーバー法特許もこれに該当した。この専用権免許を巡り、鈴木は三井・三菱等に対し共同事業計画案を提唱し、東洋窒素工業会社の設立を図った。しかしこの実用化のためには、既に先鞭をつけていた米国のGC（General Chemical）社乃至ドイツのバディッシュ社と提携せざるを得ないことが明らかとなり、鈴木は自ら両社と交渉するため、大正八年三月十五日欧米出張に出発したのであった。

四月末丁度主管者協議会が開催されていた頃、鈴木はニューヨークのホテルに大島堅造（当時住友銀行紐育出張所主任代理者、のち住友銀行専務取締役、住友本社監事）を呼び、商事会社設立問題について、意見を求めた。大島は、設立五〇年を経て幾多の人材・経験者のいる三井物産ですら、時に失敗することもあるということなので、住友が今から商事会社を設立することは見合わせるよう勧めたということである。

米国GC社との交渉が不調に終わりドイツに渡った鈴木は、バディッシュ社と特許権譲渡を交渉したが、三〇〇万円という巨額の要求を受け交渉を中断したまま、大正九年一月帰国の途中上海に立ち寄った際、上海洋行支配人松村松次郎から、商事会社設立を強く促され、いらだちを募らせて一月末帰国した。二月三日出社すると早速幹部を集め、直

ちに商事会社設立に不可の断を下した。このため商事会社設立の起案は廃案となり、四月に開催された主管者協議会の総理事訓示でも改めて断固として商事に触れないことを強調したということであるが、その訓示も残されていない。後日起案者の小畑が鈴木に確かめたところ、鈴木は「商売は悪くない。しかし商売をやると原始産業とは気分がちがう、商売は商売やるだけの訓練を受けた人がやっていかなきゃいかん。製造工業をやるものは製造工業の訓練を受けたものがやる。住友は長く製造工業の訓練をしてきている。ところが製造工業でしなきゃいかん仕事は日本にいくらでもある。それを気分や訓練の違う商売をやるということはいまのところはいかんことだ。だからやらない。住友は人も余り、金んだが、金と人がないのでようやらんだけだ。人に余裕ができ、金にも余裕があれば製造工業をやればいくらでもある。も余るということになれば、そのときは何だってやっていいんだよ。」というご託宣で引き下がった由である。

この鈴木の断の下った大正九年二月、古河商事では大連出張所主任の豆粕の思惑取引による二五六九万円余に上る巨額損失が明るみに出た。事件の後始末のため、古河商事は翌十一月古河鉱業に合併され、消滅した。その多額の負債は、古河合名・古河鉱業に引き継がれ、その後の古河の事業展開を大きく制約することになった。

大連事件は、一出張所主任の会社規程を無視した思惑取引が直接の原因ではあったが、この主任を「計画に明るく」「商才のある大物」として信任していた本社重役陣は、何度かその暴走を未然に防ぐ機会がありながら、それを生かすことができなかった。従って『古河虎之助君伝』も本件の責任を主任だけに負わせることなく、「社内の上下が世間の好景気に眩惑されて放漫に流れ、監督指導を怠った」点を反省している。また古河自身の手になる『大連事件顛末調査』は、大連事件の「禍因」として、当該主任の人選だけでなく、商事会社の全スタッフについて、さらには「商事会社ノミナラズ、鉱業、合名等直系傍系会社ニ至ル迄其選任ノ方法未ダ必ズシモ適当ナラザルモノアリ」と指摘し、ついで商事会社が「社内相互ニ利益ヲ争奪セルコト」が最大の問題で、各課の活動が「商事会社全体ノ利害得失ニ至リ

第三章　住友総本店（下）

テハ殆ンド眼中ニ」無いばかりか、ひいては古河家事業全般をみても鉱商、鉱工などの部門間に利害の対立相克を生み出していた点を指摘しており、鈴木が商事会社設立について抱いていた問題点を浮き彫りにしていたのであった。

古河商事だけでなく、鈴木が断を下した翌月の大正九年三月に起こった恐慌により、横浜の茂木惣兵衛商店をはじめ、増田増蔵商店、安部幸商店、浅野商事等戦時に急膨張した貿易商社が続々倒産した。またこの時はなんとか破綻を免れても、その打撃が致命傷となり、後に倒れたものに久原商事、村井商事、高田商会そして鈴木商店等があった。しかしこの恐慌のために鈴木の描いた硫安事業進出の夢もまた消滅したのであった。

それから四半世紀後の昭和二十年（一九四五）、第二次大戦の敗戦により住友本社の解散という鈴木の夢想だにしなかった事態が起こった。この事態に資金調達の担保となる大阪北港の土地と住友ビルディングを保有する住友土地工務株式会社を日本建設産業株式会社と改称し、ここに本社の人材を移して商事部門を開設し、住友の商事会社が発足することになるのである。母体となった住友土地工務の前身は、大阪北港株式会社であり、大正八年この鈴木の断によって廃案となった商事会社と時を同じくして立案され、片や設立されたことは前節で述べた通りである。

（資料8）

大正七年度主管者協議会議題十六

各店部販売品ノ範囲拡張ノ件（総本店提出）

現行制度ニ依レバ各店部ノ販売品ハ当家ノ製産品ニ伴フ附属品ヲ併セテ希望スルノ状態トナリ、又場合ニヨリテハ我製品ト全然無関係ノ商品ヲモ同時ニ取扱フヲ以テ有利トスルコトアルガ如シ。兎ニ角取引上現行制度ノ狭隘ナルヲ感スルニ至レリ。依テ茲ニ従来ノ販売品ノ範囲ヲ拡張シ、以テ世運ノ進歩ニ応セントス。

即チ（一）住友製産品ノ販売ニ直接又ハ間接ニ必要ナル附属品ヲモ取扱フコト。

（二）住友製産品ト同種又ハ類似ノモノニシテ取扱上大ナル煩労ナリ且ツ経験ヲモ要セサルモノ。

（三）住友製産品ト無関係ナル商品ヲモ各店部各地方ノ状況ニ応シ或程度ニ於テ取扱フコト。

七　株式会社住友電線製造所の設立と日本電氣株式会社との提携

住友総本店が電線製造所の技術的な問題から、ドイツ・ジーメンス社と技術提携を図りつつ、大正三年（一九一四）シーメンス事件が起こったため果たせなかったことは、既に述べた（「住友総本店（中）四　シーメンス事件と住友」参照）。大正五年七月電線製造所の恩貴島新工場は、住友独力で完成し、操業を開始した。十月には所長制を採用し、逓信省通信局工務課長であった利光平夫が入社し、所長に就任した。

第一次大戦の好況により、新工場は順調に稼動し、技術の向上により不良品も減少していた。欧米品の途絶により、販路は中国からインド、オーストラリアへと拡大し、生産能力の不足が表面化した。特に前節で述べた通り、関東方面の需要に対し、そのギャップは大きかったので、電線製造所経理部長矢島富造は、東京分工場設置を計画していた。これに対し大正七年九月かつて逓信省に在職し当時藤倉電線株式会社取締役となっていた青山禄郎（「三　住友総本店の投資活動」の中「支那興業」の項参照）は、矢島に藤倉電線の株式四万株（資本金二〇〇万円）の中一万二〇〇〇株（三〇％）、@額面五〇円全額払込）を住友へ譲るので、住友が東京に藤倉電線の分工場を建設してくれるように要請した。住友総本店は、この提案を受け入れ、@一〇〇円で藤倉の株式を引き受けることとなり、十一月利光が藤倉の取締役に就任した（第17表「藤倉電線」参照）。前節で述べた通り、この藤倉との提携は電線製造所の需給ギャップを埋めるものとして期待

第一部　住友総本店

三七七

第三章　住友総本店（下）

されたが、大正八年東京販売店実際報告書は、「昨年度ニ於テハ当方電線工場製造能力ノ補充トシテ多大ノ効果アリシ藤倉電線会社ノ如キモ又供給力ニ不足ヲ告ゲツ、アリシヲ以テ之レガ利用ノ途全ク絶ヘ、販売上ノ苦心誠ニ名状スベカラザルモノアリタリ」と報告しており、このため恩貴島工場は大正八年にはその西方四八〇〇坪の埋立て増築が完了し、さらに南方二八〇〇坪の埋立てを開始するなど拡張が続いていた。

大正二年中国に対する投資会社「中国興業」が設立され、住友も出資し（住友総本店の七〇〇株とは別に、借款団を構成する住友銀行も三〇〇株を引き受けた）、同社が大正三年「中日実業」と改称したことは、既に述べた（「三　住友総本店の投資活動」参照）。大正七年十月中日実業は、新たに中国と一〇〇〇万円に上る電話拡張借款を締結し（このうち住友銀行が三〇〇万円を負担した）、その際電気材料の供給だけでなく、中国交通部所要の電気材料を製造するために日中合弁の新会社を設立することとしていた。このため住友電線は大正八年二月川上嘉市（当時工務部技術係主任、のち日本楽器社長）を中国に派遣し、川上は調査の結果工場を上海に建設すべきことを報告していた。十月住友は古河、中日実業と共同で中国交通部との合弁会社中華電気製作所を設立した。資本金三〇〇万円（＠額面一〇〇円、払込二五円）で持株は日中折半とし、日本側は住友六二五〇株（二〇・八％）、古河は住友と同数、中日実業一割であった。工場は、大正十年十二月竣工し、十一年から操業を開始した(76)（第17表）。

藤倉電線と中華電気製作所の株式は、いずれも第17表の通り、大正九年十二月株式会社住友電線製造所が設立されると、同社に譲渡された。

同じ大正八年八月住友電線製造所と米国ウェスターン・エレクトリック（WE）社との技術提携の話が持ち上がった。この詳しい経緯については、既に『社史　住友電気工業株式会社』（昭和三十六年）及び『日本電気七十年史』（昭和四十七年）に明らかにされているので、これらを参照されたい（なおWE社は大正七年海外子会社を統轄するインターナショナル・

三七八

この提携の端緒は、WE社の日本子会社日本電氣株式會社が電話機製造に専念することとし、電線製造の技術を他の会社に供与したいという同社専務取締役岩垂邦彦の意向を、通信省で利光平夫の前任の通信局工務課長であった大井才太郎が、この時期日本電氣に入社するに際し、利光に伝えてきたことであった。住友電線としては、当時の最新の技術であったWE社の重信ケーブルの製造技術を導入できることは、願ってもないことであったが、ネックとなったのは、IWE社副社長コンディット(P.K. Condict)がジーメンス社との交渉の時と同じく、住友電線を株式会社とした場合その株式の五〇％を要求してきたことであった。当時の状況からすれば、コンディットの指摘する如く、海外投資は過半数を握るのが原則で、五〇％がむしろ住友に対して敬意を表しての提案であるというのは妥当と思われるが、住友総本店とくに鈴木総理事にしてみればここまで電線製造所を独力で育ててきたという自負心もあり、主導権を渡したくないという気持ちが強かったと思われる。

五〇％を巡って交渉はデッドロックに乗り上げたが、電線製造所経理部長矢島富造が考えだした、住友の保有する東北大学教授本多光太郎博士が大正七年に発明したKS磁石鋼(住友吉左衛門のイニシャル)の特許権の供与と交換にIWE社(日本電氣)の持株比率をコンディットの要求する五〇％から二五％に引き下げることで決着した。

大正九年十月八日、東京麻布の住友別邸にWE社からコンディット、日本電氣から岩垂邦彦が出席し、契約調印が行われた。岩垂、住友吉左衛門が署名し、コンディットと理事小倉正恆が双方のウィットネス(文書の署名に立ち会ってその事実を立証する副署人)の役割を果たした。十二月十日株式会社住友電線製造所が資本金一〇〇〇万円(二〇万株、＠額面五〇円、払込三七円五〇銭)で設立された。十二月十一日住友総本店が一度全株所有した二〇万株の中とりあえず四万株が日本電氣に譲渡された(第16表)。

第一部　住友総本店

三七九

第三章　住友総本店（下）

その後大正十年二月二十六日住友合資会社が設立された。これまで住友総本店は住友吉左衛門の個人企業であったので、表面上住友総本店が所有する株式は実際は住友吉左衛門の所有であったのか、それとも合資会社に譲渡されるのか、区別する必要が生じた。住友総本店が所有していた住友電線の株式一六万株については、二月二十八日二万五〇〇〇株が住友家に引き継がれ、残り一三万五〇〇〇株が住友合資に譲渡された。四月二日住友合資保有分から一万株（払込三七万五〇〇〇円）が日本電気に売却された（売却価格三八万二六六一円七〇銭、払込金との差額七六六一円七〇銭、新会社発足後三か月分の利益を一万株に割り当てたプレミアムである）、日本電気の持株は契約通り五万株（二五％）となった。また九年十二月二十日住友総本店は、日本電氣の株式一万株（@額面五〇円、払込二二円五〇銭）を@二〇円で入手し、即日これを電線製造所に譲渡した（第17表「日本電氣」参照）。

日本電氣からは岩垂、大井が住友電線の取締役に、WE社からはタッカー（L.W. Tucker、日本電氣取締役）が監査役と

8年	9年	
		（鈴木）
		（中田）
		（湯川）
		（久保）
		（草鹿）
		（山下）
		（小倉）
		（山下）
		（小倉）
		（松本）
3.13	→	（本荘）
3.13	→ 12.28	（石橋）
3.13	→	（日高）
		（久保）
		（大平）
		（松本）
		（大平）
		（岡田）
		（草鹿）
		（今村）
→ 8.18	→	（加賀）
8.18	→	（春日）
	→ 5.14	（吉田）
	5.14 →	（吉田）
		（小幡）
	→ 12.1	（小田切）
	12.1(兼) →	（山下）
		（小田切）
→ 3.13		（本荘）
	12.1(兼) →	（藤本）
3.13	→	（藤本）
	→ 12.10	（利光）
		（西崎）
	12.10 →	（利光）
	12.10 →	（西崎）
		（梶浦）
→ 3.13		（小山）
3.13	→	（多田）
		（湯川）
		（加納）
		（吉田）
		（八代）
		（中田）
		（萩尾）
		（飯島）
		（山下）

M＝明治、T＝大正

(付表)住友総本店幹部一覧表(大正6〜9年)

		就任年月日	大正6年	7年
総理事	鈴木馬左也	M37. 7. 6	────	────
理事	中田　錦吉	M36. 5.14	────	────
〃	湯川　寛吉	M43. 4. 5	────	────
〃	久保無二雄	M43. 4. 5		→9.25
〃	草鹿丁卯次郎			1.5 ──
〃	山下芳太郎			1.5 ──
〃	小倉　正恆			1.5 ──
総本店支配人	山下芳太郎	T 4. 7.19	────	→5.9
〃	小倉　正恆	T 2. 6.11	────	→5.9
〃	松本　順吉			5.9 ──
〃	本荘熊次郎			
〃	石橋　和			
〃	日高　直次			
別子鉱業所所長	久保無二雄	T 2. 6.11(兼)	────	→6.10
〃　　〃	大平　駒槌			6.10 ──
〃　支配人	松本　順吉	T 2. 6.11	────	→5.9
〃　〃	大平　駒槌	T 3. 1. 5	────	→6.10
〃　〃	岡田宇之助			5.24 ──
倉庫支配人	草鹿丁卯次郎	M36. 9.14	────	────
製銅販売店支配人	今村　幸男	T 5. 9. 9	→7.19	
〃	加賀覺次郎		7.19	────
〃	春日　弘			
若松炭業所支配人	吉田　良春	M39. 4.23	────	────
〃　所長	吉田　良春			
伸銅所所長	小幡文三郎	T 2. 6.11	────	→12.5
〃　〃	小田切延壽			12.5 ──
〃　〃	山下芳太郎			
〃　副長	小田切延壽		2.5 ──	→12.5
〃　支配人	本荘熊次郎	T 2. 6.11	────	────
〃　〃	藤本　磐雄			
〃　技師長	藤本　磐雄			
電線製造所所長	利光　平夫	T 5.10.12	────	────
〃　支配人	西崎傳一郎	M44. 8. 1	────	────
住友電線製造所常務取締役	利光　平夫			
〃	西崎傳一郎			
肥料製造所支配人	梶浦鎌次郎	T 2. 9.22	────	────
東京販売店支配人	小山　九一	T 5. 3.27	────	────
〃	多田平五郎			
住友銀行常務取締役	湯川　寛吉	T 4. 9.13(兼)	────	────
〃	加納友之介			1.30 ──
〃	吉田　眞一			1.30 ──
〃	八代　則彦			1.30 ──
住友鋳鋼所常務取締役	中田　錦吉	T 4.12.10(兼)	────	→4.24
〃	萩尾　傳	T 4.12.10	────	→11.7
〃	飯島　懋男			11.12 →4.24
〃	山下芳太郎			4.24(兼)

第三章 住友総本店 (下)

して入り、住友総本店からは理事中田錦吉が日本電氣の取締役に就任した。株式会社住友電線製造所の社長取締役(「住友総本店(中)七 住友鋳鋼場の株式会社への移行」参照)には住友吉左衞門が就任したが、所長利光平夫、支配人西崎傳一郎がそのまま常務取締役となり実務に当たったので、実質的な変化はなかった。

註

(1) 川田順『住友回想記』(中央公論社　昭和二十六年)二七頁。

(2) 同前、六三頁。

(3) 同前、六一、六二頁。

(4) 『住友別子鉱山史』下巻(住友金属鉱山株式会社　平成三年)一四〇頁。

(5) 『住友倉庫六十年史』(昭和三十五年)六六〜七六、一一〇〜一二六頁。

(6) 『鈴木馬左也』(鈴木馬左也翁伝記編纂会　昭和三十六年)五九六、五九七頁。

(7) 矢内原忠雄『私の歩んできた道』(東京大学出版会　昭和三十三年)一四頁。

(8) 『読売新聞百年史』(昭和五十一年)二六三頁。

(9) 『読売新聞八十年史』(昭和三十年)二三四、二三八頁。

(10) 前掲『鈴木馬左也』五九九頁。

(11) 河合栄治郎「人としての江原君」(『江原萬里全集』第三巻月報　岩波書店　昭和四十五年　初出は『聖書之真理』終刊号)

(12) 『住友海上火災保険株式会社百年史』(平成七年)一一六頁。

(13) 『日本板硝子株式会社五十年史』(昭和四十三年)四四頁。

(14) 『日本銀行百年史』(昭和五十七年)二五二頁。

(15) 『日本鉄道史』下篇(鉄道省　大正十年)三六九、三七一頁。

(16) 『明治火災保険株式会社五十年史』(昭和十七年)八〇頁。

(17) 前掲『住友海上火災保険株式会社百年史』一一六〜一二二頁。

(18) 前掲『住友倉庫六十年史』六二一、六三頁。

(19) 『三井事業史』資料篇四下(三井文庫　昭和四十七年)二一六頁。『渋沢栄一伝記資料』第一六巻(同刊行会　昭和三十二島組五十年史』(昭和十三年)五四頁。

年)六八七〜七一五頁。なお本項につき三井文庫のご教示を得た。

(20)『東拓十年史』(大正七年)六頁。
(21)前掲『渋沢栄一伝記資料』第五四巻 四八五〜五一四頁。
(22)同前第五五巻 五六三〜五八三頁。
(23)同前第五四巻 五一五〜五五〇頁。
(24)『社史 住友電気工業株式会社』(昭和三十六年)二八七、二八八頁。
(25)『現代日本産業発達史Ⅲ電力』(同研究会 昭和三九年)一〇一、一〇二頁。
(26)同前、一〇四、一〇五頁。
(27)『春風秋雨 創業五十周年記念誌』(住友共同電力株式会社 昭和五十二年)二九、三〇頁。
(28)『時事年鑑』(時事新報社 大正九年)八五四頁。
(29)東洋陶磁美術館は、住友グループが安宅コレクションを買い取り大阪市に寄付したもので、昭和五十七年開館した。安宅コレクションのきっかけは、大正十年から昭和六年の間住友合資会社林業所支配人であった多田平五郎が、朝鮮出張の際収集した古陶器のコレクション(川田順『住友回想記』一八六頁参照)を、多田が令息戦死の際令息同様に可愛がっていた安宅重雄氏(多田と同郷金沢出身の安宅弥吉次男、安宅産業元社長)に譲ったことにある。これが重雄氏から実兄

で好事家の英一氏の手に移り、戦後安宅コレクションとしてさらに充実したものとなった(平成六年十二月十九日安宅重雄氏談)。

(30)木村吾郎「大阪のホテル今昔」(『大阪春秋』第八三号)
(31)前掲『渋沢栄一伝記資料』第五四巻 八八〜九一頁。
(32)『住友商事株式会社史』(昭和四十七年)四三、四四頁。
(33)『山岡順太郎伝』(鹿子木彦三郎 昭和四年)一四五〜一五〇頁。『まちに住まう—大阪都市住宅史』(平凡社 平成元年)三五一〜三五三頁。
(34)前掲『日本板硝子株式会社五十年史』四一〜五六頁。
(35)同前、巻末年表。竹腰健造『幽泉自叙』(創元社 昭和五十五年)一〇四頁。
(36)地方史研究協議会編『日本産業史大系2 北海道地方篇』(東京大学出版会 昭和三十五年)二三七、二三八頁。
(37)前掲『渋沢栄一伝記資料』第五四巻 二一九〜二六九頁。
(38)同前第一二巻 一二七〜一四六頁。同前第五三巻 一〇一〜一三〇頁。
(39)『大阪毎日新聞五十年』(昭和七年)三四、六七頁。
(40)『第一生命五十五年史』(昭和三十三年)四五〜五九頁。
(41)『東邦生命保険相互会社五十年史』(昭和二十八年)一七六頁。
(42)前掲『渋沢栄一伝記資料』第五六巻 六五八〜六八〇頁。

第一部 住友総本店

三八三

第三章　住友総本店（下）

(43) 大倉財閥研究会編『大倉財閥の研究』（近藤出版社　昭和五十七年）二六七～一七〇頁。
(44) 村田重治「住友家の林業」（寺尾辰之助編『明治林業逸史』大日本山林会　昭和六年）五二一頁。
(45) 富田重明編『村田重治翁』（大日本山林会　昭和十五年）六七頁。
(46) 前掲『鈴木馬左也』五五頁。
(47) 河上肇「評論　実業界の学派（一九）」（『読売新聞』明治三十九年十一月二十九日
(48) 那須皓「緒言」（ホルマン『国民高等学校と農民文明』東京堂　大正二年）七、八頁。
(49) 近江匡男編『井上明府遺稿』（大正九年）九、三一六頁。
(50) 森建資「もう一つのデンマルク国の話」（『経友』東京大学経友会　第一三〇号）一九、二〇頁。
(51) 前掲『鈴木馬左也』三〇〇～三〇五頁。
(52) 同前、六一二頁。
(53) 塚本・矢内原編『藤井武全集』第十二巻（藤井武全集刊行会　昭和七年）四七～五一頁。
(54) 同前第十一巻（昭和六年）二七七～二八二頁。
(55) 『三井事業史』本篇第三巻上（三井文庫　昭和五十五年）一九九頁。漆山雅喜「三井家の林業」（前掲『明治林業逸史』）五四二～五四六頁。
(56) 村田重治「前田家の林業」（前掲『明治林業逸史』五五五～五五六頁、北海道庁『北海道山林史』（昭和二十八年）四二七～四二九頁。
(57) 前掲村田「住友家の林業」五二二、五二三頁。
(58) 『住友春翠』（『住友春翠』編纂委員会　昭和三十年）五一八頁。
(59) 前掲「住友家の林業」五二三頁。
(60) 後藤房治「朝鮮の林業」（前掲『明治林業逸史』）五〇五頁。
(61) 前掲『鈴木馬左也』一八六、一八七、二四七、六六八頁。
(62) 安藤良雄編著『昭和経済史への証言』中（毎日新聞社昭和四十一年）一二五頁。
(63) 前掲川田『住友回想記』一九九、二〇〇頁。「大正五年三月十一日、金曜。晴、夜雨。住友総本店総理事鈴木馬左也、中華民国及び朝鮮を視察せんと、午前十時日本郵船の熊野丸にて神戸港を出づ。支配人小倉正恆・経理課主任川田順・経理課員太田外世雄・住友電線製造所経理課主任矢島富造随行す。」
(64) 前掲『鈴木馬左也』六九三頁。
(65) 以下の古河商事に関する記述は、森川英正「日本財閥史における住友と古河」上・下（法政大学『経営志林』第二巻第二号・第三号）、武田晴人「古河商事と「大連事件」」（東

（66）京大学社会科学研究所紀要『社会科学研究』第三二巻第二号、森川英正『財閥の経営史的研究』（東洋経済新報社　昭和五十五年）八三～一五六頁、に依拠した。

（66）『中川末吉翁』（同記念刊行物編集会　昭和四十年）二六頁。

（67）以下の三菱商事に関する記述は、『三菱商事社史』（昭和六十一年）七〇～一三三頁、に依拠した。

（68）大島堅造『一銀行家の回想』（日本経済新聞社　昭和三十八年）三二頁。

（69）同前、三〇頁。前掲『鈴木馬左也』五八八、五八九頁。

（70）前掲安藤良雄編著一一五頁。

（71）前掲『鈴木馬左也』六九五頁。

（72）前掲安藤良雄編著一一六頁。

（73）高橋亀吉『大正昭和財界変動史（上）』（東洋経済新報社　昭和二十九年）二八三、二八四頁。

（74）前掲『社史　住友電気工業株式会社』三〇四～三〇七頁。

（75）同前、三〇八、三〇九頁。

（76）同前、三三七、三三八頁。

第一部　住友総本店

三八五

第二部　住友合資会社

第一章　住友合資会社の設立

目次

一　設立の経緯
　㈠　設立の背景
　㈡　組織変更案の推移
二　組織変更案の内容
　㈠　住友総本店組織変更について（その一）
　㈡　住友総本店組織変更について
　　（その二・合資会社本社内部の組織）
　㈢　住友総本店組織変更について
　　（その三・合資会社と各店部株式会社との関係について）
三　合資会社の設立とその概要
　㈠　住友「番頭政治」の確立
　㈡　合資会社の組織と人事
四　設立に伴う諸規程の整備
　㈠　監査規程・会計規則の改正
　㈡　資金取扱規程の制定

第二部　住友合資会社

三八九

第一章　住友合資会社の設立

一　設立の経緯

(一)　設立の背景

　大正十年(一九二一)三月二十六日、住友吉左衛門の個人経営であった住友総本店は、資本金一億五〇〇〇万円の住友合資会社へ改組した。改組の事情については、従来ほとんど明らかにされて来なかった。ここに住友合資会社の一六年間を検討するに先立ち、特に一章を設けて設立の経緯、同社の概要及び設立に伴う諸規程の整備について言及しておきたい。
　従って「住友総本店(上)」の冒頭「一　住友総本店の発足」で述べた三井合名の設立(明治四十二年〈一九〇九〉)に比べても、丁度住友総本店の期間だけ個人経営を続けたことになる。同章「六　住友銀行の株式会社への移行」で指摘したように、三井においては、各事業が自立化の傾向を強め、同族会がこれを如何に管理・統轄するかという問題に直面して、直系三大事業(銀行、物産、鉱山)を株式会社化し、同族会を持株会社とすることによって、この統轄を完全なものにすることができた。しかし住友の場合、各事業はあくまで出先の地位に留まっていたので、住友総本店の首脳には、持株会社について三井の幹部ほどの問題意識があったかどうか疑問であった。
　他方既に合名会社となっていた三井の各事業の株式会社化については、その理由の一つに上げられていた。すなわちこのような三井の「法人成り」を促進したのは、法人所得税(第一種所得税)の大幅な節約になることが、その理由の一つに上げられていた。すなわちこのような三井の「法人成り」を促進したのは、日露戦争中の明治三十八年一月に実施された非常特別税であった。この非常特別税法は、それまで二・五％の比例税率であった第一種所得税を二種に区分し、株主三一人以上の株式会社(甲種)について税額の一五割、その他(乙種)については八階級の

三九〇

累進税率で税額の八～四〇割を増徴することを定めていた。これが日露戦争後も継続されたため、三井銀行や三井物産の如き大会社は、乙種の合名会社でいるよりは、甲種の株式会社に改組する方が、税負担が半減するのであった。

非常特別税制は、大正二年の税制改正で恒常化され、甲種法人は六・二五％の比例税率、乙種法人については一〇階級、四～一三％の累進税率が定められた。住友総本店が設立した株式会社住友銀行（明治四十五年設立）及び株式会社住友鋳鋼所（大正四年設立）は、株主数が前者は二五名、後者が二八名と結果的にいずれも甲種法人の要件を充たしており、この結果だけから判断すると、これらも三井の各社と同様の「法人成り」と誤解されやすいが、両社がそのような理由で法人化されたものでなかったことは、それぞれ「住友総本店（上）」（「六　住友銀行の株式会社への移行」）及び「同（中）」（「七　住友鋳鋼場の株式会社への移行」）で既に述べた通りである。

この間住友家では、「住友総本店（下）」で述べた通り、依然として一三階級、二・五％～二二％という高率の累進税率の適用を受ける個人所得税（第三種所得税）を納め続けていた。大正五年三月東京販売店支配人から総本店経理課主任に転じた川田順は、前年入社したばかりの部下の主計係江原萬里（住友総本店（下）二（二）参照）との税金を巡るやりとりを次のように記している。

住友の所得税を納めるに当って、重役は課長（註、主任）の私に対して、「南区役所（註、大阪市）と内談してあるから、本年の所得は実際よりも少額に届出てよろしい」とのことであった。それは決して脱税の目的ではなかった。当時住友本邸は南区にあったので、南区の財政は専ら住友の所得税の額によって左右せられた。それで、住友からの納税額が毎年変動しては、南区の財政が安定しなかったので、所得の多少に拘はらず平均して、税は一定の額を納めよう、ということに了解が成立したのであった。当該の経理課長の私は、江原を呼んで「かくかくの方針で申告したまへ」と命じたが、江原は頑として応じなかった。それは、税法の違反だと主張して譲らないのだ。

第一章　住友合資会社の設立

緊張して、私の顔も江原の顔も蒼くなった。江原の融通性のないのを私は憤ったけれども、彼の正直さに感服して、私の方が譲歩した。

その後第一次大戦参戦に必要な臨時事件費の一部に充てるため、政府は大正七年三月戦時利得税法を公布して、戦時利得税を創設した。この戦時利得税の算定方法は、法人の場合平時事業年度（大正三年七月末以前二年以内に終了した事業年度）の平均所得額に対し一・二倍を超える場合に、その超過分について二割の比例税率を課するものであった。例えば大正八年度で法人企業約一万六〇〇〇社の平時平均所得金額四億六三〇〇万円に対し、戦時所得金額は一二億四四〇〇万円に上ったので、このうち四億六三〇〇万円の一・二倍五五〇〇万円を上回る六億九〇〇〇万円を利得金額とみなし、その二割一億三八〇〇万円を戦時利得税として徴収した。しかし大正三年八月以降の新設企業については戦時事業年度の自己資本（払込資本金＋積立金）の一割を平時事業年度の平均所得額とみなし、その二割を平時事業年度の平均所得額を有する株式会社に改組することが有利となった。このためこの新税構想が明らかとなった大正五年秋以降、大正六年十一月古河合名（直系事業については、六月銀行、十一月商事、七年四月鉱業を設立）、七年三月合名会社大倉組（六年十二月鉱山部及び土木部を分離独立）の設立や七年五月三菱合資（直系事業については、六年十一月造船、七年五月鉱業、八年十月銀行を設立）の持株会社化等が相次いで起こった。

大正七年十一月休戦となってこの戦時利得税は大正八年（講和調印の日の属する年）に終了する最後の事業年度限りで廃止されることになるが、それより前七年九月、米騒動の責任をとって辞職した寺内正毅内閣に代わって原敬内閣が成立した。原内閣は、積極政策を掲げて大正九年度予算案編成に着手した大正八年夏以降、その財源として再び所得税の増徴を打ち出し、特に単なる税率のアップに止まらず、これを機に税制の抜本的改革を図ろうとした。十月末このような政府の増税計画が明らかになると、これまで三井・三菱等の「法人成り」とは一線を画してきた住友総本店において、

ついに現行のまま個人企業であり続けるのか、株式会社あるいは合名乃至合資会社に改組するべきなのか得失の検討が開始された(以下の記述は、特に注記したものを除き、合資会社庶務課「大正九年組織変更参考書類」及び「大正九年組織変更関係書類」並びに総本店経理課「大正九年九月総本店組織変更ニ関スル書類」所収資料による)。

(二) 組織変更案の推移

税制改正と住友総本店組織変更との関連について、図示すれば次の通りとなる。

第1図　税制改正と住友総本店組織変更案の推移

税制改正	鈴木総理事動静	住友総本店組織変更案

(大正八年)
十月　政府増税計画発表
十一月
十二月
(大正九年)
一月　増税法案議会提出
二月
三月　議会解散・廃案
四月
五月
六月　法案再提出・成立
七月
八月
九月　税制改正施行

鈴木総理事動静：
欧州滞在中
21日マルセイユ出帆
31日帰国
3日出社
18日庶務課主任更迭

(A) 「総本店組織大要」
(B) 「総本店組織変更ニ就キテ」
(C) 「総本店組織変更案」
(D) 「同　修正案」
(E) 「同　確定案」

(特殊問題)
(内部組織関係・商事会社設立問題)
(株式会社関係)

(其一)
(其二)
(其三)

第二部　住友合資会社

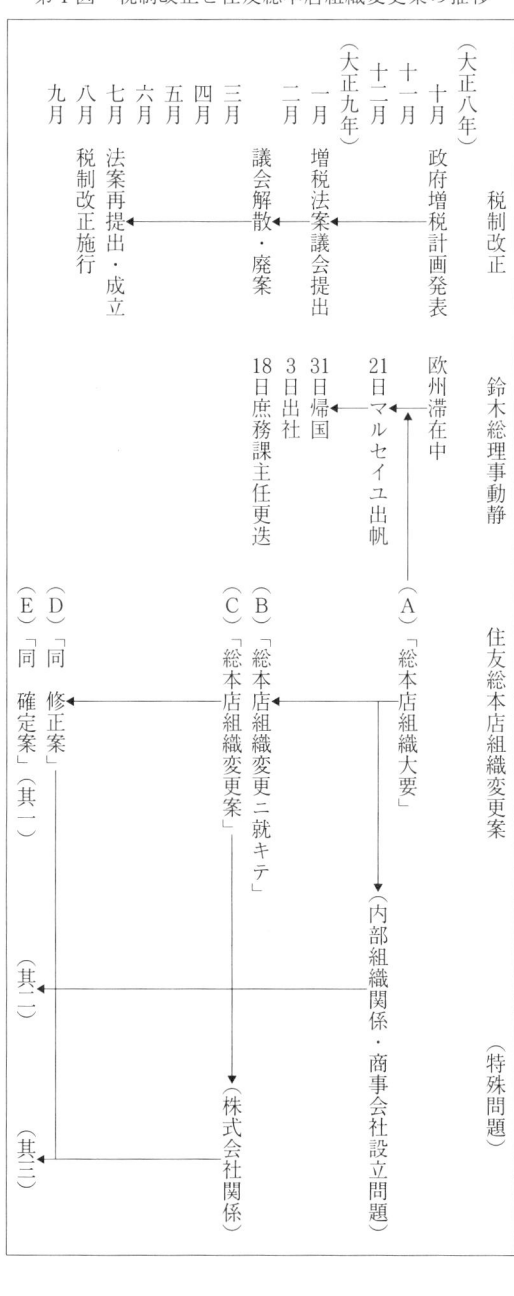

三九三

第一章　住友合資会社の設立

大正八年秋住友総本店改組の検討が開始された時、総理事鈴木馬左也は、支配人兼秘書役日高直次と共に、東洋窒素工業会社設立の件で欧米出張中であった（「住友総本店（下）六　内外販売網の充実と商事会社設立問題」参照）。留守を預かる理事兼支配人小倉正恆（明治三十年東大法卒、内務省を経て明治三十二年住友入社、のち総理事）は支配人兼庶務課主任川田順吉（小倉と東大同期、ただし内務省、文部省を経て住友入社は明治四十年、のち常務理事）及び前記副支配人兼経理課主任松本順吉（明治四十年東大法卒、のち常務理事）に組織変更案の検討を命じたものと思われる。

松本の作成した「総本店組織大要」（前掲図参照、以下A案と称する）は、控えとして残るものが八年末マルセイユを出帆して帰国の途についた鈴木の手元に滞英中に受け取った他の郵便物と共に残されているところからすると、十一月中に完成し、直ちに鈴木に送付されたものとみられる。A案は一種の叩き台ともいうべきもので、翌九年一月末鈴木の帰国までにさらに次の二点につき検討が加えられた。

すなわち一つは内部組織の関係で、鉱業部（内外国ニ於ケル鉱山ノ調査、売買、其経営上ノ設計ニ関スル事項）、支那課（東洋ニ於ケル海外各国ノ事業、調査、経営上ノ設計ニ関スル事項）等の新しい組織案が出てきたが、特に問題とされたのは左のような「営業部」を設置する案であった。

　　営業部
　　　販売課　　鉱産物並ニ林産物ノ販売ニ関スル事項
　　　購買課　　生産原料品、建築材料、其他各種材料品並ニ諸物品ノ購買及各店部ノ委託ニ係ル上記各物品ノ購買送達ニ関スル事項

この「営業部」という組織の内容を検討すると、販売課は製造店部の製品を中心に取り扱うのではなく、住友製品ではない他所製品の仕入窓口となる購買課の方がむしろ主体となっており、「住友総本店（下）」（「六　内外販売網の充実と商事会社設立問題」）で述べたようにこの時期は一方で商事会社設立の売店や林業課の商品を扱うだけであって、

動きがあったので、この「営業部」設置案はこれに間に合ったものと思われる。

他方時間的にA案に間に合わなかった資本金の算定に必要な総本店の総資産の時価評価は、平行して川田の部下の経理課主任代理野草省三（明治四十二年京大法卒、昭和三年〈一九二八〉合資総務部長で病没）が担当し、鈴木の帰国直前に作業を完了し、資本金の案が作成された。

この間に大正九年一月、政府は所得税の全面改正を始めとする増税関係六法案を第四二議会に提出したので、その全容が明らかとなったが、これらの法案は一部の修正をもって衆議院を通過し貴族院へ回付された後、二月末議会が解散されたため実際には成立しなかった。

以上の通り、鈴木が帰国して出社した大正九年二月三日の時点では、「総本店組織大要」（A案）及びそれに付随する内部組織案・資本金案とこれに対する与件となる政府の税制改正案が出そろっていたことになる。しかしこのうち野草の作成した資本金案以外は、松本の作成した「総本店組織大要」（A案）も「営業部」設置を含む内部組織案も、商事会社設立問題と共に鈴木の容れるところとならなかった。二月十八日鈴木と共に帰国した日高直次が、組織変更の中心となる庶務課主任に返り咲き、松本は三月十日商工業視察のため欧米出張を命ぜられた。日高は明治三十三年日本法律学校（現日本大学）を卒業し、三十八年住友に入社するまで弁護士を開業し、後に昭和五年肥料製造所常務を停年退職すると再び弁護士となった。

同時に経理課調査係小畑忠良（大正六年東大法卒、のち本社経理部長、住友退社後企画院次長）が鈴木総理事に呼ばれ、「君達は学校を出たばかりだから、まだまだ法律を覚えているだろうから総本店を合資会社に改組する企画立案をせよ」と命ぜられた。小畑は前年春以来、鈴木が推進していた東洋窒素工業会社設立の事務に従事していたが、この問題が頓挫したため総本店に復帰していた。小畑によれば宇佐美は、「小学校を出

第二部　住友合資会社

三九五

第一章　住友合資会社の設立

て別子で給仕を勤めていたが、非常な勉強家で当時の支配人大平駒槌さんが大阪に出してくれたので関西大学の夜学に通い（註、大正四年専門部卒）、更に京大に転入して法律をものにした人で、変ったコースを歩みながら、卒業の時は同年令の順調コースを辿った人と何ら変りなかったという秀才」(7)であった。本件の目処のついた翌九年末退職して大学院に戻り、ベルリン大学に留学した後、大阪で弁護士を開業し、住友各社の顧問弁護士に迎えられた。小畑はこの作業の経緯を次のように述べている。(8)

で、我々は別室に籠り、あらゆる角度から調査を重ね、起案の作成に取り組んだ。当時既に三井には三井合名、三菱には三菱合資が出来ていた。普通ならばこれらを手本にすることを考えるだろうが、鈴木さん始めどなたからも三井三菱を手本にせよとの言葉は一言もなかった。私どもとしても、三井三菱は三井家岩崎家の財産保全拡大を目的として組織されたものであると聞いていたから、これは住友の精神とは違うし、手本にはならぬと考えた。私どもとしては、あくまで住友家の財産は、国家社会のために保全活用すべきものとの基本的な考えに立って事を運んだ。(9)

かくして二人の手によりまず「総本店組織変更ニ就キテ」（以下B案と称する）が作成された。しかしこの中では、商事会社問題で白紙となった内部組織案はまだ手付かずの状況であった。このB案を基に、さらに検討が進められ三月末には「総本店組織変更案」（以下C案と称する）が作成された。

この間三月九日小畑は庶務課文書係平井政之助（大正六年東大法卒、のち生命常務）と共に庶務課秘書係兼務となっているが、これは間もなく四月一日付で鋳鋼所経理部倉庫係主任久島精一（明治四十四年東大法卒、ただし鋳鋼所へ転出する前は総本店庶務課秘書係、のち金属常務）が庶務課文書係兼秘書係に復帰し、小畑の兼務が解かれたこと、久島によると、久島は平井と共に人事給与関係を担当した（組織変更に先行して大正九年七月等級・月俸の改正が行われた。「住友総本店（下）一住

三九六

友総本店の組織・人事」参照)ということ、さらにこのC案の作成にも内部組織案が遅れて別冊となったこと等から判断すると、小畑を作業の遅れている内部組織関係に専念させることになったものとみられる(資料の中に久島委員、小畑委員等と書かれたものが残っているところから判断すると、日高を委員長とする組織変更検討委員会のようなものが設けられていたものと推定される)。

その後政府は、七月の第四三議会に、改めて前議会で廃案となった衆議院修正案を政府案とし、施行期日を八月一日に繰り下げて増税六法案を提出したが、この年(大正九年)の三月に起こった恐慌によって経済界の様相は既に一変していたため、再び増税案に対し異論が起こった。衆議院はなんとかほぼ原案通り通過したが、貴族院では大幅な修正が加えられた結果ようやく両院を通過し、八月から施行された。

今回の税制改正では、特にそれまで法人配当金については源泉課税方式であったため法人ないし個人の受取配当金は非課税であったのが、総合課税されることになり、所得税負担は大幅に増えたが、法人の場合は、個人の場合とは異なりその所得を積立金として内部留保することによって留保所得とすることができた。この留保所得の税率は、五〜二〇%の累進税率であったので、事業会社の内部留保を促す一方で、多額の受取配当がある個人は、個人所得として課税されるよりも、法人組織を利用して受取配当を留保所得として処理する方が有利となった。すなわち住友総本店としては、自己資本による事業の拡大を図るという従来の経営方針を維持するには、個人企業であるよりも、この際むしろ総本店を法人に改組する方がより実態に即したものとなったのである。

この結果C案は、さらに検討が加えられ、九月「修正案」(以下D案と称する)が作成された。この「修正案」は九月の重役会にかけられ、若干の変更をみて組織変更方針の「確定案」(以下E案と称する)が決定された(「修正案」「確定案」なる名称は、上記組織変更検討委員会の命名による)。

第二部 住友合資会社

第一章　住友合資会社の設立

この組織変更方針（E案）に基づき、定款その他具体的な諸規程案が大正九年十二月に作成された。しかしこのうち大正十年初頭に決定をみたのは定款等直接会社設立に必要となる規程のみで、他はペンディングのまま大正十年二月住友合資会社は設立された。事務章程その他の諸規程が最終的に決定されたのは、四月十三日の鈴木邸における重役会であった。鈴木総理事は、大正八年から九年にかけての欧米出張の疲労と食生活の変化に起因するとみられる軽い尿毒症を年初から患い、自宅で静養中であったからである。

二　組織変更案の内容

かくして大正八年十月から翌年九月にかけて、一年間にわたる組織変更案の検討が終わり、改組の大綱が決定されたわけであるが、ここで最終的な組織変更方針である確定案（E案）の項目毎に、決定に至る検討の過程を明らかにしておきたい。なお確定案（E案）「住友総本店組織変更ニ就キテ」の内容は三部構成で、（其一）は九項目（第一　会社組織ヲ可トスル理由、第二　会社ハ合資会社トス、第三　会社ノ目的、第四　会社ノ名称、第五　会社存立ノ期間、第六　会社々員及ビ出資、第七　会社資本ノ総額、第八　会社役員、第九　利益分配並ニ持分払戻）から成り（資料1―1～9）、（其二）は「第十　合資会社本社内部ノ組織」（資料2）、（其三）は「合資会社ト各店部株式会社トノ関係ニ就テ」（資料3―A～D）となっていた。

第一　会社組織ヲ可トスル理由

（一）住友総本店組織変更について（その一）

この項目は、A案にはなく、B案で初めて登場するが、次のような内容となっており、必ずしも所得税の軽減だけが

第二部 住友合資会社

目的ではなかったことを窺わせる。

（一）今後分家ノ数漸次増加スルニ至ル時ハ、多数ノ分家ガ各自独立シテ事業界ニ臨ムハ、事業経営上不得策ナルノミナラズ、長年月間ニハ互ニ無用ノ競争ヲ為スガ如キ事無シトセズ。又多数分家中ニハ全然独立放任スルトキハ、財産ノ運用ヲ錯リ遂ニハ分与財産ヲ蕩尽シ、住友家名声ヲ毀クル者ヲ生スル憂無キニアラズ。則チ分家財産ヲ総本店ニ統一シテ、財力ノ基礎ヲ固クシ、且ツ其運用ヲ監督シテ、生計ノ安泰ヲ図ルカ為メニハ会社組織ト為スヲ以テ最モ適当ナル方法ナリトス。

（二）次ニ所得税法ニ依レバ、個人所得ト其課税率ニ相違アリ。個人所得トシテノ課税ハ、法人所得トシテノ課税ニ比シ重シ。此点ハ現行所得税法ニ於テモ、曩ニ衆議院ヲ通過セシ新所得税法草案ニ依ルモ大体異ルトコロ無ク、只其程度ヲ異ニスルノミナリ。（現行法ニ依レバ両者ノ差異ハ頗ル大ナレトモ草案ニテハ余程寛和セラレタリ。）今総本店ヲ会社組織トスル時ハ、課税率ノ差異ニ基ク現実ノ利益ヲ享クルモノトス。尤モ強テ租税ノ負担ヲ減少セシムル目的ヲ以テ、変体的ノ法人ヲ設立スルハ面白カラサルモ、前記ノ如キ自然ノ必要ヨリ総本店ヲ法人ト為シ、而モ斯ノ如キ現実ノ利益ヲ得ルハ、誠ニ好都合ナリトコハサルヘカラス。

次のC案に至って、初めて組織変更の主目的が所得税の軽減にあることが明記されて、年間純益一〇〇〇万円と五〇〇万円のケースについて新所得税法案に基づいて試算され、さらにD案＝E案（資料1―一）で実際に施行された税法に基づき「（Ⅰ）経営組織ヲ現在ノ儘トスル場合、（Ⅱ）総本店各店部尅レモ会社トナルトキ、（Ⅲ）総本店ヲ合資会社トナスニ止ムルトキ」の三つのケースについて試算が行われた結果（資料1―一第一表）、各店部を株式会社とすることは見送られ、総本店のみを合資会社とすることが確定した。しかし、D案を作成するための試算を行うに当たっては、次のような考え方が示されている。

三九九

第一章　住友合資会社の設立

経営組織ヲ会社ニ変更スル方、担税額減少ナカルヘキコトハ、看易キ理ナルガ如シトモ、会社組織ニ依ル場合ニ於テモ、若シ其利益ノ全部若シクハ其大部分ヲ配当スルモノトセバ、結局其配当ヲ受クル個人ノトニ更ニ第三種（註、個人）所得税ガ賦課セラル、コトヽナルベキヲ以テ、其担税額ハ個人経営組織ノ下ニ於ケルト敢テ大差無キニ至ランカ。サレバ茲ニハ利益ノ大部分ハ之ヲ積立テ、社員ニ対シテハ単ニ各自ガ其生活ヲ維持スルニ要スル額丈ヲ、毎期ニ配当スルニ止ムルコトヽシテ計算ヲ試ミムトス。（中略）

以上ハ現在ノ住友家持株及将来設立セラルヘキ株式会社ノ株式ハ全部合資会社ニ帰属シ、住友家ニ対シテハ其生計費用ヲ合資会社ノ配当トシテ交附スルコトヽ前提トシテ計算セルモノナリ。然ルニ斯クスルトキハ、実際ニ於テ所得税ノ負担上多少不利益ナリ。寧ロ生計費用ニ該当スル額丈ケノ利子ヲ生スル株式（又ハ国債以外ノ公債社債等）ヲ住友本家ノ名義トシ置クヲ可トス。何トナレバ前者ノ形式ヲ採ラバ、本家ニ配当スヘキ金額ニ対シニ重ニ配当所得税ヲ負担セサルヘカラサルニ至レバナリ。故ニ此点ヨリ云ヘバ本家ニ対スル合資会社ノ配当ハ、可成少額ニ止メ、本家所有ノ株式ノ配当（又ハ公債社債ノ利子）ニ依リ、其支出ヲ弁スルヤウ為スヲ得策トス。

右ノ観察ニ依ルトキハ合資会社ノ本家ニ対スル配当ハ、毎年十万円トカ二十万円或ハ二十万円位トス為スコト利益ナルコト云フ迄モナシ。然ルニ億余ノ大資本ヲ擁スル合資会社ガ毎年十万円トカノ少額ヲ配当スルニ止ムルコトハ、世人ヲシテ容易ニ脱税ヲ目的トスル策略ノ存スルコトヲ看破セシメ、延テ住友家ノ声誉ヲ毀クルノ虞アリ。少クトモ世人ガ見テ以テ住友家タル地位ニ於テ、其生計ヲ維持スルニ必要ナリト為ス丈ケノ額ハ、之ヲ合資会社ヨリ配当スルコトヽセサルヘカラズ。而テ吾人ノ見ル処ニ依レバ、住友家ノ生計費用ヲ以テ先ヅ五十万円乃至七十万円ト称セバ世人ノ信用ヲ得ルニ足ランカ。（現今ノ実際ニ於テハ毎年百万円以上ヲ要ス。）果シテ然リトセバ前記計算ニ於ケル本家ノ配当額百万円ヲ減シテ五十万円乃至七十万円トシ、残余ノ三十万円乃至五十万円ハ、予メ本家ニ交

付シ置キタル株式ノ配当、公債社債ノ利子ヲ以テ之ニ充当スルコトトスルモ、敢テ不可ナキニ庶幾(註、近)カラン カ。(後略)(「第九 利益分配並ニ持分払戻」参照)

以下次のように各項目の最後にE案を資料として示すこととする。

(資料1—1)

住友総本店組織変更ニ就キテ(其一)

(大正九年九月重役会決定案)

第一 会社組織ヲ可トスル理由

住友総本店ヲ会社組織ニ変更スル実益ハ、主トシテ所得税ノ軽減ニアリトス。今試ニ総本店ノ正常収益ヲ、一ケ年八百万円ヲ上下スルモノト仮定シ、住友家ノ経営組織ヲ現在ノ儘トスル場合、総本店ヲ会社組織トナス場合、及ビ総本店以外ノ各事業店部ヲモ会社組織トナス場合ノ所得税負担額ノ差異ヲ比較スルニ左ノ如シ。

第一表

保留	税額	(I)経営組織ヲ現在ノ儘トスル場合	(II)総本店各店部孰レモ会社トナルトキ	(III)総本店ヲ合資会社トナスニ止ムルトキ
第一期	増	一、九二一、二五〇円	九三二一、四七〇円	五六二一、九七〇円
	減		(I)ニ比シ減 九八八、七八〇円	(I)ニ比シ減 一、三五八、二八〇円
				(II)ニ比シ減 三六九、五〇〇円

第一章　住友合資会社の設立

	保留第二期					保留第三期				
	税額	増	減	増	減	税額	増	減	増	減
	一、九二一、二五〇円					一、九二一、二五〇円				
	一、三〇七、九七〇円		（Ⅰ）ニ比シ減 六一三、二八〇円			二、〇五八、九七〇円	（Ⅰ）ニ比シ増 一三七、七二〇円			
	九四五、九七〇円				（Ⅱ）ニ比シ減 三六二、〇〇〇円	一、七一一、九七〇円		（Ⅰ）ニ比シ減 二〇九、二八〇円		（Ⅱ）ニ比シ減 三四七、〇〇〇円

（註、参考までにE案には省略されているが、試算に付けられている第二表の説明を示せば次の通りである）

以上ノ計算及表（註、第一表）ハ、国税タル所得税ノミニ関ス。然ルニ実際ニ於テハ右所得税本税ニ対シ附加税課セラル、ヲ以テ、前表ニ示セル数字上ノ差ハ益々大トナルナリ。現今ニ於テハ、大阪市ハ所得税ニ対シ五割ノ附加税ヲ課ス。将来ニ於テモ所得税ノ附加税ハ、府県及其他ノ公共団体ノ分ヲ合シ、本税ノ四割ヲ降ルコトナカルヘシト考ヘラル。今国税タル所得税ニ、四割ノ地方税タル附加税ガ添賦セラル、モノトシテ、前表ニ基キ概算ヲ試ムレバ左表ノ如シ。（註、第二表）

第二表（附加税合算、但シ附加税ハ本税ノ四割ト仮定）

	保留第一期			保留第二期			保留第三期		
	税額	増	減	税額	増	減	税額	増	減
（I）経営組織ヲ現在ノ儘トスル場合	二、六八九、七五〇円			二、六八九、七五〇円			二、六八九、七五〇円		
（II）総本店各店部孰レモ会社トナルトキ	一、三〇五、四五八円		（I）ニ比シ減 一、三八四、二九二円	一、八三一、五八二円		（I）ニ比シ減 八五八、五九二円	二、八八二、五五八円	（I）ニ比シ増 一九二、八〇八円	
（III）総本店ヲ合資会社トナスニ止ムルトキ	七八八、一五八円		（I）ニ比シ減 一、九〇一、五九二円；（II）ニ比シ減 五一七、三〇〇円	一、三六五、三九二円		（I）ニ比シ減 一、三二四、三五八円；（II）ニ比シ減 五〇六、八〇〇円	二、三九六、七五八円		（I）ニ比シ減 二九二、九九二円；（II）ニ比シ減 四八五、八〇〇円

第二 会社ハ合資会社トス

A案では、次のような理由で最初から合資会社を前提としていた。

出資者ニ家長以外一族ノ方ヲモ加フルトキハ、有限責任社員タルヘキヲ以テ、会社ハ之ヲ合資会社トナスヲ要ス。若出資者ヲ家長ノミニ限ルトキハ、家長ハ社長トシテ会社ノ業務ニ従事セラルヘキヲ以テ、之ヲ無限責任社員トナサ、ルヘカラス。従テ他ニ有限責任社員ナキカ故ニ、会社ハ之ヲ合名会社ト為スコトヲ要ス。

しかしB案では、本項は「如何ナル会社組織ヲ適当トスヘキカ」として一応とるべき会社形態を検討している。この結果次のように、株式会社、株式合資会社が妥当でない理由を挙げて外し、合資、合名について検討した結果C案＝D案＝E案（資料1―二）となった。

株式会社、株式合資会社ハ主トシテ多人数ヨリ少額ノ資本ヲ吸収シ、大資本ヲ集成セントスルモノナルニ目下ノ処、総本店自身トシテハ外部ヨリ資本ヲ招来スルノ必要ナク（各株式会社ハ別ナリ）、主要目的ハ寧ロ一家資産ノ分離ヲ防ギ、一団トシテ之ヲ活用セントスルニ在ルヲ以テ、此組織ニ依ル必要ヲ見サルナリ。加之此形式ニ依ルトキハ、勢ヒ或程度ニ於テ資産関係ヲ外部ニ公示セサルヘカラサルニ至ルヘク、総本店トシテハ不適当ナリ。

従テ研究スヘキハ合名、合資ノ両組織トナル。（後略）

（資料1―二）

第二 会社ハ合資会社トス

会社組織ノ種類中株式会社、株式合資会社ハ住友総本店トシテハ不必要ナル過度ノ組織変更ト言フヘク、且ツ所得税法改正ノ今日ニ於テハ株式会社トスルモ、其他ノ会社トスルモ、課税上区別無之コトナレバ（註、前記甲種、乙種の区別が廃止された）、住友総本店ノ組織ハ、合名合資両者中其ノ一ヲ撰プヲ穏当ナリトス。而シテ合名会社ノ社員ハ、全部無限責

四〇四

任社員ニシテ総社員ハ、原則トシテ会社代表権、業務執行権ヲ有ス。例外トシテ或社員ガ是レヲ有セサルコトト為サントセバ、定款ヲ以テ此ノ旨ヲ規定セサルヘカラス。然ルニ住友総本店ヲ会社組織トシ、御一族ノ方々社員トシテ列セラル、場合ニ各原則トシテ会社代表、業務執行ノ権限ヲ有セラル、ハ、現在ノ実際ニ合セス。又将来ニ於テモ斯ル主義方針ハ、決シテ適当ト謂フヘカラス。寧ロ御一族ハ財産ヲ出資セラル、ノミニシテ、会社ノ業務ニハ原則トシテ関与セラレザルコト（即チ業務執行権及ヒ代表権ヲ有セラレサルコト）穏当ナリ（註、こうした考え方はいわゆる同族会社の概念からすると奇異な感じを持たれるかもしれないが、住友の場合歴史的に長子相続に基づく家長制を堅持し、分家が住友本家の経営に参加することはなかったこと、又家督相続者が絶える危険が生ずるほど分家そのものが少なかったこと等によるものと思われる）。而シテ此趣旨ヲ達センニハ、合資会社組織トナスヲ適当トス。何トナレバ法律ハ、合名会社ノ場合ト異リ、合資会社ノ社員トシテ無限責任社員ノ外ニ、有限責任社員ナルモノヲ認メ、業務執行及ヒ会社ノ代表ハ、無限責任社員ヲシテ当ラシメ、有限責任社員ハ原則トシテ之等ノ権限ヲ有セサルモノトス。従テ総本店ヲ合資会社トシ、御一族ヲ有限責任社員ノ地位ニ置カバ、上記ノ目的ヲ実現スルニ便宜ナレバナリ。

第三　会社ノ目的

組織変更に当たり、総本店のみならず各店部も会社組織とすることが検討されていた（資料1―1第一表では、鉱山、伸銅、電線、倉庫を株式会社として試算している）。従ってB案では、これらの事業の中「株式会社設立決定ノ上ハ削除スベキナリ」と註記されていたが、C案では次のような考え方に変更された。

現在各店部ヲ独立セル株式会社トナス以上ハ、各店部関係事業ハ該店部ニ於テ之ヲ経営スルヲ原則トスベシト雖モ、総本店ノ組織変更当時ニハ或ハ独立セル株式会社トナラザル店部モアルベク、又タトヒ全部独立ノ後ト雖モ関係事業中或ハ合資会社ニ於テ之ヲ経営スル場合モアルベキニヨリ、会社ノ目的ハナルベク汎ク各種事業ヲ網羅スルヲ

第一章　住友合資会社の設立

E案(資料1―三)ではD案まで存在した、化学工業、金属加工業(A案では金属精錬業)、鉄工業は工業に一本化された。又牧畜業は削除されたが、これは林業課が北海道で行っていた緬羊事業が、鈴木総理事の大正九年七月の視察の結果、丁度この頃中止と決定されたことによるものと思われる。

(資料1―三)

第三　会社ノ目的

現在各店部ノ事業ヲ基礎トシテ左ノ如ク定ム。

(一)鉱業　(二)農業　(三)林業　(四)工業　(五)物品販売業　(六)倉庫業　(七)運送業　(八)電気事業　(九)不動産及ヒ有価証券ノ取得並ニ利用　(十)諸事業投資及ヒ貸附　(十一)其他上掲各事業附帯事業

第四　会社ノ名称

A案では「合資会社住友総本店」とされていた。B案で第二案として「住友合資会社」が登場した。その理由として次のような点が挙げられた。

第二案ノ理由トスル処ハ、今後ハ住友総本店ト云フハ無意味ナリト云フニ在リ。即チ各店部ガ追々株式会社形式ヲ採ルニ至ラバ、総本店ト各株式会社トノ間ニハ、表面上本末又ハ本店支店ト云フ如キ関係無クナルニ至ルヘシ。従テ住友総本店ト云フハ、内実ハ兎ニ角外面ニ対シテハ名実相伴ハス不合理ナリト云フニ在リ。

この結果C案で次のように決定され、D案からこの理由部分が削除されてE案(資料1―四)となった。

住友総本店ナル名称ハ、銀行ニ本店アリ、倉庫ニ本店アリ、之ニ対シ総本店ト称シ、総本店ノ名実アルモノナレドモ、各事業、法律上独立ノ上ハ、総本店ノ文字妥当ナラズ。故ニ会社ノ名称ハ

住友合資会社

トスヲ可トス。

（資料1―四）
　第四　会社ノ名称
　「住友合資会社」ト為ス。

（資料1―五）
　第五　会社存立ノ期間
　A案、B案では三十ケ年であった。これは、A案「別段意義ナシ」、B案「通常会社ノ存立時期ハ此年限ヲ例トスルヲ以テ之ニ従ヒタルノミ」ということで、それがC案からE案（資料1―五）の通り、特に理由なく五十ケ年に延長された。

（資料1―五）
　第五　会社存立ノ期間
　会社存立ノ期間ハ、特ニ之ヲ定ムルノ必要ナキモ、定款ニ期間ノ定メナキトキハ、各社員ハ毎事業年度ノ終リニ随意退社スルヲ得ルノ商法規定アルガ故ニ、通常存立期間ヲ定款ニ規定ス。之ニ倣ヒ会社存立ノ期間ヲ設立ノ日ヨリ満五十ケ年トス。

　第六　会社々員及ビ出資
　E案（資料1―六）において（一）の家長の出資については、B案からE案の通りであるが、A案においても次の通りはぼ同意である。
　家長ノ出資ノミニ止ムトセハ、会社財産ハ全部家長ノ所有ニ属スヘキヲ以テ、極メテ簡単ナリ。

第二部　住友合資会社

四〇七

第一章　住友合資会社の設立

E案(二)の一族の出資についてA案では、若他一族ノ財産ヲモ出資スルモノトセハ、単ニ其財産ヲ保護管理スルノ趣意ニ止メ、持分ノ価額ハ終ニ至ルマテ出資ノ価額ニ止ムルカ（仮ニ住友銀行株五千株価額八十万円ヲ出資ストセハ、他日退社ノトキモ五千株ノ持分ニ対スル価額ノミヲ払戻シ、会社財産ノ増加額ハ之ヲ分与セス）又ハ家長ノ出資ノ同様、其持分ニ加フルコトヽスルカ、二者其一ニ定ムルノ要アリ。是独本人退社ノ場合持分ノ払戻ニ関シテ必要ナルノミナラス、利益分配換言スレハ本人年々ノ経費支出ニ関シテ亦参酌スルノ必要ナシトセス。（「第九　利益分配並ニ持分払戻」参照）

と案の提示に終わり、B案では、分家財産を総本店に統一しようという趣旨から「各御分家ハ右ニ準シ其所有セル、財産全部ヲ出資セル、モノトシ、孰レモ有限責任社員トス」となっていた。これに対し鈴木総理事は、家長以外の一族が住友合資会社の経営に関与することを好まなかったようで、C案で住友忠輝の日本ホロタイル経営（「住友総本店（下）三　住友総本店の投資活動」参照）にみられる如く、本項を「御一族ハ自己ノ責任ヲ以テ自己ノ事業ヲ経営セラルヘク」と決定した。しかし後に、「第八　会社役員」の項で述べる如く、次期家長の問題があり、会社設立時には鈴木総理事の希望通りとはならなかった（「三　合資会社の設立とその概要」参照）。

E案(三)の総理事以下の出資について、A案では総理事、理事の出資は、単ニ労務ノミトシ、退社ノ時ハ持分ノ払戻ヲ為サヽルモノトス。現在ノ家長、重役ヲ以テ会社ノ無限責任社員トシ業務執行ノ局ニ当ラシム。B案では、次のように「総本店重役ガ社員ニ列セラルコトノ可否」が問題とされた。

とだけ規定しているが、B案では重役を社員ニ列スヘキカ否カヲ考フルニ当リ、先ヅ重役ノ出資セラル、物ノ種類ニツキ一考スルヲ要ス。若シ重役

ニシテ金銭其他ノ財産ヲ幾分出資シテ社員ト為ラル、モノトスレバ、徒ニ利益配当、持分払戻等ノ関係ヲ複雑ナラシムルニ至ル。又若シ重役退任後モ持分ノ払戻ヲ為サス、社員トシテ止マラル、モノトセバ、総本店ガ家族団体の経営体タル本質ニ反スルニ至ルヘシ。故ニ重役ガ社員ニ列セラル、トスルモ、ソハ労務ヲ出資セラル、モノニシテ財産ヲ出資セラル、ニ非ス。而テ其社員タル期間ハ住友総本店ノ重役タル期間ト終始スヘキモノトセサルヘカラス。而テ此形式ニ依リテ社員ト為ラル、場合ニハ労務ヲ出資スル者ハ、有限責任社員ト為ラサル旨、商法ニ於テ規定セラル、故、無限責任社員トシテ入社スルモノナラサルヘカラス。

無限責任社員トシテ重役ガ社員ニ列セラル、コトノ可否如何。之ヲ可トスル有力ナル説アリ。

（I）可トスル説ノ理由

イ、上ニ家長アリ、万機ヲ統裁セラルト雖モ、実際ニ於テハ業務ノ執行等ハ重役ノ管掌セラル、処ナルガ故ニ重役ヲ無限責任社員ト為サバ名実相伴フノ利アリ。

ロ、労務ハ元来資本ト対立シテ社会経済上之ニ劣ラサル重要サヲ有スルモノナリ。如何ニ資本ヲ擁スルコト大ナリトスルモ、企業的才能ト事務ノ手腕ニ於テ卓絶セル士ニ俟タサレバ、其効用ヲ発揮シ得サルモノタルハ論ナシ。死財ヲ変シテ自由ノ活物タラシメ、国家ノ進運ニ貢献スル処アラシムルハ、一ニ有能ナル労力ノ賜ナリ。此意味ニ於テ労務ハ、正ニ資本ト同等以上ノ評価ヲ受クヘキナリ。故ニ重役ガ無限責任社員ト為ラル、ハ当然ノコトニシテ異トスルニ足ラス。寧ロ労務価値ヲ正当ニ認メシムルタメニ必要ナリト云ハサルヘカラス。

ハ、更ニ又将来家長ト為ラルヘキ方、他ノ一族方ニ比シ御弱年ナルコトヲ想像センニ、カ、ル場合ニハ総理事以下ノ重役ノ勢力ヲ以テ御一族間ノ統一ニ勉メサルヘカラス。然ルニ重役ガ社員トシテ御一族方ト同等以上ノ地位ニ立タル、ニ非スシテ、一介ノ使用人トシテ行ハレ難キ場合アルコトヲ十分ニ想像センニ、カ、ル場合ニハ総理事以下ノ重役ノ勢力ヲ以テ御一族トシテノ威令

第二部　住友合資会社

四〇九

第一章　住友合資会社の設立

人トシテ在ラル、場合ニハ、其指図容易ニ行ハレ難カルヘシ。故ニ将来御分家ガ追々分立スヘキ場合ヲ予想シ今ヨリ重役ガ無限責任社員為ラル、モノトシテ対策ヲ講シ置クコト必要ナルヘシ。

（Ⅱ）重役ガ社員ニ列セラル、コトヲ非トスル説

イ、又重役ガ全部社員ニ列セラルモノトスレハ、住友家ノ存在不確実ナルノ感アルヲ免カレズ。何トナレバ家長及其御一族ト重役トノ関係ハ社員トシテ平等ノモノトナリ、最早昔日ノ如ク主人ト使用人ノ関係ニアラサルコトナルモノナルヲ以テ也。（殊ニ重役ガ全部社員為ラル、場合ニハ、其数ニ於テモ労務出資ノ社員優勢トナルヘシ。又実際上業務ヲ執行スルハ労務出資ノ社員ナルヘキカ故ニ、財産出資ノ社員ヨリ労務出資ノ社員ノ方勢力強キコトトナル嫌アリ。但シ此点ハ定款ヲ以テ幾分緩和スルヲ得ヘシ。）寧ロ制度トシテハ旧来ノ如ク主権憲ヲ制定シテ、重役ノ地位ト威望ヲ確保スル手段ヲ講スル必要アルヘシ。

ロ、尚ホ重役ガ社員ニ列セラル、モノトスレバ合資会社ノ定款ニ於テ出資セラル、労務ヲ評価スルカ又ハ之ニ評価ノ標準ヲ記載セサルヘカラス。又之ヲ公告スルコトヲ要ス。然シ労務ノ評価ハ甚ダ困難ナリ。

ハ明ニ家長ガ掌握セラル、モノト為シ、重役ハ使用人トシテ補弼ノ任ヲ全セラルモノトスルカ。尤モ重役ガ依然使用人トシテ止マラル、場合ニハ御一族ノ統一上厳重ナル家ル上ニ於テ宜シキニアラサルカ。

（Ⅲ）以上可否両説各相当根拠アリ、容易ニ決定シ難シ。茲ニ両説ヲ挙クルニ止ム。

結局両案折衷し、C案において総理事一人を労務出資による無限責任社員とした。C案決定に先立ち、鈴木は家長の了解を取り付けたと思われるが、小畑は、この間の事情を次のように述べている。

住友吉左衛門さんと鈴木馬左也さんとは非常におたがいに信頼し合っておりまして、「住友家というものはやはり社長一人でもって勝手にやるということではいかん、番頭の会議でもって間違いのない事業経営をやっていかなき

「やぁあいかん」ということを鈴木さんが進言されましてね。(中略)当時からみるといかにも番頭がお家を乗っ取ったようなかたちで、封建的な考えからすると、番頭のほうからはいいにくいことだったんですが、鈴木さんはそれを思い切ってしたのです。

(資料 1—6)

第六　会社々員及ビ出資

(一)家長ガ無限責任社員タルハ勿論ナリ。而シテ御本宅、各別邸、家宝、什器、書画、骨董類ヲ除キ営業資本全部ヲ出資セラル、モノトス。

(二)御一族ハ有限責任社員ニシテ各独立ノ資産ヲ所有セラレ、合資会社ニ対スル出資ハ、其ノ一部分又ハ家長ヨリ形式的ニ分与セラレタル資産(名義ハ御一族ノモノナレトモ実質ハ家長御所有)ヲ以テ、之ニ充当スルモノトス。要スルニ御一族ノ社員タルハ、会社トシテノ人的要件ヲ充タスヲ以テ、主タル目的トシ、其ノ出資ハコレヲ重要視セス。大体ノ方針ハ、御一族ハ自己ノ資産ヲ以テ自己ノ事業ヲ経営セラルヘク、或ル特種ノ方ノミ(例ヘハ浪費者、幼弱者等)其ノ資産全部ヲ保管ノ意味ニ於テ出資セラル、ヲ可トスヘシ。

(三)総理事ヲ無限責任社員トシテ労務ノ出資ヲ為サシムルコトニ関シテハ、其ノ労務ノ評価又ハ退社ノ場合ノ処置ソノ他ニツキ規定手続ノ煩雑ヲ来スヲ以テ之ヲ不必要トナス説アリト雖モ、家長幼少又ハ御病弱等ノ原因ヲ以テ、事実上合資会社ノ無限責任社員タルノ責務ヲ遂行セラル、コト不能ナル場合ニ、実際事ニ当レル総理事ヲシテ、臨時之ニ代ラシムルコト必要ナルノミナラス、事業ノ繁栄ハ単ニ資本ノ力ノミニ止マラズ、労務ノ与ルトコロ亦甚大ナル所以ヲ表示スル意味ニ於テ、労務者ノ代表者トシテ総理事一人ヲ無限責任社員トナスコト、蓋シ適当ナル制度ト謂フベシ。

第二部　住友合資会社

四一一

第七　会社資本ノ総額

前述の如く、A案では評価額の算定が間に合わず、資本金についての言及はなかった。大正九年一月末、野草省三の報告「住友総本店ノ資本金決定ニ就テ」によれば、次のような考え方であった。

住友総本店ノ資本金ハ、現在総財産勘定ニ属スルモノ、即御本邸、御別邸所属ノ土地、建物、什宝、什器(此帳簿価格四三三二万円及大正八年度本家仮出四〇万円計四七三二万円)ヲ除キ、評価ノ基礎ノ異ナルニ従ヒ左ノ三場合トナスコトヲ得。即

（1）資本金一億円。　現在ノ帳簿価格ニヨル場合。
（2）資本金一億五千万円。　現在ノ帳簿価格ニ固定財産ノ評価益ヲ加算シタル場合
（3）資本金二億円。　有価証券ノ評価益ヲモ加算シタル場合。

而シテ現在ニ於テハ先ヅ資本金ヲ一億五千万円トスルヲ最モ適当ト信ズ。以下各場合ノ算出ノ基礎並ニ一億五千万円ヲ適当ト認ムル理由ヲ略記スベシ。

（1）現在ノ帳簿価格ニヨル時　資本金一億円

大正八年十二月末日営業資本金勘定・営業資本　　六七、五二〇、〇〇〇円
　　　　　　　　　　　　　　積立金　　　　　　五、九〇〇、〇〇〇円
　　　　　　　　　　　　　　準備積立金　　　　一、二七〇、〇〇〇円
大正八年度予想純益金　　　　　　　　　　　　　一一、三八〇、〇〇〇円
北港会社ヘノ売却土地評価益　　　　　　　　　　一六、八四〇、〇〇〇円
　　　　　計　　　　　　　　　　　　　　　　一〇二、九一〇、〇〇〇円

内仮出金支出ニシテ扣除スベキモノ　賞与仮出　　　　　　　　　一、四七〇、〇〇〇円

　　　　　　　　　　　　　　　　　本家仮出　　　　　　　　　　四〇〇、〇〇〇円

　　　　　　　　　　　　　　　　　其他雑損トスベキモノ　　　　　八〇、〇〇〇円

　　差引　計　　　　　　　　　　　　　　　　　　　　　　　　一、九六〇、〇〇〇円

（2）現在帳簿価格ニ固定財産ノ評価益ヲ加算シタル時　資本金一億五千万円

（イ）現在帳簿価格（前葉計算ノ分）　　　　　　　　　　　　　一〇〇、九六〇、〇〇〇円

（ロ）総本店所管土地及建物ノ評価益　　　　　　　　　　　　　　一三、五〇〇、〇〇〇円

（ハ）倉庫固定財産評価益　　　　　　　　　　　　　　　　　　　　九、九〇〇、〇〇〇円

（ニ）電線製造所固定財産評価益　　　　　　　　　　　　　　　　二三〇、〇〇〇円

（ホ）伸銅所固定財産評価益　　　　　　　　　　　　　　　　　　　三、四一〇、〇〇〇円

（ヘ）別子鉱業所ノ土地及山林評価益　　　　　　　　　　　　　　　五、〇〇〇、〇〇〇円

（ト）別子鉱区其他固定財産評価益　　　　　　　　　　　　　　　一二、〇〇〇、〇〇〇円

（チ）若松炭業所固定財産評価益　　　　　　　　　　　　　　　　　五、〇〇〇、〇〇〇円

　　合計　　　　　　　　　　　　　　　　　　　　　　　　　一五〇、〇〇〇、〇〇〇円

（3）有価証券ノ評価益ヲモ加算シタル時　資本金二億円

現在所有ノモノ・国債証券　　　　　　　　　　　　　　　　　　　　　五三〇、〇〇〇円

　　　　　　　株券

　　　　　　　　住友銀行株券（倍額トス）　　　　　　　　　　　四、四四〇、〇〇〇円

　　　　　　　　　　　　　　　　　　　　　　　　　　　　　　一五、七五〇、〇〇〇円

第二部　住友合資会社

第一章　住友合資会社の設立

追ッテ会社トスベキ分・住友倉庫株券（五〇％）

電線製造所株券（五〇％）	七、五〇〇、〇〇〇円
伸銅所株券（一〇〇％）	二、二五〇、〇〇〇円
鉱山株券（五〇％）	一五、〇〇〇、〇〇〇円
	一七、五〇〇、〇〇〇円
計	六二、九七〇、〇〇〇円

即チ之ヲ前記ノ一億五千万円ニ加ヘテ概算二億円トス。（註、税法上の試算略）

以上述ベタル所ニヨリ明ナルガ如ク、税法上ハ相続税ヨリ所得税ノ方利害大ナルガ故ニ、資本金ヲ大ニナシ置ク方利益ナリト雖モ、三菱（註、大正九年五月三〇〇〇万円から八〇〇〇万円へ）、古河（註、二〇〇〇万円）等他家トノ振合モアリ、又財産ヲ確実安全ニ評価シテ事業ノ基礎ヲ安固ニスル我住友家従来ノ主義ヨリ云フモ、有価証券ノ評価益及将来株式会社トスベキ事業ノ株券ノ評価益迄見積リタル一億円説ハ、今日少シク過大ニ失スルヲ以テ、先ヅ一億五千万円説ヲ尤モ適当ト認ム。而シテ会社ノ出資額ハ、家長ニ大部分ヲ集中シ、他ノ者名義ノ分ハ必要ナル最少限ニ止メ置クヲ可トス信ズ。　　以上

これに基づきB案で既に一億五〇〇〇万円が妥当とされた。その後D案において大正九年度上半期の試算数字と評価益の見直しが行われたが、E案（資料1―七）の通り一億五〇〇〇万円には変更はなかった。

（資料1―七）

第七　会社資本ノ総額

会社資本金額ニ関シテハ、之ヲ新所得税法ニ基キ観察スレバ、留保税並ニ超過所得税ノ関係ヨリ資本金額ハ成ルベク多大ニナスベク、之ニ反シ相続税法ヲ顧慮スルトキハ、成ルヘク寡少ニ見積ルヲ利益トスルガ如シ。然レトモ資本ノ額ハ

他家ニ対スル振合モアリ、且ツ相続税ノ如キハ数十年間ニ稀ニ徴収セラル、モノナルノミナラズ、如何ニ資本ヲ少額ニナシ置クトモ、相続税ハ実際所有スル資産ノ客観的価格ニ基キ決定セラル、ヲ本則トナスガ故ニ、過度ニ之ヲ少額ニシ置クモ、結局無効ニ終ルヘシ。依リテ資本額ノ決定ニハ、現在ノ財産実際額ト所得税及ヒ相続税トノ関係ニ適当ナル額ニ決定スルノ必要アリ。此ノ趣旨ノ下ニ資本総額ハ一億五千万円ト定メントス。即チ現在ノ財産実際額ハ

（1）大正九年度上半期末帳簿価格

一〇二、八〇〇、〇〇〇円

（2）大正九年上半期純益

三、〇〇〇、〇〇〇円

（3）総本店其他店部附属土地建物等固定財産ヲ時価ニ評価シ其評価益

五一、〇〇〇、〇〇〇円

（4）現在所有有価證券ノ評価益

二〇、〇〇〇、〇〇〇円

合　計

一七六、八〇〇、〇〇〇円

（大数トス）

即チ以上ノ如ク二億円ニハ実際不足ナルヲ以テ、資本額ハ一億五千万円トシ、現在帳簿価格ニ比シ約四千五百万円ノ評価益ハ、将来会社トスルコトアルベキ店部ノ固定財産並ニ売却スルコトアルヘキ有価證券ニ於テ、適当ニ算出増額シ、其他ハ現在ノ帳簿価格ノ儘ニ置カントス。

第八　会社役員

次のようにA案以来同じ考え方である。ただしA案では家長未成年の時は有限責任社員とする。

社長ハ住友家家長ニシテ男子タルコトヲ要ス。家長成年ニ達セサルトキ、又ハ病軀等ニテ職ニ堪ヘサルトキハ欠位トシ、総理事其職務ヲ摂行ス。但家長未成年ノ時ハ有限責任社員トシ、社長トナリ得ルニ及テ無限責任社員ニ変更ス。病軀ノ場合亦之ニ準ス。

第一章　住友合資会社の設立

これに対しB案では、次のように有限責任社員とすることには消極的で、総理事が代表権及び業務執行権を有する案の他に、一族の一人がもつ案を提示している。

　家長ガ御病弱等ノ場合ニ有限責任社員トナラルヘキモノト為サバ、総本家トシテ住友家ノ信望ノ繋ル処ガ無限責任ヲ負ハレサルコトトナリ、其結果外部ニ対スル住友総本店ノ信用ヲ損スルノ虞無シトセス。（中略）
　前葉ニ同シク家長ハ未成年御病弱ノ間ト雖モ、無限責任社員タル地位ニ居ラル、モノナルモ其間ハ御一族ノ内ノ一人ガ社長トシテ業務執行権及ビ代表権ヲ摂行セラル、コトトスル案（摂行セラルヘキ方選定ニツキテハ注意スルヲ要ス。未成年ノ場合ニハ法定代理人タル御一族ガ摂行セラレ、御病弱ノ場合ニハ家長御指定ノ御親族ガ重役会の同意ノ下ニ摂行セラル、コト穏当ナリシカ、此点別ニ研究ヲ要ス。）

このように、家長幼少又は病弱の場合の議論が繰り返されている背景には、大正五年十月家長友純の長男住友寛一が病弱の故を以って廃嫡され、家督相続人となる次男厚(後の住友吉左衛門友成)はまだ幼少であり、他方で大正三年七月鳥居忠文子爵三男忠輝が長女孝と結婚して住友忠輝（分家）となっていたという事情がある。

C案に至ってE案（資料1―8）の通りとなったが、末尾に（此項未決）とあるのは、鈴木の手元資料D案に残る彼の書き込みから判断すると、幼少の家長が無限責任社員の地位を承継できるのか、承継できた場合法定代理人によって会社を代表し、業務を執行できないのかという疑問であったと推定される。

この鈴木の疑問について、日高支配人は顧問弁護士原嘉道に照会状を出し、その回答は後に述べる定款の作成に織り込まれることとなった。[13]

（資料1―8）

　第八　会社役員

（一）通常ノ場合、家長ヲ以テ会社代表社員並ニ業務執行社員トス。
（二）家長幼少又ハ病弱ノ故ヲ以テ実際事務ニ当ル能力ナキ間ハ、総理事ヲ以テ会社代表社員並ニ業務執行社員トス。

（此項未決）

第九　利益分配並ニ持分払戻

まず利益分配について、Ａ案では次のような考え方を示している。

会社ノ目的ハ、主トシテ企業資本ノ管理増殖ニアルヲ以テ、年々挙クル処ノ利益ハ之ヲ蓄積シ、出資者ニ対シテハ、其ノ必要ノ限度ニ於テ支出スルコトトシ、労務出資者ニハ別ニ配当ヲナサヽルモノトス。

家長ニ対シテハ無制限ニ、有限責任社員ニ定額ヲ給ス。但有限責任社員ノ如何ニ依リ家長ノ費用ニテ支弁セラル、モ実際上ノ適宜トス。

無限責任社員タル総理事以下ニハ社長ノ定ムル給与額ニ依ル。

家長ノ分ハ経常若ハ臨時支出トシ、他ノ方々ノ分ハ予算ニ依テ限定シテ其必要ニ応スルコト、スルモ、大体持分ニ対シ相当ノ割合ヲ定メ、其限度ヲ標準トスルヲ可トス。

これに対しＢ案は、これを次のように簡略化した。

利益ノ主タル部分ハ、総本店ニ積立ツ。配当ハ家長及御一族ノ御生活ニ要スル費用ヲ限度トシテ為ス。総理事以下ニ別ニ配当額ヲ定メス、社長ノ指定スル一定額ヲ配与ス。又損失ハ総理事以下之ヲ負担セズ。

次に持分払戻について、Ａ案は

出資額ハ、元来之ヲ払戻サ、ルヲ以テ原則トスルモ、若シ中途払戻ノ必要ヲ生シタルトキハ、有限責任社員ニハ払込当時ノ価額ヲ現金又ハ有価証券ニテ払戻スモノトス。

無限責任社員タル総理事以下ニハ退社スルモ何等ノ払戻ヲ為サズ。

第二部　住友合資会社

第一章　住友合資会社の設立

と定めているのに対し、B案は、次のように払込当時を払戻当時の価格に改めた。

住友家ノ御一族ヲ統一シ、資本ノ結合ト維持ヲ図ル精神ヨリ、出資額ハ之ヲ払戻サヽルヲ原則トス。然シ若シ家長以下ノ出資者ニ対シテ、万已ムヲ得ス中途払戻シヲナス必要ヲ生シタルトキハ、払戻当時ノ価格ヲ以テ払戻スコトヲ得ルモノトス。（払込当時ノ価格ニテ払戻スヘシトスル説アリ。少シ酷ニ失スルカ如シ。）

但シ第三者ニ対スル持分ノ譲渡ハ絶対ニ之ヲ許サヽルモノトス。

重役ガ社員トナラル、場合ニハ退社スルモ何等ノ払戻ヲ受クル能ハサルモノトス。

以上を受けて、C案及びD案においては、第（一）項、第（二）項はE案（資料1-九）と全く同一であったが、第（三）項、第（四）項は次の通りE案と順序が逆になっていた。

（三）有限責任社員退社ノ場合ニハ退社当時ノ持分価格ヲ標準トシテ其払戻ヲナス。

（四）総理事ハ損失ヲ負担スルコトナシ。

すなわちD案までは、総理事は損失が生じても負担することなしとされていたのが、E案で負担することになったのは、鈴木の手元資料D案のこの第（四）項を自ら線を引いて消しているところから推定すると、第（一）項で総理事が一族並みに配当を受けることになったので、損失が出た場合は負担することを自ら申し出たものと考えられる。

次に有限責任社員退社の場合の持分払戻の規定が、E案で厳密にされたのは、「第六　会社々員及ビ出資」A案などからみて、第（一）項で利益が合資会社に留保されるため、一族に対する配当が、出資額や会社資産の増加による持分に見合って決定されるのではなく、家長に倣って経費支出的なものになることから、単に退社当時の持分価格からのみ算定するのでは片手落ちではないかという意見が出たものと推定される。

（資料1－9）

第九　利益分配並ニ持分払戻

（一）利益ハ大部分ヲ合資会社ニ留保スルモノトシ、家長ニ対スル配当ハ八年度内本家費トシテ実際支出費用ヲ支弁スル金額ヲ標準トシ、御家族並ニ総理事ニ対スル配当ハ、家長之ヲ定ムルモノトス。

（二）総理事仮ニ無限責任社員トシテ入社スルモノトセバ、其ノ退社ノ場合ニハ持分（労務ニ対スルモノ）ヲ払戻サザルモノトス。

（三）但会社ノ損失ハ総理事モ亦之ヲ負担スルモノトス。

（四）有限責任社員退社ノ場合ニハ、其出資金額、退社当時ノ持分価格及ヒ配当金額ノ関係ヲ考量シ、各場合ニツキ総社員ノ同意ヲ以テ之ヲ定ム。其考量ノ標準タルヘキモノノ詳細ハ、契約ヲ以テ別ニ之ヲ定ムヘキモノトス。

以上

最後に合資会社本社部門の組織については、これまでみてきた税法や商法による法律論や総本店全体としての得失ではなく、総本店内部の組織を合資会社に如何に改変するかという各課の利害が絡んで議論は遅れ気味で、案は別冊（「其二」とされ、次のような「確定案」がまとまった後も、事務章程の決定は会社設立後まで持ち越された。これはその後に述べる合資会社と各株式会社との関係の規程についても同様（「其三」）であった。

　　（二）　住友総本店組織変更について（その二・合資会社本社内部の組織）

　総本店の現行内部組織からE案（資料2）に至る変遷を示せば次の通りである。

第二部　住友合資会社

四一九

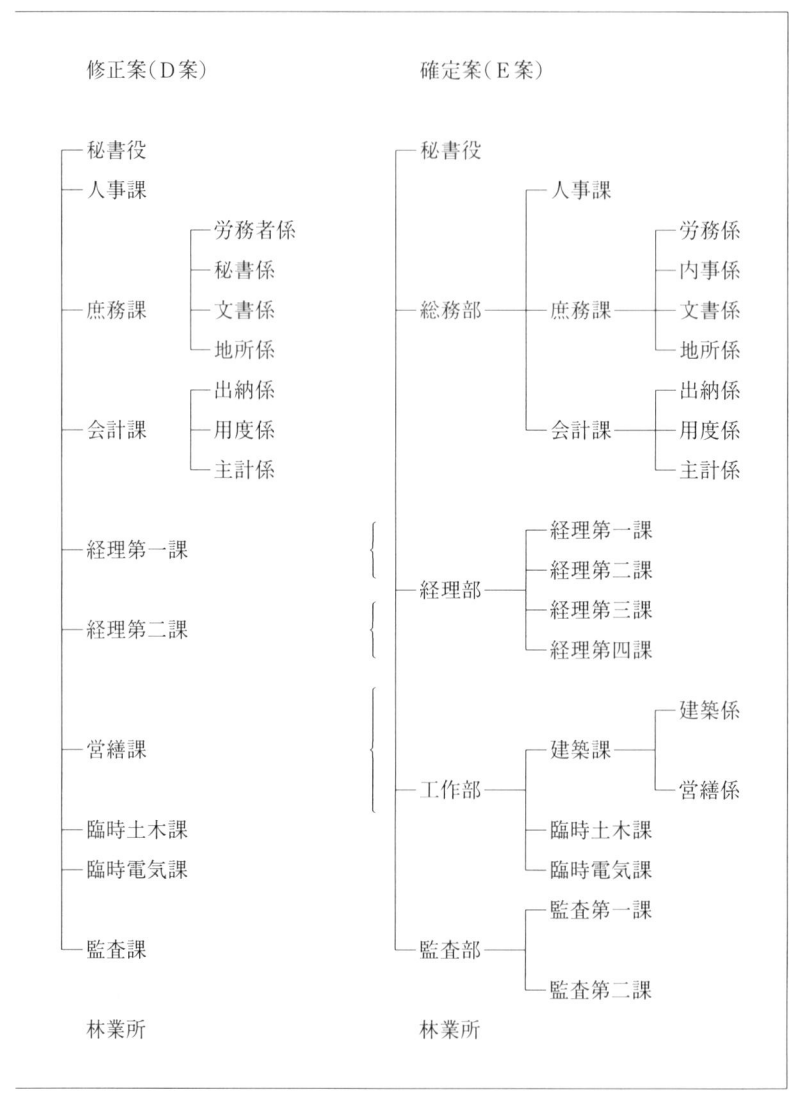

会社本社の内部組織案の変遷

修正案（D案）

- 秘書役
- 人事課
- 庶務課
  - 労務者係
  - 秘書係
  - 文書係
  - 地所係
- 会計課
  - 出納係
  - 用度係
  - 主計係
- 経理第一課
- 経理第二課
- 営繕課
- 臨時土木課
- 臨時電気課
- 監査課

林業所

確定案（E案）

- 秘書役
- 総務部
  - 人事課
  - 庶務課
    - 労務係
    - 内事係
    - 文書係
    - 地所係
  - 会計課
    - 出納係
    - 用度係
    - 主計係
- 経理部
  - 経理第一課
  - 経理第二課
  - 経理第三課
  - 経理第四課
- 工作部
  - 建築課
    - 建築係
    - 営繕係
  - 臨時土木課
  - 臨時電気課
- 監査部
  - 監査第一課
  - 監査第二課

林業所

第2図　総本店現行組織と合資

第二部　住友合資会社

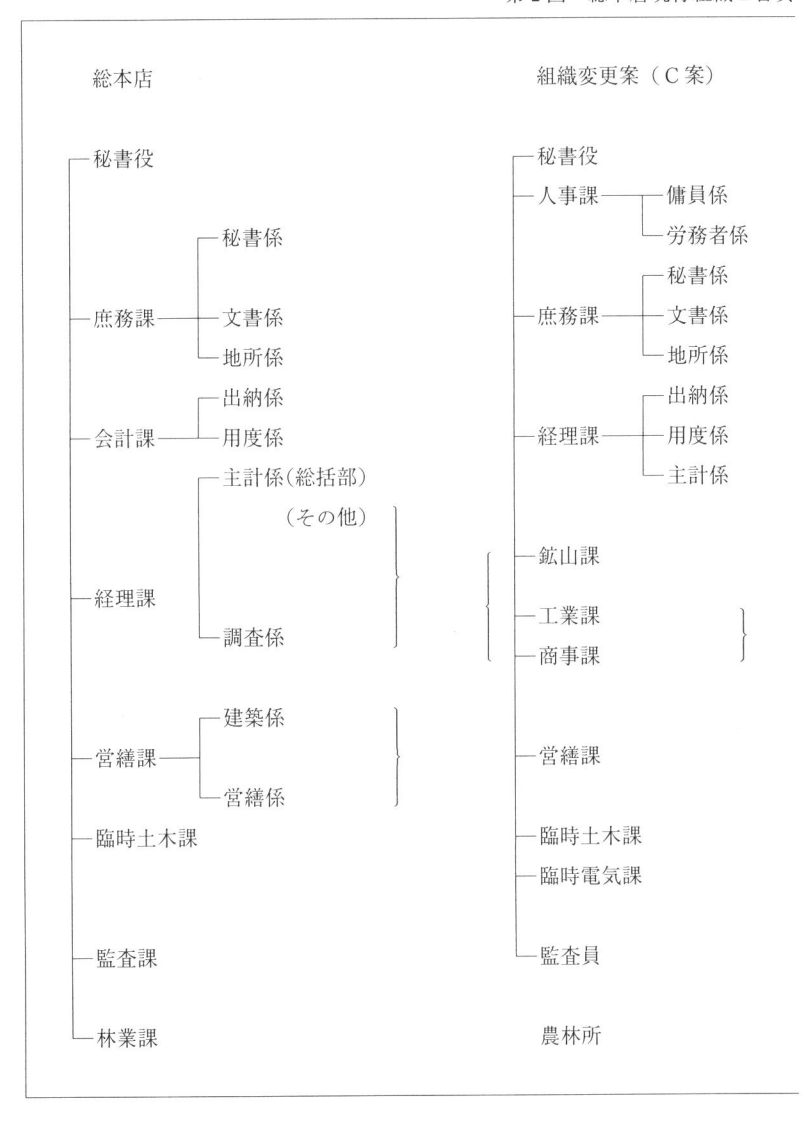

総本店
├─ 秘書役
├─ 庶務課 ─┬─ 秘書係
│   ├─ 文書係
│   └─ 地所係
├─ 会計課 ─┬─ 出納係
│   └─ 用度係
├─ 経理課 ─┬─ 主計係（総括部）
│   │   （その他）
│   └─ 調査係
├─ 営繕課 ─┬─ 建築係
│   └─ 営繕係
├─ 臨時土木課
├─ 監査課
└─ 林業課

組織変更案（C案）
├─ 秘書役
├─ 人事課 ─┬─ 傭員係
│   └─ 労務者係
├─ 庶務課 ─┬─ 秘書係
│   ├─ 文書係
│   └─ 地所係
├─ 経理課 ─┬─ 出納係
│   ├─ 用度係
│   └─ 主計係
├─ 鉱山課
├─ 工業課
├─ 商事課
├─ 営繕課
├─ 臨時土木課
├─ 臨時電気課
├─ 監査員
└─ 農林所

四二一

第一章　住友合資会社の設立

なお前述の通り内部組織案は、C案から再スタートしたので、参考までに、C案及びD案に関する改正分課と現行分課との差異の説明を示すと次の通りである。

C案

一、改正案ハ、現行庶務課秘書係ヨリ傭員並ニ労務者等人事ニ関スル事務ヲ分離シテ人事課ヲ設ケタリ。

二、改正案ハ、現行経理課ヲ事務ノ性質種類ニ従ヒ、鉱山課、工業課、商事課、主計係ニ分課セリ。

三、改正案主計係ハ、現行経理課主計係総括部ノ仕事ヲ為スモノニシテ、コレヲ現行会計課ニ附属シ、会計課ヲ経理課ト改称ス。

四、改正案商事課ハ、販売店、洋行、倉庫、銀行其他現行経理課事務中、鉱山課、工業課、主計係ニ属セサル事務ノ取扱ヲナス。

五、現行経理課調査係ノ事務ハ、調査事務、支那関係事務並ニ新事業事務等各事務ノ性質種類ニ従ヒ、

D案

一、改正案ハ現行庶務課秘書係ヨリ傭員人事ニ関スル事務ヲ分離シテ人事課ヲ設ケ、労務者ニ関スル事務ハ庶務課中ニ労務者係ヲ設ケテ之ニ管掌セシム。

二、改正案ハ、現行経理課ヲ第一課、第二課ニ分割シ、第一課ヲシテ鉱山、農林ニ関スル事務ヲ掌ラシメ、第二課ヲシテ工場、販売、銀行、倉庫ノ事務ヲ掌ラシム。

三、改正案主計係ハ、現行経理課主計係総括部ノ仕事ヲ為スモノニシテ、コレヲ現行会計課ニ附属セシム。

四、現行経理課調査係ノ事務ハ、調査事務、支那関係事務並ニ新事業事務等各事務ノ性質種類ニ従ヒ、其レ其レ各課ニ於テ其ノ取扱ヲ為スモノトス。

五、現行林業課ハ、之ヲ廃止シ、別ニ普通ノ現業店部ト同列ナル一店部（住友林業所）ヲ設ケ、其ノ監督

夫々各課ニ於テ其ノ取扱ヲ為スモノトス。

六、現行林業課ハ、之ヲ廃止シ、別ニ普通ノ現業店部ト同列ナル一店部（住友農林所）ヲ設ケ、其ノ監督ハ鉱山課ニ於テ之ヲナスモノトス。

ハ 経理第一課ニ於テ之ヲ為スモノトス。

六、各課主任ノ名称ハ、之ヲ廃止シ、課長ト改メ、別ニ必要ニ応ジ其ノ下ニ係長ヲ置クコトヲ得。

合資会社の社内組織とその改正のポイントは、これらとE案を比較すれば明らかと思われるが、特に鈴木総理事の手元資料D案に残る書き込みから、E案に至って、部制をとること、主計係を会計課に移してもなおかつ事業の管理に当たる部課に「経理」の名称をつけることに固執していること、その経理二課制を四課制に拡大させたこと、監査二課制や大正九年七月水利権を得た宮崎県耳川の水力電気開発のため臨時電気課を設置する等の諸点が、いずれも鈴木の指示であったことが判明する。こうした鈴木の指示による合資会社本社機構の整備は、次に述べる各株式会社に対する合資会社権限の強化とともに、家長の信頼に応えて、経営責任を果たすためには万全を期したいという鈴木の考え方（集権主義と称する）に基づくものといえよう。なお従来の課主任を廃止して、課長制がとられることになったのは、家長が合資会社社長に就任することで、同音による混同が避けられることになったからである。

（資料2）

第十 合資会社本社内部ノ組織

住友総本店組織変更ニ就キテ（其二）

合資会社本社内部ノ分課左ノ如シ。

総務部 人事課

秘書役 若干名

第二部 住友合資会社

四二三

第一章　住友合資会社の設立

庶務課　内事係
　　　　文書係
　　　　地所係
　　　　労務係

会計課　主計係
　　　　出納係
　　　　用度係

経理部　経理第一課―鉱山
　　　　経理第二課―林業
　　　　経理第三課―銀行、倉庫、販売
　　　　経理第四課―工場（電気事務ヲモ含ム）

工作部　建築課　建築係
　　　　　　　　営繕係
　　　　臨時土木課
　　　　臨時電気課（未決）

監査部　監査第一課
　　　　監査第二課

右改正分課ヲ現行分課ト比較シテ其ノ差異ヲ説明スルコト左ノ如シ。

四二四

一、総本店内部組織改変ノ第一点ハ、従来ノ各課ノ上ニ総本店支配人アリテ之ヲ統率スル制度ニ代フルニ、部長制ヲ以テスル点ニ在リ。即チ総本店ニ総務、経理、工作、監査ノ四部ヲ設ケ、各部ニ部長一名ヲ置キ、其ノ下ニ各課ヲ分置隷属セシメ、各部部長ニ対シテハ其所管事務ニツキ一定ノ事項ヲ委任シテ決裁権能ヲ有セシム。是レ一ニ事務ノ簡捷ニ便セントスル趣旨ニ出ヅ。

日高支配人附説＝部長ガ其分担事務ヲ視ルト同時ニ全部ノ事務ヲ視ルコトハ、自ラ軽重ノ差ハアルヘキモ之ヲ併セ行フコトハ、部長制ノ本旨ヲ徹底セシムル上ニ於テ事実上肝要ナリ。制度規程ノ上ニ十分考慮ヲ加ヘタシ。

二、各部ニ対スル各課隷属ノ状態ハ、前記ノ通リトス。

三、各課主任ノ名称ヲ廃シ、課長ヲ以テ之ニ代フ。而テ各係ニハ係主任、主査ヲ置キ、各課事務ヲ分掌セシメ、係員ヲ指揮シテ、之ガ整理ノ局ニ当ラシム。

四、改正案ハ、現在庶務課秘書係ヨリ傭員人事ニ関スル事務ヲ分離シテ人事課ヲ設ケ、労務者ニ関スル事務ハ庶務課中ニ新ニ労務係ヲ設ケ之ヲ掌ラシム。而テ秘書係ナル名称ハ秘書役トノ混雑ヲ避ケンガ為メ内事係ト改ム。

五、改正案ハ、現行経理課ヲ経理第一課、同第二課、同第三課、同第四課ニ分割シ、第一課ヲシテ鉱山ニ関スル事務ヲ掌ラシメ、第二課ヲシテ林業ニ関スル事務を管掌セシム。而シテ第三課ハ銀行、倉庫、販売店ノ事務を司リ、第四課ハ各工場事務（電気事務ヲ含ム）ヲ処理スルモノトス。

六、改正案ニ計係ハ、現行経理課主計係総括部ノ仕事ヲ為スモノニシテ、是ヲ会計課ニ附属セシム。而テ又会計課ハ特ニ総務部ニ隷属セシメ、経理各課ト其所属ヲ異ナラシム。其趣旨タル孰レモ起業ト金融ノ関係ニ一層慎重ニ用意セントスルニアリ。

七、改正案ニ依レハ、調査事務ハ性質上事業現実ノ状態ト分離シ難キモノアルヲ理由トシ、特ニ調査係又ハ調査課ナル

第二部　住友合資会社

第一章　住友合資会社の設立

モノヲ設クルコトヲ止メ、其事務ノ種類ニ従ヒ、経理第一課乃至第四課ニ分属セシムルコトトセリ。

八、現行林業課ハ、之ヲ廃止シ別ニ普通ノ現業店部ト同列ナル一店部林業所ヲ設ケ、其監督ハ経理第二課ヲシテ之ヲ為サシム。

九、現在ノ営繕課ヲ建築課ト改称ス。

十、電気ニ関スル現業事務ヲ司ラシムルタメ、新ニ臨時電気課ヲ設ケ、工作部ノ統轄ノ下ニ置ク。（未決）

以上

　　（三）　住友総本店組織変更について（その三・合資会社と各店部株式会社との関係について）

E案「第一　会社組織ヲ可トスル理由」における試算の結果、所得税法上各店部を株式会社とすることは、この際見送られたが、銀行・鋳鋼所のように既に株式会社となった店部もあり、倉庫・電線など早晩株式会社となることが予想されていたので（電線については「住友総本店(下)七　株式会社住友電線製造所の設立と日本電氣株式会社との提携」参照）、組織変更に当たり、次のようにこの問題は避けて通れない問題であった。

（資料3）

合資会社ト各店部株式会社トノ関係ニ就キテ（其三）

住友総本店組織変更ニ就キテ

所得税法ヨリ之ヲ見レバ、総本店ノミヲ合資会社ノ一部門ト ナシ置ク方利益ナリト雖モ、現ニ銀行、鋳鋼所ノ如ク既ニ独立ノ株式会社トナレル店部アルノミニテ合資会社ノ一部門ト ナリ置クサ、各店部ハ之ヲ会社組織トセズ現在ノ儘ニテ合資会社トノ関係ニテ 所置クサ、総本店ノミヲ合資会社トシ、各店部ハ之ヲ独立ノ株式会社トナレル店部アルノミニテ、将来資金其他 ノ関係ニテ、倉庫、電線製造所等ニシテ独立ノ会社組織ニ変更セラル、コトモ有リ得ヘキヲ以テ、此等ノ場合ニ処スル

(A) 統轄ノ根本方針

A案においては、この問題についてまだ十分検討されていないため、これを除き、B案以降をみていくこととすると、B案は次の通りで、C案に至ってE案（資料3－A）の通りとなった。なお合資会社と各店部株式会社との関係については、中田理事等の本社集権主義と湯川理事（銀行常務）等の店部分権主義との間に、激しい議論が戦わされたという。[14]

A案において、この問題についてまだ十分検討されていないため、以下少シク合資会社ト各店部株式会社トノ関係ニツキ研究セリ。

一、現在ノ各店部中其重要ナルモノハ、之ヲ独立ノ株式会社組織トスト雖モ、全然コレヲ解放シテ、総本店ハ単ニ其大株主タルニ止マルモノトスルハ、住友ノ経済的地位確立ノ為ニモ又各店部会社自身ノ発達上ニ於テモ、不穏当ニシテ、是レヲ適当ニ監督シ、各会社ノ奔逸ヲ防クノ必要アリトス。

二、然レトモ形式上各株式会社ハ独立ノ人格ヲ有スルモノタルノミナラス、余リニ煩雑ナル干渉ヲ為スハ、各社ノ事業経営上決シテ得策トユフヘカラス。

三、則チ寛厳宜シク中正ヲ得テ、住友全体トシテノ発展ヲ期スルト共ニ、各会社ノ進張ヲ妨ケサル底ノ監督方法ヲ講スルコトヲ要ス

然ラバ竟厳最モ宜シキヲ得タル方法トハ何ソヤ。是レ甚ダ攻究ニ困難ヲ感スル処ナルモ茲ニ二案アリ。

第一案（稍寛大ナル案）各会社ノ経営上ノ主義方針及ビ事業ノ新設改廃ノミニ就キ、監督スルコトトシ、其以外ノ事項ハ、各会社ノ取締役ヲシテ任意専行セシムルコト。

第二案（稍厳重ナル案）各会社経営上ノ主義方針等ニツキ、監督スルハ勿論、或程度迄業務ノ執行ソノモノヲ監督スルコト。

第二部　住友合資会社

四二七

第一章　住友合資会社の設立

（資料3―A）

（A）統轄ノ根本方針

現在ノ各店部ヲ株式会社トナシタル後ニ於テ、全然之ヲ分権解放シ、合資会社ハ単ニ其ノ大株主ニ止マルモノトスルコトハ、住友家ノ主義方針ヲ一貫シ及ビ住友家一団トシテノ経済的地位確立ノ為ニモ又各店部会社ノ堅実ナル発展ヲ庶幾スル為ニモ不適当ナルヲ以テ、合資会社ニ於テ各株式会社ニ対シ相当ノ監督ヲナス必要アリ。然レトモ一方ニ於テ各株式会社ハ独立ノ人格者ナル以上、余リニ煩雑ナル干渉ヲ為スハ、各社ノ事業経営上決シテ得策トイフヘカラス。寛厳中正ヲ得テ住友家全体トシテノ発展ヲ期スルト共ニ、各社ソレ自身ノ伸張ヲ妨ケサル底ノ監督組織ヲ考究セサルヘカラス。於茲乎此ノ組織ノ根本方針ニ関シ、自ラ二案ノ発生ヲ見ル。

第一案　各株式会社ノ主義方針ノミナラズ、重要ナル業務執行ニ付テハ、合資会社ノ監督作用ヲ及ボス案。

第二案　各株式会社主義方針ノミニ付キ、合資会社ノ監督作用ヲ及ボス案。

則チ第一案ハ、中央集権方針ニシテ、第二案ハ、地方分権方針ナリ。各一長一短アリ。抽象的ニ其可否ヲ論スルヲ得ズ。而シテ現在ノ住友家事業ノ実際ヲ観察スルニ、各店部独立ノ後ト雖モ合資会社ニ於テ其業務ノ重要ナルモノニ付テハ、適当ナル監督ヲ為スコト必要ナルガ如シ。故ニ根本方針トシテハ、第一案ヲ採用シ、此ノ方針ニ従テ其組織制度ヲ考究セントス。

（B）統轄組織

本項についても、B案で次のような考え方が示され、C案でE案（資料3―B）の通り決定された。

統轄方法ヲ監督関係ノ主体ニヨリテ区別セバ、左ノ四ノ場合想像スルコトヲ得ヘシ。

　　監督者　　　　　　　　被監督者

第一　合資会社　　　　　　　各株式会社
第二　家長、総理事又ハ総理事ノ代理者タル特定ノ理事　　同
第三　合資会社　　　　　　　各株式会社重役
第四　家長、総理事又ハ総理事ノ代理者タル特定ノ理事　　同
第五（日高案）　同　　　　　同

右ノ内、第一及第二ハ、各株式会社ハ株式会社トシテ総本店又ハ家長、総理事ノ認可ヲ受クヘシトスルモノナルガ、各株式会社ハ、名義上独立ノ存在ヲ有スルモノナルヲ以テ、株式会社トシテ他ノ認可ヲ受クルハ不体裁ノ感アリ、第三、第四ノ方法ノ勝レルニ若カズ。

第三、第四両方法イツレヲ可トスヘキカ。第三ノ方法ニ依レバ、各株式会社ノ重役（住友関係）ハ、被監督事項ニツキ意見ヲ発表シ、又ハ取締役会ニ於テ採択ヲ為スニ先立チ、総本店ナル組織体ノ認可ヲ受クヘシトスルモノナリ。故ニ（イ）合資会社住友総本店ノ地位ノ重カラシムルニ足リ、総本店ガ事業ノ中心タルコト明ニ認識セラル。

（ロ）其結果、住友事業ノ全部ヲ統一スルニ便ナリ。

第四ノ方法ノ場合ハ、通常家長又ハ総理事以下ノ総本店重役ガ各株式会社ノ社長又ハ取締役ヲ兼ネタル、ヲ以テ、別ニ家長又ハ総理事ニ対シ認可ヲ申請スル手続ヲ必要トセズ、単ニ社長又ハ取締役トシテノ承諾ヲ求ムルヲ以テ足リ、隠約ノ間ニ監督ノ実ヲ挙クルコトヲ得。

第五案タル日高案ニ依レバ、各株式会社ノ取締役会ニ附議スヘキ議題ハ、各取締役ヨリ提出スルコトヲ得ルモノトス。而シテ取締役会ニ提出スルモノハ、先ヅ相当ノ余日ヲ置キテ社長ニ提出セシム。社長ハ、通常住友家ノ家長ナルカ又ハ総本店総理事ナルカ故ニ、提出ヲ受ケタル議題ノ内総本店ノ干与ヲ必要トスル事項ニツ

第二部　住友合資会社

四二九

第一章　住友合資会社の設立

キテハ、総本店各課係員ヲ調査セシム。社長ハ、其結果ニ基キ、住友側ノ取締役会ニテ決議スルコトトス。(第四ノ方法ニ似タリ。)

右三方法(註、第一、第二ヲ除キ)ノ孰レモ可トスヘキカ、之ヲ容易ク決スル能ハサル処ナリ。然シ吾人ハ、左ノ理由ヲ以テ第三ノ方法(総本店ノ認可ヲ受クヘシトスル方法)ノ可ナルヲ信セントス。

イ、総本店ハ住友総本店トシテ相当ノ重要サヲ以テ住友家全般ノ事業ノ上ニ臨ム必要アリ。

ロ、次ニ総本店ソノモノガ各会社ヲ監督スルモノト為スニ非サレバ、監督完全ヲ期スル上ニ不充分ナルカノ感アリ。何トナレバ総本店其モノガ権威ヲ有スルニ非サレバ、各会社ニ対抗シテ総本店各課ニ於テ果シテ認可スヘキモノナルヤ否ヤヲ充分調査スルコト能ハサルノミナラズ、其調査ノ結果ニ対シテモ、各会社ハ重要視セサルモノアルニ至ルヘケレハナリ。(此理由ハ総本店ガ経営ノ根本方針以外業務ノ執行ニツキテモ監督スヘキ場合ニ就キテ云フナリ。)

(経営上ノ主義方針、事業ノ新設改廃ノミヲ監督スルニ止マル場合ニハ、此理由ヲ欠クヘシ。何トナレバ、之等ハ皆重役ノ高等政策ニヨリテ決定セラルヘキモノニシテ、補助機関ノ介入ヲ必要トセサレハナリ。)

(資料3—B)
(B)統轄組織
(一)、監督関係ノ主体

イ、被監督者　各株式会社ハ、法律上独立ノ人格ヲ有スルモノナレバ、株式会社ソノモノガ、直接被監督者ノ地位ニ立ツハ、形式上不穏当ナリ。則チ株主タル住友合資会社ノ利益ヲ代表セル各株式会社取締役個人ガ、重要ナル事項ニ関シテハ合資会社ノ指令ヲ仰クコトトシ、斯クシテ間接ニ株式会社ニ対スル監督ヲ全クスルノ外良策

四三〇

ナシ。即チ形式上直接ノ被監督者ハ各株式会社取締役トス。

ロ、監督者　合資会社ナルコト勿論ナリ。

備考＝各株式会社々長ハ合資会社社長（或ハ総理事又ハ理事）ガ兼任セラル、コトトナルヘケレバ、各社取締役ノ監督ハ、各株式会社々長ニ於テ之ヲ為シ、合資会社ハ単ニ各株式会社々長ノ諮問機関トナサントスルニ終ラシムル虞多キガ故ニ之ヲ採ル得ルコトナレドモ、之レハ事ノ本質ト一致セス。又合資会社ノ監督及位置ヲ有名無実ニ終ラシムル虞多キガ故ニ之ヲ採ラズ。

要之、合資会社ガ、各株式会社取締役ヲ監督スル案ヲ以テ、最良且唯一ノ合理的制度ナリトス。

（Ｃ）各社役員

この問題は、結局合資会社役員をして各株式会社役員をどこまで兼務させるのかという問題であるが、Ｂ案からＥ案（資料3−C）までの過程を左に示す。

Ｂ案

1．総本店重役ノ数人ガ取締役ヲ兼ネナル、場合ニハ、総本店ノ補助機関有効ニ活動シ難ク、其結果監督ノ完全ヲ期シ難シ。何トナレハ、各会社ノ側ニ於テ直接各重役ニ交渉シタル上、案定マリテ総本店ノ補助機関ニ廻附シ来ルコト往々アルヘク、（現在別子、伸銅所等ノ部長ガ直接重役ニ話スルカ如シ）一旦各重役ノ内意ヲ定マリタル上ハ、之ヲ覆シムヘキカ、本問ニ関シ左ノ案ヲ立ツ。

Ｃ案（（　）内を追加してＤ案とする）

（一）各株式会社社長ハ其ノ事業ノ大小軽重ニ応シ、合資会社社長（家長）総理事又ハ理事中ノ一名之ニ任ス。

（二）外部株主ノ代表者タル取締役ヲ除キ、他ノ取締役ハスベテ住友家傭員タルモノトス。

（三）住友家傭員タル取締役ハ合資会社理事ヲ兼務セシムヘキカ、本問ニ関シ左ノ案ヲ立ツ。

第二部　住友合資会社

第一章　住友合資会社の設立

スコト容易ニ非サルカ故ナリ。

2. 故ニ監督ヲ徹底的ニ行フ為メニハ、総本店重役（社長ハ格別）ハ一人以上各会社ノ取締役トシテ入社セラレサルコトトシ、入社セラレタル重役ハ其会社ノ専務取締役トシテ共会社ヲ主宰セラル。又別ニ総本店ニハ総務部長ナルモノヲ設ケ、特定ノ重役専ラ之ニ当ラル。而テ総本店ノ重役会ニ於テハ其提出会社ノ専務理事タル重役主トシテ説明ノ任ニ当ラレ、総務部長ハ総本店ノ補助機関ヲ率ヒテ之ニ対シ討議セラル、ト云フカ如キ方法（内閣制度）ヲ採用セサルヘカラストノ論スル説アリ。然シ右ニ対シテハ非難アリ。

　イ、各理事ガ総本店重役会ト各会社専務取締役トヲ兼ネ、両者ノ実際ニ当ルハ、多忙過ギ総本店ト各会社両方面事務執行上不便多カルヘシ。

　ロ、各会社ノ取締役不足スルニ至ルヘシ。（新進者ヲ抜擢セントスルモ貫目足ラズ）

3. 尚内閣式ヲ維持セントシ、重役多忙ト為ラル、ナヌルノ嫌アリ。動モスレバ合資会社ノ実際的業務

第一案、合資会社理事ヲシテ各株式会社取締役ヲ兼任セシメザル案。

第二案、各株式会社専務取締役トシテ合資会社理事兼任スル案。

第三案、各株式会社取締役トシテ合資会社理事数名又ハ全部兼任スル案。

〔第四案、合資会社ノ理事ヲシテ各株式会社ノ専務又ハ常務ヲ兼任セシメサル案。（平取締役ハ可。）〕

以上三案〔四案〕中第二案タル合資会社理事一名各株式会社専務取締役トナル案ハ、内閣組織ニ類似シ形式上頗ル整備セルモノナレドモ、各社専務トシテノ事務ト合資会社理事トシテノ事務共ニ頗ル多忙ヲ極メ、結局双方共ニ職務ヲ尽シ得サルノ虞アリ。

第三案タル各社平取締役ニ合資会社理事数名又ハ全部ヲ網羅スルハ、各社ノ威厳ヲ増大スルノ観アレドモ、各社重役会ト総本店理事会ト屋上屋ヲ重ヌルノ嫌アリ。

ラバ、重役会(理事会)ニ附議スル事項ヲ極ク重大ナルモノニ限リ、通常ノモノハ総本店ニ常務理事ヲ設ケ此処ニテ決行スルコトトセハ如何ト説ク向アルモ、各会社取締役等ノ関係ヨリ此案ニモ実行不可能ナリトノ非難アリ。

4. 要スルニ前記各案ハ、共ニ不可ナリトスルモ、総本店ノ重役ト各会社取締役トノ重複ハ、決シテ監督ヲ完全ニ行シムル所以ニ非サルヲ以テ、之ヲ避クルタメニ何等カ適当ノ方法ヲ講セサルヘカラサルナリ。

監督ヲ有名無実ニ終ラシムルノ嫌アリ。故ニ業務監督ヲ有効ニ実現センニハ、原則〔理論〕トシテ第一案ヲ採用シ、各社取締役ハ、合資会社理事ヲ兼任トセス、事業当事者ト監督者ヲ各別人ト為ス組織ヲ最モ可ナリトス〔レトモ、現状ニ適切ナラサルノ嫌アリ、実際上ハ第四案ヲ最モ穏健ナリトス〕。尤モ特別重要ナル会社ニハ例外トシテ総理事又ハ理事ヲ〔専務又ハ常務〕取締役トナスコト必要ナルヘシ。

(資料3─C)

(C)各社役員

(一) 各株式会社社長ハ其ノ事業ノ大小軽重ニ応シ、合資会社社長(家長)、社員(総理事ヲ含ム)、又ハ理事中ノ一名若クハ家長ノ特ニ委託シタル者之ニ任ス。

(二) 外部株主ノ代表者タル取締役、合資会社々員ニシテ取締役タル者並ニ家長ノ特ニ委託シタル取締役ヲ除キ、他ノ取締役ハ総テ住友合資会社傭員タル資格ヲ有スヘキモノトス。(但シ俸給、賞与、退身慰労金等ニ関シテハ、規程上慎重考慮ノコト。)

(三) 合資会社理事ヲシテ各社取締役ヲ兼務セシムヘキカ。単ニ理想ヨリ言ヘハ、監督者タル合資会社理事ト被監督者

第二部　住友合資会社

第一章　住友合資会社の設立

タル各株式会社取締役トハ全然別人ト為スヲ、監督ノ徹底ヲ期スル上ニ於テ可トストイヘモ、コハ実情ニ適セサル憾アルヲ以テ、合資会社理事数名又ハ全部各社取締役ヲ兼ヌルコトヲ得トスルノ外ナシ。

(D) 監督事項

本項目は、合資会社の具体的な監督事項で、「大体現状ト同様トナス」(C案) というように、B案からE案 (資料3—D) までほとんど変化はない。

B案

1. 定款及業務執行ニ関スル一切ノ規程
2. 重要ナル契約ノ締結
3. 事業ノ新設、改廃、拡張、縮少、其他事業方針ノ変更
4. 予算ノ編成、変更、決算
5. 各種ノ起業ノ施行
6. 固定財産ノ償却
7. 固定財産価格増減ノ整理
8. 資金ノ借入及取引銀行ノ選定
9. 勘定科目及元帳科目ノ制定改廃
10. 一切ノ訴訟
11. 等内傭員ニ採用スル人物ノ選定 (之ニ対シテハ六等以上ニ限ルヘシトノ説アリ)

C案＝D案

一、等内傭員及補助員ニ採用スル人物ノ選定
二、等内傭員及補助員ニ対スル昇進、賞罰、退身慰労金
三、傭員以下準傭員ニ対スル海外出張、留学又ハ学術研究ノ為ニスル内地ノ出張
　但シ営業上ノ必要ニ因ニスル支那出張ハ此限ニ非ス
四、傭員以下準傭員ニ対スル年末賞与、各種ノ臨時給与、慰籍、待遇等
　但シ定例ニ属スルモノハ此限ニ非ス
五、労役者ニ対スル各種ノ給与賑恤等ニ関スル一切ノ事項
　但シ定例ニ属スルモノハ此限ニ非ス
六、事務技術ニ関スル顧問又ハ嘱託ノ依託
七、傭員以下労役者ニ対スル各種ノ規定並ニ諸般ノ制度又

11. 等内傭員ニ対スル賞罰、昇進、退身慰労金
12. 傭員以下ニ対スル海外出張、留学（又ハ学術研究ノ為メニスル内地ノ出張）
13. 傭員以下準傭員ニ対スル年末賞与、各種ノ臨時給与、慰籍、待遇等
14. 事務技術ニ関スル顧問又ハ嘱託ノ委託
  但シ定例ニ属スルモノハ此限リニ非ス
15. 傭員以下労役者ニ関スル各種ノ規程並ニ諸般ノ制度又ハ設備
16. 臨時重要ナル寄贈及接待
17. 労役者ニ対スル各種給与賑恤等ニ関スル一切ノ事項
  但定例ニ属スルモノハ此限リニ非ス
18. 前各項ノ外株主総会ニ提出スル事項

（資料3―D）

（D）監督事項
一、傭員ニ採用スル人物ノ選定
二、傭員ニ対スル進退、賞罰、退身慰労金
三、傭員、補助傭員及準傭員ニ対スル海外出張留学又ハ学術研究ノ為ニスル内地ノ出張

ハ設備
八、定款及業務執行ニ関スル一切ノ規程
九、重要ナル契約ノ締結又ハ一切ノ訴訟
十、臨時重要ナル寄贈接待
十一、毎事業期ノ予算、其ノ変更及決算
十二、固定資産ノ償却
十三、固定財産価格増減ノ整理
十四、主要帳簿様式ノ制定変更
十五、勘定科目及元帳科目ノ制定改廃
十六、取引銀行ノ選定
十七、前各項ノ外株主総会ニ提出スル事項

第二部　住友合資会社

四三五

第一章　住友合資会社の設立

四、傭員、補助傭員及準傭員ニ対スル年末賞与、各種ノ臨時給与、慰籍、待遇等
　但シ営業上ノ必要ノ為ニスル支那出張ハ此限ニ非ス
五、労務者ニ対スル各種ノ給与、賑恤等ニ関スル一切ノ事項
　但シ定例ニ属スルモノハ此限ニ非ス
六、事務技術ニ関スル顧問又ハ嘱託ノ依託
　但シ定例ニ属スルモノハ此限ニ非ス
七、傭員以下労務者ニ対スル各種ノ規定並ニ諸般ノ制度又ハ設備
八、定款及業務執行ニ関スル一切ノ規程
九、重要ナル契約ノ締結又ハ一切ノ訴訟
十、重要ナル寄贈接待
十一、事業ノ方針及程度、事業ノ改廃、新規事業及ビ起業ノ計畫、並ニ毎事業期ノ予算、其ノ変更、決算
十二、固定財産ノ償却
十三、固定財産価格増減ノ整理
十四、主要帳簿様式ノ制定変更
十五、勘定科目及ビ元帳科目ノ制定改廃
十六、取引銀行ノ選定
十七、前各項ノ外株主総会ニ提出スル事項

以上

四三六

三 合資会社の設立とその概要

㈠ 住友「番頭政治」の確立

「一 設立の経緯」でみた通り、大正九年（一九二〇）九月に確定した組織変更方針（確定案＝Ｅ案）に基づき、定款その他諸規程案の作成が開始され、十二月には「住友合資会社定款其他諸規程案」が成った。ちなみに定款以外の諸規程は、「利益配当等ニ関スル決議書案」「名義上ノ持分ニ関スル証書案」「会社役員ニ関スル規程案」「住友合資会社本社事務章程」（各店部を包含しない管理部門を「本社」と称することになる最初、後に昭和三年〈一九二八〉社則制定時に明文化された）「傭員及ヒ準傭員待遇ノ共通ニ関スル件」「住友家々法其他諸規則継受ニ関スル件」「社内各部ノ名称ニ関スル件」であった。

これらの規程案が作成されると共に直ちにその検討が開始されたものと思われるが、それと平行して、合資会社設立の時期を何時の時点に設定するかが問題となった。この大正九年末の時点からすると二案が考えられた。一つは住友総本店の事業年度は暦年であったから、それに合わせると大正十一年一月となり、他の一つは国の会計年度に合わせて大正十年四月とする案であった。ところが、小畑が試算すると次の通り、大正十年四月と大正十一年一月とでは、税額に大差を生ずるのは当然としても、大正十年三月と四月とでも、三月中に受け取る住友銀行配当金の処理の違いにより、二〇万円もの差額を生ずることが判明した。

会社組織トスル時期ト税額トノ関係

総本店ヲ会社組織トスル時期ノ遅速ニヨリ、所得税額ニ著シキ差異アリ。今其時期ヲ大正十年三月一日、四月一日、

第二部　住友合資会社

四三七

第一章 住友合資会社の設立

大正十一年一月一日トノ三場合ヲ仮定シテ税額ヲ予想スルニ左ノ如シ。

	所得税			附加税		合算	
	税額	増	減	増	減	増	減
（Ⅰ）大正十一年一月一日ノ場合	六六五、三六六円					九三一、五一二円	
（Ⅱ）大正十年四月一日ノ場合	三八一、三三一六円	（Ⅰ）ニ比シ減 二八四、〇五〇円				五三三、八四二円	（Ⅰ）ニ比シ減 三八七、六七〇円
（Ⅲ）大正十年三月一日ノ場合	二三九、二二〇円	（Ⅰ）ニ比シ減 四二六、一四六円	（Ⅱ）ニ比シ減 一四二、〇九六円			三三四、九〇八円	（Ⅰ）ニ比シ減 五五六、六〇四円 （Ⅱ）ニ比シ減 一九八、九三四円

（附加税ハ本税ノ四割ト仮定ス）

（註、計算根拠略）

之ヲ要スルニ、三月一日ヨリ会社組織トスレバ、四月一日ヨリノ場合ニ比シ、僅カニ一ケ月ノ早キコトニヨリ、約二十万円ノ利益アリ。其原因ハ三月中ニ収入トナル住友銀行ノ配当金ガ、個人所得トナルカ会社所得トナルカニヨリテ別ルヽ也。依リテ住友銀行ガ株券ノ名義書換ヲ停止スル以前ニ、会社ヘ譲渡ノ形式ヲ取ル必要アリト思フ。

以上

この試算によって、鈴木は前述の通り年初来尿毒症のため自宅静養中であったが、急遽二月末までに住友合資会社を設立することになり、上記「定款其他諸規程案」のうち、定款をはじめ直接会社設立に必要となる規程の決定が優先され、事務章程その他は一度合資会社が設立された後、改めて制定されることになった。

前年末に作成された定款の当初案はその後の検討を経て重役会で修正された。重役会で決定された定款案は家長の承認が必要であったが、その最終決定は二月二十二日まで持ち越された(資料4)。両者の差異は、第五、六条と第九、十条であった。すなわち総理事は自動的に無限責任社員となることを明記し、かつ社長と共に代表権が与えられた。次に当初家長を除く住友一族は、「第六　会社々員及ビ出資」で述べたように鈴木の希望ですべて有限責任社員とされていたが、第九条により二名まで無限責任社員となり、最終的に住友忠輝がその一名となった。当時別府に滞在中であった住友忠輝に二月二十四日急遽帰阪方要請の電報が打たれているところから判断すると、「第八　会社役員」において述べたような住友家の事情の中で、この要請は家長自らの希望であったものと推察される。家長は大正九年末に五六歳となったが、その頃から風邪に臥し、年明け五日の恒例の新年宴会を十六日に繰り延べたが、その繰り延べた十六日にも所労が癒えず、ついにこの年は新年宴会は開かれなかった。

他方頑健を誇った鈴木総理事も年初来静養中であり、家長と鈴木の二人の信頼関係でスタートする筈であった合資会社も、この時点で両者の後継者のことも念頭におかざるを得なくなったものと思われる(住友忠輝は翌十一年一月の定期異動で理事に就任するが、間もなく病に倒れ、十二年末病没したため、このような家長の期待に応えることはできなかった)。従って同じく第九条によって、当初鈴木だけの予定であった労務出資の無限責任社員に、中田錦吉と湯川寛吉の二人の理事が追加された。これらの総理事、理事が退任後も居座ることがないように、彼等は第十条により自動的に退社するものとした。小畑忠良は、これらの辺の事情について次のように述べている。(15)

第二部　住友合資会社

四三九

第一章　住友合資会社の設立

私は当時の商家の組織で「家」というものは主人と番頭にわかれているが、番頭が主人の地位になるということはまず考えられない。それまでは家長さんが唯一の支配者であったのが今度は家長と対等の番頭が無限責任社員として三人も同列で経営陣に入り、一方御分家の方は、出資はするが有限責任社員ということで発言権がない。商法では合資会社の業務執行は、無限責任社員の過半数で決めることになっている。こういうことでよいのだろうかと本店支配人の日高直次さんに疑問を出したところが、日高さんは、今の家長さんと鈴木（註、馬左也）さんとは水魚の交りとでもいう間柄だから出来るのでこの機を逃がすと出来なくなるのだ。それとも君は現在のように主人一人、他は使用人ということで将来ともよいというのかと反問された。

これでよくわかったのだが、将来万一住友さん以外に道鏡の如き不逞の徒が出てきて数で押し切るようになっては大変だから、何らかの歯止めをして置かねばならぬと報告書に書いて川田（註、順）さんに提出した。川田さんはこれを見て、この三人の方についてはそんな心配は絶対ない。いながその部分を黒々と抹消された。

この間、何度も重役諸公のお伴をして理事会（註、重役会）に出席をし、説明をさされたものである。鈴木総理事はお気に召さないと何も言わないで「もう少し練って貰いましょう」と言われる。何処をどう練ったらよいのかわからない時もあるので暗中模索しながら、一、二ケ所ちょっと直しておく。重役会議はそう度々ないからあとはなにもせず遊んでいて次の会議に提出すると「もう少し練って貰いましょう」です。それを何回もやっているうちに鈴木さんの御満足を得たのでしょう、やっと決裁になりました。そしてあの画期的な合資会社ができたのです。当時の日本の産業組織として、財閥組織として、全く画期的なやり方でした。番頭政治‥‥事実上の番頭政治じゃなく、法律化した番頭政治でした。

四四〇

小畑のいうように画期的であったかどうかは別として、「他の財閥では一般に経営者は出資者たることを認められていないから、法制上では出資に伴う責任はなく、かつ社員総会においても正式には発言・投票権はなかった。住友合資のような形は異例」なものであった。

かくして二月二十六日「組織変更ノ件」の起案は、「住友合資会社定款別案ノ通可然哉」として決裁され、合資会社の設立は、次のような形で、外部に公表された。

今般住友吉左衛門個人ノ営業組織ヲ改メテ合資会社トナシ、業務執行社員ハ住友吉左衛門、鈴木馬左也、住友忠輝、中田錦吉、湯川寛吉トシ、出資者ハ前記ノ外一族ノ者ヲ以テ之ニ充テタリ。而シテ会社ノ資本ヲ一億五千万円トシ、以テ営業上資産ノ信用程度ヲ明ニシ、且一族並ニ従来ノ傭員中ヨリ社員ヲ選ヒ、社長ト共ニ会社ノ業務執行社員トシテ事ニ従フコトトナシタリ。其出資額社員等別紙ノ通

一、目的

　一、鉱業　二、農業　三、林業　四、工業　五、物品販売業　六、倉庫業　七、運送業　八、諸事業投資並ニ貸付　九、其他上掲各事業附帯事業

二、商号

　住友合資会社

三、社員ノ住所氏名、出資ノ種類、財産出資価格

　大阪市南区天王寺茶臼山町十六番地

　財産出資　無限責任　住友吉左衛門

　　右出資財産ハ、土地建物、山林鉱区、機械、什器、船舶、商品及商品原料、有価証券、債権等ニシテ

第二部　住友合資会社

第一章　住友合資会社の設立

此価格一億四千八百万円也

大阪市東区谷町二丁目三十一番地

労務出資　無限責任　鈴木馬左也

兵庫県武庫郡住吉村反高林一八七六番地ノ一

財産出資　無限責任　住友忠輝

右出資財産ハ有価證券ニシテ此価格五十万円也

大阪市東区島町一丁目七番地

労務出資　無限責任　中田錦吉

大阪市北区曾根崎上四丁目二百七十三番地

労務出資　無限責任　湯川寛吉

大阪市南区天王寺茶臼山町十六番地

財産出資　有限責任　住友　厚

右出資財産ハ有価證券ニシテ此価格五十万円也

大阪市南区天王寺茶臼山町十六番地

財産出資　有限責任　住友元夫

右出資財産ハ有価證券ニシテ此価格五十万円也

東京市麻布区市兵衛町一丁目三番地

財産出資　有限責任　住友寛一

右出資財産ハ有価證券ニシテ此価格五十万円也

四、本店及支店ノ所在地

本店　大阪市東区北浜五丁目二十二番地

支店　大阪市北区中之島五丁目十五番地
　　　大阪市北区安治川上通一丁目十五番地
　　　大阪市西区西道頓堀通一丁目一番地ノ二
　　　神戸市兵庫東出町二丁目百五十六番地
　　　東京市京橋区越前堀二丁目二番地

五、設立年月日

大正十年二月二十六日

六、会社代表社員

社長　　住友吉左衛門
総理事　鈴木馬左也

次いで合資会社設立に伴い、各店部の名称中「住友」を削り、「住友合資会社」を冠称する通達が出され、三月四日から実施された（資料5）。

さらに従来の住友総本店の傭員及準傭員は、そのまま住友合資会社に引き継がれた（資料6）。

また既に述べた通り、合資会社の諸規程は、会社発足に間に合わなかったため、取りあえず従来の住友家法を始め諸規程がそのまま合資会社に適用された（資料7）。

第二部　住友合資会社

四四三

第一章　住友合資会社の設立

二月二十八日(二月二十七日は日曜日)、設立された住友合資会社が「査定シタル出資財産並ニ住友総本店ヨリ引継ギタル資産負債」は第1表の通りであった。資本金一億五〇〇〇万円のうち、住友忠輝、寛一、厚及び元夫の四人の出資分各五〇万円合計二〇〇万円を除く、住友吉左衛門の出資分一億四八〇〇万円には住友総本店の営業資本金勘定の営業資本、積立金及び準備積立金から、住友家会計に引き継がれた資産と出資分に充当するため忠輝、厚、元夫の三人に贈与された住友銀行株式を除いた分が組み入れられた(第2表)。また住友総本店から住友家会計に引き継がれた資産は第3表の通りであった。このうち現金五〇万円は大正十年の配当金の前払いと考えられ、さらに営業資本を資本金に組み入れた余剰一〇万円余が本家費の一部として住友家会計へ譲渡された。この他に住友本家所有の土地・建物・什器(書画骨董類)は、住友総本店(本社部門)貸借対照表において、営業外固定財産勘定(大正九年末で五〇〇万円余、「住友総本店(下)第8表参照)として表示されているが、これはそのまま住友家会計に移管された。住友家に移管された株式の当時の配当率は、製鋼所(五％)、電線製造所(七％)を除き、概ね一〇％であったので、住友家の配当収入は年間五〇万円程度となり、これに合資会社出資に対する配当金五〇万円を合わせると、住友家の収入は、組織変更案「第一　会社組織ヲ可トスル理由」で試算された通り、年間一〇〇万円が確保されたことになる。なお一族の四人に対しては、別途各五〇万円の出資に対し、それぞれ年間五万円の配当金が支払われている。

第1表　住友合資会社貸借対照表（大正10年2月28日現在）

(単位：円、円未満切り捨て)

科　　目	金　　額	科　　目	金　　額
（借方）		（貸方）	
固定財産	10,523,854	資本金	150,000,000
土地	10,068,363	労役者特別保護基金	1,200,000
建設物	432,395	労役者特別保護別途積金	64,472
機械	1,513	預リ金	1,555,027
什器	21,582	雇人身元預金	275,799
所有品	12,188	積金預金	958,711
準備品	2,144	住友末家預金	196,141
米穀	10,044	諸預金	109,184
有価証券	73,600,429	貸家敷金預金	6,363
国債証券①	3,312,458	準備員積立金	8,827
地方証券	200,017	雑・仮入金	6,751,419
社債券	40,000	各部・上海洋行	12,958
株券	25,186,182	手形・割引手形	17,594,492
住友銀行株券②	32,049,270	銀行・銀行出納	270,555
住友製鋼所株券	7,750,000		
住友電線製造所株券	5,062,500		
貸金・立換金	993,578		
雑・仮出金	6,962,083		
起業支出	444,167		
恩貴島病院建設物	372,452		
茶臼山住宅建設物	56,214		
大阪図書館建設物	15,500		
各部(上海洋行を除く)	81,524,665		
特別会計	867,571		
林業課	849,017		
病院	18,553		
手形・受取手形	836,541		
銀行・銀行特別預金	1,683,846		
合　　　計	177,448,926	合　　　計	177,448,926

註：①住友忠輝出資分87,000円を含む。
　　②住友忠輝、寛一、厚、元夫出資分1,913,000円を含む。

第2表　住友吉左衛門出資分内訳　(単位：円、円未満切り捨て)

	合　計	営業資本	積　立　金	準備積立金
出資金	148,000,000	138,399,896	8,820,103	78,000
①大正9年末残高	102,462,339	94,637,123	6,412,966	1,412,249
②大正9年純利益	2,710,281	2,002,181	535,102	172,997
③10年1～2月純利益	1,402,981	1,402,981	0	0
④評価益	49,452,463	47,580,428	1,872,035	0
⑤住友家会計引継分	△7,496,659	△6,691,412	0	△805,247
⑥贈与分	△531,407	△531,407	0	0

註：①「住友総本店(下)」第8表参照。
　　②「　　同上　　」第11表参照。
　　③次章「住友合資会社(上)」第4表参照。
　　④積立金の評価益1,872,035円は、積立金勘定が保有する住友銀行株式の評価益である。評価益の内訳
　　　は次の通り。

　　　　住友総本店土地　　　　　　　　　　　　　　　　　8,500,000円
　　　　住友倉庫土地　　　　　　　　　　　　　　　　　 10,790,000円
　　　　住友伸銅所土地　　　　　　　　　　　　　　　　 3,312,540円
　　　　別子鉱業所土地　　　　　　　　　　　　　　　　 5,000,000円
　　　　　同　　鉱区　　　　　　　　　　　　　　　　　 8,000,000円
　　　　若松炭業所鉱区　　　　　　　　　　　　　　　　 2,000,000円
　　　土地・鉱区小計　　　　　　　　　　　　　　　　　37,602,540円
　　　　　　　　　　　　　　　　　簿価　　評価額
　　　日本銀行　旧株　　1,341株　@338円　@850円　　　　686,517円
　　　　　　　　新株　　1,341株　　50円　　650円　　　　804,600円
　　　住友銀行　旧株　155,843株　　100円　　140円　　 6,064,724円
　　　　　　　　新株　164,965株　　 25円　　 50円　　 4,022,627円
　　　東京海上火災保険株式　1,350株　25円　224円　　　 271,453円
　　　株式小計　　　　　　　　　　　　　　　　　　　 11,849,922円
　　　合　計　　　　　　　　　　　　　　　　　　　　 49,452,463円
⑤住友家会計へ引き継がれた資産内訳は第3表参照。
⑥贈与内訳
　　住友忠輝　住友銀行新株　660株　簿価 16,976円
　　住友厚　　同上　　　 10,000株　　　257,215円
　　住友元夫　同上　　　 10,000株　　　257,215円
　　　計　　　　　　　　 20,660株　　　531,407円

第3表　住友家会計貸借対照表（大正10年2月28日現在）

(単位：円、円未満切り捨て)

科　　　目	金　　額	科　　　目	金　　額
（借方）		（貸方）	
固定財産	5,075,154	総財産	161,571,813
土地	1,082,574	総財産	160,766,566
建設物	1,257,721	準備積立金	805,247
什宝	2,734,859	合　　計	161,571,813
出資金・住友合資会社出資	149,000,000	（住友厚・元夫出資分を含む）	
有価証券	5,786,710		
住友銀行　　　旧株	3,200,000	(32,000 株)	
住友電線製造所株式	937,500	(25,000 株)	
住友製鋼所株式	1,250,000	(25,000 株)	
横浜正金銀行　旧株	68,310	(　 640 株)	
同　　　　新株	64,000	(　 640 株)	
台湾銀行株式	154,200	(1,542 株)	
大阪商船株式	112,700	(2,254 株)	
起業支出	301,268		
駿河台別邸建設物	93,435		
衣笠村別邸建設物	207,832		
銀行	1,305,247		
銀行預ケ金	500,000	（現金）	
銀行特別預金	805,247	（相続税準備積立金）	
雑・仮出金	103,433	（本家費の一部）	
合　　　計	161,571,813		

第二部　住友合資会社

第一章　住友合資会社の設立

(資料4)

住友合資会社定款

第一条、本会社ハ之ヲ住友合資会社ト称ス。欧文ニテハ、之ヲ SUMITOMO GOSHI-KAISHA ト記ス。

第二条、本会社ハ左ノ事業ヲ営ムヲ目的トス。

一、鉱業　二、農業　三、林業　四、工業　五、物品販売業　六、倉庫業　七、運送業　八、諸事業投資並ニ貸附

九、其他上掲各事業附帯事業

第三条、本会社ハ、本店ヲ大阪市ニ置キ、支店ヲ左ノ地ニ置ク。

大阪市、東京市、神戸市

第四条、本会社ニ社長ヲ置キ、住友吉左衛門ヲ以テ之ニ充ツ。

第五条、本会社ノ職制ニ依リ、総理事ノ職ニ就キタルモノハ、之ヲ無限責任社員ト為ス。

第六条、社長及ビ前条無限責任社員ハ各本会社ヲ代表ス。但設立ノ際ノ代表社員ハ住友吉左衛門及鈴木馬左也トス。

第七条、社長住友吉左衛門ノ家督相続開始シタルトキハ、其家督相続人当然本会社ノ無限責任社員ト為リ、社長ノ地位ヲ継承ス。以後家督相続ノ開始スル都度亦同ジ。

第八条、前条ニ依リ無限責任社員ト為リタル者、未成年ナルトキハ、成年ニ達スルマデ、本会社ヲ代表シ並ニ業務執行ヲ為ス権利及ビ義務ヲ有セズ。

第九条、社長ハ、住友家一族中ヨリ二名及ビ本会社職制ニヨリ理事ノ職ニ就キタルモノ、中ヨリ二名ヲ限リ、本会社ノ無限責任社員ニ選定スルコトヲ得。

前項ニ依ル無限責任社員ノ中、社長ニ於テ特ニ指定シタルモノハ、業務執行ノ権利及ビ義務ヲ有セズ。

四四八

第十条、総理事及ビ理事ノ職ニアル無限責任社員其ノ職ヲ退キタルトキハ、当然退社スルモノトス。

第十一条、本会社利益分配及ビ持分払戻ニ関シテハ、別ニ決議ヲ以テ之ヲ定ム。

第十二条、労務ヲ以テ出資ノ目的ト為シタル社員ハ、退社又ハ会社解散ノ場合ニ於テ、其持分ノ払戻ヲ受クルコトヲ得ズ。

第十三条、本会社社員ノ氏名住所及ビ其出資ノ種類、価格又ハ評価額並ニ其責任左ノ如シ。

　大阪市南区天王寺茶臼山町十六番地

　　財産出資　無限責任　社長　住友吉左衞門

　右出資財産ハ、従来住友吉左衞門ノ営業資本ニ属セシ財産ノ全部、此価格一億四千八百万円ニシテ、其内訳別記ノ通。

　大阪市東区谷町二丁目三十一番地

　　労務出資　無限責任　総理事　鈴木馬左也

　右出資労務ノ評価額ハ一百万円トス。

　兵庫県武庫郡住吉村反高林一千八百七十六番地ノ一

　　財産出資　無限責任　　住友忠輝

　右出資財産ハ有価証券ニシテ価格五十万円トス。

　右住友忠輝ハ本定款第九条ニ因ル社員トス。

　大阪市東区島町一丁目七番地

　　労務出資　無限責任　理事　中田錦吉

第二部　住友合資会社

四四九

第一章　住友合資会社の設立

右出資労務ノ評価額ハ五十万円トス。

右中田錦吉ハ本定款第九条ニ因ル社員トス。

大阪市北区曾根崎上四丁目二百七十三番地

労務出資　無限責任　理事　湯川寛吉

右出資労務ノ評価額ハ五十万円トス。

右湯川寛吉ハ本定款第九条ニ因ル社員トス。

大阪市南区天王寺茶臼山町十六番地

財産出資　有限責任　住友　厚

右出資財産ハ有価証券ニシテ価格五十万円トス。

大阪市南区天王寺茶臼山町十六番地

財産出資　有限責任　住友元夫

右出資財産ハ有価証券ニシテ価格五十万円トス。

東京市麻布区市兵衛町一丁目三番地

財産出資　有限責任　住友寛一

右出資財産ハ有価証券ニシテ価格五十万円トス。

右住友合資会社設立ノ為メ此定款ヲ作リ、各社員署名捺印ス。

大正十年二月二十六日

　　　　　　　　　　住友吉左衞門

無限責任社員住友吉左衞門出資財産内訳（註、数量略）

一、田地　　　此価格　　　二、二七三、九九七円也
二、畑地　　　此価格　　　五六三、七七六円也
三、宅地　　　此価格　　　二六、四八八、五二九円也
四、雑種地　　此価格　　　五六七、九三八円也
五、山林　　　此価格　　　五、〇三八、二一三円也
六、鉱区　　　此価格　　　一五、七三三、七五四円也
七、建物　　　此価格　　　一一、〇九七、五七七円也
八、工業用機械　此価格　　三、三一九、五二八円也

右親権者父　　住友　寛一
右親権者父　　住友吉左衞門
　　　　　　　住友　元夫
　　　　　　　住友　　厚
　　　　　　　湯川　寛吉
　　　　　　　中田　錦吉
　　　　　　　住友　忠輝
　　　　　　　鈴木　馬左也

第二部　住友合資会社

第一章　住友合資会社の設立

九、鉱山用機械　　此価格　　三、六八〇、三三六円也
十、汽船　　　　　此価格　　一五一、一〇四円也
十一、和船　　　　此価格　　　　八五、一二三円也
十二、什器　　　　此価格　　　一五〇、四四五円也
十三、商品及商品原料　此価格　七、二三七、七六七円也
十四、有価証券　　此価格　　六九、四六一、九一三円也
十五、債権　　　　此価格　　　二、一五〇、〇〇〇円也
合計　　　　　　　　　　　　一四八、〇〇〇、〇〇〇円也

以上

（資料5）

甲第二号達

住友家ノ事業ヲ住友合資会社ニ於テ承継シタルニ依リ、各店部名称ヲ左ノ通改メ、三月四日ヨリ之ヲ実施ス。

大正十年二月二十六日

社長　住友吉左衛門

記

改　　称　　　　　　　　旧　　称

住友合資会社　　　　　　　住友総本店
住友合資会社別子鉱業所　　住友別子鉱業所

四五二

住友合資会社倉庫
住友合資会社製銅販売店
住友合資会社若松炭業所
住友合資会社伸銅所
住友合資会社肥料製造所
住友合資会社東京販売店
住友合資会社呉販売店
住友合資会社大良鉱業所
住友合資会社上海洋行
住友合資会社漢口洋行
住友合資会社大萱生鉱業所
住友合資会社札幌鉱業所
住友合資会社天津洋行
住友合資会社高根鉱業所
住友合資会社横須賀販売店
住友合資会社博多販売店

（資料6）

甲第五号達

第二部　住友合資会社

住友倉庫
住友製銅販売店
住友若松炭業所
住友伸銅所
住友肥料製造所
住友東京販売店
住友呉販売店
住友大良鉱業所
上海住友洋行
漢口住友洋行
住友大萱生鉱業所
住友札幌鉱業所
天津住友洋行
住友高根鉱業所
住友横須賀販売店
住友博多販売店

第一章　住友合資会社の設立

今般住友合資会社ヲ設立シ、住友家ノ事業ヲ承継シタルニ付、傭員及準傭員ノ身分給与等ニ関スル件左ノ通相定ム。

大正十年二月二十六日

　　　　　　　　家長　住友吉左衞門

　　　　　　　　社長　住友吉左衞門

第一条　住友本家詰所以外ニ勤務スル住友家傭員及準傭員ハ、大正十年二月二十六日以降別ニ辞令ヲ須ヰス、住友合資会社ノ傭員及準傭員タルヘク、身分、給与及雇傭ニ関スル一切ノ事項ハ前後之ヲ承継スルモノトス。

第二条　前条ニ依ル傭員ノ身元保證金及積金ハ、大正十年二月二十六日現在ヲ以テ、之ヲ住友総本店ヨリ住友合資会社ニ引継クモノトス。

　　前項ノ規定ハ、前条ニ依ル準傭員ノ積金ニ之ヲ準用ス。

第三条　第一条ニ依ル傭員及準傭員ノ住友家在勤年数ハ、住友合資会社在勤年数ニ之ヲ通算ス。

（資料7）

甲第四号達

今般住友合資会社設立ニ付テハ、住友家法諸規則其他諸例規ハ、之ヲ本会社ニ適用ス。

大正十年三月八日

　　　　　　　　社長　住友吉左衞門

（二）合資会社の組織と人事

大正十年二月末から三月初めにかけての合資会社設立事務が一段落すると、直ちに三月八日、前年十二月に作成され

た「住友合資会社定款其他諸規程案」のうち、設立と共に制定された規程(資料4～7)を除く「住友合資会社事務章程(原案にあった「本社」は削除された)、「利益配当等ニ関スル決議書案」、「連属会社役員ニ関スル規定案」を内容とする「住友合資会社事務章程附定款附帯決議並ニ規定(案)」が起草された。

なお原案にはこの外「名義上ノ持分ニ関スル証書案」案が含まれていたが、これが削除されたのは、実際に合資会社が設立されて、一族の出資者が家長の外に上記の通り四人に限定されたので、この四人に対し、改めてその出資に供された株式が名義株であることの確認を取り付ける必要もないということになったものと思われる。また「利益配当等ニ関スル決議書案」は、実際に合資会社が最初の決算を行う一年後に必要となるものであるので、それまで先送りされた(資料12)。

従ってここでの問題は、「(三) 住友総本店組織変更について(その三・合資会社と各店部株式会社との関係について)」で述べた通り、本社集権主義と店部(株式会社)分権主義との葛藤であった。しかしこの三月八日の案では、十二月の段階で一応本社集権主義の案が承認されたものとして、その案が採用されていた。又これまで「各株式会社」と称していたものが、上記の通り「連属会社」と称されるようになった。これは株式会社という普通名詞を特定の会社群の総称として使用することの不自然さが問題になったものと思われ、一度「合資会社が管理の実権を有する会社」と書かれ、これは長すぎるということであろうか、再度「連属会社」と書き改められた。

ところがこれに対し、九日の重役会で分権派(銀行常務湯川理事か)の巻き返しがあったのか、十日に八日の案(第一案と称す)に対し第二案が起草されるに至った。この第二案は、「連属会社役員ニ関スル規定案」を削除しただけでなく、事務章程案に掲げられていた第五章連属会社役員のうち第二十四条「連属会社役員ニシテ当該会社ノ常務ヲ担当スルモノカ当該会社事務ヲ執行スルニ当リ、左記事項ニ就テハ予メ本会社(註、合資会社)ノ認可ヲ受クルコトヲ要ス。」として列

第一章　住友合資会社の設立

挙されていた要認可事項を削除し、「主要ナル事項ハ之ヲ本会社ニ報告スベシ」と変更されていた。

これら第一案及び第二案は、それぞれ前文が付けられており、両者の考え方の相違が明らかとなるので、次に示すこととする。

第一案

本案ハ、客年重役御協議ニ於テ決定相成リタル中央集権ノ根本方針ニ則リ、菅ニ各連属会社ノ主義方針ノミナラズ、進ンデ其業務処理ニツキテモ之ヲ監督シ、以テ合資会社所管全体ノ統轄結束ノ実ヲ挙ゲントスルモノナリ。

而シテ本案ヲ実行スルニ当リ、其方法ニアリ。

（甲）各連属会社トシテ株主総会、取締役、監査役等ノ諸機関ヲ具スルモ、コハ単ニ形式ニ止メ、其実際業務ハ、合資会社直轄店部タリシ当時ト毫モ異ナルトコロナク、各社常務取締役ハ、合資会社ノ指揮監督ノ下ニ事務ヲ処理シ、各会社重役会ハ一年ニ、三回単ニ形式的ニ開会スルニ止メ、合資会社重役会ヲ以テ之ニ代ヘントスルモノナリ。

（乙）甲方法ト異ナルトコロハ、各会社重役会ハ、現状ニ於ケル住友銀行、製鋼所、電線製造所ノ如ク、定時之ヲ開キ当該会社事務ノ協議ヲナスト雖モ、事務中重要ナル事項ニ就テハ、合資会社ノ傭員タル取締役及常務取締役ハ、予メ合資会社ノ承認ヲ承ケ、然ル後該社重役会議ニ提出附議スベキモノト定メントスルモノニシテ、依テ以テ中央集権ノ実ヲ全フスルト同時ニ、合資会社ノ社長、総理事及理事ニシテ当該株式会社ノ取締役タラザル者モ亦、其株式会社ノ重要事項ニ参与スルノ機会ヲ設ケントスルモノナリ。

而シテ本社事務章程トシテハ、共ニ本案ヲ以テ足ル、ト雖モ、乙法ヲトルモノトセバ、各連属会社事務章程中ニ第二十四条（註、上記）ト相応ズル規定ヲ設クルヲ以テ、完全ナリトス。

第二案

本案ハ、客年重役御協議ニ際シ、一応否定相成タル地方分権ノ根本方針ニ則リ、試ニ起草シタルモノナリ。即各連属会社ノ主義方針ノミニ付キ、出来得ル程度ニ於テ大体上之ヲ監督シ、各社ノ自由ナル伸暢ヲ遂ゲシムルヲ以テ眼目トス。

第一案ハ、其実行全キヲ得ハ、住友家一体ノ堅実ナル発展ヲ期スルニ於テ理想的タルベシト雖モ、実際ノ事情ヲ見ルニ独立セル株式会社ニ対シ其事務ノ処理ニ関シ直轄店部同様ノ監督ヲ加ヘントスルハ、頗ル実行シ難キモノアリ。住友銀行、製鋼所ノ如キ独立後年月ヲ閲シタルモノハモトヨリ、最近ノ組織変更ニ係ル電線製造所ノ如キモ、該社ノ業務ニ関スル最高機関ハ該社ノ重役会ニシテ、合資会社ニ於テハ大体ニ於テ其業務実行ノ監督ニ関与スルコト頗ル薄弱ナル状態ニアリ。思フニ之独立ノ会社トナレル店部ハ、法律上ノ各機関ヲ完備スルノ結果、日常業務処理ニ付テハ自ラ株式会社トシテ普通ノ観念ニ支配セラレ、一定ノ統一的方針ノ下ニ特殊ノ組織的経営ヲ為スコトハ、自然ニ之ヲ煩雑視スルノ傾向ニナキニアラザルカ。カ、ルモノニ対シ形式ニナヅミテ、煩鎖ナル監督規定ヲ設クルハ、徒ニ空文ヲ設ケテ事務ヲ渋滞シ冗員ノ所在ヲ混淆セシムルニ過ギズ。寧ロカ、ル規定ヲ廃シ、実状ニ適合セル組織ヲ考究スルニ若カズ。仍テ第二案ヲ作製ス。

両者ニ付テノ議論ハ、三月一杯続イタ模様デ四月一日ノ重役会デ結局第一案ヲ乙方法ガ採択サレ、コレニ連属会社トシテ「株式会社住友銀行」、「株式会社布哇住友銀行」、「シアトル住友銀行」、「株式会社住友製鋼所」、「株式会社住友電線製造所」ノ五社ヲ指定スル案ガ添付サレタ。

この案は、四月九日の重役会にかけられ、上記問題の「事務章程第五章連属会社役員」の章を「連属会社役員ニ関スル規定案」に移し、これを「連属会社及其他会社ノ役員ニ関スル内規案」として、集権主義を表面に出さない形で分権派との妥協が図られた。この案は十一日に印刷されて（十日は日曜日）重役会でさらに詰められ、四月十三日最後の重役

第二部　住友合資会社

四五七

第一章　住友合資会社の設立

会が、既に述べた通り病気療養中であった鈴木邸で開かれた。鈴木は、事業経営の章程のうち経理部は事業経営を「監督」するという条(第十四条)に、「此点御異論のある方もあろうかも知れないが、監督の上に『指揮』の二字を入れさして貰う、と自ら筆を執って書き入れられ、尚諄々とその説を敷衍し」、この問題は決着した。なおこの際連属会社の指定案には上記五社の外に、大阪北港株式会社が加えられた。「連属会社」という呼称については、上記最後の重役会の記録に疑問符が付され、「連繫」なる書き込みもあることから、議論の結果確定せず、重役会終了後に起草された最終案でも「『連属会社』ナル称呼ハ未定」との附箋が付けられていた。

かくして「住友合資会社事務章程附連属会社ニ関スル規定」が決定されたが、これに基づく人事の発令には、なお一カ月余を必要とした。

まず五月十七日、本庶第四〇七号によって、「家法」の名称を廃止し、家法中の諸規程がそれぞれ単行規程とされた(資料8)。なおこの中で「将来諸規程等ヲ編纂スル場合其概括ノ名称ニ付テハ、別ニ相定メラレ候筈」とあるが、これは後に、昭和三年制定をみた「社則」を意味し、大正十二年六月二日「社則編纂ノ件」として、まず総務部庶務課文書係で作業が開始され、大正十五年十月社則編纂常任委員会(委員長野草省三、当時総務部長兼庶務課長)が発足、昭和三年六月完成し(その直前、四月野草病没)、七月一日実施された。この詳細は、「住友合資会社(中)一○二　社則の制定」を参照されたい。

次いで同日付本庶第四〇八号によって、連繫会社の制度を設け、株式会社住友銀行、株式会社住友製鋼所、株式会社住友電線製造所の三社が指定された(資料9)。最終案の六社のうち、布哇住友銀行とシアトル住友銀行は実質住友銀行の支店であり、大阪北港はこの時点でまだ住友の持株は六割に達していなかったので、これらの理由でこの三社は指定を見送られたものと思われる。なお連繫会社の定義は、特に明らかにされていない。上記の通り事務章程案の「連属会

社」に疑問符が付され、「連繋」との書き込みがあることから判断すると、当時既にこうした直営事業を株式会社とした企業を、三井では「直系」会社、三菱では「分系」会社と称していたので、これにならって「連繋」としたものではないかと思われる。

続いて五月十九日、「住友合資会社事務章程」が制定され(資料10)、それに基づき人事が発令された。社長制がとられ、家長住友吉左衛門友純が就任した。総理事・理事は従来通りであったが、本社部門の理事を常務理事とした。従来の専務監査員は、監事と改められた。総理事・理事・監事の制度は、これは四月十二日の重役会において重役の誰かの意見によって変更されたものである。総裁・副総裁・理事・監事の制度は、明治十五年(一八八二)設立の日本銀行が最初と思われるが、ここでの監事は、むしろ満鉄にならったものと思われる。すなわち明治三十九年に設立された満鉄の規定によれば、「監事ハ会社ノ業務ヲ監査スルモノトス」とされていた。ちなみに明治三十七年伊庭貞剛と共に住友本店理事を退任した河上謹一は、同社発足時からこの監事の職にあった(『社史 住友電気工業株式会社』三八八頁及び『住友銀行八十年史』二三八頁は、いずれも監事草鹿丁卯次郎としているが、[20]であった)。専務監査員は藤尾録郎の死去以来欠員であったが、この監事も同様欠員のまま同社発足時からこの監事の職にあった)。

これは誤りで草鹿は次の通り理事であった。

総理事・理事は、次の通り総本店時代と変わりはなかった(括弧内、兼任ポスト・学歴・職歴、Mは明治の略)。

総理事　鈴木馬左也（M20東大法、内務省・農商務省）

常務理事　中田錦吉（M23東大法、司法省）

理事　湯川寛吉（銀行常務、M23東大法、逓信省）

理事　草鹿丁卯次郎（倉庫本店支配人、M17東京外語・独、学習院・独逸協会学校・山口高校・四高）

理事　山下芳太郎（製鋼所常務、M25東京高商、外務省）

第二部　住友合資会社

四五九

第一章　住友合資会社の設立

常務理事　小倉正恆　（M30東大法、内務省）

総理事と理事は理事会を構成するが、この理事会は総本店の重役会に代わるものであった（重役会については「住友総本店（上）」資料5参照）。総本店では総理事・理事を重役としていたが、その外に藤尾録郎の如く「特ニ重役ニ列ス」る者もいた。しかし大正十年にはこの特別重役は存在しなかったので、重役会は事実上理事会であった。理事会と改称する必要があったのは、前年の九年七月一日付で傭員等級の変更を行い（「住友総本店（下）」第3表参照）、重役は従来通り重役で変化はなかった。それまでの高等一等・二等・三等の各傭員を一括重役と称したためである。この結果総理事・理事は従来通り重役となったが、それまで重役ではなかった銀行常務の加納友之介、吉田眞一、八代則彦の三人の高等三等傭員が揃って重役となったので、他に特別重役を置く条項を削除し、重役会を理事会と改称すべきであったが、折柄総本店組織変更案が検討されている段階であり、その中で重役会を理事会とするのは既定路線であったので、便法として内規により重役会の構成メンバーは従来通り総理事・理事に限定したものと推定される。

重役会は、必要があれば随時開催するとして、規程通り定例のものが毎年六月と十二月に何日もかけて開催されていた。理事会の開催について、この時点での記録は残されていないが、後に昭和五年八月小倉正恆が湯川寛吉に代わって総理事になると、十月に内規の改正が行われ、週二回の理事会開催は多すぎるとの理由で、月一回に減らされているので、合資会社発足時に、上記鈴木の本社集権主義に対応して週二回という内規が制定されたものと思われる。

理事会の運営について小畑は次のように述べている。

理事会には議事録はなし。私達の時分から。要するに起案です。理事会に掛けるものは。それも理事会の席上で印を捺されるのではなく、各理事を持って廻って押してもらって最後に総理事の印を

もらう。鈴木さんの時は面倒くさかったです。重役皆印をもらっても、鈴木さんがもう少し練って下さいと云われるともう一度やり直さなくてはならない。まあ後になるとだいたい話が済んでるのが多かったからそんなことはなかったけれども、鈴木さんはその中で一番年寄りだったし、特別の偉大な存在だったですから。余り総理事もいつも出社されているわけではないし、理事会の時に出られ説明を聞かれて、その時に外の重役は皆印を押して居られるんですけれど、印を押さないんですよね。特に合資会社の時は長いことかかりましたよ。

組織変更確定案（E案）とこの事務章程を比較して、最も大きな違いは、三月八日起草の案から庶務課労務係が当初のC案の如く人事へ移され、人事が一部二課制となったことである。これは「住友総本店（下）」で述べた通り、大正六年初めの人員二〇〇〇名がこの大正九年末には三八〇〇名と二倍近くに伸びたことと、労働問題を事業所まかせにできなくなったことを反映したものであろう。また経理部の四課制は、E案もこの事務章程も変わりはないが、鈴木総理事病気静養中のこの間、三月八日起草案では一度二課制（第一課所管が鉱業・林業・農業、第二課所管が工業・販売業・倉庫業その他）に戻され、四月十三日の鈴木邸における最終会議で、おそらく鈴木の指示により再度四課制に改められた。その際E案における第三課所管の中販売を残して銀行・倉庫と第四課所管の工場が差し替えられた。

この外は、資料8で示した通り、合資会社設立に伴い制定された規程以外は従来の規程が、単行規程として存続したので、総本店と比較して合資会社の業務自体に大きな変化はなかったが、その中にあって経理部は上記の通り四課制がとられ、各店部・連系会社を所管する体制が整ったので、これまで実際報告書は毎年決算終了後、各店部株式会社から総本店あて提出され、それをそのまま一括家長・総理事・理事に供覧していたのを、大正十年度から各店部・連系会社に従来通り提出させた上で、経理部各課がそれを踏まえて、自ら所管する店部・連系会社について、各課毎に実際報告書を作成することに改められた。

第一章　住友合資会社の設立

職制については、変更案通り支配人・副支配人・課主任制を廃止して、部課長制を敷いたが、この結果川田順のように小倉の下で副支配人兼経理課主任としてあたかも経理部長の如く活躍していた者にとっては不満も生じた。

大正十年二月、個人経営の住友総本店を廃し、その代りに住友合資会社を創立したが、経営の方針や内容が変ったわけではない。ただ内部の職制を改め、人事の異動を行なった。その際に於いて、私の一身に取っては未曾有の不愉快なことが起った。

私はそれまで副支配人兼経理課長（註、主任）であったが、改正によって経理部第一課長兼第二課長（註、第四課長の誤り）に貶せられてしまった。新制では従来の経理課を四分して、第一乃至第四課とし、その上に部長を置いた。私は副支配人を取られ、部長にもならず、一桁も二桁も地位をおとされたのであった。これは侮辱以外の何ものでもない。同僚はことの意外におどろいて「弔問」にやって来た。私は表面には笑って、腹の底では苦虫をかみつぶしていた。私が一匹の男である以上、そのままで治まるべきことではなかった。

この挙げ句川田は鈴木邸に談じ込むことになるが、鈴木の方が役者が一枚上だったことを告白している。

これら部課長の人事は次の通りであった（括弧内前職、学歴、職歴、Mは明治・Tは大正の略）。

秘書役　　佐々木栄次郎　（総本店秘書役、学歴不詳、大阪府・千葉県・大蔵省）

人事部長　松本順吉　　　（総本店支配人、M30東大法、内務省・文部省）

第一課長　丸山精一

第二課長　松本兼務　　　（倉庫道頓堀支店支配人、M44東大法、住友入社）

経理部長　小倉兼務

技師長　　中村啓二郎　　（総本店勤務、M25東大工・採鉱冶金、宮内省御料局・三菱合資各佐渡鉱山）

第一課長　　　　川田　順　　　　（総本店副支配人兼経理課主任、M40東大法、住友入社）

第二課長　　　　山村亀太郎　　　（別子山林課経営係、M29東大農・林学、宮内省御料局）

第三課長　　　　大屋　敦　　　　（総本店経理課・電気ニ関スル事務取扱主任、M43東大工・電気、逓信省）

第四課長　　　　川田兼務

総務部長　　　　日高直次　　　　（総本店支配人兼庶務課主任、M33日本法律学校、弁護士）

庶務課長　　　　北澤敬二郎　　　（総本店庶務課文書係兼秘書係、T3東大法、住友入社）

会計課長　　　　野草省三　　　　（総本店庶務課主任代理、M42京大法、住友入社）

工作部長　　　　本荘熊次郎　　　（総本店支配人兼営繕課主任兼林業課主任、M30東大理・物理、住友入社）

技師長　　　　　日高　胖　　　　（総本店・銀行本店新築全設計監督・校査、M33東大工・建築、住友入社）

技師長　　　　　武藤傳造　　　　（総本店臨時土木課主任、M33東大工・土木、内務省）

建築課長　　　　本荘兼務

臨時土木課長　　武藤兼務

臨時電気課長　　大屋兼務

第一課長　　　　外山一郎　　　　（総本店会計課主任、M30東京高商、久留米商業・三十四銀行・村井兄弟商会）

第二課長　　　　熊倉四郎　　　　（総本店監査課主任、M20東京商業学校附属銀行専修科〈大蔵省銀行事務講習所に在学中M19文部省へ移管された〉中退、日本銀行）

監査部長　　　　欠員

　事務章程の制定と同じく、五月十九日には「連系会社及ビ其他会社ノ役員ニ関スル内規」が制定され、一部の関係者

第二部　住友合資会社

四六三

第一章 住友合資会社の設立

のみに配布された(資料11)。本内規には、連系会社の役員はすべて合資会社が決定し、重要事項の決定に際してはあらかじめ合資会社の承認を得ておく必要があることが明記されていた。この内規はその後株式会社住友本社が設立された後も存続し連系会社を支配する憲法となった。

最後に前述の通り、今回制定を見送られた「利益配当並ニ持分払戻ニ関スル決議書」が合資会社設立後一年を経て、利益配当を行う必要が生じた大正十一年五月に決議された(資料12)。

(資料8)

本庶第四〇七号

本社組織変更前、職制、事務章程等特殊ノ規程ハ之ヲ家法ト称シ、諸規則ト区別致居候処、爾後之ヲ廃シ、右特殊ノ規程モ各単行規程トシテ、其名称ヲ称フルコト(例之俸給規程、身元保証金規程、積金規程、何々事務章程等ノ如シ)トシ、家法ナル名称ハ、之ヲ廃止スルコトニ決定相成候。尤モ将来諸規程等ヲ編纂スル場合、其概括ノ名称ニ付テハ、別ニ相定メラレ候筈ニ有之候。依命此段及通牒候也。

大正十年五月十七日

合資会社支配人　小倉正恆

(資料9)

本庶第四〇八号

左記会社ハ、事務処理ノ便宜上、之ヲ連系会社ト称スルコトニ決定相成候。此段及通牒候也。

大正十年五月十七日

合資会社支配人　小倉正恆

記

　　　　　　　　株式会社住友銀行
　　　　　　　　株式会社住友製鋼所
　　　　　　　　株式会社住友電線製造所

　　　　　　　　　　　　　　　　　以上

(資料10)

甲第七号達

住友合資会社事務章程左ノ通定ム。

　　大正十年五月十九日

　　　　　　　　　　　　社長　住友吉左衛門

　　　　住友合資会社事務章程

　　　　　第一章　総則

第一条　本会社ハ、本規程ノ定ムルトコロニ従ヒ、定款所定ノ業務ヲ営ムモノトス。

第二条　直接営業ニ従事スル各店部ニ関スル規定ハ、別ニ之ヲ定ム。

　　　　　第二章　職制

第三条　本会社ハ社長之ヲ統督シ、左ノ職員ヲ置ク。

　　総理事　　一名
　　理事　　　若干名

第二部　住友合資会社

四六五

第一章　住友合資会社の設立

監　事　　若干名
部　長　　若干名
課　長　　若干名
係　長　　若干名
主　査　　若干名
係　員　　若干名
秘書役　　若干名
技師長　　若干名
技　師　　若干名

第四条　職員ノ職務権限左ノ如シ。

総理事
一、社長ノ命ヲ承ケ、会社全般ノ事務ヲ総理シ、部下各員ヲ指揮監督シ、其統一ヲ保持ス。
二、部下各員ノ進退賞罰ヲ具状ス。二等傭員以下ハ之ヲ専行スルコトヲ得。
三、社長事故アルトキハ、其代理ヲ為ス。

理事
一、会社事務全般ノ管理ニ参与ス。
二、部下各員ノ進退賞罰ヲ具状ス。
三、総理事欠位若クハ事故アルトキハ、命ヲ承ケ其代理ヲ為ス。

監事
一、規程ニ依リ会社業務全般ノ監査ヲ行フ。

部長
一、規程及ヒ上司ノ指示ニ依リ、部務ヲ主管シ、其責ニ任ス。
二、部下各員ノ勤惰能否ヲ考察シ、其進退賞罰ヲ具状ス。
三、部下各員ニ国内ノ出張ヲ命スルコトヲ得。

課長
一、部長其他上司ノ指示ニ依リ、各分担ノ事務ヲ掌理シ、其責ニ任ス。
二、部下各員ノ勤惰能否ヲ考察シ、其進退賞罰ヲ具状ス。
三、部下各員ニ特定区域内ノ出張ヲ命スルコトヲ得。
四、部長事故アルトキハ、特ニ指定シタル場合ノ外、所属ノ上席課長其代理ヲ為ス。

係長
一、課長其他上司ノ指揮ヲ承ケ各分担ノ事務ヲ処弁ス。

主査
一、係長其他上司ノ指揮ヲ承ケ、各分担ノ事務ヲ処弁ス。其分担事務ハ課長ノ指定スルトコロニ依ル。但係長アルトキハ係長之ヲ指定ス。

係員
一、主査其他上司ノ指揮ヲ承ケ、各分担ノ事務ニ従事ス。

第二部 住友合資会社

第一章　住友合資会社の設立

秘書役
一、社長、総理事及ヒ理事ニ専属シ、特命ノ事務ニ従事ス。

技師長
一、各課ニ分属シ、部長其他上司ノ指示ニ依リ、各専門技術上ノ事項ヲ管理ス。

技師
一、各課ニ分属シ、課長、技師長其他上司ノ命ヲ承ケ、各専門技術ニ従事ス。

　第三章　理事会及ヒ常務理事

第五条　事業ノ興廃変更、重要ナル規定制度ノ創設改廃、傭員ノ待遇賞罰其他内外ニ対スル重要ナル事項ヲ審議スル為メ、理事会ヲ開ク。

第六条　理事会ハ、総理事及ヒ理事ヲ以テ之ヲ組織ス。

第七条　理事会ハ、総理事之ヲ召集ス。

第八条　理事会ハ、総理事ヲ以テ其議長トス。

前二項ノ場合ニ於テ、総理事事故アルトキハ上席理事之ニ代ル。

第八条　理事会ノ決議ニシテ具申ノ暇ナキトキハ、決行ノ後社長ノ承認ヲ受クヘシ。

第九条　社長ハ、理事中ヨリ常務理事若干名ヲ指定ス。

第十条　常務理事ハ、部長以下ヲ指揮シテ会社ノ常務ヲ担当処理ス。

　第四章　分課

第十一条　本会社ハ左ノ部ヲ置ク。

第十二条　人事部ハ、傭員、準傭員及ヒ労役者ノ人事ニ関スル事務ヲ掌ルトコロニシテ、左ノ各課ヲ置キ、之ヲ分掌セシム。

　人事部
　経理部
　総務部
　工作部
　監査部

第一課　傭員及ヒ準傭員ノ任免、賞罰、給与其他身分待遇ニ関スル事項。
第二課　労役者ニ関スル事項。

第十三条　人事部長ニ特ニ左ノ事項ヲ委任専行セシム。但権限内ト雖モ重要ナル事項ハ経伺スヘシ。

一、補助傭員以下ノ任用、解雇及ヒ休職ニ関スル事項。
二、係員ニ分掌ヲ命スルコト。但他部ニ属スル者ニ対シテハ当該部長ノ申立ニ依ルヘシ。
三、諸願届ヲ処理スルコト。
四、主管事項ニ関シ予定ノ支出ヲ為スコト。
五、前各号以外ノ主管事項ト雖モ、定例ニ属シ又ハ事態軽微ナル事項。

第十四条　経理部ハ会計見積書及ヒ決算ノ審査、事業経営ノ指揮監督並ニ新規事業ニ関スル事項ヲ掌ルトコロニシテ、左ノ各課、係ヲ置キ之ヲ分掌セシム。

第一課

第二部　住友合資会社

第一章　住友合資会社の設立

　　金属山店部係　金属鉱業ニ関スル事項。

　　石炭店部係　　石炭鉱業ニ関スル事項。

　第二課　林業及ヒ農業ニ関スル事項。

　第三課

　　製造店部係　工業ニ関スル事項。

　　販売店部係　販売業ニ関スル事項。

　第四課　銀行業、倉庫業及ヒ他課ニ属セサル事業ニ関スル事項。

経理部長ニ特ニ左ノ事項ヲ委任専行セシム。

一、各店部ノ固定財産償却ニ関スル事項。

二、前号以外ノ主管事項ト雖モ、定例ニ属シ又ハ事態軽微ナル事項。

第十六条　総務部ハ、庶務及ヒ会計ニ関スル事項ヲ掌ルトコロニシテ、左ノ各課、係ヲ置キ之ヲ分掌セシム。

　庶務課

　　内事係　機密、寄附、贈与、接待、新聞雑誌及ヒ会社印保管ニ関スル事項。

　　文書係　定款、規則、令達ノ立案審査、法制ノ調査研究、店用文書ノ発遣接受、記録ノ編纂、文書図書簿冊ノ整理保管、社内取締及ヒ訴訟ニ関スル事項。其他他ノ課、係ニ属セサル事項。

　　地所係　地所家屋ノ管理ニ関スル事項。

　　雑務係　電燈、電話、電鈴、暖房其他社内一般ノ設備及ヒ自動車、自転車等ノ管理ニ関スル事項。

　会計課

四七〇

第十七条　総務部長ニ特ニ左ノ事項ヲ委任専行セシム。但権限内ト雖モ、重要ナル事項ハ経伺スヘシ。

一、社長及ヒ其他業務執行社員ノ印章ヲ管守スルコト。

二、地所、建物、什器、簿冊、書類其他一切ノ本社財産ノ管理ニ関スル事項。

三、規定ニヨル所管固定財産ノ償却ニ関スル事項。

四、社内取締ニ関スル事項。

五、主管事項ニ関シ、予定ノ支出ヲ為スコト。

六、臨時費一百円以内ヲ支出スルコト。

七、前各号以外ノ主管事項ト雖モ、定例ニ属シ又ハ事態軽微ナル事項。

第十八条　工作部ハ、建築、修繕、土木及ヒ電気工事ニ関スル事項ヲ掌ルトコロニシテ、左ノ各課、係ヲ置キ、之ヲ分掌セシム。

建築課

建築係　建築、修繕ニ関スル工事ノ設計、製図、工事仕様書ノ調製、工事ノ施行監督並ニ工事材料ノ保管ニ関スル事項。

主計係　会計見積書及ヒ決算ノ総括、資金ノ出入ニ関スル事項。

計算係　本社ノ計算、記帳並ニ身元保証金及ヒ積金ノ取扱ニ関スル事項。

出納係　諸證券ノ保管及ヒ其売買ノ手続、金銭ノ出納並ニ代理支払ニ関スル事項。

用度係　需要品ノ購入、器物ノ保管、印紙類ノ出納保管、不用物品ノ処分並ニ物品ノ売買代弁及ヒ其送達ニ関スル事項。

（資料11）

第一章　住友合資会社の設立

工務係　建築、修繕ニ関スル工事予算書ノ調製、工事請負、工事材料ノ取調、購買、受渡、工事費ノ調査整理其他雑務ニ関スル事項。

臨時土木課　特ニ指定セル土木工事ニ関スル事項。

臨時電気課　特ニ指定セル電気工事ニ関スル事項。

第十九条　工作部長ニ特ニ左ノ事項ヲ委任専行セシム。但権限内ト雖モ、重要ナル事項ハ経伺スヘシ。

一、主管ノ工事ニ関シ契約ニ基ク支出ヲ為スコト。

二、前号以外ノ主管事項ト雖モ、定例ニ属シ又ハ事態軽微ナル事項。

第二十条　監査部ハ、常時監査並ニ臨時監査ニ関スル事項ヲ掌ルトコロニシテ、左ノ各課ヲ置キ、之ヲ分掌セシム。

第一課　本社並ニ鉱山業、林業及ヒ農業ニ関スル店部。

第二課　工業、販売業、銀行業、倉庫業及ヒ第一課ニ属セサル事業ニ関スル店部。

第二十一条　各部ノ主管事項ニシテ、他ノ部課ニ関聯スルモノハ、関係各部課ニ合議スヘキモノトス。

第二十二条　本規程ハ、大正十年五月十九日ヨリ之ヲ施行ス。

第五章　附則

第二十三条　本規程ノ施行ニ因リ、従来ノ規程中適用セサルモノ左ノ如シ。

一、職制規程中総理事及ヒ理事ニ関スル規定。

二、住友総本店事務章程。

三、前二号以外本規程ニ抵触又ハ重複スル規定。

四七二

第二部　住友合資会社

連系会社及ビ其他会社ノ役員ニ関スル内規（大正十年五月十九日制定）

第一条　本会社ノ利益ヲ代表シテ連系会社又ハ其他会社ノ役員トナルヘキ者ハ、本会社ノ傭員又ハ特殊ノ関係アル者ノ中ヨリ社長之ヲ指定ス。

第二条　傭員ニシテ前条ノ規定ニ依リ連系会社又ハ其他会社ノ役員タリタル者、傭員タル資格ヲ喪失シタルトキハ、当然役員タル地位ヲ失ヒ、直ニ退任ノ手続ヲ為スヘキモノトス。

第三条　傭員ニシテ第一条ノ規定ニ依リ、連系会社又ハ其他会社ノ役員タル者ニ対スル俸給其他給与ニ関シテハ、別ニ之ヲ定ム。

第四条　第一条ノ規定ニ依リ連系会社ノ役員トナリタル者、左記事項ニ付テハ、当該会社ノ内議決定ニ先チ、予メ本会社ノ承認ヲ受クルコトヲ要ス。

一、四等傭員以上ノ任免、昇進、賞罰並ニ課長（課長ナキトキハ係長）以上ノ分掌。

二、傭員ノ退身慰労金（定例ノモノヲ除ク）。

三、傭員及ビ準傭員ニ対スル海外出張、留学又ハ学術研究ノ為ニスル国内ノ出張。但営業上ノ必要ノ為ニスル支那出張ハ此限ニ在ラス。

四、傭員及ビ準傭員ニ対スル年末賞与、各種ノ臨時給与、慰籍、待遇等。但定例ニ属スルモノハ此限ニ在ラス。

五、労役者ニ対スル各種ノ給与、救恤等ニ関スル一切ノ事項。但定例ニ属スルモノハ此限ニ在ラス。

六、事務、技術ニ関スル顧問又ハ嘱託ノ依託。

七、傭員以下労役者ニ対スル各種ノ規程並ニ諸般ノ制度又ハ設備。

八、定款及ビ業務執行ニ関スル重要ナル規程。

第一章　住友合資会社の設立

九、重要ナル契約ノ締結及ビ一切ノ訴訟。
十、重要ナル寄贈、接待。
十一、事業ノ新設、改廃、起業ノ計畫並ニ毎期ノ会計見積書及ビ決算。
十二、勘定科目及ビ元帳科目ノ制定、改廃。
十三、取引銀行ノ選定。
十四、株主総会ニ提出スル事項。
十五、前各号以外ノ事項ト雖モ、重要ナルモノ。
　前記ノ各事項ニ関シ、本会社ニ於テ承認ヲ与ヘントスルトキハ、総テ本会社ノ傭員ニシテ当該連系会社ノ役員トナレル者ニモ合議スルコトヲ要ス。

第五条　第一条ノ規定ニ依リ連系会社ノ役員トナリタル者ハ、本会社諸規程ニ準シ、当該会社ニ関スル諸般ノ報告ヲ提出スヘシ。

第六条　第一条ノ規定ニ依リ連系会社以外ノ会社ノ役員トナリタル者、当該会社ノ事務中、資本ノ増減、払込ノ徴収、社債ノ募集其他重要ナル事項ニ関シ、其意見ヲ発表スルニハ、予メ本会社理事会ノ承認ヲ受クルコトヲ要ス。

第七条　第一条ノ規定ニ依リ連系会社以外ノ会社ノ役員トナリタル者ハ、当該会社ノ重役会ニ附議セラレタル事項其他話題ニ上リタル肝要ナル事項ニ付テハ、随時本会社理事会ニ報告スルコトヲ要ス。

　附記

一、第一号ヲ「四等傭員以上ノ任免、昇進、賞罰並ニ本店課長及ビ支配人以上ノ分掌」トス。

株式会社住友銀行ニ関シテハ、本規程第四条承認事項ヲ左ノ通リ改ム。

四七四

（資料12）

利益配当並ニ持分払戻ニ関スル決議書

決議書

住友合資会社無限責任社員住友吉左衛門、同無限責任社員鈴木馬左也、同無限責任社員住友忠輝、同無限責任社員中田錦吉、同無限責任社員湯川寛吉、同有限責任社員住友厚、同有限責任社員住友元夫、同有限責任社員住友寛一以上八名ノ間ニ、住友合資会社定款第十一条ニ定ムルトコロニ従ヒ、利益配当並ニ労務ヲ以テ出資ノ目的トナス社員ニ対スル持分払戻ノ標準ニツキ、決議スルコト左ノ如シ。

一、財産ヲ以テ出資ノ目的トナス社員ニ対スル利益ノ配当額ハ、決算期毎ニ業務執行社員ノ決議ヲ以テ之ヲ定ム。

二、労務ヲ以テ出資ノ目的トナス無限責任社員ニ対スル配当額ハ、決算期毎ニ社長之ヲ定ム。

三、労務ヲ以テ出資ノ目的トナス社員ニ対シテハ会社解散又ハ退社ノ場合ニ於テ、其持分払戻ヲ為サザルモノトス。

右決議ス。

大正十一年五月二十四日

住友吉左衛門

鈴木馬左也

二、第六号ヲ「顧問又ハ嘱託ノ依託」トス。

三、第九号ノ「重要ナル契約及ビ訴訟（日常ノ取引ニ関スルモノヲ除ク）」トス。

四、第十一号ヲ「事業ノ新設、改廃」トス。

五、第十二号ヲ「勘定科目及ビ元帳科目ノ制定、改廃（銀行固有ノモノヲ除ク）」トス。

第一章　住友合資会社の設立

住友忠輝	
中田錦吉	
湯川寛吉	
住友　厚	
右親権者　父	住友吉左衞門
住友元夫	
右親権者　父	住友吉左衞門
住友寛一	

四　設立に伴う諸規程の整備

(一) 監査規程・会計規則の改正

上記資料8によって、五月十七日付で「家法第一編第九章監査」は、単行の「監査規程」となったが、十九日付「住友合資会社事務章程」の制定に伴い、同日付甲第八号達によりこの「監査規程」中「家長若クハ重役」が「社長又ハ総理事若クハ理事」に、「専務監査員」が「監事」に、「総本店監査課」が「合資会社監査部」に、「一家」が「会社」に

改められた。しかし前述の通り、監事、監査部長いずれも欠員のため、新たに昭和二年（一九二七）六月一日「監査及検査規程」が制定されて、この「監査規程」が廃止されるまで、実質的な変化はなかったものと推定される。

次に同様にして「住友家会計規則」は「住友合資会社会計規則」に改められたわけであるが、やはり大正十年（一九二二）七月十三日付甲第一二三号により、次のように改正された。

すなわち「住友家ノ会計」は「住友合資会社全般ノ会計」に、そして既に述べた通り、正式には昭和三年の社則制定を待たねばならないが、「総本店」が「本社」に、「家法」が「社則」に改められた。この外、上記資料12「利益配当並ニ持分払戻ニ関スル決議書」に対応するため、次の規定が設けられた。

第十一条　社員ニ対スル利益ノ配当ハ、毎会計年度ノ終ニ於テ之ヲ行フモノトス。

また住友総本店は次の通り、「住友家会計規則」第十一条により会計規則積立金や住友銀行が株式会社になる以前は銀行部積立金を、第十二条により総本店建築準備金・相続税準備金等を積み立てていた（「住友総本店」各章利益処分表参照）。

第十一条　総本店ハ、積立金トシテ毎会計年度ノ全利益ノ内ヨリ相当ノ金額ヲ積立テ置クベシ。

第十一条　総本店ハ、積立金トシテ毎会計年度ノ要スル各店各部ハ、毎会計年度又ハ毎決算期ニ総本店ノ認可ヲ受ケテ、其店部ノ利益ノ内ヨリ相当ノ金額ヲ特ニ積立テ置クコトヲ得ヘシ。

第十二条　総本店ハ、特定ノ費途ニ充ツル為メ、予メ其準備金トシテ毎会計年度ノ全利益ノ内ヨリ特ニ積立金ヲ為スコトアルヘシ。

今回の改正では、両者を一本化し、次の通り第十二条とした。

第十二条　本社ハ、毎会計年度ノ利益ノ内ヨリ、積立金及特別積立金トシテ相当ノ金額ヲ積立テ置クベシ。

特定ノ費途ニ充ツル為メ、準備積立金トシテ毎会計年度ノ利益ノ内ヨリ特ニ積立ヲ為スコトアルベシ。

第二部　住友合資会社

第一章　住友合資会社の設立

なおこの明治二十三年（一八九〇）会計規則制定の際開設された積立金は「積立口」と称されていたが、他の積立金「遠計口」（文久四年〈一八六四〉別子勘場元締本役廣瀬宰平開設）、「貯蓄口」（明治八年十二代家長友親開設）と共に、昭和三年四月十八日「本社特別財産規程」の制定によって廃止され、「本社特別財産」に一本化された。

住友本店各店部が総本店本社部門に対し提出する書類については、既に「住友総本店（上）」及び「同（中）」の各「住友総本店の会計・監査制度」で述べたが、住友合資会社が発足すると、これらの他に会計規則施行細則第五条「前項規定以外ニ総本店ハ特ニ諸表ノ呈出ヲ命ズルコトアルベシ」という規定に基づき、中田常務理事の各主管者あて文書の形で、次のような提出書類の追加が行われた（資料13、ただしこの文書は次の①に関するもので、②及び③に関する文書は現存しないが、これらも①とほぼ同時期の大正十年から十一年にかけて開始されたものと推定される）。

① 下半期損益予想表及び下半期収支予想表

いずれも大正十年四月末に開催された主管者会議において「近時財界ノ変化著シクナル傾向アリテ、（註、会計見積書）年一回ニテハ、一ケ年ノ収支損益ヲ予定スルコトハ実際ト離レル感アリ」（川田副支配人）として、会計見積書を年二回提出することにしては如何かという議題が提出された。討議の結果、会計見積書を年二回作成することは繁雑に過ぎるとして各店部（連系会社を含む）に対し両表を毎年六月十五日までに提出させることとし、大正十年度から実施された。総務部会計課では、これらの報告に基づき、七月十五日までに下半期の総損益予想表と総収支予想表を作成した。

② 上半期損益決算額予想表及び下半期損益決算額予想表

同様の趣旨で、会計見積と決算の乖離が問題になったものとみられ、各店部は六月五日までに上半期の、十二月五日までに下半期の損益決算額予想表を提出することとなった。総務部会計課では、これらの報告を集計し、上半期は六月十五日、下半期は十二月十五日までに総損益決算額予想表を作成し、あらかじめ決算の大要を把握することとした。

③ 事業成績旬報

各店部・連系会社は、所管事業の動向を示す主要項目について、毎旬の業績を翌旬三日までに報告し、総務部会計課はこれらをまとめて八日までに総事業成績旬報を作成した。ちなみに報告すべき項目は、鉱山では出鉱(炭)高・引渡高(売鉱高)・唱相場、メーカーでは契約高・引渡高・建値(契約単価)、販売店では引渡高、倉庫では入庫高・出庫高・残高、銀行では預金・貸出金・準備金・利率(預金・貸金)、信託は信託引受高(金銭ノ信託・其他ノ信託)・信託財産利用高(貸付・有価証券・有価証券貸付)、生命では新契約高・契約消滅高・契約残高、本社では当座預金・借入金・連系会社預リ金と詳細を極めていた。しかもこれらの項目の多くについて、毎旬の実数だけでなく、一月からの累計・前年同旬比などが求められていた。

これらの諸表は、昭和三年の社則制定の際、会計規程及び会計規程施行細則の中に明文化された。

(資料13)

各主管者宛中田常務理事文書

拝啓本年度主管者会議ニ於テ御協議申上候、会計見積書ヲ毎決算期呈出ノ件ハ、今回左記ノ通決定相成候間、本年下半期ヨリ御実行相成度。此段及御通牒候也。

大正十年六月十一日

　　　　　　　　　　合資会社常務理事

　　　　　　　　　　　　　中田　錦吉

　　　記

会計見積書ハ現行ノ通、毎年一回呈出ノコト。但シ損益並ニ収支ニ付キテハ、毎年六月上旬ニ於テ更ニ事業ノ実況ヲ考察シ、該年度下半期予想表ヲ作製シ、同月十五日迄ニ本社ニ到着スルヤウ呈出スヘシ。

第一章　住友合資会社の設立

本予想表ト当初呈出シタル会計見積書ノ記載ト著シキ差異ヲ生セル場合ニハ、特ニ其理由ヲ附記スヘシ。

損益予想表ハ損益表ニ準シ、各元帳科目別ニ記入ノコト。

収入支出予想表ハ会計見積書収入支出表ノ様式ニ拠ルコト。

追テ右ハ本年度ヨリ御実行相成度。但シ呈出期限ハ本年度ニ限リ六月末日ト御承知相成度候。

以上

(二)　資金取扱規程の制定

「住友総本店(下)」の「二　住友総本店の業績」で述べた通り、住友総本店は原則として自己資金で経営され、住友銀行からの借り入れは、特別の場合に限られていた。従って各店部に対しては、総本店(本社部門)から各店部勘定を通じて資金が貸し付けられており、資金不足を避けるため、総本店は各店部から年末に会計見積書を提出させて、あらかじめ翌年の「資金最高額」を把握していたが、これまでこれらの各店部の使用資金に対し社内金利を賦課することはなかった。

しかし大正四年末鋳鋼所が株式会社になると、総本店はこれに対し貸付金の形で融資を行い、金利を徴収するようになった。その後大正七年になると伸銅所が、次いで八年には鋳鋼所の使用資金が急増したため、両所は総本店を経由して住友銀行から手形融資を受けるようになった(「住友総本店(下)」第8表銀行出納勘定及び銀行借入金勘定参照)。総本店は、住友銀行に対するこの融資に関する支払利息をそのまま両所に付け替えていた。大正九年には、住友銀行からの借り入れ(総本店・伸銅所同様に手形借り入れで、大正九年四月から開始された)は一挙に五倍近くに増加し(第4表)、総本店は資金不足に陥ったため、この年末に設立された株式会社住友電線製造所は、直接住友銀行から担保

第二部　住友合資会社

第4表　住友総本店と住友銀行との取引状況

（単位：千円）

	大正6年末	7年末	8年末	9年末
総本店の銀行勘定借越額（A）	0	2,668	4,377	21,304
住友銀行貸出残高（B）	120,148	193,564	261,560	287,686
A／B×100	—	1.4	1.7	7.4

註：（A）は「住友総本店（下）」第8表の銀行出納勘定と銀行借入金勘定の合計額である。
出典：『住友銀行八十年史』244頁。

付手形借り入れ一五〇万円、商業手形割引限度二五〇万円の融資を受け、又当座借越契約を結んだ。

かくして自己資金の枠内で各店部・株式会社の資金繰りを図ろうとしていた時は、これらから提出させた会計見積書によって「資金最高額」を把握することは、極めて重要であったが、一度この枠が突破され、住友銀行に対する依存度が高まるにつれ、この「資金最高額」は意味を持たなくなり、むしろ使用資金の効率が問題となってきた。後に昭和三年の社則制定に際し、会計見積書及び実際報告書の「資金最高額」が廃止され、一般的な収支予想にとって代わられる端緒といえよう。大正十一年に作成された大正十年度実際報告書によると、このような使用資金の急増を受けて、総本店では社内金利の賦課がその目的と思われるが、大正九年から各店部の資金使用総積数の計算を開始している。

大正十年末の銀行借入超過は一七二三万円となり、前年に比し四〇八万円の減少となったが、これは割引手形支払のため通知預金四九六万円を引き出したためで、これを算入すれば八八万円の増加となっていた。このため合資会社は、大正十一年三月二十日「資金取扱規程」（資料14）を制定し、各店部の資本金を定め、この資本金額とその店部勘定の元帳残高との差に対し、金利（「本社貸越日歩」と称する）を賦課することとした（他方各店部の余剰資金は本社に預けられ、「本社預り日歩」が付けられたが、ここでは省略する）。連系会社はこの規程の対象外であったが、店部でも伸銅所の如く従来から総本店経由住友銀行から手形融資を受けていた店部の金利付替は従来通りであった。またこの規程の具体的な手続は、五月八日「資金利息計算手続」（資料15）として通達された。

第一章　住友合資会社の設立

第5表　付替金利の推移

(単位：銭厘毛)

年度・期	付替金利(本社貸越日歩)	年・月	住友銀行割引日歩⑨		大阪組合銀行手形貸付日歩⑩	
			最高	最低	最高	最低
大正12年度第1期	243	大正12年2月			276	227
第2期	243	5月			276	239
第3期	245	8月			270	251
第4期	248	11月			277	239
13年度第1期	260	13年2月			272	242
第2期	260	5月	不	詳	275	240
第3期	260	8月			272	247
第4期	260	11月			278	231
14年度第1期	① 250	14年2月			267	225
第2期	250	5月			262	212
第3期	240	8月			260	206
第4期	235	11月	260	210	258	208
15年度第1期	230	15年2月	260	210	255	205
第2期	② 220	5月	265	200	254	200
第3期	230	8月	270	200	252	199
第4期	③ 225	11月	260	195	251	198
昭和2年度第1期	④ 220	昭和2年2月	260	185	248	195
第2期	⑤ 210	5月	260	190	247	192
第3期	⑥ 210	8月	255	180	245	180
第4期	⑦ 200	11月	260	160	239	167
3年度第1期	⑧ 190	3年2月	270	160	228	150

註：①大正13年11月27日付大正14年度第1期資金利息歩通知ノ件起案「備考」
　　　前period二於ケル本社ノ実際割引日歩ハ2銭5厘ナリ。
　　②大正15年2月25日付大正15年度第2期資金利息利率通知之件起案「備考」
　　　下記利子ハ前例通り貸越日歩ハ銀行割引日歩、預リ日歩ハ特別当座日歩ナリ。
　　③大正15年8月30日付大正15年度第4期資金利息利率通知之件起案「備考」
　　　7月以降金利安二付キ貸付日歩ヲ5毛引下ケントス。
　　④大正15年11月29日付大正16年（註、昭和2年度）第1期資金利息歩合決定通知ノ件起案
　　　「理由」
　　　1．貸付日歩ニ付テ
　　　　本年7月ヨリ市中金利低下ノ趨勢ヲ呈シ、為ニ本社貸付日歩モ第4期分ハ第3期ヨリ5毛引下ヲ見タルガ、其ノ後10月4日日銀利下（2銭ヨリ1銭8厘二利下）ノ結果、市中金利モ更ニ低下スルコトトナリタレバ、16年度（註、昭和2年度）第1期分ハ第4期分ヨリ更ニ5毛方貸付日歩ヲ引下グルコト適当ト認メラル。
　　　2．預リ日歩（略）
　　⑤昭和2年2月18日付昭和2年度第2期資金利息歩合決定通知ノ件起案「理由」
　　　1．預リ日歩ニ就イテ（略）
　　　2．貸付日歩ニ就イテ
　　　預リ金日歩ヲ前記ノ通リ（註、1厘）引下グル以上、貸付日歩モ同様ニ引下グベキハ、蓋シ当然ナルベク、又之ヲ一般金利ノ趨勢ヨリ見ルモ然ルベキモノト認メラル。
　　⑥昭和2年5月24日付昭和2年度第3期資金利息歩合決定通知ノ件起案「理由」
　　　本社預リ及貸付日歩ノ標準ヲナス住友銀行特別当座預金及貸金各利率ハ、本社現行日歩ヲ決定シタル2月末当時ト殆ンド差異ナキヲ以テ、第3期日歩モ現状ノ儘据置クコト適当ト認メラル。
　　⑦昭和2年8月26日付昭和2年度第4期資金利息歩合決定通知ノ件起案「理由」
　　　1．預リ日歩ニ就テ（略）
　　　2．貸付日歩ニ就テ
　　　住友銀行ノ優良貸金ニ対スル日歩ハ、従来1銭9厘ニテ、本社貸付日歩ハ現ニ2銭1厘ナルガ、最近前者ハ1銭8厘ニ引下ゲラレ、尚金融ノ前途相当緩慢ノ見込ナレバ、後者モ亦同様1厘方引下ゲ即チ2銭ニ決定スルコト適当ト思考セラル。
　　⑧昭和2年11月26日付昭和3年度第3期資金利息歩合決定通知ノ件起案「理由」
　　　現行資金利息ハ、本社預リ1銭、貸付2銭ナルガ、現在市中金利ハ右率ヲ決定セル8月当時ヨリ低下シ、即チ特別当座日歩ハ此ノ間1銭9厘ニ、市内商業手形日歩ハ同ジク1銭9厘ヨリ1銭8厘ニ夫々1厘方引下ゲラル。之ヲ実例ニ徴スルニ現在ニ於テ、肥料ハ1銭9厘、伸銅ハ1銭9厘〜2銭、倉庫ハ2銭ナリ。金融界ハ当先キ末マテ幾分引締ルベキモ、大勢緩慢ノ模様ナレバ、今後3ヶ月間ノ資金利息モ現行率ヨリ1厘方引下ゲグル適当トスベシ。
　　⑨「住友銀行割引日歩」は月末。出典は④⑤⑥⑧の各起案。
　　⑩「大阪組合銀行（正式には大阪銀行集会所組合銀行、住友銀行もその一員である）手形貸付日歩」は月中。手形貸付は大正12年7月以降、それまでは証書貸付と共に貸付金日歩として一本であった。出典は大阪銀行集会所『大阪銀行通信録』第305号〜第367号。

なおこの両者は、後に昭和三年社則制定時に、統合されて「資金規程」となった。この規程に基づいて大正十二年から昭和三年にかけて付替られた金利を第5表に示した。この付替金利を決定する

ールはつまびらかでないが、資金利息決定通知の起案に記されている備考あるいは理由(第5表註参照)から推定すると、まず最初に合資会社本社の割引日歩の実績からそれをカバーする付替金利の水準が決定され、その後は期末の住友銀行の手形割引日歩(その最低レートが原則として合資会社に適用されたものと思われる)と市中金利の動向から、翌期の付替金利が決定されていた模様である。ちなみに期末の住友銀行の最低手形割引日歩と翌期の合資会社付替金利は、二厘から二厘五毛の幅でほぼ連動している。

(資料14)

乙第四号達

各店部資金取扱規程左ノ通相定ム。

大正十一年三月二十日

合　資　会　社

資金取扱規程

第一条　各店部所属ノ固定財産勘定、創業費勘定及ヒ起業支出勘定ノ前決算期末ニ於ケル元帳残高並ニ一定ノ流動資本ノ合計ヲ以テ、一決算期ニ於ケル其店部ノ資本金トス。但特定ノ店部ニツキテハ、流動資本ヲ設定セサルコトアルヘシ。

第二条　流動資本ノ金額ハ、本社ニ於テ之ヲ決定シ、毎決算期改定セサルモノトス。

第三条　資本金ハ特別ノ理由アルトキハ、前二条ノ規定ニ拘ラズ本社ニ於テ設定、変更又ハ廃止スルコトアルヘシ。

第四条　各店部ノ資本金額ト本社ニ於ケル其店部勘定ノ元帳残高トノ差額ニ対シ、本社対各店部間ニ利息ヲ支払フモノトス。但シ資本金ヲ有セサル店部ニツキテハ本条利息ノ計算ハ、本社ニ於ケル其店部勘定ノ元帳残高ニヨル。

第二部　住友合資会社

第一章　住友合資会社の設立

第五条　利息ノ割合ハ、本社別ニ之ヲ定ム。

前項ノ利息ハ、前期純損益ヲ決算期ノ第一日ニ於テ、各店部ヨリ本社ニ付替ヘタルモノトシテ之ヲ計算ス。

第六条　本規程ハ、各店部ト其所属ノ各部又ハ特別会計トノ間ニ準用ス。但シ所属ノ各部又ハ特別会計ノ流動資本ヲ設定、変更又ハ廃止セントスル場合ハ、本社ノ認可ヲ受クヘシ。

附則

本規程ハ、大正十一年一月一日ヨリ之ヲ施行ス。

以上

（資料15）

乙第五号達

資金利息計算手続左ノ通相定ム。

大正十一年五月八日

合　資　会　社

資金利息計算手続

一、資金取扱規程第五条ニ依ル利息ノ割合ハ、左ノ期間毎ニ本社之ヲ定メ、其期間ノ始ニ於テ、各店部ヘ通知スルモノトス。

第一期　自前年十二月一日　至其ノ年二月末日

第二期　自三月一日　至五月末日

第三期　自六月一日　至八月末日

第四期　自九月一日　至十一月末日

二、利息ハ、左ノ期日ニ於テ本社之ヲ計算シ、各店部ヘ付替フルモノトス。

第一期及第二期分　　　五月末日

第三期及第四期分　　　十一月末日

三、前項利息ヲ整理スルタメ、元帳科目中ニ「資金利息」科目ヲ新設シ、元帳差引残高表ノ順序ハ損益勘定中「償却」科目ノ前トス。

備考

一、利息ノ割合ヲ年四回通知スルコトハ、手形ノ割引期間ガ普通三ケ月ナルヲ以テ、三ケ月ニ一回利率ヲ決定スルヲ適当ト認メタルナリ。

二、利息ノ付替期日ヲ五月末日及十一月末日トシタルハ、各決算期最終ノ月ハ、最モ多忙ノ時ニシテ利息ノ計算ヲ行フコト困難ニシテ、同決算期内ニ利息ノ付替ヲ行フコト能ハザルニ至ル恐アルヲ以テ、一月前ノ五月及十一月ノ末日トシタルナリ。

三、元帳科目ノ新設ハ申請ヲ俟チ認可スルヲ原則トスルモ、今回ハ各店部共通ノモノニ付、本規則中ニ規定セリ。

註

（1）『三井事業史』資料篇三（三井文庫　昭和四十九年）五八五～五九〇頁。

（2）武田晴人「資本蓄積（3）財閥」（大石嘉一郎編『日本帝国主義史1第一次大戦期』第六章　東大出版会　昭和六十年）二四八～二五一頁。但し二四八頁非常特別税法について「甲種について定率の八割、乙種について八階級の累進税率で一—一六割を増徴することを定めた。」とあるのは政府の第二次増徴案である。この前に第一次増徴があり、この第二

第二部　住友合資会社

四八五

第一章　住友合資会社の設立

次増徴案も乙種は増徴率高きに失するとして修正されたので、正確には「第一次増徴で一律七割増徴、第二次増徴で甲種について定率の八割、乙種について八階級の累進税率で一―三三割を増徴することを定めた。」とすべきである。ここでは両者の合計を示した。なお所得税制の変遷については、『明治大正財政史』第六巻（大蔵省　昭和十二年）一〇〇〇～一一五〇頁及び『明治大正財政詳覧』（東洋経済新報社　大正十五年）六五八～六六四頁参照。

（3）川田順『住友回想記』（中央公論社　昭和二十六年）二六頁。

（4）前掲『明治大正財政史』第七巻一九二、一九三頁。但し贈与等の関係で、「戦時利得金額より平時平均所得金額に百分の二十を加へたるものを控除したる額は利得金額に符合しない。

（5）「住友総本店（下）」では当時「総本店内部においても、実際に洋行が他所製品の取扱いや輸出業務に乗り出すとなると、内地側にそれに見合った体制が存在しないと、伸銅所・電線製造所・鋳鋼所といった製造店部、あるいはこれらと無関係の商品については総本店（本社部門）がどこまで仕入業務や輸入業務ができるかという問題が生じてきたものと思われる。」と指摘した。その上で「これまでの住友のやり方からすれば、川田が大正七年の会議で指摘したように『今ノ組織ニテ可』として一応やってみて、上手く行かなければ古河や三菱のようにまず『営業部ヲ作ル』ことを考えた筈である。」とし、それが「この段階を経ないで一挙に商事会社設立へと急進展したのは、（中略）商事会社を設立することによって、他所製品取扱いのフリー・ハンドを得て、古河や三菱に追いつきたいという強い期待があったもの」かと述べた。しかしこれは、「他所製品取扱いの件」という起案が残されていないため、一応この起案が商事会社設立を意図していたものという通説に従ったものであるが、この「営業部」を含む組織案が「他所製品取扱いの件」という起案と、ほぼ時期的に符合することを考えれば、商事会社設立という話は、それを視野に入れつつも当面は「営業部」を設置するというものであり、それらがいずれも帰国した鈴木総理事の容れるところとならなかったと考えるのが、妥当と思われる。

（6）『小畑忠良を偲ぶ』（小畑亮一　昭和六十年）一二一～一二三頁。

（7）同前。

（8）同前。

（9）商法上合名会社、合資会社に労務出資社員の規定はあったが、実際に三井合名や三菱合資には住友合資のような労務出資社員は存在しなかった。また三井合名は資本金二億円、総資産二億九三八四万円（松元宏『三井財閥の研究』二二八、

四八六

一二九頁。時点は大正十年一月末現在)、三菱合資は資本金八〇〇〇万円、総資産一億六七三五万円(三菱合資会社『社誌』二七巻五三七一、五三七二頁。時点は大正九年十二月末現在)であったのに対し、住友合資は、時点は大正九年十二月末現在で、住友家がほとんど全財産を出資し、資本金一億五〇〇〇万円、総資産一億七〇〇〇万円であった(第1表及び第3表参照)。

(10) 久島精一『追憶二三』(鈴木馬左也翁伝記編纂会『鈴木馬左也』昭和三十六年)六五四頁。

(11) 安藤良雄編著『昭和経済史への証言』中(毎日新聞社昭和四十一年)一一三、一一四頁。

(12) 『住友春翆』(「住友春翆」編纂委員会 昭和三十年)五六八～五六九頁。

(13) 大正九年九月二十九日付日高直次宛原嘉道書簡
拝復貴下御多祥奉賀候。然ハ合資会社ノ無限責任社員ニ関シ御質議ノ件ㇾ左ノ通リ思考致候。
一、合資会社無限責任社員ガ死亡シタル場合ニ於テ、其相続人ヲシテ社員タルノ地位ヲ承継セシムヘキ旨ノ定款ノ規定ハ固ヨリ有効ニシテ、該相続人カ意思能力未成年者ナルト否トヲ問ハス、被相続人タル無限責任社員ノ死亡ニ依リ、当然其地位ヲ承継スヘキモノトス。
一、前項無限責任社員ノ地位ヲ承継シタル意思能力未成年者ハ、法定代理人ニ依リテ会社ヲ代表シ其業務ヲ執行

スルヲ得サルモノナルカ故ニ、該無能力者ハ意思能力ヲ有スルニ至ルマテノ間、会社ノ代表又ハ其業務ノ執行ヲ為スヲ得サルモノトス。(後略)

(14) 註(10)に同じ。

(15) 註(6)に同じ。

(16) 前掲川田『住友回想記』一三五頁。川田は家長と鈴木の関係について次のように述べている。
明治人の鈴木馬左也は、伊藤公草案したところの憲法や典範を宗とし、住友王国をば明治憲法的に統御して行かうと考へたのではなからうか?彼は会社の業務一切を彼自身及び同僚数人の手中にしっかりと掌握したが、家長として吉左衛門に対しては精神的に又儀礼的に最高の敬意を表した。これは、まことに鈴木の用意周到なるところであった。宴会その他の非業務的の席上で、家長と鈴木と私共が一緒になった時などは、鈴木は戦々競々として家長の前に最敬礼した。それを傍で見てみた私共は「飛ぶ鳥おとす勢ひの総理でさへこんなに平伏するのだから、家長さんはたいしたものだ」と畏敬せざるを得なくなった。

(17) 安岡重明「Ⅱ四大財閥―三井・三菱・住友・安田―」(安岡重明『日本の財閥』、宮本又次・中川敬一郎監修『日本経営史講座』第三巻 日本経済新聞社 昭和五十一年)五〇頁。

(18) 註(10)に同じ。

第二部 住友合資会社

四八七

第一章　住友合資会社の設立

(19) その後も連系会社の定義が明らかにされることはなかった。戦後総司令部に対し説明する必要が生じた際、昭和二一年一月二十九日付で作成された資料「連系会社及特定関係会社ノ定義ニ付テ」によれば、次の通りである。

(一) 株式ノ全部又ハ相当部分（一定ノ標準率ヲ決定シヲラズ）ヲ住友本社又ハ住友家ガ所有シ
(二) 其ノ役員ハ住友ノ利益ヲ代表スル者ヲ以テ構成セラレ
(三) 従ツテ住友本社ガ其ノ統制権ヲ完全ニ掌握シヲル会社ニシテ
(四) 事業ノ規模内容等ヲ考慮シ住友本社ニヨリ連系会社トシテ指定スルニ値スルモノヲ連系会社ト言フ

(20) 『南満洲鉄道株式会社三十年略史』（昭和十二年　南満洲鉄道株式会社）一九、三四頁。
(21) 昭和五十年十二月十九日小畑忠良氏談。
(22) 前掲川田『住友回想記』一一、一二頁。
(23) 『社史　住友電気工業株式会社』（昭和三十六年）三八四～三八六頁。

四八八

第二章 住友合資会社（上）
―― 大正十～十四年 ――

目次

一 統轄システム
　㈠ 鈴木総理事の晩年
　㈡ 中田総理事の三年間

二 業績
　㈠ 合資会社（本社部門）の業績
　㈡ 合資会社（全社）の業績

三 投資活動
　㈠ 連系会社の株式
　㈡ その他の住友系企業の株式
　㈢ 住友系以外の企業の株式

四 資金調達

五 店部・連系会社・特定関係会社
　㈠ 日米板硝子株式会社の経営の承継
　㈡ 住友倉庫の株式会社への移行
　㈢ 株式会社住友ビルディングの設立
　㈣ 坂炭礦株式会社の経営の承継
　㈤ 住友肥料製造所の株式会社への移行
　㈥ 日之出生命保険株式会社の経営の承継
　㈦ 住友信託株式会社の設立

第二章　住友合資会社（上）

一　統轄システム

本章が対象とする期間は、大正十年（一九二一）二月、住友合資会社の設立から、翌十一年十二月、総理事鈴木馬左也の辞任までの約二年間と、十四年十月、後任の総理事中田錦吉が自ら制定した停年規程に基づき退職するまでの約三年間の合わせて五年間である。

本節では合資会社の組織・制度・規程・人事等を一括して取り扱うこととするが、この期間は合資会社発足当初の時期でもあり、組織・人事について大幅な異動はみられなかった。しかし労働運動の高揚中に合資会社として如何に対処するかが大きな課題とされた。また規程については、合資会社発足時に、取りあえず家法中の諸規程がそれぞれ単行規程とされたが、これらをまとめて新たに「社則」として編纂するため、大正十二年六月総務部庶務課文書係で検討が開始された段階であった。

(一)　鈴木総理事の晩年

総理事鈴木馬左也は、大正十年年頭に尿毒症を患い、前章「住友合資会社の設立」で述べた通り、二月の合資会社設立時はもとより、五月の事務章程制定とそれに基づく人事の発令で、合資会社が実質的に始動した際にも、依然として静養中であった。丁度この頃ニューヨークに在った前理事久保無二雄は、鈴木宛に引退を勧めたが、鈴木は一顧だにしなかったことは既に触れた（「住友総本店(下)」資料1参照）。

しかしながら鈴木の回復は予想外に長引き、職務に復帰したのは、その年の秋になってからであった。大正十年十月

開催された住友銀行主管会議の冒頭、鈴木は次のように挨拶した。

　茲ニ諸君ノ御健康ヲ祝シマス。予モ亦比較的健康ニシテ此頃始メント病気全快ト謂ヒ得ル状態デアリマス。本年一月二日発病、爾来久敷ク静養シテ居リマシタカ為メ、其間勤務自ラ不十分トナッタノハ、予ノ大ニ遺憾トスル所デアリマスカ、此頃漸ク全快シ、茲ニ諸君ニ御目ニカカルコトノ出来ルノハ、予ノ最モ愉快トスル所デアリマス。

しかしこの鈴木の静養中に、合資会社は発足早々にして、「大正十年六月、住友電線製造所及び住友製鋼所が、同時に争議の津浪に襲われた」。

住友家では、従来から職員はもとより各事業所が雇用する労働者に対しても、「家族主義」をもって臨んできた。従って当時の住友合資会社の幹部の認識としては、労働者側に不満が生ずる筈はなく、それでも労働争議が起こるのは社外の組合指導者による扇動の結果だというものであった。例えば、既に明治四十年（一九〇七）に当時の別子鉱業所支配人中田錦吉は「労働者ノ使役ニ付テハ世間ノ模範トナリ度キ心組ナリ」と述べ、クルップの工場の制度が完全と聞いて、その規則を取り寄せ翻訳していることを明らかにしている。従ってわが国最初の労働法規である「工場法」が明治四十四年三月制定されながら、ようやく大正五年九月に施行された際には、その内容は既に住友の施策には織り込み済みであった。

この他同じ大正五年四月には住友家が、資金一〇〇万円と用地五〇〇〇坪を寄付して、大阪市西区市岡町に財団法人住友私立職工養成所が設立された。この養成所が名称を私立住友職工養成所としなかったのは、必ずしも自社のための職工養成を意図したものではなく、あくまで貧民救済のため家計困難なる者の子弟に、職工としての知識・技能を授け、品性を陶冶することを目的としていたからであった。

また同五年十二月傭員に対し臨時特別賞与が三〇〇万円支給された際に、職工・労役者に対しても家長から特別保護

第二部　住友合資会社

四九一

第二章　住友合資会社（上）

・救済金一二〇万円が拠出され、これに基づいて翌六年八月各事業所では、労役者特別保護金規程を制定して、本人及び家族の不幸時に見舞金・弔慰金を、退職時に養老金等を支出することとなった（「住友総本店（中）」註（13）参照）。

さらにこの頃既に住友の各工場には診療所が設けられていたが、これらを発展させて病院の設立が計画されており、大正十年七月私立大阪住友病院が創業費七〇万円をかけて開院した。このような施策の結果、住友の各工場の離職率は次第に低下し、中でも伸銅所では、大正八年には二〇％を切るまでに至ったが、他に類似の工場の多い製鋼所では「渡り職工」の存在に災いされて、依然として四〇％を超える高い離職率に止まっていた。

この間伸銅所経理課庶務係三村起一（T3東大法、Tは大正の略、以下同じ、のち住友機械製作専務取締役、住友鑛業専務取締役・社長、戦後石油資源開発専務取締役、石油開発公団総裁）は、大正五年十月住友の機関誌『井華』で「住友は人材を採用するけれども、その養成に欠けている。有為の人材の前途に対しては現状では放任主義でなにもしていない。つまり住友は人材のムシブロである」と喝破して物議を醸したが、さらに翌六年三月「須く理想的職工団を組織すべし」と題して、次のように説いた。

工場法の実施は当局者の予想意外に権利観念を職工間に流行せしめた。工業界の好景気は職工の払底を来たし、職工の払底は職工の争奪となり、職工の鼻息従て荒く賃銭値上の請求は尋常茶飯事となり、小同盟罷業は随所に勃発した。今や多数の職工は亦昔日無智蒙昧の徒にあらずして盲目的屈従より自覚に至らんとする過渡期に進んだ。時流に抗するは固より不可なり。超然時流を指導するの慨がなくてはならぬ。彼等をして放縦専横国民の迷惑を顧みず同盟罷業の武器を以て争ふに至るも、能く工場主と協力一致して国家の福利を増進するに至るも主として此過渡期に於ける工場主の方針如何に由ると云はねばならぬ。（中略）

「民は之に由らしむべし、之を知らしむべからず」の主義を万事に適用せる盲目的主従関係は威圧服従の主義と共

に職工問題解決の鍵とすることは出来なくなった。然しながら或学者や夢想家等の渇仰するが如く英国の労働組合なるものを直に我国に移植せんとする冒険には組することが出来ぬ。(中略)茲に於てか吾人は吾住友家自身の理想的労役者団の組成を提言せねばならぬ。理想的職工団とは何ぞ。愛と自由の実現されたる団体にして工場主自身之を指導するものである。(中略)

昨年中米国に起った同盟罷業は其数千七百十九、而も一指だも染むる能はざるは「デトロイト」市の「フォード」自動車工場ではないか。一年五十万台の自動車製作力に驚く前に「フォード」氏と職工との好感に驚嘆せねばならぬ。彼等は理想的職工団を実現して居る。職工組合の威力を以てして一寸も揺かすことが出来ぬ同盟罷業の渦も此工場を呑むことか出来ぬ。吾人は歩一歩此理想に進みつゝある。此度の職工保護救済基金に依って愈々吾人の理想実現の近きを覚ると共に益々奮励努力すべきを想ふものである。

この一文に続いて三村は、さらに米国から帰朝した「社会主義者の大物賀川豊彦氏を神戸葺合の陋巷から呼んできて災害防止の講演をさせたりしたので、三村は思想的に大丈夫か」と心配する者も出てきた。

大正八年三月、伸銅所に職工及び労務者に関する事項を専門に担当する工場係ができると三村はその首席者となった。しかし現状にあきたらない三村は、夏休みに上京し、一高の恩師新渡戸稲造に会い、住友を退社してブラジルに渡りたいと相談したが、新渡戸から母親のことを考えて自重するよう諭された。その日小倉理事から至急帰阪出社せよとの電報が三村に届いた。それは、折柄欧米出張中の総理事鈴木馬左也が視察したフォードの工場の労務管理に感銘を受け、伸銅所の三村を研究のため、フォードの工場に派遣するようにとの指示であった。

十一月、ロンドン滞在中の鈴木の元に出頭した三村は、直接鈴木から「フォードに行き、半年間職工の生活を調べてもらいたい。あとの一年は欧米どこでも思うところを調べてよい。君の主要目的は労資関係の調査だ(3)」と指示され、早

第二部　住友合資会社

四九三

速デトロイトに向かった。

大正十年四月、三村がフォードの工場で肉体労働まで体験して、一年半ぶりに帰国してみると、状況は一変していた。三村の出発直後、大正八年十一月、従来から伸銅所に設けられていた職工の親睦機関「親友会」の労資協調路線に反発する者たちによって「新進会」が組織された。この「新進会」は大正九年三月の恐慌を経て、五月に横断組合の形をとって一般伸銅工による「大阪伸銅工組合新進会」へ発展し、組合長にかの賀川豊彦が就任した。こうした横断組合は、大正元年発足当初、修養ないし共済団体として出発した「友愛会」が、大正八年八月「大日本労働総同盟友愛会」と改称し、労働組合への転進を図って「同職組合」として各地に結成を推進していたものであった。「大阪伸銅工組合新進会」は、当時まだ正式に友愛会に加入していなかったが、組合長の賀川は大正七年以来友愛会の神戸葺合支部長の地位にあった。

三村の帰国した大正十年四月、伸銅所尼崎工場では不況のため生産品種を鋼管・管材に絞ることとなり、労働者の三分の一を解雇した。この退職手続き自体はスムースに終了したが、これに伴い五月に実施された請負・加給制度が賃銀の減少・労働強化につながるとして職工たちの不満を買い、怠業に入った。六月に入りこの制度の一部見直しで事態は決着した。しかしこの伸銅所の争議が、電線製造所と製鋼所の争議の口火となった。

電線製造所では、一部の職工によって二月に「大阪伸銅工組合新進会」の支部が結成されていた。また製鋼所では四月に、仕上係職工によって「機械工労働組合」が結成され、続いて砂落・鍛造・製輪の各係にも組合が結成された。これらの製鋼所内の各組合は、六月に元製鋼所職工西尾末廣によって「大阪機械労働組合」が設立されると、それぞれその島屋及び島屋第一～三支部となった。五月一日には大阪で最初のメーデーが開催され、大阪の労働運動は最高潮に達していた。五月末藤永田造船所の争議が起こると、「友愛会」はこれを支援するため、電線製造所・製鋼所の組合にも

同調を求めた。

六月十三日電線製造所、十六日製鋼所の職工は、団体交渉権の承認、賃銀・退職手当の増額の要求を提出したが、会社側の回答を不満として十六日からストに入った。合資会社の責任者は、製造部門担当の理事山下芳太郎であった。山下は、伸銅所長・製鋼所常務取締役・電線製造所取締役を兼務していた。二十三日会社側は、退職手当の改正を発表したが、大阪伸銅工組合新進会は団体交渉権について明確な回答を与えるよう警告書を送り、伸銅所も争議に同調する可能性が生じた。二十六日大阪伸銅工組合新進会は友愛会への加入式を天王寺公園で開き、労働歌が響きわたった。この天王寺公園に隣接する茶臼山には、鰻谷にあった住友本邸が大正四年末新築移転していた。

六月二十七日、静岡県興津で静養中であった総理事鈴木馬左也は、急遽帰阪し、徹夜で対策が協議された。伸銅所では、五月の争議の際、工場係が工場課に昇格し、帰国したばかりの三村が課長となっていた。この協議に加わった三村によると、この時の鈴木の考え方は次のようなものであった。なお古田俊之助（M43東大工・採鉱冶金、Mは明治の略、以下同じ、当時伸銅所製造課長、のち金属専務・本社専務理事・総理事）によれば、この鈴木の考えの背後には家長の意向があったという。(4)

住友はいたずらに労働者と争議をしてはいけない。製鋼所、電線の諸君は非常に強硬な意見であるが、私はそうではない。私はみなさんからみると、軟弱にみえるかもしれませんが、私は喧嘩をせずに、この話をおさめたい と思います。現場の諸君としては忍び難いだろうけれども、この際は円満におさめて、団体交渉権なり、退職慰労金のことをよく考えてもらいたい。そういうことで結着したいから、みんなよく私のいうことをきいてくれといわれた。

この鈴木の意向に従って会社側は、二十八日三工場に工場協議会を設置することを発表し、二十九日には争議解雇者

第二部　住友合資会社

四九五

第二章　住友合資会社（上）

にも新規定により退職金を支給すること、また七月の定期昇給を下級者に手厚くすることを約束し、争議は解決した。

工場協議会については、直ちに人事部長松本順吉（経歴は「住友合資会社の設立」参照、以下合資会社本社部門の幹部についても同じ）を委員長とする委員会によって制度の検討が開始され、三村の研究に基づいて、米国インターナショナル・ハーヴェスター社のショップ・コミッティーをモデルとして、八月十六日その規則が制定され、即日実施された。住友の工場協議会は、他社の工場委員会制度に比し一層進歩的なものであったといわれるが、他方で翌十一年製鋼所支配人となった川田順の如く、労働者側との交渉の矢面に立たされた会社幹部は対応に頭を悩ませることになった。

工場協議会の規則は、選出委員の数並びにその選挙区数を除き、三工場共通であった。組織は主管者の指名する会社側と、労働者の選挙により選出される組合側の同数の委員（各一〇乃至一五名）からなり、三カ月毎に年間四回開催される。議事は、委員の過半数によって決定され、決議の採否は主管者の決定によった。対象となる事項は、労働時間、物価指数の高低に順応する最低賃銀の増減、保健衛生及び危険防止、互助共済等であった。(6)

争議は解決したが、その後も社会不安は鎮まらなかった。大正十年九月には安田保善社の安田善次郎が暴漢に刺殺され、十一月には首相原敬が東京駅頭で暗殺された。茶臼山本邸に隣接する天王寺公園は、引き続き労働運動の集会場所となり、労働歌が高唱された。十二月家長は、合資会社理事会の了解を得て、茶臼山本邸を大阪市の美術館建築用地として寄付することを大阪市長池上四郎に申し入れた。大阪市では予て美術館の建築計画を進めていたが、候補地に予定していた大手前の輜重隊兵舎跡地が大阪府庁の敷地とされ、計画は暗礁に乗り上げていた。本邸の移転先は、神戸・住吉の分家住友忠輝邸（旧田邊貞吉邸）を拡張して当てることとなり、分家はその西方に住吉西邸を新築して、十一年末に移転した。

大正十一年を迎えて、住友合資会社では一月早々業務執行社員住友忠輝、別子鉱業所長大平駒槌、人事部長松本順吉

の三名が理事に就任した。

まず住友忠輝（T3東北大農、友純長女孝と結婚、分家）は、「住友合資会社の設立」で述べた通り、家長の強い希望で、家長の他に一族として唯一業務執行社員となっていたので、彼の理事就任は名実併せた措置である。しかし忠輝は、間もなく春になると、前年に患った病気が再発した。

八月、先に大正七年十一月杉田與三郎が設立した日米板硝子株式会社（住友の出資については「住友総本店の投資活動」参照）が経営不振に陥り、杉田から住友による経営再建の要請があった。杉田は設立当初から社長を空席とし、かねて知遇を得ていた忠輝を社長に迎えたい意向であったという。しかし忠輝の健康状態は上記の通りであり、日米板硝子の先行きも不透明の状況では、住友合資会社としてこの段階では明確な決定を下せなかった。とりあえず日米板硝子は米国リビー・オーエンス・シートグラス社との合弁会社であったので、住友銀行本店外国課主任大隅行一（M31東大法、横浜正金銀行、M34住友入社）を住友銀行から退職させて、常務取締役として派遣した。この経緯については、「五(一) 日米板硝子株式会社の経営の承継」で詳述する。

その後忠輝の病状は一進一退を続けていたが、大正十二年九月に起こった関東大震災により日米板硝子は在庫が一掃され再建が軌道に乗ったのに反し、忠輝が自ら手掛けていた日本ホロータイル（「住友総本店(下)三 住友総本店の投資活動」参照）製ホロータイル（中空陶製ブロック煉瓦）は耐震性に問題が生じたため、その打開策に苦悩するうちに病状が進み十二月にまだ三四歳の若さで死去した。社長友純は、これに先立ち十月、嗣子厚（後の一六代住友吉左衛門友成）を同行して、別子鉱業所を視察しているが、これは忠輝の回復がもはや困難であることを覚り、後事を厚に託さざるを得ないと判断したためとみられる。忠輝の死去に伴い、大正十三年四月二二日長男義輝が持分を継承し、有限責任社員として合資会社に入社した。

第二部　住友合資会社

四九七

第二章　住友合資会社（上）

なお忠輝の残した日本ホロタイルは、後に昭和四年（一九二九）日米板硝子の傘下に入り、七年からは耐火煉瓦の生産を開始し、十四年日本板硝子（昭和六年日米板硝子が改称）に買収され、その三津耐火煉瓦工場となった。これも杉田と忠輝の何かの因縁であろうか。

次に大平駒槌（M29東大法、農商務省、藤田組、M44住友入社）は、鈴木馬左也の総理事就任前後の明治三十六年から三十八年にかけて大阪鉱山監督署長の地位に在って、三十七年には別子鉱業所を視察しているので、その住友入社は鈴木の推薦によるものと思われるが、まず総本店副支配人となった。大平が住友に入社した明治四十四年明治天皇は、窮民救済のため、内帑金一五〇万円を下し、政府はこれを基に財団済生会を設け、併せて全国の資産家に寄付を求めた。住友では済生会に対する寄付もさることながら、住友独自の救済事業を考えるようにとの家長の指示で、大平がその特命調査・立案に当たった。(8)

貧民窟の体験を基に作成された大平の報告が、単なる貧民救済ではなく、その自立を図るため先に述べた住友私立職工養成所の設立となって結実した。大正三年、大平は報告が終了すると、別子鉱業所支配人に転じ、七年理事兼所長久保無二雄が退任すると、その後任となった。しかし大正二年六月同時に総本店支配人となり、東大では大平の一年後輩であった小倉正恆が、この七年間理事に就任したのに対し、大平の理事就任は今回の大正十一年まで四年間も見送られた。この間三高・東大を通じ大平の友人であった元愛媛県知事伊沢多喜男（鈴木とは明治四十三年別子煙害問題の仲裁で旧知の間柄であり、大平を鈴木に紹介したと考えられる、「住友肥料製造所の開設」参照）は、鈴木に書簡を送り大平の理事就任が何故見送られているのかを質した。これに対し鈴木は返答に困っていたが、今回の就任が実現した翌六日付でようやく伊沢あてそれを報ずることができた。(9)

別子鉱業所の純益が、第一次大戦の好況により大正五年七二〇万円、六年七六〇万円とピークを記録した後、七年五

第1表　傭員数比較表（各年末）

(単位：人)

資　　格	大正9年	10年	11年	12年	13年	14年
重　役	9	9	9	7	9	10
一等傭員	30	27	25	24	29	23
二等傭員	314	296	319	375	423	499
三等傭員	1,113	1,108	1,205	1,322	1,527	1,603
四等傭員	1,566	1,521	1,533	1,498	1,332	1,280
病院職員(四等相当以上)	38	46	45	46	47	53
学校職員（　〃　）	43	44	43	42	43	43
嘱託員（　〃　）	12	12	17	15	15	23
補助傭員	664	610	637	669	688	717
病院職員(補助相当)	7	11	13	13	13	14
嘱託員（　〃　）	2	2	2	2	2	10
小　　計	3,798	3,686	3,848	4,013	4,128	4,275
準　傭　員	—	883	877	912	946	1,046
合　　計	3,798	4,569	4,725	4,925	5,074	5,321

出典：各年「処務報告書」

○○万円、八年二八○万円と減少の一途を辿り、ついに九年には賃銀はじめ諸物価高騰の影響で生産コストが大幅に上昇したのに対し、銅価が二割近く暴落したため、四八万円の赤字に転落したことは既に述べた（「住友総本店の業績」参照）。これに対し大平は、大正十年三月、別子鉱業所の傭員の約二〇％に当たる一三七人（第1表及び第2表）、労働者の約一八％に当たる一〇四三人の人員整理を行なった。これらの人員整理が最も大幅に行われたのは四阪島製錬所であったが、同所では人員整理と同時に大改造が行われた。この結果、銅価の回復と相俟って、別子鉱業所の業績は十一年から大幅な黒字に転じた（「二　業績」参照）。これらの施策に当たって、大平が直接家長や鈴木総理事の了解の下に進めたことが、他の理事たちの不興を買ったといわれているが、大平自身が次のように述べている通り、住友入社以来の大平の仕事の進め方が、他の理事たちと相容れなかったものと思われる[11]。

（註、大正二年、職工養成所設立について）当時湯川（註、寛吉）さんが本店支配人で小倉（註、正恆）が副支配人であっ

四九九

第2表 合資会社(店部別)・連系会社人員表（各年8月1日現在）　(単位:人)

店部・連系会社	大正10年	11年	12年	13年	14年
合資会社(本社部門)	246	260	261	264	270
大阪住友病院	35	44	41	43	45
別子鉱業所	546	557	558	563	580
倉庫	256	257	―	―	―
製銅販売店	15	15	14	15	11
若松炭業所	182	203	209	216	213
伸銅所	428	294	290	276	270
肥料製造所	46	53	50	53	―
札幌鉱業所	34	34	34	31	33
大萱生鉱業所	16	9	8	8	10
高根鉱業所	12	15	13	14	5
大良鉱業所	7	7	9	8	8
林業所	45	46	47	49	47
東京販売店	39	37	40	47	48
横須賀販売店	5	5	4	3	3
名古屋販売店	―	―	―	―	4
神戸販売店	―	―	―	―	5
呉販売店	8	7	6	7	7
博多販売店	7	7	8	8	7
上海洋行	7	6	5	5	5
漢口洋行	3	3	―	―	―
天津洋行	6	5	4	―	―
(株)住友銀行	1,376	1,655	1,770	1,841	1,919
シアトル住友銀行	7	8	7	7	8
加州住友銀行	―	―	―	―	4
(株)布哇住友銀行	13	14	13	12	11
住友信託(株)	―	―	―	―	41
(株)住友倉庫	―	―	265	270	293
(株)住友製鋼所	184	162	182	181	178
(株)住友電線製造所	198	197	199	218	207
(株)住友肥料製造所	―	―	―	―	55
(株)住友ビルデイング	―	―	1	1	1
本家詰所	23	27	31	32	31
合　計	3,744	3,927	4,069	4,172	4,319

註：準備員以下及び兼務者を除く。合計は第1表小計に相当する
出典：各年「住友職員録」から算出

たが、三時から晩方まで報告した。家長さんは熱心で、夕食を本店で食べられ、十時まで話した。これは例のないことであったので、何か事が起こったのではないかと人々が不審がった位である。それから鈴木さんはお前の仕事はこれで終わった、爾後この事に関係するなと言った。

（註、大正三年）私は別子へ行くことになって、間もなく胆石を患って半年程休んだところ、私は鉱業界の先輩久原（註、房之助、当時久原鉱業社長）からよい注意をしてもらった。外国の某会社では技師と経営者が分かれている。この技師と経営者との調節機関が必要だ。日本でそれがわかってやっているのは、古河と私（註、久原）とだけだと。そこで私も別子へ行ったらもう半年病気していた積もりで、挨拶に行った時、その決意を述べたところ、「君は病気が直ったばかりのところだ。私はそうまでして働いてもらおうとは思わぬ」と言われた。しかし私は別子へ行って、まず鉱夫の術語を覚えるが良いとのことで、それを覚えて坑内に入ると鉱夫の言うことがよくわかるようになり、鉱夫とも親しくなった。それがすむと、次は四阪島の製錬所へ行って炉の前に坐った。その頃別子の専属書記に酒の席で、傭員のくせに坑内へ入ったり、炉の前に坐ったりして土工と一緒になるのは風上にもおけないなどと言われたことがある。

私は、（註、別子から本店の）やり方の不味いのを見て、しきりに悪口を言った。当時本店の悪口を言うとやめさせられる。私も悪口を言っているので、本店に呼びつけられたから、これは首だなと思ったが、どこが悪いかというから、忌憚なく意見を開陳し、アメリカの新式を採用せねば駄目だと言った。するとそれではアメリカを見てこいというので、（註、忠治、大正六年五月渡米、のち住友合資会社技師長）龍野（註、昌之、大正五年十一月〜八年十月渡米、のち住友別子鑛山専務取締役）や矢部（註、当時製錬課勤務の）龍野（註、昌之、大正五年十月〜六年八月渡米）、私も技術のことを勉強した。そして帰って来た時、鈴木さんが奥さんと紋服で出迎えられ、命がけでやってくれてというので、

第二部　住友合資会社

第二章　住友合資会社（上）

有難いと挨拶された。それから四阪島で、龍野と矢部がアメリカ通りの設計をやった。この新設備によると人間が三分の一の八〇〇人でよいが、それで一六〇〇人をやめさせようとしたら、それは多すぎるというので、一二五〇人にすることにした。この整理の時、家長様に申し上げると、刻々状況を報告せよとのことで、状況を報告したが、これが上手く行ったので、家長さんに喜ばれて、例によって鮮やかにやったなと言われた。例によってと言われたのは、前の職工学校調査のことをも認められたのであろう。

私を贔屓にしてくれたのは、家長さんと鈴木さんだけで、中田（註、錦吉）、湯川に憎まれた。私が理事になる時は、他の理事が全部反対したが、家長様と鈴木さんとが決定されたのである。

かくして鈴木は大平をようやく理事にすることができ、別子鉱業所の業績も上昇に転じたが、後に述べるように大正十一年三月鈴木は脳出血で倒れた。五月鈴木が辞意を表明すると、大平も退任の決意を固めた。八月、まず別子所長の兼務を免ぜられ、副長岡田宇之助（M29東京法学院〈中央大学の前身〉、茨城・佐賀県知事、T7住友入社）が後任の所長となり、十二月鈴木の辞任が認められると、大平も後を追い退社した。この間の事情を大平は続いて次のように述べている。

鈴木がいなくなると、自分は他の理事とは相容れないから、家長さんに累を及ぼすことをおそれて住友をやめた。住友がいやになってやめたのではない。そのやめることを鈴木にいうと、鈴木は住友を組織で仕事をするところだ。自分は子分を持たない。私に殉じて君がやめたと言われると困るから、もう少し後にせよというので、半年ばかり間をおいてからやめた。

大正十三年六月、第一次加藤高明内閣が成立すると、大平の三高・東大時代の友人たちが要職を占めた。幣原喜重郎は外務大臣、濱口雄幸は大蔵大臣に就任し、九月には伊沢多喜男も台湾総督に任命された。十一月、大平が外遊から帰国すると満鉄の副社長（のち副総裁）に任命された。大平の満鉄入社については、これらの友人たちの他、西園寺公望も

動いたという話もあり、これが事実とすれば家長の計らいによるものであろう。戦後昭和二十年十月、幣原が首相になると、大平は十一月幣原の推薦で貴族院議員に、次いで二十一年三月枢密顧問官に就任し、枢密院では新憲法の審議に当たった。(12)

大平が宰相の器であったということから、鈴木が病を冒して総理事職に執着していたのは、大平を総理事の後継者に擬して、その機の熟するのを待っていたとの説もあるが、上記のように他の理事の反対のために、家長・鈴木が大平を理事にするのですら容易ではなかったわけであり、何よりも大平自身が上記証言の中で、「私は入社するとすぐ小倉が将来総理事になることがわかった」と述べている。このことから判断すると、鈴木が何故総理事に執着していたかは、明治三十七年総理事伊庭貞剛が、河上謹一・田邊貞吉という四三歳の鈴木よりも上席の理事に辞任し、鈴木にバトンを渡した先例に従い、中田・湯川といった小倉の上席の理事と共に、小倉（この大正十一年に四七歳）に総理事を譲る日を待っていたと考えるのが妥当であろう。

三人目の理事松本順吉は、この後大正十一年四月に理事山下芳太郎が退任すると、その後任として伸銅所長・製鋼所常務取締役に就任したことから判断すると、争議の責任をとって山下が退職することは、既定の事実であり、それが四月に延びたのは、これを機会に製鋼所の人事を刷新しようとする鈴木の意向があったとみられる。当時製鋼所では、生え抜きの技師長齋藤三三等と室蘭の日本製鋼所から途中入社した副支配人兼工務部長細矢尚以下四人との間に対立が生じ、それが業績にも影響を与えていた。なお松本は理事就任と共に、人事部長は兼務したが、人事第二課長兼務は免ぜられ空席となった。実質的には労務の専門家となる主査津田秀栄（T7東大法、のち北支産金常務取締役、鉱山統制会理事長、北支那開発副総裁）が代行していたものとみられる。

大正十一年一月末、合資会社社長友純は、労働運動の標的とされることを避けるためか、製鋼所社長取締役を、続い

第二部　住友合資会社

第二章　住友合資会社（上）

て二月初電線製造所社長取締役を辞任し、ここに家長は合資会社社長となり、併せて各連系会社の社長を兼務するという合資会社設立当初の鈴木の構想は、早くも一年を経ずして崩れ去った。両社は、社長制を廃して、会長制を採ることになり、いずれも常務理事中田錦吉が就任した。鈴木総理事が就任しなかったのは、三月二十五日上京中、住友銀行支店へ赴く車中で再び脳出血で倒れたためであった。前年（大正十年）秋、活動を再開した鈴木は、この二月郷里宮崎県高鍋に帰り、その月末から三月初にかけて前記四阪島製錬所の設備改良工事竣工式に臨んでいた。三月には第一次大戦の終了を記念して、東京上野公園で、平和記念東京博覧会が開催されて特設された住友館に各社の製品が出展され、二十七日には摂政宮殿下（後の昭和天皇）をお迎えすることになっていた。

鈴木は住友銀行支店の一室で数十日間安静治療の後、五月初自宅に帰った。この間四月末に山下理事退任に伴う一連の人事異動が発令された。松本理事の伸銅所長兼務に伴い小倉理事が人事部長を兼務した。経理部第一課長兼第四課長川田順は前年の人事異動の不満を鈴木に直訴したが（「住友合資会社の設立㈡ 合資会社の組織と人事」参照）、今回の異動で製鋼所支配人に栄転した。川田の後任は、総務部会計課長野草省三が兼務した。一方製鋼所では、松本理事が山下の後任の常務取締役に就任し、この他既に述べた人事の刷新により取締役支配人工藤治人等九名が退職し、伸銅所尼崎工場支配人加藤栄（M34京大工・機、八幡製鉄所・藤田鉱業、T7住友入社）が取締役支配人に、上記川田が支配人兼商務部長となった。

その後伸銅所では、大正十一年二月のワシントン条約調印に伴う海軍軍縮による事業縮小のため、六月人員の約半数一六三二名の解雇を行い（第1表及び第2表）、再び争議が起こった。九月伸銅所長松本順吉の兼務を免じ、海軍中将山中柴吉（M31海大、元横須賀海軍工廠長）が住友に入社し、後任の所長となった。また電線製造所においては、常務取締役利光平夫が、大正九年末会社設立以前から病気静養中であったが、十二月辞任し、後任に逓信省出身の湯川寛吉が、同省

電気局長肥後八次（M39東大法、内務省・逓信省）を招いた。肥後は、鈴木総理事が推進した宮崎県耳川の水利権取得とそれに基づく水力発電所の建設を所管し、鈴木とも面識があった。

五月帰宅した鈴木は、もはや元の健康状態に戻らぬことを覚悟し、次のような辞職願を令息に口述筆記させたが、家長の決裁は得られなかった。

　　　辞職御願

馬左也粗鹵ノ質才短ニ学浅クシテ、叨ニ恩寵ヲ蒙ルコト幾ド四十年、此レ洵トニ平昔感泣シテ措ク能ハザル所ナリ。其総理事ノ栄位ヲ忝クシテヨリ亦約十五年ヲ歴タリ。自ラ惟フニ負荷ノ重キ責任ノ大、不肖ノ能ク堪フル所ニ非ズ。是ヲ以テ日夜ニ惶慚シテ自ラ已ムコト能ハズ。戦々競々トシテ毎ニ閣下付託ノ明ヲ傷ケザルヲ以テ期トナセシニ、不才ノ致ス所、終ニ其志ノ萬分ニ酬ユル能ハズ。罪過ノ大、殆ド陳疏スルニ辞ナキナリ。近年事端頗ル繁ク、閣下ノ深憂拝察スルニ余アリ。是誠ニ駑鈍ヲ竭ス可キノ秋ナリ。然ルニ馬左也輓近疾病荐リニ至リ、殊ニ今次ノ疾患ノ如キハ、東京ニテ奔走中突発スル所ニシテ、其症状ハ脳ノ出血ニ係ル故ニ、元来人ニ逮バザルノ頭脳ハ、一層ノ鈍昏ヲ加ヘ、思慮精審ナルコト能ハズ。事宜ヲ判断シテ其当ヲ失スルニ至ランコトヲ恐ル。独リ精神ノミナラズ、身体モ亦動作ノ敏活ヲ欠キ、到底繁劇ノ務ニ膺リ、重大ノ責ニ任ズル能ハズ。是実ニ馬左也ノ明ニ自ラ認知スル所ナリ。今春以来連リニ骸骨ヲ乞フモ、未ダ採納ヲ蒙ラズ。窃ニ曠職ノ責頗ル大ナルモノアルヲ悲ミツヽ、尚強ヒテ駑駘ニ鞭チテ以テ一日ノ責ヲ塞ギタリシモ、今日ニ至リテハ復タ他事ヲ慮ルニ遑マナシ。唯々残敗ノ骸骨ヲ賜ハランコトヲ哀願スルノミ。伏シテ願クハ萬已ムヲ得ザルノ愚衷ヲ憐察セラレ、特ニ海山ノ恩ヲ垂レ、速カニ聴許ヲ賜ハラバ何ノ幸カ之ニ若カンヤ。其後任ノ如キハ愚以為ヘラク、閣下其信任ノ隆渥ナルヲ見スニ於テ誠心ヲ披瀝セラレ、余蘊アルコトナク以テ中田理事ニ懇嘱セラル、所アラバ、同理事モ亦固辞スル能ハザルベシ。此レ馬左也ノ

第二部　住友合資会社

五〇五

第二章　住友合資会社（上）

> 信ジテ疑ハザル所ナリ。馬左也泣血惶懼ノ至リニ勝ヘズ、謹デ辞職奉願候也。

　　　　大正十一年五月二十二日

　　　　　　　　　　　総理事　鈴木馬左也

　　男爵住友公閣下

　十一月、この年の林業所の主任会議が一日から開催された。七日この会議のことを聞きつけた鈴木は、人に助けられて和服姿で会議室に現れ、「住友家ノ林業ハ六ツケ敷イ仕事デアルト思フガ、住友家ノ林業ハ八百年ノ計ヲ為サントスルモノデアリマス。私ハ山林ヲ住友ノ最後ノ城郭ト致シタイ。（中略）山林ノ仕事ハ人二俟ツヨリ外無イノデアリマス。（中略）古人モ曰ク『心誠二之ヲ求ムレバ、中ラズト雖モ遠カラズ』此ノ誠ヲ以テ事業ニ当ッテ頂キタイ」と言葉もたどたどしく述べ、これが鈴木の最後の訓示となった。

　大正十一年十二月五日、家長は感謝状を送って鈴木の退任を認め、後任の総理事には常務理事中田錦吉が就任し、合資会社の定款も変更された。二十二日中田の就任披露パーティーが中之島公会堂で予定されていたが、二十日に至り鈴木が危篤状態に陥ったため、パーティーは急遽中止され、二十五日鈴木が死去すると準備は社葬へと変わった。二十八日鈴木の社葬が執行され、二〇年近くにわたった鈴木馬左也の時代は、終わりを告げた。

(二)　中田総理事の三年間

　このように長期にわたって発揮された鈴木の個性は、その後の住友の行動様式の形成に大きな影響を与えた。川田順は、それを次のように描写している。

　鈴木は死ぬまで総理を辞めなかったが、それは決して物欲や権勢欲からではなかった。彼は、そんなけち臭い人間ではなかった。「自分でなければ住友が治まらない」という信念、すなわち住友に対する忠実の心からであった。

「国益を先にし、私利を後にすべし」といふ伝統的社是が、鈴木によって更に高調された。彼は儒教主義の社会観を固執してゐた。彼の配下に集まる人間達は、おのづからにして彼の主義に感染し、国益云々が口癖のやうになつて、ビジネスマンとしての鍛錬の方はしばしばおろそかになつた。甚しきに至ると、商売の上手な人間はツー・マッチ・ビジネスライクとして卑しめられたことさへある。

住友の如く殆ど申し分のない団体に於てさへ、たゞ一つの申し分は、少壮者の立身がいたづらに抑へられたことであつた。それは、住友の人事行政といはんよりも、鈴木馬左也の人事行政といった方が妥当であらう。私（註、川田）は、鈴木の下で約十五年働いたが、あの立派な総理に対して、唯一つの不満は、そのことであつた。彼の時代に於いては、少壮者の下積年月があまりに長過ぎた。彼は、不必要に、しばしば官僚の古手を高給で雇って、私達の頭の上に載せた。

さすがに住友銀行だけは、かやうな鈴木の人事を容れなかった。八代の下で薫育した人材のみを以つて幹部組織を構成した。大蔵省の役人に来てもらはなければ経営が出来ませんといふ如き態度は示さなかった。省の人に来てもらはなくても、省と円滑に交際することは、忠実な仕事の仕振りで充分に出来たのである。

年々歳々諸方の学校卒業生らを採用するに当っても、住友は、学業成績に重点を置き、秀才型の人間を最も歓迎した。かういふ秀才等が集合すると、必然に、暢気なところがなくなり、几帳面で、理窟臭くなる。約束は固く守り、規則は励行するけれども、苟も法に外づれたり、前例のないことなどとは「先づやめて置くが宜しからう」といふことになる。

口頭ですませてもよささうなことまで文書にして、上司の判をもらふ。これは「起案」といふ官僚的事務方法で、起案者の係員から、係長、それから課長、支配人、さらに重役まで、大抵は一つの起案に判が五つ、六つ押される。

第二部　住友合資会社

五〇七

第二章　住友合資会社（上）

更に、横に関係の課が二つ三つある場合には、つまらぬ起案にさへベタベタと十幾つも押される。上手に起案して、早く判をもらふことが、下級サラリーマンの能否の岐れ道であった。

「誠心誠意」とはい、熟語だ。住友の重役等は殊にこの語を好み、訓示にも演説にもこれを振り廻した。いささかつむじの曲がった私（註、川田）は、疑問をいだいた。誠心誠意とは態度のことに過ぎない。誠心誠意で「何」をるかを教へないで、態度だけを説法しても、中身はがらん洞だ。たとへば、誠心誠意で間違ったことをされては会社はたまらない。知識の乏しい人間に誠心誠意にならられるほど怖ろしいことはないだらう。馬鹿げた仕事を本気でやられては、大穴あけて会社が迷惑する。

大正十一年十二月、中田は総理事に就任したその月に、伊庭貞剛が総理事を退任した五七歳を過ぎて五八歳を迎えた。彼の実質第一年目となる大正十二年は、九月に関東大震災のため東京・横浜所在の住友各社の施設が大きな被害を蒙った以外は、その直前の八月、住友倉庫が株式会社住友ビルディングへ移行し、株式会社住友ビルディングが設立されたのが、合資会社にとっては重要な出来事であった。しかし、住友倉庫は「住友合資会社の設立」で述べた通り、既に合資会社の設立以前から、株式会社への移行が繰り返し検討されており、この年たまたま土地増価税の実施による負担を免れるために、急遽組織変更が決定されたものであった（「五二」住友倉庫の株式会社への移行」参照）。

また株式会社住友ビルディングの設立は、明治四十一年末に完成した住友総本店の建物（「住友総本店（上）一　住友総本店の発足」参照）が手狭となり、大正九年春頃から新しい住友ビルディングの建築が具体化していたことによるものであった（「五三」株式会社住友ビルディングの設立」参照）。

従って両者は、いずれも中田の総理事就任以前から進められていたものであり、倉庫では従来から担当してきた理事兼支配人草鹿丁卯次郎が、ビルでは工作部長としてビル建築の工事責任者であった本荘熊次郎が、そのまま常務取締役

に就任した。なお本荘は、後に十四年十月の異動で、次に述べる停年を回避するため理事に就任した。

「鈴木の次の総理中田錦吉は、司法官を辞めて住友に入り、別子銅山の支配人となったが、やがて総本社(註、総本店)に転じ、十数年の久しい間を鈴木の女房役で暮らした。(中略)彼は碁をうち、シガアをくゆらすだけで、仕事は何もしないやうに見えたが、大きな改革を一つだけ敢行した。それは社員五十五歳、重役六十歳の停年制を実施したことであった」。すなわち第二年目の大正十三年に入ると二月、人事部第一課長丸山精一が本家詰所支配人に転出し、後任に総務部会計課主計係長田中良雄(T4東大法、のち人事部長、住友電線専務取締役、住友本社常務理事)が起用された。また七月には小倉に代わって再び松本順吉が人事部長に返り咲いた。中田の指示で彼らが規程の作成に当たったものとみられるが、十月に上記の内容の停年規程が制定され、翌十四年十月一日に実施された(資料1)。日本における停年制は、明治三十五年日本郵船が制定した社員休職規則を嚆矢とし、大正七年同社がこの休職を命ずる年齢を満五五歳と定めたように、第一次大戦の頃に定着したといわれている。しかし昭和八年の内務省調査によっても調査対象三三六社中停年制を採用している企業は、依然として一四〇社(四二%)に止まっており、三井合名が採用に踏み切ったのが昭和十一年であることを考えれば、江戸時代から続いた商家として住友の実施は早い時期に入るといえよう。この停年制の実施について、住吉左衛門友純はこれによって「総理事が毎年のように代わるのは困るなあ」という所感をもらしていたという。中田錦吉(一八六四年生)のあと、合資会社の首脳は湯川寛吉(一八六八年生)、八代則彦(一八七五年生)と年齢がきわめて接近していたからである。

江戸時代の商家では、本家の住み込み奉公人を暖簾分けで別家とするのが一般的であったが、住友家では明治以降も等内六等以上で勤続一〇年以上の傭員が退職後も「末家」として本家と関係を維持する制度を存続させ、高等傭員を一等末家、等内一～三等傭員を二等末家、四～六等傭員を三等末家と称していた。

第二部　住友合資会社

第二章　住友合資会社（上）

なおこの停年規程に合わせて退職慰労金規程が制定され、停年制に先駆けて即日実施された。この規程によると支給退職金は、従来の退身慰労金規程と同様に「退職時月給×勤続年数×勤続年限乗率」の算式によるが、停年制導入の見返りとして乗率が約五割アップされた（資料2）。しかしこの乗率アップによりやがて将来の退職金負担が問題化し、昭和十二年の株式会社住友本社への改組の一つの契機となるのである。

大正十三年一月、労働運動の激化に備えて、人事部第二課に労務係と施設係が置かれた（資料3）。主査津田秀栄が労務係長となり、工場視察のため欧米出張し、十四年五月帰国後第二課長心得となった。

この他合資会社本社部門の組織では、十四年六月従来総務部庶務課に所属していた地所係が課に昇格し、同時に係長篠崎兼二（M42早大商）が課長となる人事が発令された（資料4）。これは、地所係が管理していた大阪府中河内郡八尾町山本新田（現八尾市山本町他）に大阪電気軌道（近畿日本鉄道の前身）の新線が通過することとなり、住友ではこれに協力して大軌に分譲用地と駅用地約三万坪を譲渡したが、残りの土地の耕作権買収と宅地造成に備えたものであった[19]。このような本社部門の業務の拡大にもかかわらず、その人員は日米板硝子や日之出生命等への出向者を除けばほとんど増加していない（第3表）。

七月、若松所長吉田良春（M26東大法、山口高校教授、M33住友入社若松炭業所支配人）と別子所長岡田宇之助が理事に就任した。吉田の場合は、この時点で既に五七歳であったので、停年を回避するためとみられる。また岡田の場合は、別子では大正十年関西で発生した労働争議が四国へ波及することを懸念して、大正十一年一月労働課を新設し、副支配人鷲尾勘解治（M40京大法、のち住友別子鑛山専務取締役、合資会社常務理事）を課長とするなど、対応する体制を固めていた一環とみられる[20]。

停年規程が制定された大正十三年十月末から、それが実施に移された十四年十月一日までの約一年の間に、合資会社

第3表 合資会社部課別人員表（各年8月1日現在） (単位：人)

部課・役職	大正10年	11年	12年	13年	14年
総理事	1	1	1	1	1
理事	5	7	5	6	6
秘書役	3	3	3	3	3
人事部	1	1(1)	1(1)	1(1)	1(1)
第一課	10	12	13	14	12
第二課	6(1)	8	8	—	1
労務係	—	—	—	7(2)	6(2)
施設係	—	—	—	6(1)	4
経理部	2(1)	2(1)	2(1)	2(1)	2(1)
第一課	2	2(1)	2(1)	1	2(1)
金属山店部係	7(2)	7(2)	7(2)	8(2)	5(1)
石炭店部係	4(2)	4(2)	3(2)	3(2)	3(2)
第二課	4(2)	3(1)	4(1)	4(2)	4(2)
第三課	3(1)	5(1)	5(1)	4(1)	5(1)
製造店部係	7	7	8	9(1)	7(1)
販売店部係	3	4	6(1)	5(1)	4
第四課	6(2)	7(2)	7(2)	4(1)	5(1)
総務部	1	1	1	1	1
庶務課	1	1	1	1	1
内事係	12	11	12	11	11
文書係	12(2)	12(2)	12(2)	13(2)	11(2)
地所係	6	6	7	7	—
雑務係	3(2)	3(2)	3(2)	3(2)	3(2)
守衛	17(1)	16(1)	16(1)	18(1)	18
会計課	2(1)	2(1)	2(1)	2(1)	2(1)
主計係	3	4(1)	5(1)	4(1)	3
計算係	9	14(1)	11	10	10
出納係	7	7	8	7	7
用度係	4	4	4	4	4
地所課	—	—	—	—	8
工作部	3	3	3	3	3
建築課	6(1)	8(3)	8(3)	9(3)	9(3)
建築係	60(1)	63(3)	63(3)	63(3)	63(3)
工務係	19(7)	26(7)	27(9)	28(9)	29
臨時土木課	15(1)	14(1)	15(2)	18(4)	18(5)
臨時電気課	9(1)	11(1)	11(1)	12(1)	12(1)
監査部	—	—	—	—	—
第一課	3	3	3	3	3
第二課	4	4	4	4	4
所属未定（出向・留学等）	14	8	7	7	17
合　計	246	260	261	264	270

註：準備員以下を除く。（　）内は兼務者の内数、他店部を兼務する者は含まない。
出典：各年「住友職員録」から算出

第二章 住友合資会社（上）

の事業拡大は、予想外のテンポで進んだ。

十三年十月、北海道歌志内村で坂一族が経営する坂炭礦株式会社の株式を取得し、翌月には札幌鉱業所支配人近藤宏太郎を常務取締役として派遣して北海道における石炭業に進出した。同社は、翌十四年十月住友坂炭礦株式会社と改称し、連系会社に指定された（「五四」坂炭礦株式会社の経営の承継」参照）。これまで指定された連系会社は、いずれも総本店・合資会社の直営事業所が分離独立したものであったが、住友坂炭礦は既存企業の買収による連系会社化の先鞭をつけた。

十四年に入ると二月、電線製造所取締役秋山武三郎（M32東大工・電、逓信省・朝鮮総督府、M44住友入社）が、四月製鋼所取締役加藤栄が、いずれも常務取締役に就任し、秋山は十月肥後八次（理事就任）・西崎傳一郎の二人の常務が辞任すると電線の、一方加藤は八月常務松本順吉が辞任すると製鋼所の、それぞれ主管者となった。松本は七月に再び人事部長兼務を免ぜられ、岡田に代わって別子鉱業所長に就任した。これは先に述べた労働運動が、四月頃から組合結成を巡って鉱業所側と鉱夫側の対立へ発展し、岡田を理事にしても対処しきれなくなってきたためとみられる。

同じ四月、製銅販売店神戸出張所を廃止して神戸販売店を、電線製造所及び製鋼所の名古屋派出所（所員はすべて両所兼務）を廃止して名古屋販売店を設置した。これらは従来の取扱製品を他の合資会社及び連系会社製品に拡大したものである。従って従来の主任がそのまま販売店の主任となった（神戸・小高親、名古屋・栗原徹）。

大正十四年六月、肥料製造所が株式会社へ移行した（「五五」住友肥料製造所の株式会社への移行」参照）。支配人梶浦鎌次郎（M22東京工・化、農商務省・市之川鉱山、M33住友入社）がそのまま常務取締役となったが、停年制により十月には退職し、総務部長日高直次が後任の常務となった。

同じ六月、合資会社は下郷家から日之出生命保険株式会社の全株式を買収し、その経営を引き継ぎ、住友銀行本店支配人國府精一（M39東大法、のち合資・本社理事）を専務取締役として派遣した（「五(六) 日之出生命保険株式会社の経営の承継」参照）。同社は翌十五年五月、住友生命保険株式会社と改称し、連系会社に指定された。

続いて七月、住友信託株式会社が設立され、八月連系会社に指定された。住友銀行常務取締役吉田眞一が信託副社長兼常務取締役に就任し、主管者となった（「五(七) 住友信託株式会社の設立」参照）。

十月一日、停年制の実施により既に前年末に六〇歳となっていた総理事中田錦吉が退職した。中田は退任前から体調もすぐれず、翌十五年二月死去した。後任の総理事には、理事兼住友銀行常務取締役湯川寛吉が就任し、合資会社の定款も変更された。この他、設立当初の鈴木、中田の二名が欠けたため、定款第九条（「住友合資会社の設立」資料4参照）に基づき、理事草鹿丁卯次郎と常務理事小倉正恆の二名が、労務出資の無限責任社員に選任された。同日付とその後同年末までの異動を含む合資会社本社部門の新陣容は、次の通りである（*印十月一日就任）。

なお湯川の住友銀行常務取締役辞任に伴い首席常務取締役には八代則彦（M29東大法、日本郵船、M38住友入社、のち住友銀行専務取締役・会長、合資・本社理事）が繰り上がった。また中田は総理事辞任に伴い自動的に製鋼所及び電線製造所の取締役会長を辞任したので、いずれも湯川が総理事ポストとして就任した。

総理事　　　＊湯川寛吉　　（経歴前掲）

理事　　　　草鹿丁卯次郎

常務理事　　小倉正恆

理事　　　　松本順吉

理事　　　　吉田良春

第二部　住友合資会社

第二章 住友合資会社（上）

理事	岡田宇之助	（十二月二十四日付退職）
理事	＊肥後八次	（経歴前掲、前住友電線製造所常務取締役）
理事	＊本荘熊次郎	（経歴前掲）
秘書役	佐々木栄次郎	
人事部長	小倉兼務	
第一課長	田中良雄	
第二課長心得	津田秀栄	
経理部長	＊大屋敦	（経歴前掲、前経理部第三課長）
第一課長	＊本郷松太郎	（T3東京高商専攻部、前経理部第一課金属山店部係長兼石炭店部係長）
第二課長	山村亀太郎	
第三課長	＊小畑忠良	（経歴前掲、前経理部第三課製造店部係長）
第四課長	＊小畑兼務	
総務部長	＊野草省三	（経歴前掲、前総務部会計課長兼経理部第一課長兼第四課長）
庶務課長	野草兼務	
会計課長	＊田中彌太郎	（十月八日付北澤敬二郎が住友電線製造所支配人へ転出のため）
地所課長	篠崎兼二	（M39東京高商、前札幌鉱業所副支配人兼経理課主任）
工作部長	本荘兼務	
建築課長	＊日高胖	（M33東大工・建、前建築課臨時課長代理）

五一四

臨時土木課長　武藤傳造
臨時電気課長　大屋兼務
監査部長　　　欠員
　第一課長　　＊井上筆次郎　（M39東京高商、前監査部第二課主査）
　第二課長　　＊外山一郎　　（経歴前掲、前経理部第一課長）

（資料1）

大正十三年十月二十八日付甲第一二号達

　　　停年規程

第一条　重役ハ年齢満六十年、其他ノ傭員ハ年齢満五十五年ヲ以テ停年ニ達シタルモノトス。

第二条　傭員停年ニ達シタルトキハ自然退職トス。

第三条　業務上必要アリト認ムル者ハ、停年ニ達シタル後ト雖モ、三年ヲ限リ在職セシムルコトアルヘシ。
　前項ノ在職者ハ、指定期間満了ノ時ニ於テ、自然退職トス。

第四条　各店部主管者ノ専行ニ依リ任免スル者ト雖モ、前条ノ場合ニハ特ニ合資会社ノ認可ヲ要ス。

（資料2）

大正十三年十月二十八日付甲第九号達

　　　退職慰労金規程

第一条　一等乃至四等傭員及補助傭員退職スルトキハ、本規程ニ依リ退職慰労金ヲ給与ス。
　但自己ノ都合ニ依リ退職スル者、勤続三年未満ノ場合ハ此限ニ在ラス。

第二部　住友合資会社

第二章　住友合資会社（上）

第二条　退職慰労金額ハ、退職当時ノ月俸額ニ勤続年数及別表乗率ヲ乗シテ之ヲ算定ス。（後略）

（別表）　第一号表　一等乃至四等傭員乗率

勤続年数	乗率	勤続年数	乗率	勤続年数	乗率
一年以上五年以下	2.0	十二年	2.9	十九年	4.3
六年	2.1	十三年	3.1	二十年	4.5
七年	2.2	十四年	3.3	二十一年	4.6
八年	2.3	十五年	3.5	二十二年	4.7
九年	2.4	十六年	3.7	二十三年	4.8
十年	2.5	十七年	3.9	二十四年	4.9
十一年	2.7	十八年	4.1	二十五年以上	5.0

（参考）

明治三十六年一月一日付甲第三号達退身慰労金規程

第三条　退身慰労金ノ給与額ハ、退身現時ノ月給額ニ在勤満年数ヲ乗シ、更ニ左表ノ乗率ヲ乗シテ算定スルモノトス。

乗率	1.1	1.2	1.3	1.4	1.5	1.6	1.7	1.8	1.9	2
在勤満年数	3	4	5	6	7	8	9	10	11	12以下此比例ヲ以テ進ム

（資料3）

大正十三年一月八日付甲第一号達合資会社事務章程改正

第十二条　人事部ハ傭員、準傭員及ヒ労働者ニ関スル事務ヲ掌ルトコロニシテ、左ノ各課、係ヲ置キ之ヲ分掌セシム。

第一課　（略）

第二課

　労務係　労働者ノ就業、給与、賞罰其他雇傭ニ関スル事項並ニ施設係ニ属セサル事項。

　施設係　労働者ノ扶助、共済其他福利ヲ増進スヘキ諸施設ニ関スル事項。

(資料4)

大正十四年六月十六日付甲第一四号達合資会社事務章程改正

第十六条　総務部ハ庶務、会計及地所家屋ニ関スル事項ヲ掌ルトコロニシテ、左ノ各課、係ヲ置キ之ヲ分掌セシム。

(中略)

　地所課　地所家屋ノ管理ニ関スル事項。

以上

二　業　績

　大正九年（一九二〇）の恐慌の後、大正十年から十一年にかけては「中間景気」と呼ばれ、景気はやや持ち直した。大正十四年に至る間の住友全事業の業績に対するプラスの要因をみると、まず原敬内閣の積極財政政策によって、鉄道・電信電話・教育施設などの充実が図られ、電力・ガス・電鉄などの設備投資も活発化した。この他十年三月に行われた銅輸入関税の引き上げと六月に結成されたカルテル(21)、及び大正十二年末から十四年初にかけて起こった円為替の下落が別子鉱業所の好業績の一因となった（第4表）。また震災後の大正十三年に成立した加藤高明内閣は、原内閣以降の積極

第二部　住友合資会社

五一七

第二章　住友合資会社（上）

政策に対し、財政支出の削減・公債の縮小を図り、一般的な道路・鉄道・河川等の予算を削減したが、震災による復興事業費のために、全体としての公共事業費は高い水準を維持した。電線製造所では震災に伴う大増産が続き、十三・十四年の好収益に結びついた(第5表)。

一方マイナスの要因としては、大正十一年二月海軍軍縮による軍艦建造中止(十一年伸銅所の減益)があり、同じ二月に起こった石井定七事件(大阪の相場師石井定七が莫大な債務を残して破綻し、住友銀行も支店長の背任行為によって多額の貸し倒れを生じた)による銀行の二〇〇万円余の償却(最終的な住友銀行の破産債権は一二六五万円余に達し、そのうち回収し得たのは一九万円余にすぎなかった)を、次いで大正十二年九月の関東大震災関係では、合資会社の支出一二五八万円、銀行の損失額

（単位：円、円未満切り捨て）

12年	13年	14年
△1,411,914	317,513	△126,339
2,918,356	2,356,774	3,122,466
416,994	—	—
128,525	283,895	99,331
245,075	41,311	148,734
△58,008	△61,177	△57,528
△9,826	△14,117	15,774
178,106	△174,607	148,834
△22,510	△11,503	△10,903
△25,978	△213,465	—
24,377	△16,954	△12,475
△27,679	19,860	△611
—	—	—
△110,123	△303,575	8,020
△10,293	△35,321	△13,819
1,113,757	1,771,919	582,030
201,414	500,038	80,110
100,184	178,785	122,849
△1,278	6,304	△4,183
—	—	△9,804
—	—	△7,742
2,778	9,898	△3,261
△6,754	△5,971	△8,021
△28,596	△36,132	△40,557
—	—	—
△33,935	△19,130	—
—	—	—
△79,322	△89,982	△93,759
3,503,347	4,504,362	3,939,140

第4表　合資会社店部別純損益

店　部	大正10年			11年
	1〜2月	3〜12月	計	
本社部門	△307,716	△606,069	△913,785	105,405
別子鉱業所	459,692	△1,203,396	△743,703	1,415,007
倉庫	427,838	1,038,009	1,465,847	817,758
製銅販売店	△17,793	50,517	32,723	105,843
若松炭業所	153,517	△571,906	△418,388	△213,367
札幌鉱業所			△54,514	△57,408
唐松炭坑			△47,675	△7,959
鴻之舞鉱山	35,161	△103,021	36,058	185,486
来馬鉱山			△1,729	7,870
小鉾岸鉱山			－	－
大良鉱業所	507	34,336	34,844	60,032
大萱生鉱業所	△9,347	△52,656	△2,154	15,066
砥沢支所			△59,849	△57,071
高根鉱業所	26,155	△46,552	△82,596	△59,051
縄地鉱山			62,199	△32,143
伸銅所	548,867	2,721,519	3,270,387	△572,630
尼崎工場	49,052	△623,362	△574,310	△445,304
肥料製造所	35,634	△205,558	△169,923	△200,144
東京販売店	22,315	11,870	34,185	25,020
横須賀販売店	2,036	21,018	23,055	3,913
名古屋販売店	－	－	－	－
神戸販売店	－	－	－	－
呉販売店	703	28,470	29,173	12,484
博多販売店	△2,422	△4,245	△6,668	△3,409
上海洋行	△14,396	△31,488	△45,884	△41,484
漢口洋行	△5,460	△20,476	△25,936	△16,961
天津洋行	△1,364	△19,857	△21,221	△39,323
林業所	－	－	－	△27,407
大阪住友病院	－	△132,478	△132,478	△75,067
合　　計	1,402,981	284,673	1,687,655	905,154
改組関連評価益	49,452,463			
総　　計	50,855,445			

第二章　住友合資会社（上）

（単位：円、円未満切り捨て）

	12年	13年	14年
	3,503,349	4,504,362	3,939,140
	—	—	14,861
			(14,221)
	1,567,716	2,164,392	2,136,521
	(169,602)	(283,000)	(217,633)
	530,144	164,106	12,518
	(0)	(0)	(0)
	—	—	184,998
			(25,000)
	△186,922	623,803	792,865
	(0)	(0)	(50,000)
	△16,325	△3,492	46,008
	(0)	(0)	(0)
	△1,477	△3,142	△31,510
	(0)	(0)	(0)
	△525,212	△546,875	△546,875
	△387,500	△387,500	△387,500
	4,314,170	6,232,655	5,854,175
	7,897,395	8,194,779	7,148,848
	(6,980,000)	(280,000)	(662,310)
	—	—	38,603
			(0)
	—	—	258,682
			(131,200)
	△2,565,955	△2,586,930	△2,579,205
	△1,648,560	5,327,849	4,073,418
	2,665,610	11,560,504	9,927,594

ているが、本表では参考のため両者を併記した。
508千円、10年△349千円、11年326千円となっていて本表の数字
まもなく整理することになった延原電機製作所の損益を含まな

定を受けていないが、大正15年以降の接続の関係で連系会社に

六八八万円余（別途準備金六八〇万円余を繰り戻して一挙に償却）などを余儀なくされた。この他十二年三月の旅順・大連を含む関東州租借権延長反対運動や、十四年五月に上海内外綿紡績工場で起こった中国人労働者虐殺事件に端を発した五・三〇運動などによる中国における日貨排斥運動もまた住友の業績に直接間接影響を与えた。

以上の結果、大正十二～十四年にわたる住友の全事業の純益は、合計三八九三万円、年平均七七八万円であった。最高は大正十三年の一一五六万円であったが、先に述べたようなマイナスの要因が重なった大正十二年は最低の二六六万円に止まった。

第5表 合資会社・連系会社純損益

会社名	大正10年			11年
	1～2月	3～12月	計	
合資会社	1,402,981	284,673	1,687,655	905,154
住友坂炭礦	—	—	—	—
(控除)				
住友電線製造所	—	937,989	937,989	1,488,655
(控除)		(3,199)	(3,199)	(167,717)
住友製鋼所	—	△374,503	△374,503	303,238
(控除)		(0)	(0)	(0)
住友肥料製造所	—	—	—	—
(控除)				
住友倉庫	—	—	—	—
(控除)				
大阪北港	—	186,428	186,428	△35,751
(控除)		(0)	(0)	(0)
住友ビルデイング	—	—	—	—
(控除)				
重複分補正A-1	△70,080	△164,062	△234,142	△445,312
〃 A-2	△200,000	△193,750	△393,750	△387,500
合計	1,132,901	673,576	1,806,478	1,660,767
住友銀行	—	8,989,049	8,989,049	7,242,570
(控除)		(190,000)	(190,000)	(240,000)
住友信託	—	—	—	—
(控除)				
日之出生命保険	—	—	—	—
(控除)				
重複分補正B	—	△2,084,992	△2,084,992	△2,405,242
合計	—	6,714,057	6,714,057	4,597,328
総計	1,132,901	7,387,634	8,520,536	6,258,095

註：1．原表では公表純益から退職慰労準備金等準備金戻入、役員賞与、税金引当金を控除した金額となっ
　　2．公表純益は原則として実際報告書の純益と一致するが、住友製鋼所の実際報告書の純益が大正9年
　　　（大正9年は「住友総本店（下）」第6表）と異なるのは、実際報告書の数字は製鋼所が買収したものの
　　　いためである。
　　3．A-1は住友電線製造所配当金、A-2は住友製鋼所配当金、Bは住友銀行配当金である(第6表参照)。
出典：住友合資会社総務部会計課作成、なお大阪北港及び日之出生命保険はこの時点ではまだ連系会社の指
　　　含めて作成している。

第二章　住友合資会社（上）

(一) 合資会社（本社部門）の業績

合資会社となっても本社部門の収入は、総本店時代と同様に住友銀行株を主力とする配当金であったが、まだ十分に経費を賄えるところまでには至らず、依然として赤字基調であった（第6表）。同表中大正十一年固定財産原価差益一一〇万円は、建設中のビルディング用地を翌十二年設立される株式会社住友ビルディングへ売却するため、評価益を出したものである。また大正十三年の有価証券評価損五〇万円は、合資会社保有の日本ホロタイル株式のほか、故住友忠輝所有の同社株式及び宮島耐火煉瓦株式を買い入れると同時に償却したことによるもので、十四年の同じく三九万円は日本銀行株式の評価損、台湾銀行・朝鮮銀行の減資によるものである（「三 投資活動」参照）。

（単位：円、円未満切り捨て）

13年	14年
3,915,862	4,303,711
205,287	206,537
10,838	11,211
26,146	17,924
202,223	256,235
2,586,930	2,579,205
387,500	387,500
546,875	546,875
12,599	27,540
177,303	202,658
104,295	143,967
13,626	208,931
53,738	35,431
△508,780	△391,819
97,277	71,510
3,598,348	4,430,050
987,724	791,067
327,927	346,046
68,344	88,487
246,607	254,713
34,507	20,663
23,320	14,550
1,070,068	874,276
—	—
459,706	469,009
48,131	31,965
167,131	167,656
164,877	1,371,614
—	—
—	—
317,513	△126,339

註：大正14年度について4月1日付で地所課特別会計が設けられたが、年度途中であるので合算した。損益勘定の内訳は次の通りである。

利益	218,969
耕地収益	15,060
賃貸料	191,830
雑　益	1,259
固定財産原価差損益	10,819
損失	117,523
俸　給	8,549
旅　費	658
諸　税	25,313
営繕費	14,663
賃借及保険料	3,691
雑　費	12,566
賞　与	6,365
雑　損	687
資金利息	1,495
償　却	43,531
当期純損益	101,446

第6表　合資会社（本社部門）損益表

科目	大正10年 1～2月	大正10年 3～12月	11年	12年
当期利益	49,754,740	3,179,537	5,231,926	4,536,566
国債証券利息	—	220,787	220,787	211,745
地方債証券利息	—	10,782	11,353	11,067
社債券利息	—	1,698	802	8,989
株券配当金	64,509	338,622	249,547	224,133
住友銀行株券配当金	—	2,084,992	2,405,242	2,565,955
住友製鋼所株券配当金	200,000	193,750	387,500	387,500
住友電線製造所株券配当金	70,080	164,062	445,312	525,212
耕地収益	1,118	12,666	21,710	21,312
賃貸料	2,983	146,370	175,486	247,411
建築費戻入	—	—	483	84,654
雑益	14,901	10,978	29,232	180,405
固定財産原価差損益	37,551,224	△12,835	1,109,900	13,154
有価証券原価差損益	11,849,922	7,661	△1,100	61,957
資金利息	—	—	175,666	△6,933
当期損失	609,992	3,785,607	5,126,521	5,948,480
利息	139,505	1,123,343	1,547,132	1,179,929
俸給	58,434	253,288	332,885	326,632
旅費	19,199	34,722	67,812	62,603
諸税	211,817	341,752	150,060	49,916
営繕費	2,630	6,729	24,694	22,547
賃借及保険料	25	8,385	9,702	23,971
雑費	34,236	799,364	1,177,881	3,317,871
特別報酬金	—	17,250	—	—
賞与	34,299	328,578	442,286	414,650
雑損	—	1,942	83,858	208,125
償却	—	145,526	157,701	165,108
退身慰労金	—	724,722	1,132,506	177,125
別途費	35,095	—	—	—
本家費	74,749	—	—	—
当期純損益	49,144,747	△606,069	105,405	△1,411,914
うち改組関連評価益	49,452,463			

第二章　住友合資会社（上）

資金利息は、「住友合資会社の設立」の「四　設立に伴う諸規程の整備」で述べた社内金利である。大正十一年三月二十日制定の「資金取扱規程」に基づき、同年一月一日から施行されたものであるが、予め設定された各店部の資本金額とその店部勘定の元帳残高との差額に対する金利であるから支払利息に比較すれば微々たるものである。その支払利息は、経費の中で大きな比重を占めており、預り金の増加とともに膨らむ傾向にあったが、他方銀行借り入れの減少（第7表「割引手形」）とともに、全体としては軽減される方向に向かった。

その他寄付・接待等の増加による雑費が大きいが、大正十二年の三三〇万円には上記震災関係費二五八万円が含まれている。また退身（職）慰労金が、十一年に一一〇万円、十四年に一三〇万円と巨額に上っているのは、十一年には鈴木総理事（五〇万円）、山下理事（一五万円）、十四年には中田総理事（四五万円）と幹部の退職が相次いだためである。

註：大正14年末地所課特別会計勘定9,292,269円の内訳は次の通りである。

借　方	9,349,897
固定財産・土地	8,825,491
建設物	494,865
機械	3,748
什器	200
起業支出・雑建設物	7,914
雑土工	6,071
雑・仮出金	11,606
貸　方	9,349,897
会計課勘定	9,292,269
預り金・貸家敷金預金	5,350
雑・仮入金	500
損益・当期純損益	51,777

（単位：円、円未満切り捨て）

13年末	14年末
178,410,182	175,080,510
116,512	―
8,306,066	―
526,802	―
5,486	600
17,295	17,458
2,395	2,018
3,099,566	3,143,658
200,017	199,592
341,189	34,289
6,892,063	6,248,825
37,162,923	36,821,382
7,750,000	7,750,000
5,468,750	5,468,750
14,950,000	13,700,000
―	1,800,000
―	1,397,500
―	2,910,000
―	1,155,478
1,625,000	3,250,000
21,828,418	21,838,618
―	―
19,556	―
10,559	―
6,365,652	740,581
533,590	2,117,711
―	1,283,344
30,170,510	29,184,051
107,359	167,672
6,216,082	6,118,979
13,365,040	13,486,375
1,936,915	―
―	4,732
55,611	―
21,463	17,549
380,024	265,044
2,392,949	1,912,018
478,786	116,607
―	4,894
4,628	4,999
1,852,175	2,112,469
515,024	481,987
―	506
―	6,580
―	9,292,269
881,274	818,228
1,816,973	―
2,640,316	94,560
353,198	1,111,172
178,410,182	175,080,510
150,000,000	150,000,000
3,293,176	7,197,538
3,128,599	3,315,653
1,200,000	1,200,000
82,916	80,553
282,479	272,268
1,236,902	1,394,872
201,500	224,500
3,814,815	5,970,336
5,650	―
27,873	27,030
2,761,853	4,461,492
711	951
64,317	35,788
3,903	―
―	―
843	―
12,304,637	818,228
―	81,295

第7表 合資会社(本社部門)貸借対照表

科　目	大正10年末	11年末	12年末
借　方	173,611,507	173,367,093	174,658,088
資本金・前期純損益	805,211		
創業費	466,048	349,536	233,024
固定財産・土地	10,187,850	11,562,413	8,380,629
建設物	410,395	587,080	559,192
機械	3,783	7,907	6,561
什器	28,289	19,910	14,015
所有品・準備品	2,144	3,422	2,917
有価証券・国債証券	3,312,458	3,312,458	3,099,566
地方債証券	200,017	200,017	200,017
社債券	15,000	45,289	344,189
株券	27,467,287	6,255,752	5,835,009
住友銀行株券	36,814,895	36,851,955	37,104,943
住友製鋼所株券	7,750,000	7,750,000	7,750,000
住友電線製造所株券	4,687,500	5,468,750	5,468,750
住友倉庫株券	—	—	14,950,000
住友肥料製造所株券	—	—	—
住友信託株券	—	—	—
日之出生命保険株券	—	—	—
住友坂炭礦株券	—	—	—
住友ビルデイング株券	—	—	1,137,500
大阪北港会社株券	—	21,750,298	21,823,498
起業支出・茶臼山住宅建設物	112,380	—	—
大阪図書館建設物	204,566	397,804	410,423
本社建設物	—	46,073	—
雑建設物	—	17,451	25,034
雑土工	—	5,953	10,559
貸金・立換金	1,360,922	1,689,383	6,280,651
雑・仮出金	677,895	238,998	293,529
未収入金			
各部・別子鉱業所	30,381,516	27,516,396	27,062,795
倉庫部	15,229,457	15,920,000	
製鋼販売店	477,007	80,837	433,676
若松炭業所	6,369,401	6,252,236	6,241,827
伸銅所	9,826,815	16,020,678	13,818,906
肥料製造所	1,909,162	2,274,787	1,590,246
東京販売店	24,517		
呉販売店		2,173	
大良鉱業所		17,011	27,825
上海洋行	21,173	24,135	17,307
大萱生鉱業所	560,799	515,114	460,818
札幌鉱業所	2,155,424	2,087,440	2,091,666
漢口洋行	15,592		
天津洋行	20,651	22,878	8,005
高根鉱業所	670,414	598,034	570,116
横須賀販売店		953	2,767
博多販売店	5,323	3,958	4,909
伸銅所尼崎工場	6,664,731		
林業所	1,052,604	1,374,283	1,597,017
病院	602,458	552,289	553,899
神戸販売店	—	—	—
名古屋販売店	—	—	—
特別会計・地所課			
手形・受取手形	1,087,898	903,616	852,998
銀行・銀行出納勘定	400,240	523,903	1,546,717
銀行特別預ケ金勘定	1,612,005	2,115,907	1,743,581
損益・当期純損益	17,664		2,102,991
貸　方	173,611,507	173,367,093	174,658,088
資本金・資本金	150,000,000	150,000,000	150,000,000
前期繰越金	—	84,673	389,828
前期純損益	—	151,844	3,420,174
労役者特別保護基金	1,200,000	1,200,000	1,200,000
労役者特別保護別途積金	93,708	92,556	79,499
預リ金・雇人身元金預金	265,924	274,759	265,800
積金預金	931,376	1,015,978	1,102,280
住友末家預金	206,812	201,051	202,999
諸預金	112,581	1,614,619	2,013,416
貸家敷金預金	6,185	6,160	5,716
準備員積立金	12,851	18,222	23,209
雑・仮入金	3,115,375	3,160,036	2,602,069
未払金		551	762
各部・東京販売店		31,924	47,675
呉販売店	13,705	—	853
大良鉱業所	18,390	—	—
横須賀販売店	11,068	—	—
手形・割引手形	17,623,528	15,168,538	13,303,801
銀行・銀行出納勘定	—	—	—
損益・当期純損益	—	346,177	—

第二章　住友合資会社（上）

貸借対照表（第7表）においては、十二年末に固定財産勘定の中、土地が一一五六万円から八三六万円に減少しているが、これは先に述べた建設中のビルディング用地二七〇〇坪を三一八万円で新たに設立された株式会社住友ビルディングに売却したためである。なおこの用地代金のうち、二六九万円は同社に貸付けたので、十二年末、十三年末の立換金の中に含まれている（後掲第10表）。十四年にこの中九四万円が返済され、残金一二八万円が未収入金へ移された。十四年末に土地、建設物、機械等が起業支出勘定とともに姿を消したのは、先に述べたように六月に総務部庶務課に所属していた地所係が地所課として独立し、特別会計勘定が設けられたため移管されたことによる。有価証券勘定では、連系会社株式が列挙されているが、まだ連系会社に指定されていないにもかかわらず、大阪北港は大正十一年から、日之出生命保険は十四年から表示されている。

十三年末の立換金の中には、住友ビルデイングに対する貸付金の他に、住友ビルデイングに対する貸付金二一八万円が含まれており、十四年に住友信託に肩代わりされて、返済された。これらについては、「四　資金調達」及び「五(二)　住友倉庫の株式会社への移行」と「五(三)　株式会社住友ビルデイングの設立」を参照されたい。

各部勘定の中、林業所勘定は膨張の一途を辿っているが、これは林業という事業の性格上植林した山林が成長して伐採できるまで損益勘定がたてられず（第4表参照、但し大正十一年の損失二万七〇〇〇円は副業として行った緬羊飼育事業が失敗に終わったための整理損である）、北海道・九州・朝鮮各地の事業所の起業支出勘定に当該事業所の経費の他、林業所本所

（円未満切り捨て）	
	14年
	△116,512
	486,713
	△376
	6,400,167
	△16,129
	△4,341,726
	1,598,058
	△63,045
	△2,545,756
	4,430,050
	5,831,443
	△600,000
	△2,362
	2,325,137
	1,693,150
	240
	4,303,711
	7,719,875
	1,888,432
	△3,588,148
	9,588,140
	4,111,558

表の利益から控除ル（現住友銀行本ら収納したが、この考え方に立つなら誤って支出超過額ためと思われる。

第8表　収支表（本社部門）

（単位：円、）

科　目	大正10年	11年	12年	13年
（支出）				
創業費	466,048	△116,512	△116,512	△116,512
固定財産	△8,187,412	1,546,993	△3,216,913	△104,748
所有品	△9,154	1,277	△504	△522
有価証券	14,248,535	1,387,362	2,009,633	1,604,454
起業支出	△382,022	150,335	△21,265	△415,901
貸金	437,686	328,461	1,769,869	85,001
仮出金	△6,095,396	△438,896	54,531	237,730
受取手形	1,043	△184,282	△50,617	28,275
銀行特別預金	△632,723	503,901	△372,325	896,735
損失	5,838,515	5,128,625	5,948,480	3,598,348
合　計	5,685,118	8,307,267	6,004,376	5,812,860
（収入）				
資本金（配当金）	△6,028,066	△200,000	△600,000	△600,000
労役者特別保護基金	29,236	△1,152	△13,056	3,416
預リ金	△11,621	1,595,061	482,630	1,955,798
仮入金	△20,726,644	44,660	△557,966	159,784
未払金	—	551	210	△50
利益	25,274,652	5,234,030	4,536,566	3,915,862
合　計	△1,462,443	6,673,152	3,848,384	5,434,811
収支超過額①	△7,511,344	△1,634,114	△2,155,991	△378,049
各部勘定増減②	△4,093,070	△2,953,374	△1,907,311	3,040,261
銀行出納勘定増減③	△884,542	2,578,652	2,887,550	1,223,411
前期純損益④	2,533,732	1,259,393	3,136,230	4,641,722

註：1．上記の関係は④－②＋①＝③となる。
　　2．大正10年度は組織変更に伴う店部の評価益29,102,540円（「住友合資会社の設立」第2表参照）を原しているが、この他にも組織変更に伴う調整が加えられているため、内訳合計が収支尻と一致しない。
　　3．大正12年度実際報告書では支出超過額は2,155千円ではなく2,109千円となっている。これは住友ビル店）建築のビルデイング会社への移管に伴い、ビル建築起業支出累計分599千円をビルデイング会社かの中12年度分支出は553千円であったので、差引11年度分46千円を、実際報告書執筆者は期間収支のば、12年度の収入額から控除すなわち支出超過額を2,155千円＋46千円＝2,201千円とすべきところ、から控除（2,155千円－46千円＝2,109千円）し、この結果46千円を収入額に加算した形にしてしまった

第二章　住友合資会社（上）

の経費も割り掛けられ、累積されていっているためである。なお林業所の事業の詳細については、『住友林業社史』上巻（住友林業株式会社　平成十一年）を参照されたい。

次に第8表に本社部門の収支表を示す。本社部門の支出超過は、直営店部からの資金回収（各部勘定増減と前期純損益の合計、内訳第9表、但しここでいう各部勘定増減には各部の前期純損益が含まれている）によって補われ、その差は銀行出納勘定増減として示されている。本社部門の収支が立換金の減少、預り金の増加（第10表、但し店部の資金需給は各部勘定を通じて行われるので本表には含まれない）によって改善されるとともに、銀行出納勘定（当座借越＋割引手形）の借入超過は、大正十四年末には九〇万円にまで縮小した。銀行出納勘定は、大正九年四月以降それまでの伸銅所や鋳鋼所の総本店経由の住友銀行による手形融資の他に、総本店自体が住友銀行から当座預金の借越とは別にまとまった額の手形融資を受けるようになると、第11表の通り当座借越と割引手形の二本立てとなった。

立換金勘定は本来傭人に対する社内融資として利用されてきたものであるが、大正三年住友忠輝が分家を興すと、分家に対する融資に利用され、また大正四年鋳鋼場が株式会社になると、銀行から手形融資が受けられるようになるまで、この勘定を通じて融資が行われた（「住友総本店（下）二　住友総本店の業績」参照）。こうした経緯で、合資会社が設立されて住友家会計が独立すると、同会計に対する融資がこの勘定を通じて行われ、又日米板硝子を初め前述の通り倉庫、ビルディング等の新会社の立ち上がりの資金需要にも応ずることになった。大正十一年に設立された湧別川水力電気につ

（円未満切り捨て）
14年
△3,927,022
△145,121
△151,790
△33,557
△145,636
△158,754
△68,936
△1,157,531
△2,195,772
△106,985
3,729
3,050
7,486
7,554
10,983
33,062
―
―
―
260,294
65,240
8,091,108
391,401
7,699,707
1,888,432
9,588,140

るため店部合計が

第9表　各部勘定増減表
(単位：円)

店　部	大正10年	11年	12年	13年
別子鉱業所	△760,934	△3,676,288	△2,661,919	481,726
製銅販売店	△650,369	△472,504	240,779	△535,164
若松炭業所	543,207	643,334	△134,044	△212,102
大良鉱業所	△82,892	△60,340	△8,464	23,132
大萱生鉱業所	64,681	△43,048	5,201	△54,105
札幌鉱業所	△94,555	△96,720	△106,073	359,216
高根鉱業所	△32,397	30,034	52,516	32,342
伸銅所	△4,206,653	△1,292,752	△2,191,767	△1,789,713
肥料製造所	△776,555	384,724	△634,478	△86,089
東京販売店	△23,658	△65,221	△76,496	△192,109
呉販売店	△26,524	△13,249	△5,130	△9,046
横須賀販売店	△22,414	△4,856	1,156	△3,936
博多販売店	8,831	4,202	5,917	4,917
神戸販売店	—	—	—	—
名古屋販売店	—	—	—	—
上海洋行	40,303	42,330	25,677	37,080
漢口洋行	23,656	11,822	—	—
天津洋行	21,204	41,498	24,043	26,071
倉庫	△1,187,984	△89,991	151,623	—
林業所	1,052,604	349,086	222,733	255,158
病院	—	95,171	45,183	61,160
勘定減計＝資金回収	8,501,523	5,814,973	5,818,374	2,882,267
勘定増計＝資金補充	1,874,721	1,602,205	774,832	1,280,806
差　引　①	6,626,802	4,212,767	5,043,542	1,601,461
本社収支尻	△7,511,344	△1,634,114	△2,155,991	△378,049
合　計　②	△884,542	2,578,652	2,887,550	1,223,411

註：①第8表、前期純損益―各部勘定増減
　　②第8表、銀行出納勘定増減
　　大正10年度は組織変更に伴う評価益を控除しているが、この他にも組織変更に伴う調整が加えられてい
　　勘定増減と一致しない。

第10表　本社部門貸金勘定立換金及び預リ金勘定諸預金の残高明細

(単位：円、円未満切り捨て)

相　手　先	大正10年末	11年末	12年末	13年末	14年末
貸金・立換金	1,360,922	1,689,383	6,280,651	6,365,652	740,581
住友忠輝	348,901	348,901	348,901	―	―
住友家会計		276,250	424,902	938,904	―
日米板硝子		155,000	―	―	
住友倉庫			2,181,790	2,181,790	―
住友ビルデイング			2,505,370	2,223,364	―
湧別川水力電気				200,000	100,000
大阪北港				70,000	―
その他	1,012,020	909,231	819,685	751,593	640,581
預リ金・諸預金	112,581	1,614,619	2,013,416	3,814,815	5,970,336
住友製鋼所		1,500,000	1,900,000	1,900,000	2,800,000
住友電線製造所				1,300,000	2,800,000
坂隆二				500,000	250,000
その他	112,581	114,619	113,416	114,815	120,336

第11表　本社部門の銀行取引

(単位：円、円未満切り捨て)

	大正10年末	11年末	12年末	13年末	14年末
銀行出納勘定(当座借越)	△400,240	△523,903	△1,546,717	△1,816,973	81,295
割引手形	17,623,528	15,168,538	13,303,801	12,304,637	818,228
合　　計	17,223,288	14,644,635	11,757,084	10,487,664	899,523
銀行特別預ケ金勘定	1,612,005	2,115,907	1,743,581	2,640,316	94,560

註：1．貸借対照表では銀行出納勘定を当座借越として使用しているが、実際報告書では当座借越と割引手形の合計額として使用している。
　　2．大正12年度実際報告書ではこの当座借越と割引手形の合計額を11,711千円としているが、これは第8表註で説明した通り、ビル建築起業支出をビルデイング会社に移管した際収納した11年分46千円の処理の誤りによる。

いては「三　投資活動」で改めて触れることとしたい。この他十三年末に買収した坂炭礦に対しても二七万円を融資していたが、十四年末に立換金から仮出金に振替えられたので、第10表には記載されていない。

一方預リ金勘定「諸預金」は、他の預リ金のようにはっきりしていない預リ金がこの勘定に入れられていたが、大正十一年以降当初製鋼所、次いで電線製造所の余資が、住友銀行ではなく合資会社（本勘定）に預けられるようになった（「四　資金調達」参照）。十三年末「坂隆二」五〇万円とあるのは、坂一族から買収した坂炭礦株式代金一一五万円余の一部である。

銀行特別預ケ金勘定は、大正九年末の残高七二二万円（「住友総本店（下）」第8表）が、十年末には一六一万円に激減した（第11表）。これはたまたま大正九年末、株式会社住友電線製造所を設立した際、電線製造所の勘定残高一〇九六万円を電線側が総本店に返済した折、総本店出資分六〇〇万円を相殺した差額四九六万円を住友銀行に入金したため、年末の残高が七二二万円と膨張し、且つこれを翌十年一月割引手形の返済に充当したので見かけ上激減したような形となった。勘定の本来の目的としては相続税準備金八〇万円が住友家会計へ譲渡されたことによる減少だけであった（「住友合資会社の設立」第3表参照）。その後十二年には建築準備金七八万円が住友ビルデイング株式払込金に充当された外、積立金が十、十一、十二年度分として三〇万円積み増しされたが、一方で運用のため宇治川電気社債（二一万円）、住友銀行株式（二二万円）購入資金として引き出された。十三年には運用のため三井信託株式（七万円）、住友銀行株式（五八万円）購入に使用された。十四年には日之出生命保険株式の購入のために二二三万円が引き出された。これについて大正十四年度実際報告書がこの年の減少を「借入金返戻ノタメ引出四一二〇千円アリシタメ」と説明しているのは、この年日之出生命の配当を一割配当も可能なのを敢えて無配としたため、銀行預金にしておけば当然入手し得る利息収入のことを考慮して、この事実を伏せたものと考えられる。

第二章　住友合資会社（上）

(二) 合資会社（全社）の業績

合資会社全社の業績を店部別にみると（第4表）、当初は倉庫と伸銅所の利益が大きく、大正十二年倉庫が連系会社となって独立した後は、別子鉱業所の業績の回復が目覚ましかった。これは大正十年に一〇〇キログラム当たり五七円五七銭まで下落した銅価が、その後世界的な生産制限、欧米諸国の景気回復、関東大震災後の復興、対外為替下落などによって、十三年には八三円、十四年には八六円四六銭まで上昇したのが寄与したことと、既に述べた四阪島製錬所の大改造により、産銅コストが電気銅一〇〇キログラム当たり一〇円前後も低減したことによるものであった。その他の鉱業所は概ね不振で、特に金鉱山は砥沢鉱山（支所）が大正十年九月金品位の低下により休山、小鉾岸鉱山（大正十一年十月買収）、高根鉱山が十三年末閉山し、大良鉱山も十四年九月売却された。また販売店も既に述べたように大正十四年四月、神戸、名古屋に販売店が設置され主力製品の販売店経由の売上比率は、製造店部の直売を上回るに至ったが、利益面では東京販売店を除いて不振で、特に中国政府の財政難で官需が期待できなくなったため、大正十一年十月漢口洋行、十三年七月天津洋行が閉鎖された（第12表）。

第13表総損益表と第14表総貸借対照表は、合資会社本社部門以下各店部の損益表と貸借対照表を連結したものである。

第14表の中で、特別整理勘定の内容は次の通りである。大正十四年三月、住友伸銅所と住友倉庫の安治川倉庫を含む安治川沿いの一帯が、大阪市の卸売市場の用地として買収されることになった。六月合資会社は伸銅所敷地（一八、九三〇坪）を二七四万円余で大阪市に売却し、移転補償費二六八万円余（第一回分入金一〇七万円）の合計六四三万円をもって、製鋼所の西方隣接地桜島（「住友総本店（下）五 大阪北港株式会社の設立」参照）と尼崎工場隣接地への工場移転を図ることとなり、この勘定が設けられた。

第12表　販売店・洋行販売実績表　（単位・千円）

	大正10年	11年	12年	13年	14年
（東　京）					
伸　銅	3,408	3,502	2,851	3,496	3,165
電　線	3,022	5,517	9,394	13,214	11,848
製　鋼	2,453	3,625	4,221	3,298	3,612
肥　料	104	140	172	734	730
製　銅	354	381	392	1,252	917
その他	1	43	33	—	269
計	9,342	13,208	17,063	21,994	20,541
（横須賀）					
伸　銅	1,839	963	502	1,016	392
電　線	70	60	27	108	69
製　鋼	365	42	10	197	23
肥　料	—	—	—	—	—
製　銅	1	73	103	—	7
その他	—	—	—	—	—
計	2,275	1,138	642	1,321	491
（　呉　）					
伸　銅	3,108	1,040	928	1,226	440
電　線	209	212	435	516	380
製　鋼	854	590	345	481	146
肥　料	8	11	48	59	59
製　銅	78	93	153	111	178
その他	120	—	—	22	—
計	4,337	1,946	1,909	2,415	1,203
（博　多）					
伸　銅	246	158	105	219	191
電　線	910	1,099	1,200	1,237	1,265
製　鋼	153	189	124	160	119
肥　料	1	—	14	49	—
製　銅	84	69	103	84	135
その他	—	1	—	4	8
計	1,394	1,516	1,546	1,753	1,718
（天　津）				（名古屋）	
伸　銅	102	101	10	伸　銅	255
電　線	127	96	75	電　線	624
製　鋼	69	54	—	製　鋼	116
肥　料	—	—	—	肥　料	—
製　銅	307	6	6	製　銅	6
中　華	—	—	4	その他	—
計	605	257	95	計	1,001

（次頁へつづく）

	大正10年	11年	12年	13年	14年
（漢　口）				（神　戸）	
伸　銅	58	21	—	伸　銅	825
電　線	3	27	—	電　線	317
製　銅	—	79	—	製　銅	176
肥　料	—	—	—	肥　料	2
製　銅	—	—	—	製　銅	—
中　華	—	—	—	その他	—
計	61	127	—	計	1,320
（上　海）					
伸　銅	123	105	300	418	472
電　線	130	196	177	225	263
製　銅	—	5	—	6	2
肥　料	—	—	—	—	1
製　銅	554	47	80	—	—
中　華	—	—	182	300	214
その他	1	1	—	—	1
計	808	354	739	949	953
（合　計）					
伸　銅	8,884	5,890	4,696	6,375	5,740
（比率）	(33.4)	(42.7)	(34.0)	(45.7)	(43.1)
電　線	4,471	7,207	11,308	15,300	14,766
（比率）	(36.6)	(44.8)	(55.5)	(64.8)	(68.0)
製　銅	3,894	4,584	4,700	4,142	4,194
（比率）	(61.0)	(65.0)	(66.3)	(59.6)	(71.6)
肥　料	113	151	234	842	790
（比率）	(5.0)	(7.1)	(7.5)	(18.9)	(18.5)
計	17,362	17,832	20,938	26,659	25,490
（比率）	(36.6)	(45.6)	(47.2)	(54.4)	(56.5)

註：1．「中華」は中華電気製作所製品を示す。大正11年11月末取扱いを開始した。他方上海洋行はその原材料を供給したので、同時に大口販売先でもあった。
　　2．合計(　)内は当該店部の販売高に占める販売店・洋行の販売比率を示す。

第13表　総損益表

(単位：円)

科目	大正10年	11年	12年	13年
当期総利益	30,186,566	35,729,425	35,107,045	34,072,337
銅収益	4,672,526	7,340,030	8,639,665	8,695,526
金銀収益	319,794	557,786	1,133,527	585,859
売鉱収益	855,941	1,362,562	826,890	1,223,232
石炭収益	2,913,694	4,181,185	4,920,898	4,934,594
伸銅所製品収益	9,367,521	7,593,012	7,340,334	7,491,689
伸銅所尼崎工場製品収益	1,251,062	916,578	—	—
肥料収益	660,351	844,619	1,262,068	2,171,067
山林収益	180,226	241,728	335,720	344,940
耕地収益	90,013	178,178	140,771	200,584
商品収益	190,041	176,239	203,092	179,271
雑製品収益	15,700	18,527	10,194	21,104
倉庫保管料	2,264,208	2,167,408	1,046,665	—
公債利息	231,569	232,141	—	—
国債証券利息	—	—	211,745	205,287
地方債証券利息	—	—	11,067	10,838
社債券利息	1,698	802	8,989	26,146
株券配当金	338,622	249,547	224,133	202,223
住友銀行株券配当金	2,084,992	2,405,242	2,565,955	2,586,930
住友製鋼所株券配当金	193,750	387,500	387,500	387,500
住友電線製造所株券配当金	164,062	445,312	525,212	546,875
運賃収益	289,824	347,279	275,145	165,060
貨物扱料	675,600	917,193	482,961	—
病院収益	188,147	267,543	323,370	344,678
賃貸料	235,701	281,711	343,523	258,854
諸手数料	309,181	359,838	423,766	564,967
雑益	738,589	645,634	875,198	562,566
営業費戻入	2,064,759	1,258,052	—	—
組貸戻入	—	1,134,454	2,461,868	2,978,516
労役者特別保護支払元金	78,890	110,424	122,015	103,988
固定財産原価差損益	△238,907	1,108,289	△61,188	△216,847
有価証券原価差損益	7,661	△1,100	61,957	△508,780
為替差損益	21,338	609	4,009	5,690
資金利息	—	1,087	△16	△29
当期総損失	29,901,893	34,824,270	31,603,697	29,567,975
賃銀費	7,092,252	7,662,654	6,907,311	6,746,909
営業雑給	79,995	97,040	99,409	101,671
燃料費	2,356,950	2,367,886	2,087,334	2,005,167
営業常用品費	3,314,406	3,487,407	3,148,334	3,548,758
営業営繕費	629,393	715,034	620,149	564,978
運送費	1,053,644	1,271,345	1,371,790	1,661,751
販売費	317,365	392,796	374,939	403,149
営業賃借料	89,372	121,000	79,555	19,120
営業保険料	260,751	218,032	109,973	48,797
営業雑費	2,073,009	3,103,358	2,179,765	2,490,224
輸出入諸掛	21,741	12,964	8,796	2,630
俸給	1,700,997	2,141,912	2,090,827	2,048,211
給料	221,498	250,197	211,418	209,065
旅費	201,356	264,283	233,013	247,180
諸税	1,084,900	773,982	569,284	681,473
営繕費	92,439	146,023	150,426	150,778
賃借及保険料	56,351	72,620	71,805	71,716
雑費	2,833,912	3,379,707	5,086,330	2,812,555
特別報酬金	17,250	—	—	—
賞与	1,186,276	1,485,810	1,430,952	1,444,328
退職慰労金	724,722	1,132,506	177,125	164,877
労役者特別保護金	78,754	241,450	156,462	138,661
雑損	389,490	524,366	475,637	432,842
償却	2,296,759	2,409,630	2,370,859	2,453,624
利息	1,238,282	1,672,887	1,271,087	1,057,255
営業品原価差損益	490,015	879,369	321,108	62,243
当期純損益	284,673	905,154	3,503,347	4,504,362

註：大正10年度は3—12月の数字である。

第二章　住友合資会社（上）

各年度の利益金からは、社員に対し配当金が支払われる（第15表）。大正十年度については、既に住友家分五〇万円が組織変更の際に贈与されている「住友合資会社の設立」第3表参照）ので、一族四人に対し各五万円計二〇万円が支払われた。厚、元夫の二人は未成年のため、実際には住友家会計に支払われている。十一年度からは、これを含めて住友家会計五〇万円、忠輝、寛一各五万円合計六〇万円となっている。当初の取り決めでは、住友家分は、厚、元夫分とは別に五〇万円であった筈であるが、二人分を含めて五〇万円に変更されている。その後忠輝の死去により、前述の通り長男義輝が持分を継承したので、忠輝に代わって配当金を受け取るようになった。

配当金の支払は、第8表本社部門の収支表の資本金（配当金）の欄に、実際に支出されるのは翌年となるので、一年遅れで表示されている。配当金を控除した残りは、利益繰越金として後期へ繰越されている。大正十四年末には繰越金の累計は一〇〇〇万円を超えた。

（単位：円、円未満切り捨て）

11年末	12年末
188,638,565	182,042,331
—	—
162,004	—
16,180,840	12,729,148
14,426,755	13,684,565
3,968,859	3,941,894
7,656,162	6,688,184
407,002	433,205
131,566	120,027
97,798	158,616
7,919,576	6,966,627
578,594	543,885
264,599	314,371
5,379,490	7,852,965
47,028	45,513
196,652	201,285
8,670	6,240
40,348	48,298
6,045	7,133
1,102,679	822,766
124,503	132,699
3,099,566	3,143,658
200,017	199,592
341,189	34,289
6,892,063	6,248,825
37,162,923	36,821,382
7,750,000	7,750,000
5,468,750	5,468,750
14,950,000	13,700,000
1,625,000	3,250,000
—	1,800,000
—	2,910,000
—	1,397,500
—	1,155,478
21,828,418	21,838,618
458,874	395,686
—	3,095
305,546	418,653
111,942	81,906
—	—
617,098	452,051
115,838	142,720
1,809,917	1,394,635
63,579	628
405,224	357,936
183,760	410,289
151,566	214,142
16,219	29,665
105,878	74,175
3,126	22,135
127,081	221,358
13,819	21,159
695,648	573,395
—	—
246,537	—
1,817,916	2,182,051
—	—
1,524,327	1,255,502
—	—
302,165	—
6,678,934	269,190
—	740,581
1,660,961	1,321,418
5,440,491	2,614,912
—	—
1,176,745	1,141,122
140,198	97,170
—	90,126
1,665,826	2,887,587
—	1,283,344
—	2,623,524
2,068,903	150,047
11,643	6,367
2,640,316	94,560
61,366	55,661

五三六

第14表　総貸借対照表

科　目	大正10年末	11年末	12年末
借　方	181,165,842	180,345,768	182,807,196
資本金・前期純損益	805,211		
創業費	700,913	551,738	380,974
固定財産・土　地	29,062,691	30,372,078	16,051,842
鉱　山	16,373,296	15,906,349	15,218,780
山　林	4,093,406	4,102,006	3,878,669
建設物	10,397,121	10,477,287	7,654,301
鉄　道	194,014	221,138	326,554
船　舶	408,091	436,931	92,382
索　道	168,819	144,547	120,321
機　械	6,334,746	7,271,210	7,851,919
電線路	213,878	194,161	602,404
什　器	255,195	234,091	250,537
起業支出	5,384,428	6,521,006	4,355,734
所有品・立　木	185,815	259,360	54,457
木　材	116,473	153,280	161,018
薪　材	11,445	8,006	11,061
米　穀	54,869	35,332	17,566
家　畜	6,996	7,111	5,319
準備品	1,301,361	1,016,930	912,790
商　品	184,734	118,504	147,477
有価証券・国債証券	3,312,458	3,312,458	3,099,566
地方債証券	200,017	200,017	200,017
社債券	15,000	45,289	344,189
株券	27,467,287	6,255,752	5,835,009
住友銀行株券	36,814,895	36,851,955	37,104,943
住友製鋼所株券	7,750,000	7,750,000	7,750,000
住友電線製造所株券			5,468,750
住友倉庫株券	4,687,500	5,468,750	14,950,000
住友ビルデイング株券	—	—	1,137,500
住友肥料製造所株券	—	—	—
日之出生命保険会社株券	—	—	—
住友信託会社株券	—	—	—
住友坂炭礦会社株券	—	—	—
大阪北港会社株券	—	21,750,298	21,823,498
買鉱・金銀鉱	221,334	70,621	199,107
雑　鉱			
粗　銅	740,325	518,444	632,649
産出品・金銀鉱	140,314	68,552	98,026
金銀汰物	4,534	2,381	2,235
銅　鉱	653,291	540,853	545,018
銅半製品	354,813	90,222	123,000
粗　銅	3,046,957	1,605,415	1,144,115
精　銅	419,016	63,102	110,433
電気精銅	412,538	485,806	381,442
地金銀	421,022	640,018	333,694
忠隈炭	170,697	90,213	133,327
厳木炭	27,963	10,678	36,199
大瀬炭	28,565	62,894	162,218
唐松炭	975		
製品・製作品	105,286	114,085	91,189
木　炭	17,391	16,082	21,481
伸銅所製品	388,220	530,587	748,332
伸銅所尼崎工場製品	171,687		
肥料製品	330,652	417,353	328,254
半製品・伸銅所半製品	1,294,460	1,828,411	1,534,674
伸銅所尼崎工場半製品	567,897		
原料品・伸銅所原料品	1,096,595	1,002,063	1,084,307
伸銅所尼崎工場原料品	203,798		
肥料原料品	237,829	440,033	240,568
貸金・諸貸付金	1,412,014	1,746,047	6,340,179
立換金			
手形・受取手形	1,289,347	1,529,336	1,548,977
取引先・掛売金	4,307,294	3,552,683	5,118,857
委託主			315
積送品	2,008,212	1,293,978	1,107,446
受託品	132,162	106,508	168,013
雑・仮受物品			
仮出金	1,729,619	860,198	1,129,713
未収入金			
特別整理勘定			
預金・銀行預金	1,070,478	812,544	1,843,672
振替貯金	5,850	7,717	6,769
銀行特別預金	1,612,005	2,115,907	1,743,581
現金	42,019	57,429	41,808

三 投資活動

住友合資会社が保有する有価証券残高は、大正十四年(一九二五)末には一億円を超えた(第16表)。このうち、国債、地方債、社債(内訳は第17表参照)は積立金による六％前後の利回りを目的とした運用であるので、量的には少なく、株式が九五％を占め、株式だけでも一億円を超えた。株式の中でも住友系以外の株式は、債券同様運用目的のものが多いが、交際上の無配株もあるため、利回りは、債券に比し低く四％前後に止まっている。従って株式の九五％が連系会社及びその他の住友系企業の株式で占められている。連系会社が銀行、製鋼、電線の三社であった時代は、六％前後の利回りが確実であったが、無配の連系会社の指定が相次ぐとともに、利回りは急速に低下した。また連系会社以外の住友系企業の有配会社は、扶桑海上火災保険、富島組、湧別川水力電気と僅かで、大阪北港をはじめ無配会社が多いため利回りは極端に低くなっている。

13年末	14年末
188,638,565	182,042,331
150,000,000	150,000,000
3,293,176	7,197,538
3,128,599	3,315,653
1,200,000	1,200,000
82,916	80,553
7,116,266	9,689,831
804,637	818,228
12,304,637	818,228
544,141	184,438
9,854	7,458
4,858,539	2,299,026
3,834,936	5,706,128
84,474	101,757
	621
1,375,762	623,487

第14表のつづき

科　目	大正10年末	11年末	12年末
貸　方	181,165,842	180,345,768	182,807,196
資本金・資本金	150,000,000	150,000,000	150,000,000
前期繰越金	—	84,673	389,828
前期純損益	—	157,266	3,420,174
労役者特別保護基金	1,200,000	1,200,000	1,200,000
労役者特別保護別途積金	93,708	92,556	79,499
預リ金・諸預リ金	2,779,511	4,330,318	4,986,486
手形・支払手形	2,453,712	2,698,286	3,692,819
割引手形	17,623,528	15,168,538	13,303,801
取引先・掛買金	592,073	108,080	324,753
委託主	5,496	2,166	
受託	1,248,501	1,147,702	1,676,234
雑・仮入金	3,980,187	4,115,203	3,573,278
未払金	98,788	493,089	77,145
報告未達	448		
損益・当期純損益	1,089,884	747,888	83,173

第15表　利益処分　　　　　　　　　　（単位：円、円未満切り捨て）

科　目	大正10年	11年	12年	13年	14年
純益金	284,673	905,154	3,503,347	4,504,362	3,939,140
配当金	200,000	600,000	600,000	600,000	600,000
住友家会計	100,000	500,000	500,000	500,000	500,000
内住友厚	50,000	50,000	50,000	50,000	50,000
住友元夫	50,000	50,000	50,000	50,000	50,000
住友忠輝	50,000	50,000	50,000	—	—
住友義輝	—	—	—	50,000	50,000
住友寛一	50,000	50,000	50,000	50,000	50,000
差引利益繰越金	84,673	305,154	2,903,347	3,904,362	3,339,140
後期繰越金	84,673	389,828	3,293,176	7,197,538	10,536,679

第16表　住友合資会社の配当利息収入と投資利回り

種　類		大正10年	11年	12年	13年	14年
国　債	A	220,787	220,787	211,745	205,287	206,537
	B	3,312,458	3,312,458	3,099,566	3,099,566	3,143,658
	C	6.66	6.66	6.83	6.62	6.56
地方債	A	10,782	11,353	11,067	10,838	11,211
	B	200,017	200,017	200,017	200,017	199,592
	C	5.39	5.67	5.53	5.41	5.61
社　債	A	1,698	802	8,989	26,146	17,924
	B	15,000	45,289	344,189	341,189	34,289
	C	11.32	1.77	2.61	7.66	52.27
株　式	A	3,116,016	3,487,602	3,702,800	3,723,528	3,769,815
	B	76,719,682	78,076,755	94,069,701	95,677,155	102,340,555
	C	4.06	4.46	3.93	3.89	3.68
連系会社	A	2,712,884	3,238,055	3,478,667	3,521,305	3,513,580
	B	49,252,395	50,070,705	66,411,193	66,956,673	71,343,111
	C	5.50	6.46	5.23	5.25	4.92
その他の住友系企業	A	195,857	62,134	26,048	6,000	42,000
	B	23,683,062	23,870,978	23,363,498	24,233,896	25,998,618
	C	0.82	0.26	0.11	0.02	0.16
住友系以外の企業	A	207,274	187,413	198,085	196,223	214,235
	B	3,784,224	4,135,072	4,295,009	4,486,584	4,998,825
	C	5.47	4.53	4.61	4.37	4.28
有価証券合計	A	3,349,284	3,720,546	3,934,604	3,965,801	4,005,489
	B	80,247,159	81,634,521	97,713,474	99,317,929	105,718,096
	C	4.17	4.55	4.02	3.99	3.78

註：Aは利息または配当金、Bは残高(以上、単位：円、円未満切り捨て)、Cは利回り(単位：％)
出典：本章の以下の諸表は元帳及び総有価証券元帳から作成した。

第17表　国債証券・地方債証券・社債券明細表

(単位：円、円未満切り捨て)

銘　柄	大正10年2月末	10～14年増減			14年末
		年	内容	金額	
国債証券					
無記名甲い号五分利公債	184,725		→		184,725
無記名甲ろ号五分利公債	2,808,681	12	償還	△212,892	
		14	買入	44,092	2,639,880
無記名特別五分利公債	319,052		→		319,052
合　計	3,312,458			△168,800	3,143,658
地方債証券					
大阪市築港公債	49,300	14	償還	△425	48,875
大阪市電気鉄道公債	135,000		→		135,000
上海公部局公債	15,717		→		15,717
合　計	200,017			△425	199,592
社債券					
汽車製造会社社債	40,000	10	償還	△25,000	
		11	償還	△4,000	
		12	償還	△8,000	
		13	償還	△3,000	0
宇治川電気会社社債第9回		11	買入	34,289	34,289
〃　　　　第10回		12	買入	306,900	
		14	償還	△306,900	0
合　計	40,000			△5,711	34,289

第二章　住友合資会社（上）

(一) 連系会社の株式

合資会社発足以降、大正十二年に「倉庫」、「ビルディング」の二社、十四年に「肥料製造所」、「信託」、「坂炭礦」の三社計五社が、新たに連系会社に指定されたため、払込資本金における「銀行」の比重は、発足時の七〇％強から低下したが、それでも依然として五〇％を占めている（第18表）。新たに指定された連系会社五社の内容については「五店部・連系会社・特定関係会社」を参照されたい。

(二) その他の住友系企業の株式

連系会社以外の住友系企業については、第19表に示した。この中「扶桑海上火災保険」、「富島組」、「土佐吉野川水力電氣」については「住友総本店（下）」第17表を参照されたい。なお「富島組」株式は、住友倉庫設立とともに同社に譲渡された。

「大阪北港」については、「住友総本店（下）」の「五　大阪北港株式会社の設立」を参照されたい。なお第19表から明らかな通り、合資会社は大正十年末の六〇％から毎年買い増しを図っている。

「日米板硝子」と「日之出生命保険」については、「五　店部・連系会社・特定関係会社」を参照

（金額は円未満切り捨て）

14年末	
株	円
159,763	22,359,908
193,315	14,461,474
95,000	4,750,000
120,000	3,000,000
125,000	5,468,750
274,000	13,700,000
65,000	3,250,000
60,000	1,800,000
111,800	1,397,500
24,000	1,155,478
1,227,878	71,343,111

第18表　連系会社の株式

銘　柄　（額面）	大正10年2月末		10～14年増減		
		年	内　容		金　額
	(円)　　　　株　　　　　円			株	円
住友銀行　　　(100)	160,843　22,518,020	12	買入	1,530	175,493
		13	買入	140	16,840
		14	買入	250	30,555
		14	売却①	△3,000	△381,000
同　新株　　　(100)	190,625　9,531,250	10	払込@25円		4,765,625
		11	買入	580	37,060
		12	買入	1,300	77,495
		13	買入	670	41,140
		14	買入	140	8,904
住友製鋼所　　(50)	95,000　4,750,000		→		
同　新株　　　(50)	120,000　3,000,000		→		
住友電線製造所(50)	135,000　5,062,500	10	譲渡②	△10,000	△375,000
		11	払込@6.25円		781,250
住友倉庫　　　(50)		12	払込	299,000	14,950,000
		14	譲渡③	△25,000	△1,250,000
住友ビルデイング(50)		12	払込	65,000	1,137,500
		13	払込@7.5円		487,500
		14	払込@25円		1,625,000
住友肥料製造所(50)		14	払込	60,000	1,800,000
住友信託　　　(50)		14	払込	111,800	1,397,500
住友坂炭礦　　(50)		14	連系指定24,000		1,155,478
合計残高	701,468　44,861,770				26,481,341

註：①売却先宮内省。
　　②譲渡先日本電気。
　　③譲渡先住友銀行。

されたい。

「日本ホロタイル」については、既に述べた通り関東大震災により製品の耐震性に問題が生じ、この事業の主宰者であった住友忠輝の死去とともに事業の中止が決定された。まず大正十三年十月一〇株を合併して三株とする減資が行われ、合資会社の保有する五八〇〇株（一九万円）が一七四〇株（八万七〇〇〇円）となった。次いで十二月忠輝所有分四二〇〇株（一三万円余）を合資会社で買い入れ、これが同様減資により一二六〇株（六万三〇〇〇円）となり、両者併せて三〇〇〇株（一五万円）が償却され、準有価証券に振替えられた。同社は会社としてはその後も存続し、

第二章　住友合資会社（上）

昭和十四年（一九三九）三月二十五日日本板硝子株式会社に吸収合併された。

「湧別川水力電気」は、大正十一年三月自家発電に依存していた鴻之舞鉱山製錬所に対し、安定した電力供給を確保するため、北海道電燈と提携して水力発電所を建設することとなり、八月資本金七〇万円（住友合資四〇万円、北電三〇万円）で設立された。役員は常務取締役穴水熊雄（北電常務）、取締役穴水要七（北電社長）、同矢島富造（住友合資東京販売店支配人）、同大石公平（住友合資技師）であった。大正十三年十一月発電所は完成し、十二月から鴻之舞鉱山製錬所に対し最大三〇〇キロワットの送電が開始された。なお同社は昭和三年四月五日北電に吸収合併された。

(三)　住友系以外の企業の株式

これらの株式のほとんどが既に「住友総本店(下)」の「三　住友総本店の投資活動」で述べたものであるので、ここではその主な異動と、大正十一～十四年の間に新たに取得した株式について明らかにすることとしたい（第20表）。

銀行株の中で、「日本銀行」株式については、合資会社設立時に一株当たり旧株で五一二円、新株で六〇〇円の評価益を出したことは「住友合資会社の設立」第2表で示した通りである。その後日銀株の株価は、積立金資産内訳表によると大正十四年末には旧株七二五円、新株五三〇円まで値下がりしたので、積立口が保有する新旧各二九一株以外（普通口と称する）の各一〇五〇株について、旧株六四七円、

（金額は円未満切り捨て）	
14年末	
円	株
75,000	6,000
0	0
250,000	20,000
21,838,618	428,450
525,000	10,500
0	0
400,000	8,000
0	0
2,910,000	15,000
25,998,618	487,950

第19表　その他の住友系企業の株式

銘　柄　（額面）	大正10年2月末		10～14年増減		
	株	円	年	内　容（株）	金　額（円）
扶桑海上火災保険（50）	6,000	75,000		→	
富島組　　　　　（50）	11,456	766,120	10	払込＠10円	114,560
			12	譲渡①△11,456	△880,680
土佐吉野川水力電氣（50）	20,000	250,000		→	
大阪北港　　　　（50）	395,280	19,664,000	10	②　　　　26,380	1,319,000
			10		③715,632
			11	買入　　　1,930	51,665
			12	買入　　　4,050	73,200
			13	買入　　　　300	4,920
			14	買入　　　　510	10,200
日米板硝子　　　（50）	10,500	525,000		→	
日本ホロタイル　（50）	5,000	187,500	10	買入　　　　800	30,000
			10	払込＠6.25円	36,250
			11	払込＠6.25円	36,250
			13	減資　　△4,060	△203,000
			13	買入　　　4,200	134,551
			13	減資　　△2,940	△71,551
			13	償却　　△3,000	△150,000
湧別川水力電気　（50）			11	払込　　　8,000	100,000
			12	払込＠37.5円	300,000
坂　炭礦　　　　（50）			13	買入　　 24,000	1,155,478
			14	連系へ△24,000	△1,155,478
日之出生命保険　（100）			14	買入　　 15,000	2,910,000
合計残高	448,236	21,467,620			4,530,998

註：①譲渡先住友倉庫。
　　②信託株分配（「住友総本店（下）五　大阪北港株式会社の設立」参照）。
　　③売却土地代減価額株券価格引上げ。

新株四五二円で普通口から積立口へ譲渡する形をとり、この結果表記の評価損を生じた。

「台湾銀行」株式については、旧株は合資会社設立時に住友家会計へ譲渡された（「住友合資会社の設立」第3表参照）。従って合資会社は新株のみ保有していたが、大正十四年十月、台湾銀行は鈴木商店その他に対する不良債権を整理するため、四分の一減資した。「朝鮮銀行」もまた、高田商会その他に対する不良債権の整理のため、二分の一の減資を行った。

信託株では「三井信託」株については、同社は大正十三

第二章　住友合資会社（上）

年四月、資本金三〇〇〇万円(内払込額七五〇万円)で「三井家ニ於テ設立セラレタルモノニシテ、三井合名ハ総株数ノ半数ヲ引受ケ、残リノ半数ハ三井関係者及其ノ他有力者ニヨリテ募人セラレタルモノナリ。当社(註、住友合資)ニ対シテハ三井家米山氏(註、梅吉、元三井銀行常務、三井信託社長に就任)ヨリ右株式応募方依頼アリ。最モ確実且将来有望ナリト信ゼラル、ニヨリ、積立金積立口ヲ以テ応募シタリ」。当時既に住友信託設立の構想が持ち上がっており、「五(七)　住友信託株式会社の設立」で改めて検討したい。

「共済信託」株については、同社は大正十四年五月三日と同じく資本金三〇〇〇万円(内払込額七五〇万円)で設立されたが、それに先立ち「安田家ニ於テ信託会社設立ヲ計画シ、総株数六〇万株ノ中約半数ヲ相当広キ範囲ニ亘ル有力者ヨリ縁故募集スルコトトナリ、当方ニ対シテモ其引受方依頼アリシガ、当時住友銀行ニ於テモ信託会社ノ設立計画中ナレバ、合資会社トシテハ早晩此方面ニ於テ相当纏リタル投資ヲ為ス必要アリ。従ッテ金繰上ヨリハ本件株式ノ引受ハ好マザルモ、依頼者志立鐡次郎(註、発起人・創立委員長の地位にあった、かつて住友銀行支配人を退職後日本興業銀行へ移り、この時点では総裁を退任していた)トノ従来ノ関係及三井信託設立ニ際シ、義理合上応募シタル点等ヲ考慮シ、之ガ株式ヲ引受ケル事トセリ」。なお同社は大正十五年一月、安田信託と改称した。

鉄道株で新たに取得したのは、次の三社である。「有馬電気軌道」は、大正九年国有化に応じて売却した「有馬鉄道」

（金額は円未満切り捨て）	
14年末	
株	円
1,341	926,700
1,341	663,750
1,155	86,625
1,500	30,875
1,000	15,000
500	24,100
250	6,250
1,498	73,750
749	9,362
132	13,200
132	3,300
400	5,000
9,998	1,857,912
3,000	75,000
2,000	25,000
5,000	100,000
2,346	90,420
2,346	43,125
144	14,400
144	4,320
500	6,250
500	3,750
3,000	37,500
8,980	199,765

第20表　住友系以外の企業の株式

銘　　柄	(額面)	大正10年2月末		10～14年増減		
			年	内　　容		金　額
	(円)	株	円		株	円
(銀行株)						
日本銀行①	(200)	1,341	1,139,850	14	評価損	△213,150
同　新株①	(200)	1,341	871,650	14	評価損	△207,900
台湾銀行　新株	(100)	1,542	77,100	11	払込@25円	38,550
				14	減資　　△387	△29,025
大阪農工銀行	(20)	1,500	30,875		→	
同　新株	(20)			11	払込　1,000	5,000
				12	払込@5円	5,000
				14	払込@5円	5,000
愛媛銀行②	(50)	500	24,100		→	
同　第二新株	(50)	250	3,125	11	払込@12.5円	3,125
五十二銀行	(50)	999	48,800		→	
同　新株	(50)	499	18,712	11	払込@12.5円	6,237
同　第二新株	(50)			11	払込　749	9,362
朝鮮銀行	(100)	264	26,400	14	減資　△132	△13,200
同　新株	(100)	264	6,600	14	減資　△132	△3,300
漢城銀行　新株	(50)	400	5,000		→	
合計残高		8,900	2,252,212			△394,300
(信託株)						
三井信託	(100)			13	払込　3,000	75,000
共済信託	(50)			14	払込　2,000	25,000
合計残高						100,000
(鉄道株)						
伊豫鉄道電気	(50)	1,000	49,108	14	交付③　621	
同　新株	(50)	725	23,187	10	払込@12.5円	9,062
				11	払込@12.5円	9,062
同　第二新株	(50)			11	払込　1,725	21,562
				12	払込@7.5円	12,937
				14	交付③　621	
				14	払込@5円	8,625
南満洲鉄道	(100)	144	14,400		→	
同　第四新株	(100)	144	2,160	11	払込@15円	2,160
有馬電気軌道	(50)			12	払込　500	6,250
高野山電気鉄道	(50)			14	払込　500	3,750
金福鉄路公司	(50)			14	払込　3,000	37,500
合計残高		2,013	88,855			110,910

（「住友総本店の投資活動」参照）と同様、有馬温泉に住友家が別邸を所有していたことから、応じたものと思われる。大正十一年七月発起人に対し宝塚～有馬間の軌道敷設特許状が交付され、十二年六月資本金一五〇万円（内払込額三七万五〇〇〇円）で設立された。宝塚～有馬間の軌道敷設権は、箕面有馬電気軌道（現阪急電鉄）が明治四十五年（一九一二）に取得していたが、同社は「有馬鉄道」建設のため、大正二年六月これを放棄させられた。有馬電気軌道の大株主には、北宝塚土地、瑞宝寺土地（有馬）等の不動産業者が名を連ねていることから、鉄道計画によって沿線土地の値上がりを意図したものとみられる。昭和二年七月合資会社はこの計画に見切りをつけたものと推測される。神戸有馬電鉄（現神戸電鉄）の神戸湊川～有馬温泉間の計画進捗（昭和二年五月起工式）が影響を与えたのかもしれない。結局昭和十一年二月起業廃止により特許は失効した。[26]

「高野山電気鉄道」は、大正十三年四月高野登山鋼索鉄道として発起人（代表貴族院議員板倉勝憲子爵及び五辻治仲子爵）が免許を得、十四年三月創立総会で名称変更の上、資本金一五〇万円（内払込額三二万五〇〇〇円）で設立された。住友家では江戸時代から高野山に墓所を有しているので、無関係ではないが、社長と発起人両氏との特別な線すなわち板倉子爵は家長友純の学習院の学友板倉勝英の弟（勝英の死後、勝憲が復籍）、五辻子爵も学友（かつて住友銀行に在職していたこと

2,028	25,350
270	12,160
270	3,375
2,568	40,885
2,700	503,550
2,700	503,550
1,230	61,500
667	16,675
1,050	52,500
1,050	13,125
9,450	472,500
1,500	67,500
42,400	530,000
57,347	1,213,800
2,000	45,000
2,000	45,000
2,706	113,100
（含払込）0	(@1.5円) 0
2,706	113,100
1,739	84,550
1,739	21,737
74	3,700
111	2,775
3,500	54,250
5,000	100,000
12,163	267,012

(船舶株)							
大阪商船　新株	(50)	2,028	25,350		→		
日清汽船	(50)	270	12,160		→		
同　新株	(50)	270	3,375		→		
合計残高		2,568	40,885		→		
(保険株)							
東京海上火災保険①	(50)	1,350	303,334	11	新旧払込＠25円		67,500
				14	評価益		98,966
同　新株	(50)			10	払込	1,350	33,750
合計残高		1,350	303,334				200,216
(電気瓦斯株)							
大阪瓦斯	(50)	768	38,400		→		
同　第三新株	(50)	462	11,550	11	払込＠12.5円		5,775
				12	払込＠12.5円		5,775
同　第四新株	(50)			14	払込	667	16,675
宇治川電気	(50)	700	35,000		→		
同　新株	(50)	350	8,750	10	払込＠12.5円		8,750
同　第二新株	(50)			11	払込	1,050	13,125
日本電力	(50)	9,450	118,125	12	払込＠12.5円		118,125
				13	払込＠7.5円		70,875
				14	払込＠17.5円		165,375
台湾電力	(50)	1,500	48,750	11	払込＠12.5円		18,750
九州送電	(50)			14	払込	43,500	543,750
				14	譲渡④	△1,100	△13,750
合計残高		13,230	260,575				953,225
(鉱業株)							
山東鑛業	(50)			12	払込	2,000	45,000
合計残高							45,000
(工業株)							
汽車製造	(50)	1,480	51,800		→		
同　新株	(50)	1,226	45,975	14	払込＠12.5円		15,325
宮島耐火煉瓦	(50)			13	買入	2,920	84,828
				13	償却	△2,920	△84,828
合計残高		2,706	97,775				15,325
(土地建物株)							
若松築港	(50)	1,739	84,550		→		
同　新株	(50)	1,739	21,737		→		
東洋拓殖	(50)	74	3,700		→		
同　新株	(50)	111	1,387	11	払込＠12.5円		1,387
大阪住宅経営	(50)	3,500	43,750	14	払込＠3円		10,500
中央開墾	(50)	5,000	62,500	13	払込＠7.5円		37,500
合計残高		12,163	217,625				49,387

第二章　住友合資会社（上）

もある）という関係で「事業トシテハ左程有利ナラザルモ特ニ引受クル事」になった。[27]

「金福鉄路公司」は、大正十四年十一月資本金四〇〇万円（内払込額一〇〇万円）で設立された。関東州満鉄金州駅から城子瞳に至る金城線（二〇〇キロメートル）を建設しようとするもので、本来満鉄が建設すべきものであったが、当時満鉄が奥地の鉄道建設に忙殺されていたため、別会社を設立したものである。発起人の根津嘉一郎等から依頼があったものか、或いは理事兼別子鉱業所長であった大平駒槌が既に大正十三年十一月、満鉄副社長に就任していたので、大平からの要請もあったものと想像される。[28]

船舶株については特に異動はない。

保険株については、「東京海上火災保険」株が合資会社設立時に、一株一二五円払込を二二四円に評価替をして二七万円余の評価益を出したが（「住友合資会社の設立」第2表）、その後増資を経て一株一五〇円弱となっていたのを、大正十四年末時価が二四二円にまで上昇したのに応じて、さらに一〇〇円近い評価益を計上した。

電気瓦斯株では「九州送電」株が新たに加わった。同社は大正十四年六月、資本金一〇〇万円（内払込額二五〇万円）で設立された。「住友ニ於テハ、大正九年七月電気製鉄事業ノ経営ヲ計画シ、宮崎県下耳川ノ水ノ使用及水路開鑿ニ付許可ヲ受ケタルモ、同事業ノ単独経営ハ困難ナル為、同様宮崎県内ニ水利権ヲ有スル電気化学工業、九州水力電気、九

60,000	1,200
247,800	10,000
1,300	40
70,000	700
0	0
5,000	100
12,500	500
0	0
8,500	340
26,800	268
13,400	268
3,000	60
1,500	60
61,250	4,900
14,250	285
525,300	18,721
2,500	
0	
5,000	
125,000	
132,500	
4,998,825	122,183

社の設立」第2表参照）。

年に行われている。

(諸株)							
＜投資＞							
東亜興業	(50)	1,200	60,000		→		
同　新株	(50)	10,000	247,800		→		
海外興業	(50)	80	2,200	11	減資	△40	△1,100
				14	払込@5円		200
中日実業	(100)	700	70,000		→		
支那興業	(50)	1,200	18,000	12	解散	△1,200	△18,000
＜サービス＞							
大阪ホテル	(50)	100	5,000		→		
同　新株	(50)	500	10,000	11	払込@5円		2,500
東京会館⑤	(50)	300	3,750	10	払込@7.5円		2,250
				11	払込@15円		4,500
				12	払込@7.5円		2,250
				14	合併	△300	△11,250
帝国劇場⑤	(50)			14	交付	30	
				14	売却	△30	△1,425
							＋損 △75
エンパイヤ・ランドリー	(50)			10	払込	340	8,500
＜新聞・通信＞							
大阪毎日新聞社	(100)	67	6,700		→		
同　新株	(100)	67	3,350	10	払込@50円		3,350
同　第二新株	(100)			11	払込	134	3,350
				12	払込@25円		3,350
				13	払込@50円		6,700
同　第三新株	(100)			14	払込	268	13,400
国際通信⑥	(50)			12	合資から振替	60	3,000
同　新株	(50)			13	払込	60	1,500
日本無線電信	(50)			14	払込	4,900	61,250
＜水産＞							
明治漁業	(50)	1,000	20,000	11	払込@15円		15,000
				12	減資	△715	△20,750
合計残高		15,214	446,800				78,500
(出資)							
蓬萊生命保険相互			2,500		→		
国際通信社⑥			3,000	12	株式へ		△3,000
興源公司			5,000		→		
薩哈嗹企業組合				11	払込		125,000
合計残高			10,500				122,000
総計残高		58,144	3,718,562				1,280,263

註：①日本銀行株、同新株、東京海上火災保険株については、組織変更の際評価益を計上した（「住友合資会
②松山商業銀行は大正11年3月1日伊豫農業銀行に吸収合併され、愛媛銀行と改称した。
③大正14年12月1日宇和水電合併。
④譲渡先地方有志。
⑤東京会館は大正14年8月29日帝国劇場に吸収合併された。
⑥合資会社国際通信社は大正9年7月29日国際通信株式会社に組織変更された。但し事務手続は大正12

第二章　住友合資会社（上）

州電燈鉄道（後東邦電力ニ合併）トナリ、九州送電会社ヲ設立スル運ビトナリ、大体前記四社ヲ中心トシテ、発起設立ノ形式ニテ之ガ株式ヲ引受ケタリ。当社（註、住友合資）ハ最初四万三五〇〇株ヲ引受ケタルモ、同年七月地方有志ノ希望ニヨリ一一〇〇株ヲ分譲シタ(29)」。

鉱業株では「山東鑛業」株が新たに加わった。同社は大正十二年五月、資本金五〇〇万円（内払込額一二五万円）で設立された。第一次世界大戦中、日本が占領・接収したドイツの膠州湾租借地（青島）及び山東鉄道の還付をめぐって、中国との間に紛争が生じ、大正十年十一月米英両国によりワシントン会議が召集され、十一年二月山東還付条約が締結された。「同社ハ、ワシントン会議条約ニ基ク、山東懸案細目協定ノ結果、日本政府ヨリ引渡サル、淄川・坊子ノ二炭鉱及金嶺鎮鉄鉱ノ引受経営ヲ目的トシ設立セラル、日支合弁会社魯大鉱業ノ日本側持分ヲ引受投資スルヲ主要目的トシテ、日支両国政府後援ノ下ニ設立セラレタルモノニシテ、住友ハ大正十一年ヨリ特別調査委員ノ一人トシテ関係シ来リ、中田総理事同社ノ発起人及賛成人トナリタリ。本事業ノ前途ニ関シテハ悲観・楽観両様ノ見解アレドモ、日支両政府ノ後援ニヨリ計画セラレタル国家的事業ニシテ、且日支親善ノ一助トモナルベキモノナレバ、利益ヲ度外視シテモ遂行スル事トナリタリ。発起人及賛成人各一〇〇〇株計二〇〇〇株引受ノコトトセリ(30)」。

工業株の中で「宮島耐火煉瓦」株は、「住友総本店（下）」の「三　住友総本店の投資活動」で述べた通り、日本ホロタイルの設立時に広島県賀茂郡三津町（現豊田郡安芸津町）の広島耐火煉瓦（株）三津工場を買収して、その工場（その後昭和十四年日本ホロタイルが日本板硝子に合併されると、同社三津耐火煉瓦工場、後に安芸津工場となった。昭和二十七年日本板硝子の関係会社イソライト工業に譲渡され、その安芸津工場、現在の広島工場となっている）としていたので、その際住友忠輝したものと思われる。忠輝の死去に伴い、前記「日本ホロタイル」株式とともに忠輝から買い入れ償却、準有価証券に編入された。

サービス株の中、「東京会館」株は、大正十二年九月の関東大震災により同社が閉鎖を余儀なくされ、さらに十四年八月同社株一〇株に対し、帝国劇場株一株の割当で帝劇に合併された(31)。この結果株式保有の意義が失われたので、十一月売却された。

次に「エンパイヤ・ランドリー」は、大正十年六月柴垣清郎(常務取締役に就任)により資本金二〇万円(内払込額一〇万円)で設立されたクリーニング会社である。柴垣は総理事鈴木馬左也と姻戚関係にあり、明治四十五年米国ホイットワース・カレッジ(ワシントン州スポーケン)を卒業後、米国在住、大正八年の鈴木の欧米出張の際には、シアトルで出迎えている。シアトルで柴垣の案内によりランドリーを見学した鈴木は、すっかり気に入り、「日本で是非やらなくてはならぬ」といって、翌九年柴垣が帰国すると、鈴木から「洗濯工場をお前やらんか」ということで、柴垣が引き受けることになり、鈴木外の住友の重役連が出資して、同社が設立された(32)。

新聞通信株では、「合資会社国際通信社」が大正九年七月二十九日「国際通信株式会社」に組織変更された(33)。しかし住友合資の総有価証券元帳においては、「組織変更ノ為合資ヨリ株式ノ部ヘ附換」は大正十二年五月十七日付で行われている。この間株券の交付まで何故三年近くを要したのか明らかではない。単なる振替にすぎないので、事務手続が迅速に進められなかったと解すべきか。

「日本無線電信」株は、渋沢栄一が「内田嘉吉(註、通信次官、台湾総督を歴任)ト共ニ、日米ノ通信状態ヲ改善シ又日米友好関係ニ資スルノ目的ヲ以テ、日米協同事業トシテ海底電線ヲ新タニ敷設」することを計画し、大正十四年十一月、資本金二〇〇〇万円(内払込額五〇〇万円)で設立された。住友では中田総理事が、創立委員、発起人、設立委員となった(34)。

出資会社の中では、「薩哈嗹企業組合」が新たな投資先となっているが、これは「大正十一年二月三菱合資が北樺太

第二部 住友合資会社

五五三

第二章　住友合資会社（上）

ニ権利ヲ有スル炭田ヲ他富豪ト共同ニ経営セントノ計画ヲ樹テ、サガレン企業組合（資本金五〇〇万円）ヲ組織シ、当社（註、住友合資）ニモ之ニ参加方勧誘シ来リタリ。当社ハ二五万円出資ノコトニ決シ、第一回払込金一二万円ヲ払込」ん だものである。

四　資金調達

住友では従来総本店が、全事業の資金繰りを掌握してきたが、合資会社が設立されてもこの方針に変わりはなく、連系会社に対しても直営事業所と同様資金面での統制を加えていた。このことは裏返せば、住友銀行は合資会社及び連系会社以外に独自の貸出先を開拓して、利益を上げることを命ぜられていたことになる。事実大正六年（一九一七）末の総本店の銀行勘定借越額はこの原則通り皆無であったが、その後総本店は資金不足に陥り、合資会社発足直前の大正九年末には借越額は二一〇〇万円に達していた（「住友合資会社の設立」第4表参照）。しかし既に述べたように大正十年以降合資会社本社部門の収支は、立換金の減少、預り金の増加により著しく改善され、銀行出納勘定の借入超過は大正十四年末には九〇万円にまで縮小した。さらに特筆すべきは大正十一年にこれまで資金繰りに追われていた製鋼所で余剰資金が発生し、次のように合資会社に対しこれを運用するよう依頼してきたことである。

　大正十一年二月二十七日

住友合資会社常務理事小倉正恆殿

株式会社住友製鋼所支配人工藤治人

一、資金運用ニ関スル件

拝啓、当所目下ノ資金状態ハ、既ニ御承知ノ通リ銀行勘定百万円(内八拾万円ハ定期及通知預金)程度ニ有之。而シテ当所本年度事業計画ヨリ之ヲ観ルモ、五拾余万円ノ過剰資金ヲ有スルコト、相成居候ニ付、之ガ運用ニ関シテハ種々考慮仕リ、或ハ之ヲ確実有利ナル証券化スルモ一法ナランカト存候モ、之ハ当所トシテ慎重詮議可致問題ニ有之候間、此際本社ニ於テ右過剰資金ヲ御運用被下候間敷哉。若シ右御願ヒ出来得ルトスレバ自他共ニ有利ナル事ト存候間、御内意御伺ヒ致度得貴意候也。

敬具

これに対し合資会社は次に示す三月二十四日決裁の起案の通りあくまで特例として預かることを承認した。しかしその後このこの預り金は第10表の通り恒常的なものとなり、さらに大正十三年には電線製造所の余剰資金の運用も引き受けざるを得なくなった。

製鋼所過剰資金預入ニ関スル件

製鋼所ノ目下ノ資金状態ハ別紙来状ニモアルガ如ク、銀行勘定百万円(内八十万円ハ定期及通知預金)程度ニアリテ、本年度事業計画ヨリ観ルモ、五十万円ノ過剰資金ヲ有スル事トナル有様ナリ。然ルニ之ヲ銀行定期預金トスル時ニハ、年利五分二厘(所得税ヲ控除スレバ四分九厘四毛)ニシカナラズ不利ナルニ付、確実有利ナル証券ヲ買入レテハ如何トノ議アリシモ、之ハ期限並ニ市価ノ変動等ノ為メ多少ノ危険アリ。依テ若シ此際右剰余資金ヲ本社ニ於テ相当ノ金利ニテ預リ運用被下間敷哉ト交渉シ来レリ。

今之ガ是非ヲ考フルニ、連系会社ニ過剰資金アル場合ニ、合資会社ガ直チニ之ヲ預リ運用シ両社有無相通ズル事ハ、一見之自他共ニ有利ナルガ如シト雖、此ノ如キハ両社共ニ完全ナル独立会社トシテノ存立ニ対シ、世間ノ疑惑ヲ招ク虞アルヲ以テ原則トシテハ避クベキ事ト信ズレドモ、製鋼所今回ノ場合ハ特別ノ状態ニシテ、若シ本社ニ於テ預入ヲ拒絶セバ、証券化スルヨリ外ナク、然モ之ヲ証券化スルコトハ多少ノ危険モ存スルコトナレバ、此際ハ特別ノ扱

第二部　住友合資会社

第二章　住友合資会社（上）

ヒトシテ一定ノ金額ニ限リ預ルモ別段差支ナカラント思ハル（三菱合資会社ニ於テモ連系会社ノ過剰資金ヲ預リ居タル例アリ）。

次ニ此ノ如キ預金ヲ受クルコトハ、合資会社ノ定款ニ違反セズヤトノ議アレドモ、合資会社ガ製鋼所ヨリ借金ヲナスハ、銀行又ハ鍋島家（註、大正七年住友倉庫の東京倉庫用地として鍋島直大から七七九六坪を購入し、その代金一〇〇万円を借入金としたことをさす。「住友総本店（下）」二） 総本店（全社）の業績」参照）ヨリ借金ヲナセルト等シク何等差支ナキノミナラズ、此ノ如キコトハ世間ニ公表スル必要ナク、従テ此特例ガ一般ニ知レ、虞モナキコトナレバ、前項世間ノ疑惑ヲ招ク虞云々ノ点ニ於テモ何等ノ懸念ナカラン。

依テ今回ハ特別ノ詮議ヲ以テ、製鋼所ノ過剰資金ヲ預ルコトニ御決定左案ノ通回答相成可然哉。追而、金利ハ当分年利七分（定期預金利率年五分二厘ト割引手形利率年八分四厘―日歩二銭三厘―トノ中間）ノ割合ト致度、金額、期間等ハ更ニ経伺可致候。回答案（略）

この起案で「完全ナル独立会社」とか「世間ノ疑惑」等と述べているのは、機関銀行が主家の事業に過大に融資して、その蹉跌のために破綻する例に鑑み、先に述べたように住友は総本店・合資会社と銀行の間に一線を画そうとしてきたので、こうした考え方を連系会社の資金預け入れに対しても適用する必要があるのではないかといっているのに他ならない。

かくして日之出生命保険の買収のため、資金繰りの対象から除外されている銀行特別預ケ金を流用するというケースは例外として（二）合資会社（本社部門）の業績」参照）、概してこの期間においてさほど大きな資金需要もなく、資金繰りに問題はなかったということができ、従ってこの期間の資金繰りに関しては、特に資料も残されていないのである。

合資会社にとって資金繰りが深刻な問題となるのは、大正末から展開されることになる大規模な設備投資が、昭和恐慌

により昭和五(一九三〇)、六年の合資会社の経営が赤字に転落するという事態に直面した時期であるが、この頃合資会社総務部会計課の作成した二つの資料「住友事業収支並金繰表」(昭和四年十一月作成)及び「総事業ノ固定財産及起業ノ支出対償却表」(昭和六年十月作成)が、幸いなことに合資会社設立時まで遡って推移を考察しているので、これに従い本期間の設備投資と資金繰りを示すこととした(上記資料の中、設備投資については大正十年は組織変更に伴う諸調整があるため十一年からとなっている)。

まず設備投資について、各年末の残高から固定財産支出と起業支出を算出する(第21表①)。固定財産支出については収入額を、起業支出については戻入額を控除した数字である。従って実際報告書の起業支出と数字が食い違っている。例えば本社部門についていえば、第8表収支表の固定財産と起業支出の合計額に一致する。但し大正十一年は第8表によると一七〇万円となるのに、第21表では一二〇万円となっているのは、差額五〇万円は病院へ振替えられ、最終的には大正十年末までの累積支出額ということで除外された(差引三〇万円計上)。また一二〇万円の中五万円はビル起業支出としてビルデイング会社へ振替えられ、一二一万円はビル用地の評価益で設備投資とは無関係のため除外された(差引四万円計上)。同じく大正十二年三二四万円の収入超過の中三七九万円がビルデイング会社からビル起業支出分の戻入であった(支出額は差引五五万円計上)。従ってビルデイング会社の起業支出は四二五万円からこの戻入分三七九万円を差引き、四六万円となるが、戻入分三七九万円と引継までのビル建築費六〇万円から成り立っており、この中土地代は合資会社からビルデイング会社への移転にすぎないので除外され、建設費六〇万円(内五万円は上記の通り大正十一年度分であるので除外し差引五五万円)を併せて、大正十二年のビル起業支出は一〇一万円が計上されている。その他差損等の調整は、第21表註を参照されたい。

この固定財産及び起業支出額(第21表①)に償却額(同表②)を組戻した結果、全体の設備投資額(同表③)が示されている。

第二部　住友合資会社

五五七

産及び起業支出対償却表 (単位・万円、万円未満四捨五入、△収入)

(2) 償却				(3) 償却組戻			
11年	12年	13年	14年	11年	12年	13年	14年
16	17	17	12	20	72	△35	59
13	15	15	21	26	10	32	10
—	2	3	3	3	△1	—	—
—	—	—	—	24	42	26	25
8	13	10	10	△6	5	3	△2
37	47	45	46	67	128	26	92
83	84	95	101	139	147	258	105
30	33	39	40	76	28	15	46
—	—	—	—	—	—	—	237
61	60	59	60	20	8	18	20
21	29	61	69	17	63	14	33
60	54	54	54	37	6	43	5
11	11	12	14	△1	2	11	29
19	17	18	17	56	87	88	35
—	—	—	—	5	101	114	185
3	4	4	4	130	△4	3	△89
288	292	342	359	479	438	564	606
325	339	387	405	546	566	590	698

替え(⑬)、評価益111を除くと実質4となる。

379＝46(引継後の起業支出)。従って12年度起業支出は、実質55＋46＝101となる。

第21表　総事業の固定財

	(1) 固定財産及び起業支出			
	大正11年	12年	13年	14年
本　　社	① 120	② △324	△52	47
札　　幌	13	③ △6	④ △4	△11
病　　院	⑤ 53	△3	△3	△3
林　　業	24	42	26	25
その他	△14	△8	⑥ △28	△12
小　　計	196	△299	△61	46
別　　子	56	⑦ 52	⑧ 158	⑨ 11
炭礦　九州	46	⑩ △6	△24	⑪ 5
坂	—	—	—	237
製　　鋼	△41	△52	△41	△40
電　　線	△4	34	△47	△36
伸　　銅	△23	⑫ △63	△11	△49
肥　　料	△12	△9	△1	15
倉　　庫	37	70	70	18
ビルデイング	⑬ —	⑭ 425	114	185
北　　港	127	△8	△1	△93
小　　計	186	443	217	237
合　　　計	382	144	156	277

註：(1)固定財産及び起業支出にはさらに次のような修正が加えられている。
　①第8表では170となるがこの中病院起業支出50が振替えられた(⑤)。残る120からビル起業支出5を振
　②ビル起業支出379振替え(⑭)。
　③差損1。
　④差損21。
　⑤当初から10年末までの支出50を除くと実質3となる。
　⑥固定財産原価差損21(高根)。
　⑦差損11。
　⑧差損及減損5。
　⑨差損及減損15。
　⑩差損1。
　⑪差損1。
　⑫固定財産減少15。
　⑬本社から引継5。
　⑭本社から引継379。この中土地319、11年度起業支出5(⑬)を除く。差引引継前の起業支出55。425—
出典：住友合資会社総務部会計課「総事業ノ固定財産及起業支出対償却表」(昭和6年10月)から作成。

第22表　各事業の金繰表（年末預金借越残）

(単位・万円、万円未満四捨五入、△借越)

	大正9年	10年	11年	12年	13年	14年
合資会社	① △1,687	△1,650	△1,429	△1,141	△1,016	△61
内　本社部門②	△1,787	△1,722	△1,464	△1,176	△1,049	△90
連系会社③						
坂炭礦	—	—	—	—	—	△2
製鋼	47	121	54	31	81	35
電線	△95	△37	△62	△179	93	215
肥料						16
倉庫	—	—	—	△87	△209	△368
ビルデイング	—	—	—	52	8	50
大阪北港	△182	△155	△210	△214	△228	△175
小計	△230	△71	△218	△397	△255	△229
合計	△1,917	△1,721	△1,647	△1,538	△1,271	△290
収支超過	—	196	74	109	267	④ 981

註：合資・連系間の貸借は除外。
　①大正9年末は10年2月末の数字。
　②第11表参照。大正9年末は10年2月末の数字（「住友合資会社の設立」第1表参照）。
　③連系会社の年末残高については下記明細表参照。
　④大正14年の収入超過981の内訳は、別子収入超過394、電線収入超過272、伸銅移転費150等。
出典：住友合資会社総務部会計課「住友事業収支並金繰表」（昭和4年11月）から作成。

連系会社の年末残高明細表

(単位・千円、千円未満四捨五入)

科目	大正9年	10年	11年	12年	13年	14年
坂炭礦						
現金預金	—	—	—	—	—	3
当座借越						△10
割引手形						△11
差引						△17
製鋼						
現金預金	465	1,208	537	310	807	348
電線						
現金預金	26	295	321	690	930	2,147
割引手形	① △976	② △665	△943	△1,980	0	0
支払手形(担保付割引)				△500	0	0
差引	△950	△370	△622	△1,790	930	2,147
肥料						
現金預金						161
倉庫						
現金預金	—	—	—	76	19	26
借入金(富島組旧株主)				△572		
社債					△572	△572
借入金(住友銀行)				△371	△1,540	△950
借入金(住友信託)						△2,180
差引				△867	△2,093	△3,676
ビルデイング						
現金預金				523	75	503
大阪北港						
銀行勘定	△662	500	0	0	0	85
現金	0	1	0	0	0	0
支払手形	△1,154	△720	△720	△720	△990	△600
借入金(住友銀行)		△1,326	△430	△509	③ △414	△400
低利年賦借入金(大阪市)			△950	△914	△877	△838
差引	△1,816	△1,545	△2,100	△2,143	△2,281	△1,753

出典：製鋼、電線、倉庫、ビルデイングは各年総務部会計課資料から作成。但し大正9年、10年は各社営業報告書から作成（①、②は推定）。
　　　坂炭礦、肥料、大阪北港は営業報告書から作成（③合計金額△2,281千円が第21表△228万円と一致することから、第10表合資会社の大阪北港に対する立換金70千円を大阪北港では借入金として処理されていないことが判明する。桜島海面埋立工事代金という特定の貸付のためか）。

これによればこの期間の設備投資の主なものは、既に述べた別子鉱業所の四阪島製錬所の大改造や住友ビルの建築、倉庫の拡充投資(大正十四年は大阪市に対する安治川土地売却代二一五万円等と相殺されて数字が低くなっている)程度で、大正十四年の坂炭礦は会社買収による増加であるからこれを除けば、総体として五〇〇万円前後で横ばいであったといえよう。

このように設備投資に大きな伸びもみられず、他方で合資会社をはじめ連系会社の業績も第5表の通り順調であったので、合資会社(第11表本社部門の当座借越と割引手形の合計額と店部手持ちの現金及び当座預金を合計したもの)と連系会社を併せた住友の全事業の資金繰り(第22表)は年々好転し、大正十四年末には倉庫の社債五七万円及び本社からの借入二一八万円の信託による肩代わり(「五□」住友倉庫の株式会社への移行」参照)と大阪北港の大阪市からの住宅建設資金借入八四万円(この他にも坂炭礦の所在地札幌にまだ住友銀行の支店が開設されていなかったことによる他行取引や鉱山・林業所等事業所が僻地で郵便局しかないための振替貯金等もあるが微々たるもの)を除けば、住友銀行との取引はほぼ均衡したものと考えられる。

五 店部・連系会社・特定関係会社

本節では、原則としてこの期間における合資会社店部の主たる異動並びに連系会社の指定を受けた会社及び住友本社直轄の関係会社として後に特定関係会社と称せられるようになる会社と住友合資会社(さらには株式会社住友本社)との関係を取り扱う。

第二章　住友合資会社（上）

(一) 日米板硝子株式会社の経営の承継

同社自身の歴史については、『日本板硝子株式会社五十年史』に詳しいので、詳細は同書を参照されたい。従って本項では専ら住友合資及び住友本社の立場から、同社との関係を明らかにしていきたい。

同社の創業者杉田與三郎が、大正六年（一九一七）米国リビー社の開発したコルバーン式板ガラス製造法の技術導入を図り、知人の住友銀行支配人植野繁太郎に相談したところ、十月に政府特派財政経済委員として渡米した住友総本店支配人山下芳太郎を紹介された。杉田は山下のリビー社工場視察を仰ぎ、翌七年三月山下の帰国とともに、住友総本店は輸入板ガラスに対抗する事業育成に意義を認め、杉田に対する援助が決定された。しかし総本店としては、独力で会社を設立する自信はなかったので、コルバーン式製造法に関心を示した三菱系の旭硝子をはじめ、杉田を支援する大日本麦酒や日本硝子等の出資を求めた。

同社は大正七年十一月設立された。この時「住友総本店（下）」の「三　住友総本店の投資活動」で述べた通り、総本店の出資は九〇〇〇株（一五％）で、取締役山下芳太郎（総本店理事）一〇〇〇株と監査役吉田眞一（銀行常務）五〇〇株はいずれも名義株であった。「(一)　鈴木総理事の晩年」で述べた通り、杉田は常務に留まり、社長を空席としていたのは、住友忠輝を迎えたいためであったという。住友忠輝は丁度この頃大正六年三月から渡米しており、大正七年夏には杉田の案内でリビー社工場を視察している。忠輝は同社が設立された十一月に帰国しており、翌大正八年二月、総本店は杉田からさらに一〇〇〇株を買い入れ、これを忠輝名義としている。忠輝はこの八年十一月にやはり米国から技術導入したホロータイル（中空陶製ブロック煉瓦）を製造する日本ホロタイルを設立しているので、日米板硝子社長就任の可能性もなくはなかったが、日本ホロタイルの場合資本金は日米板硝子の六分の一の一五〇万円にすぎず、両社の事業規模の差は

歴然としていた。総本店としては、日米板硝子の前途について確固とした見通しをもっていなかったので、杉田の要請には応えられなかったものと思われる。

果たして実際に福岡県遠賀郡島郷村二島（現北九州市若松区）に建設された工場が稼働すると、工場立地、技術、資金等の面で問題が続出し、早くも大正十年秋には経営困難に陥った。住友合資としては、板ガラスの専門家である旭硝子に同社の経営を一任したかったのであるが、親会社の三菱合資に拒絶された。十一年四月住友側の責任者山下芳太郎も伸銅所や製鋼所の争議の責任をとって合資会社理事を退任したため、自動的に日米板硝子の取締役も退任することとなり、後任に担当の経理部第三課長大屋敦（経歴前掲）を送り、六月には重ねて三菱側に経営引き受けを求めたが、三菱銀行も旭硝子もこれに応じようとはしなかった。

ここに至って八月、住友合資は同社の経営を引き継がざるを得なくなった。常務理事小倉正恆は、この間の経緯を十月十二日付の次のような社内通知で明らかにした。

一　日米板硝子株式会社経営ノ件

日米板硝子株式会社ハ、米国オハイオ州リビーオーエンスシートグラスコンパニー　ヨリ特許権ヲ譲リ受ケ、主トシテ建築用板硝子ヲ製造スル目的ヲ以テ、大正八年十一月創立セラレタルモノニシテ、総資本金参百万円、主ナル株主ハ、リビーオーエンス会社（壱百万円特許権評価）、当家（五十万円）、三菱系旭硝子株式会社（五十万円）、嶋定次郎氏、杉田與三郎氏等ニ有之、創立以来最近迄杉田與三郎氏常務取締役トシテ専ラ会社業務ヲ鞅掌致居候。然処同社ハ設立目論見ニ於テ已ニ多少ノ違算有之候処へ、折柄ノ不況時代ニ際会シ事業成績兎角面白カラズ、毎期欠損ヲ重ネ、遂ニ前期ニ於テハ壱百万円ニ近キ繰越損金ヲ計上スル始末ト相成候。加之固定資本予想外ノ多額ニ上リ、工場建設未ダ半ニシテ払込資本ノ全部ヲ消費シ尽セル為、爾後必要ノ都度銀行ヨリ資金ノ融通ヲ仰ギ候ヒシガ、其

第二章　住友合資会社（上）

額積リテ参百万円ヲ超過スルニ至リ、此上ノ融通不可能ト相成候ニ、硝子市況ハ依然トシテ恢復ノ兆ナク、毎月多少共支出ノ超過ヲ見、此儘ニ放置セバ会社ハ自然破産ノ運命ヲ免ルベカラザル事情ト相成候。然レ共、同社事業ガ技術的ニ優秀ナルコトハ、リビー会社ノ例ニ見ルモ明白ナル事実ニ有之候ノミナラズ、従来ノ会社経営ニ関シテモ満足難致点モ有之候ヒシ事故、此儘ニテ事業ヲ中止スルハ、大ニ遺憾ニ被存候ニ付、三菱、リビー会社等主ナル株主ト熟議ヲ遂ゲ候上、今後ノ事業資金ハ茲両三年間適宜当合資会社ヨリ之ヲ融通シ、且ツ事務ノ刷新ヲ計ル為メ、直接事業経営ノ衝ニ当ル者ハ、之ヲ当方ヨリ推薦シ、以テ本事業継続ノ可否如何ヲ徹底的ニ研究スルコトト決定致候。其結果去ル八月末ノ同社臨時株主総会ニ於テ杉田氏ハ常務取締役ノ職ヲ退キ、代リテ当方ヨリ推薦ニ因リ前住友銀行外国課主任大隅行一氏（註、経歴前掲）新ニ常務取締役ニ選任セラレ、尚又前当合資会社臨時電気課長大石公平氏（註、M45東大工・電、東京市電気局・富士製紙、宮崎県耳川の水力電気開発のため大屋の要請でT9住友入社）同社二島工場長ニ就任スルコトト相成候。

右ノ次第ニテ、当方ト日米板硝子株式会社トノ関係ハ、従来ヨリハ一層其緊密ノ程度ヲ加ヘ候ヘ共、固ヨリ当方ハ同社大多数ノ株式ヲ有スル株主ニモアラズ、今回ノ挙ハ決シテ同社今後ノ事業ヲ当方全責任ヲ以テ引キ受ケントスルモノニテハ無之、只此ノ儘拱手事業ヲ頓挫セシムル事ヲ遺憾トシ、事業本体ノ価値ヲ研究スル為メ、必要ナル資金ヲ融通シ、又適当ナリト信ズル直接事業経営者ヲ推薦致シタルノミニ有之候間、此辺誤解無之様願上候。

右当方ト日米板硝子会社トノ関係顛末ニ付、御参考迄概略及御報告候也。

大隅、大石の他に鴻之舞鉱山経理係中村文夫（T5神戸高商、のち日本板硝子社長）が出向し、庶務課長兼経理課長となった。出向の際、中村は小倉常務理事から「住友は、いろんな事業にインベスト（投資）して資本家になっているが、経営者を外に出すということは、いままでやったことがないのだ。だから君がその試金石だぞ。もし成功すれば、これか

ら先、住友がインベストしているあらゆる事業に人をどんどん送り出す。もし失敗したら君が最初で最後になる。そのつもりでやってくれ」といわれた。内情を知らない中村が「旭をおさえて日米を日本一の板硝子会社にしてみせます」というと、小倉は「その元気だ！だがナ・・・心意気はほめるがその了見はいかん。そういう考えで事に当たるようでは、足が地を離れて、蟷螂の斧に終わるに決まっている。先輩をやっつけようなんて考えてはいかん。そういう考えで事に当たるようでは、足が地を離れて、蟷螂の斧に終わるに決まっている。先輩をやっつけようなんて考えてはいかん。そういう考えで事に当たるようでは……先輩に追いつくことはさしつかえない。旭に追いついて雁行するようになれ」とさとされたという。この結果中村は「それでは三菱(旭硝子)と住友(日米板硝子)で板ガラス業界を天下両分いたします」といいかえた。(38)

住友からの出向者の努力の成果が上がり、同社は大正十二年上期から黒字に転ずるが、その矢先五月、経営責任者として派遣された大隅が突然退任してしまった。この理由は明らかではないが、住友合資が経営を引き継いだとはいえ、持株比率は変わらず、大隅も一線を画する方針で住友を退職させられた上で派遣されており(大石、中村は休職)、苦労は大きかったと思われる上、大隅自身も英語に堪能だという理由で、合弁会社に派遣されたものの製造業の経験もなく、後に神戸岡崎銀行の専務取締役に就任しているところからみると、銀行業務への復帰を希望したものと思われる。

大隅の後任には若松炭業所支配人森源之助(M35東大法)が大隅同様住友を退職して派遣された。同社の業績は、この年の九月に発生した関東大震災で在庫が一掃され、一挙に好転した。しかし森も昭和二年(一九二七)二月に退任した。森の退任の理由も明確ではないが、退任の直後の同年七月後に日本板硝子の関係会社となるイソライト工業を発起(39)の吉岡藤作京大教授に奨められ石川県能登半島で豊富に産出する珪藻土を利用した断熱材の企業化を図った)しているので、森も大隅同様住友を退職している以上、合資会社は森を慰留することはできなかったものとみられる。

森の後任の常務は、先に大隅とともに出向した大石二島工場長であった。合資会社は大石については休職のままで、退職させなかった。その上翌昭和三年二月の増資(資本金三〇〇万円を四〇〇万円へ)で合資会社の持株は、二万二九六三

第二部　住友合資会社

五六五

第二章　住友合資会社（上）

昭和三年七月、住友銀行が保有する四二〇〇株を併せると三四％となり、筆頭株主にもなった。

昭和三年七月、合資会社社則が制定配布されると、同時に大正十年五月制定された「連系会社及ビ其他会社ノ役員ニ関スル内規」が改めて印刷配布されており、その際日米板硝子大石常務と大屋取締役（当時合資経理部長）がこの内規の配布を受けているので、同社の連系会社に準じた取扱いはこの時に始まったといえよう。

翌四年下期からは復配（年七％）し、五年十月には中之島商江商ビルから第二期工事の完成した住友ビル（現住友銀行本店ビル）五階に移転した。六年一月、折柄の国産品愛用運動に対し社名が輸入品と紛らわしいという理由で、日本板硝子株式会社と改称、九月好業績を背景に、大石は新工場建設のため欧米視察の途に上った。

新工場を三重県四日市市に建設することが決定されると、その建設資金を賄うため、昭和九年十月資本金一〇〇万円（払込資本金五五〇万円）へ増資が行われた。合資会社の持株は、七万三三四二株（三七％）となった。銀行の他に信託、生命も株主となったので、連系会社並に会長制を採用することとなり、小倉総理事が会長に就任した。

しかし昭和十三年一月大石常務は、突然辞任した。大石の辞任の理由も明らかではないが、大屋（合資経理部長から化学専務へ転出したため、昭和九年一月板硝子では取締役から監査役となっていた）の日記によれば、その前年十二月九月三十日に「日本板硝子後任二續君（虓、M44東京高商、住友化学取締役業務部長、十三年二月常務）ヲ推薦スルコトヲ断念、予定通り稲井君（勳造、T3東京高商専攻部、東京販売店支配人）トスル」とあるので、それに先立つ二十五日に開催された板硝子の重役会の前後に大石から辞意表明があったのであろうか。大屋が續を後任に考えたのは、續は昭和七年から十年までやはり日本電氣へ出向していた（同社取締役営業部長）経験を評価したのかもしれないが、續は翌十三年二月停年の常務羽室廣一に代わって化学常務となることが既定の事実となっていたので、この人事は実現しなかったものと思われる。十月の重役会では大石の退職慰労金の話にまで発展し、日記によれば十一月二日大屋は大石から「辞意表明ニ付キ、同君ノ

五六六

心境ヲ聴ク」本社の遺方ニモ多少批評ノ余地アルガ如シ」とあり、大屋が本社経理部長から化学専務に転出した後大石と本社の間に問題があったことを示唆している。考えられることは、懸案の四日市工場は昭和十一年十二月から稼働したが、同社の増産の他に、旭硝子も増産に踏み切り、徳永硝子等新興会社の続出によって生産過剰となったことである。さらにこれに追い打ちをかけるように昭和十二年七月に日中戦争が勃発すると需要が激減し、大石の退任後のことになるが「折角二炉体制を整えながら、当時の需給事情から生産過剰を招くことが心配されたので、一炉操業に戻さなければならなかった」。不可抗力とはいえこのような設備投資の見通しの甘さについて、住友本社経理部と大石常務の間に何らかのやりとりがあったものと推測される。

後任の稲井は、入社以来製鋼所勤務が長く、板ガラスと製鋼品では商品の違いはあるが、製造業には通じていたものと思われる。昭和十三年一月、大石が退任し稲井が常務に就任すると同時に、連系会社とそれ以外の会社の役員を同一の基準で律することは困難であるということで、前記「連系会社ノ役員ニ関スル内規」の見直しが行われ、「連系会社ノ役員ニ関スル内規」と「関係会社ノ役員ニ関スル内規」の二つに分離された(この詳細については第三部第二章「株式会社住友本社(上)」参照)。稲井は常務に就任すると前記中村文夫(昭和八年一月取締役就任)とともに、この「関係会社役員ニ関スル内規」の配布を受けている。

すなわち住友では連系会社以外の住友系の企業については、関係会社同様特に定義はない。今参考までに昭和二十一年一月二十九日住友本社がGHQに提出した「連系会社及特定関係会社ノ定義ニ付テ」の中で、関係会社について昭和二十一年一月二十九日住友本社がGHQに提出した「連系会社及特定関係会社ノ定義ニ付テ」の中で、関係会社について示せば、左の通りである(連系会社については「住友合資会社の設立」註(19)参照)。

(一)住友関係ノ持株率相当大ナルモノカ(一定ノ標準率ヲ定メ居ラズ)又ハ
(二)住友関係ヨリ役員ヲ出セルモノカ又ハ

第二部　住友合資会社

五六七

第二章　住友合資会社（上）

(三) 住友関係ノ持株数ガ他ノ株主ノ夫ニ比シ最大ノモノ若ハ特殊関係アルモノノ何レカ一ツニ該当スルモノニシテ、事実上ノ支配関係アルモノヲ関係会社ト言フ。而シテ関係会社ノ中ニハ本社ノ関係会社ノ連系会社ノ関係会社トアリ、特定関係会社トハ俗称ニシテ、通常本社ノ関係会社中事業上ノ支配権ガ濃厚ナルモノヲ言フモ、従来確タル定義ハ無ク、人ニヨリ、時期ニヨリ、一定セザルモノナリ。

いずれにしても、日本板硝子ガ昭和三年、住友合資会社が筆頭株主となって以来、特定関係会社の地位にあったことは間違いないが、それがこの昭和十三年一月に明確にされたということであろう。これを裏付けるものとして稲井の常務就任の翌一月十八日、総理事小倉正恆は日本板硝子幹部を集め次のように訓示した。

本日ハ此度ノ日本板硝子会社ノ常務更迭ヲ機トシマシテ、親シク幹部ノ皆様ニ御目ニカヽリ、色々御話ヲ申上ゲタイト考ヘマシテ御招キシマシタ処、皆様御揃ヒ御出席下サイマシテ、私トシテモ誠ニ欣快トスルトコロデアリマス。（中略）次に今回常務取締役ノ更迭ニ依リマシテ稲井氏ガ常務ニ就任セラレタノデアリマスガ、之ハ稲井氏ガ個人ノ資格デ常務ニナラレタ訳デハナイノデアリマス。同氏ハ云フ迄モナク、全住友ノ信頼ノ下選任セラレ、住友ノ代表者トシテ其経営ノ衝ニ当ラレルコトニナッタ訳デアリマス。従ッテ常務ガ変リマシテモ同社ガ依然トシテ住友ノ経営デアルコトニ変リナク、又其経営方針ガ今後ニ於テモ、従来ト何等変リノナイ事ハ、更メテ申ス迄モナイノデアリマス。此関係ニ就キマシテハ従来モ聊カ明瞭ヲ欠ク点モナイデハナカッタノデアリマスガ、此ノ機会ニ充分皆様ニ御了解イト願ヒタイト思フノデアリマス。寧ロ私ハ今後ニ於キマシテハ、一層住友ト同社トノ関係ヲ密接ニシテ行キ度イト考ヘテヰル位デアリマス。勿論此ノ点ニ就テモ住友トシテハ皆様ノ経験ヤ立場ヲ充分ニ尊重シ、成ルベキ皆様ノ内カラ人材ヲ抜擢スルハ勿論、人事問題等ニツキ無用ノ不安ヲ与ヘヌ様努ムル方針デアリマシテ、之ハ今回

五六八

皆様ノ内カラ宇田、占部(註、宇田頴、占部保、いずれも後に日本板硝子常務)ノ御両人ガ取締役ニナラレタ事実ニ依ッテモ充分御諒解下サルコトト考ヘルノデアリマス。就テハ皆様方モ単ニ同社ノ職員ト云フ丈ケノ考ヘデハナク、同時ニ住友ノ一員ト云フ心算デ新常務ヲ御輔ケ下サッテ此ノ上共一層同社ノ発展ニ御尽力願ヒ度イノデアリマス。

稲井は昭和十七年五月病没するが、この間同社にとっての大きな出来事は徳永板硝子(資本金二二五万円)との合併であった。合併の話は徳永の常務取締役徳永善四郎と親交のあった住友本社経理部長小畑忠良(経歴前掲)の間で進められ、小畑の退職後は部下の商工課長神田勇吉(T10東大法)が引き継いだ。昭和十五年十一月、合併契約書の調印が行われ、合併後の資本金は二二二五万円となった。両者の資産内容からみて、合併比率は日本二株に対し徳永三株が妥当と思われたが、小倉総理事は次のように述べて、一対一の合併となった。(42)

合併が当社(註、日本板硝子)にとってもよいと思われるなら、一対一で考えてみてはどうか。もしそれで悪いというなら合併はやめよ。住友としては力での合併は考えていない。相手が子々孫々まで忘れないような温情的な条件で合併せよ。

徳永の合併によって新たに尼崎に工場を得たことは、日本板硝子にとって大きなメリットとなる筈であったが、統制経済の進展とともに、ソーダ灰・石炭等原燃料不足のため早くも昭和十六年末に尼崎工場は操業休止に追い込まれ、昭和十九年十一月、新たに設立された住友化工材工業(株)へ売却されてしまった(戦後再び徳永板硝子の親会社徳永硝子が買い戻した)。

昭和十七年五月、稲井の死去により六月中村文夫が後任の常務に就任し、ついで翌十八年十一月軍需省が設置され、十二月軍需会社法が実施されたのを受けて、同社は社長制を採用し、中村が社長となった。軍需会社法では軍需会社の生産責任者は社長でなければならないと規定されていたからである。しかし平和産業である同社が軍需会社に指定され

第二部　住友合資会社

五六九

第二章　住友合資会社（上）

たのは、十九年四月の第二次指定であった。

昭和十八年六月に発表された戦力増強産業整備要綱は、軍需関連度の低い企業を徹底的に整理し、その資材・労働力を軍需産業に動員することを目的としていた。翌七月、住友本社経理部商工課は、板硝子業界の現状並びに将来の趨勢と同社の地位について、次のように報告した。

　板硝子業界ハ、旭硝子と当社トノ独占スル処ナルモ、旭硝子モ当社同様原材料ノ入手難ノ為操短続行ノ状況ニシテ、将来モ楽観ヲ許サザル状況ナリ。コノ難局ヲ切抜ケル為、業界ハ軍需品生産ニ懸命ノ努力ヲ払フモノト思料サル。又企業整備ノ観点ヨリスレバ、両社ノ合併問題モ起ル可能性アリ。

この要綱に基づき十月、商工省は板硝子製造企業整備要綱を発表し、その後同社は商工課の危惧した通り商工省から合併を示唆され、二十年には軍需省からも合併を強要された（中村は明言していないが、大屋によれば合併の相手は旭硝子であったという）。(43)

　合併話は、中村が断固拒否して事なきを得たが、昭和十九年には住友本社内部自体でも、資材不足に対処するため、同社の合併が取り沙汰されたといわれる。旭硝子は、この十九年四月日本化成工業と合併して、三菱化成工業となっていた。しかし住友本社理事兼総務部長北澤敬二郎（かつて大正六年、当時米国留学中で、山下のリビー社工場視察に同行した）は「日本板硝子は平和産業であるから今はみじめな状態だが、戦争が済んだら必ず役に立つ。つぶしてはいかん。戦後のことを考えて見守ってやれ」とこれをおさえたという。(44)

　なお終戦時の住友本社の同社持株は四万七〇五六株（一九％）で、住友家一万一七〇〇株、住友銀行一万株、住友生命六〇〇株、大阪住友海上五〇〇株を併せても持株比率は二八・五％と、徳永板硝子合併により低下していた。

　昭和二十年八月、終戦とともに中村が第一に考えたことは、日本の復興と板ガラス工業の復活であった。しかしGH

五七〇

Qは中村の追放を指定し、集中排除法に基づく日本板硝子の二工場の分割を指示してきた。これに対し戦前からのリビー社顧問弁護士カウフマンは、戦時中のリビー社の資産が住友信託において完全に管理されていたことを高く評価し、彼の尽力で中村の追放指定が免除され、工場の分割も免れることができた。一方旭硝子もまた三菱化成工業からの分離だけにとどまらず、日本板硝子同様三工場の分割を迫られていた。中村は自社の分割だけでなく、旭硝子の分割にも反対した。GHQの係官は、「おまえのところのライバルじゃないか。相手の力が弱くなれば、おまえのところはいいはずだ。なぜ反対するのだ」と不審そうな顔をした。これに対し、中村は、はっきり「旭が弱くなり、当社(註、日本板硝子)が強くなるという問題じゃない。要は、日本のガラス工業が国際的に弱くなることを憂えるからなのだ」と言い切った。最終的に旭硝子も日本板硝子同様分割を免れることができ、旭硝子の関係者が中村のところに礼に来たという。(45)

日本板硝子は、結局戦前において連系会社に指定されることはなかったが、昭和二十六年十月、日新化学工業(現住友化学工業)社長土井正治(T9東大法、住友本社人事部厚生課長、化学取締役総務部長、常務)の提唱で、旧連系会社十二社の社長が集まり、白水会と名付けられた定期的な会合をもつようになり、日本板硝子も、翌二十七年初頭大阪住友海上火災保険(現住友海上火災保険)とともに加入が認められた。(46) 土井によれば、これは夜の懇親会に招待された元総理事古田俊之助から特定関係会社の中、これら十二社と一人前の付き合いができる会社としてこの二社を加入させるようにとのアドバイスがあったからだということである。(47)

（二）住友倉庫の株式会社への移行

大正十二年八月一日、住友合資会社倉庫部は株式会社住友倉庫となり、同日連系会社に指定された。同社の歴史については、既刊の『住友倉庫六十年史』の他に平成十二年『住友倉庫百年史』が刊行されたので、より詳細な事実が明ら

第二章　住友合資会社（上）

住友の倉庫業は、明治六年（一八七三）大阪富島に出店を設けた際、土蔵を利用して貸蔵としたことに始まるが、米並合・炭並合など商品を担保として貸付を行う商業金融が業として確立するのは、明治十二年二月の本店職制の制定で、並合方という組織が設置された時である。明治十五年三月、住友家法の制定により、並合方は商務課の一係となるが、倉庫業が飛躍的に発展するのは、明治十八年十一月、大阪中之島常安橋北詰の旧柳川藩蔵屋敷を借り入れて商務課柳川出張所を置き、住友本店が富島界隈から中之島へ進出する先駆けとなって以来のことである。明治十八年住友本店商務課の考課状は次のように述べている。

　　倉庫借入之事

本年後半季ハ、市場非常ノ不景気ヲ見メシタレバ、当課大ニ見ル処アリ。十一月二十四日ヲ以テ柳川倉九戸前、十二月十四日ヲ以テ出雲倉五戸前借入ノ事ヲ重任局ニ申立テタリシニ、幸ニシテ採可セラル、爾来米穀ヲ納メテ貸付ニ着手セリ。蔵入石数ハ平均一万五千石ニシテ、尚ホ将来大ニ望ミヲ属スベキノ事実アリ。例之ヘバ当課ニ一翼ヲ生シタル如ク営業進捗ノ具ヲ加ヘシハ、実ニ不幸中ノ幸ト云フベキナリ。

さらに明治二十二年十二月、借蔵としていたこの旧柳川藩蔵屋敷の土地二〇〇〇坪を建物共三万四五〇〇円で、滋賀県大津町（現大津市）北村兵右衛門から購入した。

明治二十一年には神戸支店でも並合業が始められ、二十三年にはそれが商務課として独立し、明治二十四年十一月の組織改正で本店商務課並合方は商務課貸付係となった。明治二十八年十月、住友本店は富島から上記中之島柳川藩蔵屋敷跡に移転し、十一月隣接して住友銀行が開業すると貸付課の中に倉庫係が置かれ、これが明治三十年十一月倉庫課に昇格した。

明治三十二年七月、銀行本店倉庫課は銀行部から独立して倉庫部となり、今日の住友倉庫の端緒となった。明治三十五年二月、日本倉庫株式会社を買収して大阪市内道頓堀・安治川・天満の倉庫を得た。その後これらの大阪市内倉庫の拡充の他、大正八年末には大阪市から大阪港の繋船桟橋を建設する工事を受託していた。

他方大正五年には東京に進出し、越前堀旧佐賀藩家臣住居跡七七六九坪を入手したことは既に述べた(『住友総本店(下)』(二))。総本店(全社)の業績」参照)。住友総本店が鍋島家からこの土地を入手したのは、大正八年九月三十日付で倉庫支配人草鹿丁卯次郎の兄秋月左都夫(元外交官)の友人中村純九郎(元北海道庁長官、後貴族院議員)が鍋島家経理課相談役を退職する鈴木馬左也の兄秋月左都夫(元外交官)の友人中村純九郎の斡旋によるものとみて差し支えあるまい。この倉庫は、株式会社へ移行した直後の大正十二年九月に起工し、総本店は草鹿の報告通り十月、ここに倉庫建築としては初めての耐震耐火構造の五階建倉庫を着工した。この倉庫は、株式会社へ移行した直後の大正十二年九月に起った関東大震災でその効果を発揮した。川田順は「震災直後、私は焼け残った銀行支店(五三)住友ビルディング株式会社の設立)参照)の屋上から焦土の大東京を見わたしたが、遙か南の方に住友の倉庫が巍然として立ってゐる」のに目を注いだと記している。

この間第一次世界大戦の好況により、倉庫部の業績は年々向上し、大正九年にはピークに達していた(「住友合資会社の設立」(下)」第6表参照)。住友総本店では、大正八年秋から組織変更の検討が進められていたが、併せて検討された。その際総本店のみならずその各店部も会社組織として独立させることが、併せて検討された。大正九年四月、「住友倉庫組織変更ニツキテ」(当時総本店副支配人兼経理課主任川田順の押印あり)によれば、倉庫純益は今後年間一二〇万円と予想され、このうち配当支払に九〇万円を充当するとして、六分配当ならば資本金は一五〇〇万円と試算された。他方倉庫部の土地建物を時価評価すれば一五〇〇万円となり、両者が一致することから既にこの段階で会社設立の

第二章　住友合資会社（上）

場合資本金は一五〇〇万円とすることで合意されていた。倉庫の起業支出見込は、大阪築港桟橋工事費三一〇万円、関連倉庫上屋四〇〇万円、東京越前堀七五万円計七八五万円に上っており、当面借り入れに依存するとしても、会社設立によるメリットとして、公募増資によってこの半分は賄いたいという希望があった。

しかし「住友合資会社の設立」（資料1―1）第一表で明らかにした通り、試算の結果総本店のみを会社となり、店部の株式会社への移行は見送られた。

大正十年二月、住友合資会社が設立された後、五月新たに事務章程の制定によって倉庫を担当する経理部第四課（課長川田順）が設置されると、再び倉庫の株式会社への移行が検討された。「株式会社住友倉庫設立案」は、会社設立による合資会社のメリットを次のように述べている。

住友倉庫会社設立後ニ於ケル、合資会社ノ倉庫関係ノ金繰関係ハ、相当余裕ヲ生ズベシ。即チ従来ノ儘ノ組織ト仮定スル場合ニハ、今後ノ合資会社ノ金繰ハ、収入ニ於テ純益ト償却トヲ収メ、支出ニ於テハ倉庫ノ起業費全部ナリ。反之新会社設立後ハ収入トシテ配当金ヲ収ムルノミナレ共、支出ニ於テハ起業ハ新会社自ラ社債等ニヨリ調達スル事トナリ、合資会社直接ノ負担トハナラズ。（中略）況ンヤ今後起業ハ前掲築港桟橋工事以外ニモ愈々多カラントスルヲ以テ、従来ノ組織ノ儘ナラバ全部合資会社ノ負担ニ帰スベク実ニ多大ノ支出ヲナササルベカラズ。反之新組織ノ下ニ於テハ必要ニヨリ所有株式ノ一部（1/3位マデ）ハ売却スル事ヲ得（倉庫ヲ株式会社トスル本案ノ動機ハ実ニ茲ニ存スルナリ）。旁以テ新組織設立後ノ金繰ハ不勘余裕ヲ生ズベシ。

しかしこの設立案は、同年十月の理事会で採択されなかった。その理由は設立案自身が序論で認めている次の点にあったと思われる。

然レ共、現今財界ノ状況ヲ見ルニ、昨春恐慌ノ来襲ト共ニ戦後活躍セル財界一時ニ萎微シ、混乱裡ニ昨年度ヲ終へ、

本年度ニ入リテモ尚動揺ニ動揺ヲ重ネシガ、昨今漸ク財界ノ表面的ノ安定ヲ見ルニ至レリ。然レ共未ダ以テ財界ハ好調ナリト云フ事ヲ得ズ。

サレバ今日此際住友倉庫ヲ独立セシメ、資金ヲ外部ヨリ収容セントスルハ、其時期不適当ナリトノ議リヲ免レザルガ如シ

大正十二年四月、経理部第四課は、三度「倉庫組織変更ノ時期ニ就テ」と題して、倉庫会社設立問題を提起した。我経理部ニ於テモ種々調査ノ上、大体土地・建物等一切ノ財産ヲ現在ノ帳簿価格ノ儘新会社ニ引継ギ、以テ資本金壱千五百万円ノ新会社ヲ設立スベシトノ案ヲ作製シ、既ニ大正九年四月及同十年十月ノ両回ニヨリ、重役各位ノ高覧ニ供シ、審議ヲ願ヒシモ、機未ダ熟セズ、以テ今日ニ至レリ。然ルニ最近ニ至リ、倉庫資金ノ需要ハ倍々切迫シ来リ、之ガ調達問題ハ一日モ早ク解決スル必要アルノミナラズ、不動産移転税・土地増価税等ノ関係上ヨリモ、今日ニ於テ早ク組織変更ヲナス方有利ニアラズヤトノ論起リシヲ以テ、更ニ調査ヲ試ミタル所、大体ニ於テ前調書ト同一ノ結論ニ到着シタリ

すなわちここに至って資金調達問題は後退し、代わって土地税制とのからみで、倉庫会社設立問題が浮上したのである。「倉庫組織変更ノ件」は次の通り、土地増価税の実施が早められることによって、またそれが当初予想したよりはるかに巨額の税負担を強いられることになったため、七月十二日の理事会で決裁された。

今回左記ノ理由ニヨリ、新ニ資本金壱千五百万円全額払込済ノ株式会社住友倉庫ヲ創立シ、左記ノ方法ニヨリ我倉庫部ノ事業一切ヲ継承スルコトニ致可然哉。

記

一、今日ヲ以テ組織変更ノ時期トナス理由

第二部　住友合資会社

第二章　住友合資会社（上）

倉庫事業組織変更ノ利害得失並ニ其時機如何ニ就テハ、先ニ提出セシ別冊添付調書（略）ニ於テ詳細記述シ置キシガ、其後新聞ノ伝フルトコロニ拠レバ、土地増価法案ハ已ニ内務省ノ手ヲ離レ、大蔵省ニ回付サレシヲ以テ、法制局ヲ経テ勅令トシテ発布セラルルノ時期遠キニ非ラズト。而シテ又内務省ノ手案トシテ発表サレシ税率ニ就イテ見ルトキハ、サキニ吾人ノ窺知セシ税率ヨリモハルカニ高率ナリシヲ以テ、内々内務、大蔵両当局ノ意嚮ヲ探リシ処、増価税法ノ内容ハ新聞ニ伝フルトコロト略同一ナルモ、其実施ノ時期ハ正確ニ知リ得ス。乍然已ニ内務省ノ手ヲ離レ、大蔵省ニ回付サレシハ事実ニシテ、大蔵省ニ於テモ最近之レガ審査ヲ了ヘテ法制局ニ回付セラルル筈ニ付、勅令トシテ発布セラルルコト遠キニ非ラザルコト分明セリ。

偖先ニ調書ヲ提出セシ当時ニ於テハ、同税法ノ税率明カナラザル上、土地ノ原価格ヲ如何ニ算定スルヤニヨリ非常ノ差異アルヲ以テ、正確ニ算出スル能ハザルモ、種々ノ点ヨリ推算シ、倉庫処管ノ土地全部ニテ約十万円内外ノ増価税ヲ課セラルモノト見シガ、今回発表サレシ法案ニヨルトキハ、大正五年一月一日以前ニ取得シタル土地ニ於テハ其ノ日ノ時価ヲ以テ其原価格トスト規定セルヲ以テ、土地ノ自然増価格モ略推算スルコトヲ得、又税率モ百分ノ五ヨリ百分ノ三十マデ累進スルモノナルコト明トナレリ。今仮ニ倉庫処管ノ土地ノ現在ノ帳簿価格（一一、一〇八千円）ヲ大正五年一月一日ノ時価ニ比シ倍額ヲ増価セシモノト見ルトキハ、約四十三万三千円ノ増価税ヲ負担セザルベカラズ。斯ク多額ノ税金ヲ負担セザルベカラザルニ於テハ、今日至急ニ倉庫ノ組織ヲ変更シテ、右ノ増価税ヲ脱ルヽヲ得策トスベク、前調書ニ於テ述ベタル組織変更ニ伴フ損害ヲ償フテ余リアルベシ。況ンヤ組織変更ニ伴フ利益アルニ於テオヤ。而シテ同法ハ勅令トシテ発布セラルルノ日遠キニアラザルヲ以テ、先ニ疑惧シタル時期ニ関スル疑義ハ自ラ解決サレ、此際至急ニ倉庫ノ組織ヲ変更スベキモノナリ。尚土地増価税ガ実施サルルハ、勅令ノ発布後更ニ市条例トシテ各都市計画事業費ヲ負担スル都市ヨリ発布セラレタル後ナルモ、市条例ニハ遡及効ヲ附シ

得ルヲ以テ、該勅令発布前ニ組織ノ変更ヲナシ置クニアラザレバ、増価税ヲ免ル能ハサルナリ。之レ今日ニ於テ急組織変更ヲ断行セントスル所以也。

二、設立方法

資本金壱千五百万円全額払込済ノ会社ヲ設立シ、倉庫所属ノ大正十二年七月三十一日本社勘定残高並ニ住友合資会社ノ有スル富島組株式ヲ現在帳簿価格ニヨリテ買収シ、其公称資本金ヲ超過スル部分ハ住友合資会社ヨリノ借入金トス。而シテ設立税・土地移転税等ノ諸費用並ニ設立後ノ起業費不足額ハ銀行借入金ニ依ルモノトス。但シ銀行ニ於テ貸出ヲ承諾セザルトキハ、合資会社ヨリ貸付クルモノトス。(後略)

三、定款(略)

四、会社設立後ノ経営方針並ニ純益及ヒ配当予想

今日組織変更ヲナスモ、他ヨリ資金ヲ吸収スルノ途ナキヲ以テ、拡張事業ハ此際極力繰延ヲ行ヒ、大体ニ於テ自給自足ヲ以テ方針トシ、其純益並ニ償却金収入ノ範囲内ニ起業支出ヲ減少スルノ必要アルコトハ別冊調書(略)記載ノ如シ。茲ニ於テ倉庫当局者ト協議ノ結果、大阪築港陸上設備費ニ於テ約貳百万円、東京越前堀ニ於テ約参十万円ノ繰延ヲ行フコト、セシヲ以テ、結局大正十二年度以降ニ要スル新起業所要額ハ約六百六十万円、大正十二年五月以後所要額ハ約六百二十五万円、同七月以後ハ約六百万円見当トナレリ。然ルニ自大正十二年下半期至同十七年(註、昭和三年)上半期満五ヶ年間ノ純益並償却金予想合計ハ約六百万円トナルヲ以テ、此間ノ純益ヲ無利息ヲ以テ使用スルコトヲ得レバ、大体倉庫ハ自給自足ヲ以テ其起業費ヲ支弁スルコトヲ得ルナリ。茲ヲ以テ会社設立後ハ大体左ノ方針ヲ以テ経営ヲ進ムルコトニ致度シ。

1 払込資本金壱千五百万円ニ対シテハ、其事業年度ノ成績ニヨリ相当額ノ配当ヲナスコト。但シ起業資金ノ関係上

第二章 住友合資会社（上）

已ヲ得ザル場合ハ設立後満五ケ年間ハ無配当トスルカ、或ハ配当ヲ受クルモ住友合資会社ハ之ニ相当スル額ヲ他日増資ノ場合迄ハ無利息ヲ以テ新会社ニ貸付クルコト。

2 設立ニ際シ公称資本金ヲ超過スル金額ニシテ住友合資会社ヨリ貸付クル金額ニ対シテハ設立後満五ケ年間ハ年七分ノ金利トシ、其後ハ銀行貸付日歩ニ改ムルコト。

3 設立ニ際シ又ハ其後ニ要スル不足金ハ、凡テ一時銀行ヨリ借入シ融通スルコト、シ、若シ銀行ニ於テ貸出ヲ承諾セザルトキハ、合資会社ヨリ銀行日歩ヲ以テ貸付クルコト。

4 新会社ハ、以上ノ諸利息ヲ支払ヒタル後ニ残存スル創立後満五ケ年間ノ純益並ニ償却金ノ範囲内ニ於テ、新事業ヲ進ムルコト。即原則トシテハ自給自足ノ方針ニ遵拠スルコト。従ッテ大正十七年（註、昭和三年）上半期ニ於ケル倉庫会社ノ負債ハ、前記第二項ノ負債及ヒ土地移転税ニ要シタル負債等合計最高参百万円（即築港繋船桟橋起業費ニ相当スル額）ノ範囲内ニ止マルヤウ経営ヲナスコト。

5 前記参百万円ノ負債ハ、出来ル丈早ク低利ノ社債カ又ハ保険会社ヨリノ借入金ニ肩替スルコト。而シテ此ノ負債ハ、他日大阪市ヨリ繋船桟橋起業費ノ下附ヲ受クルニ及ビ、其金額ヲ以テ償還スルモノトス。

6 大正十七年度（註、昭和三年度）下半期ヨリ払込資本金壱千五百万円ニ対シテハ最低五分乃至六分ノ配当ヲナシ、繰延事業ハ年々ノ留保金及償却金ヲ以テ遂行スルコト。而シテ今日ノ見込ニテハ其後約参ケ年半間ノ剰余金ヲ以テ、即大正二十年度（註、昭和六年度）末迄ニハ今日計画セル起業全部ヲ完成シ得ル見込ナリ。

五、右ノ如キ経営方針ヲ取ル理由（略）

六、株式ヲ公開シ外資ヲ吸収スル時期ニ関スル考察（略）

以上に基づき倉庫会社の概要を示すと、まず資本金は当初の目論見通り一五〇〇万円であった。このうち住友合資会

社の出資は、一四九五万円(一九万九〇〇〇株全額払込、その後大正十四年住友信託設立の際出資金に充当するため、第18表註(3)の通り住友銀行へ二万五〇〇〇株が売却されたが昭和二年買い戻された)で、残り五万円(一〇〇〇株)が住友吉左衛門であった(第18表参照、他の株主は名義株である)。資本金一五〇〇万円は終戦時まで不変であったが、終戦時の持株比率は、住友本社六万五〇〇〇株(二一・七%)、住友家一一万五〇〇〇株(三八・三%)、住友銀行一〇万株(三三・三%)、住友生命二万株(六・七%)と変化した。このように住友合資の持株が、住友家及び銀行・生命に移ったのは次の理由によるものと思われる。

すなわち昭和十二年三月の住友合資会社の解散により、合資保有の倉庫株一二万四〇〇〇株が残余財産として住友家へ分配され、残り七万五〇〇〇株が住友本社へ譲渡された。その後住友家持株中から、銀行に対し昭和十五年末三万株、十六年六月末七万株計一〇万株が、生命に対し十六年末一万株が譲渡された。また住友本社からは、十七年末生命に対し一万株が譲渡され、この結果終戦時の持株は上記の通りとなった。これらの移動については第三部「株式会社住友本社」で検討することとする。

資本金は当初の試算通り一五〇〇万円とされたが、この間繋船船橋を始め起業支出が増加したため、倉庫に引き継がれる本社勘定残高は資本金を一八九万円も超過し、合資会社から譲り受けた富島組株式八八万円(第19表)との合計二一七万円が合資会社からの借入金となった。その後富島組株式八八万円のうち、利息共五九万円を返済したので十二年末の借入金は二一八万円となった(第10表)。この五九万円のうち利息分を除く五七万円は、富島組買収時に旧株主との取り決めで会社設立の際は社債に振り替えることになっていた預り金であったので、大正十年十二月社債を発行して彼等に交付した。また土地移転税・登記料等三七万円は銀行から借り入れた(第22表)。

定款については、『住友倉庫六十年史』を参照されたい。原案では最も近い大正九年十二月に設立された住友電線製

第二部　住友合資会社

五七九

第二章　住友合資会社（上）

造所の定款を参考としており、電線と同じく社長制をとらず会長制を採用し、総理事中田錦吉が取締役会長に就任する案となっていた。それが会長を社長に訂正して、取締役社長住友吉左衞門に変更された。この変更の理由は明らかではないが、労働争議後会長制をとることになった製造部門に対し、社長制のままの銀行を比較した場合、倉庫の生い立ちからして銀行に倣ったものと解される。

なおこの変更のために、本来なら社長取締役とすべきところ、倉庫のみは世間一般通り、取締役社長と称するようになった（『住友総本店（中）』七　住友鋳鋼場の株式会社への移行」参照）。しかし大正十五年三月、住友吉左衞門友純が死去すると、五月銀行・信託が社長制を廃して会長制を敷き、総理事湯川寛吉が会長に就任したので、倉庫もこれに追随した。倉庫の主管者は、社長の他に代表権をもつ常務取締役で、合資会社理事兼倉庫支配人であった草鹿丁卯次郎がそのまま常務に就任した。常務制は、他の連系会社に倣って昭和十七年十二月専務・常務制、十八年十一月社長制がとられるまで続いた。

「会社設立後ノ経営方針並ニ純益及ヒ配当予想」から判断すると、純益は少なくとも年間一〇〇万円のレベルを確保できるが、設立後五年間は無配とし、その間六〇〇万円前後の設備投資を純益と償却の範囲内で実施できるという目論見であったとみられる。しかし残念ながら倉庫の業績は、予想に反し大正十年をピークとして不況のため低下の一途を辿り、昭和五、六年には赤字に転落した。このため設立後五年を経過しても、配当はできず、いわんや社債の発行や保険会社からの借り入れは不可能で、引き続き合資会社、銀行、信託からの借り入れに依存せざるを得なかった。これらの借り入れは設備投資のみならず、大正十三年の神戸の港湾運送業者ニッケル・エンド・ライオンスの買収（一二五万円）や昭和四年の大阪市築港公債の購入（五三万円）のためにも必要であった（第10表、第22表）。

昭和六年になって設備投資が一段落すると、七年以降借入金は減少に向かい、景気の回復と相俟って業績は向上し、

五八〇

昭和十二年には実質純益はようやく当初の予想の一〇〇万円を超え、十三年下期から配当が実施された。先に述べた十二年三月に合資会社の残余財産の一部として倉庫株が住友家へ分配されたのは、このような配当の実施が確実なものとなったからであろう。同様に銀行、生命が倉庫株の譲り受けに応じたのは、既に八分配当が実施されていたからである。

この後昭和十八年にかけて、倉庫の業績は上昇の一途を辿るが、他方で戦時経済統制の波が倉庫業にも及んできた。

昭和十八年七月住友本社経理部商工課は、倉庫の現状と今後の動向を次のように報告している。

最近ハ各種重要物資配給統制強化ニ伴ヒ、倉庫業ハ保管並配給機関トシテ益々其ノ重要性ヲ増大スルニ至リ居レリ。（中略）本邦倉庫業界ニ於ケル住友倉庫ノ地位ハ、三井倉庫、三菱倉庫ト共ニ、所謂本邦三大倉庫ノ一ヲ占メ、特ニ最近ハ、織物類、地金類等ノ統制貨物ノ寄託増加ニ依リ、貨物保管残高ハ是等三社ト首位ヲ競ヒ居リ、（中略）倉庫業統制形態ニ関シテハ、運営会案、営団案、統制会案等各般ニ亙リ、種々形態ガ研究セラレタルガ、倉庫業ハ港湾ニ密接ナル関係ニ在リ、海陸一体化ノ要アル等ノタメ、ソノ形態ハ簡単ニハ極メ難ク久シク行キ悩ミノ状態ニアリタルガ、先般漸ク日本倉庫業会デハ、商工省ノ指示ニ基キ、第一次統制トシテ建坪一万坪ヲ有スル一流ノ港湾倉庫ヲ統制スルコトヽナリ、三井、三菱、住友ノ三倉庫ヲ母体ニ三本建運営ニ統合進展スルコトヽナリタリ。

住友倉庫―杉村倉庫、東陽倉庫

三井倉庫―渋沢倉庫、川西倉庫

三菱倉庫―日満倉庫

しかしこのような倉庫企業合同案は日の目を見ず、十八年十一月新設された運輸通信省が倉庫業を所管することとなり、十月に公布施行された統制会社令を発動して、倉庫業は昭和十九年五月一日「日本倉庫統制株式会社」に一元化されることとなった。

第二部　住友合資会社

五八一

第二章　住友合資会社（上）

住友本社はこれを追認する形で、五月二十日付「（倉庫）事務章程及和歌山出張所事務規程改正ノ件」をもって社長制の廃止等倉庫の事務章程を改正したが、その中で、次のように報告せざるを得なかった。

一、倉庫ニ於テハ、五月一日ヲ以テ新設日本倉庫統制株式会社ニ、倉庫営業及同附帯業務ヲ譲渡シタル為、同社業務中残存セルハ、土地・建物等所管財産ノ管理・賃貸業務並大阪・和歌山間海上輸送業務（今夏八月頃和歌山港運株式会社設立ノ上ハ同社ニ譲渡ノ予定）ノミトナリタリ。

倉庫が、この日本倉庫統制に供出した施設及び業務を復元し、倉庫業務を再開したのは、終戦後の昭和二十年十二月一日のことであった。

　　（三）　株式会社住友ビルデイングの設立

大正六年五月、東大卒業後三年半の英国留学から帰国した竹腰健造（T1東大工・建、のち住友土地工務、日本建設産業社長）は、住友総本店がビルを新築するので建築家を求めているという話に応じ、住友に入社した。明治四十一年に完成した住友総本店の建物（「住友総本店（上）一　住友総本店の発足」参照）は、あくまで仮本店であり、築後一〇年を経て、総本店の業務の発展の前に、既に狭隘化しており、総本店ではこのため大正五年に総本店南東斜め向かい側の旧帝国座（新派の川上音二郎が明治四十三年に建てた煉瓦造三階建の建物、現住友信託銀行南館の場所）を買収し、大正七年末には同居していた銀行本店営業部がここに移転することになっていた。

大正七年十月、総本店営繕課建築係日高胖（M33東大工・建、のち技師長、工作部長）と光安梶之助（M31工手学校）の二人は、ビル建築の材料調査のため、翌八年にかけて米国に出張し、日高の帰国した三月には伸銅所支配人本荘熊次郎（経歴前掲）が、総本店支配人兼営繕課主任に転じて新ビル建築の責任者となった。六月に光安が帰国、代わって年末には

五八一

長谷部鋭吉（M42東大工・建、のち技師長、工作部長）が欧米に出張した。大正九年一月末鈴木総理事が欧米出張から帰国した直後、三月には恐慌が発生するが、新ビル建設の方針は変わらず、四月から日高・光安・竹腰等の手で設計が開始され、七月には長谷部が帰国してこれに参加し、大正十一年七月には全設計が完了した。

この間大正十年二月には住友合資会社が設立され、五月に総本店営繕課建築係は工作部建築課建築係となっていた（「住友合資会社の設立」参照）。住友ビルディング（現住友銀行本店ビル）について、竹腰によると本建築は完成の暁には延坪一万五千坪の七階建てで、北は土佐堀川、西は西横堀川に面する四方道路に囲まれる土地に建てられる、当時としてはわが国最大の建築計画の一つであった。そして当時の住友の事業規模からいって、この広面積の建物を住友総本店、住友銀行など連系諸会社のみで占めることもできないので、一般貸事務所としてこの広面積の建物を住友総本店、住友銀行など連系諸会社のみで占めることもできないので、一般貸事務所として計画することになり、レンタブルエリアの比率をなるべく大きくして、貸事務所建築としての採算基礎に立って計画したのである。

この敷地の南側半分、北浜五丁目に面して住友総本店の仮本店が建っている。これを他に移して一気に全館を完成する議があったが、仮本店を移す適当な土地がなかったのと、また経済的な考慮も払わねばならず、この計画を二期に分割して建築することに議が定まり、現存の仮建築による設計の不便を克服して設計をしたものである。

かくして大正十一年七月、設計が完了すると着工に当たり、材料の買い入れや建築設備の設計を米国でさせるために米国へ人を派遣して、これに当たらせた方が得策だということになり、竹腰と池田宮彦（T4名古屋高工、のち住友土地工務常務、日本建設産業常務）が渡米した。竹腰によれば、

（註、当時の）わが国の工業は今日のごとく進歩していなかった。したがって建築の計画の技術も材料も、欧米に比して甚だしく遅れていた。

第二部　住友合資会社

第二章　住友合資会社（上）

鋼材は主として輸入に俟っていた。われわれは、当時わが国唯一の鋼材メーカーであった八幡製鉄所の鋼材を信用していなかった。一々試験片をとって厳重な試験をした上でなければ使わなかった。（中略）

セメントも鉄材同様貧弱な状態であった。強度も弱く且つ不均一で、試験をせずに使用することは危険であった。これがため、住友の工作部ではセメント試験室というものを持っていて、膨張、伸縮の試験、強度試験をする機械設備を持ち、数人の係員が常時試験に従事していたものだ。

電線ですらも舶来品が主として使われていた。住友の電線は今日でこそ世界に製品の質を誇っているが、当時はわれわれは全然信用していなかった。その頃京都鹿ケ谷に住友の別荘（註、現住友有芳園）の建築が進んでいたが、その電線は舶来品を使用することにしていた。前社長（註、住友吉左衛門友純）がこれを聞かれ、なぜ住友電線を使用せぬかというお咎めがあった。絶縁が悪く、粗悪で火災の恐れがあるとお答えすると、最善を尽くしてなお火災が起こる時は仕方がない。その場合は焼けてもよいから住友電線を使えと言われた。そしてわれわれは自らの見解の狭きを恥じた。（中略）

そのほかに最も遅れていたのは建築の機械設備である。屋内電気工事の業者のごときも僅か一、二軒にすぎず、暖房衛生設備のほうも同様な状態であった。したがって建築設備の総合的な設計をする技術者などは居なかったものである。またこの建築には住友銀行ならびに住友信託の金庫が必要である。当時金庫もわが国では僅か一、二の貧弱な金庫メーカーがあるにすぎず、少し大きな金庫を要する場合、金庫扉は外国に注文したものだ。（中略）

エレベーターももちろん、日本エレベーターが国産エレベーターを始めた頃でまだ完成の域に達していない。米のオーチス、英のウェグウッド、中にもオーチスが主として輸入されていた時代であった。

工事は、大正十二年七月、基礎工事が完了したところで、八月一日、株式会社住友ビルデイングが設立され（同日連系

会社に指定、合資会社工作部長本荘熊次郎が主管者の常務取締役を兼務）、主体工事は同社に継承された。同社設立の起案が残されていないため詳細は不明であるが、貸ビル経営に際し、外部テナントとの交渉やビル管理に当たる別会社が必要であると考えられたものと推測される。しかし同社設立の直後、九月一日、関東大震災が起こった。住友銀行東京支店だけが焼野が原の真ん中に厳然と残っていた。竹腰によれば、

住友の幹部は東京の震災に鑑みて、大阪の新築中の住友ビルディングをあのままでよいか再検討した。そして私（註、竹腰）の米国滞在中から病中にかけて、次の変更が加えられることになっていた。

一、七階建てを五階建てに変更する。

二、原設計には、大衆向き建築として窓の防火扉は付けてなかったが、全部の窓や出入口に防火扉を設ける。内部の造作もできるだけ不燃質のものとする。

三、外部に賃貸することをやめ、住友の関係会社だけで使用する。

第二、第三の変更はわれわれにも納得できる。東京の建物が残ったのは、正しく完全に外部からの火災を防止できる設計であったためにちがいない。またいかに設備が完全であっても、これを正しく使わなかったら内部の延焼は免れない。東京の場合も住友銀行の庶務課長が一身を挺してこの設備を完全に整え、建物が四方から火災に包まれ、内部は焦熱地獄の熱さであったのに、一歩も退かずに守ったためにこの成果を挙げ得たのであって、多数の賃貸人が入っていたのでは統制が取れず、恐らく他の建物と同様に内部に延焼しただろう。

こういう見地から第二、第三の変更はわれわれにも納得できるが、七階建てを五階建てに変更することに対してはどうも納得ができない。耐震的には充分の強さがある。平面計画は変わらぬまでも、外観は不釣合となるのを免れないのである。今日でもあの建物が建築規則による高さの限度まで建っていたら、更に偉観を添えただろうと残念

第二部　住友合資会社

五八五

第二章　住友合資会社（上）

に思うのである。

七階建てを五階建てに変更した理由は、われわれの周囲の人は誰も知らない。ただ住友の家長様（註、住友吉左衛門友純）が総理事（註、中田錦吉）に命じて、顧問の伊庭貞剛さんに相談された結果から決まったのだと聞かされているのみである。しかし、当時われわれの想像していたことは、東京震災の結果第二、第三の項はどうしても変更したい。それには工費もかさむから二階削って、その費用をこれに当てよう。また住友だけで使うのであれば、面積も五階あれば足りるのではないかという理由ではないかというのであった。住友ビルディングの第一期工事はこうして耐震とともに耐火に重点を置いて進められて行った。

住友ビルディングの第一期（北半分）工事は大正十五年五月、第二期（南半分）工事は昭和五年八月完成するが、上記の通りテナントが合資会社はじめ連系会社に限られることになったので、実質的なビルの運営業務は従来通り、合資会社総務部庶務課が行い、ビルディング会社の業務は室料の徴収やビルの保全に限定されることになり、新会社設立の意義は乏しかった。

同社の資本金は六五〇万円（一三万株）で、合資会社、住友銀行の折半出資であった（第18表）。その後昭和十二年三月、住友合資会社の解散に伴い、合資会社の持株六万五〇〇〇株は、住友本社に一万九六〇〇株、住友本社に四万五四〇〇株が譲渡された。さらに昭和十六年末住友家保有分から一万株が住友生命へ譲渡された。しかしこの住友生命の一万株は、昭和十九年十一月、同社が大阪北港株式会社に合併される直前に、住友本社が買い戻し、合併時の株主は、住友本社五万五四〇〇株、住友銀行六万五〇〇〇株、住友家九六〇〇株であった。この買い戻しの理由は、大阪北港の設立時の事情から（「住友総本店（下）五　大阪北港株式会社の設立」参照）、合併時の住友本社の大阪北港の持株比率は二三・五％と低かったので、新会社における比率を少しでも高める意図があったものと思われる。

五八六

ビル建設の起業支出第一期四六七万円(第21表)は、合資会社からの借入(第10表)と資本金の払込徴収で対応され、一時的に余剰となった場合は、預金とされた(第22表)。この結果既に述べた通り、大正十四年末に合資会社に対する土地代金未払額一二八万円は未収入金に振替えられてビル会社の借入金は皆無となり、十五年もこのままで推移した。しかし昭和二年に入ると、六月に広島ビル(工事費五三万円)が、九月には住友ビル第二期工事(工事費三七万円)が着工された。この年末には先の土地代の一部一四万円が支払われ、残額一一四万円が再び合資会社からの借入金に振替られた。昭和三年度会計見積書によると、これら広島ビル工事費五三万円、土地代金未払額一一四万円、第二期本年度予想額九一万円計二五八万円について、社債を発行し合資会社、銀行、信託、生命の四社に引き受けを求めるとしている。

これを受けて、同社の昭和三年度上期営業報告書によれば、昭和三年一月、同社株主総会は社債募集を決議している。しかし昭和三年中に第二期工事が、工費削減のため国産の鉄骨にしたところ強度試験をパスしないものがあり、代品をドイツに発注したため約五カ月も遅延したので、社債発行の必要がなくなり、合資会社からの借り増し一五万円と広島ビルについては住友銀行に対する支払手形五〇万円で、資金繰りがつけられた。続いて昭和四年度会計見積書によれば、四年度の第二期工事に関する不足資金一八六万円と広島ビル関係五〇万円合計二三六万円を再び社債募集によって賄おうとしている。同社の昭和四年度下期営業報告書によれば、社債及借入金として二七〇万円が記載されているので、この期にあたかも社債が発行されたかのように受け取られるが、実際は大正四年七月の株主総会でこの社債募集計画を見合わせ、所要資金は借入金で賄うこととなり、結局社債は発行されなかった。事実この社債及借入金二七〇万円の内訳は、合資会社からの借入金一一六万円、住友銀行からの借入金一〇四万円及び広島ビル関係支払手形五〇万円となっており、社債発行が決議だけに終わったことが裏付けられた。なおこのように広島ビル関係の資金が住友ビルの借入金と区別され、次章「住友合資会社(中)」で触れるが、合資会社の資金繰表でもこの支払手形の記載がないのは、広島ビル

第二部 住友合資会社

五八七

第二章　住友合資会社（上）

が銀行の委託による建築で、その資金は銀行が面倒をみるという建前なので、合資会社としては、ビル会社の資金繰りの対象と考えていなかったからである。

同社は上記広島住友ビルディング（昭和三年十一月完成）に続いて、福岡住友ビルディングを昭和九年十一月に完成させるが、これも住友銀行に一括賃貸し、さらに十五年七月仙台住友ビルディングを完成、これは住友生命に一括賃貸した。大阪市内では、昭和十二年東区瓦町に御堂筋分館を着工したが、日中戦争による臨時資金調整法の施行のため昭和十四年末完成のまま工事を中断した（現在の住友銀行備後町支店ビルの場所）。このため十六年二月東区安土町の祭原ビルを賃借し、住友生命へ賃貸した他、十九年二月住友ビル南向かい側の旧藤本証券本店建物を買収し、住友ビル分館、後に南館（現在の住友ビル二号館の場所）と称した。

このようにビル会社としては特に積極的な役割を果たし得ぬまま、前記竹腰は、住友ビル完成後昭和八年不況のため工作部の人々とともに退社して長谷部竹腰建築事務所を開設していたが、乞われてこの事務所を新会社に参加させ、社長に就任した。合併を前にして、昭和十八年七月、住友本社経理部商工課が報告した同社の内容は、次の通りであった。

　一、現況

当社ハ大正十二年八月ノ設立ニカヽリ、資本金六百五拾万円全額払込済ニシテ、ビルディングヲ建設シ、之ガ賃貸並ニ其ノ附帯事業ヲ営ムヲ以テ目的トス。

現在当社ノ所有建物ハ、大阪住友ビルディング本館ノ外、広島住友ビルディング、福岡住友ビルディング、仙台住友ビルディングノ三者アルモ、広島、福岡両ビルディングハ銀行ニ、仙台ビルディングハ生命保険ニ、夫々委託管理ヲナス。当社直轄管理ノ大阪本館ハ、総工費七百七十七万円、地上五階地下一階（外ニ屋上アリ）、敷地二、四〇

第23表　住友ビル賃貸概況（昭和18年6月末）

貸付先	賃貸面積	賃貸料（月額）	入居状況
	坪	円	
本社	1,299	16,863	地階、3階、4階、附属家、塔屋
林業所	50	663	4階
病院出張所	53	200	6階
銀行	2,136	43,505	地階、1階、2階、附属家
信託	954	23,381	地階、1階、附属家
生命保険	921	10,998	地階、4階、5階、6階
化学工業	369	4,582	地階、4階
鑛業	321	4,167	地階、5階、6階
機械工業	42	517	4階、5階
海上火災	194	2,390	地階、4階
日本板硝子	76	885	4階、5階
土肥鑛業	10	124	4階
長谷部竹腰	7	26	附属家
合　計	6,433	108,301	
ビルデイング	159		地階、3階、5階
共通関係	748		
空室	82		
有効坪数	7,422		

出典：株式会社住友ビルデイング概況

二、今後ノ計畫

四坪、総延坪一〇、二〇八坪ノ豪壮ナル建物ニシテ、真ニ住友事業ノ本拠タルニ恥ヂザルモノナリ。

大阪本館本年六月末現在ノ使用可能坪数七、四二二坪ノ中共通室其他九〇六坪ヲ除ク、六、五一六坪ガ貸付可能坪数ナルガ、其中空室ハ僅ニ八二坪ニシテ六、四三三坪（有効坪数ノ九割九分弱）貸付使用中ナリ（註、第23表参照）。即チ当本館ハ極度ノ飽和状態ニアルモノトスベク、支那事変以来住友事業ノ飛躍的発展ノ証左トシテ喜ブベキ現象ナルモ、ビルデイング当局者ノ苦心ノ存スル所以ナリ。即チ本社地所課ニ於テ嚮ニ（十五年九月）鴻池信託ビル（註、前記旧帝国座の建物、大正十五年住友ビル第一期工事完成後住友銀行本店営業部はそちらへ移り、その跡に住友信託が入居、昭和五年第二期工事完成後住友信託も住友ビルへ入居したので、その跡を鴻池信託に賃貸していた）延坪七四〇坪ヲ回

第二部　住友合資会社

第二章　住友合資会社（上）

収シ、且一昨年六月当社ニ於テ御堂筋祭原ビルノ一部延坪八二三坪ヲ賃借シ、夫々生命保険ノ一部ヲ両所ニ移転セルモ、時局柄ビルディング建設ノ見込ナキ現状ノ下ニ於テハ（御堂筋分館ハ支那事変直後工事中止、地下一・二階完成セルノミ）、今後モ貸ビルヲ求ムルノ外手段ナシト云フベシ。

当社ニ於テハ、昨年末百貨店供出ノ議起リタル際、御堂筋所在百貨店ノ一部割当二万当局ニ要望セルモ、軍関係其他ノ使用意外ニ多キ為目的ヲ達セズ。目下ノ処淀屋橋美津濃ビル六階以上延約三〇〇坪ノ賃借方交渉ヲ為スノミナリ。

（註、昭和十九年十一月、合併直前に大阪北港株式会社本店が、大阪市此花区恩貴島南之町からここに移転し、そのまま住友土地工務株式会社本店となった）

（四）坂炭礦株式会社の経営の承継

住友の石炭採掘は、明治二十六年に買収した庄司炭坑（福岡県嘉穂郡大谷村、現飯塚市幸袋町）に始まる。これは明治三十五年に売却されて、この大正十三年の時点では明治二十七年に麻生太吉から買収した忠隈炭坑（福岡県穂波郡穂波村、現穂波町）が主力となっていた。しかし大正十四年の実際報告書によれば、当時の九州の炭鉱では、三井の三池（年産二一七万トン）、田川（一〇四万トン）、山野（五八万トン）、貝島の大ノ浦（一三〇万トン）、三菱の鮎田（六一万トン）、新入（五五万トン）等に比して、住友の忠隈は四二万トンと甚だしく見劣りがしていた。

住友吉左衛門が炭鉱につきものの事故を嫌って炭鉱の買収に消極的であったこともあるが、炭鉱拡張の余地に乏しい九州に対し、北海道では依然として新炭田開発の見込みが存在していた。大正五年には、「住友総本店（下）」で述べたように、三笠炭坑を買収、唐松炭坑と改称し、札幌鉱業所の中に置いた。しかし北海道においても、既に北海道炭礦の夕張（年産一二二万トン）、新夕張（五四万トン）、三菱の美唄（七六万トン）、三井の砂

川(五.三万トン)に対し、大きく遅れをとっていた。

こうした状況の下で、大正十三年一月、坂炭礦上歌志内礦(北海道石狩国空知郡歌志内村、現歌志内市)で死者七七名を出す炭塵爆発の大惨事が起き、上期決算は六万三〇〇〇円の赤字となって、大正二年開坑以来順調であった同社の経営が揺らいだ。この鉱区は、明治年間に坂市太郎が鉱業権を取得し、大正六年には坂炭礦株式会社を設立(資本金一〇〇万円)して、大正九年市太郎の死後は一族で経営に当たっていた。

こうして経営危機に陥った同社に、住友合資会社が資本参加する交渉が進められ、同年十月同社は倍額増資して、その六〇%(二万四〇〇〇株)を合資会社が一一五万円で取得し(第19表)、常務理事小倉正恆が取締役会長に就任、札幌鉱業所支配人近藤宏太郎(M38東大工・採鉱冶金、外村鉱業所、T3住友入社・T10現職)に同社常務を兼務させ、本社を歌志内村から札幌鉱業所内に移した。

大正十四年十月、坂炭礦は、住友坂炭礦株式会社と改称、同日連系会社に指定された(第18表)。これまでの連系会社は総本店・合資会社から分離独立したものであったが、住友坂炭礦は純然たる外部の会社を買収して連系会社とした初めてのケースであり、新たに事務章程及び処務規程が制定された他、合資会社から出向した職員一三名、再雇用された旧坂炭礦の職員(備員三一名、準備員二五名)に対し合資会社の諸規則が準用された(資料5)。

坂市太郎の三人の子息は、坂隆二、整三が取締役に、敏男は監査役に留まった。その後も坂隆二は、一族を代表して、昭和五年同社が住友九州炭礦と合併して、住友炭礦株式会社が発足した際にも取締役に残り、昭和十二年住友炭礦が住友別子鑛山と合併して、住友鑛業が設立された折にも、監査役に就任し、終戦後昭和二十二年まで在任した。このように坂一族を買収後も住友の重役として優遇していたことについて、当時経理部第一課兼第三課員として入社早々同社買収の法律問題を担当した香川修一(T13東大法、のち合資・本社人事課長、住友電工常務)は次のように述べている。

第二部　住友合資会社

五九一

第二章　住友合資会社（上）

これはやはり住友が外部の事業を吸収したり、買収したりする時に、前経営者に対してする情の籠もった扱い方をした一例として感心しているのですが、その後といえども随分あちらこちらの事業を合併しましたが、いわば敗者ともいうべき前の経営者に対して、決して無理をして、後で恨みを買うようなことをしなかったということは、やはり住友の先輩は偉かったと思います。まあ住友が発展していくに当たっての一つの政略だといわれるかもしれないが、買収される側では気持ちがよかっただろうと思いますね。ただ銀行の場合は、必ずしもそうでなかった。これはかつて銀行の重役にもいったことがあるのですが、「住友のやり方はそうじゃないのではありませんか、もっと被吸収者に対する優遇を考えなきゃいかんのではないか」と申し上げたこともあるのですが、他の事業では、まあこの方針を守って、前経営者に相当な優遇を与えて来ております。

買収後一年を経た大正十四年度実際報告書は、同社について次のように述べている。

当会社ハ、大正十三年末当方ニ引継ギ以来、鋭意経営ノ改善ニ努メタルガ、炭界益々不況ニシテ且出炭減少（註、一〇万トン）ニ伴ヒ、生産費ノ低減モ思ハシカラズ、予期ノ利益ヲ挙グル事能ハズシテ越年シタリ。但坑内外ノ改良順次進捗シ、其他経営上各般ノ改善ハ相当ノ成績ヲ見タリト認ム。

その後も引き続き改良工事が進められ、昭和二年度実際報告書によれば次のような段階に至った。

経営引受以来実行中ナリシ上歌志内礦事業ノ整理ト増炭起業トハ、当年度ヲ以テ略々一段落ヲ告ゲ、昭和三年度ヨリハ二十万屯即チ五割ノ増炭ヲ見ル予定ナリ。

昭和三年三月、札幌鉱業所が廃止され、鴻之舞鉱山は鉱業所として独立し、唐松炭坑は、住友坂炭礦に経営が委託され、後任に取締役上歌志内礦長片井虎次郎（M41京大工・採鉱冶金）が昇格し、本社を札幌から再び歌志内へ戻した。札幌には別に札幌売炭所を設

けたが、本社業務と上歌志内礦の管理業務を一元化して、少しでも経費の節減を図ろうとしたものであった。

しかしこの年の夏、住友坂炭礦の上歌志内礦に近い歌志内及び新歌志内の二坑と唐松炭坑に近い奔別の合計三炭坑を有する北海道鑛業株式会社の売却の話が、七月に設立されたばかりの住友九州炭礦株式会社（忠隈炭坑を中心とした若松炭業所を改組）常務山本信夫（M40京大工・機）の元にもたらされた。山本はこれを直ちに小倉常務理事に連絡し、自ら買収交渉に当たった。そして合資会社は年末にはこの北鑛を二八七万円で買収することに成功した。翌四年一月、合資会社はこれを経営委託中の唐松炭坑とともに、三六五万円で住友坂炭礦に譲渡した。同社は、この代金支払に充当するため、五〇〇万円増資（払込四〇〇万円）して資本金を七〇〇万円とした。この増資分は全額合資会社が負担したので、その持株比率は八八・五％に達した。これらの炭坑を統轄するため、同社の本社は再度札幌鉱業所跡へ移転した。

この年八月、上歌志内礦でまたしてもガス爆発があり、死者七〇名という大惨事となったが、それでも昭和四年の同社の出炭量は、住友九州炭礦の八二万トンに対し、四六万トンに達し、北海道においてもようやく北炭、三井、三菱に次ぐ地位を占めることができた。そしてさらに同社にはこの他に後に住友の石炭事業の主力となる赤平礦の開発の余地が残されていた。翌五年四月、同社は住友九州炭礦と合併して、住友炭礦株式会社となり、ここに住友の石炭事業は一元化されたのである。

（資料5）

甲第二一〇号達

今般住友坂炭礦株式会社ヲ住友合資会社ノ連系会社ニ指定シタルニ付、傭員及準傭員ノ身分、待遇及給与等ニ関スル準則左ノ通相定ム。

大正十四年十月一日

　第二部　住友合資会社

第二章　住友合資会社（上）

住友合資会社社長　　　　　住友吉左衛門

住友坂炭礦株式会社取締役会長　小倉正恆

第一条　住友坂炭礦株式会社ニ於テハ、傭員及準傭員ノ身分、待遇、俸給、身元保證金及退職慰勞金其他諸給與ニ関シテハ、総テ住友合資会社ノ諸規則ヲ準用スルモノトス。

第二条　住友合資会社ニ於テハ、住友坂炭礦株式会社ノ傭員及準傭員ニ対シ、住友合資会社ノ傭員及び準傭員ト同様ノ待遇ヲ為シ、身分並ニ給与ニ関スル住友合資会社ノ諸規則ハ総テ之ヲ準用スルモノトス。

(五)　住友肥料製造所の株式会社への移行

別子の煙害対策のために、大正二年九月、新居浜に住友肥料製造所を開設して、別子産の硫化鉱から硫酸を作り、さらにこれを原料として過燐酸石灰を製造することになった経緯は、既に「住友総本店（中）」の「五　住友肥料製造所の開設」で述べた。肥料製造所は大正三年七月、第一次世界大戦の勃発により、ドイツに発注した塔式硫酸工場用設備が輸出禁止となったため、旧式の鉛室式に設計変更を余儀なくされたが、四年八月操業を開始した。

他方同じく第一次大戦の勃発によって、これまで合成染料のほとんど全てを外国特にドイツに依存してきたわが国染色業界は、突然の輸入途絶に見舞われた。このため染料や医薬品の国産化を目的として大正四年六月、「染料医薬品製造奨励法」が公布され、十月施行された。この法律は、指定染料・医薬品の製造法人に対して、一〇年間補助金を交付するというものであって、補助金額は、損失補償に加えて、年八分の株式配当をも保証するものであった。当初の原案では、対象とする法人の兼営を認めることになっていたが、「兼営の場合には別途会計としての取扱ひが困難であり、従って補助金の計算が面倒であるという単なる事務的」な理由で染料・医薬品以外の兼営が許可されなくなったため、

既にこの年アリザリン染料の製造に成功していた三井鑛山(三池鉱業所の付属工場であった三池焦煤工場)は本法律の適用外とされ、大正五年三月設立された国策会社日本染料製造株式会社が、その対象となった。

日本染料製造(日染と略称)は、国策会社といいながら発起人五五名の中に三井・三菱・住友の代表者の名前はなかった。これらはいずれも石炭鉱業を有し、将来日染のライバル的存在になることが確実とみられたため、除外されたものと考えられる。事実三井鑛山では、大正七年上記三池焦煤工場が三池染料工業所として三池鉱業所から独立した。三菱では製錬用コークスを自給していた牧山骸炭製造所に大正二年副産物回収炉が新設され、大正七年三菱鑛業が設立されると、その管轄下に入った。やがて昭和九年にはこれを母体に染料生産を目的として、日本タール(後の三菱化成工業)が設立された。

しかし住友の場合、コークスは別子鉱業所で明治三十一年から主として三池炭坑の粉炭を利用して、自家製造されてきたが、コークスを購入する方が安くなり、大正八年コークスの製造は中止された。(60) しかもこの別子のコークス炉は副産物回収炉ではなかったし、鈴木総理事の関心は過燐酸石灰に比べ二倍も硫酸を消費することになる、ハーバー法によるアンモニア合成とそれに基づく硫安の製造にあったので、住友として日染設立に積極的に関与することはなかった。

一方日染においては、「同社の工場の位置と技師長の人選とは、同社創立以来の大問題で、しかも相当に紛糾した難問題であったらしく、それは主として東京と大阪との両瓦斯会社の染料工業における争覇戦であった」。(61) 東京・大阪の他に、原料として八幡製鉄所のタール製品の供給をめぐり、北九州立地(遠賀川流域)派もあったが、九州側は大阪方についていたものとみられる。大阪瓦斯が譲歩して日染が八幡から原料供給を受け入れることになったので、腹心の大阪瓦斯社長片岡直輝(「住友総本店(中)七 住友鋳鋼場の株式会社への移行」参照)は、自ら日染の相談役となり、片岡はまた大阪舎密工業(大正十四年締役渡辺千代三郎(大正六年片岡引退後の大阪瓦斯社長)を日染の取締役に送り込んだ。

第二章　住友合資会社（上）

大阪瓦斯に合併され、その舎密工場となる）及び大阪瓦斯で中間物・染料の研究を行っていた下村孝太郎を日染の技師長に擁立し、併せて両社の染料関連設備を日染に譲渡して新工場完成までのつなぎとし、日染の工場用地買収に当たっては、大阪舎密工業に隣接する大阪市西区春日出町・川岸町（現此花区春日出中三丁目及び南三丁目）の土地三万坪を斡旋した（「住友総本店（下）」第3図参照）。

この地域は、後に大正八年に設立された大阪北港株式会社の経営地内に含まれるが、この当時はまだその前身たる正蓮寺川沿地主組合の設立より以前のことであり、しかもこの土地は住友家のものではなく、やがて六万八〇〇〇坪を提供して、大阪北港の監査役に就任する清海復三郎の所有であった（「住友総本店（下）」第18表参照）。

すなわち日染設立時には、住友総本店としてこれに関心を示すことはなかったし、立地が大阪に決定されても、八代則彦（経歴前掲）によれば大阪瓦斯社長片岡直輝はアンチ住友であったので、住友が関与する余地はなかったのである。後に乞われて日染の経営に当たることになる稲畑勝太郎は、輸入染料の販売業者（稲畑本店店主）として、或いは大阪商業会議所副会頭として、中立的立場で日染の監査役に就任したものと考えられるが、下村孝太郎の日記によれば、稲畑も片岡による下村の日染技師長擁立を支持していた。

住友肥料製造所が進出した過燐酸石灰の業界は、高度な技術を必要とせず、参入が容易で、体質的に生産過剰の業界であった。発足後はたまたま第一次大戦の好況で、利益を計上することができたが、鈴木総理事が硫安への進出を急いだのは、硫酸の消費量もさることながら、この点も十分理解していたからであったと思われる。大正六年九月、敵国人所有の発明特許を出願者に免許して専用させ得る工業所有権戦時法が施行され、鈴木が関心をもったアンモニア合成のハーバー法もこれに該当した。鈴木はこの専用権免許を巡り、三井・三菱等に対し共同事業計画案を提唱し、東洋窒素工業会社の設立を図った。大正八年三月、鈴木は自らこの実用化のため米国ゼネラル・ケ

ミカル（GC）社、ドイツのバディシュ社との提携を模索して、欧米出張に出発した。しかし米国GC社との交渉は不調に終わり、ドイツに渡った鈴木は、バディシュ社との交渉でも三〇〇〇万円という巨額の技術料を要求されて、交渉を中断して大正九年一月帰国した。そしてその三月恐慌の発生により、この鈴木の構想が潰えたことは既に述べた（なお特許権保持団体として大正十年七月東洋窒素組合が結成された）。

鈴木の予想した通り、肥料製造所の業績は大正九年以来三年連続して赤字となり（第4表参照）、鈴木はこの赤字を苦にしながら、大正十一年末他界した。肥料製造所はこの苦境を合理化で切り抜けようとしたが、業界ではカルテルによる生産制限を図ろうとしていた。過燐酸石灰の業界では、明治二十年渋沢栄一が、自ら委員長となって東京人造肥料株式会社を設立して以来、大御所として君臨していた。大正十二年二月、渋沢は住友合資会社中田総理事に書簡を送り、肥料製造所のカルテル参加を要請してきたが、中田は小倉常務理事を通じ、住友の肥料製造は別子の煙害防止のためであるとして、カルテルには参加せず、協定の主旨は尊重することに止めた。「二　業績」（註（65）21）で述べたように元来住友はカルテル参加により経営上制約を受けることを忌避していたので、煙害云々は渋沢に対する口実であろう。五月渋沢は、当時三大メーカーと称された大日本人造肥料（東京人造肥料の後身）、関東酸曹、日本化学肥料の三社を大合同させた。この年から景気は持ち直し肥料製造所の業績も黒字に転じた。大正十四年二月、肥料製造所は運賃負担力の乏しい過燐酸石灰の関東方面への拡販を図るため、横浜市鶴見地区埋立地二万坪に、年産四万トンの関東工場を建設する計画を立てたが、渋沢の圧力により中止せざるを得なかった。(66)

かくして過燐酸肥料に依存していては肥料製造所の発展は考えられないこととなり、当面化学工業製品の原料として需要の拡大した濃硫酸の製造に重点をおくとしても、鈴木の遺志を継いでアンモニア合成・硫安製造に進出することが急務とされた。肥料製造所としては、開業間もない大正五年から株式会社として独立する希望を有していたが、総本店

第二部　住友合資会社

五九七

第二章　住友合資会社（上）

からは時期尚早として退けられてきた。しかしこのような事態に至って、むしろ合資会社としても局面打開のためには株式会社とする必要性を認識し、大正十四年六月一日、株式会社住友肥料製造所が大阪に設立され、同日連系会社に指定された。資本金は三〇〇万円（払込一八〇万円）で、六万株全株住友合資会社の所有であった（第18表）。取締役会長には常務理事小倉正恆が就任し、主管者である常務取締役には支配人梶浦鎌次郎が横滑りした。しかし既に前年大正十三年十月、停年規程が制定されていて（資料1参照）、この十四年十月から実施されることになっており、梶浦がこれに該当することが明らかとなっていたので、当初から梶浦の後任には、かってハーバー法で鈴木に随行して欧米に出張した合資会社総務部長日高直次（経歴前掲）が予定されていた。

この同じ十月日染では、「染料医薬品製造奨励法」による一〇年間の保護期間が満了した。この間日染では、高級染料の多種少量生産のためコスト的に輸入染料に太刀打ちできず、欠損が続いていた。政府の補助金打ち切りによる無配転落を懸念し、日染の株主間には日染解散論が台頭していたが、これに反対したのが監査役稲畑勝太郎であった。稲畑は大正七年稲畑本店を株式会社稲畑商店に組織変更し、自らを社長となって輸入染料の他に日染製品の取扱いを開始し、大正十一年には大阪商業会議所会頭に就任していた。日染の初代社長中谷武吉は、中田総理事の後を継いだ湯川総理事と懇意で同期であり、二代目の池田十三郎も同じく逓信官僚出身であったので、湯川とは懇意であった。当時「染料製造事業の不振を熟知する関西某有力財閥では、（註、日染）所在の広大なる工場地域を、その常套手段として日染株を買い集めて、他の企業目的に転用しようと」していたといわれていた。住友合資会社は、大正十四年三月、大阪安治川の伸銅所事業用地を大阪中央卸売市場用地に提供し、三年以内に立ち退く契約を大阪市との間に締結した。従って伸銅所の移転先を物色していた湯川が、大阪北港の株主清海復三郎の旧所有地であったこの日染の工場用地に着目し、池田社長との関係を利用して日染株の買収に動いても不思議ではなかった。これに対し稲畑は、商工大臣片岡直温（日

染創立者片岡直輝の弟、昭和二年蔵相として失言から金融恐慌の引き金を引いたことで有名)に働きかけ、その解散説に加担した住友との関係を進展させるどころか、むしろ住友とは一線を画そうとしていたのではないかと考えられる。稲畑としては、解散説不可の裁定で決着をつけ、池田社長が大正十五年八月辞任すると、自ら後任の社長に就任した。

昭和三年、山口由美（S3東大理・化、後に住友化学常務、神東塗料社長）は、卒業を前に姻戚関係にある常務理事小倉正恆に就職の相談をしたところ、住友は山口の専攻した染料化学をやっていないし、将来染料工業へ進出する計画もないので、日染への入社を勧められたという。山口の回想によれば、この時小倉は日染合併の構想を既に描いていたのではないかということであるが、これはうがちすぎた見方で、当時として小倉の発言は額面通り受け取った方がよいと思われる。

すなわち当時肥料製造所は株式会社に組織変更されたものの、共同事業を提唱した手前、ハーバー法を基本にした高温高圧のアンモニア合成技術の導入に立ち遅れていた。既に鈴木商店はフランスのクロード法を、日本窒素はイタリアのカザレー法を、大日本人造肥料は同じくイタリアのファウザー法を導入して、企業化に着手しており、残る技術は米国のNEC（Nitrogen Engineering Corporation）法のみとなっていて、丁度この昭和三年二月、これから肥料製造所支配人矢崎惣治（M41京大法、浦賀船渠、T2住友入社、のち住友化学常務）を団長とする調査団が派遣されるところであったからである。

一方先発の日本窒素（日窒と略称）がこの昭和三年に合成硝酸の製造を開始すると、日染ではそれまでチリ硝石を硫酸で処理して硝酸を自給していたのを中止し、安宅商会経由日窒からの購入に踏み切っているのである。

六月矢崎の帰国報告を受けて、合資会社はNEC法による窒素工場起業計画を承認し、十月NECとの技術導入契約が調印された。同月肥料製造所は、不況の最中でもあり、国産品の使用など緊縮方針の下で総額五八四万円の窒素工場

第二章　住友合資会社（上）

起業予算を提出し、合資会社の承認を得た。十一月矢崎を部長とする臨時窒素工場建設部が設置され、日高常務は設計打ち合わせと外注品購入のため、渡米した。しかし日高が翌四年七月帰国し、合資会社に提出した窒素工場の建設予算は、八二一一万円に膨張していた。これはNEC側が将来の設備拡張を見越して付帯設備に余裕をみたことやビルディング建設で述べたような当時の国産品の信頼性の問題から、当初の予定以上に輸入品が増加したことなどが原因であった。果たしてこの四割強の予算超過は合資会社の大問題となった。かつてビルディング材料の買い付け交渉の際、米国人から「竹腰は Shrewd Japanese だ」と小倉常務理事に中傷された竹腰健造は、当時の状況を次のように述べている。

本荘（註、熊次郎工作）部長がちょっと来いといわれるので、部長室に入って行くと、「君も薄々知っているだろうが、住友肥料製造所のＨ君（註、日高直次）が、空中窒素から硫安を作る工場の建設に、外国の会社と契約するために外国に行ったが、渡欧の際に本社と打ち合わせて行ったことと違うことを押しつけられて帰ってきた。そのまま実行すると、住友も破滅に陥るかも知れないというので大騒動しているが、何でも相手方に押しつけられることを聞いた結果がこれだ。こうなってみると、米人から中傷されたけれど、君のほうがましだったかも知れんという話が重役の間でもあったよ」と言って笑って話して聞かせてくれた。

法律家である日高には、このようなＮＥＣとの合意の帰結は、十分承知の上であったと思われる。むしろ翌五年一月に停年を迎える日高としては、これが鈴木の遺志を実現する唯一の方法だと考えていたのではなかろうか。ただ不況で収益力の悪化していた合資会社にとっては、このような巨額の設備投資の資金調達は大問題であった。「四　資金調達」で述べたように、合資会社総務部会計課が正にこの昭和四年十一月に「住友事業収支及金繰表」を作成していることは、これを如実に物語っているといえよう。十二月、日高は肥料製造所常務を退任し、住友九州炭礦常務山本信夫（経歴前掲）が後任となった。小倉も会長を辞任し湯川総理事が会長に就任した（但し翌五年八月総理事が湯川から小倉に交代したのでこれを如実に物語っているといえよう。

で、小倉が再び会長に復帰した）。この人事は、NEC法の設備の理解できる者ということで、機械科出身の技術者山本に白羽の矢が立ったものと思われるが、山本にしてみればこの前年若松炭業所を住友九州炭礦に組織変更し（昭和五年四月設立）、肥料製造所への転出した住友坂炭礦を合併させて、住友炭礦とする構想を進めていた矢先であっただけに（昭和五年四月設立）、肥料製造所への転出は不本意なことであったものと思われる。

昭和五年一月、窒素工場建設計画のために残りの払込一二〇万円が行われ、さらに三月肥料製造所は資本金を三〇〇万円から一〇〇〇万円へ増資した（全株合資会社所有、払込一七五万円、七月二八〇万円）。アンモニア日産二五トン、硫安年産四万トンの窒素工場第一期工事は昭和五年の年末に完成したが、それは「四 資金調達」で述べた通り、昭和恐慌により合資会社が赤字に転落し、資金繰りがつかなくなって新規起業が全て凍結されたその月のことであった。生産は順調であったが、昭和恐慌のため農村の硫安需要は激減し、他方IGファルベン（ドイツの世界的な化学工業トラスト）を中心とする国際窒素カルテルのダンピング輸出で硫安価格は当初の半値以下となり、肥料製造所は五年下期から無配に転落した。この打開策としては、アンモニア副産品への進出とコスト引き下げのため、硫安年産一〇万トンへの増設起業が必要であった。山本の合資会社経理部（部長大屋敦）との折衝は、「山本の日参」とまで称され、客観情勢が好転して、ようやく起業計画が承認された昭和六年十二月まで続けられた。

昭和七年一月上海事変が勃発し、肥料製造所は陸軍火工廠の強い要請により、火薬の原料となる硝酸の製造を計画していたが、丁度その頃日染森山勇三郎支配人からも矢崎取締役支配人に対し、日染の硝酸製造を要請してきた。日染が、新居浜から大阪への輸送上の利点は確かに認められるが、アンモニアを製造する他社には見向きもせず、あえて住友へ要請してきたのは何故か。日染設立当初の経緯に照らして考えれば日染としてはむしろ住友と原料取引の関係をもつことにより、住友の染料事業への進出を牽制しようという遠謀深慮からで

第二部　住友合資会社

六〇一

第二章　住友合資会社（上）

はなかったかと推測される。

当時合資会社経理部長であった大屋敦は次のように述べている。(71)

　大阪の日本染料会社でありますが、この会社は昔は政府の補助金による特殊会社のようなものでありましたが、その後稲畑勝太郎さん独力の事業のようになり、その持株の一部を住友で肩代りをして呉れぬかと稲畑さんから銀行の八代専務に申入れがあり、そこで八代さんから日本染料と住友化学（註、肥料製造所）との事業の関係について当時本社（註、合資会社）の経理部長であった私に質問がありました。そこで私は日本染料の原料は製鉄関係のコークスの副産物が主であるから直接的には関係は薄いのであるが、化学工業というものは大規模な綜合事業として発達すべきもので、住友化学も将来的にはドイツのイーゲーのように染料の如き重要な有機化学部門に進出すべきものと意見を述べました。

　爾来稲畑氏の諒解の下に漸次株をふやし（後略）

　次に述べるように大屋は、昭和八年十二月一日付で肥料製造所専務に就任するので、この稲畑の申し入れはその直前の昭和八年十一月に行われた日染の増資の前と思われる。しかしこの時は合資会社はまだ日染株を取得しておらず、住友生命が昭和九年に六〇〇株（旧株三〇〇株、新株三〇〇株）を取得しているので、合資会社の指示で住友生命が代わりに取得したものと推測される。住友生命であれば、株主として登場しても、他に株主として大同生命などもあり、保険の営業上の取得とみなされなくもなかったからである。

　この昭和八年一月、山本は専務制の採用により肥料製造所専務となり、二月には硫安拡張工事が完成して予想通り業績は急速に回復するが、それを先取りする形で七年下期から復配した。十二月既に述べたように山本は日参した相手の経理部長大屋敦とポストを交代した。昭和九年二月、硝酸工場が完成すると同時に、肥料製造所を住友化学工業株式会社と改称したのは、象徴的な出来事であった。続いて三月には接触硫酸工場も完成して、硝酸と硫酸を混酸として（タ

六〇二

ンクを腐食せず、もともと日染では両者を混合して使用していた）、日染外に対しタンク船輸送が開始された。

改称と同時に資本金も一〇〇〇万円（八年十一月残り四二〇万円払込）から二〇〇〇万円へ増資された（払込二五〇万円）。六月このうち旧株九万八二八〇株を＠七五円で、新株一七万五二二〇株を＠二七円五〇銭で公開し、四九〇万円のプレミアムを得た。しかしこの結果合資会社の持株数は一三万三九二〇株となり、その比率は三三・五％にまで低下した。他に住友家七〇〇〇株、住友別子鑛山、住友信託、住友生命各三〇〇〇株、住友銀行、扶桑海上各九〇〇株合計一万七八〇〇株を併せても三七・九％であった。

住友が採用したNEC法の特徴は、コークス製造の際の副産物であるコークス炉ガスから水素を得る方法にあり、直接コークスそのものから水素を得る点にあり、コークス炉を所有していなかった住友にとって有利であり、原料のコークスは当時処分に困っていた大阪瓦斯・東京瓦斯から安価に購入していた。昭和九年秋、大屋はアンモニア増産とコスト削減を意図して、原料コークスの全量自給計画をたて、商工省と折衝した。しかし商工省はガス会社に増産を命じ、住友化学のアンモニア生産に支障を来さぬようにするといって、全量自給を認めず（商工省とガス会社の癒着）、一〇万トンのうち七万五〇〇〇トンを自給し、残り二万五〇〇〇トンを従来通り大阪瓦斯・東京瓦斯から購入（東京瓦斯分は打ち切り）することにして、十一年七月コークス炉三〇門が完成した。

このコークス炉起業によって生ずるベンゾールを八幡に代わって日染に供給することで、日染との関係は一層濃密になることが予想されるため、合資会社は昭和十一年二月から住友信託を通じ日染株を集め始め、六月までに一万株（旧株二八三〇株、新株七一七〇株）を取得した。また同時に住友生命も四一〇〇株から一万株へ買い増しした。合資会社が日染株取得に当たり、稲畑勝太郎の了解を得たことは次のような昭和十一年三月二十七日付の小倉総理事から稲畑あて書簡案が残されていることから明らかである。

第二部　住友合資会社

六〇三

第二章　住友合資会社（上）

拝啓　春暖ノ候愈々御清穆ノ段奉慶賀候。陳者日本染料株式会社ノ事ニ付、小生拝眉ノ上親シク御話申上度存居候処、急ニ本日ヨリ旅行致ス事ト相成候為メ、小生代理トシテ弊社山本理事ヲ為伺候間、御繁用中洵ニ乍恐縮御引見ノ上、同人ヨリ事情御聴取被成下度御願申上候。
右迄得貴意度如斯御座候。
　　　　　　　　　　　　　　　敬具

これに続いて大屋が、その日記の四月六日に「山本理事ヨリ日染株買収ニ付キ稲畑氏ト会見ノ結果ニ付キ報告ニ接ス。稲畑氏ハ克ク住友ノ趣旨ヲ諒解セル由ナリ」と記していることから、小倉が日染株買収について山本に稲畑に会見させて了解を求め、山本はその結果を大屋に伝えたと判断されよう。この結果昭和十二年二月、山本は日染の監査役に就任、稲畑は社長を子息の二郎に譲って会長となった。

昭和十二年三月、住友合資会社が解散し、株式会社住友本社が設立されると、日染株一万株は旧株二八三〇株が住友家へ、新株七一七〇株が住友本社へ譲渡された。大屋は三月十七日の日記に「総理事、鰻谷(註、旧住友本邸、接待用の洋館があった)ニテ稲畑会長ヲ始メ、日染幹部ヲ招待サル」と記しているが、席上総理事小倉正恆は次のように挨拶した。

吾が住友と致しましては、電線、金属工業等の工場、北港会社など、御社の御近所に種々の事業を営んで居りまして、永い間自然種々の点で御懇意に願って居りましたが、猶仕事の上に置きましては、私共で化学工業を営んで居る関係もありまして、旁々昨今何歟と特に親密に御願いして居るのであります。

住友本社ではこの直後から年末にかけて再び日染株の買収に乗りだし旧株四三二〇株、新株一五四〇株合計五八六〇株を取得し、住友家の他住友生命も一万六九三〇株へ買い増ししたので、昭和十二年末の住友系の持株比率は一〇・九％と、稲畑一族の持株比率一〇・七％をはじめて上回った。

昭和十三年五月、日染が倍額増資した後は、本社、住友家の持株は、各々二倍の二万六〇六〇株、五六六〇株へ買い増しした後は、化学も初めて一万株を取得したので、住友系の持株は七万九六〇〇株に止まったが、生命は三万七三六〇株へ買い増しし、

三・三%)に達した。大屋は予てから化学も日染株を取得すべきだと考えていたと思われるが、八月九日の日記に「日染株ヲ化学工業ニテ買イ集メノコトニ本社ノ諒解ヲ得」と記しており、本社経理部商工課は九月十七日決裁の起案で「化学工業ニ於テ染料株式購入ノ理由」として次のように述べている。この年末にはコークス炉の増設分三〇門も完成し、大屋の当初の構想通り、年産一五万トンの規模となった。

日本染料ハ従来ヨリ化学工業ノ有数ナル得意先ニシテ今後益々取引関係ハ密接ニナリユクモノト思考セラレル。依ッテ化学工業ニ於テ染料株ヲ購入シ置ク事ハ、取引上何カト便宜多カルベシト思料セラル、ヲ以テ、今般同社新株式購入ノ事トセリ。

しかしこの間、昭和十二年七月、日中戦争が勃発すると、状況は一変した。九月陸軍火工廠は、住友の硝酸は陸軍の技術であると称して、全量の納入を要求してきた。これに対して、住友としては契約によって日染外に納入している旨回答したところ住友は非国民だと大いに非難された。海軍艦政本部もまた、陸軍との経緯を知りながら、硝酸を海軍にも納入するよう要求してきた。住友として日染外との契約について説明し、企業努力による増産分だけ納入したいと回答したところ、それでは取れるようにして取ることに致しますというのが海軍側の態度であった。この直後、九月十日輸出入等臨時措置法が公布即日施行され、硝酸の生産配給は統制され、日染との契約はご破算となった。もっともその後日染も軍の下請工場となり、軍需の枠内に入ったので、住友との取引は続いた。しかし染料工業は平和産業であり、軍の圧力は強くなる一方で、昭和十六年七月、稲畑は会長も辞任し、八月後任の会長には元商工次官、企画院総裁の竹内可吉が就任した。

住友化学でも、昭和十五年四月、山本が停年により本社理事を退任したので、大屋専務が本社理事兼任となり、山本に代わって日染の監査役に就任した。十六年四月、小倉総理事が退任して古田俊之助が総理事になると小倉に代わって

第24表 日本染料の株主構成（昭和18年末）

株　主	株　数	％
住友本社	26,060	4.3
住友家	5,660	0.9
住友生命	41,460	6.9
住友化学	16,900	2.8
住友信託	6,500	1.1
住友系合計	96,580	16.1
稲畑一族計	32,982	5.5

第25表 住友化学の株主構成（終戦時）

株　主	株　数	％
住友本社	393,100	17.5
住友家	161,060	7.2
住友生命	63,820	2.8
住友信託	58,936	2.6
住友鑛業	12,000	0.5
住友銀行	11,268	0.5
大阪住友海上	4,200	0.2
合　計	704,384	31.4

出典：第24表日本染料、第25表住友化学各社株主名簿。

住友化学会長に就任した。十一月には化学も社長制を採用することになり、大屋が社長になったが、十七年九月、大屋は新たに設立された軽金属統制会会長に就任したため化学社長を辞任し、同時に日染の監査役も辞任した。化学の後任の社長には十月、四国中央電力専務であった吉田貞吉（M40京大工・電）が大屋の後任の本社理事になった上で就任した。この同じ十月には化学工業統制会が設立された。吉田は電力出身で日染との従来の経緯を知悉していなかったので、大屋の後任の日染の監査役にはならず、十八年二月、古田自身が日染の取締役となった。

化学工業統制会は、この二月から染料の計画生産のための品種の整理と企業整備を強力に推進した。当時日染は岡山県の尾崎染料工業所と合併することになっていた。しかし十八年十二月に施行された軍需会社法に基づき十九年一月に第一回の指定が行われた際、日染は指定されなかった。このため原料・資材・労務者の割当を期待できなくなり、仮に尾崎染料を合併しても企業の存続すら危うくなったので、住友化学との合併を希望し、十九年七月住友化学に合併された。合併前の昭和十八年末には住友系の日染株持株比率は一六・一％に達し、他方稲畑一族の比率は五・五％に低下していた（第24表）。

住友化学は、それまで十二月と十七年六月の二回倍額増資を行ったので、資本金は八〇〇〇万円となっていた。日染の三〇〇〇万円と併せて資本金は一億一〇〇〇万円となり、その後終戦直前の二十年八月には日染と合併する筈であった尾崎

染料工業所を合併したので、資本金は一億一二〇〇万円となった。既に日染を合併した以上住友化学にとって尾崎を合併する必要があったのか、当時の住友化学専務績紘によれば、軍の要請もあったが、尾崎の苛性ソーダ設備は日産三トンというわが国で最も小規模なものであったが、そのため戦後の賠償指定も受けず、生産の復興に貢献した。この設備は日産三トンというわが国で最も小規模なものであったが、そのため戦後の賠償指定も受けず、生産の復興に貢献した。終戦時の住友化学に対する住友系持株は第25表の通りであった。

(六) 日之出生命保険株式会社の経営の承継

住友合資会社は、大正十四年（一九二五）六月下郷傳平から日之出生命保険株式会社の全株式一万五〇〇〇株（資本金一五〇万円、払込七五万円）を二九一万円で取得し、その経営を承継した（第19表参照）。

住友本社資料によると、同社引き受けの経緯は次の通りである。

同社ハ日之出生命ノ名ノ許ニ、明治四十年五月資本金四〇万円ヲ以テ設立セラレタルガ、大正十年ニ至リ同社ノ全株ハ仁壽生命経営者下郷傳平氏ノ手ニ移リ、同社ハ仁壽生命ノ姉妹会社タルニ至レリ。下郷氏ガ同社ノ実権ヲ掌握スルニ際シ、資金ヲ多数ノ銀行ヨリ借入レオリタルガ、之ヲ一銀行ニ取纏メタキ趣ヲ以テ（註、大正十三年十二月之出生命社長福島行信を通じ）、住友銀行今村取締役（註、幸男M33東大法、のち住友銀行常務・住友信託専務・同会長）ニ交渉アリ。其後更ニ右融資ニ代ヘ住友ニ於テ之ヲ買収経営方ヲ申越サレタルニヨリ、種々調査ノ結果、生命保険事業ハ将来有望ナリト認メ遂ニ之ヲ買収スルコトトセリ。（大正十四年六月）

しかしこの買収は容易なことではなかった。今村の報告を受けた小倉常務理事は、日之出の調査を今村に命じた。

「銀行調査課ノ調査ニヨルモ其内容比較的充実シ、業績認ムベキモノアリトセリ」と同社の内容には問題はなかったが、その報告は生保への進出によって「その資金の性質は長期資金であり、銀行、信託（註、「五(七)」住友信託株式会社の設

第二章　住友合資会社（上）

立」参照）、保険と三者揃って完全な金融的機能が発揮できる」と生保資金による長期金融能力への期待を表明していた。
銀行監査役植野繁太郎は予てから生命保険会社設立の必要性を強調していたという。決定は見送られた（住友信託設立問題もこの日の理事会にかけられて了承された。「五(七)　住友信託株式会社の設立」参照）。経理部長大屋敦によれば、
この結果大正十四年二月二日の理事会において買収の審議が行われたが、時の総理事中田さん買収の決裁を受くるため総務部長の野草省三君（註、当時は経理部第四課長）と経理部長の私が、のところへ伺って説明すると中田さんの言われるには、自分は賛成しない、唯さえ住友は住友銀行の金を使うという非難を受けるのに右の引出をあけると銀行、左の引出に保険があるという風になると金の使い方が乱れるおそれがある。

ということであったのである。
このため野草は改めて「日之出生命保険会社買収ニ就テ」と題する調査報告書を作成した。この中で野草は、「買収ヲ可トスル理由」として次のような銀行調査課が指摘した銀行業との関係を全く無視することはできなかったが、二番目の理由に後退させた。

即最近信託会社ノ勃興ニヨリ銀行預金ハ漸次之ニ吸集セラレントスル傾向アルガ、今日保険会社ヲ経営スルコトハ住友銀行トシテハ相当纏リタル預金ヲ保険会社ヨリ得テ、之ガ減少ノ傾向ヲ緩和シ、一層社会ノ信用ヲ増スベク、以テ着々銀行ノ業礎ヲ培養スルコトヲ得ルノ利益アリ。（中略）サレバ銀行業ト保険業トハ密接ナル関係アルモノニシテ、銀行業者ニシテ保険業ト関係ヲ有スル者甚ダ多シ。即チ三井系ノ千代田生命（註、大正十五年高砂生命を傘下に納め、昭和二年三井生命と改称）、三菱系ノ明治生命、安田系ノ共済生命、山口系ノ日本生命、加島系ノ大同生命、十五銀行系ノ福徳生命等ノ如シ。（中略）保険会社ノ収入保険料ハ一時ニ取付ケラルルノ恐ナク、銀行ノ如ク常ニ多額

ノ準備ヲナスノ要ナキヲ以テ、之ヲ長期資金ノ融通ニ充ツルコトヲ得。サレバ現在銀行ヨリ融通ヲ仰ゲル北港会社、倉庫等ノ長期固定資金（註、第21表参照）ハ保険会社ノ剰余金ニテ肩替リスルコトヲ得ベシ。

野草が銀行との関連に代えて生保進出の第一にあげた理由は次の点であった。

生命保険業ナルモノハ、各種社会政策ノ興隆ト相俟ッテ顕著ナル発展ノ余地アリ、各国共ニ其発達ノ助長ニ力ヲ致スノ状況ニアリ。従テ今後モ尚確実安全ナル事業トシテ相当発展ノ余地アリ。（中略）

翻ッテ我住友ノ経営スル事業ヲ見ルニ、我住友ニ於テハ古クヨリ別子ヲ中心トシテ鉱業ヲ営メルモ、（中略）仮ニ今後現状ノ儘稼行スルモノトセバ、別子ノ採掘年限モ次第ニ終ニ近ヅキ今後十五ヶ年間稼行シ得ルヤ否ヤ疑ハシキ状況ニアリ。而モ各地ニ於ケル鉱山労働運動ニ刺戟セラレ、今後我関係鉱山ニ於テモ労働問題ノ勃発ヲ見ルニ至ルヤモ計リ難クシテ其将来ハ頗ル多端ナリト云フベシ。従テ我鉱山業ハ今後永ク従来ノ盛運ヲ持続スルコトハ先ヅ困難ナリト見ルヲ安全トスベク、此点ヨリスルモ今ニ於テ将来之ニ代ルベキ何カノ事業ニ其余力ヲ割キ置クコトハ必要ナリト信ズ。

次ニ工業ニ就テハ国家的立場ヨリ見レバ大ニ之ガ発達ニ努力スベキハ勿論ナルモ、天然資源ノ豊富ニシテ安価ナル外国品ト市場ニ於テ競争ヲ続ケ多大ノ利ヲ収ムルハ難事ニシテ、仮令之ヲ収メ得タリトナスモ其利益ハ労資間ニ均分セラルベキモノナリト主張セラルル現状ナレバ今後ノ工業経営ハ愈々困難トナルベク、従テ今後ノ工業ノ発展ニヨリ将来ルベキ鉱業ノ衰運ヲ補ヒ得ベシトハ思ハレザルナリ。（中略）

然ルニ生命保険業ナルモノハ、前述ノ如ク最近思想界ノ変遷ニヨル影響ヲ最モ少ク受クル性質ノ事業ナルノミナラズ、其経営ニハ無形ノ信用ヲ提供スルノ外ハ名目ニ等シキ小資本ヲ投下スルノミニシテ、巨額ノ資本ヲ蒐集シ之ヲ運用スルコトニヨリテ国家ノ福祉ヲ増進セシメ、且ツ投資ニ相応スル利潤ヲ挙ゲ得ルモノナルヲ以テ、本社目下ノ

第二部　住友合資会社

六〇九

第二章　住友合資会社（上）

金繰状態ヨリ云フモ将又既ニ有スル絶大ノ信用ヲ利用スル点ヨリ云フモ、我住友家トシテ時勢ニ善処スル為ニ選択スベキ最善ノ事業ナリト云フベシ。

かくして野草は生保事業に進出するとして、既設生命保険会社ヲ買収経営スベキヤ或ハ新設経営スベキヤハ研究ヲ要スル問題ナルモ、保険ガ社会的事業タル関係上之ガ認可ニハ主務官庁ノ許可ヲ要シ、営業開始迄ニ煩瑣ナル手続ニ相当ノ日子ヲ要ス。而モ此認可ハ容易ニ受クル能ハザル上、仮令認可ヲ受ケ得タリトナスモ、先進会社ノ間ニ伍シテ其経営地盤ヲ開キ行クコトハ至難ノ業ニ属スルヲ以テ、既設会社ヲ買収スルヲ可トス。而シテ既設会社ノ買収ニ就テハ（一）株主ノ僅少ナルコト、（二）内容良好ナルコト、（三）買収価格ノ小ナルコト、（四）信用ノ相当ナルコトを要件トナスモノナルガ、日之出生命ハ之等ノ条件ニ対シ稍満足スベキ資格ヲ具備セリ。

と日之出生命買収が住友にとって有利であるとした。また野草は特に触れていないが、日之出生命は株主に東京帝大の関係者が多かったので、千代田生命の三田派、日清生命の早稲田派に対して大学派と呼ばれたこともあり、同じく帝大出身者の多かった住友の幹部と相通ずるものがあったといわれている。かくして野草は買収価格について検討した結果収益力からみて、最高二八〇〜二九〇万円と試算し、これから若干の値引きを期待して、買収価格は二五〇万円見当とした。しかしこの

評価ハ前述ノ如ク単ニ其資産状態ヨリノミ算出シタル吾人素人ノ一応ノ観察ニ過ギズ。従テ愈々之ヲ買収スル大体方針ニシテ決定センカ、更ニ斯業ニ経験アリ、且ツ依頼スルニ足ル専門家ヲシテ其保険業トシテノ従来ノ業績内容、社員ノ訓練状態、将来発展ノ望アリヤ否ヤ、並ニ其買収価格等ヲ慎重ニ調査セシメ、然ル上最後ノ決定ヲナスコト最モ肝要ナリト信ズ。而シテ之ヲ買収シテ住友ニ於テ経営スルトスルモ、之ガ専務タルベキ経験アル人ハ、住友内

部ニハ求メ難キヲ以テ前記ノ如キ条件ヲ具備シタル専門家ヲ広ク外部ヨリ招聘スルノ必要アリ。若シ此ノ如キ適任者ニシテ得難カランカ、遺憾ナガラ本買収ハ之ヲ断念スルヲ得策ト信ズ。何トナレバ凡テ事業ノ盛衰ハ人ニ係ルモノナルヲ以テ、適当ナル人物ノ用意ナクシテ事業ヲ始ムルハ船長ナクシテ航海スルガ如ク危険極リナキヲ以テナリ。

と保険の専門家を招聘することの必要性を説いている。また買収に必要な資金については、

当社ノ買収ハ頗ル機宜ニ適セルモノナルモ其所要資金二百五十万円乃至三百万円ヲ此際支出シ得ルヤ。今之ヲ全部銀行ヨリ借入ルルモノトスレバ、其金利八分九分トシテ二拾二万五千円乃至二拾七万円ヲ要スルニ拘ラズ、収入配当金ハ一割トシテ五万六千円（註、この時点での払込資本金は五六万円であった）ナレバ年々拾七万円乃至二拾二万円ノ金利差損ヲ生ズルコトトナル。カクノ如キハ本社目下ノ収益状態ヨリ見テ甚ダ苦痛トスル所ナリ。但シ此目前ノ苦痛ヲ犠牲トシテモ尚且ツ之ガ買収ヲ可トスル所以ハ、既ニ前項ニ於テ述ベタル所ノ如クナルガ、更ニ之ヲ本社ノ資金状態ヨリ見テ此際カカル大金ヲ支出スルコトハ、一見無謀ノ挙ノ如キモ、之ヲ仔細ニ観察スルトキハ必ズシモ其然ラザル所以ヲ知ルナリ。加フルニ本社ハ目下二百六拾余万円ノ積立金持銀行預金（註、第11表銀行特別預ケ金勘定）アルヲ以テソノ一部分ヲ当社買収資金ニ宛ツルコトトスレバ、銀行ヨリ融通ヲ仰グベキ資金ハ余程減少スルコトトナリ、本社ノ資金関係ノ根基ヲ乱ス程ノ大金トハナラザルナリ。由来此積立金ハ其性質上確実有利ナル有価証券ニ投資スベキモノナルガ、乍併単ニ利殖ノ点ヨリミテ之ガ投資方面ヲ物色スルハ如何ト思ハルルヲ以テ、仮令多少ノ犠牲ヲ払フモ尚社会政策的事業タル生命保険業ニ投資スルハ亦意義ナシトセズ。

と積立金の利用の可能性をあげ、結論として次のように述べた。

以上ヲ要スルニ当社ハ業容小ナリト雖モ資産状態比較的充実セリ。サレバ此際帝国生命ノ如ク一流会社ニシテ発展

第二部　住友合資会社

六一一

第二章　住友合資会社（上）

ノ頂上ニ達セルモノヲ買収経営スルヨリモ一般財界ノ恢復ニツレ前途嘱目スルニ足ル当社ヲ買収スル方面白カルベシト思ハル。コレガ買収ノ暁ニハ剰余資金ハ銀行ニ預入レ、信託会社ノ勃興ニヨリ兎角脅威ヲ受ケツツアル預金ノ減少ノ傾向ヲ緩和スルコトヲ得ベシ。然レドモソノ剰余資金ヲ以テ例ヘバ北港会社ノ事業資金トシテ貸付クル場合ノ如キハ格別、然ラザルモノノ事業資金トシテ流用スルガ如キハ厳ニ慎マザルベカラザルモノト思ハル。
而シテ買収後直ニ之ヲ住友ノ連系会社トシテ従業員全部ヲ傭員トナスコトハ、経費ノ増嵩ヲ来シ事業成績ヲ不良ニ導クモノナレバ、当分ハ現状ノ儘トナシ置キ、社長、平取締役及経理会計ニ関スル支配人ハ住友ヨリ出ストナスモ、専務並ニ営業方面ノ支配人ハ斯道ニ経験アル専門家ヲ招聘シテ直接経営ノ任ニ当ラシムルコトトシ、事業ノ進展ニ伴ヒ漸ヲ追ウテ住友化スルヲ得策ナリト信ズ。

野草がこの報告書を提出した直後、三月初経理部第三課製造店部係長小畑忠良が二年間の欧米留学から帰国した。小畑は当時の状況を次のように述べている。(78)

私は丁度大正十二年に留学を命ぜられまして、アメリカと欧州とを回り、十四年に帰って来たのです。ともかく留学ですからいろんな勉強をしていました。住友のことですから、これからいろいろな仕事をやるに違いないというので、本を自分で読みいろんな教科書、参考書を先生に聞きまして、集めてこちらに送っておいたのです。その時のスタンダードになるような教科書、参考書を先生に聞きまして、集めてこちらに送っておいたのです。自分の蔵書にする積もりでね。いろんなことをやっていたのですが、火災保険まではいろんなものをやっていながら、生命保険だけはまさか住友がやるとは思わなかった。ところが帰国し、出社してみると、第一番に言いつかった仕事が生命保険会社日之出生命を買収するという仕事なんですよ（註、

本来第四課の担当業務であるが、やがて十月一日付で野草が総務部長に転じ、小畑が第三課長兼第四課長となるので、それを含んでの小畑特命か)。生命保険を少しも勉強せず、本を一冊も買わなかったのに。ところが幸いね、参考書の名前だけは書いてあった。そこで丸善に行きましたら幸いその書物がありましてね。そいつを買ってきて速成勉強しましてな。一かど保険会社の通みたいな顔をしてね、やったことがあるんですがね。

日之出生命保険会社買収の起案は、再び四月二十二日の理事会にかけられ、了承を得られた。野草が生保の社会的意義に重点をおき、銀行業との関連を強調しなかったのが、功を奏したものと思われるが、条件としてあげた保険の専門家と買収資金の問題をクリヤーできたことも大きかった。

即ち保険の専門家として元日本生命専務橋本重幸を招聘することに成功した。橋本は、明治二十八年帝国大学法科大学を卒業、「新卒者として当社(註、日本生命)に入り、内部昇進を経て取締役についた最初の人であった」。大正七年日生社長片岡直温(「五(五)住友肥料製造所の株式会社への移行」参照)が政界入りのため退任することになり、片岡は腹心の橋本を専務に推薦した。しかし橋本は間もなく大正九年専務を退き、十年には取締役も退任して、その後は関西大学や神戸高商において保険学の教鞭をとっていた。当時の住友銀行常務吉田眞一(M28東大法、のち住友信託専務・会長「五(七)住友信託株式会社の設立」参照)は、橋本と東大同期で当時としては珍しく実業界に入り一緒に大阪に来た仲間であり、大正十一年橋本の子息重能(T11東大法、のち住友銀行恵比須町・福島・池田・岸和田支店長)の住友入社を幹旋している関係なので、吉田がこの橋本招聘に一役買ったものと思われる。

買収資金の調達に当たっては、野草の提案に従い、銀行特別預ケ金から二三三万円が引き出された(第11表)。資金運用上からいえば、配当でカバーできない銀行利息分を失うわけであるが、野草が「住友家ニ於テ当社ヲ左右スルニヨリテ生ズル利益モアルコトナルヲ以テ、此程度ノ金利損ヲ犠牲トスルモ買収スルヲ可ト信ズ」と指摘した通り受け入れら

第二章　住友合資会社（上）

れたのであろう。但しこの流用の事実が公表されなかったことは、「二(一) 合資会社(本社部門)の業績」で述べた通りである。

橋本・野草等の調査の結果、五月九日の理事会で、買収価格は二七〇万円と決定されたが、社長住友吉左衛門友純は三〇〇万円までならなら認めてもよいという意向であった。買収交渉で住友は二六〇万円から切り出したが、下郷は仁壽生命との合併という選択もあり得るとして強硬で、三三〇万円を主張し、両者の隔たりは大きく、交渉は難航したが、二八〇万円と三〇〇万円まで歩み寄り、二九一万円で決着した。なお一万円は仲介した福島社長に対する謝礼である。

六月十九日、合資会社常務理事小倉正恆は連系会社及び店部の各主管者に対し、次のような日之出生命買収の経緯を通知した。

大正拾四年六月拾五日、住友合資会社ニ於テ、日之出生命保険株式会社ノ株式全部ヲ下郷同族株式会社ヨリ譲受ケタルニヨリ、追テ住友ニ於テモ其経営ヲ引継グ予定ナリ。

同社ハ明治四拾年ノ設立ニシテ、爾後着実ナル営業方針ノ下ニ漸進主義ヲ採リ、徐々トシテ基礎ノ建設ニ努メ、一方営業政策トシテハ創立者岡本敏行氏ガ紐育生命保険会社ノ診査医長タリシ関係ヨリ上米国式ニ法リ、主トシテ短期保険ノ契約ヲ締結シ、地味ナル経営振ナリシヲ以テ、契約高ハ創立以来十八ケ年ノ今日ニ於テ、僅カニ二千三百余万円ニ過ギザルモ、其内容克ク充実セリ。目下資本金百五拾万円、半額払込済ニシテ諸積立金六百八拾弐万円ニ及べリ。保険契約総額対準備金ノ比率ニ於テハ、全国同業者中ノ第一位ニアリ。同社ノ本社・支部ノ所在地左ノ如シ。

本社　東京

支部　東京、名古屋、京都、大阪、広島、九州(福岡)、岡山、仙台

今回住友ニ於テ之力買収ヲ為シタルハ、住友銀行及ビ近ク成立セントスル住友信託株式会社ト相提携シ、我国財界

ノ堅実ナル向上発展ニ貢献スルト共ニ、人類ノ共存共栄ヲ目セル生命保険ヲ経営スルコトニヨリ、此方面ニモ一臂ノ力ヲ致シタキ微意ニ外ナラズ。

六月二十日、合資会社は日之出生命の経営を引き継ぐに当たり、次のような方針を決定した。

日之出生命保険会社業務引継ノ件

　方針

日之出生命保険株式会社ハ、其ノ内部ノ組織未ダ整備セズ。其業務ノ性質頗ル特殊ノモノナレバ、今俄カニ全部ノ機関ヲ改革シ、他ノ連系会社並ニ取扱フハ、事実上不可能ナルガ故ニ、此際ハ差当リ従来ノ営業機関ニ大ナル変更ヲ加ヘズ、雇備社員モ大体之ヲ引キ継グコトトシ、住友家ヨリハ専務取締役、支配人、其他幹部社員ヲ選任シテ、業務経営ニ当ラシメ、新幹部員ガ会社ノ事情ニ通ズルヲ待チテ、内部ノ組織殊ニ支部ノ大革新ヲ行ヒ、住友式経営可能ノ見込確実トナリタル時、家長公ヲ社長ニ推戴シ、社名ヲ改メ、連系会社ノ列ニ加ヘ、徐々ニ社運ノ隆昌ヲ期セントス。其ノ時期ハ、本年以内遅クモ住友ビルヂング完成シ、本社ヲ大阪ニ移転スル時迄トス。

六月三十日、銀行本店支配人國府精一（M39東大法）が専務取締役に、東京販売店副支配人阪本信一（M45東大法）が支配人兼営業部長として同社に送り込まれた。

当時日之出生命は「業界のダイヤモンド」といわれ、住友がこれを買収すると第一生命社長矢野恒太は「日之出生命は、会社規模の面では業界の下位にあるが、その経営内容の優秀さは常に業界のトップにある。今後は住友の信用と、その優れた人材とさらに住友の大きな資力を注入すれば、その飛躍発展は火を見るより明らかである」と述べたという。(81)

七月初、國府は専務に就任すると早速小倉常務理事に対し、住友各店部、連系会社の主管者に対する尽力方を要請し、社交辞令的な側面もあるが、或程度当時の日之出生命の状況を示していると思われる。

第二部　住友合資会社

第二章　住友合資会社（上）

小倉は次のような依頼状を通知した。

経四第四八号

大正十四年七月九日

合資会社常務理事　小倉正恆

拝啓　先般住友合資会社ニ於テ、其株式ノ全部ヲ譲受候旨不取敢御通知申上置候日之出生命保険株式会社ハ、其後去ル六月三十日ノ臨時株主総会ニ於テ、左記ノ通リ重役ヲ改選シ、住友家ニ於テ同社経営ニ当ルコトト相成申候。然ル処今回同社國府専務ヨリ生命保険ノ経営ハ其性質上大方各位ノ深厚ナル御同情ニ依ルニアラザレバ、其隆盛ヲ期スルコト至難ノ事業ナレバ、住友ノ事業ニ従事セラルル各位一致ノ御後援ニ依リ、其健実ナル発達ヲ図リ度希望ヲ以テ、小職ヨリモ特ニ主管者各位ニ対シ、御尽力方御依頼置相成度旨被申越候。就テハ貴部下各位ヘモ此旨可然御伝達被下、今後ハ住友ノ他ノ事業同様何彼ノ御便宜御助力相願度候。何レ同社ヨリモ御挨拶申上グベクトハ存候得共、右御通知旁御依頼迄如斯ニ候。

敬具

　　　　　記

専務取締役　國府　精一　（註、銀行本店支配人）

取締役　中田　錦吉　（総理事）

取締役　福島　行信　（日之出生命前社長）

取締役　湯川　寛吉　（理事・銀行常務）

取締役　橋本　重幸　（元日本生命専務）

七月二十二日、日之出生命の取締役会は、「住友傭員ノ保険契約ニ対スル臨時給与規程」及びこれと関連する「住友関係店部ノ主管者ニ代理店ヲ委任スルノ件」を可決した。こうした住友関係店部の代理店には当然手数料が支払われるが、この取締役会の席上次のようなやり取りが交わされ、住友関係の代理店の業務の範囲は住友傭員とその家族以外に拡大された。

　猶ホ監査役植野繁太郎氏ヨリ銀行各支店ヲ一般外部ノ加入者ニ対シテモ代理店トシテ利用シタシトノ希望アリ専務取締役國府精一氏、会社トシテハ最モ望マシキ事故早速銀行ノ方々ト御協議ノ上決定シタシ

　これに基づき八月、國府専務は小倉常務理事に対し代理店引き受けを依頼し、小倉は再び八月二十一日付庶文第三九九号（略）をもって各店部・連系会社に対しこれを指示した。この結果例えば住友銀行では各支店に対し次のような指示がなされた。

本文第四二三〇号

大正十四年九月四日

第二部　住友合資会社

　　　　　　　　常務取締役　湯川　寛吉

取　締　役　　小倉　正恆　　（常務理事）

支　配　人　　阪本　信一　　（東京販売店副支配人）

監　査　役　　植野　繁太郎　（銀行監査役）

監　査　役　　吉田　良春　　（理事・若松炭業所長）

監　査　役　　今村　幸男　　（銀行取締役）

医務顧問医長中濱　東一郎　　（医学博士・日之出生命前医長）

以上

第二章　住友合資会社（上）

内地支店

日之出生命保険株式会社代理店引受方ノ件

日之出生命保険株式会社保険ニ付テハ、特ニ住友各店部ノ傭員ノ為簡便有利ナル契約ノ方法ヲ設ケ、各店部主管者ニハ個人名義ニテ代理店事務ノ引受ヲ願フコト、相成リタル趣ニテ、何レモ日之出生命ヨリ直接依頼スベキ由ナル処、右ハ当方ニ於テ承認シタルニヨリ、貴職ニ於テモ承諾ノ上別紙合資会社庶文第三九九号ニ添付ノ保険会社代理店事務要項並ニ代理店事務取扱手続ニ依リ取計ヒ相成タシ。

追テ当行ニ於テハ代理店ノ名称ヲ用ヰズ、代理事務取扱ト称スルコト、ス。

小倉から湯川の回答まで、二週間を要したことは、銀行内部が必ずしも日之出生命支援にまとまっていたわけではないことを示している。この時合資会社人事部第一課主査から日之出生命経理部長に出向した平井政之助（T6東大・法、のち生命常任監査役・常務）によれば、「八代（註、則彦、当時銀行常務）さんは生保をつくる前に反対の方だった」ので、後に（註、八代は大正十四年十月湯川が総理事に就任すると、後任の銀行筆頭常務となる）「支店長に生保の世話はあまりやっちゃいかんという内達を出した」という。

それはともかくとして、このような住友の全組織をあげての、日之出生命に対する営業協力の結果、同社の大正十四年下期の新契約高は、経済環境の改善と相俟って上期の二二四万円に対し、二倍以上の五〇〇万円に達した。大正十四年度実際報告書は「住友ノ買収ニ依リ縁故関係増加シ、募集上多大ノ便宜ヲ得タル結果、契約高ハ著シク増加ヲ来シ」「空前ノレコード」を作ったと述べた。

大正十五年四月、日之出生命専務國府精一は既定の方針により合資会社常務理事小倉正恆あて日之出生命の社名変更と連系会社指定を申請した（資料6）。しかしこの間に大正十四年十月、総理事が中田から湯川に代わった際、経理部長

六一八

も小倉の兼務から大屋敦に代わっていた。日之出生命契約課長に出向した村上攝郎（T6東大法、のち生命常務・監査役）は「はじめ住友が生保をやるのはいいけれど、住友という名で連系会社にしてまでやらん方がいいんじゃないか、という意見も相当有力な人の間にあったらしいね。あの当時財閥のやっている保険会社でその名を出しているのは全然なかった」という。これに対し前記平井は、「社名変更すべきかどうかの時だいぶもめたんだ。大屋さんはちょっと難色を示したらしい。しかし國府さんはじめ生命保険をやっていこうという人は、住友の名を冠してもらうか否かは非常な違いだからと極力主張したんでしょう」と述べている。

五月日之出生命の名称変更と連系会社指定はようやく決裁され（資料7）、日之出生命は住友生命保険株式会社と改称、本店を大阪の住友ビルに移転し、連系会社に指定された。発足当初の住友生命の職員の中、住友合資からの出向者三五名（新卒者を含む）とともに、再雇用された日之出生命の旧職員五八名（傭員五四名、準傭員四名、住友買収後の中途採用者を含む）にも、坂炭礦の場合と同様合資会社の諸規則が準用された。

昭和十八年七月、住友本社経理部商工課は住友の傘下に入った後の同社について次のように報告している（数字はその後最新時点に修正されている）。

当社ノ保険契約ハ大正十四年六月住友ノ経営ニ移ッテヨリ急激ニ増加シ、昭和十四年六月一〇億円ヲ突破シ、最近（昭和十八年十二月末）ハ二七億円ノ巨額ニ上ル状態ナリ。其ノ趨勢次表（註、第26表）ノ如シ。

住友生命ハ時局下国債ノ消化、重点産業ニ対スル投資等金融国策ニ協力シ居リ、我国生保業者中枢要ナル地位ヲ占メ居ルガ、契約高ニ於テハ全国二〇社中第六位ヲ占ム（註、第27表）。

既に述べた通り日之出生命買収時には、一万五〇〇〇株全合資会社が所有していた。その後大正十五年二月、五〇〇株が住友家へ譲渡された。三月住友吉左衛門友純が死去したため、住友厚が第一六代家長となり、合資会社社長に就

第二部　住友合資会社

六一九

第26表 住友生命の保険契約
(単位：千円)

年	新契約高	年末現在高
大正13	4,676	23,141
14	7,246	26,349
昭和元	12,883	35,768
5	34,501	119,447
10	102,849	357,319
15	443,725	1,530,042
16	468,796	1,909,821
17	442,253	2,248,299
18	566,491	2,701,395

第27表 生保各社保有契約高
(昭和18年3月末)
(単位：千円)

日本生命	7,364,685
第一生命	6,966,584
明治生命	4,318,502
千代田生命	4,205,372
帝国生命	3,769,500
住友生命	2,350,337
三井生命	2,031,084
全国合計(20社)	45,232,683

出典：第26表、第27表とも商工課関係事業説明資料(昭和18年7月)。

任し、四月には生命の取締役にもなった。昭和十二年三月一日住友合資会社が解散し、株式会社住友本社が設立された際、合資会社保有の一万四五〇〇株の中、四五〇〇株が住友本社に、一万株が残余財産として住友家へ譲渡された。この結果終戦時まで住友本社四五〇〇株、住友家一万五〇〇株の持株数は変更されることはなかった。

昭和十九年九月末における住友生命の資産運用状況を第28表に、そのうち住友系企業に対する投資を第29表に示した。これによれば、総資産の九〇％弱が有価証券投資に向けられ、そのうち一〇％強が住友系企業に投資されていた。なお住友系企業に対する住友生命の貸付金については皆無といわれているが、今後住友合資会社、住友本社の資金調達の各節で改めて検討することとする。

(資料6)

大正十五年四月七日

　　　　　住友合資会社
　　　　　常務理事　小倉正恆殿

　　　　　　　　連系会社指定ノ件

　　　　　　　　　　日之出生命保険株式会社
　　　　　　　　　　専務取締役　國府精一

拝啓、当会社カ住友ノ経営ニ移リテヨリ早クモ十ケ月ヲ経過シ、会社ノ内容モ略明瞭シ、又経営ノ方針、執務ノ要領モ着々確立致シ居候様被存候ニ付テハ、

第28表　住友生命運転資産状態表

（昭和19年9月）

種類別	金額	総資産ニ対スル割合
	千円	%
現　　　　金	14	0.01
郵便振替貯金	3,591	1.00
銀行預金	4,681	1.30
金銭信託	1,124	0.31
貸付金	20,260	5.63
有価証券	318,430	88.42
国　　債	156,011	43.32
地方債	5,418	1.50
社　　債	30,618	8.50
株　　式	92,471	25.68
外国国債	5,655	1.57
其ノ他外国証券	18,964	5.26
其　ノ　他	9,294	2.59
信託有価証券	0	0
不　動　産	1,939	0.54
其　ノ　他	10,082	2.79
合　　計	360,119	100.00

註：総資産ハ未払込株（基）金ヲ除ク
出典：生命保険ノ概要（昭和19年10月）

（資料7）

例第四四号　提出大正一五年四月三〇日　決裁同年五月一一日

日之出生命保険株式会社名称変更並ニ連系会社指定ニ関シ通達ノ件

近々社名変更、本店移転ヲ機トシ、当社ヲ連系会社トシテ御指定仰キ度。尚之ニ関聯シ、事務章程、処務規程並ニ外務員仮規程等別途御打合申上候間、御承認相成度、此段得貴意候也。

追テ現在内勤社員ノ身分変更、待遇其他ニ付テハ、別案ヲ以テ至急上申可致候間、御含置被下度候。

第29表　住友生命ノ住友内部会社ニ対スル投資額（昭和19年9月）

種類	投資先	額面又ハ株数	金額（帳簿価格）	総資産ニ対スル比率	有価証券ニ対スル比率
			千円	%	%
株式	連系会社	422,010株	22,353	6.2	7.0
	関係会社	184,103株	10,181	2.8	3.2
社債	連系会社	5,326千円	5,294	1.4	1.6
合計			37,828	10.5	11.8

出典：生命保険ノ概要（昭和19年10月）

今般日之出生命保険株式会社ノ名称ヲ住友生命保険株式会社ト変更シ、同時ニ連系会社ニ指定相成、左ノ通リ通達並ニ通牒相成可然乎。

一、事務章程並ニ処務規程制定通牒ノ件(略)

一、住友生命保険株式会社ニ合資会社諸規則準用ノ件(註、資料5住友坂炭礦と同じ。但し生命保険の場合大正十五年末で二三〇名という外務員が存在するため、「特別ノ規程ナキ限リ」という留保が付されている。なお外務員については、五月十九日付達第四号を以て「外務員仮規程」が制定された)

一、懲罰、処分、共通執行並ニ転勤ノ際ノ取扱方ニ関スル件(略)

一、連系会社追加ノ件(註、「住友合資会社の設立」資料11参照)

一、連系会社役員ニ関スル内規送附ノ件(略)

備考

本案ハ肥料製造所ノ組織変更及住友坂炭礦ノ連系会社トナリタル際ヲ参照致候。

　　(七) 住友信託株式会社の設立

住友合資会社は、大正十四年七月二十八日資本金二〇〇〇万円(払込五〇〇万円)で住友信託株式会社を設立し、八月十一日連系会社に指定した。会社設立から連系会社の指定まで時日を要したのは、直営の事業所がそのまま株式会社へ移行する場合と異なり、住友銀行から信託へ移る職員の人選に手間取ったためである。この人選が終わり、異動の発令に合わせて、身分上の変化を生じさせないために、信託の連系会社指定が行われた。

住友本社資料によると、同社設立の経緯は次の通りである。

大正十二年一月信託法及信託業法施行セラレタルガ、同法ニハ信託預金ノ運用ニヨル利益金ノ配当ニ付何等ノ制限ナキヲ以テ、信託会社ハ銀行定期預金ヨリ高率ナル利息ヲ支払ヒ、為ニ総預金ノ六割以上ガ定期預金タル我住友銀行ハ少ナカラズ脅威ヲ受ケタリ。此ノ不利益ヲ免ルル為、我住友銀行ガ大株主トナリ、信託会社ヲ設立シ他ニ逃避セントスル銀行預金ヲ信託預金ニ吸収スル計畫ヲ為セリ。乃テ茲ニ住友信託ノ設立ヲ見タリ。（大正十四年八月）

大正十二年の信託法及び信託業法の施行以前にわが国における信託業務は、その一部である担保附社債信託が、明治三十八年担保附社債信託法の制定により導入されていた。しかし同法では、受託者も担保附社債を発行するものも、会社に限定していたから、個人経営の住友総本店、住友銀行にはその資格がなかった。明治四十五年二月、住友銀行は株式会社へ移行したので、受託者たる資格を得た。その同じ月に発行された住友の機関誌『井華』第四一号に、銀行神戸支店名村豊太郎（M41神戸高商、のち銀行神戸支店長・広島支店長・銀行常任監査役）は、名村生の署名で「信託業に就て」と題してアメリカ信託業務を紹介しているが、その中で「三井銀行が最近に至り（註、明治四十四年八月）、営業の目的の内に新に担保附社債信託業を加へて、今後の準備をして居るのも亦観過する事が出来ぬ」と述べ、関心を示していた。

しかし当時の住友総本店は依然として個人営業であり、その金融は自己資本で賄われていた。その後大正八年末大阪北港株式会社、九年末株式会社住友電線製造所が設立されると、これらの企業は住友銀行に金融を依存することとなった。他方この明治四十五年に欧米に留学した銀行本店計算係主任大平賢作（M37東京高商専攻部、東亜同文書院教授、M39住友入社、のち住友銀行常務・専務・会長）は、留学中に米国の信託業に着目して調査研究したといわれる。当時わが国には東京信託・関西信託を始め信託を称する会社は多数存在したが、本来の信託業務を行い得る会社はごく一部に限られており、政府が信託二法の制定に踏み切る契機となった。

大平は大正六年ロンドンに銀行の支店を開設するため出張し、そのまま倫敦支店支配人となり、大正十二年一月本店

第二章　住友合資会社（上）

に転勤となって帰国した。すなわちこの大平の帰国は、既に述べた通り、わが国における信託法及び信託業法が施行された時点であった。住友銀行はこの時においても大阪府に本店を置き、担保附社債信託業認可の内規といわれる公称資本金一〇〇〇万円以上の大銀行一一行のうち鴻池銀行とともに認可を得ていなかった。四月銀行本店支配人となった大平は直ちにこの認可の申請を行った。大正十二年度銀行処務報告は次のように述べている。

　　五月三十一日　担保付社債ニ関スル信託事業兼営ニ関シ、五月二十四日付主務官庁ノ免許状到着シタルニ付、内地本支店所在地及支那上海・漢口ニ於テ目的変更ノ登記ヲ終リ。

日本の担保附社債の全社債に占める割合は、この大正十二年までの合計で一八％にすぎず、受託実績では信託業法制定以前から担保附社債信託業務を行い得る唯一の金融機関であった日本興業銀行が圧倒的に多く、担保附社債信託制度の普及はまだ先のことであった。住友銀行が最初に担保附社債の受託取扱を行ったのは、昭和八年の旭ベンベルグ絹糸であって、大平と親交のあった同社専務堀朋近（大阪商船社長・住友銀行取締役堀啓次郎養子）の関係からであった。[85]

しかし大平の目的は、単に銀行業が唯一兼営できる担保附社債信託に止まるものではなく、「私(註、大平)は敢て先見の明を誇るのではないが、住友にも信託経営の必要を痛感したので、自ら一文を草し、外国で集めた資料に基づいてその実現を力説した」と述べている。[86] 折柄大正十三年二月発行の『井華』第一五七号には「青騎士」の筆名をもって「信託の源流とその発達」という一文が掲載されている（執筆時期は信託二法の公布を昨年としているので、大正十二年末と推定される）。「青騎士」とは、抽象を志向する二十世紀前衛芸術の先駆的役割を果たしたカンディンスキーやクレー等の芸術家グループ「ブラウエ・ライター」の邦訳であるが、当時の住友部内で、このような筆名を用い得るのは、住友銀行倫敦支店支配人として金融の専門書の他に歴史書や美術書を繙いていたという大平以外にはいなかったと思われる。[87]

「青騎士」という筆名の由来は、大平が「著しく大陸法系の制度を採用し来った我国の私法界に於て、新に英国私法

の一大要部を為せる信託の制度の勃興を迎えたのは、特に吾人の感興を深からしむるものあるを覚ゆるのである」と述べているように、信託二法の施行をもって「青騎士」の役割になぞらえたものであろう。先に「住友総本店（下）」の「六 内外販売網の充実と商事会社設立問題」で述べたように、鈴木総理事の中国視察に先立ち大正四年末「住友家ト対支那経営」という調査報告書がまとめられた。この報告書の序論とほぼ同文を、総本店経理課調査係太田外世雄が『井華』第八八号（大正五年二月）に「我対支那経営」と題して寄稿していることから、先の調査報告書は太田が執筆したことが判明した。この例に照らせば、「信託の源流とその発達」は大平の信託会社設立案の序論に相当するものであったと推測される。

大平によれば「これが動機となって住友部内にも次第に具体化の機運が強まってきた」が、さらに住友銀行に衝撃を与えたのは、同時期の大正十二年末に「三 投資活動」における「三井信託」の項で述べたようにやがて三井信託社長となる三井銀行常務米山梅吉から住友吉左衛門友純へ届けられた三井信託株式会社の設立趣意書と目論見書であった。これらが住友へ送られてきたのは、米山の意図するところが、「三井のみの信託会社に非ずして、広く日本全体を基盤とする信託会社設立にあった（88）」からである。三井はこの目論見書において、当時の定期預金金利（六カ月）六％に対し金銭信託で七％以上の配当を見込んでおり、銀行の定期預金が金銭信託に吸収される懸念が現実のものとなったのである。

住友合資会社は、大正十三年三月三日米山の要請に応じ三井信託株三〇〇〇株の払込を行うとともに、三月八日大平の部下で銀行本店調査課主任（六月課長と改称）十亀盛次（M43神戸高商、のち銀行本店支配人・常務・専務）に欧米視察の上で信託会社設立案の作成を命じた。しかし十亀は出発を延期し、三井信託が三月二十七日創立総会を開き、四月十一日に免許取得の上、十五日営業を開始するのを見守っていた。そして七月、三井信託がその最初の営業期（五月末）一カ月半

第二部　住友合資会社

六二五

第二章　住友合資会社（上）

で四五一万円の金銭信託を集めたことを見届けた上で「信託会社設立案」を作成し、八月十九日欧米視察に出発した。

十亀の帰国の時期は明確ではないが、執筆時期が大正十三年十一～十二月と推定される十亀の「信託会社設立案」の修正案が住友信託に残されている由なので、この時期に帰国し、その後の情勢の変化や三井信託の二期目の決算（大正十三年十一月末金銭信託残高は三二〇〇万円に達した）等を参考に大正十四年一月にかけて、合資会社理事会に提出する「信託会社設立案」の最終案を作成したものとみられる。十亀の作成した最終案は、日之出生命の買収案とともに大正十四年二月二日の理事会にかけられ、既に述べたように日之出の買収案は見送られたが、信託設立案は承認された。住友史料館には十亀の当初の設立案しか保存されていないが、二月十七日合資会社経理部第四課田尾本政一（T11神戸高商、のち日本電氣取締役・常任監査役）起案の「住友信託株式会社設立ノ件」が残されており、これがほぼ十亀の最終案に相当するものであったとみられる。この起案には「本件ハ二月二日及二月六日ノ本社理事会ニ於テ、大体御承認相成リ、超エテ九日社長ノ承認ヲ得タル事項ノ要領也」と欄外に注記されているからである。

この起案によれば、住友信託は実質住友銀行の別会社であり、当初資本金二〇〇〇万円、四〇万株は、銀行三八万株、合資会社二万株の所有とされ、これを対外的には合資会社三四万株、銀行六万株として公表する予定であった。しかしその後「株式募集方法変更ニ就テ」という起案（前記田尾本の筆跡で経理部第四課長野省三の捺印がある）によれば、住友合資が大蔵省に提出した「信託会社設立ニ関スル内伺書」に対して、大蔵省が公募を設立認可の条件としたため、公募方式に変更せざるを得なくなった。

この結果四〇万株の内訳は、合資会社一〇万株、銀行五万株、住友家一万株、その他二四万株となった。合資会社は合資名義の一〇万株の他に、住友家一万株、西園寺公・徳大寺公各五〇〇株、理事松本順吉名義一〇〇〇株中二〇〇株は松本自身が公募に応じたもので残り八〇〇株合計一万一八〇〇株を引き受けた（第18表参照）。この結果住友系の持

株比率は四〇・四五％であった。合資会社名義一〇万株の払込に充当するため、住友倉庫株式二万五〇〇〇株を銀行に売却したことは既に述べた。住友合資が引き受けた一一万一八〇〇株のうち、大正十五年一万株が住友家へ、五〇〇株が徳大寺公へ譲渡された。さらに昭和二年には一〇万株が住友銀行に譲渡され、代わりに払込時に売却された住友倉庫株式が買い戻された。その後合資会社は住友信託経由で職員の売物を集め、昭和十二年三月住友合資解散の際には一四六〇株が株式会社住友本社に譲渡され、一二二〇〇株が住友家へ残余財産として分配された。この時点での住友銀行の持株は、一四万七六七五株であったので、住友系持株比率は四〇・〇八％であった。なお職員が応募した公募株の売却が相次いだことから、次のような通牒が出されている。

大正十五年五月二十七日

住友信託株式会社

専務取締役　吉田　眞一

殿

傭員所有当会社株式売却ニ関スル件

曩ニ当会社株式ヲ住友家傭員各位ニ分譲致候ハ、之ヲ以テ各位ノ恒産ノ一部トシテ御所持相願度趣意ニ在ルコトハ、今更ラ申ス迄モ無之儀ニ候。然ル処昨今株式ノ昂騰ニ伴ヒ、之ヲ処分スル向屢々有之候処、右ハ全ク前記分譲ノ趣意ニ悖リ、甚夕遺憾ニ被存候。就テハ今後若シ不得止御事情ノ為メ、本件株式ヲ御処分相成候節ハ、乍勝手前以テ一応当会社ニ御打合セ被下候様致度ニ付、此儀貴部下各位ニ篤ト御申伝ヘ被下度、此段御依頼旁々得貴意候也。

設立の起案によれば、設立後三年間の住友信託の損益予想は次のように厳しいものであった。

払込資本ニ対スル収益率ハ、四分七厘乃至八分五厘ニシテ大ナル利益ハ望ミ難ク、只銀行ノ定期預金ガ他ノ信託会社ニ移ルノ制肘スルノ作用ヲナスノ外、大ナル期待ヲナシ難シ。サレバ当分ハ消極的ナル利益アルニ過ギザレドモ、

第二部　住友合資会社

第二章　住友合資会社（上）

将来当事者ガ経営ニ慣ルルニ伴レ、積極的ニ純益ヲ増大シ相当ノ配当ヲナシ得ルニ至ラン。

住友銀行と同様に、住友吉左衛門友純が住友信託の社長取締役に就任したが、実務上の主管者としては銀行常務吉田眞一（経歴前掲）が副社長兼常務に就任した。吉田によれば、直接友純から「信託会社はお前やれ」と指名され、その際「信託行為は、単に一個人のなすべき行為ではなく、最も信用すべき団体の営むべきもの」だといわれた由である。しかし吉田は、「三井信託の米山（註、梅吉）と懇意で、向ふの様子もよくわかったが、三井信託に対抗して設立はしたものの、信託の発達の見通しはつかなかった」と当時を回想している。金銭信託を信託預金と称していたように、信託業務について無理解な当時にあって、開業当初の信託勧誘や宣伝活動について苦心談も多いが、社長となった友純の考え方は次のようにも対照的であった。

大正十四年住友信託が設立された直後の頃、新聞広告に信託事業の解説を詳さに書いてあるのを御覧になり、直に支配人（註、本家詰所支配人丸山精一、前人事部第一課長）を呼ばれて、「こんな広告をしない方がよい。信託をする様な人は信託事業の如何なるものかは知っている。只住友が信託を始めたと云ふことを世間に知って貰へばよい。信託の○○（註、吉田眞一か）にそう伝へて置く様」と。その後は「住友信託」とだけの広告を多く見受けました。

前述の通り住友銀行自身が信託業務についての経験がなかったので、住友信託の設立関係者が信託業務について理解を深めるために、吉田は当時の興銀理事寶來市松（M40川田順とともに住友入社、銀行勤務の後大正二年元銀行支配人志立鐵次郎の興銀総裁就任に随って興銀へ転じ、のち総裁）が月一、二回来阪する機会をとらえて、信託業務の概要について講義を依頼した。

大正十四年七月、設立当初の信託の役員は、社外重役の阿部彦太郎（内外綿等取締役）を除くと、「住友合資」中田錦吉（総理事）、小倉正恆（常務理事）、「住友銀行」湯川寛吉（筆頭常務）、八代則彦（常務）、「住友信託」吉田眞一、佐藤重鎰（取

締役支配人）の三者によって構成されていた。中田は当時既に病床にあり、十月一日停年退職して湯川寛吉が総理事となった。大正十五年三月、社長取締役友純が死去すると、住友信託は会長制をとり、湯川が取締役会長に、吉田が専務、佐藤が常務に就任し、住友厚（後の吉左衛門友成）も取締役に選任された。

昭和二年九月、吉田は伊庭貞剛と同じく満五七歳で退職した。この年の五月、湯川は名目的な信託会長のポストを吉田に譲った。吉田の後任には銀行常務の今村幸男（経歴前掲）が就任した。この年五月、住友電線製造所取締役技術部長川上嘉市（M42東大工・応用化学、東京瓦斯、M43住友入社、「住友総本店（上）五 住友電線製造所の開設」参照）は、乞われて経営不振に陥った郷里静岡県の日本楽器製造株式会社（現ヤマハ）社長に就任した。その際常務理事小倉正恆は川上に対し、「日本楽器は、住友家の為にも相当の後援をしてやるから、今この事業を主宰経営することは、川上君個人の為にも、国の為にも、住友は日本楽器の資本金三四八万円を四〇〇万円に増資し、差額の五二万円を引受けた。(98)

川上は社長就任後大ナタを振るい、銀行借入金を返済してゆき昭和三年下期には三井信託からの借入金一八五万円のみとなった。川上は郷里の大先輩三井信託の米山梅吉に私淑していた。この頃日本経済は昭和二年の不況のどん底からやや好転し、金利も漸次低下しつつあった。

私（註、川上）は米山氏に、社債を発行して、長期借入金の形式を採り、金融の圧迫を免れ度いと思ふから、好機会が到来したならば、注意して貰ひ度いと依頼して置いた。昭和三年六月頃に至って、氏は私に、今が社債発行の時期であらう、と指示して呉れた。而して私に次の条件を提示された。(99)

一、社債は百八十万円として、内半額の九十万円を住友信託で引受ければ、残り半額を三井信託で引受ける。

二、三井信託の楽器会社への貸付金は、社債発行の節、之を振替へる。

第二部　住友合資会社

第二章　住友合資会社（上）

三、従って三井を受託会社とする事。

四、工場財団を作って、社債の担保とする事。

五、社債は一年据置、爾後四年間に、任意償還とする事。

六、利率は年七分の事。

米山社長は此時私に告げて、楽器会社は争議以来四期間無配当であり、加之多額の欠損をして居るから、社債は一般に売出しても、買手は無いであらう。だから社債引受の信託会社で、全部貴個人に対する信用で、引受けるのであるとほかは無い。だから今後の社債引受は、日本楽器会社に対する信用で無くて、全く貴個人に対する信用で、引受けるのであると話された。会社の不信用は推して知るべしである。私は米山氏の知遇に対して、衷心から嬉しく思ったのである。私は此話を携へて、早速住友信託に今村専務を訪ねて、右の事情を話した。処が今村氏は即座に、住友信託では、それは引受けられぬと断った。

私は強ひて依頼することは無駄であると思った。そして直に総理事（註、常務理事）の小倉正恆氏に、この話をしたところが、直に快諾して呉れた。信託の方へは住友本社（註、住友合資）から話してやらうとの事で、これで話は纏ってしまった。かうして昭和三年八月二十日、上述した条件で、百八十万円の社債は成立したのである。社債発行による無形の利益は云ふまでも無いが、利子八分五厘と七分との差額が二万七千円、この他に手形利子先払による損、六千五百八十七円と、合計して、社債に振り替へた為の金利の差益は、年三万三千五百八十七円に達した。この社債は、その後会社の整理が順調に進んだ為に、償還期限たる昭和八年に先立つ事一年、即ち七年十二月二日に於て、元利一切の償還を完了したのであった。

三井信託の米山社長をはじめ、他の副社長連、及び住友信託の専務、常務等も、信託会社で社債を引受けて以来、

六三〇

元利金額を自力によって、期限前に償還したのは、日本楽器が最初であるとして、絶讃を得た。私も大に面目を施したのであった。

昭和五年八月、総理事湯川寛吉は退任し、小倉正恆が総理事に就任した。昭和六年末吉田信託会長が辞任し、小倉が信託会長を兼務すると、小倉から「住友信託は伸びが遅々としている。堅実であると同時に発展もはからねばならん」と相当きついお叱りがあったという。

昭和七年六月、生え抜きの常務取締役佐藤重鎰は常任監査役に転じ、後任の常務に住友銀行東京支店長今井卓雄（M43神戸高商、のち信託専務・社長・会長）が就任した。

今井は、後に昭和十六年六月住友銀行京浜主管者に対し、次のやうな講演を行っている。

アメリカの信託会社は殆んど銀行と同じであります。銀行そのものであると言ってもいゝかと思ひます。トラストといふ名前が付いて居りましても銀行の仕事をやって居ります。即ちバンキングデパートメントを持って居る。で、独立の信託会社といふのは極く少く勢ひの余り盛大でないもた銀行はトラストデパートメントを持って居る。

名義上独立の信託会社になって居りましても、銀行と殆ど表裏一体をなすものが大部分でありまして、例へばナショナルシティーバンクに対して、シティーバンクファーマーストラストといふのがあります。ロスアンゼルスバンクに対して、ロスアンゼルストラストといふのがあります。これらは名義は独立の会社になって居りますが、表裏一体、謂はばワンデパートメントに過ぎないのがあります。（中略）

現行の信託法及び信託業法が出る前、即ちその法案が議会に出ました際に銀行の信託兼営といふことについて相当の議論があったのでありますが、アメリカに於きましては銀行が信託を兼営する、或は信託が銀行を兼営するといふことのために破産する会社が多かった事件があるのです。そのために法案が議会に出ました際、あゝいふやうな

第二部　住友合資会社

六三一

第二章　住友合資会社（上）

ことになつてはいけないといふので、信託と銀行の兼営といふことをしてはいけないといふことに結論がなつたのであります。で、それはどういふ訳かといふと、どうも銀行の財産と信託の財産と混同する憂がある。懸念がある。例へば銀行と信託とが兼営になりますといふと、銀行が自分の仕事に信託財産を使つて貸出しをするといふことも自然起つて来る。また信託財産の方で非常に利益があつて、その利益を銀行の本業の方の利益を減らすといふやうなこともあります。さういふ理由によつて銀行の信託兼営といふことはすることにならんといふことに議会で結論があつた訳です。さうして今日の信託法並に信託業法が生れて来たのです。ところが最近方々から銀行と信託と合併したらいゝぢやないかといふ議論が出たのです。然し斯ういふ既に論じ尽された事柄であるに拘らず、さういふ議論が出る所以は斯ういふことを知らないのです。それからまた先刻来申しましたやうに、信託会社といふものは何も金銭信託だけの仕事ではない、その他いろいろの仕事をやつて居るといふことを知らない結果、さういふ議論が起つたのだらうと思ふのであります。尚、私は日本の金融機構の上から見て銀行と信託とが合併するといふやうなことは決してやつてはいけない。さういふ確信を持つて居ります。（中略）

最後に住友信託のことにつきまして一言申してこの講演を終らうと思ひますが、住友信託は大正十四年の九月に開業致しました。期を重ねること三十二、即ち先月（註、昭和十六年五月）の三十一日が三十二期の終りであります。信託財産六億三千百万円、金銭信託が五億一千二百万円。金銭信託の計数は三井信託が第一位で、住友は第二位になつて居ります。お蔭をもちましてその内容は寔に宜しいのです。（中略）

会社が設立致します時に設立の趣意書といふものを我々は世間に出した。大蔵省にも出した。その趣意書の中にこの会社を作つて聊かたりとも国家社会に奉仕し、国民経済に寄与するといふことを謳つて居ります。住友信託はそ

第30表　信託総財産ニ付テ当社ト三井・三菱トノ差額

(単位：100万円)

年次(昭和)	三井ト当社トノ差	当社ト三菱トノ差	期末残高		
			三井	当社	三菱
16／11月末	△175	69	842	667	598
17／5月末	△166	68	873	707	639
17／11月末	△145	88	905	760	672
18／5月末	△146	103	961	815	712
18／9月末	△116	109	975	858	749
19／3月末	△70	114	1,002	932	818

出典：住友信託企画課

の創業の時から斯ういふことを目標とし、理想としてやって来て居ります。金儲けといふ目的ではない。社会奉仕をしようといふ目的でもって私共は努力して居るのであります。

昭和十九年七月、住友信託企画課は、三井信託、三菱信託との比較表(第30表)を作成し、次のように述べた。

最近二年四ヶ月ニシテ、三井トノ差額ヲ六割、金額ニシテ一億ヲ縮少シ、三菱トノ開キヲ六割五分、金額ニシテ四五〇〇万拡大セリ。此ノ好調ヲ持続スレバ、今後二ヶ年内凡ソ来年末迄ニハ三井ヲ凌駕スルコトトナル。

昭和一九年九月末における住友信託の金銭信託による有価証券投資は四億三〇〇万円で、そのうち一般会社債は八二〇〇万円であった。株式投資は二六八六万円で、このうち住友系企業の占める割合は、社債については不明で、株式投資については、金銭信託以外の投資分を若干含め二八三三万円のうち一六二七万円、五七％であった。

住友本社となってからの信託株の保有は、若干の増減があり、終戦時には六一七〇株となっていた。住友銀行も多少の異動があり一六万六一一五株、住友家一万一二〇〇株、設立時扶桑海上火災保険として二〇〇〇株の株主であった大阪住友海上火災保険がそのまま所有していたので、住友系の株数は合計一七万七九八五株、持株比率四四・五％であった。

第二章　住友合資会社（上）

(付記)　本章執筆に当たり、住友倉庫社史編纂室次長岩根正尚氏、住友化学社史編纂室久保昌幸氏のご教示を得たことを感謝する。滋賀大学経済学部教授小川功先生からは、ご教示とともに貴重な資料のご提供を頂いたことを厚く感謝する。また下谷政弘『日本化学工業史論』(御茶の水書房　昭和五七年)を参考にさせて頂いたことを感謝する。但し本章の叙述の責任はすべて筆者にある。

~14年)　　　　　　　　　　　　　　　M＝明治、T＝大正

12年	13年	14年	
			(鈴木)
		→10.1	(中田)
		10.1 →	(湯川)
			(中田)
		→	(小倉)
			(中田)
		→10.1	(湯川)
		→	(草鹿)
			(山下)
		→	(小倉)
→12.24			(住友)
		→	(大平)
			(松本)
	7.1	→	(吉田)
	7.1	→12.24	(岡田)
		10.1 →	(肥後)
		10.1 →	(本荘)
			(欠員)
	7.1	→7.27	(松本)
	7.1 →	7.27(兼)→	(小倉)
		→10.1	(小倉)
		10.1 →	(大屋)
		10.1 →	(日高)
		10.1 →	(野草)
		→	(本荘)
			(欠員)
		→	(大平)
		→7.27	(岡田)
		7.27(兼)→	(松本)
			(岡田)
			(岡田)
		→	(臼井)
→8.1(連系)			(草鹿)
		→2.21	(春日)
		2.21 →	(田島)
		→	(吉田)
6.2		→	(山本)
			(山下)
			(松本)
		→	(山中)
		2.21 →	(藤本)
		→2.21	(藤本)
		2.21 →	(古田)
		2.21 →	(小山)
		2.21 →	(春日)
		→6.1(連系)	(梶浦)
		→	(多田)
		→	(矢島)
		→	(木島)
		→	(近藤)
		→	(本荘)
		→	(多田)

(付表1)住友合資会社幹部一覧表(大正10

		就任年月日	大正10年	11年
総理事	鈴木馬左也	M37. 7. 6 ───		▶12.5
〃	中田　錦吉			12.5 ─
〃	湯川　寛吉			
常務理事	中田　錦吉		5.19 ───	▶12.5
〃	小倉　正恆		5.19 ───	
理　事	中田　錦吉	M36. 5.14 ───	▶5.19	
〃	湯川　寛吉	M43. 4. 5		
〃	草鹿丁卯次郎	T 7. 1. 5		
〃	山下芳太郎	T 7. 1. 5 ───		▶4.27
〃	小倉　正恆	T 7. 1. 5 ───	▶5.19	
〃	住友　忠輝			1.5
〃	大平　駒槌			1.5 ▶12.21
〃	松本　順吉			1.5 ───
〃	吉田　良春			1.5
〃	岡田宇之助			
〃	肥後　八次			
〃	本荘熊次郎			
監　事	(欠　員)		5.19 ‥‥‥	
人事部長	松本　順吉		5.19 ───	▶4.27
〃	小倉　正恆			4.27(兼)─
経理部長	小倉　正恆		5.19(兼)	
〃	大屋　　敦			
総務部長	日高　直次		5.19	
〃	野草　省三			
工作部長	本荘熊次郎		5.19	
監査部長	(欠　員)		5.19 ‥‥‥	
別子鉱業所所長	大平　駒槌	T 7. 6.10 ───		▶8.14
〃　〃	岡田宇之助			8.14 ───
〃　〃	松本　順吉			
〃　副長	岡田宇之助			1.5 ▶8.14
〃　支配人	岡田宇之助	T 7. 5.24 ───	▶1.5	
〃　〃	臼井　定民			1.5
倉庫支配人	草鹿丁卯次郎	M36. 9.14		
製銅販売店支配人	春日　　弘	T 8. 8.18		
〃　〃	田島房太郎			
若松炭業所所長	吉田　良春	T 9. 5.14		
〃　支配人	山本　信夫			
伸銅所所長	山下芳太郎	T 9.12. 1(兼)		▶4.27
〃　〃	松本　順吉			4.27(兼)▶9.16
〃　〃	山中　柴吉			9.16
〃　審査部長	藤本　磐雄			
〃　支配人	藤本　磐雄	T 9.12. 1		
〃　〃	古田俊之助			
〃　〃	小山　九一			
〃　〃	春日　　弘			
肥料製造所支配人	梶浦鎌次郎	T 2. 9.22 ───		
東京販売店支配人	多田平五郎	T 8. 3.13 ───	▶5.19	
〃　〃	矢島　富造		5.19	
札幌鉱業所支配人	木島鍬三郎	T 6. 8. 1 ───	▶5.14	
〃　〃	近藤宏太郎		5.14	
林業所所長	本荘熊次郎		5.19(兼)	
〃　支配人	多田平五郎		5.19	

社幹部一覧表（大正10～14年）　　　　　　　　　　　　　　　　T＝大正

大正10年	11年	12年	13年	14年	
				→10.1	（湯川）
		→4.4			（加納）
				→7.29	（吉田）
				→	（八代）
				7.29——→	（今村）
	→4.25				（山下）
	4.26(兼)———			→8.11	（松本）
				4.27——→	（加藤）
				8.11(兼)———	（小倉）
	→4.27				（山下）
	7.29(兼)———			→	（草鹿）
	→12.25				（利光）
				→10.8	（西崎）
	12.25———			→10.8	（肥後）
				2.23——→	（秋山）
	8.29———	→5.31			（大隅）
		6.16———		→	（森）
		8.1(兼)———		→	（草鹿）
		8.1(兼)———		→	（本荘）
			12.5———	→	（近藤）
				6.1→10.1	（梶浦）
				10.1→	（日高）
				6.30——→	（國府）
				7.28——→	（吉田）

(付表2)連系会社・特定関係会社

		就任年月日
住友銀行常務取締役	湯川　寛吉	T 4. 9.13（兼）
〃　　　〃	加納友之介	T 7. 1.30 ──
〃　　　〃	吉田　眞一	T 7. 1.30 ──
〃　　　〃	八代　則彦	T 7. 1.30 ──
〃　　　〃	今村　幸男	
住友製鋼所常務取締役	山下芳太郎	T 7. 4.24（兼）
〃　　　〃	松本　順吉	
〃　　　〃	加藤　栄	
〃　　　〃	小倉　正恆	
大阪北港常務取締役	山下芳太郎	T 8.12.24（兼）
〃　　　〃	草鹿丁卯次郎	
住友電線製造所常務取締役	利光　平夫	T 9.12.10 ──
〃　　　〃	西崎傳一郎	T 9.12.10 ──
〃　　　〃	肥後　八次	
〃　　　〃	秋山武三郎	
日米板硝子常務取締役	大隅　行一	
〃　　　〃	森　源之助	
住友倉庫常務取締役	草鹿丁卯次郎	
住友ビルデイング常務取締役	本荘熊次郎	
住友坂炭礦常務取締役	近藤宏太郎	
住友肥料製造所常務取締役	梶浦鎌次郎	
〃　　　〃	日髙　直次	
日之出生命保険専務取締役	國府　精一	
住友信託副社長兼常務取締役	吉田　眞一	

註：後年連系会社・特定関係会社に指定された会社を含む。

註。

（1）川田順『住友回想記』（中央公論社　昭和二十六年）五二頁。

（2）三村起一『身辺二話』（近代図書　昭和三十七年）六一頁。

（3）同前、六九頁。

（4）三村起一『流泉八十四年』（三村静子　昭和四十七年）一七三頁。昭和二十三年十二月十二日古田俊之助氏談。

（5）前掲川田『住友回想記』五二、一五四〜一五六頁。

（6）工場協議会規則の内容については、次の資料参照。『住

第二部　住友合資会社

六三七

第二章　住友合資会社（上）

(7) 友金属工業株式会社五十年史（未定稿）』年表資料篇第三巻（住友金属工業株式会社　昭和二十七年）資料の部三〇〜三二頁、及び『住友電工労政史』（住友電気工業株式会社　昭和四十五年）一八、一九頁。

(7) 『日本板硝子株式会社五十年史』（日本板硝子株式会社　昭和四十三年）二〇七頁。

(8) 大平駒槌『貧民救護事業下調』（清徳記念福祉室　平成元年）

(9) 『鈴木馬左也』（鈴木馬左也翁伝記編纂会　昭和三十六年）四三一、四三二頁。

(10) 『住友別子鉱山史』下巻（住友金属鉱山株式会社　平成三年）六〇、六一、八〇、八一頁。

(11) 昭和二十七年八月三十日大平駒槌氏談。

(12) 大島久太郎『住友信託物語』（住友信託銀行株式会社　昭和四十六年）三三三〜三三九頁、三三三〜三三六頁。

(13) 竹原文雄「近代における住友の経営―歴代総理事の苦闘―」（『住友史料館報』第二三号　平成四年）

(14) 「林業所ト前総理事」（『井華』第一五〇号　住友井華会　大正十二年）

(15) 前掲川田『住友回想記』二二、六一、八六、一六一、一六二、一七〇頁、川田順『続住友回想記』（中央公論社　昭和二十八年）九七、九八頁。

(16) 前掲川田『住友回想記』六二二、六三三頁。

(17) 『日本郵船株式会社百年史』（日本郵船株式会社　昭和六十三年）九七、九八、二二〇頁。

(18) 平成十年八月四日住友元夫氏談。

(19) 宮本又次「山本新田と住友家」（『住友修史室報』第一五号　昭和六十一年）

(20) 前掲『住友別子鉱山史』下巻一二三〜一三六頁。

(21) 大正九年四月以降銅価の下落が著しかったため、六月久原鉱業、古河鉱業、藤田鉱業、住友総本店が日本産銅組合を結成し、銅価維持を目的として減産協定を締結した。しかし、このカルテルは、目標とした減産率を達成できず、大正十年六月住友合資がこのカルテル参加から脱退したため、一度解散し、新たに三菱商事（後三菱鉱業と交代）が加わって水曜会が結成された。カルテル脱退について、大正十年四月に開催された主管者協議会において、鈴木総理事病気療養中のため中田理事が代行した恒例の訓示で次のように述べた。住友の事業精神からすると、元来カルテル参加は望ましいものではなく、住友が水曜会に加盟するのは、昭和恐慌真っ只中の昭和六年一月になってからのことであった（「住友合資会社（中）五三2産銅カルテル「水曜会」加盟問題」参照）。

昨年〔註、大正九年〕六月以来当社ハ産銅組合ニ加入シタリト雖モ、単ニ同業者トシテノ情誼上加入シタニスギズシテ、其

目的救済資金ヲ得ルニ非サリシヤ勿論ナリトス。然ルニ当方ガ産銅組合ニ加入シタルノ事実ニ因リ、当時坊間住友銀行ノ信用ニ累ヲ及ホスガ如キ流説ヲナス者アリテ、不勘迷惑ヲ感ジタリキ。且ツ結極銅価ノ大勢ハ此種人為ニヨリテ左右シ得ザル次第ナレバ、本年六月第一期間満了と共ニ当方ハ脱退スル事ニ決定シ、此旨ヲ他ノ組合員ニ言明シタリ。但シ脱退後ト雖モ組合ノ精神ハ出来得ル限リ尊重セントス。

(22) 前掲『住友別子鉱山史』下巻五九〜六一頁。
(23) 鈴木憲久『最近日本財政史』(東洋経済新報社 昭和四年)六七八〜六八二頁。
(24) 『三井信託銀行三十年史』(三井信託銀行株式会社 昭和三十年)四九〜五六頁。株式会社住友本社「投資会社調」(機械・ホテル・信託)4
(25) 『安田信託銀行四十年史』(安田信託銀行株式会社 昭和四十年)二二〜三〇頁。前掲「投資会社調」4
(26) 『鉄道統計資料』(鉄道省 大正十一年)軌道一三二頁及び同(昭和十一年)軌道一〇一頁。『地方鉄道軌道営業年鑑』(鉄道省 昭和四年)四一九頁。
(27) 南海道総合研究所『南海沿線百年誌』(南海電気鉄道株式会社 昭和六十年)一〇五、一〇六頁。前掲「投資会社調」(銀行・鉄道)7
(28) 『渋沢栄一伝記資料』第五十五巻(同刊行会 昭和三十九

年)五四八頁。『南満洲鉄道株式会社三十年略史』(南満洲鉄道株式会社 昭和十二年)六四一頁。
(29) 『九州送電株式会社沿革史』(東洋経済新報社 昭和十七年)六三〜七九頁。『東邦電力史』(東邦電力史刊行会 昭和三十七年)七二、七三頁。前掲『投資会社調』(電気瓦斯・保険・木材)8
(30) 前掲「投資会社調」(鉱業・土地建物)3
(31) 『東京会館いまむかし』(株式会社東京会館 昭和六十二年)一三八〜一四二頁。
(32) 前掲『鈴木馬左也』二六〇、六九八、六九九頁。
(33) 『日本新聞百年史』(日本新聞連盟 昭和三十六年)七五〇頁。
(34) 前掲「投資会社調」3。『三菱社誌31大正一〇・一一年』(東京大学出版会 昭和五十六年)第二十九巻大正十一年五七九〜五八〇頁。
(35) 前掲『渋沢栄一伝記資料』第五十二巻 五一〜一〇九頁。
(36) 註(7)に同じ。
(37) 住友義輝「スイスで禁酒宣言」(『中村文夫追悼集』日本板硝子株式会社 昭和五十八年)
(38) 中村文夫『至誠と頑張り』(ダイヤモンド社 昭和四十一年)四二頁。
(39) 『日本会社史総覧』(東洋経済新報社 平成七年)六六一

第二部 住友合資会社

六三九

第二章　住友合資会社（上）

頁。昭和二十三年九月十六日森啓四郎氏談。株主名簿上は依然リビー社が筆頭株主となっているが、うち三〇二一株は実質住友合資会社の保有となっていた。前掲『日本板硝子株式会社五十年史』一三〇、一三一頁。
(41) 同前一六二頁。
(42) 同前一七一～一八〇頁。
(43) 大屋敦『日本産業への愛着』（化学経済研究所　昭和三十六年）三六頁。
(44) 前掲『日本板硝子株式会社五十年史』二一二～二一六頁。
(45) 前掲中村『至誠と頑張り』九〇～九七頁。
(46) 『私の履歴書』第四十四集（日本経済新聞社　昭和四十六年）二三二、二三三頁。
(47) 昭和五十一年九月七日土井正治氏談。
(48) 旧柳川藩蔵屋敷は、明治八年小野組破綻後同社大阪支店の有志が北村松之助商店という荷受問屋を開業した時、その米穀専用の倉庫となり、「堂島に近く川口に程遠からず好位置を占め、水陸共に地の利を併有していた」（小野善太郎『小野組始末』一三三頁）。北村松之助商店が明治十六年に倒産した後は、旧柳川藩蔵屋敷は北村兵右衛門の手に渡ったものと思われる。北村は通称木兵（木屋兵右衛門）といい、大津の素封家で本業は現米問屋、米界における大手筋で常に数千石、数万石を売買し、大津米相場を左右したといわれる。

また北村は井善（小野善助）の得意先であった間柄なので（堀江督三「御一新と大津の御用金（一）～（五）」『太湖』第百五十六号～第百六十号所収）、北村が小野善助に善後処置を依頼されたものと推測される。さらに遡れば小野組大阪支店の有志には資力はなかったと思われるので、北村松之助商店自体も、北村が小野善助に依頼されて後援していたとの見方も可能であろう。
(49) 『日本生命百年史』（日本生命保険相互会社　平成四年）二一七～二一九頁。
(50) 前掲川田『住友回想記』一六四頁。
(51) 昭和十二年二月、住友倉庫が資本参加し、昭和十五年七月、富島組、ニッケル・エンド・ライオンスと共に、倉庫の関係会社に指定された。
(52) 竹腰健造『幽泉自叙』（創元社　昭和五十五年）一二一、一二三頁。
(53) 同前、一一〇、一一一頁。
(54) 同前、一三八、一三九頁。
(55) 方針変更の経緯について、八代則彦（経歴前掲）は次のように述べている（昭和二十七年九月二十六日談）。
最近に伊庭さん（註、貞剛）の伝記『幽翁』が再版されて、（中略）その中にビルディングについて書いてある所があるが、その書き振りは、知らぬ人が読めば、住友ビルディ

最初の設計が七階であったのを現在のように五階に変えたのは、伊庭さんが云って変わったのだと思われるような書き振りになっている。伊庭さんの話しそうな事であり、伊庭さんの考えにもあった事でしょうが、後文に「後いくばくもなくビルディングが模様替となったことは事実と違ったことである。そしてそれは伊庭さんを傷つけることとなる。そんなつもりでなくても、傷つけるつもりでなくても、結果に於て傷つけることとなる。というのは、伊庭さんは当時は既に引退して石山に悠々として居られる。立派な現役が居るのに、それのしたことに嘴を入れるような人ではない。尋ねられれば別だが、引退した者が、自ら進んで嘴を入れるものではないという考えの、人格高潔な人である。（中略）

当時中田さん（註、錦吉）が総理事で、湯川さん（註、寛吉）は銀行の筆頭常務であった。拙者（註、八代）は湯川さんからじかに聞いたのである。湯川さんはどっちかといえば、七階でという考えであった。しかし家長様（註、住友吉左衛門友純）のお考えに対する意見は総理事の口からいわねばならぬから、中田さんから家長様にいわねばならぬ。間に挟まって中田さんは困った。お考えなおしになったらよかろうとは暫くの間いわなかった。しかし早くきまらないと工事担当者が困るだろう。結局家長様の説に従うことになったのだが、外のことと違って、ビルディングを斯く斯くの訳で五階に改めて

住友だけで使うという家長様の御意見に従うか、此御意見をまげて貰って七階にして其のうちの二階を一般に貸すこととするか、いずれにするも重大な事柄でもないではないかという所で、家長様の説に従うことにして、中田さんから湯川さんへ話されたのである。

そこで家長様の追憶談としていうべきことは、家長様が五階にして住友だけで使おうとされたことは、天災の事であるから京浜の震火災と同様の若しくは其れ以上の事が起こらぬとは限らぬから、若しもそんなことがあってビルディングで罹災するものがあったら、住友吉左衛門社会に対して済まない、住友ビルでそういう事があっては世間の人間に済まないという所にあった。

（56）『住友商事株式会社史』一四八頁に「合資会社へ立替金と土地代金の支払いに当てるために、翌三年初めに社債二五〇万円を募集することを決議した。これには、住友合資会社・住友銀行・住友生命保険と住友信託の四社が応募した」とあるのは、その未定稿に存在する後段の「しかるに調査の結果、資金調達は社債によるも、銀行借入金によるも、損益面ではほとんど差のないことが判明したので、四年七月、この社債募集計画を見合わせ、所要資金を借入金で賄う方針に変更した」の部分が削除されてしまった結果である。

（57）『わが社のあゆみ』（住友石炭鉱業株式会社 平成二年）

第二部　住友合資会社

六四一

第二章　住友合資会社（上）

六一頁。

(58) 昭和五十一年五月二十一日香川修一氏談。
(59) 『絵具染料商工史』（大阪絵具染料同業組合　昭和十三年）一六五九頁。
(60) 前掲『住友別子鉱山史』下巻二一頁。
(61) 前掲『絵具染料商工史』一六六七頁。
(62) 渡辺千代三郎口述「財界に於ける貢献」（石川辰一郎編『片岡直輝翁記念誌』昭和三年）五六頁。
(63) 註(55)に同じ。
(64) 『住友化学工業株式会社史』（住友化学工業株式会社　昭和五十六年）一七六、一七七頁では日染設立時から、住友と関係があったように記述されているが、以上によりこの見解には与し難い。
(65) 『渋沢栄一伝記資料』第五十三巻（同刊行会　昭和三十九年）一五五、一五六頁。
(66) 前掲『住友化学工業株式会社史』三三頁。
(67) 山崎治信「染料業界五十年を顧みて」（『染料業界五十有余年』昭和三十九年）三二六頁。
(68) 山本一雄「日本最初の建築家山口半六小伝」（『住友史料館報』第二五号　平成六年）
(69) 前掲竹腰『幽泉自叙』一二三四、一二三五頁。
(70) 竹原文雄「住友の歴代総理事と化学工業」（『住友修史室報』第一三号　昭和五十九年）四五頁には「日高としては、一カ月に控えた停年期限の延長措置を得て、工場の完成に邁進できるものと期待していたので、壮図半ばで挫折して去るの已むなきに至ったことは誠に残念至極であったであろう」とあるが、日高がこういう考えであれば、当初予算の範囲内でNECとの交渉をまとめようとした筈である。しかしその場合はおそらく交渉は長引き、まとまらなかった可能性が大きい。まとまったとしても昭和四年世界恐慌発生、昭和五年合資会社赤字転落、年末新規起業の凍結等の影響を免れず、窒素工場建設計画は大幅に遅延することになったであろう。
(71) 大屋敦述『住友近代化の足跡』（昭和二十八年十月二十四日於住友化学東京支社）
(72) 竹原文雄前掲論文五一、五二頁に次のような記述があるが、本項の通り住友の日染株の取得は日染に対する原料供給と平行して、稲畑勝太郎の了解の下に進められたものであり、これらはあくまで合資会社（本社）と肥料製造所（化学）の連携の上に成立していたと判断することができるので、この説は当たらないと思われる。

住友合資会社と日本染料とはその後も友好関係を持続していたが、昭和九年初めごろから両者の関係は円滑を欠くようになってきた。ここにおいて小倉は時局の変転をも予想してまた住友化学の基礎もようやく強固になってきたことをも考

え合わせて、重化学工業構想実現への機会がようやく到来したとみてか、総合化学工業体制樹立の一環としての染料事業にとり組むことにした。そして秘かに住友信託を通じて同社株式の取得を行わせ、三年後の十二年二月には住友の保有株数は全株数の過半を占めるまでになり、筆頭株主となった。

（中略）

さらに一層の増産とコスト軽減をねらって、原料コークスの一部自給を目論み、コークス炉の建設に踏み切った。これは十一年に完成した。その副産のベンゾールやトルオールなどはほとんどを日本染料に供給し、これまでの硫硝酸のみの供給関係を一段と深めた。この間、大屋専務ら住友化学幹部は、本社の日本染料に対する潜行的行動については全くあずかり知らなかった。これは小倉や山本ら極めて少数の本社首脳部間で進められていたようで、後日大屋はこれを知って、前もって知っていたら資金関係でコークス炉の規模を縮小するようなことをしなかったと慨嘆した。ここにみられるように、本社と連系会社との間には必ずしも緊密な連絡がもたれていなかったのである。これは注目すべきことかもしれない。

(73) 前掲「投資会社調」（連系会社・関係会社）1
(74) 「日之出生命保険会社買収ニ就テ」（住友合資会社経理部第四課　大正十四年二月
(75) 『住友生命五十年史』（住友生命保険相互会社　昭和五十

第二部　住友合資会社

二年）一六頁。
(76) 昭和二十七年十二月十一日吉田眞一氏談。
(77) 前掲大屋『住友近代化の足跡』
(78) 昭和五十年十二月十九日小畑忠良氏談。
(79) 『日本生命百年史』上巻（日本生命保険相互会社　平成四年）三一五、四一二、四六五、四七一、四七九頁。
(80) 前掲吉田眞一氏談。
(81) 伊澤謹一「創業当時を振り返って」（『栄泉』昭和四十一年五月号　住友生命保険相互会社）なお『住友生命社史』（昭和三十九年）一〇頁に既に「業界のダイヤモンド」という言葉がみられるのは、伊澤がこの社史編纂に協力したためと思われる。伊澤は何れも出所を明らかにしていないが、「業界のダイヤモンド」は大正六年四月二十七日生命保険会社協会で催された日之出生命の創業十周年祝賀会における帝国生命社長福原有信の祝辞ではないかと推定される（大正六年五月六日付保険銀行時報）。伊澤は大正八年の入社であるから、直接この祝辞を聞いたのではなく、日之出生命社内の伝聞を記憶していたものであろう。他方矢野のコメントは、大正十四年七月十日帝国ホテルで開催された、日之出生命の経営が住友に移ったことを披露する保険関係者招待会（大正十四年七月二十日付保険銀行時報）における祝辞と考えられる。当時日之出生命大阪支部出納役であった伊澤は、大阪の生命保

六四三

第二章　住友合資会社（上）

険会社首脳も招待していたので、会社側世話係として会場に詰めていたので、鮮明に記憶していたものと思われる。なお福原も矢野もそれぞれ社長ではあったが、当時の生命保険会社協会理事会会長として業界を代表して祝辞を述べたものであろう（『生命保険協会70年史』生命保険協会　昭和五十三年）。

(82)「創業の頃をふりかえって」『生泉会報』第十一号　住友生命保険相互会社　昭和四十一年）

(83) 前掲「投資会社調」1。なお住友信託の設立経緯については『住友信託銀行五十年史』（住友信託銀行株式会社　昭和五十一年）が、住友史料館所蔵資料「信託設立関係書類綴」（住友合資会社経理部商工課）も引用し、詳細である。

(84) 齋藤洲司「大平さんと信託」（『大平賢作回想』同編集委員会　昭和四十年）

(85) 村岡潔「栄螺の話」（同前）

(86) 前掲大島『住友信託物語』六頁。

(87) 大島久太郎「ロンドン時代の大平さん」（前掲『大平賢作回想』）

(88) 前掲『三井信託銀行三十年史』五〇、五一頁。

(89) 前掲『住友信託銀行五十年史』一二〇〜一二二頁。

(90) 同前一二三〜一二四頁。

(91) 同前一二七、一二八頁。

(92) 同前一三一、一三二頁。

(93) 同前一四三〜一四七頁。

(94) 前掲吉田眞一氏談。

(95) 前掲『住友信託銀行五十年史』二〇三、二〇七頁。

(96) 貞利高平（当時住友本家詰所勤務）「清泉院様追憶資料」（昭和二十七年）

(97) 川上嘉市『事業と経営』（東洋経済新報社　昭和二十一年）一〇九頁。

(98) 前掲大島『住友信託物語』一〇、一一頁。

(99) 同前一三一〜一三五頁。

(100) 前掲大島『住友信託物語』一五六頁。

(101) 今井卓雄述『信託の話』（昭和十六年六月六日於東京帝国ホテル）

(102) 住友信託企画課「前期業績ニ関スル参考統計（18／10〜19／3）」（昭和十九年七月）

(103) 前掲『住友信託銀行五十年史』五三一、五三二頁。

六四四

第三章　住友合資会社（中）
―― 大正十五～昭和五年 ――

目次

一　統轄システム
　㈠　湯川総理事の五年間と昭和恐慌
　㈡　社則の制定
　　1　監査及検査規程
　　2　本社特別財産規程
　　3　社　則

二　業　績
　㈠　合資会社（本社）の業績
　㈡　合資会社（全社）の業績

三　投資活動
　㈠　連系会社の株式
　㈡　その他の住友系企業の株式
　㈢　住友系以外の企業の株式

四　資金調達

五　店部・連系会社・特定関係会社
　㈠　住友伸銅所の住友伸銅管株式会社への移行
　㈡　大阪北港株式会社の連系会社指定
　㈢　住友別子鉱業所の住友別子鑛山株式会社への移行
　　1　改組の経緯
　　2　産銅カルテル「水曜会」加盟問題
　　3　鷲尾専務退任後の別子
　㈣　土佐吉野川水力電氣株式会社の連系会社指定
　㈤　住友若松炭業所の住友九州炭礦株式会社への移行
　㈥　住友坂炭礦と住友九州炭礦の合併による住友炭礦株式会社の発足
　㈦　扶桑海上火災保険株式会社の経営の承継

第二部　住友合資会社

第三章　住友合資会社（中）

一　統轄システム

本章が対象とする期間は、大正十四年（一九二五）十月、総理事中田錦吉（以下登場人物の経歴は「住友合資会社の設立」及び「住友合資会社（上）」参照）の停年退職から、昭和五年（一九三〇）八月、後任の総理事湯川寛吉の退職まで、すなわち湯川の約五年間にわたる総理事在任期間を中心とするが、会計年度の関係上既に大正十四年は年末まで前章「住友合資会社（上）」で取り上げたので、これを除き、同様に湯川退職後の昭和五年年末までを含めた。

この時期は、昭和初期の大恐慌期で、住友においても人員整理や給与の削減等の緊縮策がとられたものの、合資会社設立以来の積極的な投資が結実して、業績は相対的に安定していた。さらに住友の事業全体が拡大傾向にある中で、これまで住友家の財本とされてきた別子鉱山の地位は低下し、これを伸銅所、若松炭業所とともに分離することにより、合資会社の持株会社化はほぼ完了した。この過程において連系会社の戦略的自立と管理面における自律が始まり、合資会社本社による統轄システムの見直しが進むこととなった。

（一）　湯川総理事の五年間と昭和恐慌

総理事中田錦吉は、前章「住友合資会社（上）」で述べた通り、大正十四年十月自ら制定した停年規程に従い退職したが、既にその前から健康を害し、病臥中であった。中田は退職後間もなく大正十五年二月六三歳で没し、続いて三月には、年末からやはり病床にあった家長住友吉左衛門友純もまた六三歳で死去した。さらにこの年の十月には、滋賀県大津市石山に隠棲していた元総理事伊庭貞剛も八〇歳で世を去った。この大正十五年という年は、年末に至って大正天皇

が崩御し、昭和と改元される年となったが、大正十一年末の鈴木馬左也に続く、家長と二人の総理事経験者の死去により、大正時代を通じてまだ色濃く残っていた住友の明治は、ここに終わりを告げたのであった。

総理事の後任に湯川寛吉が選ばれたのは、湯川が合資会社発足（大正十年二月）当初から鈴木、中田とともに業務執行社員を務めていたので、当然のことであった。

湯川は、昭和三年五月六〇歳の停年を迎えたが、未成年のため代表権・業務執行権を有しなかったので、湯川がその後見人となった。友純の逝去とともに嫡男厚が第一六代家長となり、吉左衛門を襲名して住友合資会社社長に就任したが、家長未成年のため、停年規程第三条（「住友合資会社（上）」資料1参照）を適用して三年間停年を延長した。その後昭和四年家長は成年に達して六月住友吉左衛門友成と改名し、湯川自身もまた貴族院勅選議員に内定したのを機会に、昭和五年八月退職することとなったのである。

友純の死去によって嫡男厚が家督を相続し、社長に就任したので、合資会社の規程上は何等の変更も行われなかった。

しかし厚は友純と比較すると実務から遠ざかる度合いが高まった。すなわち厚が昭和四年二月成年に達するまでは、前述の通り総理事湯川寛吉が後見人を務めており、友成（厚）は成人後も昭和十三年まで学習院高等科・京都帝大文学部・同大学院に在学中であったし、卒業後も昭和十四年からは横浜市に常住したので、友純のように大阪本社に出勤して社長の実務に当たることは事実上不可能であった。従って重要案件についての意思決定は、友純の場合は総理事が予め社長の意向を確かめておき、理事会で決議された後その起案に各理事、総理事が捺印した上で、総理事が社長に説明して押捺を得て最終的に決裁されたのに対し、友成（厚）の場合は、総理事が事前或いは事後に社長の了承を取り付けることで、理事会の決議で即決裁されたことになった。これは起案上は従来通り各理事、総理事の捺印の他に、社長の捺印を得る必要はあったが、残された数少ない起案によると、昭和五年の住友炭礦設立の起案では、おそらく総理事の指示に基づいて、社長欄に捺印の代わりに「了知」と記入されていた。さらに昭和十五年の扶桑海上の社名変更の起案では「事後了承」というゴム印

第三章　住友合資会社（中）

が使用されるに至っている。

この間日本経済は、昭和二年三月、震災手形法案の審議中に起こった片岡大蔵大臣の失言をきっかけに「金融恐慌」が始まり、三月から四月にかけて休業した銀行は三七行に達し、鈴木商店の破産や台湾銀行、近江銀行さらには十五銀行の休業など大規模な経営破綻が相次いだ。こうした経営不安をかかえた企業・銀行の善後処置が一段落すると、たまたま昭和四年七月民政党の浜口内閣が成立、金輸出解禁のために強力な引き締め政策を推進することとなった。四年八月、湯川総理事は、合資会社職員に対し国策に応じた消費節約を呼びかけると同時に、その住友部内への徹底を図った。

　　　　　　昭和四年八月二十一日

　　　　　　　　　　合資会社総理事　　湯川　寛吉

　拝啓　陳者金輸出解禁問題ハ、我国多年ノ懸案ニ有之候処、現政府ハ確乎タル決心ヲ以テ之ガ実現ヲ期シ、大ニ財政ノ緊縮ヲ断行スルト同時ニ、消費節約ヲ高唱シテ、国民一般ノ協力ヲ求ムル所有之候。惟フニ国民タルモノ、須ラク政党政派ヲ超越シ、皆進ンデ之ニ共鳴スヘキモノト存候。就テハ小生、今回本社職員一同ニ対シ、別紙ノ如キ要旨ヲ以テ、些カ所懐ヲ申述ヘ候ニ付、御参考迄御送付仕候間、御一覧成下度候。貴下ニ於テハ部下ニ対シ、已ニ平素ヨリ御訓練モ可有之、又ハ此際新ニ御考案相成候廉モ可有之存候得共、要スルニ住友関係部内ノ者ハ、率先シテ国民協力ノ実ヲ挙クルコトニ致度存候間、何卒可然御考慮被下度願上候。右要件ノミ申述度如此候。　敬具

（別紙）

　今日ハ諸君ニ御相談旁オ集リヲ願ツタノデアル。御承知ノ如ク政府ハ近イウチニ是非トモ金ノ輸出解禁ヲ決行シタイトイフ決心ノ下ニ、其準備ヲシナケレバナラヌト言ツテ居ル。夫レニハ公私ノ経済ヲ建直サネバナラヌ。我国ハ財政ニ於テモ、私経済ニ於テモ、収支ノバランスヲ整ヘルコト、換言スレバ入ルヲ計ツテ出ヅルヲ制スル事、或ハ

無駄ヲセヌトイフコトニ就テ、近来甚ダ遺憾ノ状態ニアル。仍テ之ヲ是非建直サネバナラヌガ、政府ハ財政ノ緊縮ヲナシ、国民ニ消費ノ節約ヲ奨メ、金解禁ニツキ国民ノ熱心ナル協力ヲ得タイト言ッテ居ルノデアル。（中略）住友ハ御承知ノ如ク、従来政党政派ニ対シテハ厳然トシテ中立ノ態度ヲ採リ来リ、又今日ニ於テモコノ方針ハ少シモ変更セラレテオラヌガ、然シ金解禁ノ断行トイフガ如キコトハ、国家トシテ極メテ重要ナルコトデアリ、又国民ノ経済建直シトイフコトモ極メテ大切ナルコトデアッテ、之等ノ問題ニ就テハ、申迄モナク政党政派ヲ超越シテ、国民ハ何人モ政府ノ政策ニ共鳴シテ、協力セネバナラヌト思フ。仍テ皆様ニ御相談旁々所懐ヲ申述ベル次第デアル。財政ノ緊縮ニ就テハ、私ガ此ニ申述ベル必要ガナイト思フ。コ、ニハ国民ノ協力ニ就テハ、才話致度イ。政府ハ頻リニ消費ノ節約ヲ高唱シテヰル。経済ノ建直シトイフコトヨリ言ヘバ、消費経済ノミニテハ不充分デアル。乍併政府ノ言フ所ハ、金解禁ガ差当ッテノ目的ナレバ、ソノタメニハ消費ノ節約ガ重要ナル意義ヲ有ッテ来ル。即チ国民ノ消費節約ニヨリ輸入ヲ減ジ、物価ヲ引下ゲルコトガ出来ルノデアル。其他産業ノ合理化、勤勉力行等モ凡テ重要デハアルガ、差当リ消費ノ節約ヲ行フガ一番適切デアルトイフ意味ヲ以テ、唱ヘラル、ノデアル。大蔵大臣モ同様ノ事ヲ言ッテヰルヤウデアル。国民トシテ此点ニ協力スルノミナラズ、経済ノ建直シニ深ク意ヲ払フ必要ヲ痛感スルノデアルガ、今日ハ最初ニ先ヅ消費ノ節約トイフコトニツキオ話スルコト、スル。（中略）夫レカラモウ一ツ申上ゲルト、大阪ニ於ケル住友ノ地位トイフ事デアルガ、大阪デハ住友ノスル事ハ良キニツケ悪シキニツケ影響スル所ガ勘クナイ。少々自惚レカモ知レヌガ、兎ニ角往々実見スル所デアル。消費節約ガ叫バレテ来タ当今ニ於テ、住友ガ一致シテ政府ノ政策ニ協力ノ実ヲ示スヤウニナレバ、自然之ニ賛成スル向キモアルト信ズル。皆様ガ此点ニ一種ノ責任ヲ感ジテ下サル事ヲ希望スル。（後略）

これを受けて九月、総務部長川田順は緊縮節約の具体的な申し合わせ事項を社内に通知した。しかしその直後昭和四

第二部　住友合資会社

第三章　住友合資会社（中）

年十月、ニューヨーク株式市場の大暴落を契機としてアメリカの景気後退が起こった。この影響はわが国経済に年末には金本位制復帰のため強力な引き締め政策を展開していたわが国経済に追随して絹糸・生糸の暴落が始まり、十月には米の大豊作を背景に米価が大暴落して、農業部門を巻き込んだ「昭和恐慌」と呼ばれる恐慌状態に陥った。このような情勢の下に、八月既に述べたように湯川は、総理事を小倉正恆に譲って退職した。香川修一が挨拶に出向くと、退職一年「若い人こそしっかりやって呉れ。早いもので自分も知らぬ間に二十五年もたって了った。」といつにない肩の荷を下したというような安心が顔に現れて御機嫌がよかったという。湯川は、その年末貴族院議員に勅選されるが、退職一年後の翌昭和六年八月、六四歳で死去した。

後任の小倉正恆は、大正十四年十月中田が退職した際、草鹿丁卯次郎とともに合資会社の業務執行社員となっており、その後草鹿が停年退職したので、業務執行社員は湯川の他は小倉のみとなっていた。しかし住友銀行専務取締役八代則彦は、小倉より三歳年長で、なおかつ住友部内の席次も上であった。従って湯川が持っていた住友銀行会長のポストをそのまま小倉に譲ると八代の上席となるため、八代の兼任とした。川田順によると、「更迭披露のために、湯川は小倉、八代両者を連れて上京し、先ず浜口内閣の首相はじめ閣僚数人を麻布の住友別邸に招待した。（中略）酒宴に入る前に、湯川はあまり雄弁ならざる挨拶をして『八代は住友銀行の主宰者でありますが、外部に対して住友を代表する者は小倉でございます』と結論した。傍で聴いてみた私（註、川田）は、湯川さんもずゐぶん苦心して挨拶されたのであらうけれども、あまりにデリケートで、果して浜口さん達に真意がわかったか否かと、心配した。住友に限らず、いかなる団体でも、総理といふものは内外すべてのことを管掌する最高の責任者であるべき筈で、対外だけの代表者であり、右の如き挨拶をしなければならなかった処に、智慧者湯川の苦労があつがない。そんなことは知り切ってゐながら、

た」。なお昭和十三年一月、八代が二度にわたる停年延長の末六五歳で退職するまで、住友部内の席次は引き続き八代が総理事小倉正恆の上にあったが、総本店・合資会社勤務の経験のない八代にとって、総理事になる目はなかった。

昭和五年九月、小倉は総理事就任の披露宴で次のように挨拶した。

（前略）拟住友ニ於キマシテハ、従来信用ヲ重シ堅実ヲ旨トスル主義ニヨリマシテ、各般ノ業務ヲ経営シテ来タノデアリマスガ、幸皆様ノ厚キ御同情ニヨリ、先ツ以テ順調ニ発展シ来タノデアリマス。今後私ニ於キマシテモ、此主義方針ヲ益忠実ニ遵守致シ、奮励努力致シマシテ、聊タリトモ国家産業ノ興隆ニ寄与致シタイト祈念シテ居ル次第デアリマス。然ルニ現下財界ノ不況ハ実ニ深刻ナルモノデアリマシテ、而モ一向ニ回復ノ見込モ立タナイ様ナ次第デアリマス。従ッテ甚タ険悪ニナッテ参リマシタコトハ、御同様誠ニ深憂ニ堪ヘヌ次第デアリマス。乍併私ハ日本国民ニハ難ニ処シテ益発憤努力スル剛性ノアルコトヲ確ク信スルモノテアリマスルカラ、現在ノ此未曾有ノ不況ニ打勝、必スヤ遠カラサル将来ニ於テ、一陽来復ノ日ヲ迎ヘルコトカ出来ルモノト、心窃カニ期待シテ居ルモノテアリマス。（後略）

小倉は八月総理事就任と同時に、既に上級職員(資料12参照)の俸給を、高等職員一〇〇〇～八〇〇円を一〇〇〇～七〇〇円に、一等職員七〇〇～四五〇円を六〇〇～四〇〇円に、二等職員四〇〇～一六〇円を三五〇～一六〇円に、それぞれ減額したが、十月さらに次のような論達を行った。

現下財界ノ不況ハ、世界的ニ深刻ニシテ真ニ未曾有ノコトナリトス。而シテ内外四囲ノ情勢ヨリセハ、当分其恢復ヲ見ルコト難カルヘシ。我住友ノ諸事業モ亦其影響ヲ免ルルコト能ハス。此ノ不況ニ対シ、今日ニ於テ機宜ノ対策ヲ講セサレハ、各事業ノ堅実ナル進展ヲ期シ難キニ至ルヘシ。此ヲ以テ此際経営ノ万般ニ亘リ、一層緊縮節約ヲ実行スルコト最モ肝要ナリトス。然ルニ現在職員其他ノ諸給与ニ関スル取扱ハ、戦時好況ノ後ヲ受ケ、我諸事業ノ利

第二部　住友合資会社

六五一

第三章 住友合資会社（中）

潤亦多大ナル時ニ制定セラレタルモノナルヲ以テ、前記ノ趣旨ニ基キ今般之ニ相当ノ変更ヲ加フルニ至レルコト、実ニ已ムヲ得サルトコロナリ。各員ニ於テモ篤ト右ノ事情ヲ諒承シ、此難局ニ処シ、不撓不屈ノ精神ヲ以テ一致協力、一層其職務ニ尽瘁アランコトヲ望ム。

昭和五年十月十日

総理事　小倉　正恆

この論達に基づき、次のような措置が講ぜられた。

(1) 大正九年七月以来、三等職員以下に支給されてきた、臨時手当（本俸の一割）を昭和六年一月から廃止する。
(2) 二等職員以上に対する期末賞与を当分の間減額する。
(3) 二等職員以上の昭和六年一月の定期昇給を停止する。

かくして年末十二月三十日、昭和六年度の会計見積を審議する理事会において、新規起業はすべて延期されることが決定された。けだし昭和五年度の住友合資会社の決算見込みが赤字に転落し、昭和六年度もまた赤字が続くことが不可避となったからである（「二　業績」参照）。

以下この期間における、規程の改廃、組織改正、人事異動等合資会社の統轄システム上の変化を追いながら、必要に応じ当時の経営の実情にふれることとしたい。

大正十四年十月の総理事交代に伴う人事異動は、既に「住友合資会社（上）」で述べた。

大正十五年　三月、前年七月人事部長松本順吉の別子鉱業所長転出に伴い、常務理事小倉正恆が兼務していた人事部長に理事肥後八次が就いた。五月、住友ビルディング第一期工事（北半分）が完成し、合資会社、銀行、肥料、製銅販売店、林業所が入居した他、日之出生命保険が本社を東京から移して入居し、住友生命保険と改称、連系会社に指定された

第1表　職員数比較表（各年末）

(単位：人)

資　格	大正14年	昭和元年	2 年	3 年	4 年	5 年
高等職員	10	9	7	7	9	9
一等職員	23	31	31	34	33	32
二等職員	499	609	693	769	921	997
三等職員	1,603	1,751	1,919	2,015	2,091	2,068
四等職員	1,280	1,269	1,146	1,080	1,039	1,066
医務職員（四等相当以上）	53	54	58	61	74	81
学校職員	43	44	46	43	41	40
嘱託員　（四等相当以上）	23	36	39	44	47	49
補助職員	717	748	766	749	846	836
医務職員（補助相当）	14	16	18	21	22	26
嘱託員　（補助相当）	10	20	26	22	8	6
小　　計	4,275	4,578	4,749	4,845	5,131	5,210
準職員	1,046	1,121	1,187	1,306	1,450	1,512
合　　計	5,321	5,708	5,936	6,151	6,581	6,722

註：昭和3年7月1日従来の重役を高等職員、一〜四等傭員を一〜四等職員、補助傭員を補助職員、病院職員を医務職員、準傭員を準職員と改称した。
出典：各年「処務報告書」

第二部　住友合資会社

（「住友合資会社（上）」五(六)「継」参照）。前年の住友信託・住友坂炭礦の連系会社指定に続く住友生命の連系会社指定の結果、大正十五年の傭員数は著しく増加した（第1表、第2表）。生命では専務國府精一がそのまま主管者となり、さらに会長制をとって湯川総理事が会長に就任した。銀行・信託・倉庫もまた、社長住友吉左衛門友純の死去に伴い社長制を廃して、同じく会長制をとり湯川が就任した。銀行・信託ではこの際専務制をとり、銀行では首席常務取締役八代則彦が、信託では副社長兼常務取締役吉田眞一がそれぞれ専務に就任した。

七月、伸銅所は株式会社に移行し、資本金一五〇〇万円（住友合資九〇〇万円全額払込）の住友伸銅鋼管株式会社が設立された（「五(一)　住友伸銅所の住友伸銅鋼管株式会社への移行」参照）。

十月、明治三十九年（一九〇六）以来二〇年間も若松の主管者の地位にあった理事兼若松炭業所所長吉田良春の停年退職に伴い、支配人山本信夫が後任の所長となった。

日之出生命保険株式会社の経営の承

第2表 合資会社(店部別)・連系会社人員表 (各年8月1日現在)

(単位:人)

店部・連系会社	大正15年	昭和2年	3 年	4 年	5 年
合資会社(本社)	273	264	270	270	283
東京支店	―	―	―	11	13
別子鉱業所	570	―	―	―	―
若松炭業所	215	224	―	―	―
札幌鉱業所	29	33	―	―	―
鴻之舞鉱業所	―	―	24	27	27
大萱生鉱業所	8	9	10	9	9
高根鉱業所	5	5	5	5	6
林業所	44	42	44	43	37
製銅販売店	12	13	―	―	―
東京販売店	51	57	61	59	61
横須賀販売店	3	3	3	3	3
名古屋販売店	5	5	5	6	6
神戸販売店	8	9	9	8	7
呉販売店	7	7	6	7	6
博多販売店	6	6	7	6	7
上海洋行・販売店	3	3	4	4	4
大阪住友病院	44	46	49	52	60
住友別子鑛山㈱	―	575	579	511	524
住友九州炭礦㈱	―	―	225	251	―
住友坂炭礦㈱	39	41	66	196	―
住友炭礦㈱	―	―	―	―	459
住友伸銅鋼管㈱	270	274	280	275	279
㈱住友製鋼所	177	187	194	197	205
㈱住友電線製造所	212	222	230	233	241
㈱住友肥料製造所	62	66	75	84	108
㈱住友銀行	2,044	2,067	2,193	2,187	2,197
㈱布哇住友銀行	10	9	9	9	9
シアトル住友銀行	8	8	6	5	5
加州住友銀行	4	5	5	5	5
住友信託㈱	88	135	144	172	180
㈱住友倉庫	310	318	315	327	312
住友生命保険㈱	87	156	134	185	237
㈱住友ビルデイング	5	7	6	6	6
大阪北港㈱	―	10	17	23	26
土佐吉野川水力電氣㈱	―	10	11	15	18
本家詰所	35	33	30	29	30
合　　計	4,634	4,849	5,016	5,220	5,370

註:準職員以下及び兼務者を除く。
出典:各年「住友職員録」から算出。

同月、社則編纂の常任委員が任命され、社則改正に拍車がかかった。社則編纂の経緯については、「㈡　社則の制定」で改めて詳述したい。

十一月、明治三十三年以来各店部・連系会社から提出されてきた処務報告書が、合資会社で編集されることとなった（資料1）。

同月、合資会社工作部の事務章程が改正され、当初大阪築港の繋船桟橋工事のため設置された臨時土木課（「住友総本店（下）」㈠　店部の新設・改組」参照）についてはその工事が終了したこと、また宮崎県耳川の水力発電工事のために設置された臨時電気課については工事が九州送電株式会社に移管されたため、いずれも廃止されて代わりに工作課が置かれ、建築課建築係と工務係がそれぞれ独立して建築課、工務課となった（資料2）。これに伴う人事異動は、建築課長日高胖はそのままで、建築係長竹腰健造が工作課長に、工務係長最首一治（T2東京高商、Tは大正の略、以下同じ）が工務課長になった。工作部は他に例をみない直営工事のために、一〇〇名をこえる陣容をかかえていたが、不況のために店部・連系会社の直営工事が減少すると、人員整理を余儀なくされ、さらにその存在自体が問題とされるに至るのである。

十二月二十五日、昭和と改元されたが僅か七日間で昭和二年を迎えた。

昭和二年二月、合資会社理事草鹿丁卯次郎が停年退職したため、住友倉庫では前年一月既に常務取締役となっていた山本五郎がそのまま主管者となった。また日米板硝子常務森源之助がイソライト工業株式会社（甥の吉岡藤作京大教授が有望とした石川県能登半島で豊富に産出する珪藻土を利用した断熱材の起業化、昭和十六年四月日本板硝子資本参加）を創立のため辞任し、後任に取締役大石公平が昇格した。四月、大阪北港の草鹿の後任の常務には製銅販売店支配人田島房太郎（M40東大法、Mは明治の略、以下同じ）が転出し、大阪北港の住友の持株が増大し六〇％を超えたため、同社は連系会社に指定された（「五㈡　大阪北港株式会社の連系会社指定」参照）。田島の後任の製銅販売店支配人には、小山九一（M40東京高商、

第三章　住友合資会社（中）

住友伸銅鋼管支配人）が起用された。

六月、明治二十四年制定の監査規程が廃止され、新たに監査及検査規程が制定された。その詳細は「（二）社則の制定」で検討することとしたい。この規程改正は、合資会社事務章程の改正と連動していた(資料3)。すなわち監査部が廃止され、検査役、検査役補及び検査役附属員が置かれた。監査第一課長井上筆次郎と第二課長外山一郎がいずれも検査役になり、さらに山内孫太郎（M40神戸高商、検査役補）と中田直三郎（M45東京高商専攻部、製鋼所副支配人兼経理部長）の二名が追加された。この事務章程改正でその他に、人事部第一課長田中良雄が、第二課長津田秀栄が労働課長に横すべりした。

人事課長田中良雄は、大正十三年人事部第一課長に就任以来、増加する新入職員の研修の必要性を痛感し、各店部・連系会社とも協議を重ねていたが、昭和二年三月「合資会社実習内規」を制定し(資料4)、各店部・連系会社に対しても本社に準じてそれぞれ実習内規を制定するよう求めた。この実習内規は、後に昭和十六年三月社則「職員実習規程」として制定されることになるのである。この起案の備考欄において、内規制定の事情が次のように述べられている。

本社ニ於テハ、学校卒業後直ニ三、四等職員ニ任用セラレタル者ニ対シテハ昭和二年来、「住友ノ職員タルノ人格識見ヲ涵養シ、併セテ実務ヲ習得スルタメ」実習ヲ行ヒ来レリ。実習ハ、住友ノ歴史、伝統精神其ノ他ノ講話、住友及市内一般ノ工場施設等ノ見学及実務（事務及技術、本社ニ於テハ技術実習ハ行ハス）ノ講習等ヲ主タル内容トシ、各所期ノ効果ヲ挙ゲ来レリ。

其ノ後漸次店部・連系会社ニ於テモ之ニ倣ヒ、或ハ各自ノ実習内規ノモトニ、或ハ必要ニ依リ他店部・連系会社ニ委託シテ実習スルニ到リタリ。（実習内規ヲ有スル店部九、連系会社一一社）。

この結果製鋼所、伸銅所、電線製造所の在阪三工場を皮切りに信託、倉庫、生命保険で昭和二年入社の職員から実習

が開始され、その他の店部においては、とりあえず本社及び東京販売店で試験的に実施された。田中良雄は人事課長として自ら住友の歴史、伝統精神について訓話した。これらは田中良雄が昭和十年人事部長専任となった後は総務部長の担当となり、自らは後に『職業と人生』『私の人生観』等として上梓された処世訓や人生観を述べたが、第二次大戦後住友本社が解散して翌三年入社の人事部労働課(六カ月の事務実習後に配属された)大谷一雄(京大法、のち本社労働課長、住友化学社長)、総務部庶務課文書係津田久(東大法、のち本社鉱山課長・人事課長、住友商事社長)、経理部商工課佐藤俊雄(東大経、のち本社企画課長兼査業課長、住友商事副社長)等から本格的なものとなった。

田中良雄の後任として、昭和十年一月本社人事課長となった香川修一は、住友の職員採用方針について次のように述べている。
(4)

先だって脇村先生(註、義太郎東大名誉教授)の著作集を拝見していると、「住友の人々」(註、第二巻二四二頁)のところで特に印象に残ったのは、住友は戦後どうしてあのように三井、三菱を凌ぐような力が出来たかという原因として、外部から鈴木(註、馬左也総理事)さんは偉い人を呼んで来たと名前まで挙げて書いておられる。確かにそれにも一理はありますけれど、大切なことで抜けているのは人材を一応本社に採用して、本社から各連系会社へ配分をしたこと、そして給与はどの事業所に行ってももうかる店部へ行こうが、もうからない事業所へ行こうが同じように昇給するし、賞与ももらえるという、そういう統一ができていたということですね。これは私は住友の大きな発展の基だと思うのです。

ですから今の各連系会社の幹部でも、一社だけに居ってそこだけで育ったという人は、割合少ないのです。皆本社に採用されて、どこかから転勤してきたとか、或はその後応召ということもありましたが、応召の後に帰ってから

第二部　住友合資会社

六五七

第三章　住友合資会社（中）

配分したとか、いうわけで先輩からそういう方針でありますから、終戦後に人を配分する場合でも皆ができるだけ仲よく相談をして、余り取りあいだとか、押しつけあいだとか、そういうことをしなくても済んだわけですね。

それから戦時中で忙しくなってきた会社に対し、銀行から人を出すのでも（註、この場合直に発令するのではなく、次に述べる神田勇吉によれば、一度本社の商工課乃至鉱山課に転勤させ、三カ月間実習を行ってから発令した）、給与は大体同じぐらいですから、転勤が容易にできたのです。もしこれが給与が違ってますと、なかなか簡単に転勤ができないのですね。そういう意味で適材適所といいますか、或る場合には銀行では非常に不向きだったけれども、他の店部へ行ったら非常に発展したとかいうことがあります。

このような見方は、香川修一のような人事関係者だけでなく、昭和十六年当時本社経理部次長兼商工課長であった神田勇吉（T10東大法、のち安東軽金属専務・住友化学取締役）も次のように述べている。[5]

十六年頃であったと思うが、戦争の始まる前、江戸英雄氏（註、三井総元方総務部長代理、当時「三井本社」の設立が検討されていた。のち三井不動産社長）が河井（註、昇三郎、当時住友本社監事、のち常務理事）さんのところにやってきて、住友というところは連系会社に対してよく統制をとっておられるが、その秘訣は何かという質問があった。河井さんは私に君ひとつ会って説明してあげてくれと云われた。私は午前から午後へかけて社則の説明をしたりしたが、その前に、江戸さん、社則にはこういう風に定めてあるが、根本は何かといえば、住友連系会社に行っている人間は、自分は住友化学の社員だとか、住友金属の社員だとか思っていない。自分は住友の社員だと思っているのだ。いつどこへ転勤するかわからないのだ。各人がこういう気持でおるから、兄弟会社同志で喧嘩しても、そのうちに自分が相手のところへ行くかもしれないという観念を、云わず語らずのうちに皆が持っている。だから本社のいうこともきく。これが根本であって規則で仲がいいのだ。いつ本社に帰って来るかもわからない。だから本社のいうこともきく。これが根本であって規則で

取りきめることは、むしろ枝葉末節であるとと説明したものです。

さて昭和二年六月の前記事務章程改正により、経理部では、第一課・第二課を併せて鉱山課、第三課・第四課を併せて商工課とし、第一課長本郷松太郎が鉱山課長(第二課長山村亀太郎は技師)、第三課長兼第四課長小畑忠良が商工課長となった。

経理部の主要業務は、既に「住友合資会社(上)」において日之出生命の買収や住友信託の設立の際述べたように、合資会社の新規起業について特命調査を行い、その結果を起案にまとめて理事会の決裁を得ることであった。例えば今回の異動により第一課兼第三課から鉱山課兼商工課勤務となった香川修一は、昭和五年七月後に述べる石川県尾小屋鉱山の買収に当たり(七㈢ 住友別子鑛業所の住友別子鑛山株式会社への移行」参照)、調査のため鉱山課長繼嫁に随行して、技師長(経理部勤務)であった近藤宏太郎、荒川英二とともに現地に出張し、帰任後売買契約書案を作成している。特命調査はそれほど頻繁にあるわけではないので、経理部の日常業務は連系会社の管理である。大正十一年入社し経理部第三課に配属され、その後第四課主査を経て、今回の異動で商工課勤務となった大澤忠蔵(T11東京商大専攻、本社商工課長、日本電氣経理部長・資材部長、のち住友商事参与)は次のように述べている。
　(6)
　私は大正十一年六月に合資会社に入った。当時経理部は一課から四課まであり、第三課長の大屋敦さんの下に製造店部係と販売店部係があり、私はその製造店部係に入った。係長は小畑忠良さんであった。経理部の仕事は、年末に会計見積を出させて一年間の予算の枠を定める。翌年になり支出をいよいよ実際に出すときには伺が連系会社から出る。これは固定財産支出(一回限り支払えば済んでしまうもの、土地購入など)と起業支出(或期間にわたって継続して支出のあるもの、工場建設など)に分かれていた。
　私は製鋼所の担当で、製鋼所から伺が出ると、その内容を聞きに行き、本社に帰って起案を作り、小畑係長を通じ、

第二部　住友合資会社

六五九

第三章　住友合資会社（中）

大屋課長（註、大正十四年経理部長）、常務理事（註、小倉正恆経理部長兼務）、或は総理事まで仰裁し、決裁を得ると、製鋼所に承認通知を出すというのが仕事であった。

また大澤忠蔵の上司で今回の異動で商工課長となった小畑忠良も商工課の業務について次のように説明している。[7]

その頃は中央集権で、本社の工場に対する統制が厳しかったから、人事は勿論、損益・生産や起業計画はすべて本社の承認を得なければならなかった。製造工場は本社中心で、工場の支配人でも本社の課長や係長には皆調子を合わしていた。工場からは生産高・販売高・損益・収支などが週報・月報として送られてくる。製造店部係では、それを黒帳（註、表紙が黒い帳簿）というのに付けて集計する。年末には来年の見積が、各工場から本社に提出される。私たちはその予算を審査し、役員会にかける、いつも押し詰まった時で年末ぎりぎりまで忙しかった。

これらの説明で明らかなように、連系会社にとって新規起業を進める場合、もし起業計画が緊急を要する場合は、翌年の予算を待たず、その年度の予算の変更もあり得た。後述の肥料製造所の窒素工場増設の場合のように、この連系会社の起業計画に対する合資会社の承認を巡って、当時製鋼所常務であった川田順はのちに次のように述べている。[8]

住友に事業の内容が判っている幹部がいなかった。中央集権もよい。しかし合資会社は人事だけをやればよい。事業の内容・製品にまで関与しようとする。全然判らない幹部がそのような干渉をするので、製鋼所のように他所で儲けるところで儲けない。儲けるべき時期に儲けない。私は思うのだが、企業は儲かる時に儲けなければならない。そしてその利益を幹部が私腹を肥やしたり、悪いことに遭ったりしないで、設備拡張なり、新設なり、良い方面に使えばよいのだ。

合資会社の承認が得られなければ動きのとれない連系会社から、このような批判が出るのは当然であり、既に述べた

経理部と連系会社との間の人的交流は、こうした経理部の統制を円滑ならしめるためにとられたひとつの方策であったということもできる。しかしこのような交流の対象は、経理部に勤務する少数の技師長・技師を除けば、事務職員に限られ、他方各連系会社にはそれぞれ固有の技術者達がいて、新規起業の担い手となっていた。従って連系会社の内部においても、新規起業に関して事務職員と技術者との認識の相違が生じており、例えば前述のような発言をした川田順自身も製鋼所の内部においては技術者の側からみれば必ずしも彼らの推進する新規起業に理解があったとはみられていなかった。大正十一年に川田順と共に製鋼所へ移り、大正十四年には主管者の常務となった加藤栄一(M34京大工・機)は次のように述べている。

(9)

私は製鋼所へ移って後、工場の根本的改善を計画した。伸銅所の方は桜島に新工場を建設したので、製鋼所の旧式さが一層目立った。製鋼所の方は明治四十年の建設のもので、何から何まで非合理的なものであった。(中略)しかもそのような改善は、今のように不況に困る時に、即ち多忙でない時にやらなければならぬと主張した。しかしこれは目先だけの経理関係者、事務屋に妨げられてついに着手できなかった。

合資会社はこうした合資会社と連系会社、或いは連系会社内部における摩擦を最小限に抑えるため、発足当初常務理事小倉正恆が経理部長を兼務した後は、大屋敦(M43東大工・電)と山本信夫(M40京大工・機)という技術者を経理部長に起用するとともに、連系会社の主管者も次第に技術者が占めるようになった。章末付表の連系会社・特定関係会社主管者の中でも技術者は、製鋼・加藤栄一(前述)及び荒木宏(M38東大工・機)、電線・秋山良平(M32東大工・電)、板硝子・大石公平(M45東大工・電)、炭礦・小川良平(M43東大工・採鉱冶金)、炭礦・肥料・山本信夫(前述)、伸銅・古田俊之助(M43東大工・採鉱冶金)、別子・臼井定民(M33東大工・土木)、土佐・吉田貞吉(M40京大工・電)の多きを数えるのである。このうち秋山武三郎は昭和五年に技術者として初めて理事に就任した。

第三章　住友合資会社（中）

このような技術者の主管者について、川田順は「各社の経営は、これら技術者によって、大体に於いて過誤なく行われ、順調に発展して行った。これらの技術家重役等は、いずれも本社の統制に従順で、つまらぬ横車を押す人間は、先ず見当たらなかった」と述べているが、これは合資会社からみた理想の技術者像であって、このような技術者でなければ主管者にはなり得なかったし、なったとしてもその地位に留まり得なかったであろう。例えば上記主管者の中でも、日本板硝子の大石公平は、その後昭和十三年に住友本社経理部と衝突して辞任したことは既に述べた通りである（「住友合資会社（上）」五(一)　日米板硝子株式会社の経営の承継」参照）。

合資会社（経理部）と連系会社（技術者）との対立は、特にこの時期のような不況期では、前者の短期的利益の確保と後者の長期的利益の追求という形で一層顕著となった。例えば「住友合資会社（上）」の「五(五)　住友肥料製造所の株式会社への移行」で述べたように、肥料製造所は昭和五年下期に無配に転落したが、競争力強化のためにこの年末に完成したばかりの窒素工場の増設が直ちに必要となった。このため常務山本信夫は、新規起業がすべて停止されている中で「山本の日参」と称せられるに至ったほど、経理部長大屋敦と交渉を重ね、ようやく六年末にその承認を得ることができた。このように両者の対立は、合資会社として限られた資金を如何に有効に配分するかという問題に帰着すると思われるので、「三　投資活動」及び「四　資金調達」の節で改めて検討することとしたい。

庶務課では内事係を庶務係と改め、雑務係を廃して、その業務を文書係に移管した。事前にこれを聞いた香川修一は「早晩主査になろうとする僕の期待利益は消滅した。それよりも従来係長・主査であった人は皆無位無官になることとなる」と日記に記し、後年「これが残っておれば、例えば山口誓子（Ｔ15東大法、当時人事部労働課）など平課員で終わることもなかったんですがね」と述べた。

この他係長・主査を廃してすべて課員とした。経理部四課制や係長・主査制は、いずれも合資会社設立時に当時の鈴木総理事の強い主張で実施されたものであり、

鈴木がその後も引き続き総理事の職に留まっていれば機能し得たであろうが、鈴木の死後実際の業務に比し機構が過大であった嫌いもあり、実際には兼務者を多用して運用されていたように思われる(第3表及び「住友合資会社(上)」第3表)。後者について資料3には特に「備考(二)、係長及主査ヲ廃止ス」として次のような解説が付されている。

(イ)係長及主査ハ、之ヲ置キテ各課係及其内部ニ於テ分掌ト責任ヲ明ニセントノ趣意ニ基クモノナルモ、主査ハ課ニモアリ、係ニモアリテ而モ其意味モ色々ニテ、或ハ其分掌ヲ明ニセンガ為メノモノタルコトアリ、或ハ係長・課長ニ次グノ地位タルガ如キコトアルモ、畢竟名称ヲ与フルニ過ギザルノ観アリ。

(ロ)然レトモ本社各課係ノ組織人員ニ於テハ、此分掌ト責任ガ課長ガ課係内ノ首席者又ハ其他適当ナルモノヲ指定シテ之ヲ明ニスルコトヲ得ベク、一方係長・主査アルガ為メニ却テ各分担ノ事務明白ニ失シ、適当ノモノニ適当ノ仕事ヲヤラシムルノ弾力性ヲ欠ギ、不便ヲ感ズルコトモ之有、又此地位アルガ為メニ之ニ任命セザルガ為メ係員ノ不平ノ種トナルベキ虞モアリ、人事部ニ於テモ任命等ニツキ困リ居ル実情ナリ。

(ハ)係長・主査ヲ廃止シテ課長ノ指定ニテ適当ノ課員ヲシテ適当ノ事務分掌ト責任ヲ明定セントノ本改正案ノ趣旨ヲ達成センガ為メニハ、各課長ハ責任ト果断トヲ以テ、多少憎マレ役トナルトモ自ラ進ンデ、地位・年輩・席次等ニ拘ハラズ、適当ノ者ヲシテ適当ナル仕事ヲ分担セシムル必要アルモノナリ。従テ本案決オノ上ハ、各部長ヨリ各課長ニ本案趣旨ヲ徹底スル様御話願度キモノナリ。

七月、別子鉱業所が分離独立し、住友別子鑛山株式会社が設立された(〔五三〕 住友別子鑛業所の住友別子鑛山株式会社への移行」参照)。この時別子鉱業所付属の発電所を、大正八年設立されながら休眠状態にあった土佐吉野川水力電氣株式会社に移管し、同社は改めて連系会社に指定された(〔五四〕 土佐吉野川水力電氣株式会社の連系会社指定」参照)。

九月、信託専務吉田眞一は、伊庭貞剛に倣ってか、五七歳の誕生日を前に勇退した。湯川総理事は、信託会長のポス

第3表 合資会社本社部課別人員表（各年8月1日現在） (単位：人)

部課・役職	大正15年	昭和2年	3 年	4 年	5 年
総理事	1	1	1	1	1
理事	6	4	2	2	8
監事	―	―	1	1	1(1)
検査	―	7	8	10	10
秘書	2	3	4	3	2
人事部	1(1)	1(1)	1(1)	1(1)	1(1)
第一課	13	―	―	―	―
第二課	1	―	―	―	―
労務係	5(1)	―	―	―	―
施設係	7	―	―	―	―
人事課	―	16(4)	16(3)	15(1)	16(2)
労働課	―	13(1)	11(1)	12(1)	10
経理部	2	3	5	5	5
第一課	4	―	―	―	―
金属山店部係	5(1)	―	―	―	―
石炭店部係	3(1)	―	―	―	―
第二課	4(2)	―	―	―	―
第三課	4(1)	―	―	―	―
製造店部係	7(1)	―	―	―	―
販売店部係	4(1)	―	―	―	―
第四課	6(1)	―	―	―	―
鉱山課	―	10	12	11	13
商工課	―	21(2)	20(2)	19(2)	23(2)
総務部	1	1	1	1	1(1)
庶務課	2(1)	2(2)	1	1	1
内事係	11	―	―	―	―
庶務係	―	10	11	12	13
文書係	16(4)	16(3)	14(2)	13(2)	13(2)
雑務係	5(2)	―	―	―	―
守　衛	23	23	23	23	27
会計課	2	2(1)	2(1)	2(1)	2(1)
主計係	4	5	4	4	4
計算係	11	9	9	9	9
出納係	7	6(1)	7(1)	5	7
用度係	2	3	3	3	2
地所課	9	10	13(2)	15(3)	15(3)
工作部	4(1)	4(1)	3	2	2
建築課	6(2)	―	―	―	―
建築係	64(4)	―	―	―	―
工務係	29(8)	―	―	―	―
臨時土木課	12(5)	―	―	―	―
臨時電気課	12(1)	―	―	―	―
建築課	―	64(3)	64(3)	62(3)	60(3)
工務課	―	20(1)	19(1)	19(1)	19(1)
工作課	―	20(2)	21(3)	20(2)	20(2)
監査部					
第一課	3	―	―	―	―
第二課	3	―	―	―	―
所属未定(出向・留学・実習)	10	12	14	16	17
合　　計	273	264	270	270	283

註：準職員以下を除く。括弧内は兼務者の内数。他店部を兼務する者は含まない。
出典：各年「住友職員録」から算出。

昭和三年に入ると、三月札幌鉱業所が廃止され、唐松炭坑は住友坂炭礦へ経営委託された。そして鴻之舞鉱山が、鉱量増加と製錬能力の増大によって次第に軌道に乗り始めたことにより、鴻之舞鉱業所として独立した(12)(支配人小池寶三郎)。札幌鉱業所支配人兼住友坂炭礦常務近藤宏太郎は合資会社技師長へ転出し、住友坂炭礦常務には取締役片井虎次郎(M41京大工・採鉱冶金)が昇格した。

後任の信託専務には、銀行常務の今村幸男が転出し主管者となった。

四月、合資会社には総本店から引き続き不時の災厄に備えるため、遠計口、貯蓄口、積立口の三種の積立金が設けられていたが(「住友総本店(中)」註(9)参照)、これらを一本化して本社特別財産規程が制定された。この詳細は「(二)社則の制定」に譲る。同月合資会社総務部長野草省三が急逝し、取りあえず経理部長大屋敦が総務部長を兼務したが、五月合資会社理事兼工作部長兼林業所長本荘熊次郎の停年退職を待って、前年六月監査及検査規程制定後も依然として空席のままとなっていた監事に理事松本順吉をあて、以下次のような人事異動が発令された。

総務部長　川田　順(製鋼所常務)
庶務課長　加納　純一(T8東大法、三菱鉱業、T10住友入社、総務部庶務課庶務係、のち生命常務・社長)
検査役　田中　彌太郎(総務部会計課長)
会計課長　續　虩(伸銅鋼管副支配人兼購買課長兼庶務課長)
工作部長　日高　胖(工作部技師兼建築課長)
技師長兼建築課長　長谷部　鋭吉(M42東大工・建築、技師長)
ビルデイング常務　川田　順兼務
製鋼所常務　荒木　宏(M38東大工・機、山陽鉄道・鉄道省、T15住友入社、製鋼所取締役兼支配人)

第二部　住友合資会社

第三章　住友合資会社（中）

七月、大正十年の合資会社設立以来懸案とされてきた社則がようやく制定された。この詳細は「（二）社則の制定」で述べることとする。

同月、若松炭業所が分離独立して、住友九州炭礦株式会社が設立され、連系会社に指定された（「（五）住友若松炭業所の住友九州炭礦株式会社への移行」参照）。また住友別子鑛山に大阪支店が設置されたため、製銅販売店が廃止され（製銅販売店支配人小山九一が大阪支店長に横すべりした）、明治四年神戸出店の設置以来続いてきた製銅の販売は、製錬と一本化された。[13]

八月、住友伸銅鋼管取締役古田俊之助は常務に昇格、十月同社常務山中柴吉が停年となると代わって主管者となった。

十一月、東京販売店経理課調査係を独立させて、合資会社東京支店（支店長矢島富造、東京販売店支配人兼務）が設置された（資料5）。

十二月、合資会社は北海道鉱業から奔別、歌志内、新歌志内、奈井江の各炭坑を買収、翌四年一月前年三月に経営を委託した唐松炭坑と共に、これらを住友坂炭礦へ譲渡した（「住友合資会社（上）五（四）坂炭礦株式会社の経営の承継」参照）。

昭和四年　一月早々、これに伴う次のような人事異動が発令された。

住友坂炭礦支配人　　本郷　松太郎（経理部鉱山課長）

鉱山課長　　續　　虩（総務部会計課長）

会計課長　　中田　直三郎（検査役）

検査役　　川村　敏雄（M45東京高商、住友坂炭礦支配人）

十二月、肥料製造所常務日高直次が停年退職を控えて、山本信夫（住友九州炭礦常務）に代わった。この人事の経緯は、既に「住友合資会社（上）」の「五（五）住友肥料製造所の株式会社への移行」で述べた。住友九州炭礦の常務には取締役小川良平が昇格し、主管者となった。も湯川寛吉に交代した。同時に会長小倉正恆

同月、合資会社の事務章程が改正され、総理事及び理事の命を受け、特定の業務に従事する参事が置かれた（資料6）。

昭和五年 二月、住友別子鑛山は専務制をとり、主管者の常務鷲尾勘解治が専務に就任した。

同月住友別子鑛山支配人兼大阪支店長小山九一は合資会社勤務となり、三月扶桑海上火災保険へ出向、専務取締役に就任、同社は事実上住友の傘下に入った（「五（七） 扶桑海上火災保険株式会社の経営の承継」参照）。

四月、住友炭礦と住友九州炭礦が合併し、住友炭礦株式会社が発足した。その直前住友坂炭礦常務片井虎次郎が急逝したため、住友九州炭礦の常務小川良平がそのまま住友炭礦の常務すなわち主管者となった（「五（六） 住友坂炭礦と住友九州炭礦の合併による住友炭礦株式会社の発足」参照）。

住友炭礦が発足し、合資会社の持株会社化がほぼ完了した四月末に開催された主管者協議会において、本社庶務課長加納純一は「主管者協議会存続の要否ニ関スル件」という議題を提出し、次のように提案理由を説明した。

毎年年一回各店部連系会社主管者ノ会合ヲ煩シ、重要問題ニ付協議又ハ懇談ヲ為スコトハ、勿論意義深キ制度ニシテ、将来トモ之ガ存続ヲ希望スル次第ナレドモ、翻ッテ其ノ実際ヲ観ルニ、各種業態ヲ異ニスル各部間ニ於テ、議題トシテ討議スベキ共通ノ問題少ク、従テ各部ヨリ提出セラル、議題ハ、年々減少シ、最近ニ至リテハ殆ンド二三題ニ限ラル、実情ニ在リ。又通信交通ノ発達セル今日ニ在リテハ、遠隔ノ地ニ在ル主管者モ時々上阪ノ機会アリ。重要ナル問題ハ、主管者会議ノ開催ヲ待タズ、随時本社ニ提議シテ其ノ実行ヲ図ル方、却テ便宜ナルガ如キ事情モナキニアラズ。因テ従来ノ制度ニ依ル主管者協議会ハ、漸次其ノ必要ヲ失フガ如クニモ観察セラレ、寧ロ之ヲ全廃スルカ、又ハ隔年ニスルカ、乃至ハ二代フル二業態ノ相似タル各部ノミノ主管者ノ打合会、又ハ或ル事項ニ関スル専門担当者ノ打合会ヲ開催スル方、却テ実効多カルベシトノ意見モアリ。旁々之ガ可否得失ニ付、腹蔵ナキ意見ヲ交換シタシ。

第三章　住友合資会社（中）

これに対し次のような賛否両論があった。

存置論ノ理由

一、住友各店部連系会社ガ、相協力シテ一体トシテ活動スル以上、立前トシテ当然主管者協議会ノ如キ制度アリテ各主管者ガ定期ニ一堂ニ会シ、協議懇談ヲ為ス機会ヲ有スベキモノニアラズヤ。

二、住友内ニ於ケル各店部共通ノ問題（人事、会計等）アルヲ以テ、主管者協議会ノ如キ機会ニ、広ク各部ノ意見ヲ徴シテ、解決シ得ル便宜アリ。殊ニ全般共通ノ問題ヲ一店部ヨリ進ンデ提案スルコトハ、平素ハ相当困難ナレドモ、主管者協議会ノ議題トシテノ提出ハ比較的容易ナリ。

三、遠隔ノ地ニ在ル主管者ハ、自然本社ニ出頭ノ機会ニ乏シキヲ以テ、主管者協議会ノ開催ハ上阪ノ好機会ニシテ、之ヲ以テ本社各部課トノ意思ヲ疎通シ、並ニ書面ヲ以テ打合セ難キ種々ノ事項ヲ打合スコトヲ得。

四、各店部主管者ト本社トノ意思疎通ハ、主管者協議会ナクトモ或ハ為シ得ベシト雖モ、各店部連系会社間相互ノ意思疎通ハ、平素極メテ困難ニシテ、主管者協議会ハ其ノ良キ機会ナリ。

五、大正二年以来年々開催シテ相当効果ヲ収メタル主管者協議会ヲ、単ニ議題減少ノ理由ノミニテ廃止スルハ、残リ惜シキ感ジモアリ、多少方法ニ改正ヲ加ヘテモ存続ノコト、致度シ。

無用論ノ理由

一、住友ノ事業モ其ノ種類愈々増加シ、事業形態モ多種多様トナレルニ伴ヒ、事業全般ニ通ズル一般共通的ナル問題漸次減少セルコト。加之従来旧家法ノ下ニアッテ種々取扱上不明ナル点多カリシ問題ハ、社則改正ニヨリ略闡明セラレタルヲ以テ、討議スベキ議題極メテ僅少トナレルコト。

二、主管者会議ニ於テ各店部間意思ノ疎通ヲ計ラントスルモ、最初ノ主管者会議ニ於ケル如ク拾名内外ノ出席者ナ

ル場合ニ於テハソノ目的ヲ達スルニ効アラン。然レ共現在ノ如ク六十数名ノ多数ノ会議トナル時ハ、相互ニ懇談スルトイフガ如キハ事実困難ナルコト。

三、遠隔ノ地ニアル主管者上阪ノ機会ヲ得テ、本社各部課ト意思ノ疎通ヲ計ル機会トナルハ勿論ナリト雖、交通機関ノ発達ハ自然上阪ヲ容易ナラシムルノミナラズ、主管者会議以外ニ上阪ノ機会増加シツツアリ。例ヘバ労務者打合会、販売関係者打合会、会計会議等ノ機会を利用スルコトヲ得ルコト。

四、各店部連系会社間相互ノ意思疎通ノ機会ヲ得トイフモ、之ニ期待セラル、程度ノ意思ノ疎通ハ他ニ方法アリ。在阪店部トソレ以外ノ店部トノ関係ナラバ、必ズシモ全部同時ニ集ルコトヲ要セズ。遠隔ノ店部同志ノ関係ナラバ、前記専門的ノ打合会ヲ同期ニ開催スルコト、セバ、必ズシモ主管者会議ヲ必要トセザルベシ。事実住友事業ノ拡大、内容ノ充実ニ伴ヒ、専門的ノ打合会開会ノ要求ハ必然的ニシテ、漸次其数ヲ増スニ至ル傾向ニアリ。

五、之ヲ要スルニ共通議題ノ減少ト出席者ノ増加ト而シテ専門的ノ打合会ノ増加トハ、敢テ主管者会議ヲ開催セズトモソノ目的ヲ達スルコトヲ得ベシ。

この結果最後に常務理事小倉正恆は「要スルニオ集リヲ願フコトニ重キヲオカレ、バソレデ良イノデ、存続ノ要有リト思フ」と述べて、この問題に決着がつき、以後第二次大戦末期の昭和十八年まで引き続き毎年開催されることになった。常務理事の後任には、既に述べたように総理事湯川寛吉は退職し、常務理事小倉正恆が総理事（住友合資会社代表社員）となった。常務理事の後任には、総務部長川田順が就任した。また監事松本順吉が理事に返り咲き、業務執行社員となり、監事を兼務した。他に八代則彦（銀行専務）、今村幸男（信託専務）、秋山武三郎（電線常務）、鷲尾勘解治（別子専務）の四名が理事に選任された。他方で総理事小倉正恆が連系各社の会長を兼務したが、銀行だけは小倉より上席の八代専務が会長を兼務したことは既に述べた。これと同時に次のような人事異動が発令された。

第三章　住友合資会社（中）

人事部長兼務免　肥後　八次（理事兼人事部長兼林業所長）
常務理事兼人事部長　川田　順（総務部長）
総務部長兼務　大屋　敦（経理部長）

同月、住友ビルディング第二期工事（南半分）が完成し、合資会社・連系各社の入居の再配置が行われ、翌年にかけて新たに海上・板硝子・信託が移転した（「住友合資会社（上）」五三　株式会社住友ビルディングの設立」参照）。

十月、これまで週二回開催されてきた合資会社理事会を月一回（第一月曜日午後二時）とし、かつ議題の整理を行うこととした（資料7）。また連系会社の定例取締役会もこれに合わせて月一回の開催とされた（資料8）。理事の増員と業務の拡大によって、これまでのような頻繁な開催は、事実上不可能になったものと思われる。

十二月、理事兼林業所長肥後八次が退職した。まだ五五歳で高等職員の停年（六〇歳）まで年数があったが、不況のため高齢者・高給者に対する勇退勧告が始まっており、その一環とみられる。

　　（二）　社則の制定

「住友合資会社の設立」の「三(二)　合資会社の組織と人事」で述べたように、大正十年五月「家法」の名称を廃止し、家法中の諸規程がそれぞれ単行規程とされた。そして大正十二年六月、総務部庶務課文書係で社則編纂の作業が開始されたが、「安井（註、冨士三、T9東大経、当時人事部第二課施設係主査、のち鑛業常務、安井曾太郎実弟）さん、日比（註、文雄、T11東大経、当時経理部第四課主査、のち本社地所課長・大阪建物社長）さん、加納（註、純一、当時総務部庶務課内事係主査兼文書係主査）さんが一緒になって、週何回か集まって改正のことを議しておられたが、野草総務部長兼庶務課長から、こんなことでは何時できるかわからんから、専門委員を設けて早急に解決しようではないかという案が出

六七〇

て、各課から専門委員を出すことになったのです。」

かくして大正十五年十月、社則編纂に当たる常任委員が任命されたのである。野草が委員長となり、副委員長中川路貞治（T8東大法、当時総務部庶務課文書係長、のち金属常務・専務・大阪チタニウム製造社長）、委員は第一部（人事関係）が平塚正俊（T12東大法、当時文書係主査、のち金属副社長）及び飯田好文（T4京大法、当時人事部第一課主査、のち神戸販売店支配人・住友多木化学常務）、第二部（経理関係）が藤岡泰蔵（T10東京商大専攻部、当時総務部会計課計算係主査、のち生命東海事業部長兼名古屋支社長）及び前記香川修一であった。

作業は、従来の「家法及諸規則類纂」に収録されていた諸規程の全般的な見直しから始められたが、急を要するものが優先された。

1　監査及検査規程

住友の監査制度は、明治二十三年公布された日本最初の商法に倣って制定された「監査規則」に始まるが、制度として確立したのは、明治三十二年日銀計算局長を退職した藤尾録郎を新たに設置した専務監査員兼監査課主任として迎えてからであった。藤尾録郎は国立銀行を監査した豊富な経験を生かして、業務監査と会計監査の双方に精通し、報告書を作成して直接家長に提出していた。しかし藤尾録郎は明治四十三年に病没してしまったので、大正三年業務監査を担当する専務監査員と会計監査を担当する監査課を分離し、専務監査員は監事と改称されたが依然空席のまま、監査課は本店支配人の下に置かれた。大正十年合資会社が設立されると、専務監査員は監事の行うべき業務監査的な業務を担当し、監査部は会計監査を担当する形となった。常務理事の指揮の下に権限を強化された経理部が本来監事の行うべき従来の監査規程が廃止され、新たに監査及検査規程が制定された（資料9）。社則編纂常任委員会発足以来、半年余でこの規程が制定されたことは、それが如何に急を要するものであったかを物語っ

昭和二年六月、事務章程の改正に伴い

第二部　住友合資会社

六七一

第三章　住友合資会社（中）

ている。すなわちこれまで連系会社の監査は合資会社監査部の二乃至三名を連系会社監査役附属兼務として行われてきたが、合資会社発足当初銀行、製鋼、電線の三社にすぎなかった連系会社がその後七社も増加し、社則編纂常任委員会の発足時には一〇社に達していた。これに対し監査体制は、合資会社発足時監査部第一課三名、第二課四名計七名であったのが、大正十四年十月第二課長熊倉四郎の停年退職により一名減となっていた。このため大正十四年十二月、銀行に対する銀行では合資会社の二倍の検査の人員一四名が監査役附属兼務となった。

又監査部の業務分担は、従来第一課が本社、鉱山業、林業、農業、第二課が工業、販売業、銀行業、倉庫業となっていたため、第一課が新居浜へ出張して別子鑛山の監査を行っても、肥料製造所の監査には別途第二課が出張しなければならないという問題も生じていた。この結果監査業務に従事する人員の効率的運用を図るため課制を廃止し、併せて監査部の業務の実態が会計監査に限定されているので、銀行の検査役の業務と同一ではないかという指摘で銀行同様検査役という名称が採用された。なお職員録において、これまで監査部が各部中の末尾にあったのに対し、検査役が理事と各部の間に移されたことをもって（第3表）、監査部長が理事に次ぐ検査役にランクアップされたとする見方があるが、(15)これは秘書役とともに職員録編纂上の便宜的なものであって、そのような事実はない。

このような従来の監査部の行う監査なるものが銀行や信託の検査役が行っている会計検査と何等変わりはないかという社則改正編纂委員の指摘に対し、監査部第一課長井上筆次郎は監事と監査部長の関係を図示（略）して、次のように反論している。

今、監事ト部長トノ関係ヲ左ノ如ク分析シテ観察スルニ、監事ノ欠員ヲ前提トシ又欠員ヲ予想シテ規程ヲ作ルハ不可ナリ。今、前表ヲ観察スレバ、監事ト部長トノ関係カ如何ニ不都合千万ナルヤハ、今更説明ヲ要セサルベシ。其

原因ハ根本問題トシテハ、監査部ハ常務理事ニ属シ、監事カ其監査業務執行機関ニアラザルガ為メニシテ、先ズ此根本問題ヲ解決セサレバ、監事其人ヲ得サルノミナラス、此組織ノ下ニハ監査機能ヲ死地ニ陥ラシメ、十分其機能ヲ発揮セシムルコト能ハサルハ、論スル迄モナシ。監事ト部長トヲ常ニ斯ル不円滑ノ組織ノ下ニ置ク規定ヲ作ラントスルハ、絶対ニ賛成シ難シ。若シ常識論ヲ云々スルモノアレバ、寧ロ規定ナキニ宜カズ。

当時合資会社内部においては、監事が空席であっても、経理部が業務監査をカバーし、監査部が会計監査を担当すれば、連系会社を統轄する上で支障はないという立場が有力であり、ただ効率的な運用を図るためには、この際監査部を検査役に改め、その業務を会計検査に限定しようという考えであったと思われる。これに対し監査部の立場は監査部が監事と分離されて常務理事に属しているために、本来監査部が行うべき業務監査が行えず、会計監査にも支障を来たしているというものであった。この結果次のように形式上は監事による業務監査と検査役とによる会計検査とに分離するが、運用上は検査役にもある程度の業務監査を認めることで決着が図られた。事務章程改正の起案は、「備考(二)一、監査部ヲ廃止シ新ニ検査役・検査役補及検査役附属員ヲ設ク」として次のように改正の要点を解説しているが、理事会における湯川総理事の意見として「検査役ノ職務権限ニ関スル見解ハ、本案解釈ヲ以テ可ナリト思フ。事業成蹟査閲ノ程度ハ常務理事之ヲ指示シ、寛厳宜シキヲ得ルヤウ部長以下全部常務理事ノ指揮監督ニ属シ、会社ノ常務トシテ会計検査ヲ行フヲ主体トスルモノナルガ故ニ、監査部ナル用語ハ適当ニ非ス。検査ト改称スルヲ適当トス。(註、この間に挿入文あるも付箋脱落のため不明)且現在監査部ノ第一課・第二課ノ分課ハ、経理部ノ分課ニ対応スルモノナルモ、其仕事ノ分量均衡ヲ失スルノミナラズ(保険・信託ノ新事業ト共ニ此均衡ハ益々失シツヽアリ)、一方其分掌明白ナルガ為メニ、同一場所ニ旅行スルモ其近クノ店部ヲ序ニ監査スルヲ得ズ。例バ第一課ガ別子鉱業所ニ監査ニ行キテモ、肥

第二部　住友合資会社

六七三

第三章　住友合資会社（中）

料ハ第二課ノ分掌ナレバ之ヲ監査セズ、第二課ノモノ更メテ出向スルノ実状ニ有之、旅費ノ浪費トモ相成リ居ル次第ナレバ、此際検査役及検査役補ヲ設ケ、之等ガ常務理事ノ指示ニヨリ地方別及店部別等ニ基キ、各分担ノ検査ニ従事セシメントスルモノナリ。即常務理事ハ随時各検査役ニ其検査スベキ店部及其同行スベキ検査役補・検査役附属員ヲ指定シ以テ検査ノ能率ト其伸縮性ヲ達成セントスルモノナリ。

（ロ）検査役ハ検査ニ付テノ当面ノ責任者ニシテ、其同行スル検査役補及附属員ヲ指揮監督スベキモノナリ。検査役補ハ検査役ニ随行シテ其指揮ヲ承ケ、検査ニ従事スルコトモアリ、又検査役事故アルトキ、若クハ常務理事ノ指示ニヨリ独立シテ当面ノ責任者トシテ検査ニ従事スルコトモアルモノナリ。

（ハ）検査役ハ検査ヲ行フモノニシテ監査ヲ行フモノニ非ズ。監査ハ監事之ニ当ルモノナリ。監事ノ監査ハ大体株式会社ノ監査役ノ監査ニ相応スルモノニテ、検査役ノ検査ハ銀行・信託等ノ検査ニ相応スルモノナリ。本案ハ検査役ノ職務権限トシテ「会社ノ業務ニ関スル一切ノ検査ヲ掌理ス」トアルモ、其意味ハ現行監査規程第一条ノ趣旨ト同様、会計検査ヲ主眼トスルモノニテ偶々之ト干聯シタル事業成蹟査閲範囲ニ触ルコトアランモ、ソハ検査ノ本体ニ非ズ。検査ノ本体ハ即金銭ノ出納・物品ノ受払・現在有物ノ状態・記帳計算並ニ会計ニ関スル事務ノ執行ガ規則指令通牒本社ノ方針ニ違背スルコトナキカヲ検査スルニ在リ、尚「会社ノ業務ニ関スル一切ノ検査」トアルヲ以テ、進ンデ事業ノ成蹟ヲ査閲シ得ルハ勿論ナリト雖モ、元来合資会社ノ事務章程ニ於テハ「事業経営ノ指揮監督」ハ経理部ヲシテ之ニ当ラシムルコト、ナレルヲ以テ、検査役ヲシテ必ラズシモ事業ノ成蹟ヲ査閲セシムルノ必要ナシ。又之ヲ完全ニ為サシメントスルコトハ、難キヲ強ユルモノニシテ不可能事ニ属ス。但会計検査ニ際シ、進ンデ事業ノ成蹟ヲモ査閲セシムルコトヲ便宜且ツ必要トスル場合アルヲ以テ、之ヲ其権限中ニ包含セシムト雖モ、之ハ単ニ便宜上ヨリ出デタルモノニシテ本体ニ非ズ。即検査役及検査役補ヲ設ケタル主タル目的ハ、此本体タル会計検査ヲ

厳格ニシ、以テ事業ノ堅実ナル発展ニ資スルニ在ルヲ以テ、之ヲ完全ニ果セバ、其責任ハ尽サレタルモノト云フベク、如何ナル場合ニ於テモ、進ンデ事業ノ成績ヲモ査閲セザルベカラザルノ義務ナキコトヲ此際明ニ致シ置キ度。

（ニ）元来合資会社ニ於テ各店部ヲ統轄監督スル為ニ、本社各部ヲシテ各専門ノコトヲ掌理セシム。而シテ事業経営ノ指揮監督ハ経理部之ニ当ルコト、ナレルヲ以テ、検査役ノ職務権限ハ「会社ノ会計ニ関スル検査」ト限定スベシトノ論モアルモ、斯クテハ検査ヲ受クル各店部ニ於テ、会計ノ意義ヲ狭義ニ解シテ、会計検査ナル文字ニ藉口シテ検査ノ機能ノ発揮ニ支障アリトノ監査部員ノ希望アリ、且会計検査ニ際シ、進ンデ事業ノ成績ヲモ査閲スルヲ便宜且ツ必要トスル場合モ有之、旁銀行・信託・保険等ノ検査役ノ職務権限モ「業務ニ関スル一切ノ検査」トアリ、検査ノ本体モ常識ニテ決定シ得ベキヲ以テ、業務ニ干スル一切ノ検査トスルモ、不必要ナル事業監査ニ亘ルコトハ無之カルベキヲ以テ、業務ニ関スル一切ノ検査ヲ致セシ次第ナリ。

（ホ）以上ノ趣旨ニヨリ検査役及検査役補ハ経理部ノ分掌タル事業経営ノ指揮監督ト独立シテ、検査事務ニ従事スルモノナルヲ以テ、克ク此点ヲ了解シ経理部ト連絡ヲ取リ、二重監督トナラザル様努メ、以テ本社及常務理事ノ統轄ノ機能ヲ達成スベキモノナリ。

この改正では一四社に達した連系会社の監査を如何に実施するかが最大の眼目であったと思われるが、連系会社に対しても合資会社の各店部と同一レベルで監査及検査規程を適用するために、次のような起案が決裁された。さらに昭和三年五月空席であった監事に理事松本順吉を起用し、この監事に銀行を除くすべての連系会社の監査役を兼務させて、検査役・検査役補の連系会社監査役附属兼務との整合性を図ったが、松本順吉は藤尾録郎のような監査の専門家でもなく、昭和五年八月には理事との兼任になるなど、この監事はあくまで名目的なものであったと思われる。

例第五四号

第二部　住友合資会社

六七五

第三章　住友合資会社（中）

連系会社監査役附属ノ監査事務執行並ニ其報告方ニ関スル件

提出　昭和二年五月四日　　決裁　昭和二年五月一七日

今般合資会社事務章程一部改正セラレ、検査役及検査役補ガ設ケラレ同時ニ監査役規程廃止セラレ監査及検査規程制定相成候処、検査役、検査役補及検査役附属員ハ各々各連系会社ノ「監査役附属」トシテ其会社ノ監査事務ニ従事スルコト、相成ルベク、而シテ右ハ合資会社ニ於テ各店部同様ニ各連系会社ヲ監督スル必要上、合資会社ノ検査役、検査役補及検査役附属員ヲシテ其会社ノ検査事務ニ従事セシメ得ル便宜上ヨリ出タル次第ナレバ、此等監査役附属ガ連系会社ノ監査ニ付テハ、同時ニ合資会社ノ検査役及検査役補ノ職務権限ヲ以テ「監査及検査規程」ニ依リ、職務ヲ執行シ又同規程第九条ニ依リ検査ノ結果ハ当該会社監査役ヘ報告スル外、常務理事ヘモ報告致サシムベキコトニ決定相成可然哉。

備考

一、本伺定ハ連系会社ガ独立ノ法人タル点並ニ検査役等ガ其会社ノ監査役附属トシテ監査ニ従事スルノ点ニ於テ、理論上無理ナル点無シトセザルモ

（イ）此監査役附属タルコトハ、連系会社ガ独立ノ法人ナル為メ、已ムヲ得ズ取リタル形式ニシテ、実質上ハ検査役トシテ各店部ノ検査ニ従事スルト何等異リタルモノニ非ズ。

（ロ）合資会社諸規程ハ総テ各店部及連系会社ニ同様ニ準用サレ居リ、又連系会社ノ本社ニ対スル関係ハ店部ト同様ノ関係ニ有之。

（ハ）本社常務理事ハ統轄機関タル本社ノ常務担当者トシテ、各連系会社ノ検査ノ結果ノ報告ヲ受クル必要アル次第ナルヲ以テ

第4表　積立金年末残高

(単位：円、円未満切り捨て)

年	遠計口	貯蓄口	積立口	合　計	増加高
大正10	2,438,010	1,918,028	5,004,038	9,360,077	2,512,008①
11	2,594,423	2,030,334	5,316,821	9,941,578	581,501②
12	2,872,356	2,160,858	5,666,784	10,699,998	758,419③
13	3,079,305	2,302,330	6,348,078	11,729,714	1,029,716④
14	3,281,052	2,436,557	6,849,574	12,567,184	837,469
昭和元	3,436,843	2,535,889	7,323,803	13,296,536	729,352⑤
2	3,602,087	2,639,308	7,817,215	14,058,611	762,075

原註：①組織変更ノ際有価証券ノ価格引上ゲタルニ付著増(「住友合資会社の設立」第2表註④参照)。
②③会計規則ニヨル積立金ヲナサズ。
④同上積立金既往二ヶ年分二十万円ヲ余分ニ積立テタルタメ増加高著シ(「住友合資会社(上)二(一)合資会社(本社部門)の業績」参照)。
⑤前年度ニ於テ無配当ノ住友生命ヲ買入レタル(「住友合資会社(上)二(一)　合資会社(本社部門)の業績」参照)ト、利廻低キ日銀株ヲ普通口ヨリ譲受ケタル(「住友合資会社(上)三　投資活動」参照)ト、預金利廻低下ノ為増加率減少ス。

住友家内部関係ノ伺定トシテハ当然ノモノナリ。
二、本伺定ハ元来検査役ヨリ伺出ヅベキ性質ノモノナルモ、監査及検査規程ト干聯スルモノナルヲ以テ、便宜庶務課ニテ立案伺出シタルモノナリ。尤モ本伺定ノ写ハ、検査役及検査役補ニ交付シ、本伺定ノ趣意ヲ徹底スル様致スベシ。

2　本社特別財産規程

住友には、これまで不時の災厄に備えるため、文久四(元治元)年(一八六四)廣瀬宰平が開設した遠計口、明治八年第二代当主友親が開設した貯蓄口、明治三十三年会計規則制定により開設された積立口の三種の積立金が存在した(「住友総本店(中)」第11表、「同(下)」第12表参照)。昭和三年四月、これらの積立金を一本化して、本社特別財産規程が制定された(資料10)。合資会社設立後、昭和二年末に至る間の積立金の増加状況を第4表に示した。

3　社　則

昭和三年六月十四日、社則の編纂が終了、公布され、七月一日実施された。社則は甲(合資会社全般に関する諸規程)とその別冊(各店部・連系会社の事務章程)及び乙(合資会社本社限りに関する諸規程)の二部から成っていた。社則甲及び乙を構成する諸規程と今回廃止された諸規程の一覧を(資料11)に

六七七

第三章　住友合資会社（中）

今回の社則の制定により、「営業ノ要旨」が改正された。すなわち次の通り第一条、第二条は〈 〉部分が追加されただけであるが、第三条が削除された。

　　　　営業ノ要旨

第一条　我〈住友ノ〉営業ハ信用ヲ重ンシ確実ヲ旨トシ以テ〈其ノ〉鞏固隆盛ヲ期ス〈ヘシ〉

第二条　我〈住友ノ〉営業ハ時勢ノ変遷理財ノ得失ヲ計リ弛張興廃スルコトアルヘシト雖苟モ浮利ニ趨リ軽進スヘカラス

第三条削除について、昭和六年三月、合資会社庶務課長加納純一は、『住友物語』（千倉書房　昭和六年）上梓のため照会してきた白柳秀湖に対し、次のように回答している。

以前ノ家法ニハ、営業ノ要旨中ニ別子銅山ヲ以テ「我一家ノ財本ニシテ斯業ノ消長ハ実ニ我一家ノ盛衰ニ関スルモノトシテ、別子ヲ特ニ重要視シタルモ、現行社則ニハ右項目ヲ削リタリ。蓋シ他種事業ト雖モ近来規模内容拡大充実シ来リ、ソノ間ニ差別視スル要ナクナリタルタメナリ。

また従来慣用的に使用されてきた「本社」の名称を使用する場合が正式に規定された。

　　　　本社名称ニ関スル件

規程其ノ他一般店用文書ニ於テ合資会社ノ本社（各店部ヲ包含セサル）ヲ指称スル場合ハ「本社」ナル名称ヲ使用スルモノトス（後略）

社則の配布に当たり、次のような改正の要点が添付された。この中統轄システム上重要な規程の改正点のみ列挙することとする。

六七八

社則改正要点

1. 職員規程
   一、傭員ヲ職員ニ改称シ、傭員各種別モ夫々別紙甲第九号達(資料12)ノ通改称セラル。
2. 準職員規程
   一、準傭員ハ準職員ト改称ス。(後略)
3. 職員提出書類ニ関スル規程(略)
4. 事務引継ニ関スル件(略)
5. 休暇規程(略)
6. 欠勤規程(略)
7. 俸給規程・俸給規程施行細則(略)
8. 兵役服務取扱規程(略)
9. 賞与規程(略)
10. 懲戒規程(略)
11. 内国旅費規程・内国旅費規程施行細則(略)
12. 特定地区勤務手当規程(略)
13. 積金規程(略)
14. 積金取扱手続(略)
15. 会計規程及同施行細則

第二部　住友合資会社

第三章　住友合資会社（中）

一、各店部所属支店又ハ事業所等ニシテ、計算ヲ分離セルモノ及特別会計ニ関シテハ特ニ本社ニ於テ必要ナシト認メタルモノニ限リ、会計見積書及実際報告書ヲ提出スルヲ要セザルコトトス

二、会計見積書及実際報告書記載事項中、資金最高額ハ之ヲ廃止シタリ。

三、起業支出各科目予算ハ、収支予算中ニ於テ詳細ニ之ヲ説明スルコトトシ、従来ノ起業予算表ヲ省略セリ。

四、営業費各科目予算ノ増加ハ、其著シキモノニ限リ本社ノ認可ヲ受クコトトス。

五、固定財産各科目支出予算ノ超過又ハ新規支出ニ付テハ、之ヲ起業支出各科目予算ト同様ノ取扱ト為セリ。

六、現金出納ハ、原則トシテ各店部所在地ノ住友銀行ト当座預金取引ヲ開キ、例外トシテ同銀行ニ委託シテ之ヲ行ヒ得ルコトトセリ。

七、主管者ニ代リ伝票ニ認印スル者ヲ定ムル場合ハ、本社ノ認可ヲ要スルコトトシタリ。

八、補助元帳ノ設定変更廃止ハ、他ノ補助帳ト同ジク報告事項トシ認可ヲ要セザルコトトス。

九、経費ニ関スル元帳科目及内訳科目ハ、今回改正シタル経費科目表ニ準拠スヘキモノトシ、特殊ノ事由アルトキハ、本社ニ稟申ノ上其一部ニ付之ヲ変更ヲ為シ得ルコトトス。

営業費科目ニ付テハ、規程上明文ナキモ各店部ニ於テハ当分ノ内矢張リ従来カラ使用ノ科目ニ依ルコトトシ、会計整理上著シク不便アルモノニ限リ本社ニ稟申ノ上変更セラレ度。又事業費科目ニ依ルモ便利トスル場合ハ此ノ制度ニヨルモ差支ナシ。

十、本社ニ提出スル諸表ノ中、従来ノ元帳差引残高表ハ元帳残高表、計算表ハ元帳残高合計表ニ、収入支出表ハ収支予算表ニ、損益表ハ損益予算表（又ハ損益決算表）ニ改称セリ。尚上下両半期損益決算額予想表及下半期損益及収支予想表ニ付テハ、従来提出期日ヲ其都度本社ヨリ通知セルモ、今回之ニ付規定ヲ設ケタルヲ以テ、

今後ハ右通知ヲ省略スヘキニ付、所定ノ期日迄ニ相違ナク提出セラレタシ。

十一、従来毎半期ニ提出セル経費及営業費ノ雑費内訳表ハ廃止ス。但シ実際報告書ニハ必ズ之ヲ明記セラレタシ。

十二、従来ノ提出ノ諸表ニシテ規程ニ明示セザルモノト雖、此処ニ記載シタルモノノ外ハ総テ依然提出セラレタシ。

十三、実際報告書ハ、其年度ノ会計見積書ト対照スルヲ以テ足リ、前年度実際報告書トノ比較ハ各店部ノ自由ニ任セリ。

十四、会計見積書ニ計上スヘキ俸給ハ、本社ヨリ通知スヘキ一定ノ増加率ヲ見込ミ計上スルコトヽシ、賞与ハ見積書作成年度上半期実際支出額ノ倍額ヲ以テスルコトヽセリ。

16. 資金規程

一、各店部資本金ノ計算ニ当リ、従来ノ創業費勘定、固定財産勘定、起業支出勘定及一定ノ流動資金ノ合計ノ外権利勘定ヲ加算スルコトヽセリ。

二、各店部ト其ノ所属ノ支店又ハ事業所等ニシテ計算ヲ分離セルモノ、又ハ特別会計トノ間ニ資金規程ヲ準用スルノ規程ヲ任意規程トシタリ。

17. 財産規程（略）
18. 償却規程（略）
19. 会計諸帳簿及諸表様式（略）
20. 文書規程

一、合資会社全体ニ関スル事項ハ甲達ヲ以テ発表シ、本社限リニ関スル事項ハ乙達ヲ以テ発表ス。従来ノ甲乙内

第二部　住友合資会社

六八一

第三章　住友合資会社（中）

(16)

ノ各達ト分類ヲ異ニス。

二、各店部ニ対スル指令ノ形式ハ之ヲ廃止ス。従テ認可ノ決定アリタルトキハ、関係部長ヨリ主管者宛書面ヲ以テ其旨ヲ通知スルコトトス。

21. 未成年給仕修学規程（略）

22. 職員準職員発明ニ関スル規程（略）

23. 職員異動報告（略）

24. 交際費支出内規（略）

25. 連系会社職員準職員待遇其他ニ関スル内規

一、従来各連系会社職員準職員待遇ニ関スル事項ヲ、一括シテ本規程ヲ設ケタリ。従テ将来連系会社設立セラル、モ、従来ノ如ク一々身分関係ニ付通達ヲ為サズ、連系会社ノ指定ヲ為スニ止メ、之ニ依リ当然本規程ニ基キ身分関係決定スルモノトス。（後略）

26. 用字例（略）

（資料1）

例第一二九号

　　　　処務報告ノ件

提出大正十五年九月二十日　決裁同年十一月三日

従来各店部ヨリ主トシテ家史編纂ノ材料ニ供スル為メ、年度毎ニ処務報告ヲ提出致サセ居候処

一、各店部ニテハ其記載事項ノ取捨選択ニツキ困難ヲ感ズルト共ニ多大ノ手数ナルコト（大正六年及十五年度主管者

六八二

会議ニ於テ之ガ廃止若クハ記載事項整理方ニ付別子鉱業所ヨリ提案アリタリ）

一、其記載事項ノ重要ナルモノハ、殆ド全部本社ニ於テ判明シ、之ガ編纂ハ本社ニ於テ之ヲ為スヲ得ルト共ニ、此種ノモノニテ家史編纂ノ材料トシテハ十分ナル次第ナレバ、大正十五年度分ヨリハ各店部ヨリ提出ハ之ヲ廃止シ、之ニ代フルニ左記内規ニヨリ本社各課及本家詰所ニ於テ分担シテ材料ヲ集メ、庶務課文書係ニ於テ整理編纂ノコトニ御決定相成可然乎。

　　処務報告書ニ関スル内規

処務報告書ハ、左記各項ヲ各課ニ於テ分担シ、其重要ナルモノヲ摘録シ庶務課文書係ニ於テ整理編纂スルモノトス。

一、吉凶大礼祝事宴会等ニ関スル件（庶務課内事係）

二、臨時休業ニ関スル件（庶務課文書係）

三、家務ニ関スル件（本家詰所）
　イ　家長殿進退ニ係ル事項
　ロ　御家族及御親戚ニ係ル事項

四、末家ニ関スル件（人事部第一課）

五、公共事業寄附義捐又ハ其褒賞ニ関スル件（庶務課内事係）
　右ハ一件千円以上ノモノヲ本社名義、店部連系会社名義、社長名義、家長名義其他ニ分チ記載スルモノトス。

六、人事ニ関スル件（人事部第一課）
　イ　傭員ノ進退異動ニ係ル事項
　ロ　傭員ノ公務又ハ公共事業ニ関シ或ハ連系会社以外ノ会社役員ニ就任等ニ係ル事項

　　第二部　住友合資会社

第三章　住友合資会社（中）

　ハ　主要ナル賞罰ニ係ル事項
　ニ　傭員ノ留学及海外出張ニ係ル事項
七、労働者ニ関スル件（人事部第二課）
八、例規ニ関スル件（庶務課文書係）
　イ　定款及達ニ係ル事項
　ロ　各連系会社定款例規ニ係ル事項
　ハ　通牒及指令ニ係ル事項
　ニ　内規細則ノ重要ニシテ先例トナルヘキモノニ係ル事項
九、商標及特許ニ関スル件（庶務課文書係）
十、訴訟、訴願、請願其他紛議交渉等ニ関スル件（庶務課文書係）
十一、重要ナル事業上ノ改良発明業務ノ創始改廃並ニ店舗ノ開発ニ関スル件（経理部各課）
十二、重要ナル鉱山ノ試掘ノ着手及其結果（経理部第一課）
十三、土地其他ノ不動産ニ関スル件（地所課及経理部）
十四、博覧会共進会等出品及其褒賞受領等ニ関スル件（庶務課文書係）
十五、水火災盗難其他非常損害ニ関スル件（庶務課文書係）
十六、其他重要ナル事件ニシテ家史編纂ノ資料トナルヘキモノ

以上

（資料2）

六八四

例第一三九号　提出　大正十五年十一月三日　決裁　同年十一月五日

合資会社事務章程中改正ノ件

案

甲第十一号達

大正十年五月甲第七号達合資会社事務章程中左ノ通改正ス。

　　　　　　　　　　　　大正十五年十一月十日　　　　合資会社

第十八条　工作部ハ建築土木機械及ヒ電気工事ニ関スル事項ヲ掌ルトコロニシテ、左ノ各課ヲ置キ之ヲ分掌セシム。

建築課　建築工事ノ設計製図、工事仕様書ノ調製、工事予算資料ノ取調、工事ノ施行監督並ニ工事材料ノ保管ニ関スル事項

工作課　土木機械及ビ電気各工事ノ設計製図、工事仕様書ノ調製、工事予算資料ノ取調、工事ノ施行監督並ニ工事材料ノ保管ニ関スル事項

工務課　工事予算書ノ調製、工事請負、工事用品ノ購買受渡、工事不用物件ノ処理、工事費ノ整理、工作部各課ノ文書其他雑務ニ関スル事項

備考

一、改正ノ要点ハ、工作部臨時土木課及臨時電気課ヲ廃止シ、之ニ代フルニ工作課ヲ新設シ、一方建築課建築係及工務係ヲ独立セシメテ各建築課及工務課トナシ、旁々其所管事項ヲ整理補修セントスルモノニ候。

第二部　住友合資会社

六八五

第三章　住友合資会社（中）

一、臨時土木課ハ当初築港繋船桟橋工事、臨時電気課工事ハ耳川水力電気工事ノ特定ノ工事ヲ担当スル為メニ設置サレタルモノニ有之候処、今日ニ於テハ前者ハ桟橋工事終了ト共ニ、後者ハ其工事ノ実行ガ九州送電会社ニ移サレシ結果、其存置ノ理由無之ニ到リシモノニ候。

而ルニ建築工事施行ニ付テハ、土木機械電気ノ専門家ノ技術ヲ必要トスル実情ニ有之、現在モ尚相当数ノ土木及電気課員モ有之候ニ付、之ヲ一括シテ工作課トシ一課ヲ設ケントスルモノニ候。

一、工作部中更ニ工作課ヲ設クルコトハ、其名称必ズシモ適当ナルモノニ非ルモ、他ニ適当ナル名称無之タメ、旁々伸銅電線等ニテモ、工作課ヲシテ機械電気蒸気建築等ニ関スル事項ヲ掌ラシメ居候ヲ以テ、此名称ヲ用フルコトニ致候。

一、工務係ヲ工務課トシテ独立セシメタルハ、現在工務係ノ処理事項ハ相当ニ多ク、又之ヲ一係トシテ建築課内ニ置クトキハ、工事費支出ニ付抑制ノ権能ヲ失フ虞モ有之候ヲ以テ、之ヲ独立セシメ、斯クシテ技術ト事務ノ分掌ヲ明確ニセントノ趣旨ニ有之候。従テ工作部各課ノ文書ノ起案往復凡テ工務課ヲシテ担当セシムルコトニ明記致候。

建築係中ニ収メ、工作部ニ現在ノ建築課ノ一課（建築係及工作係ハ置ク）ニ止ムルコトニスルカ、或ハ建築課内ニ工作係ナル一係ヲ設クルコトニスルモ一方法ニ候モ、工作部ニハ百余名ノ部員モ有之、且専門ノ異レル技術家ヲ一課内ニ収ムルコトハ、種々適当ナラザル事情モ可有之ヲ以テ、本案ノ如ク及仰裁候也。

（資料3）

例第五二号

　提出　昭和二年五月四日　決裁　昭和二年五月十七日

甲第五号達

第二部　住友合資会社

案

合資会社事務章程中改正ノ件

合資会社事務章程(註、「住友合資会社の設立」資料10)ハ、大正十年ノ制定ニ係リ、爾来已ニ六ケ年ヲ経過シ居リ、分課及其名称モ実情ニ副ハザル点モ多々有之、又余リニ課係ヲ細別シタル結果、却テ能率ノ増進ヲ妨グルト共ニ人員ノ膨張トモ相成、又「係長」及「主査」ハ之ヲ存置セザルヲ適当トスル実情ニ有之候ヲ以テ、此等ノ点ニ付キ事務章程全般ニ亘リ改正相成、同時ニ監査部ニ関スル規定ハ根本的ニ改正スルノ必要有之候ヲ以テ、左記案ノ通諸改正相成可然哉

備考(一)　改正ノ要点左ノ如シ

一、「監査部」ヲ廃止シ、新ニ「検査役検査役補及検査役附属員」ヲ設ケ、検査事務ヲ掌ラシム。(第三条及第四条)

二、「係長」及「主査」ヲ廃ス。(第三条及第四条)

三、課係ノ名称ヲ変更並ニ課係ノ廃合(第十二条、十四条及十六条)

(イ)人事部第一課ヲ人事課ニ、人事部第二課ヲ労働課ニ改ム。

(ロ)経理部第一課第二課ヲ合併シテ鉱山課ニ、全部第三課第四課ヲ合併シテ商工課ニ改ム。

(ハ)庶務課内事係ヲ庶務係ニ改ム。

(ニ)其他諸係ヲ廃合シ、分掌ヲ整理ス。

四、部長事故アルトキノ代理者ハ、特ニ指定アル場合ノ外ハ、其部ノ上席課長トアルヲ関係課長ニ改ム。(第四条)

五、「係員」ヲ「課員」ニ改ム。其他二三ノ改正アリ。

六、技師長ガ各課ニ分属セルヲ各部ニ分属セシムルコトニス。

第三章　住友合資会社（中）

大正十年五月甲第七号達合資会社事務章程中左ノ通改正ス。

昭和二年六月一日　　合資会社

一、第三条「係長」ノ項及「主査」ノ項ヲ削リ、「係員」ノ項中「係員」ヲ「課員」ニ改メ、其次ニ左ノ二項ヲ加フ

　　検査役及検査役補　若干名

　　検査役附属員　若干名

一、第四条「監事」ノ項中「規程ニ依リ」ヲ削リ、「課長」ノ項第四項第四号ヲ左ノ通改ム。

　　四、部長事故アルトキハ特ニ指定シタル場合ノ外各分担ノ事務ニ付其代理ヲ為ス。

一、同条「係長」ノ項及「主査」ノ項ヲ削リ、「係員」ノ項中「係員」ヲ「課員」ニ、「主査」ヲ「課長」ニ改メ、其次ニ左ノ二項ヲ加フ。

　　検査役及検査役補

　　　一、常務理事ニ直属シ会社ノ業務ニ関スル一切ノ検査ヲ掌理ス。

　　検査役附属員

　　　一、検査役及検査役補ノ指揮ヲ承ケ検査ノ事務ニ従事ス。

一、同条「技師長」ノ項中「各課」ヲ「各部」ニ改ム。

一、第十一条中「監査部」を削ル。

一、第十二条人事部ハ傭員準傭員及労働者ニ関スル事務ヲ掌ル所ニシテ、左ノ各課ヲ置キ、之ヲ分掌セシム。

　　人事課　傭員及準傭員ノ任免、賞罰、給与其他身分、待遇ニ関スル事項。

一、第十三条第二号中「係員」ヲ「課員」ニ改ム。

　労働課　労働者ニ関スル事項。

一、第十四条経理部ハ会計見積書及決算ノ審査、事業経営ノ指揮監督並ニ新規事業ニ関スル事項ヲ掌ル所ニシテ左ノ各課ヲ置キ、之ヲ分掌セシム。

　鉱山課　鉱業、林業及其他原始産業ニ関スル事項。

　商工課　商工業及他課ニ属セザル事業ニ関スル事項。

一、第十六条庶務課ノ項ヲ左ノ通改ム。

　庶務課

　　文書係　定款規則令達ノ立案審査、法制ノ調査研究、会社印ノ保管、店用文書ノ発遣接受、記録ノ編纂文書簿冊ノ整理保管、訴訟、社内一般ノ取締、設備及自動車等ノ管理ニ関スル事項其他ノ課係ニ属セザル事項。

　　庶務係　機密、寄附贈与、接待及広告ニ関スル事項。

一、同　条会計課計算係ノ項ヲ左ノ通改ム。

　　計算係　本社ノ計算記帳並ニ諸預リ金ノ取扱ニ関スル事項。

一、第二十条ヲ削除シ、以下一条宛繰上グ。

（資料4）

　合資会社実習内規

　　　　　　　　　　　　　（昭和二年三月制定）

第一条　新ニ採用セラレタル傭員ハ、事務又ハ技術ニ就テ実習（講習ヲ含ム）ヲ為スモノトス。但其必要無キ者ニ付テハ

　第二部　住友合資会社

第三章　住友合資会社（中）

第二条　此限ニ在ラス。

第三条　実習ノ期間ハ、事務六箇月以上技術一箇年以上トス。

第四条　実習ハ事情ニ依リ店部ニ委託スルコトアルヘシ。

第五条　実習ヲ命セラレタル者ヲ指導監督スル為メ、指導主任一名ヲ置キ其責ニ任セシム。

第六条　指導主任ハ、常務理事ノ承認ヲ経テ、傭員中ヨリ適当ノ者ヲ選定シ、実習ノ指導ニ関スル実務ヲ分担セシムルコトヲ得。

第七条　実習ノ結果ハ、別ニ定ムル様式ニ依リ之ヲ記録スルモノトス。

　他店部又ハ連系会社ヨリ転任ヲ命セラレタル者並本内規施行前ヨリ勤務スル者ニ付テモ、必要アル場合ニハ本内規ヲ準用スルコトヲ得。

（資料5）

例第　外　号

　　提出　昭和三年九月二十日　決裁　同年九月二十二日

東京支店設置ノ件

東京市ニ合資会社支店ヲ設置シ、左ノ通リ通達相成可然哉。

甲第三一号達

案　一

合資会社事務章程中左ノ通改正ス。

昭和三年十一月一日

第二十一条　東京市ニ支店ヲ置ク。
東京支店ニ関スル事項ハ別ニ之ヲ定ム。

甲第三三二号達

東京販売店事務章程中左ノ通改正ス。（略）

案　二

甲第三三三号達

東京市ニ東京支店ヲ置キ、其ノ事務章程別紙ノ通定ム。

案　三

昭和三年十一月一日

合資会社

東京支店事務章程

第一条　東京支店ハ本社ノ指揮ヲ承ケ、東京方面ニ於ル諸般ノ事項ヲ掌理スル所トス。

第二条　東京支店ニ左ノ職員ヲ置ク。

　　支店長　一名
　　課長　一名
　　係員　若干名

第三条　職員ノ職務権限左ノ如シ。

第二部　住友合資会社

第三章　住友合資会社（中）

支店長

一　規程及上司ノ指示ニ依リ、東京支店全般ノ事務ヲ管理シ、其ノ責ニ任ス。

二　部下各員ノ進退賞罰ヲ具状ス。

三　補助職員以下ヲ任免スルコトヲ得。

四　係員ノ分掌ヲ命スルコトヲ得。

五　部下各員ニ国内出張ヲ命スルコトヲ得。

六　予定ノ支出ヲ為スコトヲ得。

七　臨時費金額百円以内ヲ支出スルコトヲ得。

八　例規ニ依リ部下各員ノ願届ヲ処理ス。

前記各号中、第三、第四ノ件及第七ノ著シキモノハ、之ヲ本社ニ報告スヘシ。緊急ノ事件ニシテ経伺ノ暇ナキトキハ、権限外ト雖臨機処分ノ後、直ニ本社ニ稟申スルコトヲ得。

課　長

一　規程及上司ノ指示ニ依リ、分担ノ事務ヲ掌理シ、其ノ責ニ任ス。

二　支店長欠位若ハ事故アルトキハ、其ノ代理ヲ為ス。

三　部下各員ノ進退賞罰ヲ具状ス。

四　部下各員ニ特定区域内ノ出張ヲ命スルコトヲ得。

係　員

一　上司ノ指揮ヲ承ケ、各分担ノ事務ニ従事ス。

第四条　東京支店ニ総務課ヲ置ク。

総務課ハ、東京支店全般ノ事務ヲ掌理スル所ニシテ、左ノ係ヲ置キ之ヲ分掌セシム。

調査係　一般調査ニ関スル事項並ニ特ニ本社ノ指定シタル事項。

庶務係　人事、文書、会計、用度、職員倶楽部、自動車管理、其ノ他一般庶務ニ関スル事項。

第五条　東京支店ノ金銭出納ニ関スル事務ハ、当分ノ内東京販売店ニ委託シテ之ヲ為サシムルモノトス。

備考

一　東京支店ハ本社ノ分身トシテ、東京市方面ニ於テ本社ノ処理スベキ一切ノ事項ヲ担当スルモノトス。故ニ従来東京販売店ニ於テ処理シタル諸種ノ調査、交際、其ノ他販売ニ関セサル事務ハ、総テ支店ニ移管セラル、モノトス。

二　支店設立ノ結果、東京販売店ニ於テハ一部事務ノ減少ヲ見ル筈ナレバ、販売店ノ調査係ヲ廃止ス。調査係所管事項中支店ニ移管セザル残余ノ部分ハ、事務ノ性質ニ依リ、会計係又ハ庶務係ニ分属セシム。（後略）

（資料6）

例第一二三三号

　　　提出　昭和四年十二月六日　決裁　同年同月七日

合資会社事務章程中改正ノ件（参事設置ノ件）

六月十三日人事課伺雑第二一八号ヲ以テ御決裁ノ趣ニ依リ、左案ノ通リ合資会社事務章程中改正通達相成可然哉。

　　通達案

甲第四十四号達

　　　第二部　住友合資会社

六九三

第三章　住友合資会社（中）

住友合資会社事務章程中左ノ通改正ス。

　　　　　　　　　　　昭和四年十二月七日

　　　　　　　　　　　　　　　　合資会社

第三条第一項ノ次ニ左ノ一項ヲ加フ。

本会社ニ参事若干名ヲ置クコトアルヘシ。参事ハ総理事及理事ノ命ヲ承ケ、特定ノ事務ニ従事ス。

（資料7）

例第六〇号

　　　提出　昭和五年八月二日　決裁　同年十月六日

　　本社理事会回数減少ノ件

現在本社ノ理事会ハ、毎週二回開催ノ定メナルモ、此ノ如キ頻繁ナル開催ハ、実際上実行困難ナルノミナラズ、現ニ理事会ニ提出セラル、事項中ニハ、事態比較的軽微ニシテ必ズシモ理事会ノ決議ヲ俟ツノ要ナキモノヲ包含スルヲ以テ、之等ヲ整理スルトキハ、理事会開催ノ回数ヲ減少スル余地充分ニアリ。因テ一方ニ於テ、提出事項ノ整理ヲ行フト同時ニ、定例理事会回数ヲ左ノ通リ改正相成可然乎。

　　本社定例理事会開催回数

毎月一回　但シ必要ノ際ハ臨時開催セラル、コトアルベシ。追テ開催日取ハ毎月第一月曜日午後二時ヨリトス。

右ト同時ニ理事会提出事項ヲ左ノ通リ改定相成可然哉。

　　本社理事会提出事項

一、人事課所管事項。

（一）高等職員ニ関スル一切ノ事項。

（二）一等職員及主管者ノ任用、解雇、転補、褒賞、懲戒、停年退職。

（三）昇給及賞与ニ関スル方針ノ決定。

（四）二等職員以上ノ昇給及賞与。

（五）重要ナル待遇施設ノ制定改廃。

二、労働課所管事項。

（一）整理ノ際等ニ於ケル多数労働者ノ解雇（解雇手当ノ決定）。

（二）特殊事件ノ際ノ扶助救済。

三、鉱山課及商工課所管事項。

（一）店部連系会社申請ニ係ル事項ノ認可。

　（イ）従来ノ根本方針ニ変更ヲ来タスベキ事項。

　（ロ）一件五十万円以上ノ起業其ノ他。

　（ハ）外部（外国、内国トモ）トノ重要ナル新規交渉ノ開始。

（二）本社自体ニ関スル事項。

　（イ）事業ニ影響ヲ及ボスベキ投資。

　（ロ）其ノ他事業ニ関係ヲ及ボスベキ重要事項。

四、庶務課所管事項。

　　　第二部　住友合資会社

第三章　住友合資会社（中）

（一）事務章程ノ制定、廃止、大改正。
（二）合資会社定款ノ改正、其ノ他社員決議ヲ要スル事項。
（三）一件五万円以上ノ寄附金及一万円以上ノ報酬金。

五、会計課所管事項。
（一）本社、本家及両分家ノ会計見積書。
（二）本社利益金処分。

六、地所課所管事項。
（一）経営方針ノ決定、変更ニ関スル事項。
（二）一件十万円以上ノ不動産ノ得喪。

七、工作部所管事項。
　理事会提出事項ナシ。

八、以上列挙スル所ノ外、各課トモ特殊ノ問題ニシテ理事会ニ提出スルモノアルベシ。又通常提出ヲ要セザル事項ト雖モ特別ノ事情ニ依リ、理事会提出ノ必要ヲ生ズベキハ勿論トス。

九、比較的軽微ニシテ且緊急ノ事項ハ、便宜本社常任ノ理事ノミノ会議ニテ決定シ、次回定例理事会ニ事後報告スルコトヲ得ルモノトス。

理事会提出事項ヲ上記ノ如ク整理スルトキハ、之トノ権衡上、自然、総理事、常務理事提出事項ニモ幾分ノ整理ヲ加フルヲ至当トスルヲ以テ、比較的軽微ナルモノヲ可成簡単ニ処理完結セシメ、事務ノ簡捷ヲ図ルコト、致度ク、書類提出ノ範囲ヲ別表（略）ノ如ク決定相成可然乎。

備考

（中略）

十一、理事会開催日取リニ付テハ、毎月第一月曜日午後二時ト致度シ。右ハ各店部毎月ノ報告ヲ本社ニ於テ取纏メ、整理ノ上理事会ニ報告スルニハ凡ソ満一ケ月以上ヲ要シ、毎月月初ノ理事会ニ前々月ノ実績報告ヲ報告スルコト、セバ、最モ好都合ニシテ、此ノ機ヲ外セバ、比較的古キ事実ヲ報告スルコト、ナリ、実績報告ノ価値ヲ薄カラシムル遺憾アリ。又毎期末ニ於ケル賞与、昇給ノ決定ノ会議モ、六月及ビ十二月ノ月初ニ於テ開催セラル、コトヲ必要トスル関係モアリ、旁々毎月初旬ヲ以テ最モ適当ト認メタルニ因ル次第ナリ。

（資料8）

例第六一号

　提出　昭和五年八月二日　決裁同年十月八日

連系会社定例取締役会開催回数減少ノ件

現在各連系会社ノ定例取締役会開催ノ回数ハ、事務章程ノ規定及慣例ニ依リ、左ノ如ク定メラル。

会社名	事務章程
別子	慣行
炭礦	月一回
銀行	全
北港	全
土佐吉野川	全

	月一回
	全
	全
	全
	全

第二部　住友合資会社

第三章　住友合資会社（中）

ビルデイング	全（書類持廻リニテ処理スルコト多ク開催稀ナリ）
肥　料	月　二回
電　線	週　一回
製　鋼	全　　　月　二回
倉　庫	全　　　隔週一回
保　険	全　　　隔週一回
伸　銅	全
信　託	週　一回　　週　一回

右ノ中、毎月一回開催ノ六社ハ別トシ、月二回以上開催ノ七社ニ付テハ、開催回数必要以上ニ頻繁ナル感ナキニアラズ。従テ本社重役御不在ノ為メ、又ハ提出議題ナキ為メ休会トナルコト往々有之。且一方毎月一回開催ノ六社ニ於テ格別事務ノ渋滞ヲ来タサザル現状ニ鑑ミ、全部一律ニ月一回開催ノコト、改ムル余地アリト認メラレ候。此ノ点ニ付右七会社当局ノ意嚮ヲ確メタルトコロ、格別ノ反対モ無之ヲ以テ、今後ハ各社トモ月一回開催ノコト、御決定相成可然哉。但シ必要ノ際ハ臨時開催スルコト勿論トス。信託ノミハ取締役付議事項多キ関係上、当分ノ間月二回トシ、追テ適当ノ機会ヲ以テ一回トスルコト、致度シ。

備考

一、開催日取ハ、本件御決裁ノ上各社ト協議シテ経伺スヘシ。但毎月第三週辺リト致度シ。

二、各社中、信託ニ於テハ今村専務御不在ノ為メ、賛否ニ付最後ノ確定意見ヲ聞カザルモ、佐藤常務ハ御異存ナシ。専務御帰任後確答アル筈ナリ。（欄外「今村専務ノ御意嚮ハ、信託ノ現状ニ於テハ、毎月二回ノ開催トシタシトノコトナリ。」）

六九八

三、別案本社理事会回数減少ニ付テハ、其ノ提出事項ノ整理ヲ伴ヒタルガ、連系会社取締役会ニ付テハ、事務章程上詳細ノ規定アリテ、之ヲ改正セザル限リ整理シ得ザル次第ナリ。而シテ右規定ノ改正ハ、種々考慮ノ余地アリテ急速ニ決定シ難キノミナラズ、一方現ニ一ヶ月一度開催ノ各社ニ於テ、同一付議事項ヲ以テ不都合ヲ感ゼザル事実ニ照シ、本案ノ取締役会回数減少ハ、提出事項ノ減少を前提トセザルモ、充分実行シ得ルモノナルニ付、本件ノミ切離シ仰裁シタリ。

四、回数減少ヲ為スニ於テハ、事務章程ニ定ムル回数ト実際開催回数ト相違シ、規定ニ違反スル結果トナルモ、翻ッテ現状ヲ見ルモ、矢張リ規定ノ回数ヲ便宜減少開催シ居ル次第ナレバ、暫クハ規定ヲ其ノ儘トシ、流会ニ依ル回数減少ト看做シテ、本案通リ実行シ、各事務章程中改正ノ機会等ニ於テ順次訂正シ行クコト、取計ヒ度シ。

（資料9）

例第五三号

提出　昭和二年五月四日　　決裁　昭和二年五月一七日

監査及検査規定制定ノ件

現行ノ監査規程ハ明治二十四年ノ制定ニ係リ、其後部分的ノ改正ヲ経テ今日ニ到リタルモノニテ、従テ其内容モ明瞭ヲ欠ギ不備ノ点モ尠カラズ。且監査規程ト称スルモ其中ノ常時監査ト称シテ、監査部員ノ事実行ヒ居ルモノハ、検査ト称スベキ性質ノモノナレバ、其点ヲ明ニスルト共ニ、検査ノ執行ニ付必要ナル事項ヲ定ムル為メ、現行ノ「監査規程」ヲ廃止シ、之ニ代フルニ左案ニ依リ、「監査及検査規程」ヲ制定相成可然哉。

（本案ハ別途仰裁中ノ合資会社事務章程改正案ノ監査部ヲ廃止シ検査役検査役補ヲ設ケントスルモノニ対応スルモノニシテ、現行監査規程、銀行監査及検査規程等ヲ参照シテ立案シタルモノナリ。）

第二部　住友合資会社

第三章　住友合資会社（中）

備考（一）　監査及検査規程ノ要旨左ノ如シ。
一、監査ハ監事之ヲ行ヒ、検査ハ常務理事ノ指示ニヨリ検査役及検査役補之ヲ行フコトヲ定ム。（第一条、第四条）
二、監事ト検査、検査役及検査役補トノ関係ヲ定ム。（第二条、第三条）
三、検査役及検査役補ノ検査ニ関スル権能ヲ定ム。（第五条）
四、監査及検査ノ際ニ於ケル各店部ノ義務ヲ定ム。（第六条、第七条、第八条）
五、検査役及検査役補ノ報告義務ヲ明定ス。（第九条）

甲第六号達

監査及検査規程左ノ通相定メ、監査規程ハ之ヲ廃止ス。

案

昭和二年六月一日

合資会社

監査及検査規程

第一条　監査ハ規程及社長又ハ総理事ノ命ニ依リ、監事之ヲ行フ。
第二条　監事ハ監査ヲ行フニ当リ、検査役、検査役及検査役補附属員ヲ使用スルコトヲ得。
第三条　監事ハ検査ニ立会ヒ又ハ検査役及検査役補ヨリ検査ノ報告ヲ徴シ、社長又ハ総理事ニ意見ヲ開陳スルコトヲ得。
第四条　検査ハ規程及常務理事ノ指示ニ依リ、検査役及検査役補各店部ニ就キ、毎年少クトモ一回之ヲ行フ。
第五条　検査役及検査役補ハ何レノ場所ニ於テモ、其検査ニ関シテハ常務理事ノ権ニ亜グ。
第六条　各店部ハ監事、検査役及検査役補ヨリ要求スル諸帳簿其他一切ノ物件ヲ提供シ、且進ンデ事蹟ヲ明瞭ナラシム

七〇〇

ルニ便宜ナル方法ヲ講ズベシ。

第七条　検査役及検査役補ニ於テ、検査ノ際指摘シタル不備事項ニ付テハ速ニ之ガ訂正又ハ整理ヲ為スコトヲ要ス。

第八条　監事、検査役及検査役補ノ閲了シタル書類簿冊ニハ一々其押印ヲ受クベシ。

第九条　検査役及検査役補ハ、検査ノ結果ヲ遅滞ナク常務理事ニ報告シ、且意見アルトキハ上申スベシ。

備考（一）

一、現行監査規程ハ、監査ヲ特命監査ト常時監査ノ二ツニ分ケ、前者ハ監事、後者ハ監査部員之ヲ行フコト、定メアルモ、

（イ）監事ノ行フ特命監査ハ殆ド之ヲ行ヒタルコトモ無ク、又特ニ特命監査ヲ設クルノ必要モ之無、且監事ハ株式会社ニ於ケル監査役ニ相当スルモノナルヲ以テ、監査ハ監事之ヲ行フト定ムルヲ適当トシ、

（ロ）監査部員ノ行ヒ居ル常時監査ハ、検査ト称スベキモノナルヲ以テ、監査ト区別シテ検査トシ、其責任ノ範囲ヲ明確ニシ、検査ニ従事スルモノガ自己ノ責任ヲ負フベキ分担事務ヲ十分ニ処理セシムル様致スヲ適当トスルヲ以テ、本案ニ於テハ規程ノ名称モ監査及検査規程トシ、監査ト検査トハ区別シテ規定セリ。（銀行ニ於テモ監査及検査規程ト称シ、其内容モ本案ト大同小異ナリ。）

二、（イ）一般ニ監査ト称スルトキハ、一切ノ事業監査ト業務ニ干スル一切ノ検査トヲ包含スル意ニテ、又検査ト称スルトキハ、金銭ノ出納、物品ノ受払、現在有物ノ状態、記帳計算及其他会計ニ関スル事務ノ正否ヲ検査スル所謂会計検査ヲ謂ヒ、又時ニ之ヲ広義ニ解シテ此会計検査ニ加フルニ業務ノ執行ガ諸規則指令通牒会社及重役ノ方針ニ違背スルコト無キカヲ検査スルコトヲモ包含セシメテ曰フコトアリ。

（ロ）本案ニ於テ検査ト曰ヘルハ、事務章程ニ検査役及検査役補ノ職務権限トシテ定メラレタル「業務ニ関スル一切ノ

第三章　住友合資会社（中）

「検査」ヲ指称スルモノナリ。此業務ニ関スル一切ノ検査トハ前述(イ)ノ所謂広義ノ意味ノ検査ナルコト勿論ニシテ、尚進ンデ事業ノ成蹟ヲモ査閲シ得ルモノトス。但シ此事タル事実不可能ニシテ、難キヲ強ユルノ嫌アルヲ以テ、実際上検査ハ会計検査ヲ本体トスルコト、ナルベク、又之ヲ以テ満足スベキモノトス。即事業ノ堅実ナル発展ヲ図ル為メ、其重要欠クベカラザル会計検査ノ厳格ヲ期スル為メ、特ニ検査役及検査役補ヲ設ケラレタルモノナルヲ以テ、検査役ハ会計検査ヲ主トシ、事業ノ査閲ハ経理部ヲシテ之ニ当ラシメ、只検査役之ヲ行フヲ便宜且ツ必要トスル場合ニノミ止ムルコトニ致度。

三、現行監査規程ニハ検査執行ニ付、詳細ナル規定ヲ欠グガ故、本案ニハ之ヲ収メ、又検査ノ結果ヲ遅滞ナク常務理事ニ報告スベキコトヲ明定セリ。

四、銀行ハ検査ニ関シテ検査要項ナルモノヲ作リ、此要項列記事項ハ必ズ検査スベキコトヲ定メアリ。銀行ハ其事業性質上検査スベキ事項広汎且厳格ナルヲ要スベク、又常任監査役ガ直接検査ニ従事シ居ル為メ、又人事ニ関スル検査報告迄検査役ノ所管事項トスル為メ、銀行ノ検査事項ナルモノヲ採ツテ以テ、其範トスベキニ非ザルハ論ナキモ、又本社各店部ノ事業ハ多様ニテ、共通シタル検査要項ヲ定ムルコトハ、容易ニ非ザルベシト雖、必ズ検査スベキ事項ハ之ヲ検査要項トシ、之ヲ検査役ヨリ常務理事迄伺定メ置キ、検査事務ノ遺漏ナキヲ期スベキモノト思惟ス。

（資料10）
丙第一号達

本社特別財産規程別紙ノ通相定ム。

昭和三年四月十八日

合資会社

本社特別財産規程

第一条　本社ハ、不時ノ災厄ニ備フル為、特別財産ヲ設置ス。

第二条　本社ハ、毎会計年度ノ利益ノ中ヨリ、相当ノ金額ヲ特別財産ニ、組入ルルモノトス。
前項ノ組入金額ハ、其ノ都度之ヲ定ム。

第三条　特別財産ハ、国債其ノ他之ニ準スヘキ確実ナル有価證券ノ所有又ハ固定セサル安全ナル方法ニ依リ、之カ利殖ヲ為スモノトス。
前項ノ規定ニ依ル利殖方法ニ付テハ、国債ノ所有ヲ除ク外左ノ各号ニ付特別財産総額ノ五分ノ一ヲ超ユルコトヲ得ス。

一、同一公共団体ノ債券ノ所有。
二、同一会社ノ株券又ハ社債ノ所有。
三、同一会社ニ対シ前号以外ノ方法ニ依ル利殖ヲ為ス場合。
四、外国有価證券ノ所有。

第四条　同一会社ニ対シ、前号第二号及第三号ノ方法ヲ併用スル場合ニ於ケル金額ハ、之ヲ通算ス。

第五条　特別財産ヨリ生スル利殖金ハ、総テ其ノ特別財産ニ組入ルルモノトス。

第六条　特別財産ニ付テハ、総務部会計課ニ於テ別ニ補助帳ヲ設ケテ、之カ整理ヲ為スモノトス。
将来不時ノ災厄ノ為、此ノ特別財産ヲ使用セントスル場合ニハ、理事会ノ決議ヲ経テ、社長ノ承認ヲ得ルコトヲ要ス。

第二部　住友合資会社

第三章　住友合資会社（中）

　　附則

第七条　本規程第一条ニ依ル特別財産ハ、昭和二年十二月三十一日ニ於ケル積立口、貯蓄口、遠計口ノ残高ヲ以テ之ニ充テ、積立口、貯蓄口、遠計口ノ名称ハ同日限リ之ヲ廃止ス。

第八条　現在積立口、貯蓄口、遠計口ニ属スル住友銀行株券ハ、将来本社ノ金繰状態ヲ斟酌シテ、速ニ第三条所定ノ制限額以下ニ減少セシムルコトヲ要ス。

（資料11）

甲第八号達

今般社則甲乙二篇ヲ制定シ、昭和三年七月一日ヨリ実施ス。

従来実施スル所ノ家法及諸規則類纂ハ、昭和三年六月三十日限リ之ヲ廃止ス。

　　　　昭和三年六月十四日

　　　　　　　　　　合資会社

（社則甲・乙の目次は次頁の表の通り）

七〇四

社 則 甲 目 次	社 則 乙 目 次
営業ノ要旨	通　則
○営業ノ要旨	○本社事務章程
職員、準職員	○工作部長専行事項ニ関スル件
○職員規程	○大阪以外ノ地ニ於ケル工作部現場
○医務職員規程	詰員首席者ニ委任事項ノ件
○学校職員規程	○本社工作部現場公休日
○嘱託員規程	○本社業務時間
○準職員規程	○本社工作部現場業務時間
服　務	○出張ニ関スル特定区域ノ件
○服務紀律	○本社守衛細則
任用、辞令、赴任	○本社準職員細則
○任用規程	○本社使丁服装方ノ件
○辞令及通知書ニ関スル規程	○本社労働者ノ名称ニ関スル件
○職員提出書類ニ関スル規程	給　与
○赴任規程	○特定地ニ駐在ヲ命セラレタル者ニ
○事務引継ニ関スル件	対スル旅費支給方ノ件
休職、停年	○本社市内出張乗車船賃及食事費ノ
○休職規程	件
○停年規程	○本社賄料支給規程
休暇、欠勤	○本社当宿直ニ関スル件
○休暇規程	○非常駐付手当支給ノ件
○在外店部在勤者特別休暇規程	○自動車運転手及助手勤務並給与ニ
○欠勤規程	関スル件
俸　給	○住友倶楽部監守、使丁及雑夫服務
○俸給規程	方並給与ニ関スル件
○俸給規程施行細則	○本社守衛、自動車運転手、同助手、
○兵役服務取扱規程	給仕及使丁ニ被服給与ノ件
○戦時又ハ事変ノ際ニ於ケル応召ノ	○本社女事務員ニ事務服給与ノ件
職員俸給支給方並其ノ起算方ノ件	○本社雑夫退職手当規程
○出征中生死不明トナリタル職員俸	○本社雑夫弔祭料ノ件
給支給方ノ件	○本社雑夫市内出張乗車船賃及食事
賞与、懲戒	費支給ノ件
○賞与規程	○本社雑夫ニ賄料支給ノ件
○懲戒規程	会　計
旅　費	○本社特別財産規程
○内国旅費規程	○本社地所課特別会計規程
○内国旅費規程施行細則	○本社会計見積書規程

（次頁に続く）

社　則　甲　目　次	社　則　乙　目　次
○学校卒業生任用ノ場合赴任旅費支給ノ件 ○宴会参列、辞令受領ノ為来往スル場合ニ於ケル旅費支給方ノ件 ○外国旅費規程 ○外国転任者其ノ通知書受領ノ時ト赴任ノ為出発ノ時トニ於テ身分異ル場合ノ外国旅費支給方ニ関スル件 ○外国旅行ノ信用状使用方並附帯利息ニ関スル件 退職慰労金 　○退職慰労金規程 諸給与 　○臨時手当ノ件 　○準職員臨時手当ノ件 　○特定地区勤務手当規程 　○在外店部職員在勤手当規程 　○皆勤手当規程 　○弔祭料ノ件 積　金 　○積金規程 　○積金利率ノ件 　○積金取扱手続 会　計 　○会計規程 　○会計規程施行細則 　○会計見積書及実際報告書様式 　○資金規程 　○財産規程 　○償却規程 　○会計諸帳簿及諸表様式 　○公債貸渡規程 　○特定店部ノ為公債貸渡事務ヲ委託スル銀行支店並之ニ預置クヘキ公債額面高ノ件 　○在外店部在勤者、外国出張者及外国留学者ニ対スル給与金換算方ノ件	○本社勘定科目及元帳科目 ○本社備附補助帳ノ件 ○本社起業支出整理規程 ○本社所管固定財産償却標準期間 ○本社所管物件中財産規程第八条第二項ニ該当スル物ニ関スル件 ○本社無記名有価証券番号副帳取扱手続 ○無記名有価証券番号副帳保管場所ノ件 ○本社備品保管規程 ○本社用度品及不用品取扱手続 ○部長ノ権限ニ属スル収支及公債貸渡ニ関スル事項ニシテ特ニ課長ニ委任スルノ件 ○本社金銭収支ニ関スル回議処理手続 ○本社金銭出納手続 ○委託工事費ニ関スル現金出納手続 ○工作部東京詰所管ノ委託工事費ニ関スル現金出納手続 ○委託工事処理費整理手続 ○本社俸給及臨時手当支払手続 ○本社出張旅費支払手続 ○本社市内出張乗車船賃及食事費支払手続 ○本社賄料及当宿直料支払手続 ○自動車運転手及助手時間外勤務歩増金及食事費支払手続 ○ビルディング共通費、倶楽部費、職員合宿所費、診療所費並自動車費整理手続 文　書 ○本社文書取扱規程 ○本社守衛室備附郵便切手等ノ件 ○本社文書保存規程 ○本社図書保管規程 ○処務報告ニ関スル内規

（次頁に続く）

社 則 甲 目 次	社 則 乙 目 次
○労役者特別保護金管理規程 ○労役者特別保護金振替ニ関スル件 監査及検査 ○監査及検査規程 文　書 ○文書規程 ○電報発信略語表 ○私書函番号表 ○ケーブルアドレス及使用コード 検定試験、修学 ○外国語学力検定試験規程 ○学力検定試験規程 ○未成年給仕修学規程 ○在阪各店部未成年給仕修学方ノ件 雑 ○休業日及業務時間ニ関スル規程 ○職員準職員発明ニ関スル規程 ○職員異動報告ノ件 ○交際費支出内規 ○守衛規程 ○当宿直規程 ○給仕採用ノ件 ○住友倶楽部規程 ○職員準職員運動会ニ関スル件 ○職員借用金ノ件 ○株式会社住友銀行株式担保貸出規程 ○新年参賀及新年宴会ノ件 ○家長御誕辰祝宴ノ件 ○新年宴会及家長御誕辰祝宴列席者服装ノ件 ○職員並末家吉凶ノ節本家ヨリ贈与内規 ○井桁紋章寸法割合ノ件 末　家 ○住友末家規則 ○住友末家預金利息ニ関スル件	○社長及其ノ他業務執行社員印章管守内規 ○本社名称ニ関スル件 雑 ○委託工事処理費ニ関スル件 ○ビルディング共通費分担方法ノ件 ○倶楽部費分担方法ノ件 ○職員合宿所費分担方法ノ件 ○診療所費分担方法ノ件 ○自動車共用ニ関スル申合 ○自動車費分担方法ノ件 ○定例休暇指定書式 ○職員準職員ニ対シ貸家敷金免除ノ件 ○年始其ノ他ノ場合ニ於ケル恒例受贈物品処分方ノ件 （社則ニ掲載セザル規定） ○貸家々守小作人総代等ノ件 ○本社雑夫ニ被服給与ノ件 （廃止規程） ○理事又ハ支配人ヘ提出スベキ回議ノ件 ○地所建物管理人ノ件 ○大阪地方ニ於ケル若松炭業所石炭販売並代金取立方順序覚書 ○別子鉱業所ノ現金出納事務取扱及総本店委託ニ係ル事務処理ニ関スル銀行報償金ノ件 ○住友総本店ヨリ住友銀行ヘ預ヶ金利率ノ件 ○総本店銀行間当座勘定及手形割引ニ係ル契約覚書 ○肥料製造所ヨリ大阪方面ニ於ケル支払手続 ○営繕課物品購買及代金支払手続、営繕課取扱ニ係ル銀行倉庫建設費用支払並計算整理手続、受託小営繕工事ノ合議並支払手続

（次頁に続く）

社則甲目次	社則乙目次
○定書 連系会社 　○連系会社指定ノ件 　○連系会社職員準職員ノ待遇其ノ他ニ関スル件 （廃止規程） 　○職制廃止ノ件 　○「傭員合宿所家屋敷金整理方ノ件」廃止ノ件 　○海外実地演習生内規、総本店傭員服装ノ件 　○等内四等以下傭員勤務一覧表書式、忌引中ノ傭員出勤方ノ件廃止ノ件 　○本家紋章ノ件 　○吉凶贈遺ニ関スル諭達ノ件 　○上阪届ノ件廃止ノ件 　○非常警備心得及同細則ニ関スル件 　○各店部出張員執務室ノ件 　○氏神祭礼等ノ酒饌料ニ関スル件 　○土地建物賃貸借規定廃止ノ件	○小口営繕費取扱方ノ件

（資料12）

甲第九号達

傭員準傭員改称ノ件

今般新ニ職員規程制定セラレ、昭和三年七月一日ヨリ実施セラルルニ付、同日以降従前ノ傭員ハ之ヲ職員ト改称シ、且従前ノ傭員ノ各種別ハ、之ヲ左表ノ通改称ス。

新名称	旧名称
高等職員	重役
一等職員	一等傭員
二等職員	二等傭員
三等職員	三等傭員
四等職員	四等傭員
補助職員	補助傭員
医務職員	病院職員
学校職員	学校職員
嘱託員	嘱託員

今般新ニ準職員規程制定セラレ、昭和三年七月一日ヨリ実施セラルルニ付、同日以降従前ノ準傭員ハ準職員ト改称ス。

昭和三年六月十四日

合資会社

二　業　績

「一㈠　湯川総理事の五年間と昭和恐慌」で述べたような経済情勢下において、大正十年（一九二一）設立以来順調に業績を伸ばしてきた住友合資会社も、昭和五年（一九三〇）には赤字に転落した（第5表）。同じく拡大の一途を辿ってきた住友の全事業の損益も、昭和五年には赤字こそ免れたものの前年の純益の僅か六分の一に落ち込んだ（第6表）。しかし川田順によれば、当時の三菱商事大阪支店長は、「たいへんです。大阪は軒並に倒れました。立っているのは、天王寺の塔と住友だけです！」と東京本社に報告したというが、住友としては合資会社設立以来一〇年間の起業支出が結実して、この程度の落ち込みに喰い止めることができたといえよう。昭和五年度の決算が明らかとなった昭和六年四月に開催された主管者協議会において総理事小倉正恆は次のように訓示した。

（前略）倍テ現在ノ経済界ノ不況ハ、真ニ甚ダシイモノデアッテ、住友ノ事業モ勿論此ノ影響ヲ免レル事ガ出来ズ、甚ダ不振ノ状態ニアリ、前途モ楽観ヲ許サズト思ハレマス。サリナガラ何等根底ニ不安アルワケデナシ、幸ニ基礎ニハ何等ノ影響モアリマセン。御安心ヲ願ヒマス。（後略）

住友合資会社の直営の事業所は、大正十五年三月の家長住友吉左衛門友純の死去をきっかけとしたかのように、七月伸銅所（「五㈠」参照）、昭和二年七月別子鉱業所（「五㈢」参照）、昭和三年七月若松炭業所（「五㈤」参照）と相次いで分離独立し、合資会社の直営事業所として大規模なものは、同じ昭和三年七月に鉱業所に昇格した鴻之舞鉱山を残すだけとなった。

住友家の正月の床飾りは長年住友の事業を象徴するものとして、別子産の銅鉱石と、それを山元で製錬するのに必要な木炭と、できた粗銅の三者とされてきた。しかし明治維新とともにそれまで大阪の幕府の銅座に納入してきた製銅を

第5表 合資会社店部別純損益 (単位：円、円未満切り捨て)

店　部	大正15年	昭和2年	3　年	4　年	5　年
本　社	△927,064	1,081,949	1,061,909	3,217,651	△593,079
地所課	△133,558	30,111	118,578	133,864	152,073
計 ①	△1,060,623	1,112,060	1,180,487	3,351,515	△441,005
				△263,362	
再計				3,088,153	
別子鉱業所	2,533,619	650,050	―	―	―
製銅販売店	78,456	92,961	88,962	―	―
若松炭業所	129,495	667,379	163,246	―	―
札幌鉱業所	△40,966	△49,042	―	―	―
唐松炭坑	△4,785	3,378	―	―	―
鴻之舞鉱業所②	406,138	213,501	286,590	202,485	193,012
来馬鉱山	△9,164	△5,649	―	―	―
大萱生鉱業所	△31,470	△75,683	△48,866	12,504	△2,537
高根鉱業所③	22,525	△11,367	6,169	75,257	51,960
伸銅所	466,801	―	―	―	―
東京販売店	69,455	118,305	76,256	72,765	59,016
横須賀販売店	△7,756	△8,771	△1,730	△4,552	△7,138
名古屋販売店	4,571	3,215	9,960	8,944	3,322
神戸販売店	9,097	6,242	9,242	△2,255	3,270
呉販売店	2,538	971	4,653	3,751	20
博多販売店	△2,472	589	△5,206	6,690	2,515
上海販売店④	△25,441	△36,012	△40,229	△29,827	△20,246
林業所	―	―	―	―	―
大阪住友病院	△96,132	△80,259	△4,130	△5,253	48,474
合　計	2,443,887	2,601,869	1,725,406	3,428,663	△109,334

註：①住友忠輝が大正13年末死去した際、合資会社の貸付金348,901円（「住友合資会社（上）」第10表）は一度清算されたが、昭和3年長男義輝の相続税決定の際その一部202,580円が税務署によって否認されたため、その後昭和4年6月末までの経過利息を併せた263,362円08銭を義輝に対する臨時配当として相殺したものである。
②昭和3年3月札幌鉱業所が廃止されて、鴻之舞鉱山に鴻之舞鉱業所が設置された。
③高根鉱業所は大正13年11月高根鉱山が閉山したため縄地鉱山のみとなった。
④上海洋行は昭和2年11月上海販売店と改称した。

第三章　住友合資会社（中）

（単位：円、円未満切り捨て）

4 年	5 年
3,428,663	△109,334
7,224,820	1,364,914
2,187,647	△12,670
—	△890,017
159,397	—
△187,221	—
2,054,048	1,453,834
661,158	304,932
1,200,925	153,589
309,942	64,061
282,947	218,706
120,354	△289,652
205,228	180,223
230,392	181,906
△3,442,000	△2,799,198
7,211,483	△1,543,618
5,257,398	5,159,175
895,286	716,241
136,418	△163,260
△86,159	△87,672
6,202,943	5,624,483
△97,500	△97,500
△2,277,372	△2,187,161
11,039,555	1,796,203

益ヨリ除外シ、公表純益ヲ見直シタルモノナリ。
当額。但し信託は固有勘定のみ。

自力で販売しなければならなくなり、明治四年（一八七一）外商に対する販売窓口として神戸出店が設けられた。又明治二年には長堀銅吹所の精錬機能が別子山麓立川山村に移転され、九年には銅吹所そのものも閉鎖されてしまったので、それ以来大阪の住友本店のビジネスは床飾りが象徴する銅と直接関係するものではなくなっていた。ところが明治二十六年の四月に友純が徳大寺家から住友家に入り、その十一月に予て石炭採掘に関心を寄せていた初代総理人廣瀬宰平は後に若松炭業所となる福岡県の庄司炭坑を、翌二十七年四月同じく忠隈炭坑を買収し、新たに木炭に代わる石炭採掘の事業が開始された。友純は明治二十七年十月別子を視察したのに続いて、翌二十八年十一月には忠隈、庄司の両炭坑を視察している。

さらに住友銀行は明治二十九年経営の行き詰まった大阪の日本製銅株式会社に対し融資していたと思われるが、住友本店理事兼銀行支配人田邊貞吉はその十一月十五日の日記に「住友家長に面し、日本製銅会社買収の件決す」と記して

第二部　住友合資会社

第6表　合資会社・連系会社純損益

会　社　名	大正15年	昭和2年	3年
合資会社	2,443,887	2,601,869	1,725,406
連系会社小計	3,480,895	4,543,593	5,633,562
住友別子鑛山	－	179,825	413,376
住友炭礦	－	－	－
住友九州炭礦	－	－	308,575
住友坂炭礦	28,552	53,535	44,803
住友電線製造所	1,883,657	2,035,937	2,064,571
住友製鋼所	156,161	748,135	728,041
住友伸銅鋼管	280,210	616,451	784,960
住友肥料製造所	379,371	308,092	277,563
土佐吉野川水力電氣	－	106,244	300,061
住友倉庫	305,448	120,694	202,373
大阪北港	151,717	62,197	186,679
住友ビルデイング	295,776	312,479	322,555
重複分補正A	△720,875	△2,009,987	△1,440,384
合　　計	5,203,907	5,135,474	5,918,584
住友銀行	5,761,029	6,159,672	5,778,251
住友信託	364,077	794,359	1,111,835
住友生命保険	△26,159	41,334	89,530
重複分補正B	△475	△3,288	△86,969
合　　計	6,098,472	6,992,078	6,892,648
重複分補正C			
対連系会社C―1	－	△97,500	△97,500
対合資会社C―2	△2,564,205	△2,435,994	△2,277,097
総　　計	8,738,175	9,594,058	10,436,635

原註：各社純益ハ利益処分ニヨル重役賞与交際費及税金引当金ヲ損失ト見、又退職慰労準備金戻入ハ之ヲ利
註：重複分補正Aは、上記12社の合資会社に対する配当金合計額（第7表）。
　　同Bは、住友銀行が保有する住友信託株式及び住友信託と住友生命が保有する住友銀行株式に対する配
　　同C―1は、住友銀行が保有する住友ビルデイング株式に対する配当金。
　　同C―2は、合資会社が保有する住友銀行、住友信託、住友生命各株式に対する配当金合計額（第7表）。
出典：住友合資会社総務部会計課作成。

第三章　住友合資会社（中）

おり、翌三十年四月にはこの方針通り同社を買収し、別子製銅を単に販売するだけでなく、それを加工する住友伸銅場が開設され、やがてこれが伸銅所へ発展した。すなわち友純が住友家へ入って以来、住友家の事業は伝来の別子鉱山の他に新たに石炭と伸銅への進出によって、再生し得たわけで、彼としてはこの三者に対する思い入れは、次々と分離独立させていった他の連系会社とは、格別異なるものであったと思われる。

しかし既に「住友合資会社（上）」で述べたように、労働運動の高揚とともにこれらの事業所の労資協調路線は大きな影響を受け、争議の標的は、主管者たる事業所長を越えて、直接合資会社幹部や社長たる家長に向けられるようになった。大正十五年初に起こった、別子争議団の住吉本邸乱入事件は、病臥中の友純の病状に大きな影響を及ぼしたといわれている。この他工場災害や炭坑の爆発事故も懸念材料にあげられ、友純の死後これら三者の連系会社への移行は決定的となり、これによって合資会社の持株会社化がほぼ完了するに至ったのである。

恐慌の影響は、すべての連系会社の業績に現れているが、中でも炭礦は発足早々全国炭坑のコスト削減のための出炭増と不況による需要減により、全国平常貯炭量一二〇万トンに対し、昭和四年末二三〇万トン、昭和五年八月三二五万トンと貯炭量が激増したため、大幅な赤字を記録した。別子鑛山も銅需要の減退と銅価の下落が、前年の経営刷新の効果を吹き飛ばすほど深刻なものとなった。倉庫では、保管貨物残高が昭和四年末から五年末の一年間で、三八％も減少した[20]。金融機関では、銀行が依然として大きな収益を誇っていたが、昭和二年の金融恐慌の際に一割配当を九分に減配し、さらにこの五年には八分に減配せざるを得なかった。生命保険も、八万一〇〇〇円の純益を公表したが、実質は一六万三〇〇〇円の赤字であった[21]。

大島堅造（M42東京高商、当時銀行本店支配人、のち銀行専務）は[22]、この銀行決算の実情について、当時内国課と経理課を担当していた常務大平賢作とのやりとりを次のように述べている。

七一四

人も知るが如く、昭和二年の金融恐慌の後に経済界に発生したひどい反動だ。住友は三菱と共に恐慌によって特に預金が増大したが、その資金は日本銀行に無利子で預けられ、借手がない。大平さんは貸出先を探すに非常に苦心された。当時の外国課はロンドンのロイズ・バンクをモデルとした独立計算制を採用している。したがって、利益は多かったがそれは経理課に渡さず、外国課で保管していた。上海支店が銀相場の下落で決算時にどんな損失を出すかも知れないから、その準備金を兼ね貯えていたのである（註、三井銀行では当時国内余裕資金を上海の銀塊相場の変動を利用した為替差利益を目的とした投資に向け、上海支店は昭和五年に一〇〇万円の収益を上げたというが、住友では大島は在職中スペキュレーションを一回もやらなかったという）。大平さんは決算の必要上、止むを得ず外国課の利益金の借入れを申込んで来た。その証文は今の外国部に保管されている筈だ。

私は当時、本店支配人で外国課担当を命ぜられ、その限りに於て常務の権限を与えられ、合議に参加した。問題は住友が株式を公開したとき、年八％の配当を払うという諒解を与えたことにある。(24)しかし、それは業績上不可能だから本家に配当を辞退して貰うとか、色々の案があったが関係方面の賛同を得るに至らなかった。

昭和四年度の銀行の実際純益五四九万円の中、内国課の純益は四三八万円、外国課のそれは一一一万円、これが従来の銀行の決算のパターンであった。しかし昭和五年度の内国課の純益は二五〇万円に落ち込み、これでは大島の述べる通り八％の配当を維持することはできなかったので、外国課で二八七万円の純益を計上し、実際純益を五三七万円とすることができた。問題はこの外国課の純益の出所であるが、当時の外国課の収益源は、外国為替の売買ではなく、まず英米市場で低利の資金を外銀から借り入れ、それによって買い取った日本向けの輸出手形の金利との利ざやにあった。

昭和四年度では、外国課の利益六二一万円の中、収入（受取）利息が三三一万円に対し、外国為替売買益は一六五万円であった。

第二部　住友合資会社

七一五

第三章　住友合資会社（中）

しかし昭和五年一月の金輸出解禁以来、世界恐慌の影響、特に商品市況の暴落のため、外国為替の取扱高は激減するに至った。この外国為替取扱高が三割近く減少することによって、外国課の外銀借り入れを示す（他に在米支店・連系銀行の資金を含む）外国為替残高が四年末の三〇二二万円から三八八万円から一六〇万円へ減少したことが、まず外国課の純益に大きく寄与した。損失面で減少しても利益面で同様に減少すれば純益は変わらないが、利益面をみると貸付金・外国為替資産残高が昭和四年末の二九一九万円から五年末の一七二五万円へ四割も減少したにもかかわらず、五年度の外国課の利益五五六万円の中、収入（受取）利息は二三八万円と二八％減に止まり、外国為替売買益は一六四万円とほとんど横ばいとなっていた。従ってこのうち一〇〇万円程度は大島のいう当時の外国課の準備金なるものを利益として計上したものと推定される。

これとは逆のケースであるが、三井銀行は当時そのドル買いが「国賊的スペキュレーション」と非難の的となっていたためか、昭和六年下期の決算で外国営業部は十二月だけで三二一万円の外国為替売買損を計上した。後年三井銀行は

	（単位：円、円未満切り捨て）
4　年	5　年
7,030,221	4,078,575
207,727	207,727
11,105	10,583
―	―
612,469	1,066,964
897,000	747,500
398,000	―
42,000	―
392,500	392,500
625,000	625,000
180,000	186,698
600,000	540,000
2,276,284	2,149,824
1,087	1,087
―	36,250
97,500	97,500
210,000	210,000
―	―
159,441	105,136
―	―
48,955	△10,340
283,124	27,633
―	―
△12,975	△2,310,379
999	△5,109
3,812,570	4,671,655
603,064	855,126
378,140	398,390
412,314	402,449
121,382	119,886
39	1
202,123	206,813
1,411,995	1,419,478
364,382	734,152
40,838	501,874
180,524	21,814
―	―
―	―
―	―
97,765	11,668
3,217,651	△593,079

七一六

第7表　合資会社(本社)損益表

科目	大正15年	昭和2年	3年
当期利益	3,440,621	4,014,688	4,674,992
国債証券利息	207,787	207,727	207,727
地方債証券利息	11,523	11,393	11,405
社債券利息	2,625	10,998	7,536
株券配当金	327,495	391,992	515,795
住友別子鑛山配当金	—	—	—
住友九州炭礦配当金	—	—	—
住友坂炭礦配当金	—	—	—
住友製鋼所配当金	—	392,500	392,500
住友電線製造所配当金	546,875	1,339,987	625,000
住友肥料製造所配当金	174,000	180,000	180,000
住友伸銅鋼管配当金	—	—	—
住友銀行配当金	2,564,205	2,435,994	2,276,284
住友信託配当金	—	—	812
住友生命保険配当金	—	—	—
住友ビルデイング配当金	—	97,500	97,500
土佐吉野川水力電氣配当金	—	—	145,384
建築費戻入	87,489	69,815	—
工事処理費戻入	—	—	101,637
別子地所損益	—	—	39,036
別子農林損益	—	—	△87,877
雑益	160,244	17,082	22,692
固定財産原価差損益	150	—	—
有価証券原価差損益	△644,739	△1,140,814	137,776
資金利息	2,966	510	1,780
当期損失	4,367,686	2,932,739	3,613,082
利息	612,867	317,077	320,510
俸給	345,198	359,585	362,146
賞与	464,866	378,147	411,854
旅費	68,519	81,579	79,019
営繕費	64	37	1,346
賃借及保険料	125,390	180,822	205,629
雑費	983,308	838,200	1,278,723
諸税	204,875	182,074	134,971
退職慰労金	1,524,170	499,161	526,572
雑損	33,189	58,322	106,458
山林課損益	—	15,158	—
地所課損益	—	11,486	—
別子山林損益	—	—	107,716
札幌損益	—	—	3,975
唐松損益	—	—	15,767
償却	5,235	11,084	58,389
当期純損益	△927,064	1,081,949	1,061,909

第三章　住友合資会社（中）

大蔵省に対し、昭和七年上期に留保した外国為替の利益を昭和十年上期まで毎期戻入したと報告しているので、当時の会計制度ではこうした社内の利益留保が可能であったものと思われる。

(一)　合資会社（本社）の業績

既に述べたように、傘下の直営事業所が分離独立して連系会社となったので、本社の損益構造は、従来の赤字基調から、連系会社の配当収入によって黒字基調に変わった(第7表)。同時に連系会社の業績の悪化が、例えば大正十五年の製鋼所と昭和五年の炭礦の無配や期間を通じての銀行の減配等のように、本社の業績に影響を及ぼすこととなった。なお昭和二年の電線製造所は、一割配当の他に積立金の中から臨時配当(本社受取七八万円余)を行い、これを未払込金の払込原資に充当したものである。連系会社以外の株式保有が増加するにつれ(第8表)、配当収入も増加しているが、特に昭和五年には配当収入は一〇〇万円を超えているのは、日本ビクター蓄音器の特別配当三二万円があったためで、これ

（単位：円、円未満切り捨て）

4 年末	5 年末
184,954,517	193,514,556
984,150	984,150
—	—
17,727	18,870
3,848	3,466
3,431	3,712
—	—
3,142,542	3,142,542
190,267	163,800
—	—
13,979,079	12,813,935
14,950,000	14,950,000
4,975,000	—
5,155,478	—
—	11,297,078
7,850,000	7,850,000
6,250,000	6,250,000
1,800,000	5,800,000
12,000,000	12,000,000
36,331,477	36,331,477
28,614	28,614
2,813,000	2,813,000
14,950,000	14,950,000
3,250,000	3,250,000
21,493,850	24,481,510
3,000,000	3,000,000
—	239,375
3,921,546	3,308,449
527,500	829,083
1,583,979	291,365
—	—
—	—
1,560,899	1,278,360
29,277	33,359
—	—
13,585	5,322
8,389	11,824
—	3,101
—	—
1,116	4,314
—	—
2,956	2,231
—	1,953
3,385,176	3,606,781
379,725	344,870
1,689	4,172
6,507,747	6,502,957
—	—
13,129,078	13,286,875
132,798	—
600,582	1,693,040
—	1,935,061
184,954,517	193,514,556
150,000,000	150,000,000
12,457,841	13,736,504
1,462,294	1,572,649
1,200,000	1,200,000
58,381	57,101
—	—
850,207	899,514
—	—
11,692,469	16,602,244
156,420	366,065
1,550,000	2,050,000
—	—
3,069,674	3,079,053
687,500	1,449,200
—	—
1,375	—
21,552	4,546
5,855	—
—	122
2,366	—
—	1,355,200
—	1,142,352
1,738,577	—

七一八
(25)

第8表 合資会社(本社)貸借対照表

第二部 住友合資会社

科　　目	昭和元年末	2年末	3年末
借　方	175,883,758	179,078,291	180,926,936
固定財産・土地	—	984,150	984,150
鉱区	—	—	376,344
車両	—	—	—
機械	600	600	4,230
什器	21,338	24,286	22,143
所有品・準備品	1,572	1,165	—
有価証券・国債証券	3,142,542	3,142,542	3,142,542
地方債証券	199,592	199,167	194,242
社債券	19,594	297,000	—
株券	6,420,930	7,872,910	12,060,766
住友別子鑛山株券	—	14,950,000	14,950,000
住友九州炭礦株券	—	—	4,975,000
住友坂炭礦株券	1,155,478	1,155,478	1,155,478
住友炭礦株券	—	—	—
住友製鋼所株券	7,850,000	7,850,000	7,850,000
住友電線製造所株券	5,468,750	6,250,000	6,250,000
住友肥料製造所株券	1,800,000	1,800,000	1,800,000
住友伸銅鋼管株券	9,000,000	9,000,000	12,000,000
住友銀行株券	36,821,382	36,821,382	36,331,477
住友信託株券	1,266,250	16,250	16,250
住友生命保険株券	2,813,000	2,813,000	2,813,000
住友倉庫株券	13,700,000	14,950,000	14,950,000
住友ビルデイング株券	3,250,000	3,250,000	3,250,000
大阪北港会社株券	21,927,500	21,493,850	21,493,850
土佐吉野川水力電氣株券	—	3,000,000	3,000,000
起業支出・宜川起業支出	—	—	—
預リ金・地所課預リ金	—	—	61,100
貸金・立替金	1,824,242	5,505,243	2,486,501
雑・仮出金	357,194	345,871	1,766,038
未収金	4,283,344	5,000,000	2,291,265
各部・別子鉱業所	28,356,036	—	—
製鋼販売店	442,093	219,624	—
若松炭業所	5,993,240	5,874,848	—
鴻之舞鉱業所	—	—	1,634,351
大萱生鉱業所	177,833	141,464	57,317
札幌鉱業所	1,616,304	2,028,565	—
高根鉱業所	60,479	61,566	47,490
東京販売店	—	—	—
呉販売店	1,443	2,222	771
上海洋行・販売店	3,910	17,194	12,305
横須賀販売店	5,504	4,673	931
博多販売店	1,760	322	3,132
神戸販売店	—	—	—
名古屋販売店	—	—	—
林業所	2,327,717	2,799,339	3,158,784
病院	464,557	428,288	367,722
支店・東京支店	—	—	—
委託・別子鉱山委託	—	6,559,474	6,584,156
坂炭礦委託	—	—	779,868
特別会計・地所課	11,414,114	11,457,104	13,015,777
銀行・銀行出納	189,703	904,736	426,912
銀行特別預金	1,936,724	1,360,478	613,035
損益・当期純損益	1,569,019	495,488	—
貸　方	175,883,758	179,078,291	180,926,936
資本金・資本金	150,000,000	150,000,000	150,000,000
前期繰越金	10,536,679	11,230,566	11,982,435
前期純損益	2,437,784	2,603,850	1,163,074
労役者特別保護基金	1,200,000	1,200,000	1,200,000
労役者特別保護別途積金	79,833	82,544	51,941
預リ金・雇人身元預金	244,069	—	—
積金預金	1,571,731	884,841	689,554
住友本家預金	223,548	258,900	299,200
諸預金	6,360,295	9,013,603	10,792,902
地所課預リ金	—	—	—
地所課特別預リ金	—	—	900,000
準職員積立金	26,940	30,680	35,374
雑・仮入金	3,150,754	3,244,403	2,761,254
未払金	1,034	1,072	—
各部・東京販売店	45,695	24,737	24,423
呉販売店	—	—	—
上海洋行・販売店	—	—	—
博多販売店	—	—	—
神戸販売店	2,946	2,546	5,013
名古屋販売店	2,445	543	8,936
手形・割引手形	—	500,000	700,000
銀行・銀行出納	—	—	—
損益・当期純損益	—	—	312,826

第三章　住友合資会社（中）

は全額増資払込の原資に充当された。

昭和二年の山林課損益、地所課損益、昭和三年の別子山林損益、別子地所損益及び別子農林損益は、昭和二年七月住友別子鑛山の設立に伴い、合資会社別子鉱業所の山林、地所は同社に委託経営されることになったので、その損益を示す。なお昭和三年七月、山林課、地所課は合併して農林課となった。

同じく昭和三年札幌損益、唐松損益は、三月札幌鉱業所が廃止され、唐松炭坑の経営が住友坂炭礦に移管されたので、それぞれ両者の一～二月の損益を示す。

本社の業績を左右するものとして、損失のうち退職慰労金と有価証券評価損が大きい。特に本社の業績が、大正十五年に赤字となったのは、前者が一五二万円に上がったのが主因であり、昭和五年の場合は、後者が一二二・八万円という巨額に達したためである。有価証券評価損については「三　投資活動」で明らかにすることとして、一方の退職慰労金がこのように大きな額となったのは、「一　統轄システム」で述べたように、幹部の異動が相次いだためである。すなわち大正十五年の一五二万円の中には前家長に対する功労金一〇〇万円、理事吉田良春一五万円、伊庭貞剛一〇万円、理事岡田宇之助五万円計一三〇万円が、昭和二年の四九万円には理事草鹿丁卯次郎二〇万円中合資会社負担分八万円、信託専務吉田眞一の銀行・信託負担分二五万円の他に住友家分として一二万円余計二〇万円余が、昭和三年では五二万円のうち理事本荘熊次郎・総務部長野草省三・技師長武藤傳造・住友病院長片山正義等四〇万円余、昭和五年の五〇万円の中には、総理事湯川寛吉の五〇万円中合資会社負担分二六万円余と肥料常務日高直次の合資会社負担分九万円余計三五万円余が含まれていた。

第8表において、起業支出勘定宣川起業支出二三万円余は、昭和五年四月朝鮮の金山である宣川鉱山（朝鮮平安北道宣川郡宣川邑）を加藤万四郎及び東拓鉱業から一二万円余で買収し、探鉱を開始したことを示している。

七二〇

第9表　地所課損益表　（単位：円、円未満切り捨て）

科　目	大正15年	昭和2年	3 年	4 年	5 年
当期利益	48,436	203,149	301,420	388,702	366,697
耕地収益	20,884	11,887	14,598	13,171	11,667
賃貸料	162,699	195,199	219,715	240,006	246,680
雑　益	1,820	10,496	12,498	4,035	1,196
固定財産原価差損益	△136,952	△13,857	3,336	48,805	△10,303
利　息	△15	△576	51,271	82,684	117,457
当期損失	181,994	173,038	182,842	254,837	214,624
俸　給	12,142	14,369	20,229	22,524	23,004
旅　費	1,530	1,655	1,268	1,659	1,262
諸　税	46,844	35,828	35,231	40,935	40,675
営繕費	37,643	28,506	29,141	37,329	20,747
賃借及保険料	3,619	8,348	6,340	6,765	7,745
雑　費	14,236	20,693	15,254	59,731	26,894
賞　与	7,516	8,786	13,161	14,158	14,933
雑　損	6	29	1,118	262	0
資金利息	11,582	5,457	―	―	―
償　却	46,872	49,363	61,095	71,471	79,359
当期純損益	△133,558	30,111	118,578	133,864	152,073

委託勘定は既に述べたように、別子の山林・地所を住友別子鑛山に、唐松炭坑を住友坂炭礦に経営委託したことを示す。

特別会計勘定地所課は、「住友合資会社（上）」で述べたように、大正十四年六月総務部庶務課に所属していた地所係が地所課として独立した際、本社の勘定とは別個に設けられた特別会計勘定を示す。従ってその損益と勘定内訳は第7表と第8表に含まれないのでそれぞれ第9表と第10表に示した。大正十五年に赤字となったのは、旧銀行本店営業部建物（旧帝国座）の評価損一三万円余を計上したためである。

昭和三年末雑勘定未収入金で二一七万円が計上されている。これは年初に合資会社が所有している川岸町上地三万一〇〇〇坪（現大阪市此花区島屋六丁目及び桜島一丁目、「住友総本店（下）」第3図参照）を、北港運河をはさんで安治川本流と大阪北港経営地を結ぶ唯一の連絡経路のため、大阪北港に三〇〇万円で売

第三章　住友合資会社（中）

却し、代わりに大阪北港は島屋町の土地七万坪のうち製鋼所の敷地六万二〇〇〇坪を製鋼所に三〇〇万円で、八〇〇〇坪を五五万円で合資会社に売却することとなった。このうち頭金一〇〇万円が製鋼所から入金され、残り二〇〇万円が五年年賦となったことを示す。預ケ金勘定「会計課特別預ケ金」が、主としてその入金状況を示す。

第11表は本社の収支表を示す。「住友合資会社（上）」の「二（一）　合資会社（本社部門）の業績」で述べたように、本社の支出超過は直営店部からの資金回収（各部勘定増減と前期純損益の合計、但しここでいう各部勘定増減には各部の前期純損益が含まれている。第12表に各部勘定増減を示す）によって補われ、その差は銀行出納勘定として示されている。本社の収支の改善とともに、銀行出納勘定（当座借越＋割引手形）の借入超過は縮小し、昭和元年末には預金超過に転じた。本社の支出の大半は有価証券投資であるが、これについては「三　投資活動」で詳述する。通常の配当金支出の他に配当金の積立が行われるようになったが、これについては、第18表利益処分の説明を参照されたい。この他では、支出では貸金、収入では預リ金が金額的に大きい。両勘定の中心となる立替金と諸預金の残高明細を第13表に示す。立替金では従来に引き続き倉庫、ビルディングに対する融資が行われている外、伸銅鋼管の設立の際にも融資が行われた。住友坂炭礦に対しては、昭和四年一月に譲渡した唐松炭坑の起業支出と八月に起きたガス爆発の処理費の融資である。また病院は工費二五万円で新館を建設したので、その建設費を融資した。
一方諸預金では製鋼所と電線製造所の余資の受け入れが続き、既に述べた配当金の積立が分家の預リ金も含めて、住友家の預リ金の形で計上されている。この詳細は第18表利益処分で明らかにすることとしたい。大阪北港の八五万円は、

5年末
（未満切り捨て）
13,390,212
9,163,711
718,682
1,666
200
―
14,191
944
6,747
3,447
―
366,065
2,050,000
64,556
1,000,000
―
13,390,212
13,286,875
28,640
5,829
―
2,103
66,764

第10表　地所課貸借対照表

(単位：円、円)

科　目	昭和元年末	2年末	3年末	4年末
借　方	11,433,620	11,487,344	13,154,484	13,229,251
固定財産・土地	10,687,517	10,590,742	9,164,816	9,093,826
建設物	479,140	534,659	511,208	711,497
機械	2,718	3,065	2,759	1,854
什器	200	200	200	200
所有品・米穀	4	－	－	－
準備品	－	－	－	10,382
農林産品・穀物	－	－	－	124
起業支出・雑建設物	78,652	73,525	167,400	80,492
雑土工	5,352	4,855	6,488	1,200
住友倶楽部建設物	－	109,194	167,899	－
預ケ金・会計課預ケ金	－	－	－	156,420
会計課特別預ケ金	－	－	900,000	1,550,000
雑・仮出金	32,707	1,101	63,712	123,254
未収入金	－	170,000	2,170,000	1,500,000
当期損益	147,329	－	－	－
貸　方	11,433,620	11,487,344	13,154,484	13,229,251
会計課勘定	11,414,114	11,457,104	13,015,777	13,129,078
預リ金・敷金預金	10,092	19,230	25,119	26,969
耕作保証金	－	－	－	－
預ケ金・会計課預ケ金	－	－	61,100	－
雑・仮入金	9,413	2,213	562	715
当期損益	－	8,795	51,925	72,488

第三章　住友合資会社（中）

上記合資会社に対する島屋町土地売却代金五五〇万円と、大正十五年電線製造所に対しその敷地三万坪を一八一万円で売却した代金の残り三〇万円の預かりである。

第11表及び第12表の銀行出納勘定の増減の結果、年末の勘定残高（当座借越＋割引手形）は、第14表で示される。通常は住友銀行の当座借越で調達されるが、第14表註に示した通り、伸銅所が住友伸銅鋼管として独立してその手形融資がなくなって以来、合資会社の特定の用途の資金調達には割引手形が利用されている。なお連系会社の株式払込資金は巨額に上るが、直ちに譲渡資産と相殺されるため残高としては計上されていない。例外は昭和五年の大阪北港の株式買収費用一三五万円の調達で、九〇日毎の借換が続き、返済は昭和十二年三月まで持ち越された。この手形割引は、金解禁直後の三月に住友銀行ではなく、大阪北港株式六万一六〇〇株を担保として日本銀行大阪支店で行われた。この理由として(26)は、一月の金解禁によって住友銀行の貸出方針が変更されたこと、合資会社と銀行の取引がこれまで預金超過であったのが一転して当座借越に向かい、年末には一〇〇万円を超えることになるのが、資金繰りから予め予想されていたこ

（単位：円、円未満切り捨て）

4　年	5　年
△249,317	77,924
△260,095	167,877
10,382	3,808
5,926,702	6,962,647
1,225,045	△607,096
△1,178,994	242,884
△1,377,286	△1,792,714
—	—
124	819
△12,453	1,092,458
4,084,106	6,148,610
856,277	4,789
△1,689	△2,482
△700,000	△700,000
△550,000	△1,450,000
6,440	△1,279
728,496	4,921,581
308,571	10,766
687,500	761,700
—	—
3,088,153	△441,005
4,423,749	3,104,069
339,642	△3,044,540
316,544	△113,528
405,885	△2,630,350
382,787	300,661

600千円を算入せず、他方仮入金の中、大千円の誤記である。
金50万円、通知預金50万円計100万円の減
繰戻2,280千円と表示されている。

第11表　収支表（本社）

科目	大正15年	昭和2年	3年
（支出）			
固定財産	1,849,150	946,190	△1,071,852
起業支出	70,017	103,570	154,213
所有品	△441	△412	△1,165
有価証券	116,924	2,326,560	11,371,025
貸金	1,083,661	2,567,655	△3,018,741
仮出金	△1,739,416	△42,928	1,482,777
未収入金	3,000,000	—	△708,734
受取手形	△818,228	—	—
農林産品	—	—	—
銀行特別預金	1,842,164	△576,245	△747,442
合計	5,403,832	5,324,390	7,460,078
（収入）			
委託勘定	—	131,500	△480,505
東京支店	—	—	—
配当金	△600,000	△700,000	△700,000
配当金積立	—	△1,050,000	△1,150,000
労役者特別保護基金	△719	2,711	△30,603
預リ金	542,318	1,770,578	1,634,895
仮入金	△1,294,836	86,449	△484,799
未払金	83	37	△1,072
若松炭業所財産譲渡代	—	—	5,000,000
純益	△1,060,623	1,112,060	1,180,487
合計	△2,413,777	1,353,336	4,968,402
収支超過額　①	△7,817,610	△3,971,053	△2,491,676
各部勘定増減　②	△5,915,686	△2,108,588	△981,803
銀行出納勘定増減　③	1,089,226	215,033	△677,823
前期純損益　④	2,991,151	2,077,498	832,049

註：1. 上記の関係は④－②＋①＝③となる。
2. 大正15年度実際報告書では、支出超過額7,224千円となっているが、これは上記に対し、配当金支払良鉱業所閉鎖に伴う純益6,988円の振替を算入していないためである。
3. 昭和2年度実際報告書では、立替金（上記貸金）が2,658千円となっているが、これは上記の通り2,568
4. 昭和3年度実際報告書では、支出超過額3,493千円となっているが、これは銀行特別預金の中定期預少を算入していないためである。
5. 昭和4年度実際報告書では、起業及固定財産は340千円、償却繰戻169千円と表示されている。
6. 昭和5年度実際報告書では、固定財産は169千円、償却繰戻91千円及び有価証券は9,242千円、評価損

第二部　住友合資会社

第三章　住友合資会社（中）

と、或いは長期的に流動性を確保しておこうという意図があったこと等が挙げられるが、「四　資金調達」で改めて検討することとしたい。

銀行特別預ケ金勘定は、従来の積立金が昭和三年四月本社特別財産に一本化された後も、その中で住友銀行の特別当座預金・通知預金・定期預金で運用されている残高を示す。昭和元年末にこの残高が二〇〇万円近くなると、昭和二年にはこれを取り崩して、宇治川電気社債買入三〇万円、九州水力電気株式四八万円、九州電気軌道株式五七万円計一三五万円、昭和三年阪神電気鉄道株二一〇万円、九州水力株一九万円、九州電軌株二万円計二三一万円、昭和四年阪神電鉄株二八万円、九州水力株三万円、九州電軌株二万円、伊予鉄道株一万円計三四万円と投資に回された。しかし昭和五年にこうした投資が影をひそめたのは、当座借越の増加に伴い、銀行特別預ケ金の残高を維持する必要があったためではないかと推定される。

　（二）　合資会社（全社）の業績

既に述べたように、伸銅所、別子鉱業所、若松炭業所が相次いで独立して、連系会社となると、合資会社（全社）の業績と本社の業績の差は次第に縮小していった（第5表）。合資会社の中では販売店の比重が相対的に高くなった。販売店の売上は不況下においても、緩やかながら伸びを示していたが、昭和五年には不況の影響を免れることはできず売上は

（円未満切り捨て）

5　年
－
－
△436,240
4,192
△68,627
－
△91,283
849
6,611
△898
△4,105
△3,303
36,817
221,604
△79,806
684,265
270,075
414,189
△3,044,540
△2,630,350

第12表　各部勘定増減表

(単位：円、)

店　　部	大正15年	昭和2年	3　年	4　年
別子鉱業所	△3,276,872	△4,088,037	—	—
製銅販売店	178,467	△264,571	△383,732	—
若松炭業所	△246,168	△401,978	△1,453,506	—
鴻之舞鉱業所	—	—	—	△349,209
大萱生鉱業所	△68,091	8,277	△240,877	△18,101
札幌鉱業所	△472,053	103,765	△14,528	—
高根鉱業所	△80,541	7,820	△11,496	△78,098
伸銅所	△5,180,737	—	—	—
東京販売店	△74,183	△110,958	△91,026	△22,089
呉販売店	△626	△1,407	△6,065	△4,047
横須賀販売店	7,815	7,455	1,804	5,087
博多販売店	1,508	△1,713	8,416	△8,522
神戸販売店	△8,938	△6,125	△9,220	3,008
名古屋販売店	△4,729	△3,349	△10,046	△9,083
上海洋行・販売店	24,392	41,198	31,782	9,429
林業所	215,247	471,622	359,444	226,392
病院	78,671	51,914	5,199	178,990
勘定減計＝資金回収	9,412,941	4,878,142	2,220,500	489,151
勘定増計＝資金補充	506,104	692,054	406,647	422,908
差引　①	8,906,837	4,186,087	1,813,853	66,243
本社収支尻	△7,817,610	△3,971,053	△2,491,676	339,642
合計　②	1,089,226	215,033	△677,823	405,885

註：①第11表　前期純損益—各部勘定増減。
　　②第11表　銀行出納勘定増減。

第13表　本社貸金勘定立替金及び預リ金勘定諸預金の残高明細

(単位:円、円未満切り捨て)

相　手　先	昭和元年末	2年末	3年末	4年末	5年末
貸金・立替金	1,824,242	5,505,243	2,486,501	3,921,546	3,308,449
湧別川水力電気	100,000	—	—	—	—
住友倉庫	1,180,000	1,180,000	780,000	1,080,000	1,080,000
住友伸銅鋼管	—	2,675,265	—	—	—
住友ビルデイング	—	1,140,000	1,290,000	1,160,000	1,310,000
住友坂炭礦	—	—	—	887,500	—
住友病院	—	—	—	210,000	204,000
その他	544,242	509,977	416,501	584,046	714,449
預リ金・諸預金	6,360,295	9,013,603	10,792,902	11,692,469	16,602,244
住友製鋼所	3,200,000	4,250,000	4,300,000	4,700,000	5,400,000
住友電線製造所	3,000,000	3,500,000	3,300,000	3,300,000	5,800,000
住友家預リ金	—	1,050,000	2,126,420	2,166,078	4,460,708
大阪北港	—	—	850,000	750,000	350,000
その他	160,295	213,603	216,482	776,391	591,536

註:住友家預リ金明細は下表の通り。

	昭和2年	3年	4年	5年
増配分	1,050,000	1,150,000	550,000	1,450,000
運用益	—	44,354	623,557	606,871
相続税支払	—	—	△1,019,290	—
増配分税支払	—	△117,934	△245,608	△186,241
別途預リ金	—	—	130,000	320,000
分家(寛一)預リ金	—	—	1,000	4,000
分家(義輝)預リ金	—	—	—	100,000
合　計	1,050,000	1,076,420	39,658	2,294,629
累　計	1,050,000	2,126,420	2,166,078	4,460,708

第14表　本社の銀行取引

(単位:円、円未満切り捨て)

	昭和元年末	2年末	3年末	4年末	5年末
銀行出納勘定(当座借越)	△189,703	△904,736	△426,912	△132,798	1,142,352
割引手形	—	500,000	700,000	—	1,355,200
合　計	△189,703	△404,736	273,087	△132,798	2,497,552
銀行特別預ケ金勘定	1,936,724	1,360,478	613,035	600,582	1,693,040

註:割引手形による調達資金の用途は下表の通り。

年　月	金額(万円)	用　　　途
大正15年6月	900	住友伸銅鋼管払込
昭和2年1月	100	東京販売店鶴見土地(肥料工場用)買収
6月	1,500	住友別子鑛山払込
7月	200	土佐吉野川水力電氣払込
12月	50	常務理事特命支出
昭和3年6月	500	住友九州炭礦払込
12月	30	預リ金(電線、製鋼、北港)利払
	100	北海道鑛業から炭坑買収費用の一部
昭和4年2月	200	住友坂炭礦増資払込
5月	70	昭和3年度利益配当金
昭和5年3月	135	大阪北港株式買収費用(日本銀行大阪支店割引)

第15表　販売店販売実績表

(単位：千円)

販売店	大正15年	昭和2年	3年	4年	5年
東京	21,721	21,198	20,791	23,516	18,503
横須賀	393	441	990	858	479
呉	2,439	2,834	2,649	2,753	1,508
博多	1,575	1,773	2,292	2,618	1,760
名古屋	1,612	1,565	3,398	2,459	1,518
神戸	3,079	2,549	2,518	2,232	1,789
上海	1,659	959	769	1,428	916
合　計	32,478	31,319	33,407	35,864	26,473
店部別内訳					
伸銅	7,342	7,803	8,110	9,562	6,807
（比率）	(55.7)	(58.1)	(55.2)	(57.6)	(51.9)
電線	16,196	13,775	15,019	15,214	9,383
（比率）	(67.7)	(62.8)	(59.5)	(63.1)	(53.6)
製鋼	5.576	6,284	5,295	4,510	3,932
（比率）	(77.0)	(69.0)	(58.2)	(55.6)	(61.2)
肥料	596	875	920	965	794
（比率）	(13.4)	(18.1)	(16.0)	(15.5)	(14.7)
製銅・別子	1,926	1,737	2,969	3,488	2,489
（比率）	(12.5)	(12.1)	(17.1)	(16.9)	(14.5)
若松・九州	97	156	304	506	—
（比率）	(1.9)	(2.8)	(4.8)	(7.4)	
坂	380	543	743	1,553	—
（比率）	(47.9)	(56.2)	(62.5)	(39.9)	
炭礦	—	—	—	—	2,994
（比率）					(27.4)
合計	32,113	31,173	33,360	35,798	26,399
（比率）	(45.9)	(44.4)	(41.9)	(41.4)	(37.4)

註：括弧内比率は当該店部の販売高に占める販売店の販売比率を示す。販売店は上記以外の商品も取り扱っているため、合計は一致しない。各販売店の受注実績の店部別内訳は下表の通り（単位：千円）。
出典：各年度実際報告書、会計見積書から作成。

	大正15年	昭和2年	3年	4年	5年
（東京）					
伸銅	3,433	3,810	4,093	4,230	3,319
電線	14,122	12,461	10,848	11,671	7,272
製鋼	3,720	5,956	3,701	3,798	2,741
肥料	714	699	775	575	612
製銅・別子	469	529	1,568	1,482	1,473
若松・九州	136	150	397	584	—
坂	653	500	773	2,494	—
炭礦	—	—	—	—	3,584
その他	18	24	43	50	31
計	23,265	24,129	22,198	24,884	19,032
（横須賀）					
伸銅	195	873	400	591	271
電線	93	111	150	82	39
製鋼	6	—	3	100	—
肥料	—	—	—	—	—
製銅・別子	1	—	29	29	23
若松・九州	—	—	—	—	—
坂	—	—	—	—	—
炭礦	—	—	—	—	—
その他	—	—	—	—	—
計	295	984	582	802	333

（次頁へつづく）

	大正15年	昭和2年	3 年	4 年	5 年
（呉）					
伸銅	903	1,328	1,206	1,075	837
電線	854	556	697	539	309
製鋼	129	197	86	119	41
肥料	62	58	61	61	31
製鋼・別子	924	702	399	474	220
若松・九州	—	—	2	8	—
坂	—	—	0	3	—
炭礦	—	—	—	—	9
その他	3	2	7	4	6
計	2,875	2,843	2,458	2,283	1,453
（博多）					
伸銅	230	204	226	293	370
電線	955	1,692	1,367	1,337	1,125
製鋼	150	167	126	295	129
肥料	1	2	—	—	1
製鋼・別子	147	126	508	781	113
若松・九州	—	—	—	—	—
坂	—	—	—	—	—
炭礦	—	—	—	—	—
その他	21	5	—	—	—
計	1,504	2,196	2,227	2,711	1,738
（名古屋）					
伸銅	586	587	878	639	515
電線	678	761	2,046	1,325	332
製鋼	226	246	253	255	194
肥料	—	—	—	—	0
製鋼・別子	19	110	209	126	91
若松・九州	—	—	—	—	—
坂	—	—	6	—	—
炭礦	—	—	—	—	106
その他	—	—	—	—	—
計	1,509	1,704	3,412	2,345	1,238
（神戸）					
伸銅	1,017	1,373	1,256	1,150	794
電線	1,086	539	689	634	304
製鋼	815	554	334	354	390
肥料	—	—	4	11	19
製鋼・別子	15	15	58	59	7
若松・九州	—	—	—	—	—
坂	—	—	139	—	—
炭礦	—	—	—	—	20
その他	—	—	—	—	—
計	2,935	2,481	2,480	2,208	1,514
（上海）					
伸銅	534	346	145	295	141
電線	286	173	227	689	330
製鋼	1	2	1	1	2
肥料	1	0	—	65	137
製鋼・別子	386	251	323	417	256
若松・九州	—	—	46	142	—
坂	—	—	—	—	—
炭礦	—	—	—	—	21
その他	387	113	—	5	18
計	1,595	885	742	1,614	905
（合計）					
伸銅	6,898	8,521	8,224	8,273	6,247
電線	18,074	16,293	16,024	16,277	9,711
製鋼	5,047	7,122	4,504	4,922	3,477
肥料	778	759	840	712	800
製鋼・別子	1,961	1,733	3,094	3,368	2,183
若松・九州	136	150	443	734	—
坂	653	500	918	2,497	—
炭礦	—	—	—	—	3,740
その他	431	144	50	64	55
計	33,978	35,222	34,099	36,847	26,213

註：その他は中華電気製品、別子機械製品（但し昭和3年度以降は製鋼・別子に含まれる）、日米板硝子製品である。

二五％も低下した(第15表)。販売店の販売実績をみると、伸銅、電線、製鋼の三社については各社の売上の五〇〜六〇％を販売店が占め、肥料、製鋼(別子)、炭礦は商品の性質上大阪地場取引が大きく販売店のシェアは一五〜二五％前後に止まっている。

唐松炭坑は、昭和三年三月住友坂炭礦へ経営委託され、昭和五年七月住友炭礦の発足とともに、同社に譲渡された。来馬鉱山は、鉱況不良のため昭和二年六月休山した。製銅販売店は、昭和三年七月住友別子鑛山の大阪支店となった。第16表総損益表と第17表総貸借対照表は、合資会社本社以下各店部の損益表と貸借対照表を連結したものである。各年度の利益金からは、社員に対し配当金が支払われ、残りが利益繰越金として年々繰り越されていくこととなる(第18表)。配当金は、従来住友家五〇万円(未成年の厚、元夫各五万円を含む)と寛一、義輝各五万円の計六〇万円であったが、大正十五年三月住友吉左衛門友純が死去し、厚が相続して住友吉左衛門友成となって以来、住友家五〇万円(元夫五万円を含む)、寛一、義輝各一〇万円に変更された。既に述べたようにこの通常の配当金の他に、大正十五年から配当金の増配が行われた。大正十三年六月成立した加藤高明内閣は行財政改革の一環として、十五年三月税制改正を行ったが(十五年一月法案審議中に加藤が病没すると若槻礼次郎が引き継いだ)その中で従来の留保所得に対する特別累進課税の一般的適用を廃して、いわゆる同族会社に対してのみ超過累進課税を適用することに改めた。

昭和二年五月二十一日提出、六月六日決裁された合資会社総務部会計課主計係の起案(主雑第二十四号)「合資会社利益処分ノ件」は、これについて次のように述べている。

一、合資会社ハ加算税賦課ヲ免レ難キ事。

同族会社加算税規定ニ関スル大蔵省内牒ヲ仄聞スルニ、有価証券又ハ不動産ノ保全ヲ主タル目的トスル会社ニハ、増配ノ利益ト金繰関係

第二部　住友合資会社

第16表　総　損　益　表　　(単位：円、円未満切り捨て)

科　目	大正15年	昭和2年	3　年	4　年	5　年
利　益	29,988,749	19,450,601	10,099,329	9,411,498	6,755,935
国債証券利息	207,787	207,727	207,727	207,727	207,727
地方債証券利息	11,523	11,393	11,405	11,105	10,583
社債券利息	2,625	10,998	7,536	—	—
株券配当金	327,495	391,992	515,795	612,469	1,066,964
住友別子鑛山配当金	—	—	—	897,000	747,500
住友九州炭礦配当金	—	—	—	398,000	—
住友坂炭礦配当金	—	—	—	42,000	—
住友製鋼所配当金	—	392,500	392,500	392,500	392,500
住友電線製造所配当金	546,875	1,339,987	625,000	625,000	625,000
住友伸銅鋼管配当金	—	—	—	600,000	540,000
住友肥料製造所配当金	174,000	180,000	180,000	180,000	186,698
住友銀行配当金	2,564,205	2,435,994	2,276,284	2,276,284	2,149,824
住友信託配当金	—	—	812	1,087	1,087
住友生命保険配当金	—	—	—	—	36,250
住友ビルデイング配当金	—	—	97,500	97,500	97,500
土佐吉野川水力電気配当金	—	—	145,384	210,000	210,000
銅収益	9,957,162	4,655,632	—	—	—
電銅収益	—	—	61,720	—	—
金銀収益	1,378,099	976,636	1,145,887	1,185,252	1,253,990
売鑛収益	1,548,077	800,342	245,454	312,778	249,863
石炭収益	4,964,613	5,491,583	2,972,878	—	—
伸銅製品収益	3,437,851	—	—	—	—
山林収益	329,941	128,917	—	—	—
別子地所損益	—	—	39,036	—	—
別子農林損益	—	—	—	48,955	—
病院収益	386,457	274,914	183,031	206,637	283,958
耕地収益	197,501	123,311	14,598	13,171	11,667
商品収益	178,241	97,839	—	—	—
製作品収益	—	874,788	—	—	—
雑製品収益	11,051	11,365	—	—	—
運賃収益	179,700	89,939	—	—	—
賃貸料	209,804	232,641	226,437	241,415	248,018
割手数料	549,384	599,445	532,547	477,464	451,079
労役者特別保護支払元金	93,081	55,559	34,477	2,495	1,638
組替戻入	3,065,310	969,399	118,688	202,209	144,586
雑益	532,046	220,029	175,429	153,085	158,907
固定財産原価差損益	△221,570	△79,815	△250,191	30,285	△9,031
有価証券原価差損益	△644,739	△1,140,814	137,776	△12,975	△2,310,379
為替差益	2,223	788	1,125	—	—
資金利息	0	0	484	47	—
損　失	27,544,862	16,848,732	8,373,923	5,982,835	6,865,269
賃銀費	5,830,886	3,504,655	1,274,083	236,859	225,563
営業雑給	114,700	68,162	12,645	—	—
動力及燃料費	1,550,991	749,256	249,839	112,260	113,195
常用品費	2,889,113	1,926,046	—	—	—
材料費	—	—	244,088	73,670	60,118
雑品費	—	—	393,345	223,359	215,174
営業営繕費	570,273	274,229	28,041	5,119	6,877
運送費	1,374,296	990,450	388,986	69,553	60,317
販売費	379,064	171,277	7,458	3,457	3,304
営業賃借及保険料	25,558	15,661	7,197	1,393	1,607
営業雑費	2,243,831	1,230,129	151,829	104,160	155,028
輸入入諸掛	1,452	—	—	—	—
俸給	1,931,657	1,475,855	856,054	703,115	759,887
給料	177,911	43,759	—	—	—
雑給	91,643	55,492	13,136	—	—
旅費	188,746	172,860	132,814	168,230	153,103
諸税	604,406	486,935	246,994	432,832	798,966
営繕費	151,625	76,870	40,897	53,004	27,972
賃借及保険料	179,450	233,669	248,936	242,185	245,237
雑費	2,922,611	1,804,362	1,589,977	1,720,712	1,680,668
賞与	1,400,512	967,990	679,644	591,244	589,478
退職慰労金	1,524,170	499,161	526,572	42,528	504,828
労役者特別保護金	142,480	93,314	34,477	2,495	1,638
雑損	126,425	111,037	135,584	208,083	59,626
償却	2,412,721	1,517,599	626,421	462,197	437,976
利息	689,828	353,304	269,556	526,370	754,357
営業品原価差損	20,504	—	—	—	—
委託勘定損益	—	26,645	—	—	—
別子山林損益	—	—	107,716	—	—
別子農林損益	—	—	87,877	—	10,340
唐松損益	—	—	15,767	—	—
札幌損益	—	—	3,975	—	—
純　損　益	2,443,887	2,601,869	1,725,406	3,428,663	△109,334

第三章　住友合資会社（中）

第17表　総貸借対照表

(単位：円、円未満切り捨て)

科目	昭和元年末	2年末	3年末	4年末	5年末
借方	181,849,422	183,232,762	185,024,452	189,184,874	191,661,079
固定財産・土地	13,847,005	14,299,064	12,649,238	13,572,905	13,585,259
山林・立木竹	3,942,983	3,734,383	3,723,597	2,726,032	2,662,908
鉱山・鉱区	12,576,620	3,643,834	1,068,103	437,534	345,918
坑道	—	—	142,439	225,591	203,221
索道	127,261	28,629	17,962	16,028	11,480
電線路	495,246	50,165	16,454	11,931	8,355
鉄道・軌道・馬車線路	465,990	—	16,085	30,390	24,102
車両	—	—	—	19,729	25,892
船舶	93,766	5,965	—	—	726
建設物	4,822,720	1,671,743	1,129,943	1,427,804	1,381,689
機械	3,579,036	1,399,367	332,461	349,485	275,310
什器	252,997	80,009	49,241	21,139	22,363
権利・漁業権	—	253,931	253,931	250,000	225,000
所有品・立木	40,775	38,767	33,534	—	—
木材	146,873	221,844	290,416	—	—
薪材	4,604	614	242	—	—
米穀	49,188	26,725	22,441	—	—
準備品	458,874	162,998	186,856	414,122	531,738
家畜	7,930	7,098	5,688	3,914	3,939
商品・販売品	136,735	—	—	21,558	19,077
有価証券・国債証券	3,142,542	3,142,542	3,142,542	3,142,542	3,142,542
地方債証券	199,592	199,167	194,242	190,267	163,800
社債券	19,594	297,000	—	—	—
株券	6,420,930	7,872,910	12,060,766	13,979,079	12,813,935
連系会社株券	105,052,361	123,349,961	130,835,055	134,847,419	143,001,679
買鉱・粗銅	454,328	—	—	—	—
金銀鉱	148,884	—	—	—	—
雑鉱	5,432	—	—	—	—
電錬・銅	—	370,971	—	—	—
地金銀	—	11,605	—	—	—
製産品・金銀鉱	77,997	41,633	26,537	—	—
地金銀	178,087	—	—	—	—
銅鉱	501,945	—	—	—	—
銅半製品	185,822	—	—	—	—
粗銅	1,512,703	—	—	—	—
精銅	628	—	—	—	—
電気精銅	763,275	0	—	—	—
若松炭	323,976	180,994	—	—	—
唐松炭	13,140	8,237	9,702	—	—
製作品	205,297	—	—	—	—
木炭	27,151	34,122	17,740	—	—
産出品・鉱石	—	—	—	27,636	14,632
農林産品・穀物	—	—	—	1,559	14,261
薪材	—	—	—	123	459
木炭	—	—	—	7,783	8,590
起業支出	7,205,949	4,202,360	3,979,114	3,480,780	3,900,687
貸金・立換金・立替金	1,824,242	5,505,243	2,486,890	3,711,874	3,104,598
事業貸金	164,041	0	—	—	—
雑・仮出金	866,278	701,183	2,003,143	1,047,622	969,919
未収入金	4,283,344	5,170,000	4,466,970	3,092,895	1,305,030
仮受物品	82,125	—	—	—	—
受託品	180,393	120,205	216,406	296,115	183,669
手形・受取手形	176,218	150,213	247,928	93,598	25,305
取引先・掛売金	4,345,623	3,644,367	4,252,557	4,702,736	1,865,018
積送品	—	152,866	—	—	—
報告未達	—	—	34,498	—	—
預ケ金及現金・特別財産口預金	—	—	—	—	1,693,040
銀行預金	2,351,536	2,357,658	1,095,497	1,017,786	116,713
振替貯金	4,045	31,426	10,542	12,493	8,268
現金	83,319	62,944	5,676	4,390	1,943

科　　目	昭和元年末	2年末	3年末	4年末	5年末
貸　方	181,849,422	183,232,762	185,024,452	189,184,874	191,661,079
資本金・資本金	150,000,000	150,000,000	150,000,000	150,000,000	150,000,000
前期繰越金	10,536,679	11,230,566	11,982,435	12,457,841	13,736,504
労役者特別保護基金	1,200,000	1,200,000	1,200,000	1,200,000	1,200,000
労役者特別保護別途積金	79,833	82,544	51,941	58,381	57,101
預リ金・積金預金	—	—	689,554	815,187	858,255
準備員及労働者積立金	—	—	70,196	97,129	119,356
諸預金	9,208,780	10,279,129	10,791,389	11,702,035	16,578,512
敷金等預金	—	—	25,619	27,009	34,469
住友末家預金	—	—	299,200	—	—
受託	3,817,419	3,560,936	3,914,573	4,275,914	1,591,635
取引先・掛買金	14,630	23,967	21,919	36,845	6,910
手形・支払手形	407,940	—	644,047	637,822	420,073
割引手形	—	500,000	700,000	—	1,355,200
雑・仮入金	4,002,239	3,619,161	2,905,831	3,760,439	3,220,359
未払金	138,011	134,587	2,338	687,604	1,449,681
預ケ金及現金・当座借越	—	—	—	—	1,142,352
損益・上半期前期純損益	2,437,784	△1,981	1,163,074	1,462,294	1,572,649
下半期当期純損益	6,102	2,603,850	562,332	1,966,368	△1,681,984

註：同一勘定科目内の科目名の変更は併記した。
　昭和元年末年連系会社株券にはまだ連系会社に指定されていない大阪北港会社株券21,927,500円を含む。

第18表　利　益　処　分

(単位：円、円未満切り捨て)

科　目	大正15年	昭和2年	3年	4年	5年
純益金	2,443,887	2,601,869	1,725,406	3,428,663	△109,334
配当金	700,000	700,000	700,000	700,000	250,000
住友家会計	500,000	500,000	500,000	500,000	50,000
内（住友元夫）	50,000	50,000	50,000	50,000	50,000
住友寛一	100,000	100,000	100,000	100,000	100,000
住友義輝	100,000	100,000	100,000	100,000	100,000
配当金(増配分)	1,050,000	1,150,000	550,000	1,450,000	—
差引利益繰越金	693,887	751,869	475,406	1,278,663	△359,334
後期繰越金	11,230,566	11,982,435	12,457,841	13,736,504	13,377,170

原則トシテ加算税ヲ適用スルコト、ナリ居リ、当社ハ鉱山業、販売業等ヲ経営セルモ、一面当年度末総資産一八

一、八四九千円中有価証券一一四、八三五千円、鉱山関係以外ノ不動産二〇、三六七千円合計一三五、二〇二千円ノ多キニ登リ、即チ総資産ノ七割四分強ヲ占ムル状態ナルヲ以テ、若シ配当ヲ従来程度ニ止ムル時ハ、前記原則ヲ適用セラレ加算税ヲ賦課セラルベキコト想像ニ難カラズ。現ニ三井合名、三菱合資会社ノ如キ従来ヨリ特別課税ヲ受ケザル様増配ヲ行ヒ居レルニ徴スルモ、這般ノ消息ヲ窺フニ足ルベシ。

二、増配スル方税関係ニ於テ利益ナリ。

大正十五・昭和元年度純益処分ニ当リ、配当金ヲ会計見積書通リ七〇〇千円トスルト、加算税ヲ免ルル為一、七五〇千円ニ増加スルトヲ比較スルニ、増配ノ方本家並ニ合資会社トシテ利益スベキ税額現価左ノ如シ。（註、最初昭和三年以降加算税ヲ納付スルモノトシテ

昭和三年以降モ増配ヲ続行スルモノトシテ

尚十ケ年間増配ヲ以テ一貫スル場合ニハ、加算税ヲ継続納付スル場合ニ比シ　　　一、三九〇千円益

トナル。若シ十ケ年以上ノ計算ヲナス時ハ、其利益額ハ更ニ増加スベク、又十ケ年以内ノ極短期間ノ計算ヲナスモ、尚相当利益ナリ。（別紙計算表略）　　　　　一三六千円益

　　　　　　　　　　　　　　　　　　　　　　　　　　　一二三千円益

増配する方がしないよりも）

三、増配ノ場合ノ合資会社金繰ニ就イテ。

合資会社ガ加算税ヲ免ルル為引続キ増配ヲ行フ時ハ、営業資金ノ増加小ニシテ事業拡張資金ニ欠乏スベク、又本家トシテモ徒ラニ巨額ノ遊資ヲ擁スルコト、ナルヲ以テ増配分ハ之ヲ本家ニテ使用セズ、当社ニ於テ運用スル事トセザルベカラズ。而シテ其ノ方法トシテハ、住友信託会社ノ特定信託預金ヲ利用シ、本家ガ増配ヲ受クルト同

第三章　住友合資会社（中）

時ニ之ヲ住友信託ノ手ヲ経テ当社ニ貸付ケ、利息ハ増配ニヨル本家納税負担増ヲ差引タル残額ヲ元金ニ組入ルルコト、スベシ。斯クスル時ハ、大体合資会社ノ金融ニ支障ヲ生ゼズ、又本家トシテモ増配金利用ニ就キテハ、低率ナル諸税（利息ノ百分ノ七）及ビ信託手数料（元金ノ千分ノ一見当）ヲ負担スレバ足リ、高率ナル累進課税ヲ受クルベキモ、蓋シ之已ムヲ得ザル所ナルベシ。

唯将来増配ヲ繰返ス時ハ、合資会社ハ早晩本家ニ対シ巨額ノ負債ヲ負ヒ、之ガ利払ニ苦シム事トナルベク、此ノ負債ヲ銷却セムニハ、結局或時期ニ於テ増資ヲ為スカ、或ハ会社資産中適当ノモノヲ本家ニ譲渡スル外無キニ至ルベキモ、蓋シ之巳ムヲ得ザル所ナルベシ。

四、増配ニ因ル本家所得税増額ニ対スル資源。

合資会社ガ増配ヲ行フ時ハ、当然本家所得税ヲ増加スベキガ、其ノ支払資源トシテハ、前記特定信託ノ利息ニヨル事トスレバ、本家固有資産ノ収入ヲ侵蝕スル事ナシ。（後略）

かくして加算税を免れるために、他方この税制改正が議会を通過した大正十五年三月に家長住友吉左衛門友純が死去し、嫡男厚が相続した。このため昭和元年十二月三十日提出決裁の起案主雑第三号「前社長功労金ニ関スル件」は、この相続財産の申告価格を合資会社の出資と本家固有の資産とから約一億七三〇〇万円と予想し、これに対する税額を一一二五万円、五年分割納付としても毎年二二五万円が必要であると試算した。これに対し本家納税積立金は一六〇万円しかなく、巨額の不足が見込まれることとなった。このため既に述べたように、前社長に対する功労金として一〇〇万円が「退職慰労金」の科目で支出されたわけである。

その後本家としてはこの対策として急遽相続税準備金の積立が行われたのであるが、昭和三年五月六日提出、五月十

四日決裁の起案「本家相続税納付ニ関スル計算供覧ノ件」は、前年来空前の額として各紙を賑わしてきた住友家の相続税問題について、次のように報告している。

四月三十日付ヲ以テ決定ヲ受ケタル所ニヨレバ、

相続財産価格　　一六六、一八七、四〇八円〇〇

相続税額　　一〇、七七八、六四六円五二

ニシテ、之ヲ五ケ年賦延納トスルニ、毎年約二百十五万円ノ支出ヲ要ス。（昭和四年三月三十一日ヨリ毎年三月末納トシテ計算ス）

而シテ之ガ納付ニ関シ、本家ノ資力ヲ考察スルニ、予テ相続税準備積立金トシテ蓄積シ来レル信託預金（現在残約三百五十二万円）ノ外、毎年ノ剰余金（年五十万円乃至六十万円）ヲ其ノ資源ニ充ツルモ、尚多額ノ不足ヲ生ズ。

更ニ大正十五昭和元年度分並ニ昭和二年度分特別配当金（現在残約二百二十四万円）ヲモ納税資源ニ充ツルコトヽスルモ（此ノ合資会社特別配当ヲ行ヒタルハ相続税準備積立金トスル為ニハ無カリシモ）、尚相当ノ不足額ヲ残スベシ。

（後略）

かくして当初加算税対策として始められた増配分は、結果として相続税不足分に充当されていくことになった。なお昭和五年には、既に述べたように株価の暴落のために、有価証券評価損二一〇万円を計上したため、合資会社の決算は赤字に転落し、配当金は繰越金を取り崩して住友元夫、寛一、義輝の三人分二五万円に止まり、増配分も中止された。

しかしこの決算に対し、不況によって税収不足に直面した所轄税務署から合資会社に対し、評価損計上の一部見送りの要請があり、合資会社はこれに応えて会社決算とは別に税務署用に評価損の一部一三七万円をカットし、一二六万円の純益を計上し、この中から一〇〇万円を配当に回し合計一二五万円の配当を行うこととした。

第三章　住友合資会社（中）

三　投資活動

この不況期における住友の事業の進め方について、総理事湯川寛吉は全職員に緊縮節約を呼びかけた直後の昭和四年（一九二九）九月に開催された主管者協議会において次のように訓示した。

(前略)本社ト致シマシテハ、事業上ノ発展ノ問題ニ付イテハ、如何ニ不景気デモ相当ノ設備ヲシナケレバナラヌイフ時ニハ拡張モシ、従テ金モ要ル。政府ノ財政緊縮ノ様ニ、一旦キメタコトデモヤメテシマウトイフ風ニ簡単ニヤルワケニユカヌ。又我住友ノ財政ハ、ソウイフ応急策ヲトラネバナラヌ様ニニナッテイナイ。矢張リ自分ノ所デヤラネバナラヌコトハヤムヲ得ヌ。ドウカ之等ノ事情ヲ察シノ上、苟クモ冗費ハ之ヲ省キ、又急ヲ要セヌコトハ勿論将来ノ為宜シキ事デモオ控ヘヲ願ヒ、住友全体ノ金融トイフモノヲオ考ヘ願ヒタイ。即住友全体ノ都合トイフモノヲオ考ヘノ上、全体トシテノ発展ニ資スル様ニ致シタイ。ソノ点デ諸君ガ自分ノ事業ノミナラズ、住友全体ノ事業ニ付思ヲ致サレルコトヲ望ミマス。他ノ店部ノ事ニ付、不急ノ事業ヲオコストイフ様ナ事ニ気ガ付イタラ、オ尋ネヲ願ヒ、遠慮無ク我々ニ質問セラレタイ。(後略)

持株会社化がほぼ完了するこの時期において、住友合資会社の投資活動の中心は有価証券投資であった。合資会社が保有する有価証券は、昭和四年末に一億五〇〇〇万円を超えたが(第19表)、利回りの高い債券類は少なく(第20表)、その大半は株式で、昭和五年末には株式だけで一億五〇〇〇万円を超えた。株式のほとんどが連系会社その他の住友系企業の株式であるが、住友系以外の企業の株式保有も、二倍以上に膨張し、昭和三年末には一〇〇〇万円を超えた。しかし不況を反映し、減配や無配に転落する企業も多く、利回りは低迷していた。例外的に昭和五年の住友系以外の企業の

第19表　住友合資会社の配当利息収入と投資利回り

種類		大正15年	昭和2年	3 年	4 年	5 年
国債	A	207,787	207,727	207,727	207,727	207,727
	B	3,142,542	3,142,542	3,142,542	3,142,542	3,142,542
	C	6.61	6.61	6.61	6.61	6.61
地方債	A	11,523	11,393	11,405	11,105	10,583
	B	199,592	199,167	194,242	190,267	163,800
	C	5.77	5.72	5.87	5.84	6.46
社債	A	2,625	10,998	7,536	—	—
	B	19,594	297,000	—	—	—
	C	13.40	3.70	—	—	—
株式	A	3,612,575	4,837,974	4,233,276	6,331,841	6,053,325
	B	111,473,292	131,222,872	142,895,822	148,826,499	155,815,615
	C	3.24	3.69	2.96	4.25	3.88
連系会社	A	3,285,080	4,445,982	3,717,481	5,719,372	4,986,360
	B	83,124,861	123,349,961	130,835,055	134,847,419	143,001,679
	C	3.95	3.60	2.84	4.24	3.49
その他の住友系企業	A	68,250	59,125	29,610	33,022	81,377
	B	23,177,500	1,315,300	1,165,137	1,165,137	2,095,703
	C	0.29	4.50	2.54	2.83	3.88
住友系以外の企業	A	259,245	332,867	486,185	579,447	985,587
	B	5,170,930	6,557,610	10,895,629	12,813,942	10,718,232
	C	5.01	5.08	4.46	4.52	9.20
有価証券合計	A	3,834,510	5,068,094	4,459,946	6,550,674	6,271,635
	B	114,835,020	134,861,581	146,232,607	152,159,309	159,121,957
	C	3.34	3.76	3.05	4.31	3.94

註：Aは利息または配当金、Bは残高(以上、単位：円、円未満切り捨て)、Cは利回り(単位：％)。
出典：本節の以下の諸表は元帳及び総有価証券元帳から作成した。

第 20 表　国債証券・地方債証券・社債券明細表

(単位：円、円未満切り捨て)

銘　　柄	大正 14 年末	大正 15〜昭和 5 年増減			昭和 5 年末
		年	内　容	金　額	
国債証券					
無記名甲い号五分利公債	184,725		→		184,725
無記名甲ろ号五分利公債	2,639,880		→		2,639,880
無記名特別五分利公債	319,052	15	償還	△1,116	317,936
合　計	3,143,658			△1,116	3,142,542
地方債証券					
大阪市築港公債	48,875	2	償還	△425	
		3	償還	△425	
		4	償還	△1,275	
		5	償還	△850	45,900
大阪市電気鉄道公債	135,000	3	償還	△4,500	
		4	償還	△2,700	
		5	償還	△9,900	117,900
上海公部局公債	15,717	5	売却	△5,235	
			＋損	△10,482	0
合　計	199,592			△35,792	163,800
社債券					
宇治川電気会社社債第 9 回	34,289	15	償還	△14,695	
		2	償還	△19,594	0
同　　　　第15回		2	買入	297,000	
		3	譲渡①	△297,000	0
合　計	34,289			△34,289	0

註：①譲渡先鎌倉分家(住友寛一)。

株式の利回りが九％を超えたが、これは既述の通り、日本ビクター蓄音器の特別配当三三万円と株式の評価損二二八万円が計上されたためで、これらの特殊要因を除けば利回りは五％強に止まっていた。

住友では、住友本店時代の明治三十三年（一九〇〇）日銀から入社した河上謹一や藤尾録郎等によって、「住友家会計規則」が制定され、その第八条において「毎決算期ニ於テ財産価格ガ其実際価格ヨリ高キトキハ之ヲ相当ノ価格ニ引下グベシ」と定められて以来、有価証券の簿価の見直しは厳格に履行されてきた。不況期のこの期間においても、大正十五年（一九二六）六二万円、昭和二年一〇八万円と評価損を計上し（第7表）、さらに昭和五年に至っては上記の通り、二二八万円という巨額の評価損を出して、ついに税務署からこれを一部先送りし黒字決算とするよう要請されるほどであった。

（一）連系会社の株式

この期間連系会社としては、新たに設立されたのが、大正十五年住友伸銅鋼管、昭和二年住友別子鑛山、同三年住友九州炭礦の三社、既存の企業で新たに指定されたのが、住友生命保険（大正十五年）、大阪北港（昭和二年）、土佐吉野川水力電氣（同二年）の三社の計六社であった（第21表）。その後昭和五年、ともに連系会社である住友坂炭礦と住友九州炭礦が合併して、住友炭礦が発足した。これらの各社の内容については、「五　店部・連系会社・特定関係会社」を参照されたい（但し住友生命保険については「住友合資会社（上）」参照）。こうした新たな連系会社の設立や既存の連系会社の増資により、合資会社の保有する連系会社株式に占める「銀行」の比重は、二五％にまで低下したが、受取配当金において依然として四〇％を超える高い比率を占めていた。昭和二年、「信託」株一〇万株は当初の取決めに従い、銀行が肩代わりしていた「倉庫」株二万五〇〇〇株と引換に銀行に譲渡された。

第二部　住友合資会社

七四一

第三章　住友合資会社（中）

(二)　その他の住友系企業の株式

連系会社以外の住友系企業の株式については、第22表に示した。このうち「扶桑海上火災保険」については、昭和五年住友の経営下に入ったので、「五(七)　扶桑海上火災保険株式会社の経営の継承」を参照されたい。「日之出生命保険」は大正十五年、「土佐吉野川水力電氣」と「大阪北港」の両社は昭和二年既述の通り連系会社に指定された。「日米板硝子」については、「住友合資会社(上)」の「五(一)　日米板硝子株式会社の経営の継承」を参照されたい。

なお昭和二年の評価損二四万円の計上は、ベルギー品との競争による同社の業績悪化によるものである。

（金額は円末満切り捨て）

増減金額	昭和5年末	
円	株	円
14,950,000	299,000	14,950,000
4,975,000		
△4,975,000	0	0
△1,155,478	0	0
4,000,000		
△4,000,000	0	0
4,181,667		
141,600	187,790	9,305,808
3,982,540		
1,000,000		
1,991,270	100,000	1,991,270
100,000	97,000	4,850,000
	120,000	3,000,000
781,250	125,000	6,250,000
1,200,000	60,000	3,000,000
2,800,000	140,000	2,800,000
9,000,000		
3,000,000	300,000	12,000,000
△489,905	156,263	21,870,002
	193,315	14,461,474
△125,000		
△6,250		
△1,250,000		
12,364	1,740	28,614
2,813,000	14,500	2,813,000
1,250,000	299,000	14,950,000
	65,000	3,250,000
21,927,500		
3,600		
△437,250		
2,998,660		
△11,000	581,040	24,481,510
1,000,000	20,000	1,000,000
2,000,000	80,000	2,000,000
71,658,568	2,839,648	143,001,679

七四二

第21表　連系会社の株式

銘　柄	（額面）	大正14年末		大正15～昭和5年		
		株	円	年	内　容	株
住友別子鑛山	(50)			2	払込	299,000
住友九州炭礦	(50)			3	払込	199,000
				5	振替①	△199,000
住友坂炭礦	(50)	24,000	1,155,478	5	振替②	△24,000
同　新株	(50)			4	払込	100,000
				5	振替③	△100,000
住友炭礦	(50)			5	振替④	84,000
				5	買入⑤	3,790
同　第一新株	(50)			5	振替④	100,000
				5	払込＠10円	
同　第二新株	(50)			5	振替④	100,000
住友製鋼所	(50)	95,000	4,750,000	15	買入⑥	2,000
同　新株	(50)	120,000	3,000,000		→	
住友電線製造所	(50)	125,000	5,468,750	2	配当振替＠6.25円	
住友肥料製造所	(50)	60,000	1,800,000	5	払込＠20円	
同　新株	(50)			5	払込	140,000
住友伸銅鋼管	(50)			15	払込	300,000
				3	払込＠10円	
住友銀行	(100)	159,763	22,359,908	3	譲渡⑦	△3,500
同　新株	(100)	193,315	14,461,474		→	
住友信託	(50)	111,800	1,397,500	15	譲渡⑧	△10,000
				15	譲渡⑨	△500
				2	譲渡⑩	△100,000
				4	買入	440
住友生命保険	(100)			15	連系指定	14,500
住友倉庫	(50)	274,000	13,700,000	2	買入⑪	25,000
住友ビルデイング	(50)	65,000	3,250,000		→	
大阪北港	(50)			2	連系指定	438,550
				2	買入	100
				2	評価損	
				5	買入	142,890
				5	譲渡	△500
土佐吉野川水力電氣	(50)			2	連系指定	20,000
同　新株	(50)			2	払込	80,000
合計残高		1,227,878	71,343,111			

註：①振替先住友炭礦。
　　②③振替先住友炭礦。
　　④住友坂炭礦、住友九州炭礦から振替。
　　⑤買入先坂関係者。
　　⑥買入先住友家会計。
　　⑦譲渡先鎌倉・住吉(住友義輝)両分家。
　　⑧譲渡先住友家会計。
　　⑨譲渡先徳大寺家。
　　⑩譲渡先住友銀行。
　　⑪買入先住友銀行。

第三章　住友合資会社（中）

（金額は円未満切り捨て）

昭和5年末		増減
円	株	金　額
		円
1,336,100	73,140	556,800
		85,800
		618,500
0	0	750,000
		△1,000,000
		353,500
		△264,618
0	0	△21,927,500
		△241,500
		12,000
307,443	11,047	11,943
		152,037
152,160	12,173	122
0	0	△400,000
		△97,000
0	0	△2,813,000
300,000	6,000	300,000
2,095,703	102,360	△23,902,914

「湧別川水力電気」は、北海道電燈と提携して、大正十一年八月設立されて以来、鴻之舞鉱業所に電力を供給してきたが、鴻之舞の電力需要が供給能力を上回ったため、昭和三年四月五日北海道電燈に吸収合併された（合併比率は北電株一〇株に対し湧電株一四株であったが、端数の株式を購入して湧電株八〇〇〇株に対し北電株六七七〇株の交付を受けた）。なお湧別川水力電気取締役矢島富造（合資東京販売店支配人）は合併決議を行った前年十月二十四日に北電の取締役に選任されている。

矢島は東京に駐在する住友の代表者として、この後北電の他にも住友の出資会社の役員に就任する場合が多くなるが、従って昭和三年七月合資会社社則の制定と同時に「連系会社及ビ其他会社ノ役員ニ関スル内規」（大正十年五月制定）が改めて印刷配布された際、矢島は日米板硝子大石常務・大屋取締役（当時合資経理部長）とともに、この配布を受けている（「住友合資会社（上）五（一）日米板硝子株式会社の経営の継承」参照）。しかし連系会社と日米板硝子のように住友が経営を継承した企業とでは役員の立場も自ずから異なるが、さらに矢島のような単なる住友の出資企業の役員まで単一の内規を適用しようとしても無理なことが、出資企業の増加とともに次第に理解され、やがて昭和十三年一月この内規の見直しが行われ、「連系会社ノ役員ニ関スル内規」と「関係会社ノ役員ニ関スル内規」の二つに分離されることとなり、単なる出資会社に派遣された

第22表　その他の住友系企業の株式

銘柄	（額面）	大正14年末		大正15～昭和5年	
			年	内	容
	（円）	株	円		株
扶桑海上火災保険	（50）	6,000	75,000	2	買入 27,840
				3	買入 3,900
				5	買入 35,400
土佐吉野川水力電氣	（50）	20,000	250,000	2	払込@37.5円
				2	連系へ △20,000
大阪北港	（50）	428,450	21,838,618	15	買入① 10,100
				15	評価損
				2	連系へ △438,550
日米板硝子	（50）	10,500	525,000	2	評価損
				3	買入 300
				5	買入 247
同　新株	（50）			3	払込 12,163
				5	買入 10
湧別川水力電気	（50）	8,000	400,000	3	合併② △8,000
日之出生命保険	（100）	15,000	2,910,000	15	譲渡③ △500
				15	連系へ △14,500
帝國酸素	（50）			5	払込 6,000
合計残高		487,950	25,998,618		

註：①買入先住友銀行（1万株）。
　　②昭和3年4月5日北海道電燈に合併。
　　③譲渡先住友家会計。

役員の行動まで律することは、放棄されるに至った。

「帝國酸素」は、昭和五年八月設立された帝國酸素株式会社（資本金二四〇万円、本社神戸市、現日本エアー・リキード株式会社）に住友合資会社が三〇万円出資（一二・五％）し取得した株式である。役員としては共同代表権を有する常務取締役小高親（M45東京高商、三菱合資長崎造船所、T6住友入社、神戸販売店支配人、暁星中学出身でフランス語に堪能であった）を派遣した。帝國酸素は、元来フランス L'AIR LIQUIDE 社（AL社と略称）が明治四十三年以来日本で事業を展開していたものであるが、この株式引き受けの事情は次の通りである。(28)

神戸ノ液体空気会社（註、AL社の日本名）ハ、クロード式空気液化装置ノ日本ニ於ケル専用権ヲ有スル会社ニテ、ソノ製品ハ優良ナルタメ、鉄道省ニ専ラ同社ヨリ酸素ノ供給ヲ受ケタリ。シカルニ同社ハソノ資本全部ガ仏国人所有ニシテ実質的ニハ内地製品トスル能ハズ。内地品使用方針トナリタル為、同社製品購入困難トナリ、鉄道省ハ同社幹部ニ対シ内地実

七四五

第三章 住友合資会社（中）

業家ト協同スル様交渉ヲナシ、住友ハ伸銅所・製鋼所等酸素ノ大需要者ニシテ又酸素容器供給者ナリ。又同社ハ一七年モ住友銀行ト取引ヲナセルヲ以テ、之ガ協同者トナル様依頼アリタリ。住友トシテハ本事業ニ経験ナク、金融多忙ニシテ、又一割余ノ投資ニテ国産会社ヲ装ハシメ、外国会社ノ事業ヲ援助スル悪宣伝ノ恐アリ、辞退シタルモ再三依頼アリ。鉄道省ノ関係モアリ之ガ参加ニ決シ、液体空気会社ノ事業一切ヲ継承スル帝國酸素ヲ設立シタリ。

しかし住友としては当初から出資限度を三〇万円としており、社長には既にAL社顧問に就任していた海軍造兵中将有坂鉊蔵（明治十七年東京大学予備門学生の時に現在の東京都文京区弥生二丁目の遺跡で弥生式土器を発見、東京帝大工科大学卒業後フランス留学）が就任したが、実権はAL社側の常務ハンリー・メルキオールが握っていた。その後日中戦争の進展とともに酸素の大口需要先は鉄道省から海軍に移り、昭和十六年一月有坂社長が病死すると、十一月同社顧問海軍主計中将村上春一が後任の社長に就任した。その直後十二月に太平洋戦争が勃発しても実権は依然としてメルキオールが握っており、採算重視の経営に徹していたので、海軍はAL社に対し、帝國酸素の経営権を日本側に引き渡し、海軍の希望する増産体制をとるよう繰り返し要求し、ついに昭和十八年一月メルキオールは海軍の要求を文書化した海軍省兵備局長保科善四郎の覚書を容認せざるを得なくなった。

同年二月帝國酸素は、帝國圧縮瓦斯株式会社と改称し、村上社長が代表権を取得し、メルキオールは経営に関与しないこととなった。翌三月資本金三三〇万円（昭和十四年増資後）を七五〇万円に増資することとなり、この際AL社割当分を住友側で引き受けることになったため、出資比率は住友関係六一・五％、AL社関係三八・五％と逆転した。その後メルキオールを初めフランス人達はスパイ容疑で憲兵隊に逮捕され、国外追放処分を受けて昭和十九年二月上海へ退去した。住友を代表していた常務小高親は退任し、代わって繁本績（T2神戸高商、本社検査役）が専務として派遣された。

住友関係持株九万二二五〇株の内訳は住友本社三万四〇〇〇株（二二・七％）、住友金属工業二万一七五〇株（一四・五％）、

七四六

住友化学工業一万八〇〇〇株（二二％）、住友通信工業一万八〇〇〇株（二二％）、住友信託五〇〇株（〇・三％）で、かくして同社は住友本社の関係会社となった。住友本社は、昭和二〇年一月村上社長が病没すると後任に住友金属工業顧問海軍中将山本弘毅を送り込み、八月一日同社の製品のガス製造は化学工業であるが容器の確保、機器の製作が重大であるとの理由で、同社を住友金属工業の関係会社に移管し、終戦を迎えた。

　㈢　住友系以外の企業の株式

この期間に住友合資会社が保有した住友系以外の企業の株式を、第23表に示した。大正十四年末に既に保有していた株式については、「住友合資会社(上)」の「三　投資活動」を参照されたい。

銀行については、金融恐慌・昭和恐慌の影響で、業績悪化に対しては評価損を計上し、減資や合併も相次いだ。

「愛媛銀行」は、昭和三年かねて愛媛県に進出を図っていた「芸備銀行」に合併され（合併比率、愛媛株五株に対し芸備株一株）、「東海銀行」は昭和二年「第一銀行」に合併された。住友合資が「東海銀行」株を取得したのは次の事情による。

大正十五年七月東海銀行頭取加納友之介（註、M29東大法、衆議院書記官兼農商務省参事官、M38住友入社、大正十二年四月住友銀行常務退任、大正十四年六月東海頭取就任）氏ヨリ小倉常務理事宛同行株式若干当社ニ買収アリタキ旨申越アリ。同行ノ業務内容ヨリ見ルトキハ、之ガ所有ハ好マシカラザルモ、加納氏折角ノ懇願モアリ、二〇〇〇株買収ノコト、セリ。

然ルニ昭和三年四月同行ハ第一銀行ニ合併（同行二株ニ対シ第一銀行一株割当）セラレタル結果、当社ハ第一銀行株式一〇〇〇株ヲ取得スルコト、ナレリ。

増減		昭和5年末	
金　額			
円		株	円
△261,564		1,341	665,136
△305,703		1,341	358,047
△6,732		132	6,468
△1,782		132	1,518
△57,750			
△25,025		385	3,850
5,000		2,500	50,875
△7,600			
△16,500		0	0
△3,000			
△3,250		0	0
5,000		100	5,000
1,250		50	1,250
		1,498	73,750
		749	9,362
△2,600			
△1,200		200	1,200
84,000			
△84,000		0	0
84,000		1,000	84,000
△597,456		9,428	1,260,456
75,000		3,000	150,000
		2,000	25,000
6,250		500	6,250
12,500		1,000	12,500
25,000		2,000	25,000
118,750		8,500	218,750
59,723			
△146,625			
＋損△3,519		0	0
11,730			
34,262			
△88,444			
＋損△673		0	0
△14,400			
14,400			
2,880		432	21,600
3,600			
△10,800			
7,200			

（金額は円未満切り捨て）

第23表　住友系以外の企業の株式

銘　柄	（額面）	大正14年末		大正15～昭和5年		
				年	内　　容	
	（円）	株	円			株
（銀行株）						
日本銀行	（200）	1,341	926,700	5	評価損	
同　新株	（200）	1,341	663,750	5	評価損	
朝鮮銀行	（100）	132	13,200	2	評価損	
同　新株	（100）	132	3,300	2	評価損	
台湾銀行　新株	（100）	1,155	86,625	2	減資	△770
				2	評価損	
大阪農工銀行	（20）	1,500	30,875			
同　新株	（20）	1,000	15,000	15	払込@5円	
愛媛銀行	（50）	500	24,100	2	評価損	
				4	合併①	△500
同　第二新株	（50）	250	6,250	2	評価損	
				4	合併①	△250
芸備銀行	（50）			4	交付①	100
同　新株	（50）			4	交付①	50
五十二銀行	（50）	1,498	73,750		→	
同　第二新株	（50）	749	9,362		→	
漢城銀行　新株	（50）	400	5,000	2	評価損	
				3	減資	△200
東海銀行	（50）			15	買入	2,000
				2	合併②	△2,000
第一銀行	（50）			2	交付②	1,000
合計残高		9,998	1,857,912			
（信託株）						
三井信託	（100）	3,000	75,000	4	評価益	
安田信託③	（50）	2,000	25,000		→	
加島信託	（50）			15	払込	500
鴻池信託　新株	（50）			15	払込	1,000
三菱信託	（50）			2	払込	2,000
合計残高		5,000	100,000			
（鉄道株）						
伊予鉄道電気	（50）	2,346	90,420	4	評価益	
				5	譲渡④	△2,346
同　第二新株	（50）	2,346	43,125	4	払込@5円	
				4	評価益	
				5	譲渡④	△2,346
南満洲鉄道	（100）	144	14,400	4	額面変更	△144
	（50）			4	交付	288
同（旧第四新株）	（100）	144	4,320	15	払込@20円	
				4	払込@25円	
				4	額面変更	△144
	（50）			4	交付	144

2,160		
1,440		
△3,600		
7,200	288	7,200
△6,250	0	0
3,750		
5,000		
2,500		
3,750	500	18,750
3,750		
2,500		
1,250		
1,875	250	9,375
37,500	3,000	75,000
5,000		
2,000	1,000	7,000
25,000		
10,000		
△17,000		
25,000		
20,000		
20,000	2,000	83,000
386,500		
△154,600	3,000	231,900
186,500		
△21,634		
22,100		
22,100	4,420	209,066
4,089,100		
△397,000		
813,750	158,100	2,624,460
△168,986		
△1,712,404		
31,250		
31,250		
31,250	2,500	93,750
2,500	500	2,500
28,000		
△28,000	0	0
10,710	612	10,710
3,194,545	176,602	3,394,311
122,000		
△16,062	2,254	105,938
	2,028	25,350
	270	12,160
	270	3,375
105,938	4,822	146,823

同　第二新株	(100)			2	払込	72
				4	払込@20円	
				4	額面変更	Δ72
	(50)			4	交付	288
有馬電気軌道	(50)	500	6,250	2	償却	Δ500
高野山電気鉄道	(50)	500	3,750	15	払込@7.5円	
				2	払込@10円	
				3	払込@5円	
				5	払込@7.5円	
同　新株	(50)			15	払込	250
				2	払込@10円	
				3	払込@5円	
				5	払込@7.5円	
金福鉄路公司	(50)	3,000	37,500	2	払込@12.5円	
大社宮島鉄道	(50)			15	払込	1,000
				4	払込@2円	
阪和電気鉄道	(50)			15	払込	2,000
				2	払込@5円	
				2	評価損	
				3	払込@12.5円	
				4	払込@10円	
				5	払込@10円	
九州電気軌道	(50)			2	買入	5,000
				3	売却	Δ2,000
同　新株	(50)			2	買入	5,000
				3	売却	Δ580
				3	払込@5円	
				4	払込@5円	
阪神電気鉄道　新株	(50)			3	買入	103,000
				3	譲渡⑤	Δ10,000
同　第二新株	(50)			4	払込	65,100
				4	評価損	
				5	評価損	
留萠鉄道	(50)			3	払込	2,500
				4	払込@12.5円	
				5	払込@12.5円	
東京山手急行電鉄⑥	(50)			3	払込	500
新京阪鉄道⑦	(50)			3	交付	1,225
				5	合併	Δ1,225
京阪電気鉄道	(50)			5	交付⑦	612
合計残高		8,980	199,765			
(船舶株)						
大阪商船	(50)			15	受入⑧	2,254
				2	評価損	
同　新株	(50)	2,028	25,350		→	
日清汽船	(50)	270	12,160		→	
同　新株	(50)	270	3,375		→	
合計残高		2,568	40,885			

			2,700	503,550
			2,700	503,550
	16,675	⎫⎬⎭	1,897	94,850
	23,712			
	23,712			
	23,712			
	23,712		1,897	94,850
	△52,500		0	0
	△13,125		0	0
	△125,000		6,950	347,500
	118,125			
	118,125			
	△62,500			
	86,875		6,950	260,625
	△21,750			
	△45,750		0	0
	△62,500			
	467,500			
	467,500		37,400	1,402,500
	438,840		6,000	438,840
	49,500			
	27,500			
	199,162			
	39,100		7,820	315,262
	400,053			
	△177,276		3,770	222,777
	1,963,404		72,684	3,177,204
	△25,000		2,000	20,000
	20,000			
	10,000			
	10,000			
	10,000		1,000	50,000
	113,700			
	△56,850			
	28,425		5,685	85,275
	110,275		8,685	155,275
			2,706	113,100
	33,825		2,706	33,825
	260,000		10,400	260,000
	39,000			
	13,000			
	13,000		1,300	65,000

(保険株)							
東京海上火災保険	(50)	2,700	503,550		→		
合計残高		2,700	503,550				
(電気瓦斯株)							
大阪瓦斯	(50)	1,230	61,500				
同(旧第四)新株	(50)	667	16,675	15	払込@25円		
同　新株	(50)			2	払込		1,897
				3	払込@12.5円		
				4	払込@12.5円		
				5	払込@12.5円		
宇治川電気	(50)	1,050	52,500	3	譲渡⑨	△1,050	
同(旧第二)新株	(50)	1,050	13,125	3	譲渡⑨	△1,050	
日本電力	(50)	9,450	472,500	3	譲渡⑨	△2,500	
同　新株	(50)			15	払込		9,450
				2	払込@12.5円		
				3	譲渡⑨	△2,500	
				5	払込@12.5円		
台湾電力	(50)	1,500	67,500	2	評価損		
				3	譲渡⑨	△1,500	
九州送電	(50)	42,400	530,000	3	譲渡⑨	△5,000	
				3	払込@12.5円		
				4	払込@12.5円		
九州水力電気	(50)			2	買入	6,000	
同　新株	(50)			2	買入	2,200	
				3	払込@12.5円		
				3	買入	5,620	
				4	払込@5円		
北海道電燈	(50)			3	交付⑩	6,770	
				3	譲渡⑨	△3,000	
合計残高		57,347	1,213,800				
(鉱業株)							
山東鉱業	(50)	2,000	45,000	2	評価損		
北樺太石油	(50)			15	払込		1,000
				3	払込@10円		
				4	払込@10円		
				5	払込@10円		
北樺太鉱業⑪	(50)			15	払込		5,685
				2	評価損		
				3	払込@5円		
合計残高		2,000	45,000				
(工業株)							
汽車製造	(50)	2,706	113,100		→		
同　新株	(50)			15	払込		2,706
日本楽器製造　新株	(50)			2	払込		10,400
理化学興業	(100)			2	払込		1,300
				4	払込@10円		
				5	払込@10円		

220,555			
208,000			
320,000		12,800	748,555
1,107,380		29,912	1,220,480
		1,739	84,550
		1,739	21,737
△1,850		74	1,850
△1,554		111	1,221
8,750			
△35,000			
△28,000		0	0
△85,000		5,000	15,000
50,000			
25,000		100	75,000
37,500		3,000	37,500
△30,154		11,763	236,858
△46,800			
△7,800		1,200	5,400
50,000			
△247,800			
△45,000		10,000	5,000
△640		40	660
△52,500			
△11,200		700	6,300
8,000		500	13,000
△6,500		500	6,000
△5,100		340	3,400
20,000		200	20,000
25,000			
12,500			
7,500		1,000	45,000
6,700	⎫	536	53,600
6,700	⎭		
12,075		483	12,075
△3,000		0	0
△1,500		0	0
24,500			
36,750		4,900	122,500
43,750			
26,250		3,500	70,000

第三章　住友合資会社（中）

日本ビクター蓄音器	（50）			4	買入	6,400
				4	払込@32.5円	
				5	払込	6,400
合計残高		2,706	113,100			
（土地建物株）						
若松築港	（50）	1,739	84,550		→	
同　新株	（50）	1,739	21,737		→	
東洋拓殖	（50）	74	3,700	2	評価損	
同　新株	（50）	111	2,775	2	評価損	
大阪住宅経営⑦	（50）	3,500	54,250	2	払込@2.5円	
				2	評価損	
				3	解散	△3,500
中央開墾	（50）	5,000	100,000	2	評価損	
南米土地	（1000）			2	交付⑫	100
				3	払込@250円	
南米拓殖	（50）			3	払込	3,000
合計残高		12,163	267,012			
（諸株）						
＜投資＞						
東亜興業	（50）	1,200	60,000	15	評価損	
				2	評価損	
同　新株	（50）	10,000	247,800	15	払込@5円	
				15	評価損	
				2	評価損	
海外興業　新株	（50）	40	1,300	2	評価損	
中日実業	（100）	700	70,000	15	評価損	
				2	評価損	
＜サービス＞						
大阪ホテル	（50）	100	5,000	2	買入	400
同　新株	（50）	500	12,500	2	評価損	
エンパイヤ・ランドリー	（50）	340	8,500	2	評価損	
オリエンタルホテル	（100）			15	払込	200
都ホテル　新株	（50）			2	払込	1,000
				3	払込@12.5円	
				4	払込@7.5円	
＜運輸通信＞						
大阪毎日新聞社	（100）	268	26,800		→	
同(旧第三)新株	（100）	268	13,400	2	払込@25円	
				3	払込@25円	
同　新株	（100）			4	払込	483
国際通信⑬	（50）	60	3,000	15	寄付振替	△60
同　新株	（50）	60	1,500	15	寄付振替	△60
日本無線電信	（50）	4,900	61,250	4	払込@5円	
				5	払込@7.5円	
日本航空輸送	（50）			3	払込	3,500
				5	払込@7.5円	

△14,250	0	0
6,250	500	6,250
166,437		
△250		
△132,950	13,295	33,237
△122,877	37,694	402,422
△1,250		
△150		1,100
△4,000		1,000
△125,000		0
50,000		
△50,000		0
△130,400		2,100
5,719,406	362,790	10,718,232

<水産>					
明治漁業	(50)	285	14,250	2	償却 △285
<その他>					
満州棉花	(50)			15	払込 500
日本電気證券	(50)			2	払込 13,315
				3	譲渡 △20
				5	解散分配金
合計残高		18,721	525,300		
(出資)					
蓬萊生命保險相互			2,500	2	評価損
				3	基金償却
興源公司			5,000	3	減資
薩哈嗹企業組合			125,000	15	解散譲渡⑪
ブラジル土地購入組合				2	出資
				2	振替⑫
合計残高			132,500		
総計残高		122,183	4,998,825		

註：①愛媛銀行は昭和3年12月3日芸備銀行に吸収合併。
②東海銀行は昭和2年4月30日第一銀行に吸収合併。
③共済信託は大正15年2月12日安田信託と改称。
④譲渡先住友別子鑛山。
⑤譲渡先住友電線製造所。
⑥昭和5年11月26日東京郊外鉄道と改称。
⑦新京阪鉄道は昭和3年12月28日大阪住宅経営解散につき交付。昭和5年9月15日京阪電気鉄道に吸収合併。
⑧受入先住友家会計。
⑨譲渡先住友電線製造所。
⑩昭和3年4月5日湧別川水力電気を吸収合併。
⑪大正15年8月30日薩哈嗹企業組合は解散し、事業を北樺太鉱業に譲渡。
⑫昭和2年7月16日ブラジル土地購入組合出資金を南米土地に振替。
⑬国際通信株式会社は大正15年4月30日解散。

第三章　住友合資会社（中）

　川田順はこの合併の経緯を次のように述べている。(32)

　住友銀行常務を辞して、やがて東海銀行頭取となった加納友之介は、恰もこの大恐慌の起る一週間前に、東海を第一銀行に合併する契約を締結した。もとより、恐慌来の黒雲をいち早く予見したからであった。いざ大騒ぎとなったとき、彼は銀行の入口に「当行は既に第一銀行と合併しました」と貼紙させて、涼しい顔をしていた。これも、あざやかな腕前ではないか。彼は預金者達から永く感謝されたと聞く。

　東海銀行の店舗数二三店の中一二店が東京市内、一一店が栃木・群馬両県に展開されており、これが店舗網の拡充を急務としていた第一銀行が東海との合併に積極的であった理由とされている。(33)

　信託株では、「共済信託」は大正十五年「安田信託」と改称した。この期間に新たに取得した信託株は次の三社でいずれも住友信託設立とのからみによるものである。

　「加島信託」株は、次のような経緯で取得した。(34)

　大正十五年加島信託設立ニ関シ、広岡（註、恵三広岡合名代表社員）氏ヨリ総理事（註、湯川寛吉）宛株式応募方依頼アリタル処、曩ニ住友信託設立ニ際シ広岡合名会社名義ニテ五〇〇株引受ケラレタル事情ヲ考慮シ、之ト同数ノ株式ヲ合資会社名義ニテ引受ノコト、セリ。

　「鴻池信託」株引き受けの事情は次の通りである。(35)

　岸本本家経営摂津信託ヲ鴻池家ガ共同経営スル事トナリ、同時ニ増資ヲ計画シタルガ、大正十五年七月此ノ増資新株ノ若干引受方、鴻池家ヨリ総理事（註、湯川寛吉）迄依頼アリタルガ、曩ニ住友信託設立ノ際鴻池家ガ一〇〇〇株ヲ引受ケラレタル事情ヲ考慮シ、同数一〇〇〇株ヲ引受ケル事トセリ。

　「三菱信託」株についても同様である。(36)

昭和二年一月同社株式募集ノ件ニ付、山室宗文（註、当時三菱銀行取締役大阪支店長）氏来社、湯川総理事ニ之ガ応募方依頼アリタル処、曩ニ住友信託設立ニ当リ、三菱合資名義ヲ以テ二〇〇〇株応募セラレタル事情ヲ考慮シ、之ト同数ノ株式ヲ合資会社名義ニテ引受ノ事トセリ。

鉄道株について「伊予鉄道電気」株は、昭和五年二月住友別子鑛山へ譲渡された。

「伊予鉄道」が大正五年伊予水力電気と合併して、電力業界に進出したことによる。すなわち住友では昭和二年住友別子鑛山が独立した際、土佐吉野川水力電気の発電所を譲り受けて営業を開始し、昭和三年末には「伊予鉄道電気」と電力需給契約を締結した。さらに土佐吉野川水力電氣も、当時四国全域の電力融通を目的として、昭和六年にはこれに正式加盟五社の間で開催された「四国電気事業統制協議会」にオブザーバーとして参加し、やがて昭和六年にはこれに正式加盟するに至った。(37)

「有馬電気軌道」株については、「住友合資会社（上）」で述べた通り住友はこの計画に見切りをつけたものと思われ、昭和二年七月全額償却された。しかし会社自体は依然として存続しており、「準有価証券」に編入された後も、昭和七年十二月＠一二円五〇銭、昭和九年四月＠二〇円と第二回、第三回の払込を求められて、払込に応ずると同時に雑損で処理されている。昭和十二年株式会社住友本社の設立とともにこの株式は本社に移管され終戦に至った。

この期間新たに取得した鉄道株は次の八社である。(38)

「大社宮島鉄道」株引き受けの事情は、次の通りである。

本鉄道ハ、出雲今市ト安芸三次ヲ結ブ鉄道（註、昭和七年出雲今市～須佐間開業、しかし須佐～安芸三次間は断念された）ニシテ、大正十四年時ノ内相若槻（註、礼次郎、島根県出身）氏ヨリ株式引受方懇請アリ。当社トシテハ、左程有利ナラザル鉄道ニ投資スルハ面白カラザルモ、前記若槻氏折角ノ申出ナルニ鑑ミ、且稲畑勝太郎（註、当時大阪商業会

第三章　住友合資会社（中）

議所会頭）ノ勧説モアレバ、先方希望数ノ三分ノ一、一〇〇〇株ヲ限リ引受ノ事ニセリ。

「阪和電気鉄道」株引き受けの事情は次の通りである。(39)

同社設立（註、大阪と和歌山を結ぶ鉄道事業）ニ当リ、発起人堀啓次郎（註、大阪商船社長・住友銀行取締役）氏ノ要請アリシ為、賛成人トシテ一〇〇〇株ヲ限リ引受ケノ事ニ決シオリタル処、木村（註、清、大阪商船専務・宇治川電気社長を経て阪和電気鉄道社長）氏ヨリ特別ノ申出ニ鑑ミ、一二〇〇〇株ニ増加引受ノ事トナレリ。

たが、さらに昭和十九年国有化され、国鉄阪和線となった。なお同社は昭和十五年南海鉄道に合併され南海山手線となった。

「九州電気軌道」株引き受けの事情は次の通りである。

同社ハ、北九州ノ工業地帯ヲ営業区域トセル電力・電鉄兼営会社ニシテ、業績良好且当社ノ関係セル九州水力・九州送電トモ合併又ハ連絡、全九州ニ其ノ勢力ヲ張ルニ至ルベク予想セラレタルニ付、昭和二年信託ヲ通ジ松方家(没落)（註、昭和二年十五銀行と川崎造船所の破綻をさす）ノ持株新旧各五〇〇〇株ヲ肩代リシタリ。なお同社は昭和十七年西日本鉄道と改称した。

「阪神電気鉄道」株取得の経緯は次の通りである。(40)

創立当初（註、明治三十二年大阪と神戸を結ぶ鉄道事業）二〇〇株引受タルモ、明治三十六年全株売却。其後当社ニ於テハ同社株式ヲ全然所有セザリシガ、昭和三年ニ至リテ、住友銀行ヲ通ジ新一〇万三〇〇〇株買入（内一万株ハ電線へ売却）、次デ昭和三年十一月六万五一〇〇株（第一新株一〇株ニ対シ第二新株七株ノ割合）割当ラレ、持株総数一五万八一〇〇株トナル。(41)

「留萠鉄道」株引き受けの事情は不明であるが、矢島富造東京販売店支配人が監査役に就任している。この鉄道は、昭和五年に明治鉱業昭和鉱業所や浅野雨龍炭礦雨龍鉱業所の石炭を留萠港まで輸送することを目的として、北海道留萠本線恵比島から分岐して石狩国雨龍郡沼田村昭和までが開業した。住友では大正四年に隣接する雨龍郡北龍村に雨龍鉱

七六〇

区六四七万坪を買収しており、この関係で出資を求められたものとみられる。但しこの住友の雨龍鉱区はその後未開発のままに終った。

「東京山手急行電鉄」株の引き受けの事情も明らかではない。しかし西園寺公望の秘書官を務めた中川小十郎（立命館創立者）が発起人の一人となっているので、中川の依頼によるものかと推測される。昭和五年東京郊外鉄道と改称したが建設には至らないまま、昭和六年には渋谷〜吉祥寺間の鉄道敷設免許を有する渋谷急行電気鉄道を合併し、こちらの建設に着手し、昭和八年帝都電鉄と改称した。昭和九年渋谷〜吉祥寺間が開業したが、昭和十五年小田原急行鉄道に合併された。

「新京阪鉄道」株及び「京阪電気鉄道」株の取得経緯は次の通りである。

大阪住宅経営会社ハ昭和三年解散スルコトトナリ（註、住宅難の解消に貢献したとして）、其ノ営業財産全部ヲ京阪電鉄ニ譲渡シ、其ノ対価トシテ京阪電鉄所有ノ新京阪鉄道株式七万株其他ヲ受入レ、之ヲ当時ノ同社株主ニ配当セリ（大阪住宅株式一〇株〈一八円払込〉ニ対シ新京阪株式三株半〈一二五〉及新京阪一株ニ付現金五一銭ノ割）。従ッテ当社ノ従来所有ノ大阪住宅株三五〇〇株ニ対シ、新京阪株式一二二五株及現金六三七円を受入レタリ。更ニ昭和五年新京阪ハ京阪へ併呑セラレ、当社ハ所有ノ新京阪株（一二五円）一二二五株ヲ提供シ、代リニ京阪五号株式（三〇円）六一二株ヲ受入レタリ。

この間の事情を補足すると、京阪電気鉄道は、明治三十九年設立され、淀川東岸の大阪・天満橋〜京都・三条間を結んでいた。しかし京阪電鉄は、大正五、六年にかけて箕面有馬電鉄が大阪・十三〜神戸間の鉄道を建設することになったのに対し、防衛上淀川西岸でも大阪〜京都間を自社で結ぼうとした。その大阪側起点として、既に北大阪電気鉄道が

第三章　住友合資会社（中）

大正十年大阪・十三～千里山間を結び、且つ大阪・天神橋六丁目～淡路間の路線免許を有しているのに着目し、大正十一年同社を傘下に納めた。この北大阪電鉄が千里山の所有地を大阪住宅経営に売却した際、代金の一部として同社の株式二万一五〇〇株を取得したのである。大正十一年新京阪鉄道株式会社を設立した。この新京阪が大正十二年北大阪電鉄との関係で、上記の通り大阪住宅経営の解散に際し、同社の営業財産が京阪へ譲渡され、その代償として新京阪の株式が大阪住宅経営の株主に交付されたのである。この昭和三年には新京阪の大阪・天神橋六丁目～京都・西院間が開業し、昭和五年上記の通り新京阪は京阪に合併された。

船舶株では、「大阪商船」旧株を取得したのみである。これは大正十年二月住友合資会社設立時に住友家会計へ譲渡された株式（「住友合資会社の設立」第3表参照）を買い戻したものである。

保険株は、この期間変化はなかった。

電気瓦斯株でこの期間新たに保有したのは、「九州水力電気」株と「北海道電灯」株である。

「九州水力電気」は、当時九州の電力業界において福岡県を中心にして九州電気軌道、東邦電力と激しく対立していたが、住友合資とはともに「九州送電」の大株主の関係にあった（「住友合資会社（上）三　投資活動」参照）。その株式取得の経緯は次の通りである。(46)

　曩ニ九州水力電気棚橋琢之助氏ヨリ肥後理事宛同社株式売渡者有スル旨照会ヲ受ケタルガ、同社ハ北九州ノ工業地帯ヲ営業区域トシ、業績良好ナル一会社ニシテ、将来ハ当社ガ既ニ投資シ居ル九州送電トモ連絡シテ全九州ニ其勢力ヲハリ、将来一層有望ナル事業会社ト相成可ク、此ノ如キ有力会社ト或程度ノ親善関係ヲ保持シオクハ、当社ノ便宜尠ナカラズ。偶々積立金口ニテ特別預金約百万円保有スルニヨリ、之ガ買収ヲスル事トセリ。（昭和二年七月）

「北海道電燈」株の取得が、「湧別川水力電気」が昭和三年同社に吸収合併された結果であることは、既に述べた通りである。

なお昭和三年に「宇治川電気」新旧株、「台湾電力」株の全株及び「日本電力」新旧株、「九州送電」株、「北海道電燈」株の一部が、営業政策上住友電線製造所へ譲渡された。

鉱業株で新たに取得したのは、「北樺太石油」と「北樺太鉱業」の二社の株式である。

「北樺太石油」株引き受けの事情は次の通りである。

本会社ハ、北辰会(日石、三井、三菱、大倉、鈴木、久原ノ匿名組合)ガ大正七年頃ヨリ着手経営セル事業一切ヲ継承シ、露国ヨリ得タル利権協定ニ基キ、其ノ産出石油ハ海軍省ニテ買上ノ了解ヲ得、設立セラレタルモノニシテ、住友トシテハ北樺太企業組合員(石炭関係)トシテ出資セル関係上大正十四年春北樺太利権問題ニ付首相官邸招待会ニ総理事(当時中田氏)出席シ発起人ニ指名セラレシ関係アルニ過ギズ、他社トノ振合上之ガ引受ヲナスコト、シ、本事業ハ投資トシテ有利ナルモノト云ヒ難ク、他社トノ振合上之ガ引受ヲナスコト、シ、発起人引受株数一千株ヲ適当ト認メ、之ガ引受ヲナセリ。総株数二〇万株ノ内北辰会関係引受一〇万株、発起人(六七名)引受株五万株、公募五万株。

「北樺太鉱業」は、「住友合資会社(上)」で述べた「薩哈嗹企業組合」が「大正十五年八月ソビエットニ対スル利権協定ニ基キ勅令ニヨリ北樺太鑛業会社ガ設立サレ、同組合ノ事業一切ヲ新会社ニ譲渡シ」解散したため、「当時ノ組合員ハ各組合残余財産分配金及若干ノ現金支出ヲ以テ、新会社北樺太鑛業株式ノ引受ヲナセリ。当社亦五六八五株ヲ引受タリ。」

工業株で新たに取得したのは、「日本楽器製造」、「理化学興業」、「日本ビクター蓄音器」の三社の株式である。

第三章　住友合資会社（中）

「日本楽器製造」

株引き受けの事情は次の通り、住友電線取締役川上嘉市の同社社長就任に伴うものである。なお川上自身の社長就任の弁は、「住友合資会社（上）」の「五(七) 住友信託株式会社の設立」を参照されたい。

同社ハ大正十年八月、西川楽器製造ヲ合併シ、資本金三四八〇万円トナリタルガ、其後工場焼失、東京支店の全滅、労働争議相次ギ、甚ダシキ資金難ニ陥リ、前途ニ多大ノ不安ヲ感ズルニ至レリ。茲ニ於テ同社ハ電線取締役川上嘉市（浜松市出身）ニ対シ、社長就任方懇嘱シ来レリ。同氏ハ承認スルニ先立チ、予メ住友ノ資本的援助ヲ希望シ来リシ為、同社ノ内容ヲ詳細調査セシ結果、「事業其ノモノハ前途可ナリ有望ニシテ経営上ニ其ノ人ヲ得レバ、業績ノ立直リモ充分期待シ得ル」トノ結論ニ達シ、昭和二年七月増資株式一〇、四〇〇株ヲ引受ケ、同社経営ニ参加スルニ至レリ。

「理化学興業」

株引き受けの事情は次の通りである。

財団法人理化学研究所ハ、同所ノ発明考案ニカ、ル製品ノ工業化ヲ図ル為、理化学興業会社ヲ設立シ、同所設立関係ニ株式ノ引受ヲ依頼シ来レリ。

住友ハ、大正七年理化学研究所設立ノ際、我国ニ於ケル化学発展ニ資スル同所ヲ後援スル為、家長及総理事設立発起人トシテ参加シ、一〇万円ヲ寄附セル関係モアリ、又他財団トノ振合ヲ考慮ノ上株式引受ノコト、シタリ。

「日本ビクター蓄音器」

の株式取得の経緯については、その後昭和十一年末鮎川義介がレコード業界に乗りだし、日本コロムビアに続いて日本ビクターの買収を図ったので、鮎川の日本産業に対しこの株式が売却されたこともあり、詳細不明である。同社は昭和二年、米国ビクター・トーキング・マシン社の全額出資により、資本金二〇〇万円で設立され、直ちに横浜にレコードプレス工場を完成し、国産体制を整えた。しかし昭和初期の国産品愛用運動に対し、一〇〇％外資の同社が生き残ることは困難であった。このため昭和四年一月住友合資と三菱合資の出資を仰いだものと思われ

る。住友では経理部長大屋敦が、三菱では田中完三(三菱商事燃料部長、六月常務就任)が取締役に就任した。音楽に造詣の深い大屋にとっては願ってもないポストであったと思われる。なお米国ビクターは同時に同年二月RCAの傘下に入った(52)。

以上の他工業株として本表に記載されていないが、大正十五年十二月三日、三井、三菱等とともに設立した「東洋窒素工業」の株式一万二五〇〇株(払込@二円五〇銭)を取得している。この株式が、三井合名が「財産目録」に、三菱合資から「有価証券明細表」に計上しているのに対し、住友合資では取得当初から「総有価証券元帳」に記載せず、「準有価証券元帳」に記載して非営利団体の株式や償却した株式(既に述べた「有馬電気軌道」株の如く会社は存続している)と同じ取扱いをしているからである。これは出資金払込の事実のないこと(即ち次に述べる東洋窒素組合に蓄積された特許料による利益金三〇〇万円余が資本金に振り替えられたものとみられる)、長期にわたり無配が予想されたこと(事実同社の初配当は一〇年以上経った昭和十二年下期のことであった)から通常の有価証券として取り扱われなかったものと考えられる。なお本株式の準有価証券から有価証券への変更は、昭和十二年三月設立された株式会社住友本社への移管の際である。

「東洋窒素工業」設立の構想については、「住友合資会社(上)」の「五(五) 住友肥料製造所の株式会社への移行」を参照されたい。同社株式引き受けの事情は次の通りである。

欧州大戦中国内ニ於テ、硫安製造ノ目的ヲ以テ、三井、三共、住友ガ出資者トナリ、米国GC(註、ゼネラル・ケミカル)会社ヨリ特許権ヲ譲受ケタルモ、戦後ノ影響ヲ受ケGC工場ハ閉塞、自然右目的ハ中断ノ形トナリ居リタル処、偶々独逸ハーバー法特許権ガ日本政府ニ譲渡セラル、事トナリタルヲ以テ、前四者及ビ横浜組、渡辺組、人造肥料、大倉組ガ之ニ参加シ、組合ヲ結成シ(註、大正十年七月)、特許権ノ払下ヲ受ケタリ(註、大正十年四月)。併

第二部 住友合資会社

七六五

第三章　住友合資会社（中）

シナガラ右特許権ノ実施ハ多額ノ費用ヲ要シ、戦後ノ疲弊セル財界ニ於テハ不可能ノ状態ニアリ、他面独逸ヨリハーバー法製品ガ日本ニ輸入セラル、ニ至リタル為、組合ニコノ特許権使用料（註、ドイツ硫安トン当たり一円六〇銭余、当時ノ硫安価格ノ約二％）ヲ徴収スルニ止メ、従来ノ失費ヲ補ヒ、残余財産ヲ保有シ居リタルガ（註、組合は当時零細な農民から特許権使用料を徴収しているという世間の批判を考慮して）、大正十五年会社組織変更、営業ヲ継承スルコト、ナリタリ。

土地建物株の中、「大阪住宅経営」の解散については既に述べた。この期間新たに取得した株式は、「南米土地」と「南米拓殖」の二社である。

「南米土地」株の引き受けの事情は、次の通りである。

昭和二年二月、南米ブラジル・コンゴニヤ土地ヲ買収シテ、日本移民ニ売却スル目的ヲ以テ、伯国土地購入組合結成セラル、ニ当リ、同社発起人山科礼蔵氏（註、日本海事工業取締役、元東京商業会議所副会頭）ヨリ特別ノ依頼アリタルニ依リ、当社ハ我国ニ於ケル人口食糧問題ヲ解決シ、行詰レル我産業ニ対シ活躍ノ新天地ヲ開拓スルハ、財閥ノ社会的任務ナリト認メ、北樺太石油並ニ鉱業ニ於ケルト同様試験的投資トシテ、湯川総理事名義ヲ以テ一口（四〇万円、第一回払込一〇万円）ノ出資ヲ引受ケタリ。然ルニ同年七月、同組合第四回協議会ニテ組合ヲ解散シ、新ニ南米土地株式会社ヲ設立スル事トナリタルニヨリ、先ニ出資ヲ承諾セシ総理事名義一〇万円ニテ同社株式一〇〇株（一株額面一〇〇〇円）ヲ引受ケタリ。

「南米拓殖」は、ブラジルのパラー州政府から同州アカラ地方の土地一〇〇万町歩の無償提供を受け、同地方の開拓事業を営んで、一五万人の移住計画を実施するために設立された。この開拓事業は、政府の要請を受けて鐘淵紡績が実地調査を行い、その結果同社が中心となって会社を設立し、経営責任を負うことになった。住友合資会社の同社株引き

受けの事情は次の通りである。

我国人口食糧問題ノ解決並ニ国運ノ進展ヲ図ル目的ヲ以テ、昭和三年七月其ノ設立ヲ見タルモノナリ。同社ノ事業ハ、国家的見地ヨリ極メテ重要視スベキモノニシテ、政府モ大イニ援助シ居リ、湯川総理事ガアマゾン流域地方開墾計画委員ナル事等ニ鑑ミ、無下ニ拒絶スルコトモ如何カト考ヘラル、ニ付、他ノ振合等ヲ考慮シ(註、三井合名、三菱合資、各五〇〇〇株等)三〇〇〇株引受ノ事トシタリ。

第23表の住友系以外の企業の株式のうち、「諸株」の区分に記載されている株式については、記述の便宜上カテゴリー別に見ていくと、その中の〈投資〉に分類された株式では、業績不振で大正十五年から昭和二年にかけて軒並み大幅な評価損を計上した。

〈サービス〉に分類された株式では、「大阪ホテル」と「エンパイヤ・ランドリー」の株式が評価損を計上した他、新たに「オリエンタルホテル」と「都ホテル」の株式を取得した。

「オリエンタルホテル」株引き受けの事情は次の通りである。

在神有力者(川崎・日郵・川西其他)ニ於テ従来東洋汽船ノ経営ニカ、ルオリエンタルホテルヲ買収シ、経営ヲ引受ケタル趣ヲ以テ、株式引受方申越来レリ。新会社ノ資本金六〇万円ニ対シ従来ノ平均利益金八一八万円ニシテ、支払利息・償却ヲ差引キ一〇万二千円ノ純益ヲ挙ゲ、八分ノ配当ヲ行フ予定ナレ共、果シテ右ノ如キ好成績ヲ得ベキヤハ、帝国ホテル、大阪ホテル等ノ例ニヨルモ疑問ニシテ、採算上ハ好マシキ投資物ニアラザレ共、従前大阪ホテルヲ引受ケタルト同趣旨ニモトヅキ特ニ二百株引受ノコトニセリ。

また「都ホテル」株式引き受けの事情は次の通りである。

昭和二年八月、同ホテルハ業務拡張其他借入金返済ノ目的ヲ以テ、一百万円ノ増資ヲナスコト、ナリ、之ガ株式引

第二部　住友合資会社

七六七

第三章　住友合資会社（中）

受方弘世氏（註、助太郎日本生命専務、都ホテル監査役）ヨリ小倉理事ヘ依頼アリ。同社ハ当時ホテル業トシテハ相当ノ成績ヲ挙ゲ居リ、左程不利益ヲラズ、且前記弘世氏ノ勧誘モアリ、又住友銀行支店ト取引関係ヲ有スル等種々ノ事情ヲ考慮シ一千株引受ノコトニナレリ。

〈運輸通信〉に分類された株式のうち、「国際通信」株は、同社が大正十五年四月三十日解散し、その業務は東京朝日・東京日日・報知等当時のわが国八大新聞社が参加して設立された日本新聞聯合社に継承されたため、四月十六日付で寄附金に振り替えられ、雑費として処理された。

新たに「日本航空輸送」株を引き受けた事情は次の通りである。

昭和三年十月、日本航空輸送創立ニ際シ、創立委員長渋沢子爵ヨリ賛成人トシテ事業参加ノ依頼ヲ受ケ、湯川総理事発起人タルコト、、事業ノ国家的ナルコト、採算上モ左程不利ナラザル等ヲ考慮ノ上、三五〇〇株ヲ引受ケタリ。

〈水産〉に分類された株式の「明治漁業」株は、昭和二年十二月償却され、準有価証券に編入された。しかし同社では「昭和三年九月二十七日開催ノ臨時総会ニ於テ、『大正十二年三月臨時総会ニ於テ決議シタル資本減少ノ決議』ヲ廃棄シタルニ付資本減少前ノ株数・払込額ニ変更ス」ることとなり、「住友合資会社（上）」第20表の株数一〇〇〇株、払込額三万五〇〇〇円へ復元された。その上で住友合資は同社から同年十一月第五回払込（@一五円）を求められ、一万五〇〇〇円を払い込むと同時にこれを雑損で処理した。昭和十二年株式会社住友本社の設立とともにこの株式は本社に移管され、終戦に至った。

〈その他〉に分類された特殊な株式として「満洲棉花」と「日本電気證券」の二社の株式を取得した。

「満洲棉花」株引き受けの事情は次の通りである。

同社ハ、大正十五年七月関東庁ノ補助ヲ得テ設立セラレタルモノニシテ、当初小倉理事ヘ発起人トシテ事業参加方

要請シ来レリ。而シナガラ同社ノ事業ハ、左程有利ナルモノトハ思料セラレズ、ヨッテ右辞退ノコト、セルモ、折角ノ申出モアリ、特ニ五〇〇株ヲ限リ、引受ケノコト、セリ。

「日本電気證券」株取得の経緯は、同社が昭和五年解散してしまったため、詳細明らかではないが大要次のように考えられる。日本電気證券株式会社（Japanese Electric Bond & Share Co.）は、わが国電気事業に対する投資を目的とした日米英による合弁会社として、昭和元年十二月二十七日資本金一〇〇〇万円（払込二五〇万円）で設立された。日本側出資者は、三井信託、東京海上、安田保善社、東京電燈、東邦電力の五社で八万株、米国側はEBASCO（Electric Bond & Share Co.）、GE（General Electric）、ギャランティ・トラストの三社で九万八〇〇〇株、英国側は、セール・カンパニー、ラザード・ブラザーズの二社で二万二〇〇〇株であった。

当時わが国の電力業界は、膨大な設備投資を主として社債の発行で賄っていたが、大正十二年東京電燈が外債を発行し、十四年には東邦電力もこれに追随したので、上記米英の金融機関との関係が生じていた。日本側の役員は、米山梅吉（三井信託社長、元三井銀行常務、三井銀行は融資や起債で東京電燈と密接な取引関係にあった）、各務鎌吉（東京海上会長、昭和二年三月設立予定の三菱信託会長兼安田信託会長兼務に内定、松永と親交があり、松永を通じ電力事業に深い関心と理解を有していた）、結城豊太郎（安田保善社専務理事兼安田信託取締役）、若尾璋八（東京電燈社長）、松永安左衛門（東邦電力副社長）の五名で、業務の執行は、この中米山、各務、結城の三人と米国側役員の代表J・R・ゲーリー（インターナショナルGE日本代表）、H・A・チャップマン（日本セール商会）の計五人の合議制によるとされた。[66]

以上の通り住友合資は、同社設立には関与していなかった。住友が同社に対し一万三三一五株の払込（@二二円五〇銭）を行ったのは、昭和二年六月十五日のことであり、常務理事（兼住友信託取締役）小倉正恆が同社取締役に就任したのはその一カ月後の七月十二日であった。おそらく設立後に米山から住友信託専務吉田眞一に対し出資の要請があったものも

第二部　住友合資会社

七六九

のと思われる（米山と吉田の関係については、「住友合資会社（上）(七)住友信託株式会社の設立」参照）。

しかし昭和三年十月になると同社は合議制が機能しなかったとして、取締役会長に森賢吾（大蔵省海外駐剳財務官、昭和二年五月退官、七月東京電燈・東邦電力財務顧問就任、電力業界の外債発行に尽力した）、社長に松永安左衛門（昭和三年五月東邦電力社長就任）、常務にチャップマンを選任した。住友合資が同月森に日本電気證券株式一〇株を譲渡しているのは、この森の会長就任に伴う措置と考えられよう。さらに十一月に住友電線製造所は日本電気證券株式一万株（一二万五〇〇〇円）を取得している。同社が増資を行った形跡はないので、これは日本側株主から肩代わりしたものと考えられる。発起人の一人安田保善社専務理事結城豊太郎は大正十年日本銀行理事兼大阪支店長から安田保善社に迎えられ、安田の改革に当たったが、安田内部で排斥され、昭和三年六月には辞任を前提として外遊を余儀なくされたため、安田保有株式が処分された可能性が高い。また安田系の東京電力が昭和三年四月東京電燈に吸収合併されたという事実もある。

しかし同社は、その後僅かに河津川水力電気株式（一万五〇〇〇株）、東電社債等を引き受けたのみで、日米間の株主の対立から昭和五年十月解散するに至った。住友合資は解散分配金として第一回（昭和五年十一月）六万六四七五円、第二回（同年十二月）六万六四七五円、第三回（昭和六年六月）四万七九五円五二銭を受領し、結果として出資金差引一万四三〇〇円余の利益を得た。

同社解散の原因を検討してみると、そもそも設立目的が日本側と米国側とでは微妙に食い違っていたのではないかと思われる。すなわち日本側としては、大正十四年に東邦電力が上記EBASCOにならって東邦證券保有を設立し、それまでに合併によって増大した傘下の関係会社の有価證券の持株会社とした（東京電燈もこれにならって昭和二年東電證を設立した）ように、日本電気證券に対しても自分達に代わって河津川水力電気の如き既存の中小電力会社に対する資本参加や新規電気事業への投資を期待していた。

これに対し米国側の考え方は異なっていた。日本電気證券の英文名からも明らかな通り、モデルとされたEBASCOは、明治二十六年にエジソンとトマス・ハウストンの両社の合併によりGEが誕生した当初は、両社の所有していた電気事業その他の有価証券を管理する部門が独立したものであったが、その後モルガン財閥が資本参加し、この当時には事業会社一二三社を支配し、米国の総発電量の一二％を占めるに至っていた。さらにEBASCOは米国に止まらず、この日本電気證券が設立された大正十五年にはイタリアの電力会社と提携してイタリアン・スーパー・パワー・コーポレーションを設立し、これと同様にわが国でもジャパン・スーパー・パワー・コーポレーションを設立する構想をもっていた。すなわち米国側にとっては、日本電気證券の設立こそがこの構想実現への第一歩に他ならなかった。そうであれば米国側が日本電気證券をわが国の五大電力の株式保有というEBASCO型の持株会社へもっていこうとするのに対し、同じ持株会社でも日本側の意図が、東邦證券保有や東電證券の如く東邦電力や東京電燈等の親会社の株を持たずにむしろ親会社の資金に依存して運営されているにすぎない持株会社であり、金融機関がこれに資本参加して電力事業を支配することもない持株会社であれば、両者の対立が表面化するのは時間の問題であったといえよう。

しかし日本電気證券が解散した翌六年十二月民政党の若槻内閣に代わって政友会の犬養内閣が成立し、直ちに金輸出再禁止が行われると、対米為替は著しく低落し、電力業界は外債の負担に苦しみ、昭和七年には満期社債の償還すら困難になった。皮肉にも金融機関としてこれに対処するため提案されたのが、昭和七年二月興銀総裁結城豊太郎(安田保善社専務理事退任後昭和七年三月三井銀行常務、昭和五年九月就任)による五大電力を持株会社によって統制しようとする結城案であり、電力聯盟の成立が難になった池田成彬(昭和七年三月三井合名理事に就任)(69)。

昭和八年六月昭和生命(日本医師共済生命が改称)に他の国光生命、東海生命、中央生命の三生命保険相互会社とともに救出資はその他の出資を意味するが、その中で、「蓬莱生命保険相互」は、業績不振で保有契約高も伸び悩み、やがて

(単位：万円、万円未満四捨五入、△収入)

償　却			(3) 償却組戻＝(1)＋(2)＋註				
3	4	5	大正15	昭和2	3	4	5
13	18	10	211	87	△123	△9	23
20	25	33	8	48	21	23	9
3	3	4	1	―	―	21	1
―	―	―	22	44	39	23	23
6	1	1	1	1	△2	1	2
42	47	48	243	180	△65	59	58
159	155	168	108	125	134	289	239
44	53	⎫ 66	35	72	91	169	⎫ 156
15	22	⎭	29	27	53	406	⎭
92	66	37	23	17	398	36	19
17	18	24	227	39	51	88	54
67	79	79	△33	269	210	98	96
18	20	19	46	68	13	105	585
24	25	29	131	72	73	61	64
9	9	9	74	9	51	105	121
6	10	8	△99	43	△3	33	66
14	12	17	―	23	33	167	203
465	469	456	541	764	1,104	1,557	1,603
507	516	504	784	944	1,039	1,616	1,661

⑬差損及減損33。
⑭添田移管42、厳木炭礦閉山損25。
⑮添田移管29。
⑯財産整理損6。
⑰坂炭礦へ委託35。
⑱差損1、坂炭礦へ譲渡63。
⑲固定財産特別償却33。
⑳減損2。
㉑原価差損1。
㉒起業費減損6。
㉓土佐吉野川独立312。
出典：住友合資会社総務部会計課「総事業ノ固定財産及起業支出ノ対償却表」から作成。

第24-1表　総事業の固定財産及び起業支出対償却表

	(1) 固定財産及び起業支出					(2)	
	大正15	昭和2	3	4	5	大正15	昭和2
本　社	① 192	② 732	③ △94	④ △56	⑤ 13	5	6
鴻之舞	△11	29	⑥ △27	△2	△24	19	19
病　院	△2	△3	△3	18	△3	3	3
林　業	22	44	39	23	23	—	—
その他	△13	△7	⑦ 56	⑧ △64	1	14	8
小　計	188	795	△29	△81	10	41	36
別　子	⑨ △32	⑩ △54	⑪ △53	⑫ 117	⑬ 38	129	170
炭礦 九州	△9	31	⑭ △20	⑮ 145	} 90	44	41
坂	⑯ 23	18	⑰ 2	⑱ 447		—	9
製　鋼	△38	△91	306	△30	△18	61	108
電　線	171	18	⑲ —	70	30	56	21
伸　銅	△86	209	143	19	17	53	60
肥　料	⑳ 20	55	㉑ △6	86	566	23	13
倉　庫	107	50	49	36	35	24	22
ビルデイング	73	㉒ △8	42	96	112	1	11
北　港	△105	40	△8	23	58	6	3
土佐吉野川水電	—	㉓ 326	19	155	186	—	9
小　計	124	594	474	1,164	1,114	397	467
合　計	312	1,389	445	1,083	1,124	438	503

註：固定財産及び起業支出にはさらに次のような補正が加えられている。
　①固定財産評価損14（地所課）。
　②732＝本社105＋別子委託627、別子独立651。
　③△94＝本社△92＋別子委託△2、添田礦区炭礦所管へ42。
　④△56＝本社△51＋別子委託△5、添田礦区炭礦所管へ29。
　⑤13＝本社25＋別子委託△12。
　⑥坂炭礦へ引渡28。
　⑦炭礦へ委託63、坂償却分1。
　⑧坂炭礦へ譲渡63。
　⑨原価差損及減損11。
　⑩固定財産原価差損及起業費減損9。
　⑪差損及特別償却28。
　⑫差損及減損17。

第三章　住友合資会社（中）

済合併されることになる。「興源公司」については「住友合資会社（上）」を参照されたい。「薩哈嗹企業組合」については「北樺太鉱業」株式の項で、「ブラジル土地購入組合」については「南米土地」株式の項で、それぞれ既に述べた。

四　資金調達

既に「二　業績」で述べたように、住友合資会社本社と住友銀行の取引は、本社の収支の改善とともに昭和元年（一九二六）末には預金超過となり、昭和四年まではそのまま推移したが、五年には再び借り入れ超過となり、さらに大阪北港の株式買収資金一三五万円余については日銀（大阪支店）借り入れによって調達することとなった。本節ではこれらを踏まえて、まず資金需要を発生させる住友全事業の設備投資動向を把握し、次いでこうした資金需要に対して如何に必要な資金を調達したかを検討することとしたい。

「住友合資会社（上）」と同じく、昭和六年十月合資会社総務部会計課の作成した「総事業ノ固定財産及起業ノ支出対償却表」に基づき、住友全事業の設備投資額を第24-1表に示した。これは、まず各年末の貸借対照表の残高から固定財産支出と起業支出を算出し（同表（1））、これに同表註に示したような補正を加え、償却額（同表（2））を組戻した結果同表（3）に示されている。例えば第8表から本社の、また第10表から地所課の昭和二年末の固定財産支出残高と起業支出残高を算出する（合計一二二七万円）。次に「住友合資会社（上）」第7表からこれに対応する大正十四年（一九二五）末の固定財産支出残高と起業支出残高を算出する（九三五万円）。両者の差額（一九二万円）が大正十五年の年間の固定財産支出額と起業支出額である。これは第11表の固定財産支出額（一八五万円）と起業支出額（七万円）に対応している。しかしこの数字は償却額と固定財産評価損を差し引いた額であるので、実際の大正十五年の本社の設備投資額（第24-1表（3））二一一万

第24-2表 合資会社・連系会社主要起業支出一覧

(単位:万円)

年		内　容	金額
大正15	本　社	住友家から土地建物引継	152
	電　線	北港敷地買入	181
	倉　庫	神戸及築港起業	120
	合　計		453
昭和2	本　社	鶴見土地代(肥料工場用地)	98
	鴻之舞	漁業権買収	25
	伸　銅	移転起業	286
	合　計		409
3	本　社	丸ノ内土地代(東京ビル用地)	148
	製　鋼	北港敷地買入	363
	伸　銅	移転起業	187
	肥　料	窒素工場	27
	ビルデイング	第2期	51
	同	本社川岸町土地買入	298
	合　計		1,074
4	病　院	新館	20
	別　子	硫酸工場	94
	同	窒素工場用地埋立	63
	九州炭礦	芳野浦買収	84
	同	忠隈起業	42
	坂　炭礦	新砿山買収その他新旧起業	291
	電　線	紙ケーブル工場	83
	伸　銅	移転起業	74
	肥　料	窒素工場	52
	ビルデイング	第2期	127
	土佐吉野川水電	高藪水力	102
	合　計		1,032
5	別　子	硫酸工場	71
	炭　礦	奔別起業	39
	同	歌志内起業	37
	同	上歌志内起業	28
	伸　銅	移転起業	18
	同	アルミ工場	25
	肥　料	窒素工場	578
	北　港	正蓮寺川土地買入	36
	ビルデイング	第2期	121
	土佐吉野川水電	高藪水力	182
	合　計		1,135

出典:第24-1表と同じ。

第三章　住友合資会社（中）

円）は、これに大正十五年の本社の償却額（同表（2）五万円）を組戻し、固定財産評価損（同表註①一四万円）を補正して算出されている。

第24－1表によれば、設備投資は、大正十年合資会社発足後大正十四年に至る五年間はほぼ五〇〇万円前後の横ばいであったのに対し、大正十五年からは拡大のピッチを早め、昭和三年には一〇〇〇万円の大台にのせ、四年、五年の両年には不況下にもかかわらず一六〇〇万円という巨額の設備投資を続けたのである。この五年間における起業支出の主なものを列挙すれば、第24－2表「合資会社・連系会社主要起業支出一覧」の通りである。この期間これほどの設備投資が続けられた結果、昭和六年九月に起きた満洲事変後に景気が好転すると、住友の全事業の業績は昭和七年下期以降目ざましい回復を示すことになるのであるが、その前に昭和五年末に開かれた昭和六年度会計見積を審議する理事会において、ついに新規起業計画の延期が決定されるに至ったことは既に述べた。

次にこのような設備投資圧縮の動きが何故突如として生じたのか、資金調達の面から検討することとしたい。「住友合資会社（上）」で述べた通り、昭和四年十一月合資会社総務部会計課が作成した「住友事業収支並金繰表」に基づいてこの期間の金繰表を第25表に示した。合資会社全体の資金繰りは、「二　業績」で述べた本社の資金繰りに各店部手持ちの現預金を合算したものである。連系会社の資金繰りは、第24－1表の固定財産支出及び起業支出の他に、有価証券投資や営業活動に伴う諸支出を合計した収支尻として示される。但し合資会社と連系会社の間の貸借は相殺されるので、第25表からは除外されている。

第25表によれば、住友の事業全体の資金繰りは、昭和二年までは大きな変化はなかったが、昭和三、四年と一〇〇〇万円を超える資金調達を必要とした。これは主として第24－1表の設備投資の増勢を反映したものと考えられるが、その資金調達の内訳をみると、第26表の通り住友銀行、住友信託からの借り増しと預金の取り崩しによって賄われてきた。

第25表　各事業の金繰表（年末預金借越残）

(単位：万円、万円未満四捨五入、△借越)

	昭和元年末	2年末	3年末	4年末	5年末
合資会社					
本　社	① 119	② 140	△27	13	△250
各店部	31	19	7	30	13
小　計	150	159	△20	43	△237
連系会社					
別子鑛山	―	△163	△301	△300	△340
炭　礦　九州	―	―	△68	△200	＼ △581
坂	△44	△63	△57	△107	／
製　鋼	65	51	45	76	64
電　線	155	189	102	178	39
伸銅鋼管	△28	△24	△211	△55	△85
肥　料	9	△48	△57	△135	△316
倉　庫	△320	△355	△401	△509	△499
ビルデイング	8	14	―	△105	△204
大阪北港	△138	△58	△67	△56	△59
土佐吉野川水電	―	△12	△2	△168	△349
小　計	△293	△469	△1,017	△1,380	△2,329
合　計	△143	△310	△1,037	△1,337	△2,566
収支超過	147	△167	△727	△300	△1,229

註：合資・連系間の貸借除外。
　①第14表銀行特別預ケ金勘定に含まれている定期預金100万円を含む。
　②第14表銀行特別預ケ金勘定に含まれている定期預金50万円及び通知預金50万円、計100万円を含む。
出典：住友合資会社総務部会計課「住友事業収支並金繰表」から作成。但し昭和4年度及び5年度は第26表により修正。

高明細表　　　　　　　　　　　　　　　　　　　　（単位：万円、万円未満四捨五入）

3 年 末 借入先 信託	他社	現金預金	4 年 末 借入先 銀行	信託	他社	現金預金	5 年 末 借入先 銀行	信託	他社	現金預金
—	—	43	—	—	—	13	114	—	136	—
—	—	7	—	—	—	30	—	—	—	13
200	—	49	120	200	—	19	152	200	—	13
41	—	12	63	142	—	5	}343	242	4	8
68	—	11	10	100	2	4				
—	—	45	—	—	—	76	—	—	—	64
—	—	102	—	—	—	178	—	—	—	39
—	—	50	74	—	—	19	98	—	—	13
—	—	2	135	—	—	—	264	52	—	—
140	57	4	350	110	57	9	343	110	57	11
—	—	—	105	—	—	—	204	—	—	—
—	71	3	—	—	66	10	—	—	61	2
5	—	3	36	133	—	1	16	334	—	1
454	128	332	892	685	125	365	1,534	938	257	163
281	△7	△166	105	231	△3	33	642	253	132	△203

和元年末差引40万円の借入先は下記により、住友信託、安田信託、豊国火災のいずれかと思われるが、特

和2年度実際報告書）。

史』228頁）。

このように住友銀行の連系会社に対する貸出が、かつてのように合資会社を経由しないで直接行われるようになり、しかもその額が五〇〇万円を超えるような巨額なものになってくると、これまで合資会社と銀行の間で取極められていた「総本店銀行間当座勘定及手形割引二係ル契約覚書」（明治三十五年〈一九〇二〉七月三十日本店会計課伺定、「住友総本店（上）資料10参照）及び「住友総本店ヨリ住友銀行ヘ預ケ金利率ノ件」（大正四年六月二十三日会計課伺定、「住友総本店（中）」資料11参照）は意味を持たなくなり、昭和三年七月一日社則制定と同時に廃止された（資料10「社則乙目次（廃止規程）」参照）。しかしその後昭和四年七月、肥料製造所常務日高直次が海外出張から帰国して提出した窒素工場起業予算の総額は、四割強も

第26表 借入残

	昭和元年末				2年末				
	借入先			現金預金	借入先			現金預金	銀行
	銀行	信託	他社		銀行	信託	他社		
本　社	—	—	—	119	50	—	—	190	70
各店部	—	—	—	31	—	—	—	19	—
別子鑛山	—	—	—	—	165	—	—	2	150
炭　礦　九州	—	—	—	—	—	—	—	—	39
坂	—	43	5	5	—	60	3	—	—
製　鋼	—	—	—	65	—	—	—	50	—
電　線	—	—	—	155	—	—	—	189	—
伸銅鋼管	46	—	—	18	32	—	—	8	261
肥　料	—	—	—	9	48	—	—	—	59
倉　庫	165	100	57	3	203	100	57	5	208
ビルデイング	—	—	—	8	—	—	—	14	—
大阪北港	40	—	120	22	—	—	75	18	—
土佐吉野川水電	—	—	—	—	—	—	13	1	—
合　　計	251	143	182	434	498	173	135	498	787
増　　減	26	△75	△21	77	247	30	△47	64	289

註：借入先「他社」中
1. 本社・昭和5年末136万円は日本銀行大阪支店。
2. 坂・各年末第一銀行札幌支店。
3. 倉庫・各年末社債。
4. 大阪北港・昭和元年末80、2年末75、3年末71、4年末66、5年末61万円は大阪市低利年賦借入金。昭定できない。
　イ．電線敷地代金ノ内払（計77万円）ヲ以テ住友・安田両信託及豊国火災ヨリノ借入金750千円返済。（昭
　ロ．住友信託が大正15年7月70万円を手形貸付し、昭和2年1月継続を認可している（『住友信託五十年
出典：合資会社及び連系会社各年度「元帳差引残高表」、昭和5年度「金繰表」から作成。

第二部　住友合資会社

予算を超過して八二一万円に膨張しており、合資会社幹部を驚愕させた（「住友合資会社（上）五五　住友肥料製造所の株式会社への移行」参照）。これらを含めて昭和四年十一月に集計された昭和五年度の支出超過予想額は、一一一八万円に達し（実際には第25表の通りこれを一〇〇万円も上回る二二三九万円となった）、この資金調達が大問題となったのである。

結局この調達は、第26表増減欄の通り住友銀行から六四〇万円、住友信託から二五〇万円の借り増しと、上記日銀大阪支店から一三五万円余の新規借り入れ（同表註1）、預金取り崩し二〇〇万円によって賄われたわけであるが、この時点で改めて合資会社保有株式の担保余力の計算が行われている。それによると、担保

七七九

第27表　住友銀行・住友信託の住友合資・連系会社向け貸出比率の推移

(単位：万円、万円未満四捨五入)

	昭和元年末	2年末	3年末	4年末	5年末
住友銀行貸出金	31,584	36,749	39,521	40,927	41,947
内　住友合資・連系会社向け	251	498	787	892	1,534
同比率(％)	0.8	1.4	2.0	2.2	3.7
住友信託貸付金	5,239	8,641	11,744	12,981	13,745
内　住友合資・連系会社向け	143	173	454	685	938
同比率(％)	2.7	2.1	3.9	5.3	6.8

註：住友信託貸付金は毎年11月末、固有勘定と信託勘定の合計額である。
出典：『住友銀行八十年史』財務諸表及び『住友信託五十年史』(別巻)。

力は総額三五〇〇万円に達するが、既に担保差し入れ済みの分と信用借りに対する三〇％の引き当て分を差し引くと、昭和四年末の純担保余力二一五四万円が、昭和五年末には一六六三万円に落ち込む見通しとなった。

しかもこの純担保余力について、「住友事業収支並金繰表」は次のように注記して資金調達が容易でないことを指摘していた。

上記純余力中、北港株ハ七二五万円、住友銀行株ハ一千余万円ニシテ、殆ド其ノ大部分ヲ占メ、而モ北港株ハ住友銀行及ビ信託以外ニハ担保トシテ提供シ難キ事情アリ。又右両社ニ於テモ此ノ如キ巨資ヲ融通スルヤ否ヤ聊カ疑問ナルベク、次ニ住友銀行株ニアリテハ、現在ノトコロ必要ノ際ハ之ヲ信託ニ差入ルルコ予定ナルモ、信託トシテハ関係会社ニ巨額ノ貸金ヲナスハ、当局者トシテ喜バザルヤニ聞及ブヲ以テ、右株中相当額ハ他行ニ差入レ金繰ヲ講ズル必要アラン。

このような状況の下で昭和五年三月、合資会社本社において大阪北港株式を買収する必要が生じた際、大阪北港の株式を担保に日銀大阪支店から一三五万円余の融資を受けることに成功したことは、昭和五年度の資金繰りに大きく寄与したわけである。但しこの日銀からの融資は、次に「五(三)　大阪北港株式会社の連系会社指定」で述べるように、金融恐慌で蹉跌した藤田銀行が日銀特融を受けるために、日銀に担保として差し入れていた藤田組所有の大阪北港株式を住友合資会社が買収したことによるもので、いわば藤田組の日銀借り入れを引き継いだ性格のものであっ

第三章　住友合資会社（中）

七八〇

たことは考慮しておく必要があろう。

合資会社では、こうした資金繰りの悪化に対処するため、昭和四年末から従来は毎月連系会社から元帳残高差引表の収支尻の明細として、資金勘定の報告を求めていたのを一層詳細な形にして、昭和四年末、住友銀行、住友信託、他社銀行の借入先別に、支払手形(銀行、信託の場合は担保付か信用借りの別)、割引手形、銀行借越、銀行預金の内訳を報告させ、これと連系会社に対する本社預リ金、本社貸金、本社未収入金とを併せた金繰表を作成して、金繰りについての管理を強化することとなった。この期間住友銀行・住友信託の貸出に占める住友合資会社及び連系会社向け比率が拡大していることは第27表の通りである。

昭和四年十一月の段階では、住友全事業の資金繰りは昭和五年末が最も苦しく、昭和六年以降は収入超過に転ずると予想されていた。しかし昭和五年四月に開催された主管者協議会において総理事湯川寬吉に提出された住友事業の金融情勢に関する訓示草稿は次のような内容であった。

住友銀行、信託、生命保険ヲ除ク住友各社ノ金融状態ヲ見マスルニ(中略)、昭和元年末ニハ僅々約一五〇万円ノ負債デアリマシタガ、其後逐年増加シ、昨年(註、昭和四年)末ニハ(中略)総計約一三四〇万円トナリ、又本年(註、昭和五年)末ニハ一躍年初ノ倍額ニ当ル約二八〇〇万円則未タ曽テ見ザル負債額ニ達スル見込デアリマス。シカモ明年(註、昭和六年)末ニハ尚増加スヘキ見込デアリマスカラ、負債ヲ有スル向ハ勿論出来ルダケ引締メテ戴カネバナリマセヌガ、同時ニ資金ニ余裕アルモノト雖モ自由ニ之ヲ使用セラル、トムフコトハ、住友全体トシテノ金繰リニ重大ナ影響ヲ及ボス次第デアリマスカラ、住友全体ノ金融状態ヲ充分考慮セラレテ出来ル丈引締メテ、総負債ヲ低減スルコトニ協力セラレタイ。

申ス迄モナク必要ナ起業ハ今後モ実施スヘキハ勿論デアリ、之レガ為ノ負債モ止ムヲ得ヌモノガアリマスガ、事業

第三章　住友合資会社（中）

ノ堅実ト云フ上カラハ可成営業ノ剰余金ヲ以テ之ニ充ツルコト、シ、已ムヲ得ス負債ニヨル向モ、出来得ルダケ軽減スルノ途ヲ講ズルコトニ努力セラル、コト希望致シマス。

この草稿が指摘した通り、昭和六年度においても引き続き支出超過は合資会社本社で六六〇万円、連系会社では別子鑛山で一〇〇万円前後と予想され、併せて八〇〇万円近い支出超過が見込まれるに至った。特に製造各社においてはそれまでの巨額の設備投資が一段落する一方、不況下において新規投資意欲そのものも減退していたのであるが、その中にあって次に「五（三）別子鑛業所の住友別子鑛山株式会社への移行」で述べるように、別子の主管者専務鷲尾勘解治は昭和五年九月愛媛県から認可を得た総工費一〇〇〇万円に及ぶ新居浜築港計画を昭和六年度から着工しようとしていたのであった。このため年末の理事会において新規起業の延期が決定された次第であるが、この結果昭和六年度においては合資会社が八六二万円の支出超過であったのに対し、連系会社は逆に五七万円の収入超過となり、資金の新規調達を差引八〇五万円に抑制することができた。この詳細は次章「住友合資会社（下）」に譲ることとしたい。

五　店部・連系会社・特定関係会社

(一)　住友伸銅所の住友伸銅鋼管株式会社への移行

大正十五年（一九二六）七月一日、住友合資会社伸銅所は分離独立し、住友伸銅鋼管株式会社が設立され、連系会社に指定された。資本金は一五〇〇万円で、住友合資が全額出資（払込九〇〇万円）した。取締役会長には慣例に従い、総理事湯川寛吉が就任し、主管者たる常務取締役には伸銅所長山中柴吉（元海軍中将）がそのまま横滑りした。しかし山中は

大正十四年十月停年制施行に伴い停年となるところ三年間延長の措置がとられていたので、昭和三年(一九二八)九月末停年となり、その後任には直前の八月に古田俊之助(M43東大工・採鉱冶金、伸銅所支配人・伸銅鋼管取締役、のち住友金属専務・本社専務理事・総理事)が常務に昇格し、併せて常務理事小倉正恆も常務を兼務した。小倉は昭和五年八月湯川に代わって合資会社総理事に就任すると、同じく伸銅鋼管でも湯川に代わって会長となった。昭和八年一月専務制の採用により、古田は専務となり、昭和九年六月二五〇〇万円へ増資したが住友合資の全株所有は変わらず、昭和十年九月株式会社住友製鋼所を合併して住友金属工業株式会社の発足に至った。

伸銅鋼管設立の際、合資会社は六月二十九日銀行から割引手形により九〇〇万円を調達し、払込を行い、七月一日伸銅鋼管に対する資産譲渡代一三四七万円の一部としてこの九〇〇万円を受取り、銀行に返済し、残額の中敷地三〇〇万円は合資会社(昭和三年上期から半期五〇万円ずつ返済)として処理された。

資料「伸銅所組織変更ノ件」によれば、既に大正十二年に倉庫やビルディングと同じく経理部(第三課長大屋敦)は伸銅所の改組を検討しており、同年七月一日会社設立を目指した「伸銅所組織変更案」が作成された。改組の一般的な理由は、合資会社以外の資本の導入と事業計算の明確化にあったが、その他に倉庫の場合と同じく次のように土地増価税の導入も大きな要因であった(「住友合資会社(上)五(二) 住友倉庫の株式会社への移行」参照)。

併シ今般政府ニ於テ、都市計画事業財源トシテ土地増価税其他新設ノコト確定シ、最近勅令トシテ発布セラル、由ニシテ、本税ハ土地所有権ノ移転アリタル時又ハ法人所有ノ土地ニシテ十五年間移転ナキ時賦課セラル、モノナリ(土地ノ原価格ハ其所有権取得ノ時ニ於ケル価格ニヨルモノニシテ、大正五年一月一日以前ニ取得セルモノハ大正五年一月一日ノ時価ヲ以テ原価格ト見做スモノナリ)。

之レニヨリ伸銅本所(註、安治川工場)ノ敷地ニツキ考フルニ、此際所有権移転ノ手続ヲ為シ置カバ、現在ノ時価(大

第三章　住友合資会社（中）

正五年ニ比シ約三倍）ヲ原価格トシテ十五年後ニ第一回ノ増価税ヲ課セラル、コト、ナリ、其間土地価格ガ二倍トナリタルトモ仮定セバ、最高約二十八万五千円ノ増価税ヲ課セラルベシ（尼ヶ崎ノ土地ヲ除外シテ計算セルモ、尼ヶ崎ニ於テモ将来増価税ヲ賦課スル計画アル由ナリ）。

然ルニ之レヲ現在ノ儘家長公名義トナシ置キ将来名義移転ノ場合ヲ予想スルトキハ、大正五年ニ比シ其価格約六倍ニ増価スベキニヨリ、其増価税最高約百三万円トナルベシ。故ニ尼ヶ崎ノ敷地ハ新会社ニ、本所ノ敷地ハ合資会社ニ至急名義変更シ置ク方有利ナリト思考ス。

これに対し伸銅所側は、大正十二年六月「伸銅所組織変更ニ就テ」と題する資料において、次のように反論している。

近ク合資会社所管ノ土地、倉庫其他ノ事業ニ就キ、之ヲ株式組織ニ変更スルノ議アリ。其理由多様ナルヘシト雖モ、畢竟外資（註、外部資本）ノ輸入ト事業経営上ノ便宜ニ出ツルモノニシテ、更ニ此議ヲ促進セシムルモノハ、近ク発表セラレントスル土地増価税ノ問題ナリ。然ルニ伸銅所ノ見地ヨリ之ヲ其現状ニ就キ考覈（註、こうかく、考え調べること）スルニ

一、伸銅所ハ目下軍備縮小ノ影響ヲ受ケ事業縮小ノ状態ニアリ。差当リ外資ヲ仰キ以テ資本ヲ増加スルノ要ナシ。尤モジユラルミン製造装置及ヒ鋼管工場ノ移転ニハ多少ノ資金ヲ要スルモ、孰レモ外資輸入ヲ要スル程度ニ非ズ。加之伸銅所ノ利益ハ近時著シク減少シタレハ、外資ヲ誘ハンガ為ニハ、其現在資本ヲ切リ下クルノ外ナシ。然ルニ合資会社全体トシテノ利益希薄ナル際ニ於テ、更ニカ、ル損失ヲ犠牲トシテ迄モ組織変更ヲ断行スルヲ要セサルカ如シ。

二、伸銅所現在ノ資産状態並ニ将来ノ収支予想ニ照ラシ、少クトモ本所ノ敷地ヲ新会社ニ移転スルハ不得策ナルヲ以テ、之ヲ従前通リ本社所属トスルコト已ムヲ得ザルベシ。随ツテ増価税ノ問題ハ差当リ伸銅所ノ組織変更ヲ促

スノ理由トハナラス。本問題ハ唯之ヲ家長名義ヨリ合資会社名義ニ移転登記ヲ為スニヨリテ、其ノ目的ヲ達シ得ベシ。

三、更ニ現行所得税法ニ就テ見ルモ、合資会社ガ新会社ノ配当ヲ受クルトキハ、結局二重ノ所得税ヲ負担スヘキコト、ナリ、仮令合資会社ガ保全会社ノ取扱ヲ受ケストモ、所得税ニ於テ年約三万円ノ不利益アリ。

之ヲ要スルニ伸銅所ニ於テハ、当面ノ問題トシテ其ノ組織変更ヲ急クノ理由ニ乏シク、差当リ計上シ得ラル、利益ハ、其成績ヲ公表シ、其計算ヲ一層明瞭ナラシメ、従業者ヲシテ経営上其精神ヲ緊張セシメ得ルニ止ル。

この後経理部第三課は、さらに十一月一日設立を目指して変更案を作成したが、これも日の目をみなかった。この間、大正七年夏の米騒動以来、政府は全国大都市に公設小売市場を設けて対処してきたが、これだけでは物価対策上十分な効果を上げ得ないとして、大正十一年社会事業調査会は内務大臣の諮問に対し、中央卸売市場設置を答申していた。これによって農商務省は中央卸売市場法案を議会に提出、可決され、大正十二年三月同法の公布とともに六大都市が同法の施行地に指定された。四月にはこれを所管する農商務省商務局に市場課が設置された。一方中央卸売市場の施行地の指定を受けた大阪市では、十二年十二月臨時中央卸売市場調査委員会を設け、十三年初頭以来建設用地の調査が行われた結果、市の中央に近く、水陸交通の至便の地として、伸銅所と住友倉庫を含む安治川沿岸四万坪が候補地となった。

これを受けて初代市場課長膳桂之助から大学の友人三村起一(当時伸銅所工場課長)に用地買収の打診があった。(71)

当時伸銅所は敷地の狭隘化と近隣住宅地に対する煤煙問題に悩んでおり、常務理事小倉正恆の決断によって、工場移転に応ずることとなった。三月大阪市会は市場創設を議決したので、敷地売却について本社総務部庶務課長北澤敬二郎(T3東大法)、のち倉庫常務・生命専務・本社常務理事兼総務部長、戦後大丸社長)が大阪市と交渉することとなった。これを織り込んで、経理部第三課は、大正十三年五月十二日再び七月一日の改組を目指した「伸銅所組織変更案」を理事会に提

第二部　住友合資会社

七八五

第三章　住友合資会社（中）

出した。しかし五月二十三日の理事会決定案なるものが残されているにもかかわらず、起案そのものには社長・総理事・常務理事・各理事の捺印はなく、その理由の説明もないままたしても廃案となった。伸銅所長山中柴吉は理事ではないので、理事会への出席資格はなく、事前にこの変更案に対する意見を求められて、改組の時期は「一般的ニハ速ナルヲ可トス。但内外ニ与フル衝動ヲ慮リ、中央市場敷地ニ付、契約ノ成否ヲ待ッテスルヲ可ナリト考フ」と回答しているので、これも先送りされた要因の一つかと思われるが、大正十四年三月に成立した後も改組は実行されず、むしろ家長友純の意向に従ったのではないかと推測される。

すなわち北澤が進めた大阪市との交渉が、大正十五年三月家長友純が死去すると六月に改組が決定されているからである。合資会社理事を勤めた松本順吉は「議案等の説明を申し上げても、いきなりいかんとは決して云われなく、成程尤もだと思うが、こういう点はどうかというふうに云われた」と述べている。(72)

大正十五年三月既に述べたように友純が死去して嫡男厚が社長に就任したが、未成年のため、総理事湯川寛吉が後見人となっていた。従って社長の了承は総理事が事前か事後に取り付ければよいので、理事会の決議が即決裁となった。

この結果六月十八日の理事会において、三度経理部第三課(大正十四年十月一日の総理事交代の異動で、経理部長大屋敦、第三課長小畑忠良となっていた)が提出した「伸銅所組織変更ノ件」はようやく決裁された。それによれば「一　組織変更ノ理由」は次のように述べられている。

輓近我住友家ノ事業ハ順次株式組織ニ変更セラレ、現在合資会社所管ニ属スルモノハ、鉱業、林業、販売、土地及伸銅事業ノミトナレリ。而シテ之等事業ノ組織変更ノ理由トスル所ハ、事業ノ種別ニヨリ種々ナルモ、要ハ事業ノ計算ヲ明確ニスルト外部ヨリ資金ヲ吸収スルトニアリ。之ヲ伸銅所ニ於テ見ルニ、現在ノトコロ資金ヲ外部ニ仰グ

七八六

ノ必要ナシト雖トモ、将来ヲ慮レバ他ノ事業同様何時ソノ必要ヲ見ルヤ測リ知レベカラサルノミナラス、事業ノ計算ヲ明確ニスルハ、移転起業ヲ目前ニ控ヘ、各種ノ改良新設ヲ行ハントスル此際ニ於テハ別シテ緊要ニシテ、動モスレハ放漫ニ流レントスル新起業ヲ或ル定マリタル資金ノ範囲ニ限定スル恰好ナル自制手段ト言フヲ得ヘシ。

サレハ他ノ事業ノ組織ヲ変更シタル理由ハ、伸銅所ノ場合ニモ正ニ適合スルノミナラス、今日之ヲ実行スルハ最モ適当ナル時期ト言ハサルヘカラス。尚又移転工事ノ進捗ニ伴ヒ生スヘキ過剰労働者問題ニ就テモ、合資会社ヲ直接ノ目標タラシメサルノ為メ、旁々此際其組織ヲ変更シ独立セル株式会社トナサントス。

尚税金関係ヨリ之ヲ観ルニ、合資会社ハ同族会社ト看做サレ、留保金額ニ対シ高率ノ税金ヲ課セラル、コト殆ント疑ナシト雖トモ、合資会社ノ孫会社ニシテ事業ヲ経営シ居レル伸銅所ハ、同族会社ノ取扱ヲ受クル可能性甚タ少キニヨリ、此ノ際伸銅所ヲ独立セル会社トスルコトハ、利益ノ留保ニ関シテモ相当有利也ト信ス（註、税制改正については「二(二) 合資会社（全社）の業績」参照）。

伸銅所は、大正八年鋼管の分工場建設を計画した際、尼崎の岸本製鉄所・製釘所が丁度この計画に見合うものであったので、これを総額四一五万円で買収し、鋼管工場とした。今回安治川から製鋼所の西隣桜島への移転に際し、安治川に残っていた鋼管部門を全て尼崎工場の東方隣接地へ移し尼崎東工場とし、鋼管部門を尼崎に集中することとなった。

このため組織変更案は特に「二 伸銅工場ト鋼管工場トヲ各別ノ独立会社トセサル理由」という一項を設け、次の四点を上げている。

(一) 得意先ニ対スル便否

伸銅所従来ノ得意先関係ヲ見ルニ、其主要ナルモノハ海軍及鉄道省ニシテ製品ノ大半ヲ占メ、伸銅品、鋼管ノ何レヲモ需要スル特殊ナル得意先也。其他ノ重要得意先タル民間造船所ニアリテモ、伸銅品、鋼管共ニ需要スルモ

第三章　住友合資会社（中）

ノ也。然ルニ今単ニ伸銅工場ト鋼管工場トノ別々ノ場所ニアルノ故ヲ以テ、之ヲ各々独立ノ会社トナス時ハ、得意先トノ交渉ニ際シテ、双方共ニ徒ニ二重ノ手数ヲカクルノミニテ、何等ノ便益ナシ。且又鋼管工場ヲ独立セシムル時ハ、住友伸銅所以外ニ別個ノ会社名ヲ附セサルヘカラス。永年住友伸銅所ナル商号ノ下ニ、伸銅品及鋼管ヲ販売シ来レルニ、急ニ名称ヲ変更セシムルトキハ、従来ノ得意先ノミナラス、新規ノ得意先ヲモ惑ハシメ、其ノ何レニ注文スヘキヤヲ混乱セシムルノ虞レナシトセス。

（二）損益ノ公表

独立ノ会社トナリタル上ハ、何レモ其損益ヲ公表セサルヘカラス。然ルニ鋼管工場ハ海軍ノ如キ特種需要者ノ注文ニヨリテ、比較的多額ノ利益ヲ挙クルモノナルヲ以テ、此ノ利益ヲ明瞭ナラシムルハ、販売政策上ヨリスルモ対内部的ノ理由ヨリスルモ不可トセサルヘカラス。且又鋼管事業ノ有利ナルコトヲ公表スルコトトモナレハ、競争者出現ノ原因トモナルヘシ。

伸銅工場ハ当分有利ナル採算立チ難ク、損失ヲ公表セサルヘカラス。之レハ一面従業員ノ刺戟トナルヘキモ、不体裁ナルヲ免ヌカレス。

（三）伸銅工場ノ競争力ヲナクスルコト

伸銅所目下ノ損益ハ、鋼管ノ挙クル利益ヲ以テ、伸銅品ノ著シキ損失ヲ負担セルノ状態ニシテ、此ノ状勢ハ当分継続スヘク、別個ノ会社トナストキハ、伸銅工場ハ損失ヲ重ヌルノミニテ、新製品ノ研究、新販路ノ開拓等ノ資源ヲ失ヒ、新生面ノ展開ヲ試ムルコト不可能ニ至ルヘシ。

（四）費用ノ増加

独立ノ二会社トナストキハ、人員ノ増加ヲ要スヘシ。移転後ハ伸銅工場、鋼管工場分立スルガ故ニ、工場直接従

業員ハ別々ニ存置スル必要アルハ固ヨリソノ処ナレトモ、従来統一セラレシ幹部ヲ二重ニ配置スルノ不便アルノミナラス、其他物件費ニ就テモ支出ノ増加ヲ不免。
以上ノ諸点以外製造方法ニ於テモ、タトヘハ抽伸機ノ如キ両者共通ノ機械ヲ使用スルモノアリ。又飛行機ノ如キ鉄属品ト非鉄属品ト同一製作者ナルガ故ニ利益ヲ得ル場合モアレハ、此際伸銅工場、鋼管工場ヲ別個ノ会社トナスノ必要ナシ。尤モ将来ニ於テ両工場共羽翼全ク具ハリ、又製品販路モ一般市場向ヲ主要ナルモノトスルニ至ラハ、其時ニ於テ、初メテ両者ヲ分立セシムルノ意義ヲ生スヘシ。
従って新会社の名称については、変更案は当初から、「三 名称」として次のように伸銅所に固執していた。

新会社ノ名称ハ「株式会社住友伸銅所」トス。
由来伸銅所事業ノ一半ハ鋼管製造ニアレハ、伸銅所ナル名称ハ従来共不穏当ナルヲ不免。而モ近ク移転起業完成ノ上ハ、全然別種ノ二工場ヲ「伸銅所」ナル名称ノ下ニ包括セシムルヲ以テ、益々其実ニ遠サカル次第ナルモ、「住友伸銅所」ナル商号ハ、多年ノ声価ヲ保有セルモノナレハ、寧ロ得意先ニ対スル商略上本名称ヲ襲用スルヲ以テ、得策トスヘシ。由ツテ他ノ連系会社ト同様之レニ株式会社ヲ冠シ、「株式会社住友伸銅所」トセントス。

しかし既に述べた通り、鋼管工場を分離しないで新会社に移行するとなると、「伸銅所」のままでは理事会で異論が出たものと思われ、次の通り変更された。

住友伸銅鋼管株式会社ニ決定

伸銅所ナル名称ハ、従来ノ得意ニ対シテ頗ル好都合ナルモ、鋼管ハ近時瓦斯管其ノ他一般市場向製品ヲ製出シテ、大ニ新販路ヲ開拓セントスル際ナレバ、寧ロ此際旧套ヲ脱シテ、住友伸銅鋼管株式会社ト為サントスル意嚮ヲ有スルモノ多シ。

第二部 住友合資会社

七八九

第三章 住友合資会社（中）

移転起業に関する補償金と不足資金の処理については、六月二十九日付で次のように合資会社経理部長から伸銅所長あて通知された。

伸銅鋼管株式会社資金ノ件

住友伸銅鋼管株式会社ニ於ケル大阪市補償金ノ処理方法及移転起業不足資金ニ就テハ、左ノ通リ決定相成候間御諒承相成度、此段及御通知候也。

記

一、補償金ノ処理方法

市ヨリ交付サレタル補償金ハ、移転資金ニ充ツル目的ヲ以テ現在ハ本社ニ於テ収支保管シ、且之レニ対シテハ資金利息（資金取扱規定ニヨル）ト同様ノ金利ヲ附シツ、アリ。右ハ本来伸銅所ニ帰属スベキモノナルヲ以テ、今回組織変更後ハソノ儘新会社ニ引継グベキ性質ノモノナルガ、之ヲ自由ニ使用シ得ルモノトセバ、左ノ如ク当分ハ銀行借入金ハ要セザルノミナラズ、尚多額ノ現金ヲ保有シ得ルコト、ナル。

	払込資本金	九、〇〇〇千円
固定財産	一〇、一〇〇千円	
流動資産	六、〇六〇	一般負債 一、四〇〇
現　　金	六四〇	未 払 金 三、〇〇〇
		支払手形 八〇〇（不用）
		銀行借入金 一、九六〇（不用）
		補 償 金 三、四〇〇
計	一六、八〇〇	計 一六、八〇〇

然ルニ右補償金ハ、前記ノ如ク移転ノタメ受ケタルモノナルニ、之ヲ営業資金ニ流用セシムル時ハ、将来計算ヲ紛乱セシムル虞アリ。且ツ伸銅所ノ営業資金ノ一部ヲ借入金ニ擬ラシメントスル趣旨ニ反スルヲ以テ、新会社ニ於テハ別途勘定ヲ設定シテ整理シ、之ヲ営業資金ト区別シ、現金ハ従来通リ本社ニ預入レシムルコト穏当也。

然シナガラ、右ノ如ク別途整理シテ現金ハ全部之ヲ本社ニ預入レシムルコト、セバ、新会社ニ於テ営業資金ヲ充スメ多額ノ借入金ヲナス必要アリ。之ヲ銀行ヨリ仰グ時ハ本社ニ於テ、一方新会社ヨリ資金ノ返還ヲ受ケ之ヲ銀行ニ預入ナガラ、他方補償金ニ対シテ高率ノ利息ヲ支払フノ要アリ。空シク金利ノ差損ヲ招クニ過ギザレバ、営業上ノ不足資金ハ銀行ヨリ借入スルニ代ハリニ、別途整理ノ移転資金ヨリ借入シ、此ノ借入金ニ対シテハ本社ガ支払フト同率ノ金利ヲ附シ、営業費ヨリ移転資金ニ繰入レシムルコト、シ、ソノ残額ハ之ヲ本社ニ於テ預リ置キ、従来同様ノ利息ヲ附スルモノト致度。

二、移転不足資金ノ支払方法

移転起業ニシテ予定通リニ進行セバ、補償金ハ本年中ニ使用シ尽サレ、来年度早々ヨリ新資金ヲ要スベシ。此レハ本来資本金ノ払込ニヨルベキモノナルモ、所要ノ都度払込ヲナスハ手数ヲ煩ハスノミナリ。又一時ニ払込ヲナストキハソノ時期ニヨリ過不足ヲ生ズル虞アレバ、補償金ヲ使用シ尽シタル後ノ移転資金ハ、所要ニ従ッテ本社ヨリ貸付ケ、相当高ニ達シタル時ニ於テ払込資本金ニ振替フルコト、スヘシ。

尚此ノ貸付金ハ、ソノ性質資本金ト同様ナルモノナレバ、此レニ対スル金利ハ其ノ期ノ配当ト同率トナシ、無配当ノトキハ金利ヲ附セザルコト、スベシ。

右資本金ニ振替フベキ貸付金ハ通計三百万円ヲ以テ限度トス。（註、昭和三年六月第二回払込徴収三〇〇万円）

設立当初の業績見込では、移転工事の完成する昭和三年度（十一月移転完了）に初めて五％の配当を行い、五年度から

第三章　住友合資会社（中）

は八％に増配の予想であったが、不況の影響で八％配当となったのは昭和八年度からであった。

工場移転が完了すると、古田俊之助は昭和四年十月から翌五年五月にかけて、欧米の金属工業を視察した。その結果はその後の伸銅鋼管ひいては住友金属の業績に大きな影響を与えた。伸銅所では、既に大正五年第一次世界大戦でロンドン郊外に撃墜されたドイツのツェッペリン飛行船の残骸を海軍から入手し、この新材料ジュラルミンの研究を進めていたが、戦後大正十一年にドイツの賠償の一環として、ジュラルミンの名の由来であるドイツ・デューレン所在のデュレーナ・メタル・ヴェルケでジュラルミン製造技術を習得し、製品化を進めていた。

古田は視察の結果、これからは航空機の時代であることを確信し、帰国後ジュラルミンによるプロペラ素材の製造に着手した。しかし昭和七年九月古田は海軍航空本部技術部長山本五十六少将（のち聯合艦隊司令長官）から、住友が素材だけでなく、完成プロペラを製作するよう強く要請され、十一月古田は山本との間で製作引受党書に調印した。当時金属製プロペラの技術は、中島飛行機が米国ハミルトン・スタンダード・プロペラ社から技術導入していたが、三菱・川崎等が機体を試作する際、ライバルたる中島にプロペラ製作のために必要な機体のデータを提供しなければならないという不都合が生じていたからである。伸銅鋼管は中島飛行機からハミルトンの製造権を譲受け、プロペラ製造に着手したが、古田はこれについて次のように述べている。(73)

この時私は極めて大胆に次の二つの条件をつけ加えた。

(一) 完成プロペラの風洞試験等は極めて大仕掛で金もかかる。それを百本、二百本のプロペラを製造していたのでは経済的に耐えられない。故に根本研究は海軍の施設を利用し、海軍とタイアップする。

(二) 日本の海軍だけでは需要は充分にない。住友一ケ所にプロペラ製造を集中してもそれだけでは製造規模が小さい。将来陸軍のも当所でやることにしたい。終戦迄相争った日本の陸軍海軍の間柄であるのに、この思い切った申

出に「ヨシ」と肯はれたのは大量(註、度量が広いこと)であったと敬服する。

この結果住友金属は終戦までに海軍の需要の全部と陸軍の需要の五割のプロペラを生産し、主力のプロペラ製造所神崎工場では海軍と陸軍の製造ラインの建家が並列していた。

また古田の海外視察により昭和三年から進められていたカナダのアルミニウム・リミテッド(Aluminium Limited)社とのアルミの加工事業に関する提携交渉が進捗し、昭和六年四月住友アルミニウム株式会社が設立された。住友と同社の関係は、大正十四年電線製造所が米国アルコア(ALCOA、Aluminum Company of America の略)社と鋼心アルミニウム撚線の製造で技術提携を行い、昭和三年アルコア社からアルミニウム・リミテッド社が分離したという経緯があった。住友アルミニウムは資本金三五〇万円(伸銅鋼管とアルミニウム・リミテッド社の折半出資)で古田が常務に就任した。伸銅鋼管は桜島工場内のアルミ板工場を同社に売却し、同社はさらに大阪府龍華町(現八尾市)にアルミ箔工場を建設した(現在の東洋アルミニウム株式会社)。当時伸銅鋼管庶務課長兼住友アルミニウム総務課長であった中川路貞治は合弁の成果について次のように述べている(74)。

アルミニウム・リミテッドの新技術はアルミを熱いままで板にするもので、伸銅鋼管(註、のち住友金属)は大変な恩恵を受けた。伸銅鋼管のジュラルミン板製法は、この時まで板にするまで、インゴットをハンマーで叩き、旋盤で削り、後圧延していたのだが、これによりインゴットを熱いままで、直ちに圧延する新製法に代わり、この秘密裡に習得した方法のおかげで満州事変の頃は、古河や軍も驚くような大量生産が可能になり、コストも引き下げることができた。

昭和十年九月、住友伸銅鋼管は住友製鋼所と合併し、住友金属工業株式会社と改称するが、この経緯は次章「住友合資会社(下)」で取り上げる。

第三章　住友合資会社（中）

(二)　大阪北港株式会社の連系会社指定

大阪北港株式会社が大正八年十二月設立された経緯は、既に「住友総本店（下）」の「五　大阪北港株式会社の設立」で述べた。本項では昭和二年四月同社が連系会社に指定された事情を明らかにし、その後昭和十九年十一月株式会社住友ビルディングを合併して、住友土地工務株式会社と改称するまでの足どりを簡単に辿っておきたい。

大阪北港を連系会社に指定するための起案は残されていないので、関係資料から推定する以外ないが、さし当たり次の諸点が考えられる。

第一に、大正十五年上期で設立以来の累積損失を解消して、昭和二年以降の業績の見込みが立ったことである（第6表）。

第二に、北港会社が設立の目的としていた大阪北港修築と地先海面埋立の両工事については、会社設立直後の大正九年四月に許可を出願していたが、大正十五年五月に至ってようやくこの出願した工事設計が、港湾調査会の決定案と相違する点があるという理由で却下されたことである。このことは、これらの相違点を修正して、改めて出願すれば許可される見込みが立ったことに外ならない。

第三に、資金繰りの目処がついて、昭和二年上期には大阪市の住宅建設低利資金を除いて、住友銀行、住友信託、安田信託、豊國火災からの借入金をすべて返済できたことである（第26表）。なお安田信託からの借り入れは、同社常務濱崎定吉（大正十二年一月住友銀行本店営業部支配人退職、二月住友電線製造所取締役就任、大正十四年五月退任、同月おそらく発起人の住友銀行元上司志立鐵次郎に誘われて共済信託（のち安田信託）入社常務就任）の、また豊國火災保険からの借り入れは次に述べる島徳蔵（明治四十五年（一九一二）二月創立時から大正五年十月大阪株式取引所理事長就任のため辞任するまで同社社長で

あった)の斡旋によるものとみられる。

第四に、住友銀行からの借り入れ返済と関連すると思われるが、住友合資は大正十五年末住友銀行の大阪北港持株一万株を引き取り(第22表註①)、その出資比率は六二・六五％に達した。住友合資の他に、大阪北港の大株主には、旧大阪島舟土地の上記島徳蔵一一万五一〇〇株(一六・四四％)と藤田組の藤田平太郎七万四三〇株(一〇・〇六％)がいたが、当時前者は大正十五年末大阪株式取引所理事長でありながら久原鉱業株の買い占め問題で取引所法違反に問われて理事長再任を辞退せざるを得ない状況にあり、後者は昭和二年三月の金融恐慌で機関銀行の藤田銀行が大打撃を受けていた。

第五に、大正十一年七月以来北港会社常務として同社の実質的な代表者であった(社長取締役は設立以来、鈴木、中田、湯川の歴代総理事が兼務していた)草鹿丁卯次郎が、昭和二年二月末合資会社理事ひいては北港常務を停年で退職することが予定されていたという事実である。四月四日草鹿の後任となる製銅販売店支配人田島房太郎の北港会社出向が発令され、十三日田島が北港会社常務に就任するのを待って、二十日北港会社は連系会社に指定された。

その後、北港会社は北港修築工事について昭和二年七月に工事設計の上願書を提出したが、同年十二月臨時港湾調査会は再び北港修築についての計画を大幅に見直した。この結果北港会社はさらにこれに合わせて設計を変更し、昭和三年二月願書を再提出し、昭和四年九月、埋立工事と共にようやく許可を得ることができ、次いで昭和五年七月その工事実施設計の認可を得て、工事は昭和六年五月に着手された。

一方金融恐慌によって打撃を受けた藤田銀行の整理のため、北港会社の大株主藤田組は全資産を担保に、昭和二年五月に制定施行された「日本銀行特別融通及損失補償法」に基づく融資いわゆる日銀特融八八九二万円を受けることとなった。この特融返済のために、藤田組は、昭和五年三月その所有する北港株七万四三〇株を全株(＠三円)住友合資に売却した。この株式買収資金を調達するため合資会社は日銀大阪支店から一三五万円の融資を受けたことは既に述べた。

第三章　住友合資会社（中）

従ってこの一三五万円はそのまま藤田組の日銀債務返済に充当されたものとみられる。また同じ昭和五年末には、島徳蔵からその持株の六割強七万二四六〇株を一四五万円（＠二〇円）で取得した。島は北港会社設立時に、自ら設立した「臨港土地」及び「大阪島舟土地」を通じ、埋立権を北港会社に売却したが、その評価は隣接土地の価格並みとされ、その代わり埋立工事認可の際は工事を行って更地とした上で北港会社に引き渡す義務を負っていた。昭和五年七月既に述べた通り埋立工事の実施設計が認可された当時、島は大阪株式取引所理事長退任後昭和二年十月から阪神電鉄社長に就任していたが、与党政友会と野党民政党の勢力が伯仲していたのに乗じ、キャスティング・ボートを握る明政会議員の買収工作を行ったり、上海取引所の損失穴埋めにからむ背任行為で、大阪地方裁判所の予審有罪の決定を受けており、自ら埋立工事を行う資金的余裕はなかったものとみられる（島は結局昭和六年九月には阪神電鉄社長を辞任した）。この結果昭和五年末における住友合資の大阪北港に対する出資比率は、八三％（第21表）に達し、ここに北港会社の連系会社としての地位が確立されたのである。

一方昭和六年に着工された北港修築工事は、結局工期が一〇年と長期にわたり、総工費も八一五万円に膨れ上ることになった。工事のうち、防波堤部分は北港会社の直営工事となるが、埋立部分は上記島の埋立債務を肩代わりしたことから合資会社（後に住友本社）が行う工事となり、実際の埋立工事は北港会社を下請けとして使うことで、その工事代金を合資会社が北港会社に半期二五万円、合計四〇〇万円を支払うこととなった。

これに伴い上記島徳蔵に対する株式代金一四五万円の支払は、北港会社に対する埋立工事の未払金に振替えられ、まずこれから半期二五

営業報告書 現・預金 B＋C	現・預金 合計 A＋B＋C
426	493
596	816
1,477	1,601
1,604	1,989
1,576	1,926
1,740	2,230
3,579	4,349
5,561	6,031
7,536	8,336
5,078	5,328
4,587	4,587

（単位：千円、千円未満切り捨て）

第28表　北港修築工事と北港会社の現・預金

年	北港修築工事費	北港会社支出資金	本社から工事費受入	受入工事費余剰分 A	本社預ケ金 B	その他現・預金 C
昭和6	183	0	250	67	410	16
7	347	0	500	220	560	36
8	346	0	250	124	1,460	17
9	777	589	449	385	1,564	40
10	981	395	551	350	1,500	76
11	684	324	500	490	1,700	40
12	882	662	500	770	3,550	29
13	890	90	500	470	5,500	61
14	566	396	500	800	7,500	36
15	618	68	0	250	5,000	78
16	571	321	0	0	4,500	87

出典：各年度元帳・実際報告書・処務報告書から作成。

万円を支払い、未払金の支払が終了した昭和十年からは仮入金の科目から支払われることとなった(第28表)。期末に工事費を精算した残金は、一度合資会社に仮入金され、期初に北港会社に戻される形となっている。合資会社の実際報告書は、この工事費の剰余分を北港会社固有の合資会社に対する預ケ金と同一視しているが、北港会社としては、この剰余金は翌期の埋立工事の前渡金というべき性格のものであるので、合資会社に対する自社の預ケ金とは区別して、営業報告書の現・預金には計上していない。

昭和十六年防波堤工事と護岸工事は完成したが、埋立工事は日中戦争が第二次世界大戦へと拡大する中で中絶し、大阪北港会社は、平和産業として会社の存立すら危うくなった。そこで大阪北港会社は昭和十五年末、住友金属工業が和歌山製鉄所の建設に着手し、その港湾として和歌山北港を造成することになった機会に、この工事を受注して活路を見いだした。

合資会社保有の北港株式五八万一〇四〇株は、その後昭和八年に伸銅鋼管・製鋼所・電線製造所の三社に各二万株譲渡される一方、北港関係株主から三〇〇〇株取得し、昭和十二年三月合資会社解散の際には、住友本社へ一七万五五四〇株が譲渡され、残る三四万八五〇〇株

第三章　住友合資会社（中）

が住友家へ分配された。昭和十五年には本社持株から一万株が住友電工へ、住友家持株から七万株が住友金属へそれぞれ譲渡された。従って住友持株は一旦住友家持株から七万株が住友土地工務株式会社と改称する直前の本社持株は一六万五五四〇株、住友家持株は二二万六〇〇〇株合計三九万一五四〇株（五五・九三％）であった。

昭和十八年七月、住友本社商工課は、当時の大阪北港に関し「商工課関係事業説明資料」において次のように報告している。

一、現　況

大阪北港ハ創立大正八年、資本金三五、〇〇〇千円全額払込済ニシテ、株主配当ハ今期（十八年上期）年三分ニ増配セリ。本店ヲ大阪ニ置キ出張所ヲ和歌山ニ設ク。

所有地総面積ハ現在五一三千坪ニテ其中賃貸地ハ三八〇千坪、亦所有家屋ハ現在四四一戸ニシテ其中賃貸中ノ家屋ハ四三九戸ナリ（第29表）。

当社ハ土地、家屋ノ売買、賃貸業務以外ニ大阪北港修築工事ノ完成ヲ其ノ目的トシ居リテ、北港修築工事ノ大要ハ昭和六年五月着工、工期十六ケ年、総予算約一三、〇〇〇千円ニシテ、島屋町、常吉町地先海面三三七千坪ノ埋立、防波堤延長二、九〇一米ノ築造等ヲ其ノ内容トセルガ、工事着手以来相当ノ年数ヲ経ルモ、時局ノ影響ヲ受ケ工事ノ進捗容易ナラザルニ拘ラズ、防波堤築設工事ニ於テハ附設燈台四基ト共ニ一昨十六年九月完成を見、埋立工事ニ於テハ埋立予定地ノ護岸工事既ニ完了シ、島屋町地先埋立地一八万坪ハ炭殻ニヨル仕上工事ヲ残スノミニテ殆ンド

第29表　土地利用状況趨勢

（単位：千坪）

	所有地総面積	賃貸地	割合（％）
設立時	841	—	—
昭和 5 年末	752	125	16.7
10年末	702	150	21.4
13年末	570	216	37.9
14年末	551	310	56.1
15年末	525	328	62.4
16年末	520	367	70.5
17年末	517	379	73.3
18年末	512	393	76.7

註：昭和18年の数字は後に追加されたものである。
出典：商工課関係事業説明資料（昭和18年7月）。

第30表　北港修築工事
(単位：千円)

	総予算	昭和6〜17年支出額	
正蓮寺川大阪築港連絡工事	5,442	5,021	昭和19年竣工予定
島屋町地先埋立工事	3,433	1,912	18万坪造成昭和20年竣工予定
常吉町地先埋立工事	4,337	616	15万坪造成昭和22年竣工予定
予備費	81	77	船舶建物売却戻入
計	13,293	7,471	

出典：第29表に同じ。

完成ヲ見タリ（第30表）。

二、当社今後ノ方針

島屋、常吉両町地先埋立地全地域（三三万坪）ハ既ニ陸海軍省、鉄道省ヨリ予約済ニシテ、島屋町埋立地ノ一部（約二万坪）ハ本年中ニ鉄道省へ売却スルニ決定シ、時局下軍関係用地トシテ使用セラル、モノナレバ、今後ハ一段ト之ガ埋立地ノ造成ニ努ムルト共ニ、他方和歌山ニ於テ昨年金属工業ヨリ受託セル和歌山北港ノ防波堤及ビ岸壁築造工事ノ進捗ニ努力シ、以テ和歌山製鉄所ノ建設ニ協力スルヲ要スベシ。

　　（三）　住友別子鑛山株式会社への移行

1　改組の経緯

昭和二年七月別子鉱業所は住友合資会社から分離独立し、住友別子鑛山株式会社が設立され、連系会社に指定された。資本金一五〇〇万円のうち、住友合資が第21表の通り一四九五万円を出資し、残り五万円は住友家が出資した。六月末の別子鉱業所の固定財産二二七五万円は土佐吉野川三一二万円、本社委託勘定六三三八万円、鑛山会社一三二四万円に分離された。合資会社本社は六月二十九日銀行から一五〇〇万円を借り入れ、資本金払込に充て、七月一日鑛山会社に資産一九一三万円を引き継いで一五〇〇万円を回収している。資本金を超過する継承資産は未払金（本社二〇〇万円、銀行一四三万円）で手当され、銀行の未払金は八月に支払手形一五〇万円に置きかえられ、本社の未払金二〇

第31表　別子鉱業所の比重の推移

(単位：千円、千円未満切り捨て)

年	別子純益A	総本店・合資純益B	A／B	住友全事業純益C	A／C
			%		%
明治42	978	1,316	74.3	1,316	74.3
43	676	964	70.1	964	70.1
44	720	1,710	42.1	1,710	42.1
45	2,097	2,652	79.1	3,504	59.8
大正2	2,388	2,994	79.8	3,910	61.1
3	1,640	2,923	56.1	3,679	44.6
4	2,751	3,922	70.1	3,990	68.8
5	7,242	7,225	100.2	8,127	89.1
6	7,656	15,893	48.2	19,961	38.4
7	5,001	13,710	36.5	16,735	29.9
8	2,866	28,592	10.0	32,104	8.9
9	△480	2,710	―	15,063	―
10	△743	1,687	―	8,520	―
11	1,415	905	156.4	6,258	22.6
12	2,918	3,503	83.3	2,665	109.5
13	2,356	4,504	52.3	11,560	20.4
14	3,122	3,939	79.3	9,927	31.4
15	2,533	2,443	103.7	8,738	29.0

出典：第一部住友総本店及び第二部住友合資会社各店部別純損益から作成。

〇万円は三年五月信託に対する支払手形に置きかえられた（第26表）。他の連系会社同様会長制をとり総理事湯川寛吉が就任し、主管者は当初常務取締役臼井定民（M33東大工・土木、海軍技師・藤田組・東京市技師を経てT2住友入社、別子鉱業所副長）であったが、間もなく十月臼井が停年で退職すると同じく常務取締役に就任していた鷲尾勘解治（M40京大法、別子支配人兼労働課長兼採鉱課長）が既定の路線通り主管者となった。同社設立の趣旨は次の通り説明されている。

我住友ノ事業ハ、時代ノ趨勢ニ伴ヒ次第ニ之ヲ独立ノ株式会社トシテ分離セラレタルガ、要ハ事業ノ計算ヲ明確ナラシムルト合資会社以外ノ資金ヲ利用スルニアリ。別子ニ於テハ已ニ諸起業完成ノ域ニ達シ、他ノ大投資ヲ必要トセズ。合資ニ於テ総株数ノ引受ヲナス場合ニ於テモ、之ヲ独立セシムル方便宜且利益トシ、更ニ久シク別子ニ於テ安全デアッタ労働問題ノ紛争生ズルニ至リ、之ガ独立ハ此ノ問題ヲ緩和スルコト、ナルヲ以テ、合資会社及住友家引受ニテ新会社ヲ設立セリ。

刷新、能率ノ向上ヲ図リ、

すなわち鑛山会社設立のポイントとして、別子の諸起業は完成の域に達し、これ以上の大投資を必要としなくなったことと労働問題の紛争が生じたことの二点が挙げられていた。前者については翌昭和三年の社則制定の際述べた通り、「営業ノ要旨」第三条の別子銅山を以て住友家の財本として別子を特に重要視した条文を削除した理由について、『住友物語』の著者白柳秀湖の照会に対し、合資会社庶務課長加納純一が「蓋シ他種事業ト雖モ近来規模内容拡大充実シ来リ、ソノ（註、別子と他種事業）間ニ差別視スル必要ナクナリタルタメナリ」と回答したように、別子の住友全事業に占める比重は、明治四十二年住友総本店発足当初の七〇％強から、大正末には三〇％前後にまで低下していた（第31表）。

「別子は私のいる時は騒動がなかった」と豪語する大平駒槌が、大正十一年八月鈴木馬左也の総理事辞任の意向に殉じて、別子鉱業所長の職を去って以来、後任の所長となった岡田宇之助は元来が内務官僚であったので、別子の労働運動の高揚の前には全く無力で、大正十四年八月所長を解任され、本社人事部長松本順吉が所長に派遣されたが、専ら前記鷲尾勘解治がその矢面に立つことになったのである。

すなわち別子では大正十三年半ばから、日本労働総同盟や全日本鉱夫聯合会の指導の下に労働組合が結成され、加入者の獲得を巡って、会社側と鋭く対立した。これに対し鷲尾は、自らの私塾自彊舎の出身者を中心に、各地区毎に改善会と総称する一〇の団体を組織し、組合側に対抗しようとした。大正十四年十二月両者の対立は乱闘事件に発展し、組合側はストライキを構え、十五年一月一日午後に上阪した組合員が、住友本邸（大正十四年五月に大阪市茶臼山から兵庫県住吉村《現神戸市東灘区》に移転）や小倉常務理事邸にまで侵入したため病臥中の家長住友吉左衛門友純の病状にも影響を与えた。さらに二月には争議支援者が発電所用水路を破壊するという事件にまで発展したが、愛媛県知事香坂昌康の調停に従い、被解雇者が退山し、争議指導者も退去して争議はようやく解決した。三月末には残りの組合員も組合を脱

第32表　別子産銅量の推移

(単位：トン)

年	KS銅	電気銅			合計A	C＋c (第33表)	C＋c / A
		別子製錬	三菱振替	三菱委託			
明治42	6,328				6,328	1,158	18.3 %
43	6,679				6,679	1,261	18.9
44	6,822				6,822	1,648	24.2
45	7,686				7,686	2,775	36.1
大正2	7,643				7,643	2,560	33.5
3	7,574				7,574	2,602	34.4
4	7,889				7,889	3,759	47.6
5	9,183				9,183	—	—
6	9,266				9,266	—	—
7	10,128				10,128	—	—
8	10,616	1,796			12,412	—	—
9	7,012	4,388			11,400	5,832	51.2
10	4,251	7,644			11,895	—	—
11	3,528	9,611		650	13,789	—	—
12	3,240	9,600	(513)	735	13,575	10,711	78.9
13	2,753	9,677	(951)	409	12,839	9,992	77.8
14	654	10,570	(184)	3,921	15,145	9,954	65.7
15		11,263		3,458	14,720	9,694	65.9
昭和2		11,132		3,193	14,325	9,109	63.6
3		12,979		3,550	16,529	8,411	50.9
4		14,829		4,110	18,939	9,467	50.0
5		16,587		554	17,141	16,796	98.0

註：三菱振替は三菱生野鉱石を別子で製錬した電気銅を三菱電気銅と振替たもので内数。三菱委託は三菱直島及び大阪製錬所に製錬を委託したもので外数。『住友別子鉱山史』下巻表4-26は上記三菱振替分を二重計上している。また同じく表5-5で昭和4年三菱委託分を2,195トンとしているのは上記の通り4,110トンの誤りである。
なお昭和期の産出電気銅の原料別内訳(単位：トン)は下表の通り。
出典：別子銅山鉱業簿、別子鉱業所実際報告書。

年	産出電気銅	原料別内訳			
		別子鉱	他山鉱	国内粗銅	故滓等
昭和2	14,325	11,330	1,476	889	630
3	16,529	12,162	1,161	1,866	1,340
4	18,939	11,816	466	3,194	3,463
5	17,141	10,925	384	4,220	1,612

退したので、組合は消滅した。従って昭和二年鑛山会社設立の時点においては、組合の脅威は最早なくなっていたのだと思われるが、この大争議の傷跡は、合資会社幹部の脳裏に深く刻み込まれていたのである。

住友本店による別子銅の販売は、明治四十年神戸出店を設置して主として神戸の外商向けに始められ（当時銅の国内需要はほとんどなかった）、明治四十二年にはこれを神戸支店と改め、四十二年住友本店を住友総本店と改称した際、同支店も製銅販売店と改められた（「住友総本店（上）一住友総本店の発足」参照）。明治三十年住友伸銅場の開設以来、伸銅場の拡張に合わせて同所向け別子銅（KS銅）の販売は年々増え続け、大正初期には別子産銅量の五〇％に達した（第32表C＋c／A欄）。製銅販売店の銅販売の方法は、別子鉱業所の代行取引（受託販売）で、別子が引合に対して販売価格・数量を決定し、残りを別子に送金した（実際は総本店〈合資会社〉の各店部勘定間の付替である）。製銅販売店は伸銅場の外大阪地場の銅商等の得意先から販売代金を回収すると、販売価格の〇・七％を手数料として差引き、残りを別子に送金した。

明治四十四年伸銅場の電線部門が独立して、電線製造所が開設されると別子産銅の一層の需要拡大が期待されたが、KS銅は不純物を含むので、工作性が良く板・管等の伸銅品の製造には好都合であったが、そのために電導率が低下し電線製造には適さなかった。また別子鉱業所としても、金銀の含有量の少ない別子鉱石産の粗銅から電気銅を作って採算がとれるかという問題があった。従って電線製造所向け別子産銅の出荷は、大正八年の電錬工場（電気精錬工場を略称した鉱山用語）の完成まで待たねばならなかった。

大正二年東京・呉両販売店が開業すると、両販売店はその後開業した販売店も含めて、別子銅の販売を行うことになるが、それは代行取引（受託販売）であることに変わりはなく、各販売店のテリトリー内の海軍工廠や藤倉電線等の得意先と製銅販売店との間に入る形となり（第15表「製銅・別子」欄、〇・七％の手数料を製銅販売店〇・四五％と各販売店〇・二五％（「住友総本店（上）」第21表参照）が分け合う形となった。大正八年には製銅販売店は神戸から需要の中心地とな

第二部　住友合資会社

八〇三

第三章　住友合資会社（中）

った大阪へ移転した。

電線製造所は、明治四十四年設立後KS銅の不具合が判明して以来、KS銅に代わる電気銅を外部から調達してきたわけであるが、大正八年新居浜電錬工場が完成してからもその能力不足と、大正九年同所が株式会社として独立してからはその購買政策上、別子電気銅に一〇〇％依存することはなく、製銅販売店と責任契約購買数量を定めていた（大正九年四月四〇万斤＝二四〇トン、大正十一年三月六〇万斤＝三六〇トン、昭和四年七月責任二〇〇トン・臨時一五〇トン計七二〇トン、同年十一月責任五〇〇トン・臨時二〇〇トン計七〇〇トン）。別子としても電気銅を大阪で三菱から受け取るなどして電気銅の需要に対処していたが（第32表参照）、大正十四年伸銅所（大正二年伸銅場を改称）において原料のKS銅を電気銅に代えても何等支障のないことが確認されると、KS銅の生産を中止し電気銅に一本化した。

昭和二年十月鷲尾勘解治は、別子鑛山会社の主管者に就任した際の挨拶の中で、別子鉱山の経営が鉱質からみても鉱量からみても末期的な状況にあると指摘して、住友の全事業における別子の地位が、相対的にだけでなく絶対的にも最早住友家の財本たり得なくなったことを明らかにした。結局翌三年の社則の制定において、本条文が削除されたのはこの鷲尾の指摘を追認した結果に外ならない。鷲尾がこの打開策としてあげたのは、次の二点であった。一つは別子の生産の拡大と徹底した生産性の向上である。昭和三年に入ると労働者四〇〇人以上が退職し、七月には機械課を新居浜製作所、製銅販売店を大阪支店とする等の組織の簡素化が行われ、さらに八月には職員七〇人が整理された。一方で別子鉱山産出鉱石を原料とする電気銅の生産は、鷲尾の予言通り昭和三年の一万二一六二トンをピークとして次第に減少するが、国内の他社産出の粗銅を原料として受託生産された電気銅や、国内他鉱山からの買鉱や輸入故滓等による電気銅の生産が増加し（第32表註）、昭和四年には生産のピークと銅価の上昇が重なって二一八万円の純益を計上することが

できた。しかし同年末からの大不況に伴う銅需要の減退や銅価の下落で生産過剰が表面化し、産銅カルテル「水曜会」への加盟を巡り合資会社幹部と鷲尾との見解の相違が明らかになってきた。

鷲尾の打開策の第二は、鉱山なき後も新しい事業の展開によって新居浜の繁栄を維持するための都市計画の策定であった。土木が飯よりも好きと自負する鷲尾は、昭和四年二月から肥料製造所の地先に窒素工場用地として八万坪（工費六三万円）の埋立を開始したが、六月にはさらに四七万坪の埋立と防波堤・護岸壁の築造を含む新居浜築港計画（総工費一〇〇〇万円）を出願し、昭和五年九月愛媛県の認可を得た。これに先立ち昭和五年二月には新居浜の中心地の県道を拡幅し、昭和通り二一五〇メートルの建設に着工した。工費六万三〇〇〇円の中、鑛山会社の負担分二万三〇〇〇円は鷲尾が作務と称する休日の勤労奉仕により星越山を切りとりその山土を道路建設に利用することで賄われた。鷲尾は当初この道路の幅員を八間（二四・四メートル）で計画し、愛媛県と合資会社本社から広すぎると反対されやむなく六間（一〇・八メートル）に縮小した経緯があった。本社としては、本来国または地方公共団体が実施すべき公共事業に、私企業たる住友がどこまでコミットすべきかを問題としていたが、同時に昭和五年八月湯川寛吉の後を受けて総理事に就任した小倉正恆は元来天然資源の開発こそが国益に叶うという信念を抱いており、後に述べるように別子の閉山に伴う対策をあくまで別子に代わる鉱山の開発という視点で検討していたので、限られた資金の投入について、次第に鷲尾との溝を深めていった。

2　産銅カルテル「水曜会」加盟問題

住友合資は、大正十年六月産銅業者のカルテル水曜会結成の際、その前身であった日本産銅組合から脱退したことは既に述べた（「住友合資会社(上)」註(21)参照）。住友では電線・伸銅の自家消費でほとんど別子の販売余力がなかったので、カルテル加盟の積極的な理由に乏しかったこともあるが、その後前述の通り昭和三年から別子の電気銅生産が拡大し、

第33表 伸銅所及び電線製造所の別子産銅購入量の推移 (単位:トン)

年	伸銅所・伸銅鋼管			電線製造所		
	銅購入量B	内別子銅C	C/B	銅購入量b	内別子銅c	c/b
明治42	1,585	1,158	73.1%	—	—	%
43	1,729	1,261	72.9	—	—	—
44	2,687	1,648	61.3	321	(321)	—
45	3,939	2,775	70.4	968	(968)	—
大正2	3,340	2,560	76.6	977	0	—
3	3,165	2,602	82.2	1,109	0	—
4	3,972	3,739	94.1	1,260	20	1.6
5	不詳	不詳	—	1,553	21	1.4
6	不詳	不詳	—	3,235	135	4.2
7	不詳	不詳	—	4,047	0	—
8	不詳	不詳	—	4,474	1,315	29.4
9	7,360	4,411	59.9	5,104	1,421	27.8
10	5,525	不詳	—	7,107	5,714	80.4
11	4,970	不詳	—	10,231	6,379	62.3
12	5,013	4,316	86.1	12,314	6,395	51.9
13	5,496	4,829	87.9	9,862	5,163	52.4
14	5,215	4,124	79.1	11,469	5,830	50.8
15	5,101	3,828	75.0	12,441	5,866	47.2
昭和2	4,892	*3,860	78.9	13,769	5,249	38.1
3	4,374	3,378	77.2	14,626	5,033	34.4
4	4,468 (4,563)	2,979 (3,288)	66.7 72.1	12,258	6,488	52.9
5	6,072 (6,212)	5,407 (5,557)	89.0 89.5	12,756	11,389	89.3

註:伸銅所・伸銅鋼管括弧内は別子輸入銅屑を含む。*は推定。
　　電線製造所括弧内は住友伸銅場からの購入分。
出典:住友伸銅所・伸銅鋼管及び住友電線製造所各「実際報告書」。

他方不況のため電線・伸銅の需要が減退すると別子の市中販売が増加してきた(第32及び33表)。また昭和二年六月電線業者五社(古河電気工業、日本電線、藤倉電線、日立製作所と住友電線)は不況対策として販売協定を結び、さらに十月古河、藤倉、日立、住友の四社は電気銅共同購買会を組織し、水曜会との間に電気銅の需給に関し協定を結び、覚書を交換する事態に発展すると(二四木会と称する)、住友の水曜会加入が強く望まれる情勢となってきた。それから昭和六年一月の加入の実現までの交渉の経緯を詳述する余裕はないが、別子がそれまで自家消費の「全部ニ就テ供給義務ヲ負ハス」、残余を「自家消費ニ向クルコトモ外部売ニ売ルコトモ自由」であった点を認めてもらいたいと譲らなかったことにあった。その理由として別子は販売店を維持するためにも、自家消費の値引き分をカバーするためにも外部売が必要であることを挙げていた(80)。しかしこのような条件は到底水曜会の容認できるものではなかった。

昭和四年三月水曜会はとりあえず住友が水曜会にオブザーバーとして参加することを認めたが、その後水曜会と住友との交渉上特に問題となったのは次の三点であった。

その第一は、昭和四年六月住友側の記録にはないが、藤倉電線から「住友ヨリ藤倉社ヘ銅販売ノ交渉アリタルニ就テハ買入テ差支ナキヤ」との打診が東京水曜会にあったということである。住友別子大阪支店長小山九一(M40東京高商)の説明では、住友産銅の昭和四年上半期東京販売店支配人・伸銅所副支配人・製銅販売店支配人、のち扶桑海上火災保険専務(81)実績月一四五〇トンのうち住友伸銅と住友電線への引渡量一〇〇〇トンに対し、残四五〇トンについて(第34、35及び36表)、

「浮遊(註、特定の売先に紐付きされてない)銅問題等ノコトモアル故自社ト密接ナル関係アル方面即チ藤倉ヘナドモ若シ種々ノ関係ガ円満ニ行ク様ナレバ幾部分遣リ度キ考ヘナルモ強ヒテ云フニモアラズ」という程度のものであったとい

第三章　住友合資会社（中）

うが、住友の水曜会オブザーバー参加の機をとらえて、藤倉に対し昭和二年十月二四木会の成立以後中断していた電気銅の売り込みを図ったのは、東京販売店支配人矢島富造（M40東京高商、前電線経理部長）であったと思われる。すなわち矢島は、電線経理部長であった大正七年、東京分工場設置を計画し、藤倉から計画の中止と交換にその株式三〇％を住友が取得した際の立役者であり（「住友総本店(下)七　株式会社住友電線製造所の設立と日本電氣株式會社との提携」参照）、昭和二年末からは藤倉の監査役を兼ねていたからである。矢島は、小山と異なり有力な住友系企業のない東京で藤倉に対し四五〇トンの中の相当量を売り込んで、藤倉を東京における住友電線分工場のような形にもっていこうとしていたと思われる。これに対し小山によると、住友電線は「自社ノ利益ニ於テ全部リ住友(註、別子)ヨリ相応ノ買付ヲ継続スル方針ナルコト、同一意味ニ於テ藤倉ニ住友（註、別子）ガ（註、全部を）供給スルヲ不可ト極言」していたという。すなわち住友電線あるいは藤倉電線にとって原料ソースの多角化は購買政策上不可欠であり、一方別子としても全量紐付けでは利益を上げる妙味が失われるので、ここに両者の利害は一致し、また水曜会としても藤倉に別子の紐付きができれば、それだけ別子の市中売りを防止できるので、とりあえず藤倉の別子銅月一〇〇トン購入を認めることになったものと思われる(第37表)。さらにその後この量は、昭和五年二月住友の加入交渉と絡んで、月二〇〇

	昭和2年	15　年
		（単位：千円）
	3,723	4,667
	2,941	3,100
	442	325
	456	166
	353	222
	153	306
	812	940
		184
	115	137
		102
	113	
	620	675
	304	241
	10,032	11,065
	10,786	11,576
	93.0	95.6

八〇八

第34表　別子銅（KS銅・電気銅）大口受注先

ルート			社　名	大正10年	11 年	12 年	13 年	14 年
別子銅鉱売販所	製売	直	電線製造所	2,997	4,281	4,166	4,457	4,438
			伸銅所・伸銅鋼管	2,947	3,560	3,471	3,759	3,655
			川崎造船所	249				
			山中商店	536	172	430	455	242
			鈴木商店	377	477		174	126
			三井物産		597	277		555
			真島商店		247	124		
			森川商店			206		278
			浅野製銅所			170	214	132
			柳原商店				251	
			佐渡島商店					432
			三菱商事					386
			荘保商店					287
			神戸製鋼所					205
			大阪電気分銅					
			舞鶴要港部					
			山中製錬所					
	業売店	東京	陸軍造兵廠東京工廠			231	262	
			藤倉電線				352	534
		横須賀	横須賀海軍工廠		107			
		呉	呉海軍工廠		145	368	402	138
			広海軍工廠					
		上海	江西財政庁	239				
			唐晋記号	119				
		天津	奉天軍機処		145			
			小　計　A	7,464	9,731	9,443	10,326	11,408
			注文受高計　B	8,642	10,485	10,352	10,807	12,504
			A／B　　％	86.4	92.8	91.2	95.5	91.2

出典：製銅販売店実際報告書から作成。

第35表　各社別産銅量表

(単位：トン)

	藤田	三菱	日鉱	古河	計	住友	総計
昭和2年度	8,627	10,453	15,842	15,682	50,604	14,767	65,371
月平均	719	871	1,320	1,307	4,217	1,230	5,447
比率%	13.20	15.99	24.23	24.00	77.42	22.58	100
昭和3年度	8,951	11,071	17,136	15,662	52,820	16,206	69,026
月平均	746	923	1,428	1,305	4,401	1,351	5,752
比率%	12.97	16.04	24.82	22.68	76.51	23.49	100
昭和4年度 I	2,214	2,580	4,504	3,998	13,296	4,002	17,298
II	2,421	2,954	5,332	3,991	14,698	4,595	19,293
III	2,261	2,805	5,244	3,762	14,072	5,260	19,332
IV	2,308	2,653	5,748	3,899	14,608	4,998	19,606
計	9,204	10,992	20,828	15,650	56,674	18,855	75,529
月平均	767	916	1,736	1,304	4,723	1,571	6,294
比率%	12.19	14.55	27.58	20.72	75.04	24.96	100
昭和5年度 I	2,303	2,858	5,095	4,195	14,451	4,209	18,660
II	2,517	3,076	5,669	3,983	15,245	4,342	19,587
III	2,484	3,029	5,737	4,098	15,348	4,614	19,962
10月	819	1,184	2,117	1,449	5,569	1,208	6,777
計	8,123	10,147	18,618	13,725	50,613	14,373	64,986
月平均	812	1,015	1,862	1,372	5,061	1,437	6,498
比率%	12.50	15.62	28.65	21.11	77.88	22.12	100

註：住友は水曜会に対し、上記実績のうち昭和4年11月1,636トン、12月1,576トンを1,570トン、1,446トンとそれぞれ66トン、130トン合計196トン少なく報告した。
出典：住友別子鑛山株式会社大阪支店「水曜会加入ニ当リ其ノ経緯経過記録並ニ住友社関係数字種々」、なお原数字は月次である。

トンに倍増することが認められた。

問題の第二は、同じく昭和四年六月、水曜会で市況悪化の一因として中国銅滓の輸入増が取り上げられ、これに住友が関与しているのではないかとの疑念が生じ、この中止が申し入れられたことである。これに対し、水曜会によると別子は既に四月に買約を中止し、将来はともかく「只今ノ処買入ヲ為サザルコトハ明言致シ得ル」と回答した(第32表註(82))。また合資会社でも「大屋氏(註、敦本社経理部長)ヨリモ本社ノ関知セザリシ間ニ多額ノ輸入アリシコトハ甚ダ遺憾ナリシトノ話シモアリ」、「且又小倉理事ニ於テモ輸入ノコトハ遺憾ナリシモ知ラヌ間ニ多額ニ及ビシコトヲ後ニ至リテ承知セリトテ遺憾表

第36表　各社別自家消費量及び滞銅量表

（単位：トン）

	藤田	三菱	日鉱	古河	計	住友	総計
自家消費量							
昭和3年度	1,619	4,014	5,912	25,632	37,177	8,770	45,947
月平均	135	335	492	2,136	3,098	731	3,829
比率%	3.52	8.75	12.85	55.78	80.90	19.10	100
昭和4年度	1,387	3,627	4,859	20,601	30,474	9,944	40,418
月平均	116	302	405	1,717	2,540	828	3,368
比率%	3.44	8.97	12.02	50.98	75.41	24.59	100
昭和5年度	1,360	2,894	3,161	10,346	17,761	11,610	29,371
月平均	136	289	316	1,035	1,766	1,161	2,937
比率%	4.63	9.84	10.76	35.24	60.47	39.53	100
滞銅量							
昭和3年度	6,804	12,547	12,317	3,652	35,320	不詳	不詳
月平均	567	1,045	1,026	304	2,942		
比率%	19.28	35.52	34.87	10.33	100		
昭和4年度	20,894	21,299	51,607	4,650	98,450	4,610	103,060
月平均	1,741	1,775	4,300	388	8,204	384	8,588
比率%	20.27	20.67	50.07	4.52	95.53	4.47	100
昭和5年度	17,164	16,261	38,962	3,143	75,530	4,756	80,286
月平均	1,717	1,626	3,897	313	7,553	475	8,028
比率%	21.39	20.25	48.54	3.90	94.08	5.92	100

註：昭和5年度は1～10月。
　　昭和5年度住友は上記自家消費量の他に、水曜会から1,152トンを購入した。
出典：第35表に同じ。

明ノ意味ニテ談サレタルコトアリ」という状況であった。

しかるに昭和五年七月、日刊工業新聞紙上に、住友別子が今治港経由で中国銅滓を輸入していることが報道され、水曜会はこれが前年の公約違反であり、且つ水曜会が中国銅滓の輸入防遏のため税関当局に働きかけ、神戸・大阪等では原銅扱いとして関税を賦課されるようになったのに対し、住友別子がいまだに無税の今治港を利用して輸入していたということで、水曜会は大いに態度を硬化させた。これについて、住友別子大阪支店長飯田彌五郎（M45東京高商・専、別子経理課長から昭和五年二月小山九一の扶桑海上転出に伴い就任、のち住友鑛業専務・社長）は「自分トシテ

第三章　住友合資会社（中）

第37表　東京販売店の対藤倉電線受注高
（単位：千円）

年	受注高
昭和3	0
4	187
5	1,174
6	929
7	不詳
8	895
9	889
10	934
11	1,081

註：製銅販売店は昭和3年7月住友別子鑛山株式会社大阪支店となった。上記金額が必ずしもすべて別子銅とはいえないが、東京販売店の別子製品取扱高から金・銀を除いた数字と上記金額がほぼ一致することから、ほとんど別子銅と推定される。

ハ合資会社方面ニ其様ナ話シノアリシコトハ全然知ラ」ず「別子トシテモ千五百噸前後迄ノ産出ヲ継続スル為ニ品繰上ノ輸入ヲセシ迄」と答弁していたが、十月十三日本社経理部長大屋敷から鑛山大阪支店に対し、次のような指示があり別子の中国銅滓輸入は厳禁されることとなった。

過般鷲尾専務御上阪ノ砌、支那銅ノ事ニ付総理事並ニ自分等ニ御話アリタルカ、其御話ニ支那銅ハ別子製錬上絶対的ニ必要ナルモノニモ無之、又銅価ノ現状ニテハ漸減ノ傾向ニアリ、今後ノ買入量モ別ニ大シタ数量デモナシトノ御話デモアツタノデ、其後総理事ヨリ経理部長ニ上京方命有之其時、総理事ヨリ三菱ハ支那銅ノ事デ気ヲ揉ンテ居ル折柄、別子テモ絶対必要ノモノテモナク、其購入量モ大シタモノテモナク、購入ヲ見合ハスト話シテ安心サセタ方カ宜敷カラントノ御話有之。其旨ヲ体シテ過日上京ノトキ経理部長ハ三菱三谷常務ヲ往訪ノ上、住友ハ支那銅ノ購入ヲ見合ハス旨ヲ申入タル処、三谷氏ハソレデハ住友ハ銅ノ現状ガ続ク限リニ於テ購入ヲ見合ハスヤト念ヲ押シタルカ故ニ然リト答ヘ置キタリ。

右ハ水曜会ニ対シテニアラズ、三菱ニ対シテ申入レタル次第ナリ。就テハ此事ハ合資会社ヨリ専務ニ通知シ、専務ヨリ大阪支店ニ通牒アルヘキ筈ナルカ、当務者トシテノ大阪支店ニ不取敢知ラシテ置クカラ左様御承知アリ度シ。

従ツテ従来契約中ノモノハ兎モ角新規商談ハ之ヲ見合ハスベシ。以上

問題の第三は、住友電線の輸出商談で発生した。昭和五年九月、水曜会は英国ブリティシュ・メタル社向けに、古河電工経由ワイヤロッド一五〇〇トンと三菱商事経由バー六〇〇トン、カソード一八〇〇トンの輸出を承認した。しかし

八一二

住友電線の技術導入先英国スタンダード・テレフォン・アンド・ケーブル社向けのワイヤロッド一二〇〇トンについては、十月一日「別子社ニ対スル根本協調ノ回答ト切離シテハ決シ難キ故」と回答を保留し、商談の進行を認めなかった。水曜会によれば、このため住友電線は住友合資理事会に対して、次のように別子と水曜会の妥協点を見いだすよう進言せざるを得なかった。

　住友電線トシテハ同社ノ立場ヨリ別子ノ対水曜会主張ガ穏当ナラズト云フ意見ニ一致シ、七日ノ本店理事会ヘ種々進言シ(輸出問題ニ付別子ノ自家消費一〇〇％主張、水曜会ノ生産比一律主張何レモ当ヲ得ズ。自家消費ヲ五〇％位ト見テ一二〇〇屯生産ノ場合ニ於テモ半額ノ六〇〇屯ニツキテハ或ル程度ノ引受ヲ為スベキモノナリト主張シ居レリ。若シ此主張ガ通ラザル場合ハ住電輸出量ハ別子ニ於テ賄フ様申出デ居レリ。右二点聞入レラレザル場合ハ住電トシテノ自衛権ー其意味ハ判明セザルモ別子ト八別個ノ行動ヲトル意味ナランーヲ主張スル筈ナリ)居レル関係モアル故、対別子ノ回答ニツキテハ諾否ノ外、別ニ対案ニテモ差出サレテハ如何、兎角充分慎重ニ姑ク経過ヲ見送ラレタル上ノ回答トセラレテハ如何。

　十一月十三日ついに水曜会は別子に対し、「今後住友ノ輸出原料銅ハ住友ニテ賄ハレ度シ」との通告を行った。これは別子が自家消費向けも不足するほど販売余力を落としていたのをみて、住友電線の輸出について水曜会が原料供給を拒絶して、別子が単独で引き受けざるを得なくしようとする水曜会の戦略であった。

　住友電線は、十一月十五日改めて次のような水曜会の決定を確認し、住友としての態度決定を迫られることとなった。

一、電線所要ノ輸出用原料銅ハ別子ニテ不足スル場合ニモ水曜会ニテハ供給スル意志ナキ事。
二、一ノ結果電線ハ二四木会ニテ差別待遇ヲ受ケル事。
三、従ツテ電線ハ二四木会員トシテノ進退ヲ考慮スル事トナルベキモ、此点水曜会ニテ相当考慮ノ上前記ノ態度ヲ

第三章　住友合資会社（中）

取ルニ決セル事。

ところが同日、不況対策として三万トン余のダンピング輸出を行った水曜会に対し、米国銅輸出業者組合から三菱商事紐育支店を通じ、国際減産協定への参加要請があったことから、事態は解決の方向へ向かった。(84)

十九日水曜会幹事がこの電信写(資料13)を住友別子大阪支店へ持参して対米交渉の開始を告げ、その後水曜会は減産協定には住友の参加が不可欠であるとしてその参加を求め、別子もまた減産実行をむしろ歓迎する意向を示し、その具体案を求めた。協定量は昭和三年と昭和五年一～十月の各月平均生産量を基礎数字とし、この両者の平均値を基準に対米交渉回答として予定した四社合計生産量四八〇〇トンに合わせて修正し、同一基準で住友の数値を算出することで決定された。第35及び36表はこの減産案作成のための基礎資料とみられる。かくして十二月十七日減産協定がまとまり、藤田月産七九〇トン(二一・七％)そして住友一四一四トン(三一・八％)計六二一四トンと定められた。協定成立を受けて十二月十九日住友合資常務理事川田順、住友別子鑛山専務(昭和五年二月専務制採用による)鷲尾勘解治、東京販売店支配人矢島富造の三人は、三菱鉱業会長三谷一二を訪問し、水曜会入会につき斡旋を依頼し、三谷の仲介により、昭和六年一月十日、川田は三谷に対し正式に入会を申し出て住友別子鑛山は水曜会の正式メンバーとなり、水曜会は一月から五社による生産・販売カルテルとして市場統制に臨むこととなった(「住友合資会社(上)」註(21)参照)。

3　鷲尾専務退任後の別子カルテル参加について、昭和六年四月に開催された主管者協議会において総理事小倉正恆は次のように述べた。

(前略)従来住友ハ外部ヨリ孤立シテ居ルトムハレル。又事実二於テモ肥料、銅、石炭等二於テモ協定二入ラナカッタガ、住友ハ主義トシテ協調シナイ方針ヲ採ツテ居ルノデハナイ。互譲協調ハ大二宜シイ。ガ併シ住友ガ此等ノモ

第38表　別子鉱業所・住友別子鑛山の設備投資推移

(単位：千円、千円未満切り捨て)

年	固定財産増減	起業支出増減	合　計	固定財産原価差損・起業費減損	償　却	再　計
明治42	△64	69	5	91	513	609
43	△9	△141	△150	116	495	461
44	△322	705	382	166	508	1,057
45	572	△606	△34	91	502	559
大正2	△242	149	△93	69	539	516
3	△359	448	89	45	546	681
4	△349	506	156	3	546	706
5	△170	33	△136	147	558	569
6	△53	203	149	64	580	794
7	△311	162	△149	35	588	474
8	△94	313	219	46	585	850
9	108	649	758	29	558	1,346
10	1,833	△1,452	380	206	773	1,360
11	△710	1,263	553	1	834	1,389
12	1,262	△744	517	118	842	1,478
13	392	1,167	1,559	53	947	2,561
14	△450	506	55	149	1,008	1,214
15	△638	312	△325	103	1,288	1,067
昭和2	1,399	△1,938	△539	88	1,698	1,248
3	△508	△25	△533	280	1,588	1,335
4	1,268	△93	1,174	171	1,551	2,898
5	△358	736	378	327	1,684	2,390

註：「住友合資会社(上)」第21表の別子の数字と異同があるのは、第21表の別子には製銅販売店神戸出張所が含まれるためである。
出典：元帳残高表、損益表、別子鉱業所実際報告書から作成。

しかしこの水曜会入会の席上当事者たる住友別子鑛山専務鷲尾勘治の姿がなかった。「大投資ヲ必要トセズ」といわれた ノニ入ラナカツタノハ理由ガアル。一ツハ住友ノ如キ発達過程ニアルモノハ之等ノモノニ入ツテ制限ヲ受ケ度クナカツタ事、或ハ国家産業ノ発達ヲ阻害シ又農民ノ利益ヲ顧ミザルノ恐レガアツタ為メデアル。処ガ今日之等ノ理由ハ消滅致シ、寧ロ協調ニヨリ諸外国ノ産業ニ当ラザルベカラザル状態ニ当ツタカラ、今日ハ各方面トモ此ノ精神デ進ンデイル。

第三章 住友合資会社 (中)

箸の別子の設備投資は鑛山会社となってからも巨額に上っていた(第38表)。それがさらに昭和五年九月鑛山会社は愛媛県から総工費一〇〇〇万円に及ぶ新居浜築港計画の認可を受けたことは既に述べた。従って鷲尾はその初年度予算として昭和六年度の会計見積書に一〇〇～一三〇万円を計上していた。一方加州銀行(本店石川県金沢市)頭取加藤晴比古から「住友小倉氏ハ予テ(註、昭和二年)ヨリ尾小屋銅山ノ有望ナルヲ認ムルト共ニ、一方別子銅山ハ漸ク老境ニ入レルガ如キモノアリ。勢ヒ食指ノ動キツ、アルハ明カナ所」と評された総理事小倉正恆は、昭和五年十月自らの郷里加賀藩の元家老横山家の経営する尾小屋鉱山が破綻したのを機に、債権者加州銀行から一一〇万円で同鉱山を買収することとなり、年末までに引き渡しを受けることになっていた。

年末の合資会社理事会では別子を皮切りに昭和六年度の会計見積書の審議が開始されたが、未曾有の不況の折柄別子の新居浜築港計画を初めすべての新規起業支出が延期されることとなった。昭和六年四月から八年三月まで庶務課長・経理部次長として別子に赴任した香川修一によれば、

これで一番憤慨したのが別子の鷲尾さんなんです。本社はけしからんと抗議を申し込んでこられて、どうにも行かないので、小倉さんの名案で、(註、昭和六年二月)鷲尾さんを本社の常務理事(川田さんの上席)へ昇進(註、鷲尾と川田は明治四十年住友同期入社であるうさして、新居浜を離れて大阪へでてこいというわけです。

鷲尾の後任の専務には、大阪北港常務田島房太郎が起用され、別子生え抜きの龍野昌之(M42東大工・採鉱冶金、別子取締役支配人)を常務として田島を補佐させた。しかし

田島さんは縮小の大命を帯びてゆかれたわけですから、地元の人としては鷲尾さんが居ったらやってくれるだろう、それが新しい所長のために尽くさなければいけないと主張しておられたのを、起業支出が駄目になってしまい、そういう事業も出来なくなってしまったものですから、地元の人としては鷲尾さんが居ったらやってくれるだろう、それが新しい所長

（註、田島専務）がきて一切だめだというのはけしからんじゃないかというので、翌七年四月に常務理事をやめて平理事として、そういうことで鷲尾さんを大阪に置いておくのも困るというので、外遊させることになり（註、昭和八年十月帰国、十二月依願解雇）、田島さんも喧嘩両成敗でたった一年しか居られなかったのですが、この際かえた方がよいというので、（註、昭和七年六月）田島さんも別子を辞任して外遊することになり（註、昭和八年二月帰国後大阪北港常務に復帰）、鷲尾さん、田島さんは同じ時期に、一方は欧州から、一方は米国から回って外遊された。

田島さんの後は、三村（註、起一、当時伸銅鋼管取締役支配人）さんが常務となり（註、昭和七年二月田中外次〈当時別子経理課勤務、のち井華鑛業専務・住友金属鉱山社長〉によれば鷲尾さんのあとの労働行政を立て直すにはフォードの工場で労務管理を学んだ三村さんが最も適任との本社の考えで起用された。両者に仕えた田中は「鷲尾さんによって労働問題を取り扱う心として東洋的な精神を教えられた。一方三村さんによっては近代化してゆく企業の中で労働者を統率してゆくためには、どういう具体的な政策をもつべきであるかということとその一環としての「安全運動」を教えられた」という）、（註、六月田島が退任すると龍野さんを専務に昇格させて、龍野・三村の形で別子を運行していくことになった。鷲尾派（註、鷲尾の家の子郎党とみられる連中は鷲尾を新居浜に呼び戻そうという運動を起こして「鷲尾の残党」と称されていた）の問題は三村さんも随分苦労されたのですが、結局一年あとになって鷲尾派と目される人々を動かしそれでやっと落ち着き出した。（註、次の一連の人事異動が該当するものとみられる。昭和七年九月堀江栄一〈別子採鉱部次長〉高根鉱業所主任、十月田路舜哉〈Ｔ9東大法、肥料新居浜工場長代理者・元別子経理課長兼労働課長、のち日本建設産業専務・住友商事社長〉上海販売店支配人、昭和八年一月一色準一郎〈別子採鉱部次長心得〉大萱生鉱業所支配人、新居浜を将来どうするかということについては、築港も規模を縮小してやることになった（註、昭和八年五月着工）。

第二部　住友合資会社

第三章 住友合資会社（中）

やはり他の事業を呼んでこなければいかんというので、倉敷紡績の工場を呼んできた。すなわち肥料製造所取締役矢崎摠治は倉敷紡績取締役山内顕と旧知の間柄で、倉紡の子会社倉敷絹織の工場を新居浜に誘致することに成功し、昭和七年八月日本化学製絲株式会社が設立された。資本金一〇〇〇万円の出資比率は、倉敷絹織七〇％、大原孫三郎五％、住友合資一五％、別子鑛山・肥料製造所各五％であった。社長は前記山内、住友側の役員は取締役龍野、監査役大屋（合資経理部長）であった。工場立地は、埋立工事中の大江地先一二万坪を充て、埋立完了を待って七年十二月工場建設に着手した[88]。

その後香川修一によれば、

新居浜では三村さんと龍野さんの仲が悪くなってきたので、龍野さんに本社に帰ってもらおうとした。これは小倉さんの高等人事政策の一つではなかったかと思うのですが、鷲尾さんでも本社の常務理事にして結局やめざるを得なくしている。龍野さんもその伝ではなかったかと思っている。

技監ということで内示したところ、龍野さんは辞任するということになったので、技監制度はやめになった（註、昭和九年七月専務龍野昌之辞任、三村起一専務就任）。

昭和八年以降日本経済の回復に伴い、別子の業績も立ち直り復配

9 年	10 年	11 年
(単位：千円、千円未満切り捨て)		
不詳	不詳	
不詳	不詳	
1,422	1,223	1,316
287	133	661
535	318	1,226
1,920	1,772	2,994

されたと思われるが、損益表は作成され

第39表　住友別子鑛山損益表

科　目	昭和3年	4年	5年	6年	7年	8年
電銅売上益	1,282	2,759	△1,180	△2,016	180	8,376
産出益	9,358	9,520	10,577	8,081	5,526	—
売鉱収益	1,429	762	621	550	343	630
金銀収益	185	275	265	359	618	660
硫酸収益	—	164	629	834	878	984
製品収益	—	3,672	3,328	2,087	2,174	3,404
販売品収益	—	99	—	154	168	—
組替戻入	—	2,514	1,786	951	1,743	2,431
其他収益	5,074	880	1,349	1,227	1,226	1,752
利益計	17,330	20,649	17,377	12,230	12,860	18,240
営業費	10,336	12,808	11,490	8,301	8,138	}13,479
経　費	2,713	2,977	2,920	2,487	2,436	
利　息	366	336	323	318	315	170
賞　与	476	—	—	—	—	—
退職慰労金	942	179	205	510	126	551
労働者保護金	201	117	40	31	88	—
償　却	1,588	1,551	1,684	1,830	1,804	1,706
固定財産原価差損益	124	68	325	103	39	20
起業費減損	—	101	2	15	90	—
諸　税	—	312	292	153	113	345
雑　損	168	8	105	2	1	365
損失計	16,917	18,461	17,390	13,755	13,154	16,639
純　益	413	2,187	△12	△1,524	△293	1,601

出典：住友合資会社総務部会計課「連系会社損益表」から作成。但し昭和9年度以降連系会社から報告はなず、上記の通り特定の科目のみ集計されている。

したが（第39表）、別子鉱山の出鉱銅品位はその後も低下する一方で、産出電気銅に占める別子鉱山産出鉱石の割合は昭和十一年には六〇％を割るまでに至った。小倉総理事が進めた尾小屋鉱山の買収契約は、最終段階に至って横山一族がこれに応ぜず破談となり、その後銅価の暴落とともに売山権が未払い賃銀の代償として労働者の手に渡り、昭和六年末日本鉱業が僅か四五万円で買収するところとなった。その間この尾小屋鉱山買収の件の他に、香川修一によれば昭和四年二月藤田鉱業柵原鉱山（昭和三年硫化鉄鉱産出量二二万トン、全国比三五％）を二〇〇万円で買収する話もあったという。当時金融

第三章　住友合資会社（中）

恐慌によって藤田銀行が整理に追い込まれた際、藤田家はその全私財とともに藤田組・藤田鉱業の全資産を担保に日本銀行から八八九二万円の特別融資を受けていた。この返済のため柵原鉱山を売却しようとしたものと思われるが、住友合資も二〇〇〇万円という巨額の資金を調達できず実現しなかった。

その後昭和八年には同じく藤田鉱業から小坂鉱山（昭和七年小坂産銅量九四〇〇トン）の売却の話が持ち込まれた。藤田の日銀特融の残高は昭和十年末でも七三七五万円に達しているので、返済は進んでいなかったものと思われる。古田俊之助はこの経緯を次のように明らかにしている。

　住友合資は当時資金を必要としていた。それは既に老朽化して衰頽した別子に代わって小坂銅山の買収を企図したのである。そこで小倉総理事から古田に住友伸銅鋼管の株式を売ってその資金を得たいとの相談があった。私は住友のためにそれもやむを得ないと考えてその決心をした。

この結果、住友伸銅鋼管に住友製鋼所を合併させ、昭和十年九月住友金属工業株式会社が発足し、住友合資はこの株式の公募によって三〇〇〇万円以上の資金を得ることができた。しかし古田によればそれより前昭和九年四月、「小坂鉱山買収の議は、その後間もなく発生した帝人疑獄事件に鑑みて実行すれば世間の誤解を招くと考えたので取りやめになってしまったのである。帝人事件とは、台湾銀行が金融恐慌で倒産した鈴木商店への債権として保有していた帝人株式を買い受け団に売却したところ、後になってこれは買い受け団が要路に工作して、不当に安く買収したものだとする告訴が出されて裁判沙汰になった事件である。住友の小坂買収も藤田家の日銀特融返済にからんだものであっただけに、痛くもない腹を探られる可能性はあったといえよう。

かくして別子の退勢を挽回しようとした小倉総理事の買山の試みは失敗に終わり、株式会社住友本社は、昭和十二年六月住友別子鑛山と住友炭礦を合併させて、住友鑛業株式会社を発足させることとなるのである。なおその直前昭和十

二年三月住友合資会社が解散し、株式会社住友本社が設立された際、住友合資所有の別子鑛山株式二九万九〇〇〇株のうち七万五〇〇〇株が住友本社に譲渡され、残る二二万四〇〇〇株が、住友家のものは住友家へという考えであろうか、住友家へ分配された。

（資料13）
TELEGRAM RECEIVED from M. S. K., New York.
dated 14/11/1930. Tokio 15/11/1930/ Translation:- 15th Nov., 1930.

水曜会ニ左ノ通リ御通知ヲ乞フ。

「吾人ハ真実ナル交誼ノ情ニカラレ、次ノ如ク日本産銅業者ニ対シ自発的ニ提議ヲ為ス。

本提議ニ出デントスル事ハ紐育ニ於ケル現銅業者協議会ノ当初ヨリ抱キ居リタル考ナリ。

即チ事実上日本ヲ除ク全世界銅生産業者ハ十一月二十日ヨリ有効ナル協定ヲ自発的ニ遂ゲ、以テ現今ノ月産量ヲ約二三、六五五屯ー二千封度／屯ーヲ減産シ、一九二八年ノ量ノ平均産銅量ノ約六〇パーセントニ限定セントスルモノナリ。恐ラク右減産量ハ二五、〇〇〇屯ー二千封度／屯ーニ増量セラル、事トナルベシ。

今若シ一九二八年度ノ日本生産量六六、〇三六仏屯ヲ基礎トシテ前記ノ基準ニ據ルトキハ、日本月産量ハ三、三〇〇仏屯ニ減ズル事トナル。

此ノ世界的産銅業者ノ自発的行動ハ、実ニ現在ノ忌ムベキ状態ヲ改善スルニ最モ積極的有効ナル方策ニシテ、未ダ曽テ実行シ得ラレザリシ処ノモノナリ。

日本減産額ニ対シテハ数字ヲ提示スル事ナク、産銅事業ノ現状維持ニ有効ナル本減産運動ニ日本ノ加盟ト協力ヲ希望ス。」

第二部　住友合資会社

第三章　住友合資会社

(四)　土佐吉野川水力電氣株式会社の連系会社指定

　土佐吉野川水力電氣は、既に「住友総本店(下)」の「三　住友総本店の投資活動」で述べたように、大正七年二月四日吉野川上流大川村高藪付近の水利権を買収して、住友総本店の全額出資で大正八年二月設立された。しかし同社はその上流本川村長沢付近の水利権の問題が解決しないまま休眠状態を続けていた。昭和二年七月前項でみた通り、住友別子鑛山株式会社が設立されるのに伴い、別子鉱業所の現有電気設備を土佐吉野川に移譲し、営業活動を開始させ、同時に連系会社に指定することとなったのである。資本金は一〇〇万円を五〇〇万円に増資した。六月末にまず一〇〇万円の中未払込分七五万円が払い込まれ、次いで増資した四〇〇万円の中二〇〇万円が払い込まれた。土佐吉野川は、合資会社からの引継資産三三四万円を払込資本金三〇〇万円、本社借入金二七万円、未払金七万円で賄った。土佐吉野川の会長には慣例により総理事湯川寛吉が、主管者である常務取締役には吉田貞吉(M40京大工・電、別子鉱業所技師長、のち本社理事・化学社長)が就任した。

　その後昭和三年十二月には伊予鉄道電気と最大二〇〇〇KWの電力需給契約を締結し(「三　投資活動」参照)、昭和五年十月高藪水力発電所(出力八八〇〇KW)が完成した。昭和八年十一月、合資会社は肥料製造所・別子鑛山に各二万株、信託に六〇〇〇株、生命に三〇〇〇株を譲渡したので、合資会社の持株は五万一〇〇〇株となった。昭和九年五月、倍額増資(払込@一二円五〇銭)を行い、社名を四國中央電力株式会社と改めた。増資により合資会社の持株は一〇万二〇〇〇株となったが、九年から十年にかけてこの一部(五万四四〇〇株)を公開し、伊予鉄道電気(六〇〇〇株)、住友電線製造所(五〇〇〇株)、倉敷絹織(五〇〇〇株)、生保、銀行等が株主となった。同時に住友銀行(六〇〇〇株)、扶桑海上火災保険(三〇〇〇株)も株主となっている。社名に住友を冠しなかったのは、電気事業の公益性を重視したことと、発送電設備

第40表　住友共同電力の株主構成（終戦時）

株　主	株　数	％
住友本社	89,800	22.5
住友家	29,600	7.4
住友化学	75,000	18.8
住友鑛業	70,000	17.5
住友アルミニウム製錬	39,600	9.9
住友信託	24,000	6.0
住友機械	20,000	5.0
住友銀行	12,000	3.0
住友生命	12,000	3.0
住友電気	10,000	2.5
大阪住友海上	6,000	1.5
合　計	388,000	97.0

出典：同社株主名簿。

と電力供給区域も四国の中央にあり、将来四国電力業界の中心たらしめんとする意向からであったといわれる。

昭和九年末には、山下汽船社長山下亀三郎が有する高知県渡川（四万十川）水系仁井田川の水利権を一〇万円で買収し、さらに山下が昭和六年六月設立した渡川水力電気株式会社（資本金一五〇万円、払込三七万五〇〇〇円）を買収した。昭和十二年佐賀発電所（出力一万三〇〇〇KW）を建設した。しかしその後も新居浜地区の電力需要は増大の一途を辿ったので、四國中央電力では昭和十一年八月、吉野川分水水利権の許可を得て、大橋発電所（同五三〇〇KW）、分水第一（同二万六〇〇〇KW）、第二（同七五〇〇KW）、第三（同一万九〇〇〇KW）発電所の建設計画が立てられ、第一期工事が着工された。

この建設資金調達のため、増資新株について昭和十一年第二回払込（＠二五円）、十二年第三回払込（＠二円五〇銭）が行われ、資本金一〇〇〇万円全額払込済となったので、さらに昭和十二年倍額増資が実施され、資本金二〇〇〇万円（払込一二五〇万円）となった。これに先立ち昭和十二年三月、住友合資会社の解散に伴い、合資会社の持株四万七六〇〇株のうち、三万二八〇〇株が住友本社へ譲渡され、残る一万四八〇〇株は住友家へ分配された。従って倍額増資後の住友本社の持株は六万五六〇〇株、住友家持株は二万九六〇〇株であった。その後住友本社は先の公開で手放した株式を昭和十四年六〇〇〇株、十五年六〇〇〇株計一万二〇〇〇株買い戻し、その持株は七万七六〇〇株となった。建設資金調達のため昭和十五年第二回払込（＠二五円）、十六年第三回払込（＠一二円五〇銭）を行い、二〇〇〇万円全額払込済となったが、これだけではなお不足し昭和十五年には一〇〇〇万円の社債が発行された。借入金とともに

第三章　住友合資会社（中）

同社の資金繰りについては、次章「住友合資会社（下）」と「株式会社住友本社」各章の資金調達の項において住友の事業全体の資金繰りの中で改めて考察することとしたい。

住友本社はその後昭和十七年にはさらに一万二三〇〇株の買い戻しを行い、持株八万九八〇〇株、住友家と併せると出資比率二九・九％として終戦に至った。なお次のような理由で昭和十八年四月住友共同電力と改称した同社の終戦時の株主構成は第40表の通りである。

すなわちこの間昭和十三年四月電力管理法が公布され、八月同施行令公布とともに送電設備の出資（一二三万円、評価額一二三万円に対し日本発送電株式交付）を求められ、さらに昭和十六年同施行令の改正により二回にわたり先に挙げた大橋、分水第一、第二、第三、佐賀の各発電所の出資（二〇一〇万円、評価額一二五四万円に対し日本発送電株式交付）を余儀なくされた。これら四國中央電力が出資した水力発電所の出力は、日本発送電所有の水力発電所総出力の約四割に相当していた。

この結果渡川水力電気は佐賀発電所を失って事業目的の遂行が不可能となったため、昭和十七年三月、四國中央電力に吸収合併された。また四國中央電力自身、僅かに端出場、大保木、高藪の三水力発電所（最大出力合計二万一九〇〇KW）と新居浜第一（同二〇〇〇KW）及び第二（同六万KW）火力発電所を残すのみとなった。このように四國中央電力の規模が大幅に縮小されたため、昭和十七年九月住友化学社長大屋敦が軽金属統制会会長に就任のため退職すると、後任の化学社長に四國中央電力専務吉田貞吉が理事に昇格の上起用された。吉田貞吉の後任の四國中央電力の主管者には取締役兼工務部長藤井敬三郎（T 8 東大工・電）が常務に昇格して就任した。

しかし四國中央電力は、さらに配電統制によって新たに設立された四國配電株式会社に対し、従来行ってきた一般小口電燈電力事業を譲渡することになった。この結果昭和十八年四月同社は新居浜地区住友系企業に対する電力供給のみに専念

することとなり、住友共同電力株式会社と改称するに至ったのである。その後住友化学アルミナ製造工場向けに新居浜第三火力(出力四〇〇〇KW)、特殊軍需品製造工場向けに第四火力発電所(同五〇〇〇KW)が建設されたが、これらは住友化学の自家用的性質のものであり、所在も化学の構内にあることから、昭和十九年十月実質上住友化学へ移管された。

住友本社商工課は、昭和十八年七月住友共同電力株式会社に関し「商工課関係事業資料」において次のように報告している(数字は昭和十九年二月末に追加修正された)。

一、現況

(一) 概況

当社ハ元四國中央電力株式会社ト称シタルガ、電力国家管理ノ強化ニヨリ、昭和十六年十月及十七年四月ノ二回ニ亘リ水力発電設備ノ大半ヲ日発ヘ出資シ、更ニ十八年四月一日配電統合ニヨリ、一般配電部門ヲ四國配電株式会社ニ譲渡シ、名実共ニ住友新居浜諸工場ノ共同自家用電力機関トナリタルヲ機会ニ、社名ヲ現在ノ如ク変更セシモノナリ。

当社ハ現在愛媛県新居浜市ニ本店ヲ有スル資本金二千万円(全額払込済)ノ会社ニシテ、水力発電所三ケ所、火力発電所三ケ所ニ於テ発電シ、之ニ日本発送電ヨリノ受電ヲ加ヘ、ソノ全部ヲ新居浜所在アルミ製錬、化学工業、鉱業及機械工業ノ四社へ供給シ居レリ。

(二) 資本関係　　(十九年二月末現在)

公称資本金　　二、〇〇〇、〇〇〇円

払込資本金　　二、〇〇〇、〇〇〇円

総株数　　　　四〇〇、〇〇〇株

第二部　住友合資会社

第三章　住友合資会社（中）

「内訳」（株　主）　　　　　　　（株　数）　　（持株率）

本社・本分家	一一九、四〇〇株	三〇％
化学工業	七五、〇〇〇	一九
鑛　業	七〇、〇〇〇	一七
アルミ製錬	三九、六〇〇	一〇
機械工業	二〇、〇〇〇	五
其他連系会社	六四、〇〇〇	一六
住友側　計	三八八、〇〇〇	九七
外部側（伊予合同銀行）	一二、〇〇〇	三
合　計	四〇〇、〇〇〇	一〇〇

（三）職員及労働者（十九年二月末）

職員　　二一一七名　（準職員・女子職員ヲ含ム）

労働者　五七八名　（常雇四四二名・臨時雇一三六名）

（四）発電設備

一、水力発電所

	（最大 KW）	（常時 KW）	（特殊 KW）
端出場（愛媛県）			
高　薮（高知県）	一四、三〇〇	（四、三〇〇・一〇、〇〇〇）	
	四、八〇〇	（二、〇〇〇・二、八〇〇）	
大保木（〃）	二、八〇〇	（一、〇〇〇・一、八〇〇）	

八二六

二、火力発電所　　　　　（出力 KW）　（常時 KW）　（補給 KW）　（融通 KW）

新居浜第一（休止中）

" 第二　　　　　　　　六〇、〇〇〇　（四〇、〇〇〇）　　　　　　　　二〇、〇〇〇

" 第三　　　　　　　　四、〇〇〇　（四、〇〇〇）

" 第四　　　　　　　　五、〇〇〇　（五、〇〇〇）

計　　　　　　　　　　七一、〇〇〇　（四九、〇〇〇）　　　　　　　　二二、〇〇〇

計　　　　　　　　　　二二、九〇〇　（七、三〇〇・一四、六〇〇）

当社発電合計　　　　　九二、九〇〇（五六、三〇〇・一四、六〇〇・二二、〇〇〇）

三、日本発送電ヨリ受電　九五、〇〇〇（三五、〇〇〇・四五、〇〇〇・一五、〇〇〇）

（常時・十九年四月ヨリ四万五〇〇〇 KW、融通・実際ハ契約量以上ニ供給ヲ受ケツ、アリ）

総計　　　　　　　　　一八七、九〇〇（九一、三〇〇・五九、六〇〇・二二、〇〇〇・一五、〇〇〇）

（五）発受電両並ニ供給電力量（十八年度実際）

（イ）発受電量

一、当社発電量

水力発電量　　　一二四、〇〇〇千 KWH　三七％（一六・五％）

火力発電量　　　二一四、〇〇〇　〃　　六三％（二八・五％）

計　　　　　　　三三八、〇〇〇　〃　　一〇〇％（四五％）

第三章　住友合資会社（中）

二、日発受電量　四一四、〇〇〇　〃　（五五％）
　　総　　計　　　七五二、〇〇〇　〃　（一〇〇％）

(ロ) 供給電力量

　　鑛業（別子）　　　八〇、〇〇〇千KWH　（一二％）
　　化学工業　　　　　一二六、五〇〇　〃　（一八％）
　　アルミ製錬　　　　四七六、二〇〇　〃　（六九％）
　　機械工業　　　　　　　九、〇〇〇　〃　（一％）
　　倉敷絹織其他　　　　　一、五〇〇　〃　（一％）
　　　計　　　　　　　六九三、二〇〇　〃　（一〇〇％）

(六) 業　績

最近需要電力ハ、アルミ製錬ヲ始メ各社共飛躍的増加ヲ示シ居ルガ、之ニ対スル供給電力ハ水力発電ノ増加ニ伴ハズ、毎期極度ニ火力発電ヲ運転シ居ル為、発電原価増嵩シ（十八年上期実績一KWH当リ二銭〇五）、所定ノ電力料金ヲ以テシテハ到底支償ハザル故、十四年上期以降毎期各社ヨリ石炭費補填金ヲ徴収シ来リタルガ、十八年上期ノ如キハ此ノ補填金額一KWH当リ二銭〇四ニ達スル次第ニシテ、業績ノ低調ハ免レザル状態ナリ（第41表）。

二、新規開始又ハ増設拡張事業ノ内容並進捗状況ニ就テ

当社ハ現在一部小工事ヲ除キ、新規開始又ハ増設拡張事業ハ共ニ行ヒ居ラザルモ、曩ニ当社ヨリ日発ヘ移譲シタル分水第一発電所拡張工事及長沢堰堤建設工事ヲ日発ヨリノ受託工事トシテ施工シ居レリ。而シテ両工事共順調

第41表　業績一覧表

決算期	販売電力量	電力単価(平均)			実際純益	対平均払込資本純益率	配当率
		基本料金	補填金	計			
	千KWH	銭	銭	銭	千円	%	%
12年上	96,880	1.34	—	1.34	459	10.2	7
下	98,544	1.37	—	1.37	478	9.2	7
13年上	95,335	1.35	—	1.35	490	7.8	7
下	122,965	1.34	—	1.34	464	7.4	7
14年上	134,525	1.30	0.19	1.49	393	6.3	7
下	134,024	1.27	0.19	1.46	444	7.1	7
15年上	160,690	1.22	0.42	1.64	336	5.4	7
下	204,468	1.17	0.39	1.56	586	8.5	7
16年上	232,894	1.15	0.42	1.57	801	8.8	7
下	271,716	1.14	0.50	1.64	837	8.4	7
17年上	272,497	1.13	0.67	1.80	799	8.0	7
下	314,752	1.09	0.79	1.88	501	5.0	7
18年上	342,433	1.07	0.97	2.04	△123	—	4

出典：商工課関係事業説明資料(昭和18年7月)

第二部　住友合資会社

二進捗シ、分水第一発電所拡張工事ハ十七年八月略完成シ一部残工事モ最近終了(註、十九年二月末現在)、長沢堰堤建設工事ハ十八年十一月末ニテ掘鑿九八%七、コンクリート打五一%七ノ出来高ヲ示セリ。

三、業界ノ現状及将来ノ趨勢ト当社ノ地位

電力業界ノ現状ハ日発強化(十六年十月及十七年四月ノ二回ニ亘リ水力発電所ヲ出資)ニ引続キ、十七年四月内地九地区配電会社ノ設立ト十八年四月ノ第二次配電統合ノ完了ニ依リ、多年ノ懸案タリシ電力国家管理ハ他業界ニ魁ケテ完成シ、今ヤ全国ハ一発送電会社・九配電会社ニ統合サレ、一応電力界ノ決戦体制ハ整備サレタル次第ナリ。然シナラ大東亜戦争完遂ノ為生産ノ増強ハ刻下ノ急務ニシテ、之ガ原動力タル電力ノ需要ハ、益々激増ヲ見、殊ニ五大重点部門ノ一タル軽金属ノ飛躍的増産ニハ万難ヲ排シ、之ガ供給ノ確保ニ努メザルベカラザルモ、一方建設資材ノ入手難其他ノ事情ニ依リ電源開発之ニ伴ハザル為、需給ノ逼迫ハ免レザル状態ナリ。

従ツテ今後ノ業界トシテハ鋭意電源ノ開発ニ努ムルト共ニ

一層電力ノ重点配給、電力使用ノ合理化ヲ図リ、更ニ消費規正ヲ強化シ、以テ軍需並ニ重要物資生産部門ヘノ供給ニ万全ヲ期セントスル次第ナリ。

扨而（註、さて）当社ハ曩ニ電力国家管理ノ強化ニヨリ、分水系統ノ主要水力発電所ヲ日本発送電ニ移譲シタルガ、猶一部水力発電所ト火力発電設備ヲ擁シ、独立ノ電力会社トシテ存続シ居レルモノニシテ、業界ガ前記ノ如ク整備統合サレタル今日、当社ノ如キ存在ハ全ク異例ノコトナルガ、是ハ当社ガ住友ノ自家用電力会社トシテ其ノ発生電力ノ全部ヲ新居浜地方ノ時局下極メテ重要ナル住友諸工場ニ供給シ居ル特殊事情ニ依ルニ外ナラヌ次第ニシテ、今後ハ益々コノ使命達成ニ遺憾ナキヲ期セントスルモノナリ。

以上

(五) 住友若松炭礦株式会社への移行

昭和三年六月二十九日住友九州炭礦株式会社が設立され、七月一日若松炭業所の資産を引き継ぎ連系会社に指定された。ここに住友合資会社は、依然として一部金鉱山・林業関係の直営事業所を残してはいたが、主要な事業を切り離し、ほぼ持株会社としての形を整えたのである。住友九州炭礦は、資本金一〇〇〇万円、払込五〇〇万円で、合資会社は一九万九〇〇〇株を保有し（「三 投資活動」参照）、残る一〇〇〇株を湯川寛吉（総理事）、小倉正恆（常務理事）、松本順吉（監事）、肥後八次（理事兼人事部長）、鈴木謙三郎（銀行常任監査役）、川田順（合資総務部長）、山本信夫（若松炭業所長）、大屋敦（合資経理部長）、小川良平（若松技師長）、中村了（若松支配人）の一〇人が各一〇〇株ずつ所有した。その後昭和五年四月、住友坂炭礦と合併して住友炭礦が設立されるまで、この株主構成には変化はなかった。また慣例により、総理事湯川寛吉が会長となり、主管者である常務取締役には若松所長山本信夫がそのまま横すべりした。九州炭礦が七月一日付で合資会社から引き継いだ資産は五七一万円であったが、同社は資本金五〇〇万円、住友銀行からの借り入れ四〇万円、手

持ち金三一万円によって合資会社へ返済した。

若松炭業所の歴史は、明治二十六年四月徳大寺隆麿が住友家へ入り、住友吉左衛門友純と名乗ったその同じ年の十一月、庄司炭坑（福岡県嘉穂郡大谷村、現飯塚市）を一万円で購入したことに始まる。さらにこの翌二十七年四月、麻生太吉等から忠隈炭坑（福岡県嘉穂郡穂波村、現穂波町）を一〇万八〇〇〇円で買収し、その後庄司は明治三十五年に売却されたので、忠隈の歴史が住友の石炭採掘の歴史となった。五月には忠隈・庄司の炭坑事務所の他に、若松に石炭卸売を業務とする若松炭業事務所が設置され、この明治二十七年は別子鉱業所における石炭・コークスの消費量合計が初めて木炭の消費量を上回り、石炭が重要なエネルギー源となった年ともなった。さらに翌二十八年十一月友純は初めて忠隈・庄司の両炭坑を視察し、二十九年二月にはこれら忠隈炭業事務所、庄司出張所、若松出張所を廃止して、住友若松支店が設置され、その後明治四十二年一月住友総本店発足の際、若松支店も住友若松炭業所と改称して、昭和三年に至っていた。すなわち既に述べた通り、銅製錬における木炭に代わる石炭の重要性と、友純の住友におけるキャリアと重なり合う忠隈の歴史が、最後まで合資会社の直営事業所として留まる理由であったといえよう。その他忠隈の規模が九州における炭砿の中で一五番目で、三井三池の五分の一にすぎなかったことも理由に挙げられよう（第42表）。

石炭採掘業に出遅れた住友にとって、筑豊炭田には買収可能な炭砿は既になく、やむを得ず海岸線に近い長崎県北

第42表　九州主要炭砿一覧表（昭和2年度）
（単位：千トン）

砿業権者	炭砿名	年産額
三　　井	三　　池（福岡）	2,311
貝　　島	大ノ浦（福岡）	1,445
三　　井	三井田川（福岡）	1,125
商工省	二　　瀬（福岡）	1,042
三　　菱	鯰　　田（福岡）	741
九州炭砿	崎　　戸（長崎）	677
三　　井	三井山野（福岡）	614
中島鉱業	飯　　塚（福岡）	580
明治鉱業	豊　　国（福岡）	541
海軍省	新手中鶴（福岡）	525
佐賀炭砿	杵島三坑（佐賀）	483
三菱松島炭坑	松　　島（長崎）	479
海軍省	海軍新原（福岡）	445
三　　菱	相知芳谷（佐賀）	437
住　　友	忠　　隈（福岡）	435

出典：昭和2年度鉱山課実際報告書

第二部　住友合資会社

第三章　住友合資会社（中）

松浦郡に位置する炭砿を物色することとなった。その中で明治三十年六月に一二万五〇〇〇円で買収した大瀬炭坑（長崎県北松浦郡小佐々村、現小佐々町五〇万坪）に隣接して、大正八年六月大瀬鉱区（四七万坪）を一六万円で買収し、さらに併せて大正十年九月には菊地鉱業が所有する大瀬鉱区（北松浦郡山口村、現佐世保市七二万坪）を二七万円で買収して、これらを併せて住友大瀬炭坑が誕生し、昭和二年には忠隈に次いで出炭量一二万九〇〇〇トンに達していた。

昭和三年六月四日の理事会で決裁された「住友九州炭礦株式会社設立ノ件」において、組織変更の理由は次のように述べられている。

我ガ住友家ノ各事業ハ、漸次独立シテ株式組織ニ変更セラレタルガ、其ノ変更後ノ実績ヲ概観スルニ、大体ニ於テ各社共其ノ事業ノ計算ヲ一層明確ニシ、為ニ社内ノ気風ヲ緊張セシメ、事業ノ刷新・能率ノ向上ヲ図リ得タルコト多大ナルガ如シ。我ガ若松炭業所ニ於テモ亦組織ヲ変更スルコトニ依リテ、他ノ各社ト同様ノ効果ヲ期待シ得ルモノト信ズ。

尚同所ニ於テハ、忠隈・大瀬両坑ノ設備改善ニ関スル諸起業ハ既ニ完成ノ域ニ達シ、此ノ方面ニ於ケル資金ノ必要ハ始ンド認メラレズト雖モ、尚今後新砿区ノ買収開発等ニ相当ノ資金ヲ要スルコトナシトセズ。此ノ場合ニ於テ本社ノ金繰ニ拘束セラル、コトナクシテ、新会社自ラ金融ノ途ヲ講ジ得ルノ利便アリ。

次ニ又忠隈炭坑ニハ陥落地賠償ノ懸案アリテ、年々補償金ヲ支出シ居レル外、機会アル毎ニ被害地ノ買収ヲ行ヒ居レドモ、窮極スル所ハ被害地全部ヲ買収スルカ、若クハ相当ノ事業費ヲ投ジテ復旧工事ヲ施行スルカノ方途ヲ講ゼザルベカラズ。従テ今日若松トシテハ其利益ノ中ヨリ相当ノ積立ヲ為シ置キ、以テ将来ノ賠償費ニ充当スルヲ以テ適当ナル施設ナリト云フベシ。然ルニ合資会社ノ方針ハ原則トシテ直轄店部ニハ積立金ヲ保有セシメズシテ、店部ノ得タル利益ハ全部本社ニ回収スルコト、ナリ居レル為、従来ハ之ガ積立モ不可能ナリシガ、今回組織変更ノ上ハ、

第43表　住友坂炭礦・住友九州炭礦損益表

(単位：千円、千円未満切り捨て)

科　目	住友坂炭礦				住友九州炭礦
	大正15年	昭和2年	3年	4年	昭和4年
石炭売上益	48	157	187	717	1,015
石炭産出益	730	794	965	2,908	5,506
粗炭収益	―	―	―	―	169
雑益	13	15	34	269	142
利益計	792	966	1,188	3,895	6,834
営業費	464	551	686	2,854	4,904
経費	222	240	293	856	877
諸税	―	―	―	46	100
償却	―	94	148	215	534
固定財産原価差損益	64	10	―	7	9
利息	―	―	―	71	132
雑損	3	9	12	19	16
労役者保護金	―	―	―	―	10
鉱区試錐費	―	―	―	―	89
損失計	761	906	1,140	4,072	6,674
純益	31	60	47	△176	159

出典：総務部会計課「連系会社損益表」から作成。

第二部　住友合資会社

新会社ニ於テ適宜積立ヲ行フコトヲ得テ、前記事業ノ計算ヲ明確ナラシムルノ趣意ニモ合致スベシ。

次に商号を住友九州炭礦株式会社とした理由については、次の点を挙げている。

第二案住友九州炭業株式会社、第三案株式会社住友若松炭業所、其他種々ノ案ヲ考ヘ得ベキモ、其ノ中若松炭業所ナル名称ハ、従来呼ビ馴レ居レル関係上之ニ株式会社ノ名ヲ冠スルハ一見適当ナルガ如キモ、元来此ノ名ハ本所ガ若松ニアリタルノ故ヲ以テ便宜用ヒタルニ過ギズ、且株式会社ヲ上ニ冠スルコトハ同業会社ノ中ニハ其ノ実例寡シ。依テ結局住友九州炭礦株式会社又ハ住友九州炭業株式会社ノ何レカヲ採用スルヲ可ナリトス。然ルニ炭業株式会社ト云ヘバ販売ヲ偏重スルヤノ誤解ヲ受クル虞ナシトセズ。而シテ炭礦ト云フ名称ハ必ズシモ石炭採掘ノミヲ目的トスルノ意味ニ非ズシテ販売スル事モ、他社ノ実例寡カラズ。依テ寧ロ此ノ二者ノ中住友九州炭礦株式会社ノ方ヲ採用スルヲ適当ナリト信ズ。

八三三

第三章　住友合資会社（中）

九州炭礦としては、忠隈始め既存の炭坑の新たな起業だけでは十分な出炭量の拡大は望めなかったので、山本は若松炭業所時代に引き続いて、自らわらじがけで周辺の炭砿の調査に当たったといわれる。昭和三年十一月には吉井炭坑（長崎県北松浦郡吉井村、現吉井町）を、次いで十二月には潜龍炭坑（同江迎村、現江迎町）を浅野セメントの子会社芳野浦鉱業から八四万円で買収し、四年二月には芳野浦炭坑（同佐々村、現佐々町）を併せて四九万三〇〇〇円で買収した。これらが寄与して、昭和四年の九州炭礦の出炭量は八〇万トンを超えるに至った。しかし十二月山本は、肥料製造所常務日高直次が停年退職するのに伴い、その後任として転出することとなった。当時肥料製造所は巨費を投じて窒素工場の建設に踏み切ったところであり、機械技術者の山本に白羽の矢が立ったことは既に述べた（「住友合資会社（上）五（五）住友肥料製造所の株式会社への移行」参照）。

山本の後任には、取締役技師長小川良平が昇格した。山本は早くから北海道に着目し、進出の必要性を常務理事小倉正恆に進言し、それが坂炭礦や北海道鉱業の買収によって実現し、さらに進んで住友の石炭採掘業を一本化する構想を進めていただけに、肥料製造所への転出は心残りであったと思われる。山本が転出した昭和四年十二月末、坂炭礦は八月に起きた上歌志内坑のガス爆発事故（死者七〇名）の影響で赤字に転落し、九州炭礦もまた通年では黒字であったが、石炭市況の悪化により下期は赤字となることが明らかとなった（第43表）。年末の理事会で承認された昭和五年度の両社の会計見積では九州が五八万円、坂が四万円といずれも黒字の予想ではあったが、石炭市況の見通しからその実現は極めて困難であったとみられる。そこで合資会社は次項で述べる通り、この山本の構想を、九州と北海道の双方を知悉する片井虎次郎（M41京大工・採鉱冶金、入社以来若松勤務後大正十三年札幌鉱業所へ転勤、昭和三年坂炭礦常務）の下で進めることを決定したのである。

(六) 住友坂炭礦と住友九州炭礦の合併による住友炭礦株式会社の発足

昭和五年四月一日、住友坂炭礦株式会社と住友九州炭礦株式会社の両社を合併して、新たに住友炭礦株式会社が大阪に設立され、連系会社に指定された。同社の設立の経緯は次のように説明されている。

 同社ノ前身住友九州炭礦（資本金一千万円、払込五百万円）ト住友坂炭礦（資本金七百万円、払込六百万円）トハ、営業目的ヲ同ジクスル連系会社ニシテ、九炭ハ明治二十六年住友ノ経営ニ移リテヨリ稼行四十年信用ト経験アルモ其ノ炭坑ハ（忠隈等）老境ニ入リ将来短ク、反之坂炭ハ唐松、歌志内、奔別ノ如ク優良ナル炭砿ヲ有スルモ住友ノ経営日浅ク販売方面ハ遺憾トスル点多シ。如斯両社ハ一長一短ヲ有シ、各独立セル場合ハ販路ノ争奪、利害ノ衝突ヲ来スコトハ明ニシテ、同ジ住友ノ統制下ニアル事業トシテ実ニ不得策ナリ。両社ヲ合併シテ組織ヲ整備シ、各長短ヲ補ヒ、人物ノ融通、事務ノ簡捷、技術経験ノ応用ヲナスコトハ最モ当ヲ得タルモノトシ、両社ヲ解散シ、之ヲ合併シテ新ニ資本金千五百万円ノ住友炭礦ヲ設立シタルモノナリ。

 同社設立の動きは、年初に開催された理事会の決定を受けて、一月八日、合資会社総務部長川田順から坂炭礦常務片井虎次郎と九州炭礦常務小川良平に宛てた次の必親展書簡により始まった。

　　　　株主総会議題ニ付通知ノ件
 拝啓、陳者住友ニ於ケル炭業モ御尽力ニヨリ漸次発展シ、北海道ニ於テモ亦九州ニ於テモ相当ノ地位ヲ占ムルニ至リ候段、御同慶ニ至ニ存候。然ル処今後尚一層ノ発展ヲ期センカ為、之カ対策ニ付テハ之迄重役方ニ於テモ種々御考究中ニ之ヲ有候処、起業計画ノ適当ナル遂行ニ付又炭用務ノ処弁ニ付テモ、目下ノ如ク坂炭礦ト九州炭礦ト組織ヲ異ニスル両社ヲ存立セシムルコト得策ナラストノ結論ニ達セラレ、此際両社ヲ合併シ新会社ヲ組織シ今後ニ備フ

第三章　住友合資会社（中）

ルコトニ御決意相成候間、此分御了承被成下度候。就テハ右ノ御趣旨ニ基キ合併手続ノ進行ヲ計リ度、其第一着トシテ本月末貴社定時株主総会ノ機会ニ於テ、

「一、住友坂炭礦株式会社ト住友九州炭礦株式会社トヲ合併シ、新会社ノ設立ニ関スル合併契約書承認ノ件」及

「一、前号議案ノ件ニ関シ合併委員選任ノ件」

ヲ附議スルコトニ致度候間、右二件ヲ議題トシテ追加相願ヒ度。（坂炭礦宛ニ加フベキ部分、又従来ハ御地ニテ総会御開催相成居候モ、此度ハ大阪本社ニテ総会開催ノコトニ致度、此分併テ御了承被下度候）尚合併契約書案文ハ便宜当方ニ於テ作成致置候間、総会開催ニ先立チ篤ト御覧ノコトニ願ヒ度御含ヲ以テ、総会日取ヨリ二、三日前ニ御上阪ノコトニ相願度存候。右依命当用而已得貴意度如斯御座候。

坂ヘノ分追書、追テ坂隆二氏ニハ近々常務理事御上京ノ機会ニ合併ニ付テノ同意ヲ求メラル、コトニ相成居候間、御含置被下度候。

九州炭礦の株主は前項で述べた通りすべて住友関係者であったが、坂炭礦には坂一族が株主として留まっており、合併についてその了承を取り付ける必要があった。両社の株主総会は一月三十日に開催され、両社とも解散して合併することが決議され、一月三十一日の北海タイムスと福岡日々新聞に公告された。新会社設立の直前の三月八日新会社の主管者に予定されていた片井虎次郎が急逝するというアクシデントに見舞われたが九州炭礦の小川良平を主管者の常務、総理事の湯川寛吉を会長として、新会社は

炭礦の株主一覧表

（単位：株）

（設立時）		同　左（昭和5年末）		
@20円	計	@50円	@20円	計
100,000 (500)	284,000	187,790	100,000	287,790
	6,160	6,160		6,160
	3,600	2,600		2,600
	3,500	2,500		2,500
	1,030	0		0
	760	0		0
	700	700		700
	250	250		250
100,000	300,000	200,000	100,000	300,000

出典：各社株主名簿。第46表も同じ。

第44表　住友坂炭礦・住友九州炭礦と住友

株　主	住　友　坂　炭　礦			九州炭礦	住友炭礦	
	@50円	@40円	計	@25円	@50円	@40円
住友合資	24,000	100,000	124,000	199,000	84,000	100,000
湯川寛吉他9人				1,000	(300)	
坂　隆二	6,160		6,160		6,160	
坂　整三	3,600		3,600		3,600	
坂　敏男	3,500		3,500		3,500	
稲垣えい	1,030		1,030		1,030	
本田千代	760		760		760	
坂　なみ	700		700		700	
本田譲二	250		250		250	
合　計	40,000	100,000	140,000	200,000	100,000	100,000

註：住友合資は昭和5年12月に＠10円払込み（10万株）。

予定通り四月一日設立された。新会社の資本金は一五〇〇万円で払込は一〇〇万円、坂炭礦の五〇円払込株式四万株及び四〇円払込株式一〇万株に対しては新会社の株式が一対一で割り当てられたが、九州炭礦の二五円払込の株式二〇万株については、一〇〇株（二五〇〇円払込）に対し五〇円払込の株式三〇株（一五〇〇円払込）と二〇円払込の株式五〇株（一〇〇〇円払込）を割り当てた（第44表）。

新会社設立後六月三十日に前項で述べた九州炭礦の住友関係者株主一〇名の新株式はすべて合資会社に回収された。その後昭和五年末までに坂一族が手放した三七九〇株を合資会社が取得し、十二月には四〇円払込の株式の残り一〇円を払込み合資会社の持株は、年末には二八万七七九〇株（九五・九三％、株主名簿の株数との相違は名義株である）となった。

設立後の住友炭礦の業績は、合資会社の懸念した通り不況により昭和八年上期まで赤字が続いた（第45表）。ようやく黒字に転じた昭和八年八月、主管者の常務小川良平が北海道炭坑視察中に殉職するというアクシデントが起こった。小川の後任には小川と同期入社の合資会社技師長古市六三（M43東大工・採鉱冶金、別子採鉱課長・合資技師長、のち本社技師長・帝国鉱業開発副社長・社長、明治・大正期の土木技術者古市公威の長男）が就任したが、古市は元来別子育ちで炭坑とは無縁であった。九州生え抜きの山本信夫は

第45表　住友炭礦損益表

(単位：千円、千円未満切り捨て)

科　目	昭和5年	6 年	7 年	8 年	9 年	10 年	11 年
石炭売上益	△530	△1,122	△330	5,559			
石炭産出益	8,013	6,260	4,960				
本支店費戻入	702	913	837	4,245	不詳		
売炭費戻入	1,402	2,937	2,646				
諸戻入	—	230	180	—			
粗炭・消費炭収益	244	173	133	454			
雑　益	255	79	93				
利益計	10,088	9,472	8,520	10,299			
営業費	7,794	7,230	6,249	8,790	不詳		
経　費	1,656	1,354	1,163				
諸　税	165	155	130	112	165	270	236
利　息	356	394	362	345			
退職慰労金	128	104	127	223	不詳		
労役者保護金	57	0	39	—			
償　却	662	723	1,048	1,051	998	1,084	1,140
固定財産原価差損益	2	1	12	—		22	83
産出品原価差損益	18	6	—				
雑　損	113	51	42	135	不詳		
被害地補償	—	73	137	70			
損失計	10,955	10,095	9,315	10,730			
純　益	△867	△623	△794	△431	1,108	1,073	803

出典：第39表に同じ。

当時依然として肥料製造所専務（八年一月専務制採用）として炭礦へ転出できる状況にはなく、十二月には大屋敦と交代して本社経理部長へ転出してしまった。結局山本が炭礦へ復帰するのは、昭和十二年炭礦が別子鑛山と合併して住友鑛業が設立され、山本がその主管者として専務に就任するまで待たねばならなかったのである。

昭和六年以降の住友炭礦の株主の異動は、第46表の通り昭和六年と八年に坂一族の異動があり、九年三月には合資会社が未払込金三〇〇万円を払い込んで資本金一五〇〇万円全額払込とし、六月にそれを五分の一減資して資本金一二〇〇万円となった。この減資差益三〇〇万円で繰り越し損二六八万円その他を相殺した。その後十年には再び坂一族の異動があり、

第46表　住友炭礦の株主の異動

(単位：株)

株　主	昭和5年末	6・7年末	8年末	9年末	10年末	12年3月
住友合資	287,790	291,390	292,390	233,912	234,212	
住友本社						60,212
住友家						174,000
坂　隆二	6,160	5,160	4,160	3,328	3,128	3,128
坂　整三	2,600	1,000	1,000			
坂　敏男	2,500	1,500	1,500			
坂　輝彦				2,000	1,900	1,900
坂　なみ	700	700	700	560		
三田村良一					560	560
本田譲二	250	250	250	200	200	200
合　計	300,000	300,000	300,000	240,000	240,000	240,000

註：1．＠50円払込み、但し5年末～8年末の住友合資の持株の内10万株のみ＠20円払込み。
2．9年3月住友合資は残額＠30円払込み。
3．9年6月1/5減資。
4．12年6月住友炭礦は住友別子鑛山と合併。

十二年三月には住友合資会社の解散により、合資会社持株二三万四二二二株の中住友本社に六万二二二株が譲渡され、住友家に残る一七万四〇〇〇株が分配された。従って昭和十二年六月住友別子鑛山と合併する時点の住友炭礦の株主は第46表の通りであった。住友鑛業の発足については、改めて「株式会社住友本社(上)」で検討することとする。

(七)　扶桑海上火災保険株式会社の経営の承継

昭和五年三月、住友合資会社は扶桑海上の専務取締役として住友別子鑛山大阪支店長小山九一を送り込み、九月には山下汽船社長山下亀三郎から扶桑海上の株式二万株、十月には一万五〇〇〇株合計三万五〇〇〇株を譲り受けて、その持株は七万三一四〇株（三六・五七％、株主名簿との相違は名義株である）に達したので、ここに同社の経営を承継することとなった。

住友は、明治二十五年大阪に日本火災保険株式会社が設立された際、総理人廣瀬宰平が同社の発起人の一人田中市兵衛と親しかったので、同社に参加する機会はあったと思われるが、廣瀬宰平は銀行業と同様に保険業の経営にも関与することを嫌ったのが一

第三章　住友合資会社（中）

因で、住友は日本火災とは無関係であった。従って既に「住友総本店（下）」の「三　住友総本店の投資活動」で述べた通り、その後大正六年に扶桑海上が設立された際、住友総本店が六〇〇〇株を引き受け、本店支配人小倉正恆が同社の創立委員を務め、設立後には取締役に就任したことで、住友は初めて保険業に関係を有するに至った。

大正十四年三月、二年間の海外留学から帰国した小畑忠良（当時経理部第三課製造店部係長）は早速日之出生命の買収に当たらされて、「生命保険だけはまさか住友がやるとは思わなかった」が「火災保険までは住友もそのうちにやるだろうという気がしたのですな、既に扶桑海上の保険はやってますから、というので火災保険に関する書物は買い、自分でも読み、家へ送っておった」と回想しているが、住友が扶桑海上の経営に乗り出す第一歩は、小畑の帰国から一年後の大正十五年三月に始まった。当時扶桑海上会長であった平生釟三郎（東京海上専務・大正海上会長、のち文相・日本製鉄会長）は、その日記に次のように記している。

大正十五年三月十二日

去ツテ、住友総本店ニ小倉氏ヲ訪問シ、扶桑海上ノ株式ニシテ山下氏所有ノ分ヲ大部分買収シテ、住友家系統ノ海上火災保険会社ナラシムルコトニツキ、小倉氏ノ最終意見ヲ質サン為メナリシガ、最近家長ノ逝去ニ註、三月二日住友吉左衛門友純歿）ノ為メ非常ニ混雑ヲ極メ、未ダ徐ロニ重役ノ意見ヲ纏ムルニ至ラズ、本月末迄ニハ、何トカ favourable answer ヲナス可ク努力スベシトノ事ナリキ。

平生によるとその後小倉は、住友合資会社が扶桑海上の経営を引き受ける用意のあることを平生に表明したが、次のように山下が持株を手放す意向を示さず、それに代わる他の方法も問題があったため、この話は進展しなかった。

大正十五年四月二十日

午前、三倉滋（註、扶桑海上専務、平生の女婿）来訪。扶桑海上ノ為メ有力ナル supporter ヲ得ルコトハ、将来同社

ガ独立セル保険業者トシテ存立スルニ必要条件ナルコトハ、余モ認ムルトコロニシテ、其 supporter トシテハ、現在ノ日本ノ財界ヲ通観スルニ、扶桑社ノ一大株主ナル住友家ヲシテ用イシムルノ外ナキコトハ、余モ三倉モ同一意見ナレバ、過般来住友ヲ代表セル小倉氏ニ談ジ、漸ク同家重役ノ意ヲ動カスニ至リタルモノナルガ、現在ノ状態ニ於テ、如何ナル形式ニ於テ、住友家ヲシテ多数ノ株式ヲ所有セシムベキカニツイテハ、初メハ財政窮乏ニシテ債権者監理ノ下ニ在ル山下氏ノ株式ヲ売却セシムルコトニセンカト考ヘシガ、近来扶桑海上ノ株価ガ少シク昂上シ、山下氏ノ財産中、扶桑海上ノ株式ガ重要ナルモノト氏モ認ムルニ至リ、売却ノ念ナキヲ認メタル。（後略）

しかし翌昭和二年六月、本件は、山下の資金繰りが急を告げるに至ったのか、山下自身から次のように平生に持ち出されることとなった。(99)

昭和二年六月十日

昨日扶桑海上重役会ノ開会前、余ト山下氏ト両人ナリシ際、山下氏ハ突然余ニ向ヒ、扶桑海上ノ back トシテ住友家ヲ誘致スルノ案ハ、如何ニ進行スルヤトノ事ナリシヲ以テ、過般ノ方法ハ増資ヲナシテ住友家ニ其株ヲ与フルノ案ナリシガ、之ハ異論モアリ、又種々難問題モ生ズルノ恐アリテ中止セルガ、住友ヲシテ back タラシメ、中堅タラシムルコトハ、今日実現セラレタル財界ノ実状ヨリシテモ、益必要ト感ズルモノニシテ、扶桑海上ニシテ住友ヲ誘致シ得ルヤ否ヤハ、長キ将来ニ於テ興廃ノ問題ト思フト告ゲタルニ、氏ハ全然余ノ意見ニ共鳴スルモノナルコトヲ述べ、如此キ重要事ヲ荏苒延期シ居ルコトハ、自分ノ持株ヲ割愛スルコトモ辞セズ、若シ如此クシテ実行可能ナレバ、喜ンデ半数ヲ割譲スルモ可ナリトノ事ナリシヲ以テ、余ハ山下氏ニシテ其決心アランカ、余ハ進ンデコノ問題ノ解決ノタメニ力ヲ尽クサン、而シテ其株数等ハ余ニ一任セラルベク、決シ

第三章　住友合資会社（中）

テ氏ノ為メニ不利益ナル取扱ハナサザルベシトノ事ヲ述ベタルニ、山下氏ハ大ニ感激セルモノノ如ク、扶桑海上ハ自分ガ発起セル最モ心ヲ込メタル会社ナレバ、自己ノ利益ヲ犠牲ニ供シテモ、其発育ニ資セザルベカラズト決心シ居レバ、其合ヲ以テ処置セラレタシトイヒ、真面目ニ言明セラレタルハ好都合ナリキ。（後略）

この結果住友合資は次のように山下から扶桑海上株二万七八四〇株を取得することができた（第22表）。

昭和二年七月二十八日

住友合資会社小倉正恆氏ヨリ、先日来リ扶桑海上火災株山下氏分一五、〇〇〇株、扶桑所有（註、扶桑海上社員中村順一名義）二二、八四〇株併セテ二七、八四〇株ニテ、一株￥二〇・〇〇ニテ譲受ノ儀ハ本日以後何時ニテモ東京ニテ受渡スベシトノ事ヲ通知シ来リタルヲ以テ、資金ニ対スルコト大旱ニ雲霓ヲ望ムガ如ク待焦レ居レル山下氏ニ打電セシニ、氏ヨリハ高意ヲ謝スル旨返電アリ。之ニテ住友ヲ背景トスベキ扶桑海上積年ノ希望モ達セラレ、住友ガ扶桑海上ノ後援者ナルコトヲ公示スルヲ得ルニ至レリ。余ハコノ一挙ニ於テ、余ガ創立ノ際ヨリ間接直接ノ adviser トシテ、三倉専務ノ相談相手トシテ大小ノ枢機ニ参劃シ、一昨年東京海上専務辞任後モ、扶桑海上ヲシテ将来ノ基礎ヲ定メンタメ、特ニ営業上ニ関シテモ advice ヲナシツツアリシガ、今回住友家トノ関係ガ重大トナリ、住友モ進ンデ扶桑ノ back タラントスルコトニ決心セシコトハ、扶桑ノタメマタトナキ後援者ヲ得タルモノニシテ、現在ノ経済界ニ於テ、日本ニ於テ最モ信用大ナル事業会社ハ、三井、三菱ニ次グニ住友ヲ以テセザルベカラズ。日本三大富豪ノ一人ガ、我扶桑海上ノ大株主トシテ其力ヲ假サント決心セラレタルコトハ、信用ヲ看板トスル我社ニ取リテハ、此上モナキ力ヲ得タルモノナリ。之ニテ余モ、何時ニテモ会長ノ椅子ヲ住友ノ代表者ニ譲リテ、自由ノ位地ニ就クコトヲ得ルニ至リ、余トシテモ大ニ心ヲ安ンズルヲ得タリ。

続いて昭和三年住友合資は、扶桑海上株三九〇〇株を取得した（第22表）。これは「(二)　大阪北港株式会社の連系会社

指定」や「㈢　住友別子鉱業所の住友別子鑛山株式会社への移行」で述べた通り、金融恐慌により藤田銀行が日銀特融を仰がざるを得なくなり、藤田組が資産整理の一環としてその持株六〇〇〇株を処分した一部である。住友信託からこの情報が扶桑海上にもたらされると、藤田組は直ちに小倉に対し住友合資で六〇〇〇株全株の取得を要請した。小倉も住友信託證券課に対しその確保を命じたが、既に株式を持ち込まれた仲買大阪商事が二一〇〇株を売却してしまっていたため、全株取得はならなかった。藤田組のこのやり方に対し、平生は次のように厳しく批判している。

昭和三年七月十日

（中略）藤田組ニ於テハ株式ヲ売却スルニ、吾々同社（註、扶桑海上）ノ創立時代ヨリ重役タリシ僚友ニ、其売却ノ事ヲ豫メ協議セザルノミナラズ、其代表者タル坂野氏ニモ相談セザリシトノ事ナルガ、カカル連中、カカル非商売的ノ行動ヲ敢テスル藤田一族ガ、今日ノ末路ニ来リタルコトハ当然ニシテ、北浜銀行ガ危殆ニ瀕シタル時、其救ノ神トモイフベキ岩下氏（註、北浜銀行頭取岩下清周）ノタメニ、一肌脱グコソ人トシテ情誼ヲ尽クスベキハズナルニ、後難ヲ恐レテ間際ニ岩下氏ヲ betray セル藤田平太郎氏ノ如キ不徳漢ガ、到底家運ノ隆昌ヲ見ルコトナキハ当然ト思ヒタルガ、今ヤ衰亡ニ臨ムモ何人モ同情サエスルモノナク、来ルベキコトガ到来セシモノトシテ、寧ロ冷眼ヲ以テ落チ行ク様ヲ見ツツアルハ、天ノ配剤トモイフベキカ。

しかし昭和四年に入ると、扶桑海上は五、六〇万円に上る海外の巨額損失が発覚し、これを何とか取り返そうと焦慮する平生の女婿である専務三倉滋の常軌を逸した行動で社内が混乱し、平生はついに三倉を切って住友から代わりの経営者を派遣するよう小倉に要請せざるを得なくなった。平生がその条件として挙げたのは次の点であった。

昭和四年十一月十九日

（中略）コノ際ハ断乎タル改革ヲ施スノ外ナク、其方法トシテハ三倉ノ専務ヲ辞任セシメ、之ニ代ハルニ住友家ヨリ

第二部　住友合資会社

八四三

第三章　住友合資会社（中）

立派ナル人物ヲ推薦セシメ、之ヲ専務トシ、以テ統攬ノ任ニ当ラシメンカ、職務ニ熱心ナランカ、短期間ニ相当ノ知識ト経験ヲ得ベク、タトヘ其人ハ保険ニ未経験ナルモ、且相当ニ熟練ナル staff ヲ有スルコトトテ、其職ヲ全フスルコト敢テ困難ナラズ、タダ其人ハ立派ナル人格者ニシテ、包容力ニ富ミ人物ノ鑑識力アル人ニシテ、尊敬ヲ受クベキ資格ヲ有シ、且果断ノ人ナルヲ要ス、（後略）

十二月十二日小倉は小山九一を派遣することを平生に伝え、ここに小山の扶桑海上出向が決定された。小山は当時住友別子鑛山大阪支店長として産銅カルテルへの加盟問題で水曜会と交渉していたことは、既に「〔三〕住友別子鉱業所の住友別子鑛山株式会社への移行」で述べた。しかし小山は製銅販売店支配人であった昭和三年七月、住友別子鑛山常務鷲尾勘解治の別子合理化の一環として、製銅販売店が別子鑛山大阪支店に組み込まれたため、鷲尾の部下となったのであって、鷲尾と小山は共に明治四十年の住友同期入社（鷲尾は京大法卒、小山は東京高商卒、従って年齢は鷲尾が三歳年長である）で、小山は別子に在籍したこともなく、鷲尾の信奉者でもなかったので、既に述べた通り対水曜会交渉で両者の間には意見の相違があったとみられる。従ってこの人事は、小山にとっては扶桑海上で得意の経理才能を発揮できることになり、他方鷲尾にとっても小山の後任に腹心の別子経理課長飯田彌五郎を起用して対水曜会交渉に当たらせることができたことも既に述べた通りである。

昭和五年三月の小山の扶桑海上専務就任に続いて、九月冒頭で述べた通り山下亀三郎は小倉正恆に対し、さらにその持株三万五〇〇〇株の売却を申し出た。平生はそれを聞いて次のように記している。

昭和五年九月六日

昨午後、今回住友合資会社総理事ニ昇任セシ小倉正恆氏（註、八月十二日就任）、大阪支店ニ来訪シ、就任ノ挨拶ヲ兼ネ、且今回山下亀三郎氏ノ懇請ヲ納レ、同氏ガ第一銀行ヘ担保トシテ書入レアル扶桑海上保険ノ株式参万五千株

住友合資会社が扶桑海上の経営を承継した昭和五年が終わると、昭和六年初頭小山は平生を訪れ、次のように住友商号への変更を打診した。

昭和六年一月二十三日

午前十一時半、東海(註、東京海上)大阪支店ニ於テ、扶桑海上専務小山九一氏ノ来訪ヲ受ク。(中略)尚同氏ハ今ヤ住友家ガ最大株主トナリ、住友家ノ後援ニ依リ大ニ勢力ヲ拡大スルノ必要ニ迫ラレ居ル際、住友ノ勢力関西方面ニ於テハ、住友ノ名ヲ社名ニ冠スルコトガ、大ニ勢力扶植上都合好シト思フガ如何トノ事ナリシヲ以テ、之ニ対シテハ、ナルホド住友ノ名ヲ冠スルコトハ、住友ノ勢力ヲ利用シテ扶桑ノ業務ヲ拡張スルニハ、多少ノ便宜関西地方ニ於テハ大ニ得ルトコロアランカナレドモ、保険業ハナルベク広ク顧客ヲ求メ、一方ニ偏セザルヲ良シトスルモノナレバ、一方ニ大ニ得ルモ一方ニ失フトコロアリテハ其効果少ナケレバ、一考ヲ要スベク、嘗テ一財閥一富豪ガアラユル事業ヲ壟断スルコトハ、世ノ呪詛ノ的トナルノ恐アリ、今ヤ社会平等ノ思想ハ漸次普及セラレ、財閥ノ専横ニ対スル不平ハ高マリ行カントスル時ニ於テ、日本ノ二、三ノ富豪ガアラユル事業ニ指ヲ染メテ之ガ独占壟断シ、中小商工業者ヲシテ手モ足モ出デザル境遇ニ追込ミ行クコトハ、決シテ将来其家運ヲ保存スル所以ニアラストル、余ハ三菱ヤ三井ガ新聞ノ一ページ大ノ広告ヲナシ、アラユル事業ガ其営業圏内ニアルコトヲ宣示セルノ愚ナルヲ、壱株￥一七・五〇ニテ肩代リスルコトニ内談調ヒタルコトヲ通告シ、住友家ニ於テハ、今後全力ヲ挙ゲテ扶桑海上ノタメニ助力スルコトヲ以テセラル。余ハ如此キ住友家ノ英断ハ、扶桑海上ノタメ最モ喜ブベキトコロニシテ、扶桑ハ名実共ニ住友系ノ海上火災保険会社トシテ、将来大ニ発展スル機会アルベキコトヲ告ゲタルガ、小倉氏ノ談ニ、山下氏モ海運界ノ大不況ノタメ運転資金缺乏シ、少額トイヘドモ担保価格ト売価トノ差額ヲ利用セントノ意味ヲ以テ、肩代ヲ懇請セシモノノ如シト言ヘリ。山下氏ノ窮状ヤ察スルニ余リトイフベシ。

第二部　住友合資会社

第三章　住友合資会社（中）

ルヲ思ハザルコトナシ、扶桑ガ其輩ニ倣フコトハ、住友家ノタメニモ如何ト思フ、然レドモ担当者ガ強テ之ヲ要望セラレ、住友家ニ於テモ同意ナレバ、敢テ異存ナシト断言シタルガ、氏モ強請スルホド熱心ナラザルガ如シ。

小山は平生に対してこのような打診を行っているが、この時点で小山は日米板硝子合資会社から配布された「連系会社及ビ其他会社ノ役員ニ関スル内規」（大正十年五月制定）の配布も受けていない。さらにこの内規は、昭和十三年一月見直され、「連系会社ノ役員ニ関スル内規」と「関係会社ノ役員ニ関スル内規」の二つに分離された。大石の後任である日本板硝子（昭和六年一月日米板硝子が改称）常務稲井勲造は後者の配布を受けたが、小山はこの配布も受けていないので、扶桑海上は住友の経営下には入ったが、いまだ特定関係会社としての取扱いを受けていなかったということになる（これらの内規については「住友合資会社（上）五㈠」日米板硝子株式会社の経営の承継」参照）。

小山が総理事小倉正恆に対し、社名変更と併せて連系会社指定を申請するのは昭和十四年の年末のことであるが、これを受けて昭和十五年一月十五日提出された起案「扶桑海上ノ社名変更ノ件」備考欄には、「扶桑海上火災社名変更ノ件ハ、同社経営ノ実権ヲ住友ニ委タルコトニナリテヨリ（昭和五、六年頃）ノ懸案タリシモノニシテ、其ノ都度時期尚早トシテ今日ニ及ベルモ」とあるので、小山はその後も本社に対し再三社名変更の希望を表明していたものと思われる。小山が「連系会社ノ役員ニ関スル内規」の配布を受けたのは、扶桑海上の社名変更が決裁された（昭和十五年一月三十日）後の二月二十七日のことであった。この経緯については改めて「株式会社住友本社（上）」で検討することとしたい。

昭和七年三月、平生は扶桑海上会長を辞任し、小倉が会長に就任したので連系会社と同様の体裁は整った。平生は引き続き取締役に留まり、七％への増配が可能となった年末に平生は次のように記して、小山を高く評価している。(106)

昭和七年十一月二十五日
本日午前十時ヨリ扶桑海上重役会ニ臨ム。同社ノ営業状態ハ著シク改善セラレ、火災保険ハ住友勢力ノ利用ト社

員ノ努力ノ効空シカラズ、大阪以西ノ地域ニ於テ、営業範囲ガ著シク拡張セラレツツアリ。為メニ株価モ一時拾参、四円ニ落込ミタルモノガ、拾九円乃至弐拾円トナリ、住友家ガ購入セシ価格ヲ正サニ超ヘントスルニ至リタリ。余ハ小山専務ニ向ヒ、山下氏ノ株式ヲ住友家ニ媒介シタルハ余ニシテ、依ツテ以テ、扶桑海上ニ強大ナル BACK ヲ得テ社運ノ回復ヲ図ラントスル考ヘナリシガ、其後扶桑海上ノ内容ガ豫想外ニ不良ニシテ、配当モ漸減シテ五分トナリ、株価モ激落シ、住友家ニ対シテハ相済マザルノ感ナキニアラザリシガ、比年ナラズシテカカル好景況ニ向ヒ得テ社運ノ回復ヲ図ラントスル考ヘナリシガ、其後扶桑海上ノ内容ガ豫想外ニ不良ニシテ、配当モ漸減シテ五分トタルコトハ、余トシテハ実ニ欣快ノ至ナリト。小山氏モ内心喜ニ満チタルト共ニ、余ノ appreciation ニ対シ満足セルガ如シ。之ヲ耳ニセル三倉ハ、如何ナル感ヲ抱ケルヤ。若シ何等ノ感ナシトセバ、恥ヲ知ラザルモノトイフベシ。

昭和十一年三月、平生は文部大臣就任のため扶桑海上取締役を辞任するが、この年の扶桑海上の業績は、平生の目標とした一〇％の配当を可能にするものであった。住友合資会社による扶桑海上株式の買い増しはその後も続き、昭和十二年三月合資会社解散の際には、八万二六九〇株（四一・三五％）に達していた。この中七万二九〇〇株が住友本社へ譲渡され、残る一万二四〇〇株が住友家へ分配された。昭和十五年四月一日、扶桑海上は住友海上火災保険株式会社と改称し、連系会社に指定された。この時点での住友本社の持株は七万一九〇株、住友家の持株は一万二三〇〇株と各々一〇〇株ずつ減少した。これは同じ四月一日付で一月から停年延長となっていた小山九一が退職し、後任の専務に柴田丈夫（M42東京高商、住友銀行常任監査役）が就任する人事が行われたが、その柴田に昭和十四年十月この二〇〇株が譲渡されたためである。この点から考えると、住友海上への改称と連系会社指定は停年退職する小山の置き土産であったといえよう。

(～昭和5年)　　　　　　　　　　T＝大正

3　年	4　年	5　年	
		→ 8.12	(湯川)
		8.12 ──→	(小倉)
		→ 8.12	(小倉)
		8.12 ──→	(川田)
			(草鹿)
→ 5.14		8.12 ──→	(松本)
			(吉田)
		→ 12.31	(肥後)
→ 5.14			(本荘)
		8.12 ──→	(八代)
		8.12 ──→	(今村)
		8.12 ──→	(秋山)
		8.12 ──→	(鷲尾)
5.14 ────────		──→	(松本)
			(小倉)
		→ 8.12	(肥後)
		8.12(兼)→	(川田)
		→	(大屋)
→ 4.6			(野草)
4.7(兼)→5.14		8.12(兼)→	(大屋)
5.14 ────		→ 8.12	(川田)
→ 5.14			(本荘)
5.14 ────		→	(日高)
	11.1 ──	→	(矢島)
			(松本)
			(臼井)
			(臼井)
			(鷲尾)
			(田島)
→ 7.1			(小山)
			(吉田)
→ 6.29(連系)			(山本)
			(山中)
→ 6.29(〃)			(中村)
			(山中)
			(藤本)
			(古田)
			(小山)
			(春日)
		→	(矢島)
→ 3.1			(近藤)
3.1 ────		──→	(小池)
→ 5.14			(本荘)
5.14(兼) ────		→ 12.31	(肥後)
		→	(多田)

(付表1）住友合資会社幹部一覧表（大正15

第二部　住友合資会社

役職	氏名	就任年月日	大正15年	昭和2年
総理事	湯川　寛吉	T14.10. 1	────	
〃	小倉　正恒			
常務理事	小倉　正恒	T10. 5.19	────	
〃	川田　順			
理事	草鹿丁卯次郎	T 7. 1. 5	────────────	▶2.28
〃	松本　順吉	T11. 1. 5		
〃	吉田　良春	T13. 7. 1	──────▶10.21	
〃	肥後　八次	T14.10. 1		
〃	本荘熊次郎	T14.10. 1		
〃	八代　則彦			
〃	今村　幸男			
〃	秋山武三郎			
〃	鷲尾勘解治			
監事	松本　順吉			
人事部長	小倉　正恒	T14. 7.27（兼）	▶3.13	
〃	肥後　八次		3.13（兼）────	
〃	川田　順			
経理部長	大屋　敦	T14.10. 1		
総務部長	野草　省三	T14.10. 1		
〃	大屋　敦			
〃	川田　順			
工作部長	本荘熊次郎	T10. 5.19		
〃	日高　胖			
東京支店長	矢島　富造			
別子鉱業所所長	松本　順吉	T14. 7.27（兼）	────────	▶7.1（連系）
〃　副長	臼井　定民		4.16────	▶7.1（〃）
〃　支配人	臼井　定民	T11. 1. 5	▶4.16	
〃　〃	鷲尾勘解治		4.16────	▶7.1（〃）
製銅販売店支配人	田島房太郎	T14. 2.21	────────	▶4.4
〃	小山　九一			4.4
若松炭業所所長	吉田　良春	T 9. 5.14	──────▶10.21	
〃	山本　信夫		10.21	
〃　支配人	山本　信夫	T12. 6. 2	──────▶10.21	
〃	中村　了		10.21	
伸銅所所長	山中　柴吉	T11. 9.16	──────▶7.1（連系）	
〃　審査部長	藤本　磐雄	T14. 2.21	──────▶7.1（〃）	
〃　支配人	古田俊之助	T14. 2.21	──────▶7.1（〃）	
〃　〃	小山　九一	T14. 2.21	──────▶7.1（〃）	
〃　〃	春日　弘	T14. 2.21	──────▶7.1（〃）	
東京販売店支配人	矢島　富造	T10. 5.19		
札幌鉱業所支配人	近藤宏太郎	T10. 5.14		
鴻之舞鉱業所支配人	小池寳三郎			
林業所所長	本荘熊次郎	T10. 5.19		
〃	肥後　八次			
〃　支配人	多田平五郎	T10. 5.19		

一覧表(大正15〜昭和5年)　　　　　　　　　　　T＝大正

昭和2年	3 年	4 年	5 年	
			→	(八代)
				(八代)
→9.10				(今村)
			→	(大平)
9.10 ─────────────────────────────────────→				(加賀)
			9.10 →	(岡橋)
			→	(加藤)
			→8.25 ─→	(小倉)
				(川田)
	→5.22 ─────────────────────────→			(荒木)
	5.22 ─────────────────────────→			(草鹿)
→2.28				(田島)
4.14 ─────────────────────────────────────→				(秋山)
				(森)
→2.28				(大石)
2.28 ─────────────────────────────────────→				(草鹿)
→2.28				(山本)
				(本荘)
	→5.22 ─────────────────────────→			(川田)
	5.22 ─────────────────────────→			(近藤)
	→3.1			(片井)
	3.1 ─────────────→ →3.8			(日高)
		→12.5 ─────→		(山本)
		12.5 ─────→		(國府)
				(吉田)
→9.10				(吉田)
9.10 ─────────────────────────────────────→				(今村)
				(佐藤)
	→10.1			(山中)
	10.1(兼) ───────→ →8.29			(小倉)
	8.17 ─────────────→			(古田)
			→2.28 ─→	(鷲尾)
				(臼井)
7.1 →10.15				
7.1 ─────────────────────────→ →2.28				(鷲尾)
			→2.28 ─→	(龍野)
7.1 ─────────────────────────────────────→				(吉田)
	6.29 ─────────────→ →12.5			(山本)
		12.5 ─────→ →4.1		(小川)
			4.1 ─→	(小川)
			3.28 ─→	(小山)

第三章　住友合資会社（中）

八五〇

(付表2)連系会社・特定関係会社幹部

第二部　住友合資会社

		就任年月日	大正15年
住友銀行専務取締役	八代　則彦		5.4 ———
〃　　常務取締役	八代　則彦	T 7. 1.30 ———	→ 5.4
〃　　〃	今村　幸男	T14. 7.29 ———	
〃　　〃	大平　賢作		1.13 ———
〃　　〃	加賀覺次郎		
〃　　〃	岡橋　林		
住友製鋼所常務取締役	加藤　栄	T14. 4.27 ———	
〃　　〃	小倉　正恒	T14. 8.11（兼）	
〃　　〃	川田　順		7.26 ———
〃　　〃	荒木　宏		
大阪北港常務取締役	草鹿丁卯次郎	T14. 7.29（兼）	
〃　　〃	田島房太郎		
住友電線製造所常務取締役	秋山武三郎	T14. 2.23 ———	
日米板硝子常務取締役	森　源之助	T12. 8.16 ———	
〃　　〃	大石　公平		
住友倉庫常務取締役	草鹿丁卯次郎	T12. 8. 1（兼）	
〃　　〃	山本　五郎		1.20 ———
住友ビルデイング常務取締役	本荘熊次郎	T12. 8. 1（兼）	
〃　　〃	川田　順		
住友坂炭礦常務取締役	近藤宏太郎	T13.12. 5 ———	
〃　　〃	片井虎次郎		
住友肥料製造所常務取締役	日高　直次	T14.10. 1 ———	
〃　　〃	山本　信夫		
住友生命保険専務取締役	國府　精一	T14. 6.30 ———	
住友信託副社長兼常務取締役	吉田　眞一	T14. 7.28 ———	→ 5.4
〃　　専務取締役	吉田　眞一		5.4 ———
〃　　　今村　幸男	今村　幸男		
〃　　常務取締役	佐藤　重鎰		5.4 ———
住友伸銅鋼管常務取締役	山中　柴吉		7.1 ———
〃　　〃	小倉　正恒		
〃　　〃	古田俊之助		
住友別子鑛山専務取締役	鷲尾勘解治		
〃　　常務取締役	臼井　定民		
〃　　〃	鷲尾勘解治		
〃　　〃	龍野　正之		
土佐吉野川水力電氣常務取締役	吉田　貞吉		
住友九州炭礦常務取締役	山本　信夫		
〃　　〃	小川　良平		
住友炭礦常務取締役	小川　良平		
扶桑海上火災保険専務取締役	小山　九一		

註：後年連系会社・特定関係会社に指定された会社を含む。

第三章　住友合資会社（中）

註

(1) 香川修一日記昭和五年八月二十日。
(2) 川田順『続住友回想記』（中央公論社　昭和二十八年）一七九、一八〇頁。
(3) 竹腰健造『幽泉自叙』（創元社　昭和五十五年）一三九～一四三頁。
(4) 昭和五十一年五月二十一日香川修一氏談。
(5) 昭和五十一年三月八日神田勇吉氏談。
(6) 昭和五十一年三月八日大澤忠蔵氏談。
(7) 昭和五十一年十二月十九日小畑忠良氏談。
(8) 昭和二十四年一月十九日川田順氏談。
(9) 昭和二十四年一月十九日加藤栄氏談。
(10) 川田順『住友回想記』（中央公論社　昭和二十六年）七七頁。
(11) 香川修一日記昭和二年五月二十八日及び前掲香川修一氏談。山口誓子『私の履歴書』『私の履歴書』第二八集　日本経済新聞社　昭和四十二年）二九四頁。
(12) 『住友別子鉱山史』下巻（住友金属鉱山株式会社　平成三年）一四〇～一四五頁。
(13) 同前下巻一五四頁。
(14) 註(4)に同じ。
(15) 津田秀雄「内部監査の展開方向第五章住友家における内部監査制度の変遷（下の2）」（『監査』第二五九号　昭和五十六年）
(16) 大正十年六月八日付乙第十五号達発送文書ノ名義及番号
一、規則及合達ノ重要ナルモノハ甲号達トシ社長名義（大正十五年三月六日付乙第一号達により、合資会社名義に変更された）ヲ以テ発送ス。
一、前項以外ノ諸通達中各店部一般ニ渉ルモノヲ乙号達トシ、特ニ一個所若クハ数個所ニ関スルモノハ丙号達トシ、総テ合資会社名義ヲ以テ発送ス。
(17) 前掲川田『住友回想記』三二一～三二三頁。
(18) 『わが社のあゆみ』（住友石炭鉱業株式会社　平成二年）七七頁。
(19) 前掲『住友別子鉱山史』下巻一六〇頁。
(20) 昭和五年度実際報告書。
(21) 同前。
(22) 大島堅造「故大平賢作氏を偲びて」（『大平賢作回想』同編集委員会　昭和四十四年）三七一、三七二頁。なお大島堅造『一銀行家の回想』（日本経済新聞社　昭和三十八年）一八四頁にも同種の記述がある。
(23) 『三井事業史』本篇第三巻中（三井文庫　平成六年）二一〇六、二一六、二一八頁。
(24) 大正六年六月、住友銀行株式の公開の際に、銀行社長住

友吉左衛門友純が株主に対し、大正六年七月一日以降三カ年間年八分に満たない配当を行う場合は、個人として補塡することを保証したことを指す(『住友銀行史』七一、七三頁参照)。この保証期間は三年間であったが、大島によるとその後も住友銀行の配当政策を拘束していたことになる。

(25) 前掲『三井事業史』本篇第三巻中二二一、二二二頁。
(26) 『住友銀行八十年史』(株式会社住友銀行行史編纂委員会 昭和五十四年)二七三、二七四頁。
(27) 『大日本電力二十年史』(大日本電力株式会社 昭和十五年)四四、四五、一三八、一三九頁。
(28) 株式会社住友本社「投資会社調」(連系会社・関係会社)
1
(29) 繁本績「液体空気」から「帝酸」「帝歴」へ」昭和二十年。『帝国酸素のあゆみ』(帝国酸素株式会社 昭和五十六年)三五〜三七、四九頁。
(30) 『愛媛県史 社会経済4』(愛媛県 昭和六十二年)三二六〜三二九頁。
(31) 前掲『創業百年史』(株式会社広島銀行 昭和五十四年)二八二〜二八八頁。
(32) 前掲川田『続住友回想記』五二頁。
(33) 『第一銀行史』下巻(株式会社第一銀行 昭和三十三年)四六〜六六頁。
(34) 前掲「投資会社調」(機械・ホテル・信託)4

(35) 同前
(36) 同前
(37) 『住友共同電力株式会社創業五〇周年記念誌 春風秋雨』(住友共同電力株式会社 昭和五十二年)四一〜四三頁。『四国地方電気事業史』(四国電力株式会社 昭和五十九年)四三七〜四四〇頁。
(38) 『新修島根県史』通史篇二近代(島根県 昭和四十二年)七五四、七五五頁。前掲「投資会社調」7
(39) 同前
(40) 同前
(41) 同前
(42) 前掲『わが社のあゆみ』五八、五九頁。
(43) 『京王帝都電鉄三十年史』(京王帝都電鉄株式会社 昭和五十三年)四一〜四五頁。松本皎「学園創立者中川小十郎の事績抄」(『立命館百年史紀要』第二号 平成六年)
(44) 前掲『投資会社調』7
(45) 『鉄路五十年』(京阪電気鉄道株式会社 昭和三十五年)一二二〜一二九、一二六〜一三〇頁。鹿子木彦三郎『山岡順太郎伝』(鹿子木彦三郎 昭和四年)一四九、一五〇頁。
(46) 前掲「投資会社調」(電気瓦斯・保険・木材)8
(47) 註(27)に同じ。
(48) 前掲「投資会社調」(鉱業・土地建物)3
(49) 同前。『三菱社誌34 大正十四―昭和元年』(東京大学出版

第二部 住友合資会社

八五三

第三章　住友合資会社（中）

会　昭和五十六年）第三十三巻大正十五年七二一〇~七二一〇四頁。

(50) 前掲「投資会社調」1

(51) 前掲「投資会社調」（化学）5

(52) 『日本ビクター五十年史』（日本ビクター株式会社　昭和五十二年）五七頁。

(53) 前掲『三井事業史』本篇第三巻中一一~一三頁。前掲『三菱社誌34大正十四—昭和元年」七三〇四頁。

(54) 住友化学工業社史未定稿「窒素工場の創設」（日新化学工業株式会社　昭和二十七年）六七頁。

(55) 前掲「投資会社調」1

(56) 『日本カーバイド工業二十年史』（日本カーバイド工業株式会社　昭和三十三年）「奥村政雄略伝」一二五、一二六頁。

(57) 前掲「投資会社調」3

(58) 前掲『三井事業史』本篇第三巻中一二頁。『渋沢栄一伝記資料』第五五巻（同刊行会　昭和三十九年）六四一~六五二頁。

(59) 前掲「投資会社調」3

(60) 前掲「投資会社調」4

(61) 同前

(62) 前掲『渋沢栄一伝記資料』第五六巻六七四~六七九頁。

(63) 前掲「投資会社調」（船舶・雑）6。前掲『渋沢栄一伝記資料』第五一巻五九二~六四一頁。

(64) 「準有価証券元帳」

(65) 前掲「投資会社調」6

(66) 『東邦電力史』（東邦電力史刊行会　昭和三十七年）四八五、二〇八~二一〇頁。前掲『三井信託六十年史』（三井信託銀行株式会社　昭和六十三年）五三二頁。東京朝日新聞昭和元年十二月二十八日

(67) 東京朝日新聞昭和三年十月十六日

(68) 東京朝日新聞昭和五年九月三十日

(69) 『現代日本産業発達史』Ⅲ電力（現代日本産業発達史研究会　昭和三十九年）二〇四~二〇九頁。出弟二郎「世界の電気事業」（日本経済新誌社　昭和三十三年）二七八頁。

(70) 「第一生命五十五年史」（第一生命保険相互会社　昭和三十三年）三七〇~三七二頁。

(71) 三村起一『身辺二話』（近代図書　昭和三十七年）八六頁。

(72) 昭和二十七年六月十九日松本順吉氏談。

(73) 昭和二十三年十二月十二日古田俊之助氏談。

(74) 昭和三十一年四月三十日中川路貞治氏談。

(75) 前掲「投資会社調」1

(76) 昭和二十七年八月三十日大平駒槌氏談。

(77) 『郷土研究』第三九号（新居浜町役場　昭和五年十一月十五日）

(78) 同前第四七号（昭和六年七月十日）

八五四

（79）交渉の詳細については、武田晴人「一九三〇年代の産銅カルテル」（一）（二）（東京大学社会科学研究所紀要『社会科学研究』第33巻第2号）及び（二）（同第33巻第6号）参照。なお住友側の動きは特に明示しないが、住友別子鑛山株式会社大阪支店「水曜会加入ニ当リ其ノ縡経経過記録並ニ住友社関係数字種々」による。
（80）同前（二）一〇八頁。
（81）同前（一）五七～五九頁。
（82）同前（一）五九、六〇頁。（二）一二〇、一二一頁。
（83）同前（一）一二三～一二四頁。
（84）同前（二）一二六～一三三頁。
（85）小谷重三『尾小屋鉱山争議史』（能登印刷出版部　平成四年）八四頁。
（86）註（4）に同じ。
（87）田中外次『田中相談役のお話し集』（住友金属鉱山株式会社　昭和五十八年）六六～六八頁。
（88）竹原文雄「（未定稿）住友における化学工業の展開—石炭化学から石油化学へ—」（住友史料館　平成九年）一四～一八頁。
（89）註（73）に同じ。
（90）以下の叙述は特にことわらない限り前掲『住友共同電力株式会社創業50周年記念誌「春風秋雨」』による。

（91）本項と次項の記述は特にことわらない限り、前掲『わが社のあゆみ』による。
（92）石松正鐵『遙かなる起伏』（日本工業新聞社　昭和四十年）五〇頁。
（93）前掲「投資会社調」1
（94）以下の記述は特にことわらない限り、『住友海上火災保険株式会社百年史』（同社　平成七年）による。
（95）『日本火災海上保険株式会社70年史』（同社　昭和四九年）三二一、三二三頁。
（96）註（7）に同じ。
（97）三島康雄編『平生釟三郎日記抄』下巻（思文閣出版　平成二年）三五四頁。
（98）同前三五八頁。
（99）同前四〇六、四〇七頁。
（100）同前四〇九頁。
（101）同前四五八、四五九、四六〇頁。
（102）同前五〇〇、五〇一頁。
（103）同前五〇七頁。
（104）同前五一七、五一八頁。
（105）同前五二四、五二五頁。
（106）同前五五五、五五六頁。

第四章 住友合資会社（下）
―― 昭和六～十一年 ――

目次

一 統轄システム
　(一) 経済情勢の変化と小倉体制の確立
　(二) 日本の政局の推移と常務理事川田順の退職

二 業績
　(一) 合資会社（本社）の業績
　(二) 合資会社（全社）の業績

三 投資活動
　(一) 連系会社の株式
　(二) その他の住友系企業の株式
　(三) 住友系以外の企業の株式

四 資金調達

五 店部・連系会社・特定関係会社
　(一) 日本電氣株式会社の経営の承継
　(二) 直轄鉱山部門の諸施策
　　1 大日本鑛業株式会社の経営の承継
　　2 土肥金山株式会社の経営の承継
　　3 静狩金山株式会社の設立
　　4 北日本鉱業所の設置
　　5 朝鮮鉱業所の設置
　(三) 京城販売店の設置と上海販売店の送金問題
　(四) 住友アルミニウム製錬株式会社の設立
　(五) 満洲住友鋼管株式会社の設立
　(六) 住友機械製作株式会社の設立
　(七) 住友伸銅鋼管と住友製鋼所の合併による住友金属工業株式会社の発足

第二部 住友合資会社

八五七

第四章　住友合資会社（下）

一　統轄システム

　本章が対象とする期間は、昭和五年（一九三〇）八月小倉正恆の総理事就任から、昭和十二年二月末住友合資会社の解散までであるが、会計年度の関係上既に昭和五年は年末まで前章「住友合資会社（中）」で取り上げたこと及び昭和十二年一、二月は追って「株式会社住友本社（上）」に含めることとして、昭和六年初頭から昭和十一年末までの六年間とした。

　この時期のわが国経済は、まず旧平価による金解禁政策によってもたらされた不況と昭和四年十月以来の米国発世界不況という二重の深刻な不況が昭和五年に引き続き昭和六年も続いたため、住友合資会社の業績は五年と同様赤字に終わった。しかし六年末に民政党の第二次若槻内閣が倒れた後、政友会の犬養内閣が成立すると、蔵相に就任した高橋是清は直ちに金輸出再禁止と金兌換停止を決定した。昭和七年に入るとこの金輸出再禁止によって円安となり、年末までに為替は約四割も下落した。円安とともに輸出は増加に転じ、卸売物価も二割近く上昇し、内需が活発となった。ドル買いに対抗するため引き上げられていた金利も、六年末の公定歩合六・五七％は七年八月四・三八％となった。さらに財政支出も昭和六年九月の満洲事変と昭和七年一月の上海事変に伴う軍事費や農村対策としての時局匡救費などを中心に六年度一四・八億円が七年度一九・五億円と急激に膨張し、昭和七年五月に起きた五・一五事件によって犬養首相が暗殺されると軍部独裁への途が開かれ、こうした傾向に一層拍車がかけられた。このような公債借入による高橋財政によって景気は急速に回復し、住友の全事業の業績も昭和七年下期から好転した。

　業績の回復に自信を得た総理事小倉正恆（当時満五七歳）は、昭和八年二月停年規程（高等職員満六〇歳停年）を改正し、総

理事の停年延長を三年に限定しないこととした。又住友は政治に関与しないという伝統があったが、十二月には小倉正恆は貴族院議員に勅選された。この停年規程の改正は、昭和十一年五月次期総理事と目されていた常務理事川田順（小倉より七歳年下）の依願退職の一因ともなり、合資会社の指導体制に大きな影響を与えることとなった。すなわち小倉の後継者とされていた常務理事川田順は、小倉正恆の停年延長期限となる筈であった昭和十三年三月にはまだ五六歳で、十分総理事たり得たが、小倉正恆とともに退職せざるを得ないこととなったのである。この時点で、川田順は、総理事就任の目がなくなり、おそらく小倉正恆とともに退職せざるを得ないこととなると昭和十六年三月には（実際小倉正恆はその四月に退職した）五九歳になっており、退職の時期を模索せねばならなくなったことを悟ったものと思われる。

昭和九年から十一年にかけての日本経済は、第二次大戦前における基準状態を実現したとされているが、単に景気回復がみられただけでなく、産業面では重化学工業化が急速に進行した。他方では世界的なブロック経済化への懸念などから統制経済への歩みが始まり、企業としてはこれに如何に対処するかが課題とされてきた。また政治的には軍部の急進派や右翼の揺さぶりによって政党政治は危機に瀕した。こうした政治の激動は、住友の幹部をしてこれまで回避してきた政治との関わりを持たせることとなった。岡田内閣は挙国一致内閣の歪みを是正しようとして、昭和十一年初頭解散総選挙を断行し、選挙では勝利を収めることができたが、その直後二・二六事件が起こり、その試みは水泡に帰した。

合資会社と連系会社との関係においては、財務面で株式の公開や資金調達を通じて連系会社の自立性強化の方向がとられたが、人事面では職員の採用や幹部の異動などを通して依然として求心力の維持が図られた。

一方昭和八年以降住友の全事業は未曾有の好業績を上げ、家長住友吉左衛門は、昭和十年の所得長者番付において二

第二部　住友合資会社

八五九

第四章 住友合資会社（下）

九六万円と三井家（三井高公一二六万円）、岩崎家（岩崎久弥二〇四万円）を抜いてトップに上り、「財閥の儲け過ぎ」という財閥批判の矢面に立たされることとなった。このため合資会社の改組の検討が進められ、昭和十一年末の理事会において合資会社の解散と新会社の設立が決定された。

（一）経済情勢の変化と小倉体制の確立

既に前章で述べた通り、昭和五年十月には翌六年一月、二等職員の定期昇給の停止と三等職員以下に支給されてきた臨時手当の廃止を実施することが決定され、また年末の理事会で昭和六年度の新規起業がすべて延期されたことで、昭和六年は住友の全事業にとってきわめて暗い年明けを迎えた。

昭和六年 一月、前年末に理事兼林業所長鷲見八次が勇退したのをうけて、林業所は所長制を廃止し、大正十年（一九二一）林業所設置以来支配人を勤めてきた多田平五郎（M43東大法）を秘書役に転出させ、大阪住友病院支配人として独立採算の経営に成果を上げた佐伯正芳（T7東大法）を後任の林業所支配人として、経費の垂れ流し状態の続いてきた林業所の改革を命じた。同じく業績不振の責任をとり、製鋼所常務加藤栄も合資会社技師長へ転出し、後任の主管者常務取締役支配人田中作二（M41京大法）が昇格した。日米硝子は、国産品愛用運動に対処するため日本板硝子と改称した。

二月、別子鑛山専務鷲尾勘解治（M40京大法）は、既に「住友合資会社（中）」の「五」（三）住友別子鑛山株式会社への移行」で述べたような理由で解任され、合資会社常務理事へ転出、昭和七年二月には商工業視察の名目で欧米出張を命ぜられた。別子専務の後任には大阪北港常務田島房太郎（M40東大法）が、北港常務の後任には倉庫常務山本五郎（M37東大法）が就任した。この異動で電線支配人北澤敬二郎（T3東大法）が倉庫常務へ、商工課長小畑忠良（T6東大法）が電線支配人となり、鉱山課長續虓（M44東京高商）が商工課長を兼務したが、十月續虓は商工課長専任となり、

八六〇

肥料製造所副支配人小林晴十郎（T5東大法・経）が鉱山課長となった。

四月、会計規程が改正され、伝票綴をもって日記帳に代えることが可能となった（資料1）。同月停年延長中の合資工作部長日高胖が退職し、技師長兼建築課長長谷部鋭吉（M42東大工・建）がそのまま工作部長となった。さらに十月、工作課が所管の大阪築港繫船桟橋工事の終了、宮崎県耳川水力工事の移管により廃止されたため（資料2）、工作課長竹腰健造（T1東大工・建）が建築課長となった。

六月、浅野同族株式会社から大日本鑛業株式会社の経営を継承した。昭和四年以来同社八盛鉱山産出粗銅の全量を、住友別子鑛山が購入していた上に浅野からの要請があったことによる。主管者専務として合資技師長荒川英二（M44京大工・採鉱冶金、のち別子常務・鑛業常務・専務）が派遣された（「五□」1　大日本鑛業株式会社の経営の継承」参照）。

十月、依然として不況が続くため、昭和七年度の全職員の定期昇給停止が決定された。

十一月、東京支店長兼東京販売店支配人矢島富造（M40東京高商）の兼務が免ぜられ、後任の東京販売店支配人には副支配人小関良平（T6東大法・経、のち住友機械常務・専務・社長）が昇格した。同月鴻之舞鉱山では予て開さく中のところ、延長一八〇〇米、幅一〇米、深さ五〇〇米の世界の富鉱帯に着床した（「五□」4　北日本鉱業所の設置」参照）。翌十二月には金輸出の再禁止が実施され、これによって外国為替市場が急落し、金の市中相場が急騰したため、政府は七年三月から金を時価で買い上げることを決定し、昭和三年に比し約四割引き上げられたので金鉱業をとりまく環境は有利な状況となってきた。

昭和七年　二月から三月にかけて常務理事川田順は電線支配人小畑忠良を伴って新たに建国した満洲國に出張した。川田順は翌八年十月にも伸銅鋼管専務古田俊之助とともに再度満洲に出張した（「五□」5　満洲住友鋼管株式会社の設立」参照）。

三月、総理事小倉正恆は連系会社に準じて扶桑海上会長に就任した。

第二部　住友合資会社

第四章　住友合資会社（下）

四月、別子専務田島房太郎は、鷲尾勘解治退任後の別子を掌握しきれず、同様に海外出張を命ぜられ、海外出張中の鷲尾勘解治も常務理事から理事へ降格された。六月別子では田島房太郎に代わって常務龍野昌之（M42東大工・採鉱冶金）が主管者専務に昇格した。

六月、国産品愛用運動により経営難に陥った日本電氣株式會社の経営を引き継いだ（五(一)「日本電氣株式會社の経営の承継」参照）。主管者の専務として電線技師長志田文雄（T2京大工・電）が商工課長續虎（日本電氣支配人兼営業部長に就任）とともに派遣された。なお後任の商工課長は鉱山課長小林晴十郎が兼務した。

七月、東京販売店支配人小関良平は別子鑛山支配人兼新居浜製作所長に転出し、後任に製鋼所副支配人稲井勲造（T3東京高商専攻部）が就任した。

八月、土肥金山株式会社の経営を長谷川一族から引き継ぎ、主管者の専務に合資会社技師近藤次彦（T4東北大理・地質）が派遣された（「五(二)2　土肥金山株式会社の経営の継承」参照）。

九月、合資会社事務章程改正により、監事役、監査役補及び検査役附属員がおかれ、別子鑛山取締役生野章作（M43東大法）が起用された（資料3）。監事は監査に当たり検査役、検査役補及び検査役附属員を使用することができるが、これらは既に「住友合資会社（中）」の「一(二)1　監査及び検査規程」で述べた通り、常務理事に直属し、監事の指揮下にないため、おそらく監事松本順吉の希望により新設されたものと思われる。昭和十一年一月松本順吉が二度目の停年延長となっていずれ退職することが予想されると、同日付で監事附属員生野章作は検査役兼務とされているので、監査と検査の区別は、規程上ほど明確なものではなかったのではないかと思われる。

十月、年度後半から業績は好転したが、なおも昭和八年度の一等職員の定期昇給は見送られることが決定された。

昭和八年　一月、別子に倣って肥料、伸銅、製鋼の三社の専務制採用が承認され、肥料常務山本信夫、伸銅常務古田俊

之助、製鋼常務取締荒木宏がそれぞれ専務に就任した(資料4)。この結果伸銅鋼管常務宛承認通知及び伸銅鋼管事務章程改正通達が出されたが、その起案には次のような備考が付されていた。

備考
一、新設専務取締役ノ職務権限ハ、従来ノ首席常務取締役ノソレト全ク同一ナリ。
一、新組織ニ於ケル常務取締役ハ、右ノ結果専務ヲ補佐シ、日常業務ヲ処理スル機関ト定メタルモ、専行権限ヲ定メザルヲ以テ、自ラ執行スル権限ナク、自然主トシテ専務ノ総攬事務ヲ補佐スルモノナリ。
一、右ノ如ク改正案ハ実際ノ事務処理ニ付現在ト何等異ル所ナク、一般事務管理ニ於ケル支配人ヲ常務取締役トシ、常務取締役ヲ専務取締役トナシタルモノナリ。
一、本案専務及常務ノ職務ハ別子ノソレト殆ンド異ル所ナシ。只専務ノ臨時費支出権限ニ付、別子ハ制限ナキモ、伸銅ハ百円以内ト限定セラレタル点ニ於テ差異アルノミ。

而シテ右ノ差異ハ、住友部内ニ於ケル別子ノ地位ニ関スル沿革的理由ニ基ク。

二月、北港常務山本五郎が停年退職し、後任に海外出張から帰国した鷲尾勘解治は、この年末まだ五二歳の若さで依願退職を余儀なくされた。同じく二月、既に述べたとおり停年規程が改正され(資料5)、総理事及び理事兼銀行取締役会長の停年延長は、三年以上となった。小倉正恆の六〇歳停年は昭和十年三月で、従来の停年規程でもそれから三年延長されることになっていたので、特に当面停年規程を改正する必要はなかった。従ってこの改正の主たる目的は、後段の小倉正恆より三歳年長で住友部内の席次も小倉正恆より上の理事兼銀行会長八代則彦のためであった。八代則彦は、前年の七月九月停年に達し、三年延長されて遅くとも昭和十年九月退職の予定であった。それがこの改正により退職しなくてすむこととなり、実際に退職したのは十三

第四章　住友合資会社（下）

年一月であった。

三月、昭和五年十二月着工した東京住友ビルディングが完成し（鉄筋コンクリート七階建、東京市麴町区丸ノ内一丁目二番地二、現東京都千代田区丸の内一丁目四番四号）、合資・銀行・信託・生命保険等の東京支店及び東京販売店が入居を開始した。

四月、これまで三井物産や大倉商事に商権を委ねてきた朝鮮の京城府（現ソウル）に京城販売店が設置され、この後新たに販売店が設置されることはなかった（一五三「京城販売店の設置と上海販売店の送金問題」参照）。同月常務理事川田順が兼務していたビルディング会社主管者常務に秘書役多田平五郎が就任した。これは家長住友吉左衛門友成が京都大学文学部を卒業し、大学院に進学したが、他方五月一日から合資会社社長として出勤することになったのに備えて、秘書役の下に秘書、庶務課に秘書係が設置され（資料6）、友成の年齢に合わせて社長特命事務を従来の秘書役書に移したためとみられる。

同月東京支店長矢島富造は、次の通り東京支店事務章程の改正を申請し、申請通り承認された（資料7）。

改正理由

一、弊店新設後満四年半ヲ経過シ其間住友家事業ノ発展ニ伴ヒ、当地方ニ於テ弊店ノ処弁スヘキ用務ハ年ト共ニ増加シ、事務ノ種類及内容モ漸次複雑多岐ニ亙リ、現行事務章程ニヨル分課ニテハ漸ク実情ニ適セサルヤノ怨ミアリ。而モ近クビルディング竣工シ、其管理事務並ニ各店部ノ守衛、使丁、交換手、雑役等使用人ノ共同使用ニヨル監督取締及自動車ノ管理等ヲ引受クルトキハ、著シク事務ノ増大ト繁忙ヲ招来スヘク、又ビルディング管理ノミニツキ考フルモ、賃借人ニ対スル関係上別個ノ係ヲ設ケ、ソノ所管ヲ明カニスルヲ便トスヘク、旁此際其分課ヲ改正シ、其実際ニ適合セシメ置クコトハ、各係ノ事務ノ混淆ヲ防ギ、其責任ヲ明カニシ、能率ノ増進ヲ計リ上

ニ於テ必要ナリト信ズ。

二、更ニ従来ノ経験ニ鑑ミルニ、弊店用務ハ官庁大会社ノ本部ヲ折衝ノ対象トシ、其他対外的ニ活動シ之ヲ処弁スル場合多キヲ以テ、自然相当ノ地位職名ヲ有セシムルコト用務処弁上必要ノミナラズ、当地支店各店部間ニアリテモ当店トシテハ一般的又ハ共通的事務ヲ処理スル関係上相当ノ職制ヲ設クルコト、用務処弁上必要ナリト思惟セラル。（後略）

右の改正理由は、東京における情報収集の必要性が増大してきたので、総務課長土井正治（T9東大法、のち本社厚生課長、化学総務部長・取締役・社長）を支店長代理者に格上げし、調査係を充実してこれに対処しようとしたことを示している。

さらに同月開催された主管者協議会において、信託会社から「一般的経済調査ニ関スル統一的機関ノ設置ノ件」という議題が提出された。これに対する主要な意見は次の通りである。

（今井卓雄信託常務）提案理由ト致シマシテハ、現在各連系会社ガ夫々独特ノ仕事ヲシ、ソレニ必要ナ調査機関ヲ持ッテ居ルガ、ト同時ニ各社ガ別々ニ一般経済調査モ亦ヤッテ居ル様子デアリマシテ、現ニ信託ノ方デハ之ヲヤッテ居ルノデアリマス。処デ此ノ一般調査トイフ事ハ非常ニ広ク資料ヲ集メナケレバナラズ、之ニ成功スルニハ相当費用ヲ要スル問題デモアリ、又之ガ正鵠ヲ失スルトキハ各店部主管者ノ将来ノ方針ヲ誤ル虞ガアルノデアリマシテ、非常ニ大事ナ問題デアリマス。ソレデ此ノ機会ニ本問題ニ付テ皆様ノ御意見ヲ是非共御伺シ度イト考ヘルノデアリマス。

御参考マデニ三井、三菱ノヤリ方ヲ一言申上マスト、三井合名ノ方ニハ調査課トイフノガアリマシテ資料ヲ配布シテ居リマスガ、大シタ規模デハナク、本社ノ商工課デヤッテ居ラレル程度カト思ハレマス。

第四章 住友合資会社（下）

三菱ノ方ハ相当大規模ニ金モ使ツテヤツテ居リマス。御承知ノ財団法人三菱経済研究所ガアリマシテ大部分ノ費用ハ合資会社デ負担シ、其ノ外ニ加盟十八社モ分担シテ居ルヤウデアリマス。当研究所ノ目的並ニ事業ハ、イ内外経済一般ニ関スル資料ノ蒐集整理、ロ同調査及研究、ハ図書館ノ経営、ニ印刷物ノ出版、ホ其他評議員会ニ於テ必要ト認メタル事項トイフコトニナツテ居リマス。

当所ニ関係シテ居ル三菱部内ノ人ニ意見ヲ求メマシタ処、出資加盟者ノ数八十九社モアリ、自然之等各社ノ要求ニ添ツテソノ必要ナ調査ヲ一ツ一ツスルトイフ事ハ全ク困難ナ事デアツタ。ソウシタ調査ヲ統一スルノハ不可能トモ云フベキデ、各社ハ今日デモ夫々ノ調査機関ヲ持ツテ居ル、ソレデ結局当研究所ノ調査ハ一般経済ノ範囲ニ局限サレテ居ルガ、少クトモ次ノ二ツ点ニ於テ当所ノ利益ガ認メラレル。即チ、一豊富ナ調査資料ヲ備ヘ要求ニ応ジテ之ヲ提供スルコトガ出来ル。二右ノ結果各社ノ労力、経費ガ節約セラレル、トイフ事デアリマス。

先日モ三菱銀行ノ人ニ会ツテ聞キマシタガ、銀行ノ方ハ信用調査ダケヲヤツテ、一般経済調査ハ研究所ヲ利用シテ居ルトノ話デアリマシタ。

何モ三菱ヲ真似ル必要ハアリマセンガ、先程申上マシタ様ナ心持デ提案致シマシタ。

（小林晴十郎合資商工課長）本問題ハ吾々トシテハ十分研究ノ価値ハアルモノト思ヒマスケレドモ、三菱ノ様ニ事業ニ直接干係アルモノ以外ノ一般的調査ヲ中央ニ集メル事ハ尚皆様ノ御意見ヲ伺ヒマシテ、十分研究シテ見余地ガアルト思フノデアリマス。

私ノ考ヲ一言申上マスト、現在ノ処住友ノ各社ニハ大ナリ小ナリ調査係ガアリマシテ、直接仕事ニ干係ノアルコトニ付調査シテ居ルノデアリマスガ、御提案ノモノハ一般的調査機関トイフノデアリマシテ、之ハ今ノ処無イト申上テヨイト思ヒマス。又各社ノ調査ニ従事シテ居ル人々ガ時々集リマシテ一般的問題ヲ話シ合ヒ、又材料ヲ交換スル

打合会ガアリマシテ、最近銀行ノ方モ御入リニナッタ様デアリマス。中央機関トイフ様ナモノハ中々一朝一夕デ実現出来ルモノデアリマセン。就テハ今申上マシタ打合会ヲ利用シ、之ヲ進展セシメテ行クトイフ風ニシテ如何カト考ヘラレルノデアリマス。

（大屋敦合資経理部長）一般経済調査ハ無論必要ナモノトノ考ヘカラ、七、八年前小畑君ノ商工課長時代ニ本社デモヤッテ見ヨウト思ヒ立ッタノデアリマス。尤モ其以前ニモ調査係トイフノガアリマシタガ、事業調査ガ目的デアッテ、組織的ニ一般調査ヲシタ事ハアリマセンデシタ。

処デ此ノ一般調査トイフノハ中々困難ナ仕事デアリマシテ、動々モスルト世上ノ刊行物ノ抜萃ニ陥リ易ク、又ハ学究的好奇心ヲ持ッタ者ノ弄ビ物トナッテ一向ニ実際仕事ノ参考ニナラヌトイフ非難ヲ受ケルノデアリマス。ソコデ色々ト苦心ヲ致シマシテ、兎モ角モ準備行動、訓練時代トシテ五、六年ノ時日ヲカケル事トシテ、其ノ間ニ海外ノ数字ハドンナモノヲ選ビ、ドンナニ配列シ、ドウ利用スルカ等トイフ風ニ研究致シマシテ、今日デハ財界月報、海外情報等ノ刊行物モ出ル様ニナリマシタシ、又色々ノ統計図表等モ集リマシテ、私ノ部屋ニハ過去数年間ノ経済情勢ガ一応一般人ニ分ル様ニマトマッテ来タノデアリマス。

私ノ考デハ之ヲ今後次第ニ大キクシ度イト思フノデアリマス、今日ノ程度デ永久ニ満足スル積リデハアリマセン。然シ大キクシマスト又空理空論ノ研究ニ走リ易クナリマスノデ、大キクハシタイガ、又実際問題ヲ離レタモノトハ致シ度クナイ。何トカシテ此両者ノ調和ヲ計リ度イト思フノデアリマス。

ソウ云フ意味カラ、方法ハ小林課長ノ言ハレル打合会デモヨイシ、又岡橋（註、林銀行）常務ノ言ハレル委員会デモ結構デスカラ、上ニ申上マシタ様ナ趣旨デ以テ、本社ノ現在ヤッテ居リマス調査ヲ助長シテ頂キ度イト思ヒマス。之ハ敢テ本社デ全部ヲ統一スルトイフ意味デハアリマセン。次ニ資料ノ蒐集整備トイフ問題ニ付テハ至極同感デア

第四章　住友合資会社（下）

リマスカラ、今後十分協調スル様努力シ度イト考ヘマス。

（川田順合資常務理事）私ハ大体此ノ一般経済調査トイフ事並ニ中央調査機関ノ設置トイフ問題ニ余リ興味ヲ有タナイノデアリマス。

住友ハ営業会社デアッテ実際家ノ集ッテ居ル処デアリマスカラ、実際事業ニ必要ナ調査ヲスレバヨイノデアリマス。一般調査ニ付テハ世間ニイクラモ大キナ立派ナ機関ガアルノデアリマスカラ、気ヲ大キクシテ之等ヲ利用スレバヨイト思ヒマス。

結局資料ノ完全ナ蒐集トイフコトガ、ネラヒ所デアラウト思ヒマス。併シ此ノ資料モ住友ノ事業ニ現在関係ガアルカ、若クハ将来関係シ得ル事業ニ関スルモノデナケレバナラナイノデアッテ、余リ関係ノ無イ方面ノ資料ハ、矢張リ他ノモノヲ利用スル方ガヨイト思ヒマス。

飽ク迄モ住友ノ事業中心ニ事業ニ即シタモノヲヤルベキデアリマシテ、抽象的ナ一般論ニ走ツテハナリマセン。ソレハ大学其他ヲ利用スレバヨイト思ヒマス。

仮ニ是ニ中央調査機関ヲ設ケルトシマシテモ、人ノ問題ガ中々困難デアリマス。ソレハ何処迄モ住友ノ事業ニ基礎的ナ訓練ヲ経タ人デナイト役ニ立チマセン。ソレデ結局ハ人ヲ中央ノ一機関ニ集メル様ナ事ヲセズ、銀行、信託其他各社デ各社ノ人ヲ実地ニ即シテ訓練シ、各社ノ主管者ハ人事アル度ニ其ノ人カラ聞クベキデアリマス。人モ中央ニ集メルトドウモ実際ソノ能力ノアル様ニ訓練シテ置クベキデアリマス。又平素カラニ遠ザカル様ニナッテ駄目カト思ヒマス。生キタ資料

ソレデ今日住友デヤッテ居ルモノヲ一歩進メテ多少完全ニスルトイフコトハ、結構ダト思ヒマスガ、三菱ノ様ナ機関ハ、徒ラニ金ヲ使ッテ仕方ガナイダラウト思ヒマス。

(小畑忠良電線取締役業務部長)先程カラ「役ニ立ツ一般経済調査」トイフ事ガ言ハレテ居ルノデアリマスガ、大体此ノ一般経済調査ノ目的ニハ二ツ有ルノデアリマス。一ハ経済界ノ大キナ流レノ方向ヲ知ルトイフコト、二ハ経済界ノ明日ノ動キヲ知ルトイフコトデアリマス。経済界ノ流レヲ知ル為ニハ、色々統計資料等ヲ参酌シテ基礎的調査ヲ為ス事ガ必要デアリ、明日ノ動キヲ知ルノハ機ニ応ジテ起伏ヲ見ル事ガ大切デアリマス。処デ一般ニ此ノ両者ヲ混同シマス為ニ、調査ノ効能トイフ事ニ付キ誤解ガ生ジ易イノデアリマス。偶々明日ノ動キヲ見誤ツタ為メニ、方向論ノ研究ハ無益無用トハ申サレマセンシ、逆モ亦同様デアリマス。

一般ニ私共ガ日常ノ仕事ヲスル上ニ必要ナノハ明日ヲ知ルトイフ事デアリマシテ、之ニハ手近ニ在ル特種ノ利用スル事ガ肝腎デアツテ、私ハ上京ノ都度、日銀、大蔵省等ニ就イテ研究シテ居ルノデアリマス。調査ノ仕事ヲスル者モ、方向論ノ研究ト同時ニ明日ヲ知ル事ガ必要デアリマシテ、ソレガ為ニハ知人モ多ク、広ク交際ヲシ得ル人デナケレバナルマイト思ヒマス。室内デ基礎的知識ノ研究許リシテ居ツタノデハ、動々モスルト調査人ハ軽侮サレ易イノデアリマシテ、一応ソウシタ基礎知識ノ出来タ者ニ特種ヲ知リ出ス機会ヲ与ヘル事ガ必要デアリマス。ソレデ幹部ノ人々モ、出来ルダケ特種ヲ調査ノ者ニ報告シテヤル事トシ、又調査ノ者ハ時々特種ノ多イ東京へ行ク事トシテ、役ニ立ツ調査ノ出来ル様心懸クベキダト思ヒマス。

(小倉正恆総理事)私ノ考デハ、技術ニ限ラズ経済ノ事ニ付マシテモ、各社ガ実地ニ即シテ独自ノ研究ヲスルト同時ニ、又根本的ノ基本的ノ調査ヲスル事ガ必要デアルト思フノデアリマス。学術ト実際ハ本来両立スベキモノデアリ、両方トモ必要ナモノデアリマス。

従来私ノ仕事ノ経験カラ申シマシテモ、仕事ノ上デ大方針ヲ誤リマスト自然損失モ大キク、小サイ方針ヲ誤ツタトキハ比較的傷ガ浅クテスム様デアリマス。

第二部　住友合資会社

第四章　住友合資会社（下）

機関ヤ人ノ問題ハ第二トシマシテモ、基本調査ハ凡ユル事ニ付テ絶対的ニ必要デアッテ、必ズ人ニ頼ラズ自分デ調査スル事ニ心懸クベキデアリマス。

此ウシタ意味デ、私ハ機関ノ必要ヲ確信スルノデアリマス。唯、余リ金ノカ、ラヌ様ナ適切ナモノヲ作ル方法方式又ハ人ノ養成トイフ様ナ問題ニ付キマシテハ、一層研究ヲ重ネナケレバナルマイト思ヒマスノデ、此ノ点ハ皆様デ可然御願致シマス。

五月、鉱山課長兼商工課長小林晴十郎は商工課長専任となり、鉱山課長に炭礦奔別鉱業所長代理者兼経理課長安井冨士三（T9東大経、安井曽太郎弟、のち鑛業取締役経理部長）が起用された。

同月工作部は住友ビル、東京住友ビルが完成し、連系会社の新規起業もなくなって赤字が続いているため、廃止されることとなり、代わりに常務理事直属の課として営繕課が設置された（資料8）。前年末別子支配人から合資会社参事となっていた増谷平八（M42東大法）が営繕課長となった。

六月、工作部長長谷部鋭吉、建築課長竹腰健造ら二九名の退職者により、株式会社長谷部竹腰建築事務所が設立された（資料9）。合資会社は資本金一〇万円、二〇〇〇株のうち一八〇〇株を出資した。長谷部鋭吉と竹腰健造が常務に就任したが、発足に当たり竹腰健造は次のように述べた。(3)

今不況のどん底に、われわれは新しく建築事務所を発足したのである。住友関係の事業会社には、今のところ殆ど建築の仕事はない。自然外部の仕事の委託によらねば事務所の経営は成立しない。結果は他の同業者との競争といふことになる。しかし欧米の例からいっても、アーキテクトの仕事はプロフェッションであってオーナブルな仕事であり、社会的な地位も普通のビジネスマンより高く見られている。請負人や一般の商人はビジネスマンであって、英国などは、手紙でも請負人に対してはミスター何々と書くがアーキテクトには何々エスクァイヤーと書いて

八七〇

尊敬の意を表されていることになっている。したがってアーキテクトは請負人やビジネスマンのような、見苦しい競争はできないことになっている。

われわれは建築の技術においては、住友建築課の伝統と栄誉を受け継いでいるから、充分の自信がある。また世間も認めている。この栄誉と技術を持っておれば、不潔な技巧をろうして仕事を求めずとも、おのずから委託者があるに違いない。また醜悪な仕事の獲得はその品位を害するばかりでなく、ひいては昔育成された住友というものの世間の信用をも損ずることとなる。いかに繁栄しても、建築界から指弾され嫌悪されるようなことになりたくない。われわれは建築界全体からも、また社会一般からも尊敬される建築事務所を作りたい。

八月、川崎造船所が経営する静狩金山(北海道胆振国山越郡)と住友合資の来馬鉱山、小鉾岸鉱山を併せて、静狩金山株式会社を設立した。主管者の常務は鴻之舞鉱業所支配人小池寶三郎(M39大阪高工採鉱冶金)が兼務した(「五(二)3　静狩金山株式会社の設立」参照)。

同月、炭礦常務小川良平が北海道歌志内礦業所視察中炭車に接触して殉職し、九月後任の主管者常務に合資会社技師長古市六三(M43東大工・採鉱冶金、古市公威長男のち本社技師長・帝国鉱業開発副社長・社長)が就任した。

十月、下期の業績良好なるをもって、期末賞与の外特別賞与が支給されることとなった(資料10)。この特別賞与の実現について、常務理事川田順は自ら率先して住友の薄給主義の是正を図ったと述べている(4)。

十一月、家長住友吉左衛門友成は、近衛文麿の媒酌により西園寺八郎(公望養子)二女春子と結婚し、住友家と西園寺公望との関係は一層強固なものとなった。これに先立ち大正十五年三月、前家長友純の死去により、家督を相続した厚(友成)の後見人となった総理事湯川寛吉は、その六月住友家と西園寺公望の関係について内大臣牧野伸顕を訪問している。牧野伸顕は、夫人が元総理事鈴木馬左也の兄外交官秋月左都夫の夫人と姉妹であった関係上、住友合資会社幹部とる。

第四章　住友合資会社（下）

も親しかった。牧野伸顕はその日記に次のように記している(5)。

大正十五年六月二十二日

帰京。官舎に於て湯川寛吉（住友合資総理事）氏を迎ふ。先般住友（吉左衛門）男逝去に付同家代変はりの事とて西園寺公に対する関係も自然改まるに付、何か同家に於て取るべき手段あらば注意致し呉れとの内話あり。其後考慮を加へ中川小十郎（註、西園寺公望秘書）氏とも相談の上、此際は特に具体的な事は差扣へ、只同家及び幹部に於て故男爵生前と同様の態度を以て公爵に対し、何か特に問題の発生したる時臨機考慮する事とし、又公爵百年（註、一生）の後は八郎氏を以て親族中の重もなる相談相手とする事、住友家は当主幼年にして然かも同家の事は影響するところ（ろ）広大にして私事たるに止まらず、国家的機関なれば前途其基礎の益々強固、安全なるは公益の為め望ましき事なれば、此辺の用意必要なるべし、余計の事ながら第三者として参考の為め希望を述べ置くと申聞けたるに、全く同感なり、此迄も左様に考へ居りたるが今御注意を拝し益々其心掛にて進むべく、尚将来何事にても具体的の御気附ある場合は御示しありたしとの事なりし。

牧野伸顕は具体的なことを何も記していないが、この直前内閣総理大臣秘書官原田熊雄は大正十五年六月四日をもって退官し、そのメモによると六月九日に湯川寛吉と、また二十一日に西園寺公望と会っており、その後七月二日付で住友合資会社に嘱託として採用された。原田熊雄の住友入社について、親友の作家里見弴は次のように述べているが(6)、事実は住友として西園寺公望の用務に当たらせるために、原田熊雄を採用したということである。なおこの先例として住友本店副支配人山下芳太郎が、明治三十九年（一九〇六）一月から四十一年七月の間第一次西園寺内閣の総理大臣秘書官を勤めたケースがあった。

大正十五年、住友合資会社に入社して間もなく、当時の総理事湯川寛吉から、西園寺は、原田に、社務の余暇、自

八七一

分の用を足して貰ひたいとの希望をもつてゐるが、住友家としては、老公の実弟にあたる先代の逝去後、その実家に対して何かと不行届がありはしまいかと、密かに苦慮してゐた折も折、幼少から老公の眷顧に浴し、よく気心も呑み込んでゐる貴下に、老公の用を承つて貰へれば、これに越した幸はない。殊に、老公自身の発意に依るのだから、誠意を以つて勤められたい、との話があり、勿論、原田は、喜んでこれを受けた。

原田熊雄は、昭和八年三月東京住友ビルディングが完成すると、四階の一室を与えられ、その活動の記録は近衛文麿親友松平康昌（貴族院議員、内大臣秘書官長、宮内府式部官長、宮内庁式部官長）によって『西園寺公と政局』全九巻として出版弟秀麿夫人によって速記され、ビルの地下金庫に納められた。原稿は後に上記里見弴によって編集され、第二次大戦後された。

原田熊雄によると、西園寺と住友の関係は、昭和六年末犬養内閣が成立し、昭和七年一月解散総選挙を前にして、次のようなものであった。(7)

先日、中橋さん（註、徳五郎内相）に会ったところ、中橋さんの言ふのに、「今の政府の困つてゐるのは、解散の費用がないことで、自分ならば、二百五十万円の私財の一部も割いて百万円は作れると思ふ。三井も或る程度までは出だらうし、自分が手をつけるつもりだったが、犬養（註、毅首相）自身でやる様子だから自分はやはりやめた。しかし三菱や住友もどうかと思つて小倉（註、正恆住友合資総理事）に話してみたところ、小倉は『絶対にできない。今まででどちらの政党にも出したことがないから困る』と言つてゐた。『しかしお前がそんなことを言ふなら、西園寺公に頼むぞ』と言つたら、『西園寺公が許される筈はない』といふ風な話で、これも駄目らしいが、どうだらう。」と

いふことであったから、原田熊雄は、「それは駄目です。西園寺公は前々から住友に対して、『絶対に政治の渦中に入つてはいか

第二部　住友合資会社

八七三

第四章　住友合資会社（下）

ん。住友はどこまでも中立で、政治には一切関係しないやうにしなければいかん』と喧しく言つてをられるから、とても駄目です。」と答へたところ、「実は他の準備はすつかり出来たけれども、それだけが・・・」と非常に焦つてゐる様子だつた。

「あゝさうか」と言つて、

十二月、常務理事兼人事部長川田順が兼務免となり、人事部長に人事課長田中良雄が昇格した。経理部長大屋敦は肥料製造所専務取締役支配人河井昇三郎が就任した。総務部長篠崎兼二が退職し、大屋敦が兼務していた総務部長には、製鋼所取締役支配人河井昇三郎が就任した。林業所の合理化に成功した支配人佐伯正芳が地所課長に、後任の林業所支配人に支配人代理者兼総務課長平賀五郎（T7京大農）が昇格した。また既に述べた通り理事鷲尾勘治が退職した。同月総理事小倉正恆は、貴族院議員に勅選された。これに対し当時常務理事であった川田順は第二次大戦後次のやうに批判している。(8)

政界との結びつきは、鈴木（註、馬左也）さんはやらなかつた。「住友は政治に関与すべからず」の鉄則が、おそらく廣瀬（註、宰平）、伊庭（註、貞剛）、鈴木さん達でうちたてられたのである。そして大正末期に入つてから、つまり小倉さんになつてからである。貴族院議員にはなる。中央官庁に出入りしたがる。台閣にも列する。一体製鋼所にしろ、住友のどこにしろ、政治家と関与する事によつて、企業がよくなつたといふ例があるでしょうか。「よい製品を安く売る」是以外にビジネスがある筈はない。田舎者が芸者を総揚げする様なものに出て、政治家を招待して、金を使ふ事など無駄な事をしたものである。向ふは一寸もほれてゐない。

このような空気が当時住友部内に感じられたのであろうか、小倉正恆は翌昭和九年五月に開催された主管者協議会に

八七四

おける訓示の中で、特にこの問題にふれ次のように述べた。

私ガ此ノ度勅選議員ヲ受諾シタコトニ就キ申上ゲタイ。住友ハ従来政治方面ニ関係シナカッタ―或ハ必ズシモソウデハナカッタカモ知レヌガ―御先代家長公ハ貴族院議員ヲ辞メラレ、湯川（註、寛吉）サンハ御退職後勅選ニナラレ現職デハオ受ケシナカッタ。住友ハ純粋ノ経済人トシテ政治ト経済トハ截然トシテ区別シテキタノデアル。私ハ考エタ。以前ハ以前、今ハ今、時代ガ異フ。昔ハ政治ト経済ガ別箇デヨカッタ。殊ニ世界ノ一般状勢ハ、我国ニ於テモソウデアルガ、純粋ナ自由経済時代ト云フモノハ無クナッタ。換言スレバ統制経済ニ急転回シタノデアル。従ッテ経済政策ハ国権ト結ビ付イタ政策ガ盛ンニ行ハレルヨウニナリ、国権ヲ中心トシテ経済活動ハ指導影響ヲ受ケルノデアル。住友ノ事業経営ノ大方針ヲ誤ラヌヨウ何等カノ形デ国権ニ結ビ付キ、関係ヲ保チ、遅レヲ取ラヌヨウニスルコトハ必須ノ事デアル。

勅選議員ニナッタノハ、国策ニ参与ノ機会ヲ与ヘラレタ訳デ、此ノ好機ヲ敢ヘテ御請ケシタ様ナ次第デアル。申上ゲル迄モナク国政ニ参与スルガ政治ニハ関与シナイ。政党ニハ関係ナク独自ノ立場カラ邁進致シタイト思フテ居ル。

私ハ研究会ニ入ッタガ、研究会ハ社交団体デアルカラ何ラ差支ナイ。一面カラ云ヘバ一朝有事ノ際無所属デハ相手ニシテクレナイ。発言ヲ有利ナラシムルタメニハ、有力ナ団体ニ入ッテ置クコトガ必要デアル。湯川先輩モ入ッテ居ラレタ関係モアルガ、真意モ其処ニアリ、貴族院ニ入ッテ会期ノ1/3バカリ出席シタガ感想ハヤハリ入ッテヨカッタト思フ。委員会ニ出席シ、傍聴シタガ非常ニ有意義ダ。大臣モ丁寧懇切デ、金買上問題ニ就テ質問ヲシタ処大蔵大臣カラ親切ニ答弁ヲ賜リ大変有難ッタ。貴重ナ時間ニ出席スルカラニハ何カ収穫ガ無クテハナラヌ。暫ク此倪ヤッテ見テ無益ナラバ止メルコトニスル。

斎藤内閣ハ取柄ガナイト考ヘテイタガ、大蔵大臣（註、高橋是清）演説ハ光ッテキタト思フ。蔵相ノ結論ハ一九三五

第四章　住友合資会社（下）

(二) 日本の政局の推移と常務理事川田順の退職

昭和七年下期以降回復に転じた住友全事業の業績は、九年から増益の連続となった（「二　業績」参照）。

昭和九年　これまで一月五日付で行われてきた昇給昇格が、一月一日付に変更され、前年末経理部長となった山本信夫が、技術者として電線常務秋山武三郎に次いで二人目の理事に昇格した。

二月、人事部労働課長津田秀栄（T7東大法、のち合資会社調査役・鉱山統制会理事長）は別子鑛山総務部長へ転出し、労働課渡邊斌衡（T11東大経、のち住友通信工業常務・日本電氣社長）が労働課長心得となった。

同月、株式会社住友肥料製造所は住友化学工業株式会社と改称、倍額増資により資本金二〇〇〇万円となった。翌三月合資会社は所有する化学株式を関係先及び職員に分譲した（「三　投資活動」参照）。

四月、住友の全事業の事業年度はこれまで暦年とされてきたが、伸銅鋼管の事業年度を四月から翌年三月までの会計

年、三六年此ノ時コソ真ノ非常時デ、未ダ今日ハ其ノ時機デナイ。今増税ヲヤツタナラバ、折角回復途上ニアル財界ノ芽ヲ摘ムコトニナル。現今ハ増税ヲセズ公債ニ依ラネバナラヌ。今ノ状態ハ非常ニ不安ナ状勢ニ在リ、米国等ハ最モ著シイガ、先ノ看透シガツカナイタメ、事業界、購買力モ安定ヲ欠キテヰル。斯ル時代ニハ先ヅ刺戟ヲ与ヘナケレバナラナイ。刺戟が事業ヲ動カス間ハ宣敷イノデアリマシテ、刺戟ニナル限リハ公債ヲ発行シテ、然シテ三五―六年ノ危機ニ備ヘル、トイフコトデ心強ク感ジルト共ニ、之ハ正道ナリト信ズル。私ハ米国ハ権道ヲヤツテイルカラ失敗バカリスルノダト思フ。$切下モ物価ヲ上ゲルコトナシニ、金解禁ヲヤルコトナシニ決行シテモ意味ハ無イ。正道ニ非ラザル権道ヲ踏ム限リ成功ハシナイ。蔵相ガ正道ニ拠リ、日本ガ正道ヲ歩ム限リ、安心ガ出来ルノデハナイカト思フ。皆サンモドウカ正シイ道ヲ歩カレ度シト希望スル

年度とする定款変更が承認された。これは次のような伸銅鋼管専務古田俊之助の申請によるものである。

伸庶第三五四号

昭和九年三月二十二日

専務取締役　古田俊之助

合資会社常務理事　川田　順殿

定款変更ノ件

当社事業年度ハ、毎年一月一日ヨリ六月三十日迄ヲ前半期トシ、七月一日ヨリ十二月三十一日迄ヲ後半期ト致来リ候処、当社製品ハ軍需品タル関係上、其納期ガ陸海軍其他官庁年度末ノ一、二、三月ニ偏スルコトトナリテ、前半期ト後半期ガ不均衡ト相成ル関係モ有之、一方陸海軍其他官庁ノ予算ノ内示ガ毎年一、二月ト相成ル為メ、毎年会計見積書ヲ十一月中ニ作成スルニ付不便不尠候ニ付テハ、今後ハ事業年度ヲ官庁ノ事業年度ト一致セシメ、毎年四月一日ヨリ三月三十一日迄ヲ一期トシ決算ヲ致ス等其他二、三ノ点ニ付、別紙(註、略)第一次案ノ通リ定款ヲ改正致度候間御承認被下度候。

尚之ニ関連シ、昭和九年ニ於テハ便宜一月一日ヨリ三月三十一日迄ヲ一期ト致度。

(後略)

なおこの際株式の一部を公開した(「住友合資会社(中)五(四)　土佐吉野川水力電気株式会社指定」参照)。

五月、土佐吉野川水力電氣株式会社は四國中央電力株式会社と改称、倍額増資を行い、資本金一〇〇〇万円となった。

六月、国産原料によるアルミニウム製造のため、住友アルミニウム製錬株式会社が設立され(資本金一〇〇〇万円、合資会社三五％、伸銅鋼管二五％、化学一五％出資)、連系会社に指定された。主管者常務取締役には山本溌(M40京大理工・物理、電線取締役・合資技師長)が就任した(「五(四)　住友アルミニウム製錬株式会社の設立」参照)。

七月、合資会社事務章程改正により、駐在員設置が定められ、大連駐在員事務所が設置された(資料11)。従来ベルリ

第二部　住友合資会社

八七七

第四章　住友合資会社（下）

ン等の駐在員は、合資会社各課から派遣されたものであったが、大連駐在員は特定の部課に所属しなかった。

同月、別子鑛山専務龍野昌之が辞任し、常務取締役三村起一が後任の主管者専務に就任した（「住友合資会社（中）五㈢」

住友別子鑛業所の住友別子鑛山株式会社への移行」参照）。

九月、満洲において住友伸銅鋼管の技術を導入して継目無鋼管の製造を行うことを目的として満洲住友鋼管株式会社が設立され、連系会社に指定された。資本金一〇〇万円で、合資会社は四〇％を出資した（伸銅鋼管六〇％出資）。主管者専務取締役は、伸銅鋼管専務古田俊之助が兼務したが、その下の常務に合資会社総務部地所課長佐伯正芳が転出した（「五㈤　満洲住友鋼管株式会社の設立」参照）。なお地所課日比文雄（T 11 東大経、のちビルディング支配人、戦後大阪建物社長）が地所課長心得となった。

十月、下半期期末賞与で各社の業績に応じて、各社の総人員に対する期末賞与金規定給与総額の何割かの範囲内で臨時割増賞与の支給が決定された。住友ではこれまで連系会社の業績が連系会社の業績によって賞与に格差をつけるということはなかったのであるが、この決定は連系会社の業績の格差が無視できないほど大きくなったことを示している。

十一月、住友別子鑛山新居浜製作所が分離独立して、住友機械製作株式会社が設立され、連系会社に指定された。資本金五〇〇万円で、合資会社は二六％を出資した（別子五〇％、製鋼所二四％）。主管者の常務取締役は別子専務三村起一が兼務した（「五㈥　住友機械製作株式会社の設立」参照）。

同月静狩金山は会長制を設け、連系会社に準じ総理事小倉正恆が会長に就任した。また博多販売店は福岡販売店と改称した。これは福岡住友ビルディングの完成に伴い、入居する銀行、信託、生命保険等の各支店が福岡支店と称するのに合わせたものである。

昭和十年　一月、人事部長田中良雄は人事課長兼務免となり、人事課長代理香川修一（T 13 東大法、のち住友電氣工業常務

・常任監査役、日新電機社長)が昇格した。香川の日記によれば田中は香川が着任すると、早速香川に対し次に述べるような四月に入社する住友各社の新人全員の歓迎懇親茶話会の企画を命じたものとみられる。田中は既に昭和八年十二月人事部長に昇格すると、かつての総理事の鈴木馬左也や湯川寛吉にならって、月二回(第一・第三水曜)面会日を定めて自宅(大阪市東区谷町社宅)を開放し、各社職員の来訪を歓迎していた。同月、日本板硝子は会長制をとり、連系会社に準じて総理事小倉正恆が会長となった。また電線では伸銅鋼管・製鋼所と同様専務制をとり、常務秋山武三郎が専務取締役に、取締役小畑忠良が常務取締役に就任した。

総理事小倉正恆は、前年末頸部に腫瘍ができ、正月早々手術したが、容態が悪化し、一時は重体に陥り、二月半ばようやく退院することができた。川田順夫人の日記によれば、川田は、鈴木馬左也が一九年間も総理事を続け、しかもその後中田、湯川、小倉と順番に総理事に就いて人事が停滞していたので、小倉はこの大病を機に引退すべきであったと批判していた。

四月、好況を反映して、昭和十年の学校卒業生の新規採用は、九年の二九八名から約一〇〇名増加して三九四名に達した。これらの大量の新卒を迎えてその各社への配属が終わった四月十九日住友では初めて全員を大阪の住友ビル(現住友銀行本店ビル)六階食堂に集め、歓迎懇親茶話会が開かれた。この新人生歓迎懇親茶話会は総理事の挨拶、理事(当初は今村幸男)の講話、新人代表の答辞という形式を踏襲して昭和十六年まで続けられた。もともと住友では大正末から昭和初にかけて、例年二〇〇名以上採用してきたが、不況のため昭和五年には二〇〇名を割って一七五名となり、六年一〇六名、七年五八名と採用数は激減し、八年に至ってようやく一六一名に回復していた。こうした新卒の採用は、既に述べたように合資会社人事部が各店部連系会社の需要に基づき一括して行っていたが、合資会社人事部は選考終了後直ちに合格者に対し配属先を通知し、新卒は現在のように四月一日に一斉に入社するのではなく、学校卒業後配属先の指

第二部　住友合資会社

八七九

第1表　職員数比較表（各年末）　　　　　　　　　　（単位：人）

資　　格	昭和5年	6年	7年	8年	9年	10年	11年
高等職員	9	9	8	7	11	11	9
一等職員	32	32	35	46	52	46	54
二等職員	997	925	899	903	970	1,086	1,186
三等職員	2,068	2,114	2,100	2,153	2,220	2,276	2,366
四等職員	1,066	1,025	1,028	1,014	1,124	1,325	1,502
医務職員(四等相当以上)	81	80	83	87	93	101	140
学校職員	40	38	39	40	44	47	47
嘱託員　(四等相当以上)	49	39	44	49	51	55	27
補助職員	836	763	780	831	863	926	971
医務職員（補助相当)	26	23	24	26	24	25	24
嘱託員　(同)	6	1	2	4	4	5	4
小　　計	5,210	5,049	5,042	5,160	5,456	5,903	6,330
準職員	1,512	1,484	1,528	1,713	1,968	2,228	2,478
合　　計	6,722	6,533	6,570	6,873	7,424	8,131	8,808

出典：各年「処務報告書」

定した日時に各々出頭し、入社していた。しかしまず住友銀行では大正十一年に三五〇名という大量の新卒が従来通り二月末から四月末までに五月雨式に入社する事態となった上、大正十二年からはこれらの新卒をすべて実務講習会に参加させることとしたため、同年から現在のような原則として四月一日に全員を集合させて入社式を行う形となった。銀行に次いで比較的新卒者の多い住友生命が設立直後の大正十五年から、また新たに連系会社に加わった住友信託が昭和二年から、合資会社本社と伸銅鋼管が昭和三年から同様に四月一日に入社式を行い、辞令を交付することとなった。これは「住友合資会社（中）」の「一統轄システム」で述べたように合資会社本社でも昭和三年から実習が本格化したのに伴いとられた措置とみられる。なお合資会社本社ではこうした四月一日の輻輳を避けるためか、あるいは当時四月三日が神武天皇祭で祝日であったためか、昭和六年から入社式を連系会社から遅らせて四月四日に設定していた。

不況の間採用減と平行して人員整理が実施されたため、住友の全事業の職員数は六〇〇〇人台に止まっていたが、準職員を含めた大量採用により昭和九年末に七〇〇〇人台、十年末には八〇〇〇人を超えるという急膨張を示した（第1表）。特に製造会社の増加ぶりが

第四章　住友合資会社（下）

八八〇

第2表　合資会社(店部別)・連系会社人員表（各年7月1日現在）

(単位：人)

店部・連系会社	昭和6年	7年	8年	9年	10年	11年
合資会社(本社)	266	260	242	254	279	305
大連駐在員	—	—	—	—	3	3
東京支店	12	13	38	42	44	45
鴻之舞鉱業所	31	36	48	62	89	113
大萱生鉱業所	9	9	9	13	16	17
高根鉱業所	6	6	6	5	5	6
林業所	36	30	28	30	31	34
東京販売店	59	56	60	67	69	72
横須賀販売店	3	3	5	5	5	7
名古屋販売店	6	6	6	6	6	6
神戸販売店	7	6	6	9	13	15
呉販売店	6	6	6	9	8	8
博多・福岡販売店	7	7	8	8	9	8
京城販売店	—	—	6	7	8	10
上海販売店	4	4	3	6	5	5
大阪住友病院	60	58	58	63	61	62
住友別子鑛山	521	475	478	492	455	498
住友炭礦	398	370	374	364	400	421
住友伸銅鋼管	273	277	290	311	367	—
住友製鋼所	201	195	209	236	260	—
住友金属工業	—	—	—	—	—	743
住友電線製造所	238	243	258	278	288	312
住友肥料製造所	114	119	142	—	—	—
住友化学工業	—	—	—	191	234	261
住友アルミニウム製錬	—	—	—	15	28	38
満洲住友鋼管	—	—	—	—	20	40
住友機械製作	—	—	—	—	98	115
住友銀行	2,195	2,168	2,183	2,216	2,280	2,344
布哇住友銀行	9	8	8	8	8	8
シアトル住友銀行	5	5	5	5	6	6
加州住友銀行	5	5	5	4	4	4
住友信託	182	181	191	207	219	221
住友倉庫	278	260	264	262	262	260
住友生命保険	266	301	325	372	441	549
住友ビルデイング	6	6	6	6	6	7
大阪北港	29	31	33	37	39	39
土佐吉野川水力電氣	18	19	21	—	—	—
四国中央電力	—	—	—	25	37	44
本家詰所	28	28	27	26	25	24
合　計	5,278	5,191	5,348	5,641	6,128	6,650

註：準職員以下及び兼務者を除く。
出典：各年「住友職員録」から算出、昭和6年のみ8月1日現在。

第3表　合資会社本社部課別人員表（各年7月1日現在）　　（単位：人）

部課・役職	昭和6年	7年	8年	9年	10年	11年
総理事	1	1	1	1	1	1
理事	6	6	6	6	6	6
監事	1(1)	1(1)	1(1)	1(1)	1(1)	1(1)
参事	—	1	—	—	—	—
監事附属員	—	—	1	1	1	2
検査	9	10	12	12	12	17(2)
調査	—	—	—	—	—	3
秘書	3	3	1	1	1	1
人事部	1(1)	1(1)	1(1)	1	1	1
人事課	16(2)	16(2)	16(2)	17(3)	17(1)	18(1)
労働課	12	15	15	14	14	14
経理部	5	6(1)	7(1)	5(2)	3(2)	2(2)
鉱山課	14	16	16	21	32	43
商工課	25(3)	24(1)	18	22	25	25
総務部	1(1)	2(1)	2(1)	2	2	2
庶務課	3	1	1	1	1	1
文書係	7	8	7	6	9	9
庶務係	11	11	11	12	9	11
秘書係	—	—	3	3	3	3
守衛	33	37	39	40	40	39
会計課	1	1	1	1	1	1
主計係	5	5	4	3	4	6
計算係	8	8	7	8	8	8
出納係	7	8	8	6	8	8
用度係	2	2	1	2	3(1)	3(1)
地所課	14(3)	15(1)	12	11	10	11
工作部	2(1)	2(1)	—	—	—	—
建築課	56(3)	46(3)	—	—	—	—
工作課	15(2)	—	—	—	—	—
工務課	16(1)	14(1)	—	—	—	—
営繕課	—	—	24(1)	20(1)	14	15
嘱託事務	1	1	1	1	1	1
実習	5	2	17	19	31	34
他社在勤	4	10	16	24	26	26
合　計	266	260	242	254	279	305

註：準職員以下を除く、括弧内は兼務者の内数、他店部を兼務する者は含まない。
出典：各年「住友職員録」から算出、昭和6年のみ8月1日現在。

顕著であった(第2表)。また合資会社本社も工作部の解散により一時縮小したが、その後朝鮮の鉱山の買収によりそれらへの出向者を含む鉱山課の人員が大幅に増加し、また本社に在籍のまま日本電氣・大日本鑛業・土肥金山・静狩金山等経営を継承したり、新設された企業への出向者も増加して、昭和十一年央には本社の人員も三〇〇名を超えた(第3表)。昭和十一年にも十年と同様四〇〇名近い新卒の採用が予定されていたので、その大半を占める中等学校卒業生を収容する独身寮の建設が急務とされた。

住友の独身寮は、大正七年に開設された総合寮の寧静寮(大阪市南区鰻谷東之町、旧住友本邸南園跡、一二〇名収容)と大正九年開設された銀行の致遠寮(大阪府豊能郡豊中村、現豊中市一五〇名収容)があった。総合寮には、合資会社と銀行以外の連系会社に配属された新卒者を合同で入寮させており、大学卒業者の寮長と数名の六畳室委員(各自に六畳の個室を与えたのでこの名称がある)をして寮生の指導監督に当たらせていた。こうした人員急増に対処するため、昭和十一年四月猶興寮(兵庫県西宮市今津浦風町、一二〇名収容)、十二年二月自勝寮(大阪府中河内郡八尾町山本、現八尾市一一三名収容)が完成した。しかしその後も人員増加が続いたので十三年には銀行の致遠寮を総合寮として銀行以外の連系会社配属者も入居させ、十四年二月日慎寮(大阪府三島郡千里村字片山、現吹田市一四九名収容)、十五年三月謙和寮(兵庫県武庫郡鳴尾村、現西宮市三〇四名収容)、十六年三月遜志寮(謙和寮西隣、三三四名収容)と淡成寮(東京市渋谷区代々木西原町、一〇七名収容)と相次いで完成させていった。

昭和十年五月、上半期賞与には好業績を反映し、二等職員五割、三等職員乃至準職員には四割の臨時特別賞与が支給されることとなった。なお十月には下半期賞与も同様の特別賞与の支給が決定されている。かくして特別賞与の支給は最早恒常化したのである。

八月、経理部鉱山課長安井富士三は別子総務部副長兼経理課長へ転出し、別子総務部労働課長兼庶務課長神田勇吉

第二部　住友合資会社

第四章　住友合資会社（下）

（T10東大法、のち商工課長・経理部次長兼鉱山課長・安東軽金属専務・住友化学取締役）が後任の鉱山課長となった。

同月、停年規程が再び改正され、停年の例外「総理事及理事ニシテ銀行取締役会長ノ職ニ在ル者」の項中「理事ニシテ」の次に「監事若クハ」が挿入された（資料12）。この改正は、挿入文言から明らかな通り、理事兼監事松本順吉を対象としたものであった。松本順吉は昭和八年一月停年のところ三年間延長され、十一年一月に退職の予定であったが、この改正により引き続き在職し、十三年一月退職した。松本順吉は、明治六年生で、総理事小倉正恆より二歳年長であったが、同じ石川県金沢市の出身で、共に第四高等学校から東大法学部を明治三十年に卒業し、内務省に入省した仲間であった。明治三十二年小倉正恆は退官して住友に入社したが、松本順吉は同年文部省に転じ、四十年に至って住友に入社した。おそらく小倉正恆の推薦によるものと思われ、以後住友部内の席次は小倉正恆に次いでいた。今回の改正も八代則彦の場合と同様小倉正恆の指示によるものであろう。なお翌十一年一月の松本順吉の停年再延長に合わせて、監事附属員生野章作が検査役兼務となったことは、「住友合資会社（中）」の「一㈡1　監査及検査規程」で既に述べた。

昭和五年小倉正恆が総理事に就任して以来満五年を経過した。川田順夫人の日記によれば、川田は、小倉に引退する意思がないので、次のような組織改正を提案し、明治三十七年総理事伊庭貞剛が理事河上謹一や田邊貞吉とともに辞職して鈴木馬左也に譲ったように、小倉、川田の両名がともに退職するという意思であったということである。すなわち川田のいう組織改正とは、合資会社から銀行、信託、生命保険の金融部門を切り離し、合資会社は鉱業、商工業にのみに限定するという内容であった。したがって総理事制は廃止して理事長制とし、理事長に古田俊之助（当時住友伸銅鋼管専務）を起用するというものであった。これに対し小倉は、川田の趣旨は了解したが、実施は時期尚早として見送られた。なおこの川田の組織改正案については、次章「住友合資会社の解散と株式会社住友本社の設立」において改めて検討することとする。

九月、住友伸銅管株式会社と株式会社住友製鋼所が合併し、住友金属工業株式会社が発足した（「五(七) 住友伸銅管と住友製鋼所の合併による住友金属工業株式会社の発足」参照）。伸銅管専務古田俊之助が主管者の専務取締役に就任した。資本金四〇〇〇万円であったが直ちに増資して五〇〇〇万円とし、株式を公開した（「三 投資活動」参照）。

十月、総務部庶務課長加納純一（T8東大法、T10住友入社、のち生命常務・社長）は生命営業部長へ転出し、庶務課富岡末雄（T3東亜同文書院、T7住友入社、のち上海販売店支配人・本家詰所支配人）が庶務課長に昇格した。

十二月、ビルデイング常務多田平五郎が停年のため辞任し、後任の常務は多田平五郎の就任以前の形式と同様合資総務部長河井昇三郎の兼務となった。

常務理事川田順は小倉正恆との連袂辞職を小倉に拒否されたので、単独で退職の時期を考えていたと思われるが、他方で川田に退職を余儀なくさせる事態が進行しつつあり、この年末「肝が決まり、年改まったらば遅くならぬうちに辞職するつもり」だったという。その日は恒例の総理事小倉正恆の年末挨拶の日でもあった。この挨拶の中で特に女性問題について改めて注意を喚起するくだりがあり、しかもその際総理事は川田順を一瞥したことに、ほとんどの職員が一般的な注意と聞き流した中で、人事課員田中季雄（S5京大経、のち住友金属常務・住友軽金属社長）だけはそれを見逃さないで、挨拶終了後に指摘したという。

当時の住友において女性問題については、たとえば住友部内に勤務する職員間の結婚については、女子職員だけではなく男子職員も退職するという取り扱いがなされていたほど厳格であったので、後に述べるように幹部に女性問題が生ずれば、一層弁解の余地は無かったものと思われる。

昭和十一年は既に述べた昭和七年と同様選挙で明けた。昭和七年の場合は政友会が勝利を納めたが、五・一五事件で首相の犬養毅を失い、以来政友会は多数を占めながら挙国一致内閣のため政権につくことができなかった。従って昭和

九年七月成立した岡田内閣に対しても非協力的であったので、首相岡田啓介は、第二党の与党民政党の勝利を望んで一月二十一日衆議院を解散した。当時民政党の代議士であった松村謙三(のち改進党幹事長、鳩山内閣文相)は次のように述べている。[11]

当時、元老・重臣の間では、西園寺公をはじめとして、時局を収拾するために、やむをえず挙国一致内閣をつくったのだが、憲政の常道として、なんとかして政党内閣にかえしたい —— と一方ならぬ苦心努力をされた。斎藤実内閣が瓦解したのちに、やはり挙国一致の形式をもって岡田啓介内閣が成立をみたのであるが、民政党は全面的に協力する態度をとったのに、政友会は反発して正面から抗争をいどむという状態であった。なにしろ政友会は前回の総選挙で三百三人という大多数を得ており、なお二百七、八十人の勢力を保持しているので、岡田内閣としては民政党を与党に衆議院を解散し、政友会を相手に信を国民に問うほかない立場になってきたのである。第六十八議会の休会明けに、政友会の不信任案を迎えて政府は衆議院を解散した。昭和十一年の一月二十一日、その選挙は二月二十日となったが、このとき、岡田首相は選挙資金として百万円を提供した。民政党から入閣していた町田総裁は、与党側の選挙長という格であったが、当時の百万円という巨額には、さすがに驚いた。そして与党内では、その出所をいろいろと推測したが、だれも知るものはなく、結局は「首相と同じ福井県出身の関係で、土木建築の飛島組、熊谷組あたりから出たのではあるまいか。そのほかには、どうも心当たりがない」といううわさにとどまった。

さて、戦後になってから、私(註、松村謙三)が「町田忠治翁」の伝記編さんにあたり、その資料の検閲・執筆にとりかかるとき、関係事項の正確を期するため岡田元首相を訪問したが、そのときに「百万円問題」にふれて「飛島組とか熊谷組とか、そういう説もあったが、いったい真相はどうなのですか」と聞いた。すると岡田氏は、それは飛島や熊谷などではない。実はこうなのだ。——

時局に対処する方策として、どうしても衆議院を解散する道を選ぶほかないと、そう決意を固めて興津の坐漁荘に元老西園寺公を訪問して、その了解をもとめた。(註、昭和十年十一月十六日)そして民政党を与党として、政友会と戦おうとする所信を、くわしく述べて同意をもとめた。どうぞ、十分の成算をもっておられた公は、しばらくしてから「お話をうけたまわってみると、やむをえますまい。どうぞ、十分の成算をもってやられたい」とはっきり言われた。それではじめてほっとして、あいさつして座を立ちかかると、公は「ちょっと・・・衆議院を解散して総選挙となるのだが、選挙は金のいるものです。そのご用意はできておりますか」と聞かれた。私には思いもよらぬことなので「はっ、ご存じのとおり、私は一介の武弁で・・・そういうことは用意ができておりません」と言うと、公は「いや、貴方の言われることもよくわかるが、それでは私が、些少ながらご用立ていたしましょうから・・・」と静かに言われた。
 いかに好意をもたれるからといって、これが元老の言われることなので、びっくりしたわけだが、「なに、たいしたことではあるまい」ぐらいに考えて帰京したのであった。すると間もなく興津からの使者であるといって、私の手許に百万円の金がとどけられた。それは、大阪の住友の大番頭小倉正恆氏の手を通じてだ。それを選挙資金として提供したのが真相だ。——と、これが岡田元首相の直話だ。
 昭和十一年の年が明けて、原田が岡田首相に会うと、首相は「どうしても休会明け劈頭に議会を解散しなければならん」(六日)とか「解散の用意をしなければならん」(七日)と話していた。これを受けて原田の手帳によれば十一日原田は小倉正恆と会談しているが、これは西園寺が岡田に約束した一〇〇万円の受け渡しについての打ち合わせであったとみられる。その後岡田啓介によると「住友なんてわたしは知らないが、もう先方との話はついているとのことなので、松平康昌侯〈註、既に述べた原田熊雄の親友〉に京都までその金をとりにいってもらった」ということである。また住友合

第二部　住友合資会社

八八七

第四章　住友合資会社（下）

資会社の元帳によると、一月二十七日住友家会計に対し五〇万円を融資している。一方住友家会計では昭和九年度の合資会社配当金五五〇万円が昭和十年七月に入金済みとなっており、昭和十年下期末貸借対照表によるとその一部が一〇五万円の特定金銭信託となっていた。この特定金銭信託はその後昭和十一年一月十七日七〇万円、二十二日一二万円、二十五日二三万円と取出され、仮出金の形で十七日に三〇万円、二十七日に七〇万円が支出されている。これらの中から二十七日に京都鹿ヶ谷の住友別邸で総理事小倉正恆が松平康昌に対し合計一〇〇万円を手渡したものと思われる。何故原田自身が京都まで出向かなかったのかという疑問が残るが、これは原田が「二十四日から風邪を引いて、二十七日の朝まで寝てしまった」(14)ためである。後に原田自身が「先日病中自分に代って松平侯に公爵（註、西園寺）の所に行ってもらった」と述べているのは、(15)この岡田首相に対する一〇〇万円手渡し完了の報告であろう。

その後合資会社の元帳によると十一年三月末に上記融資分五〇万円が返済されており、また住友家会計の別途費では昭和十一年上期末に仮出金の三〇万円と七〇万円の計一〇〇万円の支出が特命支出金として振替え整理されているのがこの一〇〇万円の支出を裏付けるものと考えられる。

松村謙三はさらに次のように述べている。

　その後、私は西蔵（チベット）語「大蔵経」の出版で、故小倉氏にしばしば面接する機会を得た。あるとき、その話を小倉氏に聞いてみた。すると、小倉氏はうなずいて、感慨深げに語った。「それは確かに事実です。そのときに老公は私を呼ばれて、これこれ、しかじかの次第だから百万円ほど調達してもらえまいか——との仰せでした。住友家の当主は、ご存じのように老公の弟（註、甥）に当たる親戚関係にあったからでしょう。老公は久しく政友会総裁たる地位におられましたが、住友家に、そのように多額の用達を依頼されたことはなかったし、とにかく百万円の巨額でありましたから驚きました。しかし、それはよくよくのことと拝察したので、老公の意中を推して、その配

慮をいたしたのであります。いわゆる非常時局―軍部の強圧によって、政党が日に日に萎縮する情勢を見ると、政治の前途はどう成りゆくか。老公はこれを憂えられて、政治の軌道を正しく持ち直させたい、そうした意向から、岡田内閣を支持されたことと信じます。政友会にたいする旧縁と感情とを超越される心事を察しますると、一意、国家を思われる公明な至情に感嘆するほかはなかったのです。当時は秘密にされたのですが、もういまとなってはなにかの機会に発表されても、さしつかえなかろうと思います」と、西園寺公の依頼をうけた前後の事情を語られた。

西園寺公は伊藤公の後を受けて政友会の総裁とならられ、政友会を手塩にかけて守り育てられた人であるのに、その政友会を打破し、反対党の民政党を味方として解散の決意をした岡田内閣に了解を与え、そのうえ巨額の選挙資金まで配慮寄付せられた公の気持ちは、なんとかして重大な時局を匡救し、憲法を護り議会政治を正しく守りたてゆきたい一心‥‥であったことが思い知られる。総選挙は、その二月二十日に行なわれ、その結果は民政党が大勝を博して第一党となり、政友会と地位を逆転したが、その二月二十五日にとくに臨時閣議を開き、選挙の結果を報告して、岡田総理大臣はじめ各閣僚は喜色満面、凱歌をあげた。その閣議後には祝賀の午さん会を開いたが、内田信也氏の発議で祝勝の杯をあげ、高橋是清翁が音頭をとって万歳を唱えた。なんぞ計らん、それから二十時間と経たない二十六日の早暁、二・二六事件は勃発し、その首相官邸は襲撃を受けて、祝杯をあげた高橋翁は非業の死を遂げ、西園寺公の苦心も、岡田首相以下の努力も、すべて水泡に帰したのであった。

二月二十六日、総理事小倉正恆は上京の途次にあったが、急遽大阪にとって返した。事件では、住友と関係の深い西園寺公望は青年将校側の意見不一致で襲撃を免れたが、牧野伸顕は湯河原の旅館で襲撃されて辛うじて脱出した。そして何よりも第二次襲撃目標には家長住友吉左衛門友成の名前さえ上がっていた。その夜半歌人五島茂によると、常務理

第二部　住友合資会社

八八九

第四章　住友合資会社（下）

事川田順が「急に住吉（註、兵庫県武庫郡住吉村、現神戸市東灘区、川田順宅のあった御影町に隣接）の拙宅に自動車で来訪され、自分は生命の危険を感じているからと密封した書類袋を手渡され、これを暫く預ってほしいといわれて、急いで帰ってゆかれた。二・二六はまもなく叛乱軍が鎮圧されて書類袋もお返ししたが、その内容についてはおききしなかった。」ということである。一方川田順は既に述べた通り年が改まったら遅くならないうちに辞職するつもりでいたところへ、突然事件が勃発し、この事件の成行如何によっては辞職するどころではなかったので、事件が鎮静するまで辞職できなかったのであると説明している。[17]

五島茂と川田順の両者の話を総合すると、五島茂の預かった書類は金に関係するものではなかったかと推定される。当時合資会社において、正式に会社として行った寄付援助は相手先・金額がすべて把握されているが、それ以外に社内的に相手先を明示し得ない支出は総理事・常務理事の特命支出の形で行われており、昭和十年度で総理事・常務理事本人に対する俸給・賞与・交際費の他にこうした特命支出を含めると、特命支出の総額は総理事小倉正恆で一三七万円、常務理事川田順で一四七万円に上がっているからである（常務理事の方が多いのは高等職員の賞与・退職慰労金の支出が常務理事経由で行われているからである。領収書があれば当該団体・個人の所得になる）、税務上使途を明らかにできないと家長の所得とみなされている。たとえば退職慰労金において、規程額分は受取人の課税所得となるが、加算分は受取人の課税所得分と家長の所得分に分けられており、功績があったと評価される者ほど後者の比重が高くなる。これは規程のなかった個人営業時代の家長からの慰労金の名残りとみられる）。今回の二・二六事件においても、三井は北一輝に年間一〇万円程度の補助を与えていたので池田成彬は襲撃を免れたというし、[18] さらに昭和八年明倫会を創設した石原産業社長石原広一郎は明倫会理事退役陸軍少将斎藤瀏に援助をしてきたが、特に事件直前に与えた金が事件の決行資金に使用されたため反乱幇助に問われたケースがあり、[19] 住友として直接事件に結びつく資金ではなかったにせよ、事件関係者と全く無縁であったとは言い切

れないのである。

特に上記斎藤瀏は陸軍軍人であると同時に、川田順と同じ佐々木信綱の主宰する竹柏会に属する歌人であった。昭和五年退役後経済的に逼迫していた斎藤瀏に対し、川田順が全く無関係であったか疑問である。事件後、佐々木信綱以下竹柏会の幹部が豊多摩刑務所で服役中の斎藤瀏を見舞う中に、既に住友を退職して時間的に余裕があった筈の川田順の姿は見られなかった。(20)川田順は、斎藤瀏が昭和十三年九月仮釈放され熱海で静養中の昭和十四年、斎藤瀏からの要請で事件後初めて熱海に出かけて会っているのは、この間の事情を物語っているのではなかろうか。(21)上記石原広一郎は、東京憲兵隊本部の事情聴取に対し次のような感想を提出しているが、(22)川田順も西園寺公望や牧野伸顕、果ては家長にまでも累を及ぼしかねなかった斎藤瀏との関係について石原広一郎と同様の感想を抱いていたのではないかと思われるのである。

私の斎藤君に渡した金の一部が事件に使用され、斯る大事件を見つった事を知るに及び、私は昭和七年初め腐敗堕落せる政治、国民生活の不安、思想の悪化より現状に放任せば何日不祥事が起るやも不計、之を未然に防ぐには政治家、実業家は勿論、官憲の反省を促すにあり。又一方には青年の気分を融和し、以て平和裡に庶政一新し非常時打開するに在りとして、五ヶ年画し来りたるに、事が反って逆の事実を産みたることは真に恐縮に堪へず。

三月二十日、元住友総本店理事久保無二雄が死去した。既に大正七年に住友を退職した過去の人であったが、大正十一年四月住友吉左衛門友純から継嗣厚の補導役として訓育・補導に当たることを仰せつかっていた。この久保無二雄の死去によって、川田順にとって住友退職後の身のふり方について、報道機関に対する説明がつけられることとなり、総理事小倉正恆に辞意を表明したものとみられる。すなわちそれは、家長友成(厚)は既に成人し、結婚もしているので補導役というわけにもいかないので、川田順は「住友家の内事に関与する為」退職するというものであった。川田順夫人

第二部　住友合資会社

八九一

第四章　住友合資会社（下）

の日記によれば、川田は同時に夫人に対しても退職の理由を久保の後任と説明しているが、夫人からそれが果たして常務理事を辞任してまでもやらなければならない仕事であるかと追及され、最後にはそれが全くの口実にすぎないことを認めざるを得なかった。

川田順の辞意を受けて、総理事小倉正恆は後任の人事異動を五月十日停年退職する理事兼電線専務秋山武三郎と共に、五月九日土曜日に行うこととし、四月十八日川田順に伝えると同時に人事部長田中良雄に後任人事案の検討を命じた。田中良雄から話を聞かされた人事課長香川修一は日記に次のように記している。

今日夕方部長より意外なる青天の霹靂とも云ふべき人事の大異動の案を聞く。呆然たらざるを得ない。色々部長と案を練る。今回の異動川田氏の退引、結局人格の必要、女色の危険と云ふやうなことを痛感する。

年末総理事小倉正恆が暗示した女性問題がやはり存在していたということである。この時期川田順の女性問題といえば、のちに自ら『葵の女』を著して明らかにした徳川慶喜八女国子との交際であった。この初恋は、川田順が一高に入学した直後の明治三十三年二月国子が親友の川田順の妹を訪問したのがきっかけであったが、その後川田順と同じ明治十五年一月生れの国子が大河内家に嫁ぎ、一方川田順もまた明治四十年自ら望んで住友に入社して大阪へ移り、四十三年に河原林和子と結婚したことで一旦終わりを告げた。ところがその後大正十三年に至って国子から川田順に詠草の添削の依頼があり、さらに昭和三年には大河内家公認の下で二人の交際が再開されていた。問題は川田夫人の方であった。大正六年住友に入社し、川田順の勧めで竹柏会に入会した歌人山下陸奥は、川田夫人について次のように述べている。[23]

川田さんの前夫人は、礼儀の正しい賢夫人型の人であった。たとえば私などが訪問しても、紋付の羽織に着替えて応接間に出て挨拶されるというぐあいであった。しかし、川田さんは仕事の関係で毎夜のように宴会がつづき、料亭等への出入が多く、住友の重役であり金廻りはよく、しかも美貌ときているからその方面でのもてかたは大した

ものであった。したがって夫人の心労も多かったと思われるが、しかし夫人は短歌に理解もなく、その家庭生活は決して温かいものではないようであった。

又昭和五年夏御影の川田邸に逗留していた親友武林無想庵は次のように記している。

川田順はわたくしの顔を見るなり身辺のことを語り出すのでした。問題は、彼の学生時代の初恋で、その後今日までずっと続いている、徳川十五代将軍の娘にまつわるいきさつでした。そして、それが三度目なので、こんどというこんどは我慢のできない和子夫人の逆鱗にふれ、ハタと当惑している際でした。一時は丹波の里へ戻り離婚沙汰まで起ころうとした気勢をみせましたが、元来保守主義の京都人なる夫人は、こんどもスキャンダルを怖れて我慢したと見え、表面はわたくしにはもちろん、二人の女中や書生に対しても、つねに変わらぬ無事な主婦姿を毎日見せていました。

川田順はこの武林無想庵の話をわざわざ自らの『私の履歴書』に取り上げ、武林の記憶力は定評があるけれども、離婚沙汰云々は間違いで、「ボクは住友在職中、家庭争議を起こすごとき行為はしなかった」と断っているが、この昭和五年の場合は表沙汰にならなかったために、川田順は常務理事に昇進することができた。しかし今回の場合は、夫人は退職に納得がいかないまま、真の理由は隠し通されたが、五島茂が「竹柏園のふるい仲間たちには有名だったこの『葵の女』との事件の噂が住友のワクにひびかなかったとは私には考えられない」と指摘しているように、小倉正恆の方が川田を切らざるを得なかったのである。

五月九日、常務理事川田順が退職し、翌十日停年退職する理事秋山武三郎の二人の後任として、生命専務國府精一と金属専務古田俊之助が理事に就任した。これと同時に合資会社事務章程が改正され、常務理事制を廃止して担当理事制とし、理事國府精一が人事部・総務部を担当した（経理部は理事山本信夫が部長兼務）。この合資会社の人事異動に伴い、

第二部　住友合資会社

八九三

第四章　住友合資会社（下）

連系会社の主管者の異動が生じた。理事國府精一は生命専務を辞任したため、倉庫常務北澤敬二郎が生命専務に、倉庫常務には倉庫取締役松井孝長（T5東大法）が昇格した。電線専務秋山武三郎の後任には常務小畑忠良が昇格した。常務理事の廃止で検査役は担当理事すなわち監事兼任の松本順吉の指示を受けることとなった。また参事の他に参与を設け、調査役・調査役補・調査役附属員が設置された（資料13）。調査役には別子鑛山総務部長兼業務部長津田秀栄（T7東大法、のち鉱山統制会理事長、北支那開発副総裁）が起用された。

調査役の設置は既に述べた昭和八年四月の主管者協議会における統一的調査機関の設置に関する検討結果とみられる。すなわち一般調査は商工課に残し、調査役は「特定ノ事項ニ関スル調査ニ従事ス」るとされた。この「特定ノ事項ニ関スル調査」とはいわば総理事小倉正恆の特命調査であった。小倉は昭和八年末貴族院議員に勅選されて以来、対外活動が激増しブレーンを必要としていた。津田秀栄に続いて、昭和十二年一月目﨑憲司（T6東大法、S7学位論文「鉄鋼及び石炭業における企業組織」により経済学博士、のち経理部調査課長兼務、大阪大学経済学部長）が調査役に起用され、二月には津田秀栄が人事部労働課長であった時の部下日向方齊（S6東大法、のち経理部鉱山課長・査業課長、金属社長）が調査役附属員に発令された。日向方齊は、昭和十五年二月小倉正恆が貴族院で行った「電力演説」について次のように述べている。
　石炭不足から関西地方を中心に電力が十分供給できなくなり、政府は石炭各社に出炭量を強制割り当てしようとした。貴族院議員でもあった小倉さんは貴族院の演説で、「もし石炭がほしいなら、価格誘導、炭鉱労働者優遇など増産刺激策を取るべきだ」と提案、政府の石炭、鉄鋼、電力などに対する価格抑制策を官僚統制として強く批判された。
　この演説原稿は、小倉さんが電力業界の大御所、松永安左ヱ門氏ら多くの人たちの意見を聴き、それを私がまとめ、津田秀栄さんにも見てもらった。翌日の新聞は「火を吐く熱弁」と激賞し、この演説が第二次近衛内閣に入閣する

きっかけになった。

その後昭和十九年二月本社直轄鉱山の住友鑛業移管に伴い、鉱山課は廃止され、経理部は商工課の機能である事業の監理及び企画育成と一般調査をそれぞれ分割して、査業課・企画課・調査課とした。調査役目﨑憲司が調査課長を兼務し、調査役附属員を調査課勤務とすることにより、一般経済調査と特命調査は実質的に一本化された。

参事という職制は、元来昭和四年十二月総理事・理事の命により参与を追加し、連系会社等に勤務したことのない國府精一の理事起用による指導力の低下を補おうとしたものであるが（「住友合資会社（中）」資料6参照）、今回の改正は六月参与にいずれも高等職員の銀行常務大平賢作と岡橋林の二人、参事には田島房太郎大阪北港常務以下一等職員で連系会社等（扶桑海上・日本電氣・日本板硝子を含む）の役員（専務・常務・常任監査役）となっている者二七名に対して行われた。

五月十日、住友合資常務理事川田順辞任のニュースは日曜日の朝刊各紙を賑わした。人事課長香川修一は、「朝八時に起きて新聞を見る。異動が出て居るが大体大した問題でなく、大阪迄他の新聞を買ひに行く、大朝、時事、関西日報皆順調で大に安堵する。」と日記に記し、川田順退職問題は終止符を打った。

九月鴻之舞鉱業所と大萱生鉱業所を合併して、北日本鉱業所を設置（所長小池寶三郎）し、十月朝鮮宣川鉱山を買収して以来、七年珍山、九年永中、十年仁興、十一年高原と相次いで買収した諸鉱山を併せて朝鮮鉱業所を設置（所長近藤次彦）した。これらの詳細は、それぞれ「五(二)4　北日本鉱業所の設置」及び「5　朝鮮鉱業所の設置」を参照されたい。

未曾有の好業績の結果、住友合資会社の配当は、昭和五年（翌年七月支払い）の二五万円を底として六年二〇〇万円、

第二部　住友合資会社

八九五

第四章　住友合資会社（下）

昭和七年（六年の収入を七年二月に申告し、税務署の意向で八年分を前倒しした）一〇二万円、八年一〇一万円、九年一六五万円と増加し、関西の長者番付のトップとなった。さらに続く十年には一九六万円、十一年四〇二万円と三井高公（九年三五八万円、十年一三六万円、十一年二五四万円）、岩崎久弥（九年一五六万円、十年二〇四万円、十一年二〇八万円）等を抜いて連続して全国の一位となった。三井家、岩崎家は本家中心の住友家と異なり各家が並立しているので、同日に論じられないが、当時の新聞各紙には大々的に報道されることとなり、次節「二　業績」で詳述するが、合資会社の配当政策と相俟って財閥に対する批判を如何に回避するかが大問題となってきた。

又二・二六事件で暗殺された高橋是清に代わって広田内閣の蔵相となった馬場鍈一は、準戦時体制の名の下に増税案をかかげ、その中に相続税の十割引き上げがあったが、これに対し住友家の相続税対策は十分ではなく、このため配当額を引き上げようとすれば、ますます財閥に対する批判が高まるというジレンマに陥り、合資会社の含み資産は増大する一方となった。他方大正十三年に停年規程の制定の見返りとして従来の退身慰労金規程に代わって新たに制定された退職慰労金規程によれば、住友の職員は他社と比較して相当有利な退職金を受け取ることができたので、職員を多数擁する銀行では昭和九年頃からその是正を求める声が上がっていた。

昭和十一年春以降これらの問題点の検討が進められ、その解決のために年末の理事会で合資会社の解散と新会社の設立が決定された。この詳細は、改めて次章「住友合資会社の解散と株式会社住友本社の設立」で検討することとする。

（資料1）

例第九五号　提出昭和五年十月二十二日　決裁昭和六年二月十二日

会計規程中改正ノ件

甲第二四号達

第二部　住友合資会社

（資料2）

例第七三号　提出昭和六年十月一日　決裁昭和六年十月三日

合資会社事務章程中改正ノ件

通達案

甲第四号達

案

会計規程中左ノ通改正ス。

昭和六年二月十二日

合資会社

第十八条乃至第二十条ヲ左ノ如ク改ム。

第十八条　各店部ハ日記帳、元帳並必要ナル補助帳ヲ備ヘ、之ニ日々ノ取引其他財産ニ影響ヲ及ホスヘキ一切ノ事項ヲ記載スヘシ。但シ本社ノ認可ヲ経テ伝票綴ヲ以テ日記帳ニ代フルコトヲ得。

第十九条　日記帳及元帳ノ様式ヲ設定又ハ変更シタルトキハ、本社ニ報告スヘシ。補助帳ヲ設定変更又ハ廃止シタルトキ亦同シ。

第二十条　各店部ハ、貸借対照表記入帳（様式第一号）、損益表記入帳（様式第二号）及財産目録記入帳（様式第三号）ヲ備フヘシ。

十月二十日提出商工課伺御決裁ノ上ハ左案ニヨリ通達相成可然哉。

第四章　住友合資会社（下）

住友合資会社事務章程中左ノ通改正ス。

　　　　　　　　　　昭和六年十月十日

　　　　　　　　　　　　　　　　合資会社

一、第十八条建築課ノ項ヲ左ノ如ク改メ、工作課ノ項ヲ削ル。

建築課　工事ノ設計製図、工事仕様書ノ調製、工事予算資料ノ取調、工事ノ施行監督並工事材料ノ保管ニ関スル事項。

一、現在工作部ハ、建築課ニ於テ、建築工事ノ設計監督ヲ、工作課ニ於テ土木、電気、機械各工事ノ設計監督ヲ、工務課ニ於テ右各種工事ニ伴フ事務ノ処理ヲ掌ル。

一、右ノ中、工作課ハ、以前ノ臨時土木課、臨時電気課ヲ併合シテ設置セラレタルモノナリト雖モ、右両課ノ主管シタル繋船桟橋工事、耳川電力工事ハ既ニ併合ノ当時ニ於テ終了乃至移管済ミニシテ、其後ハ主トシテ建築工事ニ付随スル土木、電気、機械、各工事ヲ主管セル実情ニ在リ、独立ノ一課ヲ設クル必要ニ乏シキヲ以テ、建築課ニ併合セシムルコト、致度シ。

一、課ノ名称ハ、建築工事ノ他、各種工事ヲ掌理シ得ル点ヨリ見レバ、或ハ「工作課」トスベキ理由ナキニ非ザルモ、其ノ主トシテ管掌スル所ニ従ヒ、且従来ノ沿革ヲモ考慮シ「建築課」トセリ。

（資料3）

1　例第五八号　提出昭和七年九月八日　決裁昭和七年九月八日

　本社事務章程中改正ノ件　　案

甲第一七号達

住友合資会社事務章程中左ノ通改正ス。

昭和七年九月十日

合資会社

一、第三条第一項中「課員若干名」ノ次ニ「監事附属員若干名」ヲ加フ。
一、第四条課員ノ項ノ次ニ左ノ一項ヲ加フ。

監事附属員

2　例第五九号　提出昭和七年九月八日　決裁昭和七年九月八日

監査及検査規程中改正ノ件

案

一　監事ノ指示ニ依リ監査ノ事務ニ従事ス。

甲第一八号達

監査及検査規程中左ノ通改正ス。

昭和七年九月十日

合資会社

一、第二条中「監事ハ監査ヲ行フニ当リ」ノ次ニ「監事附属員ノ外」ヲ加フ。
一、第六条中「監事」ノ次ニ「監事附属員」ヲ加フ。
一、第八条中「監事」ヲ削ル。

第二部　住友合資会社

第四章　住友合資会社（下）

備考

一、別案事務章程改正ニ依リ、監事附属員ノ置カル、ニ従ヒ、本規程ニ必要ナル改正ヲ施サントスルモノナリ。

二、第二条及第六条ニ「監事附属員」ヲ追加セルハ、当然ノ必要ニ基クモノナリ。

三、第八条ニ於テ「監事」ヲ削除シタルハ、監事附属員設置ニ際シ、監事及監事附属員ガ書類簿冊ニ押印スルコトヲ廃止セントスルモノナリ。即帳簿ヲ精査シテ、ソノ記帳計算ノ精確ヲ認証スルコトハ固リ検査ノ分野ニシテ、監査、検査ノ分立セル場合ニ於ケル監査ノ目的ニ非ズ。依テ、会計其ノ他ノ事務ニ対スル免責ノ意味ヲ有スル検査済ノ認印ハ、検査役及検査役補ノミ之ヲ為シ、監事及監事附属員ハ、監査ノ為メ帳簿ヲ査閲スルコトアルモ、免責認印ヲ為サヾルコト、定メタル次第ナリ。

（資料4）

例第（号外）号　　提出昭和八年一月七日　　決裁昭和八年一月九日

伸銅、製鋼、肥料、保険各定款中改正ノ件

伸銅鋼管、製鋼所、肥料製造所ニ各専務取締役一名ヲ置キ、保険ニ常務取締役ヲ二名以上ヲ置クコト、相成候ニ付テハ、右各社定款中別記ノ如ク改正ヲ要シ候間、本月定時株主総会（保険ハ二月）ニ付議セシムルコト、シ、左案通牒相成可然哉。

追テ事務章程ノ改正ヲモ必要トスル次第ナレドモ、之ハ追テ仰裁ノ事トシ、総会召集通知状ニ記載ノ要アル定款ダケヲ予メ仰裁シタル次第ナリ。

案

総務部長

伸銅、製鋼、肥料各常務、保険専務宛(親展)

定款改正ノ件

貴社定款中左記ノ通リ改正ノコトニシ、本月(保険二月)開催ノ定時株主総会ニ於テ決議ノ運ビト致度候ニ付テハ、株主総会召集通知状ニ提出議題トシテ記載方可然御取計相成度、依命此段得貴意候也。

記

(改正点添付　略)

(資料5)

例第(号外)号　提出昭和八年二月六日

停年規程中改正ノ件

昭和八年一月二十四日人事課伺停年規程中改正ノ件御決裁相成タルニ付、之ニ伴フ条文改正左案ノ如ク通牒相成可然哉。

案

甲第四号達

停年規程中左ノ通改正ス。

昭和八年二月十日

合資会社

一、第三条第一項ノ次ニ左ノ一項ヲ加フ。

総理事及理事ニシテ銀行取締役会長ノ職ニ在ル者ノ在職期間ニ付テハ、前項ノ制限ニ依ラサルコトアルヘシ。

一、第三条第三項(旧第二項)中「前項」ヲ「前二項」ニ改ム。

第二部　住友合資会社

九〇一

第四章　住友合資会社（下）

（資料6）

例第三八号　提出昭和八年四月十二日　決裁昭和八年四月十四日

合資会社事務章程中改正ノ件

案

甲第一七号達

住友合資会社事務章程中左ノ通改正ス。

昭和八年四月二十二日

合資会社

一、第三条第一項中「秘書役　若干名」ヲ「秘書役及秘書　若干名」ニ改ム。
一、第四条秘書役ノ項中「秘書役」ヲ「秘書役及秘書」ニ改ム。
一、第十六条庶務課ノ項中庶務係ノ項ノ次ニ左ノ一項ヲ加フ。

秘書係　総理事、理事及監事ノ命ニ係ル諸般ノ用務。

備考

現在秘書役事務取扱ニ於テ処理スル日常諸般ノ用務ハ、庶務課所管ノ事務ト密接ナル関係アリ。依テ、之ヲ庶務課ノ一係トシ、庶務課ノ他係ト緊密ナル連絡ヲ保ツテ、事務処理上ノ便益ヲ増進セントスルモノナリ。

参照（第四条秘書役ノ項）

秘書役

一、社長、総理事及理事ニ専属シ特命ノ事務ニ従事ス。

（資料7）

例第四〇号　提出昭和八年四月二十六日　決裁昭和八年四月二十六日

東京支店事務章程改正ノ件

通達案

甲第一八号達

東京支店事務章程別紙ノ通改正ス。

昭和八年四月二十八日

合資会社

（規程全文申請案ノ通リ）

東京支店事務章程

第一条　東京支店ハ本社ノ指揮ヲ承ケ、東京方面ニ於ケル諸般ノ事項ヲ掌理スル所トス。

第二条　東京支店ニ左ノ職員ヲ置ク。

　支店長　　　　一名
　支店長代理者　一名
　係長　　　　　若干名
　係員　　　　　若干名

第三条　職員ノ職務権限左ノ如シ。

　支店長

第二部　住友合資会社

第四章　住友合資会社（下）

一　規程及上司ノ指示ニ依リ、東京支店全般ノ事務ヲ管理シ、其ノ責ニ任ス。
二　部下各員ノ進退賞罰ヲ具状ス。
三　補助職員以下ヲ任免スルコトヲ得。
四　係員ノ分掌ヲ命スルコトヲ得。
五　部下各員ニ国内出張ヲ命スルコトヲ得。
六　予定ノ支出ヲ為スコトヲ得。
七　臨時費金額百円以内ヲ支出スルコトヲ得。
八　例規ニ依リ部下各員ノ願届ヲ処理ス。

前記各号中第三、第四ノ件及第七ノ著シキモノハ、之ヲ本社ニ報告スヘシ。緊急ノ事件ニシテ経伺ノ暇ナキトキハ、権限外ト雖臨機処分ノ後、直ニ本社ニ稟申スルコトヲ得。

支店長代理者
一　支店長ノ職務ヲ補佐ス。
二　支店長欠位又ハ事故アルトキハ、其ノ代理ヲ為ス。

係長
一　上司ノ指揮ヲ承ケ、其ノ係ニ属スル事務ヲ処弁ス。

係員
一　上司ノ指揮ヲ承ケ、各分担ノ事務ニ従事ス。

第四条　東京支店ニ左ノ係ヲ置キ、其ノ事務ヲ分掌セシム。

調査係　調査係ハ、関係事業其ノ他一般調査ニ関スル事項並本社ノ特ニ指定シタル事項ヲ掌ル。

会計係　会計係ハ、会計見積書、決算、金銭ノ出納並用度ニ関スル事項ヲ掌ル。

庶務係　庶務係ハ、人事、文書、職員倶楽部、警備其ノ他一般庶務ニ関スル事項並他ノ係ニ属セサル事項ヲ掌ル。

管理係　管理係ハ、ビルディング、電話、自動車等ノ管理ニ関スル事項並工務ニ関スル事項ヲ掌ル。

第五条　調査係
第六条　会計係
第七条　庶務係
第八条　管理係

（資料8）

1　会計課供覧第一号　提出　昭和八年三月十五日

昭和七年度分工作部損益表（略）並最近五ケ年損益状況一覧表

最近五ケ年工作部損益状況（単位千円）

摘要	昭和三年度	四年度	五年度	六年度	七年度	平均
工事施行額	二二九〇	三三三八	二五一九	一三八三	一七一三	二二三九
工事処理費戻入	一〇一	一五九	一〇五	一三五	八五	一一七
経費	二九〇	二八八	三三一	二四三	一七七	二六四
差引損失	一八九	一二九	二二六	一〇八	九二	一四七

2　例第四四号　提出昭和八年五月十三日　決裁昭和八年五月十六日

第二部　住友合資会社

第四章　住友合資会社（下）

本社事務章程中改正ノ件

本社工作部ヲ廃止シテ新ニ営繕課ヲ設置スルコトヽシ、事務章程左案ノ如ク改正相成可然乎。

案

甲第一九号達

住友合資会社事務章程中左ノ通改正ス。

昭和八年五月十七日

合資会社

一、第四条課長ノ項第一号中「部長」ノ前ニ「常務理事」ヲ加フ。
一、第十一条中「左ノ部」ヲ「左ノ部課」ニ、「工作部」ヲ「営繕課」ニ改ム。
一、第十八条ヲ左ノ如ク改ム。
　第十八条　営繕課ハ、各部課並各店部連系会社ノ委託ニ係ル建設物ノ新築、改築、修理其ノ他営繕ニ関スル事項ヲ掌ル。
一、第十九条ヲ削除シ、以下各条順次繰上ク。
一、第十九条（旧第二十条）中「各部ノ」ヲ「各部課ノ」ニ改ム。

（資料9）

文第二六八号

昭和八年六月二十四日

住友合資会社

(資料10)

拝啓　先般合資会社ヲ御退職相成候前工作部長長谷部鋭吉氏、前建築課長竹腰健造氏、其ノ他旧工作部員ヲ以テ設立セラレタル長谷部竹腰建築事務所ハ、今般株式会社組織トシ、株式会社長谷部竹腰建築事務所ノ名称ノ下ニ、住友各店部連系会社ハ固ヨリ、広ク一般ノ依頼ニ応ジ、建築土木工事ノ設計監督ノ業務ヲ営ムコトトニ相成候間、御了承ノ上御利用相成度、此段御通知申上候也。

追テ六月二十六日ヨリ、左記ニ事務所ヲ開設スルコトト相成候間、併而御了承相成度候。

事務所　大阪市東区南久太郎町二丁目五ノ一　住友銀行船場支店内

東京出張所　東京市日本橋区通二丁目一番地八　住友銀行日本橋支店内

昭和八年十月七日

常務理事　川田　順

下半期々末賞与金及臨時特別慰労金調書提出方ノ件

本年下半期々末賞与金ハ、前期ノ例ニ依リ取扱フコトニ決定相成。尚近時事業成績特ニ良好ナルヲ以テ、今期ニ限リ臨時特別慰労金給与ノコトニ決定相成候。就テハ夫々左記ニ依リ調書作成ノ上、来ル十一月十五日迄ニ御提出相成度、右依命及通牒候也。

追テ臨時特別慰労金給与ニ付テハ、内外ヲ問ハズ極秘ニ御取扱相成度、此儀特ニ申添候。

記

○期末賞与金取扱方（中略）

第二部　住友合資会社

第四章　住友合資会社（下）

○臨時特別慰労金取扱方

一、臨時特別慰労金給与額ハ、期末賞与金給与総額ヲ標準トシ、左ノ乗率ヲ乗シテ算出ス。但シ給与額十円ニ満タサルモノハ、十円ニ切上クルモノトス。

二等職員月俸二五〇円以上ノ者（相当者ヲ含ム、以下同シ）　十割

同　　月俸二四〇円以下ノ者　九割

三等職員　八割

四等職員　七割

補助職員　六割

準職員　五割

（後略）

（資料11）

例第四五号　　提出昭和九年六月五日　　決裁昭和九年六月十四日

合資会社事務章程中改正ノ件

大連駐在員設置ニ関連シテ、本社事務章程ニ左案ノ如ク一箇条追加相成可然哉。

案

甲第一二三号達

住友合資会社事務章程中左ノ通改正ス。

昭和九年七月一日

合資会社

一、第二十条ノ次ニ左ノ一条ヲ加フ。

第二十一条　必要ノ地ニ駐在員ヲ置クコトアルヘシ。駐在員ハ本社ノ指揮ヲ承ケ、其ノ地ニ於ケル諸般ノ事務ヲ処弁ス。

備考
一、本改正ハ大連駐在員設置ニ付、規程上ノ根拠ヲ与ヘントスルモノナリ。
従来、伯林、宣川、珍山、営繕課現場等ニ各課ノ詰員(伯林ハ駐在員ト称ス)ヲ派出シタルモ、之等ハ総テ各課所属員ナルヲ以テ、必ズシモ事務章程上ニ規定ヲ設クル要ヲ見ザリシナリ。
然ルニ今回設置セラルベキ大連駐在員ハ、本社各部課ニ所属セザル特殊ノ機関ニシテ、其ノ本社トノ関係ハ(規模ノ大小、職掌ノ差異アルモ)東京支店ト相似スルモノアリ。因テ東京支店ノ場合ト同ジク、本社事務章程ニ誘引的ノ一条ヲ設ケ、更ニ別ニ「大連駐在員規程」ヲ制定スルノ方法ヲ採ルコト、セリ。
二、伯林駐在員ハ現在商工課所属トナリ居ルモ、其ノ性質大連駐在員ニ似タルモノアリ。同様ノ取扱ヲ為スヲ適当ト認ム。更ニ考究ノ上経伺ノ予定ナリ。(註、その後昭和十一年八月上記ベルリン駐在の他に、ロンドン駐在とニューヨーク駐在が発令されたが、大連駐在員に続いて「駐在員規程」の制定をみるには至らなかった。これらはいずれも大連駐在員の如く事務所を構える規模ではなかったためとみられる)

(資料12)
例第(号外)号　　提出昭和十年八月二十四日　決裁昭和十年八月二十六日

停年規程中改正ノ件

昭和十年七月八日人事課伺停年規程中改正ノ件、御決裁アリタルニ付、之ニ伴フ条文改正左案ノ如ク、通達相成可然乎。

第二部　住友合資会社

九〇九

第四章　住友合資会社（下）

甲第一九号達

停年規程中左ノ通改正ス。

案

昭和十年八月二十七日

合資会社

第三条第二項中「理事ニシテ銀行取締役会長」ヲ「理事ニシテ監事若クハ銀行取締役会長」ニ改ム。以上

（資料13）

例第（号外）号　提出昭和十一年五月一日　決裁昭和十一年五月九日

合資会社事務章程中改正ノ件

合資会社ニ於テ、常務理事ノ制ヲ廃止シ、新ニ参与ノ職ヲ設ケ、又調査役、調査役補、調査役附属員ヲ置クコトヽシ、事務章程中左ノ通リ改正相成可然予。

通達案

甲第一七号達

住友合資会社事務章程中左ノ通リ改正ス。

昭和十一年五月九日

合資会社

一、第三条ヲ左ノ如ク改ム。

第三条　本会社ハ社長之ヲ統督シ、左ノ職員ヲ置ク。

総理事	一名
理　事	若干名
監　事	若干名
部　長	若干名
課　長	若干名
課　員	若干名
監事附属員	若干名
検査役及検査役補	若干名
検査役附属員	若干名
調査役及調査役補	若干名
調査役附属員	若干名
秘書役及秘書	若干名
技師長	若干名
技　師	若干名
参与及参事	若干名

一、第四条理事ノ項第一号中「参与ス」ヲ「参畫ス」ニ改ム。

　一　会社事務全般ノ管理ニ参畫（参与）ス。

一、第四条課長ノ項第一号中「常務理事」ヲ削ル。

第二部　住友合資会社

第四章　住友合資会社（下）

一、第四条
　一　（常務理事）部長其ノ他上司ノ指示ニ依リ、各分担ノ事務ヲ掌理シ、其ノ責ニ任ス。

一、第四条　検査役及検査役補ノ項中「常務理事ニ直属シ」ヲ「担当理事ノ指示ニ依リ」ニ改ム。

一、第四条
　一　担当理事ノ指示ニ依リ（常務理事ニ直属シ）、会社ノ業務ニ関スル一切ノ検査ヲ掌理ス。

一、検査役附属員ノ項ノ次ニ左ノ如ク加フ。
　調査役及調査役補
　一　総理事、理事、監事及部長ノ指示ニ依リ、特定ノ事項ニ関スル調査ニ従事ス。
　調査役附属員
　一　調査役及調査役補ノ指揮ヲ承ケ、調査ノ事務ニ従事ス。

一、第四条末尾ニ左ノ如ク加フ。
　参与及参事
　一　社長、総理事及理事ノ命ヲ承ケ、連系会社ノ事務其ノ他特定ノ事務ニ従事ス。

一、第四条ノ次ニ左ノ一条ヲ加ヘ、第五条乃至第八条ヲ一条宛繰下ゲ、第九条及第十条ヲ削除ス。
　第五条　社長ハ理事中若干名ヲ指定シ、会社ノ常務ヲ担当処理セシム。

一、（第九条　社長ハ理事中ヨリ常務理事若干名ヲ指定ス。）

一、（第十条　常務理事ハ部長以下ヲ指揮シテ会社ノ常務ヲ担当処理ス。）

一、第三章標題中「及常務理事」を削ル。

一、第十一条以下一条宛繰上ゲ。

二 業 績

「一 統轄システム」で述べた通り、昭和六年(一九三一)は前年に引き続き恐慌状態が続いたため、住友合資会社が二年連続して赤字となったのみならず、前年は黒字であった連系会社を含めた住友全事業の業績でさえも赤字に転落した(第5表)。しかし昭和七年に入ると、合資会社本社は依然赤字が続いたが、鴻之舞鉱業所の業績の飛躍的な向上により、合資会社全体としては黒字に転じ、さらに景況の好転から、別子鉱山、炭礦以外の連系会社が黒字となり、住友の全事業の純益は一転して九〇〇万円を超えた。さらに昭和八年には純益は七年の二倍の二〇〇〇万円弱、九年には三倍の三〇〇〇万円の大台に乗った。これは銀行を初め伸銅鋼管、電線、化学、別子の業績回復が顕著であり、それらに次いで信託や機械も着実な伸びを示したからであるが、その後は何といっても銀行の業績の伸び悩み傾向に対し、昭和十

第4表 合資会社店部別純損益

(単位：円、円未満切り捨て)

店 部	昭和6年	7年	8年	9年	10年	11年
本　　社	△483,916	△449,088	1,699,806	7,475,167	16,288,220	△2,466,967
地所課	96,146	162,065	333,721	245,967	279,056	337,801
計	△387,769	△287,022	2,033,527	7,721,135	16,567,277	△2,129,165
鴻之舞鉱業所	195,139	2,042,968	3,249,901	2,586,069	2,363,701	2,248,866
大萱生鉱業所	17,348	47,722	97,834	32,611	△206,173	65,564
北日本鉱業所	—	—	—	—	—	1,209,988
高根鉱業所	21,934	16,435	23,857	26,846	59,445	32,387
朝鮮鉱業所	—	—	—	—	—	44,709
東京販売店	△59,911	44,562	240,715	414,549	661,317	593,939
横須賀販売店	△10,400	568	18,916	50,832	69,704	56,894
名古屋販売店	△8,845	20,095	82,900	57,480	233,336	168,859
神戸販売店	△11,432	△731	22,453	54,385	119,787	119,577
呉　販売店	△9,246	5,204	29,677	54,227	126,547	116,574
博多・福岡販売店	△12,477	△14,964	△2,442	10,180	23,149	38,678
京城販売店	—	—	△20,697	24,745	47,130	57,752
上海販売店	△23,846	△56,228	△46,768	△34,823	1,496	17,617
林業所	—	—	—	—	—	—
大阪住友病院	27,680	43,577	57,934	△9,071	4,270	84,499
合　　計	△261,827	1,862,187	5,787,810	10,989,170	20,070,990	2,726,745

第5表　合資会社・連系会社純損益
(単位：円、円未満切り捨て)

会社名	昭和6年	7年	8年	9年	10年	11年
合資会社	△261,827	1,862,187	5,787,810	10,989,170	20,070,990	2,726,745
連系会社小計	△735,048	3,220,407	9,470,772	15,133,153	15,517,856	20,877,675
住友別子鑛山	△1,524,564	△293,744	1,601,174	1,615,174	1,772,344	2,884,004
住友炭礦	△623,593	△794,309	△431,135	1,002,688	1,073,987	803,280
住友電線製造所	482,145	806,560	1,979,696	1,883,103	3,094,717	3,477,734
住友金属工業	―	―	―	―	―	8,661,017
住友製鋼所	△213,465	604,694	1,217,489	1,405,188	3,294,136	―
住友伸銅鋼管	751,088	1,636,845	2,455,769	6,428,202	1,825,461	―
満洲住友鋼管	―	―	―	―	―	△7,816
住友機械製作	―	―	―	41,274	503,183	683,329
住友アルミニウム製錬	―	―	―	―	―	△253,672
住友化学工業	53,694	174,733	1,337,085	2,427,814	2,623,323	3,123,771
四國中央電力	148,203	197,225	281,327	350,313	568,181	664,539
住友倉庫	△341,431	234,976	316,753	△182,601	455,030	430,216
大阪北港	176,248	204,658	246,212	△257,524	24,294	246,578
住友ビルデイング	356,625	448,766	466,400	503,870	547,258	563,023
重複分補正A	―	―	―	△84,350	△264,062	△398,330
重複分補正B	△2,404,965	△1,447,750	△3,758,852	△4,679,321	△7,262,078	△4,699,560
合　計	△3,401,840	3,634,844	11,499,731	21,443,002	28,326,767	18,904,860
住友銀行	461,121	6,520,822	8,963,209	10,858,009	8,915,569	8,172,662
住友信託	567,371	735,032	925,780	1,235,646	1,195,808	1,307,820
住友生命保険	76,364	317,605	236,192	303,076	273,282	260,652
重複分補正C	△89,068	△89,547	△93,532	△100,276	△105,692	△114,632
合　計	1,015,788	7,483,913	10,031,649	12,296,455	10,278,967	9,626,502
重複分補正D						
対連系会社D-1	△130,000	△195,000	△195,000	△224,091	△261,056	△648,449
対合資会社D-2	△1,898,546	△1,806,809	△1,817,852	△1,816,146	△1,816,312	△1,816,479
総　計	△4,414,598	9,116,949	19,518,528	31,699,219	36,528,366	26,066,434

原註：各社純益ハ利益処分ニヨル重役賞与交際費及税金引当金ヲ損失ト見、又退職慰労準備金戻入ハ之ヲ利益ヨリ除外シ、公表純益ヲ見直シタルモノナリ。

註：重複分補正Aは、上記連系会社14社が相互に保有する株式に対する配当金合計額。
　同Bは、上記連系会社14社の合資会社に対する配当金合計額(第6表)。但し昭和9年は、住友炭礦減資損2,887,175円を控除。
　同Cは、住友銀行が保有する住友信託株式及び住友信託と住友生命が保有する住友銀行株式に対する配当金合計額。但し信託は固有勘定のみ。
　同D-1は、上記連系会社14社の株式のうち、住友銀行、住友信託、住友生命が保有する株式に対する配当金合計額。
　同D-2は、合資会社が保有する住友銀行、住友信託、住友生命各株式に対する配当金合計額(第6表)。

出典：住友合資会社総務部会計課作成。

年伸銅鋼管と製鋼所が合併して発足した金属が、ついに昭和十一年には銀行に代わって連系会社の稼ぎ頭となった。このことは住友の全事業の業績の動向を示す象徴的な出来事であった。

(一) 合資会社(本社)の業績

持株会社となった合資会社本社の損益は、連系会社の配当金収入に依存することとなったが、昭和六年には、連系会社の減配無配が相次ぎ、配当金収入は全体で昭和五年の六〇五万円から五二二万円へ八四万円も低下した(第6表)。しかもこの配当金収入の中には電線の臨時配当一五六万円が含まれており、これはそのまま電線の増資払込み一八七万円に充当された。損失面では不況のため昭和五年に引き続き有価証券評価損一九一万円が計上され、国債売却差益四〇万円を差し引いても、有価証券原価差損は一五一万円に達した。この外手形割引の増加(第7表)とともに支払利息が急増し、退職慰労金も技師長日高胖(二二万円)、技師中野愛之助(四万四五〇〇円)、検査役山内孫太郎(四万円)等の停年退職の外、工作部技師光安梶之助(五万円)、小寺彌一(四万六〇〇〇円)、小川安一郎(三万四七〇〇円)等工作部の高級技術者の勇退により、七〇万円に達した。この結果昭和六年の決算は四八万円の赤字となった。

昭和七年においても、配当金収入は四二六万円とさらに九五万円も落ち込んだのに対し、手形借り入れの増大で支払利息は六〇万円も増加し、雑費もまた本来その僅かな構成要素であった寄付金が、満洲事変以来満洲関連の大口寄付が相次ぎ六五万円も増加して支払利息を上回る最大の経費科目となったため、昭和七年の決算も六年に引き続いて四五万円の赤字となった。

昭和八年に至って本社の損益はようやく黒字に転じた。配当金収入が増配復配により六七七万円と二五一万円も増加したことが大きいが、この中には電線の臨時配当一三五万円が含まれており、しかもこれは未払込分一四二万円の払込

第四章　住友合資会社（下）

みに充当されたので、これを除くと利益の伸びはそれほど大きいものではなかった。他方損失は、支払利息の増加は止まったが、満洲関係の大口寄付が依然続いて雑費は二三八万円に達し、退職慰労金もまず二月に北港常務・元倉庫常務山本五郎が停年退職（二五万円、うち倉庫八万五〇〇〇円、北港五〇〇〇円、合資六万円負担）し、三月技師長加藤栄の停年退職（七万円）、五月には工作部の解消のため工作部長兼技師長長谷部鋭吉（八万五〇〇〇円、建築課長竹腰健造（五万円）を初め工作部関係者が大量退職し、八月には炭礦常務小川良平が殉職（一五万円、うち炭礦一〇万円、合資五万円負担）、年末には理事・元別子専務鷲尾勘解治（一〇万円）、地所課長篠崎兼二（五万円）が相次いで退職したので、特命支出分を除いても総額八〇万円に達した。このため一七〇万円の純益は計上したが、先に述べた電線の臨時配当を除くと純益の伸びはまだそれほど大きいものではなかった。

しかし昭和九年に入ると、別子（二一二万円）、炭礦（三一万円）の復配を初め、各社の増配により配当金収入は約一一〇万円に達した。ただしこのうち三〇〇万円は伸銅鋼管の特別配当であり、全額同社の未払込資本金の第三回払込みに充当された。この外四國中央電力及び住友化学株式分譲に伴う売却益がそれぞれ二八万円と四九〇万円合計五一八万円あり、これが住友炭礦の減資差損二八八万円を相殺して、有価証券原価差益二三六万円を計上し、利益の合計は一四六

	（単位：円、円未満切り捨て）
10年	11年
28,078,819	10,860,644
155,468	141,835
17,125	25,926
50,889	64,062
2,042,752	2,165,924
1,270,750	1,345,500
702,186	526,977
928,000	—
553,212	583,946
—	—
574,487	582,524
1,505,860	
1,395,520	1,306,237
32,500	55,250
1,763,734	1,763,734
1,828	1,995
50,750	50,750
195,000	195,000
—	—
104,562	104,125
△36,251	82,869
19,799	△97,986
12,489	11,996
31,037	26,537
88,146	41,942
—	—
16,153,076	1,438,673
425,075	419,715
40,818	23,107
11,790,599	13,327,611
2,248,225	894,752
264,325	254,774
709,733	593,301
119,460	85,100
28,414	17,491
277,336	252,187
2,382,733	1,837,927
4,740,644	8,751,467
235,202	359,367
768,750	150,066
15,770	13,873
—	87,404
—	29,896
16,288,220	△2,466,967

第6表　合資会社(本社)損益表

科　目	昭和6年	7年	8年	9年
当期利益	3,963,577	5,488,364	8,715,878	14,605,693
国債証券利息	122,770	132,829	137,297	155,230
地方債証券利息	9,790	9,790	9,680	6,381
社債券利息	—	—	—	20,074
株券配当金	909,796	1,009,511	1,195,547	1,614,125
住友別子鑛山配当金	—	—	—	1,121,250
住友炭礦配当金	—	—	—	315,862
住友製鋼所配当金	—	117,750	510,250	747,668
住友電線製造所配当金	2,004,965	325,000	1,828,602	660,558
住友肥料製造所配当金	—	—	145,000	—
住友化学工業配当金	—	—	—	911,652
住友伸銅鋼管配当金	120,000	660,000	900,000	3,480,000
住友金属工業配当金	—	—	—	—
住友機械製作配当金	—	—	—	—
住友銀行配当金	1,897,215	1,768,984	1,765,484	1,763,734
住友信託配当金	1,331	1,575	1,618	1,662
住友生命保険配当金	—	36,250	50,750	50,750
住友ビルデイング配当金	130,000	195,000	195,000	195,000
土佐吉野川水電配当金	150,000	150,000	180,000	—
四國中央電力配当金	—	—	—	134,505
宣川金山損益	—	—	—	△7,131
永中金山損益	—	—	—	△11,377
別子農林損益	△51,129	△83,415	197,298	118,361
工事処理費戻入	135,138	84,765	82,061	24,357
雑益	54,038	874,304	927,171	462,272
固定財産原価差損益	△434	—	200	—
有価証券原価差損益	△1,516,569	△94,823	264,254	2,364,823
収入利息	—	303,486	331,310	469,459
資金利息	△3,335	△2,641	△5,646	6,472
当期損失	4,447,494	5,937,453	7,016,072	7,130,525
支払利息	1,312,872	1,927,770	1,900,254	2,032,612
俸給	361,535	317,759	299,327	276,314
賞与	330,747	341,493	353,335	307,497
旅費	57,304	185,349	126,873	67,431
営繕費	2,643	1,581	553	36,302
賃借及保険料	215,398	211,334	240,582	251,772
雑費	1,345,496	2,094,153	2,281,358	3,116,677
諸税	61,047	233,820	73,695	607,508
退職慰労金	707,373	127,450	798,065	127,092
雑損	41,745	488,307	933,264	291,874
償却	11,329	8,433	8,761	15,442
東京支店費	—	—	—	—
大連駐在員費	—	—	—	—
当期純損益	△483,916	△449,088	1,699,806	7,475,167

第四章　住友合資会社（下）

〇万円に達した。一方損失面では、雑費が近畿地方風水害（室戸台風）義捐金一〇〇万円、社会教化事業団体寄付金二二万円、東北地方冷害義捐金二〇万円等大口の寄付が続き三一一万円に上ったが、その他の費用が抑えられた結果全体としては七一二万円と微増に止まり、この結果純益は七四七万円と大幅な伸びを示した。

昭和十年は、配当金収入は一一一二万円と前年に比べて微増に止まったが、株式売却益が住友金属株式一五七七万円、住友化学株式一四万円等あり、有価証券原価差益一六一五万円を計上できたので、利益は前年の二倍近い二八〇〇万円に達した。損失面では、諸税が四七四万円（昭和八年度第一種所得税外引当不足分七一万円プラス昭和九年度第一種所得税引当外四〇〇万円）と前年の六一万円（昭和八年度第一種所得税引当外五一万円）より四一〇万円も増加したので、その分だけ損失が膨らみ合計一一七九万円となったが、差し引き一六二八万円と丁度株式売却益分が純益に残った計算となった。

昭和十一年は、配当金収入が前年より二四四万円も減少して八六六万円に止まった。これは住友金属からの配当金が

（単位：円、円未満切り捨て）

	9年末	10年末	11年末
	225,217,350	228,240,161	224,663,628
	984,150	984,150	984,150
	24,385	17,315	11,855
	1,338	956	574
	2,563	3,415	4,704
	2,573,187	2,721,251	2,303,461
	144,050	543,600	443,325
	1,034,457	1,391,513	1,304,126
	22,162,331	23,185,181	26,757,551
	14,950,000	14,950,000	14,950,000
	11,548,702	11,564,302	11,564,302
	11,600,000	—	—
	6,146,800	6,146,800	5,896,800
	5,744,875	5,889,222	6,111,239
	22,500,000	—	—
	—	15,540,250	14,513,750
	875,000	875,000	875,000
	1,000,000	1,600,000	1,800,000
	650,000	650,000	975,000
	36,021,749	36,021,749	36,021,749
	44,561	75,601	47,205
	2,813,000	2,813,000	2,813,000
	14,950,000	14,950,000	14,950,000
	3,250,000	3,250,000	3,250,000
	21,993,470	21,993,470	22,001,970
	—	—	—
	1,500,000	1,487,500	2,082,500
	—	—	—
	517,480	380,042	—
	—	144,863	—
	6,808,649	4,926,447	5,081,575
	1,248,240	921,501	781,217
	123,513	61,756	16,300
	2,480,531	3,834,314	—
	439,605	554,727	—
	—	—	4,708,780
	48,254	83,666	190,918
	—	—	2,673,669
	—	—	—
	6,757	550	—
	4,024	—	—
	—	—	—
	—	12,313	2,436
	4,110,838	4,199,521	4,265,921
	411,930	322,490	380,595
	12,085	9,413	5,566
	5,818	24,626	38,746
	428,564	392,835	—
	413,049	833,858	—
	6,162,875	6,185,255	6,205,760
	14,040,937	14,358,071	14,609,239
	—	1,263,712	995,354
	4,365,439	22,221,470	7,808,658
	870,000	866,756	887,349
	191,819	—	6,349,273

第7表　合資会社(本社)貸借対照表

科　　目	昭和6年末	7年末	8年末
借　方	198,722,315	200,443,483	205,449,121
固定財産・土地	984,150	984,150	984,150
車両	12,800	5,025	20,800
機械	2,484	2,102	1,720
什器	3,759	3,383	2,807
有価証券・国債証券	1,814,961	2,166,387	2,573,187
地方債証券	163,800	162,050	162,050
社債券	—	—	185,230
株　券	14,067,379	16,149,763	18,808,155
住友別子鑛山株券	14,950,000	14,950,000	14,950,000
住友炭礦株券	11,400,878	11,400,878	11,435,878
住友製鋼所株券	7,850,000	7,850,000	7,850,000
住友電線製造所株券	8,125,000	6,772,600	6,146,800
住友肥料製造所株券	5,800,000	5,800,000	10,000,000
住友化学工業株券	—	—	—
住友伸銅鋼管株券	12,000,000	12,000,000	12,000,000
住友金属工業株券	—	—	—
住友アルミニウム製錬株券	—	—	—
満洲住友鋼管株券	—	—	—
住友機械製作株券	—	—	—
住友銀行株券	36,269,565	36,113,581	36,021,749
住友信託株券	41,793	41,793	44,561
住友生命保険株券	2,813,000	2,813,000	2,813,000
住友倉庫株券	14,950,000	14,950,000	14,950,000
住友ビルデイング株券	3,250,000	3,250,000	3,250,000
大阪北港株券	24,481,510	24,481,510	21,961,470
土佐吉野川水電株券	3,000,000	3,000,000	1,775,000
四國中央電力株券	—	—	—
起業支出・宜川起業支出	312,356	344,721	411,667
東京住友ビル起業支出	325,211	1,379,047	—
珍山金山起業支出	—	—	417,160
仁興金山起業支出	—	—	—
貸金・立替金	4,462,607	4,925,066	7,834,243
雑・仮出金	640,935	801,985	892,901
未収入金	—	—	—
各店部・鴻之舞鉱業所	1,418,484	990,875	605,788
大萱生鉱業所	10,867	—	—
北日本鉱業所	—	—	—
高根鉱業所	19,673	37,405	27,687
朝鮮鉱業所	—	—	—
東京販売店	34,201	—	—
呉　販売店	7,606	—	—
上海販売店	12,926	38,295	32,317
横須賀販売店	5,431	—	—
博多・福岡販売店	8,656	8,994	—
神戸販売店	5,232	—	—
名古屋販売店	2,513	—	—
京城販売店	—	—	25,923
林業所	3,767,526	3,898,990	4,010,236
病　院	365,289	367,939	389,372
支店及駐在員・東京支店	2,941	12,798	14,520
大連駐在員	—	—	—
直轄鉱山・宜川金山	—	—	—
永中金山	—	—	—
委託・別子鑛山委託	6,474,417	6,346,315	6,309,008
特別会計・地所課	13,432,219	13,538,557	13,902,241
銀行・銀行出納	—	—	—
銀行特別預金	3,393,012	4,103,459	3,839,494
信託・信託預金	—	—	800,000
損益・当期損益	2,039,123	752,805	—

第四章　住友合資会社（下）

	9年末	10年末	11年末
	225,217,350	228,240,161	224,663,628
	150,000,000	150,000,000	150,000,000
	13,165,341	18,454,511	36,025,502
	9,649,558	5,380,240	5,982,171
	1,200,000	1,200,000	1,200,000
	72,848	93,175	111,716
	1,240,721	1,341,488	1,406,787
	15,569,313	15,972,746	11,895,000
	938,341	956,602	1,457,298
	1,450,000	1,450,000	1,450,000
	3,494,756	6,571,794	14,470,395
	―	―	―
	115,906	254,256	240,528
	9,800	25,261	24,655
			11,426
	32,652	35,116	30,389
		6,069	19,222
	37,910	44,180	59,527
	38,986	106,903	85,406
		3,169	
	1,200,000	1,550,000	
	23,580,800	11,887,200	193,600
	3,420,412	―	―
		12,907,442	

株式の大量売却に伴って二五二万円も減少したためである。従って住友倉庫株七一万円、住友電線株二〇万円、日本ビクター蓄音器株三二万円（鮎川義介の日本産業に売却した）等の株式売却益により一四三万円の有価証券原価差益を計上したが、利益全体としては一〇八六万円に止まった。これに対し損失は、割引手形借入金の返済により支払利息は一三〇万円も減少したが、諸税（昭和十年度所得税引当外八七一万円）が前年に引き続き四〇一万円も増加したため、損失全体として一五三万円も増加し、差し引き本社の損益は再び二四六万円の赤字に転落した。なおこの十一年の退職慰労金三五万円の大半は常務理事川田順の依願退職（二五万円、但しうち四万五〇〇円は特命支出による）と検査役田中彌太郎の停年退職（六万円）によるものである。この外理事電線専務秋山武三郎の停年退職（二五万円、なお川田順によれば秋山武三郎は故郷米沢市に帰りこの大半を貧困な青少年の教育資金に寄付したという）もあったが、年内に全額電線から戻された。秋山は合資会社の理事ではあったが、その経歴は電線の主管者が高等職員に昇格して理事になったものであって、合資会社の理事が電線へ派遣されて主管者となったものではなかったので、全額電線の負担とされたものと考えられる。

第7表に本社の貸借対照表を示した。連系会社株券のうち住友肥料製造所は昭和九年二月住友化学工業と改称し、住友伸銅鋼管と住友製鋼所は昭和十年九月合併して住友金属工業が発足した。また昭和九年には六月住友アルミニウム製錬、九月満洲住友鋼管、十一月住友機械製作の三社が新たに設立され、連系会社に指定された。さらに同年五月土佐吉野川水力電氣は四國中央電力と改称した。起業支出勘定のうち、宣川金山起業支出勘定は昭和九年一

科　目	昭和6年末	7年末	8年末
貸　方	198,722,315	200,443,483	205,449,121
資本金・資本金	150,000,000	150,000,000	150,000,000
前期繰越金	13,377,170	11,115,342	10,927,530
前期純損益	1,692,053	1,175,367	1,564,240
労役者保護基金	1,200,000	1,200,000	1,200,000
労役者特別保護別途積金	59,048	58,076	59,913
預リ金・積金預金	969,561	1,101,824	1,194,545
諸預金	13,425,462	12,134,978	11,483,424
地所課預リ金	454,105	622,007	728,504
地所課特別預リ金	2,550,000	3,050,000	1,450,000
雑・仮入金	2,750,078	3,026,896	2,847,814
未払金	1,199,200	699,200	449,200
各店部・大萱生鉱業所	—	1,427	9,364
東京販売店	—	18,693	8,689
呉　販売店	—	5,811	5,516
上海販売店	—	—	—
横須賀販売店	—	4,354	8,352
博多・福岡販売店	—	—	1,418
神戸販売店	—	703	14,020
名古屋販売店	—	18,502	25,608
京城販売店	—	—	—
手形・支払手形	—	—	2,200,000
割引手形	8,661,600	12,968,000	16,074,400
銀行・銀行出納	2,384,034	3,242,296	3,662,321
損益・当期損益	—	—	1,534,255

月操業開始とともに直轄鉱山勘定中の宣川金山勘定に振替えられ、また永中金山は買収と同時に操業が可能であったため、昭和九年八月同じく永中金山勘定が設けられた。さらに珍山(昭和八年十月)、仁興(昭和十年七月)、表に示されていないが高原(昭和十一年二月)の三金山の買収とともに、各々起業支出勘定が設けられ、朝鮮におけるこれら五金山の各勘定は、昭和十一年十月一日朝鮮鉱業所の発足と同時に店部勘定に設けられた朝鮮鉱業所勘定へ振替えられた。東京住友ビルディング起業支出勘定は昭和八年五月地所課特別会計の東京支店委託勘定へ振替られた(第9表参照)。

この外店部勘定では、鴻之舞鉱業所と大萱生鉱業所が昭和十一年九月合併して北日本鉱業所が発足し、販売店では昭和八年四月京城販売店が新設され、博多販売店は昭和九年十一月福岡販売店と改称したことは既に述べた通りである。支店・駐在員勘定では昭和九年七月設置された大連駐在員の勘定が設けられた。特別財産の運用については、従来有価証券以外は住友銀行の特別預ケ金のみであったが、信託勘定「信託預金」は昭和八年五月から住友信託の金銭信託もその対象となったことを示している。手形勘定「支払手形」は、支払手形の形をとった伸銅鋼管の預リ金を示し

第四章 住友合資会社（下）

ている。昭和八年十月四日提出、五日決裁の会計課計算係の起案計第九八号はこの間の経緯を次のように説明している。

　過剰資金追加預リノ件

伸銅鋼管ヨリ過剰資金二百万円也追加預入方申越候ニ就而ハ、従来同様ノ条件ニテ右御承認相成可然哉

　備考
　一、同社現在預金残高　　金三五〇万円也
　二、本社銀行出納勘定残高（一〇、三現在）借越約三七〇万円也
　三、右金額ハ手形勘定ヲ以テ処理スベキ予定ヲ以テ、目下本社伸銅間ニ協議中ノモノナルモ、差当リ預リ金トシテ収納セントスルモノナリ。

この後十月十三日預リ金のうち三〇〇万円が支払手形に振替えられた。

地所課特別会計の損益表を第8表に、貸借対照表を第9表に示した。利益面では昭和八年三月に完成した東京住友ビルディングと昭和九年七月に完成した神戸住友ビルディングが寄与した。これらのビルの管理は、それぞれ東京支店と神戸販売店に委託されたので、既に述べたように委託勘定が設けられた。起業支出勘定では、東京、神戸に続いて京都住友ビルディングが昭和十一年三月着工された。

第10表に本社の収支表を示した。預リ金には、先に述べた伸銅鋼管の預リ金の変形である支払手形が含まれている。東京支店、大連駐在員、直轄鉱山には本社とは別に銀行勘定が設けられたため、銀行勘定当座借越には、若干ではある

	10年	11年
（単位：円、円未満切り捨て）		
	531,530	586,669
	153,462	180,105
	41,946	33,971
	5,512	14,608
	217,813	229,543
	9,465	1,021
	12,848	34,754
	90,481	92,663
	252,473	248,867
	1,310	2,314
	13,173	12,479
	11,220	11,381
	1,481	1,882
	18,478	28,633
	8,702	9,094
	41,401	25,141
	75,228	67,283
	4,631	12,050
	76,844	78,607
	279,056	337,801

第8表　地所課損益表

科　目	昭和6年	7年	8年	9年
当期利益	322,729	373,264	542,456	459,283
東京住友ビルディング損益	—	—	74,903	123,185
神戸住友ビルディング損益	—	—	—	22,868
耕地収益	7,004	7,995	9,321	5,698
賃貸料	208,118	183,991	170,541	209,095
雑　益	7,375	61	5,120	1,137
固定財産原価差損益	△44,234	△516	△3,074	13,859
収入利息	144,465	181,733	285,644	83,439
当期損失	226,582	211,199	208,735	213,315
支払利息	1,854	1,348	2,307	2,103
俸　給	22,554	22,027	17,221	15,136
賞　与	13,271	12,660	8,866	8,624
旅　費	1,803	952	1,903	1,513
営繕費	18,485	10,614	18,641	19,335
賃借及保険料	9,698	9,188	8,871	8,664
雑　費	34,340	16,287	29,462	29,111
諸　税	51,482	61,970	62,662	48,501
雑　損	0	564	731	23,588
償　却	73,090	75,584	58,066	56,738
当期純損益	96,146	162,065	333,721	245,967

第二部　住友合資会社

がこれらの銀行勘定が含まれている。特に大連駐在員と直轄鉱山には住友銀行の支店が存在しないため他行取引である。銀行特別預金は特別財産分のみを示し、通知預金分は銀行勘定当座借越に含まれている。収入と支出の合計から差引き本社の収支超過が算出される。この外に本社の直轄事業所である各店部との資金の補充回収は各店部の勘定の年間の増減によって示されるが、その中には各店部の前期の純損益(店部付替収益)が付け替えられているので、勘定増加の場合は純益額を差し引いて実際の資金補充額を、また勘定減少の場合は純益額を加算して実際の資金回収額を算出して本社の収支超過と再差し引きする。この収支尻は、銀行勘定の割引手形と当座借越によって賄われている。昭和七年以降各店部毎の勘定増減表(住友合資会社(中)第12表)は作成されなくなり、代わって昭和九年からは、第11表に示した「本社貸金勘定

第四章　住友合資会社（下）

立替金及び預り金勘定諸預金の残高明細」のうちの連系会社分（特に住友病院を含めている）を摘出し、その増減を銀行勘定と併記するようになった。このことは本社として直轄事業所の店部よりも、連系会社との金融取引が本社の資金繰りにとって無視できないものになってきたことを示すものといえよう。この点については「四　資金調達」で改めて検討することとする。なお第11表において住友家預り金の昭和五年末残高四四六万円が六年末二四〇万円、七年末八五万円と減少し、昭和八年末には逆に住友家会計に対し三五二万円の貸付金が発生しているのは、毎年三月に納付する相続税の分割払い分二一五万円に充当したためである。

本社の銀行取引については、第12表に示した。割引手形は、昭和五年末の日本銀行大阪支店による一三五万五〇〇〇円は一部借換えを繰り返しながら継続し、他の新規借り入れは住友銀行と住友信託である。割引手形による調達資金の用途は、註に示したように大半が株式の払込みと買入れである。信託預金については既に述べた。

(二) 合資会社（全社）の業績

合資会社（全社）の業績は、本社と地所課の損益に直轄事業所の損益を併せて、既に第4表に示した。昭和六年は合資

（単位：円、円未満切り捨て）

10年末	11年末
14,830,686	15,169,761
7,919,178	7,611,639
540,219	619,541
2,022	3,461
2,560	2,186
17,704	16,195
─	─
32,068	─
─	85,406
─	46,902
21,338	6,344
─	3,209
956,602	1,457,298
1,450,000	1,450,000
238,461	280,108
─	─
3,017,594	2,969,183
632,935	618,286
14,830,686	15,169,761
14,358,071	14,609,239
33,365	36,375
14,690	─
312,031	324,986
112,526	199,160

第9表　地所課貸借対照表

科　目	昭和6年末	7年末	8年末	9年末
借　方	13,489,460	13,663,050	14,009,792	14,419,045
固定財産・土地	9,113,289	9,118,619	7,616,362	7,284,628
建設物	649,267	581,598	538,082	480,996
機械	1,478	1,290	1,200	1,200
什器	200	200	200	414
所有品・準備品	19,594	20,044	21,516	20,798
農林産品・穀物	—	306	—	—
起業支出・神戸住友ビル	—	—	173,488	—
江戸堀建設物	—	—	175	64,411
甲子園寮建設物	—	—	—	—
京都住友ビル	—	—	—	—
山本寮建設物	—	—	—	—
雑建設物	10,041	16,728	53,651	27,925
雑土工	—	—	—	—
預ケ金・会計課預ケ金	454,105	622,007	728,504	938,341
会計課特別預ケ金	2,550,000	3,050,000	1,450,000	1,450,000
雑・仮出金	191,483	252,257	312,181	426,773
未収入金	500,000	—	—	—
委託・東京支店委託	—	—	3,114,430	3,066,012
神戸販売店委託	—	—	—	657,545
貸　方	13,489,460	13,663,050	14,009,792	14,419,045
会計課勘定	13,432,219	13,538,557	13,902,241	14,040,937
預リ金・敷金預金	28,118	27,213	29,904	34,855
耕作保証金	9,088	11,757	13,915	14,426
雑・仮入金	2,466	12,226	20,397	178,221
当期損益	17,567	73,295	43,333	150,604

第四章　住友合資会社（下）

（単位：円、円未満切り捨て）

9年	10年	11年
1,898	690,141	△231,705
△34,658	△31,502	924,991
16,575,102	△15,853,742	3,012,540
△4,137,525	△1,176,974	2,274,128
△965,594	△1,841,202	246,128
△804,765	△3,246,048	△7,771,555
449,200	―	―
△2,434	△2,671	△3,477
5,818	18,808	14,151
429,946	385,080	△168,995
△718	△3,093	△1,508
―	―	―
525,945	856,031	1,887,188
70,000	△3,243	20,593
3,550,000	5,700,000	2,500,000
15,662,212	△14,508,417	2,702,480
△679,930	515,050	98,638
△123,513	61,756	45,456
194,551	50,647	42,555
12,934	20,327	18,540
△1,000,000	―	―
7,721,135	16,567,277	△2,129,165
6,125,177	17,215,058	△1,923,974
△9,537,034	31,723,475	△4,626,455
△2,260,645	△1,241,311	△811,709
4,533,190	3,213,760	3,632,003
△7,264,490	33,695,924	△1,806,161
7,506,400	△11,693,600	△11,693,600
△241,909	△21,719,324	16,708,761
―	△324,000	△3,300,000
―	41,000	91,000

会社全体としても赤字であったが、昭和七年以降は鴻之舞鉱業所の業績の向上により、昭和七年、十一年と本社が赤字であっても、合資会社は黒字であった。昭和十一年に鴻之舞鉱業所は大萱生鉱業所と合併して北日本鉱業所となり、朝鮮の五金山は併せて朝鮮鉱業所として発足するが、これらの本社直轄の鉱業所については「五(二)4　北日本鉱業所の設置」及び「5　朝鮮鉱業所の設置」を参照されたい。また赤字の多かった販売店も新設の京城販売店を含め、昭和十年にはすべて黒字に転換した。販売店の業績の詳細については、「五(三)　京城販売店の設置と販売店網の完成」を参照さ

第10表　収支表（本社）

科　目	昭和6年	7年	8年
（支出）			
固定財産	△127,030	△71,060	730,058
起業支出	398,039	1,092,888	△684,355
有価証券	1,855,930	923,676	3,025,518
預リ金	3,123,997	1,173,457	553,982
立替金	1,164,157	468,458	3,105,177
仮入金	328,610	△286,578	164,081
未払金	250,000	500,000	250,000
東京支店	△4,185	9,500	1,721
大連駐在員	—	—	—
直轄鉱山	—	—	—
所有品	5,403	449	1,472
農林産品	△944	306	△306
銀行特別預金	1,699,972	710,446	△263,965
信託預金	—	—	800,000
配当金	250,000	2,000,000	2,050,000
合　計	8,943,950	6,521,544	9,733,385
（収入）			
仮出金	61,221	△221,824	△935,840
未収入金	791,265	500,000	
委託勘定	28,540	128,101	158,152
労役者特別保護基金	1,946	△972	1,837
支払手形	—	—	2,200,000
純　益	△387,769	△287,022	2,033,527
合　計	495,203	118,282	3,457,676
差引収支超過額	△8,448,746	△6,403,262	△6,275,708
各店部勘定増減	△340,960	388,045	274,651
前期純損益	244,579	850,555	2,474,631
差引再収支超過額	△8,545,127	△5,164,661	△3,526,425
銀行勘定・割引手形	7,306,400	4,306,400	3,106,400
当座借越	1,238,727	858,261	420,025
連系会社・預リ金増減	—	—	—
貸付金増減	—	—	—

　註：各店部勘定増＝支出△、減＝収入
　　　前期純損益＝店部付替収益
　　　連系会社・預リ金増＝収入、減＝支出△
　　　連系会社・貸付金増＝支出△、減＝収入

第四章　住友合資会社（下）

合資会社（全社）の総損益表を第13表に、総貸借対照表を第14表に示した。これらは本社・地所課の損益表（第6表、第8表）・貸借対照表（第7表、第9表）に各店部の損益表・貸借対照表をそれぞれ連結したものである。

第15表は合資会社（全社）の利益処分を示す。純益金から配当が支払われ、残りが後期に繰り越されるのが通常である。各年度の配当政策を検討すると、昭和六年は二六万円の欠損であったにもかかわらず二〇〇万円の配当が行われた。これは前年の決算が赤字であったため、配当を二五万円に止めた（本家は元夫分のみ五万円、分家住友寛一、義輝各一〇万円）のに対し、所轄の西宮税務署から増配の要請があり、一〇〇万円を前倒しした分が含まれている。同様にして昭和六年も欠損のため仮に前年と同じく配当を二五万円に止めたとしても、税務署から一〇〇万円程度の増配の要請があるものとみられたので、あえて欠損にもかかわらず合計二〇〇万円の配当が実施されたのである（資料14）。

かくして税務署に対して申告された昭和六年度の配当は二〇〇万円から前倒し分一〇〇万円を差し引いた残り一〇〇万円となったが、これに対し税務署はまたも本家所得の増額を要請してきたため、六年度配当金をさらに五五万円上積みせざるを得なくなった。このため昭和七年は一八六万円の純益を計上したが、この六年の五五万円の前倒しが生じたために、繰越金を取り崩して純益を上回る二〇五万円の配当を行わざるを得なかったのである（資料15）。

昭和八年の利益処分は、当初会計課主計係起案主雄第六号（昭和九年五月二十五日提出、六月十五日決裁）「昭和八年

11年末	10年末
5,081,575	4,926,447
2,180,000	2,180,000
1,000,000	1,060,000
164,000	195,000
—	—
—	—
200,000	—
625,000	625,000
912,575	866,447
11,895,000	15,972,746
—	—
6,300,000	3,400,000
0	1,634,000
1,700,000	1,500,000
20,000	0
0	5,950,000
—	1,550,000
2,000,000	1,000,000
270,000	940,000
1,550,000	800,000
55,000	748,746

（単位：円、円未満切り捨て）

第11表 本社貸金勘定立替金及び預リ金勘定諸預金の残高明細

相　手　先	昭和6年末	7年末	8年末	9年末
貸金・立替金	4,462,607	4,925,066	7,834,243	6,808,649
住友倉庫	2,180,000	2,180,000	2,180,000	2,180,000
住友ビルディング	1,310,000	1,240,000	1,180,000	1,120,000
住友病院	194,000	188,000	182,000	176,000
土肥金山	—	255,176	29,669	—
大日本鑛業	—	—	100,000	—
静狩金山	—	—	170,000	—
住友家会計	—	—	3,526,436	1,870,000
浅田明礬製造所・飾磨化学	—	—	—	625,000
その他	778,607	1,061,889	466,138	837,649
預リ金・諸預金	13,425,462	12,134,978	11,483,424	15,569,313
住友製鋼所	4,700,000	4,500,000	1,370,000	—
住友電線製造所	5,200,000	4,000,000	4,600,000	4,100,000
住友家預リ金	2,402,000	854,000	103,000	585,000
大阪北港	410,000	560,000	1,460,000	1,564,000
住友病院	65,000	82,000	128,000	0
住友伸銅鋼管・住友金属	—	1,400,000	3,050,000	4,000,000
（他に支払手形）	—	—	2,200,000	1,200,000
大日本鑛業	—	100,000	90,000	0
住友別子鑛山	—	—	—	1,000,000
満洲住友鋼管	—	—	—	2,500,000
住友機械製作	—	—	—	1,100,000
その他	648,462	638,978	699,424	720,313

第二部　住友合資会社

度利益処分並ニ特別財産編入ノ件」によると、次のような理由で配当金は四八〇万円うち住友本家分四六〇万円（住友元夫分五万円を含む）と決定された。

すなわち昭和八年度の純益約五七九万円は、税務当局の否認等により税務上は約八九一万円とみなされ、同族会社の利益留保に対する加算税（本附加税率約三九％）を免れるためには、その七割約六二四万円から否認額中社外支出と認められる分約一四二万円を差し引き、約四八二万円を配当する必要があった。勿論配当金に対しては所得税がかかるが、所得三〇〇万円乃至四〇〇万円の場合の本家配当金に対する税率は、約二八％であった。合資会社の昭和八年度所得には特命支出等で損金算入を認められず、本家への配当とみなされる

第四章　住友合資会社（下）

ものが約二〇万円あり、税務上の配当金は四八〇万円と併せて合計五〇〇万円となり、十分加算税を免れる計算となったのである。

しかるにこの決定の一週間後の六月二十三日、大阪朝日新聞と大阪毎日新聞は大阪税務監督局管内近畿二府四県の昭和九年の所得番付において家長住友吉左衛門が一六四万円（昭和七年決算の配当金が昭和八年の所得として昭和九年に申告された）でトップと大々的に報道するに至った。家長友成は、これより先昭和四年三月アララギに入会、斎藤茂吉に師事し、泉幸吉の名前で歌を作り始めていた。昭和六年五月の『アララギ』には「年毎に失業者増す世の中に金はいよいよ偏りゆくらし」という歌が茂吉の選に入っていた。この歌について、友成に歌の手ほどきをした川田順は「住友の幹部らに苦い顔をされたが、歌人泉幸吉としては正直な感想であった」[29]と述べているが、これまで憶測の域を出なかった住友家の所得がこのような形で白日の下にさらされた衝撃は大きかった。このため当初案の通り四八〇万円の配当を行えば、明年もまた家長の所得が明らかにされると、今年の一六〇万円の約二倍の三二〇万円に達し、一層世間の注目の的

（単位：円、円未満切り捨て）

10年末	11年末
△1,263,712	△995,354
11,887,200	193,600
9,700,000	0
1,800,000	0
387,200	193,600
10,623,487	△801,754
22,221,470	7,808,658
866,756	887,349
23,088,226	8,696,008

用　　途
住友炭礦株式払込
四國中央電力株式払込
昭和8年度利益配当金支払
満洲住友鋼管株式払込
日本板硝子株式払込
南満洲鉄道株式払込
日本ビクター蓄音器株式払込
住友機械製作株式払込
三陽社製作所株式払込
北海道電燈株式払込
日本板硝子株式払込
満洲住友鋼管株式払込
昭和10年度利益配当金支払
日本電氣株式買入代金

第12表　本社の銀行取引

科　目	昭和6年末	7年末	8年末	9年末
銀行出納勘定（当座借越）	2,384,034	3,242,296	3,662,321	3,420,412
割引手形	8,661,600	12,968,000	16,074,400	23,580,800
内訳　銀行	2,700,000	6,100,000	8,100,000	12,000,000
信託	4,800,000	5,900,000	7,200,000	11,000,000
日銀	1,161,600	968,000	774,400	580,800
合　計	11,045,634	16,210,296	19,736,721	27,001,212
銀行特別預ケ金勘定	3,393,012	4,103,459	3,839,494	4,365,439
信託預金勘定	0	0	800,000	870,000
合　計	3,393,012	4,103,459	4,639,494	5,235,439

註：割引手形による調達資金の用途は下表の通り。

年　月	金額(万円)	用　途	年　月	金額(万円)
6年 5月	150	住友倉庫関係借入金返済	9年 3月	300
6月	25	大日本鑛業株式買入代金	5月	64
11月	158	阪神電鉄株式買入代金	7月	350
	13	大日本鑛業株式払込	9月	100
12月	13	新大阪ホテル株式払込		46
7年 6月	13	大日本鑛業株式払込	10月	15
	158	日本電氣株式買入代金		16
8年 3月	150	住友家会計貸付金		65
5月	50	満洲航空株式払込雑費処理	11月	23
6月	40	住友家会計貸付金		10
8月	110	静狩金山株式払込	12月	98
10月	50	住友製鋼所預リ金払戻	10年10月	60
11月	420	住友肥料製造所株式払込	11年 7月	250
12月	10	北海道電燈株式払込	10月	47
9年 2月	250	住友化学工業株式払込		

第四章　住友合資会社（下）

となることは必至の情勢となった。ここに至って急遽加算税の負担を覚悟して、昭和八年度の配当を四八〇万円から三五五万円（うち住友元夫分五万円を含む住友本家分三三五万円）に引下げざるを得なくなったのである（資料16）。

昭和九年の合資会社の利益処分は、昭和十年七月十五日決裁された会計課起案「昭和九年度利益処分並ニ特別財産組入ノ件」（資料17）によって、純益約一〇九九万円のうち配当金五七〇万円と決定された。税務当局による純益はこれに炭礦株減資損、特命支出等否認を加えた一五九二万円となる見込みで、加算税を免れるためにはこの七割から否認額のうちの社外支出分一九九万円を差し引いた残り九一五万円を配当する必要があった。しかしこのような巨額の配当を行えば、昭和十一年の本家の所得は六〇〇万円を超えることとなり、そのような利益処分を行うわけにはいかなかった。他方本家の支出面から検討すると配当金は最低四七〇万円は必要であり、さらに相続税準備金積立てを考慮すれば、この年のように合資会社の純益が多額の折りに積立ても多くしておくことが望ましく、この積立て分一〇〇万円を上乗せして五七〇万円と決定されたのである。

しかるにその直後八月六日の大阪朝日新聞夕刊は、またしても「豪勢な住友男、天下一の取大将（註、江戸時代の武士

九三二

（単位：円、円未満切り捨て）

10年	11年
39,066,805	25,018,831
155,468	141,835
17,125	25,926
50,889	64,062
2,042,752	2,165,924
1,270,750	1,345,500
702,186	526,977
―	―
553,212	583,946
―	―
3,829,380	1,306,237
32,500	55,250
―	―
574,487	582,524
―	―
104,562	104,125
195,000	195,000
1,763,734	1,763,734
1,828	1,995
50,750	50,750
―	―
7,447,400	10,268,579
414,177	498,461
―	―
―	166,158
417,980	―
―	255,394
609,717	643,366
1,950,021	1,909,776
―	―
232,100	204,047
499,361	669,160
△1,659	51,426
16,153,076	1,438,673
18,995,814	22,292,086
―	―
1,752,303	403,461
806,757	989,630
395,583	576,201
755,179	892,227
739,971	1,006,419
283,402	282,374
26,324	59,763
62,815	79,765
22,367	22,116
512,729	716,119
608,715	636,156
234,266	―
―	35,543
―	189,629
824,807	896,650
1,085,800	1,061,309
223,039	219,350
75,260	74,870
355,415	371,588
3,082,240	2,555,874
4,968,425	9,064,126
256,861	401,910
―	―
867,001	386,509
―	1
1,056,544	1,370,486
20,070,990	2,726,745

第13表 総損益表

科　目	昭和6年	7年	8年	9年
利　益	6,405,498	9,950,258	16,147,427	22,647,152
国債証券利息	122,770	132,829	137,297	155,230
地方債証券利息	9,790	9,790	9,680	6,381
社債券利息	—	—	—	20,074
株券配当金	909,796	1,009,511	1,195,547	1,614,125
住友別子鑛山配当金	—	—	—	1,121,250
住友炭礦配当金	—	—	—	315,862
住友製鋼所配当金	—	117,750	510,250	747,668
住友電線製造所配当金	2,004,965	325,000	1,828,602	660,558
住友伸銅鋼管配当金	120,000	660,000	900,000	3,480,000
住友金属工業配当金	—	—	—	—
住友機械製作配当金	—	—	—	—
住友肥料製造所配当金	—	—	145,000	—
住友化学工業配当金	—	—	—	911,652
土佐吉野川水電配当金	150,000	150,000	180,000	—
四國中央電力配当金	—	—	—	134,505
住友ビルディング配当金	130,000	195,000	195,000	195,000
住友銀行配当金	1,897,215	1,768,984	1,765,484	1,763,734
住友信託配当金	1,331	1,575	1,618	1,662
住友生命保険配当金	—	36,250	50,750	50,750
金銀収益	1,305,750	3,438,559	4,769,807	—
売鉱収益	237,900	279,203	391,480	—
鉱産収益	—	—	—	6,277,865
病院収益	286,770	311,450	331,053	349,553
東京住友ビルディング損益	—	—	74,903	123,185
神戸住友ビルディング損益	—	—	—	22,868
別子農林損益	△51,129	△83,415	197,298	118,361
耕地収益	7,004	7,995	9,321	5,698
農林収益	—	—	—	—
林業収益	—	—	—	—
賃貸料	209,337	186,548	173,240	211,862
諸手数料	249,330	393,932	830,070	1,196,150
労役者特別保護支払元金	1,343	973	1,229	850
組替戻入	184,103	104,428	145,323	137,850
雑　益	195,135	1,015,673	1,105,017	657,790
固定財産原価差損益	△49,347	△16,957	935,196	1,836
有価証券原価差損益	△1,516,569	△94,823	264,254	2,364,823
損　失	6,667,326	8,088,070	10,359,616	11,657,981
宜川金山損益	—	—	—	7,131
永中金山損益	—	—	—	11,377
利　息	1,187,004	1,460,953	1,300,898	1,495,640
賃銀費	221,040	305,856	448,953	643,079
動力及燃料費・動力費	128,162	160,323	217,482	310,790
材料費	63,523	138,586	267,560	558,369
雑品費	192,732	371,565	740,166	792,827
営業営繕費	5,934	14,245	36,637	63,251
運送費	63,192	34,276	35,634	28,743
販売費	3,829	27,236	42,837	64,314
営業賃借及保険料	1,640	1,414	5,149	10,883
営業雑費	201,596	127,183	229,781	309,375
探鉱費	—	—	—	—
農林費	—	—	—	—
農業費	—	—	—	—
林業費	—	—	—	—
俸　給	735,872	689,480	696,042	710,698
賞　与	502,890	520,145	536,925	511,249
旅　費	88,100	232,285	195,816	137,100
営繕費	27,893	21,931	35,115	74,614
賃借及保険料	256,195	257,063	292,442	316,374
雑　費	1,610,195	2,357,279	2,710,583	3,576,732
諸　税	156,400	324,162	176,357	720,205
退職慰労金	709,163	128,868	803,429	130,699
労役者特別保護金	1,343	973	1,229	850
雑　損	75,402	550,604	1,125,175	394,421
起業費減損	—	—	9,229	—
償　却	435,210	363,633	452,168	789,248
純損益	△261,827	1,862,187	5,787,810	10,989,170

第四章　住友合資会社（下）

の五〇〇石取というような表現から転じた現代の月給取などの表現から、稼ぎ頭という意味に使われている」へ、三井三菱をぐっと押へて所得二百五十万円」という見出しの下に、家長が全国の長者番付のトップに立ったことを報じた。会計課長中田直三郎（M45東京高商専攻部）は直ちに翌七日「昭和九年度利益処分変更ニ関スル件」という先の起案の配当金五七〇万円を三九〇万円へ一八〇万円減額する修正案を提出した。しかしこの修正案は常務理事川田順の反対で九月十二日廃案とされた。

川田の指示により、総務部長河井昇三郎は、所轄の西宮税務署長に対し個人所得の漏洩防止につとめており、本件は大阪税務監督局総務部が新聞社から問いつめられ、近似の数値（実際は二九六万円）を述べたためとの回答があり、これに基づき河井は大阪税務監督局に対し重ねて再発防止を懇請したのであった。

廃案となった起案の欄外には「合資会社九年度所得申告並ニ本家十年分申告ニ際シ、各当局ニ対シ本家所得ノ他ニ洩レザル様、特ニ注意セラレ度旨切ニ依頼シオキタルモ、何レヨリ洩レ出デタルカ新聞紙ニ報道セラレ、「ラジオ」ニ放送セラルルニ至レリ。然レ共此ノ如キ事態ハ、今後共到底絶対的ニ防止シ難カルベク、合資会社配当金ヲ調節シテ、本

（単位：円、円未満切り捨て）

10年末	11年末
238,685,225	229,457,395
13,981,137	13,806,068
2,520,202	2,495,324
1,239,148	1,331,263
299,984	366,124
361,893	313,363
104,080	159,445
20,490	19,145
90,282	121,217
―	1,250
3,776,641	3,867,053
1,938,131	2,153,652
154,247	147,930
20,000	20,000
662,596	636,777
8,440	4,520
77,244	75,829
2,721,251	2,303,461
543,600	443,325
1,391,513	1,304,126
23,185,181	26,757,551
137,806,896	137,852,518
199,955	173,272
―	63,036
19,790	22,844
739	106
20,399	45,072
67	90
4,614	3,596
5,071,837	6,883,374
4,732,493	4,917,575
3,831,647	3,891,457
89,361	62,499
231,679	101,793
68,697	105,090
8,973,748	8,985,492
866,756	887,349
22,221,470	7,808,658
1,367,779	1,135,339
63,691	174,432
8,075	4,574
9,461	11,789
238,685,225	229,457,395
150,000,000	150,000,000
18,454,511	36,025,502
1,200,000	1,200,000
93,175	111,716
―	―
1,492,721	1,593,476
15,997,384	11,908,896
37,264	40,273
14,690	―
7,967,302	15,779,597
5,106	136,647
8,317,077	7,889,881
3,050,000	1,750,000
11,887,200	193,600
84,127	101,056
13,672	―
5,380,240	5,982,171
14,690,749	△3,255,426

九三四

第14表 総貸借対照表

科 目	昭和6年末	7年末	8年末	9年末
借 方	195,311,015	202,801,334	211,540,060	231,308,857
固定財産・土地	13,543,859	13,552,491	13,530,286	13,363,107
立木竹	2,622,083	2,629,206	2,577,207	2,529,152
鉱区	254,302	293,036	288,301	1,191,264
坑道	194,474	129,656	64,838	327,750
索道	6,932	195,747	166,319	136,976
電線路	4,204	23,196	27,864	60,122
鉄道及軌道	18,910	15,347	11,590	10,838
車両	17,721	8,105	28,712	60,554
船舶	—	—	—	—
建設物	1,249,876	1,297,423	2,776,603	2,740,963
機械	181,267	464,966	1,181,470	1,054,333
什器	24,872	33,274	119,352	117,270
権利・漁業権	200,000	185,000	20,000	20,000
所有品・準備品	503,616	492,109	515,367	573,889
家畜	2,990	3,975	3,255	8,370
販売品	19,763	28,327	32,660	37,700
有価証券・国債証券	1,814,961	2,166,387	2,573,187	2,573,187
地方債証券	163,800	162,050	162,050	144,050
社債券	—	—	185,230	1,034,457
株券	14,067,379	16,149,763	18,808,155	22,162,331
連系会社株券	144,931,746	143,423,363	143,198,459	155,588,158
産出品・鉱石	16,758	26,651	19,098	77,942
浮精鉱	—	—	—	—
地金銀	—	—	—	10,696
買鉱・金銀鉱	—	—	3,000	—
農林産品・穀物	12,578	12,051	20,840	18,688
薪材	320	325	10	89
木炭	16,227	4,769	3,249	4,863
起業支出	4,811,786	5,843,054	5,267,514	5,747,933
貸金・立替金	4,268,671	4,737,330	7,652,487	6,632,889
雑・仮出金	929,251	1,281,341	1,853,687	2,649,653
未収入金	511,843	14,390	22,734	157,725
受託品	126,511	92,633	162,368	148,209
手形・受取手形	12,108	88,032	59,189	128,655
取引先・掛売金	1,342,910	5,268,744	5,309,492	6,364,939
預ケ金及現金・信託預金	—	—	800,000	870,000
銀行特別預金	3,393,012	4,103,459	3,839,494	4,365,439
銀行預金	41,070	59,910	241,744	299,909
他銀行預金	—	—	—	85,703
振替貯金	3,354	12,406	8,090	2,651
現金	1,844	2,806	6,146	8,388
貸 方	195,311,015	202,801,334	211,540,060	231,308,857
資本金・資本金	150,000,000	150,000,000	150,000,000	150,000,000
前期繰越金	13,377,170	11,115,342	10,927,530	13,165,341
労役者特別保護基金	1,200,000	1,200,000	1,200,000	1,200,000
労役者特別保護別途積金	59,048	58,076	59,913	72,848
預り金・積金預金	926,312	1,056,634	1,147,730	—
準備員及労働者積立金	136,135	152,756	158,738	—
職員及労役者積金預金	—	—	—	1,368,868
諸預り金	13,379,974	12,068,050	11,377,718	15,585,740
敷金預金	37,206	27,213	29,904	38,754
耕作保証金	—	11,757	13,915	14,426
雑・仮入金	2,844,335	3,241,873	3,474,223	4,503,867
未払金	1,203,170	727,787	456,500	866
受託勘定	1,235,367	5,014,192	4,958,344	6,126,499
手形・支払手形	100,000	—	2,200,000	1,200,000
割引手形	8,661,600	12,968,000	16,074,400	23,580,800
取引先・掛買金	28,486	55,164	11,007	41,262
預ケ金及現金・当座借越	2,384,034	3,242,296	3,662,321	3,420,412
損益・上半期純損益	1,692,053	1,175,367	1,564,240	9,649,558
下半期純損益	△1,953,880	686,820	4,223,570	1,339,611

第15表 利益処分

(単位：円、円未満切り捨て)

科　目	昭和6年	7年	8年	9年	10年	11年
純益金	△261,827	1,862,187	5,787,810	10,989,170	20,070,990	2,726,745
配当金	2,000,000	2,050,000	3,550,000	5,700,000	2,500,000	0
住友家会計	1,800,000	1,850,000	3,350,000	5,500,000	2,300,000	0
内 住友元夫	50,000	50,000	50,000	50,000	50,000	0
住友寛一	100,000	100,000	100,000	100,000	100,000	0
住友義輝	100,000	100,000	100,000	100,000	100,000	0
差引利益繰越金	△2,261,827	△187,812	2,237,810	5,289,170	17,570,990	2,726,745
後期繰越金	11,115,342	10,927,530	13,165,341	18,454,511	36,025,502	38,752,247

家所得ヲ適当範囲ニ止マシムル外無カルベキカ」と記されているが、会計課長中田直三郎が危惧した通り、翌昭和十一年六月十六日の夕刊は三度大阪朝日が「群を抜く住友男三百万円を突破」、大阪毎日が「横綱は住友男の三百万円突破」と報じ、東京の調査が終わった六月二十六日東京日日新聞は「今年は三井高公男収入二百万円を超ゆ、日本一は住友男に軍配揚る」と前年に続いて家長が三井、三菱を上回ったことを明らかにした。

この結果七月二十五日決裁された昭和十年の配当金は、二〇〇七万円という前年の二倍近い純益に対し、前年の半分以下の二五〇万円に抑制された(資料18)。この配当方針は、主としてこれまで述べてきた新聞報道に対する配慮からであることはいうまでもないが、その他に軍事予算を抑制しようとして二・二六事件で非業の死を遂げた高橋是清に代わって蔵相に就任した馬場鍈一は、軍事費の増額に伴う歳出増加を補うため就任早々増税計画を明らかにし、四月には税制改正準備委員会が発足していたので、この起案が提出された六月末から決裁された七月末にかけては昭和十二年度予算案編成に当たって大増税必至という見方が大勢を占めていた。従って本来この昭和十年のように巨額の純益を計上した場合は、前年の五七〇万円をはるかに上回る配当をなし、相続税の積立てをなすべきであったが、それが不可能となった今、増税案の全貌が明らかとなった上で、改めて相続税の準備積立ての方策を考える必要が生じたのである。九月二十二日税制改革案が発表され、それによると「相続税は十割程度増税

第16表　特別財産増加状況
(単位：円、円未満切り捨て)

年	年初残高	組入	
		会計規則	利殖金
昭和 3	14,058,611	100,000	743,354 ①
4	14,901,966	100,000	716,385
5	15,718,351	100,000	△477,732 ②
6	15,340,618	—	257,733 ③
7	15,598,352	—	640,292 ④
8	16,238,644	100,000	675,293
9	17,013,937	200,000	772,832
10	17,986,769	300,000	864,471
11	19,151,241	500,000	829,415 ⑤
12	20,150,884	100,000	211,492
2月末	20,462,376		⑥

註：①遠計口、貯蓄口、積立口の各積立金残高を吸収して発足。
　　②有価証券原価差損122万円を計上。
　　③昭和5年決算が欠損のため会計規則による組入を実施せず。
　　④昭和6年決算が欠損のため会計規則による組入を実施せず。
　　⑤住友生命株券と一般財産株券の交換による原価差額33万円切り下げ。
　　⑥住友合資会社解散のため特別財産解消。

すること」とされていた。これに対し合資会社は年末の理事会において、蓄積した資産を住友家へ返還し、この相続税積立金に充当して、改めて株式会社を設立することを決定した。この詳細は次章「住友合資会社の解散と株式会社住友本社の設立」において検討することとしたい。

昭和十二年一月、広田内閣は昭和十二年度予算案とともに税制改革案を議会に提出したが、一月二十三日衆議院本会議における浜田国松議員と陸軍大臣寺内寿一とのいわゆる「腹切り問答」がきっかけとなって広田内閣は総辞職し、二月二日林銑十郎内閣が成立した。新たに大蔵大臣となった結城豊太郎は三日広田内閣が提出していた昭和十二年度予算案及び税制改革に関する諸法律案を撤回し、馬場税制改革案は日の目を見ずに終わった。しかし結城財政においても或程度の増税は不可避であったので、合資会社の解散は既定方針通り進められた。昭和十一年の決算が行われたが、配当は実施されなかった。会計課主計係起案主雑第三号(昭和十二年二月二十五日提出、二月二十七日決裁)「昭和十一年度合資会社利益処分並ニ特別財産組入ノ件」は、その理由を次のように説明している。

合資会社ノ昭和十一年度純益ハ、決算確定ニ至ラザル裡ニ解散ニ至リ、従ツテ其ノ配当ヲ為シ得ザリシモノトス。但シ形式上ハ解散前ニ決算確定セルモノ

第四章　住友合資会社（下）

トスル必要アリシニ依リ、然セリ。

最後に利益処分の際、繰越金の一部として会計規則によって組入れられる特別財産について触れておきたい（第16表）。

昭和三年四月、本社特別財産規程が制定されて、従来の遠計口、貯蓄口、積立口の三種の積立金が一本化され、昭和二年末のこれらの積立金残高が特別財産へ振替えられたことは、「住友合資会社（中）」の「一㈡2　本社特別財産規程」で既に述べた。昭和三年以来の特別財産の増加すなわち会計規則による組入額とその運用による利殖金の組入額は第16表の通りである。昭和六年と七年に会計規則による組入が実施されなかったのは、既に述べた通り昭和五年と六年の決算が純損であったからである。それ以後は順調に組入が行われて合資会社解散直前の昭和十二年二月二十七日の特別財産残高は二〇四六万円に達していた。その詳細は次章「住友合資会社の解散と株式会社住友本社の設立」で検討することとしたい。

（資料14）

会計課主計係起案主雑第八号

昭和六年度決算ニ関スル件

提出　昭和七年六月八日　　決裁　同年六月三十日

合資会社昭和六年度純損金ヲ繰越金以テ塡補ノ件並ニ出資者配当金ヲ繰越金ヨリ支出ノ件、左案ノ通リ御決定相成可然哉。（中略）

当年度ハ、前記ノ如ク二十六万円ノ純損ヲ計上セルモ、左記理由ニヨリ案ノ如ク繰越金ヨリ配当ヲ行フ事ニ御決定相成度シ。

即チ曩ニ本家七年分所得審査ニ際シ、西宮税務署方ヨリ所得増額方要請アリ。結局本家ニ対スル当社五年度配当金ヲ百万円増加（之ニテ本家所得百五十万円トナル）スル事トシテ協定セルガ、此ノ配当金ハ当社配当金トシテハ六年度分配当金トシテ整理スルヲ適当トスベシ。本案家長公ニ対スル配当金百七十五万円ノ中百万円ハ即チ之ナリ。尚右西宮署ノ交渉ト殆ンド同時ニ、東署ヨリモ当社五年度所得増額方要請アリ。結局同年度有価証券価格切下二百二十八万円ノ中百三十七万円ヲ取止ムル事トシ、課税所得百二十五万円ヲ以テ協定ヲ見タリ。此ノ如ク当六年度所得モ当社帳簿ノ侭ニハ到底決定ヲ受ケ得ル見込無ク、先ツ百万円見当ノ決定ヲ受クル予想ヲ以テ申告スルヲ要スベク、右百万円ヲ以テ本家並ニ両分家ニ対シ六年度配当ヲ行ハントスルモノナリ。

而シテ本家八年分所得ヲ予想スルニ、家長公ニ対スル当社配当金ヲ除ク時ハ僅カニ二十二万円ノ少額トナルヲ以テ、右百万円中ヨリ当社利益処分ニ関スル特別決議ニヨル元夫様並ニ両分家ニ対スル既定配当二十五万円ヲ差引キタル残額、七十五万円全部ヲ家長公ニ対スル配当ニ充テントス。斯クスルモ本家八年分所得ハ尚六十七万円見当ニシテ、七年分ニ比シ三十八万円ノ減少ナリ。

以上合資会社本家共前年ニ比シ相当所得減少スル事トナルヲ以テ、或ハ又両税務署ヨリ各所得増額方交渉有之ヤモ計ラレズ、然ル場合ニハ前年ニ準シ、当社課税所得ヲ約百二十五万円トシ、本家ニ対スル配当金ヲ二十五万円増加シ、所得八十二万円トスル程度ノ覚悟ヲ要スベシ。尤モ此ノ場合ニ於テ、本家所得尚百万円以下トナルガ、之ハ電線製造所特別配当金ノ関係ニヨルモノナリ（本家七年分所得ニアリ八年分ニ之ナシ）。

（資料15）

会計課主計係起案主雑第七号

提出　昭和八年六月一日　決裁　同年六月三十日

第二部　住友合資会社

第四章　住友合資会社（下）

昭和七年度利益処分ノ件

合資会社昭和七年度決算別途供覧ノ通リニ候処、右利益処分ノ件左記ノ通リ御決定相成可然哉。（中略）

備考

一、配当金額ノ決定

今回配当金支出額ハ当年度純益ヲ超過スルモ次ノ理由ニ依ルモノナリ。

（イ）住友家会計ニ於テハ、本年三月相続税完納ニ際シ、合資会社ヨリ一、五〇〇千円ノ立替ヲ受ケタルガ、現状ヲ以テスレバ其ノ返済モ容易ナラズ。依ツテ此際案ノ如ク増配ヲ行ヒ、右負債ノ返却引イテ次ノ相続税準備金ノ積立ニ寄与セントス。

（ロ）本家八年分所得七一〇千円ノ申告ヲ為シタルニ対シ、其ノ増額方税務当局ノ要請アリ。結局一、〇四〇千円迄増額スル事トシテ協定セリ。依ツテ合資会社六年度配当金ヲ五五〇千円追加スベキ事トナリタルガ、同年度決算ハ既ニ確定（七年六月三十日主雑第八号）セルヲ以テ、当年度利益処分ニ於テ配当金ヲ夫丈増額ノ事トス。

二、加算税関係

今回配当金二、〇五〇千円ナルモ、税務署ニ対シテハ六年度追加分トスベキニヨリ、七年度分トシテハ一、五〇〇千円トナル。今此ノ一、五〇〇千円ヨリ逆算スル時ハ、純益二、一四三千円以上トナラザル限リ加算税ヲ課セラルル事無シ。而シテ合資会社七年度税関係純益ハ、一、一三六千円（内一三六千円ハ非課税所得）ノ見込ナルヲ以テ、加算税関係先無カルベシ。

三、本家九年分所得

本案配当ヲ受クル時ハ、本家九年分所得ハ約一、〇二七千円トナリ、前年ト大体同額ナリ。

四、合資会社所得申告トノ関係

本案御決裁(決算確定)ノ上ハ、税法規定ニヨリ七年度所得等申告スベキ事トナルガ、右申告ニハ目下審理中ナル六年度所得等ノ決定ヲ見テ為スヲ便トスルヲ以テ、之ヲ待チ居タルモ、早急ニ決定スル模様モ無キヲ以テ本案ヲ仰裁ス。

七年分決定	一、〇四五千円
八年分	一、〇四〇
九年分予想	一、〇二七

(資料16)

会計課主計係起案主雜第九号

提出　昭和九年六月二十七日　　決裁　同年六月三十日

昭和八年度利益処分変更ノ件

合資会社昭和八年度利益処分ノ件ニ関シテハ、曩ニ主雜第六号ヲ以テ総額四八〇万円(内家長公四五五万円)配当ノ事トシテ仰裁御決裁ヲ経テ、已ニ各社員ニ対スル配当金ノ支払ヲ了シ、更ニ合資会社所得等申告可致手筈ト相成居候処、適々家長公九年分第三種所得(一六五万円)ニ関シ、八年分(一〇一万円)ニ比シ著シク増加ヲ見、記録的ナル旨別紙(註、略)ノ如ク諸新聞紙ニ報道セラレ候。右利益処分原案ハ、住友トシテ税関係上最モ有利ナル様立案致シタルモノニ候ヘ共、原案通リ配当シオク時ハ、十年分家公所得ハ九年分ノ約倍額(三二四万円)ニモ達スベク、一層世間ノ注意ヲヒクベキ懸念有之候ニ就テハ、十年分家長公所得ヲ九年分ノ約五割増ノ二五〇万円見当ニ止ムル様若干ノ増税損ヲ忍ビ、左案ノ通リ利益処分御変更相成可然哉。

備考　(中略)

第四章　住友合資会社（下）

一、本案利益処分変更ニ依リ、合資会社申告書類一部訂正ヲ要スベキモノアルモ、別途仰裁致スベシ。

二、本案ニ関聯スル合資会社並ニ本家税関係次ノ如シ。

1 合資会社八年度分諸税

　普通所得税本附加税　　五八万円
　加算税同　　　　　　　四九〃
　営業収益税同　　　　　四七〃
　　合計　　　　　　　　一五四〃

2 本家十年分所得税

　所得税本附加税　　　　九三万円

即チ本家所得税ニ於テ三三万円減税セラルル代リ、合資会社ニ於テ加算税四九万円ヲ課セラルル事トナリ、右加算税賦課ニヨル合資会社九年度分減税等ヲ考慮スルモ、尚約一一万円ノ税負担増トナルベシ。

三、対税務署届出配当金額ハ、所得申告案（主税第三十四号）備考記載ノ通リノ事情ニヨリ左ノ如クナル。

　家長公　　　三五〇万円
　　合計　　　三七五〃

四、更ニ合資会社九年度成績ヨリスレバ、加算税ヲ免ルルニ必要ナル丈ノ配当ヲ為ス時ハ、家長公十一年分所得ハ約五七八万円ノ巨額ニ達スベキニ付、九年度分利益処分ニ際シテハ八年度分同様考慮ヲ要スベキ事トナルベシ。

五、尚本案ハ利益処分ノミノ変更ニシテ特別財産組入額ニ就キテハ原案ノ低トス（註、第16表参照）。

（資料17）

会計課主計係起案主雜第九号

提出　昭和十年七月一日　決済　同年七月十五日

昭和九年度利益処分並ニ特別財産組入ノ件

合資会社昭和九年度決算別表ノ通リニ候処、左記ノ通リ利益処分並ニ特別財産組入ノ事ニ御決定相成可然哉。（中略）

説明

合資会社昭和九年度純益ハ前記ノ通リ一、〇九九万円ナルガ、之ニ対スル税務当局ノ査定ヲ予想スルニ

特命支出等　　　六四万円　　（註、総理事、常務理事による特命支出のうち、領収書のないいわゆる使途不明金は、税務当局によって合資会社の経費として認められない。また室戸台風義捐金一〇〇万円、東北地方冷害義捐金二〇万円等合資会社の業務と直接関係のない寄附も同様に経費として認められず、これらはいずれも家長の所得からの支出と見なされる）
諸寄附　　　　　一三〇〃
炭礦株減資損　　二八九〃
償却其他　　　　一〇〃
合計　　　　　　四九三〃

ノ否認ヲ加ヘ総額一、五九二万円（内非課税所得一五万円）トモナルベキ見込ナルヲ以テ、今従前ノ利益処分方針ニ従ヒ加算税ヲ免レントセバ、査定純益ノ七割ヨリ否認金中社外支出タルベキ

特命支出等　　　六四万円
諸寄附　　　　　一三〇〃
其他　　　　　　五〃
合計　　　　　　一九九〃

ヲ差引キタル残額即チ九一五万円ノ配当ヲ為スヲ要スベシ。然ルニ斯カル多額ノ配当ヲ行フ時ハ、本家昭和十一年分所

第二部　住友合資会社

第四章　住友合資会社（下）

得ハ六一六万円乃至六四一万円（此ノ差異ハ合資会社昭和九年度所得審理ニ於テ否認セラルベキ特命支出等六四万円ヲ本家所得ニ綜合セラルル場合之ヲ配当ト見ルカ賞与ト認ムルカニヨル）ノ巨額トナリ、例年所得トノ権衡上適当ナラズ。

然ルニ飜ツテ住友本家会計今後一ケ年間ノ収支関係ヲ予想スルニ、合資会社ヨリノ配当金収入ヲ除外スル時ハ、

支出　本社ヨリノ借入金返済　　　　　　二二三万円
　　　本家費　　　　　　　　　　　　　　四〇〃
　　　特命支出　　　　　　　　　　　　一〇〇〃
　　　所得税（十年分）　　　　　　　　一三一〃
　　　其他　　　　　　　　　　　　　　　二八〃
　　　合計　　　　　　　　　　　　　　五一〇〃
収入　連系会社配当金等　　　　　　　　　六〇〃
差引　支　超　　　　　　　　　　　　　四五〇〃

トナルヲ以テ、合資会社配当金対本家分四五〇万円、対両分家分二〇万円合計四七〇万円ハ、最少限度トシテ必要ノモノナルベシ。

更ニ本家将来ノ相続税納付ヲ考フルニ、仮ニ相続財産価格ヲ前回ト同額一億六千六百二十万円ト仮定スルモ、現行法ニ依ル税額ハ、当時ノ約倍額即チ二、一四七万円ノ多額トナリ、之ニ財産ノ増殖、将来ノ税率引上等ヲ考慮スル時ハ、更ニ多額トナルベキ事必然ナルヲ以テ、相続税準備金積立ノ急務ナル事云フ迄モ無カルベシ。而シテ今年四歩ノ複利ヲ以テ年々積立増殖スルモノトセバ、準備金残高

積立年数／年積立高　　五〇万円　　七五万円　　一〇〇万円

トナリ、年五〇万円程度ノ積立ヲ以テシテハ未ダ充分ナリト云難カルベク、今回ノ如ク合資会社純益大ナル年度ニ於テ配当ヲ増加シ、可及的多額ノ積立ヲ為シオクヲ適当トスベシ。依ツテ昭和十年度積立ヲ一〇〇万円トスル時ハ、曩ノ不足金四五〇万円ト併セ五五〇万円ノ配当ヲ受クルヲ要スベク、合資会社トシテハ両分家分二〇万円ヲ併セ、配当金総額五七〇万円トナルベシ。

以上本家ノ所得並ニ収支関係ヨリ見テ、合資会社昭和九年度配当金五七〇万円ハ、必要且適当ト認メラルルモ尚税務関係損益ヲ考慮スルニ、加算税ヲ免ルル為九一五万円ノ配当ヲ行フ方本案五七〇万円配当ノ場合ヨリ合資会社並ニ本家ヲ通ジテ見タル税関係ニ於テ一応若干有利ナルモ、一面加算税納付ニ依ルル其ノ後ノ減税益ヲ考慮スル時ハ、右税負担差異著シク縮少セラレ、損益大差無キモノト考ヘラルルヲ以テ、前記利益処分案ニ影響スル事無カルベシ。

因ミニ右両場合ノ税関係次ノ如シ。

	本家所得	本家所得税	合資会社加算税	配当金総額
				九一五万円
			― 万円	五七〇 〃
二〇	一、四八九			
二五	二、〇八二			
三〇	二、八〇四	六四一 〃	二八三 〃	一三七 〃
三五	三、六八三	一、一二三	四〇九 〃	四三四 〃
	四、二〇六	一、六五 〃	一七八 〃	
	五、一二四	七、三六五		
	二、九七八	二、二三三		
		四、一六五		
		五、六〇八		

第二部　住友合資会社

第四章　住友合資会社（下）

（註）本家所得並ニ所得税欄右側数字ハ合資会社昭和九年度特命支出等六四万円ヲ配当金トシテ綜合セラルル場合ニシテ、左側数字ハ之ヲ賞与トシテ綜合セラルル場合ナリ。

右表ニ於テ見ルガ如ク、合資会社ノ特命支出等ヲ本家所得ニ綜合セラルル場合、配当金所得ト認メラルル方四割控除ノ関係ニテ一三万円ノ減税トナルヲ以テ、且従来ハ会社損金ヲ取止メ対本家配当ニ振替フル事認メラレ来レルヲ以テ、合資会社所得申告等ニ於テ右特命支出等損金六四万円ヲ取止メ、配当金額ヲ六四万円乃至六五万円（端数調節）増額シテ届出ヅルヲ適当トスベシ。

尚利益処分ニ関聯シテ社則ニ依リ特別財産組入額ニツキ考フルニ、

年　度	純損益	組入額
昭和六年度	二六万円	○万円
七	一八六〃	一〇〃
八	五七九〃	二〇〃
九	一、○九九〃	（案）三〇〃

ナル情勢ヨリ見テ、本案ノ通リ三〇万円積立ヲ以テ適当ト認メラル。

（資料18）

会計課主計係起案主雑第七号

　　提出　昭和十一年六月二十五日　決裁　同年七月二十五日

昭和十年度合資会社利益処分　並　特別財産組入ノ件

別紙合資会社昭和十年度決算ノ結果ニ基キ、左記ノ通リ利益処分並特別財産組入相成可然乎。（中略）

説明

一、配当方針

（一）本案ニ対シ巨額ノ配当ヲナストキハ、所得決定ニ際シ新聞紙上大々的ニ喧伝セラルベキハ、既往ニ徴シ明ナル所ニシテ、斯ノ如キハ現下ノ社会状勢上誠ニ好マシカラザル次第ニ付、此際ハ能フ限リ配当ヲ抑制シ、社内ニ留保スルコト蓋シ已ムヲ得ザルベシ。

（二）本家ヘノ配当金額ハ、本家ノ必要経費等ヲ支弁シタル上多少ノ予備金ヲ剰ス程度ニ止ムルコト亦已ムヲ得ザルベシ。

二、本案

本案ハ右方針ニ基キ、家長公ニ対スル配当金ヲ二二五万円、総配当金ヲ二五〇万円ニ止メントス。

（一）本案ニヨル明年度本家所得

明年度ハ各種増税必至ト見ラレ、個人所得就中多額所得ニハ相当税率ノ増加免レ難キト認メラル、ノミナラズ、配当所得ニ付テハ現在四割控除ヲ認メラル、処控除ノ減廃何レカ避ケ難キ雲行ニシテ、右改正ノ暁ハ二方ヨリ重課ヲ受クルコト、ナリ、現行税ニ比シ多額ノ増税ヲ来スベシ。

殊ニ本家所得ノ如キハ、殆ド配当収入ヨリ成ルモノナレバ、之ガ影響多大ナルベキハ言ヲ俟タズ。即チ本案ニヨル明年度家長公所得並税金ヲ予想セバ左ノ如シ。

所得　　　　　　　　　税金

控除全廃ノ場合　　　　　　本附加税五割増ノ場合

三三七万円　　　　　　　　一八九万円

二割控除ノ場合　　　　　　本税五割増・附加税ハ控除廃止分丈増ノ場合

二六二〃　　　　　　　　　一七一〃

　　　　　　　　　　　　　本附加税五割増ノ場合

　　　　　　　　　　　　　一四七〃

第四章　住友合資会社（下）

現行四割控除ノ場合　　一九七〃

本税五割増・附加税ハ控除廃止分丈増ノ場合　　一三三〃

本附加税五割増ノ場合　　一〇四〃

本税五割増・附加税ハ控除廃止分丈増ノ場合　　九四〃

現行税　　六九〃

（註）本年・既往ノ

十一年度	所得（収入） 並	税金
十一年度	四〇二(六六五)万円	一六一万円
十	二九六(四五四)〃	一一二〃
九	一六五(二七三)〃	五八〃
八	一〇一(一六七)〃	三三〃
七	一〇二(一六七)〃	三三〃

即チ増税ノ輪郭ハ未ダ明ナラザルモ、本案ニヨル明年度家長公所得ハ、大体三百万円内外ヲ目安トスルモノトス。

（二）本案ニヨル本家収支

本家ノ収支ハ、本案ニヨリ必要経費等ヲ支弁シタル上、差シ当リ五十万円ノ予備金ヲ剰スコトヽナル。右予備金ハ臨時特別ノ使途ニ充テラルベク、其ノ必要ナキトキハ相続税ノ準備ニ充テラルベキモノトス。

（三）本家相続税ノ積立

「相続税」亦相当増税ヲ免レザル模様ナルガ、現在本家財産ヲ二億円ト仮定シ、之ガ相続税額ヲ年三分五厘ノ複利ヲ以テ向三十五年間ニ積立ツルモノトセバ、左ノ如シ。

税額　　　　　毎年積立ツベキ額

現行税額　　　　　　　　　　　二、五八七万円　　　三九万円

現行税ノ十割増税ノ場合　　　五、一七三〃　　　　七八〃

惟フニ相続税ノ積立ハ、将来ノ準備トシテ最モ必要事ニ属シ、且未ダ殆ド積立金ナキ現状ナルヲ以テ、十年度当社ノ如キ巨額ノ純益ニ付テハ本来増配ヲナシ、右積立ニ資スルモノトスルヲ適当トスルモノナレドモ、未曾有ノ事変ニヨル社会情勢ノ変化ニ鑑ミ、充分ノ配当並積立ヲ実施シ得ザルヲ遺憾トス。而シテ遠カラズ各種税金就中相続税等増税ノ全貌明トナリタル上、今後ノ社会情勢ノ推移ヲモ稽ヘ、相続税準備積立ノ方策ヲ考究スルコト、致度シ。

（四）税務署ニ対スル申告

合資会社純益並家長公ニ対スル配当金ハ前例ニ準ジ、本社特命支出中五十万円ヲ加算申告スベキモノトス。

　　　　　　　　　　帳簿　　　　　申告

合資会社純益　　　二、〇〇七万円　二、〇五七万円

家長公ニ対スル配当金　　　二二五〃　　　　二七五〃

総配当金　　　　　　　　　二五〇〃　　　　三〇〇〃

（五）配当及留保ノ税金損益

前記ノ如ク明年度配当所得ニ対シテハ、控除改正ト増率トニヨリ重課セラルベク、自然同族会社ノ留保ニ対スル加算税モ之ト権衡上大体同様ノ税額迄増率セラルベキコト想像ニ難カラズ。然レドモ現在ハ過渡期ニ付、十年度純益ノ留保ニ対スル加算税ハ現行法ニヨリ課税セラレ、同配当ニ対シテハ改正税ノ適用ヲ受クルコト、ナルベキヲ以テ、案ノ如ク留保スル方増配スルヨリモ税上有利ナルハ、殆ド疑ヲ容レザル所トス。

三、利益処分関聯シテ社則ニヨル特別財産組入額ニ付考フルニ、

第二部　住友合資会社

九四九

第四章　住友合資会社（下）

右情況ニヨリ本案ノ通リ組入ルヽコトヽ致度シ。

	純益	組入額
昭和七	一八六万円	一〇万円
八	五七九〃	二〇〃
九	一、〇九九〃	三〇〃
十	二、〇〇七〃	（案）五〇〃

備考
一、本家所得ト新聞報道

毎年個人所得ノ決定時期ニ於テ、多額所得ノ報道ハ最モニュース・バリュー高キト見エ、当地大小新聞競ツテ之ガ探訪ニ努ムル結果、近来一年トシテ此種報道ナカリシコトナク、之ガ報道ニ当リテハ即チ本家所得ニ関シ世人ノ視聴ヲ惹ク程ノ見出シヲ附セザルハナク、或ハ家長公ノ写真ヲモ掲載スルモノアリ。本年ノ如キハ、右報道ヲナセルモノ大小十新聞ノ多キニ及ベリ。

抑モ個人所得ハ、税法上税務当局ニ於テ公表スベカラザルコトヽナリ居リ、又当方ニテモ年々関係当局ニ対シ厳重之ガ取締リ方ヲ陳情シ来リタル次第ナルガ、近時関係当局ニ於テモ相当取締リニ努メ居レルモノヽ如ク、昨年モ本年モ概ネ実際ヨリハ低額ヲ推定若ハ誤報シ、一モ確報トスベキモノナカリシモ、此種報道ヲ絶ツコトハ至難トモ見ザルベカラズ。

二、本案ニヨル本家収支並家長公所得ノ内容、即チ左ノ如シ。

本家収支　　　　家長公明年度所得

三、合資会社十年度純益ニ対スル税金

（一）純益

		配当控除全廃ノ場合	二割控除ノ場合
本社配当金	二三〇万円	二二五万円	一八〇万円
申告上同加算分		五〇〃	四〇〃
連系会社配当金等	五〇〃	五〇〃	四〇〃
其他	二〃	二〃	二〃
本家費	五九〃		
十一年度分税金	一六三〃		
本社へ返金	一〇〃		
差引予備金	五〃	所得計 三三七〃	二六二〃

帳簿純益　　　　　二、〇〇七万円
申告加算分　　　　　　　五〇〃
　計　申告純益　　二、〇五七〃
寄附等否認　　　　　　　八〇〃
償却等否認　　　　　　　四二〃
　計　認定純益　　二、一七九〃

（二）税金（現行税）

第二部　住友合資会社

第四章　住友合資会社（下）

	課税標準	本税	附加税	計
普通所得税	二、一六五万円	一〇七万円	三八万円	一四五万円
超過所得税	四一二〃	一六〃	六〃	二二〃
加算税	一、一四五〃	三三九〃	一一九〃	四五八〃
計　第一種所得税		四六二〃	一六三〃	六二五〃
営業収益税	二、〇〇二〃	六六〃	一一〇〃	一七六〃
臨時利得税	九四三〃	九四〃	―	九四〃
合計		六二二〃	二七三〃	八九五〃

即チ空前ノ純益ニ対シ未曾有ノ税金計八九五万円ニ上ルベク、認定純益二、一七九万円ニ対シ四一％ノ高率ニ当レリ。而シテ臨時利得税並超過所得税ノ如キハ（註、臨時利得税は昭和十年度予算で創設された。又超過所得税は既に大正九年の税制改正で導入されていたが、法人の所得が資本金の一割を超えた場合に適用されるため、これまで合資会社の所得が該当することはなかった）未ダ経験セザリシ所ナリト雖モ、両者計一一六万円ニテ差巨額トナスニ足ラズ。最大ノ税ハ加算税ニシテ計四五八万円ニ上リ、税金合計八九五万円ニ対シ五一％ノ多キヲ占ム。而シテ之ヲ免レンガ為ニ配当ヲナサンカ、改正税ニヨリ遙ニ多額ノ第三種所得税ヲ賦課セラルベキ見込ナルコト既述ノ通リナリ。

四、三井及三菱本家各所得トノ比較

右比較左ノ如シ。

	昭和九	一〇	一一	一二年度予想　配当控除二割ノ場合	同控除全廃ノ場合
家長公	一六五万円	二九六万円	四〇二万円	二六二万円	三三七万円

(註)三井、三菱分十一年度所得ハ配当収入ノミヨリナルモノト仮定シ、十二年度モ同一額ト仮定ス。若シ十二年度三井及三菱各本家ノ所得ニシテ大体右ノ如シトセバ、本案ニヨル家長公ノ明年度所得モ略之等ト権衡ヲ得、適当額ト認ムベキカ。

三井高公	三五八〃	一三六〃	二五四〃	三三八〃
岩崎久弥	一五六〃	二〇四〃	二〇八〃	二七八〃	三四七〃

三　投資活動

この期間の合資会社の投資活動のうち、起業支出については一連のビルディングの建設と鴻之舞鉱山や朝鮮の金山等直轄鉱山の設備投資が目につく程度であるので、これらについては次節「四　資金調達」で連系会社の起業支出と併せて考察することとし、本節では持株会社としての有価証券投資について取り上げることとした。

合資会社が保有する有価証券は、昭和六年(一九三一)には前年の三二八万円に続いて一九一二万円という評価損を出しながら一億六〇〇〇万円を超え、昭和九年には連系会社の株式が増資と設立の払込により一挙に一二〇〇万円余も増加したため、一億八〇〇〇万円に達した。しかし昭和十年には住友金属株式の分譲により、連系会社株式が逆に一七八〇万円も減少したため、全体として一億六〇〇〇万円台へ後退する結果となった(第17表)。このことは、これまで「その他の住友系企業」から連系会社への移行により、連系会社株式の保有が増大してきた傾向に転機を画するもので、連系会社の数が増えていっても、株式の一部を他の連系会社が保有するなどの方法で、資金調達の方法は多様化しはじめてきた。そのなかでこの時期の「その他の住友系企業」の株式の保有は、残高はまだ少ないが伸びは大きく、また「住友

第17表　住友合資会社の配当利息収入と投資利回り

種　類		昭和6年	7年	8年	9年	10年	11年
国　債	A	122,770	132,829	137,297	155,230	155,468	141,835
	B	1,814,961	2,166,387	2,573,187	2,573,187	2,721,251	2,303,461
	C	6.76	6.13	5.34	6.03	5.71	6.16
地方債	A	9,790	9,790	9,680	6,381	17,125	25,926
	B	163,800	162,050	162,050	144,050	543,600	443,325
	C	5.98	6.04	5.97	4.43	3.15	5.85
社　債	A	—	—	—	20,074	50,889	64,062
	B	—	—	185,230	1,034,457	1,391,513	1,304,126
	C	—	—		1.94	3.66	4.91
株　式	A	5,213,307	4,264,070	6,772,252	10,996,769	11,121,144	8,681,963
	B	158,999,126	159,573,126	162,006,614	177,750,489	160,992,077	164,610,070
	C	3.28	2.67	4.18	6.19	6.91	5.27
連系会社	A	4,303,511	3,254,559	5,576,704	9,382,643	9,078,391	6,516,039
	B	144,931,746	143,423,363	143,198,459	155,588,158	137,806,896	137,852,518
	C	2.97	2.27	3.89	6.03	6.59	4.73
その他の住友系企業	A	96,456	114,544	362,743	394,901	754,279	829,857
	B	2,377,811	3,960,867	5,182,847	7,047,072	7,385,880	7,881,013
	C	4.06	2.89	7.00	5.60	10.21	10.53
住友系以外の企業	A	813,339	894,966	832,804	1,219,223	1,288,472	1,336,066
	B	11,689,568	12,188,896	13,625,308	15,115,258	15,799,300	18,876,538
	C	6.96	7.34	6.11	8.07	8.16	7.08
有価証券合計	A	5,345,868	4,406,689	6,919,229	11,178,455	11,344,627	8,913,788
	B	160,977,877	161,901,564	164,927,082	181,502,184	165,648,442	168,660,982
	C	3.32	2.72	4.20	6.16	6.85	5.29

註：Aは利息または配当金、Bは残高(以上単位円、円未満切り捨て)、Cは利回り(単位：％)。
出典：本節の以下の諸表は元帳及び総有価証券元帳から作成した。

系以外の企業」の株式の保有は、各種の付き合い投資や満鉄の増資払い込み、その他の旧植民地の拓殖会社などの国策援助等の理由により、着実に増加することとなった。

投資利回りは、確実な債券類が増加する一方(第18表)、景気の好転とともに株式の復配・増配が相次いだため、著しく改善された。特に連系会社以外の住友系企業の株式の利回りは、昭和十年から平均一〇％を超える高利回りとなったが、中でも日本板硝子(二二～一八％)、帝國酸素(一五％)、大日本鑛業(一〇～一五％)、土肥金山(一二％)などが高配当の企業であった。

第18表　国債証券・地方債証券・社債券明細表

(単位：円、円未満切り捨て)

銘　柄	昭和5年末	6～11年増減 年	内容	金　額	11年末
国債証券					
無記名甲い号五分利公債	184,725	6	売却	△184,725	0
無記名甲ろ号五分利公債	2,639,880	6	売却	△1,755,320	
			買入	309,675	
		7	買入	351,426	
		8	買入	204,000	1,749,661
無記名特別五分利公債	317,936	10	償還	△317,936	0
第25回五分利国債		6	買入	302,790	
		11	償還	△302,790	0
い号四分半利国債		8	買入	202,800	202,800
第40回五分利国債		10	買入	103,575	
		11	償還	△100,000	
			+損	△3,575	0
第50回五分利国債		10	買入	362,425	
		11	償還	△350,000	
			+損	△12,425	0
は号三分半利国債		11	買入	351,000	351,000
合　計	3,142,542			△839,080	2,303,461
地方債証券					
大阪市築港公債	45,900	7	償還	△850	
		11	償還	△1,275	43,775
大阪市電気鉄道公債	117,900	7	償還	△900	
		9	償還	△117,000	0
大阪市高速鉄道公債		9	買入	99,000	
		11	償還	△99,000	0
大阪市電気事業公債		10	買入	101,150	101,150
神戸市水道拡張公債		10	買入	99,400	99,400
大阪市都市計画事業公債		10	買入	99,500	99,500
大阪市い号公債		10	買入	99,500	99,500
合　計	163,800			279,525	443,325
社債券					
阪神電気鉄道社債第9回		8	買入	85,680	
		10	売却	△85,680	0
〃　　　　第10回		9	買入	114,425	114,425
〃　　　　第12回		10	買入	84,575	84,575
王子製紙社債第12回		8	買入	99,550	
		9	償還	△10,950	
		10	償還	△12,941	
		11	償還	△75,658	0
〃　　　　第13回		9	買入	150,250	
			償還	△4,997	
		10	償還	△27,046	
		11	償還	△6,010	112,195
阪神急行電鉄社債第6回		9	買入	99,850	
		11	償還	△3,994	95,856
興業債券第169回		9	買入	99,700	
		11	償還	△99,700	0
〃　　第171回		9	買入	50,350	50,350
南満洲鉄道社債第38回		9	買入	149,700	149,700
〃　　　　第41回		9	買入	100,000	100,000
〃　　　　第43回		10	買入	99,750	99,750
〃　　　　第50回		11	買入	99,125	99,125
勧業債券第122回		9	買入	100,900	
		11	償還	△100,000	
			+損	△900	0
兵庫県農工債券第165回		10	買入	99,350	99,350
南海鉄道社債第6回		10	買入	99,450	99,450
大阪農工債券第88回		10	買入	99,600	99,600
大阪商船社債第14回		11	買入	99,750	99,750
合　計	0			1,304,126	1,304,126

第四章　住友合資会社（下）

(一) 連系会社の株式

この期間連系会社として新たに設立されたのは、昭和九年の住友アルミニウム製錬、満洲住友鋼管、住友機械製作の三社であり、同じ九年には共に連系会社である住友製鋼所と住友伸銅鋼管が合併して、住友金属工業が発足した（第19表）。これらの各社の内容については、「五　店部・連系会社・特定関係会社」を参照されたい。合資会社が連系会社から受け取る配当金の中で、四〇％を超える高い比重を占めてきた銀行の配当金は、その伸び悩みと他の連系会社の復配・増配と共に、ほぼ合資会社が保有する連系会社株式全体に占める比重に見合った二七％にまで低下した。また従来原則として合資会社が保有して来た連系会社の株式について、連系会社も合資会社の保有株式を譲り受け、他の連系会社の株主となるケースが見られるようになってきた。いわゆる株式持ち合いの始まりである。こ

	11年末	金　額
	株	円
	299,000	14,950,000
		103,800
		35,000
		△1,888,921
	234,212	11,564,302
		3,000,000
		△998,254
		15,600
		3,000,000
		750,000
		2,250,000
	0	△13,850,000
		△901,600
		△2,050,000
		1,875,000
	117,936	5,896,800
		△450,800
		1,424,200
		△250,000
		4,200,000
		△4,543,000
		△15,500
	105,670	5,294,864
		28,742
		△125,270
		△50,108
		2,500,000
		△2,190,250
		△6,375
		303,375
		△62,500
	21,770	816,375
		272,125
		3,000,000
		7,500,000
		2,500,000
	212,650	10,632,500
		13,850,000
		△28,166,000
		△50,000
		△1,500
		4,856,250
	155,250	3,881,250
		△975,000
	70,000	875,000	875,000
		1,000,000
		600,000
	80,000	1,800,000	200,000
		650,000
	26,000	975,000	325,000

（金額は円未満切り捨て）

第19表　連系会社の株式

銘柄（額面）		昭和5年末		6〜11年増減		
				年	内容	
	(円)	株	円			株
住友別子鑛山	(50)	299,000	14,950,000		→	
住友炭礦	(50)	187,790	9,305,808	6	買入①	3,600
				8	買入①	1,000
				9	2割減資	△38,478
同　新株	(50)	100,000	1,991,270	9	払込@30円	
				9	2割減資	△20,000
				10	買入①	300
住友製鋼所	(50)	97,000	4,850,000			
同　新株	(50)	120,000	3,000,000	9	払込@25円	
同　第二新株	(50)			9	払込@12.5円	60,000
				10	払込@37.5円	
				10	合併②	△277,000
住友電線製造所	(50)	125,000	6,250,000	7	売渡③	△18,032
				8	売渡④	△41,000
同　新株	(50)			6	払込	75,000
				7	売渡③	△18,032
				8	払込@25円	
				11	売渡⑤	△5,000
住友肥料製造所	(50)	60,000	3,000,000			
同　新株	(50)	140,000	2,800,000	8	払込@30円	
住友化学工業				9	分譲	△90,860
（昭和9年2月15日改称）				9	売却	△310
				10	買入	340
				10	売渡⑥	△2,500
				11	売渡⑦	△1,000
同　新株	(50)			9	払込	200,000
				9	分譲	△175,220
				9	売却	△510
				10	払込@12.5円	
				10	売渡⑥	△2,500
				11	払込@12.5円	
住友伸銅鋼管	(50)	300,000	12,000,000	9	払込@10円	
同　新株	(50)			9	払込	200,000
				10	払込@12.5円	
				10	合併②	277,000
住友金属工業				10	分譲	△563,320
（昭和10年9月17日改称）				11	売渡⑧	△1,000
				11	分譲	△30
同　新株	(50)			10	払込	194,250
				11	売渡⑨	△39,000
住友アルミニウム製錬	(50)			9	払込	70,000
満洲住友鋼管	(50)			9	払込	80,000
				10	払込@7.5円	
				11	払込@2.5円	
住友機械製作	(50)			9	払込	26,000
				11	払込@12.5円	

第四章　住友合資会社（下）

の点については次節「四　資金調達」で改めて検討することとしたい。

　　(二)　その他の住友系企業の株式

　連系会社以外の住友系企業の株式については、第20表に示した。このうち新たに住友系企業となった日本電氣については、「五(一)日本電氣株式會社の経営の承継」を、また大日本鑛業、土肥金山、静狩金山の三社については「五(二)直轄鉱山部門の諸施策」を参照されたい。長谷部竹腰建築事務所は、既に述べた通り昭和八年六月工作部の解散に伴い新たに設立されたものである（資料9）。

△69,827		
△69,827	155,263	21,730,348
5,229		
△67,140		
△86,156		
△22,004	193,398	14,291,401
13,179		
2,768		
31,040		
△28,395	2,660	47,205
	14,500	2,813,000
	299,000	14,950,000
	65,000	3,250,000
△990,000		
△1,538,040		
8,000		
32,000		
8,500	524,040	22,001,970
△1,225,000		
775,000	23,800	1,190,000
△1,350,000		
△10,000		
637,500		
△337,500		
△2,500		
595,000	23,800	892,500
△5,149,161	2,623,949	137,852,518

住友銀行	(100)	156,263	21,870,002	7	売却		△500
				8	売却		△500
同　新株	(100)	193,315	14,461,474	6	買入		83
				6	評価損⑩		
				7	評価損⑩		
				8	評価損⑩		
住友信託	(50)	1,740	28,614	6	買入		780
				8	買入		140
				10	買入		1,600
				11	売却		△1,600
住友生命保険	(100)	14,500	2,813,000		→		
住友倉庫	(50)	299,000	14,950,000		→		
住友ビルデイング	(50)	65,000	3,250,000		→		
大阪北港	(50)	581,040	24,481,510	8	売渡⑪		△60,000
					＋損		
				8	買入⑫		500
				9	買入⑫		2,000
				11	買入⑬		500
土佐吉野川水力電氣	(50)	20,000	1,000,000				
同　新株	(50)	80,000	2,000,000	8	売渡⑭		△49,000
四國中央電力				9	払込@25円		
（昭和9年5月24日改称）				9	売渡⑮		△27,000
				10	売渡⑯		△200
同　新株	(50)			9	払込		51,000
				9	売渡⑮		△27,000
				10	売渡⑯		△200
				11	払込@25円		
合計残高		2,839,648	143,001,679				

註：①買入先坂一族。
　　②昭和10年9月17日住友伸銅鋼管と合併。
　　③売渡先 I.S.E.社
　　④売渡先住友信託5千株、第一生命2万株、愛国生命1万株、藤倉電線6千株。
　　⑤売渡先東洋生命5千株。
　　⑥売渡先住友信託。
　　⑦売渡先帝国生命。
　　⑧売渡先扶桑海上。
　　⑨売渡先住友電線3万株、住友信託9千株。
　　⑩特別財産から一般財産への移譲に伴う切り下げ。
　　⑪売渡先住友伸銅鋼管、住友製鋼所、住友電線各2万株。
　　⑫買入先島定治郎(大阪北港元取締役)。
　　⑬買入先城知靖(大阪北港元取締役城周彦息)。
　　⑭売渡先住友肥料2万株、住友別子2万株、住友信託6千株、住友生命3千株。
　　⑮売渡先住友銀行6千株、住友電線5千株、扶桑海上3千株、伊予鉄道電気等14社計5万株。
　　　合資会社54千株の他に、住友別子、住友化学から各5千株を提供させた。
　　⑯売渡先小倉正恆(電力会長)、吉田貞吉(同常務)、松本順吉(同監査役)、秋山武三郎(同監査役)各50株。

(三) 住友系以外の企業の株式

この期間住友合資会社が保有した住友系以外の企業の株式は、第21表に示した。昭和五年末に既に保有していた株式の詳細については従来の各項を参照されたい。以下有価証券元帳の株式の分類に従って、この期間新たに取得した株式を中心に、取得の経緯とその後の異動について検討することとする。

銀行株のうち「日本銀行」一〇〇株は、徳大寺家から買い取ったものである。

「横浜正金銀行」株は、かつて保有していた株式を大正十年（一九二一）合資会社設立の際住友家へ譲渡して以来、保有していなかった。今回改めて取得した理由は次の通りである。

同行ハ、其ノ業態、収益ノ確実並ニ内容ノ充実セル点ニ於テ、特別財産ノ所有株式トシテ恰好ノモノナルガ、偶々

（金額は円未満切り捨て）

金額（円）	11年末 株	11年末 円
35,000		
△168,860		
60,000		
72,725		
3,000		
16,600	82,690	1,354,565
4,838		
911		
315		
1,242	23,364	924,153
129		
21		
80		
457,012		
976,525		
△27,805		
21,450		
△130,000	39,992	840,169
	6,000	300,000
286,000		
50,000		
2,278	17,773	838,278
125,000		
125,000		
250,000		
901,600		
△338,100		
2,900		
△150		
1,582		
14,043	29,225	1,707,485
83,511		
475,749		
676,200		
△253,575		
2,137		
141,587		
214,523		
4,055		
2,784	20,080	221,362
1,100,000	33,000	1,650,000
550,000		
45,000	1,800	45,000
5,785,309	253,924	7,881,013

第20表　その他の住友系企業の株式

銘　柄　（額面）		昭和5年末		6〜11年増減		
		（株）	（円）	年	内　　容	（株）
扶桑海上火災保険	(50)	73,140	1,336,100	6	買入	2,000
				6	評価損	
				7	買入	4,000
				8	買入	2,950
				9	買入	100
				11	買入	500
日米板硝子	(50)	11,047	307,443	6	買入	101
日本板硝子				7	買入	14
（昭和6年1月16日改称）				8	買入	3
				10	買入	12
同　新株	(50)	12,173	152,160	6	買入	11
				7	買入	1
				8	買入	2
				9	払込@37.5円	
同　新株	(50)			9	払込	44,602
				9	譲渡①	△1,270
				9	譲受②	660
				9	譲渡③	△4,000
帝國酸素	(50)	6,000	300,000		→	
大日本鑛業	(50)			6	買入④	25,800
				6	8割減資	△20,080
				7	買入④	2,000
				8	買入	53
同　新株	(50)			6	払込	10,000
				7	払込@12.5円	
				10	払込@25円	
日本電氣	(50)			7	買入⑤	18,032
				7	3.75割減資	△6,762
				7	買入	58
				7	売却	△3
				8	買入	29
				9	買入	161
				10	買入	975
				11	買入⑥	5,408
同　新株	(50)			7	買入⑤	18,032
				7	3.75割減資	△6,762
				7	買入	57
				7	払込@12.5円	
土肥金山	(50)			7	譲受⑦	20,000
				10	買入	50
				11	買入	30
静狩金山	(50)			8	払込	22,000
同　新株	(50)			9	払込	11,000
長谷部竹腰建築事務所	(50)			8	払込	1,800
合計残高		102,360	2,095,703			

註：①譲渡先扶桑海上他。
　　②譲受先住友銀行。
　　③譲渡先東大名誉教授加藤正治、本後藤合名社長後藤彦三郎各2000株。
　　④買入先浅野同族他。
　　⑤買入先I.S.E.社。
　　⑥買入先三井物産5346株。
　　⑦譲受先住友別子鑛山。

第四章　住友合資会社（下）

相当数ノ出物アリタルニ付、之ヲ買入ル、コト、セリ。（昭和六年六月）

信託株にはこの期間異動はなかった。

鉄道株のうち、「阪神電気鉄道」株については、「住友合資会社（上）」の「五(二)　大阪北港株式会社の連系会社指定」で述べたように、昭和六年九月島徳蔵が合資会社が昭和五年末背任行為で予審有罪の決定を受けた阪神電鉄社長島徳蔵は阪神電鉄社長を辞任した。十月後任の社長には総理事小倉正恆の斡旋により、大阪商船社長堀啓次郎が就任した。九月の堀に対する「阪神電鉄」株一〇〇〇株の売却と、十一月の島からのその持株（旧一万四九〇二株、新四万株）の肩代わりは、この間の事情を物語っている。

「東京高速鉄道」株については、同社が昭和十六年九月帝都高速度交通営団に設備を譲渡して昭和十七年末清算したため、取得の経緯を示す資料は残されていない。同社は、浅草～新橋間の地下鉄建設を進めていた東京地下鉄道に対し、

（金額は円未満切り捨て）

金額（円）	11年末 株	11年末 円
48,600	1,441	713,736
67,050	1,341	425,097
	132	6,468
	132	1,518
	385	3,850
	2,500	50,875
	100	5,000
	50	1,250
	1,498	73,750
	749	9,362
	200	1,200
	1,000	84,000
169,950	1,000	169,950
285,600	10,528	1,546,056
	3,000	150,000
	2,000	25,000
	500	6,250
	1,000	12,500
	2,000	25,000
0	8,500	218,750
36,480		
3,600	1,320	72,480
3,600		
230,100		
153,600		
7,860		
156,600		
156,600	15,660	704,760
2,000		
1,750		
2,500	750	37,500
1,000		
875		
1,250		
△64,500		
15,000	3,000	25,500
2,000		
6,000	1,000	15,000
△52,000	2,000	31,000
△112,500	3,000	119,400
△120,666	4,420	88,400
924,456		
△112,285		
△6,203		
△31,018	12,492	774,949
△15,000		
△1,600		
655,327		
△99,210		
△24,802		

第21表 住友系以外の企業の株式

銘　柄　（額面）		昭和5年末		6～11年増減		
				年	内　　容	
	（円）	株	円			株
（銀行株）						
日本銀行	(200)	1,341	665,136	6	買入	100
同　新株	(200)	1,341	358,047	6	払込@50円	
朝鮮銀行	(100)	132	6,468		→	
同　新株	(100)	132	1,518		→	
台湾銀行　新株	(100)	385	3,850		→	
大阪農工銀行	(20)	2,500	50,875		→	
芸備銀行	(50)	100	5,000		→	
同　新株	(50)	50	1,250		→	
五十二銀行	(50)	1,498	73,750		→	
同　新株	(50)	749	9,362		→	
漢城銀行　新株	(50)	200	1,200		→	
第一銀行	(50)	1,000	84,000		→	
横浜正金銀行	(100)			6	買入	1,000
合計残高		9,428	1,260,456			
（信託株）						
三井信託	(100)	3,000	150,000		→	
安田信託	(50)	2,000	25,000		→	
加島信託	(50)	500	6,250		→	
鴻池信託　新株	(50)	1,000	12,500		→	
三菱信託	(50)	2,000	25,000		→	
合計残高		8,500	218,750			
（鉄道株）						
南満洲鉄道	(50)	432	21,600	10	譲受①	600
同　新株	(50)	288	7,200	7	払込@12.5円	
				8	払込@12.5円	
同　新株	(50)			8	払込	15,360
				9	払込@10円	
				9	譲受①	300
				10	払込@10円	
				11	払込@10円	
高野山電気鉄道	(50)	500	18,750	7	払込@4円	
				8	払込@3.5円	
				9	払込@5円	
同　新株	(50)	250	9,375	7	払込@4円	
				8	払込@3.5円	
				9	払込@5円	
金福鉄路公司	(50)	3,000	75,000	6	評価損	
				11	払込@5円	
大社宮島鉄道	(50)	1,000	7,000	6	払込@2円	
				7	払込@6円	
阪和電気鉄道	(50)	2,000	83,000	6	評価損	
九州電気軌道	(50)	3,000	231,900	6	評価損	
同　新株	(50)	4,420	209,066	6	評価損	
阪神電気鉄道	(50)			6	買入②	14,902
				6	売却	△1,810
				8	譲渡④	△100
				11	売却	△500
同　新株	(50)	158,100	2,624,460	6	譲渡③ +損	△1,000
				6	買入②	40,000
				8	譲渡④	△6,000
				9	売却	△1,500

第四章　住友合資会社（下）

東京市が保有していた地下鉄路線免許のうち、渋谷～赤坂見附～新橋～東京、新宿～四谷見附～築地及び四谷見附～赤坂見附の三路線を譲り受け、昭和九年九月資本金三〇〇〇万円で設立された。資本調達が思わしくなく、会社設立は難航し、三井、三菱、住友の財閥系資本の協力を得たということから、住友の引受は金融・鉄道関係の依頼に基づくものと思われる。特に増資払込が三井信託を通じて行われているので、「東京高速鉄道」の大株主である東京横浜電鉄、小田原急行鉄道、玉川電気鉄道などの社債の引受で関係の深かった三井信託社長米山梅吉の要請による可能性が大きい。米山梅吉が住友信託元専務吉田眞一と懇意だったことは「住友合資会社（上）」で述べた。

「膽振縦貫鉄道」は昭和十一年十月、資本金三五〇万円で北海道伊達紋別～喜茂別間約六〇㎞の鉄道建設を目的として設立された。株式引受の事情は次の通りである。

日本製鉄社長中井励作氏ヨリ東京支店長ヲ通ジ、同社創立ニ関シ若干株援助引受アリタキ旨依頼アリ。本鉄道計画

2,674,556	156,410	△36,341
		△49,800
		△413,385
		△83,762
		379,100
		△260,430
		31,250
57,500	2,500	△67,500
		2,500
5,000	400	
10,710	612	
		20,000
40,000	4,000	20,000
5,000	1,000	5,000
4,661,755	208,564	1,267,444
105,938	2,254	
		50,237
		56,528
182,273	25,578	50,158
12,160	270	
3,375	270	
303,746	28,372	156,923
503,550	2,700	
67,500	2,700	67,500
1,875	150	1,875
572,925	5,550	69,375
270,650	4,494	95,950
		△15,000
		23,712
47,425	1,897	23,712
		△161,935
		△59,218
		15,133
465,847	15,733	59,250
		△163,408
		41,250
		126,650
98,325	7,866	98,325
		467,500
		△310,794
1,809,206	42,400	250,000
		233,750
		31,250
530,000	21,200	265,000
265,200	6,000	△173,640
		△126,018
		△48,400
		△48,400
130,644	3,820	38,200
		△38,801
		△97,164
		186,200
		126,000
758,012	14,570	△16,000
		75,000
		100,000
		200,000

第二部　住友合資会社

					9	譲渡⑤	△2,190
					10	譲渡⑤	△3,000
					10	売却	△25,000
					11	譲渡⑤	△5,000
					11	譲受⑥	17,000
					11	譲渡⑦	△15,000
留萠鉄道	(50)	2,500	93,750		6	払込@12.5円	
					6	評価損	
東京郊外鉄道⑧	(50)	500	2,500		8	払込@5円	
					9	2割減資	△100
京阪電気鉄道	(50)	612	10,710			→	
東京高速鉄道	(50)				9	払込	4,000
					11	払込@5円	
膽振縦貫鉄道	(50)				11	払込	1,000
合計残高		176,602	3,394,311				
(船舶株)							
大阪商船	(50)	2,254	105,938			→	
同　新株	(50)	2,028	25,350		6	買入	9,700
					7	買入	8,850
					8	買入	5,000
日清汽船	(50)	270	12,160			→	
同　新株	(50)	270	3,375			→	
合計残高		4,822	146,823				
(保険株)							
東京海上火災保険	(50)	2,700	503,550			→	
同　新株	(50)				8	払込	2,700
日本団体生命保険	(50)				9	払込	150
合計残高		2,700	503,550				
(電気瓦斯株)							
大阪瓦斯	(50)	1,897	94,850		10	買入	1,000
同　新株	(50)	1,897	94,850		11	売却	△300
同　新株	(50)				6	払込	1,897
					9	払込@12.5円	
日本電力	(50)	6,950	347,500		6	評価損	
					10	譲渡⑨	△2,000
同　新株	(50)	6,950	260,625		6	買入	1,300
					6	払込@7.5円	
					6	評価損	
					8	払込@5円	
同　新株	(50)				9	払込	2,533
同　新株	(50)				11	払込	7,866
九州送電	(50)	37,400	1,402,500		6	払込@12.5円	
					6	評価損	
					11	譲受⑩	5,000
同　新株	(50)				9	払込	18,700
					11	譲受⑩	2,500
					11	払込@12.5円	
九州水力電気	(50)	6,000	438,840		6	評価損	
同　新株	(50)	7,820	315,262		6	評価損	
					10	譲渡⑪	△2,000
					11	譲渡⑪	△2,000
					11	払込@10円	
北海道電燈⑫	(50)	3,770	222,777		6	評価損	
					10	譲渡⑬	△2,000
					11	譲受⑭	2,800
同　新株	(50)				6	買入	10,000
					6	評価損	
					7	払込@7.5円	
					8	払込@10円	
					9	払込@20円	

94,812		
△25,000		
△37,500	2,585	32,312
165,000	3,000	165,000
12,500	1,000	12,500
1,407,916	124,565	4,585,121
	2,000	20,000
	1,000	50,000
18,162		
18,162		
18,162		
18,162	1,453	72,650
△69,357	5,685	15,918
37,500		
37,500	3,000	75,000
375,000	30,000	375,000
453,293	43,138	608,568
28,171		
33,825		
11,785		
36,325	6,262	307,191
10,460		
39,700		
157,105		
33,600		
32,077		
127,565	5,475	350,347
△118,560	10,400	141,440
26,000		
39,000		
	2,600	130,000
65,000	5,200	65,000
160,000		
△908,555		0
312,500		
437,500		
△750,000		0
750,000		
312,500	25,000	1,062,500
189,232	15,000	189,232
250,000		
125,000	10,000	375,000
125,000		
50,000	10,000	175,000
21,075		
63,225	1,686	84,300
21,075		
32,750		
107,650	4,306	161,475
225,000	4,500	225,000
108,300	1,000	108,300
97,620		
12,500	4,000	110,120
37,500		
75,000	3,000	112,500

ハ当社事業ト目下ノ処直接ノ関係ナク、此点ヨリスル時ハ、何等参加ノ要ナキモ、前記中井氏ハ製鋼所其他ニ於テ当方トハ縁故浅カラザルニ付、此際無下ニ謝絶スルハ同氏トノ関係ニ於テ如何ト思料セラル。因ツテ特ニ一〇〇〇株ヲ限リ引受ノコトニセリ。(昭和十一年三月十一日鉱山課起案)

なおさらに「本鉄道計画ト当方事業上ノ関係」と題して次のような点が指摘されている。

計画路線附近ニ静狩金山東倶知安鉱山アルモ、運送関係ニ於テ全然利用ノ見込ナク、将来国富鉱山ニ於テ買鉱開始ヲ考フルモ、金山分布状態ヨリシテ直接ニハ利便ヲ蒙ムルコトナキ見込ナリ。(昭和十一年十月九日)

その後膽振縦貫鉄道は昭和十六年膽振鉄道(京極〜喜茂別)を買収して全線が開通したが、昭和十九年買収により国鉄胆振線となった。

船舶株では、「大阪商船」株を二万三五〇〇株買い入れているが、この事情は次のように説明されている。(34)

同　新株	(50)			10	払込	7,585
				10	譲渡⑬	△2,000
				11	譲渡⑬	△3,000
満洲電業	(50)			11	譲受⑮	3,000
東北振興電力	(50)			11	払込	1,000
合計残高		72,684	3,177,204			
(鉱業株)						
山東鉱業	(50)	2,000	20,000		→	
北樺太石油	(50)	1,000	50,000		→	
同　新株	(50)			6	払込	1,453
				8	払込@12.5円	
				9	払込@12.5円	
				11	払込@12.5円	
北樺太鉱業	(50)	5,685	85,275	6	評価損	
朝鮮石油	(50)			10	払込	3,000
				11	払込@12.5円	
協和鉱業	(50)			11	払込	30,000
合計残高		8,685	155,275			
(工業株)						
汽車製造	(50)	2,706	113,100	10	買入	380
同　新株	(50)	2,706	33,825	8	払込@12.5円	
				9	買入	270
				9	払込@12.5円	
				10	買入	200
				10	払込@12.5円	
日本楽器製造	(50)			8	買入	2,990
				9	買入	500
				10	買入	435
				11	買入	1,550
同　新株	(50)	10,400	260,000	6	評価損	
理化学興業	(100)	1,300	65,000	10	払込@20円	
				11	払込@30円	
	(50)			11	額面変更	
同　新株	(50)			11	払込	5,200
日本ビクター蓄音器	(50)	12,800	748,555	9	払込	3,200
				11	売却⑯	△16,000
日本化学製絲	(50)			7	払込	25,000
				8	払込@17.5円	
				9	合併⑰	△25,000
倉敷絹織　新株	(50)			9	受⑰	25,000
				10	払込@12.5円	
同　第二新株	(50)			10	買入	15,000
満洲化学工業	(50)			8	払込	10,000
				11	払込@12.5円	
日満マグネシウム	(50)			8	払込	10,000
				10	払込@5円	
安立電気	(50)			9	譲受⑱	1,686
				9	払込@37.5円	
同　新株	(50)			9	払込	1,686
				9	譲受⑱	2,620
				11	払込@25円	
三陽社製作所	(50)			9	払込	4,500
王子製紙	(50)			10	買入	1,000
同　新株	(50)			11	買入	3,000
				11	払込	1,000
日本アルミニウム	(50)			10	払込	3,000
				11	払込@25円	

同社ト古クカラ親密関係ヲ有スル当社トシテハ、他社トノ振合上及住友倉庫トノ貨物関係ノ点ヲ考慮スレバ持株数比較的少キ感アリタルニヨリ買増シタリ。

保険株では新たに「日本団体生命保険」[35]株式を取得している。同社は昭和九年三月資本金二〇〇万円で設立された。株式引受の事情は次の通りである。

本保険ハ勤労者ヲ一団トシテ被保険者トシ、其ノ死亡退職等ヲ保険セントスルモノニシテ公共性ヲ有シ、且ツ当会社ノ発起人ハ郷男(註、男爵郷誠之助)外全国産業団体聯合会会員三〇数名アリ、住友トシテハ従来聯合会ト相当深キ関係ヲ有スルニ付、同社ノ株式ヲ引受ノコト、シタリ。

なお合資会社が一五〇株引き受けた他に、別子、炭礦各二〇〇株、製鋼、電線、伸銅、化学工業各一五〇株合計一〇〇〇株を引き受けている。

27,000	500	27,000
6,600	500	6,600
298,988	2,830	298,988
523,673	7,170	523,673
125,000	10,000	125,000
3,358,186	129,429	4,578,667
	1,739	84,550
	1,739	21,737
	74	1,850
	111	1,221
25,000	5,000	40,000
△57,000	100	18,000
△28,500		
15,000	3,000	24,000
60,000	2,400	60,000
320,000	16,000	320,000
75,000	6,000	75,000
75,000	6,000	75,000
484,500	42,163	721,358
	1,200	5,400
	10,000	5,000
200		
△430	20	430
	700	6,300
18,750	1,500	18,750
	500	13,000
	500	6,000
625	390	4,025
	200	20,000
△22,500	500	22,500
132,000		
6,000		
138,000	11,040	276,000
7,500		
7,500	300	15,000
12,500	1,000	12,500
6,250	500	6,250
	536	53,600
	483	12,075
24,010	5,600	146,510
	3,500	70,000
37,500		
15,000	3,000	52,500
300,000	600	300,000
2,500	500	8,750
△33,237	0	0
25,000	1,000	25,000
677,167	43,569	1,079,590

大日本セルロイド	(50)			10	譲受⑲	500
同　新株	(50)			10	譲受⑲	500
日本染料製造	(50)			11	買入	2,830
同　新株	(50)			11	買入	7,170
満洲軽金属製造	(50)			11	払込	10,000
合計残高		29,912	1,220,480			

(土地建物株)

若松築港	(50)	1,739	84,550		→	
同　新株	(50)	1,739	21,737		→	
東洋拓殖	(50)	74	1,850		→	
同　新株	(50)	111	1,221		→	
中央開墾⑳	(50)	5,000	15,000	10	払込@5円	
南米土地	(1000)	100	75,000	6	評価損	
南米拓殖	(50)	3,000	37,500	6	評価損	
				8	払込@5円	
アマゾニア産業	(50)			10	払込	2,400
鮮満拓殖	(50)			11	払込	16,000
台湾拓殖	(50)			11	払込	6,000
南洋拓殖	(50)			11	払込	6,000
合計残高		11,763	236,858			

(諸株)
＜投資＞

東亜興業	(50)	1,200	5,400		→	
同　新株	(50)	10,000	5,000		→	
海外興業　新株	(50)	40	660	7	払込@5円	
				11	5割減資	△20
中日実業	(100)	700	6,300		→	
東北興業	(50)			11	払込	1,500

＜サービス＞

大阪ホテル	(50)	500	13,000		→	
同　新株	(50)	500	6,000		→	
エンパイヤ・ランドリー	(50)	340	3,400	10	譲受	50
オリエンタルホテル	(100)	200	20,000			
都ホテル　新株	(50)	1,000	45,000	11	5割減資	△500
新大阪ホテル	(50)			6	払込	10,560
				7	払込	480
				9	払込@12.5円	
札幌グランドホテル	(50)			8	払込	300
				9	払込@25円	
名古屋観光ホテル	(50)			9	払込	1,000
帝国ホテル　新株	(50)			11	払込	500

＜運輸通信＞

大阪毎日新聞社	(100)	536	53,600		→	
同　新株	(100)	483	12,075		→	
日本無線電信	(50)	4,900	122,500	6	買入	700
日本航空輸送	(50)	3,500	70,000		→	
国際電話	(50)			7	払込	3,000
				11	払込@5円	
満洲航空　新株	(500)			11	払込	600

＜その他＞

満洲棉花	(50)	500	6,250	10	払込@5円	
日本電気證券	(50)	13,295	33,237	6	解散分配金	△13,295
日伯棉花	(50)			11	払込	1,000
合計残高		37,694	402,422			

第四章　住友合資会社（下）

000		△1,100 △1,000 △2,100
18,876,538	644,378	8,158,306

電気瓦斯株のうち新たに取得したものは、「満洲電業」株と「東北振興電力」株である。「満洲電業」株については、昭和十二年二月末合資会社の解散の際、全株残余財産として住友家へ分配されたので、買い入れの事情に関する記録は残されていない。なお住友家では昭和十四年六月全株売却している。同社は昭和九年十一月満洲國の電力事業一元化のため満鉄を中心として資本金九〇〇〇万円で設立された。その後満鉄は同社の株式を六五％強も保有する必要がなくなり、放出したのを満鉄から取得したものである。

「東北振興電力」株についても、同社が昭和十六年日本発送電と合併したため、引受の記録は残されていない。同社は昭和九年の東北地方の大冷害・大凶作に対する産業振興を目的として、「東北振興電力法」に基づいて資本金三〇〇〇万円で設立された。六〇万株のうち一〇万株が一般公募されたので、これに応じたものと思われる。

鉱業株で新たに取得したのは「朝鮮石油」株と「協和鉱業」株である。

「朝鮮石油」は、昭和十年六月資本金一〇〇〇万円で設立された。同社株引受の事情は次の通りである。

朝鮮総督府今井田政務総監（註、清徳、元逓信次官、政務総監辞任後貴族院議員）ノ勧奨ニヨリ橋本圭三郎（註、当時宝田石油社長、昭和十年五月日本石油と合併し副社長）、野口遵（註、当時日本窒素肥料社長）両氏ガ中心トナリ、朝鮮ニ於テ製油所ヲ設立セントシ、総株数二〇万株ノ内一〇万株ヲ（註、即ち）内地七万株ヲ、朝鮮三万株ヲ一般公募ニ振分ケントシ、内地ニ対シテハ、三井、三菱、住友、小倉（註、小倉石

（出資）			
蓬莱生命保険相互		1,100	9	解散出資金戻入
興源公司		1,000	7	解散分配金
合計残高		2,100		
総計残高	362,790	10,718,232	

註：①譲受先住吉分家。
　　②買入先島徳蔵。
　　③譲渡先堀啓次郎。
　　④譲渡先住友銀行。
　　⑤譲渡先住友生命。
　　⑥譲渡先住友電線。
　　⑦譲渡先阪神電鉄。
　　⑧昭和8年1月19日帝都電鉄と改称。
　　⑨譲受先住友生命。
　　⑩譲受先住友電線。
　　⑪譲渡先住友生命。
　　⑫昭和9年12月21日大日本電力と改称。
　　⑬譲渡先住友生命。
　　⑭譲受先住友電線。
　　⑮譲受先南満洲鉄道。
　　⑯売却先日本産業。
　　⑰昭和9年3月1日倉敷絹織に吸収合併。
　　⑱譲受先日本電氣。
　　⑲譲受先住友銀行。
　　⑳昭和8年5月10日開墾塩業と改称。

油）、日本鉱業等ニ引受ケ方希望アリ。住友トシテハ本事業ニ関シテハ、計画ノ詳細ヲ知ルヲ得ズ、是非ノ判断ヲ下シ難ク、且石油事業ニ対シテハ始ンド関係ナク、製品ノ販売ト云フ点ヨリ云フモ左シテ重要ナラズ。此ノ計画ニ参加スルコトハ好マシカラザルモ、政務総監ニ対スル関係ト朝鮮事業援助ノ意味ヲ以テ、他方面ノ振合如何ニ拘ラズ当方独自ノ立場ヨリ三千株引受ノコト、セリ。

「協和鉱業」は、昭和十一年六月資本金五〇〇〇万円で設立された。同社株式引受の事情は次の通りである。[39]

海軍省ニ於テハ現下時局ノ重大性ニ鑑ミ、予テヨリ石油国策ノ確立ヲ急ギ、其ノ手始メトシテ海外油田ノ調査並其利権ノ獲得ヲ目論見、外務、大蔵、商工ノ各省ト協議ヲ重ヌルト共ニ、本事業ヲ三井、三菱、住友ノ共同事業トナスコト、シ、ソノ出資率ハ住友ノ其ノ特殊的地位ニ鑑ミ、当初ハ2・2・1ノ割合ヲ主張シタルモ、結果1.75・1.75・1.50ノ比率ニ決定セリ。

工業株のうち、「日本ビクター蓄音器」株については、昭和十一年四月住友側代表として取締役に就任していた大屋敦（株式

取得時経理部長、十一年当時化学専務)の日記によると、親会社のRCAビクターが株式の処分をはかり、これに対し三菱と住友はこれを肩代わりして日本側で経営することを考慮し、日本電氣専務志田文雄に打診している。しかしその後三菱が肩代わりを断念したことで、この話は立ち消えとなり、RCAビクターに買収を申し入れていた日本産業の鮎川義介の手中に入った。結局年末に至り三菱と住友も鮎川に持株を売却することとなったのである。

「日本化学製絲」は、「住友合資会社(中)」の「五(三) 住友別子鉱業所の住友別子鑛山株式会社への移行」で述べたように、別子閉山後の新居浜の後栄策(鷲尾勘解治の造語、別子閉山後の新居浜の繁栄策の意)として倉敷紡績の子会社倉敷絹織の工場を誘致して、昭和七年八月資本金一〇〇〇万円で設立された。設立と倉敷絹織に吸収合併された経緯は次の通りである。

昭和七年八月住友ハ大原孫三郎氏ト提携、化学繊維ノ製造ヲ目的トスル資本金一千万円ノ日本化学製絲株式会社ヲ新居浜ニ設立シ、総株数二〇万株ノ中倉絹一〇万株、大原五万株、住友五万株(当社二五千株、別子一七千株、肥料八千株)引受ケタルトコロ、同社ハ倉絹ト同種事業ニシテ、人事、用品購入、製品販売ノ関係ヨリ両社合併スル方好都合ナルヲ以テ、昭和九年三月一日倉絹ニ合併セラレ、日本化学製絲(三〇円払込)一株ニ対シ倉絹株(二五円払込)一株ノ割合ヲ以テ割当テラレタリ。尚昭和九年十月倉絹子会社中国レーヨンが創立セラレタルヲ以テ、当社ハ五千株買入、十年十一月倉絹ニ合併セラレ、倉絹株ト引換ラレタリ。

「満洲化学工業」株引受の事情は次の通りである。

同社ハ硫安製造ヲ主要事業トシ、満鉄ニ於ケル多年準備研鑽ノ結果ヲ事業ノ根幹トシテ、昭和八年五月創立セラレタルモノニシテ、株式ノ半数以上ハ満鉄ニ於テ引受ケ残余ヲ公募セントスルモノナリ。

住友ニ対シテハ、満鉄東京支店長ヨリ賛成人トシテ事業参加方要請アリ。当方トシテハ日満経済提携ノ国策的見地

並ニ満鉄トノ友好関係ニ鑑ミ、賛成人トシテ五〇〇〇株、他二五〇〇〇株ノ公募分ヲ併セ、計一〇〇〇〇株ヲ所有スルコトトナリタリ。

「日満マグネシウム」株は、昭和十四年九月住友金属へ譲渡されたため、引受の経緯に関する記録は残されていない。同社は、満鉄中央研究所が開発した満洲のマグネサイトを原料としたマグネシウム製造と、理化学研究所のにがりを原料としたマグネシウム製造を目的とし、既に後者を生産していた理研マグネシウム直江津工場を買収して、昭和八年十月資本金七〇〇万円で設立された。株式一四万株のうち、満鉄七万株、理研及び理化学興業三万五〇〇〇株、住友二万株（合資一万株、伸銅鋼管一万株、伸銅鋼管専務古田俊之助が取締役に就任）、三菱航空機一万株、古河電工五〇〇〇株であった。しかし同社は採算面から満洲におけるマグネシウム生産に踏み切らなかったので、満鉄は昭和十三年四月全株を理化学興業へ売却して撤退した。このため同社は理研金属と改称した。住友金属は、昭和十四年住友本社から一万株を取得して計二万株となって以来、理研コンツェルンの再編とともに持株比率を高め、終戦時の持株は、一二万九八〇〇株（四〇・八％他に住友生命一万三六〇〇株四・六％、合計四五・四％）に達し、同社は理研コンツェルンの一員を脱して住友金属の関係会社となっていた。

「安立電気」は、昭和六年共立電機製作所と安中電機製作所が合併して設立された有線・無線通信機器メーカーである。同社株式は昭和十二年十月日本電氣に譲渡されたので、買入の経緯に関する記録は残されていないが、「五（一）日本電氣株式会社の経営の承継」で述べるように、昭和七年六月住友が日本電気の経営に当たることとなり、同社に派遣された専務志田文雄（T２京大理工・電、逓信省、T９住友入社、当時電線取締役技師長）は、同種企業との資本的・技術的提携にきわめて積極的で、多数の会社をその系列に組み入れていった。昭和九年二月まず日本電氣が「安立電気」株一六八六株を取得（払込一二・五円、持株率一六・九％）、三月これがそのまま住友合資へ譲渡され、合資会社はその第二回払込（三七

第二部　住友合資会社

九七三

・五円)を行い、四月には増資新株の払込(二一・五円)と日本電氣引受分二六二〇株の肩代わりを行っている。六月には東京支店長矢島富造を監査役として派遣しているが、矢島富造は大正十三年十二月以来日本電氣監査役を兼任していたので、その資格で派遣されたものであろう。既に述べたような積極策で、当時の日本電氣には人的・資金的に余裕がなかったと見られるからである。従って日本電氣に余裕が生じてきた昭和十二年に同社はこの「安立電気」株を住友本社から引き取ったということであろう。

「三陽社製作所」も「安立電気」と同様のケースと考えられる。すなわち同社は大正六年OFコンデンサーのメーカーとして設立された。昭和九年十二月個人企業から株式会社に組織変更される時に、一部日本電氣に代わって合資会社が払い込んだものと思われる。なおこの時日本電氣専務志田文雄は同社取締役に就任している。その後同社は昭和十二年八月日本電話工業に吸収合併され、日本通信工業と改称した。それに先立ち三月全株日本電氣に譲渡されている。

「王子製紙」株買入の事情は次の通りである。

特別財産口ニ於テハ、従来確実性ト市場性ニ富ム公社債ニ投資スル方針トシ来リタルモ、近時ハ赤字財政ニ伴フ公債ノ増発ニヨリ悪性インフレーションヲ懸念サレルニ至リ、危険分散ノ意味カラモ株式ニ投資スル必要ヲ感ジ、公社債ニ準ズル確実ナル一流株ヲ物色中ノ処、王子製紙ハ我国洋紙産額ノ九割ヲ占ムル独占会社ニシテ、ソノ資産内容及業績、首脳人物良好ニシテ資産株トシテ最適ナルモノナルヲ以テ、之ガ買入ノコト、セリ(買入株数旧一〇〇株、新四〇〇〇株)。

「日本アルミニウム」株引受の事情は次の通り。

南洋ボーキサイトノ輸入優先権ヲ有スル古河電工及余剰電力ノ消化策ヲ見出サントスル台湾電力ガ中心トナリ、創立ノ計画ヲナス。昭和八年五月井坂孝氏(註、横浜興信銀行頭取、横浜商工会議所会頭)ヨリ住友ノ参加ヲ勧奨シ来リタ

ルモ、当時住友トシテハ既ニ独自ノ立場ニ於テ国産アルミニウム工業ノ樹立ヲ決定シ、着々ソノ準備ヲ進メ居タル折柄故、資金ノ分散ノ不得策ヲ慮ヘ、一応右申出ヲ謝絶。九年八月平生釟三郎（川崎）、植島清三（古河）両氏ヨリ三井、三菱、安田、大倉等本邦主要財団ノ賛助ヲ得タル趣ヲ以テ、改メテ参加方懇請アリ。当社トシテハ前記事情ニ変化ナキモ、主要財団トノ友好関係ニ鑑ミ、株式三〇〇〇株引受ノコト及創立賛成人タルベキコトヲ回答。

「大日本セルロイド」株取得ノ経緯ハ次の通りである。

同社ハ原料硝酸並硫酸ヲ住友化学工業ニ仰ギ、特ニ硝酸ニ就テハ長期供給契約ヲ結ビ、関係頗ル緊密ナリシ処、昭和九年十二月同社監査役平田篤次郎氏（三井合名理事）ヨリ当方川田常務理事宛住友銀行所有同社株式ヲ肩代リシ、且住友側ヨリ重役一名推薦アリ度旨依頼アリ。

当方ハ一〇〇〇株ヲ合資会社ニ、五〇〇株ヲ住友化学工業ニ肩代リシ、監査役トシテ住友化学工業矢崎常務ヲ推薦ノコト、セリ。

「日本染料製造」株の取得については、既に「住友合資会社（上）」の「五（五）住友肥料製造所の株式会社への移行」で詳述した。合資会社は昭和十一年二月から六月にかけて住友信託を通じ、仮出金の形で同社株一万株を買い集め、最後に振替整理した。買入の事情については、ただ「特命」とのみ記されている。

「満洲軽金属製造」株式引受の事情は次の通りである。

同社ハ満洲ニ賦存スル豊富優良ナル礬土頁岩ヲ利用シテ、優良低廉ナルアルミニウムヲ生産シ、日満両国ノ国防工業ノ充実ト国民生活ノ便益ニ資セントノ意図ヨリ、満鉄及満洲國ガ計画設立セルモノニシテ、内地主要同業者及需要者ニ之ガ参加方勧誘アリ。三井、三菱、住友ニ対シテハ各五、六万株引受方希望アリタリ。住友ハ日満経済提携ノ見地ヨリスル商工省当局ノ慫慂並ニ満鉄トノ関係ニ鑑ミ、国策援助ノ意味ニ於テ一万株引受ノコト、セリ。

第二部　住友合資会社

九七五

第四章　住友合資会社（下）

土地建物株のうち「中央開墾」は、昭和八年五月「開墾塩業」と改称した。この期間新たに取得したものは「アマゾニア産業」、「鮮満拓殖」、「台湾拓殖」、「南洋拓殖」の四社である。

「アマゾニア産業」株は次の事情により引き受けた。

拓務省ニ於テハ予テアマゾニア産業研究所ガアマゾニア州（註、ブラジル）ニ於テ有スル移民上ノ権利ニ基キ、同省監督ノ下ニ新会社ヲ設立シ、一定ノ補助金ヲ交付スル方針ヲ以テ、財界有力者ノ協力ヲ求メツヽ、アリシ処、遂ニ昭和十年九月資本金一〇〇〇千円、払込五〇〇千円ノ（内二〇〇千円ハアマゾニア産業研究所代表者上塚司、残高三〇〇千円ハ三井、三菱、安田、東拓及住友ノ五社各六〇千円宛出資シ、各持株二四〇〇）アマゾニア産業株式会社ヲ設立スルコト、ナリタリ。当社モ亦国策援助ノ見地ヨリ上記出資ヲ引受ケル事トナリタリ。

「鮮満拓殖」は、同社が昭和十六年解散したため、引受の事情を示す記録は残されていない。同社は、昭和十一年九月満洲への朝鮮人移民を管理する拓殖会社として設立され、同時に満洲に子会社の満鮮拓殖株式会社を設立した。同社は、昭和十六年六月「満洲開拓政策基本要綱」に基づき、日本、満洲國の「開拓事業一元化」のため、満鮮拓殖は満洲拓殖公社に合併された。この結果「鮮満拓殖」は存在意義を失って解散したものと思われる。

「台湾拓殖」株式引受の事情は次の通りである。

同社ハ、第六〇議会ニ於テ成立シタル台湾拓殖会社法（昭和十一年法律第四三号同六月三日公布）ニ基キ設立セラレタル特殊会社ニシテ、資本金ノ半額ハ政府ガ台湾ノ官有地ヲ現物出資シ、残リ半分ハ民間出資トシ、内一〇〇千株ハ之ヲ内地ノ有力者ノ引受ニ仰ギ、当社ニ対シテモ設立委員加藤恭平氏（註、三菱商事常務・三菱合資理事、台湾拓殖初代社長）ヨリ之ガ株式引受方依頼アリタルニヨリ、国策援助ノ意味合ヨリ六〇〇〇株ヲ引受ノ事トセリ（最初一〇〇〇株ノ引受ヲ依頼サレタリ）。

「南洋拓殖」株の引受事情は次の通りである。(54)

同社ハ、昭和十一年七月二十七日公布ノ南洋拓殖株式会社令ニ基キ設立セラレタル特殊会社ニシテ、資本金ノ約半額ハ政府ガ南洋ノ官有地ノ燐鉱採掘権並ニ設備ヲ現物出資シ、残リハ民間出資トシ、住友ニ対シテモ八月末拓務大臣入江海平氏ヨリ之ガ株式引受方依頼アリタルニヨリ、国策援助ノ意味合ヨリ台湾拓殖ト同株六〇〇〇株ヲ引受ケタリ（最初二〇〇〇株ノ引受ヲ依頼サレタリ）。

諸株は有価証券元帳では一本で記載されているが、便宜上業種毎に分類した。

投資関連株では新たに「東北興業」株を引き受けた。その経緯は次の通りである。(55)

同社ハ東北地方ノ窮乏打開ヲ目的トシテ、東北振興電力ト同時ニ設立セラレタル国策会社ニシテ、当社トシテハ国策援助ノ意味及八代理事ガ同社ノ設立委員ナルコト等彼是勘考シテ此レガ株式ノ公募ニ応ズルコト、セリ。（昭和十一年七月）

当初二〇〇〇株ノ引受申込ヲナシタル処、応募総数約三倍ニ達シタル為、一五〇〇株ノ割当ヲ引受ケタリ。

サービス関連株では「新大阪ホテル」、「札幌グランドホテル」、「名古屋観光ホテル」、「帝国ホテル」の四社の株式を引き受けた。「新大阪ホテル」の設立について、湯川順は次のように述べている。(56)

昭和の始め大阪財界の有力者数人が集まって、日本に恥づかしくない欧風ホテルの新設を相談し、湯川寛吉（その時住友総理）を発起人総代に推した。そこで湯川は、帝国ホテル社長の大倉喜七郎に業務面への積極的協力を依頼すると同時に、大蔵省預金部から長期低利資金を大阪市に融通させ、市の計算で建築した建物をホテル会社に貸与させる方針を取り、敷地は東新倉庫所有地を格安で譲受けることにした。ところがあいにく財界不振のどん底で、それでも別に運転資金を要すること勿論なので、株式会社として株金を集めた。発起人等の有力者さへ予定通りに

第二部　住友合資会社

九七七

第四章　住友合資会社（下）

は引受けなかった。その結果、たくさんの株を住友が背負ひ込むことになり、会長、常務その他の役員までも住友から出さねばならなくなった。

川田順は、ホテル営業は住友の本道からはづれた種類の仕事だとして批判的であるが、湯川寛吉自身も大阪ホテルの経営の実態に鑑み、元来ホテル建設には消極的であった。むしろ当時の大阪市長関一が、東京高商教授であった時の教え子帝国ホテル支配人犬丸徹三に対しホテルの建設運営に関する協力を要請し、建設資金についても帝国ホテルの出資を期待した。同社の資金繰りの関係でそれが困難になるや、関市長は国庫から借り入れる構想をまとめ、それを基に帝国ホテル社長大倉喜七郎を通じ、住友吉左衛門友成に対し住友側の協力を要請してきた。これが湯川寛吉を動かしたとみるのが妥当であろう。(57)

しかし湯川寛吉は、昭和七年二月に開催された創立総会に先立ち、昭和五年八月総理事を小倉正恆に譲り、六年八月には死去したため、住友側では小倉正恆が取締役会長に、商工課長續熲（M44東京高商、のち化学常務・専務）が常務取役に選任され、外に商工課大澤忠蔵（T11東京高商専攻部）、のち日本電氣經理部長・住友通信工業資材部長）が支配人代理（支配人は帝国ホテルから郡司茂が招かれた）として派遣された。しかし創立総会と同日付で銀行常務加賀覺次郎（M31東京高商専攻部）が六〇歳の高等職員停年を三年余残して辞任していることは、専任の常務として新大阪ホテルに派遣されることが既に内定していたことを示しており、事実續熲が七月に商工課長から日本電氣支配人営業部長に転出して、八月に新大阪ホテル常務を辞任すると、加賀覺次郎が後任の常務に就任した。合資会社の持株は当初一万五六〇株（合資会社名義九二六〇株、小倉正恆五〇〇株以下名義株一三〇〇株）であったが、その後失権株四八〇株を引き受け一万一〇四〇株（合資九五四〇株、名義株一五〇〇株）となり、持株比率は資本金三〇〇万円のうち一八・四％に達した。ホテルは昭和十年一月十六日開業したが、その直後に大阪市長関一は死去した。昭和十三年三月開業三周年の祝宴において小倉正恆は僅かなが

（前略）大体当社創立ノ際見積リマシタルモノニ近イ成績ヲ挙ゲル事ヲ得マシタノデアリマスカら配当(年四％)もできるようになったことを報告し、次のように挨拶した。賜ニ外ナラヌ次第デアリマスガ、又一面ニハ今ハ亡キ湯川寛吉氏、故関市長ノ斯業ニ対スル御明察並ニ其ノ他ノ故諸賢ノ御尽力抔ガ今更ノ如ク追憶サレマシテ、感恩ノ情一入深イノデアリマス。取リ分ケ私ハ湯川翁ノ遺志ト関市長ノ遺嘱ニ依リマシテ、当ホテルノ建設経営ニ与リマシタル関係上、感謝ノ念禁ジ難キト同時ニ一層責任ノ重大ナルヲ痛感シテ居ル次第デアリマス。（後略）

「札幌グランドホテル」株は、「美濃部俊吉氏（註、東大名誉教授美濃部達吉兄、元北海道拓殖銀行頭取、当時満洲取引所理事長）ヨリ引受依頼有リ。札幌ニハ従来札幌鉱業所アリ、現在モ相当関係有シ居ル関係上三〇〇株引受クルコト、セリ」と経緯が記されている。(58)

「名古屋観光ホテル」は、次のような事情で引き受けられた。(59)
当ホテルハ企業トシテハ左程有利ナルモノトハ称シ難ク、年四分ノ株式配当ヲ予想スルモノトシテモ其ノ実現疑ハシキモ、当住友トシテハ名古屋地方ニハ種々ノ関係ヲ有シ、且ツ名古屋販売店支配人並ニ銀行支店長モ相当株式ノ引受ヲ希望シ居リ、旁々一概ニ拒絶シ得ザル事情ニアルヲ以テ、三井、三菱、安田等ノ振合ヲ考慮シ一千株引受クトニセリ。

「帝国ホテル」新株引受の事情は次の通りである。(60)
近来外人客ノ増加ト昭和十五年ニ開催ノ万国勧業博覧会並ニオリンピックニ備ヘ、客室ノ拡張工事ヲ施行スル為、現在ノ資本金二百万円ヲ四百万円ニ増資計画中ニシテ、内蔵頭（註、宮内省）、大倉、三井、三菱等ニ於テハ夫々新株応募ノコトニ決定シ、更ニ郵船、商船、各生保会社ニモ応募方懇請中ナルガ、住友ニ於テモ五〇〇～一〇〇〇株ノ

第四章　住友合資会社（下）

運輸通信関連では「国際電話」株と「満洲航空」新株を引き受けた。「国際電話」については、同社が昭和十三年日本無線電信株式会社に吸収合併されて国際通信株式会社と改称し、昭和十五年この株式を住友電気工業に譲渡したため、引受の事情を示す記録は残されていない。「国際電話」は昭和七年十二月資本金一〇〇〇万円で設立された。大正十四年に設立された「日本無線電信」が対外電信用の無線送受信設備を建設し、これを政府の運営に供していたのに倣い、電話の無線送受信設備を建設し、政府の用に供することを目的としていた。同社の設立趣意書によると総理事小倉正恆は、通信大臣により設立準備委員に指名されているので、この関係で三〇〇〇株を引き受けたものと思われる。

「満洲航空」は昭和七年九月資本金三八五〇万円で設立された。同社株式引受の事情は次の通りである。

同社ノ設立ハ満洲國ノ警備並交通上ニ欠クベカラザル緊急ノモノニシテ、創立関係者ヨリ当社ノ出資ヲ希望セラレタル事情モアリ、旁々国策援助ノ見地ヨリ極メテ有意義ト認メ、欣然事業参加ノ事トシタリ。（昭和七年八月）

引受相成度旨、犬丸支配人ヨリ東京支店長マデ申出アリタリ。増資後ノ損益ハ最近ノ業績ヨリ考ヘテ、恐ラク年六％程度ノ配当ハ可能ナルベシトイフ。住友ニ於テハ時ニ本計画ニ参加ノ希望ナキモ、折角犬丸支配人ノ申出ニ対シ無下ニ拒絶スルモ如何ト思ハレ、旁々附合ノ意味ヲ以テ五〇〇〇株応募ノコトニセリ。

合資会社はこの決定に基づき三〇〇〇株（払込昭和七年九月五〇万円、八年五月五〇万円）を引き受けたが、同社定款には普通株式に対し配当をしないという規定があり、このため補給寄附をもって支出（雑費、第11表註参照）され、この株式は準有価証券に編入された。その後昭和十一年八月資本金を八〇〇万円に増資し、この時は満洲國、満鉄引受分は普通株式であったが、他は優先株であったので、合資会社は六〇〇株（三〇万円）を引き受け、これは有価証券の取り扱いとなった。

その他の諸株のうち、「日本電気證券」は既に「住友合資会社（中）」で述べたように昭和五年十月解散した。新たに取得した「日伯棉花」の引受事情は次の通りである。

九八〇

昭和十年平生釟三郎氏（註、当時川崎造船所社長）遺伯使節トシテ渡伯中、同国ニ於ケル棉花栽培ガ甚ダ好望ナルモノ、取扱及販売ノ点ニ於テ遺憾ノ点多キニ鑑ミ、之ガ販売会社ヲ設立セバ米棉其他ヲ牽制スルコト、ナリ、且ツ日本移民ノ保護助長トモナルベシト思料シ、且外務省ノ慫慂モアリ、旁々三大紡績会社（註、東洋紡績、鐘淵紡績、大日本紡績）、三大棉花会社（註、東洋棉花、日本綿花、江商）、三井、三菱、商船、伊藤忠等ノ主ナル株式引受人トシテ設立ノ運ビトナルモノニシテ、住友ヘモ同氏ヨリ事業参加方要請アリタリ。乍然棉業ニハ住友ハ関係薄ク又採算上本事業ノ将来ニ付テ必ズシモ有望ト称シ難ク、且ツブラジル移民事業ニツキテハ今迄相当ノ出資ヲナシ居リ、本事業ニ参加ノ要ナシト思ハル、モ、発起人、引受人ニ対スル関係モアリ、特ニ前記平生氏ノ懇望モアリ、且住友倉庫ノ営業上同社ノ計画ニ参加シ置クガ便宜ナルベシト思料セラル、ヲ以テ株式引受ノ事ニセリ。

株式会社以外の合資会社、合名会社、生命保険相互会社、組合等に対する出資は、次の通り二社共解散したため、消滅した。

「蓬莱生命保険相互」は、経営不振により、昭和八年六月昭和生命と改称した日本医師共済生命に他の東海生命、国光生命、中央生命と共にその全契約を包括移転して解散した。〔64〕

「興源公司」は、その目的とした湖南省水口山鉛鉱の日中合弁経営が湖南省の政情不安のため実現せず、昭和七年三月解散した。〔65〕

第四章　住友合資会社（下）

四　資金調達

前章「住友合資会社（中）」において、昭和五年（一九三〇）末の理事会で資金繰りの関係から翌昭和六年の新規起業がすべて延期されたことを述べた。この決定により昭和六年の合資会社・連系会社の固定財産及起業支出すなわち設備投資は、前年の一六六一万円に対し、四五四万円に圧縮され、償却（五三四万円）の範囲内に収めることができた（第22、23表）。この決定の端緒となった別子鑛山だけをとってみれば、一八三万円の償却に対し固定財産及起業支出は六九万円に抑制され、差額一一四万円をもってすれば、主管者専務鷲尾勘解治が意図していた新居浜築港計画の着工は十分可能であっただけに、鷲尾がこの決定に対し非常に不満であったことは理解できる。しかもこの築港計画はその後景気の回復とともに再度の計画変更が行われたのち、昭和八年五月に着工されることに

（単位：万円、万円未満四捨五入）

（参考）償却					
昭和6年	7年	8年	9年	10年	11年
44	37	48	92	106	137
183	180	171	142	122	132
72	105	105	100	108	114
38	39	40	45	34	―
27	31	33	31	26	35
80	73	48	38	32	―
―	―	―	―	―	139
18	64	106	―	―	―
―	―	―	158	142	207
―	―	―	0	0	6
―	―	―	0	0	29
―	―	―	3	7	10
25	26	26	30	30	28
15	17	15	15	16	17
8	43	15	9	8	8
23	17	18	―	―	―
―	―	―	19	20	33
490	596	576	589	545	757
534	623	624	681	651	894

表を除く）

第22表　固定財産及起業支出表

会社名	固定財産及起業支出（償却組戻）					
	昭和6年	7年	8年	9年	10年	11年
合資会社	110	193	204	262	401	422
連系会社						
別子鑛山	69	32	42	△133	61	38
炭　　礦	23	26	44	110	111	94
製　　鋼	12	20	180	458	233	―
電　　線	74	46	22	50	35	76
伸銅鋼管	6	15	391	592	663	―
金属工業	―	―	―	―	―	562
肥　　料	96	209	225	―	―	―
化学工業	―	―	―	456	746	613
アルミニウム製錬	―	―	―	9	199	74
満洲鋼管	―	―	―	1	289	54
機械製作	―	―	―	88	71	150
倉　　庫	8	19	30	46	51	18
ビルデイング	13	2	1	6	4	21
大阪北港	35	43	△25	△28	94	3
土佐吉野川水電	7	14	47	―	―	―
四國中央電力	―	―	―	59	253	274
小　　計	344	425	957	1,715	2,810	1,978
合　　計	454	618	1,160	1,977	3,211	2,399

出典：本節の以下の諸表は合資会社・連系会社の各年度残高表・金繰表から作成した。(但し第23表及び第25年六月完成)。

しかし合資会社・連系会社全体の資金繰りからすると、たとえ固定財産支出及起業支出が償却の範囲内に圧縮されたとしても、前章で述べた有価証券投資が合資会社の他に電線や伸銅鋼管において支出要因となった(第24、25表、合計純増三七六万円)。他方収入面では合資・連系両者併せた損益そのものが三四〇万円の準公表純損失(第5表)を実際には大きく上回って四七六万円の赤字であったので(第26表)、昭和六年の支出超過は、昭和五年の一二三九万円に対し改善されたとはいえなお八〇五万円に達したのである(第27表)。この内訳をみれば、連系会社の収支は改善しており、この支出超過は専ら合資会社によるものであった。本社はこの資金繰りを銀行からの借り増し

なるのである(総工費一〇〇〇万円、昭和十四

第四章　住友合資会社（下）

第23表　合資会社・連系会社主要起業支出一覧

（単位：万円）

年	合資・連系	内　容	金額
昭和6	本　社	東京ビル	33
	鴻之舞	製錬所拡張	37
	別子鑛山	製作所改築	26
		山根病院	11
	炭　礦	忠隈起業	14
	電　線	海底線工場	22
		事務所改築	20
	肥　料	窒素工場	89
	大阪北港	築　港	18
		土地改良	14
	合　計		284
7	本　社	東京ビル	105
	鴻之舞	鴻丸索道架設	29
	別子鑛山	硫酸工場拡張	24
	炭　礦	奔別起業	16
	製　鋼	外輪工場	13
	電　線	海底線工場	49
	伸銅鋼管	鋼帯板製造設備	28
	肥　料	窒素工場増設	174
		窒素工場	27
	大阪北港	北港修築	35
	土佐吉野川	四水連絡送電線	13
	合　計		513
8	本　社	珍山金山	42
		宜川金山	41
		神戸ビル	17
	別子鑛山	肥料工場埋立	21
		西川鉱山	10
	製　鋼	製鋼設備	60
		外輪工場	48
		第1車輪工場	20
	伸銅鋼管	押出機	59
		水圧機増設	55
		翼工場	42
		瓦斯容器製造設備	40
	肥　料	硝酸工場	81
		窒素工場増設	76
		接触硫酸工場	49
	大阪北港	北港修築	35
	合　計		696
9	鴻之舞	元山鉱	24
		三王坑	18
		東倶知安鉱	11
	製　鋼	第2鍛圧工場	144
		第2旋盤工場	56
		第3旋盤工場	50
		第2製鋼工場	28

三九四万円（当座借越二二四万円＋割引手形二七〇万円）と信託からの新規借り入れ（割引手形）四八〇万円でつけることができた（第12表及第28表）。しかしこの銀行からの借り増しは、他方で連系会社の返済分二〇一万円があったので、合資・連系合計では実質一九三万円にすぎなかったのである。

昭和五年の資金繰りでは銀行から合資・連系の所要資金の半ば以上の六四二万円という巨額の調達が行われた（信託

昭和9	電　　線	第4工場改築		20
	伸銅鋼管	熱仕上鋼管製造設備		281
		土地代		78
		水圧機		29
		特殊旋盤		29
	化学工業	土地代		123
		窒素工場第3・4期		48
		接触硫酸		30
		同　増設		98
		硝酸工場		30
	大阪北港	北港修築		59
	四國中央	高萩発電所拡張		42
	合　　計			1,208
10	本　　社	京都ビル土地		53
	鴻之舞	第3次拡張		154
	金属工業	鋼管押出		159
		翼工場拡張		137
	化学工業	窒素第4		202
		アルミナ工場		108
		接触第3		96
		同　第4		82
		メタノール工場		82
		コークス炉		50
	アルミニウム製錬	製錬工場		133
		電極工場		33
	機械製作	改　築		65
	大阪北港	北港修築		98
	四國中央	第2火力		234
	合　　計			1,686
11	炭　礦	潜竜鉱区開坑		35
	電　線	汽缶増設圧縮機移転		19
	金属工業	鋼管押出		118
		板車輪製造設備		75
		本店建設		64
		翼工場拡張		61
	化学工業	コークス炉		208
		窒素第4		188
		アルミナ工場		59
	アルミニウム製錬	製錬工場		26
		電極工場		44
	機械製作	鋳造工場増築		55
		第2期改築		48
		第3期改築		65
	大阪北港	北港修築		68
	四國中央	第2火力		168
		渡　川		34
	合　　計			1,335

出典：各年度処務報告書、実際報告書等から作成。

からは連系分二五三万円）のに対し、昭和六年になると銀行と信託の比率が逆転し、特に本社レベルで信託からの借り入れが新たに始まったことが注目される。このことは合資会社と銀行の関係に変化が生じたのではないかという疑念を抱かせる。すなわち昭和五年八月総理事湯川寛吉が辞任して小倉正恆に代わったが、湯川寛吉は大正四年（一九一五）以来総理事に就任する大正十四年まで銀行の主管者常務であったし、総理事に就任して間もなく大正十五年三月銀行社長でれが新たに始まったことが注目される。

第24表　有価証券純増減表　(単位：万円、万円未満四捨五入)

会社名	昭和6年	7年	8年	9年	10年	11年
合資会社	186	92	303	1,658	△1,585	301
連系会社						
別子鑛山	―	36	87	222	40	115
炭　礦	―	10	―	―	―	―
製　鋼	―	△8	33	60	―	―
電　線	60	△24	90	67	134	139
伸銅鋼管	130	3	115	335	―	―
金属工業	―	―	―	―	141	210
肥　料	―	10	71	―	―	―
化学工業	―	―	―	96	18	44
倉　庫	―	△1	―	△5	―	―
四國中央	―	―	―	27	―	1
小　計	190	26	396	802	332	508
合　計	376	118	698	2,460	△1,253	809

あった住友吉左衛門友純が死去すると、五月に銀行会長に就任し、湯川の後任の銀行主管者専務八代則彦の上席に復帰した。かくして湯川寛吉の時代には、前章で述べたように住友銀行の連系会社に対する貸し出しが、合資会社を経由しないで直接行われるようになり、しかもその額が巨額になってくると合資会社と銀行の間で取り決められていた「総本店銀行間当座勘定及手形割引ニ係ル契約覚書」（「住友総本店（上）」資料10参照）及び「住友総本店ヨリ住友銀行ヘ預ケ金利率ノ件」（「住友総本店（中）」資料11参照）は意味を持たなくなり、昭和三年七月廃止されたことは既に述べた。

しかし湯川寛吉に代わって総理事に就任した小倉正恆は、明治時代に住友本店神戸支店支配人の際自動的に銀行神戸支店支配人を兼務した程度で銀行との関係は希薄であった。しかも住友部内の席次は八代則彦が小倉正恆より上であったため、小倉正恆は銀行の取締役には就任したが、専務八代則彦が兼任していた。湯川寛吉の後任として銀行会長に就くことができず、外部に対して住友を代表する者は小倉でございます」と紹介したことは、既に「住友合資会社（中）」で述べた。昭和六年六月十八日銀行常務披露の席上「八代は住友銀行の主宰者でありますが、(66)

第25表　連系会社主要有価証券支出一覧

(単位：万円)

年	会社名	内容	金額
昭和6	電線	日本電線買入	37
	伸銅鋼管	住友アルミニウム払込	175
	合計		212
7	別子鑛山	日本化学製絲払込	21
		土肥金山買入	15
	炭礦	昭和石炭払込	10
	肥料	日本化学製絲払込	10
	合計		56
8	別子鑛山	土佐吉野川買入	57
		日本化学製絲払込	30
	電線	大阪北港買入	33
		藤倉電線払込	49
	製鋼	大阪北港買入	33
	伸銅鋼管	大阪北港買入	33
		渡辺鉄工所買入	58
		日満マグネシウム払込	13
	肥料	土佐吉野川買入	57
		日本化学製絲払込	14
	合計		377
9	別子鑛山	住友機械製作払込	125
		四國中央電力払込	75
	電線	阪根伸銅買入	37
		四國中央電力買入	18
	製鋼	住友機械製作払込	60
	伸銅鋼管	満洲住友鋼管払込	150
		住友アルミニウム製錬払込	63
		大阪金属買入	50
		渡辺鉄工所払込	24
	化学工業	四國中央電力払込	75
		住友アルミニウム製錬払込	38
	四國中央	渡川水力電気買入	22
	合計		737
10	別子鑛山	倉敷絹織払込・買入	34
	電線	日本海底電線払込	75
		藤倉電線払込	49
	金属工業	満洲住友鋼管払込	90
		日本瓦斯管販売払込	28
	化学工業	倉敷絹織払込・買入	16
	合計		292
11	別子鑛山	住友機械製作払込	64
		四國中央電力払込	44
	電線	住友金属工業買入	128
		日本電氣買入	41
		満洲電業買入	11
	金属工業	大阪金属買入・払込	55
		満洲住友鋼管払込	30
		住友機械製作払込	30
		小松熱錬工業払込	30
		渡辺鉄工所払込	24
		日本パイプ製造払込	15
	化学工業	四國中央電力払込	44
	合計		516

註：各年度処務報告書、実際報告書等から作成。

大平賢作（M37東京高商専攻部、M39住友入社、のち銀行専務・会長）から合資常務理事川田順にこのような合資会社と銀行の関係を示す次のような書簡が届いた。

本内第二三七〇号

昭和六年六月十八日

株式会社住友銀行

第四章　住友合資会社（下）

の比較　　　　　　　　　　　　　　　（単位：万円、万円未満四捨五入）

9 年			10 年			11 年		
a	b	a−b	a	b	a−b	a	b	a−b
1,136	1,099	37	2,068	2,007	61	336	273	64
192	162	31	177	177	0	299	288	11
111	100	11	107	107	0	80	80	0
203	141	62	411	329	82	—	—	—
231	188	43	309	309	0	505	348	157
671	643	28	412	183	229	—	—	—
—	—	—	—	—	—	1,097	866	231
283	243	40	303	262	41	329	312	16
						△25	△25	0
						△1	△1	0
34	4	30	84	50	34	115	68	47
△18	△18	0	46	46	0	43	43	0
50	50	0	55	55	0	56	56	0
△26	△26	0	2	2	0	25	25	0
35	35	0	57	57	0	66	66	0
△8	△8	0	△26	△26	0	△40	△40	0
1,757	1,513	244	1,937	1,552	385	2,550	2,088	462
△468	△468	0	△726	△726	0	△470	△470	0
2,426	2,144	281	3,279	2,833	446	2,416	1,890	526

住友合資会社

常務理事　川田　順殿

貴社連系会社貸金取引ニ対スル打合事項ニ関スル件

常務取締役　大平　賢作

拝啓　貴社連系会社ニ対スル貸金取引ニ関シテハ、従来各事態ニ応シ貴社ノ御承認ヲ得ルコト（註、この箇所に川田の傍線と？の記入あり）、致居候処、右取扱方ニ関シ一定ノ基準無之タメ、往々遺漏ヲ生ズル場合無之ヲ保シ難ク思惟セラレ候ニ付テハ、今回更メテ右処理方ヲ左記ノ通リ取定メ、取扱ノ統一ヲ計ルコト、致度、右御協議迄此段得貴意候。

敬具

一、各年度ニ於ケル各社ノ取引極度ニ付テハ、従来通リ各年度ノ頭初ニ於テ総括シテ貴社ノ承認ヲ得ルコ

第26表　各事業の実際純益（a）と準公表純益（b）

会社名	昭和6年			7 年			8 年		
	a	b	a-b	a	b	a-b	a	b	a-b
合資会社	△26	△26	0	186	186	0	579	579	0
連系会社									
別子鑛山	△152	△152	0	△29	△29	0	187	160	27
炭　鑛	△62	△62	0	△79	△79	0	△37	△43	6
製　鋼	△71	△21	△49	92	60	32	194	122	73
電　線	△66	48	△114	115	81	35	298	198	100
伸銅鋼管	98	75	23	644	164	480	1,143	246	896
金属工業	—	—	—	—	—	—	—	—	—
肥　料	10	5	5	26	17	9	162	134	28
化学工業	—	—	—	—	—	—	—	—	—
アルミニウム製錬	—	—	—	—	—	—	—	—	—
満洲鋼管	—	—	—	—	—	—	—	—	—
機械製作	—	—	—	—	—	—	—	—	—
倉　庫	△34	△34	0	23	23	0	32	32	0
ビルデイング	36	36	0	45	45	0	47	47	0
大阪北港	18	18	0	20	20	0	25	25	0
土佐吉野川	15	15	0	20	20	0	28	28	0
四國中央電力	—	—	—	—	—	—	—	—	—
重複分補正A	—	—	—	—	—	—	—	—	—
小　計	△209	△74	△136	877	322	555	2,078	947	1,131
重複分補正B	△240	△240	0	△145	△145	0	△376	△376	0
合　計	△476	△340	△136	918	363	555	2,281	1,150	1,131

註：準公表純益については第5表原註参照。
　　重複分補正A及びBについては第5表註参照。

銀行対連系会社貸金取引ニ関スル打合

昭和六年七月七日提出　同年同月八日決裁　主雑第一〇号

これに対する川田順の返信は次の通り何の変哲もないものであった。

一、各年度ノ中途ニ於テ各個ノ取引極度ガ承認極度ヲ超過スル場合ハ、其都度貴社ノ承認ヲ得ルコト。

一、各年度中ニ於テ新タニ発生スベキ取引ニ付テハ、其都度貴社ノ承認ヲ得ルコト。

但前二項ノ取引ニシテ、事態軽微ニ亘ルモノニアリテハ、特ニ弊行ニ於テ便宜之ヲ取計ヒ、承認手続ヲ省略スルコト有ルベキコト。

一、御承認ノ事態ニ関シテハ貴社責任者ノ御証印ヲ願フコト。

第 27 表　各事業の金繰表（年末預金借越残）

（単位：万円、万円未満四捨五入、△借越）

会　社　名	昭和6年末	7年末	8年末	9年末	10年末	11年末
合資会社						
本　社	△1,104	△1,621	△1,973	△2,698	640	152
各店部	4	7	25	38	15	31
小　計	△1,100	△1,614	△1,948	△2,660	655	183
連系会社						
別子鑛山	△308	△196	94	79	206	269
炭　礦	△587	△549	△527	△157	△132	△77
製　鋼	14	△1	38	62	―	―
電　線	△29	39	56	12	152	111
伸銅鋼管	20	91	120	91	―	―
金属工業	―	―	―	―	71	500
肥　料	△399	△485	△145	―	―	―
化学工業	―	―	―	△59	△347	△650
アルミニウム製錬	―	―	―	243	29	△100
満洲鋼管	―	―	―	3	4	11
機械製作	―	―	―	54	15	29
倉　庫	△417	△379	△330	△335	△252	△169
ビルデイング	△181	△168	△152	△35	△112	△109
大阪北港	△54	△47	△43	△131	△25	△22
土佐吉野川	△331	△326	△346	―	―	―
四國中央電力	―	―	―	△70	△305	△293
小　計	△2,271	△2,019	△1,235	△241	△696	△500
合　計	△3,371	△3,633	△3,184	△2,902	△41	△316
収支超過	△805	△261	449	282	2,861	△276

註：合資・連系間の貸借除外。

事項ニ付回答案

会第二二号

昭和六年七月八日

株式会社住友銀行

　常務取締役　　大平　賢作殿

合資会社常務理事

　　　　　　　　川田　順

拝復　標題ニ関シ去六月十八日附貴本内第二二七〇号ヲ以テ御申越ノ件ハ、当方ニ於テ異存無之候間、左様御承知被下度、此段貴酬迄如斯御座候。

敬具

しかしこの起案には、返信から削除された次のような追而書が残されており、これが受信から発信まで二〇日間も要した原因であったと考えられる。

追而　本件ハ当社ガ貴行ニ対シ保証又ハ差入居候証券担保ニ対シ、流用又ハ拘束等ノ影響ヲ及ボスモノニ無之候間、為念申添候也。

しかも会計課長中田直三郎（M45東京高商専攻部）は削除の経緯をさらに次のように注記していたのである。

銀行書面ノ本文中「御承認ヲ得ルコトニ致居候所」云々トアルモ、本社トシテハ従来ヨリ承認ノ意味ニテ捺印セルニ非ズ。只ダ廻覧ヲ受ケタル意味ナリシニ不拘、今回銀行ヨリノ書面ニハ承認云々トシ、且ツ今後ノ取定メニ「承認」云々ヲ数多ク挿入シ、而カモ其承認ナル文字ガ恰モ保証ヲ意味スルガ如クニモ解釈サレ、仮令然ラストスルモ保証ノ前提ノ様ニモ解釈サレザルニ非ズ。依ツテ回答文中ニ追而書ヲ挿入スルコトトシタルナルモ、之ヲ銀行ヘ差

第二部　住友合資会社

第四章　住友合資会社（下）

（単位：万円、万円未満四捨五入）

	9年末				10年末				11年末			
	借入先			現金預金	借入先			現金預金	借入先			現金預金
	銀行	信託	他社		銀行	信託	他社		銀行	信託	他社	
	1,542	1,100	58	2	970	180	—	39	1,828	—	—	19	171
	—	—	—	38	—	—	—	15	—	—	—	31
	1,542	1,100	58	40	970	180	—	39	1,844	—	—	19	203
	—	—	—	79	—	—	—	206	—	—	—	269
	90	80	—	13	80	70	—	18	115	—	—	38
	20	—	—	82	—	—	—	—	—	—	—	—
	—	—	—	12	—	—	—	152	—	—	—	111
	—	—	—	91	—	—	—	—	—	—	—	—
	—	—	—	—	—	100	—	171	175	—	—	675
	—	70	—	11	160	210	—	23	340	340	—	30
	—	—	—	243	—	—	—	29	100	—	—	0
	—	—	—	3	—	—	—	4	—	—	—	11
	—	—	—	54	—	—	—	15	—	—	—	29
	280	60	—	5	195	60	—	3	115	60	—	6
	112	30	—	11	83	30	—	1	80	30	—	0
	—	—	39	4	—	—	32	8	—	—	26	4
	—	72	—	2	—	308	—	3	—	299	—	6
	502	312	39	611	618	678	32	632	925	729	26	1,180
	2,044	1,412	97	651	1,588	858	71	2,476	925	729	45	1,382
	139	Δ110	Δ25	286	Δ457	Δ554	Δ26	1,825	Δ663	Δ129	Δ26	Δ1,093

出スニ先ダチ、原内国課長（註、安一、M41山口高商、のち銀行本店営業部長・常任監査役）ニ其旨ヲ話シタル所、銀行ヨリノ申出ノ「承認」云々ハ全然斯クノ如キコトヲ予想シテ承認云々ヲ入レタルニ非ズ。単ニ軽キ意味ニ解釈サレタク、只連系会社ノ借金ガ斯様ノ程度ナルコトヲ本社トシテ知ッテ置キタシト云フ意味ニ外ナラス云々。然シ乍

第28表　借入残高明細表

会社名	昭和6年末				7年末				8年末			
	借入先			現金預金	借入先			現金預金	借入先			現金預金
	銀行	信託	他社		銀行	信託	他社		銀行	信託	他社	
合資会社												
本社	508	480	116	0	934	590	97	0	1,176	720	77	1
各店部	—	—	—	4	—	—	—	7	—	—	—	25
小計	508	480	116	5	934	590	97	8	1,176	720	77	26
連系会社												
別子鑛山	118	200	—	10	120	125	—	50	—	—	—	94
炭礦	348	260	2	23	311	245	—	8	300	245	—	19
製鋼	—	—	—	14	2	—	—	0	—	—	—	38
電線	29	—	—	0	—	—	—	39	—	—	—	56
伸銅鋼管	—	—	—	20	—	—	—	91	—	—	—	120
金属工業	—	—	—	—	—	—	—	—	—	—	—	—
肥料	199	200	—	—	285	200	—	—	25	120	—	—
化学工業												
アルミニウム製錬												
満洲鋼管												
機械製作												
倉庫	372	—	57	13	328	—	57	6	280	60	—	10
ビルデイング	153	30	—	1	141	30	—	2	123	30	—	1
大阪北港	—	—	56	2	—	—	50	4	—	—	45	2
土佐吉野川	—	331	—	0	—	326	—	0	—	347	—	1
四國中央電力												
小計	1,219	1,021	115	83	1,186	926	108	200	729	802	45	339
合計	1,727	1,501	231	88	2,120	1,516	204	208	1,905	1,522	122	365
増減	193	564	△26	△75	393	15	△27	120	△215	6	△82	157

註：借入先「他社」中
1. 本社・日本銀行大阪支店。
2. 炭礦・第一銀行小樽支店。
3. 倉庫・社債。
4. 大阪北港・大阪市低利年賦借入金。

第四章　住友合資会社（下）

ラ現在ニ於テノ当事者ハ承認ノ意味ヲ斯ク解スルモノトシテモ、後日ニ至リ本社ガ云フ如キ意味ニ解釈サル、様ノコトアリテハ、甚ダ迷惑ニ感ズル次第ナレバ、此点明カニナシ置ク方可ナラズヤト云ヘルニ対シ、此点ニ就テハ断ジテ斯クノ如キコトナキヲ保証スベキヲ以テ、追而書省略願ヒタシトノコトナリシヲ以テ、一応部長（註、総務部長大屋敦）ニ相談シタル所、銀行ノ申出通リ追而書ヲ省略スルコトトシ、決裁ヲ得タル次第ナリ。

　　　　　　　　　　　　　　　　　　　　　　　　　　　　　　　　六─七─八（註、六年七月八日）

　　　中田

附記、之ニヨリ合資会社ハ銀行ニ対シテ責任ヲ負フモノニ非ザルモ、連系会社ニ対シ合資会社ガ必要ト認メタル場合、相当ノ援助ヲナスベキコトハ当然ニシテ、之ハ今回ノ問題ニ何等ノ関係ナシ。

既に述べた銀行の昭和五年の合資・連系向け貸出増六四二万円のうち、八割強に当たる五二八万円が連系向けで、その残高が一五〇〇万円を超えたことが、銀行がこのような文書を出すことになった一因と思われるが、昭和六年に入ると連系の銀行借入残高は高止まりのまま代わって合資会社の銀行借り入れが急増し、五月末で既に残高が四〇〇万円を超え、このままでは年末の銀行借入残高は一〇〇〇万円近くなる見込みとなった。これに対して合資会社は、昭和六年五月二十七日倉庫関係借入金返済に必要な一五〇万円を契機として、信託からの借り入れに踏み切った（『住友信託銀行五十年史』一二二頁にはこれに先立ち昭和二年九月十五日現在住友合資会社に対し証書貸付金一〇五万円の記録があることを明らかにしている。この一〇五万円については註(67)を参照）。総理事小倉正恆は、大正十四年信託創立以来取締役に名を連ねており、この昭和六年末には吉田眞一に代わって信託会長に就任した。その際「住友信託は伸びが遅々としている。堅実であると同時に発展もはからねばならん」と述べたことは既に紹介したが(68)、小倉正恆の銀行と信託に対する姿勢は、自ずと異なっていたのではなかろうか。信託取締役会記録によると認可日は、既に貸出が実行された後の六月十日で貸付極

第29表　住友銀行・住友信託の住友合資・連系会社向け貸出比率の推移

(単位：万円、万円未満四捨五入)

		昭和6年末	7年末	8年末	9年末	10年末	11年末
	住友銀行貸出金	41,493	44,768	46,140	46,609	52,202	61,816
内	住友合資・連系会社向け	1,727	2,120	1,905	2,044	1,588	925
	同比率(％)	4.2	4.7	4.1	4.4	3.0	1.5
	住友信託貸付金	13,718	14,312	15,550	11,750	14,227	16,147
内	住友合資・連系会社向け	1,501	1,516	1,522	1,412	858	729
	同比率(％)	10.9	10.6	9.8	12.0	6.0	4.5

註：住友信託貸付金は毎年11月末、固有勘定と信託勘定の合計額である。
出典：『住友銀行八十年史』財務諸表及び『住友信託五十年史』(別巻)。

度額は三〇〇万円(期限昭和六年末)であった。なお貸付極度額は、その後十一月二十四日五〇〇万円に増額(期限昭和七年六月末)されており、六年末の残高四八〇万円を睨んでの増額とみられる。

昭和七年は、連系会社の業績が黒字に転じ、しかも実際純益は準公表純益を五五〇万円も上回った。設備投資も八〇万円しか増加せず、十分償却の範囲内に収まったため、連系会社の収支は二五二万円の収入超過となった。他方合資会社の業績も黒字に転じたが、設備投資が東京ビル新築や鴻之舞の設備拡充で一九二万円に達し、償却を差し引いても一五五万円の不足、有価証券投資も日本電氣株式買い入れ一五八万円を初めとして三〇三万円に膨れ上がり、電線株式の売却一三五万円で資金の回収を図ったが、差し引き九二万円の不足と、合資会社の支出超過は五一四万円に達した。この資金繰りは銀行から四二六万円と信託からの一〇万円の借り増し(他に日銀大阪支店に対し二〇万円の返済)でつけられた。前年のように信託に大幅に依存することができず、再び銀行からの供給を仰がざるを得なくなったのである。前年の信託の全貸付金のうち合資会社・連系会社向けが一〇％を超え(第29表)てしまい、この七年には連系会社向けが合資会社向けに振り替わっただけで全体としてはぼ横這いに終始したという点から考えて、銀行の貸出増三二六五万円に比較すれば信託の貸出増は五九四万円に留まったので、信託の資金供給量には限界があったといえよう。先に述べた昭和六年末の総理事小倉正恆の信託に対する評価は、この点

第四章　住友合資会社（下）

を衝いていたのかもしれない。なお信託の合資会社に対する貸付極度額は、七年四月十二日に六〇〇万円（期限昭和七年末）に増額され、これは六月二十七日さらに六二〇万円へ増額されたが、実際には五九〇万円に止まったことは既に述べた通りである。

住友銀行によれば、合資会社と銀行の間には、連系会社を含めた住友の全事業に対する貸金について、当初銀行の定期預金総額の一割、のちに預金総額の一割を限度とする総枠が定められていたということである。しかしこの総枠は明文化されておらず、申し合わせ事項であったということで、文書による確認は不可能であるが、ただこれまで述べてきたように、合資会社は発足以来総本店時代に各店部に資金を供給していたのと同様に、自社の資金繰りの他に連系会社の資金繰りも合資会社で面倒をみることを原則としてきた。それが昭和に入って、連系会社の資金需要を合資会社だけで充たすことができなくなり、合資会社自体の金融も銀行に仰がざるを得なくなってきたのである（「住友合資会社（中）」第27表参照）。それでも銀行の貸出金に占める合資・連系会社向け比率は二～三％台であり、この昭和六年・七年ですら四％台に上がった程度で上限といわれる預金総額の一割には遠く及ばないものであったから、信託で賄いきれなくなれば、その尻が再び銀行にまわされることに何等不思議はなかったのである。

昭和八年に入ると連系会社の設備投資は、伸銅鋼管・製鋼を中心として前年の二倍以上の九五七万円と償却を大きく上回った。また有価証券投資の純増も三九六万円に上った。住友内部の単なる資金の移動にすぎないが、合資会社が保有する連系会社株式を他の連系会社が肩代わりするケースがみられるようになった（第25表）。別子・肥料による土佐吉野川水電株式の取得（各五七万円）及び製鋼・電線・伸銅三社による大阪北港株式の取得（各三三万円）がそれである。この外日本化学製絲への払い込み（別子三〇万円・肥料一四万円）、伸銅の日満マグネシウムへの出資（一三万円）等合資会社との

共同出資、電線の藤倉電線株式払い込み四九万円、伸銅の渡辺鉄工所に対する資本参加（五八万円）等連系会社の独自の投資もあった。これらの膨大な投資にもかかわらず、連系会社の収支は大幅に改善し、七八四万円の収入超過となった。これは軍需品の受注増大によって伸銅鋼管、電線、製鋼等の実際純益が準公表純益を大幅に上回り、連系会社合計でその二倍以上の二〇七八万円に達したからである。実際純益が特に伸銅鋼管、製鋼、電線の三社で準公表純益を大幅に上回っているのは、これら三社が各々海軍省、鉄道省、逓信省を大口販売先としていたため、実際純益を公表すれば、支障を来したためと思われる。一方合資会社の設備投資は横這いであったが、有価証券投資の純増が三〇三万円に上り、ほぼこれに相当する三三五万円の支出超過であった。この資金繰りは前年同様銀行から二四二万円の、信託から一三〇万円の借り増しで賄われたが、これは先に述べた連系会社の大幅な収入超過によって相殺され、合資会社・連系会社合計では四四九万円の収入超過となり、銀行からの借り入れは二一五万円減、信託からの借り入れはほぼ横這い、現預金は一五七万円の増加と、住友全事業の資金繰りは、右のような連系会社の好況に支えられて著しく好転した。

さらに昭和九年においても連系会社の実際純益は一七五七万円と八年の二〇七八万円を下回ったが、合資会社の実際純益が一一三六万円と八年の約二倍に達したため、重複分を補正した合計では八年の二二八一万円を上回る二四二六万円という高水準を維持した。従って設備投資（一九七七万円）や有価証券投資（二四二六万円）の膨大な投資、九月に阪神地方を襲った室戸台風の損害（五七三万円）等にもかかわらず、収支は二六二万円の収入超過となり、銀行の借り入れ残高をみると一三九万円の借り増しとなっているが、預金増（大半が住友銀行である）二八六万円を差し引けば、信託同様銀行からの借り入れも実質減少していたことになる。ただ合資会社だけをとってみれば、これを銀行から三六六万円、信託から三八〇万円、設備投資二六二万円、有価証券純増一六五八万円等により、七一二万円の支出超過で、これを金融機関以外では初めて化学工業株式を関係縁故先及び職員に対し旧株＠七五円（五〇円払込）、新株＠二り抜けたが、

第四章　住友合資会社（下）

（昭和11年末現在）　　　　　　　　　　　　　　　　　（単位：株）

満洲	機械	倉庫	ビル	北港	電力
80,000	26,000	299,000	65,000	524,040	47,600
—	50,000	—	—	—	35,000
—	—	—	—	—	—
120,000	24,000	—	—	42,000	—
—	—	—	—	20,000	5,000
—	—	—	—	—	35,000
—	—	—	65,000	—	6,000
—	—	—	—	—	6,000
—	—	—	—	—	6,000
—	—	1,000	—	—	—
200,000	100,000	300,000	130,000	586,040	140,600
200,000	100,000	300,000	130,000	700,000	200,000
100.0	100.0	100.0	100.0	83.7	70.3

電力は四國中央電力の略。

七・五円（一二・五円払込）で分譲し、一一六三万円（うちプレミアム四九〇万円）の分譲収入を得たことは、合資会社の資金調達上特筆すべき出来事であった。合資会社の資金繰りからいえば、このように外部資金を調達することが最も望ましく、合資会社が保有する連系会社の株式を他の連系会社に肩代わりさせるとか、新たに設立する連系会社に他の連系会社も出資させることでは、住友の事業全体の資金繰りからいえば単に資金の内部移動にすぎないが、合資会社の資金繰り上、連系会社の資金繰りに余裕が生ずるにつれて、連系会社による他の連系会社の株式の保有は次第に増大していくこととなった（第30表）。

このことは単に合資会社の資金繰りの問題にとどまらず、金属工業株式の分譲の際、伸銅鋼管専務古田俊之助が「持株率は大体今迄の情勢（先例）と経験から三〇パーセント保有すれば十分コントロール出来ると考えた」と述べているように〔五（七）住友伸銅鋼管と住友製鋼所の合併による住友金属工業の発足」参照〕、これまで合資会社の分譲と住友家による一〇〇％所有を原則としていた連系会社に対する支配構造の変革を意味するものであった。

こうした考え方に基づき昭和十年には前年の化学工業に引き続き金属工業の株式が分譲（＠七八円、五〇円払込）され、合資会社は四三九四万円の分譲収入（うちプレミアム一五七七万円）を得た。

第30表　連系会社による他の連系会社の株式保有状況

所有者	別子	炭礦	金属	電線	化学	アルミ
合資会社	299,000	234,212	367,900	117,936	127,440	70,000
別子鑛山	×	—	—	—	3,000	—
炭礦	—	×	—	—	—	—
金属工業	—	—	×	—	—	50,000
電線製造所	—	—	30,000	×	—	—
化学工業	—	—	—	—	×	30,000
銀行	—	—	50,000	—	900	—
信託	—	—	25,290	2,500	5,278	—
生命保険	—	—	5,000	—	5,690	—
住友家	1,000	—	29,750	25,000	7,000	—
合計A	300,000	234,212	507,940	145,436	149,308	150,000
総発行株数B	300,000	240,000	1,000,000	300,000	400,000	200,000
A／B×100	100.0	97.6	50.8	48.5	37.3	75.0

註：アルミはアルミニウム製錬、満州は満州鋼管、機械は機械製作、ビルはビルデイング、北港は大阪北港、

第二部　住友合資会社

連系会社もまた引き続き一九三七万円という高水準の実際純益を確保したので、住友の事業全体で三二一一万円という膨大な設備投資を行いながら、なおかつ二八六一万円という未曾有の収入超過となった。この結果合資会社の資金繰りは一挙に好転し、借り入れの返済は、銀行で五七二一万円、信託で九二〇万円計一四九二万円に達し、現預金は一八二六万円も増加した。

昭和十一年は、前年の住友金属の株式分譲の如き特殊要因がなくなったため、合資会社の実際純益は一七三二万円も減少した。しかし連系会社の業績はさらに向上し実際純益が六一三万円も増加したこと、その反面設備投資は落ち着きを取り戻し前年より八一一万円減少する一方償却が二四三万円増加したことにより、住友の事業全体としての支出超過は二七六万円にすぎなかった。合資会社は昭和十二年二月末の解散を前に、預金をもって銀行・信託の借入金を清算した。この結果銀行・信託からの借り入れは連系会社分のみとなり、いずれもピーク時の半分以下に落ち込むこととなった。

以上この時期住友の事業は、軍需関連の大幅受注により（「五

(三)　京城販売店の設置と上海販売店の送金問題」参照）実際純益が著

第四章　住友合資会社（下）

増するとともに、株式の公開（「五㈦　住友伸銅鋼管と住友製鋼所の合併による住友金属工業の発足」参照）を行って資金繰りに余裕が生じた。これに対し「財閥の儲け過ぎ」という批判が起こり、三井、三菱とともに相当額の寄附や出資を余儀なくされたが、他方このような豊富な資金を基に主な連系会社とともに新たな連系会社の設立（「五㈣　住友アルミニウム製錬株式会社の設立」、「五㈤　満洲住友鋼管株式会社の設立」、及び「五㈥　住友機械製作株式会社の設立」参照）に投資するとともに、日本電氣の経営再建に自信を得て（「五㈠　日本電氣株式会社の経営の承継」参照）、既存企業の買収にも積極的に乗り出すこととなった。

別子に代わる小坂鉱山の買収は失敗に終わったが、日本染料製造の株式取得（「住友合資会社（上）五㈤　住友肥料製造所の株式会社への移行」参照）は後の住友化学との合併の端緒となった。また日本から撤退する米国企業に代わって日本ビクター蓄音器や日本ゼネラル・モータースの買収を画策したが（「五㈠　日本電氣株式会社の経営の承継」参照）、新興財閥日産を作り上げた鮎川義介と競合することとなった。これらの詳細については次に「五　店部・連系会社・特定関係会社」で取り上げる。

五　店部・連系会社・特定関係会社

㈠　日本電氣株式会社の経営の承継

住友合資会社は、昭和七年（一九三二）六月米国インターナショナル・スタンダード・エレクトリック社（I・S・E）から日本電氣の株式新旧各一万八〇三二株を一五八万円で取得し（第20表）、同社の経営を引き継ぐことになった。役員と

して既に住友電線を代表して同社取締役であった秋山武三郎(合資理事兼電線常務)は会長に就任し、専任の主管者専務に電線技師長志田文雄(T2京大理工・電、通信省、T9住友入社)が送り込まれた。同時に実務部隊として合資商工課長續煕が支配人営業部長に、電線経理部調査係主任石川清(T7東大法、のち日本電氣取締役・日本海底電線常務)が総務部副長兼特別調査課長に派遣され、続いて九月に電線商務部販売係主任佐鳥仁左(T7東大法、のち日本電氣常務・朝鮮住友軽金属専務)が営業部副長兼販売課長になった。

住友合資会社の前身住友総本店は、かつて大正九年(一九二〇)十二月初めて日本電氣の株式一万株を取得したが、住友電線製造所の設立とともに直ちに同社に譲渡され(「住友総本店(下)七 住友電線製造所の設立と日本電氣株式会社との提携」参照)、以後合資会社が日本電氣と直接関係を持つことはなかった。住友電線の持株一万株は、その後大正十四年八月日本電氣の倍額増資により新旧併せて二万株(五%)となっていた。一方その直後の九月、住友電線がかつて重信ケーブルの技術を導入した日本電氣の親会社インターナショナル・ウェスターン・エレクトリック社(I・W・E)は、インターナショナル・テレフォン・アンド・テレグラフ社(I・T・T)に買収され、前記I・S・E社と改称し、日本電氣の株式新旧各一一万八〇三二株合計二三万六〇六四株(五九%)を保有していた。

住友電線への技術導入を斡旋した日本電氣専務岩垂邦彦は、その後大正十五年十二月会長となり、昭和四年九月には会長も退いた。日本電氣の業績は、大正十五年の純益四四一万円から低下の一途をたどり、岩垂が退任した昭和四年には二四八万円に落ち込み、さらに昭和五年には一四五万円にまで激減した。岩垂はこの苦境を打開するため、I・S・E社に対し持株比率を五〇％に引き下げて、経営を住友に委託し、外資色を払拭するよう進言し、併せてこの構想は秋山武三郎を通じて合資会社へも伝えられた。しかしこの交渉が、昭和七年五月まで二年余も要したのは、大正九年の技術提携の際と同様にI・S・E側が、住友側に引き渡す日本電氣株式と同数の住友電線株式を要求し、その評価を巡っ

第四章　住友合資会社（下）

昭和七年五月、合資会社東京支店長矢島富造は、ハワイのホノルルで開かれた太平洋貿易会議に大阪商工会議所の代表の一人として参加した。矢島は大正十三年以来日本電氣の監査役を兼務しており、会議終了後米本土に渡りニョーヨークにI・S・Eの親会社I・T・T社長ベーン（S.Behn）を訪問したが、これは大正九年の交渉の際にも重要な役割を演じた矢島に対する総理事小倉正恆の特命であったと思われる。矢島によると、昼食に招かれた席上ベーンと次のような会話が交わされた。[72]

何が故に住友が日本逓信省に信頼せらるるやとの問に対し、凡そ事業は一時的巨利を謀るべきものに非ずして永遠の信用を基礎としてその上に築かねばならぬと実例（註、関東大震災の際住友電線は震災前の価格で電線を販売したことなど）を挙げて諄々と一席弁じたりしが、ベーン氏は幾度かうなずきて椅子よりたち私と握手をなし、貴下の話で良く諒解せり、小倉総理事に伝言して呉れ、日本電氣の経営は今後一切住友に委任す、と語り、列座の諸君に、矢島君は私の親戚の一人なり、矢島君が米欧諸国廻遊中出来るだけ便宜を計られたしと話されたり。

この結果東京におけるI・S・E社副社長フラム（J.E.Fullam）と秋山武三郎の交渉は一挙に進展し、日本電氣株式旧株（五〇円払込）、新株（三七・五円払込）と住友電線旧株（五〇円払込）、新株（一二五円払込）の同数交換で決着した（第19表及び第20表）。但し日本電氣はこの直後、資本金二〇〇〇万円を一二五〇万円に減資した。また組織を簡素化し、経費の節減を図ったので、この経営の委託の行われた昭和七年の純益六八万円を底として、景気の回復とともに業績は向上してい

（単位：株）

	13年2月1日	
旧株	新株	調整
124,995	162,493	△65,993①
	36.92	
17,750	23,075	3,765②
24,225	31,491	65,993①
5,000	6,500	
4,000	5,200	
50,975	136,024	
	31.17	
250,000	350,000	

説明」。日本電気社史編纂室入野弘道

第31表　I.S.E.社と住友系の日本電氣持株数の推移

		昭和7年6月22日		7年6月24日		7年12月末		12年6月末
		旧株	新株	旧株	新株	旧株	新株	
第二部 住友合資会社	I.S.E.社	118,032	118,032	100,000	100,000	62,501	62,499	124,995
	持株比率(％)		59.00		50.00		50.00	49.99
	住友電線	10,000	10,000	10,000	10,000	6,249	6,248	17,750
	住友合資・本社	—	—	18,032	18,032	11,325	11,327	24,225
	住友吉左衞門	—	—	—	—	—	—	5,000
	住友生命	—	—	—	—	—	—	4,000
	住友系計	10,000	10,000	28,032	28,032	17,574	17,575	50,975
	持株比率(％)		5.00		14.02		14.06	20.35
総株数		200,000	200,000	200,000	200,000	125,000	125,000	250,000

註：①I.S.E.社割り当て分の本社引き受け。
　　②失権株の電線引き受け。
出典：有価証券元帳、日本電氣株主名簿、昭和13年2月「昭和12年下期特配並ニ今後ニ於ケル特配ニ関スル
　　　氏のご教示を得た。

った。しかし住友が経営を引き受けたとはいえ、その持株比率は昭和七年末で一四・〇二％にすぎず、依然としてI・S・E社が五〇％を所有していたので、日本電氣がI・S・E社の支配下にあることには変わりはなかった（第31表）。したがってこの段階では、日本電氣はまだ合資会社から特別の資格を認められた企業ではなかったのである。

日本電氣は組織の簡素化とともに、製品の販売面において東京の営業部及び大阪支社の直扱を除き、次のように昭和七年八月の東京販売店を皮切りに、九月横須賀・呉、八年二月博多、四月京城、九年五月神戸、十一月九月名古屋と合資会社の各販売店に次々と販売を委託することとなった。

昭和七年八月二十五日

　　　住友合資会社東京販売店
　　　　　　支配人　稲井　勲造

合資会社
　　　総理事　小倉　正恆殿

　　当店取扱品目増加ニ関シ処務規程中追加並勘定
　　科目新設ニ付稟申ノ件

第四章　住友合資会社（下）

拝啓陳者今般日本電氣株式會社ヨリ、同社製品ノ東北及北海道地方ニ於ケル販路開拓相成度趣ヲ以テ、当店へ援助方希望御申有之候ニ就テハ、爾今当店ニ於テ同社製品ノ取扱ヲ開始仕度、右ニ関シ当店処務規程並総勘定元帳科目中左記ノ通改正致度候。（後略）

最後に中国市場についても、大正六年以来三井物産が日本電氣製品の販売代理権を有し、日本電氣の大株主（一万三九四九株）となっており、取締役に常務安川雄之助を送っていたが、次のように昭和十一年八月、上海販売店は三井物産に代わって日本電氣製品の中国向け販売代理権を取得した。このため昭和十一年一月安川雄之助は日本電氣取締役を退任し（昭和九年一月のいわゆる「三井の転向」のため三井物産常務を退任した後も引き続き日本電氣取締役に留まっていた）、十月にはその持株も住友合資（五三四六株）、住友電線（四六〇三株）、住友生命（四〇〇〇株）が総額一二三万円で引き取った。

商第二三四号

昭和十一年八月三日

　　　上海支配人

　　　　田路　舜哉殿

　　　　　　　　　　合資会社経理部長　山本　信夫

　　日本電氣製品取扱ノ件

七月十四日付第五〇六号ヲ以テ御申請有之候、日本電氣製品取扱ノ件ハ追認相成候間、此段依命及御通知候也。

追而右ニ対スル処務規程ノ改正並勘定科目設定申請書至急御提出相成度候。

日本電氣が製作する電話機器については、大正十年米国のウェスターン・エレクトリック社（WE）とドイツのジーメンス社の間に特許の相互無償利用の契約が締結されており、日本電氣もWE社との契約によってこれが適用されて、ジーメンス社のH形電話交換機の特許使用が可能となっていた。しかし日本電氣はA形交換機の生産に追われてH形交換

機を製造したことはなかった。昭和九年に至って日本電氣はH形交換機の生産に着手することとなり、I・T・Tのドイツ子会社MG社(Mix und Genest A.G.)から技術導入を進めることになった。このため五月専務志田文雄はドイツに出張し、ジーメンス社の了解を取り付けた。その帰途志田は、旧知のイタリアのピレリー社の技師長エマヌエルを訪ねた。志田は日本電氣に出向する直前の昭和六年に、住友電線で海底線工場建設準備委員長として、大阪市港区(現大正区)鶴町三丁目に工場の建設を進めていたが、海底線の被覆に必要なガタパーチャについて、イタリアでエマヌエルから直接指導を受け、このプロジェクトを成功に導いた経緯があった。

佐鳥仁左によると、この訪問の際エマヌエルの好意ある斡旋によって「イタリアの自動車メーカーフィアット社(註、ピレリー社は自動車タイヤのメーカーとしてフィアット社と関係がある)から、自動車製造に必要な技術、設計、製造、工場などいっさいの資料を、売上高の一％という夢のようなロイヤリティをもって住友に提供するという案を取付け、契約書案までつくり、多量の資料とともに持ち帰った」ということである。しかし志田が提案したフィアット社との合弁事業は、合資会社の取り上げるところとはならなかった。昭和九年から十年にかけて、合資会社は別子鉱山に代わる鉱山として藤田鉱業の小坂鉱山を買収する計画を進めており、自動車工業に進出する余裕はなかったからである。

当時日本の自動車工業は、大正十四年横浜に設立された日本フォード(資本金四〇〇万円、その後昭和四年に八〇〇万円に増資)と昭和二年大阪に設立された日本ゼネラル・モータース(GM、資本金八〇〇万円)の二社がノックダウン方式による組立生産を開始すると、これに対抗することができなかった。昭和六年九月満洲事変が勃発すると、昭和八年二月日本陸軍は熱河作戦において国内で徴発したトラックの機動力を認識させられ、しかも国産車とGM、フォードとの品質・性能の格差をみせつけられて、このままでは彼らに死命を制せられる懸念を抱いた。そこで商工省に対し、両外資企業の活動を抑えて国産メーカーを確立することを要求して、昭和十年八月「自動車工業法要綱」が閣議決定された。この

第二部　住友合資会社

一〇五

第四章　住友合資会社（下）

要綱作成段階で住友合資会社に対し自動車工業進出の打診があったが、その意思はないという返事であったという。すなわち前記志田の提案したフィアット社との合弁事業に対する合資会社の態度と同一であった。

こうした日本側の動きに対して、フォードは日本フォードの現地化をもって対応しようとしたが、日本陸軍がいくら国産車の確立に固執しても、国内メーカー自体にそれだけの技術力がなかったので、自動車工業への本格的進出を企図していた日本産業の鮎川義介は、これを受けて昭和八年二月以来GMとの全面的提携を模索してきた。鮎川の提案は、当初の日本産業が日本GMの五一％を取得し、GM乃至日本GMが日産自動車の全株を所有するという案から、最終的には日本GMと日産自動車の合併案にまで発展していた。しかもドイツにおいては、ヒットラーがオペルの工場を接収した直後であり、日本における合弁会社もオペルと同じ運命をたどるのではないか」という疑念が生じ、五月初旬交渉は不調に終わった。前年の「自動車工業法要綱」に基づき制定された「自動車製造事業法」は、その五月二九日公布された。

しかし昭和十一年初頭GM側には「日本陸軍は国産車の生産を確立したいという考えを強く持っている。

一方住友合資会社は、昭和十年九月予定通り住友製鋼所と住友伸銅鋼管の合併により住友金属工業を発足させ、年末にはこの株式を分譲して、小坂鉱山の買収資金に充当すべき四三九四万円の分譲収入（一五七七万円のプレミアム）を得た。

しかし小坂鉱山の買収計画は既に中止されていた。これは、金融恐慌によって藤田銀行の整理のために実施された日銀特融の返済計画の一環として、小坂鉱山の売却が進められていたのであるが、昭和九年四月に起こった帝人事件（台湾銀行が、金融恐慌で倒産した鈴木商店への債権として保有していた帝人株式を買受団に売却したところ、後になってこれは買受団が要路に工作して、不当に安く買収したものだと告発された事件）が進展したので、住友が日銀特融がらみの小坂鉱山を買収すると、同様に世間の疑惑を招くことが懸念されたためであった。

かくして巨額の余資を握った合資会社は、新たな起業計画を立案する必要に迫られたのである。昭和十一年に入って二月から日本染料製造の株式を市中で集め始めたのもその一環であり（「住友合資会社（上）五㈤　住友肥料製造所の株式会社への移行」参照）、四月には日本ビクター蓄音器の親会社RCAビクターが撤退するに当たり、三菱とともにその経営を肩代わりしようとして、日本電氣の志田に研究を命じていた（「三　投資活動」で述べた通りこの話は三菱が手を引いたため、両社の持株は年末に日本産業の鮎川義介に売却された）。五月初旬日産とGMの交渉が不調に終わったことを知ると、日本電氣の経営再建で自信を得た合資会社が、直ちに志田が建設した電線の海底線工場に近接した大阪市大正区鶴町一丁目（昭和七年港区から分区）にある日本GM（敷地一万五〇〇〇坪、月産一二〇〇台）の買収を決断したのも不思議ではない。化学専務大屋敦（前合資経理部長）は五月三十日の日記に「ゼネラルモーターヘノ参加ノ件ニ付キ総理事ヨリ内話アリ」と記している。さらに六月二十八日付東京朝日新聞は「国産自動車、三井、住友の進出に商工、陸軍は不満、一部に反対論起る」という見出しの下に次のように報じた。

即ち三井合名ではすでに二百万円の調査費を計上して年末には年産五千台を目標に会社新設を企図し、又住友は日産が合併交渉打切りのあとをうけて日本ゼネラル・モータースへ資本提携を申込むべき方針を内定したとのことである。之に対し関係当局内には三井、住友等の財閥に対しては満洲事変直後業界への進出を要請したが、当時は之等財閥は当局の要望に好意的態度を示さず今日に至つた。然るに最近の社会情勢の変化と恩典の厚い自動車業法が制定されるや従来の態度を一変して今回の如き挙に出たことは痛く関係方面の不満を買つてゐる。

GMとの交渉は、八月米国カリフォルニア州ヨセミテで開催される太平洋問題調査会に日本代表団の一員として参加する銀行常務大島堅造（M42東京高商、のち銀行専務・本社監事）に委ねられた。しかし大島の出発直前の七月十一日に自動車製造事業法及びその細則は施行された。そして豊田自動織機製作所（昭和十二年八月自動車部を分離独立し、トヨタ自動車

第四章　住友合資会社（下）

工業株式会社設立）、日産自動車の両社は直ちにその許可申請をし、九月十九日同法の許可会社となり、同時に九月二十二日商工省告示により日本フォードは年間一万二三六〇台、日本GMは九四七〇台以内に生産が制限された。

十月四日、原田熊雄が東京住友ビルの自室で堀内外務次官と話をしているところに、有田元外務大臣が昼の食事の約束で現れ、小倉正恆も加わって一緒に食事をした。その際原田によれば小倉から次のような話があったという。

アメリカから物資を取入れてしなければ、とても自動車工業などといふものは発達しない。殊にジェネラル・モーターズなんかも日本から去ってしまはうとしてゐるけれども、あれの技師、工場を一つすべて日本のものにして、日本人が二三年やってゐれば必ず彼等の技術を取入れることができると思ふ。今の豊田自動車なんかの国産トラックが戦地に行ってゐるけれども、まるで動かないので困りぬいてゐる。

結局彼らは

アメリカとの間の問題はなんとか解決したい。機械工業、殊に自動車工業なんか、陸軍なんかの国産奨励もよいけれども、根本の出発点において彼等に学ぶべきことがやはり相当にあるんだから、やっぱりそれをすっかり覚え込むまでは、アメリカとの間の話はなんとかもう少し打開して行く方法をつけたいもんだ。

ということを話し合って別れた。

十月十五日に帰国した大島はGMとの交渉について次のように述べている(76)。

私はヨセミテ会議が二週間で終ってから、小倉さんのパーソナル・レプレゼンタティヴとして、紐育のゼネラル・モーターズ本社に赴き、住友が同社の大阪の工場を譲り受ける交渉をしたのです。彼れ是れ二週間折衝して先方のオッファー価格を受け帰国しました。しかし、住友というものを同社幹部が全く知らないので、それから説明にかからねばならず、私としては相当苦労をしました。しかし、幸か不幸か、当時の陸軍大臣寺内さん（註、寺内寿一陸

軍大将）が国内自動車工業を守り立てる意図で許可してくれず、話は不調に終りました。

大島の持ち帰ったGMとの契約案が如何なるものであったか、記録が残されていないので詳細は不明であるが、日本フォードの現地化計画と同様に、資本金を倍額増資して一六〇〇万円とし、自動車を部品から一貫生産しようとするものであったと思われる。ただ五〇％の出資に固執した日本フォードの失敗に鑑み、経営権は住友が握り、GMの出資は名目的な形にしたものであったと想像される。前記大屋敦は十月二十四日の日記に「総理事ヨリ大島君トゼネラルモータートノ交渉顛末、同社ヨリノ offer ニ付キ内話アリ。政府ノ諒解ヲ先決問題ニスベキ旨申上置ク」とあり、この直後大島が述べているように、住友の提案をもってしても、GM、フォードを排除して、あくまで国産に賭ける日本陸軍の了解を取り付けることはできなかったのである。

佐鳥仁左は、志田の提案について次のように続けている。

このとき（註、昭和九年）住友本社はいかなる理由によるものか、このフィアット社の提案を受入れませんでした。その後二年ほど経って、住友本社は考えを変え、自動車製造開始を決意して、その旨を当時企業の生殺与奪の権力をもった陸・海軍部に申入れたのですが、二年前には必要と思ったが、現在はトヨタ、日産ともに相当の力を持ってきたので、その必要を認めないということで却下されてしまいました。

フィアット社の提案のあった時点で、もし住友が自動車工業に進出していたとすれば、フィアット社の優秀な技術と経験が、住友の優秀な金属材料と機械技術とともに生かされ、一層の速度をもって日本の自動車の進歩向上に貢献することができたと思うのです。と同時に住友が自動車業界に重要な地盤を占めることができたであろうことを思うと、住友本社の暫時の躊躇が、自動車工業への進出の機会を永久に失わせることになったと残念に思えてなりません。

第二部　住友合資会社

一〇〇九

第四章　住友合資会社（下）

昭和十二年二月末住友合資会社が解散すると、その日本電氣持株二万九二二五株のうち五〇〇〇株が残余財産として住友家へ分配され、残る二万四二二五株が新たに設立された株式会社住友本社に譲渡された。I・S・E社は依然として日本電氣株式の約五〇％(昭和八年五月I・S・E社は五株を買戻条件付で住友合資会社へ譲り、表面上は過半数を割る形をとっていた)を所有していたが、GM、フォードの例で明らかなように、これでは日本の企業とはみなされなくなる懸念が生じてきた。当時逓信省工務局長であった梶井剛(M45東大工・電)は、逓信省で一年後輩であった志田文雄に対してI・S・E社の持株の割合をさらに低くするように忠告し、志田の依頼で、I・S・E社の代表者フラムに対し次のように述べた。(77)

現在、日本の政情からいうと、軍部がだんだん力を得てきている。これはわれわれがなにも軍部の味方をするわけではないけれども、いまの日本の政治がそうなのである。そこで、I・T・Tが日本電氣の株を半分ももっていると、そのうち軍部から、これは日本の会社じゃない、だからものを買っちゃいかんといわれる可能性がある。そういわれると処置なしだ。そうなると日本電氣ばかりでなく、I・T・T自身も不利益になる。あなたのほうが日本電氣の株を持っているのはさしつかえないが、五〇％という率は多すぎると思う。それを少々減らしたところで、I・T・Tの利害関係は大したことはないんだから、いまいったようなことを考えると、この際あなたのほうの手持株を減らしたほうが得策だと思うが、どうだろうか。

I・S・E社さらにはI・T・T社も梶井のこの趣旨を了解し、志田は三月から七月にかけて渡米し、I・S・E社と資本金を三〇〇〇万円に増資し、併せてI・S・E社の持株比率を低下する交渉を行った。昭和十三年一月両者間に新たな契約が結ばれ、I・S・E社は増資割り当て分のうち六万五九九三株を住友本社に譲り、買い戻し条件付の五株についても条件を放棄した。増資の結果住友系の持株は、増資前の五万三二二五株から一八万一七三九株へ大幅に増加し、

一〇一〇

持株比率もI・S・E社が四九・九九％から三六・九二％へ低下したのに対し、住友系は二〇・一三％から三〇・二九％へ上昇し、梶井の示唆した通り日本電氣の外資色の希薄化は一応達成された。

しかるに昭和十三年三月、会長秋山武三郎(昭和十一年五月住友合資を停年退職し郷里米沢に引退したが、日本電氣会長に留まっていた)が病没し、さらに四月には専務志田文雄が昭和十一年末に設立された満洲通信機等を視察の帰途大阪で発病し、死去するというアクシデントが起こった。専務取締役の職務は十二年九月山本信夫に代わって電線専務から本社経理部長となっていた小畑忠良(十三年一月山本に代わって日本電氣取締役に就任していた)が代行し、秋山の後任の会長には五月、総理事小倉正恆(やはり一月に小畑とともに日本電氣の取締役となっていた)が就任した。

丁度この昭和十三年一月に「連系会社及ビ其他会社ノ役員ニ関スル内規」と「関係会社ノ役員ニ関スル内規」の二つに分離されたが(この詳細については「株式会社住友本社(上)」参照)、一月に日本板硝子常務稲井勲造と取締役中村文夫が「関係会社ノ役員ニ関スル内規」の交付を受けたのに続いて、二月十六日付で電線から本社へ出向した日本電氣常務佐鳥仁左と取締役石川清が五月二十三日この交付を受けた。このことは日本電氣がこの時点で住友本社の特定関係会社の指定を受けたことを意味する。

死亡した志田文雄の後任には、上記逓信省工務局長梶井剛が就任が要請された。梶井は大正九年逓信省の技術者冷遇に不満をもち、志田に続いて退官する意向で、住友総本店に入社が内定していた。しかし家庭の事情で大阪へ赴任することが困難となり、そのまま逓信省に踏みとどまったという経緯があった。六月梶井は退官して住友に入社し、七月末日本電氣専務に就任した。八月には上記内規を交付されている。

梶井剛は入社後の日本電氣の状況を次のように述べている。(78)

日本電氣に入って思ったことは、通信事業には長年携って来たが、製造工業は初めてなので、余程勉強しなければ

第二部　住友合資会社

一〇二一

第四章　住友合資会社（下）

その責を果すことはできないということであった。入社後二年ばかりして小倉さんから、米国に視察に行って来たらどうかとのお話があったが、私はもう少し経験をつんでからにしていただきたいと延期をお願いした。三年程たって本社の総理事室へお伺いすると、小倉さんは「梶井君、もう三年も経ったから、そろそろ仕事をしたらどうか。」と云われた。そこで私は日本電氣の専務として日頃悩んでおったことについて「実は三年間日本電氣の内部のことを勉強致しましたところ、私には解決の出来ない悩みのあることに気付きました。と申しますのは、日本電氣は住友の直系会社でありませんために、住友から参りました少数の幹部の人達と、日本電氣本来の数千人の人達とは総ての待遇が違うことです。その結果何となく水と油と云う感じがします。これでは本当に全社員の協力一致が出来るかどうかと云うことです。この心配を除きますには日本電氣を住友の直系会社として、その差別をなくすことと思います。」と恐る恐る申し上げた。ところが小倉さんははっきり英断を下されたのである。「そうか、成る程君の云うことは正しい。よし直系にしよう。時期は君にまかせる。」と、小倉さんははっきり英断を下されたのである。

総理事小倉正恆は、昭和十六年四月第一次近衛内閣に国務大臣として入閣するため退職するので、この話は昭和十五年のことであったと思われる。昭和十五年四月には、扶桑海上が住友海上火災保険株式会社と改称し、連系会社に指定されていた。この後日本電氣は昭和十八年一月連系会社に指定され、住友通信工業株式会社と改称することとなるが、その詳細は改めて「株式会社住友本社（中）昭和十六～十九年」で検討することとする。梶井が小倉総理事の了解を取り付けてから、日本電氣の連系会社指定まで何故このように時日を要したのかについては、その起案「（日本電氣）連系会社ニ指定並社名変更ノ件」にも「日本電氣ヲ連系会社ト指定スル件ハ、昭和十五年頃ヨリノ懸案ナリシ処、其時機ノ到ラザリシト諸般ノ準備ノ為今日ニ及ベルモ」と記されているだけで、明確ではないが、商号の変更もからむ問題だけに、Ｉ・Ｓ・Ｅ社の意向を無視して、住友本社の

昭和十六年十二月太平洋戦争が勃発して敵産管理法が公布されるまでは、

一存で日本電氣を連系会社に指定することは困難であったのではなかろうか。

(二) 直轄鉱山部門の諸施策

1 大日本鑛業株式会社の経営の承継

昭和六年八月住友合資会社は、浅野同族会社から大日本鑛業(資本金五〇〇万円全額払込済)株式二万五一〇〇株を二五万一〇〇〇円(@一〇円)で買収し、その経営を引き継いだ。浅野同族で鉱山部門を主管していた前川益以が小倉正恆と同郷で四高の同窓であった関係で話が持ち込まれたものである。[79] 役員として主管者の専務取締役に荒川英二(合資技師長)が派遣され、鉱山課長續虓が非常勤の取締役、東京支店長矢島富造が監査役に就任した。買収とともに資本金五〇〇万円を一〇〇万円に減資した後、十一月に一五〇万円へ増資し、合資会社は増資分五〇万円を全額引き受けた。この結果合資会社の持株は、昭和六年末でその後の買い入れも含め、一万五七二〇株(五二・四%)となった。同社の沿革について、買収当時同社常務で、その後も引き続き住友合資・住友本社の嘱託のポストにあった坪井美雄は次のように述べている。[80]

大日本鑛業は今日では住友系列の立派な鉱山会社でありますが、昭和六年まではセメント王浅野総一郎氏を社長とする浅野系列の会社でありました。秋田県山本郡八森町にある製錬所はこの会社の製錬所で、これが八森村椿台にあるため最初は椿鉱山と称し、明治二十一年に発見せられた銀の鉱山でありました。工学博士武田恭作氏の所有時代には一時その従業員も二千人を越える日本一の銀山でありました。然し銀品位の低落によって大正三年に休山となり、その翌年に大日本鑛業株式会社が創設せられ、雄勝郡の吉乃鉱山を本山として椿鉱山は八盛鉱業所と改めて経営されましたが、不幸にして大正八年に再度休山されました。

第四章　住友合資会社（下）

私は大正十五年に秋田鉱山専門学校教授を退官して、浅野老社長に招かれて同社の常務取締役として入社いたしまして、色々苦心の末、遂に昭和二年に五能鉄道が椿まで開通したのを機会に八盛製錬所を再開しました。真吹炉から出る粗銅は初めは日本鉱業会社の日立製錬所に売却して居りましたが、昭和四年になつて、銅業界が世界的不況に見舞はれ、我が国でも内地銅を多量に犠牲輸出する悲況に追ひ込まれ、犠牲売りが全産銅の三割に達して、八盛の売銅手取額は激減して会社は極度の節約と合理化とを強ひられました。

こんな時代となりますと、内地に自家消費工場の伸銅所を持つて居る住友の別子鉱山は、その買銅条件が断じて他社の追従を許さず、昭和四年の十一月からは八盛の粗銅も悉く、距離の遠い四國の四阪島製錬所に売却することに合理化されました。その後更に飛躍して、昭和六年に大日本鑛業はその過半数の株式を住友に譲渡して住友合資会社と共同経営となつたのであります。

住友が経営を肩代わりして二年後の昭和八年五月期の決算で八％の復配が可能となった。以後昭和十六年十一月期まで一〇〜一二％配当と業績は安定した。復配直後の七月坪井によると、総理事小倉正恆が北海道視察の途中八盛鉱業所に立ち寄り、八盛の文字は七転八起の不幸な寓意を蔵すると思うから、八を発に通わせて改名したいということで、発盛鉱業所と改称された由である。昭和九年六月荒川英二が別子常務へ転出のため退任し、後任の常務には監査役の矢島富造が就任したが、これは東京支店長の兼任であるので、取締役に起用された本郷松太郎（T３東京高商専攻部、炭礦歌志内礦業所長）が主管者業務を代行したものと思われる。

合資会社の持株は、その後浅野同族他から買い増し、昭和十一年末には一万七七七三株（第20表、五九・二四％）となり、十二年二月末合資会社解散の際、住友本社へ一万四七七三株が譲渡され、住友家へ残る三〇〇〇株が分配された。昭和十三年六月矢島は合資会社停年のため、大日本鑛業常務を退任、同時に本郷も取締役を退任して、後任の常務には金属

営業所副所長小関良平（T6東大法・経、のち機械常務・専務・社長）が派遣された。小関は、八月二十四日日本電氣専務梶井剛とともに「関係会社ノ役員ニ関スル内規」の交付を受けた。従って大日本鑛業も特定関係会社として認められたことになる。

小関は昭和十七年一月専務制の採用により専務となり、三月には資本金は倍額増資により三〇〇万円となった（本社二万九五四六株、住友家六〇〇〇株、十七年五月期に九％に減配）。七月小関は十五年十二月から兼任していた東北鉱業事務所長専任となり、後任の専務に蘆澤進（T3東大法・経、信託常任監査役・本社東京支店長）が派遣された。

十九年二月本社直轄鉱山の経営を住友鑛業（昭和十二年六月住友別子鑛山と住友炭礦が合併して発足）へ移管することとなり、大日本鑛業も住友鑛業の関係会社となった。同月資本金を二〇〇万円増加して五〇〇万円とし、本社の新株割り当て分は住友鑛業が引き受けた（十九年三月期に八％に減配）。この結果住友系持株は、本社二万九五四六株、住友鑛業一万九六九三株、住友家一万株合計五万九二三九株（五九・一％）となった。さらに五月には本社の持株中四五四六株、住友家の持株中六〇〇〇株合計一万四五四六株が鑛業へ譲渡され、この結果終戦当時の持株は、住友鑛業三万二三九株、住友本社二万五〇〇〇株、住友家四〇〇〇株合計五万九二三九株となっていた。なお蘆澤は、昭和十九年五月社長制の採用により、社長に就任していた。

2　土肥金山株式会社の経営の継承

住友総本店が金鉱業へ進出したのは、大正元年宮城県の砥沢鉱山を買収したのを嚆矢とするが、東北地方ではその後大正五年岩手県の大萱生鉱山を買収して、大萱生鉱業所を開設し、翌六年には砥沢鉱業所を大萱生鉱業所に統合した。北海道では大正六年鴻之舞鉱山を買収して札幌鉱業所を開設し、続いて七年来馬、余市、八年八十士、十一年小鋒岸と相次いで買収して、札幌鉱業所の所管とした。昭和三年札幌鉱業所は廃止されて鴻之

第四章　住友合資会社（下）

舞鉱業所が設置された。鴻之舞鉱山については「4　北日本鉱業所の設置」で述べることとする。

これらの東北・北海道の金山の他に、大正五年鹿児島県の大良（おおら）鉱業所を買収して大良鉱業所を開設した（大正十四年売却）。翌六年には静岡県の縄地鉱山を買収して縄地鉱業所としたが、七年同じ村の高根鉱山（大正十三年閉山）を買収して、両者を統合して高根鉱業所とした。大正八年別子鉱業所が新居浜電錬（電気製錬）工場を建設して、電気銅の生産を開始すると、これら大良、縄地、高根の各鉱山の含金銀珪酸鉱（トン当たり金十数グラム、銀数百グラム含有）は四阪島製錬所に送られて銅製錬の溶剤として使用され、さらにこれらの金銀を含む粗銅が新居浜電錬工場へ送られて電気銅生産後に金銀は回収された。

昭和七年八月、住友合資会社は土肥金山株式会社（静岡県田方郡土肥村、現土肥町、資本金二五〇万円全額払い込み）の経営を引き継ぎ、主管者の専務取締役に近藤次彦（T4東北大理・地質、釜石鉱山、T6住友入社大良鉱業所主任・合資技師）を派遣した。他に非常勤として合資技師長近藤宏太郎と別子鉱山大阪支店次長岡久吉が取締役に、合資鉱山課長小林晴十郎と合資顧問弁護士宇佐見正祐が監査役に就任した。

同社株式引き受けの事情は次の通りである。(81)

同社ハ故長谷川銈五郎氏及其ノ同族ヲ株主トシテ設立セラレ、本邦重要鉱山ノ一タル伊豆土肥金山ヲ経営セルモノニシテ、ソノ採掘セル鉱石ハ住友別子鉱山ニ売鉱シ居リタリ。大正十三年資金難ニヨリ出鉱全部ヲ別子ニ売鉱条件トシテ資金二五万円ヲ借入レタルガ、昭和六年末社長長谷川氏死去シ経営円滑ナラズ。住友ニ対スル債務ノ代償トシテ、長谷川一族ノ所有株式中三三、七〇五株ヲ肩替リ申出アリ。住友トシテハ之ガ買収ハ左程有利ナラズト云ヘドモ、別子鑛山製錬ニ必要ナル珪酸鉱ハ大部分ハ土肥産ニシテ、之ヲ失フコトハ操業ニ重大ナル影響ヲ及ボスモノナルヲ以テ、多少ノ犠牲ヲ忍ビ将来ノ経営ニ当ラントシテ、当社名義ヲ以テ別子之ヲ引受ケ、内二〇、〇〇〇株ヲ

当社ニ譲渡シタルモノナリ。

住友が経営を引き受けて一年後の八年九月期には五％から七％へ、九年九月期には一〇％、十年三月期には一二％と矢継ぎ早に増配し、十七年九月期まで維持された。昭和十一年十月朝鮮鑛業所が設置されると、近藤次彦はその所長に転出し、後任の専務には合資会社技師進藤淳之佑（T3九大工・冶金）が送られた。その後合資会社の持株は、八〇株を買い増し、昭和十一年末には二万八〇株となったが（第20表）、昭和十二年二月末合資会社の解散に伴い、このうち一万五〇八〇株が住友本社に譲渡され、五〇〇〇株が残余財産として住友家へ分配された。

昭和十四年一月本社は直轄の高根鑛業所（静岡県賀茂郡白浜村、現下田市）を分離、土肥金山に譲渡（一二三万円）した。これを受けて四月十七日土肥金山専務進藤淳之佑と取締役菅野秀次郎（T6東大法）、のち本社検査役・取締役・代表清算人）は、「関係会社ノ役員ニ関スル内規」の交付を受け、土肥金山は特定関係会社に指定された（実際には正式交付に先立ち、昭和十三年末高根譲渡の話の際専務理事古田俊之助から進藤に手渡されている）。十二月本社は五〇〇〇株を住友鑛業に譲渡したので、持株数は鑛業一万八七〇五株、本社一万八〇株となった。その後買い増しが行われた結果、終戦時の住友系持株数は、鑛業一万九六一一株、本社一万一〇四七株、住友家五〇〇〇株、合計三万六五八株（七一・三％）であった。

なお同社は昭和十七年、次に掲げるように八月三十一日付をもって商号変更の申請を行い、十月一日決裁されて、十一月二十七日土肥鑛業株式会社と改称した。また「4　北日本鑛業所の設置」で述べるように、昭和十八年四月日本の金鉱業は休廃山に追い込まれるが、土肥鑛業は銅製錬に必要な珪酸鉱を産出する鉱山として操業継続が認められた。しかし太平洋戦争末期には業績は釣瓶落としに悪化し、十八年三月期には一〇％、十九年三月期九％、二十年三月期八％と減配を余儀なくされた。

昭和十七年八月三十一日

第二部　住友合資会社

一〇一七

第四章　住友合資会社（下）

住友本社
総理事　　古田　俊之助殿

土肥金山株式会社
専務取締役　　進藤　淳之佑

当社称号変更ノ件

日支事変当初産金事業ハ、最モ重要且緊急事ノ一トシテ数ヘラレ候処、米英其ノ他諸国トノ交易漸ク円滑ヲ欠クニ及ビ、国際通貨タル金ノ重要性ニ対シ朝野ノ間ニ屢論議起リ、大東亜戦争勃発スルヤ一層之ニ拍車ヲ掛ケ、金ヲ軽視スルノ風助長セラレ候。政府ニ於テハ夙ニ此風潮ヲ懸念シ、曩ニ産金事業ノ重要性ヲ説キ、既存金山ニ就テハ重点的ニ保護奨励スル旨言明スル所有之候処、一般ニ金ニ対スル態度ハ頗ル低調冷淡ニ相成候哉ニ被察、資材船舶ノ獲得其ノ他何レニ付ケ従来ノ如キ優先的立場ヲ失ヒ、又職員従業員ノ間ニモ此思想瀰漫シ、士気ニ影響スル処甚ダ大ナルモノ有之洵ニ遺憾ニ存候。固ヨリ金ノ重要性ノ如何ニ就テハ篤ト考究ヲ要スベキ事項ニ有之、今直チニ要否ヲ論断スルハ早計ナルベキモ此ノ点ハ暫ク措キ、当社鉱石ハ金銀鉱トシテノ使命ノ外、他ニ珪酸鉱トシテ銅製錬ニ対スル重要ナル位置ニ在リ、銅製錬ニハ一日モ欠クヘカラサル次第ニ御座候間、アラユル機会ニ於テ諸官庁ヲ始メ地元町民ハ勿論、一般関係先ニ此ノ点ヲ反復力説シ、啓蒙ニ力ヲ用ヒ来リ候結果、漸ク最近ニ至リ各方面共ニ稍認識ヲ新ニ致シ候観有之候得共、未ダ充分トハ申兼ネ迷惑罷在候。而シテ当社茂倉鉱山ニ於テハ既ニ石膏、銅、鉛、亜鉛等相当多量発見セラレ目下探鉱中ノ次第ニテ、将来此等金銀以外ノ方面ニモ発展スル端緒ヲ得居候間、現在ノ称号「土肥金山株式会社」ヲ此儘持続致スコトハ、万事不便多ク妥当ナラズ、名実ヲ一致セシムル点ヨリモ、現在ノ称号ヨリ「金山」ナル文字ヲ削除スルコト緊急事カト思料セラレ候ニ就テハ、定款第一条ヲ変更シ、左記ノ通改称相成可然

一〇一八

哉。尚右御承認ノ上ハ、来ル十一月末定時株主総会ニ附議致度存候処、御承認相成度、此段及御打合候也。

記

一、現在　　土肥金山株式会社

一、改称　　土肥鑛業株式会社

以上

3　静狩金山株式会社の設立

静狩金山については次のような簡単な記録が残されているのみである。[82]

静狩金山株式会社ハ、昭和八年八月住友、川崎ノ共同出資ニヨリ資本金二一〇万円ヲ以テ設立セラレ（住友側出資一一〇万円、川崎側出資一〇〇万円）、同年製錬設備拡張起業ニ着手シ、翌九年八月製錬場完成セルヲ以テ直ニ操業ヲ開始セリ。同年十一月資本金ヲ三一五万円ニ増資ノ上礼文鉱山他十三鉱区ヲ買収セリ。昭和十二年六月先ニ完成ヲ見タル製錬場改造起業ニ着手シ、翌十三年八月竣工一日処理能力一〇〇屯トナル。昭和十四年七月ヨリ十二月ニ亘リ製錬場改造起業ヲ実施シ、増産ニ努メタルモ、鉱石品位ノ低下、生産費ノ騰貴等ノ為業績不調ニシテ、遂ニ経営放棄ノ止ムナキニ至リ、昭和十七年十一月住友及川崎所有ノ全株式ヲ、日本産金振興株式会社ヘ無償譲渡シ、ソノ経営ヲ引渡セリ。

その他の僅かな資料によってこれを補うと、まず株式会社川崎造船所は大正十二年末静狩鉱区を買収して現地に静狩鉱山事務所（北海道胆振國山越郡長万部村大字静狩、現長万部町）を設置していた。しかし川崎造船所は、第一次大戦後の海運不況とワシントン海軍軍縮条約によって打撃を受け、さらに昭和二年の金融恐慌によって十五銀行が休業したため第一次整理に追い込まれ、次いで昭和五年の昭和恐慌で第二次整理に至り、和議の成立によって昭和八年三月平生釟三郎

第二部　住友合資会社

一〇一九

第四章　住友合資会社（下）

が社長に就任した。平生は昭和六年八月以来川崎造船所和議整理委員に選任されており、住友とは七年三月に扶桑海上火災保険株式会社の経営の継承）参照）。会長の職を合資会社総理事小倉正恆に譲っていた関係にあった（「住友合資会社（中）五⑺　扶桑海上火災保険株式会社の経営の継承」参照）。

平生は川崎の本業の造船再建のために足かせとなっていた静狩金山の経営を、隣接して来馬、小鉾岸の両鉱区を所有する住友合資の小倉正恆に要請したものと推測される。この申し入れを検討した当初案とみられる「静狩、来馬、小鉾岸合併施業案」という資料によれば、当初資本金一二〇万円（静狩と来馬・小鉾岸各五〇万円の現物出資と住友の現金払込二〇万円）の会社を設立し、起業費八五万円（全額住友負担うち製錬場七五万円）を投じて年間九万トンを処理するものとして立案されたが、昭和八年七月二十八日川崎側と住友側で交わされた「静狩、来馬、小鉾岸共同経営会社設立ニ関スル覚書」によれば、上記の資本金、出資比率に変更され、川崎は静狩鉱区を、住友は来馬、小鉾岸鉱区を各一〇〇万円で新会社に譲渡することと定められた。また必要な起業費は、最高八〇万円まで住友側が融資することとされた。

かくして八月十日新会社は設立され、主管者の常務は鴻之舞鉱業所支配人小池寳三郎（M39大阪高工採鉱冶金、同校助教授、T2住友入社）の兼務とされ、外に非常勤で取締役として川田順（合資常務理事）、大屋敦（合資経理部長、九年二月肥料専務に転出により後任の経理部長山本信夫に交代）、監査役安井富士三（合資経理部鉱山課長）が名を連ねた。一方川崎側も取締役平生釟三郎（川崎社長）、鋳谷正輔（川崎専務、昭和十年末社長）、監査役川崎芳熊（川崎専務）が就任した。八月十日設立と同時に合資会社は一一〇万円を払い込み（第11表註参照）、翌十一日同社との鉱業権売買契約書の締結とともに、来馬、小鉾岸鉱区を一〇〇万円で同社に譲渡した。川崎側も同様であったと推測される。起業費その他必要な事業資金は合資会社から融資され（第11表、昭和八年末残高一七万円）、その額は昭和九年九月には限度額を超えて一〇〇万円に達した。その直前の八月十日には総理事小倉正恆の他、川崎側の平生、鋳谷も出席して製錬所（処理能力月一万トン）の落成式が挙行

された。

十一月一日取締役の川田と監査役の安井が辞任し、二日川田は監査役会長に就任し、小倉正恆が自ら取締役会長に就任した。昭和九年度処務報告書は静狩金山を「連系会社ニ準ジテ取扱フコト、ナレリ」と記している。このように明確に静狩金山は特定関係会社に指定されたので、主管者常務小池寳三郎は「連系会社及ビ其他会社ノ役員ニ関スル内規」の交付を受けてしかるべきかと思われるが、何故か交付されなかった。特定関係会社で昭和三年に日米板硝子常務大石公平が交付を受けて以来、誰にもこの内規が交付されていないということは、日本板硝子(昭和六年改称)の経験に鑑み、特定関係会社の役員を連系会社の役員と同一の内規で律しようとしても困難であることが、認識されるに至ったのかもしれない。

十一月五日同社は資本金を三一五万円に増資し(住友合資一六五万円、川崎一五〇万円、第20表参照)、六日この増資分一〇五万円の中から合資会社貸付金一〇〇万円が返済された。製錬所が操業を開始したこの昭和九年下期には六％の初配当を行い、以後昭和十三年上期まで一割配当を続けた。この結果昭和十二年二月末合資会社の解散に伴い、一株一〇〇円で二万八〇〇〇株が住友本社へ譲渡され、残る五〇〇〇株が残余財産として住友家へ分配された。この間川崎側では昭和十一年三月生釟三郎は文部大臣就任のため辞任し、四月川崎芳熊が取締役へまわり、新たに松村守一(川崎取締役)が監査役になった。住友側でも、五月川田順が退職したため、八月後任の監査役に國府精一(合資理事)がついた。九月次に「4　北日本鉱業所の設置」で述べるように鴻之舞鉱業所と大萱生鉱業所を併せて、札幌に北日本鉱業所が設置され、小池寳三郎が所長となった。

昭和十三年一月「連系会社及ビ其他会社ノ役員ニ関スル内規」が「連系会社ノ役員ニ関スル内規」と「関係会社ノ役員ニ関スル内規」の二つに分離され、後者が新たに制定されて一月日本板硝子、五月日本電氣、八月大日本鑛業の各役

第二部　住友合資会社

第32表　静狩金山の損益と産金量

決算期		当期総益金	当期総損金	当期純損金	前期繰越金	後期繰越金	配当	粗鉱量	金品位	産金量
		千円	千円	千円	千円	千円	%	千t	g/t	kg
8年	上						0			72.3
	下						0			
9年	上			不詳			6		不詳	370.8
	下						6			
10年	上						10			514.2
	下						10			
11年	上						10			565.6
	下						10			
12年	上						10			529.0
	下						10			
13年	上	1,308	1,190	118	90	34	10			654.4
	下	1,607	1,463	144	34	37	8			
14年	上	1,719	1,916	△197	38	△159	0	240	2.98	716.2
	下	1,791	2,162	△371	△159	△530	0			
15年	上	1,462	2,448	△986	△530	△1,516	0	301	2.30	694.6
	下	2,580	2,770	△190	△1,516	△1,706	0			
16年	上	2,061	2,956	△895	△1,707	△2,602	0	314	2.20	728.4
	下	2,582	3,189	△607	△2,602	△3,209	0			
17年	上	2,139	2,656	△517	△3,209	△3,726	0	294	2.60	792.0
	下									

出典：損益は住友本社経理部「住友関係事業要報」から作成。
　　　配当は元帳・株券配当金から作成。
　　　粗鉱量・金品位は『北海道の金属鉱業』（北海道鉱業会　昭和27年）
　　　産金量は昭和8年『北海道鉱業誌』昭和9年版、昭和9～17年『北海道鉱山累年生産実績』（いずれも浅田政広『北海道金鉱山史研究』340頁から引用）

員に交付されたことは既に述べた。しかし静狩金山の小池はまだこの交付を受けなかった。これは小池が既に前年の昭和十二年十二月五、五歳の停年に達し、延長中で合資会社はその後任の人選を行っていたことが一つの理由と思われるが、十三年中に静狩の業績に変調を来したことも理由にあげられよう。すなわち昭和十二年七月日中戦争勃発後、政府は種々の産金奨励策に加えて、昭和十三年度からは産金五カ年計画を実施していた。静狩金山でもこれに応じ、製錬所拡張計画（処理能力月三万トン）が進められ、十三年八月二十一日には総理事小倉正恆が出席して落成式が行われた。

しかしその八月に開催された株主総会で可決された十三年上期の決算は、当期純益だけでは一割配当を維持することができなかった（第32表）。これは新製錬所の完成によって低

品位鉱の大量処理による増産が可能となった反面、そのコストが企業採算を超えるものとなってきたからである。この結果昭和十四年末住友本社は静狩金山株式の評価を一株一〇〇円から五〇円に切り下げざるを得なかった。昭和十四年十二月五日小池は三年目の最後の停年延長の日に、上記「関係会社ノ役員ニ関スル内規」の交付を受けた。既に述べた通りこの年の四月には土肥金山も交付を受けていたので、小池に対してこれ以上交付を延ばすわけにはいかなくなったと見るべきであろう。交付に先立ち十月末事務章程改正に関する小池からの打ち合わせに対する改正案送付の際、本社総務部長小林晴十郎（T5東大法・経、のち本社経理部長・化学副社長・同社長）は小池に次のように伝えた（十月二十七日付文第七〇〇号「事務章程中改正ニ関スル件」）。

追而当社ニ於テハ「関係会社ノ役員ニ関スル内規」有之、関係会社ノ事務中一定ノ重要事項ハ、其ノ内議ニ先立チ予メ当社ノ承認ヲ受クルコトニ相成居候間、御了承相成度。尚右内規ハ正式御打合ニ対スル承認書ト同時ニ御送付ノ予定ニ有之候間申添候。

同じ十二月十八日静狩金山は小鋒岸鉱区を分離して、日本産金振興株式会社と合弁で、小鋒岸金山株式会社を設立した。資本金一五〇万円（日本産金振興五〇％、静狩金山五〇％）で、社長に日本産金振興理事松本彬（前商工省鉱山局鉱業課長）、常務取締役に静狩鉱業所長土屋裕（T3大阪高工採鉱冶金、三菱合資・高田商会、T6住友入社）、監査役に静狩経理課長槇啓三（T6小樽高商）が就任した。なお小池寶三郎も同時に取締役に就任したが、名目的なものであったのか年末までに退任している。日本産金振興は、金増産を目的として昭和十三年九月設立された会社で、小鋒岸鉱区に低品位鉱処理を目的とした豊浦製錬所（処理能力一日二〇〇トン、昭和十六年六月完成）を建設するために小鋒岸金山を設立したのである。

昭和十五年山本が停年退職したため、八月後任の取締役に三村起一（住友鑛業専務）が就任した。山本は本社経理部長から昭和十二年六月住友別子鑛山と住友炭礦が合併して発足した住友鑛業の専務になっていた。十二月小池寶三郎は三

第二部　住友合資会社

一〇二三

年間の停年延長期間が満了して退職した。小池の退職を機に北日本鉱業所の組織の見直しが行われた(「4　北日本鉱業所の設置」参照)。静狩常務の後任には土屋裕が昇格した。年末住友本社は静狩の損失の累積に伴い、静狩の株式の評価をさらに一株二〇円に切り下げた。

昭和十六年二月監査役の本社理事國府精一が前年九月に停年退職したため、後任に本社監事心得田中良雄が就任したが、四月住友本社では総理事小倉正恆が第二次近衞内閣の国務大臣に就任のため退職したので、一連の異動が行われ、総理事に古田俊之助(専務理事)、常務理事に田中良雄、監事に河井昇三郎(本社人事部長)がついた。これに基づいて八月に静狩の役員異動があり、古田が四月に既に退任していた小倉の後任の会長、河井が田中の後任の監査役に就任した。しかし静狩の損失は雪だるま式に膨れ上がり、十六年下期には資本金を上回り、十七年上期には債務超過に陥ったものと推定される。

こうして静狩の経営は最早私企業の限界を超えたものとなったので、昭和十七年十月三十日住友本社と日本産金振興との間で無償譲渡の仮契約書が締結され、十一月十八日住友・川崎側の役員は全員辞任した。住友本社から静狩金山へ出向していた土屋裕・槇啓三等六名は十一月二十一日付で引き続き日本産金振興への出向となった。しかし十八年四月日本産金振興自身が帝国鉱業開発株式会社に吸収合併され、静狩金山も閉山となったので、六名は五月から九月にかけて住友本社へ復職した。

4　北日本鉱業所の設置

住友総本店は、大正六年二月十八日次のような鴻之舞鉱山(北海道北見國紋別郡紋別村、現紋別市)に関する鉱業権試掘権等一切の権利を九〇万円という当時としては破格の価格で買収した。なお当時住友総本店は個人営業であったので買い受け人は住友吉左衛門である。

一、試掘権登録第三〇九号　金銀試掘鉱区面積九九万九〇〇四坪

　　鉱業権代表者飯田嘉吉　鉱業権者沖野永蔵　同上羽柴義鎌

二、大正五年三月出願札鉱第三四二号　試掘出願地九七万五一六〇坪

　　出願人中野半次郎

三、大正五年九月二十三日出願　試掘出願地九五万三一一二坪

　　出願人池沢　亨　同上飯田嘉吉

四、大正五年出願札鉱第六七〇号　試掘出願地九九万五九七八坪

　　出願人今堀喜三郎

五、大正五年三月二十二日出願　試掘出願地九六万六八一九坪

　　出願人池沢　亨

六、大正五年五月二十五日出願　試掘出願地九八万七二一〇坪

　　出願人飯田嘉吉　同上羽柴義鎌

七、大正五年四月十八日出願　試掘出願地九九万五二二〇坪

　　出願人飯田嘉吉　同上池沢　亨

八、大正五年四月十八日出願　同上池沢　亨

　　出願人飯田嘉吉　同上池沢　亨

　　試掘出願地九八万六八八坪

九、大正五年五月五日出願　試掘出願地九七万八五一〇坪

　　出願人中野半次郎

第二部　住友合資会社

第四章　住友合資会社（下）

十、大正五年九月二十一日出願　砂金出願地

出願人飯田嘉吉　同上池沢　亨

十一、以上列記ノ外北見國試掘権登録第三〇九号鉱区ノ第一露頭頂点ヲ中心トシテ水平距離二千間以内ノ区域内ニ

於テ売渡人名義ヲ以テ出願シ居ル一切ノ出願地

住友総本店が交渉の相手としたのは、上記権利者の飯田（木材業）、沖野（漁師）、羽柴（印刷業）、中野（飯田の腹心）、池沢（初代紋別村長）、今堀（探鉱家）の六名とこの取引を斡旋した鉱山長吉田久太郎及び後に隣接鉱区として買収の対象となった古屋憲英（医師）の八名であった。当時川田順は総本店経理課主任として支配人小倉正恆の下で買収交渉に当たったが、交渉のために大阪へ八名が現れたと記している。しかしこのうち今堀（住友との引継から推定すると鴻之舞鉱山の事務方を担当していた）と中野（飯田のダミーか）の二名は契約書上飯田が代理人として署名しているので実際には大阪へは現れなかったことになる。

紋別では明治三十八年（一九〇五）八十士砂金山が発見されて以来砂金ブームが起こっていたが、沖野や池沢（探鉱家橘光桜を使って）は川筋の砂金の大元が山の金の鉱脈にあると信じて、山野を探索していた。沖野が資金援助を求めた今堀によると、大正五年正月沖野は猟師鳴沢弥吉を招いて「此地域の地理露岩などの模様を尋ねた」。大正五年五月上渚滑の砂金鉱区の買収で紋別に来た東京の有田組の石松尚成が沖野・羽柴から聴取したところによると、発見の経緯は次の通りであった。(86)

此の両人は前年兎を取りに行き（註、これは猟師鳴沢を同行させる口実と思われる）、大きな転石の上に腰をかけ昼食をしたそうだが、羽柴は加賀の出身で横山金山等で鉱石類を見聞した経験もあるので、その転石が「ドウモ鉱石らしい」と直感したので、其の一片を持帰り、その頃の札幌鉱山監督局（註、当時は札幌鉱務署である）に分析を依頼した。

すると万分の三と云ふ素晴しい金鉱なので驚いたのだが、最早や雪中ではあり、仕方が無いので、その転石を中心にして百万坪を出願した（註、契約書第一号の大正五年二月十七日出願同三月十三日試掘権登録第三〇九号代表者沖野共同権者羽柴がこれである）。軈て雪が解けたので、行ってみると何と驚く勿れ、その転石の上に幅約十四、五尺、長サ百四、五十尺位の露頭が露出して居た。皆が常日頃探したり思って居たりした「砂金の大元」だと云ふので大騒ぎになった。

札幌の沖野からの電報で紋別の羽柴がこの事実を公表したため、直ちに飯田、池沢、古屋等はこの沖野・羽柴の鉱区を包囲する形で、鉱区の出願を行った。飯田・池沢側の契約書第二号及び第五号（三月二十二日出願）、第七号及び第八号（四月十八日出願）、第九号（五月五日出願）がそれであろう。古屋も三月二十五日九万八四五二坪の鉱区を出願している。

石松が沖野・羽柴から話を聞いた五月は、こうした不完全な地図に基づく出願に裁定を下すため、札幌鉱務署から主任技師が派遣されてきた時期であった。石松は沖野・羽柴と共同経営の話をまとめ、東京の有田本社に至急栃木県玉船鉱山の鉱山長吉田久太郎の派遣を要請した。しかし有田組は石松の報告を信用せず、石松が送ったサンプルに驚いて、吉田が急遽紋別に到着したのは、鉱務署が古屋を除く沖野・羽柴と飯田・池沢に対し妥協共営を勧告した直後であったという。かくして沖野・羽柴・今堀組と飯田・池沢・中野組が合同して匿名組合が発足した。組合にはこの他に出資者として岩倉梅吉（紋別村会議員、米穀商）と発見に寄与した鳴沢・橘光桜の三名が加えられた。(88)

試掘権第三〇九号は六月十二日組合に贈与され、十五日上記の通り組合代表飯田が登録された。吉田久太郎は京大法学部出身の山師であったが、鴻之舞鉱山に惚れ込み、自ら組合に売り込んで鉱山長となり、現地クオノマイに鴻之舞の命名者となった。大正五年七月組合として操業を開始し、六年三月住友へ引き渡されるまでの鴻之舞鉱山の生産販売実績は第33表の通りである。試掘費が二万円を超え売鉱によってしのいだが、組合内部では売山の話が出て、久原

第二部　住友合資会社

一〇二七

第33表　住友引継以前の鴻之舞鉱山

	大正5年 9～12月	大正6年 1～2月
行業日数・採鉱	75日	50日
選鉱	60日	50日
採鉱高	30,000貫	33,000貫
金平均品位	0.0216	0.014
選鉱元鉱高	30,000貫	33,000貫
精鉱高	27,000貫	30,000貫
金平均品位	0.024	0.015
越　　高	0	27,000貫
販売数量	—	52,000貫
金平均品位	—	0.0193
販売価額	—	46,800円
越　　高	27,000貫	5,000貫
鉱夫ノ員数	12月末現在	2月末現在
採鉱夫	6	6
支柱夫	1	1
手子	1	1
運搬夫	2	2
雑夫他	3	3
坑内計	13	13
選鉱夫	10	10
運搬夫	2	2
工作夫	3	3
雑夫他	8	8
坑外計	23	23
合計	36	36

出典：各年鴻之舞鉱山鉱業明細表

鉱業が三〇万円、三菱合資（三菱鉱業の設立は大正七年である）が五〇万円の値をつけたといわれるが、吉田は叔父の住友若松炭業所支配人吉田良春を通じて住友総本店支配人小倉正恒に話を持ち込み、小倉は直ちに技師中村啓二郎を派遣して調査の上、上記の通り大正六年二月十八日九〇万円で決着したのである。

中村は契約が成立すると直ちに札幌経由鴻之舞に向かった。二十日には大阪で吉田外に手付金三万円が支払われ、この中には吉田に対する謝礼八万円のうちの一万円が含まれていた。二十四日札幌の中村から小倉あて次のような電報が届いた。

「契約書一号ハ昨日登録済ミ（註、大正五年九月買収した三笠炭坑に派遣されていた渡邊一希が既に札幌に応援に来ていた）」一二三四六七八九一〇ノ八個ハ名義変更届今日提出セリ」五号ハ地形著シク相違ノ為メ却下サレ居

今朝八時着イタ」

タリ此分不必要ノ如キモ取調ブル筈」一一号ニ対シ一ヶ所疑問アリ取調中」二六日電通知スルマデ金払ヒ見合セラレ度シ」一〇号ニ付キテハ登録前既ニ改正命令下附セラレアリ其図面ニ依レバ露頭ト南面境界線トノ距離一一〇間アルモ若シ三万円以内ナラバ古屋ノ分モ纏メ置カル、コト利益ナリト思フ」中村

続いて二月二六日小倉あて次の電報が届いたので、二十七日総本店は飯田に対し内金一八万円を支払った。

三〇九号ノ移転登録ハ二三日完了セリ」八個ノ名義変更届ハ二四日受理セラレタルコト本日鉱務署ヨリ通知ヲ得タリ」五号ノ却下ハ不都合ノ結果ヲ生ゼズト認ム」一一号ニ対スル一個処疑問ハ結局（中略）差支ナシト認ム」契約五条ニ依リ内金支払ハレテ宜シト思フ」中村

二十八日中村は遠軽経由鴻之舞へ向かい、三月五日小倉あて次のように打電した。

古屋ノ鉱区ツウ又ハツウハアフニテ纏マルヨウ吉田氏尽力中」
これにより吉田は大阪から紋別へ戻り、古屋と交渉中のことがわかる。これに対し小倉の返電次の通り。

電見タ引キ継ギ済ミ御同慶ノ至リ御苦労ヲ謝ス」

三月八日残金七〇万円が飯田に支払われたが、飯田の要請で九〇万円を百円札でトランクに詰め、会計課出納係重岡寅之助（M18 大阪商業、M14 住友人社給仕をしながら夜学を卒業した）が守衛二名とともに札幌へ運んだという。同日小倉から遠軽の中村に次の入電があった。

残金全部今日渡シタ」（中略）古屋鉱区ノ買受ハ古屋当地ニ来レルニツキ話進メル（後略）」

すなわち吉田と古屋が大阪に到着し交渉再開となり、三月十三日二万六〇〇〇円で決着し、十九日古屋に代金が支払われた。そして最後に元帳によれば五月二十一日吉田に対し「鴻之舞売買周旋手数料八万円ノ内」として残る七万円が支払われて、買収劇は幕を閉じた。

第二部　住友合資会社

一〇二九

第四章　住友合資会社（下）

大正六年七月鴻之舞鉱山と唐松炭坑（三笠炭坑を改称）の二つをもって札幌鉱業所が開設され、所長に別子鉱業所副支配人木島鍬三郎（M28東大法中退、M33住友入社）が起用され、おそらく鴻之舞要員として五月に中途採用され鴻之舞に派遣されていた探鉱技術者遠藤龍次（経歴不詳、技師中村啓二郎の友人という）がそのまま鴻之舞鉱山主任となった。遠藤は早速探鉱を開始したが予想された鉱脈を発見することができなかった。このため遠藤は大正八年七月札幌鉱業所鉱業課主任へ転勤となり、別子鉱業所から篠原朔（M22工手学校採鉱、農商務省・藤田組、M45住友入社）が後任となった。鴻之舞鉱山の評価について積極的な札幌鉱業所の木島・遠藤に対し悲観的な現地篠原の進言もあって、探鉱の継続ということで決着したが、十一月遠藤と篠原の二人は総本店付として大阪へ呼び戻され、遠藤は翌十年五月住友を退職してしまった。二人の後任には大萱生鉱業所支配人近藤宏太郎（M38東大工・採鉱冶金、外村鉱業所、T3住友入社）が起用され、札幌鉱業所副支配人兼鉱業課主任兼鴻之舞鉱山主任となった。次いで十年五月支配人木島鍬三郎も退職して近藤が支配人に昇格し、

金品位	産金量	金価格
g/t	kg	円/g
52.5	212.7	1.333
49.7	310.2	1.334
36.3	280.3	1.346
41.5	388.8	1.352
39.1	389.6	1.352
32.2	123.5	1.672
27.0	444.4	1.570
24.0	735.8	1.416
18.5	649.1	1.375
16.3	738.1	1.422
14.8	760.0	1.420
16.9	849.2	―
16.6	884.7	―
13.6	1,333.7	3月1.933
10.1	1,526.4	11月2.65
6.5	1,492.7	4月2.95
6.1	1,499.9	1月3.09
6.1	2,104.8	5月3.50

（下）第4表、第5表。鴻之舞実際報告書
金買入法による日本銀行買入価格。

ここにとかく意思の疎通を欠いていた札幌鉱業所と鴻之舞鉱山の意思決定が一本化された。

その後大正十三年には製錬所の拡張工事や大正十一年に設立された湧別川水力電気の発電所も完成し、大正十四年には元山鉱床の富鉱帯が発見され、こうした鉱量の裏付けを得て製錬所の拡張工事も続けられた。

第34-1表　鴻之舞鉱山の損益と産金量

年	住友全事業純益 A	別子純益 B	B/A	鴻之舞純益 C	C/A	処理鉱量
	千円	千円	%	千円	%	千t
大正 8	32,104	2,866	8.9	△123	—	5.5
9	15,063	△480	—	37	0.1	7.9
10	8,520	△743	—	36	0.4	8.9
11	6,258	1,415	22.6	185	3.0	10.8
12	2,665	2,918	109.5	178	6.7	11.3
13	11,560	2,356	20.4	△174	—	4.6
14	9,927	3,122	31.4	148	1.5	21.7
15	8,738	2,533	29.0	406	4.6	34.5
昭和 2	9,594	829	8.6	213	2.2	40.1
3	10,436	413	4.0	286	2.7	49.7
4	11,039	2,187	19.8	202	1.8	56.6
5	1,796	△12	—	193	10.7	56.2
6	△4,414	△1,524	—	195	—	59.2
7	9,116	△293	—	2,042	22.4	108.4
8	19,518	1,601	8.2	3,249	16.6	165.4
9	31,699	1,615	5.1	2,586	8.2	252.5
10	36,528	1,772	4.9	2,363	6.5	268.8
11	26,066	2,884	11.1	3,712	14.2	380.0

註：千円未満切り捨て。
出典：純益は「住友総本店(下)」第6表、「住友合資会社」(上)第4表、第5表、同(中)第5表、第6表、同
　　　処理鉱量・金品位・産金量は『鴻之舞五十年史』。
　　　金価格は『造幣局100年史資料編』、但し昭和7年3月以降政府買上価格、昭和9年4月以降日本銀行

この結果大正末から昭和初期にかけて恐慌期にもかかわらず鴻之舞鉱山の業績は安定したものとなり(第34-1表)、昭和三年三月唐松炭坑を住友坂炭礦へ移管したのを契機に、札幌鉱業所を廃止して鴻之舞鉱業所が設置された。近藤宏太郎は本社技師長へ栄転し、後任の支配人には既に大正十四年近藤に代わって鴻之舞鉱山主任となっていた小池寶三郎が昇格した。

昭和六年十一月俱知安内五号坑で大鉱床が発見された。この年末政府は金輸出の再禁止を行ったが、これにより金の市中相場は高騰し、政府・日銀による買入価格の維持は困難となり、昭和七年三月以降政府買上価格が引き上げられることとなった。さらに国際収支が好転せず、金現送が続いたため、九年四月日本銀行金買入法が公布され、金価格は一グラム二円九五銭と昭和初

一〇三一

に比べ二倍以上に引き上げられた。鴻之舞鉱業所ではこのような情勢に対処し、製錬所の三次にわたる拡張(七年日量処理一二二トンから三五〇トンへ、八年同七五〇トンへ、九年同一二〇〇トンへ)によって、低品位鉱の大量処理が可能となり、業績は別子鑛山を凌駕するに至った。

昭和十一年九月鴻之舞鉱業所と大萱生鉱業所を合併して北日本鉱業所が設置された。鴻之舞鉱業所支配人小池寶三郎がそのまま所長に横滑りした。設置の起案「北日本鉱業所設置ノ件」(昭和十一年八月二十日提出、同月二十八日決裁、例第七二号)には次のような設置理由が挙げられていた。

備考
一、北日本鉱業所設置理由

現在ノ鴻之舞鉱業所ハ昭和三年三月其レ迄札幌市ニ設置シアリタル札幌鉱業所ヲ廃止スルト共ニ、之ニ代リ鴻之舞鉱山ノ稼行及北海道ニ於ケル金属鉱業ノ分野開拓ヲ使命トスル機関トシテ、新設セラレタルモノナル処、爾来鉱業所ノ業績進展目覚マシク、現在ニ於テハ鴻之舞ノ外武華、余市、東倶知安、國富ノ諸鉱山ヲ統轄経営スルニ至リ、其ノ事業ノ分野著シク拡大セリ。殊ニ近ク國富鉱山ニ於ケル稼行及製錬開始ノ上ハ、此ノ方面ニ於ケル事務頗ル活発トナルモノト予想セラレ、旁々現状ニ於テハ種々ノ点ヨリ見テ鉱業所ノ本拠ヲ鴻之舞ニ置クコトハ、其ノ地点余リニ僻陬ニ偏シ不便少カラズ、寧ロ旧時(前記昭和三年三月以前)ノ札幌鉱業所ヲ復活スルノ便ナルニ若カザル実情トナレリ。

即チ今鉱業所ノ本部ヲ札幌市ニ移ストキハ、(1)鴻之舞、國富両鉱山ノ統轄ニ便ナルハ勿論、(2)対官庁関係折衝及(3)北海道ニ於ケル金属鉱業開発ノ使命達成上ニモ便益少カラズ、尚又(4)大萱生鉱山ヲ兼ネ経営スルニ付テハ一層好適ノ地ト認メラル、次第ニ付、前記ノ如ク鴻之舞、大萱生両鉱業所ヲ併合シテ新ニ札幌市ニ北日本鉱業所設置

ノコトト致度。

（欄外註）

大萱生ノ業態ハ、其ノ製錬所開設以来鴻之舞ト頗ル類似スルニ至リ、現ニ技術上鴻之舞ノ援助ヲ受ケ居レル実情ナルニ付キ、更ニ一歩ヲ進メ、北日本鉱業所ノ一部トシテ経営セバ一層ノ便益アル次第ナリ。

北日本鉱業所が設置された翌十二年二月末住友合資会社は解散し、株式会社住友本社が設立された。三月政府は軍需物資の輸入を中心として国際収支の赤字が続いたため、昭和九年以来停止していた金現送を再開せざるを得なくなり、さらに七月には日中戦争が勃発して、金増産の必要性は益々高まった。八月政府は従来の日銀金買入法を廃止して、新たに「産金法」（政府の産金買取制・買取価格の政府決定・金消費の抑制・産金業への各種補助金支給等）、「金準備評価法」（日銀・朝銀・台銀の保有金の再評価益の国庫納付）、「金資金特別会計法」（特別会計の歳入歳出外資金として再評価益による金資金の設置）を制定し、同時に産金五ケ年計画を閣議決定した。これによれば昭和十二年度を基準年度として以後五ケ年間に対前年比一九・四八％の増加率で産金量を増加させようとするものであった。同月総理事小倉正恆は「非常時経済ニ対スル国民ノ覚悟」と題して全住友に対し「所謂儲ケトカ利潤等ハ兎モ角トシテ、先ズ第一ニ物資ヲ多ク生産シテ、国家ノ御用ニ応ズル」ことを住友の方針として通知した。十二月小池は五五歳の停年を迎えたが三年間の停年延長となり、鴻之舞鉱山では上記方針に基づき日量処理二〇〇〇トンへ引き上げる第四次拡張案が策定され、十三年三月着工された。同月「日本産金振興株式会社法」が公布され、九月にはこれに基づき産金業者に対する事業資金の融資を主たる業務とする日本産金振興株式会社が設立され、住友本社も資本金五〇〇万円（政府五〇％、民間五〇％）のうち八・七％を出資した。(92)

十三年十二月小池は札幌鉱山監督局へ呼び出されて、鴻之舞鉱山の日量処理を第四次起業が未だ完成をみないのに四〇

第二部　住友合資会社

一〇三三

第四章　住友合資会社（下）

〇〇トンへ倍増することを求められた。十四年一月本社経理部長小畑忠良は商工省鉱山局長小金義照に対し商工省の真意を質したが、やがて正式に二〇〇〇トンの追加拡張計画が提示された。これに対し本社経理部はこの計画が実行不可能のものであり、住友としては先の産金五ケ年計画の目標を前倒しして日量一〇〇〇トン追加による三〇〇〇トンへの拡張が最大限であると回答し、商工省もこれを了承せざるを得なかった。六月商工省の機構改革が行われ、鉱山局は鉱政局と鉄鋼局に分離され、鉱政局の中に産金課が設置されて課長に加賀山一（T10東大工・冶金）が就任した。八月鴻之舞鉱山では第四次拡張工事が完成したが、息つく暇もなく十一月には第五次拡張工事に着手しなければならなかった。

昭和十五年十二月所長小池寶三郎の停年退職に合わせて、北日本鉱業所は廃止され、鴻之舞鉱山は再び独立の鴻之舞鉱業所となった。廃止の理由として起案「北日本鉱業所事務章程改正ノ件」（昭和十五年十月十二日提出、十二月五日決裁、例第二〇九号）は次のように述べている。

（一）鴻之舞鉱山ノ拡大ニ伴フ統轄ノ困難

鴻之舞ノ其ノ後ノ進展目覚シク、出鉱量ニ於テモ左ノ如ク飛躍的増加ヲ為スニ至レリ。

昭和十年十月　　　一日ニ付一二〇〇瓲　年額　四四万瓲
昭和十四年八月　　一日ニ付二〇〇〇瓲　年額　七三万瓲
昭和十六年予想量　一日ニ付三〇〇〇瓲　年額一〇八万瓲

右ノ如ク既ニ昭和十四年ニ於テ出鉱量優ニ別子鉱山ヲ凌ギ、本邦屈指ノ大鉱山トナルニ至レリ。茲ニ於テ札幌本所ニ於テモ統轄機能ヲ充分発揮スル為ニハ、従来ノ機構ヲ以テシテハ不充分ニシテ、鉱山ノ発展ニ伴ヒ拡大強化セザルベカラサル事トナレリ。

然レドモ本所ノ拡大強化ハ必然ニ本社トノ間ニ統轄機関ノ重複ヲ来シ、矛盾摩擦ヲ招来スル虞ナシトセス。他方鉱

第二部　住友合資会社

第34-2表　鴻之舞鉱山の損益と産金量

年	鴻之舞純益	処理鉱量	金品位	産金量	金価格
	千円	千 t	g/t	kg	円/g
昭和12	3,321	439.4	5.3	2,097.7	5月3.77
13	2,366	458.4	5.7	2,338.8	5月3.85
14	1,026	483.1	5.6	2,406.9	同上
15	△694	593.5	4.8	2,536.4	同上
16	△2,383	658.9	4.1	2,316.1	同上
17	3,577	742.4	3.5	2,049.5	同上

出典：純益は昭和12年『住友別子鉱山史』下巻（住友金属鉱山株式会社　平成3年）、昭和13～17年前掲「住友ノ鉱山及農林業」
処理鉱量・金品位・産金量は前掲『鴻之舞五十年史』
金価格は前掲『造幣局100年史資料編』、但し昭和12年8月以降産金法・金資金特別会計法による金資金買入価格。

山側ニ於テモ事業ノ進展ニ伴ヒ、機構内容ヲ充実シ、敢テ本所ノ統轄を俟タズ、直接本社ノ指揮下ニ充分事業ヲ経営シ得ルモノト認メラル、ニ至リタリ（後略）。

しかしこれは表面的な理由であり、機構改革の際鴻之舞鉱業所長にはとりあえずこれまでの鴻之舞鉱山鉱長太田鐵造（M44仙台高工採鉱冶金）をそのまま横滑りさせておいて、同月前記商工省産金課長加賀山一が退官し、翌十六年二月住友本社に入社、七月太田に代わって所長に就任していることから判断すると、最早鴻之舞の低品位鉱の強行大量処理が私企業の採算の限界を超え、政府による増産割増金、探鉱奨励金、製錬所設置助成金等各種の保護政策の上に成り立っていることを示し、小池の停年退職に合わせた加賀山招聘の布石であったといえよう（第34-2表）。

第五次拡張工事は、十六年六月末完成の予定であったが、資材の入手難のためようやく十七年二月末に完成した。しかしわが国は既に十六年十二月太平洋戦争に突入しており、金を必要とする国際貿易は途絶の状況にあった。かくして十七年末には金山の全面的休止が決定され、翌十八年四月鴻之舞鉱山は休山することとなったのである。なお昭和十九年二月住友本社直轄の鴻之舞鉱山の経営が住友鑛業へ移管されることとなり、休山中の鴻之舞鉱山の管理も住友鑛業に移された。

5　朝鮮鉱業所の設置

住友合資は昭和十一年十月朝鮮元山に朝鮮鉱業所を設置した。所長は土肥金

第四章　住友合資会社（下）

第35表　朝鮮鉱業所の損益
（単位：千円、千円未満切り捨て）

年	純損益
昭和12	△18
13	△1,411
14	△985
15	△1,638
16	△32
17	△284

出典：昭和12年「朝鮮ニ於ケル住友ノ事業概要」（住友本社経理部鉱山課　昭和13年）、昭和13～17年「住友ノ鉱山及農林業」（住友本社経理部鉱山課　昭和19年）

山から近藤次彦が転出した。朝鮮鉱業所の沿革については次のように述べられている(93)。

昭和五年宣川鉱山ノ買収ヲ始メトシ、其後珍山、物開、永中、仁興、高原、端川ノ各鉱山ヲ順次買収シ其業績ヲ拡大シ、更ニ元山府外文坪ニ乾式製錬所ヲ建設、茲ニ採鉱・選鉱・製錬ノ一貫操業ヲ行フコトトナレリ。

昭和十八年金山整備ニヨリ、珍山、仁興、宣川並高原選鉱場ハ、イヅレモ朝鮮鉱業振興宛売却スル事トナリタルモ、残存鉱山ハ特殊鉱物増産ニ邁進ナシ居ル外、元山製錬所モ鉛増産対策ニ順応シ、之ガ設備拡張中ニテ鋭意操業実施中ナリ。

尚此ノ間昭和十一年十月元山ニ朝鮮鉱業所ヲ設ケ、在鮮諸鉱山ヲ統轄セシムル事トナリタルモ、昭和十三年十月右ハ京城府（註、現ソウル）内ニ移転セリ。

住友が何故朝鮮へ進出したのかについて、昭和五年四月に開催された主管者協議会において常務理事小倉正恆は次のように報告している。

朝鮮ノ鉱業界ニ進出シ度イコトハ多年ノ希望デアリマシタガ、今回平安北道宣川郡所在ノ金銀鉱区ニ付商談ノ成立ヲ見マシテ、本年一月ニ三鉱区、本月ニ入リマシテ七鉱区ヲ買収致、担当者モ最近出渡鮮致シマシタ。右鉱区ハ合資会社直轄ノ下ニ蒸両三年綿密ナル探鉱ヲ試ミテ、然ル後徐ロニ操業方針ヲ確立スル予定デアリマシテ、住友ノ鉱山事業モ愈々朝鮮ニ其ノ第一歩ヲ印シタノデアリマス。

朝鮮においては、昭和七年八月朝鮮総督府令第七八号による「金探鉱奨励金交付規則」が制定され、金探鉱に対して

奨励金が交付されることとなった。昭和八年度の奨励金交付鉱山三五の中には住友の宣川鉱山と永中鉱山が含まれていた。昭和十二年八月に閣議決定された「産金五ケ年計画」は、昭和十二年の産金量五〇トンを昭和十七年までの五年間に一三一トンに迄増大させることを目的としていたが、その内訳をみると日本内地が二六トンを五六トンへ二倍強伸ばそうというのに対し、朝鮮では二四トンを七五トンへ三倍強も引き上げられていた。この目標達成のために九月日本の産金法に相当する「朝鮮産金令」が施行された。さらに既に述べたように昭和十三年九月には日本産金振興株式会社が設立されたが、同社は支店を京城に置き、事業資金の七割が朝鮮関係の融資に予定されていたほど朝鮮に重点を置いていた。

昭和十八年三月金鉱業整備のため日本産金振興は帝国鉱業開発に吸収合併されたが、朝鮮関係の事業は同年十月、昭和十五年に金以外の鉱物増産のため「朝鮮鉱業振興株式会社令」によって設立されていた同社が、この法律の改正によって継承することとなった。しかしこのような各種補助金や融資をもってしても、朝鮮鉱業所の業績は一貫して赤字であった(第35表)。十八年六月金山閉鎖に伴い所長近藤次彦は本社技師長へ転出し、副所長柴田喜一郎(T3熊本高工採鉱冶金)が所長に昇格した。昭和十九年二月住友本社の直轄鉱山はすべて住友鑛業へ移管されることとなり、朝鮮鉱業所も住友鑛業朝鮮鉱業所となった。

(三) 京城販売店の設置と上海販売店の送金問題

合資会社の各販売店の売上高は、昭和恐慌のため昭和五年、六年と減少の一途を辿り、六年には一八八三万円と四年に比べると半減してしまった。七年には回復に向かったものの、なお例年の三〇〇〇万円台を超えることができず、上昇基調に転ずるのは昭和八年からであった(第36表)。

第36表　販売店販売実績表

(単位：千円)

販売店	昭和6年	7年	8年	9年	10年	11年
東　京	13,256	19,333	31,278	34,198	42,105	50,470
横須賀	268	1,333	2,043	1,635	2,345	2,549
名古屋	1,066	3,365	4,473	3,102	6,865	8,299
神　戸	1,135	1,870	3,395	3,374	4,741	6,050
呉	1,075	2,445	3,208	3,538	5,795	4,977
福　岡	1,112	819	1,710	2,228	2,793	2,839
京　城	—	—	1,179	4,060	4,935	7,103
上　海	918	199	739	1,032	1,348	1,863
合計	18,830	29,364	48,025	53,167	70,927	84,151
店部別内訳						
金属工業						
伸銅	6,346	14,687			27,538	20,870
鋼管						10,666
製鋼	2,167	3,564			10,041	10,018
計	8,513	18,251			37,579	41,554
（比率）	(55.7)	(67.6)			(59.5)	(62.4)
電　線	5,466	6,601			15,842	21,150
（比率）	(48.3)	(63.3)			(55.2)	(59.8)
化学工業	647	614			3,988	6,309
（比率）	(13.8)	(9.8)			(24.1)	(31.2)
機械製作	—	—	不　詳	不　詳	4,280	3,795
（比率）					(76.4)	(57.9)
満洲鋼管	—	—			—	80
（比率）						(4.3)
アルミ製錬	—	—			5	—
（比率）					(9.8)	
別子鑛山	1,432	1,132			1,124	1,343
（比率）	(9.2)	(8.3)			(9.2)	(8.8)
炭　礦	2,735	2,457			6,465	7,600
（比率）	(25.7)	(27.8)			(45.2)	(48.0)
日本電氣	—	6			824	1,165
（比率）		(0.1)			(4.9)	(6.4)
合計	18,793	29,061			70,107	82,996
（比率）	(32.6)	(40.1)			(44.6)	(45.9)

註：括弧内は当該店部（製造・鉱山）の販売高に占める販売店の販売比率を示す。販売店は住友アルミニウム、日本板硝子等上記以外の店部の製品も若干取り扱っているため合計は一致しない。
出典：各年実際報告書。

昭和八年四月合資会社は朝鮮京城府（現ソウル）に京城販売店を設置し、ここに内外八店舗による販売店の体制ができた。支配人には製鋼所販売部の山添程次（M38京都一中）が起用された。学閥、門閥、地方閥等が幅を利かせる中で、これらと無縁であった山添は相手の懐に飛び込んで人的関係を築き、商売に結びつけるのを得意としていたので、当時の住友において異色の存在であった。同月開催された主管者協議会において常務理事川田順は事業概況報告の中で販売店について、次のように述べた。

販売店ニオキマシテハ、近年各連系会社、各店部ノ営業繁盛ニ伴ヒマシテ、其ノ取扱高ハ著シク増加ヲ示シテ居リマス。又昨年住友ノ経営ニ移リマシタ日本電氣ノ製品ヲモ、新ニ各販売店ニオイテ取扱ノ様ニナリマシテ、将来此ノ方面ニオイテモ相当ノ成績ヲ挙ゲ得ル事ト思ヒマス。

尚従来朝鮮地方ニオケル住友製品ノ販売ハ、総テ三井物産、大倉商事等他社ニ委嘱シテ居リマシタガ、去ル四月一日カラ新ニ京城販売店ガ開設セラル、事トナリマシテ、今後ノ販売店ノ活動ニ依リマシテ、朝鮮方面ニオケル住友製品販路ノ開拓、大ニ期シテ待ツ可キモノト思ハレマス。

各販売店の取り扱いの主力は鉄鋼や非鉄金属の金属製品であった（販売店は依然として金属工業や電線製造所の売り上げの六〇％前後を取り扱っていたが、石炭や化学品の売り上げも拡大しており、新たに設立された機械製作株式会社の設立」参照）の製品や川田が言及した日本電氣の製品の取り扱いも売り上げに寄与するようになった（「五（一）日本電氣株式会社の経営の承継」参照）。売り上げの拡大に先行して、受注が昭和六年の二〇〇〇万円台から昭和十一年の八〇〇〇万円台へと急増しているが（第37表）、そのほとんどが大口受注先で占められ、その多くは軍需そのものかもしくは軍需関連メーカーからの受注であった。

このように販売店の業績は順風満帆の如く見えたが、海外店に対する資金供給について、為替管理面から制約が加え

第二部　住友合資会社

一〇三九

第四章　住友合資会社（下）

られるなど、事業活動の自由が損なわれる傾向が生じた。すなわち政府は、昭和六年末のドル買事件による資本の大量流出と金輸出再禁止措置ののち、七年七月資本逃避防止法を制定した。これに対し合資会社総務部会計課は、次のような起案「資本逃避防止法ニ関スル件」（昭和七年七月二十八日提出、八月一日決裁、計第五七号）をもって上海販売店支配人あて資金請求に関し通知した。

去ル七月一日付ヲ以テ公布相成候資本逃避防止法ニ就而ハ、当課ニ於テモ之ニ関スル事項若干有之被存候ヘバ、本法協賛当時ノ議会速記録及本法公布後大蔵当局ニヨリテ数次ニ亘リテ試ミラレタル説明並銀行其他ノ意見ヲ参考トシテ、関係諸事項ニ就キテ慎重研究致候処、本法ニ依リ許可ヲ受クル必要ノアルモノハ無之モ、一、二報告ノ必要アルモノ存スルニ非ザルヤノ疑念生ジ候。加之当課ノ解釈ト云ヒ銀行ノ意見ト云ヒ共ニ大蔵当局ノ言明ヲ得タル所ニ非ザレバ、絶対的ニハ確信ヲ有シ得ルモノニ非ザルヲ以テ、去ル二十二日東京支店土井正治（註、T9東大法、当時東京支店長代理者、のち本社厚生課長・化学総務部長・取締役・常務・社長）氏ヲ通ジテ、当課関係別紙各項（註、略）ニ就キテ為念大蔵省ニ照会致候処、上海販売店ニ対スル補資ヲ除クノ他ハ全然許可及報告ノ必要無之旨判明致候。而シテ上海販売店ノ補資ニ関シテハ、毎月ノ俸給支払其他ノ日常経費支弁ノ目的ニ出ヅルモノナレバ支弁ノ要ナシ、右以外ノモノニ就キテハ各場合ニヨリテ許可或ハ報告ノ要否ヲ判定セザルベカラザル由ニ候処、当課ヨリ上海販売店ニ送金スル補資ハ、従来ノ例ニ徴スレバ大体ニ於テ経費支弁ノ範囲ヲ出デザル様ニ被存候。サレバ差当リ当課ニ於テハ本法ニ関シ手続ヲ要スル事項無之候モ、今後上海販売店ヨリノ資金請求ニ関シテハ、之ガ用途ヲ明確ナラシムルノ要有之候次第ナレバ、為念上海販売店支配人福田千代作氏宛左案ヲ以テ御通牒相成可然乎。

案

年　月　日

上海販売店支配人　福田千代作殿

住友合資会社総務部会計課

　　　　資金請求ニ関シ打合セノ件

拝啓　今般資本逃避防止法公布相成候処、貴店関係補資ニ就キテモ、日常経費支弁以外ノ目的ヲ有スルモノニ関シテハ、大蔵大臣ノ許可ヲ要スル由ニ候ヘバ、今後御請求可相成資金ニシテ、本法ニヨリテ手続ヲナスノ要アリト認メラル、モノニ就キテハ、予メ当課宛御一報相煩度此段得貴意候也。

　その後九月六日念のため会計課は日銀大阪支店に照会したところ次のような回答を得た。

　上海販売店ノ補資ハ、上販ガ内為替ヲ売リ、本社ガ内為替ヲ買ウ形式ヲトリ、当課ヨリ送金スルコトナシ。即内為替ノ売買ナレバ之ガ報告ノ要ナシ。

　しかし資本逃避防止法は施行後も為替の思惑取引や無為替輸出すなわち商品形態による資本逃避が跡を絶たず、七年十一月には対米為替百円が二〇ドルを割るに至り、政府は為替管理の強化を意図して、三月これを廃止して新たに外国為替管理法を制定し、為替取引だけでなく貿易取引の管理をも実施できる権限を得ることになった。合資会社東京支店土井正治が資本逃避防止法の解釈を巡って接触していた大蔵省理財局国庫課長青木一男（のち蔵相・企画院総裁・大東亜相）は、五月初代外国為替管理部長に就任した。青木は外国為替管理法について後に次のように述べている。(95)

　昭和七年に資本逃避防止法を出して取締を徹底しようとした。米国その他に資本が逃げだすことを防止しようという統制です。これには貿易は全然入れておらなかった。しかし、これではとてもいけないということで、第二段に本式に為替のことを考えて、外国為替管理法を立案した。これはおそらく日本の組織的な統制経済の第一歩であったろうと思う。法制の上からみてこれは画期的な法律、前例のない法律であった。違反者には罰金を課し、法人も罰

第二部　住友合資会社

一〇四一

第四章　住友合資会社（下）

する主義でした。（中略）為替取引の取締の重要性からみて、相当の厳罰に処さないと効果がないというわけで、非常に効果ある法律を作ったのです。その後の統制法規は、ほとんど全部この法律をまねて書いている。多くを委任命令に任せている点でも、立法形式としては画期的なものであった。

同月会計課起案「外国為替管理法関係諸法令ニ基ク報告書提出ノ件」（資料19）によれば、資本逃避防止法では問題とならなかった上海販売店の補資が外国為替管理法に違反するという事態が生じた。これに基づき、会計課長は起案「外国為替管理法関係諸法令ニ関スル件」（資料20）を供覧し、上海販売店支配人に対し会計課において必要な資金補充の許可を取得するため報告を依頼した。

ところが昭和十一年六月次のような会計課の供覧によれば、今度は上海販売店が行っている品代補資が外国為替管理法に違反しないかどうかが問題となった。

品代補資トハ、例ヘバ電線ヨリ上海へ輸出シタル貨物ノ代金ヲ上海販売店ガ受取リ、之ヲ電線へ現金送金セズシテ、現金ハ止メ置キテ資金トシ、付替ニヨリ本社ヲ経テ電線へ入金スル方法ニシテ、本社ヨリ電線への支払ガ「外国ニ於テナシタル委託ニ基ク支払」ナラズヤ、（許可ヲ要スル行為）ト疑ハレ居ル次第ナリ。今後ハ斯ル疑問ノ余地多キ行為ハ、取止ムル様上海販売店宛通知済ナリ。

すなわちこのような

在外店部ヨリノ付替為キシタル支払ハ、為替管理法上「外国ニ於テナシタル委託ニ基ク支払」ナリヤ、付替ハ社則ニ拠ルヲ以テ、国内ニ於テナシタル一般的委託ト見ラレザルヤニツキ、大蔵省ノ勧奨ニヨリ社則抜粋提出ノ上同省宛質問（資料21）することとなった。

第 37 表　販売店受注実績表

(単位：千円)

販売店	昭和6年	7年	8年	9年	10年	11年
東　京	15,205	24,935	33,515	40,723	43,444	53,834
横須賀	252	1,567	2,002	1,708	2,262	2,724
名古屋	1,103	5,586	2,544	4,358	6,818	8,035
神　戸	1,104	1,681	2,447	3,892	4,806	6,307
呉	1,024	3,056	3,630	4,283	5,774	4,880
福　岡	743	1,074	1,915	2,564	2,825	3,116
京　城	—	—	2,015	4,329	6,201	6,874
上　海	933	177	957	1,075	1,594	2,087
合計	20,364	38,076	49,025	62,932	73,724	87,857

大口受注先	昭和6年	7年	8年	9年	10年	11年
(東京)						
鉄道省	3,092		5,953	6,083	5,965	6,124
東京鉄道局	104					
逓信省	680		2,667	3,965	3,601	6,935
海軍省	449		2,648	4,076	4,085	3,650
陸軍航空部・本部・本廠	364		3,822	3,337	946	1,174
陸軍造兵廠			1,115	979	1,187	1,395
東京市電気局	278				405	
ソヴヰエット通商代表					1,812	
台湾電力	961					
北海道電燈	251					
東京電燈	151					688
矢作水力			454			
大日本電力				548		391
東邦電力					460	638
東京瓦斯	394					565
水曜会	1,599					
山下鉱業	281		317	334		
浅野石炭部	230					355
三菱鉱業				1,325		
日本鉱業					686	469
住友北日本鉱業所						363
浅野セメント	193	不　詳	506	302		
七尾セメント	141					
秩父セメント	131					
日本製鉄				2,206	4,095	2,677
日本鋼管					324	
藤倉電線	929		895	889	934	1,081
豊国電線						347
芝浦製作所	205		547	786	864	1,369
東京電気			587			
東洋バブコック			541	622	885	726
日本電氣			433	534	484	837
日立製作所					422	1,068
中島飛行機	145		1,456	1,273	2,298	3,846
浦賀船渠	96				573	
立川飛行機						421
三菱重工業						343
昭和肥料						312

三崎本店	605	856	1,300	1,401	2,027
松本啓蔵商店	201	373	520	657	990
塩釜商事	130				
和田幸吉商店	97				
中島商事			1,081		
館野栄吉商店				468	514
釜芳商店					513
小原商店					465
東陽物産					324
片倉米穀肥料	109			370	917
計	11,623	23,170	30,160	32,922	41,524
(横須賀)					
横須賀海軍工廠	252	2,002	1,319	1,711	1,879
海軍航空廠		不詳	322	472	781
海軍建築部				57	
計	252	2,002	1,641	2,240	2,660
(名古屋)					
陸軍名古屋工廠				51	
名古屋市電		57			61
静岡市電					159
中部電力		69	271	70	89
矢作水力			393	162	
山下鉱業	65	71	114		
日本楽器製造		128	175	111	91
神戸製鋼所		52		104	
豊田自動織機					183
矢作工業				715	
三菱電機				112	436
岡本工業		不詳		88	71
遠州織機				52	62
豊田式織機			117		75
三菱航空機・重工業	360	1,002	1,109	2,662	3,658
愛知時計電機	253	362	787	1,454	1,671
日本車輌製造		114	268	283	318
名古屋鉄道					93
中右利一商店	56				
別府商店		87	117	166	185
丹羽商店				218	218
丸越合名				103	113
中尾十郎商店				61	
計	734	1,942	3,351	6,412	7,483
(神戸)					
神戸市電気局	86	57	198	122	201
神戸瓦斯			115	172	184
三菱電機	114	337	253	458	681
日本醸造機械				103	107
神戸製鋼所				51	
川崎造船所	205	758	1,319	1,386	1,308
川西航空機	153				
三菱造船・重工業	152	633	777	1,068	1,216
川崎車両	73	128	293	420	638

	播磨造船		不詳			129	95
	川崎造船所飛行機工場						796
	川崎汽船				105		179
	三木電気鉄道						84
	日本毛織			41			
	鐘淵紡績					137	145
	ハッパマン&ヴァンブルクレン商会	80		76	105	253	154
	三井物産			57			
	ピアス商会					68	54
	エ・カメロン						67
	計	863		2,087	3,165	4,367	5,909
(呉)							
	呉海軍工廠	539		2,449	2,544	3,430	3,214
	広海軍工廠	105		172	537	512	744
	海軍燃料廠					83	
	山口県電気局	80		55	196	86	73
	広島電気	128	不詳	30		138	196
	伊予鉄道電気				254	64	64
	中国合同電気				162		
	広島瓦斯				103	127	114
	徳山鉄板			48			
	宇部窒素			495		1,066	
	計	852		3,249	3,796	5,506	4,405
(福岡)							
	陸軍造兵廠小倉工廠				63		
	門司鉄道局		33		65	119	
	九州水力電気	74	58	68	87		178
	球磨川電気			51	60		89
	熊本電気				218	50	103
	鹿児島電気				60	70	
	九州送電						53
	日本水電		33				
	三井鉱山三池	75	82	137	397	556	609
	貝島炭礦						103
	住友炭礦				110		99
	杵島炭礦						58
	製鉄所・日鉄八幡	43	103	420		80	57
	浅野小倉製鋼				134	180	
	渡辺鉄工所	48	238	151	265	310	497
	戸畑鋳物・国産工業若松			69		66	
	三菱重工業長崎						67
	旭硝子		50	195	324	314	237
	九州電気軌道	102					85
	渡辺藤吉商店	44					
	大倉商事						94
	計	342	597	1,091	1,783	1,745	2,329
(京城)							
	朝鮮鉄道局			730	864	1,271	1,022
	朝鮮逓信局			96	1,306	237	154
	朝鮮専売局					55	53
	朝鮮放送局						178

京城電気				165	96	155
南朝鮮電気					76	76
西鮮合同電気						721
大田電気						136
朝鮮電力						102
朝鮮瓦斯電気						87
龍山工作						75
明治農会			410			
群山肥料			65			
朝鮮鉄道					58	244
影久商店						220
木下商店			166			
計	—	—	1,467	2,335	1,793	3,223
(上海)						
東亜公司	94					
上海電力公司	71		335			
法商電車電気公司			133			
中国電気公司				212	538	475
中国電線廠						50
中国銀行	77	不詳				
内外綿	65				139	
蔡宏記	52		116			141
須藤洋行			66			80
加藤洋行			60		53	
三昌洋行					77	277
隆昌			48			
永隆五金号						71
元泰五金号						62
計	359		758	212	807	1,294

註：大口受注先は原則として、東京販売店、昭和6年10万円以上、8～11年30万円以上、その他販売店、昭和6～8年3万円以上、9年10万円以上、10・11年5万円以上。
出典：各年実際報告書

これに対する大蔵省の結論は、こうした付替は外国為替管理法上原則として許可及び報告を要するというものであった。この結果七月会計課長は、各店部連系会社の経理担当部課長に対し「従来上海販売店、大連駐在員事務所及ビ満洲鋼管トノ付替ハ自由ニ之ヲ為シ来リタル処、右ハ外国為替管理法上原則トシテ許可及ビ報告ヲ要スルコト判明セルニ因リ、可然手続相成度此段得貴意候也」とその旨通知した。かくして第二次大戦後の昭和二十四年に制定される外国為替及び外国貿易管理法に継承され、その後も連綿と続くことになる為替管理の歴史がここに始まったのである。なお付替の解釈を巡ってはその後も大蔵事務官野田卯一（のち大蔵省主計局長・事務次官）との交渉の記録が残されている(資料22)。

(資料19)

会計課計算係起案計第四三号

提出　昭和八年五月十七日　　決裁　同日

外国為替管理法関係諸法令ニ基ク報告書提出ノ件

四月五日上海販売店ヨリノ逆付替ニヨリ、金五千円也当課ニ於テ支払致候処、右ハ外国為替管理法ニ基ク大蔵省令第七号第二十三条第一項第十四号外国ニ於テ為シタル委託ニ基キ本令施行地内ニ於テ為ス支払

ニ該当致シ、同法令ニ依ル報告ヲ要スルコト、相成居候ニ就テハ、添付写（註、略）ノ通リ日本銀行大阪支店ヲ通シテ大蔵大臣ニ御報告相成可然哉。

尚本報告書ハ毎月十五日迄ニ提出スヘキモノト相成居候処、左記ノ通リ解釈ノ行違ヒニヨリ遅延致候ニ付、遅延事由書ヲ添付スルコト、致度候。

記

一、昭和八年大蔵省令第七号第二十三条第一項第十四号ハ、報告事項トシテ

外国ニ於テ為シタル委託ニ基キ本令施行地内ニ於テ為ス支払

ヲ挙ク。サレハ上海販売店ノ補資カ之ニ該当スルコトニ論ヲ俟タス。

二、然ルニ昨年七月資本逃避防止法実施当時日銀大阪支店ニ照会シタルトコロ、上海販売店ノ補資ハ円為替ノ売買（上海販売店カ上海ニ於テ円為替ヲ売リ、本社カ大阪支店ニ於テ円為替ヲ買フ形式ヲトリ、当課ヨリ送金スルコトナシ）ナレハ之カ報告ヲ要ナシトノ回答ニ接シオリ、（本法ハモト資本逃避防止法ノ延長ニシテ、本件ノ如キ場合ハ円為替ノ取扱方ニ関シテハ、実質的ニ両者ヲ区別スヘキ理由ナシト考ヘタリ）且ツ今次ノ外国為替管理法ニ於テモ、円為替ノ取得

第二部　住友合資会社

第四章　住友合資会社（下）

及処分ニシテ報告ヲ要スルモノハ、第二十三条第一項第三号ノ如ク、特ニ明文ヲ設ケテ邦貨ノ強制通用力ヲ有スル地域（関東州及満鉄附属地）ニ仕向ケタル円為替ノ取得又ハ処分トアリ。

サレハ邦貨ノ強制通用力ヲ有セサル上海ヨリ仕向ケラレタル円為替ノ支払ハ、報告ヲ要セストノ解シタリ。

三、然ルニ昨日ニ至リ、為念日銀大阪支店ニ訊シタルトコロ、外国為替管理法ニ於テハ報告ヲ要ストノ回答ニ接シタリ。

（資料20）

会計課計算係起案計第四八号

提出　昭和八年六月一日（供覧）

外国為替管理法関係諸法令ニ関スル件

先般公布相成候外国為替管理法ハ

一、為替相場ノ投機ヲ阻止スルコト

二、資本ノ逃避ヲ防止スルコト

三、輸出入ニ統制ヲ加ヘルコト

ノ三点ヲ主眼ト致候コトハ、条文及同法案議会提出時ノ大蔵大臣ノ説明其他ニ依リテ明カナルトコロニ有之候処、同法ニ基キテ発令サレタル大蔵省令ハ、之カ適用範囲ヲ大体資本逃避防止法ニ限定致居、従而実質ハ昨年七月実施相成候資本逃避防止法ノ延長ニ過キス候。

サレハ同法関係諸法令ニ対シテハ、従来ノ資本逃避防止法ニ関シテ採リ来リ候方針ヲ踏襲シテ可ナルカ如ク被存候。

然ルニ今回ノ大蔵省令ハ、資本逃避防止法実施当時条文余リニ簡ニ失シ、幾多ノ疑問ヲ生シタル経験ニ鑑ミル所アリ、

一〇四八

頗ル詳細ヲ極メタルモノニシテ、資本ノ対外関係ハ細大洩ラサス之ヲ集メ、各場合ニ就キテモ規定致居、従来ノ資本逃避防止法ニヨリテハ適用セラレサリシモノ及適用ヲ免レ得タルモノモ、凡テ本法ニ依リテ律セラル、コト、相成居候。従而当課関係事項ニ関シテモ手続関係ニ左記ノ通リ幾多ノ変更増加ヲ来シ候。

記

（中略）

二、上海販売店ヘノ補資（返資ニ就テハ問題ナシ）

許可　第三条第三号「外国通貨ヲ対価トスル円為替ノ売買」及同第五号「外国ニ於テ為シタル委託ニ基キ本令施行地内ニ於テ為ス支払」ニ依リテ許可ヲ要ス。当初当課ニ於テハ、本件ハ第四条第八号「外国ニ旅行シ又ハ滞在スル者ニ対シ一箇年内ノ所要ニ充ツヘキ旅費、俸給、給料、手当、学費其ノ他之ニ類スル費用ヲ送ルニ必要ナルトキ」ノ除外規定ノ適用ヲ受クルモノト解釈シタルモ、日本銀行大阪支店及大蔵当局ニ照会ノ結果、上海販売店ニ対スル補資ハ、第四条第八号ニテ認ムル人件費其ノ他家賃其ノ他ノ経費ヲ支弁スルモノナリトノ理由ヲ以テ、許可ヲ要スルコト、ナレリ。

報告　第二十三条第一項第二号「外国為替ノ取得又ハ処分」及第十四号「外国ニ於テ為シタル委託ニ基キ本令施行地内ニ於テ為ス支払」ニ依リテ、上海販売店ニ於ケル円為替売却ノ報告ト当課ニ於ケル支払ノ報告ノ二ツヲ要ス。然レトモ第一項但書「但シ各号ノ取引又ハ行為毎ニ其ノ目的物ノ金額通シテ千円相当額未満ナル場合ハ此ノ限ニ在ラス」ニ依リ、当該月ニ於ケル金額ノ合計カ千円未満ナルトキハ報告ヲ要セス。

手続関係　右ニ依リテ施行手続附属様式第五号ノ二乙及第五号ノ十三ニ依リ報告ハ勿論、施行手続第七条及第九条ニ依ル許可ヲモ要ス。然レトモ上海販売店ノ補資ハ、随時所要額ヲ上海ニ於テ先取スルヲ以テ、其ノ都度事前ニ許可

第四章　住友合資会社（下）

申請ヲナスコト、セハ、徒ニ事務ノ渋滞ヲ来スノミナラス、本社ニ於テモ何時幾何ノ支払ヲナサヽルヘカラサルヤ不明ニシテ、若シ銀行ヨリ支払ノ請求ノ来ルヲマツテ許可申請ヲナストスレハ、許可ノ下ラサル場合ニ困却シ、又許可ノ下ル迄ノ利息ヲ銀行ニ支払ハサルヘカラサル等ノ不便尠ナカラサルヲ以テ、種々考究日本銀行大阪支店ト折衝ノ上、許可ニツキテハ上海ノ分ト大阪ノ分ト各六箇月分ヲ纏メテ申請スル便法ヲトルコトヽシ、報告ハ毎月両者各別ニ之ヲ為スコトヽナレリ。

右ニ依リ上海販売店トノ連絡ヲ要スルコトヽナリタレハ、左案ニ依リ同店宛右ノ旨通知ノコトヽ致度シ。

案

年　月　日

　　　　　　　　　　　住友合資会社総務部会計課長

上海販売店支配人宛

　外国為替管理法関係諸法令ニ基ク報告方依頼ノ件

拝啓　先般公布相成候外国為替管理法ニ関シテハ、既ニ貴店ニ於カレテモ御了承ノ事ト存候処、貴店関係資金補充ハ、同法ニ基ク大蔵省令第三条第三号、第五号、第二十三条第一項第二号及第十四号ニヨリテ、許可及報告ヲ要スル事ト相成居候ニ就テハ、当課ニ於テ之カ手続ヲトルコト、可致候間、左記ニヨリ夫々御報告相煩度、此段得貴意候也。

記

一、本状発遣ノ日ヨリ本年十一月末日ニ至ル貴店ノ資金御請求予想額ノ最大限（邦貨）。
　　右ハ当課ニ於テ大蔵省ニ許可申請ヲナス為必要ニ就キ、至急御通知下サルヘキコト。尚本年十二月一日ヨリ昭和九年五月末日ニ至ル分ハ、本年十一月十五日迄ニ御通知下サルヘキコト。爾後之ニ準ス。

（資料21）

会計課計算係起案計第七六号

提出昭和十一年六月十九日　　決裁　同日

付替ニ関シ大蔵省宛社則抜粋送付ノ件（外国為替管理法）

去ル十五日大蔵省ニ出頭、上販品代補資ニ関シ当局ノ意見ヲ求メタル所

一、品代ヲ付替ニテ入金スルコトハ目下別段ノ定ナク取締リ方法ナシ。

二、唯本社ヨリ内国連系会社ヘノ付替支払ハ委託支払ナラズヤト思ハル。

三、付替ノ準拠スル社則会計規程ガ、内国ニ於テナシタル一般的委託ナリト認ムベキ場合ニハ管理法上抵触スル所ナシ。

四、前号ノ決定ヲナス資料トシテ社則ヲ大蔵省宛提出スベシ。

右ノ通回答相受候ニ就テハ、事情不得已モノト認メ、左案ニヨリ社則会計規程施行細則第一条抜粋ノ上送付相成可然哉。

昭和十一年六月二十日

案

住友合資会社総務部会計課

（後略）

一、向後資金御請求相成リタル節ハ、各月分ヲ取纏メ翌月早々左記事項御報告ノコト。

一、当月中資金補充ノ為ノ円為替売却高

二、対価タル外貨ノ種類、換算率及金額

三、其ノ他参考トナルヘキ事項

昭和十一年六月二十日

住友合資会社

第二部　住友合資会社

第四章　住友合資会社（下）

大蔵省外国為替管理部総務課　御中
　　　　　　　審査課　御中

拝啓　益々御隆昌奉賀候。陳者去ル十五日弊課ヨリ出頭ノ節、外国店部ヨリ内国店部ヘノ間ノ付替送金中本社ニ於テ中継スル結果、本社元帳ノ外国店部勘定ニ借記シ内国店部勘定ニ貸記スベキモノニ付キ、之ガ外国ニ於テ為シタル委託ニ基ク支払ナリヤ否ヤヲ決スル為、付替ニ関スル社内規則提出方御下命相受候ニ付テハ、社則会計規程施行細則中当該関係条文タル第一条抜粋ノ上茲許同封御送付申上候間、何卒宜敷御詮議被成下度此段御案内旁々御願申上候。（中略）

敬具

社則会計規程施行細則

第一条　本社各店部間ノ会計ハ、本社元帳ニハ各店部勘定、各店部元帳ニハ本社勘定ヲ設ケ之ヲ整理スルモノトス。
本社各店部間ノ取引ハ、総テ諸勘定報告書ニ依リテ付替ヘ決済ヲ為スモノトス。
前二項ノ規定ハ、各店部ト其ノ所属支店又ハ事業所ニシテ計算ヲ分離セルモノ及特別会計相互間ニ之ヲ準用ス。
但シ特殊ノ事由アル場合ハ前項ノ方法ニ依ラサルコトヲ得。

一、付替ニ関スル規程ハ、本条ノミニ有之候。
一、社則ハ連系会社ニ準用致居候。
一、本条ニヨリ各店部連系会社間ノ取引ハ、本社中継ノ付替ニヨリ決済致候。但シ貨物代金ハ直接送金ガ原則ニ御座候。
一、店部連系会社設立ト同時ニ社則ハ施行サルルモノニ候。
一、本社則ハ昭和三年七月ヨリ施行致居候。

以上

（資料22）

会計課計算係起案計第一四一号

提出　昭和十一年十月十六日　決裁　同月十九日

大蔵省宛付替ニ関シ報告ノ件並ニ店部連系会社宛大蔵省解釈送付ノ件

過般大蔵省へ出頭ノ節、同省野田事務官ヨリノ依頼ニヨリ左案（一）ヲ以テ付替方法説明並ニ内容説明書提出、又左案（二）ヲ以テ店部連系会社宛大蔵省解釈送付相成可然哉。

案（一）

昭和十一年十月　日

会計課長

大蔵事務官　野田卯一殿

拝啓　時下秋冷ノ候益々御清勝奉賀候。陳者去ル九月二十五日付ヲ以テ遅延御諒承得置候、付替ニ関スル報告茲許同封御送付申上候間、貴着御査収被成下度、此段御案内申上候。

付替ニ関スル報告

一、付替方法

A　例ヘバ、住友合資会社上海販売店ニ於テ、住友金属工業株式会社ノ為ニ立替払ヲナシタリトス。（以下略シテ住友合資会社本社、同上海販売店、住友金属工業株式会社ヲ夫々本社、上海、金属ト称ス。）

1　上海ニ於ケル本社勘定ニ借記スルト同時ニ、上海ヨリ本社ニ「諸勘定報告書」ヲ送付ス。（諸勘定報告書ト八元帳当該勘定一日間又ハ数日間ノ写ナリ。）

第二部　住友合資会社

第四章　住友合資会社

2 本社ニ於テハ右諸勘定報告書ニ基キ、金属勘定ニ借記シ、上海勘定ニ貸記ス。

3 金属ニ於テハ適当ナル費目ニ整理シ、本社勘定ニ貸記ス。上海宛ノ分ハ答報ト称ス。答報ハ整理済ノ報告ニ過ギズ。金属ヨリ上海ニ送金セントスルモ合ハ（逆付替）、金属ヨリ本社ニ諸勘定報告書答報ヲ送付ス。

B
1 金属ニ於テ本社勘定ニ貸記ス。
2 本社ニ於テ上海勘定ニ貸記、金属勘定ニ借記ス。
3 上海ハ本社勘定ニ借記シ、同金額ヲ別勘定ニ貸記整理シ、又ハ個人ニ支払フ。
4 前各号ヲ連絡スル諸勘定報告書ノ発送ハ前例ノ通リ。

C 之ヲ要スルニ、本社ト各支店、出張所、子会社トノ関係ハ、手形交換所ト銀行トノ関係ノ如ク、各支店、出張所、子会社ハ「本社勘定」ノミヲ有シ、甲支店ヨリ乙会社ヘノ付替モ、丙出張所ヘノ付替モ凡テ「本社勘定」ヲ通ジテ行ハル。

D 本社内ニ各支店、出張所勘定アリ。相互ノ取引ハ同勘定ノ付込ニテ決済ス。残高ノ授受ハナサザルモ、随時資金ヲ返戻シ又ハ補充スルヲ以テ、一方的ニ貸借ノ偏スルコトナシ。

E 又各子会社ニ対シテハ、雑勘定ニ各社別内訳口座ヲ設ケ、付替ハ此ノ口座ヲ通ジテナス。毎月十日、二十五日現在残高ヲ、現金ヲ以テ授受ス。但シ一件金額二千円以上ノ場合ハ、定期締切ニ拘ラズ即日又ハ翌日受渡シスルヲ原則トス。（満洲住友鋼管会社ハ例外トシテ半期末ニ決済ス。）

F 付替ハ、住友合資会社社則会計規程施行細則第一条ニ拠ル。同社則ハ各子会社ニモ準用セラル。

二、付替ノ内容

昭和十一年十月　日

案（二）

東京支店長代理者、金属、電線、機械各経理課長、化学総務課長、日本電気総務部長宛

会計課長

拝啓　去ル九月十六日大蔵省ニ出頭ノ結果、外国為替管理法ニ関シ別紙ノ如キ新解釈ニ付キ、第二回報告トシテ送付致度、此段御案内申上候。

敬具

東京支店長代理者、金属、電線、機械各経理課長、化学総務課長、日本電気総務部長宛

在外支店、出張所タル上海販売店、大連駐在員事務所及ビ在外子会社タル満洲住友鋼管会社トノ付替内容（本年八、九両月分元帳写）ハ別表（註、略）ノ通リ。

各支店、出張所、子会社間ノ取引ハ、凡テ付替ニ依ルヲ原則トスルモ、品代、運賃、手数料等ハ、概ネ現金ニテ授受スル慣例ナリ。（海外支店、出張所、子会社ニ於テハ品代ハ現金送金ス。）

昭和十一年九月十五、六日大蔵省ヨリ得タル新解釈

一、付替ニ就テ
（問題）
付替ニ関シテハ、本年八月ヨリ部内各社ニ於テ許可報告ノ手続履行シ居ルモ、夫レ以前ノ行為ガ管理法違反ニ非ルヤノ疑アリ。殊ニ上海販売店ト連系会社トノ間ノ品代補資ニ就キ、委託支払ノ疑濃厚ナリ。依テ前回（六月十二日ヨリ）大蔵省ニ出頭ノ際、弁明トシテ右ハ社則ニ基ク行為ナルコト、社則ハ内地ニ於テ取決メラレタルコト。従テ付替行為（殊ニ品代補資）ハ、内地ニ於ケル委託ニ基ク行為ト解スルヲ得ザルヤ、ト抗弁シ、帰任後直ニ社則会計規程施行細則第一条ヲ抜粋送付シ置ケリ。

第二部　住友合資会社

第四章　住友合資会社（下）

当局ニ於テ其ノ後研究中ナリシ処、最近満洲鋼管佐伯常務出頭ノ際、右ニ就キ詳細ナル説明ヲ得度キ故、本社ヨリ出向スベキ旨伝言アリタルモノナリ。

（結果）

1 依テ付替方法ノ大略ヲ説明セリ。
2 説明ニ対シ大蔵省（野田事務官）ノ回答。

付替ニ就テハ、三井、三菱等他財閥トノ関係モアリ、早急ニハ決定シ難シ。此ノ点文理上問題ナケレトモ、一件ニ就テハ外国ヨリノ委託アリト思ハル。社則ハ基本的取リ決メナルモ、其ノ一件ニ就キ取締ルヲ適当トスルカ、或ハ又便宜他ノ方法ヲ以テ寛大ノ取扱ヲナスベキカ（帳簿ノ写ヲ送付セシムルニ止ムル等）ニ就キ、決定ニ困シム。就テハ付替ノ実情ヲ承知シ度キニツキ

（一）外国店部、連系会社勘定ノ写ヲ送付スルコト。
（二）付替方法ヲ文書ニテ説明スルコト。

（右十月　日付送付済）

（後略）

（四）住友アルミニウム製錬株式会社の設立

住友合資会社は、昭和九年六月資本金一〇〇〇万円（払込二五〇万円）をもって住友アルミニウム製錬株式会社を新居浜に設立し、連系会社に指定した。主管者の常務には合資技師長山本溌（M43京大大学院物理、電線取締役）が起用された。同社設立の経緯は次のように説明されている。(96)

本邦ニ於テハ大正十年軍需工業研究奨励金交付規定ノ発表アリテヨリ、アルミニウムノ製錬並アルミナノ製造ニ関スル研究ハ進メラレテ来タガ、アルミニウム原価割高ノタメ一時断念セラル、ニ至リ、アルミナモ実験的採集ノ域ヲ脱セザル状態ナリキ。然ルニ最近一般ニアルミニウムノ需要高マリ、且ハ軍事的必要ノ痛感セラル、ニ及ビ、本工業ノ確立ハ焦眉ノ急務トシテ切望セラル、ニ到リ、会々浅田式硫安法ハ原価安ク且純度高キアルミナヲ採取シ得ベキヲ知リ、企業価値モ大ニシテ住友ノ事業ライント調和裨補スルヲ以テ浅田ト協商ヲナシ、浅田ト提携ノ本会社ノ設立ヲミタリ。本会社ノ支配権ハ住友ニ優位ヲ認メシメ、住友側一五万株(註、住友合資七万株、住友伸銅鋼管五万株、住友化学三万株)、浅田側五万株(註、第11表この代金を住友で融資した)引受ノコト、セリ。

浅田式とは、兵庫県飾磨町(現姫路市飾磨区)の合資会社浅田明礬製造所(朝鮮全羅南道玉埋山の明礬石を所有)と飾磨化学工業株式会社(昭和十二年三月末両社が合併して浅田化学工業株式会社と改称)を主宰する浅田平蔵が開発した国産原料の明礬石からアルミナを製造する技術を指し、住友としては原料のボーキサイトを輸入する必要がないという理由でこの技術に着目し、昭和七年九月浅田と提携するに至った。しかし住友化学における試験プラントでの生産は、実験室の通りにはいかず、浅田法を改良して住友法としての技術を開発し、これを企業化しようとした。住友としては住友化学でアルミニウムの一貫生産を行うべきであったが、浅田側は浅田法に固執したため、苦肉の策として年産一五〇〇トンのアルミを生産する住友アルミニウム製錬を設立し、その原料アルミナを住友化学、飾磨化学がそれぞれ年間一五〇〇トンずつ同社に供給することとしたのである。アルミ製錬の新工場は昭和十一年二月に完成するが、原料のアルミナが住友化学、飾磨化学から所定量を供給されず(第38表)、その上昭和十二年六月内閣資源局からアルミを年産一万トンへ増産するよう要望される一方で、海軍航空本部からは明礬石を原料として作られたアルミは、分析では異状はないがジュラルミンにした場合ヒビが入って軍用として不適格であると断定され、航空機材料として使用し得る高級アルミ地金の製造

第38表　住友アルミニウム製錬の原料アルミナ使用実績及び
アルミ地金生産実績表
（単位：トン）

年	アルミナ供給先					アルミ地金	
	住友化学製	浅田化学製	他社品	外国品	計	生産量	全国比
							%
昭和10	57	8			65	35	1.3
11	570	739			1,309	601	12.8
12	1,191	835		30	2,056	1,052	8.0
13	2,348	1,032		874	4,253	2,035	10.6
14	5,248	1,132		90	6,470	3,105	10.7
15	8,989	995		2,030	12,015	5,480	15.6
16	20,929	829		107	21,865	10,799	16.5
17	21,963	237	8,243		30,442	14,880	16.1
18	41,160				41,160	18,359	13.8
19	37,545				37,545	19,156	14.0

註：アルミナ供給先18、19年住友化学製は住友化学新居浜製造所出庫数量。
出典：実際報告書及住友アルミニウム製錬決算表。住友化学工業実際報告書。置村忠雄編『軽金属史』（金属工業調査会・軽金属協会　昭和22年）160、161頁。

を目的として発足した同社にとっては死活問題となった。そしてついにジュラルミンを製造する住友金属は、住友化学に対し自ら原料のボーキサイトの入手を手配するので、アルミナ原料を明礬石からボーキサイトに転換するよう申し入れた。

十月五日海軍航空本部は三菱重工業に対し、十二試艦上戦闘機制式採用の零式艦上戦闘機いわゆる「零戦」で、世界に先駆けて超々ジュラルミン（住友金属製）を使用することになった。同月十一日化学専務大屋敦の日記によれば、理事兼金属専務古田俊之助、理事兼鑛業専務（前本社経理部長）山本信夫、本社経理部長小畑忠良（九月二十五日山本の後任として電線専務から就任）の四者が会談し、明礬石によるアルミナ設備拡張は見合わせ、ボーキサイトによる大規模アルミナ工場の新設で意見の一致をみた。十一月三十日住友本社は、この住友化学の原料転換の申請を承認した（二月末住友合資会社は、株式会社住友本社が設立された。合資会社が保有したアルミ製錬株七万株のうち、四万九一〇〇株が住友本社に譲渡され、残る二万九〇〇株が残余財産として住友家へ分配された）。

昭和十三年初頭と推定される本社経理部商工課伺は、この間の

第四章　住友合資会社（下）

一〇五八

事情を次のように説明している。

化学工業ノアルミナ製造事業ハ、永年ニ亘ル試験研究ノ結果、昭和十一年初メヨリ漸ク一五〇〇屯工場ノ操業開始ヲ見タルモノニシテ、其ノ製造法ニ就テハ原料ヲ朝鮮産明礬石ニ求メ、独自ノ研究ニ成ル住友法ヲ採用セルガ、操業開始以来種々ノ技術的困難ニ逢着シテ所期ノ日産五屯能力ニ達シ得ザルノミナラズ、其ノ製造原価ニ於テモ著シク高値トナリ、斯クノ如キ状態ニ於テハアルミナ増産計畫ノ遂行ハ全ク困難視セラル、ニ至レリ。然ルニ偶々昨年(註、昭和十二年)バイヤー法ニ依ルアルミナ製造ニ熟練セル独逸人技師ティーデマン氏ノ来阪ヲ見タルヲ以テ、当社ハ同氏ニ対シバイヤー法ニ依ルアルミナ年産一万二〇〇〇屯工場ノ設計ヲ委嘱スル傍ラ、同氏ノ助言ヲ得テ在来ノ明礬石法ニ依ルアルミナ工場ヲバイヤー法ニ依ル工場ニ改造スルト共ニ年産三〇〇〇屯ニ倍額拡張シ、以テアルミ製錬ニ於ケル拡張ニ備フルコト、セリ。

バイヤー法ニ依ルアルミナ製造ハ、既ニ永年欧米ニ於テ試験済ニシテ、明礬石法ニ比シ技術上極メテ優秀ナルコト明ラカニシテ、今回ティーデマン氏ノ設計ヲ基礎トシテ新アルミナ工場ヲ建設スレバ、技術的ニ殆ンド懸念コトト言フベシ。尚バイヤー法ノ場合ニ於ケル原料ボーキサイトハ本邦ニ産出セザルヲ以テ、之ガ手当ニ就テハ殊ニ確実ヲ期スルヲ要スルモ、現在ノ処大体ビンタン島産ノモノヲ古河電工ノ手ヲ通ジテ入手シ得ルコト、ナルノミナラズ、其ノ他ニモボーキサイト入手ノ見込アルヲ以テ、原料上ノ懸念モ一応解消セシムルヲ得タリ。

昭和十三年一月専務制の採用により専務となった主管者山本溌は、十一月停年を迎え退職し、化学専務大屋敦がアルミ製錬専務を兼務し、取締役矢部忠治(M44京大理工・採鉱冶金、別子技師長・合資技師長、のちアルミ製錬専務兼朝鮮住友軽金属社長)が常務へ昇格した。

アルミ製錬では、原料のボーキサイト転換に伴う化学のアルミナ工場拡張ニ呼応し、第一次能力拡張工事(年産三〇〇

第二部 住友合資会社

一〇五九

第四章　住友合資会社（下）

〇トンへ）が十三年六月に完成し、続いて十五年三月には第二次拡張工事（同一万一〇〇〇トンへ）が完成した。この所要資金として十四年四月二五〇万円、十月五〇〇万円の払い込みが行われた。さらに十六年八月には第三次拡張工事（同二万一〇〇〇トンへ）が完成するが、この資金を賄うため、十六年三月に倍額増資が行われ、資本金は二〇〇〇万円となった（第一回払込五〇〇万円）。この際浅田側は新株五万株を引き受けなかったため住友側で引き受け、住友側三五万株（住友本社九万八二〇〇株、住友家四万一八〇〇株、金属一〇万五〇〇〇株、化学七万株、電工二万株、銀行一万株、生命一万株、信託五〇〇〇株）、浅田側一五万株となり、この比率は終戦時まで変化はなかった。

昭和十六年四月総理事小倉正恆は第二次近衛内閣の国務大臣就任のため退職し、後任の総理事に専務理事古田俊之助が就任した。古田は小倉が兼務していた連系会社の会長のポストを引き継いだ。このためアルミ製錬の会長にも一度就任したが、間もなく五月初め大屋敦と交代した。これは、前年の十五年九月アルミ地金の配給統制のため一種の国家機関として設立された帝国アルミニウム統制株式会社（十六年十一月マグネシウムを加えて帝国軽金属統制株式会社と改称）の社長森矗昶（日本電工社長）が十六年三月急逝したため、大屋がその後任の社長に就任せざるを得なくなり、他方何等かの形でアルミ製錬に大屋の籍を残しておく必要があったからである。アルミ製錬の主管者は常務の矢部忠治が引き継ぎ、矢部はその後十八年一月専務に昇格した。

昭和十七年九月大屋は、新たに設立された軽金属統制会会長に就任するため住友を退職し、化学社長（十六年十一月社長制採用）及びアルミ製錬会長を辞任した。この結果化学社長及びアルミ製錬会長の後任には、四國中央電力の主管者専務吉田貞吉（M40京大理工・電）が就任した。四國中央電力は、昭和十三年に公布された電力管理法に基づき、昭和十六年十月及び十七年四月の二回にわたりアルミ製錬会社の自家発電設備ともいうべき主力の水力発電所を日本発送電株式会社に供出することを余儀なくされたので、吉田の転出は時宜を得たものであった（「住友合資会社（中）」五㈣　土佐吉野川水力

電氣株式會社の連系会社指定」参照)。

　昭和十八年五月アルミ増産の要請に応え、アルミ製錬会社は朝鮮に臨時元山工場建設部を設置したが、十一月この元山工場を別会社として朝鮮住友軽金属株式会社が設立され、矢部は同社社長を兼務した。アルミ製錬では、十九年三月に第四次拡張工事(年産二万五〇〇〇トンへ)が完成したが、その所要資金を賄うため一八年十月に五〇〇〇万円の第二回払い込みが行われた。これらの設備投資資金は払い込み資本金だけでは不足で、多額の借入金(昭和二十年九月末三五二〇万円)を必要としたが、こうした太平洋戦争期の資金調達については、改めて検討することとしたい。
　昭和十九年四月ボーキサイトの輸入途絶に対処し満洲の礬土頁岩を利用するため、住友本社は満洲重工業開発と合弁で満洲國安東市に安東軽金属株式会社を設立した。前記朝鮮住友軽金属株式会社と安東軽金属株式会社については、「株式会社住友本社(中)」を参照されたい。
　昭和十九年に入ると戦局の悪化とともに、資材・労務・輸送等の各方面に隘路が生じてきたため、新居浜地区における軽金属事業を一元化することが最善の方法とされた。それには住友化学が住友アルミニウム製錬を吸収合併することが望ましかったが、手続上時間を要するため、経営委託の方法をとることになり、十九年七月アルミ製錬の組織を母胎に、住友化学のアルミナ製造所を統合して、住友化学に軽金属製造所が新設された。
　第二次大戦後、昭和二十四年八月末住友アルミニウム製錬は特別損失の計上によって資本金三〇〇〇万円の九割を切り捨て、全設備を日新化学(住友化学が昭和二十一年二月改称)に譲渡して解散した。

　㈤　満洲住友鋼管株式会社の設立

　住友合資会社は、昭和九年九月十七日満洲住友鋼管株式会社を満洲國奉天市鞍山に設立し、連系会社に指定した。同

第二部　住友合資会社

一〇六一

第四章　住友合資会社（下）

社は資本金一〇〇〇万円（二五〇万円払込）で、住友伸銅鋼管一二万株、住友合資八万株の出資であった。主管者の専務は伸銅鋼管専務古田俊之助が兼務したが、本社地所課長佐伯正芳（T7東大法、のち満洲金属専務・金属常務・本社東京支社長）が常務となって鞍山に常駐し、実務に当たった。佐伯は住友病院や林業所の経営を独立採算へ改善し、その手腕を認められた。同社の事業は、鞍山所在の昭和製鋼所製丸鋼を材料として、継目無鋼管の製造を行おうとするものであった。

同社の設立は、昭和六年九月十八日勃発した満洲事変の三周年に合わせたものと思われるが、住友の満洲進出について、その昭和六年二月に合資経理部商工課長から電線製造所支配人に転出した小畑忠良は、次のように述べている。(98)

　昭和のはじめはひどい不景気でした。私、住友電線におりましたが、えらく仕事が少のうございますし、昔の蓄積を食いながら生きとったですな。その苦しさというものはつらいもんでして、いまにも崩壊しようかというような気がしたですね。（中略）

　それからしばらく経って満州事変があったんです。それで事業のほうは活気がでました。それまでの消極財政と経費削減で、もう抑えられるだけ抑えてきたので、能率は非常に上がってるんです。そこへ戦争でにわかに需要が広がってきたんですから、それはもうかりますわ。能率はいいし、どこへ出しても、競争しても、私どもは負けないという自信をもっていましたな。（中略）

　それでね、私は、住友がいままでのようにやっておったのではいけない。日本の動きと一緒に動かなきゃいかん、という気がしたもんですから、満州事変が起こった次の正月（註、昭和七年）に小倉さん〈註、正恆、当時合資総理事）のところへ年賀に行きまして、「これからの満州についての認識をあらたにしてもらわなくちゃいかん」と進言しました。金輸出再禁止で銅の値段が上がりましたもんですから、その当時の金にして三百万円がまったくじっとして

一〇六二

いてもうかったのです。これをひとつ軍部と協力して満州で使おうじゃないかといったのですが、当時は軍人が実業界、財閥を排斥していたときですから、小倉さんは「そんなところへ行けるか」といわれた。私は「軍は本当は金を持ってきてくれることを期待している。金を持たずに行くからいかん、だからひとつ行こうじゃありませんか」、と非常に勧めてくれることを期待している。金を持たずに行くからいかん、だからひとつ行こうじゃありませんか」、と非常に勧めましてね。そして川田順さん（註、当時合資常務理事）に行ってもらおうということになりました。

私もお供して数人で行きましてね（註、昭和七年二月）。

川田さん、満州の事情知らんもんですから、財閥排斥だといって軍人になぐられるんじゃないかなどと心配してましたが、満州では非常に歓迎してくれましてね。他の財閥なんかこないですから、場合によっては金を出すというのでいっそう歓迎しました。川田さんはそういうことになってくると、人ざわりのうまい方で、軍人をそらさなかったですね。

昭和七年八月八日陸軍中将小磯国昭（のち首相）は陸軍次官から関東軍参謀長兼特務部長に就任すると、当時喧伝された「財閥満州に入るべからず」論を否定して、「日本内地の資産家の間には満州に資本を下すことを在留民が反対してゐるので遠慮してゐるといふ考が相当根強く伝へられてゐるので私は驚いて打消し回ったのである。（中略）資本はどしどし満州に下してもらって産業の開発に充て一日も早く満蒙の完成を期せねばならぬ」と言明した。⁽⁹⁹⁾八年十月小畑は小磯と旧知の伸銅鋼管専務古田俊之助に随行して再び渡満した。

それで小磯さんなどと住友の幹部が仲良くなりましてね。何かと打ち明け話があり、どういう事業がどうだ、こうだというようなことから、満州航空をやるとか（註、「三 投資活動」参照）、満州電線で通信機をどうするか（註、「五

（一）日本電氣株式会社の経営の承継」参照）という問題の糸口をつけてきたもんですから、そのあとは住友の人もこわがらずに行くようになり、しぜん他のところより早くなったのです。はじめ三井、三菱の人たちなんか、ちょっと

第二部　住友合資会社

一〇六三

第四章　住友合資会社（下）

遠慮しておられたのは、向こうの若い少佐かなんかが財閥排撃などででたらめいいよったからで。私は軍人の兄貴（註、小畑英良陸軍大将、第三十一軍司令官グァム島で戦死）と弟（註、小畑信良陸軍少将、奉天特務機関長シベリア抑留）の間にはさまっとったから、いっこうにこわがらなかったのです。

その後昭和九年三月関東軍参謀長兼特務部長は小磯から陸軍中将西尾寿造へ交代した。七月伸銅鋼管常務春日弘は取締役第二製造部長（尼崎工場）木下亮吉（M45東大工・機）を伴って渡満し、西尾に対し次のような新会社設立の申請を行った。満洲國における会社設立の認可決定者は、法的には満洲國政府実業部であったが、実際には関東軍特務部が実権を握っていたからである。(100)

昭和九年七月九日

　　　　　　　　　　大阪市此花区島屋町五十六番地
　　　　　　　　　　住友伸銅鋼管株式会社
　　　　　　　　　　代表取締役　　春日　弘

関東軍特務部長
　陸軍中将　西尾　寿造　閣下

御　願

　今般弊社ハ別紙趣意書ニヨリ、鞍山満鉄附属地昭和製鋼所構内ニ於テ、継目無鋼管ノ製造工場ヲ設置致シ度候間、特別ノ御詮議ヲ以テ右目的達成相叶ヒ候様、何卒特ニ御高配御助成相賜リ度此段奉願上候也。

　　　住友伸銅鋼管株式会社
　　　継目無鋼管製造会社計画
　　　継目無鋼管製造会社（会社名未定）
　　　設立趣意書

住友ハ我国ニ於ル高級継目無鋼管製造ノ創始者ニシテ、明治四十四年以来軍部各方面ノ御指導ニヨリ艦船用鋼管並ニ飛行機用、自動車用、兵器用諸管及鉄道省機関車管ヲ一手ニ製造スルノ御下命ヲ拝シ、聊カ国防ノ一端ニ貢献スルノコトヲ得タルハ、弊社ノ最モ光栄トスル処ナリ。

然処満洲事変以来、軍部ニ於テハ爆弾、弾丸等ノ急速整備ヲ痛感セラル、ニ及ビ、特ニ弊社ニ対シ大量ナル各種爆弾素材ノ製造ヲ命ゼラレ、引続キ鋼管利用ノ弾丸製造ノ研究ヲ命ゼラレ当局ノ絶大ナル御援助ノ下ニ遂ニ鋼管利用ノ新制式弾丸ノ完成ヲ見、一方弊社ニ於ル各種弾丸薬莢ノ製造設備モ略完了シタルヲ以テ、本年度ニ入リ既ニ右素材ノ外多量ノ完成弾丸ノ受注ヲ辱ウシ、目下鋭意之ガ製造ヲ急ギツ、アリ。

是ヨリ先鋼管利用ノ弾丸製造ノ可能ノ燭光ヲ認ムルヤ、陸軍当局ニ於テハ戦時ニ於ル弾丸及爆弾素材ノ供給能力ノ不足ヲ患ヘ、戦時非常ノ場合ニ対スル予備トシテ鋼管製造設備ヲ設置保有スルノ必要アリトノ御内示ヲ仄聞シタルヲ以テ、予テ兵器素材製造者トシテ国防上重大ナル使命ヲ有スル弊社ハ、此ノ御趣旨ニ添ハムガ為メ直チニ現在能力ノ約三倍即チ年産能力約六万屯ヲ有スル世界最新鋭ノ鋼管製造ノ設備ノ建設ニ着手シ、目下鋭意之ガ完成ニ向ツテ努力中ニシテ、遅クトモ本年末迄ニハ此ノ精鋭製管機ノ運転ヲ開始シ得ルノ見込ナリ。

而シテ弊社ハ、多年鋼管製造ノ国産原料トシテ最モ適当ナル鞍山銑鉄ノ供給ヲ仰キ来レルモノナルガ、偶々昭和製鋼所ニ於テ明年度ヨリ鋼管材料ノ大量生産ヲ開始セラル、趣ニ付、其ノ丸鋼ノ一部ヲ鋼管材料トシテ供給ヲ仰ギ、同社構内ニ於テ鋼管工場ヲ新設シテ連続作業ヲ行ヒ、戦時非常ノ場合ニ於テハ全能力ヲ挙ゲテ軍需品ノ製造ニ従事シ、平時ニアリテハ其ノ軍需品製造ノ余力ヲ以テ、別記機関車並ニ陸舶用缶管其他輸出用高級鋼管等ノ諸鋼管ノ製造ヲ行フコトハ、帝国国防ノ現状ニ鑑ミ最モ機宜ヲ得タルモノト深ク信シテ疑ハザルモノナリ。

以上ノ趣旨ヲ以テ弊社ハ別紙要綱（註、略）ニヨリ継目無鋼管工場ヲ設立セントス。

第四章 住友合資会社（下）

庶幾クバ関係各方面ノ御援助ヲ賜リ急速実現センコトヲ熱望シテ止マザルモノナリ。

八月三日伸銅鋼管が商工大臣町田忠治に対し、同じ趣旨の申請を行っているところからみると、この間に関東軍特務部の了承を取り付けたものと思われる。

同社設立後直ちに十二月鞍山工場の建設に着工、伸銅鋼管尼崎工場のスティーフェル製管機を改造の上鞍山工場に送り、十年十月完成、十一月営業を開始した。しかし当初は従来経験したことのない冷寒時の製管作業のため不良品が続出し、堆積してしまった。これを製品として三井物産経由内地へ輸出し、住友金属尼崎で材料管として処分した。第39表における昭和十三年の売却品がこれである。

同社の営業について十年十一月十四日同社大阪出張所長河村龍夫（T9東大経、のち満金常務・専務）は次のように述べている。

満洲住友鋼管販売機構ニ就テ

一、瓦斯管

全部三井物産ヲ経由ス。三井物産ハ専属問屋トシテ鳥羽洋行、原田洋行、町野商店ヲ指定シテ販売セシム。同時

	(単位：千円)
16年	19年1-9月
11,774	15,154
	177
283	61
959	
401	
131	
5,411	10,718
119	
121	
150	
1,320	
705	967
153	
102	326
	156
	145
	114
	100
21,806	27,741
19,759	27,599
9,290	11,081
4,259	6,453
3,192	2,234
1,774	1,023
10,469	16,518
—	66
3,371	439
23,130	28,104
94.3	98.7

に販売した車両用品である。含まれる。

第39表　満洲住友鋼管(満洲住友金属工業)の大口販売先

社　名	昭和11年	12年	13年	14年	15年
三井物産	596	1,292	4,194	2,897	10,706
満　鉄	440	934			
満洲炭礦			341		
鉄路総局	118				
昭和製鋼所	102	425	706	240	181
住友金属	100	1,083	1,682		
奉天造兵所	91	321	700	809	843
東洋バブコック	67	262	379	248	333
三昌洋行	61	123	160		278
町野商店		425	332	142	
汽車製造		111			
イリス商会			397	197	
鳥羽洋行		70	312	615	214
日満商事				3,891	5,745
満洲採金				139	
満洲車両					432
進和商会					244
本渓湖煤鉄公司					202
三菱重工業					193
日本鋼管販売					160
満洲大倉商事・大倉産業					
岡谷商事					
満洲電線					
満洲軽金属					
関東軍					
満洲鉄鋼販売					
昭徳鉱業					
計　A	1,574	5,387	8,862	9,178	19,531
製品販売高	1,843	5,650	8,390	10,084	16,847
鋼管	1,843	5,650	8,390	10,084	10,255
加熱管	1,057	1,423	3,282	5,443	5,013
瓦斯管	779	2,603	2,449	2,869	3,800
電線管	7	541	965	1,358	1,405
車両用品・機械類	—	—	—	—	6,592
売却品	—	—	695	—	
住友金属委託品	—	—	—	—	3,619
全販売高　B	1,843	5,650	9,085	10,084	20,466
A／B (%)	85.4	95.3	97.5	91.0	95.4

註：昭和13年以降満鉄と満洲炭礦は三井物産に含まれる。
　　鋼管はその他の鋼管、瓦斯容器、爆弾弾体を含む。
　　加熱管は機関車用鋼管、ボイラーチューブ、一般用鋼管、兵器用鋼管である。
　　売却品の13年は三井物産へ売却(最終的には住友金属)された鋼管不良品である。
　　売却品の19年は満洲軽金属へ売却されたアルミ屑である。
　　住友金属委託品は、満洲住友金属の生産が受注に追いつかないため、住友金属に生産を委託し三井物産
　　売却品・住友金属委託品の販売高は、いずれも大口販売先の三井物産及び満洲軽金属に対する販売高に
　　出典：11～16年実際報告書。満洲住友金属決算説明資料(12年下、13年上、19年上)。

第二部　住友合資会社

第四章　住友合資会社（下）

ニ物産自ラモ販売ニ従事ス。

（註）右組織ハ、日本鋼管ガ三菱商事ヲ経由シ、商事ハ大信洋行、関原洋行ヲ専属問屋トナセル販売機構ニ対抗センガタメナリ。

二、ボイラーチューブ其他

（イ）満鉄年度契約品

　三井物産独占的ニ販売ニ従事ス。

（ロ）其他一般市場向ノモノ

　満洲住友鋼管、三井物産、町野商店三社ニテ販売。

（註）当社ノ販売機構ハ大要右記ノ如シト雖モ、当社ノ製造数量増大シ、同時ニ三井物産ヲ通ジテ製品販路ノ拡大ヲ見ルト共ニ、内地同様日本鋼管ト販売契約締結ノ予定ナリ。

このように同社製品については、同社直扱を除けば三井物産がほとんど独占的に取り扱っていた。しかし昭和十一年十一月設立された満鉄の関係会社日満商事株式会社が、取り扱い商品を満鉄の関係会社の製品から他社製品へ拡大し、さらに昭和十三年四月には鉄鋼類統制法の制定によって満洲國における鉄鋼の配給を一手に握るようになった。満洲鋼管の製造する鋼管についても全量日満商事が取り扱うようになったが（第39表）、機関車用（満鉄向け）、ボイラー用（満洲電業の火力発電所向け）、瓦斯管、電線管については、昭和十四年から日満商事の取り扱い品が昭和十四年に減少したのは瓦斯管の商権を日満商事に奪われた影響とみられ、昭和十五年に急増しているのは、元々三井物産は住金製鋼所製品を取り扱っていたのが、満金の兵器所向け爆弾素材）等の特種鋼管については注文生産品であるので、昭和十八年末まで従来通り住友の直扱い（満鉄向けは三井物産経由）が続いた。第39表において三井物産の取り扱いが昭和十四年に減少したのは瓦斯管の商権を日満商事に奪

生産開始とともに満金製鋼所製品に切り替えられた結果その販売高六三五万円の大半と、満金製鋼所の生産が追いつかなくて満金が住金に生産を委託した三六二万円を併せて取り扱うようになったからである。

同社は設立後昭和十年十月から十三年六月まで毎年払い込みを徴収し、資本金一〇〇万円全額が払い込まれたが、設立当初資本金を本社預ケ金としていたところ、この資金の満洲送金を巡って上海販売店で述べた如く外国為替管理法上の問題が生じた（資料23）。すなわち①昭和十年二月十二日満洲鋼管から二万円送金の依頼があり、合資会社会計課は十三日東京支店を通じ大蔵省に照会し、合資会社直接ではなく満洲鋼管大阪出張所を経由すれば事業資金であるから許可は不要ということで、この方法により満洲へ送金した。しかし会計課長中田直三郎は念のため②二月十四日東京支店土井正治に対し再度文書により大蔵省の確認を求めた。③二月十九日土井から大蔵省の見解の回答があり、これに基づき④会計課は三月十二日満洲鋼管あての送金方法を決定した。ところが昭和十一年七月に至り、①こうした送金方法が大蔵省によって合法的脱法行為とみなされることとなった。この問題を解決するため、②十一年八月満洲住友鋼管の事務章程を改正し、大阪出張所に会計事務取扱の権限を与えることとした（資料24）。

昭和十二年二月末住友合資会社が解散し、満洲住友鋼管株式八万株のうち五万五九〇〇株が新たに設立された住友本社へ譲渡され、残る二万四一〇〇株は残余財産として住友家へ分配された。同社は当初日本法人として設立されたが、昭和十二年十二月一日満洲國治外法権撤廃に伴い、満洲國法人として同国会社法の適用を受けることとなった。同年十一月同社は奉天市鉄西区に製鋼所の建設を着工、これをうけて十三年一月社名を満洲住友金属工業株式会社と改め（資料25）、さらに九月製鋼所敷地内に機械製作所の建設に着手したため、十一月本店を奉天市へ移転した。

これらの設備投資は資本金の払い込みによって賄われたが、その後も各工場の増設が続いたため、住友銀行の外満洲興業銀行や機械製作所分については親会社に相当する住友機械製作からの借入金に依存した。満洲興銀を利用する利点

第二部　住友合資会社

一〇六九

第四章　住友合資会社（下）

として、金利は高いが昭和十二年九月公布施行された臨時資金調整法の適用を免れるため、当時の国際情勢を反映して輸入機械代金を契約と同時に支払わねばならないのに早急に対応できる点が挙げられていた。これらの借入金の残高は昭和二十年十一月三十日付の同社の業態報告書によれば、住友銀行一四五五万円、住友機械六〇六万円、満洲興銀二三八八万円合計四四四九万円に達していた。同社の資金調達については、「株式会社住友本社」の各章で改めて検討することとしたい。

同社は昭和十五年七月これらの借入金返済のため資本金を三〇〇〇万円へ増資した（第一回払込一〇〇〇万円、十六年三月第二回払込一〇〇〇万円）。この増資に際し住友金属、住友本社、住友家から増資引受分六万株を住友機械製作へ譲渡したので、株主構成は住友金属三二万四〇〇〇株、住友本社一五万九三〇株、住友家六万五〇七〇株そして住友機械六万株となり、その後十七年一月住友家から一万株が住友生命へ譲渡され、終戦を迎えた。

満洲金属の主管者は昭和十六年四月古田俊之助が小倉正恆に代わって総理事に就任した後も、関東軍との関係か古田が取締役会長兼専務取締役として留まっていたが、十七年二月専務を佐伯に譲った。同時に金属営業所副所長の河村が佐伯の下で常務となり、十八年八月河村が佐伯に代わって専務に昇格した。しかし昭和二十年五月社長制を採用することとなり、河村は金属取締役に戻り、金属常務川本良吉（T3東大工・機）が社長に就任した。

（資料23）

①会計課計算係起案計第二〇号

提出　昭和十年二月十三日　決裁　同日

案

年　月　日

満洲鋼管常務取締役宛

資金送付ノ件

会計課長

拝啓 愈御清祥奉賀候。陳者昨日電信ヲ以テ金二万円也送金方御申越ノ趣委細了承仕候。然ル処右ハ何分資金ノ海外移動ヲ伴フモノナルヲ以テ、外国為替管理法上許可事項ニ属スルモノニアラズヤトノ懸念有之、為念関係当局ニ照会スル方適当ト存ゼラレ候ニ付、取敢ズ暫時御猶予願度旨打電致置候次第ニ候ガ、当社東京支店経由大蔵省ニ照会仕候処ニヨレバ、右ハ事業資金ナルヲ以テ許可ヲ要セズトノ回答ニ接シ申候。就而ハ御申越通リ金二万円也先刻電送申上候間、既ニ御入金ノ御事ト存候ガ、右ハ貴社特別当座預金ノ引出ナレバ、貴殿ノ印鑑ヲ必要ト致候処、銀行ノ特別ノ計ラヒヲ以テ便宜小生ノ印鑑ニテ引出ノ上御送金申上候次第ニ御座候ヘバ、次回御上阪ノ節ハ特別当座預金受取証ニ貴殿印鑑御押捺相願度。尚今後資金御入用ノ節ハ、相当ノ時日ヲ見込ミ御申越被下候方便宜カト被存候ニ付、右御含置被下度候。御案内旁得貴意候也。（後略）

② 昭和十年二月十四日

合資会社総務部

会計課長 中田 直三郎

東京支店

土井 正治殿

満洲鋼管会社資金送付ニ関シ大蔵省へ照会方依頼ノ件

拝啓 愈御清祥奉賀候。陳者昨日掲記ノ件ニ関シ、大蔵省へ御照会方御依頼申上候処、内地ニ在ル満洲鋼管会社出張所

第二部 住友合資会社

一〇七一

第四章　住友合資会社（下）

ガ同社ノ内地銀行ニ預ケ入レセル預金ヲ引出シ、其ノ事業地タル満洲鞍山所在本社ヘ送金スル場合ハ、大蔵省令第四条第十項ノ事業資金ニ該当スルヲ以テ許可ヲ要セザル旨、御繁忙中ニモ不拘早速御回答被成下、以御蔭差当リ急需ノ金二一万円也ノ送金ハ、昨日中ニ手配完了仕ルコトヲ得、難有御礼申上候。然ル処大蔵省令第四条第十項ニ関シテハ尚二三ノ場合ニ付疑義有之、今後今回ノ如キ或ハ之ニ類スル事態相当期間継続サルベキ見込ニ有之候ニ就而ハ、万一ヲ慮リ為念右疑点ヲ明瞭ニ為シ置度、度々ノ事ニテ甚ダ乍恐縮左記事項ニ就キ再度大蔵省ヘ御照会方御取計ラヒ願上度、此段御依頼申上候也。

記

一、満洲鋼管会社ガ内地ニ住所ヲ有セザル場合ニ其ノ資金ヲ満洲ヘ取寄セル場合（例之満洲鋼管会社ガ其ノ払込金ヲ内地ノ銀行ニ預金シオキ、必要ノ都度内地ノ銀行ヨリ之カ引出ヲナス場合）ノ許可、報告ノ要否及手続当事者。

二、右ノ場合ニ於テ満洲鋼管会社ノ使用人ガ偶内地滞在中右預金ヲ引出シ、満洲ヘ送金スルトキノ許可、報告ノ要否及手続当事者。

三、内地ニ於ケル会社ガ満洲所在他会社ノ資金ヲ預リオキ、其ノ必要ニ応ジ当該他会社ノ事業資金ヲ送付スル場合（例之住友合資会社ガ満洲鋼管ヨリ預リ居ル資金ヲ請求ニヨリ同社宛送金スル場合）ノ許可、報告ノ要否及手続当事者。

以上

③第一三四号

昭和十年二月十九日

　　　　合資会社東京支店

　　　　支店長代理者　土井　正治

合資会社総務部

会計課長　中田　直三郎殿

満洲鋼管会社資金送附ニ関スル件

拝復　二月十四日附御書面ヲ以テ掲題ニ関シ御依頼ノ件、大蔵省ヘ照会致候処、第一項以下夫々左記ノ通リニ有之候間、左様御承知被下度、此段電話確メ旁得貴意候也。

記

一、満洲鋼管会社ノ資金ヲ預ル銀行自身ガ直接送金スル場合ハ、其ノ資金ガ実際ニ満洲鋼管会社ノ事業資金ニ充当セラル、コト明カナリト雖モ、ソノ行為自体ハ其銀行トシテハ単ニ預金ノ払戻ニ過キサルヲ以テ、大蔵省令第七号第四条第十項ニ該当セス、故ニ許可ヲ要シ且ツ報告ヲ要ス。尚コノ場合許可又ハ報告ノ手続当事者ハ銀行ナリ。

二、資金ヲ預ル銀行又ハ会社ガ満洲鋼管会社使用人（預金ヲ引出シ又ハ小切手ヲ切ル権限ナキモノ）ニ預金ヲ払戻ス場合、其銀行又ハ会社ハ委託支払ノ許可（大蔵省令第七号第三条第五項）ヲ受クルコトヲ要スルモ、払戻ヲ受ケタル使用人ニ於テハ、其ノ送金ニ付許可ヲ要セス、報告ヲナスヲ以テ足ル。（一ケ月ヲ通シ二千円程度ナラバ報告不要）
コノ場合手続当事者ハ、委託支払ノ許可及報告ハ銀行又ハ会社ニテ、送金ノ報告ハ送金人ナリ。
但シ満洲鋼管会社ノ代表権ヲ有スル重役自身ガ預金ヲ引出シ又ハ小切手ヲ切ル権限アルモノガ、適法ニ預金ヲ引出シ送金スル場合ハ、其銀行又ハ会社ニ於テ委託支払ノ許可ヲ受クルヲ要セズ、報告ノミニテ足ル。又送金人ニ於テモソノ送金ニ付許可ヲ受クルヲ要セズ、報告ノミニテ足ル。
コノ場合手続当事者ハ送金人ナリ。

三、一ノ場合ニ同シ。

第二部　住友合資会社

第四章　住友合資会社（下）

④会計課計算係起案計第三三号

提出　昭和十年三月七日　　決裁　同月十二日

満洲鋼管資金送付方ニ関スル件

目下当社ニ預リ居候満洲鋼管株式第一回払込金二五〇万円也ハ、今後同社建設工事ノ進捗ニ伴ヒ随時分割払戻ヲナスコト、相成候。然ルニ右資金ヲ当社ヨリ直接満洲宛送金スルトキハ、当社ニ於テ外国為替管理法関係送金ノ許可ヲ受クルコトヲ要シ候処、之ニ代ヘ当社ハ一旦満洲鋼管大阪出張所ヘ払戻ヲナシ、同出張所ヨリ同社ノ事業資金トシテ満洲本社ヘ送金セシムルトキハ、前者ニヨル場合ノ許可ヲ要セス、事後送金ノ報告ノミニテ足ルコト、相成居候。就而ハ今後本件預金ノ払戻ハ凡テ右後者ニ依ルコト、致度候処、満洲鋼管大阪出張所ハ販売員ノミナルヲ以テ、今後資金送付ノ際シ同出張所ニ於テタナスヘキ送金及之カ報告手続ハ、凡テ当課ニ於テ代行方別紙（註、略）ノ通リ依頼越候。右ハ事情不得止モノトシテ被認、旁満洲鋼管専務（註、古田俊之助）ハ常ニ在阪セラル、点ニ鑑ミ、外国為替管理法上ヨリモ何等問題ノ起ルヘキ余地モ無之様被存候ニ付、右御承認ノ上左案ヲ以テ御回答相成可然哉。

案

年　月　日

満洲鋼管経理課長宛

会計課長

資金送付方ニ関スル件

拝復　去ル六日付満住経第二二号ヲ以テ御申越ノ趣委細了承仕候。就而ハ御申越通リ目下当社ニ御預リ致居候資金ヲ、

以上

① 満住経第三二五号

（資料24）

（後略）

昭和十一年七月十四日

合資会社
　理事　國府　精一殿

満洲住友鋼管株式会社
　専務取締役　古田　俊之助

事務章程一部改正ノ件

拝啓　外国為替管理法並ニ之ニ基ク大蔵省令ハ、其ノ規定スル所頗ル抽象的ニシテ之ガ解釈困難ナル点多ク、然モ違反ノ場合ハ直ニ始末書問題ヲ惹起スル虞アリ、之ガ対策ハ特ニ慎重ナル考慮ヲ払フノ要アリ。従来内地ヨリノ当社資金送金ハ、事業資金トシテ専務取締役名ヲ以テ送金致シ、事後ニ大蔵大臣宛報告致シ居リ候処、当局ニ於テハ之ヲ以テ合法的脱法行為ト看做セルコト、金属工業ニ委託購入ノ物品ハ大阪出張所名ヲ以テ無為替輸出致居候処、代金ノ支払遅延スル為常ニ管理法ニ牴觸セルコト、金属工業ヨリ当社ニ対スル支払ハ委託購入品代ト相殺セルハ、両当事会社ガ本支店ノ関係ニ非ザル為管理法ニ牴觸セルコト等判明致候ニ付テハ、右送金及支払方法等ニ付至急別途ノ方法ヲ講ズル必要ヲ認メラレ候。就テハ大蔵省為替管理部ノ意向ヲ容レ、左記ノ通リ事務章程ヲ一部改正ノ上大阪出張所ヲシテ会計事務取扱

満洲向送付スル場合ノ送金手続及之ガ外国為替管理法関係報告ハ、凡テ貴社名義ヲ以テ当課ニ於テ代行可申上候間、左様御承知相成度候。尚同封御送付越ノ右送金報告用紙二十通確カニ落掌仕候間、併而御承知被下度此段得貴意候也。

第二部　住友合資会社

第四章　住友合資会社（下）

ノ権限アル旨ヲ明示シ、之ヲ当局ニ呈示セバ、今後内地ヨリ当社ヘノ送金ハ同出張所ヨリ送金ノ事トシ、物品購入ハ大阪出張所ヲシテ之ニ当ラシメ、一定ノ限度ノ資金ヲ保有セシメテ之ガ代金支払ヲ行ハシムレバ、当社送貨物ハ総テ無為替輸出ヲ行ヒ得テ迅速ニ事ヲ処弁スルノ便アリ、又内地ニ於ケル物品代金其他ノ取立モ出張所ヲシテ之ニ当ラシムレバ、内地当社間ノ決済ハ一々送金ノ手続ヲ行ハズ其本支店間ノ勘定トシテ交互計算スルコトヲ得、斯クテ簡単合法的ニ内地当社間ノ為替関係事務ヲ統一致度、尚出張所ハ当分大阪以外ニ設置ノ見込無之候ニ付此際大阪出張所ト確定致度候間、何卒御承認相成度此段及御打合候也。（後略）

② 庶務課文書係起案例第六三号

提出　昭和十一年七月十六日

決裁　同月二十一日

満洲住友鋼管事務章程一部改正承認ノ件

　　承認案

　年　月　日

　　　満洲住友鋼管専務宛

　　　　　　　　　　　総務部長

事務章程一部改正ノ件

七月十四日附満住経三二五号ヲ以テ御打合有之候掲題ノ件ハ承認ノコトニ決定相成候間、御了承相成度此段依命及御通知候也。

　　通達案

甲第一二三号達

満洲住友鋼管株式会社事務章程中左ノ通改正セラレタリ。

右通達ス。

昭和十一年八月一日

合 資 会 社

一、第十二条中「出張所長」ノ項ヲ左ノ如ク改ム。

出張所長

一、部長其ノ他上司ノ指揮ヲ承ケ、出張所全般ノ事務ヲ掌理シ、其ノ責ニ任ス。

一、第十三条ヲ左ノ如ク改ム。

第十三条 当会社ニ左ノ部及出張所ヲ置ク。

業務部
製造部
調査部
大阪出張所

一、第二十条ノ次ニ左一条ヲ追加シ、第二十一条及第二十二条ヲ各一条宛繰下ク。

第二十一条 大阪出張所ハ其ノ地ニ於ケル庶務、会計、営業其他諸般ノ事務ヲ掌ル。

備考

（一）本件ハ外国為替管理法並ニ之ニ基ク大蔵省令ノ解釈上、次ノ如キ疑義ヲ円満解決セントスルモノナリ。

一、満洲鋼管ヘノ資金ヲ専務取締役名ヲモツテ送金シ、事後大蔵大臣ニ報告セルハ、合法的脱法行為ト見ラル、コ

第二部　住友合資会社

第四章　住友合資会社（下）

ト（同令第四条第十号）。

二、金属工業ニ委託購入ノ物品ハ、大阪出張所名ヲ以テ無為替輸出致居ルモ、常ニ代金支払遅延ノ為、管理法ニ牴触セルコト（同法第一条第四号、同令第十三条第二号）。

三、金属工業ヨリ同社ヘノ支払ヲ委託購入品代ト相殺セルハ、両会社カ本支店ノ関係ニ非サル為管理法ニ牴触セルコト（同令第三条第五号）。

（二）右ニ関シ、大阪出張所ヲシテ会計事務取扱ノ権限アル旨ヲ社則ニ明示シ、之ヲ当局ニ示ストキハ上掲三箇条ノ疑義ヲ解決シウ。

一、内地ヨリノ送金ハ出張所ヨリノ送金トス（同令第四条第十号）。

二、物品購入及代金ノ支払ヲ大阪出張所ヲシテ当ラシムルトキハ、代金ノ支払遅延スルコトナキ為、無為替輸出ヲナシウ（同令第十三条第二号）。

三、同社送貨物ハ大阪出張所ヲ通スレハ無為替輸出ヲナシウルノミナラス、同出張所ヲシテ取立テシメタル代金ハ、交互計算ニヨッテ相互ニ決済シウ。

（三）右ハ大蔵省為替管理部ノ意向ヲ参酌シタルモノニシテ、内地同社間ノ為替関係事務ヲ簡単合法的ニ統一スルモノト言得ヘク、必要ノ改正ナリト認メラル、ヲ以テ御承認相成可然乎。

〈資料25〉

①満住庶第四二四号

昭和十二年十二月八日

満洲住友鋼管株式会社

一〇七八

住友本社

総理事　小倉　正恆殿

専務取締役　古田　俊之助

定款中社名変更ニ関スル件

当社業務拡張ノタメ過般定款中目的変更致候処、之ニ伴ヒ当社社名ヲ昭和十三年一月一日ヲ以テ、左記ノ通リ変更致度候間、右御承認賜度此段及御打合候也。

記

当会社ハ満洲住友金属工業株式会社ト称シ、英文ニテハ
Sumitomo Metal Industries of Manchou, Limited ト記ス。

定款第一条ヲ左記ノ通リ変更ス。

以上

（備考）
一、Manchoukuo ト社名ニ入レルコトハ、満洲國ヲ承認セザル国ノ取引先トノ取引ニ際シ都合悪キタメ、Manchou ト入レルコト、致度候。
二、尚社名ニ満洲ノ字アル株式会社ノ内、英文ニテ Manchou ヲ使用セル主ナルモノ左ノ通リニ有之、御参考迄ニ申添候。

Central Bank of Manchou
Industrial Bank of Manchou

第二部　住友合資会社

第四章　住友合資会社（下）

Manchou Oil Co.

Japan-Manchou Paint Co.

Manchou Sugar Mfg. Co.

Manchou Pulp Industrial Co.

② 庶務課文書係起案例第一三四号

提出　昭和十二年十二月十七日　発送　同月二十八日

（満鋼）

定款中改正承認ノ件

承認案

年　月　日

満鋼専務宛（航空）

総務部長

定款中改正ノ件

十二月八日付満住庶第四二四号及第四二五号ヲ以テ御打合有之候掲題ノ件ハ、承認ノコトニ決定相成候間、御了承相成度此段依命及御通知也。

（備考）

一、改正点

（1）社名ヲ明年一月一日ヨリ「満洲住友金属工業株式会社」ト改称シ、英文名ハ Sumitomo Metal Industries of Manchou, Limited ト定メントス。（定款第一条）

（理由）当社ハ曩ニ外輪始メ車輪用一般鋼製品ノ製造ヲ開始スルコトトナリ、本年五月定款中目的（第三条）ヲ変更シタルガ、之ニ伴ヒ今般社名ヲ改正セントス。（後略）

(六) 住友機械製作株式会社の設立

　住友合資会社は、昭和九年十一月住友別子鑛山株式会社新居浜製作所の分離独立を承認し、住友機械製作株式会社を設立、連系会社に指定した。同社は本店を工場所在の新居浜に置き、資本金は五〇〇万円（払込二五〇万円）、株主は別子鑛山（五万株）、合資（二万六〇〇〇株）、製鋼所（二万四〇〇〇株）の三社であった（第40表）。このうち合資会社の持株は、昭和十三年二月同社が解散する際、住友本社へ一万七〇〇〇株が譲渡され、残り九〇〇〇株が残余財産として住友家へ分配された。住友機械の主管者の常務には、七月に龍野昌之に代わって別子鑛山の主管者専務になったばかりの三村起一（T3東大法）、のち鑛業専務・社長兼本社理事）が兼務し、三村は十三年一月機械も専務制を採用したので、専務となった。

　同社の沿革は、第二次大戦後の昭和二十一年六月住友本社経理課が作成した「住友機械工業株式会社概要調査」によると次の通りである。

　当社ハ明治二十二年二月住友別子鉱山機械課ナル名称ノ下ニ、鉱山附属機械製作修理工場トシテ発足シタルモノナルガ、爾来鉱山ノ発展ニ伴ヒ工場規模ヲ拡張シ、設備ヲ充実スル傍屢々課員ヲ海外ニ派遣シテ只管技術ノ研鑽ト製品ノ改良ヲ図リタル結果、漸次外部ヨリノ註文ヲモ引受クルニ至リタルタメ、之ニ対応昭和三年新居浜製作所ト改称シ、鋭意業務ノ拡張ニ努メタル処、満洲事変勃発ヲ契機トスル重工業般賑ノ波ニ乗リ、更ニ一層ノ躍進ヲ目途トシテ昭和九年十一月住友別子鑛山株式会社ノ傘下ヲ離レ、茲ニ独立シテ住友機械製作株式会社ヲ設立スルニ至レリ。

　住友では既に「住友総本店（中）」の「四　シーメンス事件と住友」で述べたように、大正二年電線製造所の新工場建

第二部　住友合資会社

一〇八一

第四章　住友合資会社（下）

株主構成の推移

(単位：株)

15年9月増資		19年8月増資		20年8月15日	
旧　株	新　株	旧　株	新　株	旧　株	新　株
63,000	70,000	133,000	140,000	113,500	140,000
37,500	42,100	79,600	88,600	79,600	88,600
13,500	14,800	28,300	29,600	28,300	29,600
40,000	44,400	84,400	84,400	84,400	84,400
10,000	11,100	21,100	22,200	2,100	22,200
6,000	6,600	12,600	13,200	12,600	13,200
5,000	5,500	10,500	11,000	49,000	11,000
5,000	5,500	10,500	11,000	10,500	11,000
20,000	0	20,000	0	20,000	0
200,000	200,000	400,000	400,000	400,000	400,000

設に関連して、ドイツのジーメンス社とケーブル製造を目的とする合弁会社を設立する交渉を進めていたが、ジーメンス側ではケーブル合弁にとどまらず、住友が海軍に対する伸銅品や鋼管の独占的納入業者である点を高く評価し、「住友の如き資金状況の点で恵まれた日本のコンツェルン」と組んで、本格的な電機製造工場を合弁で建設する構想さえみられた。従って交渉が大詰めを迎えた大正三年にシーメンス事件が起きてこの交渉が御破算にならなければ、第一次大戦後の大正八年に開始された古河とジーメンスの交渉が大正十二年の富士電機製造株式会社の設立に至った過程は、そのまま住友とジーメンスの交渉による別子鉱業所機械課を母胎とした電気機器製造合弁会社の設立に置き換えられていた筈であった。

昭和三年に新居浜製作所と組織が改められると、昭和四年にはスイスのブラウン・ボベリー社と鋳物用電気炉に関しライセンス契約を締結し、さらに五年には同社と電気炉附属品、整流器、整流子電動機の、またドイツのデマーグ社とクレーン類の日本における製造、販売、使用権を獲得した。

しかし昭和恐慌による昭和五年末の新規起業中止の方針により、昭和六年デマーグ社との契約はなんとか維持されたが、ブラウン・ボベリー社との契約は破棄されたため新居浜を日立のような一大電機器製作工場にしようという構想は潰えてしまった。[103]

新居浜製作所が分離独立する直前の昭和九年一〜十月の売上高は二二六万円で、別子鑛山会社全体の売上高一五二四万円の約一五％を占めるに至

一〇八一

第40表　住友機械製作(住友機械工業)の

株　主　名	昭和9年11月	12年3月	13年2月増資 旧　株	13年2月増資 新　株	14年12月
住友別子鑛山・鑛業	50,000	50,000	50,000	25,000	63,000
住友合資・本社	26,000	17,000	17,000	8,500	37,500
住友家		9,000	9,000	4,500	13,500
住友製鋼所・金属工業	24,000	24,000	24,000	16,000	40,000
住友化学工業				10,000	10,000
住友銀行				6,000	6,000
住友信託				5,000	5,000
住友生命保険				5,000	5,000
安川電機製作所				20,000	20,000
合　　計	100,000	100,000	100,000	100,000	200,000

出典：同社株主名簿。

っていた。また昭和九年七月現在の別子鑛山会社の職員数は四九二人であったが(第2表)、そのうち新居浜製作所の人員は六二人で、その他共通部門の人事、労務、経理等から設立後新会社へ数名移籍しているので、人数的にみても同様に鑛山会社の一五％近くに達していたといえよう。先の調査報告は設立後について次のように述べている。

而シテ独立ト同時ニ現在ノ敷地ニ於テ工場ノ改築移転工事ニ着手、十二年ニ略々完成スルト共ニ、同年海軍ノ要望ニ依ル大型インゴットケース等特殊鋳造品製作ノタメ、第二鋳造工場ヲ設立セシメ、次イデ十四年ニハ精機工場ヲ建設シテ独乙サイクロ社ヨリ特許権ヲ買収セル高性能減速機サイクロ・ギヤーノ製作ヲ開始スルニ至レリ。更ニ国際状勢ノ緊迫化ニ伴ヒ昭和十六年海軍ノ示達ニ基キ、射出機(註、カタパルトのこと、他に着艦制動装置もあり発着兵器と称した)製作用トシテ第二機械工場ノ建設ヲ企図、翌年之ガ完成ヲ見タルガ、同年又モ之ガ拡張ヲ命ゼラレタルヲ以テ、磯浦埋立地ニ鍛造工場、第三鋳造工場其他附帯設備ヲ建設シ(註、第二次特殊金物工場起業)、十九年末ニハ略完成操業ノ域ニ達シタリ。

之ヨリ先当社ハ、業態ノ発展ニ応ジ、昭和十五年九月社名ヲ住友機械工業株式会社ト改メタ。

第四章　住友合資会社（下）

昭和十八年七月商工課関係事業説明資料によって補足すれば、この他に航空機メーカー向けに大型プレス類の注文も激増しており、同社の受注残は生産高の二年分に達したという。こうした受注に対する設備投資は、住友銀行からの借入金で賄い、増資払い込みによって返済するという方式がとられた。資本金は昭和十三年二月一〇〇〇万円、十五年九月二〇〇〇万円、十九年八月四〇〇〇万円（払込三五〇〇万円）と倍増していったが、返済が追いつかなくなり、住友銀行からの借り入れ残高は、十六年末七六二万円、十七年末一一三七万円、十八年末一〇三六万円、二十年三月末二一六九万円へ膨張した。この他に海軍の命令による発着兵器関係の第二次金物工場起業予算二三〇〇万円については、戦時金融公庫から借り入れたので、その残が十八年末で六〇〇万円、二十年三月末で一二〇〇万円に達していた。

昭和十三年二月の増資の際、化学、銀行、信託、生命の四社が新たに株主に加わったが、連系会社以外で安川電機製作所が二万株を取得し、さらに同年五月安川電機が資本金を五〇〇万円から七五〇万円に増資した際、住友機械が一二五万円（二万五〇〇〇株）を出資するという株式の持ち合いが生じた。これは住友機械が八幡製鉄所に対する製鉄機械の売り込みに関し、同じく地元の八幡製鉄所の電機品の売り込みを図っていた安川電機と提携したものである。昭和九年一月大合同により日本製鉄が誕生して、購買窓口は八幡から東京本社へ移っていた。因みに住友機械の主要販売先において日本製鉄は昭和十一年一三四万円、十二年一一七万円といずれも筆頭の地位にあった。なお十五年九月の住友機械の増資の際、安川電機は新株の割り当てを辞退したが、住友機械は昭和十九年四月の安川電機の倍額増資の際これに応じ、終戦時には五万株（二五〇万円払込）保有していた。

同社設立以来主管者の地位にあった三村起一は昭和十八年十月会長に退き、後任の専務に大日本鑛業専務小関良平（T6東大法、「五(二)1　大日本鑛業株式会社の経営の承継」参照）が起用された。小関はかって昭和七年七月から九年二月まで別子支配人兼新居浜製作所長を務めたことがあった。昭和十九年一月社長制の採用により、小関が社長へ昇格し終戦

一〇八四

[104]

に至った。これは昭和十八年十月公布、十二月施行された軍需会社法により住友機械が軍需会社に指定されたことと関連するが、軍需会社については改めて「株式会社住友本社(中)」の章で検討することとしたい。

　(七)　住友伸銅鋼管と住友製鋼所の合併による住友金属工業株式会社の発足

　住友合資会社は、昭和十年九月住友伸銅鋼管(資本金二五〇〇万円)と住友製鋼所(資本金一五〇〇万円)を合併して、住友金属工業株式会社を発足させた。手続的には伸銅鋼管が一五〇〇万円増資し、製鋼所株主に一対一で割り当てた。さらに合併直後に一〇〇〇万円増資し、新資本金は五〇〇〇万円(払込四五〇〇万円)となった。株主は住友合資(九七万二二五〇株)と住友家(二万八七五〇株)であった。主管者の専務には伸銅鋼管の主管者専務であった古田俊之助(M43東大工・採鉱冶金)が就任したが、製鋼所の主管者専務であった荒木宏(M38東大工・機、山陽鉄道・鉄道院・鉄道省、T11住友入社)も古田の下で専務となった。荒木は古田より年長であったが、住友部内の席次で、古田は既に昭和九年一月高等職員になっており、逆に荒木は新会社発足直前の八月に満五五歳の停年を迎えて三年間の停年延長となっていた。

　合併に際し、そもそもこの両社は歴史的にみて発展の経緯が全く異なっており(「住友総本店(中)」七　住友鋳鋼場の株式会社への移行」及び「住友合資会社(中)」五(一)　住友伸銅所の住友伸銅鋼管株式会社承認の起案(昭和十年九月十三日提出、十四日決裁例第九四号「金属工業会社事務章程制定ノ件」)においても、次のような抽象的な理由に止まっていた。

　金属工業会社事務章程ハ、各種機関ノ機能ノ区別ニ従ヒ(1)一面ニ於テハ中央統一主義ヲ強化スルト共ニ、(2)他面ニ於テハ分権的制度ヲ併セ採用スルモノトス。

　即チ本案ニ於テハ、

　　第二部　住友合資会社

第四章　住友合資会社（下）

（1）一方今回ノ伸銅、製鋼両社合併ノ一大眼目タル経営ノ合理化並技術ノ改良進歩ニ資スル目的ヲ以テ、中央部ニ人事、労務、庶務、購買、販売、経理、技術研究等ノ諸機関ヲ統一集中シ、以テ中央統一主義的色彩ヲ著シク帯ブルト共ニ、

（2）他方各工場現場ノ操業ニ付テハ、何レモ従来ノ伝統並訓練ヲ尊重シ、各其ノ長所ヲ発揮セシムル目的ヲ以テ、大体現在ノ組織維持ノ方針ノ下ニ各工場ニ

製造、研究、検査、業務

ノ四種ノ部（課）ヲ分属セシメ、以テ此ノ範囲ニ於テハ分権主義的色彩ヲ具ヘ居ルモノトス。

既に「住友合資会社（中）」の「五三　住友別子鑛業所の住友別子鑛山株式会社への移行」で述べたように、この合併の真因は、古田によれば両社の側にあったのではなく別子鉱山にあった。

（一）住友（合資）は当時資金を望んだ。それは既に老朽化して衰頽した別子に代わって小坂銅山の買収を企図したのである。そこで小倉総理事から古田に、住友伸銅鋼管の株式を売ってその資金を得たいとの相談があつた。私は住友の為めにそれもやむを得ないと考へ、その決心をした。

（二）所が歴史を見れば明瞭の如く、伸銅鋼管は全く海軍によつて大きくなつて来た。海軍と一体の会社であり、その信任を受け、その援助により消長し、その発展に貢献して来た。今会社の株式を公開して他の資本が流入すると、海軍が承知しないだらう。そこでこの株式公開をカモフラージュする為に、住友製鋼所と合併して、住友金属工業と云ふ一体を作ったのである。

（三）即ち住友製鋼所は伸銅鋼管程に海軍色が濃厚でない。合併して金属として公開する方が差し障りが少ないと考

へた事と、又一つには製鋼所の方には云ひにくいが、その方が又製鋼所の株式が有利に売れる事も考へた。

(四)持株率は大体今迄の情勢(先例)と経験から三〇パーセント保有すれば、十分コントロール出来ると考へた。勿論相当社員にも持たせた。こうして私と小倉さんの間で合併の事が定った。

併し右の小坂鉱山買収の議は、その後間もなく発生した帝人疑獄事件に鑑みて、実行すれば世間の誤解を招くと考へたので取り止めた。

発足後昭和十年末合資会社は、住友金属株式五六万三三二〇株を一株七八円で公開し、四三九三万円余の資金(そのうち一五七七万円余が差益)を得ることができた。しかし古田の言によれば帝人事件のために小坂鉱山の買収は見送られてしまったのである。

古田俊之助は、昭和十一年五月合資常務理事川田順が依願退職すると理事兼任となり、さらに十三年一月には総理事小倉正恆の後継者と目される専務理事に就任したため、金属では専務から小倉に代わって会長となった。後任の金属の主管者専務には、常務春日弘(M44東大法)が専務の荒木を越えて昇格した。荒木は間もなく八月に停年延長満期となって住友を去った。春日はその後昭和十六年十月連系会社では初めて社長に就任した。住友では、大正十年合資会社設立以来、昭和十二年の住友本社に至っても社長は家長住友吉左衛門のことを意味し、連系会社では各社とも専務乃至常務制を採用してきた。住友金属を最初として、連系会社は次々と社長制を採用することとなるが、その詳細は改めて「株式会社住友本社(中)」で検討することとしたい。住友金属が何故最初に社長制を採用するに至ったのかは明らかではないが、当時住友金属は連系会社の中で最大の軍需会社として海軍の監督下にあり、「最高責任者としての社長の必要性」について海軍の圧力があったと考えられ、又統制が進むにつれて業界の会合で住友金属よりもはるかに規模の小さい企業の社長達が、社長ということで専務の春日よりも上席を指定されるという会社の格の問題も生じていた。

第四章　住友合資会社（下）

昭和十八年七月本社商工課関係事業説明資料によると、同社の概況は次の通りであった（数字は昭和十八年三月末現在、但しその後十月末現在の括弧内の数字に修正されている）。

金属工業ニ於テハ大東亜戦争遂行上特ニ急速整備ヲ要望セラレ居ル、航空機材、艦船材並各種兵器ノ製造ヲ担当スル超重点生産業者トシテ、遙ニ能力ヲ超ユル膨大ナル生産要望ニ接シヲル所ニシテ、之ガ消化ニ繁忙ヲ極メ居レリ。而シテ予テ建設中ノ神崎製作所、名古屋軽合金製造所及和歌山製鉄所等ノ新工場ノ操業開始ニヨリ、生産力ハ著シク増強セラレタルモ、之ガ本格的操業ニ入ルベク鋭意工事促進ニ努力シ居ルト共ニ、一方軍要望ニ基ク彪大ナル新工場ノ建設ヲ控ヘ、一面生産一面建設ヲ併行実施シ、軍需要ノ供給増大ニ全力ヲ注イデ居ル現状ナリ。

斯テ当社ノ業容ハ、左記ノ如ク公称資本金四億円、払込資本金二億五〇〇〇万円（三億円）ニシテ、職員七四〇七名（八六六七名）、労働者四万九七七〇名（五万七七六一名）ヲ擁シ、工場敷地二六五万八八七二坪（四〇二万二九三七坪）、工場建坪二二万七四四一坪（三〇万二九五坪）、昭和十八年度予想販売高五億八六〇〇万円ノ大会社トナリ、住友連系会社中名実共ニ第一二位シヲレリ。

このような設備拡張状況を整理すると次の通りである。

① 鉄鋼関係

製鋼所

・昭和十八年七月富山製作所（航空機用鍛鋼品）を新設。十九年五月岡崎機業場を転用し同魚津支所（磁石鋼）を新設。
・十八年十月乾製紙工場を買収し吹田支所（磁石鋼）を新設。

鋼管製造所

・十八年八月興亜紡績大口工場の現物出資を得て松阪製作所（航空機用鋼管）新設。

和歌山製鉄所

・十五年十二月銑鋼一貫作業を企図して和歌山工場着工、十七年四月和歌山製鉄所新設。

住友で初めて計画された銑鋼一貫の製鉄所の建設について、当時製鋼所技術部副長兼研究部副長であった齋藤省三（T6東北大理・物理、のち技師長・取締役鉄鋼研究所長）は次のように述べている。

昭和十二年支那事変後スクラップ事情が切迫して来た。種々計算調査したが、入手量不足を来すことが判明、住友金属では「臨時鉄屑に関する委員会」を作り研究した。この結果鉄屑は今後四十万屯程要る。しかし国内、米国からは之は入手出来ぬとの結論になった。それで一貫作業をやって鉄屑を節約しなければならぬ。でないとスクラップで行き詰まるに違ひないと考へた。私は一貫作業を建議した。

一方当時営業所鋼管部長であった河村龍夫は次のように述べている。

白石社長（註、日本鋼管社長白石元治郎）と春日常務の対談に、ウィットネスのような役目で随伴させられて大阪倶楽部で午餐を共にしたことがある。話は、白石社長から住友も溶鉱炉をつくれという提案である。

「高炉があるのは、私のところだけなので、八幡の圧迫と横暴は目にあまるものがあるから、住友さんも高炉を造って下さいよ。共同で八幡に対抗しようではないか。」

「御主旨はよく解りました。古田に話して本社に伺いを立てましょう。」

「建てるのは堺がいいですよ。図面も差上げますから遠慮なく有仰って下さい。人も出しますし、どんな御援助でも致しますよ。」

昭和十四年末和歌山県から工場誘致の話があり、本社の土地買収の許可が下りて、十五年二月から本社地所課が、地所売買を営業科目に掲げていて臨時資金調整法の許可が得られるので、土地買収に当たり、金属が土地を本社から借用

第二部　住友合資会社

一〇八九

第四章　住友合資会社（下）

する形式をとった。この結果住友の第三基地（当時本社では新居浜を第一基地、島屋・桜島を第二基地と称し、これらが行き詰まったので、第三基地を求めていた）と称しながら、一部化学が進出しただけで、殆ど金属の敷地となった。齋藤は十五年九月臨時和歌山工場建設部副長兼務となって和歌山の建設に当たっていたが、十六年一月技師長兼製鋼所研究部長となり、十七年四月和歌山製鉄所が設置されると技師長兼和歌山製鉄所銑鉄設備建設部長として、念願の高炉建設に着手した。しかし戦局の緊迫化につれて、十九年二月政府は閣議において「未完成工事の整備戦力化に関する件」を決定し、住友金属は三月鉄鋼について軍需省から拡充計画の再検討を指令された。この結果和歌山製鉄所の銑鋼一貫作業は断念されることとなり、五月一日銑鋼設備建設部は廃止されるに至った。

② 非鉄関係

伸銅所

- 十八年七月東洋紡績堅田工場の現物出資を得て堅田製作所（軽合金鋳物）新設。
- 十八年七月柏原紡織工場を買収して柏原支所（高角砲薬莢）新設。
- 十九年一月住友アルミニウムの事業継承により、同社八尾工場（アルミ板・箔）を八尾支所と改称。

名古屋軽合金製造所

- 十五年五月名古屋工場（ジュラルミン）着工。十六年九月名古屋軽合金製造所新設。
- 十八年四月名古屋製陶鳴海工場を買収して鳴海支所（軽合金小物鍛造品）新設。十九年六月鳴海製作所と改称。
- 十八年七月伸銅所豊橋製作所（軽合金小物鍛造品）新設。二十年四月名古屋軽合金製造所豊橋製作所と改称。

プロペラ製造所

- 十二年十一月伸銅所プロペラ工場を分離、プロペラ製造所新設。十八年三月桜島支所、二十年七月桜島製作所と改

第41表　住友金属の工場一覧（昭和20年8月15日現在）

工　場　名	所　在　地	通称番号	変更後
製鋼所	大阪市此花区島屋町249番地	近泉5	神武1005
同　富山製作所	富山市大字森字一副割50番地	東泉51	護国151
同　同魚津支所	富山県下新川郡魚津町大字下村本町2918番地（現魚津市）	東泉511	護国1093
同　吹田支所	吹田市4660番地	近泉52	神武1052
同　淀川工場	大阪市此花区高見町	近泉501	神武1501
同　市岡工場	大阪市港区市岡元町2丁目	近泉502	神武1502
鋼管製造所	兵庫県尼崎市東向島西之町28番地	近泉6	神武1006
同　松阪製作所	三重県松阪市大字大口字新地1478番地	東泉61	護国1959
和歌山製鉄所	和歌山市湊1850番地	近泉7	神武1007
伸銅所	大阪市此花区島屋町56番地	近泉1	神武1001
同　堅田製作所	滋賀県滋賀郡堅田町大字本堅田字志里広1350番地（現大津市）	近泉11	神武1011
同　柏原支所	大阪府中河内郡柏原町大字市村440番地（現柏原市）	近泉12	神武1012
同　八尾支所	大阪府中河内郡竜華町字安中73番地（現八尾市）	近泉13	神武1013
名古屋軽合金製造所	名古屋市港区千年字ロノ割500番地	東泉2	護国72
同　鳴海製作所	愛知県愛知郡鳴海町字伝治山3番地（現名古屋市天白区）	東泉21	護国73
同　豊橋製作所	愛知県宝飯郡小坂井村大字伊奈字南山新田350番地（現小坂井町）	東泉22	護国74
プロペラ製造所	兵庫県尼崎市東向島西之町28番地	近泉8	神武1008
同　海南工場	和歌山県海南市名高町	近泉801	神武1801
同　三田工場	兵庫県有馬郡三田町横山（現三田市）	近泉802	神武1802
同　豊中工場	大阪府豊中市柴原	近泉803	神武1803
同　池田工場	大阪府池田市畑	近泉804	神武1804
同　四条工場	京都市右京区西院馬場町	近泉805	神武1805
同　桜島製作所	大阪市此花区島屋町56番地	近泉85	神武1085
同　静岡製作所	静岡市大字高松字阿原700番地	東泉83	護国79
同　津　製作所	三重県津市大字下部田728番地	東泉84	護国153
同　広野製作所	兵庫県有馬郡広野村（現三田市）	近泉81	神武1081

出典：『住友金属工業株式会社五十年史（未定稿）』第九分冊（昭和17―20年）

第四章　住友合資会社（下）

構成の推移　　　　　　　　　　　　　　　　　　　　（単位：株）

| 15年3月末 || 18年3月末 || 20年3月末 | 20年8月15日 |
旧　株	新　株	旧　株	新　株		
550,800	544,700	1,013,800	1,024,800	1,718,900	1,724,970
205,700	239,300	187,900	187,900	363,370	363,420
110,000	100,000	261,800	261,800	571,680	578,280
74,110	65,420	111,680	110,880	192,410	187,030
25,900	20,400	56,800	56,800	113,600	113,600
5,000	5,000	15,000	15,000	32,100	32,100
60,000	60,000	115,000	115,000	227,000	227,000
2,000	2,000	20,200	22,200	32,700	32,720
				12,400	12,400
				8,500	8,500
1,033,510	1,036,820	1,782,180	1,794,380	3,272,660	3,280,020
2,000,000	2,000,000	4,000,000	4,000,000	8,375,000	8,375,000
51.8		44.7		39.1	39.2

・十五年五月神崎工場着工。十六年四月神崎支所新設。十八年三月プロペラ製造所桜島から神崎へ移転、神崎製作所と改称。九月プロペラ製造所は神崎製作所を吸収。
・十八年三月静岡製作所新設。
・十八年九月東亜紡織津工場の現物出資を得て津製作所新設。
・二十年五月広野製作所新設。

これらの工場は防諜上通称番号制がとられた。近畿軍需監理部管轄下は「近泉」（のち神武）、東海軍需監理部管轄下は「東泉」（のち護国）と略称した。また昭和二十年に入ると空襲に備えて、近郊の学校校舎を転用するなどして工場疎開が行われた（第41表）。

こうした設備投資の所要資金として、資本金は昭和十二年五月一億円、十四年十一月二億円、十八年三月四億円へと倍額増資が繰り返された。なお最後に十八年十一月の四億一八七五万円への増資は、既に述べた工場の現物出資に伴うもので東洋紡績一八万株、興亜紡績一一万四五〇〇株、東亜紡織八万五〇〇〇株計三七万五〇〇〇株が割り当てられた（第42表）。この他に長期借入金は二十年三月末現在で四億〇五〇万円に達し、借入先は住友銀行二億五〇万円、戦時金融公庫二億円、帝国燃料興業四〇〇〇万円であった。帝国燃料興

第42表　住友金属の株主

株主名	昭和10年9月21日 旧株	昭和10年9月21日 新株	11年3月末 旧株	11年3月末 新株	12年9月末 旧株	12年9月末 新株
住友合資・本社	777,000	194,250	212,680	155,250	277,750	277,750
住友家	23,000	5,750	24,000	5,750	119,900	119,900
住友銀行			50,000		50,000	50,000
住友信託			28,250	9,000	37,290	37,320
住友生命保険			5,000		5,000	5,000
扶桑・住友・大阪住友海上			2,500		2,500	2,500
住友電線・電気工業				30,000	30,000	30,000
日本電気・住友通信工業					1,000	1,000
住友化学工業						
住友土地工務						
住友系計　A	800,000	200,000	322,430	200,000	523,440	523,470
発行済株数　B	800,000	200,000	800,000	200,000	1,000,000	1,000,000
A／B×100(％)	100.0		52.2		52.3	

出典：投資会社調（連系会社・関係会社）1、住友金属株主名簿。

業の融資は、和歌山製鉄所における人造石油用特殊鍛鋼品製造設備（一万二〇〇〇トンプレス）資金であった。さらに不足分については十六年三月から社債が発行され、その発行額は二十年三月末には二億三六五〇万円に達していた。

昭和十八年九月政府は航空機増産を目的として、内閣顧問藤原銀次郎（元王子製紙社長、商工相のち軍需相）を査察使とした行政査察を実施した。住友金属でも名古屋軽合金製造所、伸銅所、プロペラ製造所がその対象となった。当時プロペラ製造所長であった杉本修（T2海軍機関学校、海軍航空技術廠飛行機部長、海軍少将、S16退役、S17住友入社）は次のように述べている。

やがて、プロペラ増産の急ピッチ体制が強く要請されるに至り、この実現を計るため、政府は行政査察使を重要生産工場に派遣された。住友金属にも藤原銀次郎氏が査察使としてやって来られ、わが製造所にも来られて、相当厳しい増産要求が提示された。この要求は現状としては極めて過酷なものであったが、非常命令とあってはお受けするほかない。私は「総員死力を尽してこの達成に邁進致す覚悟です」と、誠意を披瀝して答申したが、査察使一行に相当好感を与えたようであった。その時査察使は

一〇九三

第四章　住友合資会社（下）

第43表　住友金属の工場別プロペラ生産実績
（単位：本）

工場名	昭和16年	17年	18年	19年	20年
神崎	680	4,260	12,300	16,482	3,209
桜島	7,575	9,340	12,000	12,469	2,016
静岡	0	0	0	1,985	532
津	0	0	0	1,660	306
合計	8,255	13,600	24,300	32,596	6,063

出典：「戦略爆撃統計調査」但し年度。

（参考）日本のプロペラ・機体生産実績

プロペラ	12,621	22,362	31,703	54,452	19,922
機体（機）	5,088	8,861	16,693	28,180	11,066

出典：J.B.コーヘン『戦時戦後の日本経済』上巻305頁但し暦年。

工場設備の完備しているのに着目し、こんな立派な工場は他にない、どうか設備を全幅に活用して増産に努力してもらいたいと述べられたのは、印象的であった。

これに対し査察使側の見方は次のように一八〇度異なるものであった。次は住友金属プロペラ製造所である。ここでは桜島支所と松阪製造所（註、津製作所のことか）の新設ヲ計画シアルモ、驚キタルコトハ其ノ贅沢サナリ、即一日一〇時間作業夜業ハ昼業ノ二五％ニ過ギズ、設備機械ノ遊休甚ハダシ、堂々タル鉄骨建物ノ下デ広範囲ニ手仕事ヲナシアル等ノ状況ニ於テ、之ヲ基礎トスル算術増ノ拡充計画ナルコトニシテ、此施設ノママニシテ優ニ三〜四倍ノ増産ハ可能ト認メラレタリ」。査察側は同様に状況を説明し、会社側もこれに応じて資料を再提出することとなった。

このような会社側の態度は査察側からすれば「何レモ其感覚ガ余リニモ産業人トシテ鈍感ニ過グルニアラズヤ」と受けとめられていた。

一七〇〇本を生産していたが「更ニ将来ノ拡充ノ為松阪製造所（註、

さらに査察側は「工員ノ仕事振リガコノ決戦下ニ余リニモ物足ラナイ」と見ていた。その原因としては指導者の陣頭指揮の不十分、現場監督、技術陣の人数不足、工程管理の不十分をあげた。

こうした査察側の指摘は情勢の変化によるとはいえ、当然の帰結であって、後に実施された本社査業課長日向方齊の

一〇九四

抑制策は遅きに失した感があった。さらに神崎工場は、「住友合資会社(中)」の「五㈠」住友伸銅所の住友伸銅鋼管株式会社への移行」で述べたように、陸海軍共用ではあったが、工場内は別棟になっており、その後静岡製作所は海軍用、津製作所は陸軍用と工場そのものが別個に建設されるというように、陸海軍の対立が無視できないものとなっていた。藤原の査察の結果は、十月三十一日の軍需会社法の公布や十一月一日軍需省の設置(軍需相は首相東条英機の兼務)となって現れた。藤原自身も国務相として入閣し、さらに十九年七月東条内閣が総辞職し、小磯国昭が後継内閣を組閣すると軍需相として入閣した。

一方住友本社では、昭和十九年二月直轄鉱山の経営を住友鑛業へ移管するのに伴い、経理部鉱山課と商工課を廃止して、査業課、企画課、調査課を設置した。日向方齊(S6東大法、のち金属社長)は、前総理事小倉正恆の第二次近衛内閣国務相、第三次近衛内閣蔵相就任に伴い秘書官を務めた後本社に復帰し、十七年四月鉱山課長となっていたが、この異動で初代査業課長となった。日向は当時の状況を次のように述べている。⑾

査業課は住友本社のすべての子会社や直轄事業の現業部門を監督、指導する強力な権限を持っていた。(中略)戦局はいよいよ不利となっていたが、私は河井さん(註、河井昇三郎、T4東大法、当時本社常務理事兼経理部長、のち大阪建物社長)のもとで仕事に没頭、本社直轄の鉱山事業を住友鑛業に移管して鉱業の一元化を実現したり、土地関係の事業を統合して住友土地工務を設立するなど、思い切った施策に取り組んだ。資本金も戦時体制に入った昭和十二年から六年間で一億円から四億円に急増、住金一社で住友財閥の公称資本金十億三千万円の四割近くを占めていた。私は戦況極めて不利と感じていたので、松阪、静岡、津、住友金属工業の無謀ともいえる膨張計画を抑制することにも力を入れた。当時の住金は「東の三菱重工、西の住金」と称される巨大な軍需会社にのし上がっていた。しかも十九の工場が用地や工場の拡充計画を競っていた。

第二部　住友合資会社

一〇九五

(昭和6〜11年)　　　　　　　　　　　　　　　T＝大正　S＝昭和

8 年	9 年	10 年	11 年	
			→	(小倉)
		→5.9		(川田)
			→	(鷲尾)
			→	(松本)
			→	(八代)
			→	(今村)
		→5.10		(秋山)
			→	(鷲尾)
→12.21	1.1─────	────────────	────→	(山本)
		5.9─→		(國府)
		5.9─→		(古田)
			→	(松本)
→12.1			→	(川田)
12.1			→	(田中)
→12.1			→	(大屋)
12.1			→	(山本)
→12.1			→	(大屋)
12.1			→	(河井)
				(日高)
→5.17			→	(長谷部)
			→	(矢島)
				(矢島)
				(小関)
			→	(稲井)
		→9.1		(小池)
		9.1─→		(小池)
		10.1→		(近藤)
				(多田)
→12.11			→	(佐伯)
12.11			→	(平賀)

(昭和6〜11年)　　　　　　　　　　　　　　　T＝大正　S＝昭和

8 年	9 年	10 年	11 年	
			→	(八代)
			→	(大平)
			→	(加賀)
				(岡橋)
			→	(大島)
	3.5────	─→	→	(十亀)
1.30──	──────	──→9.17		(荒木)
→1.30				(荒木)
		→9.17		(田中)
2.25──			→	(田島)
→2.25				(山本)
		1.28─→5.9		(秋山)
		5.9─→		(小畑)
		→1.28		(秋山)
		1.28─→5.9		(小畑)
		7.31────	─→	(別宮)

(付表1)住友合資会社幹部一覧表

		就任年月日	昭和6年	7年
総 理 事	小倉 正恆	S 5. 8.12		
常 務 理 事	川田 順	S 5. 8.12		
〃	鷲尾勘解治		2.24 ─────→	4.4
理 事	松本 順吉	S 5. 8.12		
〃	八代 則彦	S 5. 8.12		
〃	今村 幸男	S 5. 8.12		
〃	秋山武三郎	S 5. 8.12		
〃	鷲尾勘解治	S 5. 8.12	─→ 2.24	4.4
〃	山本 信夫			
〃	國府 精一			
〃	古田俊之助			
監 事	松本 順吉	S 3. 5.14		
人 事 部 長	川田 順	S 5. 8.12(兼)		
	田中 良雄			
経 理 部 長	大屋 敦	T14.10. 1		
〃	山本 信夫			
総 務 部 長	大屋 敦	S 5. 8.12(兼)		
	河井昇三郎			
工 作 部 長	日高 胖	S 3. 5.14	─→ 4.14	
〃	長谷部鋭吉		4.14	
東 京 支 店 長	矢島 富造	S 3.11. 1		
東京販売店支配人	矢島 富造	T10. 5.19	─→ 11.12	
〃	小関 良平		11.12 ──→	7.1
〃	稲井 勲造			7.1
鴻之舞鉱業所支配人	小池寶三郎	S 3. 3. 1		
北日本鉱業所長	小池寶三郎			
朝鮮鉱業所長	近藤 次彦			
林業所支配人	多田平五郎	T10. 5.19	─→ 1.14	
〃	佐伯 正芳		1.14	
〃	平賀 五郎			

(付表2)連系会社・特定関係会社幹部一覧表

		就任年月日	昭和6年	7年
住友銀行専務取締役	八代 則彦	T15. 5. 4		
〃 常務取締役	大平 賢作	T15. 1.13		
〃 〃	加賀覺次郎	S 2. 9.10		─→ 2.10
〃 〃	岡橋 林	S 5. 9.10		
〃 〃	大島 堅造			3.10
〃 〃	十亀 盛次			
住友製鋼所専務取締役	荒木 宏			
〃 常務取締役	荒木 宏	S 3. 5.22		
〃 〃	田中 作二		1.30	
大阪北港常務取締役	田島房太郎	S 2. 4.14	─→ 2.9	
〃 〃	山本 五郎		2.24	
住友電線製造所専務取締役	秋山武三郎			
〃 〃	小畑 忠良			
〃 常務取締役	秋山武三郎	T14. 2.23		
〃 〃	小畑 忠良			
〃 〃	別宮 貞俊			

8 年	9 年	10 年	11 年	
			──────────────────▶	（大石）
				（山本）
			5.9 ─────▶	（北澤）
			5.9 ─────────▶	（松井）
▶ 4.26				（川田）
4.26 ──────────────▶ 12.28				（多田）
		12.28（兼）───────▶		（河井）
1.28 ─▶ 12.1	（S 9.2.15住友化学工業と改称）			（山本）
12.1 ──────────────────────────▶				（大屋）
▶ 1.28				（山本）
1.28 ──────────────────────────▶				（矢崎）
		1.30 ─────────▶		（羽室）
			▶ 5.9	（國府）
			5.9 ─────▶	（北澤）
2.17 ──────────────────▶ 2.24				（阪本）
──────────────────────────────▶				（今村）
				（佐藤）
──────────────────────────────▶				（今井）
1.30 ──────────────▶ 9.17				（古田）
▶ 1.30				（古田）
		▶ 9.17		（春日）
		2.18 ▶ 9.17		（木下）
				（鷲尾）
				（田島）
	▶ 7.25			（龍野）
	7.25 ──────────────────▶			（三村）
				（龍野）
	▶ 7.25			（三村）
	7.25 ──────────────────────────▶			（荒川）
	（S 9.5.24四國中央電力と改称） ─────▶			（吉田）
▶ 8.26				（小川）
9.21 ──────────────────────────▶				（古市）
──────────────────────────────▶				（小山）
	▶ 6.30			（荒川）
	6.30 ──────────────────────▶			（矢島）
──────────────────────────────▶				（志田）
			10.1 ─────▶	（近藤）
			10.1 ─────▶	（進藤）
8.10（兼）──────────────────────▶				（小池）
	6.30 ──────────────────────▶			（山本）
	9.17（兼）──────────────────▶			（古田）
	9.17 ──────────────────────▶			（佐伯）
	11.1（兼）──────────────▶			（三村）
		9.17 ─────────▶		（古田）
		9.17 ─────────▶		（荒木）
		9.17 ─────────▶		（田中）
		9.17 ─────────▶		（春日）
		9.17 ─────────▶		（木下）

		就任年月日	昭和6年	7 年
日米板硝子常務取締役	大石 公平	S 2. 2.28	──(S 6. 1.16日本板硝子と改称)──	
住友倉庫常務取締役	山本 五郎	T15. 1.20	▶2.24	
〃　　〃	北澤敬二郎		2.24──	
〃　　〃	松井 孝長		2.24──	
住友ビルデイング常務取締役	川田 順	S 3. 5.22(兼)		
〃　　　　　〃	多田平五郎			
〃　　　　　〃	河井昇三郎			
住友肥料製造所専務取締役	山本 信夫			
〃　　　　　〃	大屋 敦			
〃　　　常務取締役	山本 信夫	S 4.12. 5		
〃　　　　　〃	矢崎 摠治			
〃　　　　　〃	羽室 廣一			
住友生命保険専務取締役	國府 精一	T14. 6.30		
〃　　　　　〃	北澤敬二郎			
〃　　　常務取締役	阪本 信一			
住友信託専務取締役	今村 幸男	S 2. 9.10		
〃　　常務取締役	佐藤 重鎰	T15. 5. 4		▶6.7
〃　　　　〃	今井 卓雄			6.27
住友伸銅鋼管専務取締役	古田俊之助			
〃　　　常務取締役	古田俊之助	S 3. 8.17		
〃　　　　　〃	春日 弘			2.13──
〃　　　　　〃	木下 亮吉			
住友別子鑛山専務取締役	鷲尾勘解治	S 5. 2.28	▶2.24	
〃　　　　　〃	田島房太郎		2.24──	▶6.8
〃　　　　　〃	龍野 昌之			6.8
〃　　　　　〃	三村 起一			
〃　　　常務取締役	龍野 昌之	S 5. 2.28		▶6.8
〃　　　　　〃	三村 起一			2.13──
〃　　　　　〃	荒川 英二			
土佐吉野川水力電氣常務取締役	吉田 貞吉	S 2. 7. 1		
住友炭礦常務取締役	小川 良平	S 5. 4. 1		
〃　　　〃	古市 六三			
扶桑海上火災保険専務取締役	小山 九一	S 5. 3.28		
大日本鑛業専務取締役	荒川 英二		6.30──	
〃　　常務取締役	矢島 富造			
日本電氣専務取締役	志田 文雄			6.8──
土肥金山専務取締役	近藤 次彦			9.6──
〃　　　〃	進藤淳之佑			
静狩金山常務取締役	小池寶三郎			
住友アルミニウム製錬常務取締役	山本 渙			
満洲住友鋼管専務取締役	古田俊之助			
〃　　　常務取締役	佐伯 正芳			
住友機械製作常務取締役	三村 起一			
住友金属工業専務取締役	古田俊之助			
〃　　　　　〃	荒木 宏			
〃　　　常務取締役	田中 作二			
〃　　　　　〃	春日 弘			
〃　　　　　〃	木下 亮吉			

註：後年連系会社・特定関係会社に指定された会社を含む。

第四章　住友合資会社（下）

名古屋、富山といった地方の工場を抑えに回った。例えばプロペラ工場は供給先の飛行機会社の能力を上回る生産力の増強を図ろうとしていた。軍の政策に協力するとはいえ、無意味な投資は必要ない。「負けた場合にどうするか」を真剣に考えていた（註、既に述べたように昭和十九年二月の閣議決定に基づき、住友金属は軍需省から三月の鉄鋼の他に二月にプロペラ、四月に軽合金について拡充計画再検討の指令を受けていた）。

日向は四月には住友金属企画課長兼務となり、七月住友金属に移籍した。移籍後直ちに全工場を訪ねて回り、増設計画などを凍結した。二十年三月からB29の爆撃は本格化し、三月に名古屋軽合金製造所、四月には静岡製作所が被爆、六月プロペラ製造所は全焼、七月伸銅所と桜島工場は爆弾の集中投下を浴び全滅し終戦に至った。

なお住友金属が計画した銑鋼一貫の製鉄所は、戦後改めて同じ和歌山で計画され、第一号高炉の火入れ式が行われたのは、当初の計画から二〇年後の昭和三十六年三月のことであった。

註

(1) 住友合資会社総務部会計課「昭和十一年度雑件書類」。

(2) 『住友林業社史』上巻（住友林業株式会社　平成十一年）一〇〇～一二〇五頁。

(3) 竹腰健造『幽泉自叙』（創元社　昭和五十五年）一六一、一六二頁。

(4) 川田順『住友回想記』（中央公論社　昭和二十六年）二四、二五頁。但し川田順は昭和八年下期を昭和七年下期と誤認している。

(5) 牧野伸顕『牧野伸顕日記』（中央公論社　平成二年）二五九、二六〇頁。

(6) 原田熊雄述『西園寺公と政局』第一巻（岩波書店　昭和二十五年）緒言六、七頁。原田熊雄を住友が嘱託として採用したことについての住友内部の評価は次のように分かれている。

① 川田順（当時合資常務理事）『住友回想記』一三七、一三八頁。

湯川の総理時代に西園寺公の秘書の原田熊雄を住友の嘱託として以来、おのづから住友人と政界の人達との交際が繁くなつたけれども、原田を利用してうまいことしようといふ如きけちな住友ではなかつた。そんなことを黙

認する西園寺公でもなかった。原田に俸給を与へ、又、彼の宴会費を支出してやることに依つて、間接に西園寺公の負担を軽減したといふだけのことだ。

② 土井正治(当時合資東京支店総務課長・支店長代理者、のち化学社長)氏談(昭和五十一年五月十九日)。

原田熊雄さんは西園寺さんの秘書で、政界上層部の連絡役でしたが、湯川さんや小倉、古田各総理事と西園寺さんとの取次ぎもやつていた。住友が中央政治の動きをキャッチするには重宝であつたと思うが、部長連の中にはいろいろなことで近付きになり、取り入るような人ができて、しまいには本社の人事問題にも口出しているやにも見受けられたのはよくないことだと思いましたね。

③ 住友寛一(住友吉左衛門友純長男)『続山荘贅語』四八〜五二頁。

少々余談に渉るが、父は何と云つても重役達には煙たがられてゐた。併し、父が歿してからは総理事にとつて住友一族中に怖いものはなくなつた。新しい当主(註、次男厚)は父の歿した時は、学習院中等科に在学中の未成年者であり、義兄の忠輝(長女孝と結婚、分家)は已に三年程前に故人となつてゐた。更に元総理事の鈴木も已に歿して居り、伊庭も二三年して歿したので、総理事にとつて憚る人は誰もない。総理事の畏れてゐるのはたゞ西園寺あるのみである。原田熊雄を嘱託として住友本社で雇傭したのはその頃の事である。そして傍ら西園寺の秘書の様な役目として住友本社と西園寺との連絡を愈々緊密ならしめ、且つ政界、宮中との連絡をとらしめる事にした。

初めて原田が秘書の様な役をする様になつた時西園寺は僕に「最近原田が来て呉れて大変役に立つ、彼は親切でマメで而も加藤高明(註、元首相)の秘書もやつてみた事があるので顔が広く大層便利である」と云つてゐた。また住友では社交家である原田を利用して元老、宮中、内閣、軍部など、連絡をとらしめこれによつて種々便宜を得んとした。原田は住友と宮中と政界と元老との連絡係の様なものになつた。元来原田は社交好きで誰でも自分の友達の様である。原田をよく知つてゐる僕の姉が、「原田さんは誰でも、知人の様に云ふ。ウイルソン(註、米国大統領)でもロイドジョージ(註、英国首相)でも皆自分の友達の様に云つてゐる」と笑つてゐた事がある。

原田を住友の嘱託として元老、政界、宮中、軍部要路と連絡をとらしめ原田は政界のメセンジヤボーイのやうになり、住友の私邸(註、麻布別邸)はこれらの人々の集会場の様になつた。かゝる時いつも原田が幹旋役である。

西園寺は原田を決してメセンジヤボーイ以上には用ひ

第二部 住友合資会社

一一〇一

第四章　住友合資会社（下）

なかった。けれども西園寺は已に引籠りきりで原田が西園寺の側に居り何事でも取次ぐ役であるから、西園寺に取り入らんとするものは勢ひ原田をおだてゝ御機嫌をとる様になった。併し硬骨な真面目な人士は却って反感を懐く様になった。また一方財閥が政治にまで関係してゐると一層人に疑惑の目を以て見られる様にもなった。

併し前述の如く西園寺は飽く迄原田を住友のメッセンジャーボーイであるとして使ってゐたのである。而して政治的にも経済的にも大した手腕のない住友の一嘱託である事はいつも念頭に置いてゐた。

唯先にも云った様に西園寺に接近せんとするもの、またその他にも原田が元老の秘書と云ふ役で如何にも政治家でゝもある様に思ひ彼を持上げた。ある時熱海から原田と同じ汽車に乗り合せた事があったが停車場毎に、部下を連れた警察署長と駅長とが一々丁重に出迎へ、停車しない駅（その汽車は急行であった）では顎紐をつけた巡査が直立不動の姿勢で敬礼をしてゐた。まるで皇族か大臣に対する様である。高貴な方がこの汽車に乗って居られるのだと一乗客が云ってゐた。住友の一嘱託である原田に対してかう云ふ事になるのは住友の為どうかと思ふ。自分は決して原田を悪く云ふのではない、それどころか原田は実にいゝ人である。西園寺も云った通り親切で忠実で顔が広いから使ひ歩きさせるには便利であ

る。併し住友として原田の様な人を雇ひ、元老、軍部、宮中、内閣などの連絡をとらしめ、便宜を得んとする事はよくない。「前家長様が御在世ならば原田の様な型の人は決して住友には入って来なかったであらう」と云ってゐた人があったが同感である。時勢の進展に伴ひ住友としてもかう型の人をも入れる事も或は必要であつたかも知れないが、いつも云ふ様に父は住友の事業が栄える事を何よりも望んでゐた。併しそれと同時に決して如何なる事をしても事業さへ栄えればいゝと云ふのではないと云ふのが父のモットーであった。（昭和十六年八月）

附記

最近原田日記なるものが出版せられた。昭和初年より大東亜戦争の勃発する前十数年間の政治関係を知る上に興味のあるものだが、世間ではこれの信憑性について種々云はれてゐるが自分もそれは絶対的のものではないと思ふ。大体西園寺はこの顔の広い原田を重宝がってゐたが政治的にも経済的にも大して手腕のない住友の一嘱託として扱ってゐて決して世間の一部で考へてゐる程重用してゐなかったのである。また政界要路の人でも必しも原田を信用してゐないものも相当あったから重要な事を一々原田に話したとも思はれない。

原田日記もその心算で読まないと真相を見誤る惧れが

(7) 同前第二巻一七七、一七八頁。

(8) 昭和二十四年一月十九日川田順氏談。

(9) 川田順『続住友回想記』(中央公論社 昭和二十八年)一八二頁。

(10) 当時合資会社人事部人事課員伊藤秀吉氏のご教示による。

(11) 松村謙三『三代回顧録』(東洋経済新報社 昭和三十九年)一九七〜二〇〇頁。

(12) 前掲原田『西園寺公と政局』第四巻四〇三、四〇四頁。

(13) 岡田啓介述『岡田啓介回顧録』(毎日新聞社 昭和二十五年)一三五頁。

(14) 前掲原田『西園寺公と政局』第四巻四一一頁。

(15) 同前四二五頁。

(16) 日本放送出版協会『短歌』平成三年二月—三月号。

(17) 註(9)に同じ。

(18) 中村隆英『昭和史Ⅰ1926-45』(東洋経済新報社 平成五年)一九六、一九七頁。

(19) 原・沢地・匂坂編『検察秘録二・二六事件Ⅱ』(角川書店 平成元年)三三七〜三六〇頁。

(20) 斎藤瀏『獄中の記』(東京堂 昭和十五年)一四五〜一五四頁。

(21) 「斎藤瀏氏追悼」(『心の花』昭和二十八年十月号)。

第二部 住友合資会社

(22) 註(19)に同じ。

(23) 山下陸奥「川田順の生き方」(角川書店『短歌』昭和四十一年四月号)。

(24) 武林無想庵『むそうあん物語』第15(無想庵の会 昭和三十五年)六八一、六八二頁。川田順「私の履歴書」第一六集 日本経済新報社 昭和三十七年)一八四、一八五頁。

(25) 五島茂「川田順 人と作品」(前掲角川書店『短歌』所収)。

(26) 日向方齊『私の履歴書』(日本経済新聞社 昭和六十二年)五六、五七頁。

(27) 註(1)に同じ。

(28) 前掲川田『住友回想記』一六〇頁。

(29) 同前三〇頁。

(30) 株式会社住友本社「投資会社調」(銀行・鉄道)7

(31) 『阪神電気鉄道八十年史』(同社 昭和六十年)一八四頁。

(32) 『東京急行電鉄50年史』(同社 昭和四十八年)二二〇〜二二三頁。

(33) 前掲「投資会社調」7

(34) 前掲「投資会社調」(船舶・雑)6

(35) 前掲「投資会社調」(電気瓦斯・保険・木材)8

(36) 蘇崇民『満鉄史』(葦書房 平成十一年)四六一〜四六三頁。

一一〇三

第四章　住友合資会社

(37) 『東北地方電気事業史』(東北電力株式会社　昭和三十五年)二四五～二四八頁。
(38) 前掲「投資会社調」(鉱業・土地建物)3
(39) 同前。
(40) 前掲「投資会社調」(化学)5
(41) 同前。
(42) 前掲蘇『満鉄史』四六八頁。
(43) 『日本電氣株式会社七十年史』(同社　昭和四十七年)一六五頁。
(44) 『安立電気五十年史』(同社　昭和五十七年)三九六頁。
(45) 前掲『日本電氣株式会社七十年史』一六五、一六六頁。
(46) 前掲「投資会社調」5
(47) 同前。
(48) 同前。
(49) 同前。
(50) 同前。
(51) 前掲「投資会社調」3
(52) 前掲蘇『満鉄史』四七七、四七八頁。
(53) 前掲「投資会社調」3
(54) 同前。
(55) 前掲「投資会社調」6
(56) 前掲川田『続住友回想記』一一七頁。
(57) 犬丸徹三『ホテルと共に七十年』(展望社　昭和三十九年)一〇六～一二三頁。新大阪ホテルに関しては木村吾郎『日本のホテル産業史』(近代文芸社　平成六年)二七七～二九五頁参照。
(58) 前掲「投資会社調」(機械・ホテル・信託)4
(59) 同前。
(60) 同前。
(61) 『国際電信電話株式会社二十五年史』(同社　昭和五十四年)一、一二頁。
(62) 前掲「投資会社調」6
(63) 同前。
(64) 印南博吉編『現代日本産業発達史』ⅩⅩⅦ保険(同研究会　昭和四十一年)一〇二～一〇四頁。
(65) 大倉財閥研究会編『大倉財閥の研究』(近藤出版社　昭和五十七年)一六七～一七〇頁。
(66) 前掲川田『続住友回想記』一七九、一八〇頁。
(67) 昭和二年信託側に住友合資会社に対する一〇五万円の貸付の記録がありながら、合資会社が信託からの借り入れを計上していない(「住友合資会社(中)」第26表参照)のは、次の資料から明らかなように、合資会社は加算税を免れるために住友家に対する通常の配当五〇万円の他に一〇五万円を増配した。住友家会計はこれを利益に計上せず仮入金として特定金銭信託にまわした。信託はこの一〇五万円を合資会社に貸し付けたが、合資会社は住友家からの預り金として処理したか

らである。この一〇五万円以降の増配分も同様の形で処理された（『住友合資会社（中）』第13表参照）。

① 昭和二年五月二十一日提出、六月六日決裁、合資会社総務部会計課主計係起案主雜第二十四号「合資会社利益処分ノ件」

（前略）合資会社ガ加算税ヲ免ルル為引続キ増配ヲ行フ時ハ、営業資金ノ増加小ニシテ事業拡張資金ニ欠乏スベク、又本家トシテモ徒ニ巨額ノ遊資ヲ擁スルコト、ナルヲ以テ、増配分ハ之ヲ本家ニテ使用セズ、当社ニ於テ運用スル事トセザルベカラズ。而シテ其ノ方法トシテハ、住友信託会社ノ特定信託預金ヲ利用シ、本家ガ増配ヲ受クルト同時ニ之ヲ住友信託ノ手ヲ経テ当社ニ貸付ケ、利息ハ増配ニヨル本家納税負担増ヲ差引タル残額ヲ元金ニ組入ルルコト、スベシ。斯クス時ハ、大体合資会社ノ金融ニ支障ヲ生ゼズ（後略）

② 昭和三年二月二十日提出、五月七日決裁、主雜第五号「住友家会計昭和二年度利益処分ノ件」

（前略）合資会社配当金ハ一、五五〇千円収入シタルモ、此ノ合資会社ガ同族会社加算税ノ賦課ヲ免ルル為ニ特ニ増配セルモノナルヲ以テ、毎年恒例ノ配当額五〇〇千円丈ヲ利益勘定ニ収入シ、増配分一、〇五〇千円ハ利益勘定ヨリ除外セリ（仮入金トシテ収入シ特定信託ヲ利用シ直ニ合資会社ニ貸付ケタリ）。

(68) 大島久太郎『住友信託物語』（住友信託銀行株式会社　昭和四十六年）一五六頁。

(69) 『住友信託銀行五十年史』（同行　昭和五十一年）三五〇頁。

(70) 同前。

(71) 『住友銀行八十年史』（同行　昭和五十四年）三六一頁。

(72) 『小倉正恆』（同伝記編纂会　昭和四十年）九四一頁。

(73) 佐鳥仁左「十三　住友経営時代を顧みて」（『日本電気ものがたり』同社　昭和五十五年）但し佐鳥は昭和九年の志田のドイツ出張を昭和十二年の米国出張と混同している。

(74) 日本政府及び日本GM・日本フォードの動向については、次の諸稿を参考にした。

宇田川勝「自動車製造事業法の制定と外資系会社の対応」（土屋・森川編『企業者活動の史的研究』第14章　日本経済新聞社　昭和五十六年）、大島・山岡『産業の昭和社会史⑪自動車』（日本経済評論社　昭和六十二年）、小平勝美『日本産業経営史大系第5巻自動車』（亜紀書房　昭和四十三年）

(75) 前掲原田『西園寺公と政局』第七巻一四二、一四三頁。

(76) 前掲『小倉正恆』七六六頁。

(77) 梶井剛『わが半生』（昭和四十三年）一五七頁。

(78) 梶井剛「小倉さんを憶う」（前掲『小倉正恆』所収）。

(79) 前掲『小倉正恆』三〇三頁。

(80) 坪井美雄「追憶三項」（前掲『小倉正恆』所収）

(81) 前掲「投資会社調」1

第四章　住友合資会社（下）

(82)「住友ノ鉱山及農林業」（住友本社経理部鉱山課　昭和十九年一月）。なお静狩金山については浅田政広『北海道金鉱山史研究』第二章静狩金山（北海道大学図書刊行会　平成十一年）が詳細である。

(83) 鴻之舞鉱山については『鴻之舞鉱山小史（四十年史稿）』（住友金属鉱山鴻之舞鉱業所鉱山史編纂委員会編　昭和三十二年）、『紋別市史』（紋別市役所　昭和三十五年）、『鴻之舞五十年史』（住友金属鉱山鴻之舞鉱業所　昭和四十三年）、『鴻之舞金山史』（住友金属鉱山同編纂委員会編　平成十五年）、前掲浅田『北海道金鉱山史研究』第一章鴻之舞金山が詳細である。但し金山発見の話はいずれも池沢「鴻之舞鉱山発見の真相」（昭和十四年）及び今堀「焼けを探ねて五十年」（昭和三十四年）に依拠しており、これらは当事者自身の後年の手記であるため検討が必要である。

(84) 前掲川田『住友回想記』四六〜四九頁。

(85) 前掲『紋別市史』八三六頁。

(86) 石松尚成「鴻之舞金山由来記」（昭和二十九年十二月五日記）

(87) 前掲『紋別市史』八五三頁。

(88) 同前書四一頁によると組合員は中野を除く八名であったという。それならば中野は飯田の完全なダミーということになる。

(89) 久原側の記録、深見俊三郎「高王鉱山の思い出」（『創業五十周年回顧録』日本鉱業株式会社　昭和三十一年）によれば次の通りである。

買鉱課在勤中に於ける買山の思い出は数々あるが、何といっても残念だったのは、鴻之舞を買山出来なかったことである。はじめて見に行った時は、日立でありあらかじめサンプルだけを見て出掛けたのであるが、大変不便なところで、紋別までは馬に揺られて行つた。

それから更に鉱山に行つて見ると露頭が崩れた転石を見ても、外の露頭を調べて見ても、普通の露頭とは異り、はつきりした露頭とはいい難いが、甚だ規模の大きいことが分り、大いに触手が動いた。

当時鴻之舞鉱山は吉田某という法学士が管理していたが、調査して見ると実際には数名ほどの所有者がいた。いよいよ交渉の段階になって、吉田氏は住友の中村啓二郎氏がすでに鉱山を調査しているので、住友へ話を通じないわけにはいかないという。吉田氏は又いくら住友でも、マサカ百万円と吹きかければとうてい買うまいから、一度話だけでもして見たいと云うことであつた。ところが吉田氏が帰つてきていうには、「まさかと思っていたが、住友は百余万円で買つてしまつた。何とも仕方がないから勘弁していただきたい。」と平あやまりにあやまられ、結局住友に話が決まってしまつては後の祭でとうとう鴻之舞を逃してしまった。久原総長は日頃、いわゆるバケモノ山こそ買うべきだと

話しておられたが、この鴻之舞こそまさにバケモノ山であつた訳だ。

(90) 小池寶三郎述「開山当時の想い出」(住友金属鉱山株式会社　昭和三十年)

(91) 「住友合資会社(上)三　投資活動」参照。

(92) 柴田善雅「戦時産金体制と金資金特別会計」(大東文化大学紀要第34号)、「別編　日本産金振興株式会社略史」(『帝国鉱業開発株式会社史』昭和四十五年)。日本産金振興は金鉱業整備に伴い昭和十八年三月帝国鉱業開発に吸収合併されたため、このような社史の体裁をとっている。なお同書四〇七頁に日本産金振興の株主構成として大手産金業者引受三五万株(三井鉱山、三菱鉱業、住友本社、日本鉱業、各社八万株、古河合名二万株、藤田組一万株)とあるが、これは当初目論見段階の数字と思われ、住友本社資料によると実際には三井、三菱、住友、日本、各社八万七〇〇〇株、古河二万一〇〇〇株、藤田一万一〇〇〇株、従って大手産金業者引受三八万株となっている。

(93) 前掲「住友ノ鉱山及農林業」

(94) 小林英夫「朝鮮産金奨励策について」(『歴史学研究』第三二一号)

(95) 大蔵大臣官房調査企画課編『聞書戦時財政金融史』(大蔵財務協会　昭和五十三年)八二頁。

(96) 前掲「投資会社調」1

　　第二部　住友合資会社

(97) 堀越二郎・奥宮正武『零戦─日本海軍航空小史』(日本出版協同　昭和二十八年)六八、七七頁。

(98) 安藤良雄『昭和経済史への証言』中(毎日新聞社　昭和四十一年)一一六～一一九頁。

(99) 昭和七年八月二十七日付東京朝日新聞。

(100) 原朗「一九三〇年代の満洲経済統制政策」(満州史研究会編『日本帝国主義下の満州』第一章　御茶の水書房　昭和四十七年)。

(101) 河村龍夫『鋼管回想仄聞記』(住金物産株式会社　昭和四十九年)一二一、一二二頁。

(102) 岡田年弘「満州住友」『回想の日満商事』日満会　昭和五十三年)。

(103) 早川幸市『住友機械六十年史物語』(住友機械工業株式会社　昭和四十三年)四八、四九、五八頁。

(104) 住友重機械工業株式会社総務部長佐藤正臣氏のご教示による。『安川電機75年史』(株式会社安川電機製作所　平成二年)四二、四三頁。

(105) 昭和二十三年十二月十二日古田俊之助氏談。

(106) 松井聡「スポーツを通じての想ひ出」(『春日弘氏追懐録』住友金属工業株式会社　昭和四十九年)

(107) 昭和二十四年四月五日齋藤省三氏談。

(108) 前掲河村『鋼管回想仄聞記』一三〇頁。

(109) 杉本修『わが空への歩み』(昭和四十二年)七四頁。

一〇七

第四章　住友合資会社（下）

(110) 古川由美子「行政査察に見る戦時中の増産政策」（『史学雑誌』第107編第1号）。但し鉤括弧内は「美濃部洋次文書リール一〇〇」（国会図書館憲政資料室所蔵）。

(111) 前掲日向『私の履歴書』六四～六七頁。

著者略歴

山本一雄（やまもと かずお）

- 一九三六年　東京に生まれる
- 一九六〇年　東京大学経済学部卒業　住友商事株式会社入社
- 一九九四年　住友史料館勤務
- 二〇〇七年　同館退職
- 二〇〇八年　経済学博士（大阪大学）

住友本社経営史　上巻

二〇一〇年九月三〇日　初版第一刷発行

著　者　山本一雄

発行者　檜山爲次郎

発行所　京都大学学術出版会
〒606-8315　京都市左京区吉田近衛町六九番地 京都大学吉田南構内
電話〇七五（七六一）六一八二　FAX〇七五（七六一）六一九〇
URL http://www.kyoto-up.or.jp

印刷所　河北印刷 株式会社

© YAMAMOTO Kazuo 2010．Printed in Japan
定価はカバーに表示してあります

ISBN978-4-87698-974-4 C3034